अभ्युदय

खण्ड-2

अभ्युदय

खण्ड-2

नरेन्द्र कोहली

वाणी प्रकाशन

वाणी प्रकाशन

4695, 21-ए, दरियागंज, नयी दिल्ली 110 002

फ़ोन : +91 11 23273167 फ़ैक्स : +91 11 23275710

शाखाएँ

अशोक राजपथ, पटना 800 004, बिहार

कॉफ़ी हाउस कैम्पस, महात्मा गांधी मार्ग, इलाहाबाद 211 001, उत्तर प्रदेश

महात्मा गांधी अन्तरराष्ट्रीय हिन्दी विश्वविद्यालय, वर्धा 442 001, महाराष्ट्र

36/ए, शेक्सपीयर सरणी, रानी बिरला गर्ल्स कॉलेज के पास, कोलकाता 700 017, प. बंगाल

www.vaniprakashan.com
marketing@vaniprakashan.in
sales@vaniprakashan.in

Abhyudaya-II
by Narendra Kohli

ISBN : 978-81-8143-129-5
Novel

संस्करण 2004, 2008, 2009, 2017
पाँचवाँ संस्करण 2023

मूल्य : ₹ 995

आर. टेक ऑफ़सेट प्रिंटर्स, दिल्ली-110032 में मुद्रित

वाणी प्रकाशन का लोगो मक़बूल फ़िदा हुसेन की कूची से

मधुरिमा, कार्त्तिकेय तथा
अगस्त्य के लिए

युद्ध-1

प्रथम खण्ड

1

बालि को समाचार मिला और भीतर से कोई धक्के मार-मारकर उन्हें उठाने लगा। पर उठकर चल पड़ना अब उतना सरल नहीं था। अब वे वानरों के राजा थे—सम्राट। अपनी मर्यादा को भूल, उठकर कैसे चल दें। उन्हें चाहिए कि आदेश दें कि दण्डधरों की एक टोली तुरंत नगरद्वार पर भेज दी जाए, और यदि वे भी इस भैंसे को अनुशासित न कर सकें, तो एक गदाधर टोली भी भेज दी जाए। यदि वे जीवित भैंसे को अनुशासित न कर सकें, तो उसे मार डालें...इसमें ऐसी कौन-सी समस्या है कि राजा स्वयं उठकर जाए, राजा भी बालि जैसा—वानरों का सम्राट।

किंतु शासक बालि के भीतर एक और बालि बैठा था—आखेटक बालि! वह जैसे सागर की लहरों के समान, शासक बालि के नियंत्रण में आ-आकर फिसल जाता था...कितने दिनों से वह सुन रहा था कि किष्किंधा के आस-पास के वनों में एक वन्य भैंसा मँडराया करता है। वह सामान्य भैंसा नहीं है। वह असाधारण रूप से वृहदाकार तथा बलशाली है। स्वभाव से हिंस्र है और सामने पड़ने वाले किसी भी जीव से भिड़ जाया करता है। उसके कंठ से निकला शब्द विकट भी था और विचित्र भी। क्रोध में जब वह डकारता तो लगता था जैसे दुंदुभि पर आघात हुआ हो। इसीलिए लोगों में उसका नाम दुंदुभि ही प्रसिद्ध हो गया था ...आज प्रातः से ही, उसके किष्किंधा के प्रवेशद्वार पर आ डटने के समाचार नगर में आ रहे थे। फिर सूचना मिली कि वह द्वार-रक्षकों से भिड़ गया है; और यह भी ज्ञात हुआ कि द्वार पर उपस्थित दण्डधर रक्षक उसके लिए अपर्याप्त सिद्ध हो रहे हैं...तथा नगर में पर्याप्त त्रास फैल गया है।

सैनिक अथवा दण्डधर टुकड़ी नगरद्वार पर भेजकर बालि कैसे संतुष्ट हो सकते थे? उसका मन उन्हें कोंच-कोंचकर कह रहा था कि नगरद्वार पर खड़ा वह भैंसा दुंदुभि उन्हें ही चुनौती दे-देकर अपनी दुंदुभि बजा रहा है। कैसे आखेटक हैं बालि

कि ऐसे में भी वे अपने महल में बैठे-बैठे सैनिक टुकड़ियों को भेज रहे हैं?

चुनौती की दुंदुभि सुनते वे कैसे शांत बैठे रहें?

और ऐसे वन्य भैंसे के आखेट की क्रीड़ा वे कैसे छोड़ दें?

शासक बालि कहीं विलीन हो गए, वहाँ केवल आखेटक बालि रह गए।

उनका रुकना मुश्किल था...उन्होंने अपनी भारी गदा कंधे पर रखी और नगरद्वार की ओर चल पड़े। महल तथा नगर में वह सूचना तब प्रचारित हुई, जब बालि नगरद्वार पर पहुँच चुके थे।

बालि ने अपनी आँखों में दुंदुभि को तोला—वह साधारण भैंसा नहीं था, जिसे मारकर उन्हें अपयश मिलता कि वानरों का शूरवीर सम्राट भैंसों की हत्याएँ करता फिरता है। दुंदुभि वस्तुतः वन्य भैंसा था—आखेटक के लिए चुनौती और कसौटी।

द्वार-रक्षक सैनिक सोचते ही रह गए और बालि अपनी गदा के साथ दुंदभि के सामने जम गए।

दुंदुभि ने अपनी रक्तिम हिंस्र आँखों से अपने सम्मुख उपस्थित बाधा को देखा और फूत्कार करता हुआ उस पर चढ़ दौड़ा। बालि ने अपनी गदा को घुमाकर दुंदुभि के मस्तक पर आघात किया। दुंदुभि ने फिर से रुककर बालि को देखा। वह सामान्य वन्य भैंसा नहीं था, जो बालि की गदा के आघात से भाग जाता। वह तो जैसे द्वंद्व-युद्ध की तैयारी कर रहा था। आघात को सह, चोट से पीड़ित हो, उसने दौड़ लगाई और आक्रोश में मत्त, प्रतिशोध की भावना से भरा हुआ, वह पूरे वेग के साथ लौटा और उसने बालि पर प्रहार किया।

बालि सुखी हुए। उन्हें युद्ध के लिए योग्य प्रतिद्वंद्वी मिल गया था। उन्होंने घूमकर, दुंदुभि के अगले पुट्ठे पर पूरी शक्ति से गदा दे मारी। किंतु दुंदुभि इस बार भी नहीं भागा। दोनों जैसे ताक-ताककर लड़ रहे थे। लंबे समय तक दोनों में घात-प्रतिघात चलते रहे...अंत में दुंदुभि की पशु-बुद्धि भी समझ गई कि बालि के बल, युद्ध-कौशल और गदा के भयंकर आघातों के सामने टिक पाना उसके लिए संभव नहीं है...दुंदुभि के पैर उखड़ गए और वह भाग खड़ा हुआ।

बालि को जीत की प्रसन्नता तो हुई, किंतु दुंदुभि को भागते देख वे संतुष्ट नहीं हुए, जैसे उनके हाथ से उनका खिलौना छिना जा रहा हो। क्रीड़ा का रस उन्हें सूखता-सा लगा। उसे इस प्रकार भागने नहीं दिया जा सकता था...बालि दुंदुभि के पीछे भागे। घायल दुंदुभि का वेग आश्चर्यजनक था। बालि न उसको रोक पा रहे थे, न उसके साथ भागने में सफलता पा रहे थे। वे दोनों आगे-पीछे भागते रहे। बालि यह देखने के लिए भी नहीं रुके कि कोई उनके साथ आ भी रहा है या नहीं। यह दौड़ मतंग वन तक चलती चली गई...दुंदुभि वन में जा घुसा, किंतु बालि ने उसका पीछा नहीं छोड़ा। दुंदुभि अपनी पीड़ा में पागल हो रहा था और बालि अपने आक्रोश में। दोनों ने ही बिना कुछ देखे-भाले वन में लंबी दौड़ लगाई।

जिधर सींग समाये, दुंदुभि उधर ही भागा। और बालि जैसे किसी चुंबकीय शक्ति से बँधे हुए, उसके पीछे-पीछे भागते चले गए।

सामने ऋष्यमूक की चढ़ाई आ गई। दुंदुभि रुका। वह कदाचित् अपने रक्तस्राव के अतिरेक तथा इस लंबी दौड़ से थककर, जीवन से निराश हो चुका था।...सहसा वह पलटकर खड़ा हो गया। उसकी आँखों से चिंगारियाँ फूट रही थीं और नथुनों से निरंतर फूत्कार। उसने क्षण-भर रुककर जैसे आँखों में बालि को तोला और फिर झपटा...वह बड़ा ही निर्णायक आघात था। बालि यदि उसे रोकने का प्रयत्न करते, तो अपनी असाधारण शारीरिक शक्ति के बावजूद निश्चित रूप से मारे जाते। किंतु बालि ने उसे रोकने का प्रयत्न नहीं किया। वे एक ओर हट गए और जैसे ही दुंदुभि अपने वेग में आगे बढ़ा, बालि ने अपने शरीर के संपूर्ण बल से उसके पिछले पुट्ठे पर गदा का प्रहार किया। दुंदुभि की हड्डियाँ कड़कड़ा उठीं। वह ऐसे बैठा कि उठ नहीं सका...बालि ने जब देखा कि दुंदुभि अब उठ नहीं सकता तो उन्होंने दूसरा आघात उसके मस्तक पर किया।

दुंदुभि की डकराहट का शब्द वन के सहस्रों वृक्षों से जा टकराया और उसकी प्रतिध्वनियाँ वन की प्रत्येक दिशा में फैल गईं। दुंदुभि ने अपना सिर पृथ्वी पर डाल दिया...

बालि को जब पूर्ण रूप से विश्वास हो गया कि दुंदुभि वस्तुतः मर चुका है और अब वह कभी नहीं उठेगा, तब जैसे उनका युद्ध-ज्वर उतरा और उन्होंने यह भी पहचाना कि वे किस जोखिम में पड़े लड़ रहे थे और मृत्यु उनके कितनी निकट खड़ी थी। यदि वे ठीक समय पर हट नहीं गए होते तो दुंदुभि की वह अंतिम झपट निश्चित रूप से उनके लिए यमपाश थी...वे जैसे मृत्यु की पकड़ से किसी प्रकार फिसलकर निकल आए थे...

बालि को लगा, उनके मस्तिष्क में से जितना स्थान आवेश ने खाली किया है, वह न केवल मृत्यु के भय से भरता जा रहा है, वरन् मृत्यु का भय जैसे उनके साहस और पौरुष को ही धकेलता जा रहा है...उनके माथे पर स्वेद-बिंदु उभर आए थे। उनके होंठ सूख रहे थे और भीतर-ही-भीतर जैसे वे बहुत थक गए थे...

सहसा उन्होंने अपने बहुत निकट कहीं मतंगों की चिंघाड़ सुनी। एक नहीं, अनेक मतंग एक साथ चिंघाड़ रहे थे और उनके भागने की धमक जैसे बालि के मस्तक पर बज रही थी...उन्होंने दृष्टि उठाकर देखा, ऋष्यमूक की ढाल पर अनेक मतंग भागते हुए उनकी दिशा में बढ़ रहे थे। उनकी दृष्टि अपने अनुचरों पर भी पड़ी, जो उनके पीछे-पीछे किसी प्रकार यहाँ तक आ गए थे—वे मतंगों की चिंघाड़ के पहले शब्द के साथ ही वहाँ से भाग खड़े हुए थे।

उन्होंने गदा हाथ में ली। आँखों से उसको तोला...किंतु उनका थका हुआ मन साफ-साफ समझ रहा था कि वे अपने पिछले द्वंद्व-युद्ध से चूर शरीर की शक्ति

से मतंगों के पूरे झुण्ड को रोक नहीं पाएँगे...उनके सामने भी एक ही मार्ग था—पलायन।

बालि भागे। उनका अहंकार उन्हें धिक्कार रहा था और उनका विवेक उन्हें भगाए लिये जा रहा था। वे अनुभव कर रहे थे कि दुंदुभि के लिए लगाई गई दौड़, उसके साथ हुए युद्ध और अब वापसी की इस दौड़ से उनका शरीर निर्जीव हो रहा था—मन थका हुआ और अहंकार आहत होकर उनके संपूर्ण अस्तित्व को छील रहा था...नगरद्वार तक पहुँचते-पहुँचते बालि सर्वथा बेसुध हो चुके थे। नगरद्वार के रक्षकों ने शिविका का प्रबंध कर उन्हें महल में पहुँचाया। महल में हलचल मच गई। तुरंत वैद्य को बुलाया गया, किंतु बालि ने वैद्य से अधिक महत्त्व अपने शगुन-विचारक को दिया। वैद्य को किसी प्रकार टालकर उन्होंने शगुन-विचारक की ओर देखा...

"प्रभु!" शगुन-विचारक ने बहुत गंभीर स्वर में कहा, "भैंसा यम का वाहन है। उससे युद्ध उचित नहीं था। युद्ध के लिए जाने से पूर्व, आपने लग्न-विचार भी नहीं करवाया। समय अच्छा नहीं था।...और प्रभु...!" शगुन-विचारक रुक गया।

"कहो!" बालि ने थके-से स्वर में आदेश दिया।

"मतंग वन की दिशा, युद्ध-अभियान के लिए सर्वथा अशुभ है। युद्ध के लिए उस दिशा में कभी न जाएँ। उस दिशा में विजय नहीं, पराजय है... और..."

"और?"

"मृत्यु की भी संभावना है।" शगुन-विचारक बहुत धीमे स्वर में बोला।

बालि चुप रहे।

"राजन्! कल प्रातः उपासना के लिए सागर-तट पर अवश्य जाएँ और आज की इस अशुभ घटना में मृत्यु टालने के लिए देवता के प्रति आभार प्रकट करें...।"

बालि स्थिर दृष्टि से उसे देखते रहे, बोले कुछ नहीं।

शगुन-विचारक चला गया, किंतु बालि के मन में उसके शब्द निरंतर उथल-पुथल मचाते रहे—'उस दिशा में कभी न जाएँ...कभी न जाएँ...'

उनकी आँखों में क्रुद्ध दुंदुभि का अंतिम प्रहार जीवंत अनुभव के रूप में घूम गया...और फिर दौड़ते और चिंघाड़ते हुए मतंगों का झुण्ड...अपने अहंकार के आदेश पर यदि बालि कहीं घड़ी-भर को भी रुक गए होते...?

बालि को लगा, वे बहुत थक गए हैं और अब सोना चाहते हैं।

बालि के मन पर ऐसा विषाद छाया कि वे सहज ही नहीं हो पा रहे थे। प्रातः वे समुद्र-तट पर गए तो समुद्रोपासना में मन नहीं लगा। लौटकर राज-परिषद में आए तो न किसी की बात सुनने की इच्छा हुई, न कुछ कहने की। थोड़ी देर तक

चुपचाप बैठे अपने मंत्रियों-अमात्यों, सामंतों, यूथपतियों तथा सेनापतियों की मुद्राएँ देखते रहे। जाने वे क्या कह रहे थे और क्या कर रहे थे। वे उनकी किसी भी क्रिया से तादात्म्य नहीं कर पा रहे थे...

अन्य लोगों का ध्यान भी उस ओर गया।

"क्या बात है, सम्राट स्वस्थ नहीं हैं?" सबसे पहले सुग्रीव ने पूछा।

"मन कुछ स्वस्थ नहीं है।" बालि मुँह-ही-मुँह में बुदबुदाए।

"सारी किष्किंधा सम्राट के कल के वीर-कृत्य पर उल्लासित है। एक-एक नागरिक अपने सम्राट पर गर्व कर रहा है, और सम्राट हैं कि इस प्रकार अनमने-से बैठे हैं।" प्रौढ़ तार ने हँसते हुए कहा।

"मुझे लगता है कि कल की भाग-दौड़ से थकावट हो आई है।" सुग्रीव पुनः बोले।

बालि के मन में खीझ उठी। यह सुग्रीव अपने शैशव से ही ऐसी बातें करता रहा है। वह मुझे भी अपने ही समान कोमल समझता है। एक वन्य भैंसे के आखेट से थकावट हो गई। मन में आया, सुग्रीव की ग्रीवा पकड़कर कहें, 'मैं सुग्रीव नहीं, बालि हूँ। कल की भाग-दौड़ के बाद भी आज इतनी क्षमता है मुझमें कि फिर से मतंग वन तक दौड़ लगा आऊँ।'

पर कुछ कहते नहीं बना। मतंग वन के नाम से ही, मन जैसे और भी भारी हो गया।

"मैं आज विश्राम करूँगा।" सहसा बालि बोले और उठ खड़े हुए, "शेष कार्य कल के लिए स्थगित कर दिए जाएँ।"

तारा को बालि के असमय लौट आने का पता चला, तो दौड़ी आई। बालि को दिन के समय इस प्रकार बिस्तर पर लेटे देखना ही बड़ा आश्चर्यजनक था और उनके चेहरे की उदासी तो अभूतपूर्व थी।

"क्या बात है, प्रियतम?"

बालि चुपचाप, एकटक तारा को देखते रहे। इस तारा में जाने उन्हें पहले क्या इतना अच्छा लगता था। आज तो उसे देखकर मन में कहीं कोई स्फूर्ति नहीं जागती। वही प्रतिदिन का देखा हुआ साधारण चेहरा। क्या देखे कोई उसको?

"कुछ नहीं! बस, मन ठीक नहीं है।" वह भावशून्य स्वर में बोले।

तारा चिंतित-सी खड़ी उन्हें देखती रही, फिर जैसे कुछ न समझकर अपने आप बोली, "किसी को भेजकर वैद्य को बुलवाऊँ? अंगद को भी संदेश भेजूँ?"

"वैद्य को कष्ट देने की आवश्यकता नहीं।" बालि कुछ रूखे स्वर में बोले, "और अंगद इस समय कहाँ गया है?"

"सुग्रीव ने ही कहीं भेजा है।" तारा ने उत्तर दिया, "आजकल बेटे को चाचा

की देखा-देखी समाज-सुधार का दौरा पड़ा है।"

"क्या कर रहा है?"

"लोगों को समझाया जा रहा है कि मदिरापान न करें, उससे स्वास्थ्य बिगड़ता है और धन का अपव्यय भी होता है।"

"ऊँह!" बालि का मुँह जैसे कड़वा गया, "जो पीता है अपने धन को व्यय कर पीता है और अपना स्वास्थ्य बिगाड़ता है; पर दूसरों के निजी मामलों में टाँग न अड़ाई, तो सुग्रीव ही क्या!"

तारा ने परिचारिकाओं को जाने का संकेत किया और आकर बालि की शैय्या पर, उनके निकट बैठ गई। थोड़ी देर उनके केशों में अँगुलियाँ फिराती रही और फिर पूछा, "क्या मन बहुत खराब है?"

बालि को तारा के हाथ का स्पर्श अच्छा लगा था। मन में हल्की-सी ऊष्मा जागी। आँखें खोलीं। क्षण-भर ही देखा होगा कि आँखों की भंगिमा फिर बदल गई। पहले जैसे भावहीन स्वर में बोले, "थोड़ी देर विश्राम करूँगा। तुम जाओ।"

बालि का मन स्वस्थ नहीं हुआ। कुछ भी ऐसा दिखाई नहीं पड़ रहा था, जो उनके मन में रंचमात्र भी उत्साह जगा सके। प्रत्येक वस्तु से वितृष्णा, प्रत्येक बात से ऊब, प्रत्येक चेहरे से खीझ...उदास मन और स्फूर्तिहीन शरीर...

कल के ही समान अनमने बालि राजसभागार में आए और अनासक्त-से बैठे रहे। राज-परिषद का कार्य चलता रहा। बालि बैठे थे, क्योंकि बैठना था...

अमात्य तथा मंत्री अपने-अपने विभाग-संबंधी आज्ञाएँ ले चुके, तो अपराधियों के न्याय का कार्य आरंभ हुआ...

पहला अपराधी प्रस्तुत किया गया।

"सम्राट! इस व्यक्ति को युवराज सुग्रीव तथा राजकुमार अंगद ने बंदी किया है।"

बालि ने दृष्टि उठाकर देखा—ऐसा कौन-सा अपराधी है, जिसे बंदी करने के लिए सुग्रीव और अंगद को जाना पड़ा। वह व्यक्ति आकृति से विदेशी और विजातीय लगता था। निश्चित रूप से वह वानर नहीं था।

"क्या नाम है?"

"मायावी।"

"जाति?"

"राक्षस।"

"कहाँ के निवासी हो?"

"लंका।"

"अपराध?"

"थके हुए मन को विश्राम देना।"

बालि रुक गए। यह विदेशी क्या कह रहा है? उनके भीतर कुछ-कुछ रुचि जाग रही थी, "यह तो कोई अपराध नहीं है, विदेशी?"

"मेरी भी यही विनती है, सम्राट!" मायावी बोला, "किंतु युवराज नहीं चाहते कि मैं किसी थके मन को विश्राम दूँ। वे इसे अपराध मानते हैं।"

बालि ने अपराधी को लाने वाले सैनिक की ओर देखा, "क्या अपराध है इसका?"

"सम्राट, इस पर मदिरा बनाकर बेचने, वैश्यालय चलाने तथा अनेक कन्याओं के अपहरण और उनके क्रय-विक्रय का आरोप है।"

"तुम लोग जाओ।"

सैनिक मायावी को छोड़कर चले गए।

इस बार बालि बोले, तो उनका स्वर कुछ धीमा था, "मायावी! यदि तुम मेरे थके मन को विश्राम दे पाओगे, तो समझूँगा कि तुम वैद्य का काम कर रहे हो, अन्यथा तुम अपराधी हो। तुम जानते ही होगे, मैं अपराधी को कठोर दण्ड देता हूँ।"

"सम्राट एक बार सेवा का अवसर दें!" मायावी मुसकराया, "यदि सम्राट के मन को विश्राम मिले, सम्राट स्वस्थ हों, तो सेवक को किष्किंधा में अपना व्यापार फैलाने की खुली छूट दें।"

बालि ने उसे भरपूर दृष्टि से देखा और कहा, "स्वीकार है।"

दूसरे दिन राजसभा का वातावरण बदला हुआ था।

बालि आज अन्यमनस्क नहीं थे। उनके चेहरे पर हल्की-हल्की मुसकान थी, जैसे मन-ही-मन किसी मधुर रस का पान कर रहे हों। वे प्रत्येक बात रुचिपूर्वक सुन रहे थे। प्रत्येक बात के उत्तर में प्रतिक्रिया व्यक्त कर रहे थे...कभी-कभी तो वे पूरी तरह परिहास की मुद्रा में आ जाते थे।

उसके विपरीत, आज सुग्रीव का मन प्रसन्न नहीं लग रहा था। अंगद भी जैसे रूठे हुए-से अपने स्थान पर बैठे थे।

दैनिक कार्यक्रम की कुछ औपचारिकताएँ पूरी हो चुकीं तो सुग्रीव ने निवेदन किया, "मैं सम्राट के एक निर्णय को सम्राट के पुनरावलोकन के लिए प्रस्तुत करना चाहता हूँ।"

बालि की मुसकान विलीन हो गई। वे सावधान होकर बैठ गए, "बोलो!"

"सम्राट! आपको स्मरण होगा, कल मायावी नाम का एक अपराधी न्याय के लिए आपके सम्मुख प्रस्तुत किया गया था।"

बालि ने स्वीकृति में सिर हिला दिया।

"उसे मैंने तथा राजकुमार अंगद ने स्वयं जाकर बंदी किया था।" सुग्रीव बोले, "उस पर अनेक गंभीर आरोप थे।"

"मुझे उसका कोई अपराध समझ में नहीं आया।" बालि ने भ्रू-संकोच के साथ कहा, "वह व्यक्ति व्यापारी है। यदि वह किसी चीज़ का निर्माण करता है और उसे बेचता है, लोग अपनी इच्छा से उसे खरीदते हैं और इस सारे व्यापार से कर के रूप में राज्य को पर्याप्त आय होती है, तो यह अपराध कैसे है, युवराज?" बालि का स्वर और भी ऊँचा हो गया, "क्या यह नहीं माना जा सकता कि युवराज राज्य की आय की वृद्धि से प्रसन्न नहीं हैं! वे नहीं चाहते कि वानरों का यह राज्य संपन्न हो और जनता सुखी हो! मेरी समझ में यह नहीं आया कि इस निर्धन समाज और राज्य की संपन्नता के मार्गों को युवराज क्यों बंद कर देना चाहते हैं। मैं समझता हूँ कि युवराज न केवल स्वयं राज्य-विरोधी गतिविधियों में बहुत सक्रिय हैं, वरन् राजकुमार अंगद को भी अपने प्रभाव से दिग्भ्रमित कर रहे हैं।"

सुग्रीव को जैसे काठ मार गया...कहाँ वे सोच रहे थे कि वे मायावी को अपराधी घोषित करवा, उसे दण्डित करवाएँगे और कहाँ वे स्वयं अपराधी ठहराए जा रहे हैं। अपराधी भी कैसा? अपनी जाति, समाज तथा राज्य से द्रोह का। इन अपराधों को तनिक भी गंभीरता से लिया जाए, तो सुग्रीव को तुरंत मृत्यु-दण्ड दे दिया जाएगा...

उनका मस्तिष्क कुछ इस जोर से झनझनाया कि कहने को कोई बात ही नहीं सूझी। मस्तिष्क में तो जैसे खून चढ़ गया था, तर्क कैसे सूझता। उन्होंने दृष्टि घुमाकर अंगद को देखा—अंगद का चेहरा भी क्रोध से तमतमाया हुआ लगता था, जैसे अभी फट पड़ेगा।

सुग्रीव ने स्वयं को संयत किया। जानते थे, क्रोध से कोई बात नहीं बनेगी। इस समय क्रोध दिखाने का अर्थ अपने पक्ष को और भी दुर्बल बनाना होगा।

"यदि सम्राट की अनुमति हो, तो मैं भी अपना पक्ष प्रस्तुत करूँ।" सुग्रीव ने जैसे स्वयं अपना गला घोंटकर अपनी आवाज़ धीमी की।

"बोलो।" बालि का स्वर अत्यंत औपचारिक था। स्पष्ट था कि वे सुग्रीव का पक्ष सुनने के लिए बहुत उत्सुक नहीं थे, किंतु यदि सुग्रीव कहना ही चाहता है तो कह ले।

"वानर जाति अत्यंत निर्धन है।" सुग्रीव ने कहना आरंभ किया, "हम प्रयत्न कर रहे हैं कि हम अपने परिश्रम से अपने साधनों का विकास करें, ताकि हमारी स्थिति कुछ अच्छी हो सके। ऐसे में यदि यहाँ कुछ ऐसी स्थिति उत्पन्न कर दी जाए, जिससे परिश्रम का मूल्य कम हो जाए और विलास का बाहुल्य हो जाए, तो हमारी जाति किसी भी प्रकार आगे नहीं बढ़ पाएगी।"

"युवराज!" बालि का स्वर खीझ से ओत-प्रोत था, "बात मायावी के अपराध

की थी, जाति की निर्धनता की नहीं।''

''वही कह रहा हूँ।'' सुग्रीव को अपने कानों की लोएँ तमतमाती-सी लगीं।

''तो सीधे-सीधे अपनी बात कहो।'' बालि बोले, ''तुम्हारी इन वायवीय बातों में मेरी कोई रुचि नहीं है।''

इस जड़ मस्तिष्क को कैसे समझाया जा सकता है, सुग्रीव सोच रहे थे—किंतु समझाना तो था ही।

''सम्राट!'' सुग्रीव ने पुनः कहना आरंभ किया, ''मधुपान का प्रचलन स्थानीय रूप से हमारी जाति में भी है; किंतु यह विशेष अवसरों पर स्वयं तैयार कर, उत्सव मनाने की परिपाटी तक ही सीमित है। यदि लंका से मँगाकर अथवा लंका की पद्धति पर तैयार करवा, सुगंधित मदिरा की धारा अबाध गति से हाटों में बहेगी तो समाज के समर्थ सदस्यों को उसकी चाट लग जाएगी। वे उसे पात्रे के लिए अधिक धन बटोरना चाहेंगे। अधिक धन के लिए वे अपनी अधीनस्थ प्रजा पर अत्याचार करेंगे, उसका शोषण करेंगे। कम परिश्रम से अधिक धन कमाना चाहेंगे...।'' सुग्रीव क्षण-भर रुककर पुनः बोला, ''विलास मदिरा तक ही नहीं थम जाता। आप जानते हैं कि मायावी मदिरा के साथ वेश्या-व्यापार भी करवाता है। ये विलासी लोग इस जाति की कन्याओं को वेश्या बना देने के लिए अपने पास धन संचित करेंगे और दूसरों की आर्थिक स्थिति इतनी हीन कर देंगे कि एक मुट्ठी अन्न के लिए कुलांगनाओं को अपना शरीर बेचना पड़े।...क्या आप चाहेंगे कि सच्चरित्र श्रमिकों की यह जाति, विलासी लंपटों तथा गणिकाओं की जाति में बदल जाए....!'' सुग्रीव के लिए अपना आवेश रोकना कठिन हो रहा था, ''और जहाँ तक राज्य की आय की बात है—मैं मानता हूँ कि इस व्यवसाय से भी राज्य की आय बढ़ती है। किंतु यदि आप आज यह राजाज्ञा प्रचारित कर दें कि दस्यु-वृत्ति भी वैध व्यवसाय है, पर अपहृत धन का एक चौथाई राज्य को कर के रूप में देना होगा, तो आप देखेंगे कि आपके राज्य की आय अल्पकाल में ही सौ-गुनी हो जाएगी। किंतु ऐसी आय का हम क्या करेंगे? राज्य को धन की आवश्यकता होती है प्रजा के कल्याण के लिए। प्रजा के अकल्याण से, उसके कल्याण के लिए धन एकत्रित करने का तर्क कितना आत्म-विरोधी है। धन की शक्ति के साथ, समाज में शोषण की मात्रा भी बढ़ेगी। यदि धनी और विलासी यूथपतियों तथा सामंतों के द्वारा प्रजा का शोषण इतना बढ़ जाए कि दिन-भर के श्रम से थका-हारा श्रमिक अपने अल्प पारिश्रमिक से जब अपने परिवार का भोजन नहीं जुटा पाएगा, तो वह अपने पारिश्रमिक से मदिरा के दो चषक पीकर ही अपनी चिंताओं को भूल जाना चाहेगा। उस मदिरा से प्राप्त कर धन नहीं, प्रजा का रक्त है। क्या सम्राट अपने राज्य के लिए ऐसा धन चाहते हैं?''

सुग्रीव रुके तो आवेश से हाँफ रहे थे।

एक क्षण के लिए लगा कि बालि भी विस्फोटक मुद्रा धारण कर रहे हैं, किंतु दूसरे ही क्षण, जैसे सब कुछ पी गए। आरोपित मुसकान के साथ बोले, "युवराज की आशंकाएँ काल्पनिक तथा वायवीय हैं। इनसे मायावी का अपराध सिद्ध नहीं होता!"

बालि सिंहासन से उठ खड़े हुए।

सुग्रीव की चिंता का कोई अंत नहीं था।

इस जाति का क्या होगा और इस राज्य का? जब राजा आँखों देखे तथ्यों को अनदेखा करने पर उतारू हो जाए, तो राज्य को रसातल में जाने से कौन रोक सकता है। एक तो बालि स्वयं अहंकारी है; और अब उन्हें एक-से-बढ़कर-एक संगी-साथी मिलते जा रहे हैं। हनुमान ने सूचना दी थी कि मायावी ने अपने वचन के अनुसार बालि के थके मन को विश्राम दिया था। बालि के अपने मधुपान की ही मात्रा कम नहीं थी, अब मायावी ने उसे जो सुगंधित मदिरा पिलाई थी, वह बालि के लिए अभूतपूर्व थी। वैसी मदिरा बालि ने पहले कभी नहीं चखी थी.. .इतना ही नहीं, मायावी ने मदमस्त बालि के अंक के लिए एक अनुपम सुंदरी—अलका प्रस्तुत कर दी थी। बालि की आँखें चौंधिया गईं। ऐसी सुंदरी की तो उसने कभी कल्पना भी नहीं की थी। वह यक्ष-कन्या बालि को वानर जातीय स्त्रियों से बहुत भिन्न लगी थी—उसका रंग-रूप, उसके वस्त्र, उसके हाव-भाव, उसकी भंगिमाएँ।

और बालि ने स्वीकार किया कि मायावी से बढ़कर उसका कोई उपकारक नहीं है। वह मायावी को अपना परम मित्र मानता है। मायावी किष्किंधा में जो चाहे कर सकता है। बालि उसे कभी नहीं रोकेगा।

सुग्रीव की सारी कल्पनाएँ दुष्कल्पनाओं में बदलती जा रही थीं...बालि के आस-पास, एक-एक कर, मायावी जैसे लोग ही एकत्र होते जा रहे थे। बालि को समझाना कठिन था कि वे उनके मित्र नहीं, शत्रु हैं...रावण कब से इस प्रयत्न में है कि वानरों को मादक पदार्थ उपलब्ध करा सके। उनके लिए विलास के साधन जुटा सके। रावण के रथों के चक्रों के आगे-आगे पहले मादक द्रव्य चलते हैं, उसके पश्चात् दूत, फिर गणिकाएँ, अपहरण, परस्पर कलह और अंत में रावण की सेनाएँ...मायावी के माध्यम से बालि, रावण को भी अपना मित्र मानने लगेंगे और फिर रावण से विभिन्न प्रकार की विलास सामग्रियों की अपेक्षा करेंगे।

बालि किस प्रकार क्रमशः दुश्चरित्रता की ओर बढ़ते जा रहे हैं—यह उन्हें कौन समझाएगा। वे प्रातः सागर-तट पर उपासना करते हैं। कभी-कभार उपवास भी रख लेते हैं और थोड़ा-बहुत दान भी करते हैं। वे स्वयं को पूर्णतः धार्मिक व्यक्ति मानते हैं। धार्मिक व्यक्ति अपने आपको दुश्चरित्र कैसे मान लेगा! अपने दैनिक कर्म-काण्ड के पश्चात् जैसे उन्हें संसार के प्रत्येक दुष्कर्म की अनुमति मिल जाती

है।

तारा भाभी की स्थिति भी इन दिनों विचित्र है। वे देख रही हैं कि बालि किस मार्ग पर बढ़ते जा रहे हैं; किंतु उनके लिए जाति, समाज और राज्य संबंधी बालि की नीतियों को ठीक करने के स्थान पर अधिक महत्त्वपूर्ण, अपने जीवन से दूर होते पति को वापस अपने जीवन में लौटा लाना है। बालि की नीतियों का विरोध कर, उन्हें उपदेश देकर अथवा फटकार कर, वे उन्हें वापस नहीं लौटा सकतीं। बालि ने इन दिनों उनके प्रति जो वितृष्णा दिखाई है, उससे तारा भाभी को सबसे अधिक चिंता अपनी स्थिति के प्रति हो गई है...कहीं ऐसा न हो कि बालि किसी अन्य रानी को पट्टमहिषी घोषित कर दें। अथवा, कोई नया विवाह कर, नया प्रासाद बनवा—वहीं जाकर रहने लगें...पति को प्रसन्न करने के तारा के सारे प्रयत्न निष्फल भी हैं और करुणाजनक भी...

अंगद का विरोध भीतर-ही-भीतर घुट रहा है। पिता के सम्मुख वह कुछ बोल नहीं सकता, किंतु किष्किंधा में प्रतिदिन घटती घटनाएँ देख-देखकर, उसका विरोध बढ़ता जाता है। जब घुटन बहुत बढ़ जाती है, तो सुग्रीव के पास आकर मन हलका कर जाता है। किंतु सुग्रीव भी तो कुछ नहीं कर सकते...

सुग्रीव ने जब-जब किष्किंधापुरी को देखा था, उनकी पीड़ा असह्य हो उठी थी—दो पर्वतों के बीच बसी किष्किंधा नगरी कितनी सुंदर घाटी थी। नगर के मध्य में राजप्रासाद था। आस-पास यूथपतियों, सामंतों, सेनापतियों और कुछ धनाढ्य व्यापारियों के आवास थे। उनके मध्य बहुत सुंदर मार्ग थे। स्थान-स्थान पर उपवन और उद्यान थे। जलाशय और नहरें थीं...और जहाँ ये प्रासाद समाप्त होते थे, वहीं से निर्धन श्रमिकों की घास-फूस और मिट्टी की बनी झुग्गियाँ आरंभ हो जाती थीं। न वहाँ पथ थे, न उद्यान, न जलाशय, न नहरें। कूड़े के ढेर जैसे कच्चे घरों में लोग रहते थे। किसी ने पर्वत की खोह का सहारा लेकर रहने के लिए ओट कर ली थी और किसी ने वृक्ष के तने को अपनी दीवार मान लिया था। न पीने के पानी का कोई प्रबंध था, न शौच-स्थान के लिए उचित व्यवस्था। किसी जोहड़ या गढ़े में संचित बरसाती पानी से वे अपना काम चलाते थे—उसी में नहाते थे, उसी को पीते थे, उसी में अपना खाद्य पदार्थ उबालते थे—यूथपतियों के पशुओं के लिए भी उससे कहीं अधिक साफ-सुथरे और व्यवस्थित आवासों का प्रबंध था। ये श्रमिक तो अपने रहन-सहन से सचमुच वानर थे—मानवों की जाति नहीं, पशु वानर, शाख-मृग।

बालि और उसके मंत्रियों का ध्यान मधुशालाओं और मदिरालयों के लिए स्थान का प्रबंध करने की ओर तो गया था, किंतु इन मनुष्यों के लिए भी उनका कोई कर्त्तव्य है—यह उन्होंने कभी नहीं सोचा...

जब कभी सुग्रीव ने अपने कुछ सामाजिक संगठनों की सहायता से उनकी स्थिति को सुधारने का प्रयत्न किया, किसी-न-किसी मंत्री अथवा यूथपति ने बालि को सुझाव दिया कि यदि वह भूमि किसी सामंत के हाथ बेच दी जाए, तो उससे राज्य को पर्याप्त आय होगी। इन श्रमिकों का क्या है, वे तो कहीं भी रह लेंगे। राज्य की इतनी मूल्यवान भूमि इन श्रमिकों को देकर क्यों नष्ट की जाए।...और हर बार बालि ने श्रमिकों को खदेड़कर वह भूमि सामंतों, यूथपतियों अथवा मंत्रियों को दे दी। धनिकों के नये प्रासाद बने और निर्धनों को अपनी झुग्गियों के लिए नया स्थान खोजना पड़ा। क्या करें सुग्रीव? बालि कुछ ऐसी संगति में पड़ गए हैं कि ठीक स्थिति समझाने वाले को वे अपना शत्रु समझने लगे हैं...

सुग्रीव का मन इतना भारी था कि कहीं जाने की इच्छा ही नहीं हुई। राजसभा का समय भी निकल गया तो रुमा ने टोका, "क्या हुआ है आपको? इस प्रकार मुँह-सिर लपेटे क्यों पड़े हैं? क्या आपको भी जेठजी वाला रोग लग गया है?"

सुग्रीव चौंके, "यह जेठजी वाला रोग कौन-सा है?"

"जैसे आपको मालूम ही नहीं।" रुमा मुसकराई, "राजप्रासाद में ही नहीं, सामंतों के घरों में भी चर्चा है कि जेठजी का रोग आजकल कुछ अधिक ही उग्र है।"

सुग्रीव उठकर बैठ गए, "पर यह रोग है कौन-सा—कुछ मालूम भी तो हो?"

रुमा ने उन्हें अपांग से देखा, "क्या सचमुच नहीं जानते?"

"नहीं!"

"चर्चा है कि जेठजी को नव-कन्या रोग हुआ है; अर्थात् कुछ दिनों के पश्चात् नई कन्या नहीं मिलती तो सिर-मुँह लपेटे पड़े रहते हैं। किसी से बात नहीं करते, निकट आने वाले को काटने को दौड़ते हैं..."

"तुमसे किसने कहा?" सुग्रीव अत्यंत गंभीर थे।

"किसी एक ने नहीं कहा, प्रत्येक जिह्वा पर चर्चा है।" रुमा फिर मुसकराई, "आप राजसभा में क्या करने जाते हैं, जब आपको इतनी भी सूचना नहीं। इतनी सूचनाएँ तो मुझे घर बैठे-बैठे ही मिल जाती हैं।"

सुग्रीव के लिए शैय्या पर पड़े रहना कठिन हो गया। वे उठकर खड़े हो गए, "और क्या-क्या सुना है तुमने?"

"और.." इस बार रुमा का स्वर भी गंभीर था, "और यह कि इन दिनों जेठजी का निकटतम तथा प्रियतम मित्र मायावी नाम का राक्षस है। कुछ दिनों में वह किष्किंधापुरी का बहुत बड़ा व्यक्ति बन जाएगा। यदि महामंत्री न भी बनाया गया, तो भी मंत्री अथवा महासामंत तो बन जाएगा।"

सुग्रीव की अवस्था वैसी ही हो गई, जैसे राजसभा में बालि के मुख से अपने लिए आरोप सुनकर हो गई थी...निश्चित रूप से ये सूचनाएँ राजप्रासाद के

परिचारक-परिचारिकाओं द्वारा ही प्रचारित हुई होंगी...संभव है, भावी घटनाओं के विषय में ये किसी की निराधार कल्पना ही हों—यह भी संभव है कि भविष्य का यही रूप हो।

"भाभी से भेंट हुई?" सुग्रीव ने पूछा।

"दीदी इन दिनों बहुत अव्यवस्थित हैं।" रुमा ने उदास स्वर में कहा, "वे इन चर्चाओं के विषय में कोई बात नहीं करतीं, किंतु लगता है कि उनसे भी कुछ छिपा नहीं है।"

सुग्रीव को लगा, अब घर में बैठना संभव नहीं था। उन्हें बाहर जाने की तैयारी करते देख, रुमा पुनः मुसकराई, "भूल हो गई, जो तुमसे यह सब कह दिया।"

"इसमें भूल की क्या बात है?" सुग्रीव समझ नहीं पा रहे थे।

"कुछ न कहती, तो घर पर तो रहते। मेरे निकट तो होते।"

सुग्रीव उदास हो गए, "यदि यही गति रही तो स्थायी रूप से तुम्हारे निकट, घर पर ही रहूँगा।"

अपने प्रासाद से निकल, सुग्रीव सीधे हनुमान के घर की ओर चले। उन्होंने शिविका भी नहीं ली, पैदल ही चल पड़े। पिछले कुछ दिनों से उन्होंने समाज में विभिन्न वर्गों के मानवीय संबंधों के विषय में सोचा था। अब उनकी शिविका में चलने की इच्छा नहीं होती। अपने ही जैसे मनुष्यों के कंधों पर सवार होकर चलना उन्हें पीड़ा देने लगा था। कभी-कभी बाध्य होकर जाना भी पड़ता था...बाध्यता भी कितनी विचित्र थी। वानरों के पास यातायात का अन्य कोई साधन ही नहीं था—सम्राट के पास भी नहीं। या तो शिविका में जाओ, या पैदल; जबकि सुग्रीव अच्छी प्रकार जानते थे कि राक्षसों ने अपने लिए अश्वों के साथ-साथ रथों का भी विकास किया है। उन्होंने जल-मार्गों में भी अपनी परिवहन-व्यवस्था इतनी विकसित कर रखी है कि लंका से समुद्र पार कर जंबुद्वीप में आना-जाना उनके लिए उतना ही सरल है, जितना वानरों के लिए पैदल चलना या शिविका में आना-जाना। किंतु अभी सामान्य वानर इतना भी नहीं जानता कि परिवहन के अन्य साधन भी हो सकते हैं। कितनी बार सम्राट से चर्चा भी हुई, किंतु वे हर बार यह कहकर टाल जाते हैं कि वानरों का कार्य इन साधनों के बिना भी सुचारु रूप से चल रहा है...अब उन्होंने मायावी से मित्रता की है; किंतु इस मित्रता के फलस्वरूप या तो वे मदिरा चाहेंगे, अथवा अपने नव-कन्या-रोग की औषधि!...

कितनी पिछड़ी हुई है वानर-जाति! पशु-धरातल से थोड़ी-सी ही उठ पाई है। भयंकर परिश्रम कर वानर खेती करते हैं, पशु-पालन करते हैं अथवा वास्तुकला का थोड़ा परिष्कृत ज्ञान उन्हें है। कुछ अच्छे प्रासाद बन गए हैं; किंतु नल तथा नील जैसे शिल्पी बंधुओं के होते हुए भी, बालि ने किसी नदी पर कभी सेतु बाँधने

की बात नहीं सोची, ताकि सुविधा से नदियों के ऊपर पथ प्रशस्त किए जा सकें...बालि के पास, इन बातों के लिए समय ही नहीं है...शस्त्रों के विषय में भी कितनी विचित्र स्थिति है वानरों की। उनके पास या तो दण्डधर सैनिक हैं अथवा गदाधर। वे अन्य किसी शस्त्र को जानते ही नहीं। सारी वानर जाति के पास दस से अधिक खड्ग नहीं होंगे; और जो हैं भी, वे आर्य आश्रमों से प्राप्त किए हुए हैं...यदि हनुमान आर्य आश्रमों तक नहीं पहुँचते, तो कदाचित् वानर कभी खड्ग के दर्शन भी नहीं कर पाते...शस्त्र राक्षसों के पास हैं, किंतु वे अपने ज्ञान-विज्ञान से वानरों की सहायता नहीं करना चाहते। शस्त्र आर्यों के पास हैं, किंतु उन्हें राक्षसों ने दण्डकारण्य में ही उलझा रखा है कि वे वानरों तक पहुँच ही न पाएँ। कभी-कभी सुनने में आया है कि अगस्त्य नामक किसी आर्य ऋषि ने वानरों के कुछ यूथों को लाभान्वित किया है। किंतु इसके लिए उन्हें राक्षसों के साथ निरंतर और भयंकर युद्ध करना पड़ा है...

राक्षस! अपने ज्ञान से पिछड़ी जातियों की सहायता करने के स्थान पर उनका शोषण करने वाला संगठन। सबल द्वारा निर्बल को खा जाने वाले पशु-सिद्धांत पर गर्व करने बालि जाति। हिंस्र शक्ति के दंभ और शस्त्रास्त्रों से संपन्न जाति। उनके पास गदा, मूसल, शक्ति, खड्ग जैसे सामान्य शस्त्रों के साथ-साथ धनुष-बाण जैसे विशिष्ट शस्त्र ही नहीं, अनेक दिव्यास्त्र भी हैं। उनके पास न धन की कमी है, न शस्त्रों की और न प्रशिक्षण के अवसरों की।

...पिता के शासनकाल में तो किसी ने इस दिशा में सोचा ही नहीं था। वानर राज्य के भीतर युद्ध होता नहीं था। सर्व-सम्मति से सारी प्रजा अपने सम्राट की आज्ञा मानती थी। यदि भूमि अथवा पशुओं को लेकर किसी पड़ोसी गोत्र के साथ कोई संघर्ष हुआ भी, तो उसका निबटारा दोनों गोत्रों के मल्लयुद्ध से होता था; और मल्लयुद्ध में वानर वीरों को पराजित करना बहुत कठिन था।

...किंतु होश सँभालते ही, सुग्रीव ने राक्षसों को प्रबल होते देखा था। वानरों पर उनके भारी पड़ने का एकमात्र कारण उनके शस्त्र थे। तभी स्थान-स्थान से वानरों तथा ऋक्षों के पीड़ित होने के समाचार आने लगे थे। जहाँ कहीं अपना स्वार्थ सधता, राक्षस अन्य जातियों के साथ, मैत्रीपूर्ण ढंग से रहने का नियम अनेदखा कर जाते थे। यदि स्थानीय यूथपति झगड़ा सुलझाने का प्रयत्न करता तो राक्षस अपने शस्त्रों और दुष्टता के द्वारा उसे पराजित कर भगा देते अनेक घटनाएँ सुग्रीव के मन में बहुत ताज़ा और जीवंत थीं, जहाँ राक्षसों ने वानरों की बस्तियों में आग लगा दी थी, या अपने शस्त्रों से उन्हें काट डाला था। उनकी भूमि हथिया ली थी और उनके पशु छीन लिये थे। कई स्थानों पर उन्होंने वानरों को दास बनाकर बेच डाला था। उनकी स्त्रियों का अपहरण कर ले गए थे...और वानरों की ओर से कोई प्रतिवाद संभव नहीं था।

सुग्रीव की राजनीतिक समझ राक्षसों के इन्हीं आक्रमणों ने निखारी थी। सुग्रीव साफ-साफ देख रहे थे कि वानरों, ऋक्षों तथा अन्य जन-जातियों के क्षेत्रों में राक्षसों के उपनिवेश बढ़ते जा रहे थे। अपने रहने के लिए राक्षस नई भूमि का संधान नहीं करते थे—वन नहीं काटते थे, नये खेत नहीं बनाते थे। उनके लिए अन्य जातियों के बने बनाए खेत छीन लेना अधिक सरल था और उन्हीं की देखा-देखी, प्रत्येक जाति में राक्षस-वृत्ति पनप रही थी। प्रत्येक जाति में अपने राक्षस जन्म लेते थे, जो बाद में अन्य राक्षसों का सहयोग प्राप्त कर लेते थे...

इस आर्थिक लूट की रक्षा के लिए उन्हें राजनीतिक सत्ता और राजनीतिक विधि-विधान की आवश्यकता पड़ती थी। राजनीतिक सत्ता की रक्षा के लिए उन्होंने सेनाओं का निर्माण किया था और सेनाओं को शक्तिशाली बनाने के लिए अस्त्र-शस्त्रों का विकास किया था।

उन्हें रोकने का एक ही मार्ग था—उनके शस्त्रों का सामना। वैसे ही शस्त्रों और दिव्यास्त्रों का निर्माण...किंतु बालि को न सेना में रुचि थी, न शस्त्रों में। राज्याधिकार उन्हें मिल गया था। उनका अहंकार यह स्वीकार ही नहीं करता था कि अपने सारे शस्त्रास्त्रों के साथ भी कभी कोई राक्षस युद्ध में उन्हें पराजित कर सकता है। अतः वे मानते थे कि बलिष्ठ व्यक्ति को न सेना की आवश्यकता थी, न कोई अन्य समस्या दिखाई पड़ती थी। रावण उनके लिए बहुत दूर की वस्तु था। निकट की समस्याएँ और थीं—पहले तो तारा थी, अन्य सुंदरी रानियाँ थीं; और अनेक अन्य सुंदरियाँ थीं, जो कभी उनकी रानियाँ बनी नहीं थीं। पीने के लिए मधु था, खेलने के लिए आखेट था। बहुत मन ऊबा तो अखाड़े में जाकर मल्लुयद्ध कर अपने शरीर का आलस्य और मन का अवसाद दूर कर आए...

और अब आ जुटा था मायावी। जाने वह और क्या-क्या करवाएगा!...

सुग्रीव हनुमान के घर पहुँचे। हनुमान अकेले नहीं थे। उनके अनेक मित्र वहाँ उपस्थित थे, जिनमें से कुछ को सुग्रीव पहचानते भी थे। शेष से हनुमान ने परिचय करा दिया। वे लोग किसी गंभीर विवाद में जुटे हुए लगते थे, जिसने प्रायः सब लोगों में आवेश का संचार कर रखा था। सुग्रीव के आ पहुँचने से विवाद वहीं-का-वहीं छूट गया था। न उसका निर्णय हो पाया था, न वे लोग उससे मुक्त हो पाए थे।

"आप लोग अपनी बात चलाइए।" सुग्रीव बोले, "मैं किसी विशेष कार्य से नहीं आया। घर में मन नहीं लग रहा था, इसलिए किसी साथी की खोज में यहाँ चला आया । मेरा सौभाग्य कि यहाँ इतने साथी मिल गए।"

"युवराज!" हनुमान बोले, "हम लोग किष्किंधा राज्य—मात्र किष्किंधा नगरी नहीं, संपूर्ण वानर-राज्य की शिक्षा-व्यवस्था के विषय में बातचीत कर रहे थे। कितनी विचित्र बात है कि हमारा शासन अपनी अगली पीढ़ियों की शिक्षा-व्यवस्था के विषय

में सोचता ही नहीं है। या तो पुत्र अपने पिता से थोड़ा-बहुत ज्ञान अर्जित कर लेता है, या अखाड़ों में मल्लयुद्ध का अभ्यास कर लेता है। यहाँ जितने भी शिक्षित लोग हैं, सब वानरेतर संस्थाओं में शिक्षा पाकर आए हैं। मैं आर्यों के आश्रमों में पढ़कर आया हूँ, फिर भी इधर मुझे एक भी आश्रम ऐसा नहीं मिला, जहाँ मैं खड्ग अथवा धनुष-बाण का अच्छी प्रकार अभ्यास कर सकता। तैरने और छोटी-बड़ी ऊँचाइयों से कूदने का अभ्यास चाहे जितना कर लिया हो। ये नल-नील हैं, जो लंका में जाकर सेतु-निर्माण सीखकर आए हैं, उस विद्या का किष्किंधा में सामंतों के प्रासादों में नालियों के सेतु बनाने में उपयोग हो रहा है। हाँ, नील खड्ग-युद्ध अच्छा सीख आए हैं, जिसका लाभ कभी हमें भी मिल सकता है। कोई 'अलका' नगरी से विद्या प्राप्त करके आया है, कोई उरपुर से। प्रश्न है कि क्या गिने-चुने दो-चार व्यक्तियों के विदेशों में जाकर विद्या-ज्ञान प्राप्त कर आने से कहीं कोई जाति आगे बढ़ी है? ऐसे न हमारी कृषि में विकास हो रहा है, न उद्योग में, न व्यापार में, न परिवहन और संचार में, न शस्त्र-विद्या और युद्ध-विज्ञान में, किसी क्षेत्र में भी तो हम रंच-मात्र आगे नहीं खिसके हैं।"

सुग्रीव मुसकराए, "तो यह कारण था आवेश का। मैं भी सोच रहा था कि आखिर विवाद क्या है..." सुग्रीव रुके और कुछ सोचकर बोले, "मुझे लगता है, मैं बड़े अच्छे अवसर पर आया हूँ। इस विषय में मेरी रुचि भी है, और मैं आपको कुछ सूचनाएँ भी सकता हूँ..."

"कैसी सूचनाएँ?"

"शासन की नीति-संबंधी।" सुग्रीव बोले, "सम्राट के अधिकांश मंत्रियों का विचार है कि यदि सारी वानर जाति के लिए शिक्षा की सुविधाएँ सुलभ हुईं, तो यूथपति का पुत्र ही यूथपति नहीं बन पाएगा। जब एक साधारण वानर पुत्र भी सुशिक्षित हो जाएगा, तो अपनी योग्यता के बल पर, वह अपने लिए पद माँगेगा। अपने लिए राज्य से कार्य की माँग करेगा। मंत्री-पुत्रों, यूथपतियों और सेनापतियों के पुत्रों के आरक्षित पद स्थायी नहीं रह पाएँगे। इसलिए शिक्षा के प्रसार की कोई आवश्यकता नहीं है। राज्य के उच्चाधिकारियों के पुत्रों को चुन-चुनकर विद्याध्ययन के लिए अन्य जातियों के आश्रमों और गुरुकुलों में भेजा जा सकता है, ताकि यह कहकर उनके पदों को और भी दृढ़ता से आरक्षित रखा जा सके कि वे विदेशों से उच्च शिक्षा प्राप्त करके आए हैं, अतः अधिक योग्य हैं।"

"युवराज! क्या आपको नहीं लगता कि यह स्थिति सारी जाति के लिए अत्यंत घातक है।" नल क्षुब्ध स्वर में बोले, "कुछ व्यक्तियों अथवा परिवारों के स्वार्थ को बनाए रखने के लिए एक संपूर्ण जाति को पशुओं के धरातल पर जीने को बाध्य करना कहाँ का न्याय है...!" वे रुक गए, जैसे शब्द खोज रहे हों, "शायद मैं ठीक शब्द खोज नहीं पा रहा हूँ...मैं यह कहना चाहता हूँ कि यह अन्याय तो है

ही, यह घोर मूर्खता भी है। इससे संपूर्ण जाति दुर्बल-की-दुर्बल रह जाएगी और भविष्य में यदि किसी दूसरी जाति ने हम पर आक्रमण किया, तो ये उच्चाधिकारी अपने निजी स्वार्थों की भी रक्षा नहीं कर पाएँगे। इनके विदेशी शिक्षा प्राप्त पुत्र शत्रुओं के घरों में उनके जूठे बर्तन धोते दिखाई पड़ेंगे...!''

''ठीक बात है।'' नील ने अपने भाई का समर्थन किया, ''आज स्थिति यह है कि रावण पहले शक्तिशाली राष्ट्रों से निबट रहा है। वह शायद यह मानता है कि वानर राज्य उसकी मुट्ठी में है, जिस दिन चाहेगा, हमें पीस डालेगा। इसीलिए वह इस बात का ध्यान भी रखे हुए है कि जब तक वह इधर पग नहीं बढ़ाता, तब तक वानर जाति भी ऐसी की ऐसी आदिम व्यवस्था में बनी रहे। वह न तो अपने राज्य का ज्ञान-विज्ञान इस ओर आने देगा और न आर्य ऋषियों को ही इस ओर आगे बढ़ने देगा। यदि वह मैत्री के नाम पर किष्किंधा की राजसभा में भेजेगा भी तो विद्वानों को नहीं, चतुर व्यापारियों को; जो हमें लूटें। वह भेजेगा विलास की सामग्री के उत्पादकों को और भेजेगा राक्षस-संस्कृति के प्रचारकों को। और जिस दिन उसे अपने प्रबल विपक्षी आर्यों, यक्षों, देवों और गंधर्वों से अवकाश मिला, वह वानर-राज्य के सम्राट, युवराज, मंत्रियों, सामंतों, श्रेष्ठियों, यूथपतियों ओर सेनापतियों को बाँधकर ले जाएगा और अपनी अश्वशाला में उनसे लीद उठवाने का कार्य लेगा... ।'

नील रुके तो इतने क्षुब्ध लग रहे थे, जैसे अपने क्रोध में ही रो पड़ेंगे।

''ठीक यही स्थिति है...पर मेरे मन में एक बात और भी है।'' हनुमान बोले, ''हम मान लें कि राक्षसों अथवा किसी भी इतर जाति का हम पर आक्रमण न भी हो, तो भी क्या यह स्थिति हमें भयंकर परिणामों की ओर नहीं ले जाएगी?'' हनुमान ने रुककर अपने साथियों की ओर देखा—सब पूर्ण तन्मयता से उनकी बात सुन रहे थे, ''यदि हम आपद्धर्म के रूप में यह स्थिति स्वीकार कर भी लें कि सामान्य वानर अशिक्षित ही रहेगा और हमारे शासक विदेशों से ही अध्ययन करके आएँगे, तो भी कुछ समस्याएँ हमारा ध्यान आकर्षित करती हैं।'' हनुमान बोले, ''आज विदेशों से पढ़कर आए वानर स्वयं को अपनी जाति से जोड़ते हैं और उसकी हीन दशा देखकर पीड़ित होते हैं। इनकी संख्या जब तक कम है, एक प्रकार की दुखद स्थिति है; और जब यह संख्या बढ़ जाएगी, एक दूसरे प्रकार की दुखद स्थिति उत्पन्न होगी। जैसे-जैसे इन विदेश-शिक्षित लोगों की संख्या बढ़ती जाएगी, उनका अपना एक पृथक् उच्च वर्ग बनता जाएगा और उनकी सहानुभूति अपनी निर्धन और पिछड़ी हुई जाति से कम, अपने वर्ग से अधिक होती जाएगी। न केवल अपनी जाति के लिए वे विदेशी होते जाएँगे, वरन् उसके लिए अपने मन में अधिक-से-अधिक घृणा संचित करते जाएँगे और अवसर पाते ही स्वयं को अपनी जाति के हत्यारे प्रमाणित करेंगे। सुदूर भविष्य में कोई ऐसी स्थिति भी आ सकती है कि जब किन्हीं

कारणों से शासन सामान्य जन के हाथ में आएगा तो सामान्य जन अपने इस घृणा भरे शत्रु—विशिष्ट वर्ग—की हत्या कर देगा। वानरों के लिये दोनों ही स्थितियाँ अत्यंत दुखद होंगी...।''

एक बार फिर से चुप्पी छा गई। सब लोग अपनी-अपनी सोच में डूब गए।

थोड़ी देर के पश्चात् सुग्रीव ही बोले, ''मेरा विचार है कि आप सब लोग स्थिति को बहुत अच्छी प्रकार समझ रहे हैं। पर एक पक्ष और भी है। इस सारे संवाद के पश्चात् यदि हम केवल इस निष्कर्ष पर पहुँचे कि हमारी जाति के लिए शिक्षा तो आवश्यक है और इस बात का एकदम ध्यान न दें कि हमारी जाति को कैसी शिक्षा चाहिए, तो भी समस्या नहीं सुलझेगी।'' वे क्षण-भर रुककर पुनः बोले, ''यह बात मैं इसलिए कह रहा हूँ कि कहीं ऐसा न हो कि सम्राट पर दबाव पड़े और किष्किंधा में पाठशालाएँ, गुरुकुल अथवा आश्रम जैसे शिक्षा-संस्थान स्थापित करने के लिए तैयार हो जाएँ, तो हमारे मंत्रिगण ऐसे शिक्षा-संस्थान स्थापित करें, जिनमें अध्ययन-अध्यापन विदेशी भाषाओं में हो तथा विदेशी ज्ञान को विदेशी पद्धतियों से हमारी संतानों में प्रचारित किया जाए। ऐसे विषय पढ़ाए जाएँ, जिनका हमारी समस्याओं से कोई संबंध न हो और जो हमारी जाति का आत्मबल बढ़ाने के स्थान पर, उसमें हीन भावना को गहरे तक उतारते जाएँ। परिणामतः एक ओर तो हमारा सामान्य जन युगों के लिए शिक्षा से दूर फेंक दिया जाए और दूसरी ओर अपनी जाति को हीन मानने वाला, अपनी जाति का शत्रु, एक संभ्रांत वर्ग पैदा हो जाए।''

''ठीक कहते हैं युवराज!'' नील ने सहमति प्रकट की।

''मेरा विचार है कि अब समय नहीं खोना चाहिए।'' हनुमान बोले, ''युवराज! आप राजकुमार अंगद से भी बात कर लें और इस विषय को कल राजपरिषद में सम्राट के सम्मुख अवश्य प्रस्तुत करें।''

मार्ग में ही सुग्रीव को ज्ञात हो गया कि राजसभागार में आज कोई विशेष उत्सव है। सारे मार्ग में स्थान-स्थान पर तोरण बने हुए थे। पथ को विशेष रूप से स्वच्छ कर पानी का छिड़काव किया गया था। अनेक राज-कर्मचारी अब मार्ग की शोभा के लिए प्रयत्नशील दिखाई पड़ रहे थे...

सुग्रीव के मन में आया कि वे किसी कर्मचारी से पूछें कि यह सारी व्यवस्था किसके लिए हो रही है? परसों तक तो ऐसी कोई सूचना नहीं थी। बस, कल एक दिन ही वे राजसभा में उपस्थित नहीं हुए थे। कल-ही-कल में ऐसी कौन-सी राजाज्ञा प्रचारित हो गई, जिसके कारण इतनी हलचल मची हुई है। ऐसा तो वर्ष-भर में कुछ विशेष उत्सवों पर ही होता है...किंतु अपनी जिज्ञासा को उन्होंने संयत किया। इतनी भी क्या उत्कंठा कि सभागार तक पहुँचने तक की प्रतीक्षा नहीं कर सकते। वहाँ जाते ही ज्ञात हो जाएगा।

सभा में पहुँचते ही उन्हें बता दिया गया कि एक दिन पूर्व, उनकी अनुपस्थिति

में सम्राट ने आज महासामंत उपाधि-वितरण-समारोह की घोषणा की थी...सुग्रीव चकित रह गए। इतने महत्त्वपूर्ण समारोह भी क्या इस प्रकार घोषित किए जाते हैं, जैसे हाट से कोई वस्तु क्रय कर लानी हो...अकस्मात् ही सुग्रीव का ध्यान दूसरी ओर चला गया। ऐसा क्या हुआ है कि सम्राट किसी से ऐसे प्रसन्न हो गए हैं कि उन्होंने तुरंत उसे उच्चतम उपाधि देने का निश्चय कर डाला है...कौन है वह व्यक्ति? कहीं सुषेण तो नहीं? सुषेण सम्राट के श्वसुर हैं। किष्किंधा के सबसे बड़े युद्ध-वैद्य हैं।...तारा भाभी को प्रसन्न करने के लिए यह सबसे सरल उपाय है, और वैसे भी सम्राट के श्वसुर को महासामंत तो होना ही चाहिए। आश्चर्य तो यह है कि सम्राट ने उन्हें सम्मानित करने में इतना विलंब कैसे कर दिया। निश्चित रूप से यह समारोह सुषेण के सम्मान के लिए ही होगा—और कोई व्यक्ति तो इतना महत्त्वपूर्ण लगता ही नहीं है। फिर इतनी त्वरा और किसी के लिए होगी भी क्यों?

यदि यह प्रयास तारा भाभी को प्रसन्न करने के लिए है, तो बड़ा सुखद अवसर है। पिछले कितने ही दिनों से ऐसे ही समाचार आ रहे थे, जिससे साम्राज्ञी के प्रति सम्राट की निरंतर वर्धमान अरुचि के प्रमाण मिलते थे। यदि अब ऐसा कोई परिवर्तन सम्राट में आया है कि वे अपनी साम्राज्ञी को प्रसन्न करना चाहते हैं, तो यह उनके दांपत्य जीवन के लिए अत्यंत शुभ घटना होगी।

दूसरे ही क्षण सुग्रीव के विचार, बालि के दांपत्य जीवन से हटकर, अपने कौटुंबिक जीवन की ओर मुड़ गए...कहाँ तो दोनों भाइयों में इतना स्नेह था...सुग्रीव को अपना शैशव आज भी याद आता है, तो आँखें भर आती हैं। शैशव से ही बालि सुग्रीव से कहीं अधिक सबल और भोले थे। सुग्रीव बार-बार विभिन्न प्रकार से हठ करते थे और बालि उनका प्रत्येक हठ मान लेते थे। पिता सदा हँसते हुए कहा करते थे कि यह छोटा, बड़े को नचाएगा। और बालि प्रसन्न होकर कहते थे, "यह मुझे जितना नचाता है, उतना ही मुझे अच्छा लगता है।" कितना प्यार था बालि में और कितना तेज! राजनीति से अधिक उनका ध्यान पूजा-पाठ में था। पूजा-पाठ में तो आज भी उनका उतना ही ध्यान है, किंतु वह सात्विकता समाप्त हो गई है। कुछ निरंकुश राज्याधिकार, कुछ शारीरिक बल का अहंकार, कुछ चिंतन का अभाव और कुछ कामुकता तथा विलास की प्रवृत्तियाँ—क्या से क्या हो गए हैं बालि! बात-बात में दोनों भाइयों में मतभेद होता है—जैसे भाई न हों, विपक्षी हों, या विरोधी हों...विरोध भी क्रमशः उग्र होता जा रहा है। राजनीतिक मतभेद से कभी-कभी वह व्यक्तिगत संबंधों की सीमा में आ पहुँचता है। पता नहीं, उसका अंत क्या होगा...

सम्राट के आ जाने पर सभा का वातावरण बदल गया। सभासद अपने-अपने नियत

स्थान पर आ बैठे। समस्त औपचारिक गतिविधियों का पालन किया गया और कार्यवाही आरंभ हुई।

सम्राट की ओर से घोषणा की गई कि यह अत्यंत हर्ष और उल्लास का अवसर है कि वानर साम्राज्य ने अपने एक वास्तविक मित्र को पाया है और अत्यल्प समय में ही साम्राज्य को इतना लाभ हुआ है कि स्वयं सम्राट चकित हैं...

सुग्रीव ने सिर उठाकर इधर-उधर देखा, किंतु सुषेण तो कहीं दिखाई ही नहीं पड़ रहे थे। अभी क्षण-भर में उनके नाम की घोषणा होगी, तो वे कहाँ से प्रकट होंगे—धरती फोड़कर निकलेंगे कि आकाश छेदकर...और सभासदों के चेहरों से तैरती हुई सुग्रीव की दृष्टि सहसा थम गई। यह मायावी यहाँ क्या कर रहा है? यह इतना प्रसन्न दिखाई पड़ रहा है और इतना शृंगार करके आया है, जैसे इसी को महासामंत की उपाधि मिलने बालि है...इसको सभागार में प्रवेश करने की अनुमति किसने दी...!

बालि कह रहे थे—"और हम न केवल अपने साम्राज्य के उस मित्र को अपना सभासद नियुक्त करते हैं, वरन् उसे महासामंत की उपाधि प्रदान करते हैं। आओ, मित्र मायावी!..."

सुग्रीव का मस्तक जैसे किसी वृहद् चक्र के साथ घूमने लगा था। उनकी स्थिति अत्यंत विचित्र हो गई। शिराओं में सारा रक्त जैसे एक बार ही सनसनाने लगा था। भुजाएँ फड़कने लगी थीं और उनके शरीर के भीतर की कोई ठोस वस्तु जैसे वक्ष फोड़ बाहर निकल आना चाहती थी...

सुग्रीव की दृष्टि अनायास ही अंगद पर जा टिकी। अंगद जाने क्या सोचकर, अपने स्थान पर खड़े हो गए थे। उनका चेहरा असाधारण रूप से रक्तिम हो उठा था। उनकी आँखों में जड़-शून्यता का ऐसा भाव था, जैसे वे उन आँखों से सम्राट और सभासदों को न देख, किसी भूत को देख रहे हों। प्रायः अचेतावस्था में उन्होंने अपने होंठों पर जिह्वा फेर उन्हें गीला किया। कुछ कहने के लिए उनके होंठ फड़फड़ाए, पर उनसे शब्द नहीं फूटे। फिर उनकी आँखें जैसे काँप गईं और वे भहराकर अपने आसन पर बैठ गए।

सुग्रीव ने अपनी आँखें सिंहासन की ओर फेरीं—बालि ने अपने हाथों से मायावी के कंठ में माला पहनाकर, उसे महासामंत की प्रतिष्ठा प्रदान की।

सुग्रीव का मुँह कसैला हो गया। मन वितृष्णा से आप्लावित हो उठा। जी में आया, अपने आसन से उठें और तुरंत बाहर चले जाएँ। क्या करेंगे वे युवराज की उपाधि धारण करके, जब उनको शासन की नीतियों और कृत्यों के संबंध में बोलने का तनिक-सा भी अधिकार नहीं है। क्या करेंगे वानर-सम्राट की राजसभा में उपस्थित रहकर, जब उनकी आँखों के सम्मुख अपराधी को महासामंत की पवित्र उपाधि से विभूषित कर, उसके कंठ में मालाएँ पहनाकर उसका अभिनंदन किया

जाएगा।

किंतु दूसरे ही क्षण मन ने कहा, वे सब बाद की बातें हैं। इस समय तो वे शासन का अंग हैं; युवराज पद के अधिकार और कर्त्तव्य—दोनों को ही वे धारण करते हैं। शासन के प्रत्येक निश्चय और कृत्य में वे भागी हैं। उसका दायित्व उन पर भी है। अतः अपना विरोध प्रकट करने का यही क्षण है। समय पर मौन रहकर, बाद में आलोचना करते फिरना मूर्खता भी है और कायरता भी।

मायावी ने लौटकर अपना आसन भी ग्रहण नहीं किया था कि सुग्रीव उठकर खड़े हो गए।

बालि की दृष्टि सहसा खड़े हो गए सुग्रीव पर पड़ी—सुग्रीव के चेहरे पर जो भाव थे, वे उनके मन की स्थिति की स्पष्ट घोषणा कर रहे थे। और बालि समझ रहे थे कि सुग्रीव के मन के भाव मधुर नहीं थे। बालि का चेहरा भी तमतमा गया, किंतु स्वयं को मर्यादित रखने की बालि ने अद्भुत क्षमता दिखाई।

''युवराज महासामंत को बधाई देना चाहते हैं?'' बालि ने मुसकान का मुखौटा पहन लिया, ''किंतु उसके लिए अभी समय नहीं आया। सबसे पहले हम स्वयं बधाई देंगे।''

''नहीं, सम्राट!'' सुग्रीव के कंठ से चीखता हुआ स्वर निकला, ''मैं सम्राट के विचारार्थ अपनी आपत्ति प्रस्तुत करना चाहता हूँ; और सम्राट द्वारा बधाई दी जा चुकने के बाद आपत्ति के लिए कोई अवकाश ही नहीं रहता।''

''कैसी आपत्ति?'' बालि का क्रोध अपना आभास देने लगा था।

''महासामंत अथवा ऐसी कोई भी महत्त्वपूर्ण उपाधि देने से पूर्व सम्राट, युवराज, राजकुमार तथा मंत्रियों में विधिवत् इस पर विचार होना चाहिए था, किंतु मायावी को यह उपाधि प्रदान करने से पूर्व सम्राट ने किसी से कोई विचार-विमर्श नहीं किया। यह नीति-विरुद्ध है...!''

''और युवराज का इस प्रकार राजसभा के उत्सवों में बाधाएँ प्रस्तुत कर, सम्राट का अपमान भी करना नीति के विरुद्ध है और मर्यादा के भी।'' बालि का स्वर मुखर क्रोध लिये हुए था।

''सम्राट!'' सुग्रीव जैसे अपने आपको भूल गए, ''एक अपराधी को महासामंत की पवित्र उपाधि देकर आपने मर्यादा का जो हनन किया है, वह अपने-आप में अपराध है...''

''युवराज!'' बालि दहाड़कर बोले, ''अपनी सीमा का ध्यान रखो। सम्राट को पूर्ण अधिकार है कि वह युवराज को पदच्युत कर, नये युवराज का अभिषेक कर दे। हमें बाध्य मत करो कि हम तुम्हें सम्राट का अपमान करने के अपराध में युवराज के पद से च्युत कर, कारागार में प्रतिष्ठित कर दें।''

अपने आवेश में भी सुग्रीव को यह समझने में विलंब नहीं हुआ कि इस

बार उनका मुख खुलते ही बालि अपनी धमकी को कार्यरूप में परिणत कर देंगे...बालि को ऐसी चुनौती देने का निश्चय वे तब ही कर सकते हैं—जब वे पहले यह निर्णय कर लें कि अब उन्हें शासन में नहीं रहना है और शासन के क्रोध का जोखिम भी उठाना है...किंतु क्या उसका समय आ पहुँचा है?...अभी तो वे युवराज के सम्मानित तथा अधिकारपूर्ण पद पर हैं। शासन की कोई बात उनसे गुप्त नहीं रहती। पग-पग पर वे सम्राट को रोकते हैं, उनकी नीतियों को सुधारने का प्रयत्न करते हैं, तब यदि वे शासन को सामान्य-जन के कल्याण की ओर प्रवृत्त नहीं कर पाते; तो यदि वे शासन छोड़कर अलग हो जाएँ, तब वे सामान्य वानरों के लिए क्या कर पाएँगे?...शासन के भीतर रहते हुए, यदि वे शासन की नीति का विरोध करते हैं, तो उसे विचार-विमर्श या वाद-विवाद कहा जा सकता है। शासन के बाहर से वे उसका विरोध करेंगे तो उसे विद्रोह माना जाएगा। उससे वे किसी का कोई लाभ कर पाएँगे या नहीं, कहना कठिन है, किंतु अपनी हानि वे अवश्य कर लेंगे...

सुग्रीव अपने स्थान पर बैठे रहे। उनकी खुली आँखों के सम्मुख जैसे कोई छाया-नृत्य हो रहा था। वे उसे देखते हुए भी नहीं देख रहे थे। लगता था, जैसे कुछ छायाएँ उठती हों, कुछ करती हों और अपने स्थान पर बैठ जाती हों। सुग्रीव उनकी आकृतियों को देखते हुए भी पहचान नहीं रहे थे, उनके शब्दों को सुनते हुए भी समझ नहीं रहे थे।

यह प्रतिभासित छाया-नृत्य सुग्रीव की आँखों के सम्मुख से तब विलीन हुआ, जब उपाधि-वितरण-समारोह संबंधी कार्यवाही समाप्त हो जाने के पश्चात् सम्राट के विचारार्थ अन्य विषय रखे गए।

पहला समाचार नगर कोटपाल की ओर से था कि कल, एक दिन के भीतर, नगर में अलग-अलग स्थानों से चार कन्याओं के अपहरण के परिवाद प्राप्त हुए हैं। नगर के प्रवेश-द्वार के रक्षकों के नायक का कहना है कि कल एक भी कन्या नगर से बाहर नहीं गई है, संयोग से कल दिन-भर में कोई पालकी भी द्वार से बाहर नहीं गई, जिससे संदेह किया जा सके कि उसमें कोई कन्या छिपाकर ले जाई गई होगी। नियमतः नगरद्वार से आने-जाने बालि पालकियों को वे भली प्रकार देखते हैं, किंतु कल कोई पालकी बाहर गई ही नहीं...

सुग्रीव के कान खड़े हो गए। उन्होंने मायावी को देखा, वह बड़ा तटस्थ-सा बैठा उस समाचार को सुन रहा था। सुग्रीव की दृष्टि अंगद की ओर गई। अंगद क्रुद्ध दृष्टि से मायावी को घूर रहा था...तो अंगद को भी मायावी पर ही संदेह था...बहुत संभव है कि एक ओर मायावी, बालि का विश्वासपात्र बनकर महासामंत की उपाधि का गौरव प्राप्त कर रहा हो और दूसरी ओर अपनी दस्युवृत्ति का विस्तार

कर रहा हो। उधर कोटपाल, अपराधी की खोज में आकाश-पाताल एक कर रहा होगा, और इधर यह महासामंत की उपाधि से मंडित, कितना सुरक्षित बैठा है यहाँ। कोई इसकी ओर अँगुली भी नहीं उठा सकता...

"यदि द्वार-रक्षक कहते हैं कि कन्याएँ नगर से बाहर नहीं गईं, तो वे नगर में ही होंगी।" बालि कह रहे थे, "उन्हें खोजो।"

"सम्राट! कल दिन-भर हम नगर में खोजते रहे हैं।" कोटपाल ने सिर झुकाकर निवेदन किया, "जहाँ-जहाँ हमें खोज करने का अधिकार है, वहाँ वे नहीं हैं। यदि वे नगर के भीतर ही हैं, तो संभवतः उन भवनों में होंगी, जहाँ खोज करने का अधिकार हमें नहीं..."

"ठीक है। ठीक है।" सम्राट ने कोटपाल की बात बीच में ही काट दी, "खोज होती रहनी चाहिए।"

सम्राट दूसरे कामों की ओर उन्मुख हो गए।

सुग्रीव का मन हुआ, एक बार हृदय खोलकर हँसें—न्याय के इस नाटक का अर्थ क्या है? कोटपाल स्पष्ट शब्दों में कह रहा है कि अपहृत कन्याएँ कुछ उन शक्तिशाली और महासंपन्न लोगों के भवनों में छिपाई गई हैं, जहाँ खोज करने का अधिकार कोटपाल को नहीं है; और सम्राट कहते हैं कि खोज होती रहनी चाहिए...सुग्रीव के मन की विचित्र अवस्था थी—वे समझ नहीं पा रहे थे कि हँसें या रोयें, बालि पर क्रुद्ध हों, या उन पर दया करें।

"कोई नया प्रस्ताव अथवा निवेदन?" सुग्रीव के आत्मचिंतन से बालि का स्वर टकराया।

सुग्रीव खड़े हो गए।

"युवराज को फिर कोई आपत्ति करनी है क्या?" बालि ने कटाक्ष किया।

सुग्रीव के मन में आया कि गदा उठाएँ और बालि के सिर पर दे मारें। ऐसा अपमान! किस स्तर पर उतर आया है यह व्यक्ति!

"नहीं!" सुग्रीव भारी प्रयत्न कर कह पाए, "एक नया प्रस्ताव है।"

"व्यापार-संबंधी?" बालि पूछ रहे थे—अर्थात् प्रस्ताव के विषय में जाने बिना, वे उसे प्रस्तुत भी नहीं होने देंगे।

"नहीं! शिक्षा-संबंधी।"

"प्रस्तुत करो।"

अर्थात् बालि मानते थे कि ऐसा प्रस्ताव उनके लिए हानिकारक नहीं होगा।

सुग्रीव ने स्वयं को संयत किया। उनका प्रस्ताव महत्त्वपूर्ण था। यदि उनकी किसी भंगिमा के कारण सम्राट ने उसका विरोध किया, तो संपूर्ण वानर-जाति का अहित होगा।...सुग्रीव को सावधान रहना होगा।

एक निरीह-सी दृष्टि सुग्रीव ने सभासदों पर डाली और बोले, "हम सब जानते

हैं कि बच्चों की शिक्षा-व्यवस्था अत्यंत महत्त्वपूर्ण विषय है। उससे अगली पीढ़ी का निर्माण होता है, और किसी जाति, समाज या राष्ट्र के भविष्य का निर्माण उसकी अगली पीढ़ी ही करती है।" सुग्रीव ने क्षण-भर के लिए रुककर बालि की ओर देखा। बालि के चेहरे पर स्पष्ट अरुचि थी। किंतु, उससे क्या? बोलना तो था ही, "हम सब यह भी जानते हैं कि संपूर्ण वानर-जाति ने अपनी अगली पीढ़ी की शिक्षा की कोई व्यवस्था नहीं की है। सम्राट से निवेदन है वे राज्य में एक स्वतंत्र शिक्षा-विभाग की स्थापना करें, जिस पर संपूर्ण जाति की शिक्षा-व्यवस्था का दायित्व हो।..."

सुग्रीव चुप हो गए। सभा में मौन छा गया।

बालि ने अपनी दृष्टि इधर-उधर घुमाई और पूछा—"और कोई मत?"

सम्राट का मुँहलगा मंत्री कटाक्ष उठकर खड़ा हो गया, "सम्राट! इस विषय में मेरी भी कुछ रुचि है, इसलिए मैं भी इस विषय में सोचता रहा हूँ। राजकुमारों, मंत्रियों, सामंतों, यूथपतियों, सेनानायकों इत्यादि कुलीन लोगों की संतानों की शिक्षा-दीक्षा की बात तो मेरी समझ में आती है। संभव हो तो उनके लिए किष्किंधा में कोई पाठशाला खुलवा दी जानी चाहिए। किंतु कृषक, श्रमिक और सामान्य-जन का पुत्र शिक्षा पाकर क्या करेगा? पा भी गया तो वह मंत्री बनेगा क्या?"

कटाक्ष उपहासपूर्ण भद्दी हँसी हँसा। सुग्रीव कुछ कहते, उसके पूर्व ही तमतमाए हुए अंगद उठ खड़े हुए, "सम्राट से निवेदन है कि मुझे भी अपना पक्ष प्रस्तुत करने की अनुमति मिले।"

"बोलो।"

"यदि मंत्री कटाक्ष यह समझते हैं कि केवल मंत्री बनने के लिए ही शिक्षा आवश्यक है और अन्य लोगों के लिए अनावश्यक, तो मेरा उनसे स्पष्ट मतभेद है।" अंगद अपना आवेश छिपा नहीं पा रहे थे, "किसी भी जाति की उन्नति के लिए आवश्यक है कि उसका एक-एक सदस्य सुशिक्षित हो। यदि वे समझते हैं कि साधारण वानर का पशु के समान ही जीना उचित है, तो वे भूल जाते हैं कि पशुपालन के लिए भी शिक्षा से अधिक उपयोगी लाठी होती है। ऐसी स्थिति में हमारे मंत्रियों की शिक्षा की भी कोई आवश्यकता नहीं है।" अंगद ने बालि की ओर देखा, "सम्राट से मेरा निवेदन है कि वे प्रत्येक व्यक्ति के लिए शिक्षा की नीति को राजकीय स्तर पर मान्यता दें और उसके लिए व्यवस्था करें। आज हमारी जाति यदि देवों, आर्यों, राक्षसों, यक्षों आदि से पिछड़ी हुई है, तो उसका एकमात्र कारण हममें शिक्षा का अभाव है। अन्य जातियों का सामान्य व्यक्ति भी हमारे विद्वान मंत्रियों से अधिक अपनी जाति का हित समझता है।" अंगद का स्वर ऊँचा उठा, "मेरा निवेदन है कि सम्राट यह दायित्व युवराज को सौंपें कि वे समुचित शिक्षा की विस्तृत व्यवस्था की योजना बनाएँ और सम्राट के विचारार्थ प्रस्तुत करें!"

अंगद ने अपना स्थान ग्रहण किया।

''कोई और विचार?'' बालि ने पुनः पूछा।

''यदि सम्राट तथा अन्य सभासदों को कोई आपत्ति न हो तो मैं भी कुछ कहना चाहूँगा।'' मायावी अपने स्थान पर उठकर खड़ा हो गया।

बालि के चेहरे पर उल्लास प्रकट हुआ, जैसे किसी गंभीर समस्या का समाधान मिल गया हो, ''महासामंत मायावी अपना मत प्रस्तुत करें। सम्राट और सभासद उनके विचारों की उत्कंठापूर्वक प्रतीक्षा कर रहे हैं।''

मायावी मुसकराया और अत्यंत सहज स्वर में बोला, ''सम्राट! मैं युवराज सुग्रीव और राजकुमार अंगद, दोनों से ही सहमत हूँ कि किसी भी जाति या राष्ट्र की उन्नति के लिए शिक्षा बहुत आवश्यक है।'' वह रुका और चेहरे पर हल्की-सी घबराहट लाकर बोला, ''सम्राट! मुझे क्षमा करें। मैं जाति से वानर नहीं हूँ। इसलिए अपनी बात कहने से थोड़ा डरता हूँ। कहीं यह न समझा जाए कि वानर न होने के कारण, मैं वानरों का हित नहीं चाहता। किंतु, आपने मुझे अपना सभासद नियुक्त कर जो प्रेम और सम्मान दिया है, उससे मेरा कर्त्तव्य हो जाता है कि मैं अपनी बुद्धि के अनुसार वानरों के हित की बात कहूँ।''

''महासामंत निर्भय होकर कहें।'' बालि बोले, ''हमें आपके विचार जानकर प्रसन्नता होगी।''

''सम्राट!'' मायावी बोला, ''शिक्षा से मेरा कोई विरोध नहीं है, किंतु आप जानते हैं कि वानर-राज्य निर्धन राज्य है। वह संपन्न राज्यों के विलासों को अंगीकार नहीं कर सकता। आप जानते हैं कि शिक्षा कोई व्यापार नहीं है, जिससे राज्य की आय बढ़े। यह एक ऐसा विभाग है, जिसमें व्यय-ही-व्यय है। और अनेक बार ऐसा भी होता है कि जिन आचार्यों को राज्य अपना धन व्यय कर नियुक्त करता है तथा जिनकी आजीविका का प्रबंध करता है, वे आचार्य विश्वासघात करते हैं और शासन का साथ नहीं देते। अनेक बार शासन की निंदा कर वे अपने विद्यार्थियों को भी विद्रोह का पाठ पढ़ा देते हैं। ऐसी स्थिति में शासन बड़ी विकट स्थिति में फँस जाता है। वह अपने ही धन से अपने काल का पोषण करता है—जिसे न वह उगल सकता है, न निगल सकता है।'' एक क्षण के लिए रुककर मायावी श्रोताओं पर अपनी बात की प्रतिक्रिया देखता रहा और पुनः बोला, ''सम्राट से मेरा निवेदन है कि जब तक वानर-राज्य संपन्न नहीं हो जाता, तब तक ऐसे व्यय-साध्य विलासों का बोझ अपनी निर्धन जाति पर न डालें। हाँ, प्रशासन चलाने के लिए कुछ सुशिक्षित व्यक्तियों की आवश्यकता पड़ेगी। उतने लोगों की शिक्षा का प्रबंध लंका में सुविधा से किया जा सकता है। मुझे आशा है कि लंका के राजाधिराज अपनी सद्भावना के कारण, इतने थोड़े-से लोगों की शिक्षा का निःशुल्क प्रबंध कर देंगे।''

मायावी के बैठने की देर थी कि अंगद पुनः खड़े हो गए, "सम्राट! यदि प्रजा के कल्याण-कार्यों पर राज्य का धन व्यय नहीं किया जाना है, तो प्रजा पर कर लगाने का शासन को कोई अधिकार नहीं है राज्य की समस्त आय इसलिए है कि उससे जन-कल्याण का कार्य हो सके। वह किसी श्रेष्ठि की पूँजी नहीं है, जो केवल लाभार्जन के लिए ही लगाई जाएगी। यदि हमारे चिंतन की यही दिशा रही कि प्रजा पर व्यय नहीं होना चाहिए, तो सम्राट मुझे यह कहने की अनुमति दें कि फिर शासन की कोई आवश्यकता नहीं है। शासन का मूल ध्येय प्रजा का कल्याण है, यदि वह यह नहीं कर सकता तो फिर शासन की भी कोई आवश्यकता नहीं है।"

"सम्राट! यह राजद्रोह है।" मंत्री कटाक्ष अंगद की बात के बीच में ही उठ खड़ा हुआ, "मेरा निवेदन है कि ध्यान दिया जाए कि राजकुमार को ऐसी शिक्षा कौन दे रहा है, अन्यथा अनर्थ हो जाएगा।"

अब सुग्रीव को उठना ही पड़ा, "सम्राट! मैं राजकुमार से सहमत हूँ; और यदि मंत्री कटाक्ष का संकेत मेरी ओर था कि मैं राजकुमार में राजद्रोह की भावना भर रहा हूँ, तो निवेदन है कि यदि राजकुमार ऐसी बातें मुझसे सीख रहे हैं, तो मैं स्वयं पर गर्व का अनुभव करूँगा। यह राजद्रोह नहीं, शासन का सत्य है सत्य बोलना गौरव का विषय है, अपराध का नहीं। सम्राट को उचित परामर्श देना प्रत्येक सभासद का कर्त्तव्य है। उचित परामर्श न देने वाले सभासद या तो अयोग्य हैं अथवा छली..."

"युवराज अपने विषय पर आएँ!" बालि का स्वर शुष्क था।

"मेरा मंतव्य यह है, सम्राट!" सुग्रीव सँभले, "कि राजकीय आय का सदुपयोग प्रजा के कल्याण में व्यय हो जाने में है, और दूसरी बात यह है कि प्रजा की बौद्धिक जागरूकता और बुद्धिजीवियों की स्वतंत्रता को राजद्रोह का पर्याय मान, उनसे शत्रुता पालना अत्यंत विषैली चिंतन-पद्धति है। अपने स्वार्थ के लिए शासन की अनुचित नीतियों की प्रशंसा और प्रचार बौद्धिक अपराध है। बिका हुआ बुद्धिजीवी अत्यंत घातक जंतु है। अतः सम्राट का कर्त्तव्य है कि निर्भीक तथा स्वतंत्र चिंतन करने वाले बुद्धिजीवी को न केवल किष्किंधा में आश्रय दें, वरन् उनका पूर्ण सम्मान करें। आर्यों की उन्नति का मूल कारण उनके ऋषि हैं, सम्राट नहीं। बुद्धिजीवियों से भयभीत हो, उन्हें क्रय करने का प्रयत्न भी उतना ही राक्षसी है, जितना उनकी हत्याएँ करने का। रावण की बुद्धिजीवियों के दमन की नीति न राक्षसों का उत्थान है, न संसार का कल्याण। उस नीति को अंगीकार करना किसी भी जाति के लिए आत्मघाती होगा...।"

"युवराज यदि अपनी बात कह चुके हों, तो अपना व्याख्यान समाप्त करें।" बालि ने सुग्रीव को टोक दिया, "रावण की निंदा सुनने में हमारी कोई रुचि नहीं

है।''

पूरी शक्ति से आत्मनियंत्रण का प्रयत्न करने पर भी सुग्रीव स्वयं को हतप्रभ होने से रोक नहीं सके। बड़ी कठिनाई से कह पाए, ''अपनी बात मैं कह चुका।''

''अब सम्राट का निर्णय!'' मायावी मुसकरा रहा था।

''शिक्षा आवश्यक है।'' बालि बोले, ''इसलिए भावी प्रशासकों को चुनकर शिक्षा के लिए लंका भेज दिया जाए। किष्किंधा का वानर-राज्य शिक्षा-संस्थानों का व्यय उठाने तथा बुद्धिजीवियों की स्वतंत्रता की चुनौतियाँ स्वीकार करने में अभी असमर्थ है।''

बालि सिंहासन से उठ खड़े हुए।

बालि को स्वयं अपने-आप पर आश्चर्य हो रहा था कि राजसभा में उन्होंने स्वयं को इतना संयमित कैसे रखा। संयम उनके स्वभाव में नहीं था। इन दिनों तो अपने मन में आई बात का विरोध वे सह नहीं पाते थे। प्रत्येक मत-वैभिन्य उन्हें अपना विरोध लगता था और प्रत्येक विरोध अपना अपमान। बालि अपना अपमान नहीं सह सकते, इसलिए वे मतभेद भी नहीं सह सकते। मतभेद की गंध पाते ही शरीर का सारा रक्त जैसे उनके मस्तिष्क की ओर दौड़ने लगता है, सोचने-समझने की शक्ति समाप्त हो जाती है। मन में आवेश उबलने लगता है और हाथ गदा पर चला जाता है। फिर तो आँखों को ध्वंस-ही-ध्वंस दीखता है—विनाश-लीला। और बालि के मन में आता है कि अपनी गदा तथा पैरों के आघात से सारी पृथ्वी को चूर्ण के एक ढेर में बदल दें...

आजकल उनका सबसे अधिक विरोध सुग्रीव ही करने लगा है। कोई भी तो ऐसी बात नहीं होती, जिस पर वे दोनों भाई सहमत हो सकें। मतभेद भी सैद्धांतिक—उससे व्यक्तिगत विरोध भी उभर ही आता है।...और बालि को उससे भी अधिक पीड़ामय आश्चर्य होता है अंगद को लेकर। दिन-प्रतिदिन अंगद उनसे दूर होता जा रहा है। पुत्र अपने ही पिता से दूर होता जा रहा है। दूरी भी कैसी—असंपर्क की नहीं, विरोधी दिशा की।

बालि को लगता है कि सारा विरोध मायावी के कारण है। सुग्रीव और अंगद, दोनों ही चाहते थे—और कदाचित् आज भी चाहते हैं कि मायावी को बंदी कर, उसे दण्डित किया जाए। और मायावी है कि बालि के थके मन को विश्राम देता है।...सहसा बालि के लिए सारी सृष्टि विलीन हो गई। मस्तिष्क में एक बात बार-बार ध्वनित हो रही थी—थके मन को विश्राम। आँखों के सम्मुख एक ही रूप था—अलका। बालि का शरीर तपने लगा। मन में बार-बार ऐंठन होने लगी।...उन्हें लगा, जैसे वे असीम शून्य में खड़े हैं। दसों दिशाओं में कुछ भी नहीं है, बस शून्य-ही-शून्य।

और बालि का शरीर साधारण शरीर न हो—शिराओं में जैसे आग-ही-आग भरी है और कोई उनकी शिराओं को दो छोरों से पकड़कर खींच रहा है—शिराएँ हैं कि न स्वयं को ढील पाती हैं, न टूट ही पाती हैं।...और सामने खड़ी है अलका—दो हाथों की दूरी पर। बालि हाथ बढ़ाएँ तो यह यक्ष-कन्या उनकी भुजाओं में आ जाए। वह शीतल जल का रूप है। बालि जानते हैं कि उसे अपनी भुजाओं में पाते ही, शिराओं में बहती हुई आग मद में बदल जाएगी। तनी, खिंची, टूटी हुई शिराएँ—वाद्य-यंत्रों के तारों के समान झँकारने लगेंगी। मन की जलन अमृत हो जाएगी।...पर बालि जैसे ही अलका की ओर हाथ बढ़ाना चाहते हैं, सुग्रीव और अंगद कहीं से प्रकट हो उन्हें टोकने लगते हैं...

बालि का मस्तिष्क झनझनाने लगा...उनकी भृकुटियाँ तन गईं और हाथ ने सचमुच गदा उठा ली—इस सुग्रीव को मार्ग से हटाना ही होगा, और स्वयं न सुधरा तो अंगद को भी।...बालि का मन बार-बार कहता है कि सब उनके सुख के शत्रु हैं। कोई नहीं चाहता कि वे सुखी हों। उनके सुख के लिए तो कोई कुछ करना ही नहीं चाहता। जो सुख उन्होंने स्वयं अपने लिए प्राप्त किया था, वे लोग उसे भी छीन लेना चाहते हैं। कोई उनका अपना नहीं है—न भाई, न पुत्र। न पत्नी...तारा भी नहीं।...बालि के मन में वितृष्णा जागी। तारा! कब तक वे तारा से ही बँधे रहें। तारा चाहती है कि बालि उससे पहले के ही समान प्यार करें—और बालि तारा का स्पर्श भी करते हैं तो कोई उनके मन को शूलोंयुक्त गदा से कूटना-पीटना आरंभ कर देता है...तारा की आकृति देखते ही उनका हृदय एक विराट शिला के समान भारी हो जाती है...

सहसा बालि को लगा, सोचते-सोचते जैसे उनका दम घुट रहा है। वायु अपनी वायवीयता छोड़कर जैसे ठोस हो गई है।...अब वे रुक नहीं सकते। उन्हें दो में से एक काम करना ही होगा—या तो वे सुग्रीव और अंगद की हत्या कर देंगे या फिर वे अलका को अपनी भुजाओं में बाँधकर सारे संसार को भूल जाएँगे।

बालि उठ खड़े हुए।

"क्या हुआ, प्रिय?"

तारा अभी तक सोयी नहीं थी। बालि के जबड़े भिंच गए—चुड़ैल भी बैठी चौकसी करती रहती है।...उन्हें लगा, यदि वे तत्काल ही वहाँ से हट न गए तो आज यहाँ कुछ अघटनीय घट जाएगा।

वे तारा की बात का उत्तर दिए बिना ही द्वार की ओर बढ़े।

"कहाँ जा रहे हैं, स्वामी?" तारा ने पुनः पूछा।

"तुम सो रहो।"

बहुत चाहने पर भी बालि अपनी खीझ छिपा नहीं पाए। अपने स्वर की कठोरता से वे स्वयं घबरा गए। रुकना असंभव था। द्वार खोलकर वे बाहर निकल गए।

रात चाँदनी थी, किंतु पथ सूने थे। एकाकी बालि चुपचाप उन्मत्त व्यक्ति के समान बढ़ते जा रहे थे। परिचारकों, द्वारपालों तथा दण्डधरों को रोषपूर्वक साथ आने का निषेध कर, बालि अकेले ही प्रासाद की सीमाओं से बाहर निकल आए थे।...थोड़ी ही दूर चलने पर बालि को लगा, रात की शीतलता, चाँदनी तथा खुली हवा ने उनके उत्तप्त मस्तिष्क पर जैसे चंदन का लेप कर दिया था। उनका मस्तिष्क, जो किसी हिंस्र पशु के समान अब तक केवल चिंघाड़ रहा था और सामने आई प्रत्येक वस्तु पर झपट पड़ना चाहता था, अब जैसे उस जड़ावस्था से निकलकर कुछ अनुभूति-प्रवण भी हो गया था। वह समझ रहा था कि सुख की भी एक अनुभूति होती है। आँखों को कोई दृश्य अच्छा लग सकता है, कानों को कोई शब्द और हाथों को कोई स्पर्श...जैसे-जैसे बालि के पग अलका के घर के निकट पहुँच रहे थे, सुख की वायवीय अनुभूति बालि के मन में आकार ग्रहण करती जा रही थी। बालि की आँखें केवल अलका को देखना चाहती थीं। कान केवल अलका का स्वर सुनना चाहते थे और शरीर केवल अलका का स्पर्श।

अलका के द्वार पर पहुँचते ही परिचारक ने उन्हें रोक दिया, "भीतर जाने की अनुमति नहीं है।"

बालि को झटका लगा—कुछ क्षणों तक जैसे वे समझ ही नहीं पाए कि वह क्या कह रहा है। सारी पृथ्वी पर ऐसा कोई स्थान नहीं था, जहाँ कोई परिचारक बालि को इस प्रकार रोक सके। और यह तो किष्किंधापुरी थी—बालि की राजधानी। ...वे निस्पंद खड़े परिचारक को देखते रहे। जैसे ही परिचारक की बात उनकी समझ में आई कि वह क्या कह रहा है और उसका अभिप्राय क्या है, एक बार फिर से उनके शरीर का सारा रक्त उनके मस्तिष्क में समा गया। मति वश में नहीं रही। वे आविष्टावस्था में थे। उनके हाथ बढ़े—एक हाथ ने परिचारक की गरदन को पीछे से पकड़ा और दूसरे हाथ ने उसकी कटि को थामा। एक ही झटके में परिचारक के पैर भूमि से उठ गए। बालि ने उसे अपने सिर से ऊपर उठाकर, हवा में तीन-चार चक्कर दिए और फिर पूरी शक्ति से दूर फेंक दिया। पलटकर यह भी नहीं देखा कि वह कहाँ गिरा है।

बालि ने घर के भीतर प्रवेश किया और सीधे अलका के द्वार पर पदाघात किया। द्वार भीतर से बंद था, किंतु प्रकाश की किरणें बाहर से भी भासित हो रही थीं।

"कौन है?" भीतर से अलका का स्वर सुनाई पड़ा।

"मैं हूँ बालि। द्वार खोलो।" और बिना प्रतीक्षा किए बालि निरंतर द्वार खटखटाते चले गए, "द्वार बंद क्यों कर रखा है? खोलो।"

प्रत्येक निमिष के साथ बालि का क्रोध बढ़ता जा रहा था।...बालि को रोका गया, एक साधारण परिचारक के द्वारा—"भीतर जाने की अनुमति नहीं है।" ऊँह!

एक तो बालि का अपमान! और दूसरे अलका और बालि के बीच की बाधा। बालि यह सहन नहीं कर सकते।...ऐसे समय में बालि के वक्ष में जो पीड़ा और रक्त में जो उन्माद उठता है, वह बालि के अपने ही वश में नहीं रहता। पीड़ा की ऐंठन, क्रोध की लहर पर लहर, रक्त का रेले पर रेला...

बालि कपाट पर ठोकरें जमाते जा रहे थे। कभी हथेली से मारते, कभी मुक्के से, कभी पैर के पंजे से आघात करते, कभी एड़ी से...''खोलो! द्वार खोलो!''

भीतर से अलका के पहले प्रश्न के बाद कोई शब्द नहीं हुआ था। न कोई जिज्ञासा, न रुकने की प्रार्थना, न द्वार खोलने का आश्वासन। जैसे भीतर कोई हो ही नहीं। किंतु अलका भीतर थी—परिचारक ने भी कहा था और अलका ने भी पहली खटखटाहट के उत्तर में पूछा था कि बाहर कौन है...फिर वह बोल क्यों नहीं रही? क्या उसे सुनाई नहीं पड़ता? द्वार की चूलें हिल रही हैं और अलका को सुनाई नहीं पड़ता...वह बहरी हो गई है या मर गई है? बालि के मन में जैसे ज्वालामुखी फूटा—वे द्वार ही उखाड़ फेकेंगे, फिर न उसे खोलने की आवश्यकता होगी और न ही उसे कभी बंद किया जा सकेगा।...बालि मुड़े और पाँच पग लौटकर पलटे...तभी द्वार भीतर से खुल गया।

बालि लपककर कमरे के भीतर घुसे। सामने अलका खड़ी थी—अस्त-व्यस्त केशों और वस्त्रों में। चेहरे का रंग उड़ा हुआ था और सारा शरीर थर-थर काँप रहा था...

''परिचारक ने मुझे भीतर आने से क्यों रोका?'' बालि चिंघाड़ भरे स्वर में बोले; और उन्होंने अलका को दोनों कंधों से पकड़कर झिंझोड़ा, ''द्वार खोलने में इतना विलंब क्यों हुआ?''

अलका ने एक बार दृष्टि उठाकर बालि की ओर देखा और सिर झुका लिया।

''बोलो!'' बालि ने उसे फिर से झिंझोड़ा।

''मायावी के कारण।'' अलका फुसफुसाहट में बोली, जैसे कंठ से स्वर ही न फूट रहा हो।

''मायावी!'' बालि के मस्तिष्क में ज्वाला धधक उठी, ''मायावी यहाँ था? तुम्हारे पास?''

अलका ने सिर नहीं उठाया।

बालि को लगा, किसी ने वृद्धाकार गदा से उनके वक्ष पर भरपूर वार किया है। वे लड़खड़ा गए...मायावी ने मदिरा में धुत्त बालि के सम्मुख अलका प्रस्तुत की थी—''सम्राट! देवताओं के नन्दनवन में भी ऐसा अम्लान कुसुम नहीं है। स्पर्श तो दूर, आज तक किसी ने इसको सूँघा भी नहीं है। यह अलका आपकी है।''...और अब बालि को बताया जा रहा है कि मायावी स्वयं यहाँ था। दुष्ट मायावी! सुग्रीव प्रतिदिन कहता था—मायावी दुष्ट और अपराधी था। वह वानर कन्याओं का

अपहरण कर, उन्हें राक्षसों के शृंगार हाटों में बेच रहा था।...किंतु बालि ने मायावी का विश्वास किया, सुग्रीव का नहीं। और तो और, उन्होंने अपने पुत्र अंगद की बात की भी उपेक्षा की...और मायावी स्वयं बालि की प्रिया के सतीत्व का हरण करता रहा...धिक्कार है बालि के पौरुष पर, धिक्कार...!

बालि की इच्छा हुई, अलका का गला घोंटकर उसे मार डालें अथवा उसे भी परिचारक के समान उठाकर बाहर फेंक दें। उनकी भुजाएँ उठीं थीं, किंतु भुजाओं से पूर्व जिह्वा चली, "वह पहले भी तुम्हारे पास आता रहा है?"

"नियमित।"

"तुम्हारी इच्छा से?"

अलका का भय कुछ कम हुआ। उसने दृष्टि उठाई। कंठ के स्वर का अवरोध भी जैसे कम हुआ।

"मेरी इच्छा?" उसके चेहरे पर विद्रूप-सी मुसकान उभरी, "मेरा हरण मेरी इच्छा से हुआ है, या मायावी की संगति मुझे अपनी इच्छा से झेलनी पड़ी है, या आपकी भोग्या मैं अपनी इच्छा से बनी हूँ...!"

"तुम्हारा हरण हुआ है?" अचकचाकर बालि ने पूछा।

"उसके बिना भी कोई स्त्री सर्वभोग्या बनी है क्या?"

"हरण किसने किया?"

"उन्हें नहीं पहचानती, किंतु हरण करवाने वाला मायावी है।"

सहसा बालि चौंके, मानो किसी निद्रा से जागे हों, "मायावी कहाँ गया!"

"सम्राट को बड़ी देर से ध्यान आया।" अलका ने उपहास की दृष्टि से बालि को देखा, "वह उस खुले गवाक्ष से कूदकर भाग गया था। अब तक कदाचित् कोस भर निकल गया होगा।"

बालि हतप्रभ हो गए। कितने आहत और अपमानित हुए थे वे। अब तक शत्रु से प्रतिशोध न लेकर इधर-उधर के प्रश्न पूछते रहे और शत्रु कोस भर निकल भी गया। वे कहाँ पाएँगे उसे? कैसे अपने अपमान का प्रतिशोध लेंगे?

वे जाने के लिए मुड़े, किंतु दो-चार डग चलकर, थमकर बोले, "जब तक कोई अन्य आदेश न दिया जाए, तुम यहीं रहोगी। तुम्हारे भरण-पोषण का दायित्व राज्य पर होगा।"

वे जिस गति से आए थे, उसी गति से लौट गए।

वही पथ था और वैसा ही अंधकार; किंतु बालि बहुत बदले हुए थे। इतने हतप्रभ तो वे कभी नहीं हुए थे—थके-टूटे, अपमानित और निराश!...क्या परख है बालि को मनुष्य की? उन्होंने आज तक किसी को इतनी मैत्री, प्रेम और सम्मान की दृष्टि से नहीं देखा था—और क्या निकला मायावी! विश्वासघाती, मित्रद्रोही, लंपट और दुष्ट...और बालि ने उसे महासामंत बना दिया था। वह राजसभा में किसी

का भी अपमान कर सकता था...युवराज सुग्रीव का भी! सुग्रीव! बालि का अपना सगा भाई—समझदार, जागरूक और वीर। किंतु बालि ने सुग्रीव की एक भी नहीं सुनी...सुग्रीव जैसे भाई का भी उन्होंने अपमान किया...सहसा बालि की आँखों के सामने अलका का मुखमण्डल घूम गया। अलका! संसार का पुँजीभूत सौंदर्य। उसके कारण तो बालि संसार में किसी का भी अपमान कर सकते हैं...सुग्रीव का भी...किंतु अलका के कारण ही मायावी बालि को अपमानित कर गया...अपमानित! बालि को लगा, अपमानित शब्द तो बहुत हल्का है, बालि उससे कहीं अधिक आहत और पीड़ित हुए हैं। उनका हृदय जैसे किसी ने परत-परत कर छील दिया है, उसमें से निरंतर रक्त बह रहा है...ज्वाला धधक रही है।...यह ज्वाला तो तभी शांत होगी, जब बालि मायावी के शरीर को उसी प्रकार रक्त-स्नात कर देंगे, जैसा कि आज उनका अपना मन हुआ है।

बालि के लिए, आसपास का सारा संसार विलीन हो गया। उनकी आँखों के सम्मुख एक अज्ञात युद्ध-क्षेत्र था, जिसमें मायावी का क्षत-विक्षत, रक्त-स्नात मृत शरीर भूमि पर पड़ा था और उसके वक्ष पर बालि अपना पैर रखे, कंधे पर अपनी भारी गदा उठाए, विजयी मुसकान में आवेष्टित, गर्व से सिर ऊँचा उठाए खड़े थे।...

मायावी की हत्या के बिना अब बालि किसी भी प्रकार शांति नहीं पा सकते थे...मायावी को मारना ही होगा...अलका का प्रत्येक स्पर्श, मायावी को उनके मध्य लाकर खड़ा कर देगा...और अलका के बिना बालि जीवित नहीं रह पाएँगे...

2

सुग्रीव अभी सोकर उठे ही थे कि परिचारक ने सूचना दी कि बाहर सम्राट का दण्डधर नायक खड़ा है। वह सम्राट के आदेश से उन्हें लिवा ले जाने के लिए आया है।

कोई और समय होता तो सुग्रीव यही सोचते कि बालि को उनकी याद आ गई होगी या फिर उनसे मिलना चाहते होंगे। भाई के प्यार में बँधे, बिना कुछ सोचे-समझे ही चल पड़ते। किंतु अब परिस्थितियाँ वैसी नहीं रही थीं। बालि के द्वारा बुलाया जाना, भेंट अथवा विचार-विमर्श के लिए न होकर उनकी रुष्टता के कारण भी हो सकता था। इन दिनों कोई दिन ऐसा नहीं बीतता, जिसमें बालि के रुष्ट होने के लिए कोई-न-कोई नया कारण उठ न खड़ा होता हो। बालि कई बार अपना रोष प्रकट कर, दण्ड की संभावनाओं का भी संकेत कर चुके हैं...कहीं ऐसा तो नहीं कि पिछली रात को फिर किसी आपानक गोष्ठी अथवा किसी सुंदरी के अंक में बैठे बालि को कोई नया मायावी मिल गया हो। उसने उन्हें सुग्रीव

के विरुद्ध भड़का दिया हो और बालि ने उन्हें बुला भेजा हो...बुलाने के लिए भी प्रासाद का कोई परिचारक नहीं आया, दण्डधर नायक आया है। वह भी किस समय? यदि सुग्रीव इतने सवेरे न उठ गए होते, तो अभी अपनी शैय्या पर सोये हुए मिलते। तो क्या बालि ने सुग्रीव को सोये-सोये बंदी किए जाने का आदेश दिया है?... बालि जैसे भाई के लिए सामान्य स्थिति में यह संभव नहीं है; किंतु उनके मस्तिष्क पर मायावी आरूढ़ हो तो प्रथम संभावना यही है।...यही होगा...यही होगा...किंतु प्रमाण पाए बिना सुग्रीव को कोई निश्चय नहीं करना चाहिए।

सुग्रीव चलने लगे तो अपना खड्ग और गदा लेना नहीं भूले। यदि दण्डधर उन्हें बंदी कर ले जाने के लिए ही आए हैं, तो सुग्रीव को उनका सामना करना होगा। वे बंदी के रूप में अपमानित होने के लिए बालि के सम्मुख नहीं जाएँगे...

रुमा ने पति को खड्ग और गदा से सज्जित होते देखा तो मुसकराई, "द्वंद्व-युद्ध का निमंत्रण आया है क्या?"

"नहीं।" सुग्रीव हँस नहीं सके, "आया तो मात्र निमंत्रण है, किंतु द्वंद्व-युद्ध भी हो सकता है, रुमा!"...सुग्रीव का स्वर और भी गंभीर हो गया, "यदि कभी मेरे बंदी होने, किष्किंधा से बाहर चले जाने अथवा मारे जाने का समाचार..."

"प्रिय!" रुमा ने बीच में ही बात काट दी।

"मेरी बात तो सुनो।" सुग्रीव वैसे ही गंभीर रहे, "यदि ऐसा कोई भी समाचार आए तो अपनी रक्षा करना। तुम्हारे सहायक होंगे हनुमान। अंगद, नल और नील भी तुम्हारे सहायक हो सकते हैं। मैंद और द्विविद भी हैं ही। किंतु बालि पर तनिक भी विश्वास मत करना..."

रुमा अवाक् खड़ी रह गई और सुग्रीव बाहर निकल गए।

दण्डधर नायक को देखते ही सुग्रीव की आशंकाएँ विलीन हो गईं। अकेला दण्डधर नायक सुग्रीव को बंदी नहीं कर सकता—इतनी बात तो बालि भी समझते हैं। यदि नायक अकेला ही आया है, तो स्थिति अभी इतनी भीषण नहीं हुई है, जितनी कि सुग्रीव समझ बैठे थे।

"कैसे आए, नायक?" सुग्रीव का मन हलका हुआ।

"युवराज!" नायक ने अभिवादन किया, "सम्राट बड़ी व्याकुलता से आपकी प्रतीक्षा कर रहे हैं।"

"क्रुद्ध हैं?"

"क्रुद्ध भी हैं और पीड़ित भी।" नायक मुसकराकर बोला,"किंतु क्रोध आपके प्रति नहीं है।"

"चलो।"

सुग्रीव का मन जिज्ञासाओं की अनेक तीखी आरियों से उलझा हुआ था।

बालि सचमुच अत्यंत व्यग्रता से सुग्रीव की प्रतीक्षा कर रहे थे। उन्होंने न सुग्रीव के अभिवादन की चिंता की, न परिचारकों के हटने की। लपककर सुग्रीव को उनके कंधों से इस प्रकार पकड़ लिया, जैसे वे सम्राट बनने से पूर्व पकड़ा करते थे मानो पुराने बालि ही लौट आए थे–जो न सम्राट थे, न कुछ और। वे केवल सुग्रीव के भाई थे। उनकी भंगिमा में ऐसा कोई चिह्न नहीं था, जो यह बताता कि वे सुग्रीव से कभी रुष्ट भी रहे हैं...सर्वथा सीधी और पारदर्शी आँखें, जिनमें न मद था, न अहंकार, न सत्ता का भाव, न शक्ति का दंभ...

"क्या बात है, सम्राट?"

"सम्राट नहीं, भाई कहो।" बालि बोले, "सम्राट बनकर मैं तुमसे बहुत दूर हो गया था।"

सुग्रीव का कंठ कुछ भर्रा आया, "क्या बात है, भैया?"

"बात क्या है, मेरी वही पुरानी मूर्खता!" बालि सरल भाव से बोले, "किसी को भी देखा और उस पर विश्वास कर लिया, फिर चाहे कोई कितना कहे कि वह झूठा है। कहाँ मानता हूँ मैं। तुमने कितना कहा कि वह दुष्ट है, अपराधी है, किंतु मैंने उसकी बात मान ली कि वह थके मन को विश्राम देने वाला वैद्य है।..."

"अब क्या हुआ, भैया?"

"अब!" बालि के स्वर में पीड़ा और आवेश, दोनों उभर आए, "अब मैं जान गया हूँ कि वह लंपट है, परस्त्रीगामी है, कन्याओं का अपहरणकर्त्ता है..."

"आप जान गए हैं तो उसे बंदी कीजिए। उस पर आरोप लगाइए। उसका स्पष्टीकरण सुनिए। और यदि वह अपराधी प्रमाणित हो जाए तो उसे दण्ड दीजिए।"

"तुम ठीक कहते हो। मैं यही करूँगा।" बालि अपने आवेश पर नियंत्रण नहीं रख पा रहे थे, "तुम्हें मैंने इसीलिए बुलाया है। कल रात वह अलका के घर से भागा है। मैंने अभी नगरद्वार तथा अन्य स्थानों पर नियुक्त रक्षकों को आदेश दे दिया है कि जहाँ कहीं वह दिखाई पड़े, मुझे सूचित किया जाए।...अभी नगर में उसकी खोज नहीं की गई है, पर मेरा विचार है कि वह नगर में नहीं मिलेगा। इतना मूर्ख वह नहीं है कि बालि की शत्रुता मोल लेकर भी वह किष्किंधा नगरी में रुका रहे। इसीलिए मैंने तुम्हें बुलाया है..." बालि ने रुककर उन्हें देखा, "मैं चाहता हूँ कि तुम अपने साथियों के साथ मिलकर उसकी खोज करो। जहाँ कहीं उसका पता चले, तत्काल मुझे सूचित करो। तुम लोग न तो उसका वध करोगे और न उसे बंदी बनाओगे। मुझे सूचित करना। यह मेरा और उसका द्वंद्व-युद्ध है..."

"इसमें द्वंद्व-युद्ध की क्या बात है?" सुग्रीव बोले, "वह अपराधी है। किसी भी राजकर्मचारी को अधिकार है कि वह उसे बंदी करे।"

"वे अपराध बाद में देखे जाएँगे।" बालि का चेहरा तमतमा गया, "पहले हम दोनों अलका का झगड़ा निपटा लें।" उन्होंने रुककर सुग्रीव को देखा, "जब तक मैं द्वंद्व-युद्ध में उसका वध नहीं कर लूँगा, मुझे शांति नहीं मिलेगी।"

"इसका अर्थ क्या हुआ?" लंबे मौन को तोड़ते हुए नील बोले, "इसमें न न्याय की बात है, न सिद्धांत की। दो कामुक और लंपट व्यक्ति कल तक मित्र थे और मिलकर हमें अपमानित करते थे। आज उनमें झगड़ा हो गया है, इसलिए हम एक की सहायता करने के लिए दूसरे का वध करवाते फिरें। मुझे क्षमा करना, राजकुमार!" नील ने अंगद की ओर देखा, "किंतु मेरे विचार में सम्राट भी उतने ही कामुक और लंपट हैं, जितना कि वह राक्षस मायावी...!"

"यद्यपि सम्राट मेरे पिता हैं; किंतु मैं नील से तनिक भी असहमत नहीं हूँ।" अंगद धीमे स्वर में बोले, "चाचाजी, क्या आपको यह नहीं लगता कि यह दो लंपटों का आपसी झगड़ा है, जिसका कोई राजनीतिक महत्त्व नहीं है। इसमें हम किसी का भी पक्ष क्यों लें?"

"इसका अर्थ यह हुआ कि इस झगड़े में हम किसी का भी साथ न दें और सम्राट तथा मायावी दोनों को ही अपनी मनमानी करने दें, चाहे सामान्य-जन की जितनी भी क्षति हो?" हुनमान बोले।

"नहीं, मेरा अभिप्राय यह नहीं है।" नील बोले, "सम्राट से मतभेद होते हुए भी समय-समय पर हम उनके साथ सहयोग करते ही रहे हैं। अब भी हम उनकी सहायता करना चाहते हैं, पर उसमें कहीं तो कोई जनहित की बात हो।..."

"जनहित की बात तो है।" नल ने नील की बात काटी, "वे एक अपराधी को दण्ड देना चाहते हैं। क्या मायावी का अपराधी होना कोई अस्वीकार कर सकता है?"

"मायावी तो अपराधी है ही।" नील ने स्पष्ट किया, "किंतु सम्राट यह कहाँ मान रहे हैं? क्या उन्होंने आदेश दिया है कि मायावी को पकड़कर हम उसे दण्ड दें या दण्डित करने के लिए राजसभा ले आएँ।...वे कह रहे हैं कि हम उसे खोजकर उन्हें सूचित करें, ताकि अपनी प्रिया के अन्य जार का वध कर, वे अलका की दृष्टि में स्वयं को वीर प्रमाणित करें तथा अपने प्रतिस्पर्धी के रक्त से अपने मन की ईर्ष्याग्नि बुझाएँ। ऐसे घृणित झगड़ों में, बीच में पड़ने का क्या अर्थ? क्या आप लोगों को नहीं लगता कि यह संपूर्ण प्रसंग ही दुराचरण प्रसंग है?"

एक बार फिर से मौन छा गया और सब अपने-अपने चिंतन में लीन हो गए।

मौन लंबा हो गया तो रुमा ने पहली बार मुख खोला, "अब यदि आप लोगों

के पास कहने को कुछ न रह गया हो, तो मैं भी कुछ कहूँ।''

''बोलो।'' सुग्रीव बोले, ''यद्यपि मैं इस बात से सहमत नहीं हूँ कि अब हमारे पास कहने को कुछ रह ही नहीं गया। मैंने तो अभी कुछ कहा ही नहीं है।''

''तो पहले आप ही बोल लीजिए।'' रुमा बोली।

''नहीं, पहले तुम अपनी बात कह लो।'' सुग्रीव मुसकराए, ''थोड़ा-सा धैर्य मुझमें भी है।''

''हम में से कोई भी इस बात से असहमत नहीं है कि यह मायावी और सम्राट का एक घृणित झगड़ा है। हमारा कर्त्तव्य तो यह है कि हम अलका को इन दोनों के चंगुल से मुक्त करें।'' रुमा बोली, ''किंतु यह अभी संभव नहीं दीखता। तब ऐसी स्थिति में हम यह स्वीकार कर लेते हैं कि सम्राट और मायावी—दोनों ही समान अहितकारी तत्त्व हैं। जब तक वे संगठित थे, दोनों मिलकर मनमाना अत्याचार कर रहे थे—और आप जानते हैं कि राजसभा में तथा बाहर भी—आप लोगों का प्रत्यक्ष अपमान हो रहा था। अब स्थिति यह है कि वे दोनों समाज के अहितकारी तत्त्व परस्पर लड़ना चाहते हैं, तो हमें तटस्थ खड़े रहना चाहिए अथवा किसी एक का पक्ष ग्रहण कर, दूसरे को नष्ट करना चाहिए।'' रुमा क्षणभर रुककर पुनः बोली, ''यदि किसी एक का पक्ष लेना है, तो किसका—मायावी का अथवा सम्राट का?''

''मैं रुमा से पूर्णतः सहमत हूँ।'' सुग्रीव ने बात का सूत्र उठा लिया, ''आदर्श स्थिति यही होगी कि हम सम्राट और मायावी—दोनों का विरोध करें और उनसे संघर्ष करें। मायावी को बंदी कर दण्ड दें और सम्राट को अपदस्थ कर उनके विरुद्ध आरोप प्रमाणित कर उन्हें भी दण्डित करें...''

''यह कैसे संभव है?'' अंगद बोले।

''मैं जानता हूँ, संभव नहीं है।'' सुग्रीव मुसकराए, ''बालि तुम्हारे पिता हैं, मेरे भाई हैं; हमारे अपने रक्त के, भूमि के, यूथ और गोत्र के अंग हैं। और वैसे भी हम उनसे इतने निराश नहीं हुए हैं कि उनके विषय में ऐसी बात सोचें...''

''सबसे बड़ी बात यह है कि हम अभी उन्हें अपदस्थ करने में समर्थ ही नहीं हैं।'' हनुमान ने उनकी बात काटी, ''ऐसा प्रस्ताव अव्यवहारिक है। इस प्रकार का अव्यवहारिक संघर्ष आत्महत्या है। आप इन दोनों का एक साथ विरोध करेंगे तो वे दोनों फिर से मिल बैठेंगे और आप पर घातक आक्रमण करेंगे।''

''ठीक है।'' सुग्रीव पुनः बोले, ''इसलिए मैंने आरंभ में ही कहा कि यह आदर्श स्थिति है।...दूसरी स्थिति यह है कि हम यह मान लें कि दोनों पक्ष भ्रष्ट और जन-अहितकारी हैं; अतः हम तटस्थ होकर बैठे रहें, इससे न तो उन दोनों में किसी की शक्ति कम होगी और न हम जनहित की ओर बढ़ पाएँगे। उससे भी बड़ी बात यह है कि ऐसी धारणाएँ प्रजा में दावाग्नि के समान फैलती हैं। सामान्य

जन मान लेता है कि राजनीति तो है ही दुष्ट लोगों का काम। इनमें से कोई साँपनाथ है तो कोई नागनाथ। हमें इनसे क्या लेना-देना। परिणामतः प्रजा स्वयं को क्रमशः राजनीति से काटती चलती है। सत्ता शक्तिशाली होती जाती है और दमन बढ़ता जाता है। यह अत्यंत घातक स्थिति है। सामान्य-जन की राजनीति से असंपृक्तता शासक के लिए सुगम स्थिति है और जन-सामान्य के लिए घोर दमनकारी। इसलिए...'' साँस लेने के लिए सुग्रीव रुके और पुनः बोले, ''जब दो समाज-अहितकारी तत्त्वों में संघर्ष को उग्र कर, अत्याचारियों की संख्या कम करें?'' सुग्रीव पुनः रुककर बोले, ''यदि हम तटस्थ रहकर चुपचाप खड़े देखते रहेंगे तो मायावी और सम्राट—दोनों ही अपने-अपने ढंग से मनमानी करते रहेंगे—वह जनहित में नहीं है। और यदि सम्राट को संदेह हो गया कि हम उनकी सहायता नहीं करना चाहते हैं तो हमारे लिए उनके मन में विरोध बढ़ेगा। हमें अपने जन-समर्थक प्रस्तावों के लिए उनकी सहमति प्राप्त करना और भी कठिन हो जाएगा।...यहाँ तक तो ठीक है न?''

''हाँ, ठीक है।'' हनुमान बोले।

''अब हमारे पास एक ही विकल्प है,'' सुग्रीव बोले, ''कि हम सम्राट के साथ सहयोग करें और मायावी का अनाचार समाप्त करें। इससे हम सम्राट को प्रभावित कर, उनको अपने प्रति सहानुभूतियुक्त बना सकते हैं। अपना पक्ष उन्हें समझाकर, उनकी नीतियों में परिवर्तन भी कर सकते हैं।''

सुग्रीव चुप हो गए। शेष लोग भी चुप ही रहे। फिर से वहाँ मौन छा गया।

''क्यों, भाई! ठीक है?'' सुग्रीव ने पूछा।

''यही ठीक रहेगा।'' नील बोले।

''एक बात और भी है।'' सहसा सुग्रीव को कुछ स्मरण हो आया, ''हमें इस बात पर भी विचार करना चाहिए कि सम्राट ने मायावी को खोज निकालने का आदेश दण्डधरों अथवा गुप्तचरों को क्यों नहीं दिया। विशेष रूप से मुझे ही बुलाकर क्यों कहा कि मैं अपने साथियों की सहायता से यह काम करूँ?''

''आपकी योग्यता पर सम्राट का विश्वास लौट आया है।'' रुमा मुसकरायी।

''चाची शायद परिहास कर रही हैं।'' अंगद बोले, ''पर मुझे पूर्ण विश्वास है कि जिस समय पिताजी के मन में चाचाजी के प्रति विरोध फुफकार नहीं रहा होता, उस समय उन्हें अपने निकटतम और विश्वसनीय सहयोगी चाचाजी ही लगते हैं।''

''मैं अपनी प्रशंसा के लिए नहीं कह रहा हूँ।'' सुग्रीव बोले, ''किंतु इस बात में तथ्य है कि सम्राट मुझे और मेरे सहयोगियों को अपने मंत्रियों से कहीं अधिक योग्य मानते हैं। पर मेरे सहयोगियों को वे अपने मंत्रियों के स्थान पर नियुक्त नहीं कर सकते, क्योंकि मेरे सहयोगी न उनके दंभ और अहंकार को स्फीत करेंगे और न उनके विलास की सामग्री प्रस्तुत करेंगे। यह सब समझते हुए उन्होंने यदि

हमें यह काम सौंपा है और अपने शासन-तंत्र की अयोग्यता स्वीकार की है, तो हमें इस अवसर का लाभ उठाकर उन्हें अपने प्रभाव में लेना चाहिए।''

''ठीक है। हम प्रायः सहमत हैं कि हमें सम्राट से सहयोग करना चाहिए।'' हनुमान बोले, ''अब आगे का कार्यक्रम निश्चित कर लीजिए।''

''नील! तुम सहमत हो न?'' सुग्रीव ने पूछा।

''जब हनुमान सहमत हैं, तो मुझे क्या आपत्ति है।'' नील हँसे।

''इस प्रकार नहीं।'' सुग्रीव बोले, ''हनुमान की आड़ मत लो। कोई आपत्ति हो तो अब भी बोलो।''

''नहीं, ठीक है।'' नील बोले, ''कार्य की योजना बनाइए।''

''योजना यह है कि हम एक-एक दिशा चुन लें और अपनी टोली के लिए सहयोगी चुन लें।'' सुग्रीव बोले, ''अपनी टोली के सदस्य चुनने में तनिक सावधानी बरतें। इस काम में मानसिक और शारीरिक तत्परता—दोनों की ही आवश्यकता है।''

''तो दिशा चुन लें।'' हुनमान बोले, ''यदि आप लोगों को आपत्ति न हो तो नगर-द्वारों की चार दिशाएँ आप पकड़ लें और नगर प्राचीर के भग्न भाग वाले गहन वन में मैं जाता हूँ। आप जानते हैं कि प्राचीरों की कूद-फाँद का काम मैं सहज ही कर सकता हूँ।''

''ठीक है।'' नल ने कहा, ''हनुमान प्राचीरों को कूदें-फाँदें। उत्तर की ओर मैं जा रहा हूँ।''

''अंगद, तुम?'' सुग्रीव ने पूछा।

''पूर्व।''

''नील, तुम?''

''दक्षिण।''

''तो पश्चिम की ओर मैं।'' सुग्रीव बोले, ''रुमा घर पर रहेंगी और सूचनाएँ प्राप्त करने तथा तत्काल किसी विशेष दिशा में आवश्यक सूचनाएँ भिजवाने का कार्य करेंगी। हनुमान! रुमा के पास अच्छे और दृढ़ धावकों की एक टोली नियुक्त कर देना।''

''ऐसा ही होगा।'' हनुमान ने कहा और उठ खड़े हुए।

सुग्रीव के जाते ही बालि ने कोटपाल को बुलाया। यथासंभव अधिक-से-अधिक दण्डधरों को मायावी की खोज में लगाने का आदेश देकर उसे विदा किया। उनके मन में आया कि वे स्वयं भी कंधे पर गदा रखकर नगर में निकल जाएँ और मायावी को खोजने का प्रयत्न करें। मन इतना व्याकुल हो रहा था कि नगर के भीतर और बाहर मायावी की खोज की व्यवस्था कर देने पर भी, उन्हें तनिक भी शांति नहीं

मिली थी। इच्छा हो रही थी कि सारे राज्य में फैले वानर यूथों को बुलाकर, प्रत्येक व्यक्ति को मायावी की खोज में लगा दें और तब तक स्वयं भी निश्चल न बैठें, जब तक मायावी के शव को वे पैरों से न ठुकरा लें।...किंतु साथ ही उनका तर्क कहता था कि इतनी विस्तृत खोज की आवश्यकता नहीं है। मायावी या तो नगर के भीतर ही कहीं छिपा बैठा होगा, या फिर नगर-प्राचीर से लगे किसी वन में होगा।...वह दूर नहीं जाएगा। नगर में उसकी पानशालाएँ हैं भवन हैं, और है अलका। क्या वह अलका को भूल किष्किंधा को छोड़कर चला जाएगा? संभव ही नहीं है...

बालि के मन ने उसी क्षण से मायावी विषयक सूचना की प्रतीक्षा आरंभ कर दी थी।...नगर के भीतर उसके होने की कम ही आशा थी, किंतु होगा नगर के आसपास ही। इसीलिए उन्होंने सुग्रीव को बुलाकर यह काम सौंपा था। सुग्रीव को काम सौंपने का अर्थ था कि उसके सारे सहयोगी जी-जान से मायावी की खोज में जुट जाएँगे।...और फिर सुग्रीव और अंगद हैं भी मायावी के शत्रु। उनका वश चला होता तो मायावी कब का या तो लंबी अवधि के लिए काराबद्ध हुआ होता या अंधकूप में पड़ा होता। वह अब तक सकुशल रहा, तो स्वयं बालि के ही कारण। अब जब उन्हें मालूम हो गया है कि बालि मायावी को दण्डित करना चाहता है, तो वे यह अवसर कभी नहीं चूकेंगे—कभी नहीं! और सुग्रीव तथा हनुमान से बढ़कर इन वनों का जानकार किष्किंधा में कोई नहीं हो सकता। अपने सामाजिक आंदोलनों और संगठनों को लेकर इन वनों और पहाड़ों की जितनी छानबीन उन्होंने की है, उतनी किसी और ने शायद ही कभी की हो...पता नहीं सुग्रीव में कौन-सा गुण है, जिससे वह इतने संगठन खड़े कर लेता है।...बालि सोचते हैं, तो उन्हें लगता है कि उनके पास हुनमान जैसा एक भी सचिव, सहायक और अनुचर नहीं है। इतनी ऊर्जा, इतनी स्फूर्ति, गति तथा कार्य-तत्परता को देखकर, लोगों ने इस केसरीपुत्र का नाम पवनपुत्र रख दिया है...जैसे मानव न होकर, साक्षात् पवन का ही पुत्र हो...

सहसा बालि का ध्यान अपनी ओर चला गया। उन्होंने सुन रखा था कि किष्किंधा के जन-सामान्य ने उनका भी ऐसा ही एक नाम रखा था—इंद्रपुत्र! स्त्रियों के प्रति उनके आकर्षण के कारण, जनता ने उन्हें विलासी देवराज इंद्र का पुत्र घोषित कर दिया था।...या फिर लोग उनकी तुलना इंद्रपुत्र जयंत से करते होंगे...कामुक और लंपट जयंत के साथ। तो क्या सचमुच ही बालि इतनी दूर निकल गए हैं?...पर इस प्रश्न पर बालि का मन अधिक देर नहीं टिका। वे इस प्रश्न का सामना नहीं करना चाहते...

सुग्रीव को लोग सूर्यपुत्र कहते हैं। आरंभ में कदाचित् किसी ने उससे चिढ़कर, उसे कलंकित करने के लिए सूर्यपुत्र कहा था। सूर्यपुत्र अर्थात् निरंतर जलने

वाला—किसी का सुख और विलास देखकर जो प्रसन्न न हो—ईर्ष्या में दग्ध होता हुआ...किंतु सुग्रीव और उनके मित्रों ने इस संज्ञा को सहर्ष स्वीकार किया—सूर्यपुत्र अर्थात् तेजस्वी। जिनके तेज में समस्त सांसारिक मल भस्म हो जाएँ, जिनका तेज कभी मंद न पड़े!

क्या सत्य ही सुग्रीव का तेज कभी मंद नहीं पड़ता? पिछले दिनों बालि ने राजसभा में उसे कितनी बार अपमानित किया है; दण्ड की धमकी तक दी; उसके घोर शत्रु को अपना मित्र माना। किंतु क्या उससे सुग्रीव कभी हतप्रभ हुआ? कभी थक-हारकर हताश हुआ? नहीं! तो अब भी सुग्रीव हतप्रभ नहीं होगा। वह अवश्य ही मायावी को खोज निकालेगा।...और बालि उसकी गंध पाते ही अपनी गदा लेकर निकल पड़ेंगे। जब तक मायावी का वध नहीं होता, बालि का मन शांत नहीं हो सकता।

"क्या बात है, प्रिय?" तारा आकर उनके सम्मुख खड़ी हो गई, "परिचारिका भोजन कर लेने का निवेदन कर दो बार लौट चुकी है, और आप यहाँ युद्धवेश सजाए बैठे हैं।"

बालि अटपटा गए। सचमुच परिचारिका दो बार उन्हें बुला गई है? उन्हें तो तनिक भी आभास नहीं हुआ। क्या वे इतने आत्मलीन थे?

उन्होंने संकुचित हो तारा की ओर देखा। किंतु तारा का चेहरा देखते ही जाने उन्हें क्या हो जाता था—मन पत्थर जैसा भारी हो जाता था, आँखें उसे देखना नहीं चाहती थीं; कान उसकी बात सुनना नहीं चाहते थे; और मन जैसे बार-बार पुकारने लगता था—'तारा नहीं, अलका!'

इच्छा हुई, कह दें, "भूख नड़ीं है। मैं सुग्रीव की प्रतीक्षा कर रहा हूँ। उसके आने पर, मुझे एक आवश्यक कार्य से बाहर जाना है।"

पर कुछ कह नहीं सके। जानते थे, सुग्रीव के आने का समय निश्चित नहीं था। संभव था, वह घड़ी-भर के भीतर आ जाए, और यह भी संभव था कि सप्ताह-भर उसका कोई पता न लगे...और फिर सामने तारा खड़ी थी। वे भोजन का तिरस्कार करेंगे, तो वह उन्हें मनाने का प्रयत्न करेगी।...जाने क्या हो गया है उन्हें। तारा उन्हें जितना मनाना चाहती है, अपने प्रेम का प्रदर्शन करती है, उतना ही बालि का मन खीझ उठता है।...इससे तो अच्छा है कि तारा उनसे झगड़ ले, रुष्ट हो जाए और उनका मुख न देखे। उससे उन्हें तनिक भी कष्ट नहीं होगा। किंतु वह अपना सारा विरोध छिपाकर, उन्हें मनाती है, तो बालि को वह अत्यंत जुगुप्सापूर्ण और वीभत्स लगता है।

बालि भोजन के लिए उठ आए, किंतु अपनी गदा उन्होंने एक क्षण के लिए भी स्वयं से दूर नहीं की।

सारा दिन बालि प्रतीक्षा करते रहे, किंतु सुग्रीव की ओर से कोई सूचना नहीं

आई। अंधकार घिर आया और प्रतीक्षा असह्य हो गई तो बालि ने सुग्रीव को बुला भेजा। किंतु उनका चर उलटे पैरों लौट आया—सुग्रीव घर पर नहीं थे। कहाँ गए हैं, किसी को मालूम नहीं था। उनकी पत्नी रुमा स्वयं बड़ी व्यग्रता से उनकी प्रतीक्षा कर रही थीं...बालि ने अंगद के विषय में पुछवाया। वह भी अभी तक प्रासाद में नहीं लौटा था और किसी को भी ज्ञात नहीं था कि वह कहाँ गया है। बालि समझ गए—वे सब मायावी को खोजने में लगे होंगे। यदि बालि हनुमान, नील और नल का पता लगवाएँगे, तो वे भी अपने घरों पर नहीं मिलेंगे। अब सिवाय प्रतीक्षा के और कोई मार्ग नहीं था। प्रतीक्षा चाहे कितनी ही असह्य और पीड़ादायक क्यों न हो।

अगले दिन सुग्रीव स्वयं आए।

बालि ने उनके अभिवादन की भी प्रतीक्षा नहीं की, "पता चला?"

"चल गया।" सुग्रीव मुसकरा रहे थे।

"मायावी मिल गया?"

"जी।"

"कहाँ है?" बालि ने अपनी गदा उठाकर कंधे पर रख ली, "चलो।"

"वह मतंग वन में ऋष्यमूक की कंदराओं में से एक में छिपा हुआ है।" सुग्रीव बोले, "उसके साथ कुछ अन्य राक्षस भी हैं। कितने हैं, यह कहना कठिन है; उनके पास कितने और कैसे शस्त्र हैं—यह हमें मालूम नहीं। संभव है, उनके पास धनुष-बाण भी हों। आप जानते हैं कि राक्षसों के पास प्रायः ये आयुध होते हैं और उनकी भयंकरता से भी आप परिचित हैं।"

अपनी बात समाप्त कर सुग्रीव ने बालि को देखा। बालि का उत्साह ढीला पड़ चुका था। उनमें वह तत्परता लक्षित नहीं हो रही थी। वे जैसे किसी सोच में पड़ गए थे।

सुग्रीव को आश्चर्य हुआ। वे बालि का स्वभाव अच्छी तरह जानते थे। वे जानते थे कि बालि की शत्रुता कितनी उग्र होती है, और शत्रु का समाचार पाते ही वे किस व्यग्रता से झपटते हैं।...और उनके सम्मुख बैठे थे बालि, जो समाचार पाने से पहले कितने तत्पर थे और सूचना पाते ही जैसे उत्साह की ज्वाला पर ठण्डा सागर उमड़ पड़ा हो। उनकी तत्परता खो गई थी और वे किसी आंतरिक द्वंद्व से ही क्षीण हो गए लगते थे...

"सम्राट!" सुग्रीव बोले, "निवेदन है कि ऐसे धूर्त शत्रु से भिड़ने के लिए न तो अकेले जाएँ, न साधनहीनता की स्थिति में सम्मुख युद्ध करें।"

"मैं तुम्हारी बात याद रखूँगा।"

सुग्रीव ने बालि को जीवन में पहली बार युद्ध के लिए निरुत्साहित देखा।

इधर सुग्रीव गए और उधर बालि ने शगुन-विचारक को बुला भेजा। शगुन-विचारक अब भी अपने मत पर दृढ़ था, "उस दिशा में काल है, सम्राट! मतंग वन की ओर न जाएँ।"

बालि के अपने मन में ही एक हिंस्र द्वंद्व-युद्ध आरंभ हो गया। एक फुर्तीला, हिंस्र और उग्र तेंदुआ बार-बार मतंग वन की ओर लपकना चाहता था, और उससे कहीं अधिक शक्तिशाली किंतु धीर सिंह उसके मार्ग में खड़ा था। तेंदुआ अपनी घुमड़ती पीड़ा से व्याकुल होकर झपटता तो सिंह अपने पंजे का भरपूर वार उसके जबड़े पर कर देता। तेंदुआ उलटकर गिरता और पुनः झपटने की तैयारी करता...बालि को लगा, मायावी तो वहाँ दूर मतंग वन में सुरक्षित बैठा है, और वे शत्रु को बिना चुनौती दिए ही बुरी तरह घायल हो चुके हैं।...सहसा बालि के भीतर का तेंदुआ दहाड़ा—इससे अच्छा तो शत्रु को ललकारकर उसके हाथों वीरगति पाना है। अपने घर में सुरक्षित बैठे, अपने मन से लड़ते-लड़ते घुट-घुटकर मर जाना तो बहुत अपमानजनक है।

बालि उठकर खड़े हो गए। कंधे पर गदा रखी और प्रासाद से निकल आए।

आगे-आगे बालि थे और पीछे-पीछे दण्डधरों की एक टोली। घर से निकलते ही बालि के मन में फिर उथल-पुथल आरंभ हो गई थी—जाएँ या न जाएँ? चुनौती की उपेक्षा कर कायर बनें? या शगुन-विचारक की बात की उपेक्षा कर काल के मुख में जा कूदें और मूर्ख बनें? मूर्ख बनना अच्छा है या कायर बनना?...प्रत्येक बढ़ते हुए पग के साथ बालि के मन में एक पुकार उन्हें लौट चलने के लिए कहती थी। मानो एक पग आगे बढ़ता था तो दूसरा पीछे की ओर लपकना चाहता था। वे शरीर से आगे बढ़ते हुए भी मन से वहीं के वहीं थे...

सहसा बालि ने पहचाना—यह वही पथ था, जिससे होकर उस रात ज्योत्स्ना में नहाते हुए वे अलका के घर पहुँचे थे। अलका...बालि के घाव को जैसे किसी ने बड़ी क्रूरता से पुनः छील दिया था। उनके मन में काम की मादक भावना के साथ-साथ क्रोध का हिंस्र भाव उठ खड़ा हुआ।...मायावी यहाँ से भागकर मतंग वन में क्यों छिपा बैठा है? वह भागकर लंका क्यों नहीं चला गया? क्या वह बालि पर आघात करने के अवसर की प्रतीक्षा में छिपा बैठा है? नहीं! वह अलका के अपहरण की प्रतीक्षा में बैठा होगा...अलका! बालि का मन पुनः कसक उठा, किंतु साथ ही बालि की आँखों में समाधान की ज्योति चमकी। अलका ने ही बालि को पीड़ा दी है तो अलका ही उनके घाव पर औषधि का लेप भी करेगी। मायावी ने अलका के जाल में बालि को फाँसा था, अब बालि मायावी को अलका की फाँस में बाँधेंगे। अच्छा आखेट होगा...अलका उस आखेट के लिए चारा बनेगी...

अलका के भवन के सम्मुख आकर बालि रुक गए। पलटकर उन्होंने दण्डधर

टोली के नायक को देखा, "इस भवन के चारों ओर फैलकर छिप जाओ। सावधान! क्षण-भर के लिए प्रमाद न हो। मायावी को पहचानते हो?"

"जी! महासामंत को कौन नहीं पहचानता!" नायक शालीनता से बोला।

"महासामंत नहीं।" बालि का स्वर फुफकार उठा, "दुष्ट और नीच राक्षस—मायावी।"

"जी!" नायक सहम गया।

"वह छिपकर इस भवन में प्रवेश करने का प्रयत्न करेगा। उसे देखते ही मुझे सूचित करो। यदि किसी प्रकार भवन के भीतर चला जाए, तो उसे तब तक भीतर ही बंद रखो, जब तक मैं यहाँ न आ जाऊँ।"

"जो आज्ञा, सम्राट!"

"स्मरण रहे। प्रमाद का दण्ड मृत्यु है।"

"स्मरण रहेगा, सम्राट!"

बालि के शरीर का संपूर्ण रक्त, उन्हें भवन के भीतर धकेल रहा था। भवन में स्वयं अलका थी। द्वार खटखटाने की देर थी—अलका उनके सामने होगी। वे चाहेंगे तो वह उनके आलिंगन...किंतु बालि का मस्तिष्क सनसनाता जा रहा था। जब तक मायावी जीवित है, वे अलका को अपनी भुजाओं में नहीं ले पाएँगे। अलका के स्पर्श से ही उनकी आँखों के सम्मुख मायावी आ खड़ा होता है।...पहले मायावी को मारना होगा, तभी अलका उन्हें मिल सकेगी।

बालि भवन के भीतर नहीं गए। वापस अपने प्रासाद में लौट आए।...प्रासाद में प्रवेश करते ही उन्हें सूचना मिली कि राजकुमार अंगद लौट आए हैं। रात-भर के जगे हुए हैं, अतः थककर सो गए हैं।...तो इसका अर्थ है कि सुग्रीव को मायावी के संबंध में निश्चित सूचनाएँ निरंतर मिल रही हैं। तभी तो अंगद निश्चिंत होकर सो गया है। बालि को भी सुग्रीव के साथ निरतंर संपर्क बनाए रखना होगा ताकि जैसे ही मायावी, मतंग वन से निकलकर नगर की ओर आए, बालि को सूचना मिल जाए...

बालि प्रतीक्षा करते रहे।...उनका मन किसी काम में नहीं लग रहा था। वे राजसभा में भी नहीं गए। राज-काज उन्होंने पूर्णतः स्थगित कर रखा था। वे मात्र प्रतीक्षा कर रहे थे।

भोजन के समय तारा ने पूछा, "प्रिय कुछ अनमने हैं। कोई विशेष बात?"

"नहीं, कुछ विशेष नहीं।" तारा की ओर देखने की भी उनकी इच्छा नहीं हुई।

"मैंने सुना है, मायावी भाग गया है?" तारा पुनः बोली, "और आप उसकी खोज कर रहे हैं।"

"तो क्या हुआ?" बालि खीझ उठे।

क्षण-भर के लिए सहमकर तारा चुप हो गई। किंतु पिछले कितने ही दिनों से पति इतना शुष्क ही नहीं, अभद्र हो गया था और वे स्वयं उससे इतनी खीझ चुकी थीं कि अधिक देर तक मौन नहीं रह सकीं, "मेरी जिज्ञासा भी आपको बुरी लगती है?"

बालि ने स्वयं को संयत किया, "जिज्ञासा बुरी नहीं लगती, किंतु अनावश्यक प्रश्नोत्तर मेरी चिंता को बढ़ाते हैं।"

बालि ने अब भी तारा की ओर नहीं देखा।

"मैंने इसलिए पूछा, क्योंकि वह आपका मित्र था।"

"मित्र था।" बालि ने ऊँचे स्वर में कहा, "अब नहीं है।"

"क्यों?"

"मैं सारे प्रश्नों का उत्तर देने को बाध्य नहीं हूँ।"

बालि उठकर अपने कक्ष में चले गए।

रात आधी बीत चुकी थी, किंतु बालि को नींद नहीं आ रही थी। थोड़ी देर के लिए आँख लगती फिर नींद उचट जाती। उद्विग्नता की स्थिति में वे उठ बैठे। टहलते-टहलते आकर वे गवाक्ष के पास खड़े हो गए।...सहसा उन्होंने सुग्रीव को आते देखा। रक्षकों ने उन्हें मार्ग दे दिया। थोड़ी ही देर में सुग्रीव उनके कक्ष में पहुँच गए। निश्चित रूप से वे भागते हुए आए थे। उनकी साँस धौंकनी के समान चल रही थी और शरीर पसीना-पसीना हो रहा था।

"भैया!"

बालि ने प्रश्नपूर्वक उन्हें देखा।

"मायावी नगर में प्रवेश कर चुका है। अनुमान है कि वह अलका के भवन की ओर जा रहा है।" वे जल्दी-जल्दी बोले, "हमने उसे बंदी कर लिया होता, किंतु आपका आदेश नहीं था।"

बालि की आँखें चमकीं। हाथ ने लपककर गदा उठाई और मन ने कहा, "सुग्रीव सब कुछ जानता है। अलका के विषय में भी।"

"आओ!" बालि तत्काल बाहर निकल गए।

गंतव्य पर पहुँचते ही बालि ने दण्डधरों से पूछा। मायावी अभी तक नहीं आया? बालि ने धीरे से द्वार खटखटाया। एक सोयी हुई-सी परिचारिका ने आकर गवाक्ष खोलकर पूछा, "कौन है?"

"मैं हूँ बालि।"

द्वार खुल गया और बालि भीतर चले गए।

दण्डधरों के साथ ही सुग्रीव भी बाहर ही छिप गए। निश्चित रूप से आज

मायावी अवश्य मारा जाएगा—सुग्रीव सोच रहे थे—किंतु कितनी विचित्र बात थी कि मायावी के नगर-प्रवेश की तनिक भी सूचना द्वाररक्षकों को नहीं हुई। स्वयं सुग्रीव के चरों ने इतनी सूचना तो दी थी कि अकेला मायावी मतंग वन से निकलकर नगर की ओर बढ़ रहा है; किंतु उसके नगर-प्रवेश की सूचना वे भी नहीं दे पाए। नगर में घूमते हुनमान के चरों ने यह सूचना न दी होती, तो सुग्रीव को भी पता न चलता।...मायावी ने किष्किंधा में प्रवेश कैसे किया? सुग्रीव का मन निरंतर इस प्रश्न से मल्ल-युद्ध कर रहा था।

तभी अंधकार में एक छाया उधर बढ़ती दिखाई दी।...निश्चित रूप से यह मायावी ही होगा...सुग्रीव ने दण्डधरों को संकेत किया और स्वयं भी सावधान होकर बैठ गए।

मायावी दबे पाँव भवन की ओर बढ़ रहा था, फिर भी उसकी गति चमत्कारिक रूप से तीव्र थी। वह अत्यंत सावधानी से भवन के द्वार तक आया और धीरे से किसी विशेष सांकेतिक ढंग से उसने कपाट खटखटाया।

भीतर से द्वार खोल दिया गया। किंतु न मायावी ने भीतर प्रवेश किया और न भीतर से ही कोई बाहर आया। मायावी खड़ा-खड़ा जाने किस बात की टोह ले रहा था। वह अतिरिक्त रूप से सावधान था और भवन में प्रवेश करने से पूर्व भली प्रकार पुष्टि कर लेना चाहता था कि उसके लिए कोई जोखिम तो नहीं है...

मायावी बहुत विलंब कर रहा था...

सहसा भीतर से कूदकर बालि बाहर आए। चंद्रमा के धीमे प्रकाश में उनका उफनता क्रोध, उनके चेहरे पर देखा जा सकता था। उनकी आँखें जल रही थीं, नथुने फड़क रहे थे और भारी गदा थामे हुए भुजाएँ प्रहारक मुद्रा में थीं...

"कौन? बालि?" मायावी बोला।

"हाँ! तेरा काल?"

मायावी घबराया नहीं। अगले ही क्षण उसके हाथ में नग्न खड्ग चमक रहा था।

"आ, देख कौन किसका काल है। तेरा वध कर, अलका ही नहीं, तारा का भी हरण कर न ले गया, तो मेरा नाम भी मायावी राक्षस नहीं।"

बालि ने घुमाकर गदा का प्रहार किया। मायावी पीछे हटकर वार बचा गया! उसने खड्ग उठाया...

सुग्रीव ने दण्डधरों को संकेत किया और अपना खड्ग कमर से निकालकर झपटे।

मायावी को काठ मार गया। उसकी दृष्टि निमिष-भर के लिए बालि की गदा को देखती थी और अगले ही क्षण सुग्रीव के खड्ग पर टिक जाती थी। चेहरे पर असमंजस के भाव उभर आए, जैसे कोई निश्चय कर रहा हो; और अगले ही क्षण

वह पलटा और दण्डधरों को अपने खड्ग से धमकाता हुआ, उनका घेरा तोड़ भाग खड़ा हुआ...

"आओ!" हाथ उठाकर बालि ने संकेत किया और उसके पीछे भागे।

दण्डधरों की ओर देखने का अवकाश नहीं था।...सुग्रीव ने भी शक्ति-भर दौड़ लगाई।...आगे-आगे मायावी भाग रहा था और पीछे-पीछे बालि तथा सुग्रीव। मायावी या तो अच्छा धावक था, या अपना पीछा करने वालों से वह इतना भयभीत था कि उसके पगों में पंख लग गए थे। वह बड़ी सरलता से अपना पीछा करने वालों से अपनी दूरी बनाए हुए था। बालि अपने भारी-भरकम शरीर के कारण अपनी गति बढ़ा नहीं पा रहे थे और सुग्रीव कभी भी बहुत अच्छे धावक नहीं रहे।

सहसा मायावी ने पथ छोड़ दिया और नगर-प्राचीर की ओर लपका। सुग्रीव की दृष्टि नगर-प्राचीर के उस भाग पर टिक गई।...उस स्थान से प्राचीर कुछ इस प्रकार टूटी हुई थी कि उसकी ऊँचाई अनुल्लंघनीय नहीं रह गई थी।...कदाचित् मायावी इस स्थान से परिचित था। संभव है कि उसने इसी स्थान से नगर में प्रवेश किया हो, तभी तो न नगरद्वार के रक्षकों को उसकी भनक पड़ी और न सुग्रीव के चरों को ही उसकी कोई टोह मिली...

बालि और सुग्रीव के देखते-ही-देखते मायावी प्राचीर के भग्नांश पर चढ़, प्राचीर की दूसरी ओर सघन वन में उतर गया।

बालि और सुग्रीव, दोनों ही भौंचक खड़े रह गए। कहाँ वे आशा कर रहे थे कि नगर-प्राचीर की अगली चौकी तक जाते-जाते, यह दौड़ समाप्त हो जाएगी और मायावी पकड़ा जाएगा—कहाँ वह उनके हाथों से ऐसे निकल गया था, जैसे असावधान हाथों से टकराकर, अपने ही वेग में गेंद लौट आती है।

'काश! ऐसे समय में हनुमान यहाँ होते!' सुग्रीव सोच रहे थे, 'भूमि से उछलकर प्राचीर पर चढ़ जाना और प्राचीर से कूदकर वन में जा धँसना तो उनके लिए क्रीड़ा-मात्र थी।''

"सियार अपनी खोह में घुस गया।" बालि ने दाँत पीसते हुए कहा।

"गदाधरों की एक टोली को उसे घेरने के लिए भेजिए, सम्राट!" सुग्रीव ने सुझाव दिया।

"गदाधर सैनिक उसका क्या कर लेंगे।" बालि का चेहरा क्रोध से विकृत हो रहा था, "मैं स्वयं उसके पीछे जाऊँगा और उसका वध करके ही लौटूँगा।"

"आप स्वयं जाएँगे?" सुग्रीव हतप्रभ थे...मतंग वन में उसे अच्छी प्रकार घेरा जा सकता था, बालि वहाँ नहीं गए और यहाँ..."प्राचीर के बाहर सघन वन है। जाने वह कहाँ छिपा होगा। संभव है, आस-पास उसके साथी भी हों। गदाधर टोली नहीं भेजना चाहते तो नगर के बाहर छावनियों में स्थित यूथपतियों को आदेश दीजिए, वे अपने यूथों से इस क्षेत्र को घेर लें। फिर चाहे आप स्वयं ही उसे दण्डित

करें...।''

''नहीं!'' बालि ने सुग्रीव की पूरी बात भी नहीं सुनी, ''यह मेरा व्यक्तिगत मामला है। इसे मैं अकेला ही निबटाऊँगा। मैं जा रहा हूँ। सियार यदि खोह में घुसा है, तो उसका वध उसकी खोह में ही करूँगा...''

''पर भैया! आप सम्राट हैं। आपका अपने प्राणों को इस प्रकार संकट में डालना उचित है क्या?'' सुग्रीव ने विवाद किया, ''अच्छा! मैं भी आपके साथ चलता हूँ।''

''नहीं!'' बालि का स्वर कठोर था, ''मुझे अधिक देर नहीं लगेगी। तुम यहीं रुको, इस गुफा के द्वार पर। कहीं वह दुष्ट अपनी खोह से निकलकर फिर से नगर में प्रवेश न कर जाए। मैं लौटकर अभी आया...।''

कंधे पर अपनी गदा रखे बालि अकेले प्राचीर के उस भग्नांश पर पहुँचे और मायावी के ही समान प्राचीर के पार कूद गए।

सुग्रीव असहाय-से खड़े देखते रहे। क्या कर सकते थे वे? वे बालि के स्वभाव को जानते थे—क्रुद्ध बालि को मनमानी करने से रोकना असंभव था। और यहाँ तो उनके मर्म पर आघात हुआ था।...प्रतीक्षा करने के सिवाय, सुग्रीव और कर भी क्या सकते थे?...बालि के आदेश से हटकर कुछ भी करने पर वे उन्हें संदेह की दृष्टि से देखेंगे। उन पर कोई-न-कोई आरोप लगाएँगे...

भावी घटनाओं का रूप क्या होगा—सुग्रीव समझ नहीं पा रहे थे—अभी थोड़ी देर में बालि मायावी का शव घसीटते हुए लौट आएँगे अथवा मायावी ही बालि को चक्कर देकर, किसी अन्य मार्ग से प्राचीर के इसी टूटे अंश से किष्किंधा में प्रवेश कर, अलका को प्राप्त करने का प्रयत्न करेगा...यदि बालि को बहलाकर, मायावी वन में विलीन हो जाने में सफल हो गया, तो क्या बालि खाली हाथ लौट आएँगे?...जिस मुद्रा में वे गए थे, उसमें तो खाली हाथ लौटने का प्रश्न ही नहीं उठता।...मायावी भी कम हठी नहीं लगता। यदि वे दोनों ही किसी दीर्घकालीन लुका-छिपी में व्यस्त हो गए तो?...या कहीं मायावी ने बालि का वध कर दिया?...बालि निश्चित रूप से अधिक शक्तिशाली हैं, किंतु मायावी के पास खड्ग है और वह विकट धूर्त है।...यह दौड़ लंबी भी हो सकती है और उसके अंत का स्वरूप भी निश्चित नहीं है। सुग्रीव कब तक स्तंभित खड़े रहेंगे? उन्हें प्रत्येक संभावित स्थिति के लिए तत्पर रहना चाहिए।

उनके पीछे-पीछे आने वाला दण्डधरों का दल आ पहुँचा था। सुग्रीव ने उन्हीं से चरों का कार्य लिया। एक सैनिक टुकड़ी को बालि के पीछे भेजा, ताकि आवश्यकता पड़ने पर वे बालि की सहायता करें। उन्हें आदेश दिया कि वे आस-पास स्थित, समस्त वानर-यूथों को सचेत कर दें, ताकि वे मायावी की खोज कर, उसे घेरने का प्रयत्न करें। नगर-प्राचीर की सैनिक चौकियों में अतिरिक्त सैनिक भेज उन्हें

दृढ़ किया। नगर-द्वारों की रक्षा-व्यवस्था भी दृढ़ कर दी। उन्हें सचेत कर दिया कि संभवतः उन्हें मायावी अथवा उसकी सहायक किसी सशस्त्र राक्षस-टोली से युद्ध करना पड़े। सैनिकों की दो टुकड़ियाँ अपने लिए भी मँगवा लीं—जाने कब उनकी आवश्यकता पड़ जाए।

पूर्व से ऊषा का उजाला फूटने लगा, किंतु न बालि लौटे, न उनके पीछे गई हुई सैनिक टुकड़ी।...अब सुग्रीव के लिए चिंता स्वाभाविक थी। यह बालि के आखेट के लिए जाने जैसी साधारण घटना नहीं थी। सुग्रीव को यह पहले ही सोचना चाहिए था। क्या वे मायावी को जानते नहीं थे? वह जन्मजात अपराधी, सारा जीवन धूर्ततापूर्वक षड्यंत्र रचता रहा...और बालि केवल प्रत्यक्ष युद्ध के मल्ल थे। वे न षड्यंत्र रच सकते थे, न उसे परख सकते थे। मायावी जैसे षड्यंत्रकारी से सामना हो तो बालि की-सी शक्ति और वीरता के होते हुए भी कुछ अघटनीय घट सकता था। कुछ ऐसा ही तो नहीं हो गया?...किंतु तब सैनिक क्यों नहीं लौटे?...संभव है, वे शोक, हताशा अथवा दण्ड के भय से न लौटे हों...

सुग्रीव को स्वयं जाना होगा। अब बालि चाहे आज्ञोल्लंघन का आरोप लगाएँ, अथवा वहाँ से हटकर मायावी के नगर-प्रवेश के लिए मार्ग छोड़ने का संदेह करें, सुग्रीव को कुछ करना ही होगा। खड़े-खड़े चिंता करते रहकर, अपने भाई की मृत्यु के लिए पथ प्रशस्त करने की कापुरुषता वे नहीं कर सकते...

उन्होंने पुनः नगर में चर दौड़ा दिए। थोड़े ही समय में हनुमान, अंगद, नल, नील, तार, सुषेण, मैंद, द्विविद तथा जाम्बवान अपने-अपने विश्वसनीय साथियों के साथ आ उपस्थित हुए। जितने नेता थे, वन को उतने ही भागों में बाँट खोज आरंभ करने की योजना बनी। संपूर्ण नगर-प्राचीर की रक्षा-व्यवस्था कोटपाल पर छोड़, सुग्रीव तथा अन्य लोगों की टुकड़ियाँ वन में उतर गईं। एक-एक वृक्ष और झाड़ी को देखा गया, वन का चप्पा-चप्पा खोजा गया। पिछली टुकड़ी के सैनिक तो मिल गए, किंतु न बालि का कोई चिह्न मिला, न मायावी का...

दिन-भर खोज चलती रही—न किसी ने भोजन किया, न विश्राम। जिसे भूख ने अधिक सताया, उसने किसी वृक्ष से तोड़कर कोई फल खा लिया, स्रोत से जल पी लिया, किंतु खोज न शिथिल हुई, न स्थगित। रात का अंधकार घिरते-घिरते सैनिकों की तो बात ही क्या, स्वयं सुग्रीव और अंगद तक हताश हो चुके थे...कुछ बहुत ही असाधारण घटित हुआ था, नहीं तो कोई कारण नहीं था कि इतने लोग उन्हें जीवित अथवा मृत खोज न पाते। जाते-जाते बालि कह गए थे, सियार अपनी खोह में घुस गया है।...उन्हीं की बात सच होने जा रही थी। वे दोनों ही किसी ऐसी गुफा में जा घुसे थे, जिसका द्वार खोजने वाले सैकड़ों व्यक्ति भी ढूँढ नहीं पा रहे थे।

सुग्रीव ने पुनः अपने साथियों के साथ विचार-विमर्श किया। सब ही सहमत थे कि इस खोज को स्थगित कर, इन सैनिकों को वापस जाने दिया जाए ताकि उन्हें भोजन और विश्राम मिल सके; किंतु उसके साथ ही एक दीर्घकालीन खोज-योजना बनाई जाए। उसके अनुसार वानरों का एक पूरा यूथ स्थायी रूप से इस वन में रहे, छोटी टुकड़ियों में बँट, बारी-बारी यह अन्वेषण तब तक अनवरत चलता रहे, जब तक सम्राट बालि और मायावी के विषय में कोई निश्चित सूचना नहीं मिल जाती।

वन से लौटने पर, युवराज के अधिकार से, सुग्रीव ने पहला आदेश दिया कि प्राचीर के इस अंश की तत्काल मरम्मत कर दी जाए; और दूसरा आदेश सम्राट बालि की खोज के लिए गुप्तचर विभाग में एक स्वतंत्र अनुभाग स्थापित करने के विषय में था।

विभिन्न प्रकार की व्यवस्थाओं से कुछ अवकाश मिला, तो सुग्रीव का ध्यान तारा की ओर गया—'भाभी की क्या स्थिति होगी?' यद्यपि अंगद उनके पास था, किंतु अंगद अभी इतना प्रौढ़ नहीं है कि यह सारी स्थिति अकेले उस पर छोड़ दी जाए।

रुमा के साथ सुग्रीव बालि के प्रासाद में पहुँचे तो देखा, तारा के पास अंगद के साथ-साथ सुषेण और तार भी बैठे हुए हैं। सुग्रीव को संतोष हुआ। पिता और भाई मिलकर भाभी को सांत्वना दे लेंगे। भाभी को इस समय सांत्वना की ही आवश्यकता थी। सुषेण युद्ध वैद्य हैं। तन के घावों का उपचार तो कर लेते हैं, मन के घावों का कुछ कर पाएँगे क्या?

रुमा जाकर तारा के पास बैठ गई और सुग्रीव अंगद के पास बैठे।

''भाभी! आप मन छोटा न करें।'' सुग्रीव अत्यंत मृदु स्वर में बोले, ''या तो भैया स्वयं ही मायावी का वध कर लौट आएँगे या फिर हम उन्हें खोज निकालेंगे और मायावी के वध में उनकी सहायता करेंगे।''

तारा ने आँखें ऊँची कर सुग्रीव को देखा। सुग्रीव समझ नहीं पाए कि वे आँखें हँस रही थीं या रो रही थीं। किंतु मुख से वे कुछ नहीं बोलीं।

''भैया पहली बार तो गए नहीं हैं, भाभी।'' सुग्रीव पुनः बोले, ''आखेट के लिए वे अनेक बार जाया करते थे। अनेक बार बिना बताए भी गए हैं, और कई-कई दिन हमें उनकी सूचना भी नहीं मिली है।''

इस बार तारा ने मुसकराने का प्रयत्न किया, किंतु सुग्रीव को वह मुसकान रोने से भी अधिक करुण लगी।

''तुमने अलका के विषय में क्या सोचा है?'' तारा बोलीं।

''इस लड़की को देखो।'' वृद्ध सुषेण किंचित् उत्तेजित स्वर में बोले, ''जब

इससे कोई बात छेड़ो तो बात को टालने के लिए यह अलका का प्रसंग बीच में ले आती है।''

''आप ठीक कहते हैं।'' सुग्रीव ने बात सँभाली, ''शायद भाभी नहीं चाहतीं कि वे अपना दुख हमारे साथ बाँटें। इसलिए ये दूसरे-तीसरे व्यक्ति की बात करने लगती हैं।'' सुग्रीव कुछ रुके और पुनः बोले, ''पर यदि भाभी चाहती ही हैं कि अलका की बात की जाए, तो वही हो। अंततः इस सारे झगड़े का मूल कारण अलका ही है। उसी के कारण भैया इस प्रकार गए। उसके विषय में तो कुछ सोचना ही होगा...।''

''आप क्या उसे दण्डित करने की बात सोच रहे हैं?'' बीच में ही रुमा बोली।

''मेरा आशय यह नहीं है।'' तारा किंचित् ठहरे हुए स्वर में बोलीं, ''मैं उसे दण्डित करवाने के लिए नहीं कह रही।'' तारा का कंठ रुँध गया और वे रुक गईं। किंतु स्वयं को संयत कर बोलीं, ''मायावी के पीछे सम्राट कल रात गए हैं, किंतु मुझसे तो वे उसी दिन छिन गए थे, जिस दिन वे दुंदुभि को मारकर लौटे थे। अलका तो मात्र बहाना है।''

''क्या कह रही हैं, जीजी!''

''सच कह रही हूँ, रुमा!'' तारा का स्वर और भी करुण हो गया, ''अंतर केवल इतना है कि तब वे इसी प्रासाद में रहते थे, आज वे यहाँ नहीं हैं। किंतु मेरा मुख देखते ही वितृष्णा से भर उठना, मेरे स्वर को सुनते ही खीझ उठना, आधी-आधी रात को उठकर प्रासाद से बाहर चले जाना—क्या इन सबको देखते हुए मैं मानूँ कि वे मेरे पास थे, वे मेरे थे...'' तारा ने सुग्रीव को देखा, ''तुम कहते हो, देवर! कि मैं अपना दुख तुम लोगों के साथ बाँटना नहीं चाहती। तुम मुझे बताओ, कौन-कौन से दुख तुम लोगों के साथ बाँटू? कभी किसी ने जाना है कि तारा स्वयं कितनी बँट चुकी है...''

''तारा!'' तार बीच में बोले।

''हाँ, भैया!'' तारा रो पड़ीं, ''सोचो, मैं उससे प्रेम करती थी, जो प्रत्येक महीने-पखवारे में किसी नई कन्या के प्रेम में पागल हो जाता था। वे जब नया प्रेम पालते थे, मुझे अपने मार्ग की बाधा मान दुत्कारने लगते थे।'' तारा रुक गईं, ''मैं क्या-क्या बताऊँ तुम लोगों को। अपने मुख से कहती अच्छी लगती हूँ क्या? मेरा इतना बड़ा बेटा अंगद यहाँ बैठा है। पूछो इससे कि इसने आज तक किसी राजनीतिक मामले में अपने पिता का साथ क्यों नहीं दिया। यह सदा अपने पिता के प्रतिकूल चाचा का साथ देता रहा।''

''माँ!'' अंगद ने कहना चाहा।

''मैं तुमसे स्पष्टीकरण नहीं माँग रही, पुत्र!'' तारा बोलीं, ''मैं तुम्हारे मन की अवस्था समझती हूँ। पर तुम भी तो मेरी अवस्था को समझो। मैंने आज तक

तुममें से किसी से कुछ नहीं कहा। आज मेरा मन आप्लावित है और सुग्रीव ने उपालंभ दिया है कि मैं अपना दुख नहीं बाँटती...'' तारा ने दाँतों से होंठों को काटकर स्वयं को रोका।

''भाभी!...'' सुग्रीव समझ नहीं पा रहे थे कि वे क्या कहें।

''कुछ मत कहो, सुग्रीव।'' तारा फिर बोलीं, ''आज मुझे अपना दुख बाँट ही लेने दो। मेरे पिता, भाई पुत्र, देवर, देवरानी—सारे हितू बैठे हैं। मुझे बताओ, तारा किसके लिए रोये—अपने पति के लिए, जो प्रत्येक सुंदरी कन्या को देखते ही लोलुप और कामुक हो उठता था या उन निरीह कन्याओं के लिए, जो उसके पति के द्वारा अपमानित और पीड़ित हुईं।...मैंने अपने सौभाग्य के लिए सदा ईश्वर से अपने पति के जीवन की भिक्षा माँगी और अलका जैसी अनेक अभागिनों की रक्षा के लिए, उनको अपमानित करने वालों के लिए मृत्यु...''

''तारा!'' सुषेण बोले।

''हाँ, पिताजी!'' तारा का स्वर दृढ़ हो आया, ''आपकी तारा और कर भी क्या सकती थी। मैंने एक ओर अपने पति के राजनीतिक विरोधियों के नाश की कामना की और दूसरी ओर मेरा मन प्रजा के लिए—सुग्रीव तथा अंगद के लिए शक्ति, सत्ता और दीर्घ जीवन माँगता रहा। पुत्र को पिता के विरुद्ध ले चलने के लिए मैंने सुग्रीव को सैकड़ों शाप दिए, और अंगद को प्रजा-हित के मार्ग पर ले चलने वाले गुरु सुग्रीव को मैंने अपनी समस्त सद्भावनाएँ भेंट कीं।'' तारा के कंठ से हिचकियाँ फूट आईं, ''अब मुझे कोई बताए, मेरे पति को मृत्यु के मुख में धकेलने बालि अलका के लिए तुम लोगों से मृत्यु-दण्ड की प्रार्थना करूँ अथवा उसे अपमानित जीवन से उबारने के लिए, सम्राट और मायावी को विलुप्त करने के लिए ईश्वर का धन्यवाद करूँ...।''

तारा चुप हो गईं, किंतु न उनके आँसू रुके, न हिचकियाँ।

असमंजस की स्थिति में चुपचाप बैठे, सब लोग उन्हें देखते रहे। अंततः रुमा ने उन्हें अपनी बाँहों में भर, अपने वक्ष से लगाकर कहा, ''शांत हो जाओ, जीजी! सच ही, हममें से किसी को आपकी विकट स्थिति का आभास नहीं था।''

''अब मुझे बताओ कि तुम लोगों ने अलका के विषय में क्या सोचा है?'' तारा बोलीं तो पर्याप्त संतुलित लग रही थीं, जैसे मन में उठा बवंडर निकल गया हो और वे स्थिर हो गई हों।

''उसे वापस उसके पिता के घर पहुँचा देना चाहिए।'' अंगद बोले, ''मेरा विचार है कि वह भी यही चाहेगी।''

''और यदि वह वापस लौटना न चाहे?'' तारा ने पूछा, ''अथवा उसके पिता उसे स्वीकार करना न चाहें?''

''तो वह सुविधापूर्वक किष्किंधा में भी रह सकती है।'' सुग्रीव बोले, ''किंतु

वह यहाँ रही तो भैया के लौटने पर घटनाओं का रूप क्या होगा—कहना कठिन है।"

"और यदि वह किष्किंधा में न रही, तो तुम्हारे भैया के लौटने पर घटनाओं का रूप क्या होगा, यह कहना भी कठिन है।" तारा ने कहा, "फिर भी मैं चाहती हूँ कि समय रहते उसे किसी सुरक्षित स्थान पर भिजवा दो। यदि वह अपने पिता के घर जाना चाहे तो ठीक है, नहीं तो किसी सुरक्षित स्थान पर..." तारा कुछ रुककर बोलीं, "यह मैं ईर्ष्यावश नहीं, उसकी सुरक्षा के लिए कह रही हूँ।"

"हम समझते हैं।" वृद्ध सुषेण ने सिर हिलाया, "यही करो, युवराज!"

दिन बीतते जा रहे थे और बालि का कोई समाचार नहीं मिल रहा था। गुप्तचर विभाग भी सर्वथा असफल सिद्ध हो रहा था। वानर-यूथों की खोज का भी कोई फल नहीं निकला था। बालि ने स्वयं भी कोई संदेश नहीं भिजवाया था। सामान्य जन में यह विश्वास बढ़ता जा रहा था कि या तो बालि और मायावी दोनों ही किसी दुर्घटना में फँसकर नदी, समुद्र, गुफा अथवा किसी गहरे खड्ड में जा गिरे हैं, जहाँ उन्हें खोजा नहीं जा सकता; अथवा बालि का वध कर मायावी उनके शव को छिपा, वानरों के प्रतिशोध से भयभीत होकर भाग गया है। संभव है, वह लंका में जा पहुँचा हो—वहीं वह सबसे अधिक सुरक्षित था।

सुग्रीव को भाई संबंधी आशंकाओं के साथ-साथ किष्किंधा की राजनीतिक हलचलें भी चिंतित कर रही थीं। उनके अपने सहयोगियों में से सिवाय अंगद के कोई भी राज-परिषद का सदस्य नहीं था। बालि के अनेक मंत्री और महासामंत, उनकी कितनी ही नीतियों को लेकर सुग्रीव से सहमत नहीं थे। उनका सीधा तर्क था—सुग्रीव की स्थिति युवराज की थी। नीतियाँ सम्राट निर्धारित करते हैं। यदि युवराज द्वारा नई नीतियाँ निर्धारित करने का अधिकार स्वीकार कर लिया जाए, तो सम्राट के लौटने पर उनको क्या उत्तर दिया जाएगा।...राजसभा में सुग्रीव प्रायः अकेले पड़ जाया करते थे। अंगद भी बहुत सहायता नहीं कर पाते थे। और सुग्रीव की आँखों के सम्मुख ही किष्किंधा में जन-विरोधी नीतियाँ और आज्ञाएँ न केवल प्रचारित होती जा रही थीं—वरन् शत्रुओं का पक्ष शक्तिशाली होता जा रहा था...

कई दिनों तक सुग्रीव सोचते रहे, अपने मित्रों से परामर्श करते रहे, किंतु कोई निश्चित समाधान नहीं मिल रहा था। इस स्थिति का अंत तभी संभव था, जब सम्राट अनुपस्थित होने के स्थान पर उपस्थित हों। या तो बालि ही लौट आएँ, या उनके स्थान पर नया सम्राट सत्ता सँभाले। युवराज के रूप में यह अधिकार स्वयं सुग्रीव का था; और बालि का पुत्र होने के नाते राजकुमार अंगद का।...या फिर स्वयं साम्राज्ञी सम्राट की अनुपस्थिति में समस्त अधिकारों को अपने हाथों

में लें। नहीं तो यह डाँवाडोल स्थिति सँभल नहीं सकती।...और ऐसी अनिश्चित स्थिति न शासन के लिए शुभ थी, न जनसामान्य के लिए हितकारी।

जब कोई समाधान नहीं सूझा तो सुग्रीव विचार-विमर्श के लिए तारा के पास पहुँचे। तारा ने सारी बात धैर्यपूर्वक सुनी और बोलीं, "इधर मुझे भी इस प्रकार की अनेक सूचनाएँ मिली हैं। अंगद भी एकाधिक बार कह चुका है—सम्राट की अनुपस्थिति के कारण शासन में अनिश्चितता और अस्थिरता है।"

"मैं इसीलिए आपके पास आया हूँ, भाभी!" सुग्रीव बोले, "कि या तो शासन की बागडोर आप अपने हाथ में ले लें अथवा अंगद का अस्थायी राज्याभिषेक कर दें, ताकि भैया के लौटते ही शासन उन्हें लौटाया जा सके।"

"सम्राट के लौटने की कोई संभावना मुझे तो दिखाई नहीं पड़ती।" तारा कुछ उदास हो गईं, "फिर भी यदि तुम कहते ही हो, तो अभिषेक अस्थायी ही हो—किंतु अंगद का नहीं, तुम्हारा।"

"क्यों?"

"युवराज होने के नाते सम्राट के पश्चात् राज्य पर तुम्हारा ही अधिकार है।" तारा बोलीं, "स्त्री होने के नाते राजकाज में आज तक मुझे कोई भाग नहीं लेने दिया गया। न मेरी कोई इच्छा ही है। रह गया अंगद, तो वह अभी बच्चा है और तुम्हारा शिष्य है। उसे तुमसे अभी बहुत कुछ सीखना है।...वैसे भी यह अस्थायी अभिषेक है। सम्राट के लौटते ही, शासन फिर उन्हें सौंप दिया जाएगा।"

सुग्रीव, कुछ सोचते हुए, चुपचाप बैठे उन्हें देखते रहे।

"सहमत नहीं हो?"

"आप शासन सँभालना नहीं चाहतीं।" सुग्रीव बोले, "आपके कहने से मैं शासन सँभाल नहीं सकता...राजसभा में मेरा विपक्षी दल एक स्वर में कहेगा कि मैंने अबोध साम्राज्ञी को बहका लिया है। अंगद बालक है, अतः उसका समर्थन भी मेरी सहायता नहीं कर सकता। ऐसी स्थिति में मेरे अस्थायी राज्याभिषेक..."

"तुम ठीक कहते हो।" तारा गंभीर हो गईं, "तुम्हारे शासन का प्रस्ताव रखने वाला कोई अन्य प्रौढ़ पुरुष होना चाहिए।" सहसा उनका स्वर धीमा और आश्वस्त हो गया, "तुम्हारे अभिषेक का प्रस्ताव भैया तार करेंगे। मैं उनसे बात कर लूँगी। पिताजी उनका समर्थन करेंगे। तुम निश्चिंत रहो!..."

3

भूमि पर खड़े मारीच के शव को राम बड़ी देर तक देखते रहे—मारीच का शरीर पीड़ा में ऐंठ-ऐंठकर निस्पंद हो चुका था। उसके हाथों ने अपनी यातना में अपनी कृत्रिम दाढ़ी को नोच डाला था और उसके लोमरहित चेहरे पर पीड़ा के भावों के

साथ-साथ अपने नखों की खरोंचों से निकला रक्त भी जम गया था...

राम की श्वास-प्रक्रिया भी अब कुछ सहज हो गई थी। हाँफना प्रायः रुक गया था और साँस नियमित हो गई थी। धूप अपने जोर पर थी और हवा भी विशेष नहीं चल रही थी। राम एक पेड़ की छाया में जा बैठे, किंतु न तो उन्होंने अपने कंधे से तूणीर उतारा और न ही हाथ से धनुष को छोड़ा। कटि में बँधा खड्ग भी यथास्थान ही रहने दिया...

प्रायः सोलह-सत्रह वर्षों के अंतराल के पश्चात् मारीच किस नाटकीय आकस्मिकता के साथ उनके सामने आ खड़ा हुआ था और उतनी ही नाटकीय औचकता के साथ वह मारा भी गया था। सिद्धाश्रम में जब मारीच से मुठभेड़ हुई थी, तो राम भी जानते थे कि वे किसके साथ लड़ रहे हैं और क्यों लड़ रहे हैं; किंतु आज मारीच के वध के पश्चात् भी उनके लिए यह समझना कठिन हो रहा था कि मारीच पुनः उनके मार्ग में क्यों आया।...वैसे इस बार उसने युद्ध का प्रयत्न भी नहीं किया था...वह तो अपनी जान लिये भागा ही चला जा रहा था।

किंतु, क्यों?

राम के मन में अनेक बातें एक साथ उठकर वात्याचक्र के समान उमड़-घुमड़ रही थीं...

मारीच की निश्चित ही युद्ध करने की इच्छा नहीं थी, अन्यथा वह भीत कुकुरवत् इस प्रकार भागा न फिरता।...तो क्या वह किसी अन्य व्यक्ति की प्रेरणा से उन्हें किसी विशेष स्थान तक ले जाना चाहता था? किंतु कहाँ?...जहाँ राक्षसों की कोई सेना हो, पूर्वरचित व्यूह हो?...

राम के मन में कोई भी विचार टिक नहीं रहा था।

...इस क्षेत्र में कहीं भी राक्षसों का सैनिक जमाव होता तो उन्हें उसकी पूर्वसूचना अवश्य मिलती।...यदि राम को ले जाकर किसी सैनिक व्यूह में ही फँसाना था, तो राम के स्वर में लक्ष्मण को पुकारने की क्या आवश्यकता थी? क्या वह नहीं जानता था कि राम और लक्ष्मण मिलकर युद्ध करेंगे तो व्यूह में फँसने के स्थान पर उसे नष्ट कर देंगे।...मारीच की दिशाहीन दौड़, किसी स्थान-विशेष तक पहुँचने का नहीं, राम के हाथों से निकल भागने मात्र का अंधा प्रयत्न था। ऐसे में लक्ष्मण को भी पुकार लेने का एक ही अर्थ हो सकता है कि वह राम और लक्ष्मण दोनों को ही आश्रम से दूर हटा ले जाना चाहता था...

राम का हृदय धक्-सा रह गया।...इसका अर्थ यह हुआ कि षड्यंत्रकारियों की दृष्टि आश्रम पर थी। आश्रम में सीता थीं, शस्त्रागार था, मुखर था...और थे लक्ष्मण। इन तीनों के होते हुए शस्त्रागार संबंधी कोई आशंका नहीं होनी चाहिए। जटायु भी पास ही थे। एक बार सूचना भेज देने पर आदित्य, उल्लास, मणि, वज्रा तथा ग्रामवाहिनी के युवक भी पहुँच ही जाएँगे...नहीं! आश्रम के लिए कोई संकट

नहीं था। यदि राक्षसों ने यह सोचा है कि मात्र राम को हटा देने से...पर मात्र राम क्यों, मारीच ने तो लक्ष्मण को भी पुकारा था। यह और बात है कि लक्ष्मण ऐसी पुकार पर ध्यान नहीं देंगे। प्रथम तो वे स्वर का भेद कर ही लेंगे; दूसरे वे जानते हैं कि राम इस प्रकार दीन होकर कभी नहीं पुकारेंगे...मारीच ने उनके स्वर का तो अनुकरण कर लिया; किंतु वह उनकी प्रकृति से परिचित नहीं था...

पर इतने वर्षों पश्चात् धरती फोड़कर यह मारीच निकल कहाँ से आया?...कोई समाधान नहीं...यदि कोई स्थानीय राक्षस होता, कोई साधारण राक्षस सेनानी होता, तो कदाचित् राम को इतनी माथापच्ची की आवश्यकता न पड़ती; किंतु मारीच...रावण का विशिष्ट व्यक्ति...वह इस क्षेत्र में कभी नहीं देखा गया...राम ने उसके विषय में कभी कुछ नहीं सुना...क्या मारीच का प्रकट होना किसी विशिष्ट षड्यंत्र....

राम का ध्यान अपनी ओर बढ़ते हुए ग्रामवासियों की ओर चला गया। वे सशस्त्र थे। निश्चय ही वे ग्रामवाहिनी के सदस्य थे...संभवतः उन्हें इस घटना की सूचना मिल गई हो।

पास आकर उन्होंने प्रणाम किया तो राम उनके नायक को पहचान गए।

"यह तुम्हारा क्षेत्र है, भिड़े?" राम बोले, "मैं साईखेड़ा के आसपास हूँ?"

"आप साईखेड़ा में ही हैं।" भिड़े बोला, "क्या हुआ?...हमें तो सूचना भी नहीं मिली कि यह राक्षस...और आप यहाँ पहुँच भी गए।"

"तुम्हें सूचना कैसे होती?" राम मुसकराए, "यह मुझे आश्रम से ही भगाता लाया है।...इस शव को सँभालो। मैं लौटकर देखूँ, आश्रम की क्या स्थिति है।"

"तनिक विश्राम कर, कुछ खा लें।" भिड़े बोला, "लौटते हुए तो संध्या हो जाएगी।"

"विश्राम करने लगा तो लौटते में रात हो जाएगी।" राम बोले, "नहीं, भिड़े! रुकने का समय नहीं है।"

"किंतु भद्र! यह राक्षस अकेला ही आया था क्या?"

"यहाँ तक तो यह अकेला ही आया था।" राम बोले, "इसके सहयोगी हुए तो आश्रम के निकट होंगे। संभवतः उन्हें सौमित्र ने सँभाल लिया हो। फिर भी तुम लोग सतर्क रहो। कोई आशंका हो तो तत्काल आश्रम को सूचित करो।"

राम चले तो उनका मन प्रायः शांत था। खर-दूषण की पराजय के पश्चात् राक्षसों ने पुनः आक्रमण का प्रयत्न अभी तक नहीं किया था। मारीच के इस अभियान के लक्ष्य के विषय में सोचकर वे कुछ विचलित अवश्य हुए थे; किंतु न मारीच सफल हुआ था, न उसके सहयोगी सफल होंगे। उनके इस दुस्साहसी प्रयत्न का परिणाम तो आश्रम में जाकर ही ज्ञात हो सकेगा।...इस अभियान का लक्ष्य कुछ भी क्यों न रहा हो, पर इतना स्पष्ट था कि राक्षसों में अब सम्मुख युद्ध का साहस

नहीं रह गया था, तभी तो षड्यंत्रों पर उतर आए थे...

यह भी संभव है कि यह मारीच का कोई निजी अभियान हो। राक्षस साम्राज्य और सेना का इसके साथ कोई संबंध ही न हो। सिद्धाश्रम से भागने के पश्चात्, आज तक के इतने लंबे अंतराल में रावण के आक्रमणों, युद्धों, अभियानों तथा षड्यंत्रों के संदर्भ में मारीच का नाम कभी नहीं सुना गया। किंतु अकेला मारीच राम और लक्ष्मण को शत्रु-भाव से अपने पीछे दौड़ने की चुनौती देकर क्या पाएगा?...

शायद वे बहुत संकुचित दृष्टि से सोच रहे थे, और रावण की शक्ति को बहुत कम आँक रहे थे। दण्डक वन में पंचवटी तक के आश्रमों और ग्रामों के संगठन से उन्हें रावण के साम्राज्य की गतिविधियों की सूचनाएँ कैसे मिल सकती हैं। जन-स्थान से आगे तो उनका कोई भी संपर्क नहीं है। उस सारे क्षेत्र में क्या हो रहा है, इसका उन्हें तनिक भी ज्ञान नहीं है। रावण का साम्राज्य कहाँ-कहाँ तक फैला है, कहाँ-कहाँ उसके सैनिक स्कंधावार हैं—उन्हें तो यह ज्ञात नहीं है। उसके सामरिक महत्त्व के ठिकाने कहाँ-कहाँ हैं, उसके प्रमुख शस्त्रागार कहाँ हैं, किस युद्ध के लिए वह अपने किस स्कंधावार को प्रेरित करेगा—क्या इन बातों का ज्ञान उन्हें है? उसके अधीनस्थ राजाओं के राज्यों में क्या-क्या योजनाएँ बन रही हैं—राम को क्या मालूम!...दण्डक वन के जिस क्षेत्र के अपने संगठन पर राम को इतना भरोसा है, वहाँ से वे मात्र दस सहस्र सैनिकों की सेना ले जाकर लंका में युद्ध करना चाहें, तो पीछे सारा दण्डक वन—उसके समस्त आश्रम, समस्त ग्राम, समस्त जनसंख्या असुरक्षित हो जाएगी; और इसके विपरीत, जनस्थान में रावण के चौदह सहस्र सैनिक खेत रहे और रावण के कान पर जूँ तक नहीं रेंगी। वह लंका से अपनी सेनाएँ लेकर चलता है और देवलोक तक धावा मार आता है...और राम की स्थिति यह कि ऋषि अगस्त्य के समान, अपने स्थान पर जमकर बैठे हैं। अपनी जनसेना को वे उसके क्षेत्र से बाहर, किसी भी स्थान पर ले जाकर, किसी भी व्यूह के साथ जा टकराने और अपना मनमाना युद्ध करवाने की कल्पना भी नहीं कर सकते। जनसेना अपने स्थान पर रहकर, रक्षात्मक युद्ध में अद्वितीय सिद्ध हुई है; किंतु प्रहारक सेना के रूप में उसका कितना उपयोग हो सकता है...इसका कोई अनुमान राम को नहीं है।...राम ने जब भी अपना स्थान परिवर्तित किया है—नये स्थानों के लिए उन्हें नई सेनाओं का निर्माण करना पड़ा है...ऐसे में राम कैसे यह कल्पना कर सकते हैं कि वे रावण से सम-धरातल पर शक्ति-परीक्षण कर सकते हैं, उसकी प्रत्येक योजना की सूचना पा सकते हैं, उसके अभियानों का पूर्व-ज्ञान प्राप्त कर सकते हैं, उसके विषय में सामरिक महत्त्व के तथ्यों से अवगत रह सकते हैं।...

राम के चिंतन में बाधा पड़ी...कोई बड़े वेग से उनकी ओर आ रहा था...

राम रुक गए। उन्होंने धनुष सँभाला और चारों ओर दृष्टि दौड़ाई।...वृक्षों

की ओट होने के कारण आने वाला व्यक्ति दिखाई नहीं पड़ रहा था; किंतु कितना विचित्र संयोग था...उसकी चाल सौमित्र से कितनी मिलती है...

वे सचमुच ही सौमित्र थे।...

"सौमित्र, तुम!" राम चकित रह गए।

"हाँ, भैया!" लक्ष्मण त्वरित स्वर में बोले, "वह कौन था...?"

"सीता को अकेला छोड़कर चले आए?" राम ने लक्ष्मण की बात पूरी नहीं होने दी।

लक्ष्मण ने संक्षेप में उन्हें सारी बात बताई।

"सर्वनाश!" राम चिंतित हो उठे, "...और मैं यह माने बैठा था कि तुम किसी भी स्थिति में आश्रम नहीं छोड़ोगे।"

"मैं स्वयं कभी नहीं आता, भैया..." लक्ष्मण का स्वर बुझा हुआ था।

"हमें शीघ्र वापस पहुँचना चाहिए।" राम की गति तेज हो गई।

लक्ष्मण उनके पीछे-पीछे चल पड़े।

मार्ग-भर राम के मन में ऊहापोह चलता रहा। विभिन्न संभावनाएँ और आशंकाएँ मन में जन्म लेतीं और अन्य प्रकार की आशंकाओं की लहर में बह जातीं। वे तनिक भी निश्चय नहीं कर पा रहे थे कि पीछे क्या घटित हुआ होगा। वे कौन लोग थे?...उनका लक्ष्य क्या था?...जानकी अथवा शस्त्र?...सामरिक दृष्टि से शस्त्र महत्त्वपूर्ण थे; किंतु जानकी भी कम महत्त्वपूर्ण नहीं थी...जानकी सुरक्षित तो होंगी? और राम का सहज स्थिर मन बार-बार आशंकाओं से त्रस्त हो उठता था...

लक्ष्मण ने बताया था कि किस प्रकार वे ध्वनियों, भग्न शाखाओं, रौंदी हुई घास और पद-चिह्नों के सहारे उन तक पहुँचने का प्रयत्न करते रहे थे।...फिर ध्वनियाँ लुप्त हो गई थीं और मार्ग-संधान और भी कठिन हो गया था। कितनी ही बार लक्ष्मण दिग्भ्रष्ट हुए। कितने ही स्थानों पर भ्रम में पड़े...निरंतर द्वंद्व में फँसे रहे। किंतु किसी-न-किसी प्रकार वे आगे बढ़ते ही रहे...शत्रु के शब्दभेदी बाण के भय से वे पुकार भी नहीं सके...

लक्ष्मण चुतर और सावधान थे; राम उनकी प्रशंसा कर सकते थे...किंतु वे सीता को अकेली छोड़कर क्यों चले आए?...राम का क्षोभ बार-बार जाग रहा था...यह क्या असावधानी नहीं है?...आश्रम में कुछ अघटनीय घट गया तो उसके लिए उत्तरदायी कौन होगा?...फिर किसी पर दायित्व डाल देने भर से तो क्षतिपूर्ति नहीं हो जाएगी...लक्ष्मण बार-बार स्पष्टीकरण देना चाह रहे थे और राम संतुष्ट होने के स्थान पर क्षुब्ध होते जा रहे थे।...कारण कुछ भी हो...सीता को अकेली, असुरक्षित छोड़ देना...यदि आवेशमय, अस्थिर, आशंकित तथा असंतुलित मनःस्थिति में जानकी ने कुछ कह ही दिया था, तो क्या सौमित्र को भी चंचल हो उठना चाहिए

था? आक्रोश, उत्तेजना, चपलता की भी कोई मर्यादा होती है। संकट में ठीक निर्णय के लिए धैर्य रखना चाहिए—किसी ने उसका दिया और आप छिटक पड़े।...निर्णय सदा दूसरे व्यक्ति के हाथ में रहेगा। अन्य व्यक्ति द्वारा सायास अथवा अपनी नासमझी में लगाए गए आरोपों का प्रतिकार ही तो विश्व का सबसे बड़ा धर्म नहीं है; अपने विवेक का भी तो कोई निर्णय होता है। यह बचपना कब तक...

पर सीता! क्या सूझी उसे! सौमित्र को उकसाकर भगा दिया। इतने वर्षों के साहचर्य से सीता ने राम और लक्ष्मण को कितना जाना?...राम को इतना दीन समझा, और सौमित्र को इतना भीरु?...सौमित्र का राम के प्रति प्रेम...? फिर भी सीता ने सौमित्र पर आरोप लगाया। सौमित्र ने राम के आदेश का पालन करने के लिए पंचवटी के युद्ध में भाग नहीं लिया था...सौमित्र ने स्वर्णमृग के पीछे जाने का भी आग्रह किया था...भीरुता और पलायन के आरोप कोई तेजस्वी पुरुष कैसे सहेगा...कैसा मन है सीता का? पति पर आए संकट की आशंका से अपने परम हितैषियों पर ही संदेह करने लगीं...

कहीं कुछ और तो नहीं था जानकी के मन में?

वर्षों से राक्षसों की कामुकता की कथाएँ सुन-सुनकर, असुरक्षा के प्रति निरंतर सजग रह-रहकर, इस तनाव में जानकी को पुरुष मात्र के प्रति अविश्वास तो नहीं हो उठा? वे सौमित्र के प्रति भी शंकालु हो उठीं?...या कहीं यह तो नहीं सोचा कि सौमित्र को भाई से अधिक अपनी सुरक्षा प्रिय है...या भाभी की सुरक्षा?...भाभी के प्रति अतिरिक्त मोह अनुचित लगा जानकी को?...

या यह सब राम के प्रति प्रेममात्र था...प्रेमी हृदय भीरु भी होता है और शंकालु भी।...प्रिय पर संकट की आशंका मात्र से जानकी के विवेक के समस्त सूत्र छिन्न-भिन्न हो गए और वे अविवेकी मनुष्य के समान सौमित्र को वाग्बाणों से आहत कर अपना ही अहित कर बैठीं।...प्रेमी मन अविवेकी भी होता है।...राम का मन भीग उठा...

आश्रम के पर्याप्त इधर ही जन-सैनिकों की एक सन्नद्ध टोली मिली।

"क्या हो रहा है, नायक?"

नायक ने अभिवादन किया, "डेढ़ प्रहर पूर्व कुछ लोगों ने वन में लक्ष्मण को सहायतार्थ पुकारे जाने का स्वर सुना था। अनुमान से वह आपका स्वर माना गया। तब से अनेक टोलियाँ वन में छानबीन कर रही हैं, किंतु पुकारने वाले का अभी तक कोई पता नहीं मिला है।"

"आश्रम का कोई समाचार?"

"मैं वहाँ जा नहीं पाया हूँ।" नायक बोला, "आर्य आदित्य आश्रम में हैं। उन्होंने बिना कारण बताए अनेक निर्देश भेजे हैं। आश्रम में सब कुछ सकुशल

नहीं लगता...।''

''खोज स्थगित कर दो।'' राम बोले, ''वह राक्षसों का षड्यंत्र था।''

राम के मन में असाधारण उथल-पुथल मच गई। आदेश के निर्देश...कुछ असहज हुआ है...सब कुछ सकुशल नहीं लगता...

राम के पैरों को जेसे पंख लग गए।

आश्रम के दृष्टि-सीमा में आते ही राम प्रायः दौड़ने लगे। लक्ष्मण उनके साथ थे। टीले के ऊपर चढ़ते ही उन्हें अनेक व्यक्ति दिखाई देने लगे। आश्रम जन-शून्य नहीं था; और लोग प्रसन्न नहीं थे। सैनिक टोली के नायक का अनुमान ठीक था। आश्रम में कुछ-न-कुछ असहज था...राम की गति कुछ शिथिल हुई; किंतु अब भी वे सधे हुए पगों से आगे बढ़ते जा रहे थे...।

''भद्र राम! बिना सूचना के आश्रम छोड़कर आप कहाँ चले गए थे?'' सहसा आदित्य आकर उनके सामने खड़ा हो गया।

अन्वेषक दृष्टि से राम ने उसे देखा—उसकी भंगिमा सामान्य जिज्ञासा की-सी नहीं थी। उसके प्रश्न में से अनर्थ की जो ध्वनि फूट रही थी, वह भयंकर रूप से त्रासद थी।

''क्या हुआ, आदित्य?'' राम इतने अधीर कभी नहीं हुए थे।

''भाई मुखर ने वीरगति पाई है।''

''क्या?'' लक्ष्मण के चेहरे पर आवेश का भभूका झलका।

राम को लगा, उनकी शिराओं का रक्त ठण्डा होकर जम गया है।

''और जानकी?'' उन्होंने बड़ी कठिनाई से पूछा।

''वे आपके साथ नहीं थीं?''

''सर्वनाश!'' राम के मस्तिष्क में दूसरा कोई शब्द नहीं आया। वन में सौमित्र को आया देखने के क्षण से अब तक, उनके मन में उठी हुई आशंकाएँ मूर्तिमान होने जा रही थीं...।

''तुमने आश्रम की भली-भाँति खोज की है?'' राम के जबड़े भिंचे हुए थे।

''आर्य जटायु से पता किया है?'' लक्ष्मण अधीरता से बोले।

''वे अपनी कुटिया में नहीं हैं।'' लक्ष्मण का स्वर भर्राकर टूट गया। वे अत्यंत कातर दिखाई पड़ रहे थे।

''जन-सैनिकों की अधिकाधिक टोलियाँ वन में भेजो और सीता तथा तात जटायु की सघन खोज करवाओ।'' राम का स्वर बहुत धीमा था, ''वन, गोदावरी-तट, पास के ग्राम, खेड़े, आश्रम—सब स्थानों पर देखो...छोटी-से-छोटी सूचना भी तत्काल भेजो...।'' और राम को कहने के लिए प्रयत्न करना पड़ा, ''...मुखर का शव कहाँ है?''

आदित्य आगे-आगे चला। राम ने देखा—उल्लास, मणि, वज्रा, अनेक ग्रामों की जन-वाहिनियों के नायक...और भी बहुत सारे लोग...उदास चेहरे, भीगी हुई आँखें...जैसे सामूहिक शोक मना रहे हों...। व्यवस्था कदाचित् आदित्य के हाथ में थी।...

मुखर का शव, श्वेत उत्तरीय में ढककर, ससम्मान उसके अपने कुटीर में रखा हुआ था। दो जन-सैनिक प्रहरी कुटीर के द्वार पर उपस्थित थे।

राम ने उत्तरीय हटाया।

...मुखर के अधरों पर हलकी-सी मुसकान थी और आँखों में आवेश और उत्साह...जैसे मृत्यु से पूर्व उसने अपने शत्रु को देखा और पहचाना हो। उसकी मुद्रा में कहीं भय अथवा आतंक का लेश भी नहीं था। वहाँ तो विजयी योद्धा की मुसकान थी।

लक्ष्मण, मुखर के पैरों के पास खड़े, एकटक उसके चेहरे को देख रहे थे, मानो उसकी आँखों में पढ़ना चाहते हों कि वह अपनी मृत्यु के लिए उन्हें तो दोषी नहीं मानता...

राम उसके निकट भूमि पर बैठ गए। मुखर का शरीर निस्पंद पड़ा था... दोनों कंधों के घावों से बहा हुआ रक्त शरीर पर जम गया था। बाएँ कंधे पर, पिछले युद्ध में लगा पुराना घाव था—जो सीता की चिकित्सा से कुछ भर-सा गया था—आज वह पुनः खुला पड़ा था।...दाएँ कंधे पर बड़ा और घातक घाव था, जो उसके वक्ष तक खिंच आया था...यह घाव किसी विकट खड्ग से अत्यंत शक्तिशाली तथा निपुण योद्धा द्वारा किया गया था...यह किसी साधारण राक्षस का कार्य नहीं था...

राम के मस्तिष्क की शिराएँ पुनः तन गईं—कौन आया था यहाँ? वह विकट षड्यंत्रकारी, श्रेष्ठ शस्त्रों से युक्त, असाधारण योद्धा तथा अत्यंत शक्तिशाली पुरुष था...वह अत्यल्प समय में मुखर की हत्या कर सीता का अपहरण कर ले गया...किसी को कानों-कान खबर भी नहीं हुई। उसे धरती लील गई या आकाश खा गया। चारों ओर जन-सैनिकों की संगठित टोलियाँ फैली हुईं सावधानी से खोज रही हैं; किंतु उस पर किसी की भी दृष्टि नहीं पड़ी...कौन बताएगा कि मारीच अपने साथ किसे लाया था...

राम की दृष्टि पुनः मुखर के उल्लसित चेहरे पर टिक गई...उनके मन में कितनी ही घटनाएँ और कितने ही विचार बवंडर मचाये हुए थे...। यह मुखर था...अपने परिवार पर हुए अत्याचारों का प्रतिशोध लेने के लिए, शस्त्र-शिक्षा पाने के लिए यह कहाँ-कहाँ भटका था, ऋषि वाल्मीकि के आश्रम में वह उन्हें मिला था। कैसा अभिभूत हुआ था वह उनके शस्त्रों को देखकर! और जब वह उनके

आश्रम में आया था, तो कैसी उत्कंठा से पूछा था उसने कि क्या उसे राम शस्त्र-शिक्षा देंगे? कितनी लगन से उसने शस्त्र-परिचालन सीखा था, और खर-दूषण के साथ हुए युद्ध में किस उत्साह और आवेश से वह लड़ा था—जैसे अपने परिवार के हत्यारों से अपना प्रतिशोध ले रहा हो...वे सचमुच उसके परिवार के हत्यारे ही तो थे। किसी भी परिवार का क्या प्रश्न...वे तो शुद्ध हत्यारे थे...जिनकी आजीविका ही नहीं, जीवन का विलास भी निरीह हत्याएँ हैं...मुखर ने वस्तुतः अपने परिवार की हत्या का प्रतिशोध लिया था...वह राम के अपने परिवार का अंग हो गया था... उसके अस्तित्व के बिना आश्रम की कल्पना नहीं की जा सकती थी...और आज उनके सम्मुख उसका शव पड़ा है। कैसी विजयिनी मुसकान है उसके अधरों पर! कौन आया था मारीच के साथ? कौन था जो मुखर का वध कर गया...और वैदेही? वैदेही का हरण ही हुआ है क्या?...या हत्या...?

राम का मस्तिष्क जड़ हो गया।

उन्होंने धीरे-से दाहिना हाथ बढ़ाया और मुखर की खुली पलकें बंद कर दीं। अब उन आँखों को कुछ नहीं देखना था...उनके खुले रहने का कोई प्रयोजन नहीं था।...अब राम की आँखें खोजेंगी हत्यारे को...राम की भुजाएँ मुखर का प्रतिशोध लेंगी...यह दायित्व मुखर सौंप गया है राम को—सारे पीड़ितों का प्रतिशोध...

बाएँ हाथ से उन्होंने श्वेत उत्तरीय को आगे खिसकाया और मुखर का चेहरा ढाँप दिया।

"सौमित्र!" राम उठकर खड़े हो गए, "अंत्येष्टि का प्रबंध करो।"

अत्यंत मंथर गति से राम अपने कुटीर में आए।

वे स्वयं ही समझ नहीं पा रहे थे कि उनके भीतर क्या-क्या घटित हो रहा था। कभी लगता था कि मस्तिष्क एकदम जड़ हो गया है; सारी संवेदनाएँ मर गई हैं। वे देख रहे हैं, सुन रहे हैं—और सब कुछ देखते-सुनते हुए भी राम अलिप्त-अप्रभावित खड़े हैं, संवेदनशून्य, प्रतिक्रियाविहीन—जैसे मनुष्य न हों, यंत्र हों। क्या हो गया है उनको...अतिमानव हो गए हैं, जिसे कोई विषाद नहीं छूता; या जड़ हो गए हैं, जिसकी चिंतन-मनन शक्ति समाप्त हो गई है...

थोड़ी देर तक वे चुपचाप बैठे रहे निष्क्रिय; जैसे स्वयं को ही न पहचानते हों और निश्चय न कर पा रहे हों कि अपने इस शरीर का क्या करें...

सहसा उन्हें लगा, उनका मन और शरीर, दोनों ही अवश होते जा रहे हैं। उन पर राम का कोई नियंत्रण नहीं है; पेट के तल में कहीं हल्की-हल्की पीड़ा होने लगी है और अनायास ही आँखों से अश्रु बहने लगे हैं...अश्रुओं को रोकने के प्रयत्न में सारा शरीर हिल उठता है; और शरीर को सँभालने के प्रयत्न में अश्रु-प्रवाह पुनः आरंभ हो जाता है...

थोड़ी देर में अश्रु-प्रवाह नियमित हो गया...रह-रहकर मन भर आता था, हृदय में एक टीस-सी उठती थी और आँखों से अश्रु बहने लगते थे...जाने कहाँ थी वैदेही! जीवित भी थी, या उसका भी वध हो गया था...कैसा हृदय होगा उस पशु का, जो वैदेही जैसी नारी पर भी शस्त्र से प्रहार कर सका होगा...आज कैकेयी की इच्छा पूरी हो गई। यही चाहा होगा उसने!...नोच-नोचकर राम का शरीर राक्षस खा जाएँ, राम की आत्मा घायल पक्षी के समान विवशता में अपने पंख फड़फड़ाती रहे; किंतु राम अपना धनुष न उठा सकें, खड्ग से प्रहार न कर सकें।...सीता का अपहरण हो गया था और राम अपने कुटीर में बैठे अश्रु बहा रहे हैं...लक्ष्मण अपने हाथ बाँधे आश्रम में इधर-उधर मँडरा रहे हैं...इसीलिए तो कैकेयी ने वन में भेजा था उनको?...इतनी चतुर है कैकेयी...इतनी दूर तक देखती है वह? अपने ऊपर कोई दोष नहीं आने देती और हत्याएँ तथा अपहरण भी करा देती है...साम्राज्य के राजकुमारों को निरीह वनवासी बना देती है, न सेनाएँ साथ दे पाती हैं, न भाई ही भाई के काम आ सकता है...कैकेयी के मंत्र से मनुष्य कबंध में बदल जाता है...

पर कैकेयी का भी क्या दोष?

वैदेही और सौमित्र, देवर-भाभी-संबंध के कारण, अथवा अपनी जिह्वा की वक्रता का अभ्यास बनाए रखने के लिए, सदा वाग्युद्ध करते रहे। विनोद कब उग्र हो जाएगा, वक्रता कब धारदार हो जाएगी, मनोरंजन कब क्षोभकारी हो जाएगा—यह सब उन्होंने कभी नहीं सोचा। अंततः वैदेही की जिह्वा का कशा, लक्ष्मण की चेतना के लिए भारी पड़ा और वे अपने विवेक का संतुलन छोड़कर, आश्रम से हट गए...न वैदेही की जिह्वा रुकी, न सौमित्र का आवेश!...राम किसको दोष दें?...

किसी का भी क्या दोष? यदि राम यहाँ सामान्य तापस के समान चुपचाप एक किनारे पड़े रहते, वनस्पति सदृश्य निष्क्रिय रहकर चौदह वर्ष काट देते, तो कोई क्यों उनका शत्रु बनता? क्यों उनके विरुद्ध यह षड्यंत्र रचा जाता? क्यों सीता का हरण होता? क्यों मुखर का वध होता?...क्या आवश्यकता थी उन्हें उन पचड़ों में पड़ने की? क्यों बढ़-बढ़कर उन्होंने राक्षसों पर प्रहार किए?...तब तो उन्हें न्याय-अन्याय का संघर्ष सूझ रहा था। मानवता का शोषण वे देख नहीं सके थे, उनका तेज जाग उठा था।...अन्य लोग भी तो इन्हीं वनों में वर्षों से आँखें मूँदे पड़े हैं। किसी ने अध्यात्म की आड़ ले रखी है, किसी ने अहिंसा की। इंद्र तक तो राक्षसों से समझौता किए बैठे हैं; और राम जातियों तथा राष्ट्रों के उद्धार में जुट गए। क्या समझा था उन्होंने स्वयं को? क्या समझते थे कि वे न्याय और अन्याय के झगड़े निबटाते रहेंगे, राक्षसों को दण्डित करते रहेंगे, उनकी सेनाओं का नाश करते रहेंगे और राक्षस उन्हें कुछ नहीं कहेंगे? उन्होंने राक्षसों को सर्वथा निरीह मान लिया था, अथवा स्वयं को इतना सुरक्षित कि उनको क्षति पहुँचाई ही नहीं जा सकती?...जिस दिन उन्होंने राक्षसों के विरुद्ध शस्त्र उठाया था, यह तो

उसी दिन सोचना चाहिए था कि इस विरोध का मूल्य उन्हें भी चुकाना पड़ सकता है...बिना मूल्य चुकाए तो जीवन में कोई लक्ष्य प्राप्त नहीं किया जा सकता। या तो मनुष्य मूल्य चुकाने को तैयार रहे, अन्यथा लक्ष्य-प्राप्ति के स्वप्न देखना छोड़ दे। युद्ध एकतरफा संहारक नहीं होता। युद्ध तो दोनों ओर प्रहार करने वाला यंत्र है।...कैकेयी को दोष देने का क्या अर्थ? वैदेही अथवा सौमित्र को अपराधी ठहराने का क्या महत्त्व? और अपहरणकर्त्ता को भी कोसने का क्या लाभ?...यह तो युद्ध है। जो राम से हो सका, वह उन्होंने किया—जो उनके विरोधियों के वश में था, वे भी कर गए...

आज से यह युद्ध एक नया मोड़ ले रहा था...राम की अश्रु-धुली आँखों के सम्मुख ऋषि वाल्मीकि का आश्रम जीवंत हो उठा...मुखर ने राक्षसों के प्रति अपनी घृणा की बात कही थी, तो उत्तर में उन्होंने कहा था कि परिवेश में होने वाले अत्याचारों को सुनकर, सामान्य व्यक्ति के मन में असहमति ही जन्म सकती है, उसके विरुद्ध तीव्र, ज्वलंत, उग्र विरोध उत्पन्न नहीं होता। सूचनात्मक धरातल पर जुड़ना संवेदनात्मक धरातल पर जुड़ने से भिन्न है। दुर्भाग्य या सौभाग्य से मुखर उन अत्याचारों से निजी रूप से पीड़ित हुआ था। इस प्रक्रिया ने उसके मन को इतना निर्मल और संवेदनशील बना दिया था कि उसके मन में संवेदनात्मक धरातल पर, अत्याचार के विरुद्ध घृणा जन्म लेती थी।...वस्तुतः कोई समुदाय अन्याय के विरुद्ध कम उठता है, व्यक्ति ही उसका अनुभव अधिक करता है। व्यक्ति समुदाय को संगठित करता है, और समुदाय व्यक्ति का अनुसरण करता है।...ऋषि ने कहा था, "पुत्र! अत्याचार से पीड़ित व्यक्ति सबसे अधिक दुखी होता है, पर वही दुख उसे अत्याचार के विरुद्ध लड़ने की शक्ति भी देता है। अतः अत्याचार का नाश करने के लिए उसका ग्रास बनना भी आवश्यक है। जो जितना अधिक पीड़ित और शोषित होगा, उसके मन में अत्याचार और शोषण के विरुद्ध उतनी ही उग्र, ज्वलंत अग्नि धधक उठेगी; वह न्याय का भी उतना ही बड़ा समर्थक होगा।"...ये बातें मुखर के संदर्भ में हुई थीं; पर क्या स्वयं राम पर आज ये शत-प्रतिशत लागू नहीं होतीं...राम के मन में राक्षसों के विरुद्ध आज तक जो आक्रोश था—वह मात्र परदुखकातरता के कारण था। उसमें द्रवणशीलता तो थी, किंतु दाहकता नहीं थी। मरने-मारने की ऐसी आग नहीं थी, जो व्यक्ति को भस्मीभूत कर दे।...किंतु आज सीता के अपहरण से राम व्यक्तिगत रूप में पीड़ित, आहत तथा अपमानित हुए थे। लगता था, मन का समस्त भावरूपी विरोध घनीभूत होकर कर्म में परिणत होने को अकुला उठा था।...अब राम पंचवटी में बैठे नहीं रह सकते। वे विभिन्न लोगों का संगठन करते नहीं घूम सकते। वे आश्रमों तथा ग्रामों के जीवन की समस्याओं पर विचार करते, उन्हें सुलझाते हुए इधर-उधर नहीं भटक सकते...यदि सीता को खोजने में विलंब हुआ तो राम अपने आक्रोश की ज्वाला में स्वयं नष्ट हो जाएँगे। उन्हें सीता को खोजना होगा...वह

जहाँ भी हो—जीवित अथवा मृत! सीता का पता लगाना होगा। यदि वे जीवित हैं तो उनकी रक्षा करनी होगी; और यदि जीवित नहीं हैं, तो उनके हत्यारों को दण्डित कर प्रतिशोध तो लेना ही होगा—साथ-ही-साथ अब इन अत्याचारों की केंद्रीय शक्ति को भी भस्मीभूत करना होगा।...अब राम सीधे रावण से ही जा टकराएँगे। वे पंचवटी में रावण के आक्रमण की प्रतीक्षा में बैठे नहीं रह सकते...अब वे किसी के भी द्वारा किसी भी मुखर का वध नहीं होने देंगे, किसी भी सीता का अपहरण नहीं होने देंगे...

"भैया!" लक्ष्मण ने कुटीर में प्रवेश किया, "मुखर की चिता तैयार है। अग्नि दें...।"

लक्ष्मण के चेहरे पर आक्रोश नहीं था। राम ने लक्ष्मण का यह रूप पहली बार देखा था। आँसुओं से भीगा हुआ चेहरा मुरझा गया था। होंठ सूखे हुए थे। स्वर भर्राया हुआ था। लगता था, मुखर की चिता चुनते हुए बहुत रोये थे...लक्ष्मण और रुदन...लक्ष्मण में ऐसा परिवर्तन...

राम उठ खड़े हुए।

अब तक उन्होंने अपने ही दुख को जाना था। लक्ष्मण की ओर उन्होंने ध्यान ही नहीं दिया। राम की अपेक्षा लक्ष्मण ही मुखर के अधिक निकट थे। पिछले दस वर्षों से वे दोनों अभिन्न मित्र थे। मुखर के वध से सौमित्र को जो पीड़ा हुई होगी, वह अपनी तीव्रता में राम की पीड़ा से बढ़कर ही होगी। सीता का अपहरण भी लक्ष्मण के लिए उतना ही पीड़ादायक तथा अपमानजनक होगा।...संभवतः इस दुर्घटना के लिए वे स्वयं को दोषी भी मान रहे होंगे...और फिर अपने वय, अनुभव तथा प्रकृति की दृष्टि से सौमित्र, राम के समान सहनशील भी नहीं थे।...उन्हें भी सांत्वना की आवश्यकता होगी...राम जैसे बड़े भाई के होते हुए भी वे ऐसे व्याकुल थे, जैसे उनका अपना कोई न हो।

"चलो।" राम बोले।

उन्होंने लक्ष्मण के कंधे पर हाथ रखा। कुछ कहने के लिए होंठ खोले, किंतु शब्द नहीं मिले। और इतने में ही लक्ष्मण के हृदय में जैसे कोई हूक उठी और वे भाई के वक्ष से लग गए। राम की भुजाएँ लक्ष्मण को समेटते हुए कस गईं। सारा परिवेश विलीन हो गया। उनकी चेतना में अपनी आँखों से निःशब्द बहते अश्रु थे और स्वयं को संतुलित करने की प्रक्रिया में उठती हुई लक्ष्मण की हल्की-हल्की सुबकियाँ...

सहसा राम सचेत हुए, "धैर्य धारण करो, सौमित्र! आओ, मुखर के प्रति अपने अंतिम कर्त्तव्य का भी पालन करें।" राम का स्वर आवेशपूर्ण हो उठा, "आज से हमारा युद्ध प्रतिरक्षात्मक न होकर प्रहारक होगा। सौमित्र! अब राक्षसों द्वारा खेला

जाने वाला अपहरण और हत्याओं का खेल और नहीं चल सकेगा।"

संध्या के विदा होते-होते मुखर का दाह-संस्कार हो गया। किसी ने भी अधिक बात नहीं की। लक्ष्मण तो एकदम ही नहीं बोले। सब ओर जैसे एक ठण्डी व्यवहारिकता का वातावरण छा गया था, जिसने प्रत्येक व्यक्ति की भावनाओं की उष्णता को दबोच लिया था।

आदित्य ने राम के सम्मुख, जन-सैनिकों की विभिन्न टोलियों के खोज-प्रयत्नों के समाचार प्रस्तुत किए थे; किंतु अभी तक कोई भी सार्थक बात ज्ञात नहीं हो पाई थी। राम ने खोज के संबंध में कुछ और सुझाव दिए और अपनी कुटिया की ओर बढ़ गए। रात्रि का अंधकार गहरा रहा था। इस समय बहुत कुछ हो जाने की संभावना भी नहीं थी।

कुटिया के एकांत में स्थिर होते ही राम का धैर्य जैसे पुनः टूट गया। आँखों से धाराप्रवाह अश्रु बहने लगे। राम ने भी स्वयं को ढीला छोड़ दिया। जब रोना ही है तो फिर घुटने का क्या लाभ!...अश्रुओं के साथ-साथ विचारों का भी अबाध प्रवाह चलने लगा...

बार-बार आँखों के सम्मुख सीता और मुखर के चित्र आते थे; बार-बार कानों में उनके स्वर गूँजने लगते थे। मन कभी मुखर की अंतिम भंगिमा पर टिक जाता; और कभी आँखों के सामने उसके कंधों से बहकर, वक्ष पर जम गया रक्त प्रत्यक्ष हो उठता। आश्रम की एकमात्र शल्य-चिकित्सा—सीता भी तो जाने कहाँ थीं, जो रक्त पोंछ, घाव साफ कर, कोई औषधि लगातीं...मन सहसा सीता की ओर भटक जाता...कहाँ होगी वैदेही? जीवित भी है या...जाने किसने, कहाँ और किन परिस्थितियों में उनकी हत्या की होगी...उनके शव का ससम्मान संस्कार किया होगा, या यूँ ही कहीं फेंक दिया होगा—शरभंग आश्रम के निकट के अस्थि-समूह जैसे किसी समूह में मिला दिया होगा; अथवा राक्षस उनका मांस खा गए होंगे...

राम के वक्ष में सहस्रों चिताएँ एक साथ जल उठीं, रोम-रोम में बिच्छू दंश मार गए...किसी असहनीय पीड़ा से वक्ष फटने-फटने को हो आया...यदि हत्या नहीं हुई, सीता का अपहरण हुआ है, तो कहाँ होंगी सीता इस समय? किस अवस्था में होंगी? कौन ले गया होगा? राक्षसों के प्रति वैर-भाव का प्रतिशोध लेने के लिए उस बेचारी, भीरु, कोमलांगी अबला को शारीरिक तथा मानसिक यातनाएँ दी जा रही होंगी; अथवा उसके सुंदर शारीर का, उसके अपार्थिव यौवन का भोग करने के लिए उसे पीड़ित किया जा रहा होगा...

राम उठकर बैठ गए। वे अपनी कुटिया में निष्क्रिय सोने की बात कैसे सोच सकते हैं। उनके वक्ष में हृदय नहीं है; सीता के प्रति कोई प्रेम तथा कर्त्तव्य नहीं है; उनका स्वाभिमान मर गया है अथवा उन्होंने अन्याय को सहना सीख लिया

है...

अगले ही क्षण उनका सारा आक्रोश, असहायता के समुद्र में डूबकर निष्प्राण हो गया...जब तक कोई निश्चित सूचना न मिल जाए, वे कर भी क्या सकते हैं। ...वे अपना धनुष लेकर वन के वृक्षों से तो नहीं लड़ सकते; पर्वत की शिलाओं पर सिर पटककर क्या मिलेगा उन्हें?...उन्हें हताश नहीं होना है, किंतु मूर्ख आक्रोश भी किस कार्य का? विपत्तियों का सामना तो धैर्य और विवेक से ही किया जा सकता है...सीता को खोजने का निश्चित तथा योजनाबद्ध प्रयत्न करना होगा...पंचवटी को छोड़कर सीता के लिए वन-वन भटकना होगा...सीता का अपहरणकर्ता ही मुखर का हत्यारा है...

द्वार पर किसी के हाथ की थाप पड़ी।

राम तत्काल उठ खड़े हुए। आज कुछ भी असहज नहीं था। किसी भी क्षण कोई भी सूचना आ सकती थी।...

राम ने कपाट खोला। दीपक के प्रकाश में सामने सौमित्र खड़े थे। उनका चेहरा पहले से भी अधिक निर्जीव लग रहा था। एक ही संध्या में कितने बदल गए थे सौमित्र!

"अभी तक सोये नहीं?" राम स्वयं को सँभालकर अत्यंत कोमल स्वर में बोले, "कोई समाचार आया है क्या?"

लक्ष्मण ने ऐसी दृष्टि से राम को देखा, जैसे उनकी कठोरता के विरुद्ध शिकायत कर रहे हों। फिर आँखें झुकाकर धीमे स्वर में बोले, "थोड़ी देर आपके पास बैठ सकता हूँ?...

राम हतप्रभ रह गए...वे एक के पश्चात एक भूल कैसे करते जा रहे हैं...पहले भी उन्होंने सौमित्र की भावनाओं की ओर ध्यान नहीं दिया था, अब फिर वे उनकी ओर से आँखें मूँद, अपने कुटीर में अकेले बंद हो गए थे।...अपने दुख को कलेजे से लगाए, लोगों की दृष्टि से बचकर, एकांत में रोने का प्रयत्न कर रहे थे—उन्होंने क्यों नहीं सोचा कि इस दुख का बहुत बड़ा अंश उनके और सौमित्र के बीच सामान्य भी था। सीता उनकी पत्नी हैं तो सौमित्र की सखावत भाभी...मुखर उनसे बढ़कर सौमित्र का मित्र था...और अन्याय के विरुद्ध यह युद्ध, जीवन का यह लक्ष्य, अकेले राम का नहीं था। वनवास में, लक्ष्य के लिए संघर्ष में सौमित्र कभी पीछे नहीं रहे थे... फिर सौमित्र से अलग उनका दुख अपना कैसे हो सकता है...दोनों का दुख था, दोनों को सहना था...इसको तो भाई के वक्ष से लगकर ही, साथ रोकर ही सहन किया जा सकता था; और भाई के कंधे से कंधा मिलाकर ही इसका प्रतिकार किया जा सकता था...

"आओ, सौमित्र!" राम का स्वर विह्वल हो उठा। वे लक्ष्मण को उनके कंधों

से घेर भीतर ले आए।

लक्ष्मण को आसन पर बैठा, राम सम्मुख बैठ गए। सहज होने का प्रयत्न करते हुए धीरे से बोले, "बहुत दुखी हो, सौमित्र?"

लक्ष्मण तुरंत नहीं बोले। कुछ देर शून्य में देखते रहे, जैसे बोलने के लिए शक्ति बटोर रहे हों, "दुखी...क्षुब्ध...अपमानित...सबसे अधिक अपराध-बोध से पीड़ित हूँ...।"

"सौमित्र!"

"मुझे दण्ड दें, भैया! मैं अपराधी...विश्वासघाती..."

राम चौंके, "क्या है तुम्हारे मन में, सौमित्र!"

"आपकी अनुपस्थिति में रक्षा का दायित्व मेरा था।" लक्ष्मण का स्वर अत्यंत उदास था, "भाभी के अपहरण, मुखर के वध के लिए अपराधी मैं हूँ। उन्हें अकेले, असुरक्षित छोड़कर जाने का औचित्य..."

"सौमित्र! सीता और मुखर 'वस्तु' नहीं थे, जिनकी रक्षा का दायित्व तुम पर था।" राम बोले, "वे सचेतन प्राणी थे। तुम्हारे संरक्षित थे, किंतु तुम्हारे साथी भी थे। वे सैनिक थे और शत्रु से युद्ध कर रहे थे।" राम ने रुककर लक्ष्मण को देखा, "इस दीर्घकालीन युद्ध में अनेक छोटी-बड़ी झड़पों में हम विजयी हुए हैं, किंतु इस झड़प में शत्रु विजयी हो गया है। इस पराजय को उसके वास्तविक रूप में ग्रहण कर, हमें आगामी व्यूह के लिए सन्नद्ध रहना चाहिए। अपनी भूलों से कुछ सीख आगे बढ़ना चाहिए।...तुम्हें दण्ड किस बात का दूँ?..."

"मैं अपनी ग्लानि और अपराध-बोध का क्या करूँ?..." अपनी व्याकुलता में लक्ष्मण ने अपने सिर को अनेक झटके दिए।

"यह तर्क नहीं, भावना है—जो निजी क्षति से उत्पन्न हुई है।" राम का स्वर भर्रा आया, "निजी रूप से मैं भी बहुत पीड़ित हूँ, सौमित्र!...व्यक्तिगत क्षति के लिए बहुत रो चुका हूँ। अब सैनिक-धर्म समझने का प्रयत्न कर रहा हूँ।"

लक्ष्मण की दृष्टि में राम के लिए सम्मान और स्नेह दोनों थे, "आपके जैसा ठण्डा कलेजा कहाँ से लाऊँ?" लक्ष्मण की आँखों से अश्रु चू पड़े, "इस धधकती ज्वाला का क्या करूँ? इच्छा होती है, इस सृष्टि को नष्ट कर दूँ, यहाँ न्याय कभी विजयी नहीं होगा।"

राम स्नेहसिक्त आँखों से लक्ष्मण को निहारते रहे, जैसे उनकी भावना की प्रशस्ति गा रहे हों; और फिर धीरे से बोले, "आग तो मेरे वक्ष में भी ऐसी लगी है कि स्वयं ही भस्मीभूत होने की आशंका जगती है। विनाश का उन्माद मेरे मन में भी बवंडर के समान उठा था; किंतु सौमित्र! संसार के कुछ नियम हैं। उनके विरुद्ध आचरण करने से कभी सफलता नहीं मिलती। हमें धैर्य तथा विवेक से योजनाबद्ध रूप में सीता की खोज करनी होगी। सीता का अपहरणकर्ता ही मुखर

का हत्यारा भी है। उसकी शक्ति के अनुरूप अपना संगठन करना होगा। ऐसा न हो कि अपनी असावधानी से हम अपना अहित कर बैठें और वैदेही के लिए और अधिक कष्ट के कारण बन जाएँ...।"

"मैं क्या करूँ, भैया?..."

"अपने शोक को ऊर्जा में बदलो।" राम की शांति में उनका संकल्प बोल रहा था, "व्यक्ति के रूप में नहीं, सैनिक के रूप में सोचो।"

लक्ष्मण ने अपने सिर को झटका दिया, "शोक मना चुका। अब स्वयं को युद्ध के लिए तैयार करूँगा।"

जाने के लिए लक्ष्मण उठ खड़े हुए।

"आज रात यहीं सो रहो, सौमित्र!" राम के स्वर में अथाह प्यार था।

"नहीं, भैया!" लक्ष्मण के शोक में से उनका ओज झाँक उठा, "शोक का काल समाप्त हुआ। शस्त्रागार के प्रहरी के रूप में, अपने ही कुटीर में सोऊँगा।"

राम स्तब्ध खड़े रह गए। कैसा है उनका विवेक, जो भावना से मुक्त होकर कुछ सोच लेता है, उसे शब्दों में व्यक्त भी कर देता है, दूसरों को सहमत भी कर लेता है; किंतु स्वयं राम का अपना मन उस विवेक से सर्वथा अप्रभावित अपना शोक मना रहा है। उनके शब्दों से सौमित्र का ओज जाग उठा, और राम का मन किसी आहत पक्षी के समान फड़फड़ा रहा है। इच्छा होती है कि पछाड़ खाकर भूमि पर गिर पड़ें, या कुटीर की दीवारों से सिर मारें...हा सीते! कहाँ हो तुम! मुखर ने तुम्हारी रक्षा करते हुए अपने प्राण दे दिए। राम का वह भाग्य भी न हुआ।...राम! यह अभागा निर्वासित अपनी कांता का, अपनी प्राण-सखी का वियोग सहने को जीवित रह गया। प्रिया वैदही का वियोग एक ओर; और अपमान तथा प्रतिशोध की ज्वाला दूसरी ओर...सौमित्र को तो राम समझा लेंगे, किंतु राम के मन को कौन समझाएगा...अपनी प्राण-सखी के कष्टों का निवारण कैसे करें राम...इस अत्याचार का प्रतिकार कैसे करें...अपने अपमान का प्रतिशोध कैसे लें, मुखर के उपकार से उऋण कैसे हों...

सहसा उनके मन में आशंका का एक कलुषित बिंदु जन्मा और क्रमशः फैलता चला गया...उन्हें लगा, वह उनके मस्तिष्क को ही नहीं, उनकी आत्मा को भी निगल गया है...सब ओर अंधकार-ही-अंधकार छा गया। जीवन में आशा की कोई उजली किरण नहीं...राक्षसों ने युद्ध छोड़, अब राम के साथियों को एक-एक कर घेरने की योजना बनाई है...आज मुखर का वध, सीता का अपहरण हुआ है...कल राम को कहीं हटाकर सौमित्र का अपहरण अथवा वध...

राम का मन हताशा में डूबने लगा—नहीं! राम ऐसा युद्ध नहीं लड़ सकते। उन्होंने सीता खोई है, अब वे सौमित्र को नहीं गँवा सकते।...उन्हें लक्ष्मण की रक्षा

करनी ही होगी।...इतनी बड़ी क्षति के पश्चात् भी वे कुछ नहीं सीख रहे हैं। इन परिस्थितियों में भी उन्होंने सौमित्र को अलग कुटीर में अकेला सोने के लिए भेज दिया है...अब तो मुखर भी जीवित नहीं है। पता नहीं उसकी संचार-व्यवस्था किस स्थिति में है। कोई अपने कार्य में सन्नद्ध है भी या नहीं...राक्षसों के आने की सूचना भी कोई उन्हें देगा या नहीं...

राम ने अपनी कुटिया का कपाट खोला।

बाहर निकलने के लिए उनके पग नहीं उठे। चंद्रमा के प्रकाश में वे देख रहे थे, आश्रम न सो रहा था, न निष्क्रिय था। जन-सैनिकों की टुकड़ियाँ अपने ढंग से सन्नद्ध बैठी थीं। चर आ और जा रहे थे। लगता था, कोई भी नायक विश्राम करने नहीं गया। कदाचित् आदित्य भी यहीं कहीं बैठा व्यवस्था देख रहा होगा...नहीं! राम इतने बंधुविहीन, असहाय और अकले नहीं हैं। सौमित्र के लिए उनका मोह अपने स्थान पर ठीक है; किंतु यह उनका मोह ही है। यहाँ तो प्रत्येक सैनिक, सौमित्र के समान उनका अंगरक्षक बन गया है। आज किसी ने राम से आदेश नहीं माँगा। राम ने कोई योजना-विशेष भी उनके सामने नहीं रखी...पर कार्य हो रहा है। प्रत्येक सैनिक राम के दुख को समझता है। उनमें से कोई भी उनका एकांत भंग करने नहीं आया; किंतु वे लोग अपने दायित्व में दत्तचित्त हैं...फिर क्यों चिंतित हैं राम! जब घर-घर से निकलकर असंख्य सौमित्र उनके चारों ओर घिर आए हैं, तो राम हताश क्यों हैं?

उनके मन में ऋषि अगस्त्य आ बैठे—"तो राम! पंचवटी जाने के लिए मैं तुम्हें नियुक्त करता हूँ और इस सारे भू-खण्ड की जन-शक्ति तुम्हारे हाथ में देता हूँ। लोपामुद्रा ने तुम्हें समर्थ कहा है, मैं तुम्हें सफल होने का आशीर्वाद देता हूँ।...न्याय का पक्ष कभी न छोड़ना, और जन-विश्वास को अपनी एकमात्र शक्ति मानना।"

कैसे भूल गए राम अगस्त्य की वाणी को...उनका जन-विश्वास कहाँ खो गया था...

राम ने कपाट भिड़ा दिया और अपने स्थान पर लौट आए। शैय्या पर लेटे पलकें मूँदने का प्रयत्न किया...किंतु आँखें जैसे जल रही थीं, पलकें मुँद नहीं रही थीं। आँखों के सम्मुख सीता का रूप उभरा...भयभीत और चीत्कार करती हुई वैदेही. ..किसी दीर्घकाय बलिष्ठ और भयंकर पुरुष आकृति की पकड़ से छूटने के लिए छटपटाती हुई वैदेही...राम और सौमित्र को अपनी सहायता के लिए पुकारती हुई वैदेही...

राम लेट नहीं सके। उठकर बैठ गए।

...दूसरे ही क्षण उन्हें लगा, जैसे सामने अंधकार में मुखर किसी से युद्ध कर रहा हो; और उनके देखते-ही-देखते उस पुरुष ने अपना खड्ग मुखर के कंधे पर

दे मारा...

राम उठकर कुटिया में टहलने लगे...

...जन-विश्वास तो अपने स्थान पर ठीक है, किंतु अपने मित्रों, सुहृदों, अपने परिवार के सगे-संबंधियों की क्षति।...ऐसी ही घटनाएँ होती रहीं तो राक्षसों के विरुद्ध लड़ने का अपना संकल्प निभा पाएँगे क्या? विश्वामित्र को दिया अपना वचन पूरा कर पाएँगे?

सहसा उनकी कल्पना में विश्वामित्र जाग उठे...ऋषि मुसकरा रहे थे...''घबरा गया, राम! अपने सपनों को साकार करना चाहता है और उसका मूल्य नहीं चुकाना चाहता। प्रतिबद्धता सुखी मनुष्यों का मनोरंजन है क्या? क्या समझकर तू वन में चला आया था? तू क्या अपनी पत्नी और भाई के साथ वन-विहार करने आया था?...तू युद्ध करना चाहता है और आघात नहीं सह सकता! रक्त बहाए बिना भी कभी युद्ध हुआ है, पुत्र! चोट खाकर घबरा जाने वाले लोग संघर्षों में विजयी नहीं होते। यदि ऐसा ही मन पाया है, तो राक्षसों से समझौता कर ले और अपनी तथा लक्ष्मण की सुरक्षा की भीख माँग; वापस अयोध्या लौट जा...दलित मानवता के त्राण का कार्य तू किसी और के लिए छोड़ दे।''

राम के वक्ष पर जैसे किसी ने घूँसा मार दिया। उनका मन और शरीर तिलमिला उठा—''ठीक कहा, गुरुवर! ठीक कहा। राम तो एक ही चोट से घबरा गया...ऐसे ही हताश होता रहा तो सचमुच किसी दिन राक्षसों से समझौता कर लेगा...दलित मानवता का त्राण तो दूर, वह तो सीता और मुखर का प्रतिशोध भी नहीं लेगा...''

राम का मन स्थिर होने लगा...अब पीछे हटना संभव नहीं था...और युद्ध में अपना रक्त भी अनिवार्यतः बहता ही है, घाव लगते ही हैं—तन पर भी, मन पर भी...

कपाट पर किसी ने हल्के हाथ से थाप दी।

राम ने द्वार खोला। सामने आदित्य खड़ा था। आकाश पर अंधकार की चादर में दरक पड़ गई थी, अँधेरे का रंग सलेटी-सा हो गया था।

''कोई नई सूचना?''

''हाँ, आर्य।'' आदित्य का स्वर बहुत कोमल तथा सम्मानपूर्ण था। उस स्वर में सावधानी थी, ''आर्य जटायु का पता मिल गया है।''

''वे आए हैं क्या?'' राम का उत्साह जाग उठा।

''नहीं, भद्र! वे आ सकने की स्थिति में नहीं हैं।''

राम का उत्साह झाग के समान बैठ गया, ''क्या हुआ है उनको?''

''वे गंभीर रूप से घायल हैं और इस समय अचेत हैं।'' आदित्य धीरे से

बोला, "जो वैद्य उनकी चिकित्सा कर रहे हैं, उनका विचार है कि उनके शरीर से इतना रक्त बह चुका है कि अब उनके जीवित रहने की अधिक आशा नहीं है।"

"उनसे कोई बातचीत..."

"उनकी चेतना क्षण-भर के लिए भी नहीं लौटी।" आदित्य बोला, "वैद्य प्रयत्न कर रहे हैं।"

"वे कहाँ हैं?" राम अपनी चिंता से जागे।

"टाकेद नामक ग्राम के निकट वन की घनी झाड़ियों में से जन-सैनिकों ने उन्हें खोजकर निकाला है। इस समय वे टाकेद ग्राम में हैं।"

"मुझे शीघ्र आर्य जटायु के पास जाना होगा।" राम के स्वर में त्वरा जाग उठी।

राम ने आगे बढ़कर लक्ष्मण के कुटीर का द्वार खटखटा दिया।

जटायु को ग्राम के बाहर एक छोटी-सी कुटिया में लिटाया गया था। उनकी अवस्था ऐसी नहीं थी कि उन्हें ग्राम तक ले जाया जा सकता। जिस समय राम और लक्ष्मण वहाँ पहुँचे, जटायु तब भी अचेत थे। वैद्य और उनके सहयोगी दत्तचित्त होकर उनकी संज्ञा लौटाने का प्रयत्न कर रहे थे। उनके घावों पर लेप लगाकर पट्टियाँ बाँधी जा चुकी थीं। घावों से रक्त-स्राव बंद हो चुका था। या तो यह औषधियों का प्रभाव था, या रक्त अधिक बह जाने का...उनके चेहरे का वर्ण एकदम पीला हो चला था। खर-दूषण-युद्ध में लगे घाव अभी नहीं भरे थे कि ये घाव लग गए।...वैद्य ने बताया, उनके शरीर पर अनेक घाव थे, कुछ खड्ग जैसे बृहद् और धारदार शस्त्र के, और कुछ घर्षण मात्र के...कदाचित् आर्य जटायु को दूर तक भूमि पर घसीटा गया था और उनका शरीर धरती, वृक्षों तथा शिलाओं से रगड़ खाकर छिलता गया था...

आश्रम की दुर्घटना के समय से ही जटायु भी लुप्त हुए लगते हैं...राम सोच रहे थे...उनके घाव किसी द्वंद्व-युद्ध का परिणाम हैं क्या?...प्रतिद्वंद्वी साधारण योद्धा नहीं रहा होगा, नहीं तो जटायु इस प्रकार मरणासन्न न पड़े होते...क्या यह सब कुछ एक ही व्यक्ति अथवा एक ही टोली का काम है?...

"राम!" वृद्ध वैद्य ने जटायु की ओर संकेत किया।

राम और लक्ष्मण निकट आ गए। जटायु के चेहरे की जड़ता कुछ कम हुई लगती थी, जैसे जीवन लौट रहा हो। उनकी आँखें अभी बंद थीं, किंतु होंठ बिना शब्द किए कभी-कभी हिल जाते थे...

"संज्ञा लौटेगी?" राम उत्कंठित थे।

"कुछ क्षणों के लिए लौट भी सकती है।" वैद्य बोले, "किंतु निश्चित रूप

से कुछ नहीं कहा जा सकता।"

राम जटायु के एकदम निकट आ गए। उनकी आँखें वृद्ध जटायु के चेहरे पर आए प्रत्येक भाव को देख लेना चाहती थीं, कान जटायु के अधरों से निकले प्रत्येक शब्द को सुन लेना चाहते थे।...क्या सीता का अपहरणकर्ता, मुखर का हत्यारा तथा जटायु का आक्रांता एक ही व्यक्ति है?...मृत्यु से पूर्व जटायु यदि एक बार सचेत हो जाएँ...नाम-भर उच्चरित कर दें, तो राम इस बलिदान को निरर्थक नहीं जाने देंगे...और कुछ कर सकें, न कर सकें; किंतु राम उस दुष्ट हत्यारे से इन हत्याओं तथा सीता के अपहरण का प्रतिशोध अवश्य लेंगे...

सहसा जटायु ने अपनी पलकें झपकीं...

राम उनके और भी निकट सरक आए।...किंतु जटायु पलकें झपककर ही रह गए। उन्होंने आँखें नहीं खोलीं। उनके शरीर की निस्पंदता को देखते हुए, आँखें खोलने की कोई संभावना भी नहीं लग रही थी।

राम ने पीड़ित आँखों से वैद्य की ओर देखा, किंतु वैद्य कुछ आश्वस्त लग रहे थे। उन्होंने तत्काल कोई आसव जटायु के अधखुले अधरों पर टपकाना आरंभ कर दिया...जटायु के होंठ हिले, जैसे उस आसव को पीने का प्रयत्न कर रहे हों...लगा, जैसे आसव उनके कंठ तक पहुँचा है।...

वैद्य रुक गए।

जटायु के होंठ पुनः हिले। अस्पष्ट-सा शब्द भी हुआ। राम अपने कान उनके अधरों के पास ले गए...किंतु शब्द स्पष्ट नहीं हुए। जटायु कदाचित् अचेतावस्था में बड़बड़ा रहे थे...

राम सीधे हो गए।

किंतु सहसा जटायु के शब्द स्पष्ट हो गए..."बहुत पीड़ा है, राम!...मैं उठ नहीं सकता...रावण...दुष्ट रावण...मैं उसे रोक नहीं पाया। हाय बेचारी वैदेही..."

"रावण!" राम के वक्ष पर जैसे घूँसा लगा, "रावण आया था यहाँ, तात जटायु?"

किंतु जटायु चुप हो गए।...सहसा उनकी आँखें खुलीं...आँखों में थोड़ी-सी पहचान भी उभरी।...वैद्य ने उनकी नाड़ी पर अपनी अँगुलियाँ रखीं...किंतु जटायु की आँखों की ज्योति जैसे मंद पड़ती जा रही थी, प्राण उनका साथ छोड़ रहे थे...उनकी आँखें मुँदती चली गईं...

वैद्य ने उनकी कलाई छोड़ दी, "अब कोई आशा नहीं है।"

राम पछाड़ खाकर जटायु के शव पर गिरे, "तात जटायु! आपने भी प्राण दे दिए। अभागा राम ही उस समय यहाँ क्यों न हुआ...?"

लक्ष्मण ने बढ़कर राम की पीठ पर धीरे से हाथ रखा, "उठिए, भैया! यह एक और निरीह हत्या है, जो लक्ष्मण के अपराध के कारण हुई।"

राम ने पलटकर लक्ष्मण की ओर देखा और उठ खड़े हुए, "यह तुम्हारा अपराध

नहीं, रावण का पाप है। उस पापी को मैं अवश्य दण्डित करूँगा।...प्रतिशोध लिए बिना राम के प्राण भी नहीं निकलेंगे।...''

सहसा राम चुप हो गए।

...रावण! रावण का साम्राज्य! कितना विस्तार है उसके साम्राज्य का!...कहाँ ले गया होगा रावण वैदेही को? कहाँ छिपा रखा होगा?...राम को लगा, उनके सम्मुख अनंत आकाश फैला है—सीमाहीन, मर्यादाहीन...उसमें करोड़ों ब्रह्माण्ड फैले हैं, असंख्य नक्षत्रमालाएँ फैली हुई हैं...और उनमें से ढूँढना है सीता को। जाने किस ग्रह में जा छिपाई है सीता रावण ने...

राम देर तक खड़े-खड़े अपनी कल्पना के उस असीम आकाश की नीलिमा को घूरते रहे। उनकी कल्पना में एक चींटी, सागर-तट पर खड़ी उसका विस्तार नापने के लिए पंख फड़फड़ा रही थी...

राम की आँखों में अश्रु आ गए...

''भैया!'' लक्ष्मण ने उनकी भुजा पकड़कर उन्हें हिलाया।

''भद्र राम!' वैद्य कह रहे थे, ''जटायु की अंत्येष्टि की व्यवस्था का आदेश दें।''

राम ने अपने आस-पास बैठे सब लोगों को बारी-बारी देखा।...मुखर का कार्य आदित्य ने बहुत अच्छी प्रकार सँभाल लिया था। पिछले दो दिनों से राम को अपना ही होश नहीं था। विषाद जैसे उनकी चेतना से चिपक गया था। बार-बार उनकी तेजस्विता उभरती थी, आक्रोश जागता था; किंतु विषाद उसे पुनः छा लेता था।

राम का ध्यान तनिक भी इस ओर नहीं था कि इस अवधि में किसने क्या किया, कौन कहाँ रहा। सौमित्र के निकट बने रहने का आभास उन्हें था। उनके दुखी चेहरे को देख-देखकर बीच-बीच में वे विह्वल भी हो उठते थे...किंतु फिर भी अपने विषाद को झटक, उससे सर्वथा मुक्त हो, किसी अन्य विषय की ओर ध्यान देने की चेतना लौटी ही नहीं।...

...उन्होंने एक संध्या मुखर की चिता में अग्नि दी थी, अगली प्रातः जटायु के वृद्ध शरीर को चिता में लिटाना पड़ा। चिताओं की ज्वाला शांत हुई तो उनकी अस्थियाँ चुनकर गोदावरी में प्रवाहित कीं...कैसा लगता है कि कल जो व्यक्ति जीवित प्राणी था, अपना आत्मीय था...आज वह या तो भस्म की मुट्ठी में परिणत हो गया है; या जली हुई हड्डियों में उसका अस्तित्व ढूँढना पड़े...

किंतु इसी अवधि में आदित्य ने दण्डक वन के सारे आश्रमों, प्रमुख ग्रामों तथा जन-सैनिकों की मृत्यु टुकड़ियों को पंचवटी की समस्त घटनाओं की सूचना भिजवा दी और जन-सेना के सारे ही प्रमुख जन एक-एक कर आश्रम में एकत्रित हो गए थे।...आज जैसे युद्ध-परिषद ही जुट आई थी...सैनिक अधिक नहीं थे, किंतु

सेनानायक प्रायः सारे ही थे।

"भद्र राम!" सबसे पहले ज्ञानभृत्य ही बोला, "मेरी वाचालता क्षमा करें। इस विकट शोक की स्थिति में भी आपको सहज होने के लिए हम पर्याप्त समय नहीं दे रहे हैं। यहाँ उपस्थित अनेक लोगों का मत है कि हमारी ओर से जितनी शिथिलता अथवा विलंब होगा, रावण को उतनी ही सुविधा होगी। देवी वैदेही का कष्ट उतना ही विकराल होता जाएगा और लंका की सुरक्षा उतनी ही दृढ़ होती जाएगी। इसलिए हमें अब विलंब नहीं करना चाहिए।"

अपनी आँखों में शून्य भरे, क्षण-भर राम उसे देखते रहे, जैसे समझ ही न पा रहे हों कि ज्ञानभृत्य क्या कह रहा है। फिर जैसे स्वयं को सँभालते हुए बोले, "क्या करना है, इसका निश्चय हो चुका क्या?"

"निश्चय करने को क्या शेष है।" ओगरू उग्र स्वर में बोला, "हम सीधे लंका पर सैनिक अभियान क्यों नहीं करते? हम किस बात की प्रतीक्षा कर रहे हैं?..."

"हमें वर्षा ऋतु से पूर्व लंका पहुँच जाना चाहिए।" उल्लास बोला।

"हमें विलंब नहीं करना चाहिए।" मणि ने पति का संक्षिप्त समर्थन किया।

"आपके उत्साह से मुझे बल मिलता है।" राम के चेहरे पर एक उदास-सी मुसकान उभरी, "अपना राक्षस-विरोधी संघर्ष हमें उसकी चरम परिणति तक चलाना है, अन्यथा इतने प्रयत्नों से प्राप्त स्वतंत्रता, राक्षसों के एक आक्रमण से नष्ट हो जाएगी।" राम ने एक लंबी साँस ली, "किंतु लंका पर हमें सैनिक अभियान करना चाहिए—इसके पक्ष में हमारा एक भी अनुभवी सेनानायक अपना मत नहीं दे रहा।"

"भद्र राम!"

"बोलो, अनिन्द्य!"

"यदि मैंने तत्काल सैनिक अभियान का व्यग्र समर्थन नहीं किया, तो इसका कारण यह नहीं है कि इन मैं दुखद घटनाओं से प्रभावित नहीं हूँ, अथवा मैं उनका प्रतिशोध लेना नहीं चाहता।"

"तो क्या कारण है?" आदित्य ने पूछा।

"व्यवहारिक कठिनाइयाँ।" अनिन्द्य ने उत्तर दिया, "हमारी सेना जन-सेना है। यह साम्राज्यों की प्रशिक्षित, आक्रामक सेना नहीं है, जिसे विश्व में कहीं भी ले जाकर युद्ध में झोंका जा सके। हमारे सैनिक अपने घरों में रहते हैं, अपने खेतों में हल चलाते हैं, अपनी खानों में काम करते हैं, अपनी भट्ठियों में धातु पीटते हैं, और आवश्यकता पड़ने पर अपने शस्त्र उठाकर अपने परिचित ठिकानों से प्रहार करते हैं...।"

"अनिन्द्य ठीक कह रहे हैं।" सिंहनाद ने पहली बार मुख खोला, "जन-सेनाएँ अपने क्षेत्र में ही प्रभावकारी होती हैं। क्षेत्र से बाहर निकलते ही उनकी जड़ें कट

जाती हैं। उनका आश्रयदाता, इस क्षेत्र का साधारण जन, उनसे दूर हो जाता है। उनकी अपने परिचित भूगोल की सुविधाएँ समाप्त हो जाती हैं।'' सिंहनाद का स्वर ऊँचा हुआ, ''यही कारण है कि ऋषि अगस्त्य अपना स्थान छोड़कर आगे नहीं बढ़े... ।''

''एक बात और है।'' भीखन बोला, ''यदि वर्षाकाल में हम लंका में हुए, तो हमारे खेतों की बुवाई कौन करेगा? हमारे खेत परती पड़े रह जाएँगे। अन्न बोएँगे नहीं तो काटेंगे क्या? अन्न नहीं होगा तो लंका हम चाहे जीत लें, अगले वर्ष इस सारे क्षेत्र में अकाल पड़ जाएगा। पराजित हुए तो लंका में मर जाएँगे; अन्यथा लंका के विजेता भूख से तड़प-तड़पकर मर जाएँगे।''

भीखन चुप हो गया। और भी कोई कुछ नहीं बोला।

''सौमित्र कुछ नहीं कह रहे।'' आनन्दसागर ने उस संक्षिप्त निःस्तब्धता को तोड़ा।

लक्ष्मण ने आनन्दसागर की ओर देखा। उसकी आँखों में अब भी गहरा विषाद था, ''निर्णय आप लोग करें। सौमित्र आज्ञा-पालन करेगा।''

''सौमित्र!'' राम के स्वर में हल्की-सी ताड़ना थी, ''अपने प्रति इतने कठोर न बनो। तुम्हारे एक निर्णय से कोई दुर्घटना हो गई तो तुम अगले किसी निर्णय में भागी ही नहीं बनोगे?''

''अपनी भूल का मैंने कोई प्रतिकार नहीं किया है।'' लक्ष्मण धीरे-से बोले, ''अभी तक मेरा आत्मविश्वास नहीं लौटा है।''

''भावी कार्यक्रम संबंधी निर्णय में हमारी सहायता करो। समय आने पर भूल का प्रतिकार भी हो जाएगा।'' राम के स्वर में आदेश का बल था, ''उसी से तुम्हारा आत्मविश्वास भी लौटेगा और सहज पराक्रम भी। सैनिक अभियान संबंधी अपना मत दो।''

''लंका की विजय से भी आवश्यक भाभी की खोज है।'' लक्ष्मण धीरे से बोले, ''ऐसा न हो कि लंका से विजेताओं को विजय के उपहार-स्वरूप देवी वैदेही का शव मिले...या वह भी न मिले...। आवश्यक नहीं है कि रावण भाभी को लंका में ही ले गया हो।''

सभा में आक्रोश से अधिक विषाद और असहायता का वातावरण छा गया।

''तात जटायु और मुखर को लौटाया नहीं जा सकता; किंतु वैदेही को लौटाने की संभावना है। वैदेही की खोज करनी होगी। वे जीवित हुईं तो उनकी तथा उनके मनोबल की रक्षा का प्रबंध करना होगा; और तब उन्हें लौटाने के लिए युद्ध...'' राम अंतर्मुखी होते हुए-से बोले, ''जन-सेना को साथ ले एक अंतहीन खोज के लिए चल पड़ना व्यवहारिक नहीं है। खोज ही नहीं, एक निश्चित अभियान के लिए यहाँ से जन-सेना लेकर जाना मुझे तर्क-संगत नहीं लगता।'' वे पुनः रुके,

''यदि रावण की यह योजना हो कि मैं जन-सेना को लेकर एक अंधी खोज में जगह-जगह भटकता फिरूँ, तो मैं उसकी इच्छा पूरी नहीं होने दूँगा। जन-सेना मेरे साथ चली तो यह संपूर्ण क्षेत्र पूर्णतः रक्षा-विहीन हो जाएगा। हम सीता की खोज में भटकेंगे और दण्डकारण्य राक्षसों के पेट में समा जाएगा। जन-सैनिक अनिश्चित काल के लिए अपने स्थान से हट जाएँगे। न खेतों से कुछ उपजेगा, न खानों से। एक अविकसित तथा निर्धन प्रदेश, अनुत्पादन की स्थिति में अपनी निर्धनता से पराजित होकर, किसी धनाढ्य जाति के हाथ बिक जाएगा।...''

''यह नहीं होना चाहिए...।'' अनेक स्वर उभरे।

''और सबसे महत्त्वपूर्ण बात, जिसकी ओर सेनानायक सिंहनाद ने संकेत किया है'', राम बोले, ''अपना क्षेत्र छोड़ते ही जन-सेना की प्रहारक शक्ति समाप्त हो जाएगी। नये और अपरिचित प्रदेशों में अनिश्चित काल तक उस जन-सेना के भरण-पोषण का दायित्व कौन सँभालेगा? अन्न? आश्रम? अन्य आवश्यकताएँ? अपनी आवश्यकताओं की पूर्ति के लिए वह जन-सामान्य को लूटेगी और साम्राज्यों की सेनाओं के समान जन-विरोधी हो जाएगी। सारा जनपद उस जन-भक्षी सेना का विरोधी हो जाएगा। तब राम और रावण में अंतर ही क्या रह जाएगा?''

सब ओर एक सन्नाटा छा गया।

''हम यहाँ से वैदेही की खोज के लिए विभिन्न दिशाओं में टोलियाँ नहीं भेज सकते क्या?'' मौन लंबा होते देख प्रभा ने धीरे से कहा।

''निरापद स्थानों में तो संभव है।'' धर्मभृत्य बोला, ''किंतु संकटपूर्ण स्थानों में खोज-टोलियाँ क्या कर पाएँगी?''

''प्रत्येक दिशा में अनेक खोज-टोलियाँ भेजी जाएँ तो न उनकी रक्षा की जा सकेगी और न उनसे संपर्क ही रखा जा सकेगा।'' अनिन्द्य बोला।

''रावण ने भाभी को जहाँ रखा होगा, वहाँ दृढ़ रक्षा-व्यवस्था होगी। मार्ग में राक्षसों का प्रतिरोध भी हो सकता है। खोज-टोलियों को भ्रमित अथवा नष्ट करने का भी प्रबंध किया गया होगा।'' लक्ष्मण ने अपना मत दिया।

''सौमित्र ठीक कहते हैं।'' मणि ने अपनी सहमति प्रकट की।

''एक बात मैं भी कहूँ?'' वज्रा बहुत भीत स्वर में बोली।

''बोलो! बोलो!'' राम ने उत्साहवर्धक स्वर में कहा।

''शूर्पणखा कहा क़रती थी कि लंका समुद्र के पार है। वहाँ तक जाना बहुत कठिन है। जो समुद्र को पार कर सकता है, वही लंका में पहुँच सकता है।''

''वज्रा ठीक कहती है, हमें लंका तक भी जाना पड़ सकता है।'' राम बोले, ''वहाँ जाने के लिए ऐसे व्यक्ति होने चाहिएँ, जो समुद्र के स्वरूप और प्रकृति से परिचित हों। उनके पास सागर-संतरण का कोई साधन हो। लंका के निषिद्ध क्षेत्रों में जाकर, राक्षसों से बचकर लौट आने की क्षमता हो; अन्यथा ऐसी खोज

का क्या लाभ, जिसकी सूचना भी हम तक न पहुँचे।"

"हम में से कोई भी समुद्र से परिचित नहीं है।" आनन्दसागर बोले।

"शायद अगस्त्य-आश्रम के कुछ लोग आपके सहायक हो सकें।" सिंहनाद ने कहा।

"वह बात मेरे मन में है।" राम धीरे से बोले, "किंतु अभी मैं अगस्त्य आश्रम की विपरीत दिशा में बढ़ने की बात सोच रहा हूँ।"

"आपके मन में क्या है, भद्र?" सारे वार्तालाप में सुधा पहली बार बोली, "आपने कर्त्तव्य निश्चित कर लिया?"

"कुछ निश्चित है, कुछ अनिश्चित भी।" राम के अधरों पर मुसकान की एक क्षीण-सी रेखा उभर आई।

"निश्चित क्या है, राम?" अनिन्ध का स्वर आशंकित-सा था।

"निश्चित इतना ही है कि मैं अब रुक नहीं सकता..." राम का स्वर कुछ भारी हो उठा, "सीता के अन्वेषण का कार्य किसी अन्य व्यक्ति पर डाल, मैं यहाँ शांति से नहीं बैठ सकता।"

"किधर जाएँगे?" धर्मभृत्य ने पूछा।

"जटायु-वधस्थल से रावण का रथ दक्षिण-पश्चिम की ओर गया है।" राम बोले, "उसी दिशा में जाऊँगा। निश्चित प्रमाण मिलने पर आगे बढ़ूँगा।..."

"अकेले?" आदित्य के स्वर में कंपन था, "आप अकेले रावण से लड़ने जाएँगे?"

"अकेले क्यों?" राम के अधरों पर विषाद-मिश्रित मुसकान उभरी, "न्याय के समस्त पक्षधर मेरी ओर होंगे।"

सहसा अनिन्ध उठकर खड़ा हो गया। उसके खड़े होने में कुछ असाधारणता थी।

"मैं कुछ बातें स्पष्ट रूप से कह देना चाहता हूँ, राम!" और बिना रुके अनिन्ध बोलता गया, "अन्य लोगों के विषय में मैं नहीं जानता, किंतु अपने विषय में निश्चित रूप से जानता हूँ। आप जहाँ भी जाएँ, जिधर भी जाएँ—मैं आपके साथ जाऊँगा।"

जिस आकस्मिकता से अनिन्ध ने बोलना आरंभ किया था, उसी आकस्मिकता से वह मौन हो गया; और विचित्र बात यह थी कि वह राम की ओर देखने के स्थान पर सुधा की ओर देख रहा था।

राम मुसकरा पड़े, "हाँ! सुधा से पूछ लो। उसकी इच्छा के विरुद्ध बच्चों और घर का दायित्व उस पर लादकर तुम नहीं जा सकते।"

"मेरी सहमति ही नहीं, सद्भावना भी तुम्हारे साथ है।" सुधा ने अपने स्थान से ही उच्च स्वर में कहा, "हम दोनों में से एक को तो बच्चों के पास रहना ही

होगा। मैं पीछे रहूँगी। यह दायित्व न होता, तो मैं भी साथ चलती।''

अनिन्द्य की आँखों में कृतज्ञता के आँसू आ गए। उसके होंठ आभार प्रकट करने के लिए जैसे कुछ काँपे, पर उनसे कोई शब्द नहीं फूट सका।

''मेरा एक प्रस्ताव है।'' इस बार धर्मभृत्य ने अपना मौन तोड़ा, ''प्रत्येक क्षेत्र से दो-दो व्यक्ति चुनकर, जन-सैनिकों की एक टुकड़ी राम के साथ जाए। वैसे भी शस्त्र-परिवहन के लिए उन्हें कुछ सहायकों की आवश्यकता होगी।...साथ जाने वाले लोग कम-से-कम तब तक राम के साथ रहें, जब तक उनका भावी कार्यक्रम निश्चित नहीं हो जाता, उनका नया स्थान और नये साथी निश्चित नहीं हो जाते। जब यह निश्चित हो जाए कि उनसे कहाँ संपर्क किया जा सकता है, तब जन-सैनिकों की यह टुकड़ी लौट सकती है...।''

''यदि अन्य लोगों को आपत्ति न हो तो ऐसा ही हो, मित्र!'' राम का स्वर सहज था, ''हम प्रस्थान की तैयारी करें। शस्त्रागार का भी वितरण कर लें—कौन-से शस्त्र हमारे साथ जाएँगे, कौन-से पंचवटी में रहेंगे और कौन-से अन्य आश्रमों में चले जाएँगे...मेरा प्रस्ताव है कि पंचवटी के इस आश्रम की व्यवस्था आदित्य को सौंप दी जाए।''

सब लोगों ने अपनी सहमति प्रकट कर दी।

''तो ठीक है।'' राम का स्वर निश्चयात्मक था, ''अब अपनी तैयारी कर लो।''

राम ने अपनी खोज जटायु की कुटिया से ही आरंभ की। दक्षिण-पश्चिम दिशा में कुछ दूर तक उन्हें रावण के रथ के चलने के प्रमाण भी मिले थे। जहाँ तक घोड़ों के सुमों के चिह्न, रथ के पहिए के चिह्न अथवा वृक्ष-लताओं के टूटे अथवा उखड़े होने के प्रत्यक्ष प्रमाण मिलते रहे, वहाँ तक उनकी यात्रा निर्द्वंद्व चलती रही। किंतु ये चिह्न बहुत दूर तक नहीं मिले। बीच-बीच में कहीं भूमि कठोर हो गई थी, कहीं वन सघन हो गया था। कहीं वायु ने सूखे पत्ते उड़ाकर भूमि पर बिछा दिए थे। यह निर्णय करना बड़ा कठिन था कि रावण का रथ कहाँ से होकर गया होगा।...किंतु सबसे बड़ा आश्चर्य यह था कि इतने वेगशाली रथ के लिए रावण ने इस गहन वन में से मार्ग कैसे खोजा होगा।...अवश्य ही उसे इस वन का सूक्ष्म और विस्तृत ज्ञान था, तभी तो वह बिना किसी विघ्न-बाधा के शीघ्रातिशीघ्र वन से निकल गया...

राम के मन में बार-बार आ रहा था कि रथी रावण किसी लंबे मार्ग से भी गया हो सकता है। संभव है कि उसने अपने लिए कोई अधिक सुरक्षित मार्ग चुना हो, जो अधिक सुरक्षित प्रदेशों से होकर जाता हो। जिस मार्ग में उसके अपने मित्र हों, विरोधियों की संभावना कम हो...राम का भी उसी मार्ग से जाना आवश्यक नहीं

था। वे किसी छोटे ओर कम कष्टकर मार्ग से भी जा सकते थे। शत्रु-पक्ष के मध्य से होकर जाना उनके लिए श्रेयस्कर भी नहीं था। किंतु इसके लिए मानव-साक्ष्य की आवश्यकता थी...

वैसे भी अपनी इस मनःस्थिति में, राम के लिए यह यात्रा सुखकर नहीं हो सकती थी। जहाँ कहीं वैदेही से संबंधित कोई प्रमाण मिल जाता था, उनका हृदय द्रवित हो जाता था। कुछ देर तक प्रमाण नहीं मिलता, तो वे जैसे परेशान हो उठते थे।...भूमि पर गिरा कोई पुष्प भी दिख जाता तो उन्हें लगता कि वह सीता की वेणी से ही गिरा होगा...रावण ने सीता को उनके केशों से पकड़कर खींचा होगा...तभी यह फूल इस प्रकार गिरा होगा...कितना कष्ट हुआ होगा सीता को...और वे कितनी अपमानित हुई होंगी...स्वयं को इस प्रकार असुरक्षित छोड़ जाने के लिए उन्होंने राम को कितना कोसा होगा...राम के विरुद्ध क्या कुछ नहीं आया होगा उनके मन में। क्षण-क्षण में सहस्रों शाप उनके मन में जन्मे होंगे...

वृक्षों की हिलती टहनियों के नव किसलयों को देखकर उन्हें सीता की भुजाओं तथा हथेलियों का स्मरण हो जाता।...क्षण-भर को मन आह्लादित हो उठता और दूसरे ही क्षण मन में दुष्कल्पनाएँ जागने लगतीं...सीता का भक्षण करने के लिए रावण के साथी राक्षसों ने उनकी भुजाओं को काट डाला होगा।...ऐसे ही काँपी होंगी उनकी कटी भुजाओं की अँगुलियाँ जैसे नव-किसलय वायु से स्पर्श के कंपित हो उठते हैं...

ऐसे समय में राम का आवेश सर्वनाशक हो उठता था। मन में आता था, वन में आग लगा दें। दावाग्नि में सारा वन नष्ट हो जाए। सारे पशु-पक्षी झुलसकर मर जाएँ। सरोवर और नदियाँ सूख जाएँ और आकाश के नक्षत्र पर्वतों पर गिरकर उन्हें चूर-चूर कर दें। कभी-कभी तो ऐसा आक्रोश उठता कि हाथ में धनुष-बाण ले, अंधाधुंध अपने दिव्यास्त्रों का प्रयोग करें—जहाँ तक दृष्टि जाती है, वहाँ तक सब कुछ क्षार कर दें।

राम की मनःस्थिति देखकर लक्ष्मण अपना शोक छोड़ चिंतित हो उठते... कहीं भैया का मानसिक संतुलन ही न बिगड़ जाए...कहीं अपने उग्र आक्रोश में कोई अनर्थ ही न कर बैठें...

राम की विभिन्न मनःस्थितियों के साथ-साथ चलते हुए भी लक्ष्मण अपनी ग्लानि को पूर्णतः दूर नहीं कर पा रहे थे। वे एक क्षण के लिए भी भूल नहीं पाते थे कि राम आश्रम का भार उन पर ही छोड़कर गए थे। वे जानते थे कि वह पुकार उनके भाई की नहीं थी। वे यह भी जानते थे कि उन्हें आश्रम छोड़कर नहीं जाना चाहिए था; किंतु भाभी की भीत, आशंकित, अस्थिर मनःस्थिति में उनके मुख से निकले एक ही वाक्य ने लक्ष्मण के धैर्य की परीक्षा ले डाली और अनर्थ हो गया...आज पग-पग पर वे भैया को धैर्य धारण करने के लिए कहते हैं। इतने

बड़े आघात के पश्चात् भी राम ने विलाप और प्रलाप चाहे जितना ही किया हो—न तो इस घटना के लिए उन्होंने किसी को दोषी ठहराया है, न अपने व्यवहार में वे अमर्यादित हुए हैं और न उन्होंने कहीं कोई गलत निर्णय लिया है।...इस धैर्य का एक कण भी होता लक्ष्मण में, तो भाभी का ऐसा क्लेशकारी, अपमानजनक अपहरण क्यों होता, मित्र मुखर की ऐसी क्रूर हत्या क्यों होती, तात जटायु ऐसा असम द्वंद्व-युद्ध लड़ने को बाध्य क्यों होते...सब कुछ लक्ष्मण के ही कारण हुआ।...अपने जिस अधैर्य को वे उग्रता और तेजस्विता समझकर अपना गुण मान बैठे थे, यह सब उसी का तो परिणाम है...लक्ष्मण की उग्रता किस काम आई?...माँ ने साथ भेजा था कि भाई और भाभी की रक्षा करना...और यहाँ वे भाभी के हरण और भाई के दग्धकारी कष्ट का कारण बन बैठे...इस क्षति की पूर्ति कैसे करेंगे लक्ष्मण? माँ सुनेंगी तो क्या कहेंगी—जिस सौमित्र में घोर शैशव से ही माँ ने कूट-कूटकर कर्त्तव्य-भावना भरी थी, ठीक समय पर वही सौमित्र अपने कर्त्तव्य से चूक गया।...अब लक्ष्मण का मन हँसना नहीं चाहता। उनकी आत्मा में विनोद और चपलता का जो स्रोत उबलता रहता था, वह अपनी अंतिम बूँद तक सूख गया है। लक्ष्मण पूर्णतः रुक्ष हो गए हैं—रसहीन। उनमें अब मात्र शुष्कता रह गई है—उग्रता, तीव्रता—अपने प्राण देकर भैया के किसी काम आ जाने की भावना...और कुछ नहीं रह गया है अब लक्ष्मण के जीवन में...

उन्हें लगता है, अपनी युवावस्था में भी अपने जिस शैशव को वे बलात् अपने साथ घसीट रहे थे, इस दुर्घटना ने खड्ग के एक करारे वार के समान, उसे काटकर उनके जीवन से अलग कर दिया है। उनकी चपलता अब अतीत की बात बन गई है...इस एक घटना ने सहसा ही उन्हें बहुत प्रौढ़ बना दिया है। दुख की एक घटना मनुष्य को कितनी परिपक्व कर जाती है—व्यक्तित्व को ही बदल जाती है। लक्ष्मण की आत्मा से चिपका अपराध भावना और ग्लानि का ताप, उन्हें कुछ-का-कुछ किए दे रहा है। आत्मा के जिस मद ने उनसे प्रमाद करवाया था, वह मद सूख गया है, या बह गया है...अब केवल दायित्व-बोध है, जाग्रत विवेक है—अपने बलिदान की भावना है...न्याय के पक्ष में, भैया के कार्य में उन्होंने अपने प्राण नहीं दिए तो फिर क्या किया...

जनस्थान की सीमाओं को पार करने पर क्रौंचारण्य आरंभ हो गया था। गोदावरी के उस पार शूर्पणखा का स्कंधावार होने के कारण यह सारा क्षेत्र, राम तथा उनके साथियों के लिए सर्वथा वर्जित प्रदेश था। न कभी वे इधर आए थे, न इधर का कोई व्यक्ति उनसे आकर मिला था। क्रौंचारण्य क्षेत्रफल में छोटा, किंतु अत्यंत सघन वन था। उसमें तपस्वियों के आश्रम और वनवासियों के ग्राम भी बहुत कम थे। जो लोग मिले भी, वे सीता के विषय में कोई सूचना नहीं दे सके। उन्होंने कोई रथ नहीं देखा था। अनेक लोग तो यह भी नहीं समझते थे कि रथ किस वस्तु

को कहते हैं। रावण के विषय में भी उन्हें कोई ज्ञान नहीं था; और किसी स्त्री का अपहरण होते हुए भी उन्होंने नहीं देखा था...हाँ! राक्षस शब्द के उत्तर में कुछ वनवासियों ने अयोमुखी राक्षसी तथा कुछ ने कबंध राक्षस का नाम अवश्य लिया था...

क्रौंच वन की सीमा तक पहुँचते-पहुँचते शाम का झुटपुटा घिर आया था। एक छोटे-से सरोवर के तट पर राम ने रात व्यतीत करने का निश्चय किया।

अपेक्षाकृत ऊँचे और सूखे स्थान पर शस्त्र रख दिए गए और भोजन तथा वन्य-शैय्याओं का प्रबंध कर लेने के पश्चात् वे लोग विचार-विमर्श के लिए आग जलाकर उसके चारों ओर बैठ गए।

"अभी तक हमें कोई सार्थक सूचना नहीं मिली है। कबन्ध राक्षस की चर्चा अवश्य हुई है। यदि वह राक्षस है तो रावण के पक्ष का व्यक्ति है। संभवतः उसे इस क्षेत्र में रावण की गतिविधियों की सूचना हो। हमें उसके पास जाकर पता लगाना चाहिए।" राम बोले, "किंतु इसी बात का एक दूसरा पक्ष भी है। वह रावण का व्यक्ति है। अतः हमें सूचना नहीं देगा। उलटे हमारे लिए कोई विघ्न अवश्य खड़ा कर सकता है।"

"ऐसी स्थिति में हमें उसकी दिशा में नहीं बढ़ना चाहिए।" अनिन्द्य बोला, "उससे अनावश्यक विलंब होगा। भद्र राम! क्या हमें नीति के रूप में यह स्वीकार नहीं कर लेना चाहिए कि हम अनावश्यक विलंब नहीं करेंगे और विघ्नों से यथासंभव बचते हुए, शीघ्रातिशीघ्र देवी वैदेही तक पहुँचने का प्रयत्न करेंगे।"

"करना तो यही चाहिए।" लक्ष्मण बोले, "किंतु मालूम तो हो कि भाभी कहाँ हैं—शीघ्रातिशीघ्र कहाँ पहुँचें? अतः जहाँ से उनका पता लगने की संभावना हो, वहाँ तो जाना ही पड़ेगा चाहे वहाँ विघ्न-बाधाएँ, जोखिम और संकट ही क्यों न हों।"

"तुम क्या कहते हो, भूलर?" राम ने पूछा।

"सौमित्र ठीक कह रहे हैं।"

"अब तो मुझे भी यही लग रहा है।" अनिन्द्य बोला, "संकट तो हमें उठाना ही होगा।"

"किसी का मतभेद तो नहीं है?" राम ने पूछा।

किसी ने विरोध प्रकट नहीं किया।

"तो कल प्रातः कबंध की दिशा में चलना निश्चित रहा।"

प्रातः उन लोगों ने क्रौंच वन पार कर मतंग वन में प्रवेश किया। मतंग वन भी वैसा ही सघन था। किंतु फलों के वृक्ष उसमें अपेक्षाकृत अधिक थे। इसी से पशु-पक्षी भी अधिक संख्या में दिखाई पड़ रहे थे। स्थान-स्थान पर थोड़ा-बहुत जल भी उपलब्ध

था; किंतु मनुष्यों की कोई बस्ती उन्हें यहाँ नहीं मिली। कुछेक स्थानों पर कुछ टूटे-फूटे परित्यक्त कुटीर अवश्य दिखाई दिए।

मध्याह्न के समय वे लोग वृक्षों के एक झुरमुट के नीचे ठहर गए। वन्य-फलों का भोजन किया और विश्राम के लिए लेट गए।

अभी अधिक समय नहीं हुआ था कि लक्ष्मण उठ बैठे।

"क्या हुआ?"

"पशुओं की असाधारण हलचल का-सा शब्द है..." राम ने सुनने का प्रयत्न किया।

"कुछ है तो अवश्य!" भूलर बोला, "जैसे बहुत सारे पशु झुण्ड बाँधकर एक दिशा में दौड़ रहे हों।"

"मैं देखता हूँ।" राम ने उठकर अपना खड्ग बाँधा और धनुष सँभाल लिया।

"मैं भी साथ चलूँगा, भैया!"

"सौमित्र!..." राम ने उन्हें रोकना चाहा, किंतु लक्ष्मण शस्त्र बाँधकर तैयार हो चुके थे। राम ने लक्ष्मण की मुद्रा देखी—उनका अनुरोध एक ओर इतना दृढ़ और दूसरी ओर इतना दीन था कि उन्होंने बाधा देने का विचार छोड़ दिया, "तुम भी चलो।" वे अपने साथियों की ओर मुड़े, "अनिन्द्य! पीछे का दायित्व तुम्हारा है। तुम और भूलर नौ-नौ व्यक्ति अपने साथ लेकर, विपरीत दिशाओं में मुख कर, सावधान होकर बैठ जाओ। या फिर बीच में शस्त्र रख, उसके चारों ओर वृत्त बना लो।"

थोड़ी देर वे पर्याप्त गति से चले, किंतु फिर पग शिथिल हो गए। पशुओं की हलचल की कोई विशेष दिशा नहीं रह गई थी, और न ही उनमें कोई सामूहिकता दिखाई पड़ रही थी।...उन्हें रुक जाना पड़ा।

किंतु उनके रुकते ही पुनः कुछ हलचल हुई। यह हलचल पशुओं की नहीं, मनुष्यों की थी। वृक्षों के पीछे से निकलकर आठ-दस व्यक्तियों ने उन्हें घेर लिया। वे लोग उनके चारों ओर वृत्त बनाकर खड़े थे और उन्होंने शूल तान रखे थे। उनकी आकृति स्थानीय लोगों से भिन्न थी। शरीर पर उत्तरीय नहीं था। कटि के चारों ओर मृगचर्म लिपटा हुआ था। वैसे समग्रतः वे लोग अभावग्रस्त नहीं लगते थे।

राम का हाथ अपने तूणीर की ओर बढ़ा, किंतु कुछ सोचकर वे रुक गए। भाई की ओर देखकर लक्ष्मण भी शांत ही रहे।

"चलो।"

"कहाँ?"

"हमारे स्वामी के पास।"

राम ने लक्ष्मण को संकेत किया, "चलो।"

नियमित दूरी बनाए हुए तथा अपने शूलों को ताने हुए, वे लोग उन्हें वृक्षों

की एक सघन पंक्ति के पीछे ले गए। पंक्ति की सघनता कदाचित् बाहर से देखने वाले के लिए भ्रम उत्पन्न करने के लिए ही थी। उस पंक्ति के पार न वन उतना घना था, न वन की-सी अनियमितता वहाँ थी। वृक्षों के बीच में से जाने के लिए मार्ग बने हुए थे और इक्का-दुक्का कुटीर भी दिखाई देने लगे थे।

वे लोग गुफा जैसे एक पक्के मकान के सामने जाकर रुक गए। एक व्यक्ति भीतर जाकर अनुमति ले आया और तब राम और लक्ष्मण को भीतर चलने के लिए कहा गया।

भीतर प्रवेश करते ही उनकी दृष्टि एक विराटकाय व्यक्ति पर पड़ी। वह काठ के बने एक आसन पर बैठा था और सिर को अपनी छाती पर टिकाए ऊँघ रहा था। उसका पेट इतना स्थूल था कि दूर से देखने पर शरीर के स्थान पर पेट ही पेट दिखाई देता था। गर्दन इतनी छोटी थी कि आभास होता था कि कंधों पर ही सिर टिका हुआ है और गर्दन है ही नहीं। छाती पर सिर टिकाए बैठे होने के कारण ऐसा आभास हो रहा था कि उसकी छाती में ही चेहरा बना हो और कंधों से ऊपर कुछ हो ही नहीं। किंतु उसकी भुजाएँ असाधारण रूप से बलिष्ठ लग रही थीं।

राम और लक्ष्मण के आ जाने पर उसने अपनी ऊँघती हुई आँखें खोलकर उन्हें देखा।

"कौन हो तुम लोग?" उसकी आँखों की चमक असामान्य थी।

"मैं राम हूँ और यह मेरा अनुज है—सौमित्र!" राम निष्कंप स्वर में बोले, "तुम कौन हो और हमें पकड़कर क्यों मँगवाया है?'

"मैं कबन्ध हूँ—मानव-भक्षी राक्षस!" उसने अट्टहास किया, "मेरे घुटने को इंद्र ने अपने वज्र से तोड़ दिया है, इसलिए अधिक चल-फिर नहीं सकता। किंतु मेरी भुजाएँ आज भी बहुत बलिष्ठ हैं।" उसने अपनी भुजाओं को गर्व से देखा, "और जो तुम्हें पकड़कर लाए हैं—वे भी मेरी भुजाएँ हैं। कोस-दो कोस के भीतर जो कुछ इन्हें मिलता है—पशु या मनुष्य, उसे ये पकड़ लाते हैं; और वे मेरा भोजन बनते हैं। गए तो आज भी ये पशुओं को ही पकड़ने थे, पर तुम लोग मिल गए...।" वह जोर से हँसा, "शस्त्र बाँधे हो, पर युद्ध नहीं करते। अच्छा भोजन है।" उसने रुककर अपने सेवकों को आदेश दिया, "इन्हें मेरे निकट लाओ।"

शूलधारियों ने अपना घेरा संकीर्ण करना आरंभ किया।

राम और लक्ष्मण कबन्ध के निकट आ गए। कबन्ध के पास कोई शस्त्र नहीं था, अतः भय की कोई विशेष बात नहीं थी।

इससे पूर्व कि वे समझ पाते कि कबन्ध क्या करना चाहता है, उसने अपने स्थान पर बैठे-ही-बैठे अपनी भुजाएँ बढ़ाकर एक-एक भुजा में राम और लक्ष्मण की कटि को घेर लिया और उन्हें निरंतर कसता चला गया। एक क्षण के लिए

तो लगा कि राम और लक्ष्मण दोनों ही अवश हो गए हैं। उस असाधारण स्थूलकाय पंगु व्यक्ति की भुजाओं में इतना बल होगा, इसकी कल्पना उन्होंने नहीं की थी। लगता था, वह उनके शरीरों को पीस डालेगा...

"भैया! अपनी रक्षा कीजिए।" लक्ष्मण अपने घुटते हुए साँस से बोले, "मेरा बचना तो कठिन लगता है।"

लक्ष्मण को लग रहा था, पिछले दिनों उनके मन में जन्मी कामनाएँ मानो घटनाओं का रूप लेकर, साकार उनके सम्मुख प्रस्तुत हो गई हैं। लक्ष्मण के प्रायश्चित का क्षण आ पहुँचा था...लौह-स्तंभों जैसी इस राक्षस की इन भुजाओं से बचना संभव नहीं था...दोनों भाइयों का बचना तो किसी भी रूप में संभव नहीं था...हाँ! यदि लक्ष्मण उससे उलझे रहें और राम मुक्त होने का प्रयत्न करें तो चाहे यह कितना भी बलिष्ठ क्यों न हो, भैया को बाँधे नहीं रख सकेगा।...यदि भैया एक बार मुक्त हो जाएँ तो वे अपने शस्त्र-कौशल से इस अवरोध से निकल जाएँगे और अपने साथियों तक जा पहुँचेंगे। कदाचित् फिर उन्हें कबन्ध और उसके साथियों से निबटने में कोई कठिनाई नहीं होगी।...लक्ष्मण तब तक जीवित रह सके तो ठीक, अन्यथा अपने बलिदान से वे अपने प्रमाद का प्रायश्चित करेंगे...

कबन्ध की भुजा राम के लिए भारी सिद्ध हो रही थी, जैसे कोई अत्यंत शक्तिशाली अजगर उनकी कमर से लिपट गया हो।...ऐसी कठोर भुजा से राम का पाला पहले कभी नहीं पड़ा था। जनकपुरी में शिव-धनुष की भुजा भी इतनी कठोर प्रतीत नहीं हुई थी।...यह कैसी भुजा है? मांसपेशियाँ हैं, अथवा सत्य ही यह इस्पात है?...बाँह निरंतर कसती जा रही थीं। दोनों भाइयों के प्रतिरोध के होते हुए भी कबन्ध तनिक भी विचलित नहीं हो रहा था।...लक्ष्मण और राम में संतुलन करने के लिए भी इस भुजा की एक भी पेशी ढीली नहीं पड़ रही...सहसा राम का ध्यान अपने संघर्ष से उचटकर लक्ष्मण की ओर चला गया...सौमित्र को यह क्या हो रहा है...जैसे हाथ-पैर डाल दिए हों और शत्रु की विजय को पूर्णतः निश्चित मानकर प्रतिरोधविहीन होकर अपनी मृत्यु की प्रतीक्षा कर रहे हों...विचित्र भंगिमा है बलिदान की!

"सौमित्र!" राम ने भर्राये-से स्वर में लक्ष्मण को चेताया।

लक्ष्मण ने मानो जागकर आँखें खोलीं, "आप अपनी रक्षा करें, भैया।"

पर तब तक राम ने अपना खड्ग निकालकर कबन्ध की बाईं भुजा पर एक प्रहार कर दिया था। कबन्ध की पकड़ कुछ ढीली हो चुकी थी; और जब तक लक्ष्मण अपना खड्ग निकालते, राम दूसरा वार कर चुके थे।

लक्ष्मण आत्मपराजय की मुद्रा से उबरे और उन्होंने ताबड़तोड़ तीन-चार प्रहार कर दिए।...कबन्ध उनके सम्मुख अक्षम होता जा रहा था।

राम ने एक तटस्थ दूरी से देखा—कबन्ध की लौह-दण्डों जैसी भुजाएँ व्यर्थ

हो चुकी थीं। उसके वे शूलधारी सैनिक, जिन्हें वह अपनी डेढ़ कोस लंबी भुजाएँ मानता था, भयभीत होकर भाग चुके थे; और कबन्ध मांस के एक पंगु पहाड़ के समान निष्क्रिय बैठा अपनी भुजाओं से रक्त बहा रहा था और थोड़ी-थोड़ी देर में अपने सूखते अधरों को अपनी जीभ से गीला कर रहा था...

उनकी दृष्टि लक्ष्मण की ओर गई। वे पहले से कुछ अधिक सजग दिखाई पड़ रहे थे। उनके चेहरे पर पुती उस पराजित मानसिकता के भीतर से कुछ-कुछ उत्साह झाँक रहा था।

"क्या हो गया था तुम्हें, सौमित्र? अपना अपराध-बोध त्यागो।" राम का स्वर कुछ आवेशपूर्ण था, "नहीं तो कोई-न-कोई अनर्थ हो जाएगा। मैं वैदेही को खोजते-खोजते तुम्हें भी खो चुका था। तुमने अपने साथ-साथ मुझे भी आत्मनाश के संकट में डाल दिया था।"

लक्ष्मण अपने साथियों को बुलाने जाने के लिए मुड़े, किंतु उन्हें जाना नहीं पड़ा। कबन्ध के भागते हुए शूलधारियों से कोई आभास पाकर वे लोग स्वयं ही इधर आ गए थे।

"अनिन्द्य!" राम ने आदेश दिया, "चारों ओर से घेरा डाल लो। इस राक्षस का कोई साथी हो तो उसे बाँध लो।...और देखना! अपने शस्त्रों की सावधानी से रक्षा करना।"

"आओ, सौमित्र!"

वे जाकर कबन्ध के सम्मुख खड़े हो गए, "तुमने कहा था कि तुम नरभक्षी राक्षस हो।"

लक्ष्मण ने चौंककर राम को देखा—सामान्यतः राम के स्वर में हिंसा की इतनी खनक नहीं होती थी। आज राम का स्वर इतना हिंस्र क्यों हो रहा था? क्या यह सीताहरण की प्रतिक्रिया थी अथवा मृत्यु के मुख से लौटने के बाद की प्रतिहिंसा? ...सीताहरण के पश्चात् निश्चित रूप से राम भी पहले जैसे राम नहीं रह गए थे।

"हाँ!" कबन्ध का स्वर धीमा और गिरा हुआ था।

"तुम रावण को जानते हो?"

"जानता हूँ... ।" कबन्ध ने तत्काल वक्तव्य बदला, "उसका नाम सुना है।"

"उसने पंचवटी में मेरे आश्रम से मेरी पत्नी का हरण किया है।" राम बोले, "तुम बता सकते हो, वह उसे कहाँ ले गया है?"

"मैं इस विषय में कुछ नहीं जानता।" कबन्ध के कंठ से स्पष्ट शब्द नहीं निकल रहे थे।

"मरते समय अब धूर्तता मत करो।" राम का स्वर कठोर हो गया, "नहीं बताओगे तो मैं तुम्हें शांतिपूर्वक मरने भी नहीं दूँगा।"

लक्ष्मण देख रहे थे, राम सचमुच इतने कठोर कभी नहीं दिखे थे। आज तो

उनका स्वर ही कुछ और था।

"मैं कुछ नहीं जानता, राम!"

"तुमने उसे सीता को ले जाते हुए देखा?"

"नहीं।"

"इस विषय में कुछ सुना?"

"नहीं!"

"अनुमान से बता सकते हो, वह सीता को कहाँ ले गया होगा?"

"मैं कुछ नहीं जानता।" कबन्ध ने यत्किंचित पीड़ित स्वर में कहा, "मेरा रावण से कोई संबंध नहीं है।"

राम का चेहरा आक्रोश से जल उठा, "इच्छा तो होती है राक्षस कि इस खड्ग से तेरे शरीर के खण्ड-खण्ड कर दूँ; किंतु अपने क्षात्र-धर्म से बँधा हूँ। तू युद्ध कर नहीं सकता, अतः मैं तुझ पर शस्त्र-प्रहार नहीं कर सकता। किंतु मैं तुझे शांति से मरने नहीं दूँगा।" वे लक्ष्मण की ओर मुड़े, "सौमित्र! इसके लिए चिता बनाओ। मैं इसे जीवित ही अग्नि-समाधि दूँगा।"

कबन्ध के चेहरे का भाव परिवर्तित हुआ। वह अब न दृढ़ था, न असंपृक्त।

"मुझे अपने शस्त्र से मार डालो।" उसका स्वर दीन हो गया, "और फिर अग्नि-संस्कार कर देना।"

"तुम मर गए तो दाह तो तुम्हारा हम कर ही देंगे।" राम बोले, "किंतु यदि सीता का पता तुमने नहीं बताया तो मैं तुम्हारा अग्नि-संस्कार भी करूँगा और तुम्हें मरने भी नहीं दूँगा।"

चिता बनती जा रही थी और साथ-ही-साथ कबन्ध की दृढ़ता भी गलती जा रही थी। अपनी आँखों के सामने बनती चिता को देख, जैसे उसका राक्षसत्व घुलता जा रहा था। उसकी मुद्रा अब वैसी कठोर नहीं रह गई थी, आँखों की हिंस्रता कहीं लुप्त हो गई थी।

चिता बन गई। राम ने स्वयं उसमें अग्निदान किया। चिता धू-धू कर जल उठी।

"इसे उठाओ, मित्र!"

"ठहरो, राम!" कबन्ध टूटते-टूटते स्वर में बोला, "मर तो मैं रहा हूँ। तुम कुछ न भी करो तो भी घड़ी-भर से अधिक जीवित नहीं बचूँगा।" उसने रुककर याचना-भरी आँखों से राम को देखा, "तनिक रुक जाओ। मर जाऊँ, तो इस चिता में डाल देना...।"

"बताओ! रावण सीता को कहाँ ले गया होगा?"

"अब बताने में कोई भय नहीं।" कबन्ध बोला, "वह उसे किष्किंधा

की ओर ले गया है।...मेरे कुछ अनुचरों को साथ ले लो। वे तुम्हें मतंग वन में पम्पा सरोवर के पास पहुँचा देंगे। वहाँ सुग्रीव से मिल लेना..."

वह रुक गया।

"सुग्रीव हमारी सहायता..."

किंतु कबन्ध मौन हो चुका था। राम अस्त-व्यस्त दृष्टि से उसे देख रहे थे...

सहसा किसी ने राम की दाहिनी भुजा को छुआ।

राम ने पलटकर देखा—वह कदाचित् कबन्ध का शूलधारी सैनिक था।

"कबन्ध मर गया है। हम उसके आतंक और उसकी नीच सेवा से मुक्त हो गए हैं, आर्य! हम आपको पम्पा सरोवर तक पहुँचा देंगे।" उसकी आँखों में स्नेह था और मुद्रा में सौहार्द, "कृपया अब इस मांस-शैल का दाह...।"

"चलो...।" राम चिंतालीन थे।

4

तार के प्रस्ताव का विशेष विरोध नहीं हुआ; और सुग्रीव का राज्याभिषेक शांतिपूर्वक हो गया। शासन सँभालते ही सुग्रीव ने हनुमान, नील तथा नल को राजसभा का सदस्य नियुक्त कर दिया, ताकि वे अपनी नीतियों के लिए उचित समर्थन पा सकें। साथ ही उन्होंने किष्किंधा के प्रसिद्ध विद्वान् मलयवन को अपने मंत्रियों में स्थान दिया।

औपचारिक समारोहों की समाप्ति पर सुग्रीव की राजसभा की पहली बैठक अत्यंत उत्साहपूर्ण थी। प्रायः सभी मंत्री, सामंत तथा सभासद उपस्थित थे। सभा आरंभ हुई तो विभिन्न मंत्रियों ने अपने-अपने कार्यों के लिए राजाज्ञा प्राप्त करनी आरंभ की।

"सम्राट!" सबसे पहले कटाक्ष उठा, "पाँच सामंत-पुत्रों की एक टोली को विद्याध्ययन के लिए लंका जाने की अनुमति दें तथा उनके व्यय के लिए राज्य की ओर से आवश्यक राशि की व्यवस्था का आदेश दें।"

सुग्रीव गंभीर हो गए, "आज से मंत्रियों, सामंतों, यूथपतियों तथा धनिकों के पुत्रों के अध्ययन के लिए विदेश जाने की प्रथा बंद की जाती है।"

कटाक्ष स्तंभित खड़ा रह गया। वह यह तो जानता था कि सुग्रीव बालि से पर्याप्त भिन्न व्यक्ति हैं—किंतु इस प्रकार का आदेश। बड़ी कठिनाई से उसके मुख से निकला, "तो किष्किंधा के समस्त कुलीन युवक अशिक्षित रह जाएँगे।"

"नहीं!" सुग्रीव बोले, "किष्किंधा का राज्य अब शिक्षा और विद्याध्ययन के लिए नई नीति का अनुसरण करेगा। सर्वप्रथम, किष्किंधा में एक बड़ा शिक्षा-संस्थान

स्थापित किया जाएगा, जिसमें विभिन्न शास्त्रों के अध्ययन के साथ-साथ युद्ध तथा आयुध-शास्त्र का अध्ययन, अध्यापन तथा व्यवहारिक अभ्यास भी होगा। उसी प्रकार उसमें आयुर्विज्ञान का अध्ययन-अध्यापन होगा। अन्य सामान्य विषय तो होंगे ही। उसकी विस्तृत योजना के निर्माण के लिए हनुमान, नल, नील, राजकुमार अंगद, तार, मैंद तथा द्विविद की एक समिति बनाई जाए।''

''अध्यापक और आचार्य कहाँ से आएँगे?'' मंत्री कटाक्ष अभी तक कुछ समझ नहीं पा रहा था।

''कुछ शास्त्रों के विद्वान हमारे पास हैं।'' सुग्रीव बोले, ''हनुमान, जाम्बवान तथा अंगद युद्ध तथा आयुध-विभाग सँभालें; आर्य सुषेण आयुर्विज्ञान, नल तथा नील वास्तुशास्त्र इत्यादि। वे लोग योग्यता देखकर अन्य अध्यापकों की नियुक्तियाँ भी कर सकते हैं। और...'' सुग्रीव साँस लेकर बोले, ''यदि कुछ विषयों के लिए आचार्य हमारे पास नहीं हैं, तो हम आर्य आश्रमों से सहायता प्राप्त कर सकते हैं। अगस्त्य तथा सुतीक्ष्ण इत्यादि ऋषियों के आश्रमों तक संदेश भिजवा दिए जाएँ, तो वे लोग सहर्ष आचार्यों को भेज देंगे। उनके लिए लंका के राक्षस आचार्यों के समान हमें अपार धन व्यय करने की आवश्यकता नहीं है। उनका भोजन हमें महँगा नहीं पड़ेगा—न ही उनके कुटीरों के लिए हमारे पास साधनों की कमी है।'' सुग्रीव कुछ रुककर पुनः बोले, ''जब यह संस्थान स्थापित हो जाए तो प्रत्येक यूथ उसी के अनुरूप अपनी भूमि में शिक्षा-संस्थान स्थापित करे। किष्किंधा के स्नातक उन यूथ-शिक्षा-संस्थानों में अध्यापकों का कार्य करें। मैं चाहता हूँ कि अगले बारह वर्षों में हमारी अगली पीढ़ी का कोई बालक, कोई बालिका अशिक्षित न रह जाए...''

''क्षमा करें, सम्राट!'' धूम उपहास के स्वर में बोला, ''यूथ का प्रत्येक बालक अध्ययन कर राज-परिषद का सदस्य बनेगा क्या? और यदि सारे वानरकुमार विद्वान् हो गए तो कृषि के लिए, स्वेद बहाने के लिए हम किसे पकड़कर लाएँगे?''

''प्रत्येक बालक अध्ययन कर राज-परिषद का सदस्य तो नहीं बनेगा, मंत्रिवर!'' सुग्रीव मुसकराए, ''किंतु सचेत होकर विद्वान् मंत्रियों के कार्यों का मूल्यांकन करेगा। गुफाओं के भीतर तथा वृक्षों की शाखाओं पर रहने वाला पशु न रहकर मनुष्य बनेगा। प्रत्येक नागरिक को राज्य नहीं चलाना होता, किंतु राज्य किधर चल रहा है, उसकी खोज-खबर रखनी होती है। यथासमय राज्य को टोकना और आवश्यक होने पर रोकना भी पड़ता है। फिर विद्याध्ययन केवल राज्य चलाने के लिए ही नहीं, घर चलाने के लिए भी आवश्यक है, और अपना जीवन चलाने के लिए भी। आप क्यों नहीं चाहते, यूथपति धूम!'' सुग्रीव ने धूम को देखा, ''कि हमारी जाति भी अन्य मानव-जातियों के समान मनुष्य बनकर जिए?...जहाँ तक कृषि तथा अन्य कार्यों के लिए श्रम करने वालों की आवश्यकता की बात है—कदाचित् आप जानते हों, समस्त आर्य जातियाँ कृषि पर निर्भर हैं और उनसे अधिक विद्वान आपको

दूसरी जातियों में नहीं मिलेंगे। आप यदि किसी भी आर्य आश्रम को देखें तो समझ जाएँगे कि स्वयं कुलपति भी पर्याप्त परिश्रम करते हैं।''

''सम्राट!'' हनुमान अपने स्थान से उठे, ''इस संदर्भ में अधिक महत्त्वपूर्ण विषय है साधन—स्थान तथा धन।''

''ठीक है।'' सुग्रीव बोले, ''किष्किंधा के समस्त मदिरालय और वेश्यालय आज से बंद कर दिए जाएँ। उनके भवनों तथा उनके साथ की भूमि को शिक्षा-विभाग के अधीन कर दिया जाए। यदि इसके पश्चात् भी अतिरिक्त धन की आवश्यकता हो तो वह राजकोष से दिया जाए।''

''सम्राट!'' दरीमुख फुफकारता हुआ-सा बोला, ''ऐसे आदेश देने से पूर्व आपको भली प्रकार विचार कर लेना चाहिए। यदि आप स्वयं विचार न कर सकें, तो मंत्रियों से मंत्रणा...''

''दरीमुख!'' सुग्रीव ने उच्च स्वर में कहा, ''सम्राट सम्राट ही होता है—सिंहासन पर चाहे बालि के स्थान पर सुग्रीव बैठा हो।...शिष्टाचार की उपेक्षा न हो। वैसे इस सिंहासन पर भैया होते तो इस वाक्य के लिए तुम्हें अंधकूप में डाल दिया जाता।...मैं केवल चेतावनी देकर छोड़ रहा हूँ। बोलो, तुम्हें क्या आपत्ति है?''

''सम्राट!'' इस बार दरीमुख का स्वर दबा हुआ था, ''आप अपने आदेश के परिणामों पर विचार करें। वेश्यालय नहीं रहेंगे, तो कुलीन घरों में भी व्यभिचार फैल जाएगा। मदिरालय नहीं रहेंगे, तो लोग घर-घर मदिरा बनाएँगे और निकृष्ट मदिरा गली-मुहल्लों में बिकेगी। लोगों के स्वास्थ्य की हानि होगी। राज्य को धन की अपार हानि होगी। मदिरालयों से होने बालि आय के अभाव में आपका कोष खाली होता जाएगा।...और फिर उत्सवों में हम क्या पिएँगे? सुख और आनन्द का कोई और साधन?''

सुग्रीव ने आश्वस्त दृष्टि से दरीमुख को देखा, ''तुम्हें लोगों के स्वास्थ्य की चिंता भी है और यह भी नहीं जानते कि प्रजा के स्वास्थ्य की हानि कर उपलब्ध की गई आय प्रजा का रक्त है। उसकी हमें आवश्यकता नहीं। आय कम होगी तो राज्य का विलास कम हो जाएगा। अपने उत्सवों पर आप मधुपान कर सकते हैं। उत्सवों में मदिरा पीकर मत्त हो जाना ही एकमात्र सुख नहीं है।'' सुग्रीव रुके, ''जहाँ तक वेश्यालयों और मदिरालयों की बात है—वह प्रजा के साथ राज्य का विश्वासघात है। कोई भी शासन, जो प्रजा को राज्य की वास्तविक स्थिति से अनभिज्ञ रख, उसे झूठे सुखों में बहलाए रखना चाहता है—वह विलास के ऐसे साधनों का निर्माण पुष्कल मात्रा में करता है। वेश्या और मदिरा—मनुष्य की नैसर्गिक आवश्यकताएँ नहीं हैं। इनकी आवश्यकता धनाढ्य जन को होती है, जिन्हें जीवन में श्रम नहीं करना पड़ता। सुख-सुविधाओं और धन का बाहुल्य उनमें मानसिक विकृतियाँ पैदा कर देता है। या उन निर्धनों को होती है, जिनके अपने जीवन में शोषण है, सुख

नहीं। हम अपने नागरिकों के लिए एक ऐसे समाज का निर्माण करना चाहते हैं—जिसमें वे श्रम और उत्पादन का सुख पाएँ, सड़ती हुई ऊर्जा से मुक्ति पाने के लिए वेश्या और मदिरा न खोजें। आप निश्चिन्त रहें कि न आपके घरों में व्यभिचार फैलने दिया जाएगा और न घर-घर मदिरा बनेगी।''

सुग्रीव अपने सहयोगियों के साथ घर आए तो जानकर चकित रह गए कि रुमा को घर बैठे ही राजसभा की कार्यवाही की सारी सूचना मिल चुकी थी। इसका अर्थ था कि राजाज्ञाओं का प्रसारण बहुत तीव्र गति से हो रहा था। जन-सामान्य की रुचि इस ओर बढ़ रही थी।

''यह तो अच्छा हुआ, प्रिय!'' रुमा ने स्वागत-शैली में कहा, ''किष्किंधा का कलंक तो धुले; किंतु आपकी गति तीव्र भी है और उग्र भी। इससे बाधाएँ खड़ी हो सकती हैं।''

''कैसी बाधाएँ?''

''आपके धनाढ्य सामंतों का विलास छिनेगा तो वे आपके विरोधी हो जाएँगे। आज तक वे अपने धन के बल पर, निर्धन युवतियों की पेट की भूख से लाभ उठा, उन्हें वेश्याएँ बना रहे थे। अब जब वे ऐसा नहीं कर पाएँगे तो आपको कलंकित करने का प्रयत्न करेंगे कि कष्ट तो कम हुए नहीं, उल्टे सुख के साधन भी छिन गए। इससे तो पिछले सम्राट ही अच्छे थे, स्वयं भी सुख भोगते थे और प्रजा को भी छूट दे रखी थी।''

''चाचीजी ठीक कह रही हैं।'' अंगद बोले, ''यह वर्ग निश्चित रूप से यही करेगा। इसके लिए आवश्यक है कि हम और भी तीव्रता से चलें ताकि उनका षड्यंत्र आरंभ होने से पहले ही जन-सामान्य को राज्य में कुछ निर्माण होता भी दिखे।''

''हुँ।'' सुग्रीव कुछ सोचते रहे, फिर बोले, ''शिक्षा-संस्थान अपना प्रभाव दिखाने में समय लेगा...''

''सम्राट! एक प्रस्ताव मेरा है।'' हनुमान बोले, ''अर्थव्यवस्था संबंधी घोषणाएँ शीघ्र हो जानी चाहिए। यदि आर्थिक स्थिति नहीं सुधरी, तो ये सारे परिवर्तन खोखले नैतिकतावादी परिवर्तन माने जाएँगे; और नया समाज तो नहीं ही बन पाएगा—उल्टे हम उपहास के पात्र हो जाएँगे।''

सुग्रीव और भी गंभीर हो गए। कुछ क्षण मौन रहकर बोले, ''तुम लोग ठीक कहते हो; किंतु अर्थव्यवस्था का परिवर्तन इतना सहज नहीं होगा। आज जितने आदेश दिए गए हैं, उनका संबंध विदेशी राक्षसों के व्यापार से था—वे विरोध कर नहीं सकते। जब ऐसे आर्थिक परिवर्तन होंगे जिनका प्रभाव धनाढ्य वानर-वर्ग पर पड़ेगा, तब विरोध भी हो सकता है, विद्रोह भी।''

"आप चिंता न करें, सम्राट!" हनुमान बोले, "हम अपने सहयोगियों के साथ पूरी तरह तत्पर हैं। सामान्य जन की स्थिति में सुधार नहीं हुआ तो शासन के परिवर्तन का क्या अर्थ है? हम नहीं चाहते कि कल यह सुनने को मिले कि जैसे साँपनाथ, वैसे ही नागनाथ।"

"ठीक कहते हो, हनुमान।" सुग्रीव के माथे पर चिंता की रेखाएँ थीं, "तुम लोग प्रस्तुत रहो। मैं कल नीति की घोषणा कर दूँगा।"

अपने साथियों को विदा कर, सुग्रीव आकर अपने पलंग पर चुपचाप लेट रहे।...जितना सोचते थे, चिंता घनीभूत होती जाती थी। कोई ओर-छोर ही दिखाई नहीं पड़ रहा था...

रुमा आई। सिरहाने के पास बैठ सुग्रीव के माथे पर हाथ रखा और केशों में अँगुलियाँ फिराईं, "इतनी चिंता किस बात की है, प्रिय?"

सुग्रीव को लगा, उनके मस्तिष्क का बोझ कुछ कम हो गया है। स्नेह का कितना मूल्य है। स्पर्श मात्र से चमत्कार हो जाता है। उन्होंने मुसकराने का प्रयत्न किया, "चिंता तो करनी ही होगी, रुमा! जब बोझ उठाया है, तो बोझ का दबाव तो होगी ही।"

"ठीक है, पर इतनी चिंता क्यों कर रहे हैं?"

"चिंता!" सुग्रीव उठ बैठे, "छोटे-मोटे सुधारों से कोई विशेष लाभ होता नहीं दीखता। अधिक फेर-बदल किया जाए तो कई बड़े गहरे जमे हुए महावृक्षों की जड़ें खोदनी होंगी। वे महावृक्ष गिरेंगे तो गिरते-गिरते भी अपनी चपेट में आई वस्तुओं को नष्ट कर देंगे।..." सुग्रीव ने रुमा को आँखें भरकर देखा, "सोच तो लिया है, किंतु कर्म से पूर्व असमंजस...असमंजस भी नहीं, एक प्रकार का भय—कहीं भूल तो नहीं कर रहा? कहीं क्षति तो नहीं कर बैठूँगा? पश्चात्ताप तो नहीं करना होगा?"

रुमा ने सुग्रीव को ऐसे देखा, जैसे मन की बात कहने से पहले उनको तोल रही हो, "आपने सोच लिया है कि क्या करना है?"

"हाँ!"

"क्या परिवर्तन आप अपने स्वार्थ के लिए करना चाहते हैं?"

"नहीं! एकदम नहीं। उसमें मेरा तनिक भी स्वार्थ नहीं है। यह जनहित के लिए है।" सुग्रीव रुमा को विश्वास दिलाने का प्रयत्न कर रहे थे।

"अपना सोचा हुआ नहीं करेंगे तो आपकी आत्मा आपको शांतिपूर्वक जीने देगी?"

"नहीं। एकदम नहीं।" सुग्रीव अजाने आवेश में बोले, "वह मुझे आजीवन धिक्कारती रहेगी।"

"तो फिर चिंता किसलिए?" रुमा मुसकरायी, "जो करना है, वह कीजिए। फिर जो होना हो, वह हो।"

राजसभा की कार्यवाही आरम्भ हुई। दिनचर्या की औपचारिकताएँ समाप्त होते ही हनुमान ने निवेदन किया, "सम्राट! शिक्षा-संस्थान स्थापित कर दिया है। किंतु वहाँ अध्यापकों के सम्मुख कुछ विशेष कठिनाइयाँ हैं। यदि अनुमति हो तो निवेदन करूँ।"

"अनुमति है।" सुग्रीव ने संकेत किया।

"सम्राट! अध्यापकों की पहली कठिनाई छात्रों का अभाव है। उन्हें बहुत कम छात्र मिल रहे हैं।"

सुग्रीव समझ नहीं पाए कि हनुमान क्या कह रहे हैं। किष्किंधा में शिक्षा-संस्थान स्थापित किया जाए और उसके लिए छात्र न मिलें। जहाँ अधिकांश व्यक्ति अशिक्षित हैं, जहाँ आज तक शिक्षा की कोई सुविधा नहीं हुई—आज अपने घर में व्यवस्था हो तो कोई छात्र न मिले...

"कारण?"

"अलग-अलग लोगों के अलग-अलग कारण हैं।" हनुमान बोले, "धनी वर्ग से एक भी छात्र नहीं आया, क्योंकि वे अपनी संतान को उस संस्थान में नहीं भेज सकते, जहाँ निर्धन बालक-बालिकाएँ भी पढ़ें। उनकी धारणा है कि निर्धन परिवारों से आने वाले बच्चे गंदे होते हैं, उनसे धनाढ्य परिवारों के बच्चों को छूत के रोग लग जाते हैं। दूसरी बात, निर्धन बच्चों के साथ पढ़ने के कारण धनी बच्चों में हीन भावना घर कर जाएगी। तीसरी बात, निर्धन बच्चों में शिष्टाचार की कमी होती है, इसलिए उनके साथ शिक्षा ग्रहण करने पर धनी बच्चों के अशिष्ट और अभद्र हो जाने की संभावना है। चौथी बात, निर्धन बच्चों की भाषा बड़ी भ्रष्ट होती है। वे गंदी गालियाँ देते हैं—धनाढ्य बच्चे उनसे गालियाँ सीख लेंगे। पाँचवीं बात, निर्धनों के बच्चे चोर होते हैं—धनवान बच्चों को उनसे चोरी का रोग लग जाएगा...."

हनुमान की बात पूरी होते-होते सुग्रीव का मस्तिष्क झनझना उठा। चेहरा क्रोध से तमतमाकर आरक्त हो गया...

"सम्राट!" सुग्रीव के कुछ कहने से पूर्व ही नील उठ खड़ा हुआ, "मेरा निवेदन है कि इन तथ्यों के कारण, आप नीति में तनिक भी परिवर्तन न करें। यह कुछ स्वार्थी लोगों के द्वारा शिक्षा-संस्थान के विरुद्ध किया गया षड्यंत्र है। निर्धन छात्रों पर लगाए गए आरोप क्या अपने-आप में प्रमाण नहीं हैं कि वे लोग स्वयं कितने अशिष्ट और अभद्र हैं। क्या उनकी अपनी भाषा और प्रकृति गंदी नहीं है कि वे अनदेखे, अनजान, निरीह और भोले बच्चों पर इतने आरोप लगा रहे हैं। यदि अपनी

कही हुई बातों में उनकी उतनी ही निष्ठा है, तो वे क्यों मानते हैं कि निर्धन लोगों के बच्चों से धनी वर्ग के बच्चे बुराइयाँ सीखेंगे। वे अपने बच्चों को इतना दुर्बल क्यों मानते हैं...यदि उनके बच्चों में इतने ही गुण हैं तो वे निर्धन बच्चों को अपने गुण क्यों नहीं सिखा देते!...और रही चोरी की बात...'' नील का आवेश पराकाष्ठा पर पहुँच रहा था, ''निर्धन व्यक्ति इतने थोड़े-से पारिश्रमिक के लिए जितना श्रम करता है, वह अपने आप में प्रमाण है कि वैसा व्यक्ति चोर नहीं हो सकता। दूसरी ओर प्रत्येक धनी अपने मन को टटोलकर देखे, यदि उसने चोरी नहीं की तो उसके पास इतना धन कैसे आ गया?''

नील चुप हुए तो अपने आवेश से हाँफ गए थे। उसके विपरीत, सुग्रीव का क्रोध जैसे विलीन हो गया था। उन्हें लगा, उनके मन की बात किसी और ने कह दी है। वे पूर्णतः शांत थे।

वे बोले तो उनका स्वर स्थिर और गंभीर था, ''क्या इस वर्ग ने यह नहीं सोचा कि शिक्षा-संस्थान का ऐसा बहिष्कार करने से उनकी संतानें अशिक्षित रह जाएँगी। उन्होंने उनकी शिक्षा के विषय में क्या सोचा है?''

''पूरी बात तो मैं नहीं जानता।'' हनुमान ने उत्तर दिया, ''किंतु मेरा अनुमान है कि वे अपनी संतानों को अन्य जातियों के शिक्षा-संस्थानों में भेजने की बात सोच रहे हैं, जहाँ उनको उनकी संभ्रांतता के अनुकूल व्यवहार की समुचित शिक्षा मिल सके।'' हनुमान के चेहरे पर व्यंग्य मुखर हो आया था, ''उनका विचार है कि लंका यहाँ से अधिक दूर नहीं है।''

''अर्थात् वे अपनी संतानों के लिए शोषण, दमन, हत्या, बलात्कार, आलस्य और विलास की शिक्षा ही अनुकूल पाते हैं।'' नल ने कटाक्ष किया।

''ठीक है! मैं उनका अभिप्राय समझ गया।'' सुग्रीव बोले, ''इस संदर्भ में एक आज्ञा प्रचारित कर दी जाय कि भविष्य में विदेशों में शिक्षा प्राप्त करने के लिए जाने की अनुमति देने का अधिकार केवल किष्किंधा के शिक्षा-संस्थान को ही होगा—चाहे यह यात्रा कोई निजी धन से ही क्यों न करना चाहे। शिक्षा-संस्थान अनुमति केवल उन लोगों को देगा, जो किष्किंधा में उपलब्ध शिक्षा पूर्णतः प्राप्त कर चुके होंगे और उसके पश्चात् भी उच्च अध्ययन की योग्यता प्रमाणित कर पाएँगे... ।''

सभा में हल्की-सी भनभनाहट हुई और सहसा ही वह कोलाहल में बदल गई।

''शांत! सुग्रीव उच्च स्वर में बोले, ''कोलाहल की आवश्यकता नहीं है। जिसे विरोध में कुछ कहना हो, उसे अपना मत प्रस्तुत करने की पूर्ण स्वतंत्रता है।''

''सम्राट! यह तो दमन है।'' सबसे पहले दुर्मुख बोला, ''आपने अपनी ओर से किष्किंधा में शिक्षा की व्यवस्था कर दी है, यह बहुत अच्छा किया। इसके लिए हम सब आपके आभारी हैं। किंतु यदि एक व्यक्ति अपनी संतान को शिक्षा के

लिए वहाँ नहीं भेजना चाहता, तो शासन को उसमें क्या आपत्ति है? आप उसे बाध्य क्यों करना चाहते हैं?''

''मंत्रिवर!'' सुग्रीव धीमे से मुसकराए, ''कोई अपने बच्चे को किष्किंधा के शिक्षा-संस्थान में न भेजना चाहे, तो मुझे कोई आपत्ति नहीं है और मैं उसे तनिक भी बाध्य नहीं करूँगा। किंतु यदि कोई अपनी संतान को अशिक्षित रखना चाहेगा अथवा कुशिक्षा देना चाहेगा तो मुझे आपत्ति होगी—क्योंकि संतान चाहे वह उसी की है, किंतु वह वानर जाति की अगली पीढ़ी भी है। अपनी जाति की भावी पीढ़ी को सुशिक्षा देने के लिए हम दृढ़संकल्प हैं। यदि कोई व्यक्ति अपनी संतान को यह शिक्षा देता है कि प्रत्येक मनुष्य समान नहीं है, कोई नीचा है, कोई ऊँचा है; इतना ही नहीं, श्रेष्ठ वह है जो किसी षड्यंत्र के कारण धन एकत्रित कर लेता है और हीन वह है जो अपने श्रम के बल पर ईमानदारी से जीता है—तो इस शिक्षा का विरोध हम अवश्य करेंगे। यह शिक्षा भावी पीढ़ी के लिए विष है। इस प्रकार मानवता की हत्या की अनुमति हम नहीं देंगे।''

''किंतु आप तो अपना धन व्यय कर, शिक्षा ग्रहण करने के लिए विदेश जाने का भी निषेध कर रहे हैं।'' कटाक्ष बोला।

''हाँ!'' सुग्रीव पूर्ण आश्वस्त ढंग से बोले, ''दो कारणों से। प्रथम तो यह कि जब अपने देश का धन व्यय कर शिक्षा के लिए किसी को भेजना ही है, तो विदेश वे लोग जाएँ, जो उसके योग्य हैं, जो अपने देश में उपलब्ध शिक्षा साधनों का लाभ उठा चुके हैं; और अधिक ज्ञान प्राप्त करने के लिए उनका विदेश जाना आवश्यक हो गया है। दूसरे, धन की शक्ति के कारण अयोग्य लोग विदेश जाकर अपने देश का अपयश फैलाएँ तथा लौटकर विदेशी ज्ञान की धौंस से अपने देश के योग्य व्यक्तियों के शीर्ष पर प्रतिष्ठित हों—यह अनुचित है।'' सुग्रीव रुके, ''किसी को कोई अन्य आपत्ति हो तो कहे।''

सभा मौन रही। कोई कुछ नहीं बोला।

थोड़ी प्रतीक्षा के पश्चात् सुग्रीव पुनः बोले, ''हनुमान! निर्धन वर्ग के छात्र संस्थान में क्यों नहीं आए?''

''उनके अपने कारण हैं, सम्राट!'' हनुमान ने उत्तर दिया, ''उनमें से अधिकांश बालक-बालिकाएँ अपनी सीमित क्षमता में असाध्य श्रम कर अपने परिवारों को चलाने में आर्थिक सहयोग करते हैं। कोई खेतों में काम करता है, कोई श्रमिकों के साथ उनकी सहायता करता है, कोई धनी परिवारों में घरेलू कार्य करता है। यदि ये निर्धन परिवार अपनी संतानों को अध्ययन के लिए शिक्षा-संस्थान में भेज देंगे, तो उनकी आय की पूर्ति कैसे होगी?''

सुग्रीव का चेहरा गंभीर हो गया...यह तो संभव है कि उन बच्चों से कोई शुल्क न लिया जाए, किंतु उनके परिवारों की आय की क्षतिपूर्ति नहीं की जा सकती।

इतना धन तो राजकोष में भी नहीं है...

"मेरा प्रस्ताव है, सम्राट!" हनुमान पुनः बोले, "मैंने कुछ आर्य आश्रमों में देखा है कि ब्रह्मचारी आश्रम के खेतों में कृषि का कार्य करते हैं, गोशाला और अश्वशाला का काम करते हैं, कपड़ा बुनने के करघों पर काम करते हैं। और बीच-बीच में अध्यापकों के साहचर्य में शास्त्रों का अध्ययन करते हैं। हम यदि इस प्रकार की व्यवस्था कर सकें, तो बहुत ही अच्छा है; किंतु जब तक ऐसी व्यवस्था नहीं होती, हम इन बच्चों के लिए काम के पश्चात् उनके बचे हुए समय में कक्षाओं की व्यवस्था करें...।"

"किंतु सारे बच्चे एक ही स्थान पर काम नहीं कर रहे होंगे।" सुग्रीव बोले।

"सम्राट का कथन सत्य है।" हनुमान ने कहा, "किंतु ऐसी अस्थायी व्यवस्था की जा सकती है कि विभिन्न स्थानों पर उन बच्चों के कार्य-स्थलों के पास छोटी-छोटी कक्षाएँ लगाएँ। इसके लिए हमें अधिक अध्यापकों की आवश्यकता होगी। उसका प्रबंध समाजसेवी, अवैतनिक अध्यापकों के द्वारा किया जा सकता है।"

"सुंदर विचार है।" सुग्रीव बोले, "और कोई कठिनाई?"

"जी! अभी तो इतना ही।" हनुमान बोले, "इतना प्रबंध हो जाए, तो आगे की कठिनाइयाँ सामने आएँगी।"

सभा में मौन छा गया। शिक्षा-संस्थान संबंधी विचार-विमर्श समाप्त हो चुका था। सभासदों की दृष्टि सम्राट पर थी, वे अब क्या चाहते हैं?

सहसा तार उठकर खड़े हो गए, "एक निवेदन मेरा भी है, सम्राट! आशा है, आप उस पर विचार करेंगे।"

सुग्रीव ने स्वीकृति का संकेत दिया।

"सम्राट हमारे इस वानर-राज्य में कुछ विचित्र घटनाएँ घट रही हैं।" तार ने अपनी बात आरंभ की, "मैंने यह अनुभव किया है कि हमारे हाथों में, राक्षसों और यक्षों के देशों में बने हुए वस्त्र आवश्यकता से अधिक मात्रा में उपलब्ध हैं। जब तक मदिरालय बंद नहीं हुए थे, तब तक मदिरा की भी यही स्थिति थी। किंतु आश्चर्य की बात है कि चावल, नारियल तथा मछली की मात्रा क्रमशः कम होती जा रही है। परिणामतः उनका मूल्य बढ़ता जा रहा है। सम्राट! बहुमूल्य विदेशी वस्त्रों के बिना तो हमारी निर्धन प्रजा का काम चल सकता है, किंतु भोजन के बिना लोग कैसे जिएँगे? सोचने की बात यह है कि हमारे राज्य में नारियल के अनेक घने वन हैं; समुद्र से असंख्य मछलियाँ पकड़ी जाती हैं; और हमारे कृषक अपने श्रम से पुष्कल मात्रा में धान उपजाते हैं—फिर क्या कारण है कि उनका मूल्य निरंतर बढ़ता जा रहा है?"

सुग्रीव चिंतित दीखे।...वे अपनी योजनाओं में इतने व्यस्त रहे थे कि जन-सामान्य की ऐसी कठिनाइयों की ओर उनका ध्यान ही नहीं गया। राज-प्रासादों

में तो इन बातों की सूचनाएँ नहीं मिल सकतीं। ऐसी सूचनाएँ तो हाटों से ही प्राप्त करनी पड़ेंगी...साधारण जन की पहुँच राजसभा तक होनी चाहिए...

"कारण?"

"मैंने कारण खोजने का प्रयत्न किया तो कुछ निष्कर्ष मेरे हाथ लगे हैं। अनुमति हो तो उन्हें प्रस्तुत करूँ।" तार बोले।

"अनुमति है।"

"सम्राट! जिन खेतों में धान उपजता है, वे यूथपति की संपत्ति हैं। उसी प्रकार नारियल के वन किसी-न-किसी मंत्री, सामंत अथवा यूथपति की संपत्ति हैं। पूरे यूथ द्वारा पकड़ी गई मछलियों पर आधिपत्य यूथपति का होता है। जब तक यूथपति अपने यूथ का पालन पितावत् करता था, तब तक बात और थी; किंतु क्रमशः संपत्ति यूथ की न रहकर यूथपति की हो गई है और यूथ के सदस्य उसके दास हो गए हैं। वे यूथपति चावल, नारियल तथा मछलियाँ अधिकाधिक मात्रा में राक्षसों के हाथ बेच देते हैं और उसके स्थान पर बहुमूल्य वस्त्र तथा मदिरा प्राप्त करते हैं। परिणाम आपके सामने है—निर्धन प्रजा का पेट तक नहीं भरता तथा धनाढ्य वर्ग की रूपसियों के लिए, अपने असंख्य वस्त्रों में से पहनने के लिए, एक वस्त्र का चुनाव जीवन की सबसे बड़ी समस्या हो गया है।"

सुग्रीव कुछ देर तक सोचते रहे। निर्णय उनके मन में घुमड़ रहा था—पर उसका परिणाम? यूथपति उनके विरुद्ध विद्रोह भी कर सकता है...सहसा उन्हें रुमा की बात स्मरण हो आई, "जो करना ही है, वह कीजिए। फिर जो होना हो, वह हो।"

"यह सुनकर मुझे दुख हुआ कि यूथ के कष्ट के कारण स्वयं यूथपति हैं। यह अत्यंत दुखद और दुर्भाग्यपूर्ण स्थिति है।" सुग्रीव कुछ तनकर बैठ गए, "यूथपति इसलिए नियत किए गए थे कि वे अपने यूथ का भलीभाँति पालन करें। वे अपना कर्त्तव्य भूल गए हैं, तो उन्हें याद दिलाना ही होगा...आज से यह आज्ञा प्रचारित कर दी जाए कि यूथपति की संपत्ति, उसकी निजी संपत्ति न होकर, संपूर्ण यूथ की संपत्ति है। यूथ का कोई भी उत्पादन प्रत्येक व्यक्ति की आवश्यकतानुसार उनमें बँटेगा और अंत में जो मात्रा बचेगी, उसका विक्रय समस्त यूथ की अनुमति से होगा। यह विक्रय वानर-राज्य के भीतर ही होना चाहिए। उस उत्पादित वस्तु के बदले कोई विलास-सामग्री क्रय नहीं की जा सकेगी। ऐसा विनिमय केवल संपूर्ण यूथ के आवश्यक वस्तु के लिए ही होगा। राक्षसों के हाथ कोई वस्तु बेचने से पूर्व सम्राट से अनुमति लेनी होगी। और..." सुग्रीव ने खड्ग अपने हाथ में लिया, "जो यूथपति इन आज्ञाओं का उल्लंघन करेगा, उसका वध सुग्रीव स्वयं अपने हाथों करेगा।"

सुग्रीव को दो समाचार मिले।...चिंता स्वाभाविक थी। समाचार अच्छे नहीं थे। गुप्तचर

सूचना लाये कि समुद्रतट की राक्षस बस्तियों में खुल्लमखुल्ला कहा जा रहा था कि मायावी ने बालि की हत्या कर उसके शव को समुद्र में बहा दिया है। अब किष्किंधा का कोई रक्षक नहीं है। कुछ दिनों में राक्षसों का आक्रमण होने ही वाला है। उनकी विजय निश्चित है। सुग्रीव से उनके यूथपति भयभीत तो पहले ही नहीं थे, अब उनकी नई राजाज्ञाएँ सुनकर वे उससे प्रसन्न भी नहीं हैं। राक्षसों के आक्रमण के समय कदाचित् एक भी यूथपति सुग्रीव की सहायता को नहीं आएगा...

सुग्रीव जानते थे कि इस प्रकार की निराधार अफवाहों पर विश्वास नहीं करना चाहिए। वानरों जैसी पिछड़ी जाति में अफवाहें उड़ती ही रहती हैं। यह काम राक्षस लोग योजनाबद्ध ढंग से करते रहते हैं, ताकि वानरों का मनोबल ऊँचा न उठ सके—किंतु इन पर तनिक भी कान न धरना अथवा उनसे सर्वथा अनभिज्ञ रहना भी तो बहुत लाभदायक नहीं है। अफवाहें चाहे सत्य न हों—किंतु उनमें सत्य का कोई कण हो भी सकता है...

यदि सत्य ही बालि का पराभव हुआ है, तो सामरिक शक्ति की दृष्टि से किष्किंधा के लिए यह अत्यंत दुर्भाग्यपूर्ण घटना है।...कितना असहाय है सुग्रीव कि उनके अपने राज्य के भीतर ही कहीं बालि और मायावी का युद्ध हुआ और सुग्रीव को सूचना तक नहीं मिली। सूचना मिली होती तो क्या सुग्रीव बालि को इस प्रकार असहाय मर जाने देते। इतने वानर यूथपतियों का सम्राट ऐसी अनाम मृत्यु पाए कि उसके शव का भी पता न चले...सुग्रीव का मन भर आया...उन्हें अपने शैशव का बालि बार-बार याद आता था। कैसे दोनों भाई साथ-साथ खेलते थे। कैसे सुग्रीव हारकर भी जीतने का हठ करते थे और बालि उनका हठ मानने के लिए जान-बूझकर हार जाते थे।...जब तक बालि का अहंकार मुँखर नहीं हुआ था; और कामुकता तथा मदिरा में आसक्ति के क़ारण उन्होंने अपना न्याय-पक्ष नहीं छोड़ा था, दोनों भाइयों में कितना स्नेह था...किंतु क्रमशः कैसे उनमें मतभेद हुआ, जो बढ़ता ही गया था...और अब बालि नहीं रहे...सुग्रीव तो पुरुष हैं, कठोर हैं। वे तो किसी प्रकार सह भी लेंगे; किंतु तारा भाभी और अंगद...कैसी पीड़ादायक बात है कि बालि जैसा समर्थ और साधन-संपन्न व्यक्ति इस प्रकार असहाय, अनाथों के समान मारा जाए...

किंतु सुग्रीव का मन बालि की मृत्यु के समाचार पर अधिक देर तक टिका नहीं रहा।...संभव है, यह झूठ हो। संभव है, बालि अब भी कहीं सागर-तट पर गुफाओं और कंदराओं में या किसी गहन कानन में मायावी के पीछे-पीछे भटक रहे हों। वे मायावी का वध कर अथवा उसकी खोज से निराश होकर किसी भी क्षण लौट सकते हैं। किंतु दूसरा समाचार? क्या सचमुच ही वानर यूथपति सुग्रीव का साथ छोड़ रहे हैं? क्या संकट के समय वे लोग विश्वासघात करेंगे...? सुग्रीव को लगा, उनके मन में कहीं हल्का-सा भय जन्म ले रहा है, वे स्वयं को असुरक्षित

पा रहे हैं...किंतु क्यों? क्यों भयभीत हैं वे? जब वे ओदश दे रहे थे, तभी उन्हें सोचना चाहिए था कि वे यूथपति इससे प्रसन्न नहीं हो सकते। क्या वे समझते थे कि यूथपतियों से संपत्ति छीनने पर वे उनको अपना मित्र मान उनकी रक्षा के लिए आएँगे? यूथपति नहीं आएँगे तो जन-सामान्य को तो उनकी रक्षा के लिए आना चाहिए, जिन्हें उन्होंने जीवन की सुख-सुविधाएँ दी हैं...

सुग्रीव को लगा, उसके मन में कोई अट्टहास कर हँसा है—'वाह रे सुग्रीव! तुमने यह सब क्या अपनी रक्षा के लिए किया था? अपनी रक्षा के लिए तो बहुत सरल उपाय थे—प्रजा की हड्डियाँ और मांस इन यूथपतियों, सेनानायकों, मंत्रियों, सामंतों, धनाढ्य व्यापारियों के आगे डाल देते, तो ये सब तेरी रक्षा करते। जो कुछ तूने किया, क्या वह अपनी रक्षा के लिए किया? तू अपनी रक्षा क्यों चाहता है? बोल! क्या सार्थकता है तेरी? क्यों हो तेरी रक्षा?'

सुग्रीव को लगा, भीतर-ही-भीतर वे कुछ बदल गए हैं। किसी वायवीय लोक में पहुँच गए है।...उनके मन में जैसे अपने लिए कोई आसक्ति नहीं है...क्या प्रयोजन है उनकी रक्षा का?...और उनका अपना मन, अपनी रक्षा का कोई प्रयोजन नहीं खोज पाता...स्वयं वे, हनुमान, नल, नील, अंगद और तार भी...क्या चाहते हैं वे? यही तो कि सत्ता निर्बल हो जाए, प्रजा शक्तिशाली हो। जन-साधारण सुखी हो, समर्थ, सचेत और जागरूक हो...अब जब उनके आदेशों से प्रजा शक्तिशाली हो रही है, तो वे अपने विषय में चिंतित क्यों हैं?...

उनका ध्यान एक अन्य सूचना की ओर चला गया। सूचना कोटपाल ने दी थी...किष्किंधा की प्राचीर के साथ-साथ नगर के भीतर और बाहर अनेक निर्धन लोग झुग्गियाँ बनाकर रहते थे। सुग्रीव ने उन्हें सैकड़ों बार देखा था—उनके विषय में सोचा था। उनकी स्थिति देखकर पीड़ित हुए थे, किंतु हर बार स्वयं को असहाय पाया था...पशुओं से भी बुरी स्थिति में रह रही थी बालि की प्रजा।...जाने राज्य में से कहाँ-कहाँ से आकर वे लोग यहाँ टिक गए थे। नगर में पशुवत् ही सही, किसी-न-किसी प्रकार उनकी आजीविका चल रही थी। अपने ग्रामों में उन्हें पेट भरने को अन्न मिलता तो वे अपने बाल-बच्चों के साथ इस प्रकार किष्किंधा के पथों पर रहने तथा संभ्रांत नागरिकों की जूठन खाने क्यों आते? स्वाभिमानी श्रमिकों को इस प्रकार अपमानजनक ढंग से जीना उनकी भूख ने ही सिखाया होगा।

नगर में उनके रहने के लिए कोई व्यवस्था नहीं थी। किष्किंधा वानरों की राजधानी थी। प्रत्येक समर्थ और साधन-संपन्न वानर किष्किंधा में अपना प्रासाद बना, वहाँ रहना चाहता था। धनाढ्य जन किष्किंधा की एक-एक अँगुल भूमि के लिए स्वर्ण लुटाने को तत्पर थे। शासन का मन वणिक का मन हो गया था। वह किष्किंधा के कोने-कोने को ऊँची-से-ऊँची बोली पर बेच रहा था...ऐसे में इन निर्धन श्रमिकों में कहाँ सामर्थ्य थी कि वे पैर रखने के लिए भी भूमि का कोई टुकड़ा

पा सकते।

किंतु उनकी आजीविका के स्थान नगर में थे और रात को सिर छिपाने के लिए उन्हें प्राचीर के इस पार या उस पार जाना पड़ता था...वर्षों से यही क्रम चल रहा था। न उन्होंने अपने लिए कभी स्थान माँगा, न किसी ने उनकी ओर ध्यान दिया...किंतु आज कोटपाल ने सूचना दी थी कि झुंड-के-झुंड निर्धन श्रमिक सामंतों के अनेक प्रासादों के साथ लगे शोभा-उद्यानों में घुस आए थे। उन्होंने वहाँ अपनी झुग्गियाँ बनानी आरंभ की दी थीं...सामंतों ने अपने दण्डधरों के द्वारा बलात् उन्हें वहाँ से खदेड़ने का प्रयत्न किया। स्थान-स्थान पर झगड़े हुए। कहीं से श्रमिक भाग गए, कहीं से दण्डधरों को भाग जाना पड़ा...कोटपाल का कहना था कि सहसा ही नगर में अव्यवस्था फैल गई है। जाने शांतिप्रिय प्रजा को आज क्या हो गया है कि वह झगड़ा करने पर उतारू हो गई है। आज तो जो हुआ, वह हुआ, किंतु कल भी यदि यही हुआ तो कोटपाल शांति-स्थापना में सर्वथा असमर्थ हो जाएगा। उसके पास इन झगड़ों को सँभालने के लिए पर्याप्त दण्डधर नहीं हैं। वह सम्राट् से निवेदन करने आया था कि उसकी सहायता के लिए राजकीय सेना की गदाधर टुकड़ियाँ भेजी जाएँ, ताकि वह नगर की शांति भंग करने वाले इन उपद्रवियों को नगर से बाहर खदेड़ सके...

और सुग्रीव सोच रहे थे कि यह सब क्या है? क्या यह अव्यवस्था है? उपद्रव है? अशांति है? या यह प्रजा की जागरूकता है? क्या प्रजा अपने जीने का अधिकार जान गई है? क्या सुग्रीव की नीतियों ने उनके मन में यह बात जगा दी है कि वे भी मनुष्य हैं, उन्हें भी जीने का अधिकार है...आज तक उनके अधिकारों का शोषण हुआ है, किंतु अब उन्हें अधिकार मिलने ही चाहिए...

सुग्रीव का मन कुछ हल्का हुआ...वर्षों की अचेतावस्था के पश्चात् प्रजा के सहसा अँगड़ाई लेकर जाग उठने की अनुभूति कितनी सुखद होती है...सुग्रीव को अपना जीवन पहली बार सार्थक लगा...अन्याय के उच्छेदन में अपनी सार्थकता की भावना कितनी आह्लादक होती है।...

कल राजसभा में यह बात उठेगी। सामंत लोग इन उपद्रवियों को दण्डित करने की माँग करेंगे। प्रजा अपना अधिकार चाहेगी।...क्या करेंगे सुग्रीव? किसका पक्ष लेंगे?...'पक्ष किसका होता है?' सुग्रीव का मन पूछ रहा था और फिर स्वयं ही उत्तर दे रहा था—'पक्ष तो एक ही होता है—न्याय का। हनुमान को देखो—सामंत केसरी का बेटा। देश-विदेश घूमा हुआ। बुद्धि-मेधा-ज्ञान से संपन्न। साधारण जन के समान घुटनों तक की एक सादी धोती में रहता है। जन-सामान्य के साथ अपना जीवन एक कर रखा है उसने। सेवा का धर्म अपनाया है—स्वार्थ-हीन। प्रजा को बल दे रहा है हनुमान!...तो फिर किसका पक्ष लेंगे सुग्रीव? न्याय का पक्ष ही सुग्रीव का पक्ष है...'

अगले दिन राजसभा अतिरिक्त रूप से विशिष्ट हो उठी। प्रायः सभी सभासद उपस्थित थे। दर्शकों की संख्या भी सामान्य से बहुत अधिक थी। सभागार के सम्मुख अथाह भीड़ एकत्रित थी, जो शांत मनःस्थिति में नहीं थी।

सुग्रीव अपने संकल्प तथा संकल्प के प्रति एक प्रश्नचिह्न—दोनों को मस्तिष्क में धारण किए हुए सभा में आए। सभा आरंभ हुई किंतु दैनिक क्रम बना नहीं रह सका। सभासदों के मस्तिष्क में उत्तेजना इतनी अधिक थी कि वे धैर्य नहीं रख पा रहे थे। सभा में उपस्थित अनेक सामंतों की अपनी भूमि पर झगड़े हुए थे...

दैनिक कार्यवाही के मध्य तनिक-सा अवकाश मिलते ही दरीमुख उठ खड़ा हुआ, "यदि सम्राट की अनुमति हो तो नित्य-दिनचर्या को स्थगित कर मैं एक निवेदन करना चाहता हूँ।"

सुग्रीव मुसकराए, "बोलो!"

"सम्राट! मुझे आशा है कि कल नगर भर मे हुई घटनाओं से आप अनभिज्ञ न होंगे।" दरीमुख बोला, "सम्राट तक उनकी सूचना न पहुँची थी, यह संभव नहीं है। मैं कहूँगा कि कल नगर में विप्लव हुआ है। नगर की शांति-व्यवस्था सर्वथा अस्त-व्यस्त हो गई है। सम्मानित सामंतों पर खुले आक्रमण हुए हैं और कोटपाल उनकी रक्षा में सर्वथा असमर्थ रहे हैं। मेरा निवेदन है कि सम्राट इस घटना की ओर ध्यान दें। खोज की जाए कि इस प्रकार की अव्यवस्था को उकसाने के लिए कौन उत्तरदायी है; और उसे ऐसा दण्ड दिया जाए कि शेष लोग शिक्षा ग्रहण करें। साथ ही, या तो सम्राट सेनाओं को नगर की सुरक्षा का भार सौंपें, अथवा अनुमति दें कि हम अपने यूथों की शक्ति से नगर में शांति स्थापित करें।"

दरीमुख के बैठते ही कोटपाल ने निवेदन किया, "सम्राट! नगर में जो कुछ घटित हुआ है, वह शुभ नहीं है, मैं भी स्वीकार करता हूँ। किंतु, उससे मेरी असावधानी, कर्त्तव्य-भावना का अभाव अथवा असमर्थता प्रकट नहीं होती। यदि नगर में इस प्रकार के विस्फोट हों, जैसा कि कल हुआ है, तो निश्चय ही मेरे दण्डधर उन्हें रोक नहीं सकते...।"

सुग्रीव आश्वस्त भाव से पुनः मुसकराए, "मुझे पूरी सूचना है कि कल नगर में क्या हुआ है। अब प्रश्न यह है कि हमें क्या करना है? एक दृष्टिकोण तो यह है कि हम राजकीय सेना अथवा यूथपति दरीमुख के प्रस्ताव के अनुसार उनके यूथ को अनुमति दें कि वे उन लोगों को खोजें, जिन्होंने बलात् सामंतों की भूमि पर आधिपत्य जमाया है। खोजना कठिन नहीं है। वे लोग या तो अभी भी आधिपत्य जमाए हुए होंगे, या नगर-प्राचीर के भीतर और बाहर अपनी झुग्गियों में मिल जाएँगे। उन सहस्रों लोगों को—जो आपके अपने लोग हैं, वानर जाति के लोग—मृत्युदण्ड दिया जाए। उनकी हत्या की जाए, उनके परिवारों को नष्ट किया जाए, उनकी

झुग्गियाँ जला दी जाएँ...।"

"सम्राट!" अंगद उठ खड़े हुए।

"शांत!" सुग्रीव बोले, "पहले मेरी बात सुन लो, फिर प्रत्येक व्यक्ति को अपना मत प्रकट करने का पूर्ण अवसर दिया जाएगा।"

अंगद बैठ गए।

"दूसरा दृष्टिकोण इससे भिन्न है।" सुग्रीव पुनः बोले, "उसके अनुसार यह विश्लेषण होना चाहिए कि ऐसी घटना क्यों घटी और ऐसा क्या किया जाए कि ऐसी घटनाओं की पुनरावृत्ति न हो...।" सुग्रीव ने रुककर सारी सभा को देखा। सभासद उत्सुकता से प्रतीक्षा कर रहे थे कि दूसरे दृष्टिकोण का अर्थ स्पष्ट हो। सुग्रीव पुनः बोले, "विश्लेषण केवल एक घटना का नहीं होता। घटना तो एक लक्षण मात्र है। देखना यह होगा कि वे सामान्य स्थितियाँ क्या हैं, जिनसे यह लक्षण उत्पन्न हुआ...मेरी बुद्धि के अनुसार इस घटना के मूल में यह तथ्य वर्तमान है कि हमने उन्हें मनुष्य नहीं समझा। उन्होंने धैर्य से प्रतीक्षा की कि हम कब जागते हैं और इस तथ्य को पहचानते हैं कि उन्हें भी रहने के लिए थोड़ा-सा स्थान चाहिए। किंतु हम अपने प्रासाद बनाते रहे और उन्हें कुटीर बनाने का भी स्थान नहीं दिया...।"

"क्षमा करें, सम्राट!" दुर्मुख बोला, "उन्हें किसी ने मना नहीं किया था। वे जब चाहते, हमारे ही समान किष्किंधा की भूमि खरीद सकते थे।" उसके चेहरे पर कटाक्ष का विकृत हास्य था।

"तुम ठीक कहते हो, दुर्मुख!" सुग्रीव ने अपनी शांति नहीं छोड़ी, "वे लोग भी भूमि खरीद सकते थे। यदि मैं कहूँ कि उनके पास धन नहीं था और किष्किंधा का धन-लोलुप शासन क्रमशः भूमि का मूल्य बढ़ाता जा रहा था, तो तुम कहोगे कि उन्हें धनार्जन से किसने रोका था। अतः मैं बीच की बातें छोड़कर सीधे मूल बात पर आता हूँ। पूरे यूथ का धन यूथपति ने अपनी धूर्तता और शोषण वृत्ति से स्वयं हड़प लिया। जब धन लौटाने की माँग हुई तो यूथपति ने हिंसा का आश्रय ले, यूथ-जन का दमन किया। क्या तुम कह सकते हो, दुर्मुख! कि तुम्हारा सारा धन जिसके आज तुम स्वामी हो, तुमने स्वयं अर्जित किया है....?" सुग्रीव रुके, और जब कोई कुछ नहीं बोला, तो उन्होंने स्वयं अपनी बात आगे बढ़ाई, "अपना अधिकार प्राप्त करने के लिए उन्होंने जब तुम्हारी हिंसा का विरोध अपनी हिंसा से किया तो तुम उन पर हिंसा का आरोप लगाने लगे। अब शासन की ओर से और अधिक हिंसा का प्रयोग कर, सामान्य जन के मौलिक अधिकारों का दमन नहीं होना चाहिए; अन्यथा जनता की ओर से भी अधिक हिंसा होगी।...हमें उनके अधिकारों को मान्यता देनी होगी, वे भी मनुष्य हैं, हमारी अपनी जाति के हैं, हमारे बन्धु हैं।"

"उनके अधिकारों को मान्यता देने का अर्थ है कि हमारे प्रासादों की भूमि पर उन्हें अपनी गंदी झुग्गियाँ बनाने की अनुमति दी जाएगी?" कटाक्ष अत्यंत रोषपूर्ण स्वर में बोला।

"नहीं! शासन उन्हें गंदी झुग्गियों में नहीं रहने देगा।" सुग्रीव का स्वर भी ओजपूर्ण हो उठा, "शासन के आदेश से सामंतों के प्रासादों के साथ जुड़े उद्यानों तथा शोभा-क्षेत्रों की भूमि पर सहस्रों की संख्या में दो-दो कक्षों के स्वच्छ आवासों का निर्माण किया जाएगा। बहुत थोड़े शुल्क पर वे आवास उन लोगों को दिए जाएँगे, जिनके रहने की कोई व्यवस्था नहीं है।"

"यह असम्भव योजना है। ऐसा हो नहीं सकेगा। बेघर लोगों की संख्या बहुत अधिक है।" कटाक्ष पुनः बोला।

"एक निवेदन मेरा भी है, सम्राट!" हनुमान बोले।

"बोलो!"

"किष्किंधा वानरों की राजधानी है। अतः प्रत्येक वानर यहीं रहने का इच्छुक है। पहाड़ियों के बीच बसी होने के कारण इसका अधिक विस्तार भी नहीं हो सकता। विस्तार किया भी जाए, तो हमारे पास दूर से आने-जाने के लिए परिवहन के साधन भी नहीं हैं। अतः राजधानी की आवश्यकता को ध्यान में रखते हुए नियम बना दिया जाए कि राजधानी की भूमि किसी व्यक्ति की निजी संपत्ति नहीं हो सकती। राजधानी के समस्त भवन संपूर्ण वानर-जाति की संपत्ति हैं, अतः जिस वानर की आजीविका साधन राजधानी में हो, उसकी आवश्यकतानुसार आवास की व्यवस्था शासन की ओर से हो; और जैसे ही कोई व्यक्ति अपने कार्य से अवकाश प्राप्त करता है अथवा राजधानी में उसके बने रहने की आवश्यकता समाप्त हो जाती है—वह राजधानी छोड़कर अन्यत्र चला जाए।"

सुग्रीव मुसकराए, "यदि मंत्री कटाक्ष की आशंका सत्य प्रमाणित हुई तो फिर हनुमान के प्रस्ताव को कार्यान्वित किया जाएगा।"

सुग्रीव ने देखा, अनेक सामंतों के चेहरों पर त्रास की गहरी छाया अंकित हो गई थी।

जैसे-जैसे किष्किंधा की सीमा निकट आती जा रही थी, बालि का धैर्य समाप्त होता जा रहा था। उन्हें लगता था, मार्ग जैसे खिंचता ही जा रहा है और उसका कोई अंत नहीं है...। कितनी दूर से चलते आ रहे थे बालि। निरंतर कितने ही दिनों से। मार्ग में उनका मन न किसी सुंदर स्थान पर रुकने को हुआ, न बोई बाधा उनकी गति को मंद कर सकी। कंधे पर अपनी गदा रखे बालि निरंतर चलते ही जा रहे थे।

कितना समय हो गया किष्किंधा छोड़े? प्रायः एक वर्ष! एक वर्ष से वे अलका

से वियुक्त हैं, उस दुष्ट मायावी के कारण। आरंभ में तो मायावी भागता ही चला गया, और बालि उसे पा न सके। फिर वह गुप्त मार्ग पर चलने लगा। कभी कंदराओं में छिप जाता, कभी वन में। और जब उसे राक्षसों की कोई बस्ती मिल जाती थी, तो वह निश्‍चिंत होकर वहाँ टिक जाता था। ऐसी बस्तियों में बालि स्वयं को छिपाते फिरते थे। राक्षस संगठित भी थे और उनके पास शस्त्र भी थे। अकेले बालि उनसे भिड़ते तो मायावी का वध तो नहीं ही होता, उलटे वे ही अपने प्राणों से हाथ धो बैठते। ऐसे में बड़े विकट धैर्य से मायावी के आगे बढ़ने की प्रतीक्षा करनी पड़ती थी। बालि का अहंकार बहुत आहत होता था। उनमें इतना धैर्य कभी नहीं रहा कि शत्रु सामने दिखाई भी पड़े और उस पर प्रहार न करें। किंतु ऐसी बाध्यता भी पहले कभी नहीं रही।...और फिर जैसे-जैसे समुद्रतट निकट आता जा रहा था, बालि की चिंता बढ़ती जा रही थी। यदि कहीं एक बार मायावी सागर-तट पर पहुँच गया और उसे राक्षसों का कोई जलपोत अथवा नौका मिल गई, तो उसे पाना असंभव हो जाएगा।...किंतु जाने मायावी के मन में क्या था, वह सीधा समुद्र-तट की ओर न जाकर विभिन्‍न दिशाओं में चलता जा रहा था। कभी-कभी लगता था, जैसे वह भयभीत हो कि उसका पीछा किया जा रहा है और अवसर मिलते ही कोई उसका वध कर देगा; पर दूसरे ही क्षण लगता, वह निर्भय हो विभिन्‍न राक्षस-बस्तियों में जाकर अपने मित्रों से मिल रहा है, उनसे सूचनाएँ प्राप्त कर रहा है और कदाचित् अपने व्यापार से संबंधित व्यवस्थाएँ करता चल रहा है...

किष्किंधा की प्राचीर के जिस भग्नांश से मायावी वन में कूदा था—वह स्थान बालि को किसी गुफा-मुख-सा लगा था, और अब भी बालि को यह लगता था कि वे और मयावी दोनों ही किसी बहुत विस्तृत और व्यापक, जटिल और रहस्यमय गुफा में, एक-दूसरे के आगे-पीछे चल रहे हैं। कभी मायावी छिप जाता है, कभी बालि छिप जाते हैं। कभी कोई भारी पड़ता है, कभी कोई।

अंत में बालि को, मायावी एक एकांत स्थान पर, समुद्र-तट की पहाड़ियों की एक गुफा में, अपने दो साथियों के साथ, असावधान सोया पड़ा मिल गया था। बालि के मन में द्वंद्व जागा—वे तीन थे और तीनों के पास शस्त्र थे। किंतु, यदि यह अवसर वे चूके गए तो जाने मायावी के साथियों की संख्या इससे भी अधिक हो जाए। इस समय उनके पास केवल खड्‌ग हैं। बाद में कहीं धनुष भी हुआ तो...जीवन में पहली बार बालि के मन में सुग्रीव की बात कसक उठी। सुग्रीव सदा ही वानरों के पास शस्त्रों के अभावों की चर्चा किया करता था; किंतु बालि ने कभी उसकी बात पर कान नहीं दिया।

दूसरे ही क्षण उनके मन में आया, तुरंत ही इन सोये हुए शत्रुओं पर अपनी गदा से प्रहार कर दें। सोये तो हैं ही, एक-एक प्रहार में उनके सिरों का कचूमर निकल जाएगा।...किंतु यह विचार टिका नहीं। सोये हुए शत्रु पर प्रहार करना बालि

की वीरता के अनुकूल नहीं था। वे उनके निकट गए। अच्छी प्रकार परीक्षण किया। उनके पास एक-एक खड्ग के सिवाय और कोई शस्त्र नहीं था।

बालि सावधान हो गए। अपनी गदा हाथों में सँभाल ली और पैर से एक प्रबल ठोकर मायावी को लगाई।

मायावी ने अचकचाकर आँखें खोलीं। पहले तो उसकी समझ में ही कुछ नहीं आया। वह झपझपाती आँखों से भावशून्य मुद्रा में बालि को देखता रहा। किंतु सचेत होते वह बालि को पहचान गया।

"बालि!"

"हाँ!" बालि हुंकारे, "उठ! युद्ध कर। भगोड़े कायर!"

मायावी का भय अधिक नहीं टिका। वह उठकर खड़ा हो गया। आस-पास की हलचल से उसके साथी भी जाग उठे और भयंकर युद्ध आरंभ हो गया। बालि अकेले थे और वे तीन। बालि के पास गदा थी और उनके पास खड्ग।...किंतु थोड़ी ही देर में स्पष्ट हो गया कि वे न तो बालि के समान शक्तिशाली थे और न युद्ध-कुशल। पर उनके शस्त्र बालि के लिए घातक हो सकते थे।...युद्ध प्रबल होता गया। दोनों ओर से आघात घातक होते गए और साथ-ही-साथ अपने आवेश में बालि स्वयं को भूलते गए। वे उन्मत्त हो रहे थे और क्रमशः उनके मन से खड्ग का भय विलीन होता जा रहा था वे उनके निकट होकर प्रहार कर रहे थे...और सहसा मायावी का एक साथी गदा का आघात खाकर गिर पड़ा। उसे देखने के लिए दूसरा रुका तो बालि ने उसका भी सिर चूर-चूर कर दिया।

अब बालि और मायावी दोनों ही अकेले-अकेले थे। मायावी अपने साथियों की अपेक्षा अच्छा योद्धा था और उसके पास खड्ग भी था; किंतु बालि एक दृष्टि में ही समझ गए थे कि अपने साथियों के धराशायी हो जाने से उसका मनोबल बहुत आहत हुआ था। उसका उत्साह क्रमशः क्षीण होता जा रहा था और अनायास ही उसका युद्ध आक्रामक के स्थान पर रक्षात्मक होता जा रहा था। उसके पग आगे बढ़ने के स्थान पर पीछे हटते जा रहे थे।...थोड़ी ही देर में वह गुफा की शिला से जा लगा था। अपनी पीठ पर शिला के स्पर्श से वह अपनी स्थिति समझकर जैसे किसी नींद से जागा और खड्ग सीधा कर, उसकी नोक से छेद देने के लिए वह बालि की सीध में झपटा; किंतु तब तक बहुत देर हो चुकी थी। बालि ने एक ओर हटकर अपनी गदा को दोनों हाथों में पकड़, घुमाकर शरीर की सारी शक्ति से सीधा प्रहार किया...मायावी के पास पीछे हटने के लिए भी स्थान नहीं था। वह शिला तथा गदा के बीच कुचला जाकर सीधा धरती पर आ गिरा...

बालि ने स्पर्श कर देखा—मायावी में प्राण नहीं थे। उसका शरीर पूर्णतः कुचला जाकर रक्त से गीला हो चुका था।...बालि के उन्माद और आवेश में जैसे भाटा आ गया। सहसा ही उन्हें थकान-सी लगने लगी। मन में आया कि कहीं मायावी

के निकट ही लेट जाएँ और एक दीर्घ निःशंक नींद ले लें...किंतु थकान के साथ ही जैसे एक भय जन्मा।...बालि ने मय के पुत्र मायावी का वध किया था। मायावी साधारण व्यक्ति नहीं था, राजाधिराज रावण का साला था। उसकी हत्या का समाचार मिलते ही, संभव है, राक्षसों के झुण्ड-के-झुण्ड बालि की खोज में निकल पड़ें... बालि अपनी किष्किंधा से बहुत दूर हैं। उन्हें ठीक-ठीक यह भी ज्ञात नहीं कि वे कहाँ हैं।

बालि तत्काल चल पड़े और तब से चलते ही आ रहे हैं। न उनकी थकान दूर हुई, न भय। एक बार मन में भय जागता है तो वे संकुचित हो जाते हैं। कहीं किसी घने जंगल में छिप जाने की इच्छा होती है। और अगले ही क्षण भय की प्रतिक्रियास्वरूप तीव्र हिंसा जागती है। मन होता है कि किसी की ओर से विरोध और शत्रुता की तनिक सी आशंका होते ही उसे पीस डालें; अपने संपूर्ण शत्रु-वर्ग को पूर्णतः नष्ट कर दें...

लौटते हुए भी बालि ठीक उसी प्रकार छिपाते-छिपाते किष्किंधा की ओर बढ़ रहे थे, जैसे वे मायावी का पीछा करते हुए गए थे। कई बार उन्होंने सोचा भी कि ऐसा क्यों है। जाते हुए तो उन्हें मायावी तथा उसके साथी राक्षसों का भय था, किंतु लौटते हुए...उन्हें लगता था, राक्षसों का भय उनके मन में अभी निकला नहीं था। राक्षस अत्यंत दुष्ट और धूर्त होते हैं। संभवतः वे अभी भी कहीं घात लगाए बैठे हों। संभव है कि वे छिपकर उनका पीछा कर रहे हों...भय उनका पीछा नहीं छोड़ रहा था और भय के साथ थकान बढ़ती जा रही थी।

किष्किंधा के निकट के वनों में आते-आते बालि की शारीरिक थकान के साथ-साथ मानसिक थकान भी बहुत बढ़ गई थी।...किंतु जब कभी वे मानसिक थकान की परत हटाने का प्रयत्न करते, उन्हें लगता, उस धुएँ के नीचे, आशंकाओं के अनेक बिच्छू छिपे बैठे हैं...

बालि के मन का संकल्प दृढ़ होता जा रहा था...एक बार वे अपनी राजधानी में पहुँच सत्ता हस्तगत कर लें, फिर वे अपनी इन आशंकाओं को पूर्णतः निर्मूल कर देंगे। किसी भी दिशा में कोई शत्रु शेष नहीं बचेगा।...बालि अत्यंत निर्मम होकर अपने शत्रुओं को समाप्त कर देंगे और पूर्ण शांति से राज्यभोग करेंगे... अलका...

बालि का शरीर थकान से टूट रहा था, किंतु उनकी पलक तक नहीं झपकी थी।

उन्होंने तारा को देखा। वह जाने कब सो गई थी। उसके चेहरे पर पूर्ण तृप्ति की भावना थी, जैसे बालि के लौट आने पर उसे सब कुछ मिल गया था।...इतने दीर्घ वियोग के पश्चात् मिलने पर बालि के मन में तारा का पुराना आकर्षण लौट आया था--कितनी सुंदर है तारा...रात्रि की कुछ घड़ियाँ व्यतीत होते-होते, तारा तो

मन और शरीर की पूर्ण तृप्ति पाकर सो गई, किंतु बालि के मन में पुनः पुरानी वितृष्णा लौट आई। उन्हें स्वयं अपने-आप पर आश्चर्य हो रहा था कि कुछ समय पूर्व उन्हें तारा इतनी आकर्षक क्यों लगी थी...क्या वह मात्र कामाकर्षण था...तारा का सामीप्य ही जैसे उनमें अलका की दुर्दमनीय कामना जगा रहा था...

और उन्हें सूचना मिली थी कि सुग्रीव ने अलका को उसकी इच्छा के अनुसार उसके पिता के पास भेज दिया था।...बालि के वक्ष में तब से जैसे एक असहनीय पीड़ा घुमड़ रही थी...बालि ने अपने सुख के लिए किष्किंधा से इतना दीर्घ और भयंकर निष्कासन स्वीकार किया था और सुग्रीव की तनिक-सी इच्छा ने, वह सारा सुख बालि से छीन लिया, उनके जीवन की सबसे बड़ी निधि का अपहरण कर लिया। किसी ने सुग्रीव को नहीं रोका।...सुग्रीव युवराज न रहकर सम्राट हो गया है। उसके पास राजनीतिक सत्ता है। उस सत्ता के कारण वह जिसका चाहे सुख छीन सकता है, जिसकी चाहे संपत्ति छीन सकता है। बालि का सुख भी...बालि अपने आप में कुछ भी नहीं है। सब कुछ राजशक्ति ही है...कल यदि सुग्रीव बालि के प्राण भी लेना चाहे, तो वह भी ले सकता है...

बालि की आँखों के सम्मुख दिन के समय का वह दृश्य घूम गया...वन से बाहर निकल वे किष्किंधा की प्राचीर के पास पहुँच गए थे, ठीक उसी स्थान पर, जहाँ के भग्नांश से वे मायावी के पीछे वन में उतर गए थे। किंतु अब उस भग्नांश की ही मरम्मत नहीं हो चुकी थी—संपूर्ण प्राचीर का ही जीर्णोद्धार हो चुका था। प्राचीर पक्की तथा ऊँची हो चुकी थी, जैसे बाहर से होने वाले आक्रमण के लिए चुनौती बनकर खड़ी हो। प्राचीर के चारों ओर सैनिक चौकियाँ स्थापित हो चुकी थीं...बालि का मन स्तब्ध रह गया।...कहीं ऐसा तो नहीं कि उनकी अनुपस्थिति में किसी शत्रु ने नगर पर आधिपत्य स्थापित कर लिया हो और अब प्राचीर पक्की कर, चारों ओर सैनिक चौकियाँ बैठा, लौटने पर उनके वध की तैयारी में हो... उस शत्रु ने यह तो नहीं सोचा कि बालि यदि मायावी के पीछे एक गुफा में उतरे थे तो उन्हें उसी गुफा में बंद कर दिया जाए!...

बालि का सारा शरीर स्वेद से भीग गया।

वह क्षण बहुत शीघ्र बीत गया था। किंतु यह विचार बालि के मस्तिष्क से जैसे चिपक गया था।...नगर पर किसी शत्रु का आधिपत्य नहीं था, उनके अपने भाई सुग्रीव का नियंत्रण हुआ था। सुग्रीव युवराज से सम्राट बन गया था। उसी ने प्राचीर का जीर्णोद्धार करवाया था, नगर के चारों ओर सैनिक चौकियाँ बैठाई थीं और अलका को बालि से छीन किसी अज्ञात देश में उस व्यक्ति को सौंप दिया था, जो उसका पिता था...सुग्रीव क्या बालि का मायावी से कम शत्रु था?...सुग्रीव यह सब कर सका, क्योंकि राजनीतिक सत्ता उसके पास थी। वह चाहे तो कल प्रातः बालि का राज्य लौटाने के स्थान पर उनका वध भी कर सकता है...वध!

...बालि का शरीर फिर एक बार स्वेद से भीग गया...राजसत्ता के बिना बालि सम्राट तो नहीं हो सकते, वे जीवित भी नहीं रह सकते...बालि को लग रहा था, राजसत्ता और उनके प्राण जैसे मिलकर एक हो गए थे...उनके प्राण लेने के लिए उनकी सत्ता छीन लेना ही पर्याप्त था।...सत्ता बालि के पास रहे तो यह प्रासाद उनका है, नगर उनका है, सेना उनकी है, अलका उनकी है...और सत्ता सुग्रीव के पास हो तो न प्रासाद बालि का, न नगरी बालि की, न सेना बालि की, न अलका बालि की, न सुख बालि का, न प्राण बालि के...सुग्रीव ने युवराज रहकर ही प्रजा का पालन क्यों नहीं किया, वह सम्राट क्यों बन बैठा? उसने प्राचीर का जीर्णोद्धार क्यों कराया? सैनिक चौकियाँ क्यों बैठाईं? अलका को बालि से क्यों छीना...बालि के भीतर का हिंस्र पशु बार-बार अंगड़ाइयाँ ले रहा था...सुग्रीव! दुष्ट सुग्रीव। तूने भाई होकर मेरे साथ शत्रु का कार्य किया...छली...कल प्रातः एक बार बालि को राजसभा में सिंहासन पर बैठ तो लेने दे, सुग्रीव!

5

सुग्रीव को लगा, जैसे कोई स्वप्न में बहुत दूर से धीरे-धीरे उनको पुकार रहा है। पुकार को सुनकर उनमें कोई प्रतिक्रिया नहीं जाग रही थी। शरीर में जैसे कोई स्फूर्ति नहीं थी। हाथ-पैर हिलने को तैयार नहीं थे। शरीर सुन्न हो गया था। केवल मस्तिष्क जाग रहा था...जाने कब से वे इसी प्रकार आधे सोये, आधे जागे, कुछ नींद में और कुछ स्वप्न में लेटे हुए थे।

"प्रिय!" सहसा रुमा का स्वर उनके मस्तिष्क में गूँजा, "सुनिए! आपके लिए कोई बहुत आवश्यक समाचार है।"

रूमा ने उनकी बाँह हिलाई।

वे सजग हुए। यह स्वप्न नहीं था।

"बहुत आवश्यक समाचार है?" सुग्रीव उठ बैठे।

"सम्राट का आवश्यक कार्यों से जगाया जाना और बात है।" रूमा बोली, "अब जब शासन जेठजी के हाथ में है, ये लोग आपको क्यों परेशान कर रहे हैं? ऐसा कौन सा समाचार है कि रात को सोने भी न दें।"

"तुम सो जाओ।" सुग्रीव बिस्तर में से निकलते हुए बोले, "मैं अभी आता हूँ।"

उत्तरीय सँभालते हुए वे बाहर की ओर चले। जान-बूझकर रूमा ने आँखें चुरा लीं। रात-बेरात इस प्रकार जगाए जाने के कारण उसकी आँखों के उपालंभ का सामना सुग्रीव कैसे करेंगे। वे रुमा को इस प्रकार कभी भी परेशान न होने देते, किंतु कोई-न-कोई अत्यंत आवश्यक कार्य होगा, तभी तो उन्हें जगाया गया है...

कक्ष से बाहर आकर उन्होंने परिचारिका की ओर प्रश्न-भरी दृष्टि से देखा।

"अपराध क्षमा हो, युवराज!" परिचारिका ने आँखें झुकाकर धीमे स्वर में कहा, "द्वारपाल ने सूचना भिजवाई है कि शिल्पी मुख्य द्वार पर आपकी प्रतीक्षा कर रहे हैं। वे भीतर भी नहीं आना चाहते। उन्हीं के आदेश..."

सुग्रीव ने बात पूरी नहीं सुनी...शिल्पी रात के इस प्रहर में आया है। वह मुख्य द्वार के बाहर प्रतीक्षा कर रहा है। ऐसी क्या बात है? यदि शिल्पी के स्थान पर कोई और व्यक्ति होता तो कदाचित् सुग्रीव एक क्षण के लिए संकोच भी करते या संभव है कि इस प्रकार जगाए जाने पर उन्हें क्रोध भी आताः किंतु शिल्पी...पर वह बाहर क्यों खड़ा है?

द्वार पर खड़े दण्डधरों के अभिवादन की उपेक्षा करते हुए, वे बाहर आए। दृष्टि उठाकर देखा--शिल्पी कहीं दिखाई नहीं दिया। उन्होंने दण्डधर की ओर देखा। दण्डधर ने उनकी दृष्टि का अर्थ समझकर अंधकार में एक ओर संकेत कर दिया।

अनायास ही सुग्रीव के पग उस ओर उठ गए। साथ ही मन ने प्रश्न किया—ऐसा क्यों? शिल्पी के महत्त्व से वे परिचित न होते, तो क्या इस कुसमय जगाए जाने पर, वे बाहर आते और बिना किसी को देखे, इस प्रकार अंधकार में चल पड़ते?...शिल्पी का महत्त्व वे जानते हैं; फिर भी जो कुछ वह कर रहा है, क्या वह उचित है? वानरों के युवराज को इस प्रकार आधी रात के समय नींद से जगाकर, एक साधारण जन के समान अँधेरे में छिपकर, उससे बातें करना...क्या है यह सब?...

किंतु उनके पगों की गति विचारों से अप्रभावित रही। मुख्य मार्ग के साथ सटकर अँधेरे में खड़े पेड़ों के झुरमुट के पास पहुँचते ही उन्हें शिल्पी दिखाई पड़ा। उसने आगे बढ़कर अभिवादन किया।

"क्या बात है, शिल्पी?"

"युवराज, यहाँ कोई बात नहीं हो सकती। आप मेरे साथ आएँ।"

सारी मर्यादा और शिष्टाचार की उपेक्षा करते हुए, शिल्पी ने झटककर सुग्रीव की बाँह पकड़ ली और बलात् उन्हें अपने साथ खींचता हुआ बोला, "युवराज! अपनी शक्ति-भर मेरे साथ भागें।"

अगले ही क्षण शिल्पी और सुग्रीव उस मार्ग पर भागते जा रहे थे, जो किष्किंधा से बाहर जाता था। सुग्रीव के पगों के साथ-साथ उनका मस्तिष्क भी भाग रहा था—यह सब क्या है? क्यों वे इस प्रकार शिल्पी के संग भाग रहे हैं? शिल्पी किष्किंधा का सर्वश्रेष्ठ धावक है। उसे भागने का अभ्यास है। उसे उसका शौक भी है। पुरस्कार जीतने के लिए उसे भागने का अभ्यास करने की इच्छा ही हो, तो वह रात-बेरात उठकर भागा करे; किंतु सुग्रीव का इस प्रकार भगाया जाना?...कहीं सुग्रीव के साथ ही तो कोई धोखा नहीं हुआ?...किंतु अंगद ऐसा क्यों करेगा? और सुग्रीव के साथ

धोखा करने की आवश्यकता? उसे धोखा करना ही था तो तब करता, जब बालि के जीवित होने में संदेह था और सुग्रीव वानरों के शासक थे।...अब जब बालि लौट आए थे, शासन पूरी तरह उनके हाथ में था...अब अंगद सुग्रीव के साथ धोखा कर क्या पाएगा?...कोई-न-कोई बात तो होगी ही...

अंगद एक क्षण के लिए ही आया था संध्या समय। उसका दम फूल रहा था, जैसे भागता हुआ आया हो। उसने एकांत में कहा था, "चाचाजी! समय एकदम नहीं है। बड़ी मुश्किल से आया हूँ। यदि किसी भी समय आपके पास शिल्पी को भेजूँ, तो आप भोजन करते या सोते से उठकर आ जाएँ और जो वह कहे, उसके अनुसार करें। चाचाजी! शायद आपकी कल्पना में भी यह बात नहीं है कि परिस्थितियाँ कैसी जटिल हो गई हैं।"...और अंगद यह जा, वह जा।...अभी चार प्रहर भी नहीं बीते कि शिल्पी ने उन्हें सोते से आ जगाया। और अब उनकी बाँह पकड़े घसीटता ही जा रहा है।...

"बात क्या है? कुछ कहो भी तो, शिल्पी!"

"अभी बताता हूँ।" शिल्पी दौड़ता चला गया। किसी-न-किसी प्रकार सुग्रीव साथ घिसट रहे थे।

काफी दूर जाकर शिल्पी की गति कुछ धीमी हुई और वह रुक गया।

सुग्रीव रुके तो उनका ध्यान अपने हाँफने की ओर चला गया। शिल्पी इतना सहज था, जैसे इतनी दूर तक भागा न हो, दो-चार पग ही चला हो।

सुग्रीव ने शिल्पी की ओर प्रश्नवाचक दृष्टि से देखा।

"युवराज! जो कुछ मैंने किया, यह राजकुमार अंगद की इच्छा थी।" वह बोला, "राजकुमार का आदेश था कि मैं किसी भी प्रकार आपको इतनी दूर तो पहुँचा ही दूँ कि आप किष्किंधा के मुख्य पथों के घेरे से बाहर निकलकर सुरक्षित हो जाएँ...।"

सुग्रीव ने मुड़कर देखा। उनके पीछे पचास-साठ पगों की दूरी पर मुख्य पथ अपने एकाकीपन में पृथ्वी से उठकर अकड़ा खड़ा था और वे स्वयं शिल्पी के साथ उससे नीचे मैदान में पेड़ों और झाड़ों के अंधकार में खड़े थे।

"किंतु क्यों?..." सुग्रीव की जिह्वा पर आया प्रश्न वहीं थम गया। उनकी दृष्टि अँधेरे में डूबे मुख्य पथ पर हिलते हुए बिंदुओं पर केंद्रित हो रही थी। वे बिंदु क्रमशः बढ़ते जा रहे थे, जैसे काले बिंदुओं की कोई अजस्त्र धारा हो। अगले बिंदु, पथ के दोनों ओर अपना स्थान ग्रहण कर थम जाते थे और पिछले बिंदु अपना स्थान खोजने के आगे बढ़ जाते थे।

सुग्रीव विस्फारित नयन लिये शिल्पी की ओर घूमे।

"सम्राट बालि के सैनिक।" शिल्पी धीरे से बोला, "नगर को घेरा जा रहा है। अब तक सैनिकों ने आपके महल को भी घेर लिया होगा...।"

"किंतु क्यों?" सुग्रीव चकित थे।

"आपको बंदी बनाने के लिए।"

"मैंने क्या किया है?" सुग्रीव की स्पझ में कुछ भी नही आ रहा था।

"वह सब मैं नहीं जानता, युवराज!" शिल्पी बोला, "कुमार ने कहा है कि आप यहाँ से सीधे मतंग वन चले जाएँ, ऋष्यमूक पर्वत पर। हनुमान भी यदि बच पाए तो वहीं मिलेंगे।"

"वह भी?" सुग्रीव का मस्तिष्क जैसे जड़ हो रहा था।

"भागिए, युवराज! समय एकदम नहीं है।" शिल्पी कह रहा था, "कुमार ने कहा है कि यदि आपको वानरों के सुखी भविष्य का तनिक भी ध्यान है, तो आप भागकर मतंग वन में सुरक्षित पहुँच जाएँ।"

क्या करें सुग्रीव?...अकस्मात् ही उनकी दृष्टि उठकर दूर, ऊँचे मुख्य पथ पर खड़े बिंदुओं पर टिक गई...बिंदु आगे नहीं बढ़ रहे थे--वे घेराबंदी कर रहे थे।...और तब उनकी दृष्टि नीचे, खड्ड सदृश्य इस मैदान में पेड़ों के पीछे, इस झाड़-झंखाड़ में खड़े शिल्पी पर ठहर गई। वह सामने खड़ा था, फिर भी जैसे एक बिंदु होकर रह गया था। उस बिंदु से फुसफुसाता हुआ एक निरंतर स्वर फूट रहा था, "भागिए, युवराज! भागिए!"

पर कैसे भाग जाएँ सुग्रीव? रुमा पीछे प्रासाद में थी और प्रासाद को बालि के सैनिक घेर रहे थे। सुग्रीव का इस समय रुमा के पास होना बहुत आवश्यक था। पता नहीं वे सैनिक उसके साथ कैसा व्यवहार करेंगे। वे साधारण वानर सैनिक हैं। अधिक शिष्टाचार नहीं जानते। उनके शब्द खुरदरे हैं, व्यवहार कठोर। अधिकार प्रदर्शित करने का अवसर मिलते ही आवश्यकता से अधिक उग्र हो जाते हैं। संभव है, उनकी किसी बात से रुमा का मन दुख जाए...बेचारी रुमा...वह तो स्वयं किसी को कड़ी बात कह दे तो रो पड़ती है। फिर..

"भागिए, युवराज! भागिए!..." सामने खड़ा बिंदु फुसफुसाता जा रहा था।

"किंतु रुमा..." वे बोले, "नहीं, शिल्पी! मैं वापस जाऊँगा। तुम्हें मुझे पहले ही बताना चाहिए था। मैं रुमा को अकेली नहीं छोड़ सकता। मैंने सुख में कभी उसे अकेले नहीं छोड़ा, यह तो..."

"आप लौटेंगे तो निश्चित रूप से बंदी बनाकर अंधकूप में डाल दिए जाएँगे, जहाँ से कभी जीवित न निकल पाएँ। फिर कौन बचाएगा युवराज्ञी को, किष्किंधा को, वानरों को?...भागिए, युवराज!"

अनायास ही सुग्रीव के पग उठे, जैसे शिल्पी की वाणी उनके मस्तिष्क का आदेश हो। वे भागे। दो-चार डग ही भरे होंगे कि उनके मस्तिष्क ने अपनी समानांतर दौड़ आरंभ कर दी...क्या कर रहे हैं सुग्रीव? क्या वे स्वयं कुछ भी सोच-समझ नहीं सकते? स्वयं निर्णय नहीं ले सकते? शिल्पी के एक आदेश पर अपनी पत्नी और

घर छोड़कर भागते जा रहे हैं। क्या वे स्वयं जड़-मूर्त हैं? कौन होता है शिल्पी उन्हें आदेश देने वाला...यदि बालि उनसे रुष्ट भी हैं तो उनके भाई हैं, शत्रु तो नहीं। उनसे बातचीत हो सकती है, उन्हें समझाया जा सकता है, मतभेद मिटाया जा सकता है।...यदि अंगद ने शिल्पी को भेजा भी है, तो वे अपने लिए निश्चय करने का अधिकार अंगद को कैसे दे सकते हैं?...और फिर क्या प्रमाण है कि अंगद ने ही शिल्पी को भेजा है...

दूसरे ही क्षण मुख्य पथ पर घेराबंदी करते हुए बिंदुओं का दृश्य सुग्रीव की खुली आँखों के सम्मुख घूम गया...

नहीं! यह सूचना गलत नहीं हो सकती। किष्किंधा में रात के इस प्रहर में नगर की घेराबंदी करते हुए सैनिकों का यह दृश्य युद्ध जैसी आपात स्थिति में भी असाधारण है; और इन दिनों तो कहीं युद्ध नहीं है, युद्ध की कोई संभावना भी नहीं है। तो फिर बालि के ये सैनिक इस समय क्या कर रहे हैं? निश्चय ही, रात के इस समय किसी को सोते हुए, दण्डधरों के द्वारा बिस्तर से घसीट मँगवाना विचार-विमर्श के लिए नहीं, अंधकूप में डालने के लिए ही हो सकता है।...किष्किंधा में ऐसी घटनाओं की चर्चा केवल रावण के संदर्भ में ही की जाती है। यह रावण की ही विशेषता मानी जाती है कि रात के अंधकार में शांति से सोये हुए नागरिकों के घरों को सैनिकों से घिरवाकर, वह उन्हें बंदी बनाता है और उनकी कुलांगनाओं और कुलवधुओं को उठवा मँगाता है...क्या बालि भी...

सुग्रीव के पगों की गति बढ़ गई। पगों के साथ-साथ अब मस्तिष्क भी भागने लगा था।

...रुमा पीछे छूट गई है। थोड़ी देर में बालि के सैनिक सुग्रीव के प्रासाद को घेर लेंगे; या संभव है कि अब तक घेर भी चुके हों। सारे मार्ग बंद कर दिए जाएँगे। प्रत्येक द्वार पर पहरा होगा...फिर बालि घर में प्रवेश करेंगे। घर में सुग्रीव को न पाकर उनकी आँखों में रक्त उतर आएगा। बालि को सुग्रीव अपने शैशव से देखते आए हैं और उनकी प्रकृति को अच्छी तरह समझते हैं। बालि अपनी विफलता नहीं सह सकते, न अपनी विफलता के कारणभूत व्यक्ति को क्षमा कर सकते हैं। विफलता छोटी हो, चाहे बड़ी—ऐसे समय में उनके भीतर क्रोध की जो आँधी उठती है, वह सामने आई प्रत्येक वस्तु को पीस डालती है।...और सुग्रीव के घर में क्रुद्ध, अपनी असफलता से बौखलाए हुए हिंस्र बालि के सामने पड़ेगी—रुमा। संभव है, बालि उस समय मदिरा पीकर धुत्त हों। उनकी मानवता पूरी तरह सोई हो—असहाय बेचारी रुमा!

सुग्रीव के पग थम गए। वे रुमा को ऐसी विपत्ति में छोड़कर, अपनी रक्षा के लिए कायरों के समान कैसे भाग सकते हैं!...कहीं बालि क्रोध में रुमा की हत्या...नहीं! बालि यह नहीं करेंगे।...एक तो रुमा स्त्री है और फिर, चाहे जो कुछ

भी हो, उनके छोटे भाई की पत्नी है—उनके अपने कुल की वधू। बालि के मन में कोई भ्राँति है, तो वह सुग्रीव के लिए हो सकती है। रुमा ने क्या बिगाड़ा है बालि का?...नहीं, बालि इतना नीच नहीं हो सकते। आखिर वे सुग्रीव के भाई हैं। सुग्रीव क्या उन्हें इतना भी नहीं जानते? बालि इतने पतित कैसे हो सकते हैं कि अपनी अनुज वधू की हत्या कर दें...

इस समय लौटकर सुग्रीव, रुमा के पास घर पहुँच भी जाएँ, तो क्या कर लेंगे वे? वे अकेले बालि से भी द्वंद्व-युद्ध नहीं कर सकते। शारीरिक शक्ति में बालि से उनकी कोई तुलना ही नहीं है। सुग्रीव उनके पासंग भी नहीं हैं। युद्ध-कौशल में भी वे कोई ऐसे श्रेष्ठ नहीं हैं कि बालि की शारीरिक शक्ति के विरुद्ध संतुलन स्थापित कर सकें। और फिर अपने सैनिकों और सेनापतियों के साथ व्यूहबद्ध खड़े, क्रुद्ध बालि का सामना कैसे किया जा सकता है? नहीं! ऐसे में सुग्रीव रुमा को बचा नहीं पाएँगे, स्वयं चाहे मृत्यु की गोद में ही जा सोयें...

इस आत्महत्या का क्या अर्थ?

सुग्रीव के मन में जैसे कोई हँसा—कायर सुग्रीव! जान बचाने के बहाने सोच रहा है। अपनी पत्नी को विपत्ति में अकेला छोड़, भीत जंतु के समान रिरियाता हुआ भाग रहा है और अपने को बहुत विवेकी समझता है। साहस है तो वापस लौट! अपने अभिमान की वेदी पर अपने प्राणों की बलि दे। अपने रक्त से अपने कलंक को धो...

तत्काल ही एक दूसरा स्वर सुग्रीव के मन में गूँजने लगा—इस मृग-मरीचिका में मत फँसना, सुग्रीव! तुम्हारे रक्त से कोई कलंक नहीं धुलेगा। यदि कुछ धुलेगा, तो केवल वानरों का सुखद भविष्य। तुम भावनाओं के आवेश में बह जाने वाले, काल्पनिक आदर्शों में जीने वाले अव्यवहारिक जीव नहीं हो—तुम व्यवहारिक और विवेकी राजनीतिज्ञ हो। प्राण देने से कोई लाभ नहीं होगा। अपने प्राणों की रक्षा करो...इन प्राणों से और बहुत कुछ करना है। आवेश में बह जाना बुद्धिमत्ता नहीं है। आवेश को संयत करो, संतुलित करो और उसे दिशा दो।...अंगद ने इतना जोखिम उठाकर, अपने पिता के विरुद्ध तुम्हारी सहायता की है। उसके इस साहसी कृत्य पर पानी मत फेरो। उसे तुमसे कुछ आशाएँ हैं। यदि वह अपने प्रयत्न में सफल हुआ, तो मतंग वन में हनुमान भी मिल जाएँगे। वहाँ बैठकर शांत मन से सोच-विचार कर, हनुमान के साथ विचार-विमर्श कर, भविष्य का कार्यक्रम बनाया जा सकता है।...और यदि बालि से द्वंद्व-युद्ध कर, उसी के हाथों मरना है, तो उसके लिए यही घड़ी उपयुक्त समय नहीं है। बालि को तो कभी भी ललकारा जा सकता है...

कई क्षणों तक निःस्पंद खड़े सुग्रीव आकाश को घूरते रहे। रुमा उन्हें आगे नहीं बढ़ने दे रही थी और बालि उन्हें लौटने नहीं दे रहा था। जाने रुमा को क्या-क्या

सहना पड़े। यदि बालि ने उससे तनिक भी अशिष्ट व्यवहार किया तो?...सुग्रीव के रोम-रोम में आग जल उठी...रुमा...किंतु क्या करें सुग्रीव?...रुमा को शायद अंगद बचा ले। संभव है, तारा भाभी ही उसकी कोई सहायता कर सकें।...किंतु सुग्रीव लौटे तो उन्हें कौन बचाएगा?...

किंतु क्या सोचेगी रुमा, जब उसे बताया जाएगा कि अपने प्राण बचाने के लिए उसे असुरक्षित छोड़कर, सुग्रीव रात के अंधकार में कायरों के समान भाग गया।...शायद उसका मन घृणा से भर उठे। वह थूकेगी उनके नाम पर। जो पति विपत्ति के समय पत्नी को ऐसे असहाय छोड़कर भाग जाए, उसका मर जाना ही अच्छा...सुग्रीव को लगा, रुमा उनके सम्मुख खड़ी उन्हें धिक्कार रही है—'कहाँ गए तुम्हारे सिद्धांत और आदर्श? तुम तो कहते थे, पति-पत्नी को जीवन में सदा साथ रहना चाहिए—सुख में, दुख में, जीवन में, मृत्यु में। अब तुम्हें पत्नी से राजनीति अधिक प्यारी हो गई—या अपने प्राण अधिक प्यारे हैं?...ऐसा ही था तो मुझे भी साथ ले चलते। मैं तुम्हारा साथ न निभाती तो जो चाहे दण्ड देते। मुझे तो अवसर ही नहीं दिया...'

सुग्रीव की आँखों में अश्रु आ गए—'नहीं, रुमा! मुझे इस प्रकार न दुत्कारो। मेरी स्थिति को समझने का प्रयत्न करो...मुझे मोह में मत डालो। सदा के समान अपनी विशिष्ट मुद्रा में हँसकर कहो—'जाओ। जाओ। मैं सब देख लूँगी।'

सुग्रीव का मन कुछ हल्का हुआ। यदि वे आमने-सामने रुमा से पूछते, तो शायद वह हँसकर यही कहती—'जाओ। जाओ। मैं सब देख लूँगी।'

सुग्रीव ने अपने आँसू पोंछे और मुड़कर मतंग वन की ओर चल पड़े। अब उनकी चाल में द्वंद्व नहीं था।

इस बार सुग्रीव का मन एक अन्य प्रश्न में उलझ गया। आखिर बालि क्या कर रहा है, और क्यों?...शिल्पी ने उनके अतिरिक्त केवल एक नाम लिया था—हनुमान! क्या बालि ने उसे सुग्रीव का साथी समझकर दण्डित करना चाहा था? यदि सुग्रीव के समस्त साथियों को दण्डित करना है तो सारी किष्किंधा में केवल वह अकेला तो नहीं है। उसे अनेक वानर-नायकों को दण्डित करना पड़ेगा। किष्किंधा की प्राचीर के भीतर ही नहीं, दूर-दूर तक फैले हुए वानर-यूथों के उन लक्ष-लक्ष साधारण वानर-जनों को बंदी करना होगा, जिन्होंने सुग्रीव के नेत्तृत्व में एक सुंदर भविष्य का स्वप्न देखा था, और वानर-यूथों को आदिम स्थिति से निकालकर, सभ्यता तथा प्रगति के पथ पर आगे चलाना चाहा था।...क्या बालि उन सबको बंदी बनाएगा? और बंदी बनाकर क्या करेगा? यदि बालि सुग्रीव को पकड़ पाता तो क्या करता? उन्हें कारागार में डालता या उनका वध करता?...किंतु क्यों? सुग्रीव का अपराध क्या है?

सुग्रीव ने बालि का राज्य उससे नहीं छीना। यदि वे चाहते तो यह तनिक

भी कठिन नहीं था। वानरों में उनकी इतनी प्रतिष्ठा है कि उनके एक संकेत पर किष्किंधा में विद्रोह हो सकता था। किंतु उन्होंने कभी बालि का बुरा नहीं चाहा।...हाँ! व्यवस्था के प्रश्न पर उनका मतभेद हो सकता है; किंतु मतभेद कोई अपराध नहीं है। बालि को दिवंगत समझकर मंत्रि-परिषद् ने जब सुग्रीव का राज्याभिषेक कर दिया, तो शासन पाकर भी उन्होंने बालि के मंत्रियों, बंधुओं और मित्रों को बंदी तो नहीं बनाया। किसी का वध कराना तो दूर, उनके लिए तनिक-सी असुविधा भी नहीं चाही।...जब तक शासन उनके हाथों में रहा, अपनी बुद्धि और विवेक के अनुसार उन्होंने न्यायपूर्वक शासन किया और बालि के जीवित होने की पहली सूचना मिलते ही शासन का समस्त अधिकार स्वेच्छा से त्यागकर अलग खड़े हो गए। वे चाहते तो उस समय वे भी बड़ी सरलता से बालि को बंदी बना सकते थे, अथवा उनका वध करवा सकते थे। किंतु यह उनकी नीति नहीं रही।. ..तो अब बालि? क्या चाहता है बालि?...

ऐसा कौन-सा कार्य किया है सुग्रीव ने, जिससे बालि इतना क्षुब्ध है?...सुग्रीव की आँखों के सम्मुख, दो दिन पूर्व का दृश्य घूम गया।

प्रायः वर्ष-भर की अनुपस्थिति के पश्चात् बालि लौटा था। सुग्रीव के मन में कितना उल्लास था। जिस भाई के जीवन से वे निराश हो चुके थे, वह साक्षात् सम्मुख आ खड़ा हो तो किसे प्रसन्नता नहीं होगी। बालि मात्र जीवित ही नहीं था—अपने शत्रु की लंबी और कठिन खोज के पश्चात् उसका वध कर, विजयी के रूप में किष्किंधा लौटा था। सारे राजपरिवार में उत्सव की-सी स्थिति थी तारा भाभी के पति लौटे थे, अंगद के पिता...पर ऐसी स्थिति में भी बालि प्रसन्न दिखाई नहीं पड़ रहा था। वह सुग्रीव के साथ नगर के निरीक्षण के लिए निकला था। चलते-चलते एक स्थान पर वह नगर-प्राचीर के पास रुक गया।

"इस स्थान को पहचानते हो, सुग्रीव?"

सुग्रीव इस स्थान को भली प्रकार पहचानते थे...यह वही स्थान था, जहाँ प्राचीर टूटी हुई थी और जिस पर से कूदकर मायावी भाग निकला था।

"क्यों नहीं पहचानूँगा! आपने इसे सियार की गुफा कहा था।" सुग्रीव ने बालि को देखा, "आपने मुझे इस स्थान पर दृष्टि रखने के लिए कहा था..."

बालि का व्यवहार सहज नहीं था। उसके चेहरे पर चरम क्षोभ के भाव थे और आँखों में विक्षिप्तप्रायावस्था झलक रही थी।

"मैंने दृष्टि रखने के लिए कहा था, ताकि मायावी वापस न लौट सके; और तुमने प्राचीर का जीर्णोद्धार करा दिया, ताकि बालि ही न लौट सके..."

"भैया!" सुग्रीव चीत्कार कर उठे।

"सत्य सुना नहीं जाता?" बालि जैसे आपे में नहीं था, "मैं क्या इतना भी नहीं समझता..."

तो क्या सत्य ही बालि यह समझता है कि सुग्रीव ने उसे वापस न लौटने देने के लिए ही प्राचीर की मरम्मत करवाई थी?...क्या वह इतनी-सी बात भी नहीं सोच सकता कि किष्किंधा लौटने का एकमात्र मार्ग प्राचीर का वह टूटा हुआ भाग ही नहीं है...

बालि की अपनी चिंतन-पद्धति थी। सुग्रीव क्या कर सकते थे। बालि ने यदि यह मान लिया है कि प्राचीर का जीर्णोद्धार उसका किष्किंधा-प्रवेश रोकने के लिए ही था, तो कोई उसे अन्य बात कैसे समझा सकता है? संभव है, उसने यह भी मान लिया हो कि वहाँ जो सैनिक थे, वे उसकी खोज के लिए नहीं, उसकी हत्या के लिए नियुक्त किए गए थे...और यदि एक बार बालि के मन में ऐसी बात आ गई तो उसे समझाना असंभव है...कहीं बालि यह तो नहीं समझ बैठा कि सुग्रीव ने उसकी हत्या का प्रयत्न किया है?...यदि ऐसा है तो बालि, सुग्रीव को जीवित नहीं छोड़ेगा...

सुग्रीव के सारे शरीर में एक ठण्डी सिहरन दौड़ गई।

मतंग वन तक सुग्रीव जैसे किसी आविष्टावस्था में पहुँचे। बालि की भावना की कल्पना ही उनके लिए घातक थी, जैसे किसी ने उन पर वास्तविक आघात कर दिया हो। किंतु मतंग वन तक पहुँचते-पहुँचते उनका आक्रोश कुछ हल्का हुआ। मस्तिष्क की जड़ावस्था भंग हुई और वह कुछ-कुछ चिंतनशील हो गया...

...अंगद ने उन्हें मतंग वन जाने को ही क्यों कहा?...कहीं इसमें कोई चाल तो नहीं?...पर इसमें क्या चाल हो सकती है? यदि सुग्रीव को फँसाना ही था तो उन्हें बचाने की क्या आवश्यकता थी? अंगद उन्हें चेतावनी न भिजवाता तो वे अपने शयन-कक्ष में सोये हुए बड़ी सरलता से पकड़े जा सकते थे।...अंगद उन्हें बचाना चाहता था...उसमें किसी चाल का कोई प्रश्न ही नहीं था।

जैसे-जैसे सुग्रीव का मन सोचता जाता था, उन्हें लगता, बालि से बचने के लिए मतंग वन जाने को न कहा होता तो वे सोचते ही रह जाते कि कहाँ जाएँ...संभवतः वे निर्णय ही न कर पाते या कोई गलत निश्चय कर बैठते और परिणामतः बालि के हाथों में पड़ जाते...फिर अंगद ने हनुमान को भी मतंग वन में ही आने को कहा है। एक से दो भले; अन्यथा वे दोनों पृथक्-पृथक् रहकर एक-दूसरे की सहायता भी न कर पाते...

मतंग वन बड़ा उपयुक्त स्थान है—सुग्रीव के पगों के साथ-साथ उनका मन भी चलता जा रहा था—दुंदुभि का प्रसंग सुग्रीव के मन में सजीव हो उठा।...मायावी के वध के लिए भी बालि मतंग वन में जाने का साहस नहीं कर पाया था।... बालि से बचने के लिए मतंग वन से उत्तम स्थान दूसरा नहीं है...

न तो मतंग वन पहुँचने में कोई बाधा हुई, न हनुमान को खोजने में; किंतु तनिक-सी सुरक्षा का अनुभव होते ही सुग्रीव का मन वापस किष्किंधा की ओर दौड़ने लगा था...जब तक उन्हें किष्किंधा का ठीक-ठीक समाचार न मिले, उनका मन स्थिर कैसे हो सकता था। नगर में रुमा थी, उनके बंधु थे, मित्र थे, सहयोगी थे...चिंता तो उन्हें सबकी ही थी, किंतु रुमा की चिंता भिन्न प्रकार की थी। कई बार मन में आया भी कि उनके बंधु, मित्र, सहयोगी, मंत्री, सैद्धांतिक सहचर—सब उतने ही महत्त्वपूर्ण थे, जितनी रुमा; किंतु मन विवेक के इस तर्क से सहमत नहीं था। चाहे वह स्वार्थ हो, चाहे नीचता—किंतु वे रुमा को अन्य लोगों के समान नहीं मान पाते थे। वह उनकी पत्नी थी। उसकी चिंता उन्हें ही करनी थी। रुमा के लिए जो भी असुविधा, कठिनाई या जोखिम होगा, वह भी उन्हीं के कारण था। बालि के लिए रुमा और कुछ भी नहीं, सुग्रीव की पत्नी थी। नहीं तो बालि को उससे क्या लेना-देना था। सुग्रीव की पत्नी होने के कारण यदि उसे हानि पहुँचने की संभावना थी तो उसका लाभ भी तो उसे पहुँचना चाहिए।...उन्हें रुमा का समाचार मिलना ही चाहिए था...

किंतु कौन दे समाचार?

वे जितना अधिक सोचते जाते थे, उतना ही उनका निश्चय दृढ़ होता जाता था कि उनका किष्किंधा लौटना अविवेकपूर्ण है। मतंग वन में टिके रहकर प्रतीक्षा करें...कदाचित् अंगद की ओर से कोई समाचार आए।...कदाचित् अंगद ऐसी स्थिति में था कि किष्किंधा के सारे समाचार जान सके।...किंतु अंगद किष्किंधा की परिधि के भीतर था। वहाँ बालि का राज था और अंगद को सब लोग अच्छी प्रकार पहचानते थे। संभव है कि अंगद को सूचना भिजवाने का कोई अवसर ही न मिल सके...पग-पग पर सैनिक होंगे, पग-पग पर गूढ़ पुरुष और गुप्तचर। अंगद के पास कोई ऐसा अधिकारपूर्ण पद भी नहीं है, जिसकी आड़ में वह ऐसा कोई कार्य कर सके।...इतने अनिश्चित साधन पर निर्भर नहीं रह सकते सुग्रीव।...और फिर बहुत संभव है कि बालि, अंगद का युवराज्याभिषेक कर दे। पिता-पुत्र में किसी प्रकार का कोई समझौता हो जाए। अंगद का मन बदल जाए...

सुग्रीव स्वयं किष्किंधा में प्रवेश नहीं कर सकते। शेष हैं केवल हनुमान। किंतु हनुमान को भेजने का जोखिम स्वयं सुग्रीव नहीं उठाना चाहते। यदि हनुमान किष्किंधा जाकर किसी परेशानी में फँस गए तो सुग्रीव क्या करेंगे? हनुमान जैसा चरित्रवान, सिद्धांतवादी, सच्चा, वीर तथा साहसी सहयोगी और मित्र उन्हें कहाँ मिलेगा। हनुमान को भेजने से तो अच्छा है कि वे स्वयं ही चले जाएँ। वे यदि बालि के हाथों में पड़ जाते हैं और बालि उनकी हत्या कर देता है, तो फिर उन्हें मित्रों और सहयोगियों की आवश्यकता ही नहीं रहेगी...

किंतु प्रातः सुग्रीव के कहे बिना ही हनुमान ने किष्किंधा जाने की तैयारी कर ली। सुग्रीव ने उन्हें रोकना चाहा तो वे रुके नहीं, "युवराज! जाति का नाम वानर होने से ही तो हम वानर नहीं हो जाते। आखिर कब तक उद्यमहीन होकर ऋष्यमूक की चोटियों पर, वृक्षों की शाखाओं पर, शाखामृगों के समान निवास करते रहेंगे। मुझे किष्किंधा जाना ही होगा। यदि हम अभी कुछ नहीं कर सके, तो भी हमें किष्किंधा के समाचारों से अवगत होना ही होगा और यदि संभव हो तो अपने साथियों से संपर्क भी स्थापित करना होगा।"

सुग्रीव ने हनुमान को रोकने का प्रयत्न नहीं किया। वे तो स्वयं ही यह सब चाहते थे; किंतु न स्वयं जाने का साहस कर पा रहे थे, न हनुमान से कहने का। हनुमान के प्रति उनका मन स्नेह और सम्मान से भर गया। अद्भुत हैं हनुमान। एक बार किसी को अपना मित्र मान लें, फिर उसके कार्य के लिए जान लड़ा देंगे। सेवा की भावना तो उनमें कूट-कूटकर भरी है। आवश्यकता के समय किसी के काम आ सकना हनुमान के लिए जीवन का सबसे बड़ा सुख है।...और कितने समझदार हैं हनुमान। अपने आप ही समझ गए कि इस समय सुग्रीव को किस बात की आवश्यकता है। माँगने के संकोच से भी बचा लिया उन्होंने सुग्रीव को...।

जाते हुए हनुमान को सुग्रीव देखते रहे।...शस्त्रों के अभाव में सारे वानर सैनिक और योद्धा अपनी शारीरिक शक्ति पर अधिक निर्भर रहते हैं। इसीलिए उनके शरीर प्रायः पुष्ट और सुदृढ़ हैं। अन्य जातियों के सैनिक जितना समय शस्त्रों के अभ्यास में लगाते होंगे—उससे कहीं अधिक समय वानर योद्धा शारीरिक व्यायाम में लगाते हैं। यह शरीर ही अस्त्र है उनका। किंतु हनुमान जैसा शरीर वानर जाति में भी असाधारण है। बलशाली राक्षस भी हनुमान के सामने ऊना पड़ा है। किसी की उनसे तुलना हो सकती है तो एक बालि और दूसरे अंगद की। किंतु उन दोनों में से एक सम्राट हैं, दूसरा राजकुमार। हनुमान का आज तक उनमें से किसी के साथ द्वंद्व-युद्ध नहीं हुआ। कहा नहीं जा सकता कि उनमें से कौन किस पर भारी पड़ेगा।

हनुमान ऋष्यमूक से उतकर किष्किंधा की ओर जाने वाले वनों में खो गए, तब भी सुग्रीव उन्हीं के विषय में सोचते रहे।...हनुमान ने आज तक विवाह नहीं किया। किष्किंधा की कोई भी सुंदरी उनसे विवाह करके स्वयं को गौरवान्वित मानेगी; किंतु हनुमान का ध्यान ही उस ओर नहीं था। यूथपति केसरी का यह पुत्र किशोरावस्था के आरंभ से ही अनेक आर्य-आर्येतर आश्रमों और गुरुकुलों में विद्यार्जन के लिए भटकता फिरा है। किष्किंधा लौटने पर वह सामाजिक और राजनीतिक जीवन में रुचि लेने लग गया। अपने विषय में शायद हनुमान ने कुछ सोचा ही नहीं।

अपने संक्षिप्त-से शासनकाल में सुग्रीव को हनुमान से बहुत सहायता मिली

थी। किष्किंधा के निर्धन निवासियों को उनकी खोहों, गुफाओं और बिलों जैसी झुग्गियों से निकालकर छोटे-छोटे साफ-सुथरे घरों में बसाने की योजना के सबसे उत्साही समर्थक हुनमान ही थे। कितना काम किया था हनुमान और उनके सामाजिक संगठनों के सदस्यों ने। एक बार सुग्रीव के मन में आया था कि वे राजाज्ञा से उन लोगों को अपनी झुग्गियाँ छोड़, नये घरों में जाने को बाध्य कर दें; किंतु हनुमान ने अपनी असहमति प्रकट कर दी थी। उनका कहना था कि जो काम जन-सामान्य के अपने कल्याण का है, उसके लिए राजाज्ञा की बाध्यता क्यों? यदि राजाज्ञा से ऐसा किया गया, तो जनता में शासन के प्रति अविश्वास फैलेगा। राजाज्ञा की सहायता तो केवल दुष्ट-दलन में लेनी चाहिए।...और उनकी बात कितनी ठीक थी। जब राज-कर्मचारी ने उन गंदी बस्तियों में जाकर घोषणा की कि उनके लिए शासन की ओर से छोटे-छोटे ही सही, किंतु साफ-सुथरे मकान बना दिए गए हैं, वे लोग अपने परिवार और सामान के साथ वहाँ पहुँचकर एक-एक मकान का अधिकार प्राप्त कर लें, तो साधारणतः लोगों ने इस घोषणा को उपहास में ही उड़ा दिया था, ''राजा को अपनी रानियों-रखैलों के लिए महल बनवाने से अवकाश मिल गया क्योंकि हमारे लिए मकान बनने लगे।'' कुछ लोगों ने अपना संदेह दूसरे रूप में प्रकट किया था, ''राजा को किष्किंधा की भूमि कम पड़ने लगी है कि हमारी झुग्गियाँ भी छीनना चाहता है।''...तब हनुमान तथा उनके सहचरों ने एक-एक घर में जाकर लोगों को समझाया था कि शासन अब बालि के हाथ में न होकर, सुग्रीव के हाथों में है; और सुग्रीव वस्तुतः अपनी प्रजा को सुखी देखना चाहते हैं। उन्होंने लोगों का विरोध मुसकराकर सहा, उनके अपशब्द धैर्यपूर्वक सुने और बड़ी कठिनाई से उन्हें विश्वास दिलाया कि यह उनकी झुग्गियाँ छीनने का षड्यंत्र नहीं है।...जब कुछ लोग उनकी बात मानकर नये मकानों में आ गए तो अन्य लोगों का संदेह भी मिट गया था।

और अब बालि ने शासन सँभालते ही जिसके प्रति सबसे अधिक क्रोध दिखाया—वह हनुमान ही थे। एक दिन में बालि को उसके चाटुकारों ने समझा दिया कि सुग्रीव का सबसे समर्थ सहायक कौन है...

हनुमान संध्या के धुँधलके में लौटे। तब तक सुग्रीव अपना सारा धैर्य खो चुके थे और इतने व्यग्र हो उठे थे कि अँधेरा होने तक यदि हनुमान न लौटते, तो स्वयं किष्किंधा के लिए चल पड़ते, परिणाम चाहे कुछ भी होता।...किंतु पूरी तरह अंधकार उतरने से पहले ही हनुमान लौट आए थे।

हनुमान अकेले नहीं थे। उनके साथ नल और नील थे। उनमें से प्रत्येक ने थोड़ी-बहुत खाद्य-सामग्री तथा दैनिक आवश्यकता का अन्य सामान उठा रखा था।

निकट आते ही हनुमान बोले, "कुछ भोजन-सामग्री लाया हूँ, युवराज! भोजन कर लें। आपको भूख लगी होगी। नल और नील भी आ गए हैं। यहाँ रहने की कुछ व्यवस्था करनी होगी। लगता है, हमारी संख्या बढ़ाने के लिए कुछ और अतिथि किष्किंधा से आएँगे।"

"समाचार! हनुमान!" सुग्रीव ने बड़ी कठिनाई से अपने स्वर की अधीरता को छिपाया, 'रुमा का क्या समाचार है?"

हनुमान आकर उनके सम्मुख बैठ गए। उन्होंने अपनी अन्यमनस्कता का मुखौटा उतार फेंका। गंभीर होकर बोले, "युवराज! समाचार अच्छा नहीं है।"

"क्या?"

"आप स्वयं को स्थिर करें तो बता पाऊँगा।" हनुमान बोले, "समाचार जानने में तनिक भी कठिनाई नहीं हुई। किष्किंधा के हाट-बाजारों में ये समाचार हवा के साथ उड़ते फिर रहे थे।...किंतु समाचार सुखद नहीं हैं।"

"क्या समाचार हैं?"

"युवराज वचन दें कि अपना धैर्य नहीं खोएँगे; अन्यथा समाचार कहना मेरे लिए कठिन हो जाएगा।" हनुमान बोले।

सुग्रीव ने स्थिर दृष्टि से हुनमान को देखा, "मैं वचन देता हूँ—कुछ भी हो, धैर्य नहीं खोऊँगा।"

"युवराज़! कल की एक रात में ही सारे किष्किंधा नगर में से चुन-चुनकर आपके मंत्रियों, सेनापतियों, मित्रों, बंधुओं और सहचरों को बंदी कर लिया गया है। बच केवल वे लोग गए हैं, जिन्हें समय से सूचना मिल गई और जो अपने घर छोड़कर इधर-उधर छिप गए। यदि अज्ञातवास करने वाले वे लोग बालि के गुप्तचरों से बच गए, तो आपका पता पाने का प्रयत्न करेंगे।"

"एक ही रात में..."

"हाँ, युवराज!"

"और रुमा?"

"युवराज्ञी का समाचार तनिक विस्तार से ज्ञात हुआ है।" हनुमान रुक गए।

"कहो!" सुग्रीव के जबड़े भिंच गए।

"युवराज! आपके घर में सैनिकों ने तब तक प्रवेश नहीं किया, जब तक बालि वहाँ नहीं आ गए। बालि के प्रवेश करते ही, युवराज्ञी को पकड़कर उनके सम्मुख प्रस्तुत किया गया। बालि ने उनसे पूछा कि आप कहाँ हैं। युवराज्ञी ने सच-सच बता दिया कि आधी रात को कोई आपको बुलाने आया था और आप उन्हें निद्रामग्न छोड़कर बाहर चले गए थे। बालि ने जानना चाहा कि बुलाने कौन आया था। युवराज्ञी ने इस विषय में अपना अज्ञान प्रकट किया।

"सम्राट क्रोध से तमतमा उठे। दण्डधरों को प्रासाद के परिचारक, परिचारिकाओं

तथा द्वारपालों को बाँधकर लाने का आदेश दिया। जब वे सब लोग एकत्र कर दिए गए, तो उन्होंने उन्हें कशाओं से तब तक पीटे जाने का आदेश दिया जब तक वे लोग युवराज को बुला ले जाने वाले व्यक्ति का नाम न बता दें, या मर न जाएँ। परिणामस्वरूप कुछ ही क्षणों में एक परिचारिका के मुख से शिल्पी का नाम निकल गया। उसने कहा कि हमने स्वयं तो शिल्पी को नहीं देखा; किंतु एक द्वारपाल ने सुना था कि युवराज शिल्पी द्वारा बुलाए जाने पर बाहर चले गए थे।''

''शिल्पी का क्या हुआ, हनुमान?'' सुग्रीव ने पूछा।

''उसका कुछ पता नहीं है; किंतु उसे बंदी नहीं बनाया जा सका, युवराज!''

''यह ठीक हुआ। फिर...?''

''सम्राट ने शिल्पी को बंदी बनाने का आदेश दिया और फिर युवराज्ञी की ओर मुड़े, 'सुग्रीव निकल गया, अन्यथा आज भाई के हाथों भाई का वध होता। किंतु मैं उसे अदण्डित नहीं छोड़ सकता। उसे खोजूँगा, जिस दिन मेरे हाथ लग गया, उसी दिन या तो उसका वध कर दूँगा या उसे अंधकूप में उतार दूँगा।... किंतु वह तुम्हें क्यों छोड़ गया? क्या समझकर छोड़ गया? शायद वह जानता है कि तुम्हारे रूप का मेरे लिए कभी कोई आकर्षण नहीं रहा; किंतु यह भूल गया कि तुम्हारा नारी-शरीर मेरे लिए प्रतिशोध के समान सुंदर है।'...युवराज्ञी बालि के पैरों में गिर पड़ीं। उन्होंने रो-रोकर प्रार्थना की कि यदि सम्राट चाहें तो सुग्रीव की पत्नी होने के पुरस्कारस्वरूप उन्हें वाधिकों के हाथ सौंप दें, जीवित जला दें, परंतु उनके नारीत्व का अपमान करके अपने कुल पर दोहरा कलंक न लगाएँ। किंतु बालि ने उनकी एक न सुनी और उन्हें घसीटकर अपने साथ ले गया...।''

सुग्रीव की आँखों में क्षण-भर के लिए तेज झलका और फिर उनसे अश्रु चू पड़े, ''रुमा!''

''युवराज!''

''मुझे शस्त्र दो, हनुमान।'' सुग्रीव का कंठ सध नहीं रहा था, ''जैसे भी हो, जहाँ से भी हो, मेरे लिए किसी शस्त्र का प्रबंध करो। मैं इसी क्षण किष्किंधा जाऊँगा। मैं जानता हूँ कि बालि से मैं द्वंद्व-युद्ध में जीत नहीं सकता; किंतु मैं युद्ध करूँगा और उसके हाथों मरकर अपनी कायरता के कलंक को धोऊँगा।''

हनुमान ने नल और नील को संकेत किया। नील ने आगे बढ़कर एक खड्ग भूमि पर रख दिया और नल ने एक गदा।

''युवराज!'' हनुमान का गंभीर स्वर गूँजा, ''मैं जानता था कि आप शस्त्र माँगेंगे। शस्त्रों का प्रबंध मैंने कर दिया है; किंतु शर्त यह है कि यदि ऐसा दुस्साहस करना ही है तो वह मैं करूँगा। आपका जीवित रहना वानरों के लिए भी आवश्यक है और युवराज्ञी के लिए भी। मेरे साथ ऐसा कोई बंधन नहीं है।''

''नहीं!'' सुग्रीव बोले, ''यह मेरा व्यक्तिगत मामला है। मैं ही जाऊँगा।''

"जातियों के न्याय-अन्याय के संघर्षों में व्यक्तिगत मामले इस प्रकार निबटाए जाते हैं क्या?" नील पहली बार बोले, "युवराज! आपकी पीड़ा हम समझते हैं, किंतु भावुकता अथवा आवेश से कहीं समस्याओं का समाधान हुआ है? आप जाएँगे, साथ हनुमान जाएँगे। आप दोनों वहाँ घेरकर मार डाले जाएँगे। आपके पश्चात् खोज-खोजकर आपके साथियों-सहयोगियों को चुन-चुनकर मारा जाएगा। जिस प्रजा को सुख देने देने के अपराध में आपकी हत्या का प्रयत्न किया जा रहा है, उस प्रजा को हर ओर से पीड़ित किया जाएगा।..." नील तनिक रुककर बोले, "मेरा विचार है कि परिस्थितियों को देखते हुए भी हमें संघर्ष का कोई अन्य मार्ग चुनना पड़ेगा। आत्महत्या का मार्ग मूर्खतापूर्ण भी है और पापपूर्ण भी।"

"एक सूचना और है, युवराज!" हनुमान बोले, "अनुमति हो तो निवेदन करूँ। इसके पश्चात् आप जो निश्चय करेंगे, मुझे मान्य होगा।"

"बोलो।" सुग्रीव अपने सूखे होंठों को जिह्वा से गीला करते हुए बोले।

"आपको अपने मंत्री मलयवन की याद होगी..."

"क्यों, क्या हुआ उसे?" सुग्रीव चौंके।

"वे अपने घर में बालि के सैनिकों द्वारा घेर लिये गए। बालि ने उनके परिवार के सदस्यों के सामने उन्हें अपने दण्डधरों से तब तक पिटवाया, जब तक उनकी मृत्यु नहीं हो गई। मृत्यु के पश्चात् उनका शव उनकी पत्नी को सौंप दिया गया। इस घटना का आतंक इतना फैला कि शव उठाने के लिए दस व्यक्ति इकट्ठे करना कठिन हो गया। किसी प्रकार उनके सगे-संबंधी उनके शव को श्मशान-भूमि तक ले आए। किंतु बालि के सैनिकों ने वहाँ भी उनका पीछा नहीं छोड़ा। शव को उठाकर लाने वाले छह-के-छह व्यक्ति श्मशान-भूमि में मार डाले गए..."

सुग्रीव को लगा कि उनकी शिराओं में रक्त ठण्डा होता जा रहा था। उनके मुख से स्वर नहीं फूटा—न विषाद का, न क्रोध का, न आश्चर्य का...वे देखते-के-देखते रह गए। बड़ी देर के पश्चात् उन्होंने पूछा, "आर्य मलयवन का अपराध?"

"आपके साथ सहयोग।" हनुमान बोले।

"तुमने यह सब कहाँ सुना, हनुमान? क्या अत्याचार के इन समाचारों को छिपाने का प्रयत्न शासन द्वारा नहीं किया जा रहा? इससे तो शासन का अपयश फैलेगा।"

"छिपाने का प्रयत्न!" हनुमान की वितृष्णा मुखर हो आई, "इन समाचारों को अधिकाधिक प्रचारित किया जा रहा है, ताकि प्रजा में आतंक फैले। लोग भय खाएँ, अपना मुँह सी लें और चेहरे छिपा लें। विरोध की बात कोई सोच भी न पाए।"

"दमन किया जाएगा तो विस्फोट होगा। जनता उठकर खड़ी हो जाएगी।" सुग्रीव आवेश में बोले, "बालि का शासन पलट दिया जाएगा।"

"हमें रुककर उसकी प्रतीक्षा करनी चाहिए।" नील स्थिर स्वर में बोले, "अब बताएँ, युवराज! क्या अब भी आप किष्किंधा जाना चाहते हैं?"

सुग्रीव ने कोई उत्तर नहीं दिया। वे क्षितिज को घूरते रहे।

अन्य लोग सोने चले गए तो सुग्रीव भी लेट गए। शरीर और मन थकावट से इतने चूर हो चुके थे कि नींद भी नहीं आ रही थी। सुग्रीव ने बड़ी विवश और करुण दृष्टि से आकाश को देखा। क्या सारी रात वे तारे ही गिनते रहेंगे? मन और शरीर का इतना थक जाना कि व्यक्ति नींद छोड़ मृत्यु को भी गले लगाने को तैयार बैठा हो; और ऐसे समय में नींद पास भी न फटके, तो क्या करे कोई। नींद आ जाती तो शायद कुछ देर के लिए वे अपनी चिंताओं को भूल सकते। सोकर उठते, तो शरीर और मन में कुछ स्फूर्ति होती। वे कुछ सोच सकते, कुछ कहने का उत्साह जुटा पाते... किंतु कुछ थकान अधिक होने के कारण और कुछ इस फूस-पत्तों की शैय्या की चुभन के कारण नींद एकदम नहीं आ रही थी। आँखों में जलन बढ़ती जा रही थी और मस्तिष्क की शिराएँ टूटने-टूटने को हो गई थीं। क्या करें सुग्रीव? ...जाने रुमा की क्या स्थिति होगी।

...सुग्रीव जानते हैं कि रुमा के लिए बालि का व्यवहार कितना पीड़ाजनक होगा। रुमा को बालि कभी तनिक भी नहीं रुचा और न बालि ने ही कभी रुमा को पसंद किया। और अब बालि, सुग्रीव का प्रतिशोध, रुमा के स्त्रीत्व से लेगा। रुमा का शरीर पीड़ित होगा, मन अपमानित होगा...कैसे सहेगी रुमा?...क्या सोचती होगी अपने पति के विषय में? जब-जब बालि उसके शरीर का स्पर्श करता होगा, रुमा का रोम-रोम सुग्रीव को कोसता होगा। सुग्रीव यदि आत्मसमर्पण कर दें, तो क्या बालि रुमा को छोड़ देगा...नहीं! शायद तब भी नहीं। तो क्या करें सुग्रीव? कैसे सहें यह सारा अपमान?

सुग्रीव के मन में आया कि अभी उठें और किसी ऊँची चोटी से नीचे खड्ड में छलाँग लगाकर सब कुछ समाप्त कर दें...किंतु दूसरे ही क्षण ध्यान आया—बालि यह सब प्रतिशोध की भावना से कर रहा है। सुग्रीव ने बालि का कुछ नहीं बिगाड़ा और बालि प्रतिशोध ले रहा है। तो क्या इतने आहत और अपमानित होकर सुग्रीव प्रतिशोध भी नहीं लेंगे?...आत्महत्या...स्वयं को समाप्त कर बालि को पूर्ण स्वतंत्रता दे देंगे कि वह रुमा को जीवन-भर अपमानित करता रहे; सुग्रीव के बंधुओं और सहयोगियों को चुन-चुनकर उनकी हत्याएँ करता जाए और उनके परिवारों को नष्ट कर दे?...

सुग्रीव के मन में विरोध की भावना जागी। वे बालि को रोक न सके, तो भी उसके साथ सहयोग तो नहीं करेंगे...तो यह आत्महत्या क्या है? बालि उनकी हत्या करना चाहता था, किंतु कर नहीं सका। अब वे स्वयं आत्महत्या कर उसकी

मनोकामना पूरी करेंगे?...नहीं! सुग्रीव को जीवित रहना होगा। कितनी भी पीड़ा क्यों न सहनी पड़े, उन्हें न्याय-पक्ष के समर्थन के लिए जीवित रहना होगा और यदि अन्याय का प्रतिकार न भी कर सकें, तो उसके मार्ग में बाधा तो देनी ही होगी। किस बात से वह इतने निराश हो गए कि आत्महत्या की बात सोच रहे हैं—इसलिए कि उन्हें प्रासाद छोड़कर वन में आना पड़ा और वहाँ फूस-पत्तों की शैय्या पर सोना पड़ रहा है। धातुओं के सुंदर बर्तनों में स्वादिष्ट भोजन के स्थान पर वन के कंद-मूल-फल तथा पत्थरों के बनाए चूल्हे में सुलगाई आग पर बना अधपका भोजन खाना पड़ा है। यहाँ शौच के लिए सुविधाजनक स्थान नहीं है...या इसलिए कि उनकी पत्नी का हरण कर लिया गया है तथा रुमा शारीरिक तथा मानसिक रूप में पीड़ित हो रही होगी...या इसलिए कि वे यहाँ असुरक्षित हैं और उन्हें प्राणों का भय सताता रहता है...किंतु यह सब तो होना ही है। न्याय के मार्ग में कठिनाइयाँ तो आएँगी ही। न्याय का मार्ग सरल और सुखद होता, तो संसार में न्याय का पक्ष लेने वालों की संख्या इतनी कम क्यों होती? सुग्रीव ने यह मार्ग चुना है तो उसका शुल्क भी तो चुकाना ही होगा।

उन्हें लगा, अब उनका मन उतना थका हुआ नहीं है...शरीर भी कुछ हल्का हो गया है। अब कदाचित् नींद आ जाए।

प्रातः सुग्रीव को पहली चिंता व्यवस्था की हुई। अब एक नया जीवन आरंभ करना था। वह जीवन अस्थायी भी हो सकता था और स्थायी भी। कौन कह सकता था कि बालि से कोई समझौता होगा अथवा सुग्रीव को बालि के हाथों मरना होगा...जो कुछ भी हो, एक अस्थायी व्यवस्था तो स्थापित करनी ही होगी—रहने की, भोजन की, सुरक्षा की और किष्किंधा के साथ संपर्क बनाए रखने के लिए संचार-व्यवस्था की।

आज किष्किंधा कोई नहीं गया था, यद्यपि सुग्रीव की बहुत बड़ी इच्छा थी कि कोई-न-कोई दिन में कम-से-कम एक बार किष्किंधा अवश्य जाए और दिन-भर के समाचार ला दे। किंतु सुरक्षा की दृष्टि से बहुत अधिक आवागमन उचित नहीं था...हनुमान, नल या नील को बार-बार इस जोखिम में डालना और भी अनुचित था। हनुमान जैसा आधार भी छिन गया, तो सुग्रीव के लिए यह जीवन सर्वथा असह्य हो उठेगा।

हनुमान दिन-भर सुग्रीव के आस-पास बने रहकर ही छोटी-मोटी व्यवस्थाओं में लगे रहे। नल और नील के साथ मिलकर उन्होंने ऋष्यमूक और मलय पर्वत जैसे शृंगों की भली प्रकार छानबीन कर कुछ सुविधाजनक गुफाएँ खोजीं। कुछ गुफाएँ सुरक्षा की दृष्टि से सुविधाजनक थीं, और कुछ विश्राम की दृष्टि से। फिर उन्होंने कुछ ऐसे स्थान भी खोजे, जहाँ पेड़ों के झुरमुट में छिपकर समय भी बिताया जा

सके और ऋष्यमूक की ओर से आने बालि विभिन्न पगडण्डियों पर दृष्टि भी रखी जा सके...कुछ फलों के वृक्ष भी चुने और कुछ ईंधन के लिए सूखी लकड़ियाँ भी।

हनुमान काम में व्यस्त थे और सुग्रीव दिन-भर अपनी उधेड़बुन में लगे रहे। कभी रुमा का ध्यान आता, कभी मलयवन के परिवार का। कभी अंगद के विषय में सोचते, कभी बालि के विषय में। यदि बालि को तनिक भी संदेह हो गया कि उनके सुरक्षित बच निकलने में अंगद का हाथ है, तो अंगद के साथ उसका क्या व्यवहार होगा?...क्या बालि को कुछ समझाया जा सकता है या सदा के लिए उसकी मति ऐसी ही रहेगी? यदि बालि की मति न बदली, यदि उसके साथ समझौता न हो सका, तो सुग्रीव का भावी जीवन कैसा होगा?...और यदि कोई समझौता न हो गया, तो वह क्या होगा? रुमा का अपहरण, सुग्रीव की हत्या का प्रयत्न, सुग्रीव के सहयोगियों की हत्याएँ...कैसे समझौता होगा बालि से...सुग्रीव किसी निष्कर्ष पर पहुँच नहीं पा रहे थे...

संध्या के समय अपने कामों से अवकाश पा, हनुमान उनके पास आकर बैठे तो सुग्रीव अपने भीतर-ही-भीतर टक्करें मारते हुए प्रश्नों से कुछ उबरे। अंतर्मुखी दृष्टि से बाहर भी देखा—"कैसे हो, हनुमान! दिन-भर बहुत काम किया?"

"यह तो कोई ऐसा काम नहीं, युवराज।" हनुमान हँसे, "यह तो कुछ ऐसा हुआ कि खाली समय पाकर कोई वयस्क भी बच्चों के खेल में लग जाए।"

तभी सुग्रीव की आशंकित दृष्टि, नीचे, दूर तक फैले हुए जंगल में एक पगडण्डी पर हिलते हुए एक बिंदु पर पड़ी।

हनुमान ने अपनी बात बीच में ही छोड़ दी। उन्होंने सुग्रीव की दृष्टि का अनुसरण किया। सचमुच उस पगडण्डी पर चलता हुआ कोई ऋष्यमूक की ओर आ रहा था। उसकी चाल इतनी तेज, सधी हुई और दृढ़ थी, जैसे वह अपना मार्ग भी जानता हो और गंतव्य भी।

"कौन हो सकता है?" सुग्रीव अपने खड्ग पर हाथ रखते हुए, अपने आप से पूछ रहे थे।

"चिंतित न हों, युवराज!" नल और नील भी अब उनके पास आ चुके थे, "वह कोई भी हो, अकेला है। सम्राट स्वयं अकेले भी आएँ, तो भय हो सकता है; अन्य किसी अकेले व्यक्ति से हमें भय नहीं है। और वह व्यक्ति सम्राट नहीं है।"

"वैसे भी यह शत्रु पक्ष का व्यक्ति नहीं हो सकता। हमारी टोह में आया शत्रु हो तो उसको निश्चित मार्ग मालूम नहीं हो सकता कि इतने निर्द्वंद्व भाव से इसी ओर बढ़ता चला आए और दूसरे वह देखता-भालता, निरीक्षण करता हुआ आएगा—इतनी सधी हुई चाल में सीधा यहाँ तक नहीं आ पहुँचेगा।"

"तुम ठीक कहते हो, हनुमान!" सुग्रीव बोले, किंतु उनके चेहरे का कसाव अभी तक वैसा ही था और उनकी आँखें अभी भी बिंदु पर लगी हुई थीं।

वह व्यक्ति वेगपूर्वक बढ़ता ही आया और दृष्टि-सीमा में आते ही तत्काल पहचाना गया।

"यह तो तार है।" सुग्रीव बोले, "यह इस समय यहाँ कैसे चला आया? रात को वह किष्किंधा नहीं लौट सकेगा।"

तार ने निकट आकर अभिवादन किया, "युवराज! मैं भी आपकी शरण में आ गया हूँ।"

"तुम्हें लौटना नहीं है?" सुग्रीव ने आश्चर्य से पूछा।

"लौटना क्या, युवराज!" तार का स्वर उदास था, "बालि को जैसे ही पता चला कि आपके राज्याभिषेक का प्रस्ताव मैंने किया था, उसने मुझे बंदी करने का आदेश दे दिया; और बंदी होने का अर्थ आप जानते ही हैं।"

"तुम अंगद से मिले?"

"उसी के निर्देश पर आपके पास चला आया हूँ। उसने कहा है, जब तक परिस्थितियाँ नहीं बदलतीं, तब तक मैं आपका साथ कभी न छोड़ूँ।"

"और परिवार?"

"परिवार!" तार की पुतलियाँ जड़ हो गईं, 'पत्नी और बच्चे कारागार में हैं, और घर अग्निसात हो चुका है...पिता कदाचित् अपने प्रासाद में सुरक्षित हैं...!"

सब स्तब्ध रह गए। किसी के मुख से कोई शब्द नहीं निकला।

मौन लंबा हो गया तो सुग्रीव ही बोले, "नगर का क्या समाचार है?"

"नगर!" तार के स्वर में व्यथा के साथ-साथ उपहास का मिश्रण था, "नगर को सुंदर बनाया जा रहा है।"

"सुंदर! क्या अर्थ है तुम्हारा?" हनुमान ने पूछा।

"सुंदर बनाने का अर्थ सुंदर बनाना ही होता है, हनुमान!" तार अपने उपहासपूर्ण स्वर में बोला, "युवराज ने अपने शासन-काल में, नगर में स्थान-स्थान पर निर्धनों के लिए आवास बनवाकर, किष्किंधा का सौंदर्य नष्ट कर दिया था। बालि उन सारे आवासों को गिराकर, निर्धन श्रमिकों को गनर में खदेड़ रहा है। उन आवासों को गिराकर वहाँ प्रासाद बनाए जाएँगे, जिनमें धनाढ्य लोग रहेंगे। धनाढ्य सुंदरियाँ जगमगाते वस्त्राभूषण पहनकर बाजारों में निकलेंगी,तो किष्कंधा सचमुच सुंदर नगर हो जाएगा।"

"उन लोगों को घरों से निकाल दिया गया?" सुग्रीव ने पूछा, "यह कैसे संभव है?"

"घरों से निकाल ही नहीं दिया गया, "तार के स्वर का उपहास पीड़ा में बदल गया, "उनके उन लघु भवनों को गिराकर सपाट कर दिया गया।"

"पर क्यों?"

"क्योंकि उनके लिए वे आवास सुग्रीव ने बनवाए थे और वे लोग सुग्रीव को अपना समझते है। सुग्रीव के साथियों का दंड नहीं मिलना चाहिए था?" तार का मुख क्रोध से विकृत हो रहा था।

"वे लोग कहाँ जाएँगे?"

"कहीं भी जाएँ।" तार बोला, "बालि कितना दयालु है, आप क्या जानें। बालि ने कहा है कि वे लोग किष्किंधा की सीमा से बाहर वनों को साफ कर, जितना स्थान चाहें, घेर लें।"

"सचमुच बहुत दयालु है बालि।" हनुमान बोले, "और उनकी आजीविका?"

"वानर जाति को आजीविका की क्या आवश्यकता?" तार फिर हँसा, "वानर है, वनों में जाएँ। फल तोड़ें और खाएँ। वानर नाम रखा है तो शाखा-मृगों के समान वृक्षों पर टँगे रहें। क्या आवश्यकता है उन्हें भवनों और नगरों की !"

सुग्रीव को विश्वास नहीं हो रहा था, "पर यह सब कैसे हो सकता है? उनके भवन किसने तोड़े?"

"क्यों? सैनिकों ने!" तार ने कहा।

"किंतु सैनिक इतने क्रूर कैसे हो सकते हैं?" सुग्रीव ने तर्क किया, "वे निर्धन निरुपाय लोगों को, स्त्रियों और बच्चों के साथ, उनके घरों से निकाल, खुले आकाश के नीचे कैसे फेंक सकते हैं? आखिर वे भी मनुष्य हैं..."

"युवराज! आप इस कला को नहीं जानते।" तार बोला, "बालि जानता है कि सैनिकों को मनुष्य से पशु कैसे बनाया जा सकता है। उसने उनका वेतन बढ़ा दिया है।"

"यहाँ तक।"

"नहीं, उससे भी आगे।" तार बोला, "उन्हें यह भी समझा दिया गया है कि वीर सैनिक उच्चकोटि के प्राणी हैं। वे महान है।, सर्वशक्तिशाली हैं। निर्धन श्रमिक तो कीट-पतंग हैं। उनके साथ मानवतापूर्ण व्यवहार अनावश्यक है। वे मानवीय तर्क नहीं समझ सकते। वे पशु हैं, अतः उनके साथ पशुवत् व्यवहार किया जाना चाहिए।"

"जिन लोगों के घर तोड़े गए, उन्होंने कुछ नहीं कहा? उन्होंने सैनिकों का विरोध नहीं किया?" नल ने पूछा, "क्या वानर जाति ऐसी निष्प्राण हो गई है कि कोई उनके घरों को तोड़ता रहे, उनकी पत्नियों और बच्चों को घसीट-घसीटकर पथ पर फेंकता रहे और वे शांत बैठे रहें!"

"बालि प्रजा को विद्रोह करने के लिए बाध्य कर रहा है।" सुग्रीव बोले, "इस प्रकार दमन हुआ तो प्रजा शांत नहीं बैठेगी। बालि कितना ही शक्तिशाली क्यों न हो, प्रजा उससे जा टकराएगी, उसके प्रासादों को जलाकर क्षार कर देगी।"

तार हँसा, "मैं भी यही समझता था, किंतु जिस निर्वीर्य जनता को मैंने देखा है, वह विद्रोह नहीं कर सकती, प्रतिवाद नहीं कर सकती। वह केवल पिट सकती है और क्षमा माँग सकती है।"

"तुम्हारा मन इस समय स्थिर नहीं है, तार!" हनुमान गंभीर स्वर मे बोले, "तुम्हारी पारिवारिक विपत्ति ने कदाचित् तुम्हारे चित्त को चंचल कर दिया है। जनता निर्वीर्य नहीं है। मेरा विचार है कि जो कुछ हुआ है, वह इतना आकस्मिक है कि उसके लिए रंचमात्र भी प्रस्तुत न होने के कारण जनता हतप्रभ रह गई है। हम लोग स्वयं, जो राजनीति के केंद्र में थे, इन घटनाओं का पूर्वाभास भी न पा सके, तो सामान्य जनता कैसे सँभली रह सकती है। उसे तो ऐसा धक्का लगा है, जैसे किसी ने अकस्मात् बिना किसी चेतावनी के, पीछे से ठेल दिया हो और वह औंधे मुँह भूमि पर जा गिरा हो। उसके नाक-मुँह, हथेलियाँ और घुटने छिल गए हों. ..आप उससे कैसे अपेक्षा कर सकते हैं कि ऐसी स्थिति में इतनी हल्दी वह एक संगठित शासन का विरोध करने के लिए उठ खड़ी होगी?"

हनुमान का मुख आवेश से तमतमा आया था।

"पर हम इतने असावधान ही क्यों?" तार अपने उसी अक्रोशपूर्ण स्वर में बोला, "जनता ऐसी स्थिति में क्यों खड़ी थी कि उसे कोई पीछे से धक्का मार सके? राजनीति का आधार कहीं विश्वास भी हुआ है क्या? सच्चा राजनीतिज्ञ अपने निकट के व्यक्ति को भी संदेह की दृष्टि से देखा करता है।"

"ठीक कहते हो तार!" इस बार सुग्रीव बोले, "तुमने राजनीति के सिद्धान्त कदाचित् ज्यादा समझदारी से पढ़े हैं। तुम जो कह रहे हो, कम-से-कम भविष्य में उसका ध्यान रखूँगा। यद्यपि मैं यह नहीं मानता कि राजनीतिज्ञ को सदा अविश्वास ही करना चाहिए, किंतु यह मानता हूँ कि उसे सावधान अवश्य रहना चाहिए।"

"एक ही बात है।" तार ने बात बीच में ही काट दी।

"यदि तुम्हारा यही तात्पर्य था तो ठीक है," सुग्रीव बोले, "पर जो बात मैं कहना चाह रहा हूँ, वह और है। दो रातें और एक दिन मैं भी बहुत तड़पा हूँ। आक्रोश में जलता-भुनता रहा हूँ। सच कहूँ तो अनेक लोगों पर क्रुद्ध भी होता रहा हूँ...मेरे मन में कहीं यह बड़ी दृढ़बद्ध धारणा थी कि बालि अलोकप्रिय शासक था और मैं बहुत लोकप्रिय हूँ। इसके साथ ही यह विश्वास भी जुड़ा था कि यदि कोई मेरा अनिष्ट करने का प्रयत्न करेगा तो किष्किंधा की साधारण जनता ही नहीं, समस्त वानर-यूथ मेरे पक्ष में उठकर खड़े हो जाएँगे। विद्रोह होगा और मेरे शत्रु को भगाने के लिए दिशा भी नहीं सूझेगी किंतु..." सुग्रीव का स्वर धीमा हो गया, "हम देख रहे हैं कि ऐसा कुछ नहीं हुआ। मेरी हत्या का प्रयत्न हुआ, रुमा का अपहरण हुआ, जाने वह किस अवस्था में होगी..." सुग्रीव का स्वर कुछ काँपा और फिर जैसे सध गया, "किंतु किष्किंधा में किसी के कानों पर जूँ भी नहीं रेंगी।

मेरे अपने मंत्री और सेनापति—कुछ बंदी हो गए, कुछ छिप गए, कुछ ने कोई और मार्ग ढूँढ लिया होगा...क्या अर्थ है इसका ? क्या इसके लिए मैं दोषी हूँ? क्या मेरे साथी विश्वासयोग्य नहीं थे? क्या हमारी जनता कृतघ्न अथवा कायर है?...'' वे रुके। बारी-बारी उन्होंने सबके चेहरों को देखा और बोले, ''मेरा विचार है, इन प्रश्नों का उत्तर जल्दी में नहीं दिया जा सकता। इस विषय में खुला, निष्पक्ष चिंतन अपेक्षित है। बहुत सोचना होगा...सिद्धांतों का व्यावहारिक तथ्यों से मिलान करना होगा। जिन सिद्धातों को व्यवहार झुठला दे, उन्हें छोड़ देना होगा।''

सुग्रीव चुप हो गए। वार्तालाप ऐसे बिंदु पर टूटा था कि आगे कोई निश्चित मार्ग ने होकर, खुला मैदान था। सब ही जैसे पग उठाने से पहले दिशा निहार रहे थे कि किधर चलना उचित हागा...।

''मेरा विचार है कि पहले थोड़ा भोजन कर लें। फिर आगे की बातचीत हो सकती है।'' हनुमान उठ खड़े हुए।

शेष लोगों को भी जैसे साँस लेने का अवसर मिला। सब अपने-अपने ढंग से मन-ही-मन सोचते हुए चुप रहे। हनुमान ने भोजन की व्यवस्था करने में अधिक विलंब नहीं किया। भोजन में कुछ फल थे और थोड़ा-थोड़ा चिऊड़ा। जाने उसका प्रबंध हनुमान ने कब किया था।

हनुमान भी आकर बैठ गए तो नील ने फिर से बात आरंभ की, जैसे वे सबके एकत्रित होने की प्रतीक्षा कर रहे हों, ''युवराज! आपने जो कुछ कहा, उस विषय में कुछ-न-कुछ सोचा भी होगा। औरों के विषय में न सही, अपने विषय में तो सोचा ही होगा। आप इतने असावधान कैसे रहे? सम्राट से आपका मतैक्य तो कभी भी नहीं रहा।''

सुग्रीव मुसरकाए। निर्वासन के पश्चात के पिछले दो दिनों मे वे पहली बार इस प्रकार विषाद-रहित होकर मुसकराए थे, ''तुमने ठीक कहा, नील। मैं पहले अपने ही विषय में सोच रहा हूँ। मुझे लगता है कि मैं घटनाओं के आवेश-जाल में से कुछ-कुछ निकल आया हूँ और तटस्थ होकर सोचने लगा हूँ।''

सब लोग पूरी तन्मयता से सुग्रीव की बात सुन रहे थे।

''बालि से हमारा मतैक्य तो नहीं ही रहा, समय-समय पर खुला मतभेद भी होता रहा है।'' सुग्रीव जैसे अपने-आप से बातें कर रहे थे, ''जब तक बालि सम्राट था, मैं उसे अपनी राय देता रहा; किंतु उसका विरोध कर उसे हानि पहुँचाने की बात मैंने कभी नहीं सोची। अंततः हम भाई हैं, शत्रु नहीं। राजनीतिज्ञ होते हुए भी, हमारे व्यवहार का मूल आधार भ्रातृत्व था। मैंने कभी नहीं सोचा कि हम एक-दूसरे के शत्रु हैं। एक ही कुल के सदस्य, एक ही जाति, एक ही गोत्र—फिर शत्रुता कैसी? वह विरोध भी जैसे आपसी विरोध ही था। उसमें क्रूरता और कठोरता के

लिए स्थान नहीं था..."

"किंतु अब?" हनुमान पूछ रहे थे।

"अब", सुग्रीव मुसकराए, "बालि ने हमें एक नया पाठ पढ़ाया है। उसने हमारा मोह भंग कर दिया है। आज एक सत्य हमारी आँखों के सम्मुख सूर्य के समान जाज्वल्यमान है। राजनीति बच्चों का खेल नहीं है, जिसमें परस्पर-विरोधी पक्षों में खेलकर हम मित्र रह सकें। उसने हमें सिखाया है कि राजनीति का खेल बड़ा हृदयहीन है। शासन की कठोरता में न आपसीपन है, न भ्रतृभाव, वह तो क्रूर शस्त्र के समान चलता है और अपने मार्ग में आनेवाले प्रत्येक व्यक्ति को अंध यंत्र के समान पीस डालता है।" सहसा सुग्रीव ने रुककर तार की ओर देखा, "अपनी चिंताओं में मैं यह पूछना ही भूल गया—अंगद की क्या स्थिति है?"

"राजकुमार!" तार हँसा, "राजकुमार ने कहा था कि वे ठीक हैं; किंतु..."

"किंतु क्या..."

"बालि ने इतने कम समय में ही ऐसा आतंक फैलाया है कि मंत्री हो अथवा राजकुमार—कोई यह कहने का भी साहस नहीं कर सकता कि किसी व्यक्ति के साथ अन्याय अथवा अत्याचार हुआ है।" तार गंभीर स्वर में बोलता चला गया, "इस समय बालि के मत-वैभिन्नय का अर्थ है बालि का विरोध; और बालि का विरोध उसके विधान के अनुसार अपराध है। यदि राजकुमार किसी का पक्ष लेकर उसके लिए क्षमायाचना करें तो उसका अर्थ यह नहीं होगा कि वे अपने प्रभाव से किसी को बचाना चाहते हैं, उसका अर्थ यह नहीं होगा कि वे अपराधी का पक्ष लेकर सम्राट का विरोध कर रहे हैं। इससे वे किसी अन्य का लाभ नहीं कर पाएँगे, अपनी क्षति अवश्य कर लेंगे। अतः वे चुप है।। अद्‌भुत स्थिति है, युवराज!" तार ने विकट मुद्रा बनाई, "ऊँचे-से-ऊँचा अधिकारी सहमा हुआ। प्रत्येक व्यक्ति आशंका से पीड़ित। निकट-से-निकट संबंधी पर भी संदेह! ऐसी स्थिति तो पहले कभी नहीं हुई"

"सचमुच। हमारे जीवन में वह अद्‌भुत समय आया है।" नल बोले।

"एक जिज्ञासा और है, तार।" सहसा सुग्रीव ने कहा, "क्या अंग ने कुछ अन्य लोगों को भी हमारा पता दिया है, या गोपनीय है?"

"मेरी सूचनाओं के अनुसार तो यह सर्वथा गोपनीय है।" तार धीरे से बोला, "राजकुमार ने यह भी कहा था कि किष्किंधा से छिपकर निकलने वाले लोग, एक साथ, एक ही स्थान पर न रहें, तो अधिक अच्छा है। एक ही स्थान पर रहने से गोपनीयता भी नष्ट होती है और एक ही साथ शत्रु के हाथों में पड़ जाने की संभावना भी बढ़ जाती है।"

"ठीक कहा है युवराज ने।" सुग्रीव कुछ सोचते हुए जैसे अपने आप से

बोले।

रात को सोते समय भी सुग्रीव के मन में संध्या की बातचीत घुमड़ती रही। ठीक ही तो कहा तार ने—राजनीतिज्ञ को क्या अधिकार है कि वह असावधान रहे। इतनी बड़ी बात पहले क्यों नहीं आई सुग्रीव के मन में? पहले सुग्रीव ने बालि से धोखा खाया, क्योंकि सुग्रीव को अपने भाई पर कोई संदेह नहीं था। अब सुग्रीव अंगद पर अविश्वास नहीं करते, क्योंकि वह उनका भतीजा है और उनसे राजनीतिक मतैक्य रखता है। वे उसी के निर्देशानुसार ऋष्यमूक पर डेरा डाले हैं। अंगद उनका ठिकाना जानता है। फिर अंगद का भेजा हुआ तार निरंतर उनके साथ है। कहीं ऐसा तो नहीं कि अंगद का इतना विश्वास कर वे फिर धोखा खा जाएँ—पर अंगद पर वे अविश्वास कैसे करें? किंतु यदि बालि सचमुच ही यहाँ नहीं आ सकता, तो अंगद पर संदेह करने का सुग्रीव के पास कोई कारण नहीं है।...क्या सत्य ही अंगद पर संदेह करने का कोई कारण नहीं हो सकता?...

फिर भी सुग्रीव को सावधान तो रहना ही होगा। अब सुग्रीव किसी भी व्यक्ति पर अंधविश्वास नहीं कर सकते, चाहे वह कोई भी क्यों न हो! राजनीति में अंधविश्वास अपराध है—अंधविश्वास ही क्यों, विश्वास भी!

हनुमान, नल, नील अथवा तार में से किसी एक का किष्किंधा के भीतर अथवा नगरद्वार तक हो आना प्रायः नित्यक्रम हो गया था। संध्या तक सुग्रीव को अनेक समाचार मिल जाया करते थे। बालि का शासन अद्भुत गति से काम कर रहा था। ऐसी गति से न पहले घटनाएँ घटी थीं, न समाचार प्रादुर्भूत हुए थे। उन समाचारों को सुनकर, सुग्रीव प्रायः उनका विश्लेषण किया करते थे और अनेक निष्कर्षों को अपनी स्मृति में गहरे उतार लिया करते थे।

अपने भीतर सुग्रीव एक विचित्र अंतर देख रहे थे। क्रमशः उनकी भावुकता विलीन होती जा रही थी और उसके स्थान पर हठ बढ़ता जा रहा था। आरंभ में उनका मन भीतर-ही-भीतर कहीं यह मानने को तैयार ही नहीं था कि बालि सचमुच वही करना चाहता था, जो वह कर बैठा है। उनका विचार था कि बालि बड़ी थकावट और हताशा में किष्किंधा लौटा था और वहाँ सुग्रीव को सिंहासन पर बैठे देखकर बौखला उठा था। कुछ दिनों में जब उसे विश्वास हो जाएगा कि शासन उसके हाथ से छिन नहीं गया, और कोई उसका शासन छीनना भी नहीं चाहता, तो उसकी बौखलाहट कम हो जाएगी। तब उसकी क्रूरता भी समाप्त हो जाएगी। संभव है कि तब वह अपने कारागार के द्वार खोल दे और लोगों को स्वतंत्रता से जीने दे। सुग्रीव के प्रति किए गए अपने अपराधों को पहचानकर क्षमा माँग ले और उससे कोई समझौत हो जाए...किंतु समझौते की बात मन में आते ही, उनकी कल्पना

में रुमा उठ खड़ी होती थी—क्या समझौता हो सकता था बालि से? रुमा के अपहरण के पश्चात कैसा समझौता?

अनेक समाचार आते थे, किंतु रुमा का कभी कोई समाचार नहीं आया। पता नहीं, बालि ने उसे अपने प्रासाद के किस अंधकूप में डाल दिया था कि किसी को उसकी हवा तक नहीं लगती थी। अनेक बार अंगद से संपर्क करने पर रुमा का कोई समाचार नहीं मिला।

सुग्रीव को लगता था, वे प्रतिदिन पहले से अधिक कठोर होते जा रहे हैं। भीतर से आग और ऊपर से पत्थर! अब तक बालि को वे अयोग्य शासक मानते थे, किंतु अब वह अत्याचारी हो गया था। अयोग्य शासक की प्रजा उसकी शिकायत करती है—उसके सम्मुख अपनी माँगें रखती है और उन्हें पूरा करवाने का प्रयत्न करती है; किंतु अत्याचारी शासक से प्रजा घृणा करती है। वह उसका विरोध करती है और अवसर मिलने ही उससे जा टकराती है। क्या बालि से भी टकराने का समय आ गया है? तो प्रजा विद्रोह क्यों नहीं कर रही? क्या अत्याचार सघन नहीं हुआ या वानर-प्रजा दमित जाति है, जो कभी भी शासक के विरुद्ध उठने का साहस नहीं जुटा पाएगी?

सुग्रीव ने सदा अत्याचार और अन्याय का विरोध किया है; किंतु अब तक उन्होंने दूसरों पर हुए अत्याचार को सुना और देखा था। उसे उन्होंने मानसिक सहानुभूति से ग्रहण किया था। अनेक बार वे इस निष्कर्ष पर पहुँचे थे कि बालि अपनी अयोग्यता के कारण, राक्षसों द्वारा वानरों के शोषण और उत्पीड़न को न तो देख पाता है, न उसका प्रतिकार करने का प्रयत्न करता है। किंतु, जो कुछ अब घटित हुआ है, वह सुग्रीव के अपने साथ हुआ है। यह सुना-सुनाया समाचार नहीं है कि राक्षसों द्वारा किसी वानर-कन्या का हरण हो गया—रुमा का हरण किया है बालि ने...कितना भेद है दोनों में! कदाचित् इसीलिए कुछ दिन मन-ही-मन रो-धोकर सुग्रीव अब ताल ठोककर उठ खड़े हुए थे। वे बालि से प्रतिशोध की बात सोचने लगे थे...क्या इसी प्रकार वे लोग भी, जिनके अपने अथवा परिवारों के साथ बालि ने राक्षसी अत्याचार किया है—बालि से प्रतिशोध लेने को उठ खड़े नहीं होंगे?. ..दुर्बल को सबल एक-आध चाँटा मार दे तो और बात है, किंतु निर्बल की सहिष्णुता की भी सीमा होती है। उसे लड़ मरने के लिए तत्पर करने के लिए वह विश्वास दिलाना आवश्यक होता है कि मरना तो उसे है ही, विकल्प उसका अपना—लड़कर मरे या बिना लड़े मरे। और सुग्रीव को लगता था कि उन्हें तथा समस्त वानर जाति को बालि का कृतज्ञ होना चाहिए...सुग्रीव में जो आत्मबल जागा है, समस्त वानर जाति में भी वह कभी-न-कभी जागेगा। जैसे-जैसे दमन बढ़ेगा, वैसे-वैसे उसका विरोध बढ़ेगा। किसी जाति को संघर्ष के लिए तैयार करने के लिए दमन से अच्छा प्रशिक्षक और कौन हो सकता है ?...

किंतु संध्या समय हनुमान जो समाचार लाए, उससे दिन-भर में जमा-जमाया सुग्रीव का अत्मविश्वास हिल उठा।

"बालि ने किष्किंधा का शिक्षा-संस्थान बंद कर दिया है।" हनुमान ने बताया, "और उसके लिए बनाया गया विशाल भवन, सामंतों के मनोरंजन के लिए विनोदशाला में परिवर्तित कर दिया गया है। अब उसमें मदिरालय और वेश्यालय स्थापित किए जाएँगे।"

"आँखों में मूक पीड़ा लिये सुग्रीव, हनुमान की ओर देखते रहे। जब चुप नहीं रह सके तो पूछा, "शिक्षा-संस्थान के अध्यापकों ने कुछ नहीं कहा? आचार्य ने विरोध नहीं किया?"

"आचार्य ने आज सारी राजपरिषद के सम्मुख सम्राट को विश्वास दिलाया है कि वे मन से सम्राट की प्रत्येक नीति के समर्थक हैं और उनमें अटूट निष्ठा रखते हैं।" हनुमान का स्वर कुछ ऊँचा हो गया, "उन्होंने सम्राट के पैर छूकर शपथ ली है कि वे अपने प्राण देकर भी उनकी प्रत्येक आज्ञा का पालन करेंगे। साथ-ही-साथ उन्होंने शिक्षक समुदाय की ओर से समस्त वानरों से निवेदन किया है कि वे प्रसन्न हों कि वे सुग्रीव के पापी शासन से मुक्त हो, बालि की सुदृढ़ तथा शक्तिशाली भुजाओं की छाया में सुरक्षित हैं।"

"आचार्य ने सम्राट के पैर छुए?" आश्चर्य तथा पीड़ा से सुग्रीव का मुख खुला रह गया।

"हाँ, युवराज!" हनुमान का स्वर भी उदास हो गया, "आज तक मैंने सम्राटों को आचार्यों के चरण छूते देखा और सुना है; किंतु पता नहीं, अब वे सम्राट नहीं रहे, या वैसे आचार्य नहीं रहे।"

सुग्रीव को लगा, उनके मन का आदर्श चरमराकर टूट गिरा है और उसके टुकड़ों से उनका मन स्थान-स्थान से छिल गया है। जगह-जगह से रक्तस्राव हो रहा है, और उस आदर्श की मूर्ति के टुकड़ों की चुभन से कितने ही स्थानों से विष जन्म ले रहा है। क्या आचार्य वह होता है, जो अपने टुच्चे स्वार्थों के पीछे, न्याय-अन्याय को अनदेखा कर जाए, अत्याचार को कृपा का नाम दे और अपनी बौद्धिक श्रेष्ठता की ओट में जनसामान्य को भ्रमित करे...क्या लाभ ऐसी विद्या और ऐसे ज्ञान का! पुरानी, सड़ी हुई सूचनाओं के थोथे। चरित्र में उदात्तता का एक कण नहीं। तनिक-सी असुविधा सहन नहीं कर सकते। तत्काल घुटनों पर गिरकर, अत्याचारियों के तलवे चाटने लगे। क्या करेंगे ऐसे लोग किसी देश और जाति का नेतृत्व। सुख-सुविधाओं के कीड़े!

किंतु अगले कुछ ही दिनों में सुग्रीव जान गए कि घुटने टेकने वाले, अकेले शिक्षा-संस्थान के आचार्य ही नहीं थे। एक-एक कर समस्त अध्यापकों और आचार्यों ने सम्राट के समर्थन की शपथ ली थी। कवि और कथाकार अपने तर्क-वितर्क,

चिंतन-मनन, सिद्धांत-आदर्श छोड़कर सम्राट की विरुदावलियाँ गाने लगे। प्रशंसा करने में भी जैसे होड़ लगी हुई थी कि कौन दूसरे से बढ़कर मूर्खता और अपमान की सीमा पार कर सकता है। किसी को न मर्यादा का ध्यान था, न अपने दायित्व का। अंधी दौड़ थी, एक-दूसरे से आगे बढ़ने की और सीमा कोई नहीं थी।

बुद्धिवादियों के पश्चात व्यापारियों की बारी आई। प्रत्येक हाट की ओर से अलग-अलग अभिनंदन हो रहा था। धन एकत्रित कर सम्राट को भेंट किया जा रहा था। सम्राट के कंठ में पड़ी एक-एक पुष्पमाला के लिए व्यापारी समुदाय स्वर्ण-मुद्राएँ देने के लिए प्रस्तुत थे। उनके जीवन की जैसे एकमात्र तृष्णा यही थी कि किसी प्रकार सम्राट उनकी गणना अपने चाटुकारों में कर लें।

सुग्रीव निरंतर सोच रहे थे। दिन-रात में कोई-न-कोई प्रश्न उलझा ही रहता था। कभी सोचते, जन-सामान्य भीरु और कोमल होता है, लोग सम्राट का दबाव नहीं सह सके होंगे। अपने बचाव के लिए झूठा प्रदर्शन कर रहे होंगे। उनसे रुष्ट होने की नहीं, उन पर दया करने की आवश्यकता है...जब तक वे निर्बल हैं, सम्राट के दमन-चक्र का सामना नहीं कर सकते, तब तक वे इसी प्रकार झूठ बोलेंगे. ..किंतु दूसरे ही क्षण सोचते, तो उन्हें लगता कि यह सारा बालि-समर्थन केवल भय के कारण नहीं था। स्वार्थी और अवसरवादी लोगों ने न केवल बालि के सम्मुख नाक रगड़-रगड़कर उसे विश्वास दिलाया था कि वे लोग उसके साथ हैं, वरन् उनके सम्मुख सिद्ध कर दिया था कि वह आज तक के इतिहास का सर्वाधिक लोकप्रिय सम्राट है...सम्राट के मुख से शब्द निकलने भर की देर थी कि चाटुकार लोग औचित्यानौचित्य का विचार छोड़, उसे पूरा करने के लिए जुट जाते थे। राजसभा में उपस्थित होकर अधिक-से-अधिक साक्षियों के सम्मुख, बालि के पैरों पर अपना माथा रगड़ना, राज्य के प्रमुख जनों का पवित्र आचरण हो गया था...और जिस किसी ने इस प्रकार अपमानित होना अस्वीकार किया, उसके विषय में बालि और चाटुकार बार-बार सम्राट को स्मरण कराते रहते थे कि अमुक व्यक्ति ने अभी तक अपना माथा सम्राट के पैरों पर नहीं रगड़ा है। क्या वह सम्राट की विरोधी है?...और कुछ ही दिनों में सूचना मिल जाती कि उन लोगों का स्वाभिमान भी समारोहपूर्वक सम्राट की चरण-वंदना कर आया है...

सुग्रीव सुनते और चुप रह जाते। क्या कर सकते थे वे? कोई भी व्यक्ति, जिसका कभी किसी संदर्भ में सुग्रीव से वास्ता पड़ा था, अपना कर्त्तव्य समझकर, बालि की राजपरिषद में नाक रगड़ आता था। उसके पास अपने बचाव के लिए सुग्रीव की निंदा के सिवाय और कोई मार्ग ही नहीं था। सुग्रीव की अधिक-से-अधिक निंदा बालि की अधिक-से-अधिक दया पाने का साधन थी...कहाँ सुग्रीव सोचते थे कि उनके अपने सहयोगी ही नहीं, सामान्य जनता भी उनका पक्ष लेकर, बालि के सैनिकों से जा टकराएगी और कहाँ उनके अत्यंत निकट के मित्र और सहयोगी,

घोषित रूप में बालि के चाटुकार बन, उनकी निंदा करने में अपना गौरव मानने लगे थे।

तो क्या जन-साधारण में उसका विश्वास झूठा था...वे समझते थे कि इस आकस्मिक धक्के से सँभलते ही लोग चेतेंगे और बालि का विरोध करेंगे। और यहाँ, जैसे-जैसे समय बीतता जाता था, न केवल लोगों के सिर बालि की सत्ता के सामने झुकते जाते थे, उसके स्वाभिमान भी बिछते जा रहे थे। शासन के अत्याचारों के समाचार तो अनेक आते थे, जनता के विरोध का एक भी समाचार कभी नहीं आया। लगता था, जन-साधारण के मन की प्रत्येक आशा बुझती जा रही थी और उनके सिर अंधकार की पूजा में झुक गए थे...इन्हीं लोगों के सुख और स्वतंत्रता के लिए सुग्रीव और उनके साथियों ने अपने स्वपन सँजोए थे। इन्हीं के लिए, उन्हें घर छोड़कर भागना पड़ा और इन्हीं के लिए उनकी रुमा का अपहरण हुआ, और आज भी वह आततायी बालि की क्रूर, भुजाओं में बंदी, तड़प रही है।

और अंत में उसी हताश में से सुग्रीव को आशा की किरण दिखाई दी; वे रुष्ट क्यों हों? ओर हताशा भी क्यों हों?...संकट में ही तो मित्र और शत्रु, अच्छे और बुरे की पहचान होती है। उन्हें तो बालि का भी कृतज्ञ होना चाहिए कि उसने ऐसा अवसर प्रस्तुत कर दिया, जिसमें प्रत्येक व्यक्ति ने अपने-अपने चरित्र को स्पष्ट कर दिया है। बालि की क्रूरता का यह दबाव न पड़ता तो लोगों के चेहरों पर से ये मुखौटे कैसे उतरे?...ये मुखौटे न उतरे तो सुग्रीव उनके चरित्र की धातु केसे पहचानते?

सहसा उनका ध्यान बाहर से आते हुए हनुमान और तार के वार्तालाप के स्वरों की ओर चला गया। वे लोग यदि कहीं गए हुए हों, तो प्रायः इस समय तक लौट आया करते हैं। लौटने के समय में कोई नवीनता नहीं थी, किंतु उनके वार्तालाप में उत्तेजना की कुछ भनक अवश्य थी, जिसका अर्थ था कि आजकल नित्यप्रति घटने बालि अद्‍भुत घटनाओं में भी कुछ विचित्र घट गया था।

वे लोग आकर सीधे सुग्रीव की गुफा के सम्मुख ही रुके। सुग्रीव बाहर निकल आए।

"युवराज!" हनुमान बोले।

"क्या बात है, हनुमान?" सुग्रीव ने कुछ उत्सुकता से उन दोनों को देखा। वे दोनों चुपचाप खड़े थे, एक-दूसरे को देखते हुए, जैसे समझ न पा रहे हों कि बात कहाँ से आरंभ की जाए। तभी सुग्रीव की दृष्टि हनुमान के हाथों में पकड़ी एक पोटली पर पड़ी। एक अत्यंत सुंदर वस्त्र में कोई वस्तु लपेटे वे दोनों हाथों में उसे पकड़े हुए थे।

"यह क्या है, हनुमान?"

हनुमान घुटनों के बल बैठ गए और बड़े यत्न से वह वस्त्र उन्होंने भूमि

पर फैला दिया।

सुग्रीव की आँखें अचरज से फैल गईं। वस्त्र में लिपटे हुए आभूषण वस्त्र पर इधर-उधर फैल गए।

"यह क्या है?" सुग्रीव ने पुनः पूछा।

"युवराज! मतंग वन और किषकिंधा के भीतर भी हमारे कुछ सहयोगी अपने आस-पास होने बालि छोटी-छोटी घटना पर दृष्टि रखते है। और अवसर मिलते ही हम तक सूचना पहुँचा देते हैं।"

"क्या?" सुग्रीव को अपने कानों पर विश्वास नहीं हुआ, "लोग सूचना-संग्रह कर, बालि के विरुद्ध तुम्हारी सहायता करने का साहस करते हैं?"

"हाँ, युवराज!"

"कौन लोग है।वे?"

"कई प्रकार के लोग हैं।" हनुमान बोले, "कुछ तो हमारे पुराने संगठनों के सदस्य हैं, कुछ वे लोग हैं, जो बालि के हाथों पीड़ित हुए हैं, जिनके बंधु-बाँधव या तो कारागार में डाले गए हैं, या अंधकूप में। और कुछ बहुत थोड़े-से वे लोग हैं जो सिद्धांततः अन्याय का विरोध करना अपना धर्म समझते हैं।"

"तो जन-सामान्य अभी निष्प्राण नहीं है।" सुग्रीव बुदबुदाए, "मैंने तो आशा सर्वथा छोड़ दी थी।"

"नहीं, युवराज! हताश होने की कोई बात नहीं है।" तार के स्वर में उल्लास था, "लोगों से हमें क्रमशः अधिक सहायता मिलने लगी है। कुछ ही दिनों में हम अच्छी तरह संगठित हो जाएँगे।"

सुग्रीव फिर अपने भीतर कहीं डूब गए...वे अपने मन में निराशा के जाल ही बुनते रहे और उनके साथियों ने संगठन भी बना डाले।

उन्होंने प्रश्नवाचक दृष्टि से हनुमान को देखा।

"युवराज! आज पर्वत के नीचे वाले क्षेत्र के मतंग वन के चर ने यह सूचना दी है कि उसने वहाँ से राक्षसों का एक रथ जाते देखा था। रथ बहुत वेग से जा रहा था। उसके आगे घोड़े या गधे की जाति के पशु जुते हुए थे, किंतु उनकी गति बहुत अधिक थी। उसे एक राक्षस हाँक रहा था। उसके वस्त्र राजसी थे। शरीर से हृष्ट-पुष्ट लगता था। वर्ण का श्यामल था और उसकी बड़ी-बड़ी मूँछें थीं। रथ यद्यपि चारों ओर से बंद था, किंतु वायु-वेग से गवाक्ष का आवरण हट जाने के कारण वह देख सका कि रथ में एक अत्यंत गौर वर्ण की असाधारण सुंदरी स्त्री बँधी हुई थी। वह स्त्री सहायता के लिए दो व्यक्तियों को बार-बार पुकार रही थी, जिनके नाम 'राम' और 'लक्ष्मण' हैं। ये वस्त्र और आभूषण उसी स्त्री ने चलते हुए रथ में से फेंके हैं..."

सुग्रीव ने झुककर वस्त्र को देखा। वस्त्र बहुत सुंदर थे और कदाचित् किसी

वानरेतर जाति द्वारा बुना गया लगता था। आभूषण सोने के थे, किंतु उनमें एक भी आभूषण ऐसा ऐसा नहीं था, जैसा साधारण स्त्रियाँ पहना करती हैं। निश्चत रूप से वह स्त्री वानर जाति की नहीं थी। किंतु कौन थी वह? कौन था वह राक्षस? वह राक्षस ही था क्या? राक्षस ही रहा होगा, अन्यथा उसके पास रथ और रथ खींचने वाले पशु कहाँ से आते?...किंतु वह स्त्री कौन थी? किसका अपहरण हुआ है?...

"उस स्त्री के विषय में कुछ पता चला?" सुग्रीव ने पूछा।

"नहीं! अभी तक तो कुछ पता नहीं चला।"

"नहीं! अभी तक तो कुछ पता नहीं चला।" तार बोला, "किंतु राक्षस के विषय में संभावना है कि वह रावण ही होगा, क्योंकि सामान्य राक्षसों के पास ऐसे रथ नहीं हैं।"

"हाँ! वह रावण ही होगा।" सुग्रीव बोले, "तभी तो वह पर-स्त्री का हरण करके भी सुरक्षित निकल गया और बालि के कान पर जूँ तक नहीं रेंगी...सुग्रीव द्वारा अलका का उसके पति को लौटाया जाना बालि सहन नहीं कर सकता, किंतु रावण द्वारा कन्याओं का हरण और वानरों का वध सहन कर सकता है।"

सुग्रीव का मन बहुत उदास हो गया। वे चुपचाप लौटकर अपनी गुफा में चले आए। थोड़ी देर खड़े-खड़े दीवार को ताकते रहे और फिर लेट गए। बहुत प्रयत्न करने पर भी उनकी आँखों के सामने से वह दृश्य नहीं हट रहा था। बहुत प्रयत्न करने पर, एक-आध क्षण के लिए ध्यान किसी और दिशा में जाता भी तो फिर लौटकर उसी दृश्य पर टिक जाता। वह स्त्री रथ में बँधी हुई थी और बचाए जाने के लिए बार-बार राम और लक्ष्मण को पुकार रही थी...और वह क्रूर राक्षस रावण, अपना रथ दौड़ाता भागा जा रहा था...दूसरे ही क्षण उस स्त्री का चेहरा रुमा के चेहरे में बदल गया। रथ को हाँकने वाले के स्थान पर बालि आ बैठा और रुमा निरंतर सुग्रीव को पुकार रक्षा करने के लिए कहने लगी...

सुग्रीव की आँखों में अश्रु आ गए। आज भी रुमा उस स्त्री के समान बालि के प्रासाद की दीवारों से सिर टकरा-टकराकर रोती होगी और हर क्षण, हर घड़ी सुग्रीव को पुकारती होगी।...पर क्या करें सुग्रीव? सुग्रीव अपने प्राणों के भय से यहाँ पर्वत की चोटी पर टँगे बैठे हैं...

रावण द्वारा अपहृत स्त्री अपना वस्त्र और आभूषण फेंक गई थी कि किसी प्रकार उनके माध्यम से उसके पति को सूचना मिल जाए...यदि उसके पति को सूचना मिल भी गई तो वह क्या करेगा? है उसमें इतनी क्षमता कि रावण से जा टकराए?...सुग्रीव अभी तक बालि से टकराने की बात नहीं सोच पाए हैं...क्या कर रहे होंगे वे लोग, जिन्हें वह स्त्री अपनी रक्षा के लिए पुकार रही थी? क्या वे भी सुग्रीव के समान किन्हीं गुप्त गुफाओं में छिपकर अपना समय बिता रहे

होंगे? शायद नहीं। जिस ढंग से उस स्त्री ने अपने मूल्यवान आभूषण मार्ग में फेंके हैं—उससे तो लगता है कि उसे पूर्ण विश्वास था कि उसके रक्षक उसे खोजते हुए आएँगे और उसकी रक्षा करेंगे...निश्चय ही वे लोग उस स्त्री को उसी उत्कटता से खोज रहे होंगे, जिस उत्कटता से वह स्त्री उन्हें पुकार रही थी।

किंतु इतना निकट होते हुए थी—प्रासाद के बाहर, यहाँ कि प्रासाद के भीतर भी कभी किसी ने रुमा का चीत्कार-स्वर नहीं सुना। किसी ने सुग्रीव को सूचना नहीं दी कि रुमा उन्हें अपनी रक्षा के लिए पुकार रही थी। उसका चीत्कार सुनते, तो क्या सुग्रीव इस प्रकार चुपचाप बैठे रहते? नहीं, रुमा को शायद विश्वास ही नहीं था कि सुग्रीव उसकी रक्षा के लिए आएँगे। वे उसे सोती छोड़, भाग जो आए थे। कायर सुग्रीव!

सुग्रीव के मन में आया, अपना सिर गुफा की दीवार से दे मारें...अब वे और अपमान नहीं सह सकते...या तो वे रुमा को बालि के हाथों से छीनने का प्रयत्न करें अथवा आत्महत्या कर प्राण त्याग दें...उनके पास हनुमान, नल, नील तथा तार जैसे साथी हैं। आज हनुमान ने उन्हें बताया है कि दलित और दमित प्रजा में से भी लोग अत्याचार का विरोध करने के लिए तैयार हो रहे हैं। संगठन बन रहे है। तो क्यों न सुग्रीव युद्ध की तैयारी करें? वानरों को एकत्रित कर उन्हें सैनिक प्रशिक्षण दें...एक बार शासन सुग्रीव के हाथ में आ जाए, फिर कोई बालि किसी रुमा का अपरहण नहीं कर पाएगा, कोई राक्षस किसी स्त्री का अपरहण नहीं कर पाएगा, कोई राक्षस किसी स्त्री कर अपहरण का किष्किंधा के पास से इस प्रकार सुरक्षित नहीं निकल पाएगा...

किंतु कौन थी वह स्त्री?

उसका अपहरण कहाँ से हुआ था?...

सुग्रीव ने फिर से एक बार वस्त्र और आभूषणों को देखा, किंतु वे किसी निष्कर्ष पर नहीं पहुँचे। ऐसे वस्त्र और आभूषण उन्होंने पहले नहीं देखे थे...किन्हें पुकार रही थी वह स्त्री...'राम' और 'लक्ष्मण'...राम और लक्ष्मण...सहसा उन्हें लगा ये नाम उन्होंने कहीं-न-कहीं सुने हैं...पर कहाँ? किससे? सुग्रीव सोचते रहे...कुछ भी याद नहीं आ रहा था...और सुग्रीव का सिर भारी होने लगा था, जैसे नींद आ रही हो...सुग्रीव की आँखें बंद हो गईं। उन्हें झपकी आ गई थी।...सहसा उनकी निद्रा खुली, तंद्रा भाग गई। जैसे उनकी खोज पूरी को गई थी।...उन्हें याद आ रहा था, उन्होंने शायद दंडकारण्य से आने वाले कुछ यात्रियों के मुख से सुना था कि वहाँ दो आर्य राजकुमार आए हुए थे। उनके पास अनेक दिव्य शस्त्रास्त्र थे और वे लोग बहुत कुशल योद्धा थे। उन यात्रियों ने यह भी बताया था कि उनके संगठन के कारण वहाँ राक्षसों को मनमानी करने में कठिनाई हो रही है। शायद उनके नाम यही थे—'राम' और 'लक्ष्मण'...हाँ! वही होंगे। तभी तो यह स्त्री उन्हें

पुकार रही थी। किंतु पिंजरे में बंद पशु के समान सुग्रीव कहाँ पाएँगे राम और लक्ष्मण को। हाय रे! हतभाग्य सुग्रीव...

अगले दिन सबका ध्यान इस ओर गया कि सुग्रीव पिछले दिन के समान हताश नहीं थे। उनकी स्फूर्ति जाग उठी थी और वे अपनी आत्मलीनता से उबरकर पर्याप्त सजग और सचेत लग रहे थे। प्रातः के व्यायाम और अल्पहार के पश्चात सुग्रीव पिछले दिनों के समान गुमसुम शून्य को नहीं घूर रहे थे। वे पर्याप्त सक्रिय हो उठे थे।

"तुम लोगों ने फिर से संगठन बनाकर कार्य की निश्चित रूपरेखा बनाने की बात मुझसे कही ही नहीं, हनुमान!" वे बोले, "शायद तुम लोगों को मेरी मनःस्थिति उसके उपयुक्त नहीं लगी।" वे मुसकराए, "अब मैं ठीक हूँ। निष्क्रिय पड़े रह कर समय व्यतित करने के स्थान पर, मैं सक्रिय रूप से कुछ करना चाहूँगा।"

"युवराज! किष्किंधा नगरी की स्थिति तो आप जानते ही हैं।" नल बोले, "नगरों से बाहर बसे हुए वानर-यूथों पर दोहरी मार पड़ रही है।"

"दोहरी मार का अर्थ?" सुग्रीव ने पूछा।

"जो किष्किंधा के निकट हैं, वे बालि के हाथों पिट रहे हैं और जो किष्किंधा से दूर हैं, वे राक्षसों के हाथों।" नल बोले, "प्रायः वानर-यूथ मैदानों को छोड़कर या तो गहन वनों में जा घुसे हैं, या पर्वतों की चोटियों पर चले गए हैं। गुप्त-युद्ध के लिए यह बहुत उपयुक्त स्थिति है। आजकल हनुमान दुरूह स्थानों पर छिपे हुए वानरों से संपर्क बनाने का प्रयत्न कर रहे हैं।"

सुग्रीव कुछ प्रसन्न दीखे, "ये तो लाभ की स्थिति है; किंतु पहली बात तो यह है कि हमारी स्थिति कितनी गुप्त तथा कितनी प्रकट है?"

"वैसे तो अभी तक सम्राट को हमारे यहाँ होने का ज्ञान नहीं है।" हनुमान बोले, "मदिरा उन्हें इतना अवकाश ही नहीं देती। राजकुमार अंगद से हमारा संपर्क बना हुआ है और वे बार-बार यही संदेश दे रहे हैं कि सम्राट को यदि आपके यहाँ होने की सूचना मिल भी जाए तो भी वे मतंग वन में कभी प्रवेश नहीं करेंगे।"

"शायद अंगद ठीक ही कहता है।" सुग्रीव बोले, "मेरा भी यही अनुमान है कि बालि मतंग वन में प्रवेश नहीं करेगा। वैसे, हनुमान! यदि कोई मतंग वन में आए तो उसके विषय में हमें सूचना कब और कैसे मिलेगी ?"

हनुमान मुसकराए, "युवराज! वन में किसी के प्रवेश करते ही हमें सूचना मिल जाएगी। वन के आरंभ होते ही हमारी गुप्त चौकियाँ आरंभ हो जाती हैं।"

"मेरा अनुमान था कि शायद तुमने ऐसी कोई व्यवस्था कर ली होगी।" सुग्रीव मुसकराए...और सहसा, जैसे उनके मन में कोई नया विचार आया, "सुनो! कुछ बातें मुझे तुम चारों से ही करनी हैं।"

चारों व्यक्ति के चेहरे उल्लसित हो उठे।

"दूसरी बात—कल तुम लोग एक अपहृत स्त्री का समाचार लाए थे, उसके विषय में अधिक खोज-खबर रखी जाए। मेरा विचार है कि राम और लक्ष्मण वे ही आर्य राजकुमार हैं, जिनके कारण दंडकारण्य में राक्षसों के सम्मुख बाधाएँ उपस्थित हो रही हैं।"

"युवराज की इच्छा का हमें ध्यान रहेगा।" तार बोले।

पर सुग्रीव ने जैसे उनकी बात सुनी ही नहीं, "यदि किसी प्रकार हम उनसे संपर्क स्थापित कर पाएँ, हमें उनसे बहुत सहायता मिल सकती है।"

प्रातः एक-एक कर वे चारों किसी-न-किसी दिशा में निकल गए; किंतु नित्य के समान, आज, सुग्रीव जाकर अपनी गुफा में नहीं लेटे। वे अच्छी प्रकार समझ गए थे कि उन्हें इस प्रकार अकेले छोड़कर जाने का अर्थ था कि मतंग वन में ऋष्यमूक के चारों ओर हनुमान के चर इस स्थिति में थे कि सुग्रीव के लिए तनिक-सी भी आपत्ति उपस्थित होते ही, उन्हें सचेत कर सकें। हनुमान भी इस प्रकार की सूचना से अनभिज्ञ नहीं रहेंगे। अद्भुत हैं, हनुमान भी...

सुग्रीव ने खड्ग बाँधा, गदा उठाई और चल पड़े—आज उनमें तनिक भी आलस्य नहीं था...वे भी तो देखें कि मतंग वन में हनुमान ने कैसी व्यवस्था कर रखी है...

शिलाओं और गुफाओं को पीछे छोड़ते हुए सुग्रीव गहन वन में प्रवेश कर गए। वे चलते जा रहे थे और सोचते जा रहे थे, सारे वन में कहीं कोई व्यक्ति दिखाई नहीं देता था। पता नहीं, हनुमान के प्रहरी कहाँ थे, जिनके भरोसे वह इतना निश्चिंत था। फिर भी, यह नहीं कहा जा सकता कि वह निश्चिंतता झूठी थी। हनुमान ऐसा व्यक्ति ही नहीं था, जो अपने किसी भी काम को इतने हल्के ढंग से करे। यदि हनुमान ने कहा है तो निश्चित रूप से निश्चिंत रहने बालि बात रही होगी...

बीच-बीच से वन्य-पशुओं के स्वर वायुमंडल में तैर जाते थे। सबसे ऊँचा स्वर मतंगों का था...मतंगों के शब्द के साथ ही सुग्रीव की स्मृति में कुछ पुरानी बातें ऊभ-चूभ करने लगीं...सुग्रीव ने सुना था कि बालि जब दुंदभि के पीछे-पीछे इस वन में आया था, तो वह चिंघाड़ते हुए मतंगों के आक्रमण से भयभीत होकर लौटा था। तब से वह इस वन में कभी नहीं आया...मायावी के कारण भी नहीं...तो क्या सुग्रीव इसी कारण सुरक्षित हैं...

उनके पग रुक गए। सामने एक झुरमुट में हनुमान और शिल्पी बेठे थे। उनके बैठने और बातचीत की पद्धति में कुछ भी गोपनीय नहीं था। वे निःशंक बैठे बातें कर रहे थे।

सुग्रीव को देखते ही वे दोनों उठ खड़े हुए।

"तुम यहाँ कैसे, शिल्पी?" सुग्रीव ने अत्यंत आश्चर्य से पूछा।

"हनुमान को कुछ सूचनाएँ देने आया था।" वह मुसकराया।

"किंतु," सुग्रीव अब भी चकित थे, "मैंने सुना था, बालि ने उन्हें बंदी करने का आदेश दिया है।"

"युवराज ने ठीक सुना था, "शिल्पी बोला, "किंतु वह आदेश वापस ले लिया गया है।"

"कैसे? अंगद के प्रभाव से?"

"नहीं।" शिल्पी की मुसकान में वक्रता घुल गई, "रत्ना के प्रभाव से।"

सुग्रीव का आश्चर्य बढ़ गया, "रत्ना कौन है?"

"उसे आप नहीं जानते।" शिल्पी बोला, "वह इन दिनों किष्किंधा की सबसे सुंदरी वेश्या है।"

"वेश्या का कैसा प्रभाव?"

शिल्पी खुलकर मुसकराया, "इन दिनों किष्कंधा की सारी राजनीतिक सत्ता वेश्याओं और उनके संबंधियों के हाथों में है। जो स्त्री स्वयं को, और जो पुरुष अपने घर की स्त्रियों को वेश्या बना सकें, वे बालि से सब कुछ पा सकते हैं।"

सुग्रीव आँखों में पीड़ा का भाव लिये शिल्पी को देखते रहे। अंत में उनके मुख से निकला, "इंद्र का पुत्र..."

अपनी स्तब्धावस्था से उबरने में सुग्रीव को थोड़ा समय लगा। उबरने के पश्चात वे सहज हो गए, "पर तुम तो अब भी संकट से खेल रहे हो, यहाँ कैसे चले आए?"

इस बार शिल्पी मुसकरा नहीं सका। बोला, "युवराज! संकट तो है ही; किंतु जब न्याय का युद्ध होने को हो, साफ-साफ दो वर्ग बनकर सामने आ रहे हों, तब भी यदि सामान्य जन संकट के भय से अन्याय का पक्ष लेगा या तटस्थ रहने का नाटक करेगा, फिर तो मानवता अत्याचार के विरुद्ध कभी नहीं लड़ सकेगी। इससे बड़ा संकट और क्या हो सकता है; इसीलिए मैंने छोटे संकट झेलने का निश्चय किया है।"

"सच कहते हो, शिल्पी!" सुग्रीव आत्मचिंतन के-से स्वर में बोले, "हम छोटे संकट से बचने के लिए ही बड़े संकट झेलते चलते हैं...तुम किस काम से आए?"

"हनुमान को बता चुका हूँ, युवराज!" शिल्पी धीरे से बोला, "अब चलूँगा। अनुमति दें।"

शिल्पी चला गया तो सुग्रीव ने हनुमान को देखा। वे कुछ आंतरिक रूप से गंभीर लग रहे थे।

"क्या बात है, हनुमान?"

"आइए, युवराज! वापस चलें।" हनुमान सुग्रीव के साथ-साथ मुड़े, "शिल्पी सूचना लाया है कि आपको किष्किंधा से खदेड़कर भी सम्राट संतुष्ट नहीं है। उन्होंने खोज करवाई है और उन्हें कुछ-कुछ आभास है कि आप ऋष्यमूक पर्वत पर कहीं छिपे हुए हैं। अंगद का कहना है कि सम्राट कुछ कारणों से स्वयं मतंग वन में प्रवेश नहीं करेंगे...

"मैं जानता हूँ।" सुग्रीव बोले।

"वे अपने सेनानायकों को भेजकर न तो पराजय का कलंक झेलना चाहते हैं, न भाई को कायरतापूर्वक मरवाने का अपयश...किंतु सम्राट की इच्छा है कि आपके वध की योजना बनाई जाए और किष्किंधा के व्यावसायिक अपराधियों को धन का लालच देकर आपके पीछे लगा दिया जाए।"

सुग्रीव के पग रुक गए।

"विश्वास नहीं होता, हनुमान!"

"सूचना राजकुमार अंगद ने भेजी है, युवराज!"

सुग्रीव कुछ नहीं बोले। वे चुपचाप चलते रहे। उनके भीतर चिंतन-प्रक्रिया चल पड़ी–बालि के कपट, विश्वासघात, क्रूरता तथा दमन को देखते हुए–रुमा के अपहरण और उनके अपमान के बाद भी सुग्रीव अजाने ही, मन-ही-मन कहीं मानकर चल रहे थे कि बालि उनका भाई है। मूलतः वह उनसे प्रेम करता है, किंतु इस समय एक भ्रांति के कारण वह उनका विरोधी हो गया है। उन्हें लगता था कि समय बीतने के साथ-साथ बालि का आवेश कम हो जाएगा और कदाचित् दोनों भाइयों में कोई समझौता हो जाएगा...किंतु यह मृगतृष्णा मात्र है...बालि उनका भाई नहीं है, वह किसी भ्रंति के कारण क्रूर नहीं हुआ है। वह तो अत्याचार और दमन का मत्त-मतंग है। मार्ग में आनेवाले प्रत्येक दुर्बल जीव को वह पीसता जाएगा। वह मतंग अब सुग्रीव पर चढ़ दौड़ा है। वह वापस नहीं लौटेगा। विकल्प दो ही हैं–या तो मतंग के समाने वे लेट जाएँ और वह उन्हें पीसता हुआ आगे बढ़ जाए, या दुर्बल होने पर भी उस मतंग की सूँड़ उखाड़ने का प्रयत्न करें।

–ठीक कहता है शिल्पी! न्याय को युद्ध होने का हो, दो वर्ग साफ पृथक् हो रहे हों, दोनों ओर सेनाएँ सज रही हों, तब भी तटस्थता के नाम पर सेनाओं से अलग खड़े रहना कायरता और नीचता है–सुग्रीव से अधिक समझदार हनुमान और अन्य साथी हैं। उनकी राजनीतिक समझ अधिक सुथरी है। सुग्रीव इसे पारिवारिक झगड़े से अधिक महत्त्व नहीं देना चाहते थे...किंतु उनके साथी उसे आरंभ से ही न्याय और अन्याय का युद्ध मानकर चल रहे हैं...अब सुग्रीव को भी इसे उसी दृष्टि से देखना होगा। जब यह भार उन्हीं के कंधों पर पड़ा है तो उन्हें अपनी निजी सींमाओं, संबंधों अैर दुर्बलताओं से ऊपर उठना होगा। इसे कर्त्तव्य मानकर ही स्वीकार करना होगा। बालि ओर सुग्रीव भाई नहीं हो सकते–उन्हें दो विरोधी शक्तियों का

रूप ग्रहण करना ही होगा। यदि बालि का निश्चय यह है कि ये दोनों शक्तियाँ साथ-साथ जीवित नहीं रह सकतीं, इसलिए सुग्रीव को मरना होगा; तो सुग्रीव का भी निश्चय है कि यदि उसे जीवित रहना है तो बालि को मरना होगा—सुग्रीव को बालिं से लड़ने की तैयारी करनी होगी। अपनी क्षमता को तौलना होगा; न्याय के पक्ष में लड़नेबालि शक्तियों से संपर्क करना होगा। एक-एक वानर को न्याय के पक्ष में लाकर खड़ा करना होगा। अब तक सुग्रीव ने ये सारी बातें राक्षसों के विरुद्ध ही सोची थीं; किंतु अब कौन कह सकता है कि बालि भी राक्षस नहीं हो गया है—क्या भेद रह गया है बालि और रावण में? रावण दूर है, सुग्रीव को पहले बालि से ही निबटना होगा...

"हनुमान!" सहसा सुग्रीव बोले, "दुरूह स्थानों पर छिपे वानरों से संपर्क किया जा रहा है?"

"हाँ, युवराज! प्रयत्न आरंभ कर दिया गया है।"

"यह काम शीघ्र होना चाहिए।"

सुग्रीव पुनः अपने चिंतन में डूब गए।

6

पहले तो रावण ने रक्षिकाओं को ही आदेश दिया कि सीता को अशोक-वाटिका तक पहुँचा आएँ; किंतु बाद में जाने क्या सोचकर उसने अपना विचार बदल दिया था। सीता को अशोक-वाटिका तक पहुँचाने के लिए वह स्वयं साथ आया था। उसका साथ आना सुरक्षा-व्यवस्था की दृष्टि से आवश्यक नहीं था। जितने सशस्त्र सैनिक सीता के रथ को घेरकर चल रहे थे, उनका विरोध कर, उनके हाथों से निकल जाना, सीता की अपनी कल्पना के लिए भी दुरूह था।...किंतु, फिर भी रावण साथ चल रहा था।

"सीते!" रावण का स्वर अत्यंत कोमल था।

सीता ने उसकी बातों तथा संबोधनों के उत्तर प्रायः बंद कर दिए। क्या उत्तर दिया जाए इस षड्यंत्रकारी नीच पुरुष की बातों का!

"सीते! यदि तुम स्वेच्छा से मुझे अंगीकार कर लो तो मैं राम और लक्ष्मण को जीवित छोड़ दूँगा और उन्हें कोई छोटा-मोटा राज्य भी दे दूँगा।" वह रुका, "और स्त्री के बिना राम यदि अत्यंत दुःखी हो, तो मैं उसका विवाह शूर्पणखा से कर दूँगा।"

"तुम्हारी बहन तो अपने दहेज में लंका का राज्य और राजाधिराज का शव लाने बालि थी।" सीता का स्वर वितृष्णा से भर उठा।

रावण हतप्रभ रह गया।

उसे अपनी स्थिति से उबरने में कुछ क्षण लगे, "क्या कहा था शूर्पणखा ने?"

"उसी से क्यों नहीं पूछ लेते!"

रावण सीता को देखता रह गया। वह सीता को नहीं जानता था, किंतु शूर्पणखा को जानता था।...उसकी कामाग्नि वस्तुतः इतनी उग्र थी कि यदि उसका वश चलता तो वह अपनी इच्छापूर्ति के लिए अपने समस्त बंधुओं तथा लंका के साम्राज्य को होम डालती। शूर्पणखा रावण की वास्तविक बहन थी।

सहसा रावण का ध्यान दूसरी ओर चला गया।...यदि किसी प्रकार राम लंका के आस-पास या लंका में आ गया और उसने शूर्पणखा की इच्छा पूर्ण कर दी तो लंका में भयंकर गृह-युद्ध होगा। शूर्पणखा रावण सरीखी योद्धा न सही, किंतु युद्ध-कुशल वह भी है। उसके समर्थक एवं प्रेमी भी अनेक हैं। कालकेय दैत्य आज भी उसके इंगित पर मरने को तत्पर बैठे हैं...

रावण ऐसा गृह-युद्ध नहीं चाहेगा। उसे अनेक लोगों से निबटना है।...और सबसे बड़ी बात, सीता से आत्म-समर्पण करवाना है। ऐसी स्थिति में शूर्पणखा का लंका में अधिक दिन रहना उचित नहीं है। वैसे भी यदि सीता ने रावण का अंगीकार कर लिया तो शूर्पणखा अपनी ईर्ष्या और क्रोध में ही जल मरेगी। उससे सावधान रहना होगा और उसे राम से यथासंभव दूर रखना होगा...इसी सीता के कारण किस झंझट में फँस गया रावण! एक ओर मंदोदरी क्रुद्ध सिंहनी बनी हुई है, दूसरी ओर शूर्पणखा किसी भी समय घातक हो सकती है!...और विभीषण! विभीषण रावण की नीति को कभी स्वीकार नहीं करेगा।...इन सारी परिस्थितियों में रावण को लंका में ही पर्याप्त प्रतिरोध का सामना करना पड़ सकता है...रावण को पहले अपने घर का व्यूह साधना होगा...शूर्पणखा को तो तत्काल ही अश्मद्वीप भेज देना होगा। उसका यहाँ रहना रावण के लिए घातक है।...रावण की ओर से निराश होकर, वह राम को लंका में बुलाने का भी प्रयत्न कर सकती है और यदि राम लंका में आ गया...उसने एक बार मुसकराकर शूर्पणखा की ओर देख लिया तो शूर्पणखा उसकी प्रणय-कृपा पाने की एक आशा में ही लंका को फूँक देगी...

कैसे झंझट में फँस गया रावण केवल इस एक स्त्री के कारण...

रावण ने दृष्टि फेरकर सीता को देखा...दासियों से घिरी, गंभीर तथा परेशान सीता!...इसे प्राप्त न किया तो राजाधिराज होने की क्या सार्थकता? इसे पाने के लिए प्राण न दिए तो जीवन की क्या उपयोगिता?...शूर्पणखा राम को पाने के लिए यदि लंका को फूँक सकती है तो रावण सीता को पाने के लिए संपूर्ण राक्षस साम्राज्य दाँव पर लगा सकता है।

तभी प्रतिरावण हँसा, "यह विरोध राम और रावण का है या रावण और शूर्पणखा का...?"

पर रावण का ध्यान प्रतिरावण से हटकर किन्हीं अनजाने मार्गों पर भटकन-भरी

यात्राएँ करता चला गया।...सीता-प्राप्ति तो बाद में होगी, पहले उसे अपने घर में अपना शासन स्थापित करना पड़ेगा।

प्रतिरावण भी विलीन हो गया। इस बार उसने अधिक हठ नहीं ठाना। कदाचित् शूर्पणखा का भय उपजा जाना ही उसे पर्याप्त लगा था।

सीता से रावण ने कोई विशेष बातचीत करने का प्रयास नहीं किया। वह अन्यमनस्क-सा बैठा किन्हीं गुत्थियों को मन-ही-मन सुलझाता रहा। उसके संकेत पर ही रथ अशोक-वाटिका में प्रविष्ट हुआ। उसकी दृष्टि वाटिका के बाहर स्थापित किए गए सैनिक शिविरों पर पड़ी—एक बार मन में आया भी कि एक साधारण-सी कोमल और कमनीय स्त्री को बंदी बनाए रखने के लिए इतने सैनिकों की आवश्यकता नहीं होनी चाहिए...पर तत्काल ही उसका मन सशंक हो उठा...सीता के संबंध में तनिक भी असावधानी नहीं बरती जानी चाहिए।...अपने बल पर सीता निकल भागने का प्रयत्न कदाचित् न भी करे, किंतु शूर्पणखा अपने सहायकों के माध्यम से उसकी हत्या भी कर सकती है।...सीता की हत्या! इस कल्पना से ही रावण का मन क्षुब्ध हो उठता है...विभीषण उसे मुक्त करवाने में सहायक हो सकता है। और मंदोदरी?...फिर राम के पक्ष का भी कोई व्यक्ति आ सकता है। इन षड्यंत्रों के विरुद्ध रावण को सावधान रहना होगा...पहरे में शिथिलता नहीं करनी होगी...

प्रतिरावण ने अट्टहास किया—'राम का भय तेरे रक्त में घुल गया है...उसके यहाँ आ पहुँचने की भी कल्पना करने लगा है तू?..

रथ रुक गया।

एक निश्चित दूरी पर वृक्षों के पीछे सशस्त्र पुरुष प्रहरियों की टोलियों ने सन्नद्ध होकर घेरा डाल लिया। दूसरी ओर से स्त्री रक्षिकाएँ आईं और हाथों में नग्न खड्ग लेकर वृत्ताकार खड़ी हो गईं। रथ में से दासियाँ उतरीं और उन्होंने सीता को भी उतरने का संकेत किया।

सीता बिना किसी प्रतिरोध के उतर आईं। रथ में बैठे रहने का कोई लाभ नहीं था।

किंतु सबकी अपेक्षाओं के विरुद्ध, रावण रथ में ही बैठा रह गया—जैसे नीचे उतरने की उसकी इच्छा ही न हो...पर यदि उसे रथ में बैठे-बैठे ही लौट जाना था तो यहाँ तक आने की क्या आवश्यकता थी? सीता को वह इससे भी अधिक दृढ़ सुरक्षा-प्रबंध के साथ यहाँ भिजवा सकता था।...दासियों से लेकर पुरुष-रक्षकों तक को ज्ञात था कि यह रावण का प्रमद वन है। किसी स्त्री को यहाँ लाने का एक ही अभिप्राय था। इससे पहले कितनी ही बार ऐसी घटनाएँ घट चुकी थीं।...किंतु आज रावण रथ से नीचे उतरा ही नहीं। वह वापस लौटने को तैयार

लग रहा था।

जाने से पहले वह क्षण-भर के लिए सीता की ओर मुड़ा, "जानकी! किसी वस्तु की आवश्यकता हो तो माँग लो।"

"धनुष-बाण!" सीता अपने सधे स्वर में बोलीं, "जानकी के हाथ में धनुष-बाण देने में भय लगता हो तो एक खड्ग..."

रावण ने कोई उत्तर नहीं दिया। उसने सारथी को रथ मोड़ने का संकेत किया। सीता यह हठ वह उसी क्षण से देख रहा था, जिस क्षण से उसने उसका अपहरण किया था। एक क्षण के लिए भी यह स्त्री न तो भयभीत हुई थी और न दीन। ऐसी स्त्री को जीतना क्या सरल है—जिसमें न भौतिक सुविधाओं ने लिए तनिक भी दुर्बलता हो, न शारीरिक कष्टों का भय!...यह तो मंदोदरी ने बीच में एक प्रतिबंध लगा दिया कि सीता स्वेच्छा से रावण को स्वीकार करे—अन्यथा भी क्या सीता शारीरिक यातना के सामने अपनी पराजय स्वीकार करती?...शायद नहीं! पर ऐसी भी कोई स्त्री हो सकती है, जिसमें न कोई प्रलोभन हो, न कोई भय? रावण ने आज तक ऐसी कोई स्त्री नहीं देखी।

सीता के हाथ में शस्त्र देने का तो कोई अर्थ ही नहीं था। उसकी शस्त्र-परिचालन-क्षमता को रावण जानता था।... इस अवरोध में से वह निकल नहीं पाएगी; किंतु शस्त्र मिल जाने पर युद्ध के माध्यम से अथवा अन्य किसी प्रकार से वह आत्मघात का प्रयत्न करेगी। पर रावण उसे आत्मघात नहीं करने देगा...

अपने महामहालय में लौटने से पूर्व रावण, शूर्पणखा के पास पहुँचा।

"कैसी हो, शूर्पणखे?"

"आप तो प्रसन्न हैं, भैया!" शूर्पणखा की आँखों में हिंस्र चमक थी, "सीता आपके आधिपत्य में है।"

रावण ने देखा—कितनी ईर्ष्या थी शूर्पणखा की आँखों में! कितनी प्रतिहिंसा! विजयी को चीर-फाड़कर खा जाने की पराजित आशंका का दमित रूप...

"भगिनी!" रावण यथासंभव कोमल स्वर में बोला, "विचित्र संयोग है कि मैंने तुम्हें जितना देना चाहा, उतना कभी नहीं दे पाया। उल्टे मेरे कारण तुम्हारी क्षति होती रही। मैंने किसी वीर सेनापति से तुम्हारा विवाह कर तुम्हें एक स्वतंत्र राज्य देना चाहा; किंतु तुमने विद्युज्जिह्व का वरण किया। भाग्य का खेल देखो, तुम्हारा प्रिय मेरे ही हाथों मारा गया। मैंने तुम्हें जनस्थान का भोग दिया। उसे भी मेरी शत्रुता के कारण राम ने तुमसे छीन लिया।" रावण ने रुककर शूर्पणखा को देखा, "यह दण्ड भी तुम्हें मेरी बहन होने के कारण सहना पड़ा। इसलिए तुम्हें किसी भी प्रकार सुखी रखने का मेरा दायित्व और भी बढ़ जाता है।"

'लंका से निष्कासन!" शूर्पणखा का मन चीत्कार कर उठा, 'यह रावण, भाई

का प्यार जताकर, बहन को अपने राज्य से निष्कासित कर रहा है।...'

"तुम्हारे अपमान का प्रतिशोध मैंने ले लिया है।" रावण बोला, "जब तक उस कंगले राजकुमार राम का वध कर हम जनस्थान को पुनः हस्तगत नहीं कर लेते, तब तक तुम सुख से अश्मपुर में रहो। मैं एक शक्तिशाली सेना तथा धन का विपुल भंडार तुम्हारे साथ भेज रहा हूँ...।"

"तुम्हें मेरा कितना ध्यान है, भैया!" शूर्पणखा होंठों पर मुसकान ले आई, "अश्मपुर में मैं बहुत अकेली हो जाऊँगी। वहाँ मुझे शांति नहीं मिलेगी। मैं अभी कुछ दिन और यहीं रहकर अपनी मानसिक शांति लौटाना चाहती हूँ। मंदोदरी भाभी के पास रहना कितना सुखद है।"

'यह तुम्हारी शांति लूटेगी।' प्रतिरावण जोर से हँसा।

"मैंने तुम्हारे प्रस्थान की तैयारियों का आदेश दे दिया है।" रावण बोला, "अपनी सुविधानुसार अपने राज्य में जाकर सुख-भोग करो। ऐसा न हो कि शासक को उदासीन पाकर अश्मपुर के कालकेय स्वतंत्र हो उठें।"

रावण ने शूर्पणखा के उत्तर की प्रतीक्षा नहीं की। वह जानता था कि उसका उत्तर क्या होगा।

शूर्पणखा स्पष्ट देख रही थी कि उसका लंका में रहना ही हितकर था। पर रावण यह नहीं चाहता...इस रावण से तो विभीषण ही अच्छा, जो कम-से-कम अपने मन की बात सच-सच तो कह देता है। पर रावण लंका का राजाधिराज है। उसकी आज्ञा का पालन होगा। हठ में या बल में—वह रावण को जीत नहीं पाएगी। उसे जाना ही होगा...

रावण का रथ दूर निकल गया तो सीता ने अपने वर्तमान परिवेश की ओर ध्यान दिया। इस स्थान के लिए उन्होंने प्रहरियों से बार-बार 'अशोक-वाटिका' का नाम सुना था। जहाँ वे खड़ी थीं, उसके निकट ही एक बड़ा अशोक वृक्ष खड़ा था, जिसके तने के साथ ईंटों का एक वृत्ताकार चबूतरा बना हुआ था। कदाचित् यह वृक्ष की छाया में बैठने के लिए बनाया गया था।...दृष्टि उठाकर देखने पर, अनेक स्थानों पर अशोक वृक्षों के झुण्ड भी दिखाई पड़ते थे। संध्या के झुटपुटे में दूर के अन्य वृक्षों को पहचानना कठिन था, अन्यथा तेरह वर्षों के इस वनवास के पश्चात् सीता के लिए पेड़-पौधे अपरिचित नहीं रह गए थे। वे यदि मुक्त होतीं और दिन का उजाला होता तो वे भी कदाचित् पंचवटी-प्रदेश में प्रवेश करते हुए मुखर के समान उल्लसित मन से वनस्पति की एक-एक जाति को पहचानने का प्रयत्न करतीं...

कितना प्रसन्न था उस दिन मुखर! पर क्या जानता था बेचारा कि अपनी धरती में उसका प्रवेश उसकी मृत्यु की भूमिका बनेगा।...

वे उस स्थिति में नहीं थीं। वनस्पति से अधिक आवश्यक मानव को पहचानना था। रावण की कामना की पृष्ठभूमि में, मार्ग में जो कुछ सीता ने देखा, वह सुखद नहीं था। स्थान-स्थान पर सैनिक शिविर और चौकियाँ। सशस्त्र पुरुष एवं स्त्री प्रहरी—इस समय भी उनके चारों ओर खड्गधारिणी राक्षसियाँ प्रहरियों के रूप में खड़ी थीं और कदाचित् इन वृक्षों के पीछे कहीं पुरुष प्रहरी भी हों...बाईं ओर सादा-सा एक कुटीर था, जिसके पास कुछ निःशस्त्र दासियाँ खड़ी हुईं, अटपटी-सी दृष्टि से सीता को देख रही थीं। कदाचित् यह कुटिया उनके विश्राम और दासियाँ उनकी सेवा के लिए थीं...रावण ने बार-बार सीता को इंगित किया था कि वे यदि उसकी इच्छा के अनुकूल चलेंगी तो उन्हें जीवन की प्रत्येक सुविधा उपलब्ध होगी...

सुविधा! और सीता के मुख पर विद्रूप की स्मित झाँक गई। जो सुविधा सीता ने माँगी है—वह तो रावण ने दी नहीं।...वह सुविधा रावण अपनी इच्छा से नहीं देगा। वह तो सीता को अपने बल और कौशल से ही अर्जित करनी होगी...ऐसी सुविधा स्वेच्छा से कौन देता है, जिससे अधीनस्थ स्वतंत्र हो जाए। वह तो स्वयं ही अर्जित करनी पड़ती है...

सीता ने परीक्षण भरी दृष्टि से उन खड्गधारिणियों की ओर देखा। निर्णय करना कठिन था कि अपना प्रयोग कहाँ से आरंभ करें।...मन में संशय भी था कि यह प्रयोग करना भी चाहिए या नहीं। किंतु योद्धा राम की पत्नी शस्त्रों का प्रशिक्षण प्राप्त कर तेरह वर्षों के वनवास में तपकर भी अपनी मुक्ति के लिए प्रयत्न न करे—सीता ऐसी दीन-हीन तो नहीं थीं।

एक खड्गधारिणी को सीता ने संकेत से अपने निकट बुलाया। मुख से कुछ कहा नहीं—हाथ से इंगित भर किया।

पहले तो खड्गधारिणी को निश्चय करने में समय लगा कि उसे ही बुलाया गया है—फिर कदाचित् वह यह सोचती हुई द्वंद्व में खड़ी रह गई कि बुलाए जाने पर बंदिनी के निकट उसे जाना भी है या नहीं।...अंततः अपने निर्णय के अनुसार, उसने एक निःशस्त्र दासी को सीता के निकट जाने का संकेत किया। शायद सीता को किसी सहायता की आवश्यकता हो—सहायता के लिए दासियाँ थीं। खड्गधारिणियाँ तो इसलिए थीं वे सीता पर नियंत्रण रख सकें तथा उन्हें निरंतर याद दिलाती रहें कि वे बंदिनी हैं...

अपनी ओर बढ़ती हुई दासी को सीता ने लौटा दिया, "तुम नहीं।"

उन्होंने पुनः खड्गधारिणी को संकेत किया।

खड्गधारिणी का द्वंद्व बढ़ गया। वह स्वयं कोई निर्णय नहीं कर पाई। असहायता की स्थिति में उसने अपनी नायिका की ओर देखा।

नायिका स्वयं ही शिथिल पगों से चलती हुई सीता के पास आई, "क्या है? क्या चाहिए तुम्हें? राजाधिराज का आदेश है कि तुम कटीर में विश्राम करो।

भोजन तुम्हें यथासमय परोस दिया जाएगा।''

सीता की दृष्टि, खड्ग को शिथिलतापूर्वक पकड़े हुए, उसके हाथ पर थी। उसके आगे बढ़ने में तनिक भी असावधानी नहीं थी। वह सीता की ओर से आशंकित भी नहीं थी।...और सीता के मन में सारी पद्धतियाँ और युक्तियाँ गूँज रही थीं, जो उन्होंने समय-समय पर राम और लक्ष्मण से सीखी थीं...प्रतिपक्षी के दाहिने हाथ में खड्ग हो, वह दाईं ओर से आ रहा हो तो अपने दाहिने पैर से उसके दाहिने पैर को या तो बलपूर्वक दबा देना चाहिए, या जोर की ठोकर देनी चाहिए...अपने दोनों हाथों से उसकी शस्त्र बालि भुजा की कलाई को कसकर मोड़ देना चाहिए अथवा हाथ पकड़कर झटके से खींच अपने शरीर की आड़ पर रोक, उसे दूसरी ओर उछाल देना चाहिए...

खड्गधारिणी नायिका की चाल में बाधा तभी पहुँची, जब अत्यंत अप्रत्याशित रूप से उसने पाया कि अकस्मात् ही उसके हाथ से खड्ग निकल गया है और वह औंधे मुँह भूमि पर आ गिरी है।...किंतु उसकी स्फूर्ति भी अद्भुत थी। निमिष-भर में वह उठकर खड़ी हो गई और उसने आदेश दे डाले।

एकबारगी ही सारी शस्त्र-धारिणयाँ सीता के चारों ओर घिर आईं और उनके पीछे पुरुष प्रहरियों की पंक्तियाँ भी प्रकट हो गईं। क्षण-भर में ही सीता के सम्मुख स्पष्ट हो गया कि उनके चारों ओर अनेक वृत्ताकार घेरे डाले जा चुके हैं और ऐसे व्यूह में से बचकर निकल पाना कदाचित संभव नहीं है...

दूसरे ही क्षण खड्गधारिणियों का सामूहिक आक्रमण हुआ। सीता के लिए यह भी एक नया खेल था। बीसियों खड्गधारिणियों का सामूहिक आक्रमण इस ढंग से हुआ था कि किसी के शस्त्र ने सीता के शरीर का स्पर्श नहीं किया और उनके शस्त्र-व्यूह में सीता के हाथ का खड्ग पूरी तरह उलझा हुआ था...अगले ही क्षण खड्ग उनके हाथ से निकल गया था...

उन्होंने रस्सियों से बाँध, सीता को अशोक वृक्ष के नीचे बैठा दिया।

''हमें तुम्हारी हत्या करने का आदेश नहीं है,'' खड्गधारिणी नायिका बोली, ''अन्यथा तुम्हारी हड्डियाँ और मांस हम आपस में बाँट चुकी होतीं।'

''अब क्या करोगी?''

''राजाधिराज के पास सूचना भिजवाई है। आज्ञा वहीं से आएगी।'' वह रुककर बोली, ''राजाधिराज की प्रिया होने के नाते आज मृत्यु-दण्ड से बच गई हो।''

सीता को यह सूचना अपने अनुकूल लगी। अपनी कामना के कारण रावण उनके साथ साधारण बंदी का-सा व्यवहार नहीं करेगा; अन्यथा शस्त्र छीनने और सशस्त्र विरोध का दण्ड, सहज ही मृत्यु-दण्ड हो सकता था...

सूचना पाकर रावण स्वयं नहीं आया, कदाचित् वह अन्यत्र कहीं उलझा हुआ था; किंतु लगता था, उसकी आज्ञा कुछ अधिक विस्तृत थी। सूचना लाने वाले चर

ने बड़ी देर तक अपनी बात धीरे-धीरे खड्गधारिणी नायिका को समझाई।

चर की बात सुनकर, खड्गधारिणियों ने सीता को पहले के ही समान घेर लिया। उनके बंधन खोले और मुक्त कर दिया, "राजाधिराज ने तुम्हारा यह अपराध क्षमा कर दिया।"

जब तक सीता कुछ समझें, समस्त खड्गधारिणियाँ पीछे हटकर वृक्षों के झुण्डों के पीछे विलीन हो गईं। अब सीता निःशस्त्र दासियों से घिरी हुई थीं, किंतु यह बात सीता से छिपी न रह सकी कि ये निःशस्त्र दासियाँ शरीर से पर्याप्त हृष्ट-पुष्ट थीं—कदाचित् ये सामान्य सेविकाएँ न हो दण्डधर टुकड़ियों की सदस्याएँ थीं। शस्त्र सीता की आँखों की पहुँच से दूर कर दिए गए थे, ताकि न उनके सम्मुख प्रलोभन हो और न वे पुनः शस्त्र छीनने का प्रयत्न करें।

"अब!"

सीता एक ओर हटकर, एक वृक्ष के तने से लगकर बैठ गईं।

पंचवटी में उनके आश्रम में, उस मायावी तपस्वी के आने के समय से अब तक उनका मन एक क्षण के लिए भी स्थिर नहीं हुआ था। घटनाचक्र ऐसी गति से चला और क्षोभ इतना प्रबल था कि अपनी स्थिति को समझने के लिए भी मन रुककर, एक क्षण के लिए कुछ सोच नहीं सका। अब जाकर कहीं अवकाश मिला था कि वे अपनी स्थिति के विषय में कुछ सोच सकें।

निःसंदेह वे अपने राम से बहुत दूर, इस लंका में, रावण के सुरक्षित गढ़ में बंदिनी थीं। अपनी रक्षा के लिए उनके पास कोई शस्त्र नहीं था। लंका में उनका कोई सहायक नहीं था। राम और लक्ष्मण को कदाचित् आभास भी नहीं मिल सकता था कि वे लंका में इस प्रकार बंदिनी हैं। राम के पक्ष के जिस व्यक्ति ने सबसे अंत में उन्हें देखा, वे जटायु थे—वृद्ध तात जटायु! उस वृद्ध शरीर पर जनस्थान के युद्ध में लगे घाव सभी सूखे नहीं थे कि उन्हें रावण से युद्ध करना पड़ा। किस वीरता से लड़े थे तात जटायु! किंतु अंत में, रावण के भागते हुए रथ से जिस प्रकार वे गिरे थे, उसके पश्चात् उनका बचना कठिन ही था। कदाचित् वे जीवित ही न रहे हों, तो फिर राम को सूचना ही कैसे मिलेगी...

मार्ग में उन्होंने आभूषण भी गिराए थे; किंतु इतने सघन वन में गिराए गए वे आभूषण राम और लक्ष्मण तक पहुँच ही जाएँ—क्या यह आवश्यक है। जाने वे आभूषण कहाँ गिरे हों। कहीं किसी वृक्ष, झाड़ अथवा लता-गुल्म में समा गए हों। वृक्षों के पत्ते झड़-झड़कर उन पर गिरे हों और वे आभूषण नीचे दब गए हों। इतने आभूषण तो उनके पास थे भी नहीं कि वे सारे मार्ग में अनवरत गिराती ही आतीं। जो आभूषण गिराए थे, वे प्रकृति की गोद में कहीं विलीन हो जाने के स्थान पर यदि किसी मनुष्य के हाथ लग गए हों, तो आवश्यक नहीं कि वह मनुष्य

उन्हें राम तक पहुँचा ही दे। वह उन्हें अपने उपयोग में क्यों नहीं लाएगा?...वह उन्हें पहन सकता है, किसी को भेंट कर सकता है, उनके स्थान पर किसी से कोई वस्तु प्राप्त कर सकता है...

और यदि राम को कोई नहीं बताएगा कि सीता का अपहरण रावण ने किया है; और तो और, सीता के अपने शरीर से विलग हुए हुए आभूषण तक नहीं बताएँगे तो राम क्या करेंगे...राम बहुत दुःखी होंगे, उनकी आँखों से अश्रु थम नहीं पाएँगे, वे वन के वृक्षों और पर्वतों की शिलाओं से सिर टकराएँगे...पर उन्हें सीता का पता कौन देगा...पर्वत और वन गूँगे हैं, प्रकृति बधिर है...राम की प्रतीक्षा में सीता जीवन धारण कर सकती है; किंतु सूचना के अभाव में राम कैसे आएँगे...सीता के मिलने की आशा नहीं रहेगी तो राम जीवित कैसे रहेंगे? राम के जीवित रहने की कोई आशा नहीं और सीता के मुक्त होने की?...रावण द्वारा घर्षित होने अथवा उसके द्वारा वध किए जाने की प्रतीक्षा में जीवन धारण करने का क्या अर्थ? प्रत्येक क्षण अपने प्रियजनों के वियोग, अपमान, पीड़ा, क्लेश तथा मृत्यु की छाया में जीवित रहने का क्या अर्थ?...लंबी यातना के पश्चात् पीड़ित एवं अपमानित मृत्यु का आलिंगन करने से तो श्रेयस्कर यही है कि वे तत्काल अपने प्राण दे दें...

किंतु दूसरे ही क्षण उनकी आँखों के सम्मुख राम तथा लक्ष्मण के चेहरे झलमला आए। राम की भंगिमा उनके चिर-परिचित आत्मविश्वास की भंगिमा थी और लक्ष्मण के चेहरे पर उनका वीर दर्प...सीता ने कैसे मान लिया कि राम वन के वृक्षों तथा पर्वत की चट्टानों से सिर टकराकर अपने प्राण दे देंगे और वीरवर लक्ष्मण अपने भैया राम को प्राण देते हुए चुपचाप देखते रहेंगे...क्या इतनी ही जिजीविषा है राम और लक्ष्मण में? क्या इसी संघर्ष शक्ति को लेकर वे अत्याचार को मिटाने निकले थे?...इतने ही सुकुमार थे तो अयोध्या का राज्य छोड़ वन में क्या करने आए थे?...क्या सीता ने अपने राम को छुई-मुई की लता समझा है कि पत्नी का हरण हो गया तो वे बिना प्रतिशोध लिये, बिना अन्याय का प्रतिकार किए, बिना अपनी प्रिया का उद्धार किए चुपचाप अपने प्राण दे देंगे...सीता की आँखों के सम्मुख खर-दूषण के साथ हुआ युद्ध घूम गया...कैसे अकेले राम खड़े थे, पर्वत की चोटी पर, राक्षसों की विशाल सेना के सम्मुख। घाव पर घाव लगे राम को। सारा शरीर रक्त-स्नात हो गया। पर राम क्या तनिक भी डिगे? एक क्षण के लिए भी उनके मन में दुर्बलता जागी?...जब-जब राम की आँखों ने कोई अत्याचार देखा, जब-जब उनके कानों ने कोई आर्त पुकार सुनी, राम की जिजीविषा द्विगुणित हो उठी। प्रत्येक चुनौती ने उसके बल को शाण पर चढ़ाया...वही राम क्या अपनी प्रिया का हरण होने पर मुँह ढाँपकर बैठे रोते रहेंगे?...और प्रवास को गए प्रिय के विरह में कण-कण जलती विरहिणी सुकुमारी नायिका के समान मौन-मूक अपने प्राण दे देंगे?...नहीं! सीता ने यह क्यों नहीं सोचा कि उनके हरण की बात सुनते ही राम के प्राण जल उठेंगे

और उनके साथ सारा वायुमण्डल तप्त हो उठेगा। मृतप्राय लोगों की आत्मा को ज्वलंत अग्नि बना देने वाला व्यक्ति स्वयं राख का ढेर नहीं हो सकता।

और लक्ष्मण! भाभी के इस प्रकार अपहरण की बात जानकर लक्ष्मण क्या शांत रह जाएँगे? लक्ष्मण, जिन्हें परिहास में सीता 'उग्रदेव' कहती थीं—वे उग्रदेव क्या इस घटना के बाद रोने बैठ जाएँगे? संभव है कि पंचवटी की सारी जन-सेना को लेकर चल पड़ें...किंतु जब पता ही नहीं होगा कि सीता कहाँ ले जाई गई हैं, तो सेना को लेकर वे कहाँ जाएँगे?...

सूचना के अभाव में अपनी समस्त तेजस्विता, वीरता, शौर्य, संगठन-शक्ति तथा जिजीविषा के साथ भी राम और लक्ष्मण क्या कर पाएँगे?...

सीता यहाँ से सूचना भिजवाने का प्रयत्न करें? पर कैसे? यहाँ कौन है जो उनका संदेश राम तक पहुँचाए? वे अभी तक यही सोच-सोचकर चकित हैं कि रावण ने उन्हें बंदिनी बनाकर ही कैसे संतोष कर लिया? ये प्रहरी राक्षसियाँ उन्हें अभी तक जीवित देखकर कैसे चुप हैं? उनमें से ऐसा कौन है, जो सीता की बात मानकर राम को सूचित कर आए कि उनकी वैदेही अपनी मुक्ति के लिए यहाँ उनकी प्रतीक्षा कर रही है?

पर यह भी तो संभव है कि राम अपने अनुमान से समझ लें कि यह राक्षसों का ही कृत्य है।...और राक्षसों में सिवाय रावण के और कौन है, जो ऐसा दुस्साहस कर सके।...राम चाहे यह न जानते हों कि सीता कहाँ हैं, पर वे यह तो जानते हैं कि रावण कहाँ है। वे सीता के उद्धार की आशा से न सही, रावण के वध के प्रयत्न के लिए तो लंका में आ ही सकते हैं।

सीता तनकर सीधी बैठ गईं...यही होगा। राम और लक्ष्मण कुटिया मे लौटेंगे। सीता को वहाँ नहीं पाएँगे। तत्काल वे समझ जाएँगे कि यह रावण का कृत्य है। वे अपनी सेना संगठित करेंगे और लंका की ओर चल पड़ेंगे...सीता को धैर्य रखना होगा। राम अवश्य आएँगे। सीता जीवित रह सकीं तो उन्हें मुक्ति भी मिलेगी और राम भी...सीता को जीवित रहना होगा, प्रतीक्षा करनी होगी और अपनी रक्षा भी। संभव है, राम ने उन्हें ऐसे ही दिनों के लिए शस्त्र-शिक्षा दी हो।...यदि कहीं से सीता को कोई शस्त्र मिल जाता...पर कहाँ मिलेगा शस्त्र! कौन देगा उन्हें शस्त्र...!

वृक्षों के पीछे स्थित प्रहरी राक्षसियों के दल में होने वाले कोलाहल ने सहसा सीता का ध्यान बरबस अपनी ओर खींच लिया।...अब तक सीता ने उनकी ओर ध्यान नहीं दिया था। कदाचित् वे लोग बैठी मदिरा पी रही थीं और द्यूत खेल रही थीं।...कोलाहल बढ़ता जा रहा था। उनके स्वर उच्च से उच्चतर होते जा रहे थे। किंतु किसी का भी स्वर सधा हुआ नहीं था। कदाचित् मदिरा के प्रभाव में ही उनके स्वर लड़खड़ा रहे थे।

इन मद्यप, असावधान रक्षिकाओं के भरोसे बंदी कर रखा है रावण ने सीता को?

सीता के मन में हूक उठी—कहीं से एक खड्ग मिल जाता तो वे इन सबको पछाड़ती हुई निकल जातीं। एक प्रयत्न तो असफल हो चुका। किंतु तब वे रक्षिकाएँ सावधान और सतर्क थीं। न तन-मन से शिथिल थीं, न मदिरा के प्रभाव में थीं।...पर यदि वे किसी प्रकार निकल भी जाएँ, तो क्या राम के पास पहुँच जाएँगी?...रावण इतना मूर्ख नहीं है कि इतने परिश्रम से लूटकर लाए गए धन को इन मदिरा-प्रमत्त मूर्खाओं के भरोसे सुरक्षित मान ले। इन रक्षिकाओं के पीछे वृक्षों की दूसरी पंक्ति है। उन वृक्षों के पीछे रावण की सशस्त्र सेनाओं के प्रहरी होंगे। संभवत वाटिका चारों ओर से प्रहरियों द्वारा घेर रखी गई होगी।...और यदि सीता उनके अवरोध में से निकल भी गईं तो कहाँ जाएँगी? सारी लंका नगरी में एक व्यक्ति उनका परिचित नहीं है। किस घर में उन्हें शरण मिल सकेगी? कौन उन्हें आश्रय देगा? जिसके भी द्वार पर जाएँगी, वही रावण का कोई आत्मीय राक्षस होगा। वह सीता को पुनः रावण के हाथों में सौंप देगा। क्या पाएँगी सीता इस भाग-दौड़ में?...यदि वे किसी घर में शरण न भी खोजें, तो भी समुद्र उनका मार्ग रोके खड़ा है। वे किसी भी प्रकार समुद्र को पार नहीं कर सकतीं। ऐसी स्थिति में, या तो समुद्र में डूबकर मरना होगा; उसके तटवर्ती प्रदेश में पशुओं द्वारा भक्षण किए जाने की प्रतीक्षा करनी होगी; भूख-प्यास से प्राण देने होंगे अथवा राक्षसों द्वारा पुनः पकड़ी जाकर कारावास में पड़ना होगा। यदि एक बार मुक्त होकर पुनः पकड़ी गईं तो कदाचित् रावण अधिक कठोर हो जाएगा। तब वाटिका के स्थान पर कारागार में निगड़ाबद्ध करके भी रखा जा सकता है...हाथ-पैरों में बेड़ियाँ डालकर...

''चुप रह, कुकुरात्मजा!'' किसी रक्षिका का लड़खड़ाता चीत्कार सारी वाटिका में तैर गया, ''बड़ी आई धन बालि! रक्षिका की जाति और धनवान बनी है।...कहाँ से आया तेरे पास धन? मैं जानती नहीं क्या...?'' स्वर में आत्मविश्वास बढ़ गया, ''पहले केवल नायक की शैय्या पर आरूढ़ होती थी, अब हाट में भी बैठने लगी!''

''हाट में बैठना निंदाजनक है क्या?'' कोई अन्य स्वर बोला, ''रक्षिका के रूप में जितना धन एक मास के वेतन में मिलता है, हाट में बैठने पर उससे अधिक एक रात में मिल जाता है।...पर तुझे नहीं मिलेगा...'' विकट अट्टहास किया उस स्वर ने, ''तेरा शरीर अब भोग के नहीं, भक्षण के योग्य ही रह गया है। उसमें भी कदाचित् ही किसी को स्वाद आए।''

''अपनी जिह्वा को वल्गा दे, निर्लज्ज!'' पहला स्वर पुनः बोला, ''तेरे पति को एक बार ज्ञात हो गया...''

दूसरे स्वर ने फिर अट्टहास किया, ''मेरा पति तो इस सरलता से धन आता

देखकर विस्मित ही रह गया! वह तो अब सारी स्त्रियों को यही परामर्श दे रहा है कि समय रहते हाट में बैठ जाओ, अन्यथा तुम्हारे वय तक पहुँचकर तो उत्कोच लेकर भी नायक अपनी शैय्या पर पग धरने की अनुमति नहीं देगा।''

''अरे, खेल क्यों बंद कर दिया, निगोड़ियो!'' कोई नया स्वर बोला, ''चलो, फेंको कौड़ियाँ। किसी की शैय्या पर आरूढ़ होना-न होना, हाट में बैठना-न बैठना, तुम्हारी अपनी इच्छा पर है। राक्षसराज रावण ने राक्षसियों को पूरी स्वतंत्रता दे रखी है। राक्षसियों में स्थायी पतित्व का विधान नहीं है।''

''स्थायी पतित्व का विधान नहीं है तो मंदोदरी क्यों किसी अन्य पुरुष के साथ नहीं चली जाती! क्यों सुलोचना के पातिव्रत्य का ढिंढोरा सारी लंका में पीट-पीटकर उसे निकुंभिला देवी के समान पूजनीय बना दिया गया है!'' कोई अन्य स्वर बोला।

''लंका के विधाताओं को अपनी पत्नियों का पातिव्रत्य अच्छा लगता है। परस्त्रियों में उन्हें अस्थायी पतित्व की राक्षसी नैतिकता ही भली लगती है...'' कहने बालि खिलखिलाकर हँस पड़ी, ''तुम लोग किस चक्कर में पड़ी हो। स्वयं राजाधिराज सीता का अपहरण कर लाए हैं या नहीं। जब से लाये हैं, तब से उसे एक-पातिव्रत्य धर्म के दोष समझा रहे होंगे। किंतु यह सत्य वे अपनी पत्नी को कभी नहीं समझाएँगे!''

''किंतु शूर्पणखा तो इस सत्य को बहुत पहले से समझे बैठी है।'' कोई नई रक्षिका उनके वार्तालाप में सम्मिलित हो गई।

''शूर्पणखा हाट में नहीं बैठी। वह आखेट करती है।'' उसने अट्टहास किया, ''बेचारी इस बार बहुत आहत होकर लौटी है। उसका प्रिय तो उसे मिला नहीं, उलटे भाई को सीता मिल गई। दोहरा दुख है हमारी शूर्पणखा को। एक ओर अपनी वंचना के कारण विरह में जल रही है, दूसरी ओर भाई की उपलब्धि के कारण ईर्ष्याग्नि में...।

''उसे उपलब्धि नहीं हुई, यह तो बाध्यता है; किंतु अपने भाई को उपलब्धि त्यागने को कह सकती है।'' उन्मुक्त हँसी के साथ वह राक्षसी बोली।

किसी अन्य स्वर ने भी खिलखिलाकर साथ दिया, ''वहाँ भी बाध्यता है। बहुत पीड़ित है बेचारी। न उगलते बने, न निगलते। सीता रावण के पास रहे और उससे रावण को सुख मिले, यह वह नहीं चाहती। किंतु सीता रावण के पास रहे और राम उसे खोजता हुआ आकर शूर्पणखा के जाल में फँस जाए, यह वह चाहती है। अब बताओ'', उस स्वर ने अल्पविराम के बाद पूछा, ''शूर्पणखा क्या चाहती है, सीता रावण के पास रहे या न रहे?''

''चुप रहो तुम लोग!'' किसी नये सावधान-से स्वर ने सधे हुए भाव से कहा, ''राजाधिराज को रावण कहती हो और राजकुल के विषय में ऐसे खुलकर बातें करती हो। किसी को सूचना मिल गई तो खाद्य पदार्थों तथा सरस वार्तालाप का स्वाद लेने के लिए मुँह के भीतर यह जिह्वा नहीं रहेगी।''

"ठीक कहती है बहन त्रिजटा!" पुनः एक लड़खड़ाता-सा स्वर बोला, "राजपरिवार की चर्चा करनी है तो वीरवर राक्षसेन्द्र, अखिल विश्व के राजाधिराज रावण की स्तुति करो।"

उसके स्वर धीमे पड़े गए और क्रमशः वे लोग मौन हो गईं।

सीता का ध्यान पुनः अपनी स्थिति की ओर लौट आया...कैसे लोगों मे फँस गई हैं वे! रावण तथा उसका अत्याचार तो एक ओर, यहाँ तो इन रक्षिकाओं के वार्तालाप से ही उनका दम घुटने लगता है। क्या रावण ने जान-बूझकर ऐसी रक्षिकाओं को यहाँ नियुक्त किया है, जो अपनी बातों से सीता को मृत्यु से भी कठिन यातना पहुँचाती रहें...क्या इनके पास मदिरा, द्यूत, व्यभिचार, वेश्या-वृत्ति के सिवाय अन्य कोई विषय नहीं है बातचीत के लिए...मल-कीट मल में ही बिलबिलाता रहता है और वहीं प्रसन्न रहता है...यह सब सुनना पड़ेगा सीता को—निरंतर, अनवरत...ये ही लोग उनके आसपास बनी रहेंगी...ऐसी ही चर्चाएँ करेंगी...उनके स्वर सीता के कानों से टकराते रहेंगे, सीता का मन दुःखी होता रहेगा, किंतु वे कुछ नहीं कर सकतीं...हाँ, यदि कोई शस्त्र मिल जाता...यदि इनसे मुक्ति नहीं पा सकतीं तो बहुत व्याकुल होने पर आत्महत्या तो कर ही सकतीं...किंतु कहाँ से मिलेगा शस्त्र...

किसी की आहट पाकर, उन्होंने सिर उठाकर देखा—रक्षिकाओं में से ही एक राक्षसी उनकी ओर बढ़ रही थी। क्या करने आई है यह? सीता सतर्क हो गईं. ..निकट आकर वह सम्मानपूर्वक रुक गई और अत्यंत शालीनता से हाथ जोड़कर उसने प्रणाम किया, "मैं त्रिजटा हूँ, देवि! मेरी नियुक्ति आपकी रक्षिकाओं में की गई है; किंतु मुझे अपनी दासी ही मानें। कोई कष्ट हो तो मुझे अवश्य कहें। मेरे वश में..."

"इन रक्षिकाओं की चर्चाएँ..." सीता के मुख से अनायास निकला, "ये स्त्रियाँ हैं या पशु!"

"मुझे खेद है कि देवि को इनके व्यवहार से कष्ट पहुँचा। मैं प्रयत्न करूँगी कि भविष्य में ऐसी चर्चाएँ देवि के श्रवणों को कष्ट न दें।" वह बहुत धीमे मुसकराई, "ये दया की पात्र हैं, देवि! जिस समाज की अंग हैं, वैसा ही तो व्यवहार करेंगी। जिस समाज में मनुष्य को समारोहपूर्वक पशु बनाया जा रहा है, उसमें ये अबोध स्त्रियाँ सिवाय अपनी भूख जगा, उसके लिए मानवीय-अमानवीय ढंग से छीना-झपटी करने के और क्या कर सकती हैं। पाशविक व्यवस्था में प्रत्येक व्यक्ति पशु बन जाता है, देवि! और फिर पाशविकता में ही स्पर्धा आरंभ हो जाती है।" उसने मौन होकर सीता को देखा, "आप अपना धैर्य न छोड़ें, देवि! आपका कोई अनर्थ न होगा। इन्हें समय-समय पर मैं सँभालती रहूँगी, आप अपने मन को सँभालें।"

त्रिजटा दो क्षण चुप खड़ी रही और फिर प्रणाम कर अपने स्थान पर लौट गई।

सीता के मन का विषाद कुछ हल्का हुआ...इन लोगों में से भी कुछ लोगों में मनुष्यता अभी शेष है।...एक त्रिजटा ही सही, पर कोई तो उनकी पीड़ा समझता है। जो पीड़ा समझता है, उसके मन में सहानुभूति भी होगी; और सहानुभूति में व्यक्ति सक्रिय भी हो सकता है। संभव है, यह त्रिजटा ही समय आने पर उनकी सहायता करने के लिए तैयार हो जाए। एक खड्ग लाकर देना उसके लिए बहुत कठिन नहीं होगा।...एक खड्ग मिल जाए तो सीता को अनेक अप्रिय स्थितियों से मुक्ति मिल सकती है। वे अपने सम्मान की रक्षा कर सकती हैं। कष्टकर परिस्थितियों में प्रतिवाद कर सकती हैं। समय आने पर रावण से खड्ग-युद्ध कर सकती हैं; और यदि कुछ न हो सके तो आत्मवध तो कर ही सकती हैं...किंतु उसने जो कुछ कहा है, वह कहीं मात्र नाटक तो नहीं?...कहीं यह भी रावण की चाल तो नहीं? हो सकता है, रावण के ही आदेश पर त्रिजटा ने सीता से सहानुभूति दिखाई हो और उनका विश्वास प्राप्त कर, उनकी हितू बनकर अंततः वह उन्हें किसी षड्यंत्र में फँसाने का प्रयत्न करे...इस राक्षस नगरी में सीता को किसी का सहज विश्वास नहीं करना होगा...

7

बहुत देर से विभीषण दम साधे बैठे थे। ऐसा भयंकर द्वंद्व उनके जीवन में कम ही आया था। जो कुछ हो रहा था, उसे देखते हुए मौन रह जाना उनके लिए बहुत कठिन था, और बोलने का यह कोई स्थान नहीं था। वे जानते थे कि जो कुछ वे बोलना चाहते हैं, वह इस राजसभा में कदापि सहन नहीं किया जाएगा। यह राजसभा है या लंपटों का अड्डा...जिस अपराध के लिए किसी साधारण अपराधी को कदाचित् मृत्यु-दण्ड दिया जाता, उस अपराध के लिए राजाधिराज की स्तुति हो रही है! चाटुकार सभासद, मंत्री, साम्राज्य के चिंतक तथा विचारविद् लोग रावण की प्रशस्तियाँ गा रहे हैं...पिता परस्त्री के अपहरण जैसा निंदनीय कर्म करके आया है और पुत्र भुजा उठा-उठाकर पिता की वीरता का गुणगान कर रहा है...क्या हो गया है मेघनाथ को?...क्या आदर्श रखा है रावण ने अपने परिवार तथा प्रजा के सम्मुख? आज इंद्रजित पिता द्वारा किए गए अपहरण की प्रशंसा के गीत गा रहा है, तो कल यदि उसका अपना मन किसी पर आ जाएगा, तो क्या वह अपहरण नहीं करवाएगा? अपरहरणों और बलात्कारों के लिए क्या हत्याएँ नहीं होंगी? इंद्रजित करेगा तो क्या उसके भाई नहीं करेंगे? पहले ही साम्राज्य की स्थिति इस दृष्टि से अच्छी नहीं है। राजकीय दण्डधर वैसे ही सिवाय अपने स्वार्थों के और किसी की रक्षा नहीं करते। अपराधों के कीचड़ में वे आकंठ ऐसे धँसे हैं कि साधारण

अपराध तो उन्हें अपराध ही नहीं लगते। सामान्य-जन के धन, सम्मान और प्राणों का उनकी दृष्टि में कोई मूल्य ही नहीं है। उनसे कार्य करवाने के लिए या तो उन्हें सत्ता का भय दिखाना पड़ता है अथवा भारी उत्कोच देना पड़ता है...लंका के लोगों के लिए ये ऐसी जानी-मानी बातें हैं कि सुनकर अब कोई चौंकता भी नहीं है।...और जब कभी साम्राज्य के दण्डधर अथवा सैनिक संधान करते हैं तो सारे अपराधों के मूल में या तो राजाधिराज के अपने पुत्रों में से कोई निकल आता है, अथवा बड़े-बड़े पदाधिकारियों के सुपुत्रों में से कोई। इनमें से कोई न भी हुआ तो इन्हीं की छत्रछाया में पलने वाले मल्लों में कोई होता है। उन अपराधियों को दण्ड नहीं दिया जा सकता, क्योंकि शक्तिशाली राजपुत्रों अथवा राजपुरुषों में से किसी के रुष्ट हो जाने का भय बना रहता है। राजपुत्रों ने अपने-अपने मनोरंजन के लिए मल्लों की सेनाएँ पाल रखी हैं...अपने आश्रयदाताओं के लिए आखेट करते-करते अब इन मल्लों को भी बान पड़ गई है। संध्या का झुटपुटा हुआ नहीं और उन्होंने मदिरा का भाँड अपने कंठ के नीचे उँड़ेला और बंद रथों को लेकर आखेट के लिए निकल गए। कभी कोई वेश्या उनके हाथ लग गई तो ठीक; अन्यथा कोई कुलवधू अथवा कुमारी कन्या ही उनकी बलि चढ़ जाती है!

विभीषण के मन में पिछले सप्ताह घटी घटना फिर से जाग उठी—साम्राज्य के जलसेना के अधिनायक की पुत्री सागरिका अपने छोटे भाई वरुण के साथ साम्राज्ञी के महल में होने बालि संगीत-गोष्ठी में भाग लेने के लिए घर से निकली थी। मार्ग में दोनों भाई-बहन इसी प्रकार के किन्हीं लंपटों के हाथों में पड़ गए। रात तक घर नहीं लौटने पर जलसेना-अधिनायक ने खोज आरंभ की। दण्डधरों के अधिनायक को भी सूचित किया गया, सशस्त्र सेनाओं से भी सहायता ली गई। सारी लंका में त्राहि-त्राहि मच गई। प्रश्न जलसेना-अधिनायक के बच्चों का था, इसलिए दण्डधरों ने भी अपना स्वाभाविक आलस्य छोड़कर आकाश-पाताल एक कर दिया; किंतु बच्चों का कोई पता नहीं चला। तीसरे दिन सागरिका और वरुण के शव समुद्र-तट की पहाड़ियों में पड़े मिले। जलसेना-अधिनायक के बच्चे थे, इसलिए सिंह-शावकों के समान अपने अपहरणकर्ताओं से जूझे थे। अपहरणकर्ता जानें संख्या में कितने थे—पर बच्चों के शरीरों पर घाव अनेक थे। बच्चों ने स्वयं को अपमानित नहीं होने दिया; अपने सम्मान की रक्षा में प्राण दे दिए। सागरिका के शरीर पर तो केवल चार घाव थे; किंतु वरुण के शरीर पर करवाल के बीस घाव थे और फिर भी उस सिंह-पुत्र के मुख पर कहीं दीनता का भाव नहीं था।

सारी लंका हिल उठी थी। स्वयं राजाधिराज ने जलसेना-अधिनायक के घर जाकर, अपने मुख से शोक प्रकट किया था। दो ही तो बच्चे थे जलसेना-अधिनायक के। दोनों का इस प्रकार हृदयद्रावक वध हो जाना इस अपराध-सहिष्णु लंका के लिए भी साधारण बात नहीं थी। बच्चे सुंदर थे, मेधावी थे, वीर थे, साम्राज्य के

इतने बड़े अधिकारी के बच्चे थे—तो भी क्या हो सका? आज तक उनके हत्यारों का पता नहीं चल पाया। साधारण-जन के बच्चे होते तो कदाचित् उनकी हत्या का भी पता न चलता। पहाड़ियों में पड़े-पड़े उनके शव क्रमशः क्षय को प्राप्त होते और अंततः सागर की लहरों के थपेड़े उन्हें अपने साथ बहाकर ले जाते।

और विभीषण के मन में आज भी इस विषय को लेकर कोई द्वंद्व नहीं है कि सागरिका और वरुण के हत्यारों का संधान जान-बूझकर नहीं किया जा रहा है। स्वयं राजाधिराज डरते होंगे कि संधान करने पर यदि अपराधी उनका अपना ही कोई सुपुत्र निकल आया तो?...

पिछले सप्ताह ही जिस अपराध से सारी लंका काँप उठी थी, आज वही अपराध स्वयं लंका का राजाधिराज कर आया है और सारा शासन-तंत्र उसका अभिनंदन कर रहा है।...धिक्कार है इस साम्राज्य पर! प्रजा के सम्मुख अपने चरित्र का कैसा सुंदर उदाहरण रखा है राजाधिराज ने...कैसा अनुकरणीय...!

सहसा नाना सुमाली ने सभागार में प्रवेश किया।

''आओ, पुत्र! मैं तुम्हें अपने वक्ष से लगा लूँ और तुम्हारा अभिनंदन करूँ।''

विभीषण को लगा, किसी ने उनके कानों में दहकते हुए अंगारे भर दिए हैं...वृद्ध नाना का यह व्यवहार...रावण को ताड़ना तो नहीं ही दी, उलटे उसका अभिनंदन हो रहा है...सागरिका का हरण अपराध था, वह शोकपूर्ण और करुण घटना थी तो सीता का अपहरण कैसे अभिनंदनीय हो गया...

''वत्स! तुमने शत्रु-पत्नी का अपहरण कर एक ओर उसका क्षय कर दिया और दूसरी ओर हमारा सिर गौरव से ऊँचा कर दिया।''

विभीषण का हृदय जल उठा। स्वयं को रोकना उनके लिए संभव नहीं रहा। ''क्षमा हो, राजाधिराज! असुरक्षित स्त्रियों के हरण में मुझे कोई वीरता दिखाई नहीं देती।''

रावण का उल्लसित चेहरा क्षण-भर के लिए संकुचित हुआ और फिर उस पर घृणा के भाव स्पष्ट हो गए। सीता-हरण के लिए जाते हुए भी रावण ने विभीषण के विषय में सोचा था। उसे विभीषण से यही आशा थी। यह व्यक्ति, जिसे आज तक रावण ने आश्रय दिया, भाई होने के नाते अबाध धन-संपत्ति और अधिकार दिए—यह नैतिकता के नाम पर सदा रावण के कृत्यों का विरोध करता है।...रावण जिसका भला करता है, वही रावण का विरोध करने लगता है—शूर्पणखा हो या विभीषण—आज तक रावण ने सबको खरीदा है, किंतु विभीषण की अंतरात्मा का क्रय न रावण का भय कर सका, न रावण का धन और न रावण द्वारा प्रस्तावित भेंट में दी जाने बालि सुंदरियों की सेना! विभीषण अपनी एक सरमा से ही तृप्त है।

''यह राजनीति है, विभीषण।'' रावण का स्वर अत्यंत शुष्क था, ''शत्रु को

तेजहीन और हताश करने के लिए सामरिक महत्त्व की एक चाल।" रावण के चेहरे पर एक क्रुर मुसकान उभरी, "इतने दिनों तक राजसभा में रहकर भी तुम्हारी राजनीतिक बुद्धि का विकास नहीं हुआ।"

"कदाचित् नहीं हुआ।" विभीषण का हृदय आवेश से कठोर होता गया, "राजाधिराज! विभीषण स्त्री के अपहरण को सामाजिक तथा मानवीय अपराध मानता है। यह राजनीतिक चाल नहीं है, यह कामुकता का खुला प्रदर्शन है। कामुकता को गौरवान्वित करना गर्व का विषय नहीं है।"

"राजाधिराज के कृत्यों को गौरवान्वित करने में क्या दोष है, विभीषण?" रावण के बोलने से पूर्व सुमाली बोला।

"दोष कहाँ है।" विभीषण वक्रता से मुस्कराए, "राजाधिराज के द्वारा एक सीता का अपहरण होता है तो लंका में बीसियों सागरिकाओं का हरण होता है।"

"यह पिताजी को अपयश देने का प्रयत्न है।" मेघनाथ दाँत पीसकर बोला।

"मैं अपयश की नहीं, परंपरा की बात कर रहा हूँ।" विभीषण का चेहरा शांत और स्वर गंभीर हो उठा, "प्रजा के सम्मुख दुष्ट उदाहरण रखने से दुष्ट तत्त्वों को बल मिलता है। सूक्ष्म दृष्टि से देखो और गंभीरता से सोचो, इंद्रजित।" विभीषण का स्वर पुनः आवेशमय हो उठा, "इसमें न राजनीति है, न वीरता, न इसमें शत्रु-अशत्रु का प्रश्न है—मूल रूप में यह एक असहाय स्त्री के अपहरण की बात है। वह स्त्री कोई भी हो, यह पुरुष जाति का स्वार्थ है, उसकी पशु-वृत्ति है...अपने पक्ष की पशु-वृत्ति का समर्थन कोई अच्छी बात नहीं है। उसका प्रभाव लंका से बाहर ही नहीं, लंका के भीतर भी होता है। अन्य जातियों के लिए कठिनाइयाँ उत्पन्न करने के प्रयत्न में हम अपने लिए भी उतनी ही कठिनाइयाँ उत्पन्न कर रहे हैं।"

"किंतु वह शत्रु-पत्नी है, विभीषण!" सुमाली ने दोहराया।

"रहने दीजिए, नाना!" रावण ने विवाद को रोक दिया, "इस वैरागी को पुनः उपदेश देने का दौरा पड़ा है। यह इस समय सम्मोहनावस्था में है। इसकी आँखें अब कुछ नहीं देखेंगी, कान कुछ नहीं सुनेंगे। इस विकृत मस्तिष्क को हमारा प्रत्येक शत्रु अपना मित्र दिखाई पड़ता है। हमारा गौरव इसे कुकृत्य लगता है। मेरी समझ में नहीं आता कि मेरी माँ ने मेरा शत्रु अपने ही उदर से क्यों उत्पन्न किया! यह कार्य किसी और के लिए छोड़ दिया होता, तो उसका क्या बिगड़ जाता।"

विभीषण आपे में लौट आए। राजपरिषद् का वातावरण अब तर्क-वितर्क का नहीं था। रावण जब इस मनःस्थिति तक आ पहुँचा था, तो राजसभा में विरोधी मत नहीं रखे जा सकते थे। ऐसे में या तो रावण का समर्थन किया जा सकता था, उसकी प्रशस्ति गायी जा सकती थी, या फिर मौन रहा जा सकता था। अन्यथा बहुत संभावना थी कि रावण के मुख से या तो कोई कठोर दण्ड उच्चरित हो उठेगा अथवा उसका चंद्रहास खड्ग नग्न होकर चमकने लगेगा...

विभीषण अपने स्थान पर बैठ गए। रावण की क्रुद्ध फुफकारती दृष्टि उन्हें घूरती रही। लगता था, नाग ने फन उठा लिया है और प्रतीक्षा में है कि शत्रु में तनिक भी स्पंद हो और वह उसे डंक मारे...किंतु विभीषण दम साधकर पड़े रहे। फुफकारते नाग को दंश का कोई अवसर नहीं मिला और थोड़ी-सी प्रतीक्षा के बाद वह दृष्टि लौट गई...

फिर विभीषण कुछ नहीं बोल सके। उनका मन ही नहीं रमा। उनके भीतर की हलचल इतनी उग्र हो उठी थी कि बातों के लिए आँखें और कान दोनों ही बंद हो गए।

आज ये सब लोग राम को अपना शत्रु बता रहे हैं, किंतु राम ने किया क्या है? वे इनके शत्रु हैं, या ये उनके शत्रु हो रहे हैं...आज रावण को लंका से बाहर अपने शत्रु-ही-शत्रु क्यों दिखाई पड़ रहे हैं! किसी समय एक मित्र सहस्रार्जुन था; क्योंकि रावण उससे पराजित हो गया था। एक मित्र बालि है, क्योंकि रावण उसके व्यक्तिगत शौर्य से भयभीत है। मैत्री भी ऊपर-ही-ऊपर से दिखाने के लिए है, ताकि बालि रावण को कोई हानि न पहुँचाए; अन्यथा वानरों के प्रति रावण का व्यवहार कभी भी मैत्रीपूर्ण नहीं रहा। शेष सब शत्रु-ही-शत्रु हैं। क्यों? ताकि उनकी भूमि हथियाई जा सके, उनकी स्त्रियों का अपहरण किया जा सके, उनके खनिज पदार्थ और उनकी संपदा को लूटा जा सके। मैत्री में तो दूसरे पक्ष को भी कुछ अधिकार देने पड़ेंगे, शत्रु का तो कोई अधिकार होता नहीं—उसका सब कुछ छीना जा सकता है, उसका सर्वांग शोषण हो सकता है...तो फिर क्यों न रावण सबको अपना शत्रु बनाए...अपने भाई कुबेर तक को तो शत्रु बनाकर उसकी लंका छीन ली...जाने कैसे अभी तक विभीषण यहाँ टिके हैं...लोक-लाज है, या सचमुच भ्रातृत्व इतना प्रबल होता है, अन्यथा रावण का अपना तो वही हो सकता है, जो लूट में उसका साथ दे, निर्बलों और असहायों के शोषण में उसकी सहायता करे...दुष्टों, लंपटों तथा अत्याचारियों का हिंस्र पशुओं का सा एक झुण्ड साम्राज्य के पदाधिकारियों की पदवी लिये बैठा है...

किसी की संपत्ति छीन लो, या उसके प्राण ले लो, उसकी स्त्री का अपहरण कर लो—वह अथवा उसका कोई सहायक विरोध करे तो उसको अपना शत्रु घोषित कर अपनी लोलुपता, कामुकता की तृप्ति करो और फिर अपनी इन वृत्तियों को गौरवान्वित करो!

राम शत्रु हैं, तो रावण क्यों नहीं लड़ा राम से? क्या आवश्यकता थी इस षड्यंत्र की? अकेली, अबला, असहाय स्त्री को चुरा लाये और अब अपनी वीरता का बखान कर रहे हैं...वीर तो राम हैं। शूर्पणखा ने उसकी पत्नी की हत्या करनी चाही; किंतु उसके भाई ने केवल अपमान-चिह्न देने के लिए, नाक और कानों को शस्त्र-चिह्नित कर छोड़ दिया। वे लोग नारी का सम्मान करना जानते हैं; अन्यथा

रावण की नीति के अनुसार उन्हें भी या तो शूर्पणखा का भोग करना चाहिए था अथवा अपने सैनिकों के बीच उसे सर्वभोग्या बनाकर रखना चाहिए था...किंतु उन्होंने...

आंज रावण अपनी कामुकता को वीरता कहता है...स्त्री-अपहरण वीरता है, तो जब विद्युज्जिह्व शूर्पणखा को ले गया था तो रावण ने उसकी वीरता का अभिनंदन क्यों नहीं किया? क्यों जाकर उससे युद्ध किया और उसकी हत्या की? जब कुंभीनसी को मधु लंका से निकालकर ले गया था, तो प्रतिशोध के लिए रावण को मथुरा तक धावा बोलने की क्या आवश्यकता थी? क्यों नहीं उसने मधु की वीरता पर प्रसन्नता प्रकट की?...फिर शूर्पणखा और कुंभीनसी तो अपनी इच्छा से अपने वरे हुए प्रेमियों के साथ गई थीं...

सहसा विभीषण का ध्यान उचट गया; सभा भंग हो चुकी थी और रावण अपने स्थान से उठकर खड़ा हो चुका था।

विभीषण भी उठ खड़े हुए।

जाते-जाते रावण विभीषण के पास रुका, "काफी समझदार हो गए हो। तुम्हारा बाद का व्यवहार हमें बहुत पसंद आया।"

विभीषण चुपचाप उसे देखते रहे। रावण अपने अधरों पर एक वक्र मुसकान ले आया और आगे बढ़ गया।

विभीषण का रथ अपने महल की ओर भागा जा रहा था।

हाँ! बाद का व्यवहार तो रावण को पसंद आया ही होगा। वह और चाहता ही क्या है—सब अपना मुख सी लें, मस्तिष्क में ताला लगा लें; और या तो उसे झुकाकर मौन खड़े रहें या या उसकी हाँ में हाँ मिलाएँ।...आज कुम्भकर्ण राजसभा में नहीं था। वह होता तो क्या कहता? क्या वह भी परस्त्री-हरण के लिए इसी प्रकार रावण का अभिनंदन करता?...विभीषण का मन कहता है कि वह नाना अथवा मेघनाथ के समान रावण का अभिनंदन नहीं करता। वह अवश्य ही रावण को प्रताड़ित करता। उसके स्वर को रावण इतनी सुविधा से दबा भी नहीं पाता। कुम्भकर्ण का बल ऐसा नहीं है कि रावण सहज ही उसका दमन कर सके। तभी तो उसके साथ निबटने के लिए, रावण ने दूसरा मार्ग अपनाया है। उसने कुम्भकर्ण को आठों पहर मदिरा में डुबोए रखने का प्रबंध कर दिया है। कुम्भकर्ण जागता है तो मदिरा पीता है। पीते-पीते निढाल होकर सो जाता है। जागता है तो पुनः मदिरा पीने लगता है...रावण ने कुम्भकर्ण को यदि मदिरा के भाँड में परिणत न कर दिया होता तो आज राक्षस-साम्राज्य में कुम्भकर्ण—रावण का सबसे बड़ा प्रतिद्वंद्वी होता—वह न बुद्धि में रावण से कम है, न बल में, न शस्त्र-क्षमता में, न युद्ध-कौशल में...किंतु बेचारा आरंभ में ही रावण से मात खा गया। युद्ध और राजनीति के मार्ग पर अग्रसर

होने देने के स्थान पर, रावण ने उसे मदिरा के भाँडों की ओर अग्र कर दिया...

राक्षस-साम्राज्य के इस अन्यतम राजनीतिज्ञ और योद्धा को स्वयं रावण नष्ट कर रहा है–कुम्भकर्ण का सहोदर भ्राता। रावण ने यह नहीं सोचा कि वह अपने भाई का जीवन नष्ट कर रहा है। उसने यह भी नहीं सोचा कि वह साम्राज्य को एक योग्य व्यक्ति की क्षमताओं से वंचित कर रहा है...वह तो राजनीतिज्ञ है; राजनीतिज्ञ और कुछ नहीं देखता, मात्र अपना स्वार्थ देखता है...किसी का कुछ भी नष्ट हो जाए, किंतु उसका कोई प्रतिद्वंद्वी सक्षम न रह जाए। रावण का अपना भाई भी उसके समान समर्थ नहीं होना चाहिए...

और दूसरी ओर कुम्भकर्ण है कि सब-कुछ जानते-बूझते भी वह रावण पर आँच नहीं आने देगा। कुम्भकर्ण सचेत हो, न्याय-अन्याय के निर्णय में समर्थ हो तो वह रावण के कृत्य का समर्थन कभी नहीं करेगा; किंतु इसी दृष्कृत्य के लिए कोई रावण को दण्डित करना चाहे तो कुम्भकर्ण रावण की ढाल बन जाएगा... मदिरा के अतिरेक से क्रमशः क्षय होने वाले शरीर में एक अद्‌भुत स्नेही हृदय है...उसी स्नेह के आधार पर रावण ने कुम्भकर्ण को भी अपनी हाँ में हाँ मिलाने वाला सामान्य सभासद बना रखा है...पर विभीषण उसकी हाँ में हाँ कैसे मिला सकते हैं?...राक्षसों के वर्चस्व, अपने शत्रुओं और अपनी वीरता की आड़ में रावण क्या कर रहा है...मानव के पशुत्व का गौरव-गान। वह मनुष्य के भीतर सोये हुए पशु को न केवल जगा रहा है, उसे बल भी दे रहा है–अबाध भोग...कोई संयम नहीं, कोई मर्यादा नहीं! सारे विश्व का धन बहता हुआ लंका में आ रहा है; किंतु प्रत्येक लंकावासी अपने भोजन-भर के लिए भी आश्वस्त नहीं है। एक ओर निर्बाध विलास है और दूसरी ओर सीमाहीन भूख। ऐसे भी है जो अपने बच्चों को बेचने को बाध्य हों और ऐसे भी हैं, जो सैकड़ों दासों की सेवा ग्रहण करते हुए भी अभी प्रसन्न नहीं हैं। राजपुत्रों और राजपुरुषों का आचरण ऐसा है कि वे अपने सिवाय प्रत्येक पुरुष को दास तथा प्रत्येक स्त्री को वेश्या बना देना चाहते हैं...धन से न्याय मिल सकता है, विद्या मिल सकती है, सम्मान मिल सकता है, मानव शरीर मिल सकता है–जीवित शरीर शोषण अथवा भोग के लिए; मृत शरीर भक्षण के लिए...धन नहीं है तो भोजन भी नहीं, वस्त्र भी नहीं, औषधि नहीं; सुरक्षा नहीं, न्याय नहीं...धनवान के लिए लंका स्वर्ग है और धनहीन के लिए नरक!

मदिरा का कितना प्रचलन हो गया है लंका में, जैसे लंका के चारों ओर जल का नहीं, मदिरा का समुद्र उफन रहा हो। संस्कृति के नाम पर रावण की राजधानी में सार्वजनिक मनोरंजन के लिए जो नाटक होते हैं, वे हिंसा, विकृत नैतिकता, बलात्कारों, अवैध संबंधों, वेश्या-विटों के संबंधों से भरे पड़े हैं। प्रदर्शन के लिए नारी का नग्न शरीर सबसे महत्त्वपूर्ण वस्तु है।...नई पीढ़ी आँख खोलते ही विलास,

कामुकता तथा अपराध को पहचान लेती है। ये बातें उसके मन में ऐसी बस जाती हैं कि उनकी आँखें और कुछ देख ही नहीं पातीं। विद्यालयों के आचार्य, साम्राज्य के कवि तथा विद्वान मदिरा-लोलुप, लोभी और कायर हो गए हैं। उनके जीवन में एक ही तथ्य रह गया है—राजाधिराज की सेवा में चाटूक्तियाँ प्रस्तुत करना और साम्राज्य से धन ऐंठने का प्रयास करना।

रथ रुक गया।

विभीषण अपने कक्ष में आए तो सरमा ने हँसकर स्वागत किया, ''आज समय कुछ अधिक लग गया, नाथ! श्रांत भी दिखाई दे रहे हैं।''

'हाँ, समय तो अधिक लगना ही था।'' विभीषण पलंग पर लेटते-से बोले, ''राजाधिराज विजयी होकर लौटें तो पार्षदों को अपनी स्वामिभक्ति दिखाने के लिए अधिक समय चाहिए होता है।''

''कौन-सी नई विजय कर आए हैं राजाधिराज?'' सरमा कौतुक भरे स्वर में बोली, ''जिसने प्रिय को थका दिया।''

''ठीक कहती हो, सरमा!'' विभीषण भी कुछ हलके स्वर में बोले, 'राजाधिराज विजयी होकर लौटते हैं तो मेरे लिए परेशानी बढ़ जाती है।''

''आप व्यर्थ ही उद्विग्न क्यों होते हैं?'' सरमा का स्वर स्निग्ध हो उठा, ''अपने काम से काम रखिए। संसार की बातें सोच-सोचकर स्वयं को पीड़ित क्यों करते हैं?''

विभीषण मुसकराए, ''कुछ लोगों की प्रकृति ही ऐसी होती है कि वे संसार-भर की बातें सोचे बिना रह नहीं सकते। वे अपने काम-से-काम रख नहीं सकते।...और फिर प्रिये! अपनी आँख बंद कर लेने से ही तो हम समाज से असंपृक्त नहीं हो जातें रहना तो इसी समाज में है। हम चाह कर भी इनसे असंपृक्त कैसे हो सकते हैं?''

''कौन-सा मोर्चा मार आए राजाधिराज?''

''बहन पति का अपहरण नहीं कर सकी तो भाई पत्नी का अपहरण कर लाया।''

''ओह! वैदेही का अपहरण!''

''हाँ! सूचना मिल गई?''

''यह सूचना तो लंका की हवा में तैर रही है।'' सरमा बोली, ''पर मैंने सुना है कि इस अपराध के लिए राजाधिराज को उकसाने बालि बहन शूर्पणखा भी इससे प्रसन्न नहीं है; और बहन मंदोदरी की भी इस विषय में राजाधिराज से पर्याप्त कहा-सुनी हुई है।''

''भाभी का तो मुझे पता नहीं।'' विभीषण बोले, ''किंतु अपनी बहन के विषय

में निश्चित रूप से कह सकता हूँ कि वह इससे प्रसन्न नहीं होगी। बहन की ईर्ष्या की कोई सीमा नहीं।''

''बहन तो ईर्ष्या के कारण व्यग्र है। आप क्यों उद्विग्न हैं? आपके मन में तो ईर्ष्या नहीं है?'' सरमा मुसकरा रही थीं।

''मैं समाज में फैलते पशुता के इस विष के कारण उद्विग्न हूँ।'' विभीषण बोले, ''इस विष के कारण संसार में आज कोई भी, कहीं भी सुरक्षित नहीं है।''

''आप तो हैं...?''

''इस प्रकार सांत्वना न दो, सरमा!'' विभीषण के स्वर में पीड़ा उभर आई, ''मैं कैसे सुरक्षित हूँ! सागरिका और वरुण के अपहरण से क्या मेरा मन नहीं रोया? और यदि अपने तक सीमित होकर ही जीना है, तब भी सोचना पड़ेगा कि जब समाज में पशुता की ऐसी आँधी चल रही हो, तो जाने उसकी चपेट में कब कौन आ जाए।...कौन कह सकता है, सरमा! कल तुम्हारा ही अपहरण हो जाए।''

''कौन करेगा ऐसा साहस?'' सरमा ने मुसकराने का प्रयत्न किया; किंतु उसके स्वर का धीमापन, उसकी घबराहट प्रकट कर रहा था, ''मैं वीरवर विभीषण की पत्नी हूँ—राजाधिराज के अनुज की पत्नी!''

''राम कम वीर नहीं हैं।'' विभीषण का स्वर गंभीर था, ''मदिरा में धुत्त पशु जब आखेट के लिए निकलते हैं, तो क्या उन्हें दिखाई पड़ता है कि कौन किसकी पत्नी है!...मान लो कि कल राजाधिराज का ही मन तुम पर आ जाए।''

''नहीं!'' सरमा का स्वर सहमा हुआ था, ''मैं उनके भाई की पत्नी हूँ।''

''लंपटता इन संबंधों को नहीं पहचानती, सरमा!'' विभीषण उसी स्वर में बोले, ''आज मैं उनका भाई हूँ, अपनी नीतियों का विरोध करते देख कल वे मुझे अपना शत्रु घोषित कर दें, तो क्या देर लगेगी तुम्हारा हरण होते? आखिर वैदेही का क्या दोष है—यही तो कि उसके पति को राजाधिराज ने अपना शत्रु घोषित कर दिया है।''

''फिर भी!'' सरमा वैसे ही भीत स्वर में बोली, ''मैं उनकी अनुजवधू हूँ—कोई इतना पशु कैसे हो सकता है?''

''रुमा भी बालि की अनुजवधू थी।'' विभीषण जैसे स्वप्न में बोल रहे थे, ''जब मनुष्य पशु हो जाता है, तो फिर कैसा अनुज और कैसी अनुजवधू!''

सरमा कुछ नहीं बोली। फटी-फटी आँखों से अपने पति को देखती रही।

सरमा की फटी आँखें देख विभीषण भी मौन रह गए; अन्यथा उनका कल्पना अश्व तो और भी ऊची छलाँगें लगा रहा था। सरमा तो प्रौढ़ महिला थी—संसार को जानती-बूझती थी...किंतु उनकी पुत्री—कला? जिसे अभी संसार के विधि-विधान का कुछ भी ज्ञान नहीं था। लंका के समाज का तो तनिक भी नहीं। वयः-संधि को पीछे छोड़ती हुई तरुण, जो शायद अपने मन में उठती भाव-तरंगों को भली-भाँति

पहचानती भी नहीं। वह यदि लंपटों के हाथ चढ़ गई तो उसकी रक्षा कौन करेगा?...

विभीषण का सिर चकराने लगा था...

रात को विभीषण पलंग पर लेटे तो दिन-भर की घटनाएँ उनकी आँखों के सम्मुख घूमने लगीं।...रावण ने जब-जब इस प्रकार के कृत्य किए थे, तब-तब विभीषण के मन में विरोध जागा था। हर बार विभीषण ने सोचा था कि वे रावण का विरोध करें और उसे इन घृणित कार्यों से रोकें, किंतु रावण की शारीरिक शक्ति, उसका शस्त्र-कौशल, उसकी राजनीतिक सत्ता तथा उसके समर्थकों को देखकर, वे सक्रिय रूप से कुछ करने का साहस नहीं कर पाए थे। बार-बार वे अपनी असमर्थता को यह समझकर पी गए थे कि यह रावण का कुछ दिनों का उन्माद है—कब तक उसका अविवेक उसे अशुभ मार्ग पर चलाता रहेगा।...किंतु अब सिद्ध हो चुका था कि यह रावण के यौवन का उन्माद अथवा अविवेक मात्र नहीं था; यह तो रावण की प्रकृति है—जो उसके प्राण रहते नहीं जाएगी। उसकी इंद्रियाँ शिथिल हो जाएँगी तो वह अपनी कामुकता की तृप्ति के लिए कोई और मार्ग खोज लेगा...उससे पीड़ित मानवता का त्राण कभी नहीं होगा...और अब उसका सुयोग्य पुत्र शासन-व्यवस्था में बहुत महत्त्वपूर्ण होता जा रहा है। ऐसा पुत्र—जो पिता की कामुकता का भी समर्थन करता है।...ऐसे पिता तो विभीषण ने देखे और सुने थे, जो संतान के प्रति अपने वात्सल्य में बँधे-बँधे अपनी संतान की दुश्चरित्रता की ओर से आँखें मूँद लेते हैं; किंतु ऐसा पुत्र तो उन्होंने पहली बार ही देखा है, जो न केवल अपने पिता की दुश्चरित्रता को स्वीकार करता है, वरन् उसका समर्थन करता है और कदाचित् उसे प्रोत्साहित भी करता है।...रावण की इंद्रियाँ शिथिल भी हो गईं तो क्या—उसने कितने ही रावण और तैयार कर दिए हैं। इंद्रजित और उसके भाई...

किसे सुख मान बैठा है रावण? संयम के अभाव को? संयम प्रकृति का नियम है। और प्राकृतिक नियम को तोड़ने वाला व्यक्ति कभी सुखी नहीं हो सकता। भौतिक सुख किसमें है? खाने में—स्वादिष्ट और गरिष्ठ भोजन के खाने में? व्यक्ति के खाने की मर्यादा होती है। स्वाद के पीछे अधिक खाकर मनुष्य रोगों को आमंत्रित करता है। लंका के धनाढ्य वर्ग में लोग भोजन के अभाव के कारण नहीं, भोजन के अतिरेक से रोगी रहते हैं।...मानसिक सुख क्या है? आत्मप्रशंसा, अन्य लोगों द्वारा की गई चाटुकारिता! उससे अहंकार ही तो स्फीत होगा। अहंकार अपने-आप में ही कष्ट का कारण बन जाएगा। कैसा विचित्र है प्रकृति का संतुलन; और कैसी जटिल व्यवस्था है। अपनी सीमित दृष्टि से जिसे सुख मानकर मनुष्य ललक से उसकी ओर झपटता है, वही उसके दुःख, क्लेश और क्षय का कारण होता है। अंधा है मनुष्य! धन की मृगतृष्णा में स्वयं को ऐसा जकड़ता है कि दलदल में धँसने

के समान आकंठ उसमें जा धँसता है। धन का स्वामी न रहकर धन का दास हो जाता है।...मानवीय धरातल पर तो धन का सुख उसके समान वितरण में है—उसे जनहित में व्यय करने में है। किंतु शोषण द्वारा अर्जित धन को वह मोहांध जनहित में कैसे व्यय कर सकता है—वह तो उसका सुख भोगने के लिए स्वयं को पशु बनाएगा ही। पशु-धरातल पर ही सुख भोगेगा—मदिरा और नारी शरीर का संयमरहित भोग...अनंत तृष्णा के पीछे भागता फिरेगा...सारा साम्राज्य पशु-वृत्ति को पोषित कर रहा है...

विभीषण की विचार-शृंखला भंग हुई...रात के सन्नाटे में किसी के रोने का स्वर उभरा था। स्वर किसी नारी-कंठ का रहा है...

ऊपर से सुखी दिखाई पड़ने बालि यह लंका नगरी कितनी दुःखी है—विभीषण सोच रहे थे—कोई रात ऐसी नहीं बीतती, जब इस प्रकार रोने के कातर स्वर लंका की वीथियों में न गूँजते हों, जब झगड़े अथवा मारपीट की ध्वनियाँ न उठती हों, अथवा सहायता माँगती आर्त्त पुकार न सुनाई पड़ती हो—पता नहीं यह नारी क्यों रो रही थी...संभव है, उसका पति मदिरा में धुत्त इस समय घर लौटा हो और मारपीट कर रहा हो; संभव है द्यूत में हारकर कोई जुआरी अपनी पत्नी के गहने छीन रहा हो; संभव है पत्नी से रुष्ट होकर पति घर से बाहर धकेल रहा हो; या किसी दासी के साथ कोई अत्याचार कर रहा हो; कोई कुलवधू लंपटों के हाथ में पड़ गई हो; या राजपुत्र अथवा राजपुरुष ही कोई अनाचार कर रहे हों?...इस समय विभीषण यदि उठकर जाएँ भी, तो उस प्रासाद में वे प्रवेश नहीं कर पाएँगे। पड़ोसियों अथवा राजशक्ति से उन्हें कोई सहायता नहीं मिलेगी।...प्रासाद के भीतर उसके स्वामी का अधिकार होता है, और नारी का इस समाज में वंचित होने के सिवाय अन्य कोई अधिकार नहीं है...

विभीषण का तेज जागता है, तो उनकी इच्छा होती है कि अपनी गदा लेकर निकल पड़ें और जिस प्रासाद से कोई आर्त्त स्वर आए, उसके कपाटों को तोड़कर भीतर घुस जाएँ तथा प्रासाद के स्वामी का सिर कुचल दें...किंतु दूसरे ही क्षण वे सचेत हो जाते हैं—किसी एक अन्यायी का सिर कुचलकर क्या होगा? यह रावण की व्यवस्था है यह रावण का बनाया हुआ समाज है। इस समय प्रत्येक प्रासाद में कोई-न-कोई अत्याचारी बैठा है; वरन् अत्याचारियों को ही प्रासाद मिले हैं। बिना अत्याचार के प्रासादों का निर्माण ही नहीं हो सकता। अत्याचार द्वारा संचित धन का सुख विभीषण भी भोग रहे हैं। वे इस पाप के भागी नहीं हैं—यह वे कैसे मान लें? किंतु उनकी गदा उठी तो उसे रोकने के लिए रावण का खड्ग उठेगा...इस सारे अनाचार का रक्षक वही है—और उसका तनिका-सा भी विरोध रावण का ही विरोध है...रावण की प्रकृति रंच मात्र भी सहिष्णु नहीं है...

और यदि इस समय विरोध ही करना हो तो सबसे पहले रावण की लंपटता

का ही विरोध होना चाहिए, रक्षा करनी हो तो सबसे पहले वैदेही की रक्षा होनी चाहिए...है विभीषण में साहस? अशोक-वाटिका में जाकर, रक्षकों को मार भगा, सीता को वे सुरक्षित राम के पास पहुँचा सकते हैं? विभीषण की कल्पना में रावण का क्रुद्ध-क्रूर रूप उभरा। क्रोध से फट आई आँखें और नग्न खड्ग पकड़े उठी हुई भुजा।...रावण ने अपने बहनोई का वध कर दिया तो क्या विभीषण को वह छोड़ देगा...और इंद्रजित? रावण के मन में अपने भाई के प्रति कदाचित् करुणा जग जाए; किंतु इंद्रजित के मन में कोमलता कहाँ?

विभीषण को लगा, उनका मन असुरक्षा-भाव से घबरा उठा है। कैसा विचित्र होता है मनुष्य! न्याय की रक्षा से पहले वह अपनी रक्षा करना चाहता है। अपनी असुरक्षा का ध्यान आते ही वह या तो अत्याचार से समझौता कर लेता है या उसकी ओर से आँखें मूँद लेता है...सदा ऐसा ही होता आया है विभीषण के साथ। हर बार उनके भीतर उठे विरोध और विद्रोह के भाव को, आत्मरक्षा के भाव ने दबा दिया है; और रावण का भाई विभीषण कभी नहीं कह सका कि रावण अत्याचारी है...विभीषण ने इस नगरी में सदा स्वयं को असहाय और बाध्य पाया है। परिणामतः उनकी जिह्वा छटपटाकर शांत हो जाती रही है। खड्ग कभी कोष से बाहर नहीं निकला, गदा कभी प्रहार की मुद्रा में ऊपर नहीं उठी...किंतु घुटन और आत्मदमन की भी कोई सीमा होती है, स्वयं अपने-आपको धिक्कारने का भी कोई अंत होता है या नहीं? जब इतने आत्मदमन के पश्चात् भी विभीषण स्वयं को इस राक्षस नगरी के अनुकूल नहीं बना पाए; आज तक वे रावण के आमोद-प्रमोद से तनिक-सा भी सुख नहीं पा सके, तो क्यों नहीं वे मान लेते कि उनका तथा रावण का टकराव अवश्यंभावी है। अंततः किसी दिन तो उन्हें रावण की उठी हुई भुजा थामनी ही होगी। परिणाम चाहे कुछ हो...रावण की भुजा कटे या विभीषण का सिर...कब वह दिन आएगा, जब न्याय का भाव आत्मरक्षा से भी प्रबल हो उठेगा? कब गौरवशाली मृत्यु अपमानित जीवन से अधिक श्रेयस्कर लगेगी? इस प्रकार दबे-घुटे, अपमानित-अवमानित जीवन में ही उन्हें कौन-सी उपलब्धि हो रही है, जिसका सुख वे छोड़ नहीं पा रहे? उनकी मृत्यु हो गई तो संसार की क्या क्षति हो जाएगी...

किंतु सरमा! सरमा की रक्षा कौन करेगा? राम तथा लक्ष्मण जैसे वीरों के होते हुए भी रावण सीता का अपहरण कर लाया, तो विभीषण के न रहने पर सरमा जैसी सुंदरी की क्या गति होगी इस राक्षस नगरी में...सरमा अब तरुणी नहीं रही, नवयौवनावस्था और यौवनावस्था को पार कर प्रौढ़ावस्था की ओर बढ़ रही है...विभीषण की दृष्टि सरमा के चेहरे पर ठहर गई...किंतु पुरुष के लिए वह आज भी लुभावनी है। लंका में पुरुष के संरक्षण के बिना ऐसी स्त्री सुरक्षित नहीं है।...अपने लिए न सही, सरमा के लिए तो उन्हें जीवित रहना ही होगा...

विभीषण की इच्छा हुई, अट्टहास कर स्वयं पर हँस पड़ें, या स्वयं को ऐसा धिक्कारें कि किसी को मुख न दिखा सकें...कैसी आड़ ढूँढ निकाली है अपनी कायरता के लिए...अपने लिए नहीं जीना, सरमा की सुरक्षा के लिए जीना है। अपनी कायरता भी छिपा ली और परमार्थ का गौरव भी ओढ़ लिया...

विभीषण का ध्यान सहसा सरमा से हटकर सीता की ओर चला गया। सरमा उनकी पत्नी है, उसकी रक्षा तो उनका धर्म है ही; किंतु न्याय और धर्म की मर्यादा इतनी ही तो नहीं है कि अपनी सुरक्षित पत्नी का रक्षा का दंभ किया जाए। जब कभी किसी अन्यायी की दृष्टि सरमा पर पड़ेगी और उसका हाथ सरमा की ओर बढ़ेगा, तब विभीषण उसकी रक्षा करेंगे। किंतु सीता? सीता का अपहरण तो हो चुका। रावण उन्हें लंका में ले भी आया है...उनकी रक्षा के लिए क्या किया है विभीषण ने? प्रश्न यह है कि क्या सीता की रक्षा हो भी सकती है?...उड़ता-उड़ता समाचार मिला था कि महारानी मंदोदरी ने राजाधिराज को बाध्य किया है कि सीता को अपने पति को भूलने के लिए एक वर्ष का समय दिया जाए...संभव है यह सत्य हो; अन्यथा रावण सीता को अशोक-वाटिका में क्यों रखता? पर अशोक-वाटिका में रहने भर से ही सीता सुरक्षित हैं क्या? अशोक-वाटिका भी तो रावण का प्रमद वन ही है।...संभवतः भाभी को विश्वास हो कि वर्ष भर के लिए सीता सुरक्षित हो गई...पर भाभी सीता की सुरक्षा क्यों चाहती हैं? क्या उन्हें राम का भय है? क्या वे सीता की रक्षा कर, राम के क्रोध से अपने परिवार को बचाना चाहती हैं? तो क्या वे समझती हैं कि राम वर्ष-भर में आकर सीता को छुड़ा ले जाएँगे? या इस अवधि में सीता को लौटा देने के लिए वे सम्राट को सहमत कर लेंगी?

रावण मान कैसे गया? रावण की प्रकृति को थोड़ा-सा भी जानने वाला व्यक्ति तत्काल कह देगा कि इतना बड़ा त्याग रावण के लिए संभव नहीं है...कौन-सी शक्ति है भाभी के पास अपने पति को बाध्य करने के लिए...इंद्रजित?...सीता-हरण के लिए रावण की जो सबसे बड़ी शक्ति है, वही सीता की रक्षा के लिए भाभी की शक्ति है...एक इंद्रजित ही अब पति-पत्नी दोनों की शक्ति हो गया...

क्या राम जान पाएँगे कि सीता को कौन ले गया? जान गए तो लंका में आने का साहस कर पाएँगे? पंचवटी में उन्होंने अद्भुत वीरता तथा युद्ध-कौशल दिखाया है; पर लंका...? समुद्र...और फिर रावण की सेना...क्या सोच रही हैं भाभी?...

रावण तुल जाए तो लंका में सीता की रक्षा विभीषण नहीं कर सकेंगे। परंतु अपना विरोध तो उन्हें प्रकट करते ही रहना चाहिए। संभव है, रावण का मनोबल ही कुछ कम हो।

विभीषण चौंके। आज सहसा ही उनके मन ने आत्मसाक्षात्कार किया

था...कैसी विचित्र बात थी...विभीषण के मन में सीता की सुरक्षा के लिए अपने भाई के शत्रुओं की सहायता करने का भी विचार आ रहा था...जाने कब से रावण की क्रूर प्रकृति के विरुद्ध विभीषण का मन विद्रोह कर रहा था, किंतु यह उन्होंने आज ही पहचाना था कि अब अपने भाई के प्रति उनके मन में ऐसा कोई स्नेह-सूत्र नहीं रह गया था, जिसके कारण वे उसके अन्याय का भी समर्थन कर सकें।

विभीषण का चिंतन-प्रवाह पुनः टूटा...वे सब भविष्य की बातें हैं। संभव है, वे पुनः रावण को समझाने का प्रयत्न करें। मंदोदरी भाभी और बहन शूर्पणखा भी अपने ढंग से सीता की रक्षा का प्रयत्न करेंगी। संभवतः राजाधिराज के मंत्रियों में अविंध्य भी इस अपहरण का समर्थन नहीं करेंगे...किंतु इस समय भी वैदेही की सुरक्षा के लिए कुछ-न-कुछ करना होगा...और कुछ नहीं सांत्वना के दो शब्द ही सही...प्रातः ही वे सरमा से बात करेंगे। यदि स्वयं सरमा जा सके...या कला के हाथ वैदेही को कोई संदेश भेजा जा सके...

8

सीता ने उसे पहचानने का प्रयत्न किया, किंतु उन्हें तनिक भी याद नहीं आ रहा था कि उसे उन्होंने कभी कहीं देखा था। उसके अधरों से परिचय की ही नहीं, मैत्रीपूर्ण स्निग्ध मुसकान झड़ रही थी। नहीं! यह अभिनय नहीं हो सकता। उसकी आँखों में जो पारदर्शिता थी, वह स्पष्ट कह रही थी कि यह अभिनय नहीं है। भावों की इतनी ईमानदार अभिव्यक्ति...कौन है यह?

अँधेरा हो चुका था। पहरे पर नियुक्त राक्षसियाँ अपना कार्य समाप्त कर प्रायः इसी समय अपने-अपने घरों को लौट जाती थीं। रात के लिए बहुत कम रक्षिकाएँ होती थीं—वे भी प्रायः सो जाती थीं। एक निश्चित दूरी से परे कहीं पुरुष प्रहरियों के कर्कश शब्द सुनाई देने लगते थे...आज जाने क्या हुआ था। एक त्रिजटा को छोड़ शेष राक्षसियाँ जा चुकी थीं और पुरुष प्रहरियों के वे निर्लज्ज और कर्कश स्वर अभी आरंभ नहीं हुए थे; जैसे सूर्यास्त होने के पश्चात् चंद्रमा के उदय होने के बीच का अंतराल...

इसी बीच यह तरुणी प्रकट हो गई थी।...वह रक्षिकाओं में से नहीं थी। उसका वेश प्रहरियों का-सा नहीं था। उसके पास कोई शस्त्र भी नहीं था। बहुमूल्य वस्त्रों में वह राजकुल की कन्या लग रही थी; किंतु वह रावण की पत्नियों, गणिकाओं, रखैलों, अपहृताओं में से कोई नहीं हो सकती। उसका शरीर अभी पुरुष-संग से अछूता दीखता था। उसके चेहरे पर न तो पुरुष-भोग की उद्दण्डता थी, न दमन का त्रास। वह तो कोमल भावनाओं बालि सुकुमार कन्या थी। उसके चेहरे पर न मलिनता का भाव था, न कलुष की छाया।

उसने अत्यंत सुकुमार भंगिमा से नमस्कार किया, "देवी वैदेही! मेरा प्रणाम स्वीकार करें।"

"कौन हो, बहन, तुम? तुम्हें पहले तो कभी नहीं देखा।"

वह और भी निकट आ गई। धीमे स्वर में बोली, "आप बैठें। कुछ निवेदन करने आई हूँ।"

सीता बैठी तो पास ही वह भी बैठ गई, "मैं राजाधिराज रावण के छोटे भाई राजकुमार विभीषण की आत्मजा कला हूँ, देवि! प्रकट रूप से आपसे मिलना न मेरे लिए हितकर होगा, न आपके लिए कल्याणकारी। इसलिए माता ने मुझे इस समय भेजा है। नगर में आज उत्सव होने के कारण रात्रि-प्रहरियों के आने में अभी विलंब है। रक्षिकाएँ जा चुकी हैं; वाटिका के बाहर की सैनिक चौकी में यह मद्यपान का समय है; और भीतर त्रिजटा अकेली है। उनसे कोई भय नहीं...इस शिथिलता में भी आप बाहर नहीं जा सकतीं, किंतु मैं..."

"इतना संकट उठाकर क्या कहने आई हो, बहन?" सीता व्यग्रता से बोली, "मैं तो जैसी भी हूँ; किंतु यदि मेरा भला करते हुए, तुम पर अथवा तुम्हारे परिवार पर कोई विपत्ति आए..."

"नहीं! किसी विशेष संकट की आशंका नहीं है।" कला ने एक सतर्क दृष्टि इधर-उधर डाली, "फिर भी सावधान तो रहना ही होगा।"

"कहो, बहन! क्या कहने आई हो?"

"देवि! माता ने कहलवाया है कि हमें अत्यंत खेद है कि इस दुःख की स्थिति में भी अभी तक हम आपकी कोई सहायता नहीं कर पाए हैं। आर्य राम की पत्नी देवी वैदेही का अपहरण हो, वे बंदिनी बनाई जाएँ, उन्हें प्रतिदिन दैहिक और मानसिक यातनाएँ दी जाएँ और हम कुछ भी न कर सकें—यह हमारे लिए लज्जा का विषय है।...किंतु हम प्रयत्न कर रहे हैं। पिताजी ने राजाधिराज को समझाने का प्रयत्न किया है; किंतु राजाधिराज इस विषय में किसी प्रकार का विरोध सहने को प्रस्तुत नहीं हैं। फिर भी प्रयत्न चल रहे हैं। राजाधिराज के मंत्री अविंध्य भी आपकी मुक्ति का प्रयत्न करेंगे। और देवि!" कला कुछ और भी निकट चली आई तथा उसका स्वर और भी धीमा हो गया, "महारानी मंदोदरी और बुआ शूर्पणखा—यद्यपि आपकी हितैषिणी नहीं, फिर भी वे आपकी सुरक्षा के लिए प्रयत्नशील हैं।"

सीता ने चकित होकर कला की ओर देखा, "क्यों?"

"यह मुझे ज्ञात नहीं।" कला जल्दी-जल्दी बोली, "मैं अब चलूँ, देवि!"

सीता जैसे निंद्रा से जागी, "हाँ, चलो, बहन! मेरे कारण तुम्हारा अनिष्ट न हो।...अपनी माता तक मेरा आभार पहुँचा देना।...और तुम्हारे सुरक्षित घर पहुँचने की सूचना...?

'त्रिजटा विश्वसनीय दासी है। वही आपको संदेश देगी।"

कला ने नमस्कार की मुद्रा में हाथ जोड़े और जल्दी-जल्दी चलती हुई, वृक्षों के पीछे खो गई।

सीता चकित-विस्मित-सी बैठी रह गई।...इस संदेश का उन पर स्पष्ट प्रभाव हुआ था, जैसे कोई बहुत विश्वसनीय और प्रभावकारी सांत्वना दे गया हो...मन पर घिर आई निराशा की जकड़न शिथिल पड़ गई थी। मन हलका-हलका-सा हो आया था...इस लंका में भी ऐसे लोग हैं जो रावण से असहमत हैं, सीता की सुरक्षा के लिए प्रयत्नशील हैं।...वे लोग साधारण और प्रभावहीन नहीं हैं। विभीषण, अविंध्य, महारानी और वह शूर्पणखा...पर वे लोग रावण का विरोध क्यों कर रहे हैं?...न्याय के लिए? शूर्पणखा के मन में कोई न्याय नहीं है। शूर्पणखा सीता की रक्षा चाहती है, राम को लंका में बुलाने के लिए? वह सीता को चारा बनाकर राम का आखेट करना चाहती है...सीता का मन काँप उठा। यदि यही हुआ तो? सीता की लालसा में राम लंका में आकार इन राक्षसों के पिंजरे में फँस गए...यह तो भयंकर षड्यंत्र है।...कला ने ठीक ही कहा है, शूर्पणखा सीता की हितू नहीं है...कैसी विडंबना है!

सीता ने अपनी मुक्ति के विषय में ही सोचा है; लंका में आकर राम के बंदी होने के विषय में कुछ नहीं सोचा। इससे तो अच्छा है कि वे आत्महत्या कर लें, किंतु राम को उनकी आत्महत्या की सूचना न मिली तो...

पर राम को वे इतना असहाय क्यों मान रही हैं? उन्होंने यह कैसे मान लिया कि राम आएँगे तो राक्षसों के चंगुल में फँस ही जाएँगे? राम की रणनीति इतनी कच्ची नहीं है कि वे बलि—पशु के समान अपना वध करवाने के लिए, सागर लाँघकर लंका में आ जाएँगे। जो व्यक्ति सागर-संतरण का पराक्रम करेगा, वह क्या राक्षसों के हाथों निरीह मृत्यु को प्राप्त होगा...सागर ही तो राक्षसों की सबसे बड़ी सुरक्षा है। जो इस कवच को भंग करेगा, वह उसके पीछे छिपे वक्ष को भी पीस डालेगा। राम और लक्ष्मण एक बार लंका में आ तो जाएँ...राक्षस सेना उनके सम्मुख ठहर नहीं पाएगी।...यदि सीता की मृत्यु हो गई तो राम लंका की ओर क्या करने आएँगे? सीता की सुरक्षा ही राम की प्रेरणा है—सीता को प्रत्येक कष्ट में जीवन धारण करना होगा।

सीता को शूर्पणखा और मंदोदरी अपनी सखियों-सी प्रिय लगने लगीं...वे सीता के प्राणों को अक्षुण्ण रखेंगी, तो राम सीता को प्राप्त करने के लिए लंका में आएँगे...सीता इन राक्षसों का काल बनेंगी और अन्याय की चिता पर अपने प्रिय को पाएँगी...इतनी बड़ी उपलब्धि के लिए सीता को अपनी अग्नि-परीक्षा तो देनी ही होगी।

किंतु जाने आज सीता के मन को क्या हो गया था। यह एक दिशा में चलता ही नहीं था। कुछ देर तक एक दिशा में चलकर, पलटकर खड़ा हो जाता

था और फिर निकट विपरीत दिशा में भागने लगता था...अभी वह अपने राम को प्राप्त करने की संभावनाओं पर विचार करता हुआ, उल्लसित मृग के समान कुलाँचें भर रहा था और अभी ही वह एक भयंकर प्रश्नचिह्न बनकर उनके सम्मुख खड़ा हो गया था—इतने दीर्घकाल तक रावण जैसे लंपट के आधिपत्य में रहने बालि सीता को राम और अयोध्या का समाज अंगीकार कर लेगा? क्या उन पर भी अहल्या के समान भ्रष्ट होने का लांछन लगाकर, उन्हें त्याग नहीं दिया जाएगा?...यदि राम ने भी यही किया तो?...सीता के सम्मुख सिवाय आत्महत्या के दूसरा मार्ग नहीं रह जाएगा। सीता में अहल्या का-सा धैर्य नहीं है।...किंतु अहल्या का उद्धारकर्ता सीता को लांछित कैसे करेगा?...

कैसी विडंबना है...इतने ऋषि, मुनि, तपस्वी राक्षसों द्वारा अपमानित और भ्रष्ट शरीर हुए...किसी ने उन्हें भ्रष्ट घोषित नहीं किया, किसी ने शाप नहीं दिया...भ्रष्ट केवल स्त्री ही होती है।...अपने पीढ़ियों के संस्कारों के कारण स्त्री अपने सतीत्व को प्राणों का पर्याय मान बैठी है। शील भंग होते ही वह आत्महत्या की बात सोचती है।...उसकी रक्षा में असमर्थ समाज को दण्डित क्यों नहीं किया जाता?...विचित्र न्याय है, जो पीड़ित और अपमानित है, उसे ही अपराधी घोषित कर दण्डित किया जाता है; और अपराधी पुरुष गर्व से छाती ताने खुलेआम घूमता है...इस न्याय-पद्धति को राम कभी स्वीकार नहीं करेंगे। वे रावण को गर्व से छाती फुलाए जीने का अधिकार नहीं देंगे...

आज कोई-न-कोई विशेष बात अवश्य थी। संध्या होते ही पुरुष प्रहरी आकर वाटिका में जम गए। सीता ने इन प्रहरियों को देखा कभी नहीं था, उनके स्वर ही सुने थे। उनकी चौकी, लता-गुल्मों तथा वृक्षों की बाड़ के पीछे, कुछ दूरी पर स्थित लगती थी। वैसे भी दिन के प्रकाश के रहते वे वहाँ नहीं होते थे; कदाचित् दिन में पहरे का कार्य स्त्रियों को ही सौंपा गया था; रात का अंधकार छा जाने पर ही पुरुष प्रहरियों का कार्य आरंभ होता होगा। वे दिखाई नहीं पड़ते थे; किंतु अपने कोलाहल से उपस्थिति का बोध कराते रहते थे। न वे धीमा बोलना जानते थे, न मौन रहना। उनके स्वर कर्कश और अभद्र थे। एक-दूसरे से साधारण-सी बात करते तो यही आशंका होती कि परस्पर झगड़ रहे हैं।

सीता का मन हुआ घेरा डालकर बैठी हुई स्त्री प्रहरियों से ही पूछ लें कि आज क्या बात है। किंतु तत्काल ही मन बुझ गया। इनमें से किसी ने भी उनसे कभी कोमलता का व्यवहार नहीं किया था। उनसे बात करने ही इच्छा होती ही नहीं थी। हाँ, त्रिजटा होती तो बात और थी; किंतु वह अभी तक आई नहीं थी। संभव है, आज उसका कार्यकाल रात के समय हो...

पुरुष प्रहरी अपने स्थान पर जम गए थे और सदा के समान उनका कोलाहल

आरंभ हो गया था।

"चल, भाई!" किसी एक ने कहा, "जब तक कोई विशेष कार्य नहीं है, थोड़ी द्यूतक्रीड़ा हो जाए।"

"मेरे पास धन नहीं है।" अन्य स्वर ने उत्तर दिया।

"बहाने मत बना!" पहला स्वर बोला, "अरे, यह बंदिनी कोई उड़ जाने बालि चिड़िया नहीं है कि तू रात-भर धनुष का संधान कर लक्ष्य-भेद के लिए सन्नद्ध खड़ा रहना चाहता है। यह तो एक सुकुमार राजकुमारी है। उसके लिए तो भीतर बैठी वे नकटी प्रहरी स्त्रियाँ ही पर्याप्त हैं।"

"मेरे पास धन नहीं है।" दूसरे स्वर ने अपना उत्तर दुहराया।

"लगता है, आज तेरी पत्नी ने तुझे फिर उपदेश पिलाया है और उसका तुझ पर प्रभाव भी हो गया है।" पहला स्वर बोला, "ले, थोड़ी मदिरा पी। उपदेश उसमें घुल जाएगा। तब तेरी समझ में आ जाएगा कि तेरी पत्नी ने द्यूत के विरुद्ध जो कुछ कहा था, वह कोरी बकवास थी; और शायद तुझे यह भी याद आए कि तेरे पास धन भी है।"

"मेरे पास धन नहीं।" दूसरा स्वर खीझकर बोला, "इसमें याद आने-न आने की क्या बात है। जब धन ही नहीं है, तो पत्नी का उपदेश क्या करेगा और तेरी मदिरा क्या करेगी?"

पहला स्वर कुछ कोमल और मैत्रीपूर्ण हो गया, "क्यों नहीं है तेरे पास धन? तुझे वेतन नहीं मिलता या तू उत्कोच नहीं लेता?"

"वेतन क्यों नहीं मिलता!" दूसरा स्वर बोला, "पर तू ही तनिक सोचकर सच-सच बता कि उस वेतन में तू क्या-क्या कर लेगा? धनाढ्यों की नगरी है लंका। एक प्रहरी का वेतन तो एक कोठरी के आवास-शुल्क में ही निकल जाता है। फिर खान-पान कितना महँगा है यहाँ। निःशुल्क गुरुकुल एक भी नहीं है। पाठशालाएँ इतनी महँगी हैं। कोई किस-किस को रोये। स्वर्ण-नगरी है लंका। यहाँ तो वही रह सकता है, जिसके घर में स्वर्ण बहता है। एक बेचारे प्रहरी का वेतन क्या कर लेगा?"

"तो उत्कोच क्यों नहीं लेता?" पहला स्वर बोला, "तू कोई विभीषण है?"

"उत्कोच कौन देगा यहाँ?" दूसरा स्वर बोला, "मेरा तो पहरा ही ऐसे स्थानों पर लगता है, जहाँ एक कौड़ी की भी आय न हो। तेरा पहरा भी यहाँ है। बता, तुझे आज क्या आय होगी? कौन देगा तुझे उत्कोच? और क्यों देगा?"

"आज न सही।" पहला स्वर बोला, "आज तो विशिष्ट कर्त्तव्य के रूप में मुझे यहाँ भेजा गया है। प्रतिदिन तो यह नहीं होगा।"

"मेरे साथ तो प्रतिदिन यही होता है।"

"क्यों, तुझमें ऐसी क्या विशेषता है...?"

"मेरा नायक मुझसे रुष्ट है।"

"क्यों रुष्ट है तुझसे? तू उसके लिए मदिरा का प्रबंध करके नहीं देता?"

"नहीं! लोगों से छीन-झपटकर उसके लिए मदिरा का प्रबंध तो मैं कर दिया करता था, किंतु एक दिन एक विशेष घटना घट गई।"

'क्या हुआ?"

"हमारी टोली में जो प्रहरी स्त्रियाँ हैं, उनमें एक है आर्किकटका। बड़ी ही कँटीली स्त्री है वह। एक रात अंतःपुर में उसके साथ मेरा पहरा लगा। उस रात हमारा नायक वहाँ आया और उसने आर्किकटका को अपने साथ ले जाना चाहा। मुझे यह एकदम नहीं रुचा। कहाँ मैं सोच रहा था कि रात-भर आर्किकटका मेरे साथ अकेली रहेगी तो कुछ रस आएगा। थोड़ी-सी मदिरा का भी प्रबंध मैंने कर लिया था। और कहाँ वह नायक उसे अपने साथ ले जाना चाहता था। मैं ईर्ष्याग्नि में जल उठा। वह रात्रि-भर आर्किकटका के साथ विलास करे और मैं यहाँ जाग-जागकर पहरा दूँ...मैंने सोचा, ऐसा कभी नहीं होने दूँगा। नायक ने मुझे उन्नति तथा अधिक उत्कोच उपलब्ध होने वाले स्थानों पर नियुक्त करने के प्रलोभन भी दिए; किंतु मेरे मस्तिष्क पर मदिरा चढ़ी हुई थी और रात्रि-भर के लिए, आर्किकटका के साथ एकांत विलास का विचार उन्माद बनकर मेरे रक्त में घुला हुआ था। मैंने नायक से स्पष्ट शब्दों में कह दिया कि आर्किकटका का कर्त्तव्य यहाँ पहरा देना है, वह यहीं रहेगी। यदि नायक उसे यहाँ से हटा ले जाएगा तो शोर मचा दूँगा। परिणामतः नायक उसे अपने साथ नहीं ले जा सका और मुझसे रुष्ट हो गया।"

पहला स्वर बहुत जोर से हँसा, "चलो! उस रात तो अच्छा आमोद-प्रमोद रहा...तुम्हारे पास मदिरा भी थी और आर्किकटका भी।"

"आमोद-प्रमोद क्या रहता!" दूसरा स्वर बोला, "मदिरा और आर्किकटका तो थी, किंतु एकांत नहीं रहा। नायक ने अपनी चौकी पर पहुँचते ही, पहरा दृढ़ करने के बहाने दो और पुरुष हमारे साथ चिपका दिए।"

"हो-हो-हो!" पहला स्वर बहुत जोर से हँसा, "बड़ा दुष्ट है तेरा नायक, भाई।" वह एक क्षण के लिए रुका, "अच्छा बता, तेरी आर्किकटका तुझसे प्रेम करती है या नायक से?"

"अरे, प्रेम-व्रेम क्या होता है।" दूसरा स्वर बोला, "लंका में निर्धन स्त्री-पुरुष को प्रेम का अधिकार है क्या? उसके पति की किसी ने हत्या कर दी है। एक छोटा-सा बच्चा है। अपने और बच्चे के पालन-पोषण के लिए प्रहरी-दल में भर्ती होने आई। नायक को जँच गई...बड़ी कँटीली स्त्री है, मैंने कहा न। नायक ने उसे दल में भर्ती कर लिया। तब से बेचारी पहरा भी देती है और नायक की सेवा भी करती है।"

दूसरा स्वर अपनी निश्चिंतता में कुछ और ऊँचा हो गया, "तो सब कुछ

जानते-बूझते मूर्ख क्यों बना बैठा है? जब नगर ही वेश्याओं, कुटनियों और विटों का है, तो तू अपने नायक को प्रसन्न क्यों नहीं कर लेता? व्यर्थ में ही कंगला बना बैठा है।"

"कैसे कर लूँ प्रसन्न!" दूसरा स्वर कुछ हताश था, "दो-चार कौड़ियों में होता हो तो प्रसन्न भी कर लूँ। स्वर्ण-मुद्राओं की थैली कहाँ से लाऊँ उसकी पूजा करने को?"

"तू निपट अनाड़ी है, भाई।" पहला स्वर सहानुभूति से भर गया, "तू क्यों पूजेगा उसे स्वर्ण-मुद्राओं की थैली से। तू उसे प्रसन्न तो कर, अपने-आप स्वर्ण-मुद्राएँ बरसने लगेंगी तेरे घर।"

"पर कैसे कर लूँ उसे प्रसन्न?"

"अपनी पत्नी को भेज दे उसके पास।" पहला स्वर बोला, "वह अपने-आप उसे प्रसन्न कर लेगी।"

"तू हतचेत तो नहीं हो गया है।" दूसरा स्वर आवेश में बोला, "वह मेरी पत्नी है, अग्नि को साक्षी कर विवाह किया है मैंने। मेरे बच्चों की माँ है वह। क्रीत खिलौना नहीं है कि जिस-तिस को प्रसन्न करने के लिए उन्हें उपहार देता रहूँ। आत्मसम्मान भी कुछ होता है या नहीं?"

"तू सचमुच मूर्ख है।" पहला स्वर अब भी शांत था, "एक तेरी ही पत्नी है क्या, या एक तूने ही अग्नि की साक्षी में विवाह किया है? सारी लंका में यही हो रहा है। जब राज्य के अधिकारी प्रसन्न ही इन्हीं बातों से होते हों, तो वही करना पड़ेगा न। बड़े-बड़े सामंत पंक्तिबद्ध खड़े हैं कि 'महाराज! हमारी भेंट स्वीकार कर लो।' और तू क्षुद्र प्रहरी अपने आत्मसम्मान को रो रहा तू तो भूखा मरने की ठाने बैठा है!"

"पर मेरी पत्नी न माने तो...या...या..." स्वर शांति से बोलता हुआ कुछ अटका, "या उसके बाद भी नायक मुझ पर प्रसन्न न हुआ तो?"

"न हुआ तो दूसरा मार्ग भी है—राजकुमार अक्ष को प्रसन्न करना। उसके पास अपनी कन्या को भेज दे।"

"सुना है, आजकल राजकुमार अक्ष की बात बहुत मानी जाती है। जिसको देखो, उसी को प्रसन्न करने का प्रयत्न करता दीखता है।"

"उसका तो एकछत्र साम्राज्य है।" पहला स्वर बोला, "राजाधिराज और युवराज विश्व-भर में सैनिक अभियान करते रहते हैं। कुंभकर्ण मदिरा पीकर सोया रहता है। विभीषण इन बातों में पड़ते नहीं। बस, राजकुमार अक्ष की बन आई है। व्यवस्था में जहाँ-तहाँ हस्तक्षेप करता रहता है। नियम हो, न हो; कार्य वैधानिक हो या अवैधानिक; उचित हो या अनुचित; राजकुमार अक्ष की आज्ञा का पालन होगा और राजकुमार अक्ष," स्वर कुछ धीमा हो गया, "भयंकर मूर्ख है और प्रथम कोटि का

लंपट। मंत्री भी दो वर्गों में बँट गए हैं। अधिकांश मंत्री उसकी लंपटता को उकसाकर लाभ उठा रहे हैं।''

''पर राजकुमार तक मुझे पहुँचाएगा कौन?''

''अरे, नगर का कोई भी विट पहुँचा देगा। तुझे कोई नहीं मिलेगा तो मुझे कहना, मैं प्रबंध कर दूँगा।'' पहला स्वर बोला, ''पर तेरी कोई सुंदरी कन्या...''

सहसा वह मौन हो गया। दूसरा स्वर भी कुछ नहीं बोला। लगता था, कोई आ गया है।

सीता ने शांति की साँस ली। जाने कौन आया है; पर कोई भी आया हो, अच्छा ही है। नहीं तो ये दोनों अपनी जुगुप्सित वार्ता इसी प्रकार सारी रात चलाए रखते और सीता के लिए एक क्षण की शांति भी असंभव हो जाती...कैसा नगर है! कैसी व्यवस्था है! सब ओर धन, विलास, व्यभिचार और अपराध का जुगुप्सापूर्ण वातावरण!

तभी स्फूर्ति से चलती हुई त्रिजटा ने वृक्षों की बाड़ के भीतर प्रवेश किया। उसके पीछे-पीछे कुछ अन्य दासियाँ थीं। वे स्त्री प्रहरी नहीं थीं—न उनका वेश वैसा था, न उनके पास शस्त्र थे। उनके शरीर का गठन भी वैसा नहीं था। निश्चित रूप से वे सामान्य दासियाँ थीं।

त्रिजटा आकर सीता के सम्मुख रुक गई, ''देवी! राजाधिराज रावण ने आपको दर्शन देने की इच्छा प्रकट की है। उन्होंने आदेश दिया है कि आपका शृंगार किया जाए। अभी थोड़ी देर में वे यहाँ पधारने वाले हैं।''

सीता अवाक् बैठी त्रिजटा का मुख देखती रहीं। तो यह समारोह महाराजाधिराज के आगमन के उपलक्ष्य में हो रहा है। पहले पुरुष प्रहरी आकर बैठ गए; और अब सैरंध्रियाँ आई हैं। घावों पर नमक छिड़क रहा है यह दुष्ट राजाधिराज! एक तो अपहरण कर लाया और अब शृंगार का आदेश दे रहा है...

''देवी का क्या आदेश है?'' त्रिजटा ने नम्रतापूर्वक पूछा।

''बहना री! पूछती क्या है।'' प्रहरी एकटा बोली, ''यह बड़ी धृष्ट नारी है। ऐसे कहाँ मानेगी! राजाधिराज ने आदेश दिया है तो करो इसका शृंगार। न माने तो हमसे कहो। हम इसके हाथ-पाँव बाँध देती हैं। शृंगार हो जाए तो बंधन खोल देना।''

त्रिजटा ने हँसने का अभिनय किया, ''कहती तो ठीक हो, सखि! किंतु इन दिनों मेरी प्रकृति कुछ भीरु हो गई है। डरती हूँ, ये बड़े लोग हैं। आज इनमें विरोध चल रहा है। कल वैदेही मान जाएँ और लंका की राजरानी बन जाएँ तो आज की कठोरता का दण्ड नहीं देंगी मुझे? नहीं, भला? मुझे अपने शव के खण्डों को लंका के प्रवेशद्वार पर झुलवाने की कल्पना सुखद नहीं लगती।''

एकटा का मुख खुल गया, जैसे उसे अपनी मूर्खता का आभास हो गया हो।

बोली, "तुम समझदार हो, सखि! मैं तो व्यर्थ ही बोल पड़ी।"

"तो देवी का क्या आदेश है?" त्रिजटा ने पुनः सीता से पूछा।

"मुझे तुम्हारे राजाधिराज के दर्शनों की रंचमात्र भी इच्छा नहीं है।" सीता धीमे स्वर में बोली, "मेरा मन ठीक नहीं है। प्रसाधनों से मुझे वितृष्णा है। मुझे क्लेश देना चाहो तो और बात है, अन्यथा जैसी हूँ, मुझे वैसी ही रहने दो।"

"जैसी आपकी इच्छा।" त्रिजटा साथ आई दासियों की ओर मुड़ी, "तुम लोग जाओ। देवी वैदही की अनुमति नहीं है।"

सीता ने कृतज्ञ दृष्टि से त्रिजटा को देखा। कला कह गई थी कि त्रिजटा विश्वसनीय मित्र हो सकती है। त्रिजटा थी भी तो बहुत चतुर। एक ओर तो वह किसी-न-किसी व्याज से सीता को सांत्वना देती रहती थी और दूसरी ओर अन्य राक्षसियों की उग्रता पर ठण्डे जल के छींटे डालती रहती थी। यदि वह इस प्रकार चतुराई से काम नहीं लेती तो जाने ये राक्षसियाँ सीता के साथ कैसा व्यवहार करतीं...।

रावण के आने में समय नहीं लगा। किंतु सीता को यह देखकर आश्चर्य हुआ कि मंदोदरी तथा कुछ अन्य रानियाँ उसके साथ थीं। दासियों की तो सेना ही थी।...कैसा पुरुष है यह, जो एक स्त्री से प्रेम-याचना करने के लिए भी अपना रनिवास साथ लेकर चलता है। यह नारी के मन को तनिक भी नहीं समझता क्या? यह नहीं समझता कि उसकी पत्नियों और प्रेमिकाओं को प्रेम-याचना के इस दृश्य से तनिक भी प्रसन्नता नहीं होगी?...या, यह इतना अहंकारी है कि सोचता है कि उसका आचरण कैसा भी क्यों न हो, संसार की प्रत्येक स्त्री उसी से प्रेम करेगी...अहंकार ने उसके चक्षु बंद कर दिए हैं, केवल जिह्वा ही खुली है इसकी। विवेक जैसे संज्ञा-शून्य हो गया है और केवल पाशविकता ही जाग रही है, अपने विवेक की हत्या कर, पशु-धरातल पर जी रहा यह मनुष्य...

आज कुछ अधिक समारोहपूर्वक आया है। शरीर-सज्जा पहले की अपेक्षा अधिक थी। युद्ध-वेश नहीं था आज—रत्न, मणि-माणिक्य से लदा हुआ—आभूषणों की गठरी!

"कैसी हो, वैदेही?"

रावण के मुख पर बिछी लोलुप मुसकान सीता के रक्त में जैसे विष के समान जा घुली। उनकी दीनता और भीरुता विलीन हो गई। तेज से दमकते हुए स्वर में बोली, "एक आततायी द्वारा बंदी की गई निरीह नारी कैसी हो सकती है, रावण?"

तत्क्षण उभर आई अपनी प्रसन्नता को रावण ने दबाया और सायास मुसकराकर बोला, "आततायी नहीं, जानकी! प्रेमी कहो। मैं तुमसे प्रेम की याचना करने आया हूँ।"

"प्रेम करने वाला व्यक्ति अपना जीवन होम देता है, अपहरण नहीं करता।" सीता सधे हुए स्वर में बोली, "तुम मुझे एक वस्तु नहीं दे सकते।"

"ऐसा क्या है, वैदेही! जो मैं तुम्हें नहीं दे सकता। तुम एक बार स्वेच्छा से मुझे अंगीकार कर लो, मैं महारानी मंदोदरी को तुम्हारी प्रधान दासी नियुक्त कर दूँगा।"

सीता ने मंदोदरी की ओर देखा। वे धरती को घूर रही थीं, मानो धरती में समा जाने का मार्ग ढूँढ रही हों। किंतु रावण का ध्यान उस ओर नहीं था।

"मैं किसी को अपमानित करना नहीं चाहती।"

रावण ने कुछ कहा नहीं। अपने पीछे खड़ी दासी को संकेत किया। दासियों की प्राचीर फटी और उनके पीछे से दासियों का एक समूह अपने हाथों में बड़े-बड़े थाल उठाए प्रकट हुए। उन्होंने एक-एक कर सारे थाल लाकर सीता के चरणों के पास भूमि पर सजाकर, उनके आवरण हटा दिए।

"इन्हें देखो, जानकी!" रावण बोला, "ये वस्त्र और आभूषण केवल लंका में ही उपलब्ध हो सकते हैं; और वह भी केवल तुम्हें। आज तक महारानी मंदोदरी को भी यह सौभाग्य प्राप्त नहीं हुआ। इतने धन से इंद्र का साम्राज्य क्रय किया जा सकता है, जानकी! यह सब कुछ तुम्हारा है।"

"प्रजा के शोषण से अर्जित धन का अपव्यय कर गौरव का अनुभव करते हो, दंभी।" सीता कठोर स्वर में बोली, "मैंने तुमसे यह नहीं माँगा था।"

रावण के शरीर का समस्त रक्त जैसे उसके मुख पर एकत्रित हो आया। उसकी मुट्ठियाँ बँध गईं। वह आवेश में एक पग आगे भी बढ़ा; पर सहसा उसकी दृष्टि मंदोदरी पर जा पड़ी और वह रुक गया। क्रोध से उसका कंठ अवरुद्ध हो रहा था, "क्या माँगा था तुमने?"

"एक खड्ग! और तुमसे हो सके तो द्वंद्व-युद्ध।"

अपने ही विष से जलते नाग के समान, रावण का मुख काला और विकृत हो गया। उसने फुफकारती दृष्टि से एक बार सीता को देखा, फिर बरबस उसकी दृष्टि मंदोदरी की ओर घूम गई। मंदोदरी अपने आत्म-गौरव में लिपटी शांत और आश्वस्त खड़ी थी। रावण की गर्दन झुक गई और बिना कुछ कहे, बद्ध पशु-सा, वह वाटिका से बाहर जाने के लिए मुड़ गया।

चलने से पूर्व मंदोदरी ने एक तरल दृष्टि से सीता की ओर देखा और अत्यंत धीमे स्वर में बोलीं, "तुम धन्य हो, देवी!"

वे रुकीं नहीं। उनके पीछे-पीछे अन्य रानियाँ भी चल पड़ीं। पंक्तिबद्ध दासियाँ थाल उठाए अपनी स्थिर गति से चलती गईं। सबके अंत में भ्रमित-सी द्वंद्व-ग्रस्त एक युवती खड़ी रह गई। उसने संशय-भरी दृष्ट से सीता की ओर देखा। अनिर्णय से लड़ती हुई, उनके निकट आई और सिर झुकाकर बोली, "इस देव-बाला का दुर्भाग्य कि यह आपका यह रूप कुछ सप्ताह पूर्व न देख सकी।"

उसकी आँखों से अश्रु बह निकले। उसने दाँतों से अपना अधर दबा लिया

और भागती हुई रानियों की उस शोभा-यात्रा में जा मिली।

सीता उन्हें जाते हुए देखती रही। जाने कौन-कौन इसमें अपनी इच्छा से सम्मिलित हुई है और कौन किसी के दबाव से; कौन किसी राजनीतिक समझौते की बलि बनी है और कौन बलात् उठाकर लाई गई है...मंदोदरी कह गई हैं कि सीता धन्य हैं। क्यों? क्या किया है सीता ने? यही तो कि वे न प्रलोभन को मानती हैं, न भय को...कितना क्रुद्ध हो उठा रावण! बार-बार मंदोदरी की ओर देखकर विवश हो जाता था। तो फिर क्यों लाया था मंदोदरी को अपने साथ?...सीता अब तक सुरक्षित हैं, तो उसमें अन्य लोगों का भी श्रेय है...कदाचित् मंदोदरी का भी हो...और राम जैसे रक्षक के आने की आशा...

कौन थी वह देवबाला? कितनी दुखिया थी बेचारी ! कदाचित् सद्यःअपहृता है। सीता का यह रूप देख लेती तो कदाचित् उसका प्रतिरोध अधिक दृढ़ होता...कौन थी बेचारी?

9

मेघनाथ ने आकर माँ को प्रणाम किया।

"चिरंजीवी होओ, वत्स!"

"किस कारण स्मरण किया, माँ?"

"बैठो, पुत्र!" मंदोदरी ने हल्के स्मित के साथ कहा, "क्या विश्वविजयी पिता के ही समान जगद्विजेता पुत्र के पास भी महारानी कही जाने बालि इस स्त्री के लिए तनिक भी अवकाश नहीं है!"

मेघनाथ ने चकित होकर माँ की ओर देखा, "यह उपालंभ क्यों, माँ? पति और पुत्र दोनों के प्रति यह कटाक्ष। विश्वविजय इतना उपहासास्पद कर्म तो नहीं, माँ!"

"इसीलिए कह रही हूँ—बैठो, वत्स!" मंदोदरी अपने पलंग पर बैठ गई और मेघनाथ को अपने निकट बैठने को इंगित किया।

मेघनाथ कुछ चिंतित-संकुचित-सा आकर माँ के पास बैठ गया—जाने क्या है माँ के मन में।

"विश्वविजय निश्चय ही उपहासास्पद कर्म नहीं है, बेटा।" मंदोदरी ने गर्व-भरी आँखों से अपने पुत्र को देखा और स्नेह-भरा हाथ उसकी पीठ पर फेरा, "और फिर मैं तो वह भाग्यशालिनी नारी हूँ, जिसका पति तथा पुत्र दोनों ही विश्वविजेता हैं।...किंतु उस गौरव के पीछे थोड़ी पीड़ा भी है।"

"क्या है, माँ?" मेघनाथ का स्वर विह्वल हो आया, "ऐसी कौन-सी पीड़ा है, जिसका हरण तुम्हारा यह पुत्र नहीं कर सकता?"

"तुमने अपने छोटे भाई अक्ष को देखा है, पुत्र? तुम्हें पता है कि विरुपाक्ष और नरान्तक किधर जा रहे हैं!"

"क्या बात है, माँ?"

"तुम्हें उनमें कोई विशेष बात दिखाई नहीं पड़ती?"

"स्पष्ट कहो, माँ।"

"तुम्हें अक्ष में सम्यक् बौद्धिक विकास दिखाई पड़ता है, इंद्रजित?"

उत्तर देने से पहले थमकर, मेघनाथ ने ध्यान से अपनी माँ को देखा—आज माँ ने एक बार भी उसे 'मेघ' कहकर नहीं पुकारा था और इस बार तो माँ ने उसे इंद्रजित कहा है—'इंद्र को जीतना भी माँ के लिए आपत्तिजनक है क्या?'

"नहीं, माँ! अक्ष के विकास से मैं संतुष्ट नहीं हूँ," वह क्षण-भर कुछ सोचता-सा बोला, "उससे विश्वविजय का क्या संबंध है?"

"वही संबंध समझाने के लिए मैंने तुम्हें बुलाया है, पुत्र!" मंदोदरी ने सस्नेह उसकी ओर निहारा।

"तुम और तुम्हारे पिता—तुम दोनों ही अद्भुत वीर हो, इंद्रजित! वीरता का प्रदर्शन अपने घर में तो हो नहीं सकता; इसलिए विश्वविजयी वीर अधिकांशतः लंका से बाहर रहते हैं। तुम लोग जब लौटते हो, तो विपुल धन—स्वर्ण, रत्न और मणि-माणिक्य लेकर आते हो। देश-विदेश की सुंदरियाँ—क्रय, विजय अथवा अपहरण कर लाते हो; और पुनः किसी युद्ध के लिए लौट जाते हो। लंका की सेनाएँ अपराजेय हैं; अतः लंका के व्यापारियों के लिए विश्व के सारे मार्ग खुल गए हैं। उनके माध्यम से भी लंका में कम धन नहीं आता। लंका में इतना सारा धन संचित हो रहा है—लंका के राक्षस इसका क्या करेंगे, पुत्र?"

"वे लोग धन का भोग करेंगे," इंद्रजित हँसा, "इसके लिए चिंतित होने की क्या आवश्यकता है, माँ? धन सुख का पर्याय है। आज विश्व-भर का सुख लंका में संचित हो रहा है। यह हमारे लिए हर्ष की बात है, माँ! रक्षपति रावण के साम्राज्य के समान वैभवशाली राज्य सारे संसार में किसी का नहीं है।"

"तुम सत्य कह रहे हो, पुत्र!" मंदोदरी शांत स्वर में बोली, "तुमने लंका में अपार वैभव एकत्रित कर दिया है; किंतु कभी सोचा है कि इस वैभव का भोग कैसे होगा?"...मंदोदरी ने मेघनाथ के उत्तर की प्रतीक्षा नहीं की, "स्वर्ण, रत्न, मणि-माणिक्य स्वयं में कोई सुख नहीं हैं—सुख वे द्रव्य हैं, जो इनके माध्यम से खरीदे जाते हैं। आज लंका के राक्षस सुखी हैं क्योंकि लंका ने अपने वैभव-प्रदर्शन के लिए असंख्य मदिरालय, द्यूतालय और वेश्यालय खोल दिए हैं। राजपुत्रों, सामंत-पुत्रों और राजपुरुषों को कुछ करना नहीं पड़ता है। उनका जीवन अर्जन का नहीं, भोग का जीवन है। भोग के लिए धन व्यय करना पड़ता है; और व्यय के लिए उनके पास पुष्कल धन है। संध्या समय वे अपने प्रासादों से निकलते हैं

और मदिरालयों में जा बैठते हैं। मदिरा पीते हैं, द्यूत खेलते हैं और नारी-शरीर की खोज में निकल पड़ते हैं। वेश्यालयों में भीड़ लग जाती है। लंका में यह प्रचलन बहुत बढ़ गया है; इसलिए वारवनिताओं की माँग भी बढ़ गई है। परिणामतः अपहरण अधिक हो गए हैं, बलात्कार बढ़ गए हैं, दासियों का क्रय-विक्रय बढ़ गया है।"

"किंतु माँ! इससे अक्ष का क्या संबंध?" मेघनाथ चकित था।

"क्यों? क्या वह इसी वातावरण में नहीं पल रहा; या उसके पास पर्याप्त मात्रा में धन नहीं है?" मंदोदरी का स्वर कुछ तीव्र हो गया।

"किंतु वह राजकुमार है। उसे शस्त्र-विद्या सीखनी चाहिए।"

मंदोदरी का स्वर वक्र हो उठा, "वह कुटनी यमजिह्वा की युवती पुत्री मदालसा से काम-विद्या सीख रहा है; और विश्वविजेता भाई तथा पिता का लाया हुआ धन ढो-ढोकर उस वेश्या के घर में भर रहा है। इस पुण्य से अवकाश पाएगा तो शस्त्र-विद्या भी सीख लेगा।"

मेघनाथ चुपचाप माँ को देखता रहा। मंदोदरी मौन ही रही तो जैसे निष्कर्ष रूप में बोला, "उसे ऐसा नहीं करना चाहिए। अभी उसका वय इस योग्य नहीं है।"

मंदोदरी का तेज जैसे भभककर फूटा, "पिता संसार-भर में से सुंदरियों का अपहरण करता फिरेगा तो पुत्र अपने नगर की एक वेश्या के पास भी नहीं जाएगा? तुम्हारे पिता ने कभी यह सोचा है कि उनका वय किस योग्य है कि उनका पुत्र यह सोचेगा?"

"माँ!" मेघनाथ का स्वर भी कुछ ऊँचा हुआ, "जगद्विजेता, राक्षसेन्द्र, राजाधिराज रावण के विषय में ऐसा कहना तुम्हें शोभा नहीं देता। वे आपके पति हैं। राक्षसेन्द्र के लिए यह कोई नई बात तो नहीं।"

"पुरानी बात उचित ही होती है क्या?" मंदोदरी का तेज तनिक भी फीका नहीं पड़ा, "तुम कब इस परंपरा का अनुसरण करने वाले हो? मैं सुलोचना-प्रमिला से कह रखूँ कि वह अपने कुछ पुराने वस्त्र सँभाल रखें और दासी कर्म के लिए तैयार रहें।"

"माँ!" मेघनाथ क्रुद्ध स्वर में बोला।

"क्यों? बुरा लगा?" मंदोदरी का स्वर व्यंग्यपूर्ण था, "जब तुम्हारे पिता ने मेरी उपस्थिति में, अपहृता वैदेही के सम्मुख यह प्रस्ताव रखा कि वे महारानी मंदोदरी को उसकी प्रधान दासी नियुक्त कर देंगे; तो तुम्हारी माँ को कैसा लगा होगा, पुत्र?"

मेघनाथ चुप रहा।

"बोलते क्यों नहीं? इन पकते हुए केशों के वय में, महारानी मंदोदरी को भोग के लिए लाई गई नवागत युवतियों की दासी बनाकर विश्वविजेता वीर की जननी का अभिनंदन किया जा रहा है क्या?"

"नहीं, माँ! यह बात नहीं है।"

"तो क्या बात है?"

"पिताजी ने सीता का मन जीतने के लिए प्रलोभन दिया होगा।"

कई क्षणों तक मंदोदरी अपने पुत्र को देखती रहीं और सहसा उनके मुख से करुण स्वर फूटा, "तेरे जैसा पितृभक्त पुत्र भी मैंने नहीं देखा, इंद्रजित! तुझे पाकर तेरे पिता फूले नहीं समाते होंगे; पर मैं सोचती हूँ कि तू इतना पितृभक्त न होता तो शायद तेरे पिता का कल्याण होता। जा पुत्र! मैं हतभागी सुलोचना को उसका भविष्य बता दूँगी।"

इंद्रजित ने कोई उत्तर नहीं दिया। वह प्रणाम कर मंदोदरी के कक्ष से निकल गया।

मंदोदरी पछाड़ खाकर पलंग पर औंधी जा पड़ीं।

दूसरा खण्ड

1

हनुमान प्रातः से ही सतर्क तथा उद्वेलित-से थे; किंतु उन्होंने सुग्रीव से कुछ नहीं कहा। व्यायाम, सामूहिक शस्त्राभ्यास तथा अल्पाहार हो जाने के पश्चात् ही वे बोले, "युवराज! एक महत्त्वपूर्ण सूचना है।"

हनुमान का व्यवहार कुछ इतना असाधारण था कि सुग्रीव ही नहीं, नल-नील तथा तार भी जैसे अतिरिक्त रूप से सजग होकर उन्हें देखने लगे।

"क्या बात है, हनुमान!" सुग्रीव बोले, "सूचनाएँ तो प्रतिदिन आती-जाती रहती हैं; किंतु इतने अस्थिर तो तुम कभी नहीं हुए।"

"आज की सूचना ही कुछ ऐसी है, युवराज!" हनुमान ने सिर झुका लिया, मानो वे सुग्रीव का सामना न कर पा रहे हों।

"कहो, हनुमान! जो भी है, कहो। क्या बालि ने रुमा का वध कर दिया?"

"नहीं!" हनुमान सिहर उठे। उनके व्यवहार ने सुग्रीव के मन में कितनी अनर्थकारी संभावनाओं को जन्म दिया है, "नहीं, युवराज! युवराज्ञी के विषय में कोई सूचना नहीं है। चरों ने सूचना दी है कि पंपा सरोवर के तट पर एक वृद्ध तापसी शवरी की कुटिया में कुछ प्रवासियों का एक दल टिका था। प्रवासी दल के नेता तपस्वी वेश में हैं; किंतु न केवल वे शस्त्रबद्ध हैं, वरन् उनके साथ एक पूरा शस्त्रागार है, जिसे वे अपने कंधो पर ढो रहे हैं। उनके नेता राम नामक अयोध्या के निर्वासित राजकुमार हैं; साथ ही उनके छोटे भाई लक्ष्मण हैं। वे लोग क्रमशः

इसी ओर बढ़ रहे हैं...।"

सुग्रीव का रंग पीला पड़ गया। उनके मन में अंगद द्वारा शिल्पी के माध्यम से भिजवाई गई सूचना गूँज गई।...

"वे लोग अपराध व्यवसायी तो नहीं हैं?" सुग्रीव असमंजस में थे।

"नहीं।" हनुमान शीघ्रता से बोले, "मेरा तात्पर्य यह नहीं था। यदि युवराज को स्मरण हो तो...मेरा अनुमान है कि ये वे ही लोग हैं, जिन्हें वह अपहृत स्त्री पुकार रही थी, जिसने मार्ग में वस्त्र तथा आभूषण गिराए थे।"

"हाँ!" सुग्रीव की चिंता कुछ कम हुई, 'वह स्त्री राम और लक्ष्मण को ही पुकार रही थी। वे ही होंगे।"

"मेरा भी यही अनुमान है, युवराज!" हनुमान का स्वर गंभीर था, "किंतु यह अनुमान मात्र ही है। मेरे मन में उन लोगों को लेकर बहुत सारा ऊहापोह है।'

सबने प्रश्नवाचक दृष्टि से हनुमान को ओर देखा।

"यदि ये वे ही लोग हैं", हनुमान बोले, "तो निश्चित रूप से वे पीड़ित और असहाय हैं। वे लोग उस स्त्री की खोज में होंगे। उनको सहायकों की आवश्यकता होगी, जो अपहरणकर्ता का पता-ठिकाना खोजने तथा उस स्त्री को लौटा लाने में उनके लिए उपयोगी हो सकें। यदि उनका संपर्क बालि से हो गया, उससे मैत्री हो गई, तो बालि उनकी सहायता कर सके या न कर सके, वे बालि की सहायता अवश्य ही कर सकेंगे। उनके पास एक पूरा शस्त्रागार है और उनका प्रमुख आयुध धनुष है, युवराज।"

इस बार सुग्रीव के साथ-साथ नल, नील तथा तार के चेहरे भी चिंतित हो उठे—हनुमान सच कह रहे थे।

"यदि वे लोग साधारण शस्त्र-व्यवसायी हैं," हनुमान पुनः बोले, "और संयोग से इस ओर बढ़ रहे हैं, तो भी हमारे लिए वे दो रूपों में संकट का कारण हो सकते हैं—वे स्वयं हमसे युद्ध करना चाहें, अथवा बालि की प्रसन्नता प्राप्त करने के लिए हमारा वध करना चाहें..."

"क्या बात है, आज हनुमान का सारा चिंतन ही हमारे विरुद्ध जा रहा है।" नल अधीरतापूर्वक बोले, "भला प्रवासियों की कोई मंडली हमारी वैरी ही क्यों होगी?"

"मेरा आशय यह नहीं था।" हनुमान बोले, "किंतु हम विपत्ति में हैं; असहाय हैं। छिपे होने पर भी शत्रुओं से घिरे हुए हैं। इसलिए प्रत्येक नई घटना हमारे मन में सोये हुए भयभीत मृगशावक को जगा देती है। हमारी स्थिति ऐसी नहीं है कि हम बिना भरपूर खोज और परीक्षण के किसी भी अपरिचित आगंतुक को अपना मित्र मान लें।"

"ठीक कहते हो, हनुमान।" इस बार तार बोले, "किंतु मेरा विचार है कि ये दोनों आर्य राजकुमार वे ही राम और लक्ष्मण हैं, जिनकी राक्षसों के साथ हुई भिड़ंतों के संबंध में हमें उड़ती-उड़ती सूचनाएँ मिलती रही हैं।"

"बुरा हो इस अज्ञातवास का।" सुग्रीव झल्लाकर बोले, "कोई सूचना ही ठीक ढंग से नहीं मिल पाती।" सहसा वे सँभले, "पर नील की बात ठीक है, हमें इस विषय के धनात्मक पक्ष पर भी सोचना चाहिए। यदि वे लोग शस्त्रबद्ध हैं, तो वे हमारे सहायक भी हो सकते हैं। क्या हम उनके शस्त्रों का प्रयोग बालि के विरुद्ध नहीं करवा सकते?"

"यदि उनकी स्त्री का अपहरण हुआ है," नील ने कहा, "तो उन्हें सहायकों की आवश्यकता होगी। ऐसे में वे लोग हमारी ओर से बालि के विरुद्ध क्यों लड़ेंगे? एक तो वैसे ही राक्षसों से उनकी शत्रुता होगी, ऊपर से बालि से युद्ध कर वानरों को भी अपना शत्रु बना लें?...वे तो उसकी ओर से लड़ना चाहेंगे, जो उनकी सहायता करे। बालि की तुलना में हम उनकी क्या सहायता कर सकेंगे?"

"यदि हम यही मानकर चल रहे हैं कि वे ही आर्य राजकुमार हैं, जिन्होंने दण्डक वन में स्थान-स्थान पर राक्षसों का विरोध किया है और वह स्त्री भी उनकी ही आत्मीय थी, जिसका राक्षसों द्वारा हरण हुआ है, तो ऐसे में हमारे लिए कुछ आशा हो सकती है।" हनुमान बोले, "वे लोग तेजस्वी हैं, तो स्वयं पीड़ित होने के कारण पीड़ितों की ही सहायता करेंगे। उन्होंने न्याय का पक्ष लेकर राक्षसों का विरोध किया है तो अपने स्वार्थ के कारण भी, वे लोग राक्षसों के मित्र बालि की मैत्री स्वीकार नहीं करेंगे। दूसरी ओर, बालि भी राक्षसों के विरुद्ध इन निर्वासियों की सहायता कर, रावण का विरोध आमंत्रित करने की मूर्खता नहीं करेगा।"

"हनुमान ठीक कह रहा है।" सहसा सुग्रीव उत्साहित हो उठे, "हनुमान एकदम ठीक कह रहा है। यदि ये वे ही लोग हैं तो न वे बालि से मैत्री करना चाहेंगे, न बालि उनकी सहायता करेगा।" जिस आकस्मिकता से उनका उत्साह जागा था, उसी आकस्मिकता से वह बिखर भी गया। "किंतु उन्हें सहायकों की आवश्यकता है और हम उनकी कोई सहायता नहीं कर सकते।"

"कर सकते हैं।" हनुमान का स्वर अत्यंत संयत, संतुलित तथा गंभीर था, "पहली बात तो यह है कि उस स्त्री के विषय में हम उन्हें कुछ निश्चित प्रमाण दे सकते हैं। और तब, यदि वे हमारी सहायता कर बालि को किष्किंधा के राज्य से अपदस्थ कर दें और युवराज को किष्किंधा के सिंहासन पर बैठा दें, तो फिर हम उनकी सहायता ही सहायता कर सकते हैं।"

"उल्टी बात!" नील बोले, "वे हमसे सहायता चाहेंगे और हम उनसे कहें कि पहले हमारी सहायता करो तो हम तुम्हारी सहायता करेंगे।"

"उल्टी बात नहीं है।" हनुमान कुछ उत्तेजित होकर बोले, "वे हमारी सहायता करें तो हम उनकी सहायता करेंगे। हम स्वयं राक्षसों से पीड़ित हैं और उनके अनाचार को समाप्त करना चाहते हैं। किंतु बालि राक्षसों के विरुद्ध उनकी कोई सहायता नहीं करेगा—न पहले, न पीछे। उन्हें यदि राक्षसों के विरुद्ध सहायक चाहिएँ, तो उनके पास कोई विकल्प नहीं है। वे हमारा समर्थन नहीं करेंगे, तो अपने एकमात्र मित्र को शत्रु के हाथों में सौंपकर, स्वयं अपने प्रति शत्रुता का निर्वाह करेंगे।"

"हनुमान! तुम पहले कही गई अपनी ही बात का विरोध नहीं कर रहे?" सुग्रीव जैसे सहसा किसी नींद से जागकर बोले।

"नहीं, युवराज!" हनुमान सहज होकर बोले, "मेरा मत न पहली बात में था, न अंतिम बात में। मैंने तो पहले ही कहा था, मेरे मन में बहुत ऊहापोह है। मत स्थिर करने के लिए ही तो यह विवाद चलाया है।"

"ठीक कहते हो, हनुमान!" तार बहुत देर के पश्चात् बोले, "हमें सर्वपक्षीय चिंतन करना चाहिए।..किंतु एक बात मैं भी कहूँगा।" तार कुछ तनकर बैठ गए, "बालि उनकी सहायता नहीं करेगा—यह बात भी तो उन लोगों को समझानी होगी। यदि वे लोग पहले बालि के संपर्क में आ गए तो हमारे विरुद्ध बालि उनका उपयोग तो कर ही लेगा, बाद में उनकी सहायता करे या न करे।"

"इस दृष्टि से तो हमें अपने स्थान पर बैठे रहकर उनके आने की प्रतीक्षा करने के बदले, आगे बढ़कर उनका स्वागत करना चाहिए। उनसे संपर्क कर, उनकी ओर मैत्री का हाथ भी बढ़ाना चाहिए।"

"किंतु एक और बात..." सुग्रीव बहुत गंभीर थे, "ऐसा न हो कि हम उनकी शस्त्र-शक्ति को वास्तविकता से अधिक आँककर उन्हें अपना मित्र बना लें और उससे बालि को अपने प्रति और भी क्रूर होने के लिए प्रेरित करें।"

"उनकी सहायता तो हमें वैसे भी करनी चाहिए, युवराज!" हनुमान बोले, "वे न्याय के पक्ष में हैं और पीड़ित हैं...और पीड़ितों के संगठन से ही शोषण का अंत हो सकता है।"

"मैं तुमसे पूर्णतः सहमत हूँ, हनुमान!" सुग्रीव का स्वर उदास हो गया, "स्त्री के अपहरण की पीड़ा मुझसे अधिक और कौन समझ सकता है; और अपहृत स्त्री की सहायता न कर पाने की असमर्थता का दंश भी और किसके वक्ष में इतना गड़ा होगा...उनकी सहायता तो हमें करनी ही चाहिए। इस कष्ट में तो वे मुझे अपने सहोदर भाई-से लगते हैं। हमारा न्याय भी एक है और स्वार्थ भी...किंतु इस संकट की घड़ी में हमें आपद्धर्म का निर्वाह करना होगा। हम उन्हें ऐसी मैत्री न दें, जिससे हमें और उनको हमारे क्रूर शत्रुओं का क्रोध नष्ट कर दे।"

"पर पहले मालूम तो हो कि वे हैं कौन?" सुग्रीव के चुप होते ही तार बोले।

"वह तो आवश्यक है ही।" हनुमान ने उत्तर दिया, "किंतु यह निश्चय तो पहले ही हो जाना चाहिए कि उनकी वास्तविकता मालूम हो जाने पर उनके प्रति हमारा व्यवहार कैसा होगा।"

"तो ऐसा करो, हनुमान!" सुग्रीव बोले, "तुम किसी प्रकार यह ज्ञात करो कि वे लोग कौन हैं। यदि वस्तुतः ये वे ही राक्षस-विरोधी आर्य राजकुमार हैं और वह स्त्री इन्हें ही पुकार रही थी, तो तुम उन्हें मित्रतापूर्वक यहाँ ले आओ। उनकी शस्त्र-शक्ति की परख यहाँ हो जाएगी और तब आगे का कार्यक्रम बन जाएगा; किंतु..." सुग्रीव का स्वर कुछ काँप-सा गया, "यदि वे कोई अन्य शस्त्रधारी हैं और बालि द्वारा हमारी टोह लेने के लिए भेजे गए हैं, तो..."

"ऐसी स्थिति में किसी एकांत स्थान में घेरकर हमें उनका वध करना होगा।" तार बोले, "यदि वे शत्रु-भाव से आए हैं, तो हमारे गुप्त ठिकाने को देख लेने के पश्चात् उनका जीवन हमारी मृत्यु के समान है।"

"यह ठीक है।" हनुमान ने समर्थन किया, "मेरा मत है, युवराज! आप मलय पर्वत पर अपनी गुप्त गुफा में चले जाएँ। जब तक हमें इन आगंतुकों का पूर्ण तथा वास्तविक परिचय नहीं मिल जाता, तब तक आप वहीं निवास करें।"

"हमारा जीवन तथा सम्मान अब तुम्हारे हाथ में है, हनुमान!" सुग्रीव की आँखों में अश्रु थे तथा स्वर भर्रा आया था।

हनुमान सुग्रीव को बुलाने चले गए तो राम, लक्ष्मण तथा उनके बीस जन-सैनिकों ने अपने आयुध कंधों से उतार लिये। एक छायादार वृक्ष देखकर, कुछ अस्त्र-शस्त्र उसके तने के साथ टिका दिए और कुछ उसकी छाया में सँजोकर रख दिए। कुछ शिलाखण्डों को स्वच्छ कर तथा कुछ वृक्षों की टूटी सूखी शाखाओं को व्यवस्थित कर बैठने का प्रबंध कर लिया गया।

हनुमान से सारी सूचनाएँ पाकर, राम के मन में नये सिरे से एक चिंतन-प्रक्रिया चल पड़ी थी—जिस व्यक्ति की खोज में वे यहाँ तक आए थे, उस व्यक्ति ने स्वयं ही न केवल उन्हें ढूँढ निकाला था, वरन् अपने मंत्री के माध्यम से मैत्री का संदेश भी भिजवा दिया था। इससे अधिक सुखद स्थिति और क्या हो सकती थी? किंतु मैत्री का इच्छुक वह व्यक्ति स्वयं कष्ट में था। उसकी स्थिति स्वयं राम के समान कष्टप्रद तो थी ही, कुछ अंशों में उनसे भी अधिक बीहड़ थी।

राम ने अपनी इच्छा से निर्वासन स्वीकार किया था, किंतु सुग्रीव को बलात् किष्किंधा से निष्कासित कर दिया गया था। राम वन में स्वच्छंद जीवन व्यतीत कर रहे थे और सुग्रीव को अज्ञातवास करना पड़ रहा था। राम की पत्नी को रावण नामक संपूर्ण मानवता का शत्रु, दुष्ट राक्षस हरकर ले गया था और सुग्रीव की पत्नी

का स्वयं उनके बड़े भाई ने अपहरण किया था। राम अपने शत्रु को खोजकर, उसे दण्डित कर प्रतिशोध लेने तथा सीता को लौटा लाने का साहस रखते थे; और सुग्रीव असहाय-सा, अपने शत्रु से मुख छिपाता फिर रहा था...

राम और उनके साथियों ने दूर से सुग्रीव को आते देखा। हनुमान कुछ आगे-आगे चल रहे थे और शेष कुछ लोगों ने सुग्रीव को घेर रखा था। सुग्रीव बहुत आश्वस्त होकर नहीं चल पा रहे थे। यद्यपि सुग्रीव के साथी उन्हें एक नृप के संपूर्ण आदर के साथ ला रहे थे, तो भी सुग्रीव के डग भरने में आत्मविश्वास का पूर्ण अभाव था। वे आशंकित मन तथा अस्थिर पगों से चल रहे थे।

निकट आकर वे राम के सम्मुख खड़े हुए तो उन्होंने हाथ जोड़कर राम का अभिवादन किया।

राम ने देखा—सुग्रीव के चेहरे की कांति नष्ट हो चुकी थी। आतंकपूर्ण वातावरण तथा अनिश्चित परिस्थितियों में रहने के कारण उनकी आँखों में भय स्थायी रूप से जम गया था तथा होंठों की भंगिमा से हताशा का भाव अभिव्यक्त होता था।

राम ने आगे बढ़कर सुग्रीव को गले लगा लिया, "सुग्रीव! आज से हम-तुम बंधु हुए। तुम मुझे लक्ष्मण के समान प्रिय रहोगे। एक-दूसरे के सुख-दुःख में हम सहभागी होंगे। तुम्हारा मित्र मेरा भी मित्र होगा और तुम्हारा शत्रु हमारा भी शत्रु होगा।"

सुग्रीव ने अपने होंठों पर सायास एक भीत मुसकान प्रकट की, "आर्य राम! कहीं आप बिना सोचे-समझे तो वचन नहीं दे रहे। यद्यपि हनुमान ने आपको मेरे विषय में सब कुछ बताया होगा—फिर भी वह मेरा मित्र तथा सचिव है। क्या आपको इस प्रकार हमारा विश्वास कर लेना चाहिए?"

राम का विश्वास कुछ अधिक मुखर होकर उनके चेहरे पर झलका, "सुग्रीव! तुम्हारा चेहरा मेरे अपने हृदय का दर्पण है। स्त्री के अपहरण की पीड़ा और अपमान को जितना मैंने अपनी अनुभूति से जाना है, उतना ही तुम्हारे मुखमण्डल से भी जाना है। तुम्हारे दुःख के सामने तो मुझे अपना दुःख भी छोटा लगने लगा है। अब तुम्हारे विषय में और क्या जानना है?"

"यदि मैं आपके किसी काम न आऊँ या आपसे विश्वासघात करूँ?" सुग्रीव भीरू स्वर में बोले।

लक्ष्मण अट्टहास कर हँसे, "किसी की अक्षमता उसका दोष नहीं होता, सुग्रीव! और विश्वासघात..."

लक्ष्मण ने अपना वाक्य अधूरा छोड़, हाथ से उस वृक्ष की ओर इंगित किया, जिसके नीचे उनका शस्त्रागार पड़ा था।

सुग्रीव ने वृक्ष की ओर देखा और सिहर उठे—उन शस्त्रों में विभिन्न प्रकार के धनुष पड़े थे।...और सारी किष्किंधा में एक भी धनुर्धारी नहीं था।

उन्होंने राम की ओर देखा—वे सहज आश्वस्त ढंग से मुसकरा रहे थे। "यद्यपि हमारी शस्त्र-शक्ति इसलिए नहीं है कि उससे हम किसी को आतंकित करें," राम बोले, "ये आत्म-रक्षा अथवा न्याय-रक्षा के साधन मात्र हैं; किंतु विश्वासघाती को दण्ड देना भी न्याय ही है।"

सुग्रीव का भी साहस कुछ बढ़ा। उनका स्वर कुछ ऊँचा हुआ। आँखें कुछ अधिक खुल आईं, "आपका शस्त्र-भण्डार अद्भुत है, भद्र राम! हमारे पास वैसे शस्त्र नहीं हैं। मान लीजिए कि आपको हमारी ओर से कोई भय और आशंका न हो; किंतु आपने मेरे शत्रुओं को अपना भी शत्रु माना है। मेरा सबसे बड़ा शत्रु इस समय मेरा अपना भाई और किष्किंधा का राजा वीरवर बालि है, जिसके भय से मैं भीत चूहे के समान अपने बिल में छिपा बैठा हूँ। वह विकट वीर है। उसका शारीरिक बल और युद्ध-कौशल इस क्षेत्र में किंवदंतियों का रूप ले चुका है। उसने दुंदुभी जैसे वन्य भैंसे को सम्मुख-युद्ध में अपनी गदा के प्रहार से धराशायी कर दिया था। मय के पुत्र मायावी का द्वंद्व-युद्ध में वध किया था। आपको उसकी शत्रुता महँगी पड़ सकती है।"

"तुम्हारे मन में यदि बालि के साथ मेरे द्वंद्व-युद्ध की कल्पना है, मित्र!" राम बोले, "तो निश्चित जानो कि मैं द्वंद्व-युद्ध अपने शस्त्र से करता हूँ। मेरा शस्त्र गदा नहीं, धनुष है। दूसरे व्यक्ति के शस्त्र से द्वंद्व-युद्ध मेरे युद्ध-शिक्षण का अंग नहीं है। इस धनुष के सम्मुख बालि की गदा व्यर्थ हो जाएगी। और सुग्रीव!"

राम का स्वर और भी मधुर हो गया। "राक्षसों ने जंबूद्वीप के इस संपूर्ण खण्ड को अपने शस्त्र-बल से ही प्रकंपित कर रखा है। वानरों अथवा अन्य जातियों के पास शस्त्र नहीं हैं जो शस्त्र हैं भी, वे धनुष की समकक्षता नहीं कर सकते। अतः बालि मेरी दृष्टि से उतना विकट योद्धा नहीं रह जाता, जितना कि तुम उसे माने बैठे हो।"

"बालि का शरीर द्वंद्व-युद्ध में भयंकर गदा का आघात सहने का अभ्यस्त है, राम!"

राम ने शांत दृष्टि से सुग्रीव को देखा, "मैं आत्मश्लाघा का समर्थक नहीं हूँ, न ही दर्पोक्तियाँ मेरी प्रकृति के अनुकूल पड़ती हैं; किंतु मित्र! तुम्हारा आत्मबल जगाने के लिए कुछ करना ही होगा।" वे घूमे, "लक्ष्मण! मेरा धनुष तथा तूणीर ले आओ।"

सुग्रीव तथा उनके साथी स्तब्ध रह गए—क्या करेंगे राम धनुण-बाण का? कहीं वे सुग्रीव से रुष्ट होकर उसे दण्डित तो नहीं करना चाहते?...किंतु उनके

स्वर में सुग्रीव के प्रति कोई रोष तो था ही नहीं।

लक्ष्मण ने राम का धनुष और तूणीर लाकर उनके सम्मुख रख दिया। "बालि के पराक्रम का सबसे बड़ा प्रमाण क्या है, सुग्रीव?"

सुग्रीव ने राम को देखा—वे उनसे रुष्ट नहीं थे; अपने मित्र के संतोष के लिए अपनी शक्ति की परीक्षा देने को तैयार खड़े थे। सुग्रीव ने मन-ही-मन क्षण-भर सोचा और सामने एक पंक्ति देने को तैयार खड़े साल के सात वृक्षों की ओर इंगित किया, "भद्र राम! बालि के शरीर में इतनी शक्ति है कि वह यदि इन सात वृक्षों को पकड़कर झकझोरें तो उनका एक-एक पत्ता झड़कर पृथ्वी पर आ पड़ेगा।"

राम अपनी आश्वस्त मुसकान अधरों पर लिये मुसकराते रहे। उन्होंने वहीं खड़े-खड़े अपने धनुष पर एक तीक्ष्ण लौह-फलक वाला बाण चढ़ाया; प्रत्यंचा को कान तक खींचा और बाण छोड़ दिया।

सुग्रीव तथा उनके साथियों ने आश्चर्य से देखा—राम का बाण एक-एक कर सातों साल वृक्षों को छेद गया था। अद्भुत था राम का लक्ष्यभेद, बल तथा कौशल!

"क्या विचार है, मित्र?"

सुग्रीव अभिभूत थे, "समझ गया, भद्र! बालि को तो निकट जाकर अपने हाथों से बारी-बारी सातों वृक्षों को हिलाना पड़ता है। राम अपने स्थान पर खड़े-खड़े, एक ही बाण से, एक ही साथ सातों वृक्षों को छेद सकते हैं।...तुम समर्थ हो, मित्र! और तुम्हारे कारण, आज मैं भी बालि से अधिक समर्थ हूँ।"

सुग्रीव अपने आह्लाद में द्रवीभूत आगे बढ़े और राम को उन्होंने अपने वक्ष से लगा लिया।

प्रातः अभी पूरी तरह उजाला भी नहीं हुआ था कि सहसा ही सारा मतंग वन जाग उठा। प्रहरी तथा सूचना देने वाले चर इधर-उधर भागते दिखाई देने लगे और अनेक लोगों का आवागमन आरंभ हो गया, मानो बड़ी-बड़ी सैनिक टुकड़ियों का स्थानांतरण हो रहा हो।

ऋष्यमूक पर सुग्रीव की गुफा के सम्मुख सभा जुटी हुई थी। सुग्रीव, राम, लक्ष्मण, नल, नील तथा तार वहाँ हनुमान की प्रतीक्षा में बैठे हुए थे।

थोड़ी देर में हनुमान आते दिखाई दिए। उनके साथ-साथ ऋक्षों के यूथपति जाम्बवान भी थे।

सुग्रीव ने अपने स्थान से उठकर जाम्बवान को गले लगाया, "ऋक्ष यूथपति! आप?"

"हाँ, युवराज!" जाम्बवान ने थके किंतु उल्लासित स्वर में कहा, "किष्किंधा तथा बालि को छोड़, आपकी शरण में आ गया हूँ। अकेला नहीं आया हूँ। यूथ

के सदस्य तथा सेनानायक भी मेरे साथ हैं। अब जीवन-मरण सब आपके हाथ है। जो आज्ञा होगी, उसका पालन होगा। मुझे हनुमान के समान ही अपना अनुचर समझें।''

जाम्बवान ने समर्पण के प्रणामस्वरूप अपना सिर झुका दिया।

''किंतु आपको हमारे ठौर-ठिकाने का पता कहाँ से चला? क्या हमारा स्थान अब गुप्त नहीं रहा?'' सुग्रीव के स्वर में हल्की आशंका थी।

''यही समझें, युवराज!'' जाम्बवान निष्कंप स्वर में बोले, ''किंतु उसमें भय का कोई कारण नहीं है। किष्किंधा की प्रजा आज प्रायः जानती है कि युवराज मतंग वन में ही हैं। और प्रजा यह भी जानती है कि बालि अकेला अथवा अपनी सेना के साथ मतंग वन में प्रवेश करने का साहस नहीं करेगा।''

सुग्रीव ने चिंतित दृष्टि से हनुमान की ओर देखा, ''यह गोपनीयता कैसे भंग हो गई, हनुमान?''

'युवराज! आर्य राम तथा लक्ष्मण का आगमन गोपनीय नहीं रखा जा सकता।'' हनुमान स्थिर वाणी में बोले, ''हम अपनी चिंताओं में उलझे रहने के कारण अधिक नहीं जान सके; किंतु इस क्षेत्र की सारी जनता जैसे इन जन-नायकों के आगमन की प्रतीक्षा में थी। वह वृद्ध शबरी तक जानती थी कि राम पंचवटी में थे और वहाँ से इस ओर आ रहे हैं।''

''किंतु सुरक्षा!...'' तार ने कहना चाहा।

''सुरक्षा! इस प्रचार के कारण हम और अधिक सुरक्षित हो गए हैं।'' हनुमान मुसकराए, ''बालि पहले मतंगों के भय से इधर आने का साहस नहीं कर रहा था; अब उसे ज्ञात हो गया है कि राम, लक्ष्मण, उनके जन-सैनिक और उनका शस्त्रागार भी यहाँ है। उसके भेजे हुए गुप्तचरों का मतंग वन में प्रवेश करते ही जन-सैनिक प्रहरियों के बाणों से स्वागत हुआ है। उससे बालि का मनोबल पर्याप्त क्षीण हुआ है तथा प्रजा का मनोबल बढ़ गया है। उसका पहला प्रमाण तात जाम्बवान का किष्किंधा छोड़कर हमारे पास आ जाना है।''

''मुझे बहुत पहले ही बालि तथा किष्किंधा को छोड़कर आपके पास आ जाना चाहिए था।'' जाम्बवान सहज मुसकान के साथ बोले, ''किंतु अपनी वृद्धावस्था के कारण साहस नहीं कर पा रहा था।...किष्किंधा में दैनंदिन जीवन क्रमशः अधिक अपमानजनक तथा अन्यायपूर्ण होता जा रहा है, युवराज। वहाँ रहना असह्य हो रहा था। नगर का प्रत्येक लुच्चा राज-परिषद् का सदस्य हो गया है और प्रत्येक ईमानदार व्यक्ति सत्ता द्वारा प्रताड़ित, आतंकित, असहाय तथा निरीह जीव। एक ओर से बालि धक्के मार रहा था और दूसरी ओर से आर्य राम के आपके पास आ पहुँचने का समाचार मिला। इन दो शक्तियों के मिलने की सूचना ने मेरा भयावृत

तेज झकझोरकर जगा दिया। मैं छिपकर नहीं आया हूँ। खुल्लम-खुल्ला आया हूँ—घोषित रूप से। अपने साथ अदमनीय जन-शक्ति लाया हूँ। आप मतंग वन को एक दुर्ग में परिवर्तित कर दें। आप देखेंगे, अब नित्य-प्रति प्रजाजन, वानर यूथ तथा अनेक सेनानायक आपकी शरण में आते जाएँगे। बहुत शीघ्र यह स्थान सैनिक स्कंधावार में बदल जाएगा। आप चाहें तो कुछ ही दिनों में बालि को अपदस्थ कर, किष्किंधा में सम्राट के सिंहासन पर अपना अभिषेक करा सकते हैं।"

उपस्थित लोगों ने अपना हर्ष प्रदर्शित किया।

"सुनो, मित्र सुग्रीव!" सारे वार्तालाप में राम पहली बार बोले, "यह तो निश्चित है कि हमारा लक्ष्य क्या है; किंतु अभी तक हमने बालि को अपदस्थ करने की पद्धति पर तनिक भी विचार नहीं किया है।"

सुग्रीव कुछ क्षणों तक राम को देखते रहे, जैसे मन की बात कहने से पहले राम को तौल रहे हों और फिर धीरे से बोले, "अपदस्थ करने की पद्धति पर नहीं, वध की पद्धति पर।"

राम चौंककर अनायास ही उठ खड़े हुए।

"क्यों? क्या हुआ?" सुग्रीव मानो राम से इसी प्रकार की प्रतिक्रिया की अपेक्षा कर रहे थे।

"मेरे लिए बालि एक अपराधी मात्र है। शेष अपराध इस समय छोड़ भी दिए जाएँ, तो रुमा के अपहरण के लिए बालि को वही दण्ड मिलना चाहिए, जो सीता के अपहरण के लिए रावण को मिलेगा।" राम बोले, "...किंतु सुग्रीव! बालि तुम्हारा भाई है।"

"संबंध की दृष्टि से बालि मेरा भाई है," सुग्रीव का स्वर अत्यंत गंभीर था, "किंतु अपने कृत्यों से वह मेरा ही नहीं, सारी वानर-जाति का शत्रु हो गया है। एक भाई द्वारा अपने भाई के वध के प्रस्ताव पर आपका चकित होना स्वाभाविक ही है। इस विषय में मैं स्वयं भी अनेक चिंताओं से घिरा हुआ हूँ। यदि मैं बालि के वध का माध्यम बनता हूँ तो मेरा प्रिय सहयोगी अंगद अपने पिता के हत्यारे के विषय में क्या सोचेगा; यह तार अपनी बहन को विधवा करने वाले सुग्रीव से कैसा व्यवहार करेगा; स्वयं भाभी तारा के मन में मेरे प्रति जो स्नेह है, वह क्या कहेगा; और वृद्ध सुषेण मेरे प्रति क्या धारणा रखेंगे? किंतु आज मैं ऐसे दोराहे पर खड़ा हूँ, जहाँ मुझे अपने स्नेह-संबंधों और न्याय में से एक को चुनना है। दोनों मुझे नहीं मिल सकते...।" सुग्रीव क्षण-भर के लिए मौन रहकर पुनः बोले, "मैं यदि अपने प्रति किए गए बालि के अत्याचारों को भुला भी दूँ तो क्या किष्किंधा की प्रजा तथा वानरों के यूथ उसके अत्याचारों को क्षमा कर देंगे?"

"नहीं।" जाम्बवान दृढ़ स्वर में बोले, "बालि को कोई क्षमा नहीं करेगा।

इतना ही नहीं, बालि को क्षमा करने वाले को किष्किंधा की प्रजा क्षमा नहीं करेगी।''

''मैं बालि को क्षमा करने का प्रस्ताव नहीं कर रहा।'' राम मुसकराते हुए बोले, ''किंतु वह व्यक्ति, जो आपका अपना आत्मीय है, आप में से अनेक लोगों का संबंधी है, किष्किंधा का सम्राट रहा है—उसे मृत्युदण्ड देने से पूर्व भली प्रकार सोच-समझ लेना चाहिए।'' राम ने रुककर, एक बार सबको देखा, ''बालि ने जो कुछ किया, अथवा वह जो कुछ कर रहा है, वह 'व्यक्ति-बालि' के रूप में नहीं 'सम्राट-बालि' के रूप में ही संभव है। यदि हम बालि को किष्किंधा के सम्राट पद से अपदस्थ कर देते हैं तो उसका वह डंक ही नष्ट हो जाएगा, जिससे वह सारी वानर-जाति को पीड़ित कर रहा है। तब उसके जीवित रहने में आपको क्या आपत्ति है?''

''भद्र राम!'' हनुमान बोले, ''आप हमसे अधिक बुद्धिमान भी हैं, अनुभवी भी और कदाचित् अधिक उदार भी। इसीलिए आप बालि को केवल अपदस्थ कर छोड़ देने की बात कह रहे हैं। किंतु आर्य! बालि के विषय में जो कुछ मैं जानता हूँ, उसके आधार पर कुछ कहना चाहूँगा।''

''कहो।''

''जीवित रहते बालि को सम्राट पद से अपदस्थ नहीं किया जा सकता। वह किसी भी अवस्था में उसे संभव नहीं होने देगा।'' हनुमान गंभीर और स्थिर वाणी में बोले, ''और यदि आपने बालि को प्राणदान दिया तो उसके सहयोगी-अनुचरों को भी प्राणदान देना होगा—जो हत्यारे, दुष्ट, पामर, पापी और अत्याचारी हैं। वे सब लोग हमारे समाज में रहेंगे। क्षमा कर दिए जाने पर वे समाज में स्वतंत्र रूप से अपने संचित धन के बल पर सम्मानित ढंग से रहने का अधिकार तो पा जाएँगे; किंतु समाज के प्रति अपने दायित्व का तनिक भी निर्वाह नहीं करेंगे। वे अपनी पराजय को नहीं भूलेंगे तथा समाज में सदा विष फैलाएँगे। नये शासन की अवमानना करेंगे और आदर्शों को अपने पैरों से ठुकराएँगे। उनके रहते हुए समाज में नवनिर्माण का कार्य नहीं हो सकता। इसलिए उन्हें जीवित छोड़ देना अपने ही लक्ष्य के प्रति विश्वासघात होगा।'' हनुमान ने मुसकराकर राम को देखा, ''मैं अनावश्यक रक्तपात का समर्थक नहीं हूँ, भद्र राम! न मैं व्यक्तिगत प्रतिहिंसा में विश्वास करता हूँ; किंतु अपराधियों को उनके अपराध के ही अनुपात में दण्डित करने तथा सामाजिक निर्माण के विघ्नों के उन्मूलन में मेरा विश्वास बद्धमूल है।''

''आप लोगों का क्या मत है?'' राम ने अन्य लोगों की ओर देखा।

''हनुमान ठीक कहते हैं।'' सम्मिलित स्वर में समर्थन आया।

लक्ष्मण के मुख पर संतुष्टि का उल्लास प्रकट हो गया।

''तो फिर ऐसा ही हो।'' राम बोले, ''मैं आप लोगों के समर्थन से दो घोषणाएँ

करना चाहता हूँ। प्रथम, हम इसी क्षण से मित्रवर सुग्रीव को वानरों का सम्राट घोषित करते हैं; तथा द्वितीय, बालि के अपराधों पर विचार करते हुए उसे मृत्युदण्ड देते हैं।''

''हम सहमत हैं। हम सहमत हैं।'' सब ओर से स्वर आए।

राम ने सुग्रीव का हाथ पकड़कर, उन्हें एक ऊँची शिला पर बैठाया और पंपा सरोवर के जल से उनका अभिषेक कर, उनके हाथ में शस्त्र दे दिया। इस बार वे लोग राज-परिषद की मर्यादा से बैठे।

''किष्किंधा पर सैनिक अभियान संबंधी प्रस्तावों पर विचार आरंभ किया जाए।'' सुग्रीव ने अनुमति दी।

सबसे पहले जाम्बवान बोले, ''मेरे साथ मेरा सारा यूथ है। उसके अतिरिक्त अनेक सेनानायक हैं। आर्य राम एवं लक्ष्मण हैं। स्वयं सम्राट, वीरवर हनुमान, नल, नील तथा तार हैं। फिर हमें सोचने की क्या आवश्यकता है। हम सब रण-सज्जित होकर इसी क्षण चलें और बालि तथा उसकी सेना का सामना करें। जहाँ तक मेरा अपने तथा बालि के पक्ष का मूल्यांकन है—युद्ध दो घड़ी भी नहीं चल पाएगा। बहुत सारे सेनानायक अपने सैनिकों के साथ आरंभ में ही हमारे साथ आ मिलेंगे और शेष सेना को हम देखते-देखते नष्ट कर देंगे।

''तात जाम्बवान अपने अप्रशिक्षित, असैनिक यूथ जनों को किष्किंधा की राजकीय सेना से लड़ाना चाहते हैं—यह अनुचित है।'' लक्ष्मण बोले, ''आपके पास कितने भी वीर सेनानायक हों, आप निहत्थे जनसमूह को सेना से लड़वाकर निरीह हत्याओं के भागी बनेंगे। मैं ऐसी युद्ध-नीति का समर्थन नहीं कर सकता।''

''लक्ष्मण ठीक कहते हैं।'' जाम्बवान ने मुसकराकर अपने विरोध का समर्थन कर दिया, ''किंतु कदाचित् वे किष्किंधा की राजकीय सेना की स्थिति नहीं जानते। किष्किंधा की सेना के पास गिनती के खड्गधर हैं, धनुर्धारी तो हैं ही नहीं। सेना की मुख्य शक्ति गदाधर टुकड़ियाँ हैं। हमारे यूथ के युवक, वीर सेना-नायकों के शस्त्रों के समर्थन से सहज ही उनका सामना कर लेंगे। और तब भी यदि कुमार को यह निरीह हत्याओं का ही आयोजन लगता है, तो इन यूथजनों को सैनिक प्रशिक्षण देने तथा किसी-न-किसी प्रकार के आयुधों से सज्जित करने तक इस अभियान को स्थगित रखा जा सकता है।''

''यदि प्रशिक्षण और शस्त्रों की ही बात है,'' अनिन्ध अपने संकोच को सायास पीछे धकेलकर बोला, ''तो हम दण्डक वन से अपनी जन-सेना को लाकर इस अभाव की तत्काल पूर्ति कर सकते हैं।''

''यह ठीक है।'' सुग्रीव असाधारण रूप से उल्लासित हो उठे, ''सत्य यह है कि बालि की शक्ति इतनी आतंकपूर्ण है कि मैं किसी भी बात को संयोग पर

नहीं छोड़ना चाहता। इसलिए हमें अधिक-से-अधिक तैयारी के साथ बालि पर आक्रमण करना चाहिए। सेनानायक हमारे पास हैं। जाम्बवान अपने यूथ के माध्यम से हमें जन-बल प्रदान कर रहे हैं तथा अनिन्ध के प्रस्ताव के अनुसार दण्डक वन की जन-शक्ति तथा शस्त्र-शक्ति दोनों उससे जुड़ जाती हैं। यदि हम इस पूर्ण तैयारी के साथ किष्किंधा पर सैनिक अभियान करेंगे तो हमारी पराजय की तनिक भी संभावना नहीं है।''

सुग्रीव ने रुककर राम की ओर देखा—वे अपने चिंतन में लीन थे।

सहसा राम ने सिर उठाया, ''क्या विचार है, लक्ष्मण?''

''भैया!'' लक्ष्मण का स्वर द्वंद्वरहित नहीं था, ''ऐसे में दण्डक वन के पुनः आरक्षित हो जाने की संभावना है। ऐसा न हो कि उस संगठन का जितना लाभ हम यहाँ उठाएँ; जन-सेना के हट जाने के कारण उससे अधिक क्षति दण्डक वन में हो जाए।''

''मैं सौमित्र से सहमत हूँ।'' राम गंभीर स्वर में ठहर-ठहरकर बोले, ''वस्तुतः हमें अपनी दृष्टि तनिक दूरगामी रखनी पड़ेगी। हम इस समय एक व्यापक युद्ध के आमने-सामने हैं। ये छोटे-छोटे युद्ध उस व्यापक युद्ध के स्थानीय व्यूह हैं। हमारा युद्ध इस सर्वग्रासी, अन्यायी, शोषक तथा अत्याचारी राक्षसी वृत्ति से है। बालि का विरोध भी उसकी इसी राक्षसी वृत्ति के कारण ही है। वह इस समय रावण का ही एक मोहरा बना हुआ है। हम बालि के साथ युद्ध को इतना महत्त्वपूर्ण नहीं मान सकते कि रावण को भूल जाएँ।''

''पर रावण को कौन भूल रहा है?'' सुग्रीव बोले, ''यदि दण्डक वन की जन-सेना को वहाँ से हटाने पर दण्डक वन असुरक्षित हो जाता है, तो उस सेना को वहीं रहने दें।''

''बात केवल जन-सेना को हटाने या न हटाने की नहीं है।'' राम बोले, ''यदि रावण की राक्षसी सेना के साथ होने वाला अंतिम युद्ध आप लोगों के ध्यान में है, तो मुझे बताइए—उस युद्ध में हमारे सैनिक कौन होंगे?''

''क्यों!'' सुग्रीव बोले, ''किष्किंधा की राजकीय सेना लड़ेगी।''

''हमारे यूथ लड़ेंगे।'' जाम्बवान बोले।

''और दण्डक वन की जन-सेना लड़ेगी।'' अनिन्ध ने जोड़ा।

''ठीक! मेरा भी यही विचार है।'' राम बोले, ''इसलिए आवश्यक है कि इन तीनों की रक्षा की जाए; किंतु वानर-सम्राट सुग्रीव की योजना के अनुसार किष्किंधा पर सैनिक अभियान किया जाए तो यूथजन तथा जन-सैनिक एक ओर होंगे, किष्किंधा की राजकीय सेना दूसरी ओर। वह एक प्रकार का गृह-युद्ध होगा, जिसमें दोनों पक्षों की सम्मिलित हानि राक्षस-विरोधी सेना की हानि है; अतः हम स्वयं ही अपनी

शक्ति के नाश की योजना बना रहे हैं।" राम रुककर बोले, "हमें गृह-युद्ध के इस विनाश को रोकना होगा।"

"तो फिर युद्ध कौन करेगा और किससे करेगा?" हनुमान ने चकित होकर पूछा। राम कुछ नहीं बोले। वे मौन रहकर एक-एक व्यक्ति को देखते रहे, मानो उनसे उस प्रश्न का उत्तर माँग रहे हों।

"एक बात और भी है," सबको चुप देखकर राम पुनः बोले, "यदि बालि से युद्ध करने के लिए हम एक प्रशिक्षित सेना तैयार करने का प्रयत्न करेंगे तो उसमें पर्याप्त समय लगेगा। इसका अर्थ यह हुआ कि उतने दिनों तक बालि का अत्याचार भी चलता रहेगा और वह अपनी सैनिक शक्ति भी बढ़ाता रहेगा। संभव है कि इस बीच वह राक्षसों से सैनिक-संधि करने में भी सफल हो जाए।"

"आपके मन में कोई समाधान है, भद्र राम!" हनुमान बहुत कोमल स्वर में बोले, "तो आप ही बताएँ।"

राम मुसकराए, "बालि के अत्याचारों को तत्काल समाप्त करने, रुमा तथा उसी के समान अन्य अपहृत तथा बंदी स्त्री-पुरुषों को बालि के चंगुल से मुक्त कराने, उसे शीघ्र दण्डित करने तथा अपनी वर्तमान तथा भावी शक्ति के अपव्यय को रोकने के लिए मेरे पास एक ही समाधान है कि मैं स्वयं बालि को ललकारकर उसके साथ द्वंद्व-युद्ध करूँ।"

"नहीं!" सुग्रीव ने राम की बात बीच में ही काट दी। उनका स्वर आवेश से भरा था। सहसा ही वे बहुत अस्थिर हो उठे थे।

"क्या हुआ, सम्राट?" हनुमान उनके निकट आ गए।

राम उन्हें शांत भाव से देखते रहे और फिर उन्होंने मुसकराकर पूछा, "क्या हुआ, मित्र?"

जिस आकस्मिकता से सुग्रीव आवेश में आए थे, उसी आकस्मिकता से वे शांत हो गए। प्रयत्नपूर्वक वे मुसकराए, "कुछ विशेष नहीं, राम!...यह युद्ध हमारा, सबका है उसमें आप अकेले जोखिम क्यों उठाएँ? आप हमारे अतिथि हैं। हम यह कैसे सहन करेंगे कि हम सुखपूर्वक अपनी गुफाओं में बैठे रहें और आप हमारे लिए अपने प्राणों को संकट में डालें।"

राम खुलकर मुसकराए, "औपचारिक दृष्टि से तो तुम्हारा कथन शिष्टाचार के अनुकूल है, मित्र! किंतु हमने अपनी मैत्री में एक-दूसरे के सुख-दुःख को अपना मानने की शपथ ली है। अब बालि तुम्हारा ही नहीं, मेरा भी—हम सबका शत्रु है। यदि आज तुम्हारे लिए मेरा अपने प्राणों को संकट में डालना उचित नहीं है तो कल मेरे लिए तुम्हारा अपने प्राणों को संकट में झोंकना भी उतना ही अनुचित हो जाएगा।"

सुग्रीव संकुचित हो उठे, "मेरा यह तात्पर्य नहीं था, राम!"

"तो अपना तात्पर्य स्पष्ट कहो, मित्र!" राम बोले, "अपना संकोच तथा औपचारिक व्यवहार त्याग दो।"

सुग्रीव कभी राम को देखते और कभी अन्य उपस्थित लोगों को। वे कुछ बोले नहीं।

"बोलो, सुग्रीव! मन की बात कहो।" राम स्नेह-युक्त स्वर में बोले।

"सत्य ही कहना होगा, राम!" अंततः सुग्रीव बोले, "मैं बालि से बहुत भयभीत हूँ और बहुत कातर मनःस्थिति में हूँ। इस समय मेरा एकमात्र अवलंब आप हैं।..आपने यूथपति जाम्बवान के मुख से सुना ही है कि आपके आते ही वानरों का मनोबल जाग उठा है और वे बालि के विरुद्ध मेरे पक्ष में खड़े होने की बात सोचने लगे हैं। ऐसे में आपके खोने की तनिक-सी संभावना देखते ही मेरे प्राण तड़प उठते हैं।"

"आप भैया की शक्ति को भली प्रकार परखकर भी उसे बहुत कम आँक रहे हैं, वानर सम्राट!" लक्ष्मण अत्यंत दृढ़ स्वर में बोले, "युद्ध का परिणाम कितना भी अनिश्चित क्यों न हो; भैया और बालि के द्वंद्व-युद्ध में भैया की पराजय की रंचमात्र भी संभावना नहीं है।"

"मेरा अर्थ यह नहीं था।" सुग्रीव घबराकर बोले, "मैं भद्र राम की शक्ति को तनिक भी कम नहीं आँक रहा। मैं राम के पराजित होने की भी बात नहीं सोच रहा...।"

"तो फिर क्या है तुम्हारे मन में?" राम के अधरों पर उनकी कमनीय मुसकान आकर ठहर गई, "सत्य बोलने में संकोच मत करो, मित्र! बोलो।"

सुग्रीव राम की वाणी और मुसकान में बँध गए। उनका आत्मनियंत्रण शिथिल हो गया, "राम! मुझे भय है कि आपको देखते ही बालि तत्काल आपसे मैत्री की घोषणा कर देगा। वह कह देगा, उसकी आपसे कोई शत्रुता नहीं है। वह आपकी शरण में आ जाएगा। वह सीता को खोजने में आपकी सहायता का वचन देगा। वह सारी वानर सेना को सीता की खोज में लगा देगा..." सुग्रीव का स्वर काँपने लगा, "फिर आप उसका वध कैसे करेंगे, राम? और यदि आप उसका वध नहीं करेंगे तो कौन उसे दण्डित करेगा? रुमा को कौन लौटा लाएगा? सुग्रीव के प्राणों को बालि के भय से कौन मुक्त करेगा? और किसमें इतनी शक्ति है कि वह किष्किंधा और वानर यूथों को बालि के चंगुल से मुक्त कराए..."

लगा, वानर सम्राट की आँखों से अश्रु बहने लगेंगे।

राम अपने स्थान से उठकर सुग्रीव के सम्मुख आ खड़े हुए। उन्होंने उन्हें कंधों से पकड़कर उठाया और अपने वक्ष से लगा लिया। "कातर मत हो, सुग्रीव!

राम का वचन स्वयं अपने-आप में प्रमाण होता है। मैंने रुमा और वानरों की मुक्ति का वचन दिया है; मैंने बालि को मृत्यु-दण्ड और तुम्हें किष्किंधा का राज्य दिया है।''

''मुझे इसमें कोई संदेह नहीं, राम!'' सुग्रीव बोले, ''किंतु बालि धूर्त है और मेरा मन अत्यंत भीरु तथा कातर।'' सुग्रीव ने राम के कंधे से सिर उठाकर उनकी आँखों में देखा, ''जहाँ इतने वचन दिए हैं, वहाँ एक वचन और दो, मित्र!''

''माँगो, सुग्रीव!''

सुग्रीव घड़ी-भर राम को देखते रहे; और फिर जैसे संशय-भरे स्वर में बोले, ''बालि के जीवित होते, आप या लक्ष्मण उसके सम्मुख नहीं पड़ेंगे।''

''यही होगा, मित्र!'' राम बोले किंतु उनका स्वर चिंताशून्य नहीं रह गया था।

उसके पश्चात् और विचार-विमर्श नहीं हो सका। सुग्रीव की मनःस्थिति ऐसी नहीं थी कि युद्ध की योजनाओं तथा व्यूहों की व्यवस्था में अपना मन लगा सकते। नल, नील तथा तार उन्हें उनकी गुफा तक ले गए। राम भी एकांत चिंतन के लिए अपनी गुफा में चले आए। हनुमान, लक्ष्मण, जाम्बवान तथा अनिन्द्य मतंग वन को सैनिक स्कंधावार का रूप देने में जुट गए।

जाम्बवान की बात अक्षरशः सत्य सिद्ध हुई। थोड़े-थोड़े समय के अंतराल से छोटे-बड़े यूथपतियों, सेनानायकों तथा सामान्य-जन के सुग्रीव की शरण में आ जाने की सूचनाएँ आ रही थीं। लगता था, जाम्बवान के साहस ने अन्य लोगों के मन में राख के नीचे दबी साहस की चिनगारी को भी प्रज्वलित कर दिया था।..नई-नई टुकड़ियों और जनसमूहों के आने से उनकी व्यवस्था की समस्या जटिल होती जा रही थी। सुग्रीव, हनुमान, नल, नील अथवा तार में से किसी को भी आभास नहीं था कि इतनी बड़ी संख्या में लोग इस प्रकार खुल्लम-खुल्ला बालि से विद्रोह कर, उनके पक्ष में आ खड़े होंगे।...दो-एक दिनों की बात होती, तो फिर भी उनके रहने और भोजन की व्यवस्था हो सकती थी; किंतु लंबे समय तक सबके आवास तथा भोजन की व्यवस्था असंभव-सी दीख रही थी। साथ-ही-साथ उनकी सुरक्षा की भी समस्या थी। जिन मतंगों के भय से बालि इस वन में प्रवेश नहीं कर रहा था, वे अन्य लोगों के लिए भी संकट का कारण बन सकते थे।

सुग्रीव तक हनुमान एक-एक सूचना पहुँचा रहे थे। इतने सारे लोगों के आगमन के समारोह तथा उनकी व्यवस्था संबंधी समस्याओं में उलझकर बीच-बीच में सुग्रीव, अपने चिंतन के कूप से उबरकर ऊपर आ जाते थे और अपनी चिंताओं को भूल जाते थे; किंतु सामने से हनुमान के हटते ही वे समस्याएँ धूमिल हो जाती थीं;

और वे पुनः अपनी चिंताओं में डूबने-उतराने लगते थे।

उन्होंने अपने मन का वास्तविक भय स्पष्ट कर राम को कह दिया था। राम ने उन्हें वचन दिया था, और राम के वचन पर अविश्वास करने का कोई प्रत्यक्ष कारण भी नहीं था...किंतु सुग्रीव अपने उस मन का क्या करते, जो बार-बार भीरु मृग-शावक के समान आशंकित होकर अपनी सुरक्षा के लिए अपने ही स्थान पर खड़ा-खड़ा कूदने लगता था या शश-शावक के समान बिना कुछ सोचे-समझे किसी भी दिशा में दौड़ लगा देता था और अपनी नादानी में पहले से भी बड़ी चिंता की किसी कँटीली झाड़ी में जा उलझता था। चिंता-कंटकों से स्थान-स्थान से आहत होकर रक्त बहा-बहा, उनके मन का भी जैसे श्वास टूटने लगा था...

बालि के लिए कितना सुगम था राम और लक्ष्मण से मैत्री कर लेना! अंततः वे चाहते क्या हैं—सीता की खोज! बालि के पास उसके लिए साधन सहज उपलब्ध हैं। राम तथा लक्ष्मण आराम से किष्किंधा के प्रासादों में टिके रहें और बालि सीता की खोज-खबर ला देगा। कोई प्रतिबंध नहीं, कोई शर्त नहीं—राम और लक्ष्मण को कुछ नहीं करना पड़ेगा। न किसी को दण्डित करना होगा, न किसी को मुक्त करना होगा, न किसी को सम्राट बनाना होगा...

और एक बार ऐसा हो गया तो न केवल सुग्रीव की सुरक्षा स्वप्न हो जाएगी; वरन् बालि पहले से कहीं अधिक शक्तिशाली हो जाएगा। बालि की अपनी शक्ति का कई प्रतिकार नहीं है; यदि राम और लक्ष्मण भी उससे जा मिले तो सुग्रीव क्या करेंगे—वे उनकी शस्त्र-शक्ति, युद्ध-कौशल तथा संगठन का जोड़ा कहाँ से लाएँगे...

सुग्रीव का मन निराशा के तल तक जा पहुँचा और हताश अवस्था में बड़ी देर तक पड़ा रहा। अंततः स्वयं ही उसकी प्रतिक्रिया आरंभ हो गई और स्वयं ही अपने मन को प्रताड़ित करने लगे—राम तथा लक्ष्मण के प्रति इतने अविश्वास का कारण? आज तक उन्होंने इन दोनों भाइयों के विषय में जो कुछ सुना था, उससे क्या सुग्रीव ने उनके विषय में यही धारणा बनाई थी कि वे सुख और सुविधाओं के लिए अन्याय से समझौता करते फिरते हैं? वे इतने ही सुविधाजीवी होते तो अयोध्या का राज्य ही क्यों छोड़ते? और यदि बलात् वन में धकेल ही दिए गए थे तो समर्थ राक्षसों तथा असमर्थ जन-सामान्य एवं बुद्धिजीवियों में से वे शोषित तथा असमर्थ लोगों का पक्ष क्यों लेते?

धिक्कार है, सुग्रीव तुझ पर! तूने राम तथा लक्ष्मण की सद्भावना पर विश्वास नहीं किया, उनके चरित्रों को इतना दुर्बल माना और उनकी वीरता पर संदेह किया...मूर्ख! बहुत चतुर बनते-बनते तू अपना ही नाश कर बैठा। यदि राम तथा लक्ष्मण, बालि के जीवित रहते उसके सम्मुख नहीं पड़ेंगे, तो बालि से लड़ने क्या

तू जाएगा?...यह क्या किया सुग्रीव तूने...

राम बड़ी देर तक बैठे सोचते रहे—कैसी विचित्र परिस्थितियों में घिर गए थे वे। बालि से वे लड़ें, यह सुग्रीव नहीं चाहता; और सुग्रीव की सेना बालि की सेना से लड़े, यह राम नहीं चाहते। न सेना लड़े, न व्यक्ति, तो बालि का वध कैसे होगा?...

वानरों में गृह-युद्ध तो किसी भी स्थिति में नहीं होना चाहिए। ये निरीह हत्याएँ हैं। उनका कोई प्रयोजन नहीं। पराजय बालि की हो अथवा सुग्रीव की—वानर जाति दोनों रूपों में निर्बल होगी। इस युद्ध का प्रयोजन तो केवल बालि के वध से सिद्ध हो जाएगा।...हाँ, यदि बालि का वध न हुआ, वह इसी प्रकार सत्ता में बना रहा तथा अत्याचार करता रहा, तो वानर निश्चित रूप से दो पक्षों में युद्ध-सज्जित होते रहेंगे; और अंततः उनमें परस्पर जो रक्तपात होगा, वह अत्यंत भयंकर होगा। उस रक्तपात से वानरों को बचाने के लिए आवश्यक है कि बालि का अत्याचार शीघ्रातिशीघ्र समाप्त हो; और उसका एक ही मार्ग है—बालि का वध।

बालि को द्वंद्व-युद्ध के लिए कौन ललकारे?...जब उनके अथवा लक्ष्मण के बालि के साथ द्वंद्व-युद्ध की कोई संभावना नहीं है, तो फिर सबसे उपयुक्त व्यक्ति स्वयं सुग्रीव ही हैं। वह वानरों के विद्रोही पक्ष का नेता है, वानरों की दृष्टि से सर्वाधिक शस्त्रबद्ध है और आयुधों के संचालन में भी कुशल है...और सबसे महत्त्वपूर्ण तथ्य यह है कि बालि ने उसी की पत्नी का अपहरण किया है...इस पाप के प्रतिकार का सर्वाधिक अधिकार सुग्रीव को ही है...

अपने स्थान पर बैठे रहना राम के लिए अनावश्यक था। उन्होंने अपनी गुफा से बाहर निकलकर देखा—लक्ष्मण तथा अनिन्ध अभी तक नहीं लौटे थे। वे हनुमान के साथ गए थे; कहीं किसी व्यवस्था में लगे होंगे...एक ओर मुखर के वध तथा दूसरी ओर सीता का अपहरण हो जाने के कारण राम और लक्ष्मण पहले की तुलना में अधिक समय तक परस्पर एक-दूसरे के साथ रहे थे; किंतु अनिन्ध के साथ भी लक्ष्मण का काफी समय बीता था। उससे सौमित्र की मुखर जैसी मैत्री तो नहीं हुई थी; किंतु फिर भी वे एक-दूसरे को काफी समझने लगे थे...किंतु राम को सीता के अपहरण के पश्चात् जो अकेलापन मिला था, वह उनकी आत्मा से ऐसा चिपक गया था कि अनेक लोगों की संगति में भी जैसे भीतर से वे अकेले ही रहते थे।...जाने सीता कहाँ होंगी और किस स्थिति में होंगी या रावण द्वारा मार डाली गई होंगी...जीवित भी होंगी तो बंदिनी होंगी, शारीरिक तथा मानसिक यातनाएँ सह रही होंगी, अपमानित होंगी...राम विलंब नहीं कर सकते...

राम द्रुत गति से सुग्रीव की गुफा तक आए।

"सुग्रीव!"

सुग्रीव गुफा से बाहर निकले। राम उन्हें देखकर चौंक उठे—वह अपनी गुफा में बैठा रोता रहा है क्या? चेहरे का वर्ण पीला पड़ा हुआ...आँखों में भय, त्रास, हताशा, उलझन और अनेक अनजाने भावों के गुंजलक!...यह सुग्रीव कैसे लड़ेगा दर्पोद्धत बालि से! यह तो बालि को देखते ही भाग जाएगा। कैसे असंभव कार्य की बात सोच रहे हैं राम! कभी मेमना भी सिंह से लड़ा है क्या?...तत्काल राम ने स्वयं ही अपने विचारों को झटक दिया—यह सुग्रीव की प्राकृत दशा नहीं है।...सीता के अपहरण के पश्चात् वे स्वयं कितने विचलित और अस्थिर हो गए थे। तब क्या स्वयं उनको देखकर कहा जा सकता था कि राम कभी युद्ध भी कर सकते हैं...सिद्धाश्रम, चित्रकूट तथा दण्डक वन की राक्षस-त्रस्त, भीत तथा भीरु प्रजा को देखकर क्या कोई कल्पना कर सकता था कि वे लोग नियमित जन-सेना में सज्जित हो जाएँगे, और राक्षसों को उनके सम्मुख मुँह की खानी पड़ेगी।...सुग्रीव के भीतर प्राकृत योद्धा को जगाना पड़ेगा...

"सुग्रीव!"

"मैं बड़ी उलझन में हूँ, भद्र राम!"

"मैं समझ सकता हूँ, मित्र!" राम मुस्कराए, "इसीलिए एकांत में तुम्हारे पास आया हूँ। सभा में सारी बातें तो नहीं हो सकतीं।"

"इस विश्वास और स्नेह के लिए..."

"इन बातों को छोड़ो।" राम के अधरों पर स्निग्ध मुसकान थी, "इतने आर्त मत रहो। तुम मेरी शरण में आए हो और मैं तुम्हारी शरण आया हूँ। तुम्हें मेरी आवश्यकता है और मुझे तुम्हारी। मेरे बिना तुम्हारा कार्य रुका पड़ा है और तुम्हारे बिना मेरा।...और फिर यह मात्र स्वार्थ या गठबंधन नहीं है—अन्याय के प्रतिकार तथा अत्याचारी को दण्डित करने के लिए युद्धोन्मुख होना है। ऐसी स्थिति में तुम उलझन में रहोगे; चिंतित, पीड़ित तथा कातर रहोगे; तो युद्ध कैसे होगा, मित्र? अत्याचारी दण्डित कैसे होंगे?"

"आप ठीक कहते हैं, राम!" सुग्रीव धीमे स्वर में बोले, "किंतु मैं अपने मन का क्या करूँ? बालि के आतंक से मेरे हाथ का खड्ग भी काँपकर गिर जाता है। आपको तथा लक्ष्मण को बालि के सम्मुख जाने देने का भी मेरा साहस नहीं होता। बालि का वध कैसे होगा? उससे युद्ध कौन करेगा?"

"बालि से युद्ध तुम करोगे, सुग्रीव!"

सुग्रीव का सारा शरीर सिहर उठा। राम का स्वर जैसे अपनी लाखों प्रतिध्वनियों के साथ उनकी शिराओं में झनझना रहा था। उन्होंने आश्चर्य से राम की ओर देखा। राम मुसकरा रहे थे—शांत, स्निग्ध तथा मोहक मुसकान। सुग्रीव ने अनुभव किया,

राम जब इस प्रकार मुसकराते हैं तो देखने वाले में आत्मविश्वास का संचार होता है। तभी तो राम जान-बूझकर इस प्रकार मुसकराते हैं।

"बालि का वध मेरे हाथों संभव होता, तो मैं वह कब का कर चुका होता।" सुग्रीव धीरे से बोले, "यदि बालि से युद्ध करने की क्षमता मुझमें होती तो मैं आज तक ऋष्यमूक की गुफाओं में भीत मूषक के समान क्यों छिपता फिरता?...आप मेरा उपहास न करें, राम! मैं आपकी दया का पात्र हूँ।"

"मैं उपहास नहीं कर रहा, सुग्रीव!" राम पुनः मुसकराए, "मैं तुम्हें तुम्हारी क्षमता स्मरण करा रहा हूँ। तुम वीर हो, योद्धा हो, तेजस्वी हो; और सबसे महत्त्वपूर्ण बात यह है कि तुम्हारा पक्ष न्याय का पक्ष है। न्याय के लिए लड़ने वाला भी कभी दुर्बल हुआ है, सुग्रीव?"

सुग्रीव ने अत्यंत कातर दृष्टि से राम को देखा, "मेरा न्याय बालि की गदा से टकराता है तो उसका चूर्ण बन जाता है; और बालि की गदा पर प्रहार का चिह्न भी नहीं छूटता। मेरी वीरता और रण-दक्षता बालि को सामने पाते ही भाग जाती है। बताओ, मैं क्या करूँ, राम! यदि आप मुझे बालि से लड़ने के लिए बाध्य करेंगे तो मैं यही मानूँगा कि आप बालि के हाथों मेरा वध करवाना चाहते हैं।"

"नहीं।" राम खुलकर हँसे, "ऐसा मत सोचना, मित्र! सत्य यह है कि मैं तुम्हें उस पापी से लड़वाऊँगा और तुम्हें वचन देता हूँ कि तुम्हें मरने नहीं दूँगा।"

"यह आपका अंतिम निर्णय है?"

"अंतिम! दृढ़ तथा अपरिवर्तनीय!" राम बोले, "लड़ना तुमको ही पड़ेगा, क्योंकि पीड़ित तुम हो। प्रतिशोध तो तुम्हें ही लेना होगा, क्योंकि अपराध तुम्हारे प्रति किया गया है।...गुरु विश्वामित्र ने कहा था—जो पीड़ित लड़ता नहीं है, उसका उद्धार संभव नहीं है।"

"पर..."

"पर क्या, सुग्रीव!" राम बोले, "शत्रु की प्रहारक शक्ति यदि तुम्हें श्रेष्ठतर लगती है तो तुम भी अपनी प्रहारक शक्ति बढ़ाओ। उसके शारीरिक बल का प्रतिकार करो।"

"बालि शस्त्रों से युद्ध करता ही नहीं।" सुग्रीव धीरे से बोले, "उसके साथ तो शारीरिक शक्ति का ही युद्ध है—मल्ल-युद्ध और मुष्टि-युद्ध।"

"तो उन्हीं का अभ्यास करो।" राम बोले, "शक्ति का प्रतिकार कौशल से तो हो ही सकता है।"

"मैं साहस नहीं कर पाता, भद्र राम!"

"तुम्हारा साहस तो मैं हूँ, सुग्रीव!" राम ने स्नेहयुक्त हाथ सुग्रीव के कंधे पर रखा, "मैं वहीं उपस्थित रहूँगा। तुम्हें दिए गए वचन के अनुसार, बालि के

सम्मुख नहीं आऊँगा; विपत्ति में देखते ही तुम्हारी सहायता करूँगा।...मेरा वचन याद रखना—तुम्हें मरने नहीं दूँगा।''

लक्ष्मण तथा अनिन्ध, हनुमान के साथ लौटे तो उन्हें संदेश मिला कि 'राम प्रस्रवणगिरि पर उनकी प्रतीक्षा कर रहे हैं। हनुमान और लक्ष्मण तत्काल वहाँ पहुँचें।' पीछे का दायित्व अनिन्ध को सौंपकर, लक्ष्मण हनुमान के साथ प्रस्रवणगिरि पर जा पहुँचे।

वहाँ उन्होंने जो कुछ देखा, वह अद्‌भुत था। राम सुग्रीव को मल्ल-युद्ध के नये दाँव-पेंच सिखा रहे थे; और सुग्रीव बड़े मनोयोग से उनका अभ्यास कर रहे थे।

''यह क्या, भैया?'' लक्ष्मण ने विस्मय से पूछा।

''बालि से युद्ध की तैयारी। सुग्रीव बालि से मल्ल-युद्ध करेंगे।'' राम ने बताया।

''शस्त्र-युद्ध क्यों नहीं करते?'' लक्ष्मण बोले, ''हनुमान बता रहे थे कि शारीरिक बल में बालि वानरराज सुग्रीव पर सदा भारी पड़ेंगे।''

''बालि शस्त्र-युद्ध नहीं करेगा। अतः सुग्रीव मल्ल-युद्ध ही करेंगे; किंतु शारीरिक बल की कमी को युद्ध-कौशल से पूरा करेंगे।'' राम तनिक रुककर बोले, ''मैंने तुम दोनों को इसलिए बुलाया है कि तुम लोग सुग्रीव को अभ्यास में सहायता करो; कल प्रातः ही सुग्रीव बालि को ललकारेंगे।''

''कल प्रातः?'' लक्ष्मण चकित थे, ''इतनी जल्दी?''

''बालि के वध में जितना विलंब होगा, स्थितियाँ उतनी ही जटिल होती जाएँगी।'' सहसा राम चुप हो गए।

लक्ष्मण, सुग्रीव तथा हनुमान—तीनों ही राम को प्रश्नवाचक दृष्टि से देखने लगे।

''यह बात तो पहले मेरे ध्यान में ही नहीं आई।'' राम का स्वर चिंतित था।

''क्या?''

''मैं किसी भी नगर में प्रवेश न करने के लिए वचनबद्ध हूँ।'' राम धीरे से बोले, ''सुग्रीव बालि को ललकारने के लिए किष्किंधा में प्रवेश करें ओर बालि के सैनिक उन्हें घेरकर पकड़ने का प्रयत्न करें तो...ऐसे में सुग्रीव की रक्षा के लिए भी सेना को किष्किंधा में प्रवेश करना पड़ेगा और ऐसी स्थिति में पुनः यह दो सेनाओं का युद्ध हो जाएगा।''

'नहीं! यह स्थिति नहीं आएगी। कदाचित् आप बालि की मनःस्थिति से परिचित नहीं हैं।'' हनुमान बोले, ''अपने भय के कारण बालि मतंग वन में वानरराज सुग्रीव पर झपटता नहीं है, किंतु मतंग वन के बाहर, किष्किंधा के निकट उनके

होने का समाचार पाते ही वह अविलंब युद्ध के लिए आ उपस्थित होगा। उसका अपने गुप्तचरों को कठोर आदेश है कि जैसे ही उन्हें वानरराज का पता चले, तत्काल उसे सूचित किया जाए—चाहे दिन हो अथवा रात, वह सो रहा हो अथवा जाग रहा हो। सूचना पहुँचाने में प्रमाद के लिए मृत्युदण्ड पूर्व-घोषित है। किष्किंधा के नगर-द्वार के बाहर भी प्रहरियों द्वारा वानरराज को पहचान लिया जाना ही पर्याप्त है। बालि स्वयं ही युद्धार्थ प्रस्तुत हो जाएगा।''

''अर्थात् बालि सुग्रीव को अपने सैनिकों द्वारा पकड़वाने का भी प्रयत्न नहीं करेगा?'' लक्ष्मण बोले।

''किष्किंधा के सैनिक मुझे पकड़ने का साहस नहीं कर सकते।'' सुग्रीव धीरे से बोले, ''और वैसे भी बालि स्वयं अपने हाथों मेरा वध करना चाहता है।''

राम चिंतित दृष्टि से सुग्रीव को देखते रहे; सुग्रीव के मन से बालि का भय नहीं मिट रहा था।

''अच्छा, सौमित्र! तुम और हनुमान वानरराज को अभ्यास करवाओ।'' राम बोले, ''कल बालि का वध अवश्य होगा।''

रात-भर सुग्रीव को नींद नहीं आई—कल प्रातः वे बालि से द्वंद्व-युद्ध करने जाएँगे। और सुग्रीव ने जब-जब अपने मन से पूछा, 'क्या वे इस द्वंद्व-युद्ध के इच्छुक थे?' उन्हें एक बार भी स्वीकारात्मक उत्तर नहीं मिला। यदि वे बालि से द्वंद्व-युद्ध के इच्छुक होते, तो फिर इतने दिनों तक वनों तथा पर्वतों में छिपे रहने की क्या आवश्यकता थी? तब राम का आश्रय पाने की क्या उतावली थी? जब लड़ना स्वयं सुग्रीव को ही है तो फिर राम का क्या श्रेय? उनकी सहायता कैसी? उनका संरक्षण कैसा?...किंतु इसमें राम का क्या दोष है...उन्होंने तो स्वयं ही द्वंद्व-युद्ध करने का प्रस्ताव रखा था। तब अपनी मूर्खतावश सुग्रीव ने उन्हें उनके वचन में ऐसा बाँध दिया कि अब वे चाहें भी तो बालि से युद्ध नहीं कर सकते...अब लड़ना होगा सुग्रीव को।...राम के आने से पूर्व, सुग्रीव के पास लड़ने और न लड़ने का तो विकल्प था; किंतु अब परिस्थितियों ने जो मोड़ ले लिया है, उसमें वह विकल्प भी उनके पास नहीं है। अब सारे निर्णय राम के हाथ में हैं, और राम ने यह निर्णय किया है कि सुग्रीव बालि से युद्ध करें...पर क्या राम देख नहीं पा रहे कि सुग्रीव में बालि का सामना करने का सामर्थ्य नहीं है। सदा बालि से डरा हुआ सुग्रीव उससे आँखें मिला भी पाएगा क्या?...राम ने मल्ल-युद्ध के जो दाँव सिखाए हैं, वे अत्यंत महत्त्वपूर्ण हैं। संभवतः बालि ने उनके विषय में कभी सुना भी न हो; किंतु उनके बल पर क्या बालि की असीम शक्ति का प्रतिकार किया जा सकता है?...

जैसे-जैसे उषाकाल निकट आता जा रहा था, सुग्रीव का मन व्याकुल होता

जा रहा था। वे स्वयं अपने मन की भावनाओं को समझ नहीं पा रहे थे। वे भयभीत थे, घबराए हुए थे या रुष्ट थे, तो किससे—बालि से? राम से? अपने आप से? अथवा अपने मित्रों से?...कभी मन में आता, झगड़ पड़ें—अपने साथियों से, सहयोगियों से, अपने मंत्रियों से और राम से भी। क्या उन लोगों को इतनी-सी बात समझ में नहीं आ रही कि द्वंद्व-युद्ध के व्याज से, वे सुग्रीव की हत्या का प्रबंध कर रहे हैं...पर राम कहते हैं कि वे सुग्रीव को मरने नहीं देंगे...तो सुग्रीव युद्ध से पीछे कैसे हट सकते हैं? वानरराज ऐसे जाल में फँस गए हैं, जिसे काटना असंभव है...उन्हें वही कार्य करना पड़ेगा, जिसके लिए वे स्वयं ही प्रस्तुत नहीं हैं।

प्रातः वे सायास विलंब कर, अपनी गुफा से निकले। उन्होंने पूजा में अधिक समय लगाया; सामूहिक व्यायाम के पश्चात् भी उन्होंने अतिरिक्त समय लिया, शस्त्राभ्यास में भी अपनी दिनचर्या का अतिक्रमण किया; और अल्पाहार से उठने की उनकी इच्छा ही नहीं हो रही थी।

उधर राम क्रमशः जाने की तैयारी करते जा रहे थे। सुग्रीव के साथ-साथ राम तथा लक्ष्मण के अतिरिक्त हनुमान, नल, नील तथा तार भी जाने वाले थे।

पीछे की व्यवस्था अधिकांशतः जाम्बवान तथा अनिन्ध्य के हाथों में थी।.. .राम ने सुग्रीव के इस अभियान को अधिक-से-अधिक प्रचारित करवा दिया था, ताकि बालि को पहले ही सूचना मिल जाए।

सुग्रीव का मस्तिष्क तपते-तपते जैसे जड़ हो गया था। उनमें से सारी भावनाएँ निष्क्रमण कर गई थीं। अब वे जैसे कुछ अनुभव ही नहीं कर पा रहे थे। किसी जड़ यंत्र के समान अन्य लोगों के कहने पर हाथ-पैर हिला रहे थे। मन में युद्ध के लिए किसी प्रकार का उत्साह नहीं था।...कभी-कभी वे स्वयं अपने-आप में तटस्थ होकर सोचने लगते...जब आधी रात को वे किष्किंधा से भागे थे, तो अगले दिन रुमा के अपहरण की सूचना पाकर वे बालि से लड़कर मर जाने के लिए किष्किंधा लौटना चाहते थे; किंतु आज उन्हें क्या हो गया था। वे अपने-आपको समझ नहीं पा रहे थे...

सुग्रीव जितने जड़ होते जा रहे थे, राम में उसी अनुपात में सक्रियता बढ़ती जा रही थी। उन्होंने अपनी देख-रेख में लक्ष्मण को शस्त्र-सज्जित करवाया था और स्वयं भी बड़े समारोह से आयुध बाँध रहे थे।

जब किसी भी प्रकार सुग्रीव और विलंब न कर सके तो उनका प्रयाण आरंभ हुआ।

"मैं इससे एक प्रहर पूर्व चलना चाहता था।" राम ने सिर पर चढ़ आए सूर्य को देखा।

सुग्रीव कुछ नहीं बोले। जानते थे, यदि उन्होंने जान-बूझकर विलंब न किया होता तो वे लोग एक प्रहर पूर्व ही चल पड़ते। किंतु उल्लास तथा उत्साहपूर्वक किसी समारोह में सम्मिलित होने के लिए जाते हुए तथा गुरु के पास पहुँचाने के लिए पिता द्वारा बलात् घसीटे जाने वाले बालक में अंतर होता है...

ऋष्यमूक से नीचे उतरकर वन में प्रवेश करते ही हनुमान सबसे आगे हो गए। उनके पीछे सुग्रीव तथा राम थे। लक्ष्मण-राम साथ लगे-लगे थे; और सबसे पीछे नल-नील तथा तार चल रहे थे।...यह कदाचित् सुग्रीव की रक्षा की दृष्टि से किया गया था...किंतु सुग्रीव को यह सारा आयोजन ही व्यर्थ लग रहा था। जो सुग्रीव स्वयं अपने पैरों से चलकर मृत्यु के मुख में समाने जा रहे थे, अब उनकी सुरक्षा का क्या अर्थ...सहसा सुग्रीव की दृष्टि आगे-आगे चलते हुए हनुमान पर पड़ी। कैसे आत्मविश्वास और वीरदर्प से चल रहा था हनुमान। आज तक किसी के मन में हनुमान के बालि के साथ द्वंद्वयुद्ध की बात क्यों नहीं आई।...वय में हनुमान छोटा है। उसमें ऊर्जा भी अधिक है। शरीर से भी सुग्रीव की अपेक्षा सुदृढ़ है। मल्ल-युद्ध में तो वह संपूर्ण वानर-जाति में सर्वोपरि माना जाता है...किंतु युद्ध के लिए जा रहे हैं सुग्रीव...

साथ-साथ चलते हुए राम और लक्ष्मण मार्ग की जानकारी पाने के लिए अनेक प्रश्न कर रहे थे। कहीं वे लोग प्रकृति के सौंदर्य पर मुग्ध हो रहे थे; कहीं गुफाओं तथा वृक्षों के झुरमुट को वे सामरिक दृष्टि से परख रहे थे; कहीं उनकी जिज्ञासा वनस्पति के संबंध में थी; कहीं उन्हें कोई स्थान आश्रम के लिए उपयुक्त लग रहा था।

किंतु उनका वार्तालाप सुग्रीव में तनिक भी रुचि नहीं जगा पा रहा था।

अंगद को सूचना मिली और वे निःस्पंद रह गए—स्थिति यहाँ तक आ पहुँची है। सुग्रीव और बालि का द्वंद्व-युद्ध! और द्वंद्व-युद्ध का अर्थ होता है—दो योद्धाओं में से एक की मृत्यु। पर पिता तथा गुरु समान अपने चाचा में से वे किसकी मृत्यु के प्रति निरपेक्ष हो सकते हैं! पिता की मृत्यु का अर्थ होता है—एक स्नेह-संबंध की पीड़ादायक समाप्ति, माँ का वैधव्य, चाहे कैसे भी हों, पर पिता तो हैं—उस पिता का सिर से उठ जाना।

और यदि पिता की विजय हुई तो अंगद के लिए उसका अर्थ है, मित्र सम स्नेही चाचा से विछोह; गुरु तथा मार्गदर्शक नेता का लोप!...और किष्किंधा ही नहीं, संपूर्ण वानर-जाति के लिए उसका अर्थ होगा, निकट-भविष्य में मुक्ति की संभावनाओं की निश्चित मृत्यु! स्वतंत्रता, समता तथा न्याय का अकाल देहांत। अंधकारमय, अपमानजनक, शोषक, स्वार्थी, भ्रष्ट सत्ता की निर्विरोध दृढ़ स्थापना।

किसकी विजय की कामना करें अंगद? किसका पक्ष लें? और यदि वे किसी का भी पक्ष नहीं ले सकते, तो जाकर उनसे कहें कि वे दोनों न लड़ें...किसी प्रकार कोई समझौता कर लें। क्या किसी प्रकार के समझौते की कोई संभावना है?... पर समझौता हो सकता तो यह स्थिति ही क्यों आती?...यह तो होना ही था। दोनों भाइयों की वृत्तियाँ जिस प्रकार एक-दूसरे की विरोधिनी थीं—उनके सह-अस्तित्व की कल्पना भी कैसे की जा सकती है। बालि को प्रजा-पालन का तनिक भी ध्यान नहीं था और सुग्रीव पूर्णतः उसी ओर उन्मुख थे। फिर यह दो भाइयों का झगड़ा कहाँ रहा? ये दोनों तो दो विरोधिनी शक्तियों के प्रतीक मात्र थे, जिनका भिड़ना अनिवार्य है...

कदाचित् सुग्रीव स्वयं बालि से द्वंद्व-युद्ध का साहस न करते। कर सके होते, तो इतने लंबे अंतराल तक शांत क्यों पड़े रहते?...जब से राम और लक्ष्मण अपने कुछ साथियों के साथ उनसे आ मिले हैं, तब से उनका ही साहस नहीं बढ़ा है; अनेक वानर यूथपतियों, सेनानायकों तथा सामान्य जन का भी साहस बढ़ गया है। तभी तो जा-जाकर वे लोग सुग्रीव से मिल गए हैं।...अन्य लोगों का ही साहस नहीं बढ़ा, स्वयं अंगद के सिर का बोझ भी हल्का हो गया है। राम तथा लक्ष्मण से आ मिलने से सुग्रीव अब असुरक्षित नहीं रहे—अंगद ने भी मान लिया था...किंतु यदि राम के संरक्षण में सुग्रीव पूर्णतः सुरक्षित हैं तो वे इस द्वंद्व-युद्ध में भी पूर्णतः सुरक्षित ही होंगे। ऐसा संभव नहीं है कि सुग्रीव, राम के परामर्श के बिना अथवा उनको साथ लिये बिना ही बालि से लड़ने के लिए चल पड़े हों; और यदि राम तथा लक्ष्मण को साथ लेकर सुग्रीव लड़ने आए हैं, तो बालि की मृत्यु निश्चित है...

अंगद के शरीर का सारा रक्त, उनके मस्तिष्क की ओर दौड़ चला...उन्हें जाकर पिता को सावधान करना चाहिए; माँ को बताना चाहिए। ऐसे पिता की रक्षा नहीं हो पाएगी...किंतु दूसरे ही क्षण वह रक्त उल्टी दिशा में दौड़ पड़ा—यदि बालि को सुग्रीव के आक्रमण से बचाना ही अंगद का अभीष्ट था, तो फिर सुग्रीव को बचाने के लिए आधी रात को शिल्पी को भेजने का क्या अर्थ था? अंगद ने अपना सिर पकड़ लिया...कैसे विरोधों में फँस गए हैं वे; न दाएँ जा सकते हैं, न बाएँ। वे न माँ को विधवा होते देखना चाहते हैं, न रुमा चाची को बंदिनी और अपमानित होते। न वे चाचा को पिता के पगों के नीचे तड़प-तड़पकर मरते देखना चाहते हैं; न पिता को राम के बाणों से आहत होकर प्राण देते...।

क्या कर सकते हैं अंगद! अब तो उनके हाथ में कुछ भी नहीं रहा।

बालि ने पग नगर-द्वार के बाहर रखा ही था कि सुग्रीव सामने खड़े दिखाई दिए। बालि की आँखों में रक्त छलका—उस दिन तो आधी रात को पत्नी को सोती छोड़

घर से भाग निकला था और आज आया है ललकारने! नीच! कायर!...बालि के किष्किंधा से बाहर जाते ही सिंहासन पर जमकर बैठ गया, जैसे बालि की मृत्यु हो गई हो...और स्वयं मरने से इतना डरता हे कि अपनी पत्नी भी बालि के लिए छोड़कर भाग गया।

बालि के जी में आया, पूछे कि क्या पाने की इच्छा से लड़ने आया है—किष्किंधा का राज्य चाहिए या रुमा?...पर दूसरे ही क्षण बालि के मन में स्पष्ट हो गया, वह सुग्रीव को इन दोनों में से कुछ भी लौटाने को प्रस्तुत नहीं है। किष्किंधा का राज्य देने का तो कोई अर्थ ही नहीं है...रुमा! पहले रुमा की ओर बालि ने कभी विशेष ध्यान नहीं दिया था...किंतु अब रुमा के साथ इतने दिन रह लेने के पश्चात् बालि ने उसका मूल्य पहचाना है...बालि उसे नहीं लौटा सकता।

बालि से कुछ भी वापस माँगने वाला जीवित नहीं रह सकता...सुग्रीव तो एकदम ही नहीं...बालि के लिए अब रुकना संभव नहीं था। वह झँझावात के समान भागा और उसने सुग्रीव की नाक पर मुक्के से प्रहार किया।...सुग्रीव जाने किस विचार में खड़े थे कि न उन्होंने बालि के मार्ग से हटने का प्रयत्न किया, न प्रहार रोकने का। बालि के मुष्टि-प्रहार से जब वे दूर जा पड़े, तब जैसे उनकी चेतना लौटी—वे राम के कहने पर बालि से लड़ने के लिए आ गए थे और बालि के आतंक से जड़ीभूत, मूर्ति के समान खड़े हो गए थे।...ऐसी विकट स्थिति में भी वे स्पष्ट देख रहे थे कि उनका मन बालि से इतना आतंकित तथा उसके बल से इतना अभिभूत था कि उस पर स्वयं प्रहार कर विजयी होने की बात उनके लिए कल्पनातीत थी...किंतु उनके सम्मुख यह भी स्पष्ट था कि बालि इस बार उन्हें जीवित नहीं छोड़ेगा।...बालि पर प्रहार करें या न करें, विजयी हों या न हों; किंतु उन्हें अपनी रक्षा तो करनी ही होगी। बालि उनसे कितना भी अधिक शक्तिशाली हो, किंतु इतने निरीह तो सुग्रीव भी नहीं हैं कि वे चुपचाप पड़े पिटते रहें और शत्रु के प्रहारों से अपने प्राण निकलने की प्रतीक्षा करते रहें।...उनकी दृष्टी बालि पर पड़ी, वह पुनः प्रहार करने के लिए झपट रहा था; किंतु जब तक सुग्रीव सँभलते, बालि ने दूसरी चोट कर ही दी थी।...सुग्रीव भूमि पर जा गिरे। बालि ने उन्हें उठने का अवसर नहीं दिया। वह पुनः झपट पड़ा।...सुग्रीव उसके चंगुल से निकलने का प्रयत्न कर रहे थे और बालि था कि उन्हें भूमि पर रगेदता भी जाता था और पीटता भी जाता था।

सुग्रीव ने अपनी संपूर्ण शारीरिक शक्ति तथा मनोबल का आह्वान कर बालि को परे धकेला। निमिष-भर के लिए बालि का दबाव हल्का पड़ा कि सुग्रीव उठ खड़े हुए; किंतु उनसे कहीं अधिक स्फूर्ति से बालि भी उठा और जब तक सुग्रीव सँभलें, बालि ने भयंकर मुष्टिका-प्रहार किया। सुग्रीव की नाक पर बालि का यह

दूसरा मुक्का लगा था। पीड़ा से कराहते हुए सुग्रीव भूमि पर लोटते हुए, दूर जा गिरे...लेटे-लेटे सुग्रीव ने अपनी नाक पर हाथ रखा। उनका हाथ तरल, उष्ण रक्त से रँग गया। बालि उन्हें घूरता हुआ अपने स्थान पर खड़ा, श्रम के कारण हाँफता हुआ भी, जैसे पुनः झपटने की तैयारी में था।...सुग्रीव का मस्तिष्क बड़ी तेजी से सोच रहा था—इस बार के आक्रमण में संभव है, बालि उन्हें उठाकर दे मारे, उनका हाथ या पैर मरोड़कर तोड़ दे अथवा उखाड़ ही डाले, या मस्तक को ही चकनाचूर कर दे...उनके अपने शरीर में इतनी क्षमता नहीं बची थी कि वे बालि के प्रहार को सँभाल पाते...और राम उनकी सहायता नहीं करेंगे...क्यों करेंगे? शक्तिशाली किष्किंधापति बालि के विरुद्ध, कोई भी व्यक्ति निष्कासित, असमर्थ, असहाय, निरुपाय सुग्रीव की सहायता क्यों करेगा? क्या मिलेगा किसी को सुग्रीव की सहायता करके...कोई तेरी सहायता नहीं करेगा, सुग्रीव! उठ! भाग!...अपने प्राण बचा...

सुग्रीव उठकर खड़े हुए और बालि पर झपटने के स्थान पर, सहसा पलटकर उल्टी दिशा में वन की ओर भागे...

ऋष्यमूक पर पहुँचने पर राम को सुग्रीव अपनी गुफा के सम्मुख अपने सहायकों के साथ बैठे दिखाई दिए। उन्होंने अपने घावों को अभी धोया-पोंछा भी नहीं था। वे जिस स्थिति में वहाँ पहुँचे होंगे, उसी स्थिति में बैठे हुए थे—पूर्णतः निराश, हताश तथा टूटे हुए। हनुमान, नल, नील, तार और जाम्बवान भी मुँह लटकाए हुए बैठे थे।

हनुमान ने राम और लक्ष्मण की ओर इंगित कर सुग्रीव से कुछ कहा। कदाचित् उनके आने की सूचना दी हो। किंतु सुग्रीव ने मुँह उठाकर उनकी ओर देखा तक नहीं।

राम जाकर सुग्रीव के सम्मुख खड़े हो गए, किंतु सुग्रीव ने अपना चेहरा दूसरी ओर फेर लिया।

राम मुसकराए, "मुझसे रुष्ट हो, मित्र सुग्रीव?"

सुग्रीव तड़पकर घूमे, जैसे उन पर कशाघात हुआ हो, "कौन किसका मित्र है, राम! क्या मैत्री इसी को कहते हैं..." उनका आक्रोश हताशा में बदल गया और उनकी आँखों से आँसू बह निकले, "मैं क्या जानता नहीं था, या मैंने स्वीकार नहीं किया था, कि बालि मुझसे कहीं अधिक शक्तिशाली है। फिर भी मैं तुम्हारी मैत्री और बल का संबल पाकर, तुम्हारे आदेश से यम सरीखे अपने उस शत्रु से लड़ने के लिए गया। मैंने उसे ललकारा था, अपने बल और साहस के भरोसे नहीं, तुम्हारी शक्ति और युद्ध-क्षमता के सहारे। और तुम मुझे वास्तविक मर्कट मानकर मेरे पिटने को अपनी क्रीड़ा समझते रहे। मैं वहाँ पिटता रहा, घाव खाता रहा, मेरा

रक्त बहता रहा; और तुम दोनों भाई धनुष-बाण लिये, वृक्ष के पीछे खड़े तमाशा देखते रहे कि दो असम योद्धाओं को भिड़ा, निर्बल को पिटते देखने में कैसा वीभत्स रस मिलता है।...जला दो अपने धनुष-बाण! ये या तो शोभा के लिए हैं, या नाटक के लिए।"

"सुग्रीव!" लक्ष्मण क्रुद्ध होकर बोले, "अनर्गल प्रलाप बंद करो। क्या अधिकार है तुम्हें यह सब कहने का?"

"एक तो इतना बड़ा छल किया," सुग्रीव तड़पकर बोले, "और अब शिकायत भी नहीं करने दोगे।"

"कहने दो, सौमित्र!" राम मुसकराए, "वानरराज इस समय क्रोध में हैं। कहो, बंधु! क्या कहना है?"

"मुझे क्या कहना है!" सुग्रीव ने राम की ओर देखा, "मैं तो स्वयं यहाँ सुनने के लिए बैठा हूँ। तुमने मेरे साथ छल क्यों किया?"

"मैंने तनिक भी छल नहीं किया, मित्र!" राम की मुसकान लुप्त हो गई, "मैंने तो सचमुच यही चाहा था कि हम तुम्हें समर्थ बनाएँ, ताकि तुम स्वयं अपने हाथों अपने शत्रु का वध कर, अपना प्रतिशोध लो और वीरत्व का यश पाओ।"

"पर मैं बालि से लड़ नहीं सकता।" सुग्रीव झल्लाकर बोले।

"केवल अपने मित्रों से झगड़ सकते हो!" लक्ष्मण ने तीखे स्वर में कहा।

"शांत हो जाओ, सौमित्र!" राम मुसकराए, "क्रोध में कही गई मित्र की बात का क्या बुरा मानना।" वे सुग्रीव की ओर मुड़े, "वह तो मैंने भी देखा है, सुग्रीव! तुम्हारा शरीर कितना अक्षम है, यह कहना कठिन है; तुम्हारी चेतना बालि से इतनी पराभूत है कि तुम उसके सम्मुख खड़े नहीं हो सकते। इसीलिए कहूँगा कि तुम बालि से लड़ने अवश्य गए थे; किंतु तुम लड़े नहीं।"

"लड़ा नहीं तो अपना यह रक्त ऐसे ही बहा आया?" सुग्रीव आक्रोशपूर्ण स्वर में बोले।

"लड़ना एक बात है," राम मुसकराए, "और खड़े-खड़े पिटते रहकर भाग आना दूसरी बात है। तुमने लड़ने का तनिक भी प्रयत्न नहीं किया, मित्र! न देखा बालि प्रहार कैसे कर रहा है, न देखा तुम्हें अपना बचाव कैसे करना चाहिए; तुमने न मल्ल-युद्ध किया, न मुष्टिका-युद्ध। तुमने एक बार भी उन दाँवों के प्रयोग का प्रयत्न नहीं किया, जो तुम्हें सिखाए थे। तुम तो झुँझलाए हुए बच्चे के समान बालि से बचने का प्रयत्न करते रहे; और जब तक मैं समझूँ कि तुम्हारे मन में क्या है, तुम भाग भी चुके थे!"

"आपने यहाँ तो सात साल-वृक्ष छेद दिए थे, वहाँ बाण क्यों नहीं चलाया?" सुग्रीव बोले, "आपने वचन दिया था, आप बालि का वध करेंगे।"

"तुमने मुझे बालि से द्वंद्व-युद्ध करने दिया होता, तो मैंने उसका वध भी कर दिया होता। जिस औघड़ स्थिति में तुमने मुझे डाल दिया है, उसमें मैंने यही कहा था कि बालि का वध तुम ही करोगे। हाँ! मैं बालि को तुम्हारा वध नहीं करने दूँगा।"

"तो?"

"तो यह कि अपने मन में हमारे प्रति आया अविश्वास दूर करो। राम पर सामान्य स्थिति में भी अविश्वास करने का कोई कारण नहीं है।" राम का स्वर अधिक मैत्रीपूर्ण हो उठा, "और इस समय तो सीता की खोज और सुरक्षा के लिए हम तुम्हारी शरण में आए हुए हैं। हम तुम्हारे साथ छल कैसे कर सकते हैं?"

"मेरी समझ में कुछ नहीं आ रहा है।" सुग्रीव का स्वर आक्रोशशून्य हो गया, "मुझे अपने ऊपर तनिक भी भरोसा नहीं है; और आप मेरे ही हाथों बालि का वध करवाना चाहते हैं।"

"शांत मन से मेरी बात समझने का प्रयत्न करो, सुग्रीव।" राम बोले, "यह मान बैठना सर्वथा निरर्थक है कि कोई व्यक्ति, समाज अथवा जाति से निश्चित रूप से अधिक शक्तिशाली है। हमारे पास इसके अनुभव-सिद्ध प्रमाण हैं। सिद्धाश्रम से लेकर पंचवटी तक राक्षस अपराजेय शक्ति माने जाते थे; किंतु जहाँ-जहाँ लोग संगठित होकर उठ खड़े हुए—वहाँ-वहाँ वे राक्षसों से अधिक शक्तिशाली हो गए।"

"पर मैं लोग नहीं; एक व्यक्ति हूँ," सुग्रीव बीच में ही बोले; "मैं अपना संगठन कैसे करूँ?"

"वही बता रहा हूँ।" राम बोले, "युद्ध के संदर्भ में शक्ति का अर्थ है, प्रहारक शक्ति। प्रहारक-शक्ति कई प्रकार से बढ़ाई जा सकती है—शारीरिक बल बढ़ाकर, युद्ध-कौशल की वृद्धि कर, शस्त्र-शक्ति प्राप्त कर अथवा संगठन से। बालि के साथ युद्ध के संदर्भ में तुम अपनी शारीरिक शक्ति नहीं बढ़ा सकते। शस्त्र-युद्ध तुम्हें करना नहीं है। एक व्यक्ति अपना संगठन कैसे करेगा! अतः तुम्हें अपना युद्ध-कौशल ही बढ़ाना होगा।"

सुग्रीव कुछ नहीं बोले, अवाक् राम को देखते रहे।

"आओ, सौमित्र!" राम बोले, "तुम भी आओ, हनुमान!"

राम बड़ी देर तक लक्ष्मण तथा हनुमान की सहायता से सुग्रीव को अभ्यास कराते रहे। अपराह्न और संध्या के बीतने का पता ही नहीं चला। किंतु, धीरे-धीरे सुग्रीव का आत्मबल जागता जा रहा था। उनका विश्वास बढ़ता जा रहा था। मन पर जमी हताशा की परतों में दरारें पड़ गई थीं; और विजय की आशा का संचार होता जा रहा था...विजय! वह भी बालि पर...क्या यह संभव है? कितना बड़ा काम

होगा...यश और गौरव...राम ठीक ही तो चाहते थे कि सुग्रीव स्वयं बालि से लड़ें।...और पहली बार सुग्रीव ने अनुभव किया कि राम किस प्रकार निर्जीव मन और शरीर में प्राण फूंकते हैं...जब अपने नवार्जित कौशल के प्रभाव का प्रत्यक्ष प्रमाण उन्हें कई लोगों के माध्यम से मिल चुका, तो उन्होंने कहा, "मैं बालि से लड़ने को प्रस्तुत हूँ, मित्र राम!"

राम मुसकराती आँखों से उन्हें देखते रहे, "थोड़ा अभ्यास और करो, वानरराज! अब कल प्रातः ही किष्किंधा चलेंगे।"

"नहीं!" सुग्रीव के स्वर में हठ का अंश स्पष्ट था, "बालि द्वारा पीड़ित, प्रताड़ित तथा आहत होने की वेदना इतनी उग्र है कि मैं रात्रि-भर तो क्या, एक घड़ी भी प्रतीक्षा नहीं कर सकता।"

"किंतु तुम्हारी इच्छानुसार तत्काल भी चल पड़ें तो किष्किंधा पहुँचते-पहुँचते एक प्रहर रात्रि बीत जाएगी।" राम बोले, "दिन-भर चलने वाला युद्ध भी रात को रुक जाता है; और तुम रात को ही युद्ध आरंभ करना चाहते हो!"

"राम! या तो मुझे समर्थ बनाया न होता।" सुग्रीव बोले, "अब जब सामर्थ्य का भाव जगाया है तो टाल-मटोल मत करो। प्रतीक्षा मेरे लिए असह्य है।"

"तो चलो, सुग्रीव!" राम ने अपना धनुष उठा लिया, "किंतु चलने से पूर्व वचन दो कि इस बार कुछ भी हो जाए, तुम युद्ध छोड़कर भागोगे नहीं। इतना भरोसा मेरे वचन पर रखो कि वास्तविक संकट की घड़ी आई तो मैं हस्तक्षेप करूँगा और युद्ध रुकवाकर तुम्हें जीवित निकाल लाऊँगा।"

"मैं वचन देता हूँ, राम!" सुग्रीव भरपूर आत्मविश्वास के साथ बोले, "इस बार चाहे मर भी जाऊँ, युद्ध से पलायन नहीं करूँगा।"

"धन्य वीर, धन्य!" राम ने सुग्रीव का कंधा थपथपाया, "तुम अवश्य विजयी होगे।" वे लक्ष्मण की ओर मुड़े, "सौमित्र! उस गजपुष्पी लता की एक पुष्पित शाखा तोड़ लाओ।"

लक्ष्मण ने शाखा राम के हाथ में पकड़ाई तो राम ने उसे वृत्ताकार बनाकर, सुग्रीव के गले में माला के समान पहना दिया, "यह जयमाला है, वीर! मैं अभी से तुम्हारी विजय की घोषणा कर रहा हूँ। अब हम प्रस्थान कर सकते हैं।"

प्रातः के ही समान पुनः किंष्किंधा की ओर यात्रा आरंभ हुई। आगे-आगे हनुमान थे; उनके पीछे-पीछे सुग्रीव, राम तथा लक्ष्मण प्रायः साथ-साथ चल रहे थे। सब के अंत में नल, नील तथा तार थे। किंतु प्रातःकाल की मनःस्थिति के सर्वथा विपरीत इस समय सुग्रीव अपनी इच्छा से ललकपूर्वक, उत्साह से भरे हुए चल रहे थे। उनके मन की सारी आशंकाएँ, भय तथा त्रास जाने कहाँ जाकर सो गए थे। इतने हल्के

मन से, इतने आत्मविश्वास के साथ बालि से युद्ध करने के लिए जाना, स्वयं उनके अपने लिए आश्चर्यजनक था।

प्रातः आगे-आगे चलते हुए हनुमान, सुग्रीव और बालि के विषय में सोच रहे थे; किंतु इस समय उनके मन में केवल राम की बातें घुमड़ रही थीं। अभी परसों संध्या समय राम सुग्रीव से मिले थे; और रात-भर में किष्किंधा के लोगों के साथ-साथ वानरों के अनेक यूथपतियों और सेनानायकों के मन से बालि का आतंक वाष्प बनकर उड़ गया था। कल सुग्रीव की क्या मनःस्थिति थी, आज प्रातः ही सुग्रीव इसी मार्ग पर पैर घसीटते हुए किष्किंधा की ओर गए थे और बुरी तरह पिटकर तथा अपमानित होकर युद्ध छोड़कर भाग आए थे; और वही सुग्रीव इस समय किस उत्साह के साथ बालि से लड़ने जा रहे हैं; जैसे बालि अत्यंत शक्तिशाली वानर सम्राट न होकर, एक साधारण-सा असैनिक वानर हो...कौन-सी युक्ति है राम के पास? कैसा प्रभाव है उनका?...अहंकार उनमें नहीं है। गर्वोक्तियाँ करना उनका स्वभाव नहीं है। किसी का श्रेय स्वयं लेना नहीं चाहते, अन्यथा सुग्रीव को बालि से लड़वाकर उन्हें ही यश देना क्यों आवश्यक था?...कैसे वे स्थिति का विश्लेषण करते हैं, कैसे दुर्बलता तथा दोष खोजते हैं। और कैसे उनका समाधान करते हैं। सुग्रीव के साथ तो उन्होंने यह किया है, जो शैय्या पर पड़े किसी रोगी का उपचार कर कोई वैद्य उसे दौड़ने-भागने योग्य कर दिखा देता है...अद्भुत हैं राम!

परिचारिका ने द्रुतगति से प्रवेश कर तारा का अभिवादन किया, "देवि! नगर-द्वार का प्रहरी-नायक सूचना लाया है कि नगर-द्वार पर खड़े सुग्रीव सम्राट को युद्धार्थ ललकार रहे हैं।"

"समाचार सम्राट तक पहुँच गया है क्या?" तारा झपटकर उठ खड़ी हुईं।

"अब तक पहुँच गया होगा, देवि!"

तारा परिधान-परिवर्तन के लिए भी नहीं रुकीं। वे भागती हुई अपने कक्ष से बाहर निकलीं।...आधी रात होने को थी और इस समय सुग्रीव युद्ध के लिए आह्वान कर रहा है तो अवश्य ही कोई विशेष बात हो गई है। आधी रात के समय देवर ने नगर-द्वार के बाहर अपने भाई के वध के लिए जाल बिछाया है, अथवा अपने साथियों को लेकर आया है...अंगद कह भी रहा था...

बालि ने अपने कक्ष से बाहर पग रखा ही था कि तारा सामने जा खड़ी हुई, "आधी रात के समय कहाँ जा रहे हैं, प्रिय?"

मायावी को मारकर लौटने के पश्चात्, अलका को किष्किंधा में न पाकर, बालि के मन में तारा के प्रति कुछ-कुछ आकर्षण लौटा था; किंतु फिर भी बालि के मन की वितृष्णा पूर्णतः समाप्त नहीं हुई थी। अपने क्षोभ के इस क्षण में तारा

को सम्मुख देखना बालि को तनिक भी सुखद नहीं लगा।

"सुग्रीव ने युद्ध के लिए पुकारा है।" स्वयं को संयत करने का प्रयत्न करते हुए बालि ने कहा।

"इस समय?"

"समय कोई हो। युद्धाह्वान को सुनकर बालि रुक नहीं सकता।"

"पर रात को आने के पीछे, सुग्रीव की कोई चाल भी हो सकती है। प्रातः तक रुक जाएँ। मेरी इच्छा है, आप अकेले न जाएँ। अंगद तथा कुछ सेनानायकों को साथ ले जाएँ।"

"युद्ध के संदर्भ में तुम्हारी इच्छा मेरे लिए कब से मान्य होने लगी?" बालि का स्वर रुक्ष था, "यह मेरा और उस कायर सुग्रीव का द्वंद्व-युद्ध है। इसमें और किसी का क्या काम?"

बालि ने पग बढ़ाया...

तारा ने झपटकर बालि का हाथ थाम लिया, "मेरी बात तो सुन लो, प्रिय!"

"क्या है?" बालि ने उसे रुष्ट दृष्टि से देखा।

"मुझे अंगद ने बताया था कि सुग्रीव की मित्रता दो आर्य राजकुमारों से हो गई है। उनके पास भयंकर शस्त्र हैं। उन्होंने आपके वध का वचन सुग्रीव को दिया है..."

"तभी तो प्रातः सुग्रीव पिटकर चिल्लाता हुआ भाग गया था।" बालि का स्वर व्यंग्यात्मक हो उठा, "ऐसी निराधार कल्पनाओं पर मेरा कोई विश्वास नहीं है, रानी। मैंने भी सुना है कि राम की पत्नी का हरण हो गया है और वह उसे खोजता फिर रहा है। यदि इसमें तनिक भी सत्य होता तो राम अपनी प्रार्थना लेकर मेरे पास आया होता। इस भगोड़े सुग्रीव की मित्रता से उसे क्या मिलेगा!...हटो! मुझे जाने दो।"

बालि ने अपना हाथ छुड़ा लिया और आगे बढ़ गया।

तारा जड़-सी अपने स्थान पर खड़ी रह गईं—कैसे बालि को समझाएँ वे! सहसा उनके मन में जैसे साहस का स्रोत फूटा और भागकर उन्होंने पुनः बालि को रोक लिया, "राम आए हों या न आए हों; किंतु आप दोनों भाइयों के झगड़े से अनिष्ट-ही-अनिष्ट होगा। प्रियतम! आप सुग्रीव को क्षमा कर दें। उसे किष्किंधा में लाकर उसका युवराज्याभिषेक कर दें और रुमा उसे लौटा दें।"

बालि ने तारा को झटककर अपना हाथ छुड़ा लिया, जैसे तारा का स्पर्श विषैला दंश हो। मुक्त होते ही वह द्रुतगति से आगे बढ़ गया और तारा के देखते-देखते प्रासाद से बाहर जाने वाले मार्ग के मोड़ों में ओझल हो गया।

तारा जानती थीं कि बालि पर अब उनका कोई प्रभाव नहीं था। यदि बालि

ने उनकी बात तनिक भी सुनी होती तो यह स्थिति ही नहीं आती, जिसमें दोनों भाई परस्पर एक-दूसरे के रक्त-पिपासु हो उठते। जब तक मायावी और उसके द्वारा लाई गई अलका बीच में नहीं थी, तब तक इस कुटुंब में मतभेदों के होते हुए भी ऐसी कटुता नहीं थी। किंतु मायावी के आते ही बालि तारा से दूर होते चले गए; और दोनों भाइयों में तो जैसे विष-बीज ही बो दिया गया था...जब तक बालि, मायावी के वध के संदर्भ में किष्किंधा से विलुप्त रहे, तारा ने वह अवधि सौभाग्य तथा वैधव्य की मध्यवर्ती स्थिति के रूप में काटी थी; किंतु बालि के लौटते ही किष्किंधा में रक्तपात, अपहरण, बलात्कार, कारागार तथा अंधकूपों का युग आरंभ हो गया था...बालि तारा का तनिक भी कहा मानते तो सुग्रीव की चाहे हत्या कर देते, किंतु रुमा के साथ ऐसा दुर्व्यवहार कभी न कर पाते; परंतु अपने क्रोध में बालि अंधे हो गए थे और तारा सर्वथा असहाय होकर देखती रही कि उनका पति अन्य सामान्य-जनों के समान ही अपनी अनुज-वधू के साथ भी अत्याचार कर रहा है...तारा किस अधिकार से जाकर सुग्रीव को कहे कि वह अपने भाई के प्रति द्रोह त्याग दे, उनके विरुद्ध कोई षड्यंत्र न करे।...इन सबके बदले सुग्रीव यदि इतनी-सी ही माँग उनके सम्मुख रख दे कि वे रुमा को मुक्त करा उसे सौंप दें, तो तारा उसकी तनिक भी सहायता कर सकेंगी क्या?...बालि अपने अहंकार, विलास, हिंसा तथा उन्माद के बंदी हो चुके हैं, वे किसी की बात नहीं मानेंगे। तो फिर तारा कर ही क्या सकती हैं...

राम ने वृक्ष की ओट में से देखा।

नगर-द्वार के बारह निकलकर बालि ने सुग्रीव को ढूँढने के लिए अँधेरे में अपनी दृष्टि घुमाई। उसे अधिक प्रयत्न नहीं करना पड़ा। अर्द्धरात्रि के अंधकार में भी चाँदनी में नहाए, एकदम सम्मुख खड़े सुग्रीव पर तत्काल उसकी दृष्टि पड़ी। लगा, वह तत्काल झपट पड़ेगा; किंतु किसी अज्ञात कारण से निमिष-भर के लिए वह अप्रतिभ खड़ा रह गया। कदाचित् सुग्रीव का यह अपूर्व आत्मविश्वास उसके लिए अप्रत्याशित था।

किंतु बालि अधिक देर तक रुका नहीं रहा।

"तू फिर आ गया, नीच!" पहला प्रहार इस बार भी बालि ने ही किया, "इस बार तू जीवित बचकर नहीं जाएगा।"

किंतु, बालि के प्रहार को सुग्रीव ने बड़ी शांति से देखा और झपटकर आते हुए बालि के मार्ग से एक ओर हटकर बालि को ईषत् कोण से धक्का दिया। उनके धक्के से बालि गिरा नहीं; किंतु उसका वार खाली चला गया। सुग्रीव अपने स्थान पर और भी दृढ़ होकर खड़े हो गए। बालि क्रोध में जोर से हुँकारा; किंतु

सुग्रीव न उससे डोले और न उसकी प्रतिक्रिया में उन्होंने कोई शब्द किया।

सुग्रीव का आत्मविश्वास देखकर राम को भी बल मिला।

बालि ने पुनः प्रहार किया; किंतु सुग्रीव ने उसकी भुजा को कर्तरी के आकार में अपनी पकड़ में ले लिया। राम ने उन्हें यह दाँव विशेष रूप से सिखाया था। बालि का सारा आवेश, भाटा के साथ पीछे हटती हुई झाग के समान बैठता दिखाई दिया। उस अंधकार में भी बालि के चेहरे पर से आक्रोश और क्रोध के भावों के बीच से यातना के चिह्न उभरते दिखाई पड़े।

राम का मन आश्वस्त हुआ।

किंतु बालि अधिक देर तक उस मुद्रा में नहीं रहा। उसने किसी अज्ञात विधि से अथवा मात्र अपनी शारीरिक शक्ति के बल पर स्वयं को मुक्त कर लिया; और इससे पहले कि सुग्रीव सँभलते और अगली विधि के लिए स्वयं को तैयार करते, बालि ने भरपूर मुष्टि-प्रहार सुग्रीव की नाक पर किया...सुग्रीव जैसे बलिष्ठ व्यक्ति के लिए भी बालि का प्रहार भारी था। वे उससे डोल गए। किंतु पुनः सँभलकर बालि से गुँथ गए।

राम की भृकुटी चिंता में वक्र हो उठी। सुग्रीव को बालि से गुँथना नहीं चाहिए था।

किंतु तब तक बालि ने सुग्रीव को अपनी भुजाओं में बाँधकर विभिन्न युक्तियों से इतना पीड़ित किया कि सुग्रीव बिलबिला उठे। लगा, मल्ल-युद्ध का सारा विधि-विधान, सारी युक्तियाँ, दाँव-पेंच उनकी बुद्धि से निकल गए। अपने शरीर के समस्त बल का आह्वान कर, वे छिटककर बालि की पकड़ से निकले और लड़खड़ाकर गिर पड़े। राम समझ नहीं सके कि यह मात्र संयोग था कि सुग्रीव का हाथ पास के किसी वृक्ष से टूटकर गिरी हुई एक सूखी शाखा पर पड़ गया, अथवा उन्होंने सायास उसे प्राप्त किया था। शाखा पकड़कर खड़े होते ही जैसे वे आविष्ट हो उठे। उन्होंने अपनी संपूर्ण शक्ति तथा अद्‌भुत स्फूर्ति से बालि पर आघात करने आरंभ किए। इन विकट आघातों के सम्मुख बालि की गति अवरुद्ध हो गई और वह कुछ क्षणों तक पिटता ही दिखाई पड़ा। कई स्थानों से उसकी त्वचा फट गई थी और रक्त बह रहा था।...सहसा शाखा बालि की पकड़ में आ गई। उसने झटके से शाखा खींची। न केवल वह शाखा सुग्रीव के हाथों से निकल गई, वरन् वे औंधे मुँह भूमि पर आ गिरे। बालि ने वह शाखा घुमाकर दूर फेंकी और जब तक कि सुग्रीव सीधे हों, वह कूदकर उनके वक्ष पर जा चढ़ा और उसने घूँसों, मुक्कों, थप्पड़ों से पीटना आरंभ किया। सुग्रीव नीचे पड़े पिटते रहे।

"यह युद्ध अब बंद करवाना होगा।" राम धीरे से बोले।

"मैं जाऊँ क्या?" लक्ष्मण ने पूछा।

किंतु तब तक सुग्रीव बालि को अपने ऊपर से हटा चुके थे।

"रुक जाओ।" राम ने कहा।

तभी बालि सुग्रीव पर कूदा और उसने अपना घुटना सुग्रीव के वक्ष पर रख अपने बलिष्ठ पंजों से सुग्रीव का गला दबाना आरंभ किया, "मैं तुझे मार डालूँगा!"

सुग्रीव का प्रतिरोध टूटता दिखाई दिया।

"भैया!..." लक्ष्मण ने कुछ कहना चाहा।

पर, तब तक राम का बाण चल चुका था, "अब तो युद्ध रुकबाने का भी समय नहीं रहा, सौमित्र!"

बाण बालि के वक्ष में लगा और बालि उलटकर भूमि पर आ गिरा।

सुग्रीव फुर्ती से उठकर खड़े हुए और अपने कंठ को टटोलने लगे।

"आओ, सौमित्र!" राम ने कहा, "बालि का खेल समाप्त हो गया।"

राम और लक्ष्मण के वृक्षों की ओट से निकलते ही हनुमान, नल, नील तथा तार भी प्रकट हो गए। दूसरी ओर, बालि को बाण के आघात से गिरते देख नगर-द्वार के प्रहरी तथा बालि-पक्ष के कुछ सैनिक प्राचीर के भीतर विलुप्त हो गए...

राम बालि के निकट आए।

असाधारण रूप से बलिष्ठ शरीर का स्वामी बालि पृथ्वी पर निष्क्रिय पड़ा था। उसके वक्ष से रक्त वह रहा था और उसके चेहरे तथा आँखों में यातना के चिह्न स्पष्ट थे। अपनी जिह्वा से वह बार-बार होंठों को गीला कर रहा था...

"तो तुम हो राम!" बालि कराहते-से स्वर में बोला, "सुना था कि तुमसे सुग्रीव की मैत्री हो गई है।" सहसा उसका स्वर आक्रोशपूर्ण हो उठा, "यह कौन-सा न्याय है तुम्हारा? किसी अन्य व्यक्ति से लड़ते हुए तुमने छिपकर मुझे मारा। क्या इसी को वीरता कहते हैं?"

"न्याय की बात करने का अधिकार तुमको नहीं है, पापी!" राम तेजोद्दीप्त स्वर में बोले, "असहाय, निरीह रुमा का अपहरण तुमने किस न्याय और वीरता से किया था?" राम क्षण-भर रुके, "अत्याचारियों द्वारा अपनी सुविधा के लिए किए गए उद्घोषों के समूह का नाम न्याय नहीं है। तुमने अपनी निरीह प्रजा पर जो अत्याचार किए हैं, उनके पीछे कौन-सा न्याय था?...न्याय सदा जनहित में होता है। मैं तुम्हारे द्वारा परिभाषित न्याय और वीरता के जड़ स्वरूप को प्रमाणित करने के लिए, तुम्हारे हाथों, तुम से दुर्बल सुग्रीव को मरते हुए देखता रहता तो वह न्याय होता?...तुम जैसे पापियों को तो न्याय माँगने का अधिकार भी नहीं है। तुम्हारा न्याय तुम्हारी मृत्यु ही है।"

सहसा बालि के वक्ष में पीड़ा का वेग बढ़ा। उसने अपनी पीड़ा में हाथ-पैर पटके और धीमे-से स्वर में बोला, "तुमने मुझसे कहा होता, राम! मैं तुम्हारी पत्नी

की खोज ही नहीं करवा देता, रावण से छीनकर उसे तुम्हारे सम्मुख उपस्थित कर देता।''

राम के अधरों पर एक कटु मुसकान उभरी, ''एक अपहरणकर्ता अन्य अपहरणकर्ता का क्या विरोध करता! एक रावण दूसरे रावण से सीता को कैसे मुक्त कराता!'' राम का स्वर कठोर हो गया, ''और तुम कर भी देते, तो भी तुम्हारी सहायता मेरे लिए वांछनीय नहीं थी। मेरी सहायता कर तुम अपने समस्त पापों, अत्याचारों तथा अनाचारों के होते हुए भी, मेरे बाणों से सुरक्षित हो जाते।...राम अपनी सुविधा तथा लाभ के लिए भी अत्याचारियों की संगति नहीं चाहता। तुम चाहे कितना सद्भाव और सौहार्द लेकर मेरे पास आते, तुम्हारा और मेरा संबंध एक ही हो सकता था—विरोध का।''

बालि पुनः तड़पा, ''मेरे वक्ष से बाण खींच लो, राम! इस पीड़ा से मुझे मुक्त करो। इतनी कृपा तो कर ही दो।''

''पीड़ा से मुक्त करना ही राम का लक्ष्य है।'' राम शांत स्वर में बोले, ''किंतु बाण के निकलते ही बहुत अधिक मात्रा में तुम्हारा रक्त बह जाएगा और तुम्हारी मृत्यु हो जाएगी। मृत्यु से पूर्व यदि किसी को देखना चाहते हो—पुत्र को, पत्नी को अथवा किसी और को भी तो उनके आने तक यह पीड़ा सहो।''

''अंगद को देखना चाहता था, किंतु यह पीड़ा नहीं सही जाती।'' बालि पीड़ा से छटपटाता हुआ बोला, ''अंगद को मैं तुम्हें सौंपता हूँ, राम! इतने ही न्यायी हो तो देखना, सुग्रीव उसका कोई अनिष्ट न करे...''

पीड़ा के कारण बालि का शरीर भूमि से ऊपर उठ आया, ''इस बाण को निकालो, राम!''

राम ने आगे बढ़, बाण को उसके पृष्ठ भाग से पकड़, क्षण-भर के लिए साधा और झटके से बाहर खींचा। बाण का फल ऋजुतापूर्वक निकल आया—मांसपेशियाँ अथवा अंतड़ियाँ उसके साथ नहीं आईं; रक्त का स्रोत फूट निकला।

बालि ने पूरी खुली आँखों से राम को देखा; उनके निकट खड़े लक्ष्मण और तनिक हटकर खड़े सुग्रीव, हनुमान, नल, नील तथा तार को देखा।...वे सब बालि को इसी प्रकार रक्त तथा धूल में लोटता हुआ देखने की आकांक्षा लेकर आए होंगे। उनके प्राण इसी दृश्य को देखने के लिए टँगे होंगे; उन्होंने इस लक्ष्य को प्राप्त करने के लिए कितने दिन परिश्रम किया होगा, कितनी रातों की नींद को उनींदा किया होगा—किंतु इस समय वे दुःखी लग रहे थे; उन सबके चेहरे उतरे हुए थे।...बालि के शरीर की पीड़ा समाप्त हो गई थी। शरीर में जैसे कोई संवेदन-शक्ति ही शेष नहीं बची थी। केवल मस्तिष्क जाग रहा था। किंतु यह स्थिति भी दो क्षणों से अधिक नहीं रही। मस्तिष्क जैसे सो रहा था, आँखों के सम्मुख अंधकार

छा रहा था...पृथ्वी घूम रही थी, या कदाचित् आकाश ही चक्कर खा रहा था। नहीं, दोनों ही घूम रहे थे...और अब सब कुछ स्थिर हो गया था।

...बालि निष्प्राण हो चुका था।

सुग्रीव ने चीत्कार कर बालि के वक्ष पर अपना सिर टेक दिया, "भैया!"

राम ने सुग्रीव की बाँह पकड़कर उन्हें उठाया, "उठो, सुग्रीव! शोक करने का समय नहीं है। तत्काल किष्किंधा में जाओ। रुमा को मुक्त कर, उसे सम्मानपूर्वक ग्रहण करो। अपहरण से वह दूषित नहीं मानी जा सकती।...और बालि के वध की घोषणा कर, सत्ता ग्रहण करो। अंगद को युवराज-पद दो तथा न्यायपूर्ण प्रजा का पालन करो।" राम रुककर, लक्ष्मण की ओर मुड़े, "सौमित्र! तुम भी साथ जाओ। देखना, अनावश्यक हिंसा न हो। दोषी और अपराधी बंदी हों; किंतु प्रतिहिंसा का जन्म न हो।"

"और आप, भैया?"

"मैं अपने शत्रु के सम्मान की रक्षा के लिए यहीं रुकूँगा।" राम बोले, "व्यवस्था कर शीघ्र लौटो। अपने साथ अंगद और तारा को भी लेते आना।"

2

वर्षा की बूँदें सघन हो गईं, तो राम शिला से उठकर गुफा के भीतर आ खड़े हुए। अपने स्थान से खड़े-खड़े उन्होंने देखा—सारा-का-सारा प्रस्रवण-गिरि वर्षा में भीग रहा था। अब तो नियमित वर्षा-ऋतु आरंभ हो गई थी। प्रहर-प्रहर भर वर्षा होती रहती थी। आठ प्रहरों में से तीन प्रहर वर्षा के होते ही थे।...दूर-दूर तक फैली इस पर्वत श्रेणी के अन्य शिखर—ऋष्यमूक तथा मलयगिरि तो इन मेघों के मारे दिखाई भी नहीं देते थे।

राम के चारों ओर इस समय ऐसे ही सघन मेघ छाये हुए हैं, जिनके पार वे देख नहीं पा रहे। अपने निकट-पास की वस्तुएँ और व्यक्ति भी कहीं खो गए हैं और राम उन तक पहुँच नहीं सकते। मुखर ने वीरगति पाई, जटायु ने भी सीता को बचाने के लिए रावण से लड़ते-लड़ते अपने प्राण दे दिए...और सीता जाने कहाँ खो गईं। जीवित हैं, या वे भी इस लोक में नहीं हैं...यदि उनकी मृत्यु हो गई है तो कैसे हुई? उस दुष्ट रावण ने वध कर दिया, या व्याकुल होकर स्वयं वैदेही ने ही ऋषि शरभंग के समान आत्मदाह कर लिया; अथवा अपनी असहायता, दुःख और क्षोभ में घुट-घुटकर प्राण दे दिए?...कैसे असहाय हैं राम भी! जटायु ने सीता के अपहरणकर्ता का नाम बताया।...सुग्रीव के पास सुरक्षित सीता के आभूषणों से पुष्टि हो गई कि रावण इसी मार्ग से गया है...किंतु नीले आकाश-सा विस्तृत, निराकार प्रश्न आज भी वैसा-का-वैसा ही है—सीता कहाँ हैं? यदि वे जीवित हैं

तो किस स्थान पर छिपा रखा है उस दुष्ट ने उन्हें? जब तक सीता का निश्चित पता-ठिकाना मालूम न हो जाए, रावण से युद्ध की नीति भी तय नहीं हो सकती...रावण के अड्डों, शिविरों, स्कंधावारों तथा अधीनस्थ क्षेत्रों का दूर-दूर तक एक जाल-सा फैला हुआ है।...राम को लगता है कि उन्हें नीले आकाश के सम्मुख खड़ा कर, कहा गया है कि वे खोज लें कि सीता किस ग्रह-नक्षत्र पर छिपाई गई हैं। जहाँ सारा आकाश तक देखना संभव न हो, बड़े-बड़े नक्षत्र तक आँखों से दिखाई न पड़ते हों, वहाँ वे कैसे खोज लें कि सीता किस ग्रह-नक्षत्र पर बंदिनी हैं...यदि जानकी जीवित हैं तो रावण से प्रतिशोध लेने के पूर्व जानकी की सुरक्षा और मुक्ति अधिक आवश्यक है...आक्रमण वहीं होना चाहिए, जहाँ सीता हों; ताकि न सीता का वध हो सके और न उन्हें स्थानांतरित किया जा सके।

सुग्रीव किष्किंधा के शासन की व्यवस्था में व्यस्त हैं। स्थान-स्थान पर विरोधी शक्तियाँ सिर उठाती रहती हैं; और सामान्य जनता के दैनिक जीवन की असंख्य उलझी हुई गाँठें हैं। जाने कब से गाँठें उलझाई-ही उलझाई गई हैं, उन्हें सुलझाने का कोई प्रयत्न नहीं किया गया।...और, लोग भी कैसे-कैसे होते हैं।...अब तक शिकायत को विरोध माना जाता था और प्रत्येक विरोध को दण्डनीय अपराध। तब तो किसी के मुख से स्वर तक नहीं फूटा; परिवाद तो कोई क्या करता। हनुमान कहता है कि असाधारण प्रयत्नों के साथ बालि को सुना-सुनाकर उसकी प्रशंसा की जाती थी।...और अब, जब सुग्रीव ने उनके कष्टों, समस्याओं तथा परिवादों की ओर ध्यान दिया है तो चारों ओर शिकायतें-ही-शिकायतें हैं। इस किष्किंधा में शताब्दियों से जो परिवर्तन नहीं हुए, उन परिवर्तनों को अब लोग एक दिन में पूरा होते देखना चाहते हैं।...यह किष्किंधा को उन्नत तथा आत्मनिर्भर होते देखने की उनकी हार्दिक इच्छा है, अथवा सुग्रीव को कलंकित करने का प्रयत्न मात्र?...

सुग्रीव के विरोधी बहुत शक्तिशाली नहीं हैं; किंतु धूर्त अवश्य हैं। वे खुलकर उपद्रव नहीं करते; किंतु अवसर मिलने पर चूकते भी नहीं हैं। कुछ तो वे अपने पिछले कृत्यों के कारण, जन-सामान्य से भयभीत हैं, और दूसरी ओर वे प्रस्रवणगिरि को नहीं भूल पाते। प्रस्रवणगिरि पर राम और लक्ष्मण अपने जन-सैनिकों के साथ ठहरे हुए हैं।...और वे सुग्रीव के मित्र हैं।...वानरों में एक-से-एक बढ़कर योद्धा हैं। उनके युवक कैसे परिश्रमी, हृष्ट-पुष्ट तथा उद्यमी हैं...किंतु सैनिक प्रशिक्षण तथा शस्त्रों के अभाव में वे सदा पिटते ही रहे हैं। अधिकांश वानरों ने धनुष कभी देखा ही नहीं है। उनके लिए धनुष अत्यंत भयंकर दिव्यास्त्र है, जिसके एक वार ने उनके पराक्रमी सम्राट बालि को धराशायी कर दिया था...किंतु सैनिक-कर्म के प्रति उनमें उत्साह है। सामान्य वानर युवक विलासी अथवा आलसी नहीं हैं, अतः

वे अच्छे सैनिक बन सकते हैं।

सैनिक-प्रशिक्षण का कार्य तो सुग्रीव ने सत्ता सँभालते ही आरंभ कर दिया था। वानर युवकों ने बड़े उत्साह से उसमें भाग लिया है। नगर-प्राचीर के साथ-साथ लगते अनेक केंद्रों में उनको शस्त्र-शिक्षा दी जा रही है। नये-नये शस्त्रों से उनका परिचय कराया जा रहा है और उन शस्त्रों के निर्माण की विधि सिखाई जा रही है। किंतु शस्त्र-निर्माण के मार्ग में सबसे बड़ी बाधा धातु-उद्योग का अभाव है। जब तक धातु-उद्योग विकसित नहीं होगा, तब तक शस्त्रास्त्रों के लिए धातुएँ कहाँ मिलेंगी...

अनिन्ध के ग्राम तथा ज्ञानभृत्य के आश्रम से कुछ धातुज्ञानी और धातु-कर्मी किष्किंधा में आए हैं। वे लोग प्रयत्न कर रहे हैं; किंतु भूगर्भित धातुओं की खोज, खानों के विकसित होने तथा धातुओं के शुद्ध होकर शस्त्र-उद्योग के लिए उपलब्ध होने में भी समय लगता है...

और इधर इस वर्षा के मारे मार्ग अवरुद्ध हो गए हैं। नदी-नाले जल से भर गए हैं। पहाड़ों पर कीचड़ और फिसलन है। वर्षा के कारण, बिना आश्रय के कहीं रुका नहीं जा सकता।...सीता की खोज के लिए सुग्रीव अपने साथियों को भेजें भी तो कैसे...अब कोई मार्ग नहीं है, कोई विकल्प नहीं है...वर्षा ऋतु की समाप्ति तक रुकना ही होगा...वर्षा के समाप्त होते ही पथों और मार्गों के निर्माण की ओर भी ध्यान देना होगा। वानरों की परिवहन तथा यातायात व्यवस्था का निर्माण भी शून्य से आरंभ होगा...

खर और दूषण की सेना को पराजित करने के पश्चात् शत्रु के आक्रमण के संबंध में जब विचार-विमर्श हो रहा था, तब एकमत से सबने स्वीकार किया था कि वर्षा-ऋतु की समाप्ति से पूर्व रावण अपनी ऐसी युक्ति खोज निकालेगा कि उसे अपनी सेना लंका के बाहर लानी ही न पड़े, स्वयं राम अपनी पत्नी को खोजते-खोजते इधर-उधर भटकते फिरें। उनकी जन-सेना पड़ी की-पड़ी रह जाए और उनके किसी भी काम न आए। वह वर्षा-ऋतु जो रावण को रोकने बालि थी, आज राम को रोके बैठी है। राम अपनी गुफा में से वर्षा को देखते खड़े हैं...और उनकी जानकी यदि जीवित हुईं तो अपने वीर पति तथा देवर की बाट देख रही होंगी, कि शायद वे लोग उन्हें खोजकर रावण के कारागार से मुक्त करें...

राम का मन कल्पना में खो गया—जब मुक्त हो जाएँगी तो कैसे भागती हुई आकर वे राम के कंठ से लग जाएँगी। राम बार-बार सीता को देखेंगे, आलिंगन में भर लेंगे; और स्वयं को विश्वास दिलाने का प्रयत्न करेंगे कि सीता अभी जीवित ही नहीं हैं, स्वतंत्र भी हैं और उनके पास भी।...फिर सीता उन्हें बताएँगी कि कैसे

उनका रावण ने हरण किया। कैसे उन्होंने संघर्ष किया। कहाँ-कहाँ उन्होंने अपने आभूषण गिराए। रावण ने उनसे क्या-क्या कहा। डराया, धमकाया, लुभाया, अपमानित किया...सीता की बातों का अंत नहीं होगा। वे अपने एक-एक क्षण की धड़कनों की कहानियाँ उन्हें सुनाना चाहेंगी। सही हुई पीड़ा को शब्द में दोहराते हुए, उसके स्मरण से ही रो उठेंगी। राम का रक्त खौल-खौल उठेगा...दुष्ट रावण...!...आवश्यक नहीं है कि सीता सदा दीन ही रही हों। यदि उनके हाथ कोई शस्त्र लग गया होगा तो संभव है उन्होंने युद्ध का भी प्रयत्न किया हो। किंतु शत्रु नगरी में अनेक राक्षस महारथियों से घिरी हुईं अकेली सीता क्या कर लेंगी...कहीं ऐसा न हो कि किसी ऐसे ही जोखिम के काम में उनके प्राण ही चले जाएँ, या उनका अंग-भंग हो जाए।...राम लंबी तैयारी के पश्चात् विश्व के आतंक को समाप्त भी करें और उनके अपने मन की शांति भी खो जाए...पर नहीं! राक्षस सीता का वध नहीं करेंगे। कोई कितना ही हृदयहीन क्यों न हो, उस रूप को देखने के पश्चात् इतनी क्रूरता नहीं कर सकता...सीता का वध कोई नहीं कर सकता। वध ही करना होता तो रावण पंचवटी में ही उनका वध कर देता...अपहरण का जोखिम ही क्यों उठाता? उसने मुखर का वध किया, जटायु का वध किया...वह सीता का भी वध कर सकता था...किंतु नहीं। वह व्यभिचारी कामुक राक्षस ऐसी सुंदरी नारी को अपने वश में पाकर, उसकी हत्या नहीं कर सकता...बालि ने रुमा तक की हत्या नहीं की, जो सुग्रीव की सूचना के अनुसार उसे कभी नहीं भाई थी...तो रावण सीता का वध किस हृदय से करेगा...

कैसा संयोग है सुग्रीव तथा राम की मैत्री! दोनों का चिंतन एक समान, दोनों का लक्ष्य एक ही; और अंततः दोनों का संकट भी एक ही...सौमित्र ने बताया था कि जब वे लोग बालि के प्रासाद के प्रहरियों को हटाकर भीतर पहुँचे थे तो सूचना पाकर रुमा दौड़ती हुई गलियारे में आ गई थीं। सुग्रीव को देखते ही वे उनकी ओर लपकी थी, किंतु कंठ से लग जाने के पूर्व ही रुक गई थीं—मूर्तिवत्! सुग्रीव सोचते ही रह गए कि रुमा रुक क्यों गईं कि रुमा ने झुककर उनके पैर पकड़ लिये थे, "मेरा कोई दोष नहीं है, स्वामि! मैं बाध्य थी। हर रात मेरे शरीर पर सैकड़ों बिच्छू रेंगते रहे, मुझे दंशित करते रहे, मेरे शरीर को विषाक्त करते रहे; किंतु मैं सर्वथा बाध्य थी, स्वामि! मेरी तनिक भी सहमति नहीं थी। मैं असहाय थी।"

सुग्रीव ने रुमा को उठाकर वक्ष से लगा लिया था, "दोष तुम्हारा नहीं था, रुमा! दोष तो मेरा था। मैं ऐसा कायर और निर्बल न होता तो तुम्हें इतना क्यों सहना पड़ता। बालि तुम्हें नहीं, मुझे दण्डित करता रहा। जब-जब उसने तुम्हें अपने आलिंगन में लिया होगा, तब-तब स्वयं को बार-बार याद दिलाया होगा कि तुम मेरी पत्नी हो और तुम्हारे माध्यम से वह मुझे पीड़ित कर रहा है, मुझसे प्रतिशोध

ले रहा है...दोष मेरा है, रुमा! मैं तुम्हारी रक्षा का समुचित प्रबंध नहीं कर सका।''

...और राम के मन में बार-बार प्रश्न उठता है कि क्या जब सीता मुक्त होंगी, तो वे भी इसी प्रकार आकर अपनी निर्दोषिता, बाध्यता और असहायता का विश्वास दिलाएँगी।...अथवा वे राम और लक्ष्मण को दोषी ठहराएँगी कि वे लोग उन्हें असुरक्षित छोड़कर चल दिए...या वे बताएँगी कि उन्होंने रावण से शस्त्र माँगा था और उसका प्रतिरोध किया था; शरीर पर घाव खाये थे और क्षोभ की आग की जलन सही थी; कष्ट सहे थे और वीरतापूर्वक उनका सामना किया था।

...पर सुरक्षा का पूरा प्रबंध न कर पाने के कारण क्या सुग्रीव दोषी है?...पुरुष-प्रधान समाज में, जहाँ नारी को सौंदर्य और मर्यादा के नाम पर इतना कोमल तथा सुकुमार बना दिया गया है, वहाँ जब तक वह आत्मरक्षा में समर्थ नहीं हो जाती, उसकी रक्षा का दायित्व पुरुष पर ही है।

रुमा को बालि ने सुग्रीव से वियुक्त कर दिया था, फलतः सुग्रीव ने तारा को सदा के लिए बालि का वियोग दिया। कैसा स्पष्ट प्रतिशोध है...राम की आँखें वह दृश्य भूल नहीं सकतीं—अपने खुले बालों को चेहरे और कंधे पर बिखेरे हुए, छाती पीटती, हाहा खाती हुई तारा आई थी और बालि के शव पर लोट गई थी—''अंततः तुम्हारी कामुकता तुम्हारे सारे कुटुंब को खा गई। मैं अब उपालंभ भी दूँ तो किसे दूँ?'' वह चिल्लाकर रोई थी, ''सुग्रीव तुम्हारी मृत्यु का निमित्त बना। पर मैं उसे दोष नहीं दे सकती। जब मैं उसे उसकी रुमा नहीं दिला सकी तो उससे तुमको वापस कैसे माँगू...राम के बाण ने तुम्हारे प्राण ले लिये, पर राम का क्या दोष! पत्नी के अपहरण की पीड़ा का प्रतिशोध लेने वाला बाण कोमल तो नहीं हो सकता।''

सिर पटक-पटककर रोयी थी तारा अपने पति के शव पर, ''...अहंकारी थे, कामुक थे, स्वार्थी थे...मुझसे रुष्ट थे...पर मेरे पति तो तुम ही थे...'' और अंत में उसने राम से कहा था, ''या तो अपने बाण से मेरे भी प्राण ले लो या फिर मेरे पति का शव मुझे सौंप दो। मैं उनके साथ ही सती हो जाऊँगी।''

किंतु अंगद ने आगे बढ़कर माँ को उठाकर कंठ से लगा लिया था, ''धैर्य रखो, माँ! प्रत्येक शोक धैर्य और विवेक से ही टाला जा सकता है। पिताजी के साथ तुम भी सती हो गई, तो तुम्हारा अंगद किसके सहारे जियेगा। पति के लिए ही नहीं, माँ! नारी को कभी-कभी पुत्र के लिए भी जीना पड़ता है।''

अंगद ने तारा को मना लिया था। अधिक बखेड़ा नहीं किया था तारा ने...बालि के शव के निकट मिले थे अंगद और सुग्रीव। कैसी विचित्र स्थिति थी—सुग्रीव के मन में ग्लानि थी और अंगद तथा तारा, सुग्रीव का दोष जानते हुए भी उसे दोषी नहीं मान रहे थे...कैसे गिड़गिड़ाकर सुग्रीव ने तारा से कहा था, ''भाभी! इसमें मेरा कोई दोष नहीं है। मैंने कभी नहीं सोचा था कि मैं भ्रातृ-हंता बनूँगा,

किंतु भैया ने मेरे लिए कोई विकल्प ही नहीं छोड़ा था...बताओ बदले में मैं और कर ही क्या सकता था। यदि फिर भी मेरा दोष मानो तो अंगद के हाथ में खड्ग दो, वह मेरा वध कर दे—मैं अपना सिर भी नहीं उठाऊँगा।"

राम के सम्मुख चित्रकूट में उनसे मिलने आए भरत का रूप उभर आया था—कैसे रो-रोकर उन्होंने अपनी बात कही थी—"निमित्त मैं अवश्य बना हूँ, भैया! किंतु मेरी उसमें तनिक भी सहमति नहीं थी। मैंने कभी निमिष-भर के लिए भी अपने मन में ऐसी इच्छा को स्थान दिया हो तो आप मेरा वध करवा दें...पर फिर भी वन तो आप मेरे ही कारण आए, भैया! मैं इस कलंक को कैसे मिटाऊँगा?"

भरत रोते जाते थे और कैकेयी के मुख पर यातना के चिह्न प्रकट होते जाते थे। राम को बार-बार लगा है कि माता कैकेयी भी यही कहना चाहती थीं, "निमित्त तो मैं ही बनी, राम! पर इच्छा मेरी भी यह नहीं थी..." किंतु कैकेयी ने कहा कुछ नहीं। सिर झुकाए चुपचाप खड़ी रहीं। केवल जाते-जाते कह गई थीं, "इस विश्वास को लेकर जा रही हूँ, राम! कि चाहे भरत भी मेरे मन को न समझे, पर मेरा राम अवश्य समझ रहा होगा!"

राम तो समझ ही रहे थे...तब भरत और कैकेयी के मन को समझ रहे थे, अब सुग्रीव, अंगद और तारा के मन को समझ रहे थे...समझ नहीं रहे थे तो केवल रुमा के मन को। वह क्या-क्या सोचती होगी...और क्या सीता भी वही सब सोचती होंगी?...

वर्षा कुछ धीमी हो गई थी और सामने से हनुमान के साथ लक्ष्मण आ रहे थे। वे दोनों ही पूरी तरह भीगे हुए थे, जैसे वर्षा में भी इधर-उधर घूमते रहे हों।

"सौमित्र को कहाँ-कहाँ घुमा लाए, हनुमान!" राम ने मुसकराकर पूछा।

"आर्य! मुझे इतना ज्ञान कहाँ है कि मैं सौमित्र को घुमाऊँ।" हनुमान अत्यंत नम्र स्वर में बोले, "मैं तो केवल उनकी आज्ञाओं का पालन करता घूम रहा था।"

"क्यों? इस सारे क्षेत्र का ज्ञान तुमसे अधिक और किसे होगा? मैंने तो सुना है कि यहाँ के भूगोल के सैद्धांतिक तथा व्यवहारिक ज्ञान मे तुम पारंगत हो।"

"भूगोल का ज्ञान तो मुझे है।" हनुमान ने अत्यंत शालीन भाव से उत्तर दिया, "किंतु मेरी शिक्षा ने उस भूगोल का उपयोग मुझे नहीं सिखाया। वह तो सौमित्र ही बता रहे थे। शिक्षा, सेना, उद्योग, व्यापार, कृषि तथा नव-निर्माण के संदर्भ में, उनकी जिज्ञासाओं के अनुसार, उन्हें विभिन्न स्थान दिखा रहा था।"

राम का ध्यान हनुमान के हाव-भावों, वाणी की मृदुलता तथा उनके व्यवहार की शालीनता की ओर कई बार गया था। इतने कठोर शरीर का यह व्यक्ति अपने व्यवहार में इतना मृदु तथा कोमल था कि आकार तथा व्यवहार का यह भेद देखने

वाले को चौंकाए बिना नहीं रहता था। निश्चित रूप से वह हनुमान के कठोर आत्मसंयम का ही परिणाम था।

"भैया! शिक्षा-संस्थान तो पहले ही बना हुआ था; उसमें बालि ने वेश्यालय तथा मदिरालय स्थापित कर दिए थे।" लक्ष्मण बोले, "वह भवन तो शिक्षा-संस्थान को वापस मिल गया है। किंतु यहाँ की समस्याएँ और आवश्यकताएँ बड़ी जटिल हैं।"

"आओ! बैठो तुम लोग।" राम एक शिला की ओर बढ़े।

वे तीनों बैठ गए। यद्यपि हनुमान का राम के सम्मुख बैठने का संकोच अत्यंत स्पष्ट था, किंतु राम के प्रत्येक वाक्य को वे आदेश के रूप में ही ग्रहण करते थे।

"दण्डक वन में जिस समाज का निर्माण करना था, वह सारा समाज एक-सार और एकरूप था। उसमें एक ही वर्ग के लोग थे।" लक्ष्मण बोले, "वे सब-के-सब अभावग्रस्त थे, उसमें किसी के पास कुछ नहीं था। किसी से कुछ लेना नहीं था--जो कुछ लेना था, प्रकृति से ही लेना था। उनके लिए केवल निर्माण करना था, ध्वंस की आवश्यकता नहीं थी। उनके शत्रु उनके समाज से बाहर थे, भीतर का शत्रु अपवाद था।" लक्ष्मण रुके, "यहाँ का समाज मिश्रित है। इसमें विभिन्न स्तर हैं। अनेक वर्ग हैं। विभिन्न सामाजिक, आर्थिक तथा शैक्षणिक वर्गों का इतना अंतर्मिश्रण है इस समाज में कि एक का कल्याण दूसरे के लिए हानि का कारण बन जाता है और किसी एक वर्ग की ओर से उसका विरोध आरंभ हो जाता है। परिणामतः कल्याण के उस विचार को निःसंकोच कर्म-रूप में परिणत नहीं किया जा सकता...उसमें अनावश्यक द्वंद्व उठते हैं, अतः अनावश्यक विलंब होता है।"

"मैं समझ रहा हूँ।" राम सोच रहे थे, "यहाँ ध्वंस के बिना निर्माण हो नहीं सकेगा। और ध्वंस के लिए अभी सुग्रीव प्रस्तुत नहीं होंगे। क्यों, हनुमान!"

"आर्य! हनुमान क्या कहें।" हनुमान अपने कोमल ढंग से बोले, "हनुमान के पास तो न धन है, न भूमि, न स्वर्ण, न भवन। अतः किसी वस्तु का मोह नहीं है; किंतु बालि के ही प्रिय सभासद अब सम्राट सुग्रीव के भी सभासद हो गए हैं। वे पहले भी स्वामिभक्त थे, अब भी हैं। सम्राट अपने स्वामिभक्त सभासदों के विरुद्ध नहीं जा सकते, उन्हें रुष्ट नहीं कर सकते। और वे सभासद, मंत्री, सामंत, यूथपति, सेनानायक अपनी इच्छा से न अपने अधिकार छोड़ना चाहते हैं, न अपनी संपत्ति।"

"ठीक कहते हो, हनुमान! जहाँ मात्र सत्ता का हस्तांतरण हो और प्रशासन का ढाँचा वही रहे, वहाँ इस प्रकार की समस्याएँ होंगी ही। सुग्रीव को उन लोगों के साथ कुछ कठोर होना पड़ेगा।"

"वे भी इस बात को समझते हैं; किंतु ऐसा लगता है कि अब वे कठोर

हो नहीं पाएँगे।" हनुमान दूसरी ओर देख रहे थे, सहसा वे मुड़े, "आर्य! सम्राट हमारे पथ-प्रदर्शक और नेता रहे हैं। मैं उनकी शिकायत नहीं कर रहा, किंतु मुझे लगता है कि भाई के वध से उनमें कुछ परिवर्तन-सा आ गया है। अब वे कठोर होना नहीं चाहते। कदाचित् बालि के वध के पश्चात् अभी तक वे ग्लानिमुक्त नहीं हो पाए हैं; उनका अपराधबोध मिट नहीं रहा।"

"निराश मत हो, हनुमान!" राम का स्वर अधिक सावधान और कोमल था, "सर्जक मन का सबसे बड़ा दोष यह है कि उसमें वितृष्णा बहुत जल्दी जागती है। तनिक-सी बाधा से वह अपना मोर्चा छोड़ भागता है। तुम अपने मन को अपने मोर्चे पर लगाए रखो—राम सुग्रीव की शिथिलता के हाथों तुम्हारे सपनों को चूर नहीं होने देगा। सुग्रीव यदि अपने पथ से भटका तो राम उसे लौटा लाएगा।" राम रुके, "मुझे बताओ, सैनिक प्रशिक्षण की क्या नई व्यवस्था की गई है? मैंने सुना है कि सुग्रीव नये शस्त्रों, युद्ध-कौशल तथा सैनिक संगठन के लिए बहुत लालायित थे...और हनुमान! सुग्रीव रावण से लड़ना चाहें, न चाहें; वर्षा ऋतु की समाप्ति पर राम चाहेगा कि सीता की खोज आरंभ की जाए। और सीता का पता मिल जाने पर, सेना के निर्माण के लिए राम रुका नहीं रहेगा।...सेना के निर्माण का कार्य अभी से आरंभ होनी चाहिए।

"मुझे इस बात का पूरा ध्यान है, आर्य!" हनुमान ने अपना सिर झुकाकर कहा, "मुझे पूरा विश्वास है कि आपको मुझसे निराशा नहीं होगी।" सहसा हनुमान रुक गए, क्षण-भर असमंजस में राम को देखते रहे कि कहें या न कहें; और फिर जैसे कहने का निर्णय कर, धीरे-धीरे बोले, "सम्राट के प्रासाद में आज एक छोटा-सा समारोह है। उन्होंने इच्छा प्रकट की है कि यदि आप अपनी उपस्थिति से उन्हें कृतज्ञ कर सकें..."

राम के अधरों पर विषादयुक्त मुसकान उभरी, "हनुमान! सम्राट से कहना, अपने वनवास की अवधि में मैं किसी नगरी में प्रवेश नहीं करूँगा, और सम्राट का प्रासाद नगर से बाहर नहीं हो सकता..." राम के स्वर में हल्का-सा आवेश घुल गया, "और सम्राट को याद दिला देना कि उन्हें रुमा मिल गई है, किंतु मुझे अभी सीता की खोज-खबर तक नहीं मिली।"

"अच्छा, भद्र!" हनुमान खड़े होकर धीरे-से बोले, "मैं पहले ही समझ रहा था कि ऐसा निमंत्रण युक्तियुक्त नहीं है। और सत्य तो यह है कि यह समारोह ही अपने आप में एक भूल है।"

हनुमान ने हाथ जोड़ दिए और मुड़कर पर्वत की ढलान की ओर बढ़ गए।

संध्या समय जन-सेना के लोग अपने काम से लौटकर आए तो प्रस्रवणगिरि पर

राम की गुफा के सम्मुख एक सभा जुट गई।

सुग्रीव के राज्याभिषेक के पश्चात राम तथा लक्ष्मण के रहने के स्थान और व्यवस्था का प्रश्न भी सुग्रीव के सम्मुख आया था। उन्होंने बहुत चाहा था कि राम और लक्ष्मण भी उनके साथ किष्किंधा चलें तथा उन्हीं के प्रासाद, अथवा किसी अन्य सुंदर प्रासाद में रहें; किंतु राम ने अपने वनवास की बात कहकर किष्किंधा में प्रवेश अस्वीकार कर दिया था। राम को छोड़कर लक्ष्मण का कहीं अन्यत्र जाना तो संभव ही नहीं था; जन-सैनिकों ने भी राम से अलग होने में अपनी अरुचि ही प्रकट की थी।

तभी प्रस्रवणगिरि को राम के आश्रम के रूप में चुना गया और राम अपने शस्त्रागार, लक्ष्मण तथा जन-सैनिकों के साथ वहीं निवास कर रहे थे। सुग्रीव तथा उनके साथियों ने बहुत चाहा कि राम की सेवा में राजकीय परिचारिकाएँ नियुक्त कर दी जाएँ; और यदि राम को यह स्वीकार्य न हो तो वानरों के जन-संगठनों के स्वयंसेवक उनकी सहायता के लिए वहाँ वर्तमान रहें। पर राम को इनमें से कोई भी प्रस्ताव मान्य नहीं था। उन्होंने अपने जन-सैनिकों के साथ अपना स्वतंत्र आश्रम बना रहने देने की इच्छा प्रकट की थी।

प्रातः वे सब लोग सामूहिक व्यायाम, शस्त्राभ्यास तथा अल्पाहार करते थे। उसके पश्चात् लक्ष्मण किसी-न-किसी कार्य के लिए वन में विभिन्न प्रशिक्षण-केंद्रों में, शस्त्र-निर्माताओं की भट्ठियों अथवा कार्य-स्थानों पर चले जाया करते थे। जन-सैनिकों के भी दो दल हो गए थे। आधे व्यक्ति अनिन्ध के नेत्तृत्व में मधुप की सहायता करने चले जाते थे। मधुप ज्ञानभृत्य के आश्रम से आया हुआ भूगर्भशास्त्री था, जो इस क्षेत्र में धातुओं की खोज कर रहा था। अन्य जन-सैनिक भूलर के नेत्तृत्व में किष्किंधा से लगते ग्रामों में कृषि-संबंधी सहायता तथा शिक्षा प्रचार करने चले जाते थे।

किंतु कोई भी दिनचर्या स्थायी नहीं हो पाई थी। एक सप्ताह में ही सैनिक प्रशिक्षण केंद्रों ने आरंभिक शस्त्र-शिक्षा के पश्चात् कुछ लोगों को आयुध-ज्ञान के लिए प्रस्रवणगिरि पर भेज दिया। उन आगंतुकों की संख्या क्रमशः बढ़ती जा रही थी। धीरे-धीरे कुछ यूथपति भी अपने यूथों के चुने हुए सैनिकों के साथ प्रस्रवणगिरि के चरणों में शिविर लगाकर रहने लगे थे। वे भी इस प्रशिक्षण में सम्मिलित हो जाते थे। परिणामतः प्रातः शस्त्र-शिक्षा की, विभिन्न स्तरों के अनुसार अनेक कक्षाएँ लगती थीं और बीसियों जन-सैनिकों के साथ-साथ राम तथा लक्ष्मण पृथक-पृथक कक्षाओं में विभिन्न प्रकार की जानकारी देते तथा अभ्यास कराते रहते थे।

प्रातः के प्रशिक्षण के पश्चात् सबके अपने-अपने कार्यक्रम हो जाते थे। प्रायः राम ही शस्त्रागार के निकट आश्रम में रहते थे। एक तो उन्होंने स्वयं ही आश्रम

से बाहर जाना बहुत कम कर रखा था; दूसरे दिन-भर अनेक संदर्भों में विभिन्न प्रकार के लोग उनसे मिलने के लिए आते रहते थे। अपने साथियों से फिर वे संध्या-समय ही मिल पाते थे।

शाम की सभा जुटी तो सबसे पहला प्रश्न भूलर ने किया, "आज भोजन-व्यवस्था किस टुकड़ी की है?"

भोजन के नाम पर राम का ध्यान सीता की ओर चला गया। सीता के अपहरण के पश्चात् से भोजन का स्थायी नियंत्रण समाप्त हो गया था। भोजन-व्यवस्था की दृष्टि से तीन-तीन व्यक्तियों की टुकड़ियाँ थीं, जो प्रतिदिन बदलती थीं। इन दिनों राम का आश्रम आश्रम कम, सैनिक शिविर ही अधिक था। उसमें से कौटुंबिक वातावरण लुप्त हो चुका था और सैनिक व्यवस्था ही शेष रह गई थी।

"आज बड़ी भूख लग रही है तुम्हें!" मधुप ने भूलर से कहा।

"तुम्हें नहीं लगी?" भूलर बोला, "हाँ, भाई! तुम्हें अब भूख क्यों लगेगी!"

"क्यों? मधुप को क्या हुआ?" लक्ष्मण ने पूछा, "इसके यकृत में कोई दोष आ गया है?"

"नहीं, सौमित्र!" भूलर ने बताया, "आज मधुप ने भूमि के नीचे का धातु भण्डार खोज निकाला है। कल से वहाँ खुदाई होगी।"

"अच्छा!" राम की भी रुचि जाग गई, "यह तो तुमने बहुत अच्छा समाचार दिया है, भाई। मैं इस धातु को लेकर कुछ अधिक ही चिंतित था। पिछले दिनों से जो कुछ मैंने देखा है, उससे तो लगता है कि जन-शक्ति की यहाँ कोई कमी नहीं है। सुग्रीव की राजकीय सेना के साथ-साथ यूथपतियों की स्वतंत्र सेनाएँ हैं। कदाचित् राक्षसों की सारी सेनाओं से भी अधिक सैनिक सुग्रीव की एक आज्ञा पर तैयार हो जाएँगे; किंतु उसके साथ-ही-साथ, राक्षस-विरोधी भावनाओं के कारण, सारा जन-सामान्य युद्ध के लिए उठ खड़ा होगा। पर शस्त्र...! जब तक धातु की खोज नहीं होगी, शस्त्र कैसे बनेंगे?" राम ने रुककर मधुप की ओर देखा, "यह धातु किस श्रेणी की हो सकती है, मधुप?"

"अभी से कुछ निश्चित कहना कठिन है, राम!" मधुप बोला, "पर कल से खुदाई आरंभ हो जाए, तो सप्ताह-भर में हम धातु का सर्वांगीण परीक्षण कर आपको ठीक-ठीक बता सकेंगे। वैसे मुझे आशा है कि यहाँ धातु का बहुत बड़ा भण्डार है, और कदाचित् धातु अच्छी श्रेणी की ही होगी।"

"यह कार्य तुम कर लो।" राम बोले, "उसके पश्चात् किष्किंधा के शिक्षा-संस्थान में तुम्हें शिक्षक नियुक्त कर दिया जाए। किष्किंधा राज्य के पास कोई अच्छा भूगर्भशास्त्री नहीं है। क्यों, सौमित्र?"

लक्ष्मण राम के कथन से उत्साहित नहीं हुए। धीमे-से स्वर में बोले, "प्रस्ताव तो अच्छा है। यह विषय उपयोगी भी है। किंतु किष्किंधा का शिक्षा-संस्थान स्थापित तो हो ले!"

"क्यों? शिक्षा-संस्थान को क्या हुआ?" राम ने चकित होकर पूछा।

तभी उन लोगों के सम्मुख भोजन परोस दिया गया।

लक्ष्मण ने पत्तल को अपनी ओर सरकाया और बोले, "अपराह्न में हनुमान ने संकेत किया था, कदाचित् आपका ध्यान उधर नहीं गया।"

"ध्यान गया तो था।" राम ने उत्तर दिया, "किंतु हनुमान और तुम—दोनों ही मुझे उदास-से लगे थे, इसीलिए मैंने बात को अधिक कुरेदा नहीं। तुम लोग शिक्षा-संस्थान को लेकर ही उदास हो?"

"उदास क्या होना।" लक्ष्मण सायास हल्के-से हँसे, "पर उसी से हम दोनों विचलित हो गए थे।...बात यह है कि उस शिक्षा-संस्थान के सारे आचार्यों और अध्यापकों ने बालि के सम्मुख अपमानजनक समर्पण किया था। अब, जबकि संस्थान की पुनर्स्थापना हो रही है, उन अध्यापकों ने अपनी पुर्ननियुक्ति की माँग की है। अंगद, हनुमान, नल तथा नील उनकी नियुक्तियों के पक्ष में नहीं हैं।

"उनका विचार है कि जिन लोगों ने तनिक-सा संकट आते ही अपनी वास्तविकता प्रकट कर दी; जो अपने व्यवसाय के आदर्शों की तनिक भी रक्षा नहीं कर सके; जिनमें अकल्याणकारी अन्यायी शक्तियों के विरोध का तनिक भी साहस नहीं है, वे लोग इस दायित्व के योग्य नहीं हैं। उन लोगों के हाथों में अपनी अगली पीढ़ी का भविष्य सौंपना तनिक भी समझदारी का काम नहीं है।"

"तो उनके पक्ष में कौन हैं?" राम ने पूछा।

"एक तो कटाक्ष ही है। कुछ उसके साथी हैं।" लक्ष्मण बोले, "...और थोड़े-बहुत स्वयं सुग्रीव भी हैं।"

"ये सुग्रीव भी मुझे ढीले आदमी लगते हैं।" अनिन्ध बोला, "हर काम में टाल-मटोल कर रहे हैं।"

"तो तुम्हें भी सुग्रीव से शिकायत है?" राम बोले, "पर तुम यह क्यों नहीं सोचते कि उनके मार्ग में कुछ व्यवहारिक कठिनाइयाँ होंगी।"

"व्यवहारिक कठिइनायाँ तो अपनी नीतियों की जड़ता में बँध जाने से होती हैं।" अनिन्ध ने उत्तर दिया।

"तुम ठीक कह रहे हो, अनिन्ध!" लक्ष्मण बोले, "कटाक्ष तथा उसके साथी उन अध्यापकों का समर्थन अपनी बालि-भक्ति तथा निहित स्वार्थों के कारण कर रहे हैं; और सुग्रीव व्यवहारिक कठिनाई नामक जड़ता में फँसे हैं।"

"देखो! जैसे-जैसे सौमित्र का क्षोभ अभिव्यक्त होता जाता है, उनकी वाणी

का प्रवाह सधता जाता है।" राम मुसकराए, "नहीं तो प्रातः से ही एकदम चुप बैठे थे।"

"मैं सच कह रहा हूँ, भैया!" लक्ष्मण बोले, "सुग्रीव की व्यवहारिक कठिनाई यह है कि यदि वे उन अध्यापकों को नियुक्त नहीं करेंगे तो लोग कहेंगे कि सुग्रीव भी बालि के ही समान अपने विरोधियों को आतंकित कर रहे हैं; और सुग्रीव कलंकित होना नहीं चाहते। वे अपनी प्रजा को विश्वास दिला देना चाहते हैं कि वे अपने शत्रु और मित्र को एक ही दृष्टि से देखते हैं। वे अपने राज्य में न्याय की स्थापना करेंगे। न्याय का अर्थ है कि वे मित्रों की कोई बात नहीं मानेंगे और शत्रुओं का विरोध नहीं करेंगे।'

"सुग्रीव न्याय का ठीक-ठीक अर्थ समझ नहीं रहा।" राम ने जैसे अपने-आप से कहा, "जब व्यक्ति इस बात की चिंता औचित्य से अधिक करने लगता है कि लोग क्या कहेंगे तो वह वस्तुतः स्वयं को अपने ही बंधनों में बाँधता चलता है और अंततः निष्क्रिय जड़-पत्थर हो जाता है।"

"स्थिति यह है, भैया!" लक्ष्मण पुनः बोले, "कि न तो वे पुराने अध्यापकों को नियुक्त कर पा रहे हैं, न नई नियुक्तियाँ हो रही हैं। फिर शिक्षा-संस्थान अपना कार्य कैसे करे?"

"इस प्रकार तो ये लोग शिक्षा की कोई व्यवस्था ही नहीं कर पाएँगे।" भूलर बोला।

"लगता तो मुझे भी यही है।" लक्ष्मण अपने प्रवाह में कहते गए, "और केवल एक यही समस्या नहीं है। एक शिक्षा संस्थान सारी वानर-जाति के लिए पर्याप्त नहीं है। इन्हें और बहुत-से आचार्य और अध्यापक चाहिएँ। वानरों में एक तो पढ़े-लिखे युवक-युवतियाँ कम हैं। जो हैं, उनमें अध्यापक बनने की न योग्यता है और न इच्छा। कुछ युवक जो दूसरे राज्यों में गए हुए हैं, उन्हें वापस नहीं बुलाया सकता, क्योंकि एक तो उनको उतनी भारी-भरकम वृत्तियाँ देने के लिए वानर राज्य के पास धन नहीं है; दूसरे, वे लोग जो धन वहाँ कमा रहे हैं, वानर राज्य उस धन से वंचित नहीं होना चाहता। यदि अन्य जातियों के अध्यापकों को बुलाने का प्रस्ताव रखा जाता है तो यह कहकर विरोध किया जाएगा कि इतर जातियों के अध्यापकों के कारण वानरों का धन अन्य राज्यों में चला जाएगा तथा वे अध्यापक हमारे युवकों में मानसिक दासता के बीज बोएँगे।"

"यह तो अच्छा-खासा षड्यंत्र है।" मधुप बोला, "ऐसे तो वानर सदा के लिए अशिक्षित रह जाएँगे और अंततः किसी अन्य जाति के दास हो जाएँगे।"

"सुग्रीव यदि अपने अनिर्णय से मुक्त न हो पाए तो संकट की स्थिति आ जाएगी।" राम धीरे से बोले।

प्रातः हनुमान, अंगद और नील—तीनों ही राम से मिलने आए।

राम ने मुसकराकर उनका स्वागत किया, "शिक्षा-संस्थान की नियुक्तियों की समस्या ही तो तुम्हें परेशान नहीं कर रही?"

"वह परेशानी तो है ही।" हनुमान अपने शालीन स्वर में बोले, "कदाचित् हम उसके विषय में भी आपका परामर्श चाहेंगे; किंतु कल संध्या से अब एक नया बवंडर उठ खड़ा हुआ है।"

"क्या हुआ?"

लक्ष्मण, अनिन्द्य, भूलर, मधुप तथा आस-पास उपस्थित अन्य जन-सैनिक भी समीप आ गए।

"इतने दिनों के अथक परिश्रम के पश्चात् कल हमारे भूगर्भशास्त्री ने जिस भूमि में धातु-भण्डार का अन्वेषण किया है," अंगद बोले, "वह वृद्ध यूथपति असिगुल्म की भूमि है; और वे अपनी भूमि राज्य को देने के सर्वथा विरुद्ध हैं।"

"फिर वही बात!" लक्ष्मण आवेश में बोले।

"वह भूमि उनकी कैसे है?" राम का स्वर शांत था।

"स्वर्गीय सम्राट ऋक्षराज ने उनकी सेवा के प्रतिदान में वह भूमि उन्हें दान-स्वरूप दी थी।" अंगद बोले।

"और वे उसे राज्य को देना क्यों नहीं चाहते?"

"उनकी इच्छा! वे अपनी भूमि से प्रेम करते हैं।" नील खीझे हुए स्वर में बोले।

"ऐसे तो अनर्थ हो जाएगा।" मधुप घबराए हुए स्वर में बोला, "हमारा परिश्रम तो व्यर्थ जाएगा ही, उस बूढ़े यूथपति को कदाचित् यह ज्ञात ही नहीं है कि वह किष्किंधा राज्य की कितनी क्षति कर रहा है तथा अपनी सेनाओं को कितना दुर्बल बना रहा है।"

"ठहरो, मधुप!" राम का स्वर अब भी शांत था, "चिंतित मत हो। तुम्हारी आशंकाएँ सत्य नहीं होंगी।" वे अंगद की ओर घूमे, "अपनी धरती से प्यार सभी को होता है, किंतु किसकी धरती पर हल नहीं चलता या उसकी खुदाई नहीं होती। मूल कारण कुछ और होना चाहिए।"

"मूल कारण बड़ा सीधा है, आर्य!" हनुमान बोले, "जब तक किष्किंधा-राज्य में अपना धातु-उत्पादन नहीं होगा, तब तक अपने उपयोग के लिए धातुएँ हम राक्षस-व्यापारियों से खरीदेंगे। अपना माल बेचने के लिए राक्षस व्यापारी यूथपति असिगुल्म को उत्कोच के रूप में पुष्कल धन अर्पित करेंगे; क्योंकि अन्य राज्यों से वस्तुओं के क्रय-विक्रय के अधिकारी यूथपति असिगुल्म हैं; तथा अपने पुत्र के

नाम से धातु खरीदकर, राज्य को बेचने से लाभ अलग कमाएँगे।''

''कैसे-कैसे देशभक्त हैं यहाँ!'' लक्ष्मण ने टिप्पणी की।

''क्या सुग्रीव इस बात को नहीं जानते?'' राम ने पूछा।

''जानते हैं, पर विधान से बँधे हैं।'' नील ने उत्तर दिया।

''विधान क्या कहता है?''

''किष्किंधा के शासन की परपंराओं के अनुसार राज्य द्वारा दी गई भूमि राजाज्ञा से लौटाई नहीं जा सकती!'' अंगद बोले।

''इस विधान को सुग्रीव अपनी राजाज्ञा से बदल नहीं सकते क्या?'' राम ने पुनः प्रश्न किया।

''उनका विचार है यह अनुचित होगा।''

''विधान और औचित्य पर्याय नहीं हैं।'' राम के स्वर में आवेश फूटा, ''जिन लोगों के पास न्याय की मौलिक कल्पना नहीं है, वे लोग रूढ़ियों के जड़ अनुचर ही हो सकते हैं। एक बूढ़ा स्वार्थी पशु अपनी लोलुपता में एक पूरी जाति को आगे बढ़ने से रोक रहा है और औचित्य के नाम पर सुग्रीव उसका समर्थन कर रहा है। उसे धरती दी गई थी, धरती के नीचे का राष्ट्रीय धन नहीं। उससे कहो कि उस धरती के बराबर अन्य कोई भी धरती ले लो।''

''राजपरिषद् के अधिकांश पार्षद राज्य को यह अधिकार देने के लिए तैयार नहीं हैं।'' हनुमान धीरे से बोले, ''उन सबके पास धरती के विशाल खण्ड निजी संपत्ति के रूप में पड़े हैं। कहीं वन-संपदा है, कहीं कृषि-संपदा। अब भूगर्भ-संपदा की संभावनाएँ भी जाग रही हैं।'' हनुमान मुसकराए, ''आज यदि राज्य को यह अधिकार दे दिया जाता है और वह यूथपति असिगुल्म से उनकी धरती उनकी इच्छा के विरुद्ध ले लेता है, तो कल राज्य अन्य लोगों की भूमि भी उनसे उनकी इच्छा के विरुद्ध ले लेगा। अतः पार्षद इस अधिकार तथा इस मत का समर्थन नहीं करते।''

''विकट स्थिति है!'' राम चिंतित हो उठे, ''सुग्रीव से ऐसी जड़ता की आशा नहीं थी। उन्होंने अपनी राजपरिषद् में जाति और राज्य के शत्रु ही भर रखे हैं क्या?''

''वे उन लोगों से उनके पद छीन क्यों नहीं लेते?'' लक्ष्मण बोले, ''यह प्रतिदिन की बाधा दूर हो।''

''विरोधियों को हटाने में उन्हें अपयश का भय है।'' नील बोले, ''इन दिनों उन्हें अपने सुयश की बहुत चिंता है।''

''सुनो, मित्रो!'' राम का स्वर धीमा था, ''सुग्रीव हमारे मित्र हैं। हममें से एक हैं। उनके विचार, आदर्श और लक्ष्य हमारे अपने हैं। इसलिए हमें उनके विरुद्ध धारणा बनाने में शीघ्रता नहीं करनी चाहिए। संभव है कि शासन की आरंभिक अवस्था तथा इन जटिल परिस्थितियों में उनके सम्मुख वास्तविक व्यवहारिक

कठिनाइयाँ हों और वे कुछ शिथिल पड़ गए हों। इसलिए हमें इतनी जल्दी उनके प्रति सहानुभूतिशून्य नहीं हो जाना चाहिए। किंतु हम इन तथ्यों के प्रति असावधान भी नहीं सकते। हमारा मूल दायित्व राजा, अपने मित्र अथवा व्यक्ति सुग्रीव के प्रति नहीं है—हमारा दायित्व असंख्य जनसाधारण के प्रति है। जन-सामान्य के हित का शत्रु हमारा भी शत्रु है। इसलिए हमें सुग्रीव को सावधान करना होगा।''

''और यदि कोई सावधान न होना चाहे तो?'' लक्ष्मण बोले।

''तो उनके विरुद्ध जनता का दबाव बनाना होगा, बनाए रखना होगा।'' राम बोले, ''इस विषय में कोई भ्रांति नहीं होनी चाहिए। सत्ता प्राप्त कर लेने के पश्चात हमारे जन-संगठन अनावश्यक नहीं हो जाते। तुम लोग देख ही रहे हो कि अनेक बार अपने भीतरी विरोधों के कारण शासन कितना असमर्थ हो जाता है। और दूसरी बात यह है कि जन-संगठनों का समर्थन प्राप्त न हो तो शासन कोई निर्माण-कार्य कर भी नहीं पाएगा।''

''तो?'' अंगद पूछ रहे थे।

''शासन के माध्यम से निर्माण-कार्य का तुम्हारा आयोजन असफल रहा।'' राम बोले, ''वापस अपने जन-संगठनों में लौटो। उन्हें प्रबल तथा प्रभावी बनाओ। उनके द्वारा शासन पर जनहिताय निर्माण के लिए दबाव डालो तथा स्वयं उनके माध्यम से निर्माण-कार्य आरंभ करो। शासन शिक्षा-संस्थान स्थापित नहीं कर पाता तो तुम गली-गली अपने विद्यालय खोल दो। संगठन और सैनिक-प्रशिक्षण अपने हाथ में ले लो; और कल से भूगर्भशास्त्री मधुप की देख-रेख में धातु प्राप्त करने के लिए खुदाई का कार्य आगे बढ़ाओ।''

''यदि सम्राट आपत्ति करें?''

''जन-न्याय सम्राट के न्याय से बड़ा होता है।'' राम बोले, ''जड़ परिस्थितियों में गति लाने के लिए जन-न्याय को सम्राटों के लिए भी आदर्श स्थापित करने पड़ते हैं।''

3

सुग्रीव का दिन झगड़ों से ही आरंभ हुआ।

राजपरिषद् में जाने से पूर्व ही प्रतिहारी ने सूचना दी कि प्रजाजनों का एक शिष्ट-मण्डल उनसे मिलने आया है। इन दिनों किसी भी शिष्ट-मण्डल से मिलने में सुग्रीव की कोई रुचि नहीं थी; किंतु आगंतुकों में सबसे ऊपर स्वर्गीय मंत्री मलयवन की पत्नी सुपताका का नाम था। बालि के हाथों मलयवन की यातनापूर्ण मृत्यु को सुग्रीव भूल नहीं सकते थे; न ही वे इस तथ्य की उपेक्षा कर सकते थे कि सुग्रीव के मंत्री ही होने के कारण मलयवन को इस प्रकार की मृत्यु और उसके परिवार

को यातना तथा अपमान मिला।

उन्हें शिष्ट-मण्डल से मिलने की अनुमति देनी पड़ी।

शिष्ट-मण्डल के लोग आकर सम्राट के सम्मुख खड़े हो गए। केवल सुपताका को एक छोटे मंच पर बैठा दिया गया।

प्रायः प्रत्येक व्यक्ति ने सम्राट का अभिवादन करते हुए, उनके स्वास्थ्य के विषय में जिज्ञासा प्रकट की और उसके लिए मंगल-कामना की।

'मेरे सम्राट बन जाने के पश्चात् लोगों को मेरे स्वास्थ्य की बहुत चिंता रहने लगी है।' सुग्रीव सोच रहे थे।

''आप लोग अपना प्रयोजन कहिए।'' सुग्रीव ने उन्हें मूल बात की ओर प्रेरित किया।

''सम्राट! देवी सुपताका आपको यह याद दिलाने के लिए आई हैं कि आपका पक्ष ग्रहण करने के कारण स्वर्गीय सम्राट बालि के हाथों हमें अनेक कष्ट सहने पड़े हैं। लोगों ने अपने प्राणों का बलिदान किया है; कारागार तथा अंधकूप की यंत्रणाएँ सही हैं। अनेक लोगों को धन की हानि उठानी पड़ी है। अनेक लोगों के भवन भूमिसात और अग्निसात हुए हैं। सम्राट से निवेदन है कि वे अपने अनुचरों को विस्मृत न करें।''

''विस्मृत करने का प्रश्न ही कहाँ उठता है।'' सुग्रीव बोले, ''जब कभी सोचता हूँ तो एक-एक कर उन सब लोगों के चेहरे मेरी आँखों के सम्मुख घूम जाते हैं। वस्तुतः उन लोगों ने कितना कष्ट सहा है मेरे लिए। मेरे मित्र, समर्थक तथा सहचर होने का कैसा विकट मूल्य चुकाया है लोगों ने।''

''मूल्य तो हम लोगों ने चुकाया है, सम्राट!'' शिष्ट-मण्डल का एक सदस्य बोला, ''और फल उन लोगों को मिल रहा है, जो आपके उन यातनापूर्ण दिनों में भी न केवल अपने पर्यकों पर सोये हुए थे, वरन् आपके समर्थकों को पीड़ित करवाने में अगुआ बनकर पुरस्कार-रूप में धन-संपत्ति और सुविधाएँ प्राप्त कर रहे थे।''

''मैं समझा नहीं।'' सुग्रीव चौंक उठे, ''आप लोगों का मंतव्य क्या है?''

''सम्राट! अपने उन शत्रुओं को उनके पदों से हटाएँ, जिन्होंने आपके अनुचरों पर अत्याचार किए हैं। उन लोगों के अधिकार छीन लिए जाएँ, जिन्होंने आपके मित्रों और समर्थकों पर अत्याचार करने के पुरस्कार के रूप में अधिकार तथा ऐश्वर्य प्राप्त किया है।''

''अर्थात् मैं भी अपने विरोधियों के साथ वही व्यवहार करूँ, जो बालि ने अपने विरोधियों के साथ किया था!'' सुग्रीव कुछ आवेश में बोले, ''तो फिर मुझमें और बालि में अंतर ही क्या होगा?''

सुग्रीव मौन हो गए। वे चुपचाप उन लोगों को देखते रहे।

"आर्य मलयवन का परिवार यदि आज भी गली-गली बिलखता फिरे तो हम कैसे मान लें कि अब बालि का राज्य नहीं रहा।" सुपताका ने पहली बार अपना मुख खोला।

"तुम लोग ठीक कह रहे हो!" सुग्रीव कुछ सोचते हुए बोले, "मुझे विचार-विमर्श और चिंतन-मनन के लिए थोड़ा-सा समय दो। मुझे अपने साथियों से भी पूछना पड़ेगा कि इस विषय में हम क्या कर सकते हैं।"

"सम्राट! हम आपके सम्मुख कुछ प्रस्ताव रखना चाहेंगे!" एक व्यक्ति बोला, "निर्णय का अधिकार आपका है; किंतु आशा है, हमारे प्रस्ताव-ज्ञापन पर आपको कोई आपत्ति नहीं होगी।"

"बोलो।" सुग्रीव ऊबे-से स्वर में बोले।

"सम्राट! जिन लोगों ने पिछले दिनों कष्ट सहे हैं, उनकी क्षतिपूर्ति की जाए। जिनके धन की हानि हुई, उनके लिए राज्य की ओर से उस हानि की भरपाई हो। जिनके भवन गिराए गए हैं, अथवा जलाए गए हैं, उनके लिए भवनों का निर्माण हो। जिनके परिवारों के जन की हानि हुई है, उन परिवारों के लिए वृत्तियों, राजकीय सेवाओं, व्यापार-सुविधाओं तथा अन्य सुविधाओं से उस जन-हानि की यथासंभव पूर्ति की जाए।...और सम्राट! आपकी विपत्ति के दिनों में जिन्होंने आपका विरोध किया, आपके समर्थकों पर अत्याचार किया तथा अन्य प्रकार से लाभ उठाया—उन लोगों को दण्डित किया जाए।"

अवाक् सुग्रीव उनकी बात सुनते रहे, 'इनके सारे प्रस्ताव मान लिये जाएँ तो सारे राज्य को सिर के बल खड़ा कर देना होगा।'

"अच्छा! आप लोग जाएँ।" अंततः सुग्रीव धीरे-से बोले, "आपके प्रस्तावों पर विचार किया जाएगा।"

राजपरिषद् की कार्यवाही आरंभ ही हुई थी कि वृद्ध यूथपति असिगुल्म उठकर खड़ा हो गया, "सम्राट! दुहाई है। मैं न्याय की माँग करता हूँ।"

"आपके साथ क्या अन्याय हो गया, यूथपति?" सुग्रीव ने अपने खीझे हुए मन को संतुलित करने का प्रयत्न किया।

"सम्राट! किष्किंधा के निकट वनों में जो भूमि सर्वथा अनुपजाऊ तथा मूल्यहीन समझकर स्वर्गीय सम्राट ऋक्षराज ने मुझे दान में दी थी; आज किष्किंधा के कुछ उपद्रवी तत्त्व उसे भी मुझसे छीन लेना चाहते हैं।"

"क्या आपकी भूमि पर किसी अन्य व्यक्ति ने आधिपत्य स्थापित कर लिया है?" सुग्रीव को स्मरण हो रहा था कि इसी भूमि की चर्चा अंगद और हनुमान दोनों ही उनसे कर चुके थे।

"आधिपत्य तो स्थापित नहीं किया गया, सम्राट!" वृद्ध यूथपति बावेला मचाने के-से ढंग से बोला, "आधिपत्य कोई क्यों स्थापित करेगा? संसार जानता है कि वह पथरीली, वंध्य तथा अनुपजाऊ भूमि है। किंतु मुझे क्लेश पहुँचाने के लिए उसकी खुदाई आरंभ कर दी गई है। मेरे यूथ के दण्डधर उस भूमि की रक्षा के लिए गए तो उन उपद्रवियों ने उन्हें पीटा भी है। दुहाई है सम्राट की। मेरी भूमि की रक्षा की जाए। मेरे दण्डधरों की रक्षा राजकीय सेना करे अथवा मुझे अनुमति मिले कि मैं अपने यूथ की सेनाओं द्वारा अपनी रक्षा करूँ।"

असमंजस में फँसे सुग्रीव कुछ क्षण मौन रहे—क्या कहें, क्या करें सुग्रीव? सहसा किसी निष्कर्ष पर पहुँचते हुए, शांत स्वर में बोले, "कोटपाल! क्या आपने इस घटना की जाँच की है?"

इससे पहले कि कोटपाल कोई उत्तर देता, अंगद अपने स्थान पर खड़े हो गए, "सम्राट! यदि अनुमति हो तो मैं इस विषय में विस्तार से कुछ कहना चाहता हूँ। मेरा विचार है कि कोटपाल इस विषय में विशेष जानकारी देने में असमर्थ होंगे।"

सुग्रीव ने कोटपाल की ओर देखा।

कोटपाल ने सिर झुकाकर कहा, "युवराज का विचार सत्य है, सम्राट! यह स्थान किष्किंधा की प्राचीर से बाहर है; अतः मेरा अधिकार-क्षेत्र वहाँ तक व्याप्त नहीं है।"

सुग्रीव ने अंगद की ओर दृष्टि घुमाई, "युवराज ही कहें।"

"सम्राट! यूथपति असिगुल्म पर मेरा आरोप है कि उन्होंने जान-बूझकर तथ्यों को छिपाया है और एकांगी जानकारी देकर सम्राट तथा राजपरिषद् को भ्रमित करने का प्रयत्न किया है।"

"युवराज अपना आरोप प्रमाणित करें।" सुग्रीव बोले।

"सम्राट इस बात से अनभिज्ञ नहीं हैं कि सैनिक तथा असैनिक उद्देश्यों की पूर्ति के लिए किष्किंधा राज्य को धातुओं की कितनी भीषण आवश्यकता है। अपने पास कोई भूगर्भशास्त्री न होने के कारण हमने अपने मित्र आश्रमों से अनुरोध कर कुछ भूगर्भविशेषज्ञ आमंत्रित किए हैं। उन लोगों ने अपने अथक परिश्रम से जिस स्थान पर धातु का पता लगाया है, वह क्षेत्र यूथपति असिगुल्म की भूमि में पड़ता है। अब एक देशभक्त तथा कर्त्तव्यनिष्ठ नागरिक के समान वह भूमि राज्य को अर्पित करने के स्थान पर यूथपति ने अपनी जाति को उस संपदा से वंचित रखने के लिए अनेक प्रकार के पाखण्ड आरंभ कर रखे हैं..."

"हम इस प्रकार के निराधार आरोपों का विरोध करते हैं।" कटाक्ष खड़ा हो गया, "आरोप लगाने से पूर्व उनका आधार भी प्रस्तुत किया जाना चाहिए। आरोप लगाने वाले चाहे स्वयं युवराज ही क्यों न हों।"

"मैं बीच में बोलना नहीं चाहता था, सम्राट!" हनुमान बोले, "किंतु आर्य कटाक्ष के व्यवहार के पश्चात् मैं भी निवेदन करना चाहता हूँ कि सम्राट से अनुमति प्राप्त कर, युवराज इन आरोपों को प्रमाणित ही कर रहे थे, जब आर्य कटाक्ष ने विघ्न डाला है। यह सम्राट की भी अवहेलना है और युवराज की भी।"

सुग्रीव ने हाथ के संकेत से हनुमान को बैठने का आदेश दिया, "युवराज अपनी बात कहें।"

"मैं कह रहा था, सम्राट! कि यूथपति असिगुल्म जाति की संपत्ति जाति को देने से इनकार कर रहे हैं। वह भूमि यूथपति की अवश्य है, किंतु उस भूमि के नीचे की संपदा या तो किष्किंधा राज्य की है, अथवा वानर जाति की। इस संपदा को अपना बताना राजद्रोह भी है और जातिद्रोह भी। इसके लिए यूथपति असिगुल्म को दण्डित किया जाए, ऐसा अनुरोध है।"

असिगुल्म अपने स्थान पर बैठा ऐंठ रहा था। कुछ कहने और न कहने का द्वंद्व उसके चेहरे से स्पष्ट लक्षित हो रहा था।

"यूथपति इस विषय में क्या कहना चाहते हैं?" सुग्रीव ने पूछा।

"सम्राट!" असिगुल्म को बोलना ही पड़ा, "मेरी भूमि के नीचे जाति अथवा राज्य की संपदा है या नहीं, इसका निर्णय कौन करेगा। कोई समझदार आदमी इस बात को प्रमाणित कर दे तो और बात है; ऐसे ही किसी राह चलते कंगले ब्रह्मचारी के कह देने से मैं अपनी भूमि नहीं छोड़ सकता।"

"यूथपति किसके द्वारा इस तथ्य को प्रमाणित करवाना चाहते हैं?" हनुमान ने पूछा।

"कोई भी विद्वान हो—लंका का, अशिमपुर का, भोगपुर का।" असिगुल्म कटु स्वर में बोला, "ऐसा नहीं होना चाहिए कि कुछ शोहदे किष्किंधा की संकीर्ण गलियों की गंदी झुग्गियों में बच्चों को बैठाकर उनका नाम विद्यालय रख दें; और कल इन्हीं गंदी झुग्गियों के वे आवारा बच्चे हमारे भाग्य का निर्णय करने बैठ जाएँ।"

सुग्रीव को लगा, हनुमान तमतमाकर कोई बहुत कठोर बात कह बैठेंगे। असिगुल्म तर्क छोड़कर अब जनविद्यालयों और उनमें पढ़ने वाले बच्चों का अपमान करने पर उतर आया था। किंतु हनुमान ने अद्भुत आत्मसंयम का परिचय दिया। वे अत्यंत मृदु स्वर में बोले, "वृद्ध यूथपति की भाषा घृणा का प्रचार करने बालि, शब्द सामान्य जन के लिए अपमानजनक तथा वाक्य सर्वथा तर्कशून्य हैं। यदि मैं यह कहूँ कि साफ कपड़े पहनकर ऊँचे महलों में बैठने वालों को क्या अधिकार है कि वे किसी जाति अथवा राज्य के भविष्य का निर्णय करें, जबकि उनके मस्तिष्क सड़े हुए हैं ओर आत्माएँ दुर्गंध फैला रही हैं।"

"सम्राट! हनुमान हमारा अपमान कर रहे हैं।" दुर्मुख चीत्कार कर उठा, "कृपया

इसे आदेश दें कि यह तनिक संयम सीखे।''

''मेरा विचार है, मेरे पुत्र से बढ़कर संयम सारी किष्किंधा में और किसी में नहीं है।'' वृद्ध यूथपति केसरी सारे विवाद में पहली बार बोले।

''होगा।'' दुर्मुख अपनी बात आगे बढ़ा ले गया, ''गली-गली खुलने वाले इन विद्यालयों के प्रति मैं भी सम्राट को सावधान करना चाहता हूँ। इस राज्य में ज्ञान स्तर गिराने का एक घृणित षड्यंत्र रचा जा रहा है। जिन परिवारों से ये गंदे, अस्वस्थ तथा नासमझ बच्चे आ रहे हैं, और जैसे मूर्ख अध्यापक उन्हें पढ़ा रहे हैं, उससे ज्ञान का प्रचार नहीं हो रहा है। अयोग्य लोगों को योग्य बनाने का पाखण्ड किया जा रहा है। कल ये ही लोग उन बच्चों से योग्यता की समकक्षता का दावा करेंगे—जो पुष्कल धन व्यय कर, अच्छे अध्यापकों से ज्ञान अर्जित कर रहे हैं। अतः निवेदन है कि इन विद्यालयों को बंद किया जाए।''

''इतनी ही नहीं, सम्राट!'' कटाक्ष पुनः उठ खड़ा हुआ, ''विद्यालयों के नाम पर ये लोग सार्वजनिक स्थानों, भवनों, मंदिरों तथा समाधियों पर अपना आधिपत्य स्थापित कर रहे हैं। यह षड्यंत्र साधारण लोग नहीं कर रहे हैं। इसके पीछे शासन के बड़े-बड़े अधिकारी हैं, जिनमें से कुछ तो आपकी राजपरिषद् के सदस्य भी हैं।''

''जब बात यहाँ तक आ ही गई है तो मैं भी कुछ स्पष्ट बातें कहने की अनुमति चाहूँगा।'' नील उठकर खड़े हो गए।

सुग्रीव ने बोलने का संकेत किया।

''सम्राट!'' नील बोले, ''हमारे सामने एकाधिक बातें गड्डमड्ड रूप में प्रस्तुत की गई हैं।'' स्पष्टता की माँग है कि उन्हें पृथक-पृथक कर दिया जाए।

''पहली बात है यूथपति असिगुल्म की भूमि, दूसरी है खनिज पदार्थों संबंधी ज्ञान देने का अधिकार, तीसरी नगर अथवा सारे राज्य में जन-विद्यालय खोलने का अधिकार, और चौथी बात है सार्वजनिक स्थानों पर विद्यालय खोलने का अधिकार कृपया इन बातों पर पृथक-पृथक निर्णय लिए जाएँ। सर्वप्रथम हम यूथपति की भूमि की समस्या सुलझा लें। यूथपति का आरोप है कि कुछ उपद्रवी तत्त्व बलात् उनसे उनकी भूमि छीन रहे हैं और युवराज का यूथपति पर आरोप है कि वे राज्य और जाति को उसकी संपदा देना नहीं चाहते, अतः राजपरिषद् तथा सम्राट को भ्रमित कर रहे हैं। परिषद् से निवेदन है कि पहले इसका दो-टूक निर्णय कर, फिर किसी अन्य विषय पर विचार करें।''

नील अपनी बात समाप्त कर बैठ गए।

''सम्राट, अपना निर्णय देने से पहले मेरी बात सुन लें।'' वृद्ध यूथपति पुनः बोला, ''यदि मेरी भूमि के गर्भ में खनिज-संपदा निकल भी आए, तो यह खोज किसी उपयुक्त अधिकारी के आदेश से होनी चाहिए। मेरी भूमि पर खुदाई किसी

आदेश से आरंभ हुई? प्रस्रवणगिरि पर बैठे निष्कासित राजकुमारों के बहकावे...''

''यूथपति!'' सुग्रीव पहली बार कठोर स्वर में बोले, ''आर्य राम तथा लक्ष्मण के सम्मान के विरुद्ध कोई बात नहीं सुनी जाएगी। अपनी मर्यादा पहचानिए। वे सम्राट के मित्र तथा राज्य के अतिथि हैं...हाँ! यह प्रश्न पूछा जा सकता है कि आपकी भूमि में खुदाई किसके आदेश से आरंभ हुई?''

''मेरे आदेश से, सम्राट!'' अंगद बोले, ''और धातु-अनुसंधान के अधिकार स्वयं सम्राट ने मुझे दिए थे। धातु-अनुसंधान-मण्डल के अध्यक्ष के रूप में मैं राज्य के किसी भी स्थान की खुदाई का आदेश दे सकता हूँ।''

''तो क्या युवराज को यह अधिकार है कि वे किसी का भी घर खोदकर फिंकवा दें?'' कटाक्ष ने पूछा।

''नहीं! नहीं! नहीं!'' उनके साथियों ने आवाजें लगाईं।

''मुझे यह अधिकार है कि धातु-अनुसंधान के लिए किसी भी भूमि की खुदाई का आदेश दूँ।'' अंगद एक-एक शब्द चबाकर बोले, ''हाँ! यदि वहाँ धातु न निकले और उस भूमि के स्वामी की यदि कोई क्षति हुई हो, तो उसकी भरपाई करना मेरा कर्त्तव्य है।''

''वंध्य और बंजर भूमि की खुदाई से भूमि के स्वामी को जो लाभ होगा, खनिज-पदार्थ न मिलने पर उस लाभ का मूल्य उससे वसूल किया जाना चाहिए।'' नल ने टिप्पणी की।

''नहीं!'' असिगुल्म ने सहसा अपना तर्क बदला, ''प्रश्न यह है कि यदि संपदा निकल आई, तो वह किसकी है? जिसका खेत होता है, उपज उसकी होती है। उसी प्रकार जिसकी भूमि है, खनिज संपदा उसी की है। शासन को हस्तक्षेप करने का क्या अधिकार है? विधान की दृष्टि से किसी सम्राट द्वारा दान की गई भूमि शासन द्वारा लौटाई नहीं जा सकती। यदि वर्तमान सम्राट इस विधान का उल्लंघन करना चाहते हैं तो न्याय के नाम पर मेरा निवेदन है कि उस भूमि का उचित मूल्य चुकाया जाए; किंतु ध्यान रखा जाए कि वस्तु का मूल्य वही मान्य होता है, जो विक्रय करने वाला लगाता है। क्रय करने वाला उतना मूल्य न देना चाहे तो क्रय न करे।''

''सम्राट! मैं इन प्रस्तावों का विरोध करता हूँ।'' हनुमान ने अपना तर्क प्रस्तुत किया, ''सम्राट किसी को भूमि दान करते हैं, तो वह मात्र उस भूमि का ही स्वामी हो सकता है; अतः उसे इतनी ही भूमि अन्यत्र देकर उसकी क्षतिपूर्ति की जा सकती है। भूमि की उपज एक भिन्न विषय है। प्रथम तो भूमि का दान करते हुए सम्राट जानते हैं कि वह भूमि उपज के योग्य है और उसमें उपज होगी। दूसरे, वह उपज

कृषक के अपने श्रम से पैदा होती है। यहाँ स्थिति यह नहीं है। स्वर्गीय सम्राट ऋक्षराज ने जिस समय यह भूमि यूथपति को दान की थी, उन्हें यह ज्ञात नहीं था कि इस भूमि के नीचे खनिज संपदा है और वह कितनी मूल्यवान है। दूसरी बात यह है कि यह संपदा न तो यूथपति ने अपने श्रम से उत्पन्न की है और न अपने उद्यम से खोजी है। अतः विधान की आड़ में वे राज्य और जाति को उनकी संपत्ति से वंचित नहीं कर सकते। जैसे-जैसे मनुष्य का ज्ञान विकसित होगा, वैसे-वैसे न्याय का स्वरूप भी बदलेगा। न्याय कोई जड़ वस्तु नहीं है, वह जीवंत अवधारणा है, जो समय के साथ विकसनशील है।''

''यह हमारे सम्राटों के विधान का अपमान है।'' दुर्मुख बीच में ही खड़ा होकर बोला।

साथ ही उनके अनेक साथी भी शोर मचाने लगे, ''अपमान है! अपमान है!''

राजपरिषद् में ऐसा कोलाहल अभूतपूर्व था। सुग्रीव ने दो बार कुछ कहने का प्रयत्न किया, किंतु उस कोलाहल में उनका स्वर किसी ने सुना नहीं। अंततः सुग्रीव ने कोष में से अपना खड्ग खींच लिया।

परिषद् में शांति हो गई।

''विधान का निर्णय बाद में होगा।'' सुग्रीव बोले, ''किंतु एक निर्णय अभी दे रहा हूँ—सम्राट का अपमान विधान के अपमान के ही समान दण्डनीय है।''

मौन और भी सघन हो गया।

सुग्रीव ने भी स्वयं को संयत किया। ''विधान परिवर्तनशील है अथवा नहीं, इस विषय में सोचने का मुझे कुछ समय दें। ऐसे महत्त्वपूर्ण विषय में तत्काल निर्णय नहीं हो सकता।'' सहसा सुग्रीव रुक गए, उन्होंने सारी परिषद् पर एक दृष्टि डाली और धीरे-से बोले, ''शेष विचार-विमर्श फिर होगा। सभा की कार्यवाही यहीं स्थगित की जाती है।''

सभा से उठकर आने के पश्चात् सुग्रीव का मन कुछ अधिक ही विचलित हो गया था। प्रातः का वह शिष्ट-मण्डल। वे लोग चाहते थे कि उन लोगों को अधिक-से-अधिक लाभ और सुविधाएँ दी जाएँ। और उसके विपरीत राजपरिषद् का यह विवाद! अभी तो उन्होंने विवाद आगे चलने नहीं दिया था, नहीं तो संध्या भी बीत जाती। पता नहीं, ये लोग इतना विवाद क्यों करते हैं...विवाद वे करते हैं और जान सुग्रीव की फँसती जा रही है।...आज यदि सुग्रीव विधान बदलने की अनुमति दे दें तो उनके विरोधी उन्हें कलंकित करना आरंभ कर देंगे कि सुग्रीव प्रजा की चिंता नहीं करता, विधान की चिंता नहीं करता—वह अहंकारी है, स्वेच्छाचारी है, अन्यायी है; उसके और बालि के शासन में कोई अंतर नहीं है। उसने अपने भाई का वध इसलिए

नहीं करवाया कि वह अन्याय को समाप्त कर, प्रजा को न्यायपूर्ण शासन देना चाहता था। उसे तो अपने भोग-विलास के लिए शासन का अधिकार चाहिए था, इसलिए भाई पर झूठे आरोप लगाकर उसकी हत्या करवा दी...वह भ्रातृ-हंता, सत्तालोभी और हत्यारा है...

सुग्रीव जब भी अंगद को देखते हैं अथवा तारा के समक्ष पड़ जाते हैं, तो बार-बार उनकी आँखों में झाँककर देखते हैं—क्या है उनके मन में? क्या वे सचमुच सुग्रीव को निर्दोष मानते हैं अथवा उनके मन में कहीं सुग्रीव के प्रति कोई संदेह है? सुग्रीव किसी भी क्षण भूल नहीं पाते कि यह सत्ता उन्होंने अपने भाई की हत्या करवाकर प्राप्त की है...

और यदि वे अपने विरोधियों के प्रचार को शांत करने के लिए उनकी बात मान लेते हैं तो किष्किंधा में नव-निर्माण नहीं हो सकेगा। प्रजा को न्याय नहीं मिल सकेगा। वे अपने सहयोगियों द्वारा ही देशद्रोही मान लिये जाएँगे। तब अंगद और हनुमान यह पूछेंगे कि यदि प्रजा का पालन नहीं करना था तो भाई का वध क्यों करवाया?...बालि को न्याय के मार्ग की बाधा माना था, तो अब न्याय क्यों नहीं करते? भाई का वध कर सत्ता हथियाने भर का शौक था...

इन्हीं सब चिंताओं से सुग्रीव के मस्तिष्क की शिराओं का तनाव इतना बढ़ जाता है कि वे सोचने-समझने के अयोग्य हो जाते हैं। ऐसे क्षणों में उनका मन पागलों के समान अंधाधुंध चीत्कार करने लगता है, "मुझे समय दो। मुझे सोचने दो।..."

सोच-सोचकर सिर में पीड़ा होने लगी तो सुग्रीव का ध्यान इधर-उधर भटकने लगा। किष्किंधा के नगरश्रेष्ठि ने अपने प्रासाद में एक समारोह का आयोजन किया था। नगर के सारे व्यापारियों ने मिलकर सम्राट से समारोह में पधारने की प्रार्थना की थी। मन में आया, वहीं चले चलें। इन राजनीतिक उलझनों से तो मुक्ति मिलेगी।...व्यापारी लोग राजनीति-संबंधी वार्तालाप में रुचि नहीं रखते...किंतु वहाँ भी उन लोगों ने क्रय-विक्रय, भीतरी व्यापार, बाहरी व्यापार, करों में कटौती—या ऐसे ही विषयों में सुविधाएँ माँगनी आरंभ कर दीं तो...सुग्रीव को लगा, वे वहाँ भी स्थिरचित नहीं रह पाएँगे...फिर वहाँ जाने का क्या लाभ?

किंतु अपने समय से नगरश्रेष्ठि उन्हें लिवा ले जाने के लिए आ गया।

"आज मेरी इच्छा नहीं है, नगरश्रेष्ठि!" सुग्रीव ने उसे टालना चाहा, "यदि मैं न जाऊँ तो तुम्हारे समारोह में कोई न्यूनता तो नहीं आएगी?"

"सम्राट कैसी बात कहते हैं।" नगरश्रेष्ठि ने हाथ जोड़ दिए, "आकाश पर चंद्रमा न हो तो तारों की सभा फीकी कैसे नहीं पड़ेगी। आप विश्वास कीजिए,

सम्राट! आपका मन वहाँ अवश्य बहल जाएगा। ऐसी कोई बात नहीं होगी, जो आपकी इच्छा के प्रतिकूल हो।"

कदाचित् नगरश्रेष्ठि को भी सम्राट की चिंताओं की सूचना थी।

सुग्रीव का मन कुछ सँभला—यह व्यक्ति कितना मीठा बोलता है।

"वहाँ कोई विचार-विमर्श तो नहीं होगा, कोई विवाद...?" सुग्रीव का विचार-विचलित मन अपने भीरु स्वर में बोला।

"नहीं, सम्राट! कदापि नहीं!" नगरश्रेष्ठि ने अपनी जिह्वा को दाँतों से काटा और कानों को हाथ लगाए, "यह तो सहमिलन का उत्सव मात्र है।"

"कोई प्रस्ताव?"

"नहीं, सम्राट!"

"कोई माँग?"

"नहीं, सम्राट!"

"किसी की निंदा? किसी की शिकायत?"

"नहीं, सम्राट!"

सुग्रीव चलने के लिए तैयार हो गए। देखें, क्या सचमुच वह स्थान इतना निर्दोष है? क्या आज की विचलित परिस्थितियों में भी किष्किंधा में कोई ऐसा स्थान है, जहाँ सुख और शांति हो? सत्य ही वहाँ मन बदल जाएगा क्या?

समारोह में सब कुछ नगरश्रेष्ठि के वचनों के ही अनुकूल था। विभिन्न व्यापारी छोटी-छोटी टुकड़ियों में वार्तालाप कर रहे थे। प्रत्येक व्यक्ति सम्राट के सम्मुख पड़ते ही मौन हो जाता था और हाथ जोड़कर उन पर अपना माथा टिका देता था। किसी ने कोई शिकायत नहीं की। सब ओर सम्राट की प्रशंसा ही प्रशंसा थी। किसी ने कुछ माँगा नहीं, उलटे बहुत डरे-डरे लोगों ने प्रस्ताव किए कि यदि सम्राट अनुचित न समझें तो वे लोग धन से देशी-विदेशी चित्रकारों और मूर्तिकारों द्वारा सम्राट के चित्र और मूर्तियाँ बनवाकर अपने भवनों पर लगवा लें। उनका कहना था किसी सुंदर भवन में सम्राट की मूर्तियाँ और चित्र न हों, तो भवन बड़ा सूना-सूना लगता है।

सुग्रीव को लगा, जैसे किसी ने उनके उत्ताप पर चंदन का लेप कर दिया हो। वे कहाँ-कहाँ भटकते रहे और क्या-क्या सोचते रहे। उन्हें तो ऐसी जगह की आवश्यकता थी। यहाँ आना चाहिए था उन्हें...घर-घर में, वीथियों और चतुष्पदों पर निजी और सार्वजनिक स्थानों पर उनके चित्र टाँगे जाएँ, उनकी मूर्तियाँ स्थापित की जाएँ। लोगों के मन में उनके लिए श्रद्धा और पूज्य भाव होगा। कोई उनसे प्रश्न न करे, कोई उन पर अविश्वास न करे, कोई उनका विरोध न करे, कोई उनसे

कुछ न माँगे...ऐसा ही तो चाहते हैं वे...कोई उन्हें परेशान न करे...! यहाँ सब कुछ कितना सुखद था!

सारे व्यापारी सम्राट से भेंट कर चुके तो खान-पान आरंभ हुआ।

नगरश्रेष्ठि परिचारक द्वारा दो बड़े-बड़े थाल उठवाकर लाया। एक में फल तथा मिठाइयाँ थीं तथा दूसरे में पशु मांस के अनेक व्यंजन।

सुग्रीव ने खाने के प्रति अनिच्छा प्रकट की, तो नगरश्रेष्ठि चिंतित हो उठा, "यह तो हमारे लिए सुखद नहीं है, सम्राट! इस यौवन में, इतना परिश्रम करने पर भी सम्राट को खाने के प्रति अरुचि है। सम्राट को थोड़ी-सी माधवी पीनी चाहिए...।"

"वह क्या है?" सुग्रीव के मुख से अनायास निकल गया, जैसे जानते ही न हों कि माधवी क्या होती है—पर जब मुख से निकल ही गया था तो परिहार करने की क्या आवश्यकता थी...

"थके मन का आहार, सम्राट!"

सुग्रीव के मन में मायावी जीवित हो उठा—उसने भी बालि से कहा था कि उसका अपराध है थके हुए मन को विश्राम देना। तो क्या यह नगरश्रेष्ठि भी मायावी का ही कोई नया संस्करण है?

"मदिरा?"

जाने क्यों सुग्रीव का मन अज्ञान का अभिनय कर रहा था—जैसे उनका मन आज विवेक से मुक्त हो, अपनी स्वतंत्र क्रीड़ा कर रहा हो।

"नहीं, सम्राट!" नगरश्रेष्ठि ने अपने अभ्यास के अनुसार दाँतों से जीभ काटी और कानों को हाथ लगाए, "यह हलका-सा मद्य है—थके मन का आहार। इससे व्यक्ति न उग्र होता है, न हिंस्र। इससे व्यक्ति हल्की-सी तंद्रा का अनुभव करता है और मन के ऊहापोह से बच जाता है।"

सुग्रीव का मन ललक उठा। वे यही तो चाह रहे थे। कदाचित् बालि का मन भी ऐसा ही थक गया हो...पर सुग्रीव को तीव्र मदिरा नहीं चाहिए...वे बालि नहीं बनना चाहते...किंतु मानसिक तनाव से मुक्ति उन्हें भी चाहिए...

उन्होंने माधवी का एक चषक ले लिया। पीते ही उन्हें कुछ आराम मिला। उन्होंने दूसरा चषक भी ले लिया।

थोड़ी देर सुग्रीव वहाँ और बैठे और व्यापारियों के मुख से अपनी प्रशंसा सुनते रहे और माधवी पीते रहे। उनका मन अब पूर्णतः शांत था। सारा तनाव मिट गया था और उन्हें हल्की-हल्की नींद आ रही थी।

रुमा आज उन्हें बहुत ही सुंदर लगी थी—ऐसी, जैसी वह विवाह के समय थी।

तन्वंगी, चपल और चंचल किशोरी। कितना तड़पे थे रुमा के बिना सुग्रीव अपने निष्कासन के दिनों में। क्या जीवन था वह कि वनों-पर्वतों पर मारे-मारे फिर रहे थे। न खाने की व्यवस्था थी, न आराम करने की। न माधवी और न रुमा!...जीवन तो यह है। वास्तविक जीवन। स्त्री कितनी सुंदर होती है और कितना सुख देनी है पुरुष को!...जितनी अधिक स्त्रियाँ होंगी, सुख भी उतनी ही अधिक मात्रा में मिलेगा...। व्यर्थ ही जा बैठते हैं वे राजपरिषद् में। अनावश्यक खींचतान, वाद-विवाद, पक्ष-विपक्ष, आपत्ति-विपत्ति, विरोध-शिकायत...माथे में पीड़ा होने लगे और छाती पर जैसे कोई बड़ी-सी शिला रख दे...राजपरिषद् में बैठने से तो अच्छा है कि सुग्रीव व्यापारियों के समारोह में चले जाएँ...या...या रुमा के पास पहुँच जाएँ...जीवन कितना सुखी होता है...पति-पत्नी...पति और पत्नी...पत्नी और पति...कोई कभी किसी से अलग न हो...सुग्रीव रुमा से अलग हुए थे...अब तारा बिछुड़ गई है बालि से...तारा को यह दुःख नहीं मिलना चाहिए था...तारा को भी पति-सुख मिलना चाहिए...सुग्रीव ने ही उसे पति से विलगाव का दुःख दिया है...सुग्रीव के लिए उचित है कि उसे पति-सुख भी दें...कितनी सुंदर हैं तारा भाभी...नहीं, तारा...केवल तारा...बालि ने कभी उसका महत्त्व ही नहीं समझा...अभागा बालि!

अंगद को मालूम हुआ तो उन्हें अच्छा नहीं लगा। वे स्वयं समझ नहीं पा रहे थे कि उन्हें क्यों अच्छा नहीं लगा। यदि माँ की यही इच्छा थी और चाचाजी को भी यही स्वीकार्य था, तो अंगद को उसमें क्या आपत्ति है?...कोई नई बात तो है नहीं, न ही इससे वानरों की मर्यादा और परंपरा का कोई अतिक्रमण हुआ है। वानरों में विवाह-विच्छेद भी होते हैं, पुनर्विवाह भी और बहुविवाह भी।...फिर अंगद को अच्छा नहीं लगने की क्या बात है?

अंगद अपने ही मन का विश्लेषण नहीं कर पाते...क्या है यह सब? माँ का वय ही क्या है...चालीस वर्ष की विधवा महिला को क्या पुनर्विबाह नहीं करना चाहिए? यदि उसे सौ वर्ष जीना है, तो शेष साठ वर्ष वह अकेली ही काट दे?...पर माँ अकेली हैं क्या? एक पिता ही तो नहीं रहे।...पति के ही बिना तो स्त्री अकेली हो जाती है...बाईस वर्ष का एक बेटा होने से स्त्री क्या अकेली हो जाती?...हाँ! यदि वह चाहतीं तो अंगद के सहारे अपना जीवन काट सकती थीं। स्त्रियाँ अपने बच्चों के पालन-पोषण में जीवन नहीं काट देतीं क्या? और जब माँ, पिता के शव के साथ, सती होने जा रही थीं, तो अंगद ने उन्हें यही कहकर तो रोका था कि स्त्रियाँ पति के लिए ही नहीं, पुत्र के लिए भी जीवित रहती हैं। माँ को अंगद के लिए जीवित रहना चाहिए था...कल अंगद का विवाह होगा...घर में बहू आएगी, संतान होगी...माँ के लिए एक भरा-पूरा परिवार नहीं

हो जाएगा क्या?

पर वह परिवार तो अंगद का होगा। माँ का उसमें क्या होगा? यदि माँ अंगद को देखकर अपना जीवन काटना चाहें और अंगद क्रमशः अपनी पत्नी और बच्चों का होता जाए, तो क्या माँ फिर अकेली नहीं हो जाएँगी? अंगद क्या माँ के लिए अच्छा साथी हो सकेगा? कोई भी बेटा अपनी माँ के लिए अच्छा साथी हो सकता है क्या?...शायद नहीं। अंगद को माँ की बातों में रुचि नहीं होगी, उनकी संगति अंगद के लिए सरस नहीं होगी। वह तो क्रमशः अपनी पत्नी और बच्चों की ओर झुकता जाएगा...मनुष्य का जीवन तो नदी की धारा के समान है। वह आगे ही बढ़ता जाता है, पीछे लौटकर नहीं देखता...माँ पिछली पीढ़ी हैं, अंगद अपनी पीढ़ी के साथ जीना चाहेगा, वह लौटकर माँ के साथ नहीं चल सकता...

तो फिर माँ को क्यों यह अधिकार नहीं है कि वे अपना मार्ग स्वयं चुनें...अपना साथी चुनें...अपनी जीवन-पद्धति चुनें...

क्यों नहीं है अधिकार! माँ को पूरा अधिकार है। अंगद माँ के इस अधिकार का तिरस्कार नहीं कर सकता...उसका तर्क माँ के अधिकार को स्वीकार करता है, पर उसका हृदय नहीं मानता...उसे अच्छा नहीं लगता...

ऐसी स्थितियों में मन कुछ आदर्शों और सिद्धांतों की ओर आकृष्ट होता है...यदि माँ ने अपना सुख न देखा होता, अपनी सुविधा न देखी होती, वह स्वयं को अपने पुत्र और उसके भावी परिवार में ही कहीं खपा देतीं, अपने पौत्र-पौत्रियों को ही अपने बच्चों के समान गले से लगा लेतीं तो क्या मानव-स्वभाव के बहुत प्रतिकूल होता? नहीं! ऐसा तो नहीं है...यदि माँ ऐसा कर पातीं तो अंगद के मन में उनके प्रति कितना सम्मान होता; किष्किंधा की प्रजा, सारी वानर जाति, उन पर कितनी श्रद्धा करती..भौतिक सुख-सुविधाओं को छोड़ यदि माँ इन सूक्ष्म उपलब्धियों की ओर बढ़तीं...पर शायद स्थूल का ग्रहण सरल है। स्थूल को त्याग सूक्ष्म की ओर बढ़ना कठिन है। माँ ने भी सरल मार्ग चुना है...और सरल मार्ग भौतिक सफलता तो देता है, सूक्ष्म उपलब्धियाँ उससे नहीं होतीं। न मानसिक सुख मिलता है, न श्रद्धा, न सम्मान, न यश!

कुछ संबंध हैं, जिन्हें अंगद ने अपनी चेतना के पहले दिन से देखा और स्वीकार किया है, माँ और पिता का संबंध। उन दोनों को उसने एक इकाई के रूप में देखा है। उन दोनों का संबंध उसके लिए नैसर्गिक था...पिता कोई 'पुरुष' नहीं थे, जिनकी पत्नी के रूप में उसने अपनी माँ को देखा हो...पर अब वह 'चाचा' की पत्नी भी होंगी...माता-पिता के यौन-संबंधों के विषय में उसके मन में कभी कोई बात नहीं उठी थी...किंतु अब अंगद बड़ा हो गया है, सोचता-समझता है, जानता है...उसकी दृष्टि चाचा और माँ के यौन-संबंधों पर भी पड़ेगी...और यह

उसे अच्छा नहीं लगेगा...'माँ' के विषय में बच्चे के मन में कभी ये बातें नहीं आतीं, नहीं आनी चाहिएँ...किंतु अंगद की आँखों के सम्मुख 'माँ' की गरिमा भंग हो रही है...वह माँ को कामिनी बनी चाचा के पास जाती देखेगा, उसकी शृंगार-चेष्टाओं को समझेगा...चाचा को देखते ही उसे स्मरण आ जाएगा कि इस पुरुष के उसकी माँ के साथ कैसे संबंध हैं...कैसा अनुचित-सा लगता है उसे, जैसे अवैध संबंध हों...

पर इन संबंधों की आवश्यकता ही क्यों पड़ी? कामासक्ति के कारण? किसको किसकी आवश्यकता थी?...माँ को चाचा की? या चाचा को माँ की? अंगद को ये दोनों ही स्थितियाँ अच्छी नहीं लगतीं। अपने मन को कहाँ ले जाए अंगद?...

यह भी तो संभव है कि चाचा ने भाई के वध की आत्मग्लानि से बचने के लिए यह प्रस्ताव किया हो। इन संबंधों के पश्चात् माँ के लिए वे परपुरुष नहीं रह गए, अतः चाचा को माँ के सम्मुख लज्जित होने की कोई आवश्यकता नहीं रहेगी...पर यह भी तो हो सकता है कि माँ को सम्राट की पत्नी बने रहने का मोह अब भी हो...क्यों यह संभव नहीं हो सकता...साम्राज्ञी के अपने विशिष्ट अधिकार हैं, अनेक सुविधाएँ हैं। माँ उन सुविधाओं की अभ्यस्त रही हैं—पति के देहांत के पश्चात् वे अभाव खले होंगे। क्या मात्र उन सुविधाओं के लिए माँ ने चाचा को अपने पति के रूप में स्वीकार कर लिया है?

किंतु रुमा चाची ने तो संकट के उस काल में भी पिता को अपने पति के रूप में स्वीकार नहीं किया था। रुमा चाची के प्राण संकट में थे—ऐश्वर्य तो दूर, जीवन की सामान्य सुविधाएँ भी उन्हें उपलब्ध नहीं थीं। इतनी यातना में थीं चाची...बंदिनी...फिर भी चाची ने कोई समझौता नहीं किया। दिखावे के लिए भी, झूठे मुँह नाटक तक नहीं किया...रुमा चाची को साम्राज्ञी बन जाने का मोह क्यों नहीं हुआ...? किसमें अंतर है—पिता ऐसे व्यक्ति नहीं थे, जिन्हें कोई पर-स्त्री स्वेच्छा से स्वीकार कर सके, अथवा रुमा चाची ऐसी स्त्री हैं, जो किसी पर-पुरुष को कभी स्वीकार नहीं कर सकतीं...चाचा में ऐसे गुण हैं कि अन्य स्त्रियाँ भी उन्हें स्वीकार कर सकें, अथवा माँ ही ऐसी स्त्री हैं, जो अन्य पुरुषों को ओर आकृष्ट हो जाती हैं...

...अंगद को लगा, इस नये संबंध के विषय में जैसे वे सोच रहे हैं, संभवतः रुमा चाची भी सोच रही हों...इस नये संबंध से वे भी अंगद के ही समान प्रभावित होंगी...क्या सोचती होंगी वे? इस संबंध को वे सहर्ष स्वीकार करेंगी? बहु-पत्नीत्व की प्रथा वानरों में बहुव्याप्त है। चाचा ने कोई नई बात नहीं की है। रुमा चाची को माँ से विरोध भी क्या होगा...पिता ने चाची के साथ अत्याचार अवश्य किया

ा, किंतु चाचा के प्राण बचाने में माँ के इस पुत्र का हाथ था। यदि अंगद ने मय से सूचना न भिजवाई होती, तो चाचा अवश्य ही बंदी होते। उनके बंदी ने का अर्थ था, उनका वध! चाचा का वध हो जाता तो चाची को पिता के चंगुल कौन मुक्त कराता? सारा जीवन वे पिता के शोषण का पात्र बनी रहतीं और ब मुक्त होतीं तो जीवन का कोई अर्थ शेष नहीं रह जाता।...चाची अवश्य ही ंगद तथा अंगद की माँ के प्रति कृतज्ञ होंगी। फिर चाचा माँ के वैधव्य के निमित्त ारण थे...चाची को माँ से सहानुभूति भी होगी...किंतु क्या उसका प्रतिकार वे स रूप में करने को सहमत थीं?...

चाची की प्रतिक्रिया क्या रही होगी? क्या माँ के प्रति उनके मन में आक्रोश हीं जागा होगा कि अब, जब चाची के अच्छे दिन आए थे, वे उनकी सौत बनकर ा गईं और साम्राज्ञी के समस्त अधिकार हस्तगत कर लिये? क्या चाचा के प्रति नके मन में क्षोभ नहीं जागा होगा कि अब जब अपनी दुखिनी पत्नी को कुछ ुख देने का समय आया है—उन्होंने नया विवाह रचा लिया और उन्हें पुनः उपेक्षा गर्त में धकेल दिया।...पर अपने आक्रोश और क्षोभ का क्या करेंगी चाची? वे ाचा को किसी बात के लिए बाध्य नहीं कर सकतीं। चाचा पुरुष हैं, उनके पति , और फिर सम्राट हैं। माँ, जिनका पिता पर इतना प्रभाव था, वे उनसे अपनी क बात न मनवा सकीं तो चाची क्या कर सकेंगी—सरल, निरीह तथा अमहत्त्वाकांक्षिणी ाची। इस समाज में स्त्री कर ही क्या सकती है? एक ही मार्ग है—अपनी बाध्यता ो समझकर, अपने अधिकारों की कटौती कर, अपने पति से एक नया समझौता र, पुनः प्रार्थना करें कि उस पर दया कर उसके रहे-सहे अधिकार भी उससे न ीने जाएँ...यही रुमा चाची करेंगी...और कोई विकल्प उनके पास नहीं है...

किंतु अंगद किस-किस से समझौता करेगा? माँ और चाचा के एक हो जाने वह अंगद जो पहले दोनों का था, अब किसी का भी नहीं रहा...जो केवल उसके , वे पिता तो अब रहे नहीं...चाचा को अब वह पिता कहा करेगा, किंतु वे उसके ाए सदा एक अन्य पुरुष रहेंगे, जिन्होंने उसके पिता का ही वध नहीं किया, ससे उसकी माँ भी छीन ली है, और सुग्रीव उसे अपना पुत्र मानते हुए भी यह भी नहीं भूलेंगे कि वह एक अन्य पुरुष का पुत्र है...जब-जब अंगद के मन में भाव जागेंगे, उसके मन में सुग्रीव के प्रति दुर्भावना जागेगी...कदाचित् चाचा के न में भी अंगद के लिए बार-बार संशय जागेगा। संभव है, वह संशय कभी विरोध भी बदल जाए...ओह! यह क्या किया, माँ, तुमने? अपने इस नये विवाह से मने नये संबंध नहीं जोड़े—पुराने संबंधों को भी तोड़ दिया...

पर क्या अंगद सुग्रीव के विरोधी पक्ष में खड़े होंगे?...नहीं। ये तो व्यक्तिगत ंबंध हैं...उनसे ऊपर सामाजिक और राजनीतिक संबंध हैं...उसके पिता के हत्यारे

होने पर भी राम ने वानर-जाति को पूर्ण सुरक्षा दी है...राम से सुग्रीव का भी संबंध है और अंगद का भी। अंगद सुग्रीव के विरोधी कैसे हो सकते हैं...अभी तो राम के साथ मिलकर वानर-जाति के लिए एक नये समाज का निर्माण करना है... और स्वयं आर्य राम का निजी काम...देवी सीता की खोज तथा समस्त मानवता का सामूहिक काम—रावण के साथ युद्ध...

प्रातः ही हनुमान ने सुग्रीव को सूचना दी, 'सम्राट! नगर में आपके द्वारा बनवाए गए श्रमिकों के जो आवास बालि द्वारा तुड़वा दिए गए थे, उनके निर्माण के लिए अभी तक शासन की ओर कुछ से नहीं किया गया है। श्रमिक परिवार खुले आकाश के नीचे पड़े हैं और उनमें उत्कट असंतोष है। इससे पहले कि कोई भयंकर बवंडर उठ खड़ा हो, आपको कोई-न-कोई सार्थक प्रयत्न करना चाहिए। ऐसा न हो कि वे सारे श्रमिक, जिनका आज तक आप में विश्वास बना हुआ है, आपको जन-शत्रु मानकर आपके विरुद्ध हो जाएँ।''

''मैं इस विषय में सोच रहा हूँ।'' सुग्रीव ने उन्हें टाल दिया, ''दो-एक दिन में आदेश दूँगा।''

हनुमान इस सरलता से टल जाएँगे—सुग्रीव को ऐसी आशा नहीं थी; पर हुनमान के बिना कुछ कहे लौट जाने से सुग्रीव को लगा—कदाचित् हनुमान उनके पास कोई आशा लेकर ही नहीं आए थे—वे तो सूचना भर देने आए थे और सूचना देकर चले गए। शायद वे सुग्रीव से निराश हो चुके थे, पर फिर भी अपना कर्त्तव्य निभाए चल रहे थे—हनुमान की कर्त्तव्यपरायणता...यह हनुमान का अन्यतम गुण है...गुण कहें या विशेषता मात्र...क्योंकि इसके भी दो पक्ष हैं...जब तक सुग्रीव किष्किंधा के सामान्य जन के लिए एक नये समाज के सपने को साकार करने के लिए संघर्षशील थे, बालि का अदमनीय दमन-चक्र चल रहा था—हनुमान अपनी इसी कर्त्तव्यपरायणता के कारण सुग्रीव के अन्यतम सहायक थे; किंतु इधर सुग्रीव ने कई बार अनुभव किया है कि अपनी इसी कर्त्तव्यपरायणता के कारण हनुमान क्रमशः उनसे दूर और राम के निकट होते गए हैं...सुग्रीव जानते हैं कि हनुमान ही नहीं—अंगद, नल तथा नील भी नियमित रूप से राम के आश्रम में जाते हैं वे लोग अपनी कोई बात राम से नहीं छिपाते। अपनी योजनाएँ उन्हें बताते हैं उनसे विचार-विमर्श करते हैं, उनका परामर्श प्राप्त करते हैं...यहाँ की सूचनाएँ भी देते हैं...संभव है कि सुग्रीव की शिकायतें भी करते हों...

तो क्या राम उन लोगों के लिए सुग्रीव से भी बढ़कर हो गए हैं?...सुग्रीव चौंक उठे...यदि ये सब लोग उनके विरुद्ध राम से मिल गए और राम उनसे रुष्ट हो गए, तो वे लोग एक क्षण में सुग्रीव से सत्ता छीन लेंगे...नहीं। सुग्रीव वैसी स्थिति

नहीं आने देंगे...उन्हें कुछ-न-कुछ करना ही होगा...उन्हें किष्किंधा की समस्याओं को सुलझाना ही होगा...

हनुमान तो चले गए; किंतु सुग्रीव न उस समस्या को सुलझा पाए, न अपने मस्तिष्क से निकाल पाए। राजपरिषद् में वैसे ही क्या कम कोलाहल होता है कि वे अपने लिए एक और संकट खड़ा कर लें। वे आवास जिस भूमि पर बने थे, वह भूमि बालि ने अपने कुछ प्रिय सामंतों को दे दी थी। अब उस भूमि को पुनः प्राप्त करना उतना ही बड़ा संकट है।...किस विपत्ति में फँस गए हैं सुग्रीव के प्राण।...जब तक बालि सम्राट था, तब तक सुग्रीव जानते थे कि वे क्या चाहते हैं, अथवा उनका पक्ष क्या है, उनके मित्र कौन हैं, उन्हें किसकी बात माननी है। विपक्षी यदि अप्रसन्न होते थे तो उन्हें चिंता नहीं थी...किंतु सम्राट बनकर तो अद्भुत स्थिति हो गई है उनकी। अब उनका कोई पक्ष नहीं रहा है। उनसे न्याय की नहीं, निष्पक्ष न्याय की अपेक्षा की जाती है। बिना किसी पक्ष के भी न्याय होता है क्या? विरोधी पक्षों का न्याय परस्पर-विरोधी नहीं होता क्या? न्याय का आधार बदल देने से न्याय नहीं बदल जाता?...जब से वे सम्राट हो गए हैं, वे यह मानकर नहीं चल सकते कि हनुमान, अंगद, नल, नील और तार या ऐसे ही अन्य लोग उनके साथी हैं, अतः वे उन्हीं की बात मानेंगे। उन्हें उन लोगों की भी बात सुननी और माननी पड़ती है, उनके प्रति भी न्याय करना पड़ता है, जो बालि के समर्थक थे और निश्चित रूप से सुग्रीव तथा उनके साथियों के विरोधी थे; और कदाचित् आज भी हैं। उनको हवा का ठण्डा झोंका भी लगता है तो वे चीत्कार कर उठते हैं कि उनके साथ अत्याचार हो रहा है। कभी-कभी तो सुग्रीव को यहाँ तक लगता है कि ये लोग जान-बूझकर उग्र हो रहे हैं, ताकि सुग्रीव उनका कुछ भी अनिष्ट करने में संकोच करें; और यदि उनके विरुद्ध कुछ हो ही जाए, तो वे अनुतापरहित कोलाहल कर सम्राट के स्वेच्छाचारी, अत्याचारी तथा अहंकारी होने का ढिंढोरा पीट सकें...दूसरी ओर यह एक और वर्ग उत्पन्न हो गया था, जिसने आजकल स्वयं ही अपने बलिदानों की गौरव-गाथा का बखान आरंभ कर रखा था। उस वर्ग को अब प्रत्येक प्रकार की उचित-अनुचित सुविधा चाहिए। उनको सुविधाएँ देने के लिए अन्य लोगों की सुविधाओं का अपहरण अनिवार्य है। जिनकी सुविधाएँ छिनेंगी, वे अपना विरोध प्रकट करेंगे ही...और फिर क्या प्रमाण है कि इन लोगों की सचमुच क्षति हुई है और अब नित नई सुविधाओं की माँग, उनकी अवसरवादिता और लोलुपता नहीं है...ये लोग बालि के उन समर्थकों से कहाँ और कैसे भिन्न हैं, जो बालि के राज्य-काल में प्रजा को लूटकर अपना घर भर रहे थे। आज ये लोग भी तो उसी प्रकार प्रजा का शोषण कर अपने लिए सुख-सुविधा और विलास के साधन एकत्रित कर लेना चाहते हैं। यदि सुग्रीव इन दोनों वर्गों के युद्ध में किसी एक

का पक्ष लेते अथवा उनके बीच में पड़कर कोई न्यायपूर्ण निर्णय करने का प्रयत करते हैं, तो वे एक भयंकर दलदल में फँसते जाते हैं—जहाँ से निकल आना उन वश का नहीं है...दूसरी ओर उनका और उनके साथियों का निर्माण-कार्य, नये प्रका की सामाजिक व्यवस्था, युग-युगों से पददलित लोगों के उत्थान का स्वप्न...कह छूट गया वह सब? उन स्वप्नों के साथ-साथ सुग्रीव के अपने साथी भी जैसे उन छूटते जा रहे हैं...और सुग्रीव भली प्रकार जानते हैं कि यदि ये साथी छूट गए त वे सर्वथा अकेले पड़ जाएँगे और कोई भी कार्य नहीं कर पाएँगे...

एक विचित्र द्वंद्व में फँस गए हैं सुग्रीव!...व्यक्ति यह जानता हो कि क्य करना उसका धर्म है, वह अपना धर्म निभाना भी चाहता हो और फिर भी क का साहस न जुटा पाए, तो कैसी पीड़ा होती है उसे! कई बार सुग्रीव के मन आया कि वे भूल जाएँ कि उन्होंने कुछ सपने पाले थे, वे नये समाज के निर्मा का कार्य भूल जाएँ और केवल अपना शासन चलाएँ—न्याय-अन्याय, औचित्य-अनौचित को भूलकर अपना स्वार्थ देखें, अपना सुख, अपनी सुविधा, अपना विलास...

पर उनका मन यह भी तो नहीं कर पाता...वे एक ओर नहीं हो पाते, द्वंद्व में फँसे हैं...और तब उन्हें लगता है कि बहुत दिनों तक वे सुख से वंचि रहे हैं, उन्हें सुख चाहिए, केवल सुख। वह सुख, जो व्यापारियों के उत्सवों में मिलत है, जो अपना समर्थन और अपनी प्रशंसा सुनने में मिलता है, अपनी मूर्तियों, चित्र और अपनी जय-जयकार में मिलता है, माधवी में मिलता है, या रुमा अथवा ता के पास मिलता है...

4

राम नील को पर्वत से नीचे उतरते हुए देखते रहे, जैसे क्रमशः दूर होती जात उस आकृति में वे अपनी समस्याओं का समाधान ढूँढने का प्रयत्न कर रहे हो

राम को अब चिंता होने लगी थी। प्रस्रवणगिरि पर रहते हुए उन्हें कई मा हो गए थे। वर्षा ऋतु आरंभ हुई, अपने यौवन पर आई और क्रमशः मंद होक समाप्त हो गई। अपनी गुफा के द्वार पर बैठे हुए राम मेघाच्छन्न आकाश त मेघाच्छादित पर्वत-शिखरों को देखते रहे थे। पर्वत की ऋतु का कुछ पता नहीं चल था—कब मेघ घिर आएँगे और कब वर्षा हो जाएगी। पर्वतों पर पानी ठहर न पाता था, अतः स्थान-स्थान पर जलधाराएँ दिखाई पड़ती थीं।...घिरते मेघों, बरस पानी, इठलाती धाराओं के बीच राम कभी सीता की खोज के विषय में सोचते, क सैनिक अभियानों के विषय में। कभी अपने विषय में सोचते, कभी लक्ष्मण के विष में।...और सुग्रीव तक आते ही चिंतनधारा अवरुद्ध हो जाती थी।

सुग्रीव के सम्राट बन जाने के पश्चात् किष्किंधा की स्थिति कुछ विचित्र-

हो गई थी। बालि के राज्य के विषय में राम ने जो कुछ सुना था, उससे स्पष्ट था कि बालि क्या चाहता था और वह वानरों को किस मार्ग पर चलाना चाहता था...किंतु सुग्रीव! सुग्रीव से जो बातें हुई थीं; और हनुमान, अंगद, नील इत्यादि से भी बातें होती रहती थीं—उनसे यह तो स्पष्ट था कि सुग्रीव बालि की अपेक्षा राजनीतिक दृष्टि से कहीं अधिक जागरूक थे। उनके मन में अपनी प्रजा के लिए प्रेम भी था। उनके मन में 'मानवता' की कल्पना 'समता' से भिन्न नहीं थी। दलितों, शोषितों तथा पीड़ितों के उत्थान के लिए उनके मन में अनेक स्वप्न थे। निर्माण के क्षेत्र में भी वे अत्यंत महत्त्वाकांक्षी थे...किंतु किष्किंधा में हो क्या रहा है? सुग्रीव के सम्राट बन जाने पर भी जन-सामान्य के जीवन में कहीं कोई प्रसन्नता प्रकट नहीं हुई थी। उनकी सुविधाओं के लिए जिन निर्माण-योजनाओं की चर्चा थी—वह चर्चा ही रह गई है, उस पर कहीं भी कार्य आरंभ नहीं हुआ...राम स्वयं कभी किष्किंधा के भीतर नहीं गए हैं...और सुग्रीव का भी बहुत दिनों से इधर आना नहीं हुआ है। अपने सम्राटत्व के आरंभिक काल में वे प्रतिदिन राम से मिलने आया करते थे। पर राम भी जानते थे कि यह व्यवहारिक नहीं था। यह आवश्यक भी नहीं था। राम वनवास कर रहे थे, अपनी अपहृता पत्नी के संधान के लिए यहाँ रुके हुए थे, वर्षा के कारण उनके मार्ग अवरुद्ध थे...किंतु सुग्रीव वानरों के सम्राट थे, उन पर पूरे राज्य का तथा समस्त वानर-यूथों का दायित्व था। राम कैसे यह अपेक्षा कर सकते थे कि सुग्रीव नित्य उनसे मिलने आया करें...उससे तो कहीं आवश्यक था कि जन-कल्याण के लिए सुग्रीव ने जो संकल्प किए थे, वे उन्हें ही पूरा करते...

पर हनुमान, अंगद, नल, नील, तार तथा जाम्बवान यदा-कदा राम के पास आते ही रहते थे। लक्ष्मण भी उन लोगों से मिलते ही रहते थे—किष्किंधा नगरी के भीतर कम, किष्किंधा के बाहर इन पर्वतों और वनों में ही अधिक। उन लोगों ने मिलकर राम के अनेक स्वप्न पूरे किए थे। अनेक आर्य आश्रमों से विभिन्न विषयों के विद्वान आचार्यों को किष्किंधा में आमंत्रित किया गया था। उन लोगों ने अपने-अपने क्षेत्रों में अनेक निर्माण-कार्य आरंभ कर दिए थे। वानरों की भूमि में धातुओं का संधान उनका पहला कार्य था। अंगद ने अपने उत्साह में खनिजों के लिए खुदाई आरंभ करवा दी थी...उसने आकर राम को असिगुल्म की भूमि के झगड़े के विषय में बताया था। राम को सुग्रीव की राजपरिषद् में हुए विवाद की सूचना भी मिली थी। सुग्रीव ने उस विषय में भी अभी अपना निर्णय नहीं दिया था; किंतु अंगद अपनी धुन का पक्का था। वह अपना काम करता जा रहा था...

शिक्षा की स्थिति भी किष्किंधा में काफी सुधर गई थी, किंतु उसमें भी सुग्रीव

का कोई योगदान नहीं था। उस विषय में हनुमान बहुत उत्साही था। सारी जन-पाठशालाएँ उसी के उद्यम और उत्साह से चल रही थीं। लोगों में जागृति आ रही थी। हनुमान की विभिन्न व्यायामशालाओं से वानर-युवक आकर प्रस्त्रवणगिरि की तलहटी में स्थापित शिविरों में राम, लक्ष्मण तथा जन-सैनिकों से सैनिक-प्रशिक्षण प्राप्त करते थे। अब तक इन प्रशिक्षण-शिविरों ने सैकड़ों युवकों को विभिन्न प्रकार के शस्त्रों के परिचालन का ज्ञान दिया था। किंतु उनके लिए शस्त्रों की व्यवस्था सुग्रीव अभी नहीं कर पाए थे।

नल ने बताया था कि सार्वजनिक लाभ के विभिन्न निर्माण-कार्यों के लिए धन उपलब्ध नहीं हो रहा है। उसके विषय में सम्राट अभी निर्णय नहीं कर पाए हैं। विभिन्न स्रोतों से यह बात भी राम तक पहुँची थी कि सुग्रीव विकट अनिर्णय की अवस्था में सर्वथा निष्क्रिय पड़े हैं। उनके सम्मुख उठाई गई प्रत्येक समस्या के उत्तर में वे सोचने का समय चाहते हैं और समय की वह अवधि समाप्त होने पर ही नहीं आ रही है। इस अनिर्णय के कारण किष्किंधा की शासन-व्यवस्था में सुखद परिवर्तन की अपेक्षा करने वाले लोगों का सुग्रीव संबंधी विश्वास डोल रहा था। उनके मन में निराशा तथा हताशा बढ़ रही थी और कोई बड़ी बात नहीं थी कि कुछ दिनों में वे सुग्रीव का प्रत्यक्ष विरोध करने लगें।...दूसरी ओर जन-हितकारी योजनाओं के विरोधी सामंत और पार्षद क्रमशः निर्भीक तथा उद्दण्ड होते जा रहे थे। उनका मत था कि सुग्रीव में उनके विरुद्ध कोई कठोर कार्यवाही करने का साहस ही नहीं था। तो फिर भय किस बात का! उनका शोषण-चक्र और अधिक क्रूर होता जा रहा था। और अनेक सूचनाओं से तो ऐसा अनुमान हो रहा था कि सुग्रीव क्रमशः अनेक देशी और विदेशी व्यापारियों के जाल में फँसते जा रहे हैं।...व्यापारियों ने अभी तक राज्य से कोई विशेष सुविधा नहीं माँगी थी। अभी तक तो वे वानर सम्राट को अपना निर्बाध समर्थन ही दे रहे थे। उनके प्रयत्नों से किष्किंधा की वीथियों और चतुष्पथों पर सुग्रीव की प्रस्तर मूर्तियाँ स्थापित हो गई थीं।...किष्किंधा में इन दिनों चित्रकारों की संख्या भी बहुत बढ़ गई लगती थी और उनके पास सस्ते दामों में सुग्रीव के विभिन्न प्रकार के चित्र उपलब्ध हो रहे थे। उन चित्रकारों का आश्रयदाता और उनके चित्रों का ग्राहक वर्ग भी किष्किंधा का व्यापारी समुदाय ही था...और परिणाम यह था कि किष्किंधा को हाटों-पण्यों में सुग्रीव के चित्रों के सिवाय प्रत्येक वस्तु महँगी होती जा रही थी...

राम को सूचनाएँ मिलती थीं। उनके मन में विभिन्न प्रतिक्रियाएँ उठती थीं...क्या कर रहे हैं सुग्रीव? पता चलता कि वे माधवी-सेवन के रसिक हो गए हैं...उन्हें रुमा से बहुत प्रेम हो गया है, अतः दिन का बहुत सारा समय अपनी पत्नी के पास व्यतीत करते हैं...तारा से उन्होंने विवाह कर लिया है, अतः कुछ

समय वहाँ भी बीतता है...

और राम का मन अपने ही द्वंद्वों से उलझता रहता।

राम ने जब सुग्रीव की रक्षा करने के लिए बालि का वध किया था और सुग्रीव को सम्राट बनने में सहायता की थी तो यह नहीं सोचा था कि सुग्रीव एक अन्य प्रकार का बालि बन जाएगा। किष्किंधा का धनाढ्य वर्ग और अधिक संपन्न होता जाएगा और निर्धन वर्ग और अधिक धनहीन। प्रजा पशुओं का-सा जीवन व्यतीत करने को बाध्य होती रहेगी और सम्राट माधवी पीकर अपनी पत्नियों के पास पड़ा रहेगा।

...किंतु क्या राम को हस्तक्षेप करने का अधिकार है? यदि वे सुग्रीव पर कोई दबाव डालें, तो क्या वह यह नहीं कहेगा कि यह वानरों का अपना आंतरिक मामला है। वह प्रभुसत्ता-संपन्न सम्राट है और उसे अपनी स्वतंत्र नीतियाँ चलाने का पूर्ण अधिकार है।...सुग्रीव को ही नहीं, अन्य वानर यूथपतियों को भी यह आपत्ति हो सकती है। आज जो राम वानरों के सहायक और मित्र माने जा रहे हैं, तनिक-सी भ्रांति अथवा भ्रमित प्रचार से वे आक्रांता, अन्य राज्यों की भूमि पर आधिपत्य जमाने के इच्छुक और मित्र के वेश में बैठे हुए अमित्र के रूप में देखे जा सकते हैं। अभी तक वानरों के किसी भी वर्ग की ओर से सुग्रीव के अन्यायी, अत्याचारी अथवा अनाचारी होने की कोई शिकायत नहीं आई है यदि राम से सहायता की इच्छा ही नहीं की जाएगी तो वे किसकी सहायता करने जाएँगे...पर जब सुग्रीव ने उनसे सहायता माँगी थी, तो मित्र के रूप में उनकी भी पूरी सहायता करने का वचन दिया था...मित्र की सहायता का यह कौन-सा रूप है कि सुग्रीव माधवी पीकर अपनी पत्नियों के महलों में पड़ा रहे और राम इस प्रस्रवणगिरि की गुफाओं में अपनी पत्नी के संधान की प्रतीक्षा में निष्क्रिय बैठे हुए, अपनी असहायता को कोसते रहें। जाने कहाँ होंगी सीता—जीवित होंगी अथवा विपरीत परिस्थितियों में आत्मरक्षा करती हुई आततायियों के हाथों मारी गई होंगी। जीवित भी होंगी तो जाने किन परिस्थितियों में होंगी! अपमानित...पीड़ित...

सहसा राम का तेज जाग उठा। कब तक वे धैर्य धारण करें? कब तक वे सुग्रीव के कर्त्तव्य-बोध के जागने की प्रतीक्षा करें? कब तक वे ऐसे ही असहाय-निष्क्रिय बैठे रहें?...वर्षाकाल समाप्त हो चुका है। मार्ग प्रायः सूख रहे हैं। आवागमन सरल और सहज होता जा रहा है। राम सुग्रीव के भरोसे यहाँ बैठे रहेंगे, सीता किसी अज्ञात स्थान पर पीड़ा और अपमान के घूँट पीती रहेंगी, और रावण अपनी सेनाएँ लेकर, जनस्थान पर आक्रमण कर न केवल जनस्थान और पंचवटी, वरन् दण्डक वन के समस्त आश्रमों को नष्ट करने का प्रयत्न करेगा...राम का आवेश अपने ही विरुद्ध जागा। यह क्या किया राम ने? एक अपरिचित व्यक्ति के वचन का

इतना भरोसा कर लिया कि सारी वर्षा ऋतु अकर्मण्यता में, आकाश के मेघों, वर्षा की फुहारों और बहते हुए जल की धाराओं को देखने में व्यतीत कर दी। कितना जानते हैं राम सुग्रीव को? किस संकट में उन्होंने परख की है अपने इस मित्र की? संकट सुग्रीव का था—उसमें राम की परख हुई है। राम ने सुग्रीव की सहायता के लिए अपने प्राणों को दाँव पर लगाया था। उसमें सुग्रीव की परख कैसे हुई! सुग्रीव भी यदि अपने भाई के ही समान कामुक, आलसी और विलासी निकला तो? यदि वह भी उन लोगों के समान निकला, जिन्हें अपने मुख से उच्चरित शब्दों की सार्थकता का बोध नहीं होता?...यदि सुग्रीव के लिए अपने मुख से उच्चरित शब्दों का कोई महत्त्व नहीं है, यदि वह मैत्री के नाम पर भ्रम पालने का अभ्यस्त है, यदि प्रजा के चीत्कार की ध्वनि उसके कानों तक नहीं जाती, यदि अत्याचारी यूथपति उसके भी वैसे ही मित्र हैं जैसे कि वे बालि के मित्र थे, तो राम को हस्तक्षेप करना ही पड़ेगा, सुग्रीव को उसका कर्त्तव्य स्मरण कराना ही होगा...

और अब नील उन्हें बताकर गया था कि सारी किष्किंधा नगरी में भयंकर तनाव बना हुआ था। किसी भी समय दंगा होने की पूरी संभावना थी। बालि जब मायावी से युद्ध करने के लिए गया था, तब सुग्रीव ने अपने शासनकाल में किष्किंधा के श्रमिकों के लिए अनेक आवास बनवाए थे। उस भूमि को लेकर नगर के अनेक प्रभावशाली और धनाढ्य लोगों ने कोलाहल मचाया था। वे लोग उस भूमि पर अपना आधिपत्य भी मानते थे और नगर के मुख्य और महत्त्वपूर्ण स्थानों पर श्रमिकों के लिए आवासगृह बनाए जाने की योजना को भी वे पचा नहीं पा रहे थे। किंतु सुग्रीव की दृढ़ता के सम्मुख उनकी एक नहीं चली थी।...पर बालि ने लौटते ही उनको तुड़वाकर वह भूमि अपने यूथपतियों के हवाले कर दी थी...तब से आज तक उन श्रमिकों को आवास के लिए न अपनी पुरानी भूमि मिली थी, न उसकी स्थानापन्न कोई अन्य भूमि।

नील ने बताया था कि सब ओर से हताश होकर वे श्रमिक पुनः अपनी उसी पुरानी भूमि पर पहुँच गए हैं और वे अब दृढ़प्रतिज्ञ हैं कि यदि राज्य उनकी सहायता नहीं करता तो वे स्वयं इसी भूमि पर अपने आवास बनाएँगे।...दूसरी ओर जिन यूथपतियों को वह भूमि मिली थी, वे अपने दण्डधरों के बल पर उन श्रमिकों की हत्याओं की तैयारी कर रहे हैं...यह भी सुनने में आया था कि अनेक यूथपतियों ने आगामी झगड़े के अवसर के लिए, सम्राट की अनुमति लिए बिना, गोपनीय रूप से अपनी यूथ सेनाओं की विभिन्न टुकड़ियों को, सामान्य नागरिकों के वेश में नगर के भीतर और नगर की प्राचीर के निकट ही ठहरा रखा था। यदि श्रमिकों ने इस भूमि पर बलात् अधिकार जमाने का प्रयत्न किया तो यूथ सेनाओं की ये

टुकड़ियाँ, यूथपतियों के दण्डधरों के साथ मिलकर, श्रमिकों का संपूर्ण नाश कर देंगी...श्रमिकों के पक्ष से भी पूरी तैयारी थी। उनमें से अधिकांश, राम तथा उनके जन-सैनिकों द्वारा स्थापित विभिन्न प्रशिक्षण शिविरों में सैनिक प्रशिक्षण ले चुके थे और युद्ध-विद्या तथा शस्त्र-परिचालन से पूर्णतः अनभिज्ञ न थे। यूथ सेनाओं का आतंक उनके मनोबल को क्षीण करने में तनिक भी प्रभावकारी सिद्ध नहीं हुआ था...श्रमिक संगठनों को पूर्ण विश्वास था कि यदि सचमुच युद्ध की स्थिति आई तो हनुमान के समस्त जन-संगठन तथा अखाड़े उनके पक्ष से लड़ेंगे...

नील बता गया था कि इस झगड़े की आशंका से हनुमान और अंगद भी बहुत चिंतित थे...किंतु वे कुछ कर नहीं पा रहे थे। इस समय यह अनिवार्य था कि सम्राट सुग्रीव सचेष्ट हों और उस भूमि पर श्रमिकों का एकाधिकार घोषित कर दें और यूथपतियों को प्रताड़ित करने के साथ-साथ उन्हें यूथ सेनाओं को उनके मूल स्थानों पर वापस भेज देने की आज्ञा दें।...यदि सम्राट तुरंत सचेष्ट नहीं होते तो यह संघर्ष अवश्यंभावी था; और संघर्ष में कितनी जन-क्षति होगी, यह कहना कठिन था।

राम स्पष्ट देख रहे थे कि यदि सुग्रीव ऐसे ही निश्चेष्ट रहे और किष्किंधा की स्थिति नहीं सुधरी तो किष्किंधा का यह प्रथम भीतरी संघर्ष अपने आप में ही समाप्त नहीं हो जाएगा। इसके पश्चात् यूथ सेनाओं के बल के कारण, यूथपतियों तथा उनके सहायक धनाढ्य वर्ग का साहस और बढ़ेगा। वे अन्य स्थानों पर भी अपना नियंत्रण दृढ़ करना चाहेंगे। श्रमिकों तथा जन-संगठनों तथा अन्य वर्गों को बाध्य होकर अपने अधिकारों के लिए लड़ना पड़ेगा...किष्किंधा के पथों-वीथियों में अनवरत युद्ध होंगे...वानर-राज्य अपने आंतरिक संघर्षों में उलझ जाएगा। एक ओर साधनहीन निहत्थे लोगों की असंख्य निरीह हत्याएँ होंगी और दूसरी ओर रावण वानरों की ओर से निश्शंक होकर अपने क्रूर हाथ-पैर और अधिक पसारने लगेगा...

और सीता?

राम के सम्मुख अनेक प्रश्नचिह्न थे। सुग्रीव की जड़ता के कारण, राम इस प्रकार निश्चेष्ट होकर बैठे रहें?...वानर जाति को परस्पर लड़कर मरने दें? अथवा सारा वानर राज्य इन राक्षस-मित्र यूथपतियों के पेट में समा जाने दें? सीता यदि जीवित हैं, तो उन्हें सदा के लिए रावण की बंदिनी अथवा दासी बने रहने दें?

राक्षसत्व के अंधकार द्वारा संसार के समस्त ज्योतिर्कणों को निगले जाते हुए अवाक् खड़े देखते रहें?

यदि यही होना है तो धिक्कार है राम की वीरता को...उनके शस्त्रों को, उनके संकल्पों को, उनकी संगठन-शक्ति को!

तो क्या करें राम?...

हनुमान को शिखर की चढ़ाई चढ़ते देखकर, राम का चिंतन-प्रवाह थम गया। हनुमान आ रहा है—कोई आवश्यक काम होगा। एक यह ऐसा व्यक्ति है, जो सदा आशावान और सक्रिय है। ऐसे-ऐसे साथी हैं सुग्रीव के पास और फिर भी सुग्रीव अनिर्णय, जड़ता और भ्रांतियों की दलदल में धँसता जा रहा है।...और उसी की जड़ता के कारण उसके सारे साथी निस्तेज, प्रभावशून्य होते जा रहे हैं। उनकी ऊर्जा उनके अपने ही भीतर ऐंठ-ऐंठकर दम तोड़ती जा रही है...क्या हनुमान, क्या अंगद, क्या नल-नील और क्या तार और जाम्बवान...

पर उन सबके साथ-ही-साथ राम की ऊर्जा भी तो उनके भीतर ऐंठ ही रही है। पंचवटी में क्या राम इस प्रकार पराङ्मुखी थे? क्या उन्हें सोचना पड़ता था कि कोई सुग्रीव सक्रिय तथा सचेष्ट हो और राम का कार्य करे...वह जो किष्किंधा पुरी के भीतर अपने प्रासाद के विश्राम-कक्ष में माधवी के पात्र में बंदी है। कितने बंधन हैं सुग्रीव के चारों ओर! राम किस-किस बंधन से उन्हें मुक्त करेंगे...कितना स्वतंत्र और स्वावलंबी जीवन था पंचवटी में! राम के समस्त साथी सदा उन्हें लभ्य थे और उन लोगों के लिए राम सदा उनकी पहुँच के भीतर थे।...यहाँ तो राम को इस पर्वत शिखर पर अपने वचनों का बंदी बनाकर एक सम्राट अपने प्रासाद और प्रमाद में खो गया है...कैसे विवश हैं राम? क्यों फँसे वे राज्यों और सम्राटों के षड्यंत्र में...उन्हें क्या सामान्य जन की शक्ति पर विश्वास नहीं था?...

हनुमान ने निकट आकर उन्हें प्रणाम किया।

"कैसे हो, हनुमान!" राम ने उन्हें बैठने का संकेत किया, "मैं आज दिनभर तुम्हारे सम्राट के विषय में सोचता रहा हूँ। बीच-बीच में तुम्हारे विषय में भी कई बातें मन में आईं।"

हनुमान ने हाथ जोड़े और संकुचित-से होकर बैठ गए, "आर्य! कोई विशेष प्रयोजन था?"

"मैं सुग्रीव के प्रमाद से दुःखी हो रहा हूँ, हनुमान!"

हनुमान ने लज्जित-सी दृष्टि से राम की ओर देखा, "सम्राट की मनःस्थिति ठीक नहीं है।" उनका स्वर अत्यंत मृदु था, "किंतु उसके कारण आपका कोई कार्य नहीं रुकेगा, भद्र राम!" स्वर को कुछ अधिक आश्वस्त बनाते हुए वे बोले, "आप मुझे आदेश दें।"

राम हँस पड़े, "तुम्हारे जैसा साथी भी मैंने नहीं देखा, हनुमान! सब ओर सुग्रीव की जड़ता और प्रमाद की चिंता हो रही है; किंतु तुम अपने मुख से कभी स्वीकार नहीं करोगे।"

"आर्य! आप जानते हैं," हनुमान अत्यंत शालीन स्वर में बोले, "वे हमारे

साथी हैं, मार्ग-निर्देशक हैं, सम्राट हैं। तनिक-सा प्रमाद हो जाने पर हम उनका साथ तो नहीं छोड़ सकते। उनका मन भ्रातृवध की ग्लानि से पीड़ित है; अकस्मात ही अनेक अनपेक्षित समस्याएँ उनके सम्मुख आ खड़ी हुई हैं; दीर्घकाल तक कष्टकर तथा रसहीन जीवन व्यतीत करने के पश्चात् उनके घबराए हुए अस्थिर मन के सम्मुख अनेक प्रलोभन आ उपस्थित हुए हैं। ऐसे में यदि सम्राट अस्थायी रूप से अपना संतुलन खो बैठे हैं, तो हमें उनके प्रति इतना कठोर नहीं हो जाना चाहिए, आर्य!''

''ये सारी बातें मैंने भी सोची हैं, हनुमान!'' राम का स्वर कोमल था, ''सुग्रीव की इस मानसिक अवस्था के कारण यदि किष्किंधा में इतनी जटिलताएँ न उठ खड़ी होतीं तो कदाचित् हम सुग्रीव का मानसिक संतुलन लौटने के लिए अधिक समय तक धैर्यपूर्वक प्रतीक्षा कर सकते थे।'' राम ने रुककर हनुमान को देखा, ''किंतु क्या तुम्हारा ध्यान इस ओर नहीं गया कि एक-एक क्षण हमारे लिए कितना मूल्यवान है। सुग्रीव का विलास, उनकी व्यक्तिगत बात न रहकर, आज हमारे सामूहिक कल्याण का घातक शत्रु हो गया है। एक-एक दिन के बीतने पर स्थितियाँ जटिल से जटिलतर होती जा रही हैं। यदि सुग्रीव सचेष्ट नहीं हुए तो उनकी निष्क्रियता ही अपने-आप में किष्किंधा ही नहीं, संपूर्ण वानर-राज्य के लिए घातक वज्र बनकर गिरेगी। किष्किंधा के पथों-वीथियों में वानर ही वानरों का रक्त बहाएँगे और एक नये समाज के निर्माण के तुम्हारे सारे स्वप्न चूर-चूर हो जाएँगे, हनुमान!'' राम के कंठ में कुछ फँसता-सा लगा, ''जब वानर आपस में जूझ-जूझकर मर रहे होंगे, तो मेरी वैदेही की खोज करने के लिए कौन जाएगा...कभी-कभी तो मेरे मन में आता है, हनुमान! कि मैं वापस पंचवटी लौट जाऊँ और वहीं से अपने साथियों की टोलियाँ भेज-भेजकर सीता का संधान करूँ।''

हनुमान का संकोच पूर्णतः विलीन नहीं हुआ था, किंतु फिर भी उनका कंठ अपेक्षाकृत कुछ अधिक मुक्त हो गया, ''आर्य! मैं आपकी बात से असहमत तो नहीं हूँ। स्थिति वस्तुतः अत्यंत शोचनीय है। किंतु आप देवी वैदेही की खोज को लेकर इतने निराश न हों। सम्राट ने जिन दक्ष खोजियों को विभिन्न वानर-यूथों से बुलवाया था, प्रायः वे सब अब किष्किंधा में उपस्थित हैं। एक बार उन्हें सम्राट का आदेश मिल जाए तो देखिए, ये वानर रावण के राज्य के किस कोने में नहीं जा पहुँचेंगे...मैं तो स्वयं देवी की खोज में जाने के लिए अत्यंत व्यग्र हूँ, राम! किंतु सम्राट की मनःस्थिति तथा यहाँ की परिस्थितियों को देखते हुए उनकी आज्ञा के अभाव में किष्किंधा को छोड़ना मुझे उचित नहीं लगता...''

''ठीक कहते हो, हनुमान!'' राम एक तिक्त मुसकान अपने अधरों पर ले आए, ''विलंब तो केवल तुम्हारे सम्राट की आज्ञा का ही है। पर यदि वे आज्ञा दें तो...''

"आर्य! मैं प्रयत्न करूँगा कि सम्राट इस विषय में शीघ्र आज्ञा जारी करें।" हनुमान उठ खड़े हुए, "अनुमति दें। मैं यहाँ से सीधा सम्राट के पास ही जाऊँगा।"

राम सहज होकर हँसे, "तुम तो उठ भागे, हनुमान! अभी तक तुमने अपने आने का प्रयोजन तो कहा ही नहीं।"

"कुछ विशेष नहीं है, भद्र!" हनुमान खड़े-खड़े ही बोले, "किष्किंधा तथा सम्राट की मनःस्थिति के विषय में सोचते-सोचते व्यग्र होकर आपके पास चला आया था कि आपसे चर्चा कर यदि कोई समाधान मिल सके।"

"पर वह चर्चा तो हुई ही नहीं।" राम बोले, "तुम तो उसके पूर्व ही चल दिए, फिर समाधान कहाँ से मिलेगा?"

"मिल गया, राम! समाधान मिल गया।"

"क्या?"

"सम्राट की मनःस्थिति के स्वतः संतुलित हो जाने की प्रतीक्षा करना भूल है।" हनुमान बोले, "उनके शुभेच्छुओं का कर्त्तव्य है कि वे उन्हें परिस्थितियों के प्रति सजग करें। वही करने का प्रयत्न करूँगा।"

हनुमान ने हाथ जोड़कर प्रणाम किया और जाने के लिए मुड़ गए। हनुमान के जाने के पश्चात् भी राम उन्हीं के विषय में सोचते रहे। सुग्रीव की समस्या कहीं पीछे छूट गई थी। सुग्रीव तो फिर अपने निजी कारणों से बाध्य थे; किंतु हनुमान कैसे हो रहे हैं। वे जानते हैं क्या ठीक है, क्या गलत। वे जानते हैं, दुर्बलता कहाँ है; कहीं सुग्रीव की अकर्मण्यता में हनुमान भी बँध गए हैं और अन्य लोग भी।...वर्षा रुक गई है, जल बह गया है और कीचड़ सूख गया है...हनुमान बता गए हैं कि खोजियों के दल भी किष्किंधा में आ गए हैं; पर सब कुछ रुका पड़ा है—सुग्रीव के कारण। सुग्रीव को खोज के लिए आदेश देने तक का अवकाश नहीं...अवकाश नहीं है, या होश नहीं है?...

राम को लगा, उनके मन में सुग्रीव के विरुद्ध आक्रोश संचित हो रहा है—कैसा नीच और स्वार्थी है यह व्यक्ति। जब स्वयं कठिनाई में था तो कैसे घिघियाता था। मैत्री के पक्ष में कैसी-कैसी बातें कही थीं उसने। तब उसकी पत्नी रुमा बालि के वश में थी और सुग्रीव के प्राणों को बालि की ओर से विकट संकट था...किंतु बालि के वध के पश्चात् रुमा ही नहीं, किष्किंधा का राज्य और तारा के रूप में उसे एक अतिरिक्त पत्नी भी मिल गई थी। और अब यह व्यक्ति भूल गया कि राम की पत्नी सीता भी रावण के वश में है, राम के प्राणों को भी राक्षसों की ओर से विकट संकट है...

राम को लगा, उनका आक्रोश इसी प्रकार स्फीत होता रहा तो सुग्रीव से उनकी मैत्री अधिक समय तक नहीं टिक पाएगी। पर ऐसा कार्य अकस्मात ही बिना सोचे-समझे, आक्रोश के ज्वार में नहीं होना चाहिए। ऐसी मैत्री का त्याग तो ठण्डे

मस्तिष्क से सोच-समझकर, भली प्रकार विचार-विवेचन करने के पश्चात् होना चाहिए...कहीं ऐसा न हो कि उनका व्यक्तिगत स्वार्थ इतना प्रबल हो उठे कि वे अपने मित्र की समस्या को समझ ही न पाएँ। वह वस्तुतः अपने मानसिक ऊहापोह, अपनी भौतिक परिस्थितियों, विभिन्न शक्तियों के संतुलन की समस्या में उलझा हुआ हो और राम अपने आग्रह से उसे और अधिक पीड़ित कर दें...राम अपने मित्र की उलझनों में वृद्धि नहीं करना चाहते...वे नहीं चाहते कि वानरों के राज्य में अभी-अभी सत्ता में आई जन-समर्थक राज-शक्ति किसी भी कारण से दुर्बल हो जाए...

किंतु कहीं राम सचमुच ही तो भ्रमजाल में नहीं फँस गए हैं। यदि वस्तुतः ही सुग्रीव इतना प्रमादी हो कि वह अपने विलास में सब कुछ भुला बैठा हो, तो राम की यह शिथिलता और सीता की खोज में होने वाला यह विलंब अत्यंत हानिकारक हो सकता है...कौन-सी समस्या बड़ी है—किष्किंधा के जन-जीवन की प्रशासनिक समस्याएँ अथवा सीता की खोज?...

राम का मन कोई निर्णय नहीं कर पाता...

लक्ष्मण के आने का आभास, प्रतिदिन के समान, आज भी उनके साथियों में होते हुए वार्तालाप की ध्वनियों से ही हुआ। किंतु आज उनका वार्तालाप चिंताविहीन, उन्मुक्त तथा हास-विलास का-सा भाव लिये हुए नहीं था। स्वर अतिरिक्त रूप से गहरे और गंभीर थे, जैसे सामान्य वार्तालाप न हो, कोई गंभीर चर्चा चल रही हो।''

लक्ष्मण के साथ अनिन्द्य, भूलर तथा अन्य लोग थे। मधुप उनके साथ नहीं था। कदाचित् आज वह किसी और दिशा में अन्य लोगों के साथ अथवा अकेला गया हुआ था।

आश्रम में पहुँचते ही लक्ष्मण ने शिला पर बैठते हुए यह नहीं पूछा कि आज भोजन का दायित्व किस टुकड़ी का है; न ही वे इस प्रकार आए, जैसे दिनभर का कार्य समाप्त कर, संध्या समय थके हुए अपने डेरे पर लौटे हों। वे लोग तो इस प्रकार राम की ओर बढ़े, जैसे किसी कार्यवश उनसे ही मिलने आए हों।

''क्या बात है, सौमित्र?'' राम ने विस्मय से पूछा।

''बात बड़ी गंभीर है, भैया!'' लक्ष्मण और उनके साथी राम के सम्मुख अर्द्ध वृत्ताकार रेखा में बैठ गए।

''सुग्रीव की राजपरिषद का संघर्ष अब वानरों की राजकीय सेना में पहुँच गया है।''

''स्पष्ट कहो।'' राम कुछ चिंतित हुए।

''सुग्रीव के अनेक यूथपतियों ने, जिनमें असिगुल्म, धूम्र और दुर्मुख प्रमुख

हैं, राजकीय सेना में अपना प्रभाव बढ़ा लिया है। उनकी अपनी यूथ सेनाएँ तो किष्किंधा के निकट आ ही गई हैं, राजकीय सेना का भी एक बड़ा भाग उनके कहने में आ गया है।"

राम कुछ बोले नहीं, चुपचाप लक्ष्मण की ओर देखते रहे।

"उन लोगों ने सेना में प्रचार किया है कि हनुमान, अंगद, नल, नील, तार और जाम्बवान इत्यादि लोग राम के प्रभाव में हैं और अपने निजी स्वार्थों की सिद्धि के लिए सम्राट सुग्रीव पर इतना दबाव डाल रहे हैं कि सम्राट विक्षिप्त हो गए हैं और कोई कार्य नहीं कर पा रहे हैं। राम को उनके पिता ने अपने राज्य से निकासित कर दिया है, इसलिए राम वानरों के इस राज्य पर आधिपत्य जमाने के लिए यहाँ शिविर लगाए बैठे हैं। बालि का वध तो उन्होने कर ही दिया है, अब वे किसी दिन सुग्रीव की भी हत्या कर कर देंगे; और अंगद तथा हनुमान को अपने मंत्री बनाकर वे किष्किंधा के सम्राट बन जाएँगे।"

"और सुग्रीव की सेना उसको सच मान बैठी है?"

"सारी सेना तो नहीं; किंतु एक काफी बड़ा भाग इस प्रकार की बातों के प्रभाव में आया है। यह भाग न केवल हमें, हमारी जन-सेना तथा हनुमान इत्यादि को अपना शत्रु मान बैठा है, वरन् हमारे सैनिक शिविरों में प्रशिक्षित राजकीय सेना की टुकड़ियों को भी अपना शत्रु समझता है।"

"सैनिक टुकड़ियों में इस प्रकार का विरोध और द्वेष स्पृहणीय नहीं है।" राम जैसे अपने आप से बोले।

"इसमें जो भयंकर बात है, वह तो मैंने अभी बताई ही नहीं।"

"क्या?" राम सहसा अपने चिंतन में उबरे।

"सेना के इन दोनों दलों से युद्ध की संभावना..."

"एक ही सेना के दो दलों में युद्ध की संभावना।" राम चकित थे, "पर क्यों? उससे किसको लाभ होगा?"

"असिगुल्म और उसके साथियों का विचार है कि हनुमान तथा अंगद की अनुचर सैनिक टुकड़ियों पर आक्रमण कर, उनके नेताओं का वध कर सैनिकों को अपने साथ मिला लेने से, किष्किंधा में हमारा समर्थक कोई नहीं रहेगा। तब वे सुग्रीव को भी अपने प्रभाव में कर लेंगे। परिणामतः किष्किंधा में आरंभ की गई अनेक जनहितकारी योजनाएँ तो अपनी मौत अपने आप ही मर जाएँगी, मधुप तथा उनके साथियों द्वारा खोजी गई खनिज संपदा भी उनके अधिकार में चली जाएगी। किष्किंधा के उद्योग-धंधों पर उनका स्वामित्व स्थापित हो जाएगा। भीतरी तथा बाहरी व्यापार तो अभी भी उन्हीं के हाथों में है।"

"अपने विरोधी सैनिकों पर आक्रमण की यह योजना तथ्य है, या यूँ ही किसी के मन की निराधार कल्पना?" राम अतिरिक्त रूप से गंभीर थे, "यदि यह सत्य

है तो हमारे ही सम्मुख नहीं, संपूर्ण वानर जाति के सम्मुख यह एक विकट समस्या है; और यदि यह कल्पना मात्र है, तो बड़ी विषैली कल्पना है—हमें उसका भी प्रतिकार करना होगा।''

''यह तथ्य है, राम!'' अनिन्द्य बोला, ''इसमें तनिक भी कल्पना नहीं है। हमारे पास इसके प्रमाण ही नहीं हैं—असिगुल्म की समर्थक टुकड़ियों द्वारा तैयार की गई पूरी योजना की जानकारी भी हमारे हाथ लग गई है।''

राम आश्चर्य से अनिन्द्य की ओर देखते रहे, जैसे उन्हें विश्वास ही न हो रहा हो, और फिर धीरे से बोले, ''वे मूर्ख यह नहीं समझ पा रहे हैं कि यह आत्महत्या है...''

कोई कुछ नहीं बोला।

सहसा राम ने पूछा, ''हनुमान को इस बात की सूचना है?''

''हाँ, भैया!'' लक्ष्मण बोले, ''हनुमान भी जानते हैं और अंगद भी। हनुमान आपके पास आए भी थे, पर जाने क्यों उन्होंने आपके साथ बात नहीं की।''

राम को हनुमान का संकोची चेहरा याद हो आया। वे आए थे और सुग्रीव संबंधी कुछ चर्चा कर लौट गए थे। कदाचित् सुग्रीव का प्रमाद उन्हें इतना अधिक खल रहा होगा कि उसके बाद सुग्रीव के संबंध में राम से कोई सहायता...

''तो इस स्थिति का प्रतिकार क्या है?''

''मेरा तो विचार है, भद्र राम!'' भूलर पहली बार बोला, ''इससे पूर्व कि असिगुल्म समर्थक टुकड़ियाँ, हनुमान तथा अंगद समर्थक टुकड़ियों पर प्रहार करें, हमें असिगुल्म समर्थक टुकड़ियों पर आक्रमण कर देना चाहिए। आक्रमण अपने बचाव का सबसे सक्षम रूप है।''

''सिद्धांत तो ठीक है,'' राम गंभीर स्वर में बोले, ''किंतु यहाँ तो स्थिति यह है कि प्रहार बायाँ हाथ करे या दायाँ, वानरों के लिए यह दोनों ही रूपों में आत्महत्या है।''

''आत्महत्या होती है तो होती रहे।'' भीखन बोला, ''हत्या तो नहीं होगी न!''

''अन्य किसी उपाय के न होने पर, तुम्हारी योजना ही उत्तम मानी जाएगी।'' राम बोले, ''किंतु क्या आक्रमण का क्षण आ पहुँचा है?''

''नहीं!'' लक्ष्मण बोले, ''अभी दो-तीन दिन शांति रहेगी, फिर वे आक्रमण करेंगे। इतना समय हमारे पास भी है कि हम यह निश्चय कर सकें कि हम प्रतिरक्षात्मक युद्ध लड़ेंगे अथवा आक्रामक।''

सहसा राम मुसकराए, ''एक बात मेरी मान लो।''

''क्या?''

''चुनाव प्रतिरक्षात्मक अथवा आक्रामक युद्ध में से न होकर, अयुद्ध तथा

आक्रामक युद्ध में से होना चाहिए।"

"अयुद्ध की स्थिति अब अधिक दिन नहीं रह सकती, भद्र राम!" अनिन्ध बोला, "युद्ध अनिवार्य है।"

"युद्ध अनिवार्य है तो वह आक्रामक युद्ध ही हो।" राम बोले, "प्रातः तक का समय मुझे दो और इस चिंतन को यहीं छोड़ दो। रात-भर के लिए इन विचारों से तुम्हारी मुक्ति।"

लक्ष्मण मुसकराए, "भैया के मन में कुछ है, पर बताएँगे अब प्रातः ही।"

"यही समझ लो।"

सब लोग मुसकरा पड़े।

रात के भोजन के पश्चात् राम अकेले ही एक ओर चल पड़े।

दिन-भर उन्होंने अपने इस आश्रम को नहीं छोड़ा था—कुछ शस्त्रागार की सुरक्षा के विचार से, कुछ अभ्यागतों से भेंट-वार्ता के विचार से और कुछ आश्रम के अन्य कार्यक्रमों के कारण।...किंतु इस समय अब और किसी के आने की संभावना नहीं थी और शस्त्रागार की रक्षा के लिए लक्ष्मण तथा जन-सैनिकों की पूरी टुकड़ी थी।

...प्रातः हुनमान भी कदाचित् यही कहने आए थे—सुग्रीव अपनी उलझनों में बंदी होकर जड़ हो गए थे और इस जड़ता को भूलने का एकमात्र उपाय उन्होंने विलास में खोज निकाला था। सम्राट की इस जड़ता के कारण उनके सहयोगी अनुपयोगी हो गए थे, और उनके शत्रु बल पकड़ते जा रहे थे। उस समय राम के मन में आया था कि इस प्रक्रिया को यदि यहीं नहीं रोका गया तो जन-समर्थक शक्तियों के हाथों में आई यह नवागत सत्ता उनके हाथों से निकल जाएगी। किंतु इस प्रक्रिया को रोकने का उपाय?...

पहले तो उन्होंने यही सोचा था कि वे अपनी व्यक्तिगत उतावली में ऐसा कोई काम न कर बैठें, जिससे उनके मित्र सुग्रीव के लिए कोई विघ्न-बाधा उपस्थित हो जाए, अथवा उनकी चिंताओं में किसी प्रकार की वृद्धि हो। उनके मन में द्वंद्व इस बात को लेकर था कि पहले सीता की खोज हो अथवा वानरों की अपनी प्रशासनिक समस्याएँ सुलझाई जाएँ?...किंतु अब तो स्थिति बदलती जा रही थी। यदि राम निष्क्रिय बैठे प्रतीक्षा करते रहे, और सुग्रीव अपनी जड़ता तथा प्रमादवश अपने विलास में डूबा रहा तो सीता का संधान न केवल टलता जाएगा; वरन् शनैः-शनैः कठिन होता जाएगा और अंततः कदाचित् असंभव ही हो जाएगा...व्यक्तिगत रूप से वंचित तथा अपमानित होकर क्रमशः राम का समस्त तेज भी नष्ट हो जाएगा; अन्याय के विरुद्ध अभी तक किया संघर्ष व्यतीत होते हुए समय के साथ क्षीण होकर, अंततः शून्य में परिणत हो जाएगा...जिन वंचितों, शोषितों तथा असहायों के भविष्य को

लेकर उन्होंने अनेक स्वप्न देखे हैं और जिन स्वप्नों के प्रति उन जातियों में चेतना और आकांक्षा जाग उठी है, वे सारे स्वप्न अकालमृत्यु को प्राप्त होंगे...और दूसरी ओर अदण्डित रावण इसे अपनी सफलता मानकर और भी प्रोत्साहित होगा। लंका के रावण के समान ही प्रत्येक राज्य में अपने-अपने रावण पैदा होंगे। प्रत्येक गली-मोहल्ले में मनुष्य के रूप में ऐसे पशु न केवल पनपेंगे, वरन् शक्तिशाली होकर अपनी उद्दण्डता और उच्छृंखलता से, अपने पापों और अत्याचारों से समस्त मानवता को पीड़ित करेंगे...नहीं! राम यह नहीं होने देंगे...

यही नहीं! कल तक वानरों के मित्र राम को आज आक्रांता तथा आधिपत्य का इच्छुक बताकर, उनके विरुद्ध प्रचार किया जा रहा है...ऐसे में राम का तनिक-सा भी हस्तक्षेप इस प्रचार को बल देगा और यह भावना सारे वानरों में दावानल के समान प्रचण्ड हो उठेगी...सुग्रीव के शत्रु सचमुच राजनीतिक धूर्त्तताओं में पगे हुए हैं, वे युद्ध के साथ-साथ राजनीति के हथकण्डे भी जानते हैं। वे ऐसा जाल रच रहे हैं कि राम प्रस्रवणगिरि पर बैठे भी रहें तो बद्धहस्त व्यक्ति के समान कुछ कर ही न सकें।

और यदि राम बद्धहस्त बैठे रहें तो चाहे असिगुल्म-समर्थक सैनिक आक्रमण करें, अथवा हनुमान तथा अंगद समर्थक सैनिक, वानरों की सेना में युद्ध आरंभ हो जाएगा। अपनी परंपरा के अनुसार इस अथवा उस पक्ष का समर्थन करते हुए वानर-यूथ युद्ध में भाग लेंगे और अंततः वानरों का यह गृह-युद्ध समस्त वानर जाति को ग्रस लेगा...राम चुपचाप बैठे यह देखते रहेंगे क्या?...जिन वानरों से उन्होंने मैत्री स्थापित की, जिन्हें उन्होंने अपमानजनक और शोषित स्थिति से मुक्ति दिलानी चाही, जिनसे स्वयं उन्हें सहायता की आशा है—उस संपूर्ण जाति को वे षड्यंत्र और मूर्खता की ज्वाला में जलकर क्षार हो जाने देंगे क्या? राक्षसों के हाथों वध से उनकी रक्षा के प्रयत्न में लगे राम, अब उन्हें आत्महत्या करते देखते रहेंगे?...

नहीं! राम यह नहीं होने देंगे...

तो क्या करें राम?

ऐसा क्या हो कि राम को वानरों के किसी भी वर्ग से युद्ध न करना पड़े। राम को कोई वानर-शत्रु न कह सके।...वे वस्तुतः स्वयं को वानर-मित्र सिद्ध कर सकें। और ऐसा क्या हो कि वानरों का यह आसन्न गृह-युद्ध भी रुक जाए।

राम चलते-चलते रुक गए...वे अपने आश्रम से काफी दूर निकल आए थे। गजपुष्पी की वह लता उनके सामने थी, जिसकी छाया उन्हें अत्यंत प्रिय थी। राम उसी के निकट एक शिला पर बैठ गए।

सहसा राम का मन भीत हिरण के समान चौंक उठा।...क्या हो रहा है राम के जीवन में...वे कौन-सा लक्ष्य लेकर चले थे और क्या हो रहा है यहाँ? संसार

में इतने व्यापक रूप में हो रहे अत्याचार तथा व्यक्ति रूप में अपनी क्षति और अपमान को भूलकर, वे वानर-राजनीति की वंचना में फँसते जा रहे हैं...क्या राम के जीवन का यही लक्ष्य था कि वे आदर्शों, सिद्धांतों, न्याय-अन्याय के विचारों को भूलकर एक राज्य के विभिन्न वर्गों के द्वेषवश होने वाले षड्यंत्रों की दलदल में फँसकर रह जाएँ...कदापि नहीं!...राम यह भी नहीं होने देंगे...

राम उठ खड़े हुए। उन्हें इस दलदल से निकलना होगा और उसके लिए आवश्यक है कि सुग्रीव की जड़ता टूटे, उनका प्रमाद नष्ट हो...यदि सुग्रीव की जड़ता नहीं टूटी तो राम इस दलदल में गहरे-से-गहरे धँसने के लिए बाध्य हो जाएँगे...अब वे और प्रतीक्षा नहीं कर सकते...हनुमान ने ठीक ही कहा था, "सम्राट की मनःस्थति के स्वतः संतुलित हो जाने की प्रतीक्षा करना भूल है। यह उनके शुभेच्छियों का कर्त्तव्य है कि वे उन्हें परिस्थितियों के प्रति सजग करें। वही करने का प्रयत्न करूँगा..." ठीक कहा था हनुमान ने, सुग्रीव को जगाना होगा। उनके शुभेच्छियों का कर्त्तव्य है कि वे उन्हें जगाएँ, जैसे भी हो, जिस भी प्रकार।

राम अपने आश्रम की ओर लौट पड़े।

नहा-धोकर लक्ष्मण आश्रम में लौटे तो उन्होंने राम को देखा—वे बहुत पहले से ही तैयार होकर वहाँ बैठे लग रहे थे...या तो वे रात-भर सोये ही नहीं हैं, या फिर आधी रात से ही उठकर बैठे हुए हैं। रात-भर जागरण करने के चिह्न भी उनके चेहरे पर नहीं थे...वे पर्याप्त स्वस्थ, जागरूक तथा स्फूर्तिपूर्ण लग रहे थे।

"आज अपना कोई कार्यक्रम मत बनाना, सौमित्र!" राम बोले, "या इससे पूर्व ही तो निश्चित नहीं कर लिया?"

"नहीं, भैया!" लक्ष्मण ने आश्चर्य से राम की ओर देखा—उनके चेहरे पर कुछ कौतुक का-सा आभास था, "आपने कल संध्या ही प्रातः तक कुछ न करने अथवा सोचने का आदेश दिया था। आपने कुछ सोच लिया है क्या?"

"सोचा तो है।" राम बोले, "किंतु उसे कार्यान्वित करने का दायित्व तुम्हारा ही है।"

"कहिए!"

राम ने अब तक निकट आ गए अन्य आश्रमवासी जन-सैनिकों की ओर देखा, "सारे आश्रमवासी उपस्थित हैं या कोई अन्यत्र गया हुआ भी है?"

निरीक्षण हुआ। सारे आश्रमवासी उपस्थित थे।

"मेरी बात सुनो, बंधुओ!" राम बोले, "और यदि तुम लोगों को मेरा प्रस्ताव स्वीकार्य लगे तो उसे कार्यान्वित करने के लिए तत्काल प्रस्थान करो। हमारे पास समय बहुत कम है।"

"आप आदेश दें, भद्र राम!" अनिन्द्य बोला।

"मुझे लगता है कि कर्म का क्षण आ गया है। अब तनिक भी विलंब अथवा

असावधानी घातक है।'' राम बोले, ''अतः तुम सब लोग सौमित्र के साथ जाओ। जितने शस्त्रास्त्र संभव हों, अपने साथ ले जाओ। उन शस्त्रों का जितना अधिक प्रदर्शन कर सको, करो। और तुम लोग जाकर सुग्रीव का राजप्रासाद घेर लो। तुममें से कोई भी रंचमात्र भय अथवा संकोच प्रकट न करे। यदि मार्ग में तुम्हें कोई रोकने का प्रयत्न करे तो उसे बलात् मार्ग से हटा दो। राजप्रासाद में तुम्हारे जाने से जितना आतंक फैल सके, तुम उतने ही सफल माने जाओगे। सब लोग प्रासाद के बाहर रुक जाएँ। अकेले सौमित्र प्रासाद के भीतर प्रवेश करें। किसी का निषेध न मानें और किसी का वर्जन न सुनें। सौमित्र सीधे सुग्रीव के सम्मुख उपस्थित हों और अधिक-से-अधिक उग्र रूप में उस तक मेरा संदेश पहुँचाएँ कि 'जिस मार्ग से बालि गया था, वह मार्ग अभी बंद नहीं हुआ है'।''

कुछ क्षणों तक सब लोग चुप रहे, जैसे राम की बात को मन-ही-मन तोल रहे हों।

''मैं प्रस्तुत हूँ।'' लक्ष्मण ने आश्वस्त स्वर में कहा।

''एक शंका मेरे मन में है, भद्र राम!'' भीखन बोला। राम ने भीखन की ओर देखा।

''कहीं ऐसा न हो कि इस प्रकार के व्यवहार से हम सुग्रीव की मैत्री से वंचित हो जाएँ?''

''संभव है, ऐसा ही हो।'' राम बोले, ''वस्तुतः बहुत सोचने के पश्चात् मैं इसी निष्कर्ष पर पहुँचा हूँ कि किन्हीं कारणों से सुग्रीव की जड़ता ऐसी स्थिति तक जा पहुँची है कि हितैषियों द्वारा समझाया-बुझाया जाना उन पर कोई प्रभाव नहीं डालेगा। हनुमान सुग्रीव के व्यवहार से कितने चिंतित हैं, यह मैं निजी रूप में जानता हूँ। नील कल ही परिवाद के रूप में अनेक बातें कहकर गया है। पिछले कुछ दिनों से अंगद से मेरी भेंट नहीं हुई, पर तुम लोगों की उसके संबंध में भी यही धारणा है। अन्य लोग चिंतित नहीं होंगे—यह स्वीकार नहीं किया जा सकता। प्रश्न है, क्या इन लोगों ने सुग्रीव को समझाया नहीं होगा?...मैं समझता हूँ कि प्रत्येक व्यक्ति ने सुग्रीव को भरसक समझाया होगा। पर सुग्रीव क्रमशः हम सबसे असंपृक्त होता जा रहा है। न केवल वह हमारी कोई सहायता नहीं कर पा रहा, वरन् वह वानर-जाति तथा अपने लिए भी उपयोगी नहीं रह गया है। ठीक-ठीक मूल्यांकन किया जाए तो सत्य यह है कि वह वानरों की प्रगति के मार्ग में बाधा-स्वरूप अड़ गया है और उनके गृह-युद्ध का कारण बन गया है। ऐसे में मैंने उसकी मैत्री को दाँव पर लगाने का निश्चय किया है।''

''पर मैत्री टूटने का परिणाम?''

''पहली बात तो यह है कि सुग्रीव मैत्री तोड़ने का साहस नहीं करेगा।'' राम बोले, ''यदि हमें उसकी आवश्यकता है, तो उसे भी हमारी आवश्यकता है।

यद्यपि बालि का वध हो चुका है और सुग्रीव वानरों के सम्राट के रूप में प्रतिष्ठित है; पर यह नहीं कहा जा सकता कि उसे अब किसी ओर से कोई भय नहीं है। असिगुल्म तथा बालि के अनेक यूथपति उसके विरोधी हैं। राक्षस-विरोधी नीतियों के कारण, राक्षस लोग उसके शत्रु हैं। और समय तथा अवसर देखकर, वे लोग अपनी घात अवश्य लगाएँगे। और...'' राम क्षण-भर के लिए रुके, ''जिस अंगद ने कल तक सुग्रीव की नीतियों के कारण, अपने पिता के विरुद्ध भी उसका साथ दिया, उन नीतियों को त्यागने के कारण, अंगद, सुग्रीव का विरोधी भी हो सकता है। मैं तो यहाँ तक कहने को प्रस्तुत हूँ कि यदि सुग्रीव ने अपना यह प्रमाद नहीं छोड़ा, तो उसके अन्य साथी भी उसे छोड़ जाएँगे।'' राम तनिक रुककर बोले, ''इसलिए सुग्रीव इतनी सुविधा से हमारी मैत्री का त्याग नहीं कर सकता। और यदि ऐसा कुछ हुआ भी तो हम सैनिक शक्ति तथा जन-समर्थन की दृष्टि से किष्किंधा में उससे दुर्बल नहीं पड़ेंगे।'

''आपने युद्ध तक की स्थिति की बात सोच डाली है?'' भूलर आश्चर्य से बोला।

''हाँ, भूलर!'' राम मुसकराए, ''सुग्रीव मुझसे अथवा लक्ष्मण से द्वंद्व नहीं करेगा। सेना सहित युद्ध करना चाहेगा तो वह केवल असिगुल्म-समर्थक टुकड़ियों को ही अपने पक्ष में पाएगा। मैं कह नहीं सकता कि वे लोग भी उसका साथ देंगे अथवा नहीं।''

और कोई आपत्ति न होते देख राम ने पूछा, ''सब लोग सहमत हैं?''

''सहमत हैं।'' एक स्वर में सबने कहा।

5

रुमा को अपने पति में एक स्पष्ट परिवर्तन दिखाई पड़ रहा था—सुग्रीव ऐसे नहीं थे। उसका वह सहज प्रेमी पति अब कैसा हो गया था। सुग्रीव अब पहले से कहीं अधिक समय अपने प्रासाद में व्यतीत करते थे; सत्य तो यह है कि अब वे बाहर बहुत कम जाते थे। यदि कहीं कोई भव्य पान-गोष्ठी होती, तो ही वे बाहर निकलते थे, अन्यथा माधवी में डूबे प्रासाद में ही पड़े रहते थे। अपने भाई के राज्यकाल में जो व्यक्ति संपूर्ण वानर-राज्य में मदिरा को वर्जित पदार्थ घोषित करवाने के लिए अपने प्राणों पर खेल रहा था, अब वही व्यक्ति सदा माधवी में डूबा दिखाई पड़ता है।

रुमा का मन बार-बार रोने को हो आता था; वही पति पहले अपनी राजनीतिक-सामाजिक गतिविधियों की भाग-दौड़ में से कुछ समय छीन-झपटकर घर आता था तो घर में कैसी चहल-पहल हो जाती थी। उनके एक-एक शब्द में

से प्यार टपकता था। इतनी कम अवधि के लिए पति के साथ रहकर भी रुमा को लगता था कि सुग्रीव कितना प्रेम करते थे उससे। अब सुग्रीव प्रायः आठों प्रहर प्रासाद में ही पड़े रहते हैं। हाँ! प्रासाद में उनकी उपस्थिति को 'रहना' मात्र नहीं कहा जा सकता था, वह 'पड़ा रहना' ही था। जो व्यक्ति उठ न सके, बैठ न सके, चल-फिर न सके—पलंग पर बस औंधा-सीधा लेटा रहे, उसे पड़ा रहना ही तो कहा जाएगा।...अब वे रुमा को देखते ही प्रेम-निवेदन कर बैठते हैं, उसे बाँहों में भर लेते हैं, सदा स्वयं को उस पर न्यौछावर कर देने की बातें करते रहते हैं; किंतु रुमा को उन शब्दों में प्रेम का तनिक भी आभास नहीं मिलता, उनमें कामुकता की तीव्र गंध होती है।

वह अच्छी-भली प्रिया थी अपने प्रिय की, पत्नी थी अपने पति की; और अब वह एक कामुक की भोग्या मात्र रह गई है। क्या कहे रुमा इस परिवर्तन को, इस प्रक्रिया को और इस व्यक्ति को...

कैसे-कैसे स्वप्न थे सुग्रीव के मन में, एक नये समाज के निर्माण के लिए—किंतु तब उनके पास अधिकार नहीं था...अब क्या नहीं है उनके पास? किंतु वे स्वप्न ही कहीं खो गए हैं। उनके साथी आते हैं और उनकी स्थिति देखकर बिना कुछ कहे लौट जाते हैं। सुग्रीव के पास किसी की बात सुनने का अवकाश नहीं है...क्या हो गया है उन्हें? क्या यह सब कुछ मात्र विलास की इच्छा और कामलिप्सा ही है? क्या बालि के भय से ऋष्यमूक पर जो वंचित जीवन बिताना पड़ा यह उसी की प्रतिक्रिया है? यह भूखे व्यक्ति का, नाना व्यंजनों को उपलब्ध जानकर, उन पर टूट पड़ना है, या...

या यह परिवर्तन रुमा के अपहरण के कारण हुआ है? सुग्रीव को बहुत प्रेम था रुमा से। रुमा के बिना वे जीवित नहीं रह सकते थे।...तो क्या रुमा के छिन जाने से उनका मस्तिष्क असंतुलित हो उठा है?...किंतु नहीं! ऐसी बात होती तो रुमा के अपहरण के पश्चात् ही सुग्रीव को असंतुतिल हो जाना चाहिए था; पर ऋष्यमूक पर अपने प्रवास की अवधि में उन्होंने अपनी मानसिक विकृति का तनिक भी आभास नहीं होने दिया। वे पूर्व कौशल से अज्ञातवास करते रहे; बालि के गुप्तचरों, खोजियों से छिपते ही नहीं रहे, उनमें से कुछ का तो उन्होंने वध ही कर डाला था...क्या कोई विकृत-मस्तिष्क व्यक्ति राम जैसा सहायक ढूँढकर ला सकता था? इतनी राजनीतिक चतुराई...इतनी दूरदर्शिता...एक ऐसा सहायक ढूँढ लेना, जो स्वयं उसी कष्ट से पीड़ित था जिससे सुग्रीव पीड़ित थे। राम को बालि से क्या सहानुभूति होती? राम के मन में तो बालि के प्रति कदाचित् उतना ही आक्रोश जागा होगा, जितना आक्रोश उनके मन में रावण के प्रति रहा होगा; या यह भी संभव है कि रावण के प्रति उनके मन में जमी समस्त घृणा बालि की ओर मुड़ गई हो...

कितनी सफलता से सुग्रीव ने अपने शत्रु को समाप्त करवा दिया था...तब तो मानसिक विकृति नहीं थी कहीं...तो क्या रुमा के मन का संदेह सत्य है?

बालि के वध के पश्चात् जब सुग्रीव प्रासाद में आए थे तो रुमा अपने प्रेम तथा स्वतंत्रता की मिश्रित भावनाओं की ऊर्जा में दौड़ी थी कि सुग्रीव के वक्ष से जा लगे। किंतु वक्ष से लगने से पूर्व ही वह ठिठक गई...अब स्थिति पहले-जैसी नहीं थी, सुग्रीव और उसका संबंध मात्र पति-पत्नी का नहीं था—थे तो वे अब भी पति-पत्नी ही; किंतु बीच में एक घटना आ खड़ी हुई थी। वह सुग्रीव की पत्नी ही नहीं थी, घर्षिता पत्नी थी। बालि ने उसका अपहरण कर, इतने दिनों तक बलात् उसका भोग किया था...वह बालि की भोग्या रह चुकी थी...क्या सुग्रीव उसे अंगीकार करेंगे?...

रुमा ने सुग्रीव के वक्ष से लगने का विचार त्याग दिया था, वह उनके पैरों में गिर पड़ी थी।

सुग्रीव ने उसे अंगीकार कर लिया था, पर क्या रुमा को अपनी बाँहों में लेते ही सुग्रीव को याद नहीं आ जाता कि यह वही रुमा है, जिसका बालि ने हरण किया था...अपने विवेक के तर्क के हाथों बाध्य होकर उन्होंने रुमा को अंगीकार किया था, किंतु पुरुष की ईर्ष्या से आहत होकर बिना माधवी में डूबे, वे रुमा के निकट भी नहीं आ सकते थे...क्या वे रुमा के प्रति अपनी घृणा को धोने में असमर्थ होकर, उसे माधवी में डुबोने का प्रयत्न कर रहे हैं?

लगता था, सुग्रीव भीतर से कहीं टूट गए हैं अपने टूटे हुए खण्डों को माधवी से जोड़ने का प्रयत्न कर रहे हैं; पर ऐसा भी कहीं हुआ है...

और तारा के साथ विवाह?...यह क्या था—तारा के प्रति आकर्षण? बालि के प्रति अपनी शत्रुता का निर्वाह? अंगद के मन में पितृ-हत्या की भावना को धोने का प्रयत्न?...या रुमा के प्रति जुगुप्सा से भर जाने के कारण अपनी कामुकता की संतुष्टि के लिए एक अन्य पात्र की खोज?...

रुमा की दृष्टि कक्ष में प्रवेश करती हुई प्रतिहारिणी पर पड़ी।

"देवी! आर्य हनुमान द्वार पर खड़े हैं।" अभिवादन कर प्रतिहारिणी बोली, "कहते हैं, बहुत आवश्यक कार्य है।"

"बुला लाओ।"

प्रतिहारिणी चली गई और रुमा के विचार हनुमान की ओर मुड़ गए—हनुमान के सारे आवश्यक कार्य सम्राट की इस मनःस्थिति के कारण रुके पड़े हैं।

किंतु रुमा क्या कर सकती है...

हनुमान ने कक्ष में प्रवेश कर अभिवादन किया।

"बैठो, हनुमान्।"

"बैठने का अवकाश नहीं, साम्राज्ञी!" हनुमान खड़े-खड़े बोले, "किष्किंधा की प्राचीर के बाहर की सैनिक चौकियों से समाचार आया है कि राम के छोटे भाई लक्ष्मण अपने जन-सैनिकों के साथ, द्रुतगति से किष्किंधा की ओर बढ़ते देखे गए हैं। वे सबके सब सशस्त्र हैं और उन लोगों की मुद्रा आक्रामक है। उनका यह कृत्य असाधारण है, देवि!...वे सम्राट के मित्र हैं, अतः हम नहीं जानते कि उनका किष्किंधा में इस प्रकार सशस्त्र प्रवेश रोका जाना चाहिए अथवा नहीं। कृपया आप सम्राट से इस विषय में कोई आदेश प्राप्त करें, अन्यथा अनर्थ हो जाएगा!"

"किंतु राम और लक्ष्मण से भयभीत होने का कोई कारण तो नहीं है, हनुमान?" रुमा चकित होकर बोलीं।

"वैसे तो कोई कारण नहीं।" हनुमान धीरे-से बोले, "कल ही मैं आर्य राम से मिला भी था, तब तक ऐसी कोई बात नहीं थी। पर, देवि! हमने उनकी पत्नी की खोज के लिए अभी तक कुछ नहीं किया है। यह अपने दिये हुए वचन का उल्लंघन है।"

रुमा ने हनुमान की ओर देखा—हनुमान यह नहीं कह रहे थे कि सम्राट ने अपना वचन-भंग किया है, वे 'हम' शब्द का प्रयोग कर रहे थे।

"आओ, हनुमान!" रुमा आगे चली।

सुग्रीव अपने पलंग पर औंधे पड़े सो रहे थे। दो परिचारिकाएँ व्यजन से हवा कर रही थीं और उनके पलंग के निकट ही माधवी का एक खाली भाँड तथा अनेक चषक रखे हुए थे। कदाचित् सुग्रीव ने यह भाँड अभी-अभी ही खाली किया था।

रुमा ने उनके कान के पास मुख ले जाकर धीरे-से कहा, "प्रिय! सम्राट!"

किंतु सुग्रीव की ओर से कोई प्रतिक्रिया नहीं हुई। वे प्रगाढ़ निद्रा में सोये लग रहे थे।

रुमा ने उनके कंधे पर हाथ रखकर धीरे-से हिलाया और पुकारा, "प्रिय, सुनो! हनुमान आए हैं।"

सुग्रीव ने रुमा का हाथ झटक दिया और करवट बदल ली।

ये ही सुग्रीव थे—रुमा के मन में आया—जिन्हें बालि के आक्रमण से पूर्व सावधान करने के लिए अंगद ने शिल्पी को भेजा था; और एक हल्की-सी आवाज से आधी रात को उठकर वे बाहर चले गए थे।...आज अभी दिन आरंभ ही हुआ है और वे माधवी की ऐसी प्रगाढ़ निद्रा में हैं कि उठाए नहीं उठते। इस बार तो उन्होंने रुमा का हाथ ही झटका है। यदि जगाने का और अधिक प्रयत्न किया गया और वे रुष्ट हो गए तो जाने सम्राट की क्या इच्छा हो...

रुमा ने निराश दृष्टि से हनुमान की ओर देखा।

हनुमान भी कदाचित् कुछ ऐसे ही निष्कर्ष पर पहुँचे थे।

वे दोनों चुपचाप कक्ष से बाहर निकल आए।

"यदि लक्ष्मण इधर आएँ तो मेरा विचार है कि सम्राट के स्थान पर आ ही उनसे बात कर लें।" हनुमान कुछ सोचते हुए बोले, "ऐसा नहीं हो सकत कि बिना किसी संवाद के लक्ष्मण आक्रमण आरंभ कर दें।"

"हनुमान! यदि तुम ही बात कर लो तो...?"

तभी अंगद प्रायः भागते हुए-से आए, "सम्राट कहाँ हैं?"

"क्या बात है, युवराज?"

"लक्ष्मण!" अंगद अधिक नहीं कह पाए।

"कहाँ हैं?"

"उनके सशस्त्र जन-सैनिक प्रासाद के चारों ओर फैल गए हैं और वे स्व बाहरी ड्योढ़ी पर खड़े धनुष टँकार रहे हैं।"

"हमारे द्वारपाल?"

"सब भयभीत होकर भाग गए हैं।"

"ऐसा करो, अंगद!" रुमा बोलीं, "तुम बहन तारा से कहो, वे जाकर लक्ष्म का स्वागत करें और उन्हें भीतर लिवा लाएँ। तब तक मैं सम्राट को जगाती हूँ।

अंगद तारा को बुलाने के लिए भागे और रुमा सुग्रीव के कक्ष की ओर बढ़ गइ हनुमान वहीं खड़े-के-खड़े रह गए। क्या करें हनुमान? वे तो कब से अपने म में इसी प्रकार की आशंकाएँ पाल रहे थे और डर रहे थे कि कहीं सचमुच ही ऐ स्थिति न आ जाए कि जिन्हें वे अपने मित्र मानते हैं, जिनके प्रति उनका म श्रद्धा तथा विश्वास से आप्लावित है, उन्हीं से विरोध की स्थिति आ जाए।...आ प्रायः वही स्थिति आ गई है। लक्ष्मण द्वार पर खड़े धनुष टँकार रहे हैं और क नहीं जानता कि उनके मन में क्या है।...धनुष टँकरना प्रेम का संकेत तो है नह ऐसे में हनुमान का क्या कर्त्तव्य है? यदि लक्ष्मण ने सचमुच ही सुग्रीव पर आक्रम किया तो क्या करेंगे हनुमान? क्या वे लक्ष्मण का विरोध करेंगे?...ऐसे समय लक्ष्मण के विरोध का अर्थ था उनसे द्वंद्व-युद्ध! सशस्त्र संघर्ष! अपने सम्राट रक्षा के लिए लक्ष्मण से युद्ध!...पर दोष सरासर सम्राट का है। राम और लक्ष् ने कुछ भी अनुचित नहीं किया है। बालि के आतंक की समाप्ति तथा किष्किं के निर्माण में कितनी सहायता की है उन्होंने। फिर लक्ष्मण के वैर का क्या अ और बिना वैर के युद्ध कैसा?...और यदि हनुमान लक्ष्मण से युद्ध नहीं करेंगे उसका अर्थ होगा—निष्क्रिय खड़े-खड़े, स्वयं अपनी आँखों के सम्मुख, अपने सम्राट की हत्या का पीड़ादायक युद्ध देखना...

यह कैसे सह सकेंगे हनुमान?

सम्राट दोषी ही सही! पर क्या हनुमान इस प्रमाद के लिए अपने सम्राट की हत्या होने देंगे?...और नहीं तो क्या सम्राट को बचाने के लिए लक्ष्मण की हत्या करेंगे?...

युद्ध-रत दोनों पक्ष ही अपने मित्र हों तो क्या करे कोई?...

तारा का मस्तिष्क मधुपान और रात्रि-जागरण से तंद्राग्रस्त था। उनकी इच्छा हो रही थी कि थोड़ी देर के लिए निर्विघ्न शांतिपूर्ण नींद मिल जाए। थोड़ी-सी नींद ले लें तो मन कुछ सोचने-समझने योग्य हो सकेगा।

किंतु अंगद के मुख से ड्योढ़ी पर खड़े, धनुष टँकारते, लक्ष्मण के क्रुद्ध आक्रामक रूप की चर्चा सुनते ही उनके मन से मधु का मद और निद्रा की तंद्रा—सब कुछ उड़ गया।...उन्होंने आज तक लक्ष्मण अथवा राम—दोनों में से किसी को भी धनुष से प्रहार करते नहीं देखा था। उन्होंने उनका क्रुद्ध नहीं, सौम्य रूप ही देखा था, किंतु वक्ष में राम का बाण खाये बालि को तारा नहीं भूल सकतीं।...तब राम क्रुद्ध हुए थे, आज लक्ष्मण क्रुद्ध होकर आए हैं। अंगद कह रहा है कि उनके हाथ में धनुष है और वे धनुष की प्रत्यंचा को टँकार रहे हैं...तो क्या आज सुग्रीव के वक्ष में बाण लगेगा?...

तारा ने अपने विवेक को साधा और डगमगाते पगों से अंगद के साथ चल पड़ीं। मार्ग में स्थान-स्थान पर घबराई हुई परिचारिकाएँ, प्रतिहारिणियाँ, भयभीत दण्डधर, प्रहरी तथा अंगरक्षक अस्त-व्यस्त खड़े मिले तारा को लगा, लक्ष्मण ने जान-बूझकर ऐसी मुद्रा धारण कर रखी है, जिससे सब लोग आतंकित तो हों; किंतु लक्ष्मण ने अब तक न तो किसी पर प्रहार किया है और न ही उन्होंने प्रासाद में प्रवेश कर सुग्रीव तक पहुँचने का प्रयत्न किया है।

कदाचित् लक्ष्मण अपना तथा अपने भाई का रोष जताने ही आए हैं।

लक्ष्मण ने तारा को आज दूसरी बार देखा था—पहली बार बालि के वध के अवसर पर विलाप करती हुई तारा, बालि के शव पर पछाड़ खा-खाकर गिरी थी। तब उसके केश खुले हुए, अस्त-व्यस्त थे। आँखों से अनवरत अश्रु बह रहे थे; और कंठ से रह-रहकर चीत्कार फूटता था। उस मनःस्थिति और वेश में भी तारा के व्यक्तित्व की गरिमा और रूप का आकर्षण सर्वथा अदृश्य नहीं था। किंतु आज उसके चेहरे पर शोक की वह छाया नहीं थी। आँखों में मद की लाली थी और अधरों पर एक कौतुकपूर्ण हास्य था। वेश में परिष्कार तथा संभ्रांतता दोनों ही थीं और यद्यपि वह शृंगार करके नहीं आई थी—कदाचित् उसका अवकाश ही नहीं मिला था; किंतु रात्रि के प्रसाधन का अवशेष अब भी था। केश-विन्यास में कलात्मकता तथा सुरुचि स्पष्ट झलक रही थी, यद्यपि उसमें शैथिल्य आ चुका था।...यह थी उनके सहायक अंगद की माँ, जो अब सुग्रीव की पत्नी भी थीं। अंगद जैसे तरुण

की माँ की दृष्टि से तारा का वय अधिक दिखना चाहिए था; किंतु उसे प्रौढ़ युवती ही कहना होगा, युवती के वय को वह पार कर चुकी थी। किंतु सुग्रीव के वय के पुरुष के लिए वह अब भी कदाचित् अत्यंत आकर्षक स्त्री थी।

तारा को सम्मुख देख लक्ष्मण ने अभिवादन तो नहीं किया, किंतु अपने आक्रोश को अप्रकट रखने के लिए अपनी आँखें अवश्य झुका लीं।

तारा की आशंकाएँ कुछ शिथिल हुईं। उतने भय की बात नहीं थी, जितना वे समझ बैठी थीं। लक्ष्मण क्रोध में अवश्य थे, उन्होंने धनुष टँकार कर चेतावनी भी दी थी; किंतु वे प्रहार करने नहीं आए थे। अपना रोष जताने के लिए उन्होंने सहास अभिवादन नहीं किया था, किंतु अपना विरोध जताने के लिए कोई अपशब्द भी नहीं कहा था।

"क्या बात है, राजकुमार?" तारा सायास मुसकराईं, "आपने हमें एक मधुर स्वागत का भी अवसर नहीं दिया?"

"मैं सम्राट से मिलने आया हूँ।" लक्ष्मण शुष्क-रुक्ष स्वर में बोले।

"सम्राट से मिलने आने के लिए अपने चेहरे को इतना कठोर बनाकर विकृत करना अनिवार्य तो नहीं है, कुमार!" तारा की वाणी और आँखों में चंचलता के पीछे कहीं ममता थी, "यद्यपि हम अधिक नहीं मिले हैं, किंतु सारी किष्किंधा जानती है कि आर्य राम तथा कुमार लक्ष्मण सम्राट के परिवार के सदस्य-से हैं! फिर भृकुटियाँ कुंचित कर, धनुष टँकारने की क्या आवश्यकता थी, सौमित्र?"

तारा को लगा, लक्ष्मण की आँखों का तेज कुछ अधिक उग्र हो उठा है--कदाचित् वे कोई कठोर बात कहने से स्वयं को रोक रहे थे। तारा का वार लक्ष्य से कुछ आगे जा पड़ा था।

तारा स्नेह और मैत्री के भाव से बोलीं, "अंगद सदा आपकी चर्चा एक वरिष्ठ मित्र के रूप में करता है और सम्राट सदा आपको अपने छोटे भाई के रूप में याद करते हैं।" उसने रुककर लक्ष्मण के भावों को टटोला, "मुझे आप बड़ी भाभी की मर्यादा देंगे न, कुमार!"

लक्ष्मण कुछ नहीं बोले, चुपचाप खड़े उसे देखते रहे।

"बड़ी भाभी! जो संबंध प्रदत्त पद से ही नहीं, वय की दृष्टि से भी आपसे बहुत बड़ी है," तारा पुनः बोलीं, "वात्सल्य का भाव रखने बालि, माँ के समान भाभी!"

लक्ष्मण के माथे की रेखाएँ कुछ कम हुईं—क्या कहते वे इस गौरवमयी सुंदर नारी से, जो उनसे देवर का संबंध जोड़, परिहास का अधिकार भी पा लेना चाहती है और माँ का-सा रूप बनाकर श्रद्धा भी माँग रही है। पर क्या गलत कहा तारा ने! लक्ष्मण ने मैत्रियाँ भी तो वैसी ही पाली हैं—अंगद के संबंध से उन्हें तारा को माँ का-सा भाव देना होगा और सुग्रीव के संबंध से बड़ी भाभी का...किंतु वह दुष्ट सुग्रीव...

"देवि!" लक्ष्मण का स्वर कोमल, किंतु सधा हुआ था, "संबंध तो हमारा कुछ ऐसा ही है, स्पृहणीय भी यही है; किंतु इस संबंध को क्या कहें कि भैया राम और मैं प्रस्रवणगिरि पर बैठे देवी वैदेही की खोज की प्रतीक्षा में एक-एक क्षण गिन-गिनकर व्यतीत कर रहे हैं और भाई कहलाने वाला सम्राट, यह दुष्ट सुग्रीव माधवी पी-पीकर केलि-क्रीड़ा में आकंठ डूबा अपनी सुध-बुध खो बैठा है।"

"ठीक कहते हो कुमार!" तारा का स्वर कुछ गंभीर हो गया, "यह सम्राट का प्रमाद है। उनके इस व्यवहार का अनुमोदन कोई नहीं करेगा।" तारा का स्वर कुछ और गहरा हुआ, "वस्तुतः हम सब ही इस विषय में बहुत चिंतित हैं—मैं, अंगद, रुमा, हनुमान—सभी लोग।"

"तो फिर, देवि! आप सम्राट को समझातीं क्यों नहीं?" लक्ष्मण का रोष पुनः उभरा।

क्षण-भर तारा अवाक्-सी उन्हें देखती रह गईं; फिर जैसे स्वयं को सायास सँभालकर मुसकराईं, "आइए! आप भीतर तो आइए। यह तो आप नहीं ही चाहेंगे कि माधवी में डूबे, अचेत सम्राट को उठाकर हमें यहाँ तक लाना पड़े।"

"हाँ! भीतर तो आइए, कुमार!" अंगद पहली बार बोले; किंतु उनका स्वर सदा के समान सुहृद का-सा न होकर, भय और औपचारिकता लिये हुए था।

"तुम चलो, अंगद! वहाँ हनुमान अकेले हैं।" तारा ने कहा और अंगद तेजी से अंतःपुर की ओर चले गए।

लक्ष्मण ने जैसे अपने विरोध को बलात् दबाकर आगे बढ़ने के लिए पग उठाया।

"आपने सम्राट को समझाने की बात कही है।" तारा का स्वर अत्यंत आत्मीय था, जैसे अपने किसी प्रियजन के सम्मुख अपनी व्यथा-कथा खोल बैठी हों, "बड़ा द्वंद्व है, कुमार, मेरे मन में।"

लक्ष्मण ने प्रश्नसूचक दृष्टि से तारा को देखा।

"आपसे क्या छिपाना; वरन् आप न आते तो कदाचित् मुझे ही आपके आश्रम तक जाना पड़ता।" तारा बोलीं, "अपने भाई से द्वेष हो जाने के कारण बहुत कष्ट में दिन बताए थे सम्राट ने। राजप्रासाद से दूर वन में, अपनी पत्नी से वंचित, आठों प्रहर मृत्यु के त्रास से पीड़ित, आखेटक कुत्तों से घबराए हुए मृग के समान समय काटा था उन्होंने। कदाचित् यही कारण है कि अब विलास के लिए इतनी तृषा जागी है उनके भीतर कि वे कोई मर्यादा ही नहीं मानते। अपना संतुलन तक खो बैठे हैं। सम्राट बनने से पूर्व वे कदापि ऐसे नहीं थे। जिन दिनों बालि मायावी की खोज में गए हुए थे और सुग्रीव किष्किंधा के सम्राट बनाए गए थे, तब उन्होंने विलास की ओर कोई प्रवृत्ति नहीं दिखाई थी। तब उन्होंने अपना संतुलन नहीं खोया था...।"

"आपको चाहिए कि यह सब आप उन्हीं से कहें।" लक्ष्मण बोले।

"चाहिए तो।" तारा सहज स्वर में बोली, "वैसे भी मैं घर में बड़ी हूँ। रुमा बेचारी बड़ी भीरु है और सम्राट से डरती भी बहुत है। अपने अपहरण के बाद तो वह जाने कैसी हो गई है। स्वयं को सर्वथा अपदार्थ ही मान बैठी है। जाने कैसे-कैसे ऊहापोह हैं उसके मन में।"

"और आप?"

"मैं!" तारा झेंप भरे स्वर में बोलीं, "मेरे सम्मुख भी कुछ संकट हैं, कुमार! मैं परिवार में बड़ी अवश्य हूँ; किंतु मैं सम्राट की नव-विवाहिता हूँ।...मेरे निषेध अथवा अनुशासन को जाने वे किस रूप में ग्रहण करें। आप अविवाहित हैं कुमार! कामासक्ति की दुर्निवार शक्ति से अपरिचित हैं, और सम्राट इस समय कामासक्ति की अधम स्थिति तक पहुँचे हुए हैं।...मैं उनकी नव-परिणीता हूँ। इस समय वे रुमा से भी अधिक मेरा ध्यान रखते हैं। आज रात भी वे मेरे ही साथ थे...किंतु कुमार! उन्होंने बालि की हत्या कर मुझे प्राप्त किया है।...कामासक्ति में डूबे विकृत मस्तिष्क को मेरा उपदेश जाने कैसा लगे...।" वे क्षण-भर मौन रहीं, "हमारा परिवार इस समय संबंधों के एंक विचित्र तनाव में संचरण कर रहा है।...परिवार में जो कुछ हुआ है, वह सहज नहीं था। किंतु उन परिस्थितियों में कदाचित् वही अनिवार्य था...अतः हम सबने उसे स्वीकार कर, परस्पर सद्भाव बनाए रखने का प्रयत्न किया है। परिणामतः प्रत्येक व्यक्ति अतिरिक्त रूप से सजग है कि वह किसी का मन न दुखाए।"

"ऐसी बात है तो आपकी सहायता मैं करूँगा।" लक्ष्मण का स्वर वक्र हो गया, "सम्राट को मैं समझाऊँगा।"

"अवश्य!" तारा भी कौतुक से मुसकराईं। लगता था, अब तक उनका सारा भय समाप्त हो चुका था, "यदि यह प्रस्ताव आपकी ओर से न आता तो कदाचित् हमें ही निवेदन करना पड़ता।" तारा का स्वर कुछ अधिक कोमल हो गया, "किंतु कुमार! समझाते हुए यह न भूलिएगा कि आप अपने भाई को ही समझा रहे हैं; यद्यपि वह प्रमाद और शैथिल्य का अपराधी है।"

चलते-चलते लक्ष्मण रुक गए, "देवि! यह सारा भ्रातृव हम पर ही क्यों आरोपित किया जा रहा है? आपने सम्राट को क्यों नहीं समझाया कि उनका एक वंचित और अपमानित भाई प्रस्रवणगिरि पर उनकी सहायता की अपेक्षा में चार मास से बैठा है।"

"उसकी ओर से सम्राट पूर्णतः असावधान नहीं हैं।" तारा ने चलने के लिए पग बढ़ाया, "सम्राट ने वानरों के विभिन्न यूथों तथा अंचलों से अच्छे खोजियों को बुलवाया था। उनमें से अधिकांश तो किष्किंधा में आ भी पहुँचे हैं। देवी वैदेही की खोज में उन्हें तत्काल भेजा जा सकता है।"

लक्ष्मण मौन ही रहे—यह सूचना उन्हें राम से मिल चुकी थी।

"क्यों? कुमार को विश्वास नहीं होता?" तारा ने एक भीत मुसकान के साथ पूछा।

"नहीं! अविश्वास की कोई बात नहीं है।" लक्ष्मण धीरे से बोले, "किंतु समझ नहीं पा रहा हूँ कि खोजियों को किष्किंधा में बुलवाने के लिए सम्राट के प्रति कृतज्ञता का प्रदर्शन करूँ, अथवा खोजियों को बुलवाकर, उन्हें खोज के लिए जाने का ओदश न देने के प्रमाद पर अपना रोष प्रकट करूँ।"

"नहीं! कृतज्ञता की कोई बात नहीं है, सौमित्र!" तारा का स्वर अत्यंत शालीन था, "किष्किंधा का राजपरिवार आप दोनों भाइयों के आभार से इतना दबा है कि आपके लिए कुछ भी कर पाने से हम धन्य होंगे।"

सुग्रीव का कक्ष आ गया था। द्वारपालों ने एक ओर हटकर भीतर जाने का मार्ग दे दिया।

तारा ने पहले प्रवेश किया और फिर एक ओर हटकर लक्ष्मण को भीतर आने के लिए मार्ग देते हुए, उनके स्वागत का-सा अभिनय किया।

लक्ष्मण प्रविष्ट हुए।

सुग्रीव अपने पलंग पर लेटे थे और रुमा उनकी भुजा को अपने कंधे पर रख, बलात् उन्हें उठाने का प्रयत्न कर रही थीं। सुग्रीव स्वयं तो नहीं उठ पा रहे थे, रुमा को ही बार-बार बलात् पलंग पर घसीट लेते थे। अनेक परिचारिकाएँ, हनुमान तथा अंगद खड़े असहाय-से देख रहे थे।

लक्ष्मण के शरीर का रक्त उनके मस्तिष्क की ओर झपटा। तारा के समस्त निवेदन तथा संबंधों की मृदुलता उनके मन में से तिरोहित हो गई। उनके मस्तिष्क में केवल एक ही विचार अंगारे के समान दहक रहा था—इस सुग्रीव के लिए राम ने बालि का वध किया और यह कृतघ्न मदिरा पीकर अपनी कामासक्ति का निर्लज्ज प्रदर्शन कर रहा है। उसे इतना भी चेत नहीं है कि वह कहाँ है; उसके आस-पास कितने लोग खड़े हैं; वह अपनी पत्नी से कैसा व्यवहार कर रहा है, जैसे वह मनुष्य न होकर वस्तुतः शाखामृग हो, जिसकी मर्यादा तो कोई है ही नहीं, उसमें संकोच और लज्जा की भी कोई चेतना ही न हो।

सहसा लक्ष्मण का हाथ उठा और उन्होंने अपने धनुष को जोर से टँकार दी। धनुष की टँकार सुनते ही रुमा तड़प उठीं और सिर झुकाकर, संकुचित-सी खड़ी हो गईं। परिचारिकाएँ और दासियाँ भयभीत-सी कक्ष की दीवारों से जा लगीं। हनुमान और अंगद के चेहरों पर असमंजस के भाव कुछ और गहरे हो गए। तारा का आश्वस्त चेहरा पुनः भयभीत हो उठा। किंतु सबसे अधिक प्रभाव स्वयं सुग्रीव पर हुआ। इस ध्वनि को जाने उन्होंने क्या समझा कि चौंककर उस दिशा में देखा, जिधर से ध्वनि आई थी। वे उठकर बैठ गए और क्रोध में पलंग के निकट रखी चौकी पर पड़े माधवी के रक्त भाँड तथा चषक उठाकर कुट्टिम फर्श पर पटक दिए और

फिर डोलते-डगमगाते-से शरीर से यथासंभव तनकर खड़े होते हुए उनके हाथों ने अपने गले में पड़ी, सद्यःविकसित पुष्पों तथा मणियों से पिरोई हुई दीर्घ माला को पकड़कर तोड़ डाला। फर्श पर बिखरते हुए पुष्पों तथा मणियों की ओर से दृष्टि हटाकर उन्होंने लक्ष्मण की ओर देखा और कुछ कहने के लिए मुख खोला...

उसी क्षण लक्ष्मण ने पुनः अपने धनुष को टँकारा और कड़कते हुए स्वर में कहा, "वानरराज सुग्रीव!"

इस बार की टँकार और लक्ष्मण के स्वर का सुग्रीव पर अद्भुत प्रभाव पड़ा। कुछ कहते-कहते उनके अधर रुक गए, जैसे वे लक्ष्मण को पहचान गए हों और उनके स्वर के क्रोध को समझ रहे हों। फिर उन्होंने पलकें झपकाकर लक्ष्मण को देखा, जैसे पहचान की पुष्टि करना चाहते हों और धीरे-से फुसफुसाए, "सौमित्र लक्ष्मण!..."

"हाँ, मैं हूँ।" लक्ष्मण क्रोधपूर्वक बोले, "अग्नि को साक्षी रख, तुमसे मैत्री करने वाले आर्य राम का भाई। निर्लज्ज मद्यप! आज तुझे हमें पहचानने में भी असुविधा हो रही है। भूल गया, जब तू बालि के भय से वृकों द्वारा प्रताड़ित भयभीत मृग के समान अपने प्राणों की रक्षा के लिए मारा-मारा फिरता था। भैया राम ने तेरी सहायता न की होती तो बालि ने तुझे भूमि पर पटककर अपने पगों की ठोकरों से निर्जीव मांस का लोंदा बना दिया होता और तेरी बोटियाँ चील-कौवों को खिला दी होतीं।...कृतघ्न! तेरा वही मित्र अपनी पत्नी के वियोग में वंचित और अपमानित, प्रस्रवणगिरि पर तेरी सहायता की बाट जोह रहा है। तेरे मित्र और सहायक असिगुल्म तथा उसके साथियों के सैनिकों के भय से त्रस्त हैं। तेरी प्रजा बालि के आतंक से मुक्ति पाकर नये जीवन की राह देख रही है, और तू मदांध और कामुक बना, अपने प्रासादों में पड़ा है। नीच! तेरी रक्षा और सहायता करने वाले तेरे उसी मित्र आर्य राम ने कहलवाया है कि 'सुग्रीव! जिस मार्ग से बालि गया था, वह मार्ग अभी बंद नहीं हुआ है। तू सावधान नहीं हुआ, तो बहुत शीघ्र ही तुझे भी वहीं पहुँचा दिया जाएगा'... ।"

लक्ष्मण मौन हुए तो उनका सारा शरीर क्रोध और आवेश से थर-थर काँप रहा था।

सुग्रीव के मन की विचित्र स्थिति थी।

उन्होंने सम्राट बनकर न अपनी प्रजा के साथ न्याय किया था, न अपने साथियों के साथ और न अपने मित्र इस राम के साथ! उन्होंने सबका भला करना चाहा था, किंतु उलझनों के बीच से कोई राह नहीं खोज पाए थे...और आज वे ही मित्र राम कहलवा रहे हैं कि जिस राह से बालि गया था...बालि किस राह पर गया था!...मायावी ने बालि को यह राह दिखाई थी। बालि ने मदिरा पीनी आरंभ की थी...बालि मदिरा के साथ-साथ प्रत्येक विलास की राह पर बढ़ता चला

गया था।...कामुकता प्रमुख थी उसमें। अलका के पीछे बालि का मायावी से विरोधी हुआ...अपनी विलासिता के कारण बालि किष्किंधा के वानरों के लिए कुछ नहीं कर सका, किसी का भला नहीं कर सका...अंततः उसका अपना सगा भाई सुग्रीव ही बालि का विरोधी हो गया...कैसे बढ़ता गया विरोध...अंततः बालि मारा गया।

सुग्रीव भी उसी मार्ग पर बढ़ रहे हैं...ठीक कहलवाया है राम ने—बालि जिस मार्ग से गया है, वह मार्ग अभी बंद नहीं हुआ है...कहाँ बंद हुआ है वह मार्ग? सुग्रीव भी माधवी में डूबकर सब कुछ भूल गए हैं—प्रजा, मित्र साथी, राज्य। यदि सुग्रीव इसी मार्ग पर बढ़ते गए तो वे भी अपने स्वार्थ, विलास, कामुकता, लंपटता इत्यादि के सिवाय और कुछ नहीं साध पाएँगे...वे अपने स्वार्थों के लिए अपनी प्रजा के शत्रु हो जाएँगे, उनके अपने मित्र और साथी उनके वैरी हो जाएँगे...ये ही अंगद और हनुमान उनका वध कर डालेंगे अथवा करवा डालेंगे...

राम ने कहलवाया है कि जिस मार्ग से बालि गया है, वह मार्ग अभी बंद नहीं हुआ?...क्या राम ने उस मार्ग की ओर संकेत किया है, जिसके द्वार उनके बाण खोलते हैं?...शक्तिशाली बालि, जो वज्र का आघात हँसकर झेलता था, राम के एक बाण को नहीं सह पाया...एक ही बाण से वह यम के द्वार तक जा पहुँचा...राम के बाण अभी समाप्त नहीं हुए, राम की शक्ति कम नहीं हुई...यदि अपने मित्र की पत्नी को लौटा लाने के लिए वे वानरराज बालि का वध कर सकते हैं; तो अपनी पत्नी की खोज में विघ्न-स्वरूप अड़ गए सुग्रीव को वे जीवित छोड़ देंगे क्या?...और जब राम के बाण से बालि की रक्षा नहीं हो सकी, तो सुग्रीव की रक्षा कौन करेगा!

सुग्रीव को लगा, उन्हें किसी ने पुनः एक बार उठाकर उनके अतीत में ला पटका है। पहले जैसे आधी रात के समय, अपनी पत्नी को अकेली और निस्सहाय छोड़कर वे एक लंबे समय तक वनों और पर्वतों की गुफाओं में भटकते फिरे थे, वैसे ही वे फिर एक बार राम के बाणों के भय से भूखे-प्यासे असहाय वन-वन भटकते फिरेंगे। बालि के विरुद्ध तो अनेक लोगों ने उनका साथ दिया था, इस बार शायद कोई उनका साथ भी न दे...तब उनमें न्याय के पक्ष का आत्मबल तो था, आज वह भी नहीं है। राम से त्राण पाने के लिए, उनके विरुद्ध सुग्रीव को उन लोगों का संबल ग्रहण करना पड़ेगा, जिनसे उन्होंने सदा घृणा की है...रावण-जैसे लोग...

सुग्रीव को लगा, उनके मस्तिष्क में कहीं कण भर भी माधवी का मद नहीं रह गया है। सारा प्रमाद जाने कहाँ उड़ गया है। वे वस्तुस्थिति को आमने-सामने देख रहे हैं। वे किष्किंधा के सम्राट हैं। यह उनका प्रासाद है और उनका अपना कक्ष है। उनकी अपनी दोनों पत्नियाँ उनके समीप खड़ी हैं। अंगद जैसा वीर और समर्थ पुत्र तथा हनुमान जैसा बलशाली साथी—दोनों विद्यमान हैं। उनके अंगरक्षक,

द्वारपाल, सेवक, परिचारक सब हैं...और उन सबके बीच निर्भीक खड़े लक्ष्मण, 'नीच' तथा 'कृतघ्न' जैसे विशेषणों से उन्हें संबोधित कर रहे हैं और युद्ध की चुनौती-स्वरूप अपना धनुष टँकार रहे हैं...

राम और लक्ष्मण के बाणों से वे तनिक भी सुरक्षित नहीं हैं...सुग्रीव का शरीर भय से काँप उठा। उन्हें लगा, उनका मस्तिष्क अपना कर्त्तव्य निश्चित नहीं कर पा रहा है...

लक्ष्मण की फटकार से तारा भी पर्याप्त विचलित हो गई थीं। उन्हें लगा कि अब तक लक्ष्मण के साथ हुई वार्त्ता के कारण, लक्ष्मण के व्यवहार में उत्पन्न हुई कोमलता नष्ट हो चुकी है और उसका कोई प्रभाव लक्ष्मण के हाव-भाव पर शेष दिखाई नहीं दे रहा...लक्ष्मण ने यह तो कहा था कि यदि सुग्रीव को कोई समझा नहीं सकता, तो लक्ष्मण उन्हें समझाएँगे; किंतु समझाने का ढंग इतना कठोर होगा, यह तारा ने नहीं सोचा था।...यहाँ तक भी कोई हानि नहीं है, किंतु लक्ष्मण ने सुग्रीव का और भी अपमान किया, अथवा जिस धनुष को वे बार-बार टँकार रहे हैं, उस पर बाण चढ़ा लिया, तो समझाने की वह पद्धति अत्यधिक क्रूर हो जाएगी। लक्ष्मण की फटकार के उत्तर में सुग्रीव कुछ सोचते-से चुप खड़े थे। वह मौन मद के कारण नहीं, किसी अन्य चिंता के कारण लग रहे था।

सुग्रीव की ओर से कोई उत्तर नहीं आया तो अंततः तारा ही बोलीं, "कुमार! सम्राट से प्रमाद अवश्य हुआ है; किंतु उनका अपराध इतना गंभीर नहीं है कि उनकी मर्यादा की चिंता किए बिना—उनकी प्रजा के सम्मुख उनका अपमान किया जाए। वे वानरों के सम्राट हैं।" तारा रुकीं, किंतु इससे पूर्व कि लक्ष्मण कुछ कहते, वे पुनः बोलीं, "किसी वस्तु से वंचित हो जाने के कारण उसके प्रति सामान्यतः हमारा आकर्षण बढ़ जाता है। कठोर प्रवास के पश्चात् यदि सुग्रीव के मन में विलास के प्रति आसक्ति जाग ही गई है, तो सम्राट से कोई अक्षम्य अपराध नहीं हो गया। राम ने यदि सुग्रीव की सहायता की है तो सुग्रीव भी राम की सहायता करेंगे। विभिन्न वानर यूथों से सम्राट ने जो खोजी बुलवाए हैं, वे उन्हें आज ही देवी जानकी की खोज में विभिन्न दिशाओं में भेजेंगे। और..." तारा का स्वर कुछ आवेशपूर्ण हो उठा, "इतने पर भी यदि राम समझते हैं कि उन्हें अब सुग्रीव की आवश्यकता नहीं है, तो वे आकर सुग्रीव का वध कर दें। किंतु इतनी बात मेरी सुनते जाओ, राजकुमार! कि संसार में ऐसा कोई मनुष्य नहीं है, जिसे किसी अन्य व्यक्ति की सहायता की आवश्यकता नहीं है। मैं भी लंका नहीं गई हूँ; किंतु मैंने वीरवर बालि से सुन रखा है कि रावण की राक्षस सेनाओं की गणना भी संभव नहीं है। उस सेना से युद्ध कोई हँसी-खेल नहीं है। यदि राम चाहें तो सुग्रीव को अपना मित्र मानें—सुग्रीव अपनी समस्त वानर सेनाओं के साथ, उनके पक्ष से रावण के विरुद्ध

युद्ध करेंगे; अन्यथा राम सुग्रीव का वध कर, अपनी पत्नी की खोज में इन वनों, पर्वतों तथा समुद्र की लहरों पर अपना कपाल पटकने को पूर्णतः स्वतंत्र हैं।''

तारा की बात ने लक्ष्मण को अप्रभावित नहीं छोडा। अपना आक्रोश प्रकट कर चुकने के पश्चात् अब वे उतने कठोर भी नहीं रह गए थे। तारा के तर्क ने उन्हें और भी कोमल कर दिया। बोले, ''हम हत्याओं का व्यापार करने वाले क्रूर और हिंस्र जीव नहीं हैं, साम्राज्ञी! और न ही पूज्य-पूजन के अयोग्य हैं। किंतु सम्राट ने न केवल अपने शैथिल्य से हमें व्याकुल किया है, वरन् अपने राज्य में अनेक संकटों को जन्म दिया है। यदि इन्होंने अब भी सक्रियता न दिखाई तो विभिन्न वानर-यूथ परस्पर ही लड़कर नष्ट हो जाएँगे। तब कहाँ रहेगा वानर-राज्य और कहाँ रहेंगे वानर सम्राट!''

लक्ष्मण को मित्र-भाव से बोलते देख, सुग्रीव के शरीर में भी प्राण लौटे। वे संकोचपूर्वक लक्ष्मण के निकट आए और बहुत धीमे स्वर में बोले, ''तुम ठीक कहते हो, सौमित्र! मैंने अपने प्रमाद और शैथिल्य से अपने हितैषियों तथा प्रजा के प्रति अपराध किया है। न केवल मैं अपनी प्रजा के प्रति अपने धर्म को भूल गया था, वरन् अपने प्रति किए गए आर्य राम के उपकार को भी विस्मृत कर बैठा था। तुम मुझे क्षमा करो, सौमित्र!'' सुग्रीव का स्वर ग्लानि-विगलित हो उठा, ''और आर्य राम से भी क्षमा प्राप्त करने में मेरी सहायता करो। तुम्हारे कठोर शब्दों तथा व्यवहार के प्रति मेरे मन में तनिक भी प्रतिवाद नहीं है। यदि तुमने ऐसा कठोर व्यवहार न किया होता, तो कदाचित् मेरा प्रमाद भी न मिटता...व्याधि जितनी गंभीर होगी, औषधि भी उतनी ही कटु होगी। मुझे लगता है कि मैं एक लंबी मोह-निद्रा से जगा हूँ।'' सुग्रीव ने रुककर कहा, ''देवी जानकी के संधान के लिए खोजियों के प्रस्थान के लिए मैं शीघ्र व्यवस्था करूँगा।''

''पहले अपनी किष्किंधा की व्यवस्था तो कर लो, सम्राट! अपने खोजियों को अपनी सेना और यूथों की शांति की खोज में भेज लो।'' लक्ष्मण का स्वर पुनः कटु हो गया, ''देवी जानकी के संधान के लिए हमने चार मास प्रतीक्षा की है। एक दिन और कर लेंगे; किंतु तुम्हारे यूथों और वाहिनियों में यदि गृह-युद्ध आरंभ हो गया तो देवी जानकी की खोज में जाने वाला कोई खोजी बचेगा भी नहीं।''

''गृह-युद्ध?'' सुग्रीव साकार प्रश्नचिह्न बने हुए थे।

''सम्राट!'' उत्तर हनुमान ने दिया। अपने सम्राट को फिर से जागा हुआ पाकर वे अत्यंत प्रफुल्लित लग रहे थे, ''यूथपति असिगुल्म-समर्थक सैनिक आपकी अनुचर वाहिनियों पर आक्रमण कर उन्हें अपने अधीन अथवा नष्ट करने की योजनाएँ बना रहे हैं।''

सुग्रीव का पुराना तेज उनके चेहरे पर लौटा, ''हनुमान! तत्काल कुछ आदेश प्रचारित करवा दिए जाएँ। राजद्रोह के अपराध में यूथपति असिगुल्म को अपने

समस्त पदों से पदच्युत किया जाता है और उनकी समस्त चलाचल संपत्ति राजकोष में सम्मिलित की जाती है। कोटपाल को मेरा आदेश दो कि वे असिगुल्म को तत्काल बंदी करें।...बहुत हो चुका, अब मैं अपने अंतर्द्वंद्व की जड़ता के कारण वानरों को नष्ट नहीं होने दूँगा।" सुग्रीव जैसे अपने-आपसे बोले, "युवराज! खनिज-पदार्थों बालि भूमि के स्वामियों को उचित मूल्य देकर उन भूमियों की तत्काल खुदाई आरंभ की जाए; और यदि भूपति राजपुरुषों के कार्य में बाधा डालें तो सशस्त्र वाहिनी की सहायता से उन्हें उचित दण्ड दिया जाए। साथ ही नल और नील को मेरा आदेश दो कि वे विवादास्पद भूमि पर श्रमिकों का ही अधिकार स्वीकार करें और वहाँ उनके आवासों के निर्माण का कार्य तत्काल आरंभ करवा दें।"

"जो आज्ञा, सम्राट!"

"चंचला!" सम्राट ने एक नये प्रकार के आवेश में, अंतःपुर की प्रधान परिचारिका को आदेश दिया, "राजप्रासाद में जहाँ भी कहीं, किसी भी प्रकार, जाति तथा श्रेणी की मदिराएँ हों, उन्हें नष्ट कर दिया जाए। मदिरा के भाँड और चषक भंग कर दिए जाएँ। अब वे राजप्रासाद में मदिरा अथवा अन्य कोई भी मादक पदार्थ प्रवेश नहीं पा सकेगा।" वे पुनः हनुमान की ओर मुड़े, "हनुमान महेन्द्र, हिमवान, विंध्य, कैलास, मंदराचल, अंचल पर्वत, मेरु पर्वत तथा अन्य पर्वतों की गुफाओं अथवा अन्य दुर्गम स्थानों में प्रच्छन्न रूप से वास करने वाले वानरों के पास शीघ्रगामी दूत भेजो! उन्हें मेरा संदेश दो कि राक्षसों के अत्याचारों से पीड़ित होकर अपने स्थान को छोड़, सुरक्षित स्थानों की खोज में गए वानरों को सुग्रीव का आह्वान है कि अब रावण का भय मानने की आवश्यकता नहीं है। अब कहीं भी कोई राक्षस उन्हें व्याकुल करने का साहस नहीं करेगा। अब हम निरीह प्राणी बनकर, राक्षसों के अत्याचारों से डरकर मारे-मारे फिरने वाले, विभिन्न जातियों, राज्यों अथवा पृथ्वी के दुर्गम स्थानों से अपनी सुरक्षा के लिए शरण माँगने वाले भीरु लोग नहीं हैं। अब आचार्य राम और लक्ष्मण जैसे वीर योद्धा और प्रशिक्षक हमारे सहायक हैं। सुग्रीव उन सभी प्रवासी वानरों को किष्किंधा राज्य में लौट आने के लिए आमंत्रित करता है। हम राक्षसों से उनके अब तक के अत्याचारों का प्रतिशोध लेंगे। अब किसी को प्राण-रक्षा के लिए अपना मूल स्थान छोड़कर भागना ही हुआ तो राक्षस भागेंगे। हम आक्रामक युद्ध करेंगे और राक्षसों द्वारा होने वाले वानरों के विभिन्न अंचलों, क्षेत्रों और यूथों के शोषण को सदा के लिए समाप्त कर देंगे। अपनी जाति या राज्य पर होने वाले अत्याचार के विरुद्ध लड़ने वाले प्रत्येक वानर का वानरराज सुग्रीव किष्किंधा में स्वागत करेगा।" सुग्रीव ने क्षण-भर रुककर अपने अधरों को जिह्वा से गीला किया, "और जो लोग वीरवर बालि के आतंक से भयभीत होकर वानर यूथों तथा वानर क्षेत्रों को छोड़कर चले गए हैं, उन्हें भी अपने क्षेत्रों और यूथों में लौट आने के लिए आमंत्रित करो। उनसे कहो, अब किष्किंधा में जन-कल्याणकारी

राज्य की स्थापना कर दी गई है। अब हम परस्पर नहीं लड़ेंगे, एकजुट होकर अपने शत्रुओं से लड़ेंगे; एक मनुष्य दूसरे मनुष्य का शोषण नहीं करेगा, हम सब मिलकर अपने लिए आवश्यक वस्तुओं का प्रकृति से अर्जन करेंगे।...उनसे भी लौट आने के लिए कहो, जो आजीविका के अभाव में अपना स्थान छोड़ देश-विदेश में भटक रहे हैं। उन वानरों से कहो कि उन्हें अपना पेट भरने के लिए विदेशों में अपमानजनक जीवन व्यतीत करने की आवश्यकता नहीं है—वानर-राज्य अब समस्त वानरों के लिए अपना घर है और अपने घर मिलने बालि समस्त सुविधाएँ उन्हें अब मिलेंगी।''

सुग्रीव के चारों ओर उल्लास का वातावरण था, जैसे मृत सम्राट फिर से जीवित हो उठा हो। हनुमान, अंगद, तारा, रुमा—सब ही लोग जैसे कोई अद्भुत चमत्कार देख रहे थे। कुछ क्षण पहले तक जो लक्ष्मण उनके लिए आतंक बनकर आए थे, वे अब कैसे प्रिय और आत्मीय लग रहे थे। एक बार अपने बाण से बालि का वध कर राम ने सुग्रीव को जीवन-दान दिया था; और आज लक्ष्मण ने अपनी उग्रता से सुग्रीव के प्रमाद की हत्या कर उन्हें पुनर्जीवन दिया था।

और लक्ष्मण हैरान थे कि सचमुच सुग्रीव में कोई अब तक मूर्च्छित प्रेत जाग उठा था, या वे उन्हें प्रसन्न करने के लिए बिना सोचे-समझे, राम और लक्ष्मण के भय में आविष्ट, आदेश देते जा रहे थे। पर सत्य यही था कि वे आदेश दे रहे थे।

''सम्राट!'' अंततः सस्मित लक्ष्मण सौहार्दपूर्ण स्वर में बोले, ''इन समस्त आज्ञाओं की प्रतीक्षा हम लंबे समय से कर रहे थे, इसलिए हमारे लिए आज महोत्सव का दिन है। किंतु इतनी सारी कठोर आज्ञाएँ एक साथ देने से पूर्व इस विषय में विचार कर लें कि कहीं कल आपके आलोचक यह न कहें कि ये सारी आज्ञाएँ राम की धमकी से भीत होकर सुग्रीव ने आत्मरक्षा के भाव से प्रेरित होकर दी हैं। ऐसा न हो कि निकट भविष्य में इन आक्षेपों के कारण आपके लिए कोई समस्या खड़ी हो जाए।''

''यदि मेरे मित्र हो तो मुझे पुनः उस संकट में न डालो, सौमित्र!'' सुग्रीव अत्यंत दीन स्वर में बोले, ''तेजस्वी पुरुष अपने तेज के साथ ही सहज होकर जी सकता है। जब इस प्रकार के ऊहापोह, अंतर्द्वंद्व और चिंतन-मनन उसकी तेजस्विता को बंदी बनाने लगते हैं तो उसका दम घुटने लगता है। मैंने यह राज्य अपने भाई का वध करवाकर पाया है—इस विचार ने मेरी स्वतंत्र विचार-शक्ति को ग्रस लिया था। मैंने अपनी अंतरात्मा से आदेश लेने बंद कर, यही सोचना आरंभ कर दिया था कि मेरे किस कार्य की आलोचना किस रूप में होगी; और उस आलोचना से बचने के विचार से स्वयं को पूर्वाग्रह-रहित, पक्षपात-शून्य तथा स्वतंत्र विचारक सिद्ध करने की चिंता में मैं अपनी तेजस्विता का दम घोंटता रहा तथा अपनी पीड़ा से बचने के लिए विलास के गर्त में गहरे-से-गहरे उतरता रहा।...किसी के

समझाने-बुझाने और उपेदश का मुझ पर कोई प्रभाव नहीं हुआ। अब, जब तुमने मेरे प्राणों के लिए भय उत्पन्न कर दिया तो मेरी आत्मा अपने समस्त बंधन तोड़कर जाग उठी है; अब पुनः उसे अनिर्णय की ओर मत धकेलो।''

''आपने सत्य कहा, वानरराज! तेजस्वी पुरुष अपने तेज से जाज्वल्यमान होकर न जी सके तो उसकी आत्मा कुंठित होने लगती है। भीतर-भीतर घुटना लक्ष्मण का भी स्वभाव नहीं है...'' लक्ष्मण उन्मुक्त मन से हँसे, ''इसलिए मैं आपसे भी इस प्रकार जीने को नहीं कहूँगा। जीना तो अपनी प्रकृति के अनुकूल ही होकर जीना है, अपनी अंतरात्मा के संकेत पर।'' लक्ष्मण ने रुककर विषय बदला, ''तो सम्राट! यदि आप स्वस्थ हों और किष्किंधा के बाहर निकल सकते हों तो कृपया प्रस्रवणगिरि पर पधारने का कष्ट करें और अपने मित्र की व्याकुलता कम करें।''

''तुम चलो, सौमित्र!'' सुग्रीव का पूर्ण आत्मविश्वास उनके स्वर में बोल रहा था, ''मैं आवश्यक व्यवस्था कर थोड़ी ही देर में उपस्थित होता हूँ।''

''जैसी आपकी इच्छा, आर्य!'' लक्ष्मण बोले, ''इस जागरण-प्रक्रिया में मुझसे जो अनुचित कहा गया हो; आपके प्रति जो अभद्र व्यवहार हुआ हो, उसके लिए क्षमा कीजिएगा। आपका अपमान करना मेरा लक्ष्य नहीं था।''

''तुम धन्य हो, मित्र!'' सुग्रीव हँसे, ''मैं तो न कभी तुम्हारे हृदय की कठोरता को पा सका और न कोमलता को।''

राम ने सारा विवरण सुना।

सब कुछ कितना विचित्र था। ऋष्यमूक पर मिलने वाला सुग्रीव कितना भयातुर था। उसके साथियों ने बताया था कि मायावी की खोज में गए बालि की अनुपस्थिति में सुग्रीव ने अद्भुत जन-समर्थक नीतियों को अपनाया था और थोड़े ही समय में किष्किंधा का रूप बदल दिया था। और बालि के वध के पश्चात सम्राट बनते ही कैसा आलसी, जन-विमुख, कामुक और विलासी हो गया था सुग्रीव।...और अब...उसके विषय में राम की धारणा ठीक थी। प्रकृति से नीच नहीं है सुग्रीव। नीच व्यक्ति को उदात्त कार्य करने से पीड़ा होती है और उदात्त व्यक्तित्व अपनी प्रकृति के अनुकूल कार्य न कर सकने के कारण तड़पता है।...पिछले दिनों जब सुग्रीव के सभी साथी और स्वयं राम अपने मन में सुग्रीव के विरुद्ध अनेक धारणाएँ पाल रहे थे कि वह कामुक और विलासी हो गया है—उन दिनों सुग्रीव अपने मन की यातना को माधवी से धोने का प्रयत्न कर रहा था...अर्थात् यह व्यक्ति केवल तेजस्वी निर्णय ले सकता है, और तेजस्वी बनकर जी सकता है। आत्ममंथन की यातना सहने का सामर्थ्य नहीं है सुग्रीव में। जीवन की विघ्न-बाधाओं तथा संसार के छल-छंद से कभी आत्ममंथन का अवसर आया तो यह व्यक्ति टूटने लगेगा। इसके सम्मुख विकल्प आने ही नहीं चाहिएँ। उसे केवल सीधा मार्ग दिखाई पड़े

चाहिए, जिस पर वह अपनी पूर्ण गति से बढ़ता जाए, जहाँ दोराहा आया कि यह व्यक्ति वहाँ बैठकर अपना सिर धुनने लगेगा।

राम की दृष्टि प्रस्रवणगिरि के चरण प्रदेश पर गई। वानरों की अनेक सैनिक टुकड़ियाँ उनके आश्रम की ओर आ रही थीं। उनकी संख्या इतनी अधिक थी कि इस असाधारणता के कारण, राम के माथे पर भी चिंता की दो-एक रेखाएँ खिंच आईं।

"प्रातः हमारे जन-सैनिकों ने सुग्रीव के प्रासाद को घेरा था, भैया। यह उसी का प्रतिकार तो नहीं है!"

"सुग्रीव इतना मूर्ख नहीं हो सकता।"

"किंतु हमें सावधान तो रहना ही चाहिए।"

लक्ष्मण ने अनिन्द्य को संकेत किया। पलक झपकते ही समस्त आश्रमवासी शस्त्रबद्ध हो गए। किंतु, संशय की स्थिति अधिक देर तक नहीं टिक पाई। वे टुकड़ियाँ वानर सैनिकों की ही थीं, किंतु उनमें से किसी के भी हाथ में कोई शस्त्र नहीं था। फिर, वे टुकड़ियाँ आश्रम के बाहर ही, कुछ दूरी पर रुक गई थीं। लगा, जैसे वे लोग किसी की प्रतीक्षा कर रहे हैं। थोड़ी ही देर में प्रस्रवण के पग-प्रदेश में एक शिविका आकर रुकी और उसमें से सुग्रीव उतरे। लक्ष्मण को दिए अपने वचन के अनुसार वे आ पहुँचे थे।

पर्वत के ऊपर सुग्रीव पैदल ही चढ़े और सबसे पहले उन्होंने आश्रम में प्रवेश किया। उनके पीछे-पीछे नीचे रुक गई वानर टुकड़ियों ने भी आश्रम में प्रवेश किया। वे सारे सैनिक, सुग्रीव के ही समान, राम के सम्मुख हाथ जोड़कर खड़े हो गए।

"यह क्या कर रहे हो, वानरराज?" राम ने कुछ विस्मय के स्वर में कहा।

"आर्य! मेरी श्री, कीर्ति और सदा से चला आने वाला वानरों का यह राज्य प्रायः नष्ट हो चुका था। आप तथा आपके वीर भाई के प्रताप से इन सबकी पुनर्प्रतिष्ठा हुई है। कृतज्ञता तथा उपकार को न मानने वाला मनुष्य पशु है। मैं अपने प्रमाद में ग्रस्त होकर अब तक जो पाप कर चुका हूँ, आपसे उसकी क्षमा-याचना करने तथा अब यथासंभव आपकी सेवा करने के लिए उपस्थित हुआ हूँ।"

सुग्रीव राम के सम्मुख घुटनों के बल बैठ गए और अपने जुड़े हुए हाथों पर उन्होंने अपना माथा टेक दिया।

राम तत्काल आगे बढ़े और उन्होंने कंधों से पकड़कर सुग्रीव को उठाया और हृदय से लगा लिया, "मैं सौमित्र से सब कुछ सुन चुका हूँ, मित्र! आत्मग्लानि से अपने तेज को क्षीण मत करो। मैत्री समानता के आधार पर होती है। हम दोनों मित्र हैं। यदि इस प्रकार दीन व्यवहार करोगे, तो मैत्री टिक नहीं पाएगी।"

सुग्रीव प्रकृतस्थ होकर राम के निकट एक शिला पर बैठ गए, "राम! मैं दो कार्य

साथ-साथ करना चाहता हूँ—एक देवी जानकी की खोज में विभिन्न दिशाओं में खोजियों को भेजना और दूसरे वानर-यूथों को आसन्न राक्षस-युद्ध में रावण की सेनाओं से युद्ध कर सकने योग्य प्रशिक्षण देना।''

''तीन कार्य एक साथ करो, मित्र!'' राम सस्मित बोले, ''दो तो तुमने कहे हैं और तीसरा—प्रजा के हित कल्याण-कार्यों को पूर्णता की ओर बढ़ाना।''

''हाँ, वह भी!'' सुग्रीव बोले, ''किंतु देवी जानकी की खोज के लिए विभिन्न दिशाओं में भेजे जाने वाले वानरों का चयन महत्त्वपूर्ण कार्य है।'' वे निमिष भर रुककर बोले, ''मेरा ऐसा विचार है कि हम संधान-टोलियों को यथासंभव प्रत्येक दिशा में भेजें; किंतु अधिक संभावना यही है कि जानकी को रावण लंका में ही ले गया होगा। ऐसा मैं दो कारणों से समझता हूँ—एक तो लंका की सुरक्षा-व्यवस्था की दृष्टि से और दूसरे, रावण सीता को अपने निकट ही रखना चाहेगा। इस समय उसके लंका में ही होने की संभावना अधिक है; क्योंकि अन्यत्र कहीं से भी उसके किसी उत्पात के समाचार नहीं आ रहे हैं। इसलिए सबसे महत्त्वपूर्ण संधान-दल लंका की ओर जाना चाहिए और उसमें सबसे योग्य व्यक्ति सम्मिलित होने चाहिएँ। मेरे विचार से हनुमान, अंगद नील, तार, जांबवान, सुहोत्र, शरारि, शरगुल्म, गज, गवाक्ष, गवय, वृषभ, मैंद, द्विविद, गंधमादन, उल्कामुख तथा असंग को इस दल में होना चाहिए।''

''जैसी तुम्हारी इच्छा।'' राम ने सहमति प्रकट की, ''मेरे विचार से भी दक्षिण दिशा की ही अच्छी प्रकार खोज होनी चाहिए; और उसमे भी विशेष रूप से लंका की। जनस्थान से भागकर शूर्पणखा भी वहीं गई थी। रावण भी सीता का हरण कर किष्किंधा के निकट से होकर गया है, तो संभवतः लंका ही गया होगा। लंका की भली प्रकार खोज हो, मित्र! किंतु इस दल में तुमने अनेक प्रियजन रखे हैं। विचार कर लो, इन्हें शत्रुओं के घर में घुसकर जानकी का अन्वेषण करना है। यह न हो कि ये लोग किसी कठिनाई में फँस जाएँ।''

''वह मैंने सोच लिया है!'' सुग्रीव बोले, ''मुझे चिंता उस बात की नहीं है। चिंता इस बात की है कि यदि ये सब लोग अन्वेषण के लिए चले गए, तो पीछे से राक्षस-युद्ध के लिए सेना-निर्माण का कार्य कौन करेगा?''

''सैनिक-प्रशिक्षण का कार्य मेरा, सौमित्र का और मेरे जन-सैनिकों का है।'' राम आश्वस्त स्वर में बोले, ''मेरे ये जन-सैनिक अब तक सैन्य-प्रशिक्षण में इतने अनुभवी हो चुके हैं कि उनसे श्रेष्ठ प्रशिक्षक कदाचित् ही कहीं मिलें।''

''तो फिर यही हो! देवी जानकी के अन्वेषण का दायित्व मुझ पर रहा और राक्षसों को सम्मुख-युद्ध में पराजित करने में समर्थ वानर-सेना के निर्माण और प्रशिक्षण का कार्य आपका।'' सुग्रीव बोले और वे प्रधान चर की ओर मुड़े, ''नीचे जाकर मुख्य यूथपतियों तथा समस्त पार्षदों को आश्रम में बुला लाओ।''

राम का आश्रम सुग्रीव के यूथपतियों और पार्षदों से भर गया। राम को ऐसा आभास नहीं था कि सुग्रीव इस प्रकार पूर्ण तैयारी के साथ आए हैं।

''अंगद!'' सुग्रीव बोले, ''मेरे पुत्र और युवराज होने के नाते, मेरे दायित्वो के निर्वाह का सर्वाधिक बोझ तुम्हारे ऊपर है, इसलिए देवी जानकी के अन्वेषण में मैं सबसे अधिक दायित्व का कार्य तुम्हें सौंप रहा हूँ। मैं और आर्य राम प्रायः सहमत हैं कि रावण सीता को लंका में ही ले गया होगा। अतः तुम लंका की दिशा में ही जाओ। तुम्हारे साथ हनुमान, जाम्बवान, तार, नील, सुहोत्र, शरारि, शरगुल्म, गज, गवाक्ष, गवय, वृषभ, मैंद, द्विविद, गंधमादन, उल्कामुख तथा असंग होंगे। खोजियों की एक पूरी टोली तुम्हारे साथ जाएगी, जो तुम्हें मार्ग खोजने, मार्ग की वनस्पतियों, जीव-जंतुओं इत्यादि के विषय में सूचनाएँ देने, मार्ग में रुकने की व्यवस्था करने तथा अन्य प्रकार की कठिनाइयों में सहायता पहुँचाएगी। यदि चाहो तो अपने साथ सशस्त्र वाहिनियाँ भी ले जा सकते हो।'' सुग्रीव रुके, ''मुझे पूर्ण विश्वास है कि देवी जानकी लंका में ही होंगी, अतः उन्हें खोजने का पूर्ण दायित्व तुम्हारा ही है, पुत्र! राक्षस लोग बलवान और मायावी हैं; और मार्ग तुम्हारे लिए अनजाना है, इसलिए सावधान होकर जाना। हनुमान, जाम्बवान, तार तथा नील तुमसे अधिक अनुभवी हैं, अतः उनके परामर्श का पूरा लाभ उठाना; किंतु युवराज होने के नाते दल के नायक तुम्हीं रहोगे। निर्णय का अधिकार तथा अन्वेषण का दायित्व तुम्हारा ही होगा।''

अंगद ने हाथ जोड़ दिए, ''आपकी आज्ञा का अक्षरशः पालन होगा, सम्राट!''

''और पुत्र! एक बात का ध्यान रखना।'' सुग्रीव का स्वर कुछ आर्द्र हो उठा, ''तुम इकलौते पुत्र हो मेरे। और वानर राज्य के युवराज को अपने प्राणो की रक्षा पूर्ण चतुराई से करनी होगी। लंका में प्रवेश के लिए समुद्र पार करना होगा। ऐसे स्थान से समुद्र पार मत करना, जहाँ से राक्षसों का आवागमन होता हो; अथवा जहाँ निकट ही उनका जलपत्तन हो। उनकी दृष्टि तुम लोगों पर पड़ गई तो हमारे लिए संकट खड़ा हो जाएगा। सारा अन्वेषण गोपन रीति से हो और एक मास के भीतर वापस लौटकर अपनी खोज की सूचना दो। एक मास की अवधि के पश्चात असफल लौटने वाले दल के लिए मैं मृत्यु-दण्ड प्रस्तावित कर रहा हूँ...समझ रहे हो न?''

''सम्राट की आज्ञा पूरी होगी।''

''जाओ, पुत्र! अपने साथियों को सूचना दे दो और आर्य राम से आवश्यक निर्देश लेकर यथाशीघ्र प्रस्थान करो।''

अंगद के पश्चात् सुग्रीव ने किष्किंधा के प्रसिद्ध योद्धा-वैद्य तथा तारा के पिता सुषेण को बुलाया, ''आर्य! पश्चिम दिशा में देवी जानकी के अन्वेषण का

दायित्व आप ग्रहण करें। आप अपने साथ अपने मंत्रियों को ले लें। खोजियों का एक दल आपके साथ भी जाएगा। आवश्यक समझें तो अपनी इच्छानुसार सशस्त्र वाहिनियों को भी साथ ले लें। एक मास के भीतर आकर अपनी खोज की सूचना दें।''

''सम्राट की इच्छा पूरी होगी।'' सुषेण बोले।

''पश्चिम दिशा में पड़ने बालि राक्षस बस्तियों, रावण के शिविरों और स्कंधावारों, उसके अधीनस्थ राजाओं के प्रासादों तथा राक्षस नगरों को अच्छी प्रकार देखिएगा। और जहाँ भी आपको देवी जानकी के छिपाए जाने की संभावना दिखे, उस स्थान का पूर्ण परीक्षण कीजिएगा।''

''अपनी क्षमता भर मैं पूर्ण अन्वेषण करूँगा, सम्राट!''

पूर्व दिशा में जाने वाले दल का नायकत्व सुग्रीव ने विनत तथा उत्तर में जाने वाले दल का नायकत्व शतबलि को सौंपा।

सम्राट का आदेश पाकर चारों दलों के नायक राम के सम्मुख उपस्थित हुए।

राम ने उन्हें जाने को प्रस्तुत देखा तो उनका मन भर आया। आर्द्र स्वर में बोले, ''मित्रो! इस समय आप लोग मुझे अपने भाइयों से भी बढ़कर हैं। जो कार्य मैं स्वयं नहीं कर सका, सौमित्र नहीं कर सके—वह कार्य करने के लिए आप लोग जा रहे हैं। मेरे इस कथन में तनिक भी अतिरंजना नहीं है कि मेरा मानापमान ही नहीं, सीता की उपलब्धि और उसके माध्यम से मेरे प्राणों की रक्षा आपके इस अनुसंधान-कार्य पर निर्भर है। मेरे मन में इस समय आप लोगों के प्रति क्या भाव हैं, यह मैं शब्दों में अभिव्यक्त नहीं कर सकता।'' क्षण-भर के लिए वे रुके, जैसे अपने स्वर की थरथराहट को साध रहे हों, ''यद्यपि अधिक संभावना इसी बात की है कि दक्षिण की ओर जाने वाला दल ही कदाचित् सीता तक पहुँच पाएगा; फिर भी यह निश्चित नहीं है कि आपमें से कौन लक्ष्य तक पहुँचेगा। जो भी सीता को खोज पाए और उन तक पहुँच पाए, उसे चाहिए कि वह उन्हें विश्वास दिलाए कि उन्हें मुक्त कराने के लिए हम कटिबद्ध हैं और उनकी सूचना मिलते ही उनकी मुक्ति के लिए सैनिक अभियान आरंभ कर देंगे। उसके लिए आवश्यक होगा कि सीता को कोई ऐसा प्रमाण दिया जाए कि उन तक पहुँचने वाला दूत मेरी ओर से ही आया है।''

राम ने रुककर लक्ष्मण की ओर देखा।

लक्ष्मण उठकर राम की गुफा के भीतर गए और अगले ही क्षण मुट्ठी में कुछ दबाए हुए बाहर आए। वह वस्तु उन्होंने राम की फैली हुई हथेली पर रख दी।

राम ने अपनी मुट्ठी बंद नहीं की। सबने देखा—वे किसी विशिष्ट घास की बनाई हुई चार मुद्रिकाएँ थीं।

"वनवास की अवधि में मेरे पास कोई आभूषण नहीं रहे। एक वनवासी के समान मैंने सदा गवद घास की ऐसी मुद्रिकाएँ बना-बनाकर समय-समय पर सीता को पहनाई थीं। अपनी प्रिया से विमुक्त होकर भी उसकी बहुत याद आने पर मैं अपने एकांत क्षणों में घास की मुद्रिकाएँ बनाता रहा हूँ। घास की मुद्रिका, उसकी विशिष्ट बनावट तथा अत्यंत छोटे अक्षरों में मेरे हस्तलेख में लिखे हुए 'राम' को पढ़कर सीता को अवश्य विश्वास हो जाएगा कि उन तक पहुँचने वाला दूत इस वनवासी राम के द्वारा ही भेजा गया है।"

राम का गला भर आया और उनका स्वर थम गया। उन्होंने संधान-दलों के नायकों की ओर अपनी हथेली बढ़ा दी।

चारों नायकों ने आगे बढ़कर एक-एक मुद्रिका उठा ली।

"इस घास का कोई मूल्य नहीं है।" राम पुनः बोले, "किंतु सीता तक यदि मेरा संदेश न पहुँचा और उन्होंने मुक्ति की संभावना से निराश होकर, हताशा में अपने प्राण दे दिए तो अनर्थ हो जाएगा। इस दृष्टि से ये मुद्रिकाएँ बहुमूल्य हैं। इन्हें सँभालकर ले जाइए।"

चारों नायकों ने राम को प्रणाम किया और जाने के लिए मुड़ गए।

राम उन्हें जाते हुए तब तक देखते रहे, जब तक वे लोग अपने दलों के साथ मिलकर, दृष्टि से ओझल नहीं हो गए।

"राम!" सुग्रीव के संबोधन ने उनका ध्यान भंग किया, "एक कार्य आरंभ हो चुका; अब दूसरे की ओर ध्यान दो, मित्र!"

राम मुड़े।

राम और सुग्रीव एक ही शिला पर बैठ गए। लक्ष्मण राम के निकट खड़े थे; और उनके पीछे आश्रमवासी समस्त जन-सैनिक थे।

इससे पूर्व कि सुग्रीव कुछ कहते, किष्किंधा का कोटपाल उनके सम्मुख हाथ जोड़कर आ खड़ा हुआ।

"क्या बात है?"

"सम्राट!" कोटपाल अपराधी मुद्रा में खड़ा था, "यह जन भूतपूर्व यूथपति असिगुल्म को बंदी करने में असफल रहा।"

"क्यों?" सुग्रीव की भृकुटियाँ तन गईं।

"मैं कह नहीं सकता, सम्राट! मेरे पहुँचने से पूर्व ही उन तक, उनके बंदी किए जाने के आदेश की सूचना कैसे पहुँच गई। वे अपना प्रासाद छोड़कर भाग गए हैं। उनके परिवार के सदस्यों को भी उनके विषय में कोई सूचना नहीं है।"

सुग्रीव थोड़ी देर तक सोचते रहे, "जाओ! उसके राज्य-निष्कासित किए जाने के आदेश को प्रचारित करवा दो। समस्त सीमा-चौकियों को यह सूचना भिजवा दो। राज्य के भीतर जहाँ कहीं असिगुल्म देखा जाए, उसे बंदी किया जाए। स्वयं

खेती कर भरण-पोषण के लिए पर्याप्त भूमि उसके परिवार के लिए छोड़कर, शेष सारी चल और अचल संपत्ति राज्य द्वार, अधिकृत कर ली जाए।''

कोटपाल प्रणाम कर लौट गया।

सुग्रीव ने अन्य उपस्थित यूथपतियों को राम के निकट प्रस्तुत होने का संकेत किया।

''राम! ये हनुमान के पिता कपिश्रेष्ठ यूथपति केसरी हैं। ये भयंकर पराक्रमी महाराज गजाक्ष हैं। ये अत्यंत वेगशाली धूम्र हैं। ये यूथपति पनस हैं। ये यूथपति सवय हैं। ये वानरों के बलवान यूथप दरीमुख हैं। ये तेजस्वी और बलवान रुमण्वान हैं। ये वीर यूथपति इंद्रजानु हैं। ये रंभ हैं। ये यूथपति दुर्मुख हैं। ये महापराक्रमी नल हैं—इन्हें आप जानते ही हैं। ये दधिमुख हैं। ये शरभ, कुमुद, वह्नि और रंह हैं। ये लोग अपनी समस्त वाहिनियों के साथ उपस्थित हैं। किष्किंधा में केवल राजकीय सेना है। इनकी वाहिनियाँ किष्किंधा के निकट के वन-पर्वतों में अपने स्कंधावार डाले पड़ी हैं। हम सब आपकी सेवा में तत्पर हैं। आप आदेश दें और जिस प्रकार चाहें हमारा उपयोग करें।''

''बैठो, मित्रो!'' राम ने सबको बैठने का संकेत किया और सुग्रीव की ओर देखकर मुसकराए, ''इस सहायता के लिए कृतज्ञ हूँ। पहले मेरे मन में जो कुछ भी रहा हो, किंतु आज स्पष्ट देख रहा हूँ कि तुमने मेरे कार्य को सर्वथा अपना ही कार्य समझा है।'' राम कुछ रुके और फिर सबको संबोधित कर बोले, ''आज संपूर्ण जंबुद्वीप उस राक्षस-शक्ति द्वारा पीड़ित और शोषित है, जिसका केंद्र लंका में है और जिसका नायक रावण है। आर्यावर्त्त में वह शक्ति बहुत प्रबल नहीं हो पाई है; किंतु विंध्य के नीचे-नीचे उनके अत्याचार अपनी चरम सीमा पर थे। यहाँ आकर मुझे मालूम हुआ कि यद्यपि वानरों का इतना बड़ा और विस्तृत अपना राज्य है, जन-बल तथा साहस एवं शौर्य की आपमें कोई कमी नहीं है—फिर भी यह राज्य तथा वानर ही नहीं; ऋक्ष, गरुड़, गृध्र तथा अन्य जातियाँ, राक्षसों की पशु-शक्ति के कारण सदा अपने सम्मान; धन, संपत्ति तथा जन की हानि सहती आ रही हैं क्योंकि उनके पास संगठित युद्ध-तंत्र नहीं है। जन-स्थान में जन-सामान्य तथा आश्रमवासी मिलकर संगठित हो गए थे; अतः राक्षसी सेना पराजित हुई। अब भी जैसे ही सीता-विषयक कोई समाचार मिलेगा, हमारा सैनिक अभियान आरंभ हो जाएगा। यह युद्ध लंका में भी हो सकता है और राक्षसों के किसी अन्य राज्य अथवा नगर में भी। इस बार हमें एक अद्‍भुत युद्ध करना है। इसमें हमें जनस्थान के उस समस्त क्षेत्र की भी रक्षा करनी है, जो राक्षस-शून्य हो चुका है; किष्किंधा राज्य तथा नगर में भी रक्षा करनी है कि कहीं अपने बचाव के लिए राक्षस हम पर पीछे से आक्रमण न कर दें; और हमें राक्षसों के राज्य में घुसकर आक्रामक युद्ध भी करना है।''

राम ने रुककर अपने सामने बैठे लोगों के चेहरों की ओर देखा—वहाँ एक प्रकार की निःस्तब्धता छाई हुई थी—जैसे वे राम की योजना की थाह न पा सकने के कारण शून्य में टँग-से गए हों।

''वस्तुतः आज तक हमने राक्षसों से जो छोटे-बड़े युद्ध किए हैं, वे प्रायः प्रतिरक्षात्मक युद्ध थे। वे हमने अपनी भूमि, अपनी जनसंख्या तथा अपने व्यूह के अनुसार किए हैं। किंतु अब जिस युद्ध की संभावना है, वह आक्रामक युद्ध होगा; राक्षसों की धरती पर, उनकी पक्ष-समर्थक जनसंख्या के बीच होगा। संभवतः हम अपनी इच्छानुसार समय और व्यूह भी नहीं चुन पाएँगे। और सबसे बड़ी बात यह है कि जिस युद्ध की हम तैयारी कर रहे हैं, वह युद्ध उस सेना और सैनिक नेतृत्व से है, जो अपने युद्ध-कौशल तथा प्रहारक शक्ति के लिए विश्वविख्यात है। अतः हमें सोच-समझकर चलना है। किसी प्रकार का कोई संकोच हो तो अभी बता दें!''

''भद्र राम!'' यूथपति दरीमुख बोला, ''जन-बल और वीरता की हमारे पास कमी नहीं है, यह आपने भी स्वीकार किया है। आज तक हम राक्षसों से सदा पीड़ित और अपमानित हुए हैं, यह भी ठीक है। फिर भी आज तक हमने राक्षसों से कोई छोटा-मोटा युद्ध भी नहीं जीता है—वीरवर बालि के द्वंद्व-युद्धों की बात अलग है। ऐसी स्थिति में लंका पर आक्रमण करना...''

''दरीमुख!'' सुग्रीव का क्रुद्ध स्वर गूँजा।

राम ने सुग्रीव के कंधे पर हाथ रख उन्हें शांत किया, ''सम्राट! यह युद्ध-परिषद है; अतः अपने विचार प्रकट करने की सबको पूरी स्वतंत्रता है।...आप रुष्ट न हों। यह दरीमुख की कायरता नहीं, एक युद्ध-वीर की सावधानी है।''

दरीमुख ने सहमति में सिर हिला दिया।

''यह असिगुल्म का प्रभाव-शेष भी हो सकता है।'' सुग्रीव के स्वर में अब फुफकार थी।

''यह बात आज सदा के लिए स्पष्ट हो जानी चाहिए, सम्राट!'' दरीमुख विनीत किंतु दृढ़ स्वर में बोला, ''यदि आप अनुमति दें तो अपने सभी साथियों की ओर से निवेदन कर दूँ कि अपने मन में हमारे प्रतिः संशय न रखें। असिगुल्म का प्रभाव असिगुल्म के साथ गया। अब आप हमें अपने प्रिय साथियों के समान ही विश्वसनीय समझें तो युद्ध में सम्मिलित करें, अन्यथा परस्पर का यह संदेह किसी भी समय अनर्थ कर सकता है।''

''तुम्हारा कहना ठीक है, दरीमुख!'' सुग्रीव से पहले राम बोले, ''परस्पर का संदेह अनर्थ कर सकता है; अतः सम्राट से निवेदन है कि वे अपने संदेह का शमन करें और यूथपति दरीमुख के वचन को एक वीर का वचन मानकर उसका विश्वास करें, किंतु...'' राम का स्वर कुछ कठोर हो गया, ''यह भी स्पष्ट रूप से समझ लिया जाए कि विश्वासघाती को कभी क्षमा नहीं किया जाएगा।''

सुग्रीव ने सहमति में सिर हिला दिया।

राम का स्वर पुनः सहज हो गया, "वस्तुतः हमें बात यहीं से आरंभ करनी चाहिए कि अब तक वानर राक्षसों से पराजित क्यों होते रहे हैं—क्या इसलिए कि उनमें वीरता अथवा शौर्य की कमी थी?"

"नहीं!" सबने एक स्वर में कहा।

"क्या उनके पास जन-बल नहीं था?"

"नहीं!"

"क्या वे अपनी विरोधी जनसंख्या के मध्य लड़ रहे थे?"

"नहीं!"

"क्या युद्ध-क्षेत्र की प्रकृति और भूगोल उनके विरुद्ध था?"

"नहीं!"

"तो फिर क्या कारण था?" राम बोले, "वस्तुतः युद्ध तो जन-बल से ही जीते जाते हैं; किंतु कुछ अन्य उपकरण भी होते हैं, जिनसे जय-पराजय का निर्णय होता है। उनमें से एक है—शस्त्र-बल, शस्त्रों की जानकारी, शस्त्र-परिचालन का कौशल। उसके लिए आवश्यक है शस्त्र-उद्योग।...युद्ध एक विद्या है, अतः व्यूहों की योजना भी अत्यंत महत्त्वपूर्ण पक्ष है। सैनिक नेतृत्व की दक्षता भी युद्धों की जय-पराजय का निर्णय करती है। इसके साथ आवश्यक है—खाद्य-सामग्री तथा यातायात के साधन।" राम निमिष भर रुककर बोले, "आपके साधारण सैनिकों के पास कौन-से शस्त्र हैं—दण्ड तथा गदा। आपके सैनिकों के पास साधारण असि, परशु तथा धनुष-बाण तक नहीं—जबकि राक्षसों के पास इन साधारण शस्त्रास्त्रों के साथ-साथ भयंकर दिव्यास्त्र भी हैं। उनके पास अश्व तथा रथ हैं।"

"तो क्या हम इनके बिना लड़ ही नहीं सकते?" सुग्रीव के मुख से अनायास निकला।

"नहीं! ऐसी बात नहीं है।" राम बोले, "मैंने जो कुछ कहा है, वह आप लोगों को निराश अथवा भयभीत करने के लिए नहीं है। युद्ध जीतने के लिए सबसे महत्त्वपूर्ण उपकरण आत्मबल है; और मुझे आप लोगों में उसका अभाव नहीं दीखता। फिर भी हमें युद्ध करना है, आत्महत्या नहीं; अतः युद्ध में जाने से पूर्व हमें अपनी और अपने शत्रु की शक्ति को भली प्रकार तौलना होगा; अपने और शत्रु के अभावों, कमियों और दुर्बलताओं को जानना होगा; साथ ही अपने अभावों को अन्य उपकरणों की सहायता से यथासंभव पाटना होगा, ताकि हमारे पक्ष के जन-बल की हानि कम-से-कम हो।"

"आप ठीक कह रहे हैं, आर्य!" इस बार भी दरीमुख ही बोला।

"अतः मेरी योजना बहुमुखी है।" राम पुनः बोले, "मधुप ने आपकी भूमि में पर्याप्त खनिज पदार्थ खोज निकाले हैं। यहाँ हमारे पास अनिन्द्य है, जो खानों

की खुदाई में दक्ष है। लक्ष्मण की देख-रेख में शस्त्र-निर्माण होगा। धनुर्विद्या का अभ्यास यहाँ हमारे आश्रम में होगा और अन्य लौकिक शस्त्रों का प्रशिक्षण तथा अभ्यास, गिरि-तल के सभी आश्रमों में तथा हनुमान द्वारा स्थापित समस्त अखाड़ों में होगा। किष्किंधा में स्थापित किए गए जन-विद्यालयों की देख-रेख अंगद और हनुमान की अनुपस्थिति में मुनि आनन्दसागर करेंगे तथा किष्किंधा में आवासों, पथों तथा सेतुओं का निर्माण नल के अधीन होगा; और वानरराज सुग्रीव समग्र रूप से इन सारे कार्यों के निदेशक होंगे।''

''ठीक है।'' सुग्रीव ने अपनी सहमति प्रकट कर दी।

''एक बात और है।''

सबने राम की ओर देखा।

''प्रस्रवणगिरि पर हमारे प्रवास के पिछले इन चार महीनों में वानर युवकों का पर्याप्त सैनिक प्रशिक्षण हुआ है। अभी एक मास का समय हमारे पास और है। मुझे आशा है कि इस अवधि में हम एक शक्तिशाली, सुगठित सेना का निर्माण करने में सफल होंगे। किंतु हमें यह स्मरण रखना होगा कि यह युद्ध शत्रु से एक-आध झड़प में समाप्त होने वाला नहीं है। यह युद्ध एक-आध दिन का भी नहीं है। यदि जानकी लंका में ही हुई; और यह युद्ध लंका में ही हुआ तो हमें यहाँ से सागर-तट तक यात्रा करनी होगी। सागर को पार कर लंका में पहुँचने के लिए, कुछ दिन सागर-तट पर रुकना भी पड़ सकता है; फिर युद्ध की अवधि के बीच हमें अन्न की आवश्यकता भी पड़ेगी। मैं नहीं जानता कि किष्किंधा राज्य के पास अन्न का कितना भण्डार है। किंतु यदि पर्याप्त भण्डार नहीं है, तो हम एक मास में अन्न उपजा नहीं सकते। उसके लिए हमें जनस्थान में आदित्य से संपर्क करना होगा। वहीं से अन्य आश्रमों से भी संपर्क होगा। मुझे पूरा विश्वास है कि हमें आवश्यकतानुसार पर्याप्त अन्न मिल जाएगा। अन्न की पर्याप्त मात्रा बहुत आवश्यक है, अन्यथा हमारे सैनिक भूख मिटाने के लिए व्यर्थ की लूटपाट कर सामान्य जन को पीड़ित करेंगे और अपने लिए अनावश्यक जटिलताएँ उत्पन्न करेंगे।''

''आर्य का कहना सर्वथा उचित है।'' नल ने अनुमोदन किया।

राम ने देखा—अन्य यूथपतियों के चेहरों पर नल के समान सहज अनुमोदन नहीं था। उनके भाव को विरोधी भी नहीं कहा जा सकता; वह कदाचित् उनका विस्मय-भाव था। उन्होंने शायद पहले इस प्रकार के युद्ध की कल्पना नहीं की थी, जहाँ सेना मार्ग में पड़ने वाले ग्रामों को लूटने के बदले अपने लिए आवश्यक सामग्री स्वयं ढोए।

''हमें शल्य-चिकित्सकों की भी आवश्यकता होगी।'' सहसा राम का स्वर कुछ भारी-सा होता गया, ''अनिन्द्य! किसी को गुरु अगस्त्य के पास भेजो। मैं जानता हूँ, इस युद्ध में स्वयं आर्या प्रभा साथ नहीं जा सकतीं; किंतु उनके शिष्य शल्य

चिकित्सकों की टोली भी आ जाए तो यथेष्ट होगा।''

''युद्ध के लिए तो बहुत सारा प्रबंध करना पड़ता है, राम!'' सुग्रीव परिहास तथा गंभीरता के बीच की स्थिति में थे।

राम समझ रहे थे कि युद्ध के लिए इस प्रकार की व्यवस्थाएँ वानरराज को भी विस्मित कर रही थीं।

6

पिछले कई दिनों से अंगद और उनके साथी लगातार चलते जा रहे थे। मार्ग में पड़ने वाले वनों में जहाँ कहीं मनुष्य के बसने की संभावना होती, उसी के आस-पास वे लोग खोज करने लगते। किंतु किसी मनुष्य से पूछताछ करने से पूर्व उन्हें भली प्रकार यह देख लेना पड़ता था कि कहीं वह व्यक्ति राक्षसों से ही तो संबद्ध नहीं है। सुग्रीव का निर्देश उन्हें स्मरण था कि सारी खोज पर्याप्त गोपनीय रीति से होनी चाहिए। ऐसा न हो कि राक्षसों को ज्ञात हो जाने पर वे लोग उनके किसी षड्यंत्र में फँसकर या तो अपने मार्ग से भटक जाएँ या फिर अपने प्राण गँवा बैठें। यह भी संभव था कि उन्हें कोई सूचना-सूत्र मिले; किंतु रावण को इस संधान दल का ज्ञान हो जाए और वह सीता को कहीं अन्यत्र स्थानांतरित कर दे।

फिर भी, जहाँ कहीं कोई ग्राम, बस्ती, आश्रम, पुरवा, टोला—यहाँ तक कि कोई कुटीर भी मिला; बिना उसका सूक्ष्म निरीक्षण किए हुए, वे लोग आगे नहीं बढ़े। यह पद्धति समय-साध्य तो थी; किंतु उसके बिना खोज पूरी नहीं हो सकती थी।

अंगद अपने साथ खोजियों का एक दल तो लाए थे, किंतु न तो वे अपने साथ सशस्त्र वाहिनी लाये थे और न ही खाद्य सामग्री। उनके मन में आरंभ से ही स्पष्ट था कि अन्वेषण-दल में जितने अधिक व्यक्ति होंगे; उसकी गति उतनी ही मंथर होती जाएगी। खाद्य-सामग्री साथ लाने का भी यही अर्थ होता कि विभिन्न लोग उसे बारी-बारी ढोते; और अन्न का यह परिवहन भी उनकी तीव्र गति में बाधा बनता।...किंतु अन्न साथ न लेकर चलने के कारण, बीस व्यक्तियों के दल के लिए खाद्य-सामग्री और जल जुटाने के लिए भी काफी समय नष्ट करना पड़ता था। दल के सभी सदस्य हृष्ट-पुष्ट तथा स्वस्थ जीव थे। थोड़े से फलों से उनका पेट भी नहीं भरता था। मार्ग में भूख मिटाने के लिए उन्हें वृक्षों को ढूँढते देखकर कई बार अंगद के मन में आया था कि वे लोग सीता की कम, फलों से लदे वृक्षों की ही अधिक खोज कर रहे हैं।...इस प्रकार समय नष्ट होने की समस्या की चिंता में केवल हनुमान ही अंगद के सहभागी थे; शेष लोग इस विषय में तनिक भी चिंतित प्रतीत नहीं होते थे।

आठ व्यक्तियों का वह खोजी दल भी अंगद को कोई विशेष सहायतापूर्ण प्रतीत नहीं हो रहा था। उनका अपना उपयोग अवश्य था—वे लोग समस्त प्रचलित मार्गों से पूर्णतः परिचित थे। उन्हें उस क्षेत्र के भूगोल का अच्छा ज्ञान था। वनस्पतियों तथा वनवासी पशु-पक्षियों की अच्छी जानकारी थी। किंतु उन्हें इन जानकारियों से सीता की खोज तनिक भी सरल नहीं हो रही थी—वे लोग पूर्व-परिचित निश्चित लक्ष्य तक पहुँचाने में तो सहायता कर सकते थे; किंतु इस प्रकार के एक अनिश्चित अन्वेषण में, जिसमें प्रचलित मार्गों पर चलना तनिक भी लाभदायक नहीं था—खोजियों का दल उपयोगी सिद्ध नहीं हो रहा था। जैसे ही वे लोग प्रचलित मार्ग छोड़कर, वन की अनजान पगडंडियों के जाल में भटकने के लिए उतरते, खोजियों का सारा ज्ञान अनावश्यक हो जाता था; और वे लोग व्यर्थ का एक बोझ भासित होने लगते थे।

वनों को पार कर जब वे पर्वत-प्रदेशों में पहुँचे, तो अंगद को लगा कि उनकी कठिनाई बढ़ गई है। वन में रहने के लिए तो मनुष्य को अपने लिए किसी-न-किसी प्रकार का आवास बनाना ही पड़ता था; और वह आवास दूर से ही दिखाई भी पड़ जाता था। किंतु पर्वतों में प्रकृति की बनाई हुई इतनी गुफाएँ थीं कि बिना उन गुफाओं में प्रवेश किए हुए यह अनुमान करना भी कठिन हो जाता था कि कहाँ मनुष्य का वास है और कहाँ नहीं।

पर्वतों के ऊबड़-खाबड़ मार्गों तथा प्रकृति द्वारा निर्मित इन असंख्य बेढब गुफाओं की व्यर्थ, निष्फल खोज से दल के लोगों का उत्साह भी क्षीण होता रहा था। साथ ही समय भी ऐसे हाथ से खिसकता जा रहा था, जैसे मुट्ठी में पकड़ने के प्रयत्न में जल निकल जाए।

अब तो सामान्यतः यह स्थिति हो गई थी कि किसी पर्वत-कंदरा के निकट पहुँचते ही जाम्बवान और तार जैसे समर्थ लोग भी किसी छायादार स्थान पर इस मुद्रा में बैठ जाते थे कि जिसे ढूँढना हो ढूँढ लो—इन पत्थरों में भी कहीं जानकी हो सकती है क्या!

एक हनुमान थे, जिनका उत्साह तनिक भी क्षीण नहीं हुआ था। जब सब लोग पर्वत के पतगल पर ही बैठ जाते थे, वे अकेले ही पर्वत पर चढ़ जाते और इधर-उधर भटकते फिरते। गुफाओं और कंदराओं का अवलोकन करते। कहीं जलाशय दिख जाता तो उसके आस-पास देखते, कहीं अग्नि अथवा धुएँ का आभास मिलता तो उसके विषय में अपनी जिज्ञासा शांत करने चल पड़ते।

"यह हनुमान व्यर्थ ही पत्थरों और दूहों में हमारा समय नष्ट करा रहा है। यह ऐसे ही भटकते-भटकते एक मास बिता देगा और हम सबका वानरराज के हाथों वध करवाएगा।" हनुमान के जाने के बाद द्विविद ने दबे स्वर में कहा।

"इतने उत्साही लोग भी हितकर नहीं होते।" गंधमादन ने उसका अनुमोदन

किया, "आधा समय तो व्यतीत भी हो चुका है; और दूर-दूर तक लंका का कहीं पता ही नहीं है। आखिर हमें वापस लौटने में भी तो समय लगेगा।"

"तुम क्या समझते हो, हनुमान!" उनके लौटने पर गंधमादन ने उन्हें छेड़ा, "कि रावण जानकी को यहाँ छोड़ गया होगा और वे यहाँ बैठी अपना भोजन पका रही होंगी, जो तुम कहीं भी आग अथवा धुएँ का आभास पाते ही भाग निकलते हो।"

"नहीं! ऐसी बात नहीं है।" शरारि ने कटाक्ष किया, "केसरीकुमार का विचार है कि अपनी सोने की लंका छोड़कर, रावण भी वनवासी हो गया है और यहीं कहीं सीता के साथ बस गया है!"

हनुमान की आँखों में वह पीड़ा उभरी, जो गंभीर तथा ईमानदार प्रयत्न के प्रति हलके परिहास के कारण उत्पन्न होती है, "मैं इन दोनों बातों में से कुछ भी नहीं सोचता।" हनुमान का स्वर गंभीर था, किंतु उन्होंने सायास अपने रोष को उसमें मिश्रित नहीं होने दिया था, "आग, धुआँ या जल, अपने आस-पास बसने का आभास देते हैं। मैं यह तो नहीं मानता कि देवी सीता को रावण ने यहाँ रख छोड़ा होगा; किंतु मेरी यह मान्यता अवश्य है कि रावण जहाँ कहीं से भी सीता को लेकर गया होगा, कहीं-न-कहीं किसी-न-किसी व्यक्ति ने उसे देखा होगा। किसी ने तो वैदेही का चीत्कार सुना होगा अथवा किसी को तो उनका कोई आभूषण पड़ा मिला होगा, जैसे ऋष्यमूक पर निवास करते हुए हमें मिला था।" हनुमान कुछ रुककर पूरे उत्साह से बोले, "यदि कोई ऐसा व्यक्ति हमें मिल जाए, तो हम निश्चिंत होकर आगे बढ़ सकते हैं कि हम ठीक मार्ग पर जा रहे हैं—व्यर्थ भटककर अपना समय नष्ट नहीं कर रहे।...वन के पशु बोल नहीं पाते, नहीं तो मैं उनसे भी पूछता कि क्या उन्होंने कुछ देखा है।"

हनुमान की गंभीरता का प्रभाव सारे दल पर हुआ। उनकी बात का उत्तर किसी ने नहीं दिया। कदाचित् इस उत्तर के पश्चात् परिहास आगे नहीं बढ़ सकता था और गंभीर चर्चा के लिए वे लोग प्रस्तुत नहीं थे।

अंगद हनुमान की मनःस्थिति समझ रहे थे। उनकी भावना के साथ अंगद पूर्णतः सहमत थे। दल के नेता का दायित्व भी उन पर था—जब कोई भी हनुमान का साथ नहीं देता था, तब भी अंगद हनुमान के साथ-साथ कुछ दूर तक जाते थे। दो-एक क्षेत्रों का निरीक्षण भी करते थे; किंतु वे स्वयं भी अनुभव कर रहे थे कि हनुमान जैसा उत्साह और लगन उनके भीतर नहीं जाग रही थी। कदाचित् मन-ही-मन कहीं बहुत गहरे इस अभियान के निस्सार सिद्ध होने की भावना उनके उत्साह का दम घोंट रही थी...

"भूख-तो-भूख, अब तो प्यास के मारे तनिक भी चला नहीं जाता।" वृद्ध जाम्बवान ने कहा और रुक गए।

आज प्रातः से उन्हें कहीं भी खाद्य पदार्थ अथवा जल नहीं मिला था। पिछले कुछ दिनों से खाने-पीने की व्यवस्था अधिक-से-अधिक अनियमित होती गई थी। किंतु आज प्रातः से उन्हें कुछ भी नहीं मिला था; और उन लोगों ने इस आशा पर अपनी यात्रा आरंभ कर दी थी कि मार्ग में कहीं कुछ-न-कुछ मिल जाएगा। किंतु चलते-चलते प्रहर-भर बीत गया था, सूर्य आकाश पर दो बाँस ऊपर चढ़ आया था, पर अभी तक कहीं जल भी दिखाई नहीं पड़ा था...

इससे पूर्व कि कोई कुछ कहता, वे एक वृक्ष के तने से पीठ लगाकर, उसकी छाया में बैठ गए।

जाम्बवान का बैठना जैसे अन्य लोगों के लिए संकेत था। सुहोत्र, शरारि तथा शरगुल्म तत्काल उनके निकट बैठ गए। देखते-देखते अन्य लोग भी बैठ गए। केवल अंगद, हनुमान तथा नल खड़े रह गए।

"क्यों, मित्र! क्या विचार है?" अंगद ने हताश-से स्वर में पूछा।

"युवराज! अब तो चलना ही कठिन है।" असंग ने कहा, "अब या तो भोजन और जल का कोई समुचित प्रबंध हो, अथवा अपने खड्ग से हमारा वध कर दो।"

अंगद को लगा, जितनी दूर तक वे समझ रहे थे—निराशा उससे आगे बढ़ चुकी थी। उन्होंने हनुमान की ओर प्रश्नवाचक दृष्टि से देखा।

हनुमान की आँखों में रुद्ध क्रोध और विवशता के भाव थे, पर देखते-ही-देखते वे जैसे अपने क्रोध को गटक गए और अपने चेहरे पर बलात् मुसकान लाकर बोले, "निष्फल वृक्ष के तने से लगकर बैठ जाने से तो मुख में खाद्य पदार्थ आ नहीं पड़ेगा। न ही अभी कोई वर्षा होने बालि है कि बैठे-बैठे आपके मुँह में मेघ जल टपका जाएँगे। खाने-पीने को कुछ चाहिए, तो उठो, कुछ उद्यम करो।"

"उद्यम से क्या होगा?" मैंद खीज-भरे स्वर में बोला, "यह वृक्ष अपना रूप बदलकर केले का वृक्ष बन जाएगा, अथवा यह शिला जलाशय में परिणत हो जाएगी? उद्यम कोई वहाँ करता है, जहाँ उसे आशा दीखे। तुम्हारे समान धैर्य हम कहाँ से लाएँ, भाई! तुम तो कहोगे कि शिलाएँ तोड़कर हम यहाँ खेत बनाएँगे और उनमें अन्न बोएँगे। वह उगेगा, फलेगा, पकेगा तो हम खाएँगे। यहाँ तो इतना ही पर्याप्त है कि उस खेत के लिए कुछ बीज ले जाओ; हमें वे बीज ही खिला दो।"

हनुमान के जी में आया कि मैंद की भुजा पकड़, घसीटकर उसे खड़ा कर दें और धकेलते हुए ले चलें। किंतु उसके सूखे हुए होंठ, जल्दी-जल्दी उठता-गिरता वक्ष, तेजी से चलती साँस बता रही थी कि वह सचमुच बहुत पीड़ित और निढाल है। उस समय तनिक-सी असावधानी से शेष लोग भी उसके पक्ष में हो जाएँगे। तब समस्या और भी जटिल हो जाएगी।

कुछ क्षणों के लिए हनुमान असहाय-से खड़े रह गए, फिर कुछ सोचकर बोले,

"यहाँ पर अन्न उपजाने की स्थिति तो नहीं है; किंतु इस प्रकार बैठ जाने या लेट जाने से क्या होगा। आस-पास कुछ पक्षियों के स्वर सुनाई पड़ रहे हैं। मेरा विचार है कि यदि हम खोज करें तो हमें कोई-न-कोई उपयोगी वस्तु अवश्य मिल जाएगी।"

"क्या? उन पक्षियों का अन्न-भण्डार?" तार उपहास करते हुए-से हँसकर बोले।

"हाँ! पक्षियों का अन्न-भण्डार!" हनुमान गंभीर स्वर में बोले, "आखिर वे पक्षी भी तो कुछ-न-कुछ खाते ही होंगे। संभव है कि आस-पास ही फलों के कुछ वृक्ष भी होंगे।"

"पक्षी खाते हैं कीड़े-मकोड़े।" असंग ने उत्तर दिया, "अब हनुमान चाहेंगे कि हम लोग पहले उन पक्षियों को खोजें। फिर देखें कि वे लोग अपना भोजन पाने के लिए कहाँ चोंच मारते हैं; और फिर वहीं से उन कीड़ों को चुन-चुनकर हम भी खाएँ।"

न चाहते हुए भी हनुमान कुछ खीझ उठे, "बुद्धि तो तुम लोगों की चंचल हरिण के समान कुलाँचें भर रही है; और शरीर तनिक नहीं हिलता। उठकर सब लोग थोड़ा इधर-उधर घूमो। पास के थोड़े-से क्षेत्र में फैलकर ढूँढो—और कुछ नहीं तो कोई जलाशय तो होगा ही। पक्षी भी जल तो पीते ही होंगे।"

"हनुमान ठीक कह रहा है।" जाम्बवान उठकर खड़े हो गए, "इस प्रकार बैठे-बैठे तो भूख मिटेगी नहीं।" सहसा वे असंग और मैंद की ओर घूमे, "मैं वृद्ध हूँ, इंद्रियों में इतनी सहनशीलता नहीं रही, इसलिए थककर बैठ गया। तुम लोगों को क्या हुआ, युवको! सराहो अपने मित्र हनुमान को, जो तुम लोगों का साहस बनाए रखता है; नहीं तो तुम लोग कहीं भी समाधि लगाकर बैठ जाओगे।"

जाम्बवान ने आगे बढ़कर तार की भुजा पकड़कर झटका दिया, "उठो, तुम भी बच्चा बनकर बैठ गए। तुम्हें सम्राट ने इसलिए साथ भेजा था कि युवराज का उत्साह बनाए रखो, या इसलिए भेजा था कि उनके साहस और धैर्य की परीक्षा लेते रहो और उनका रहा-सहा उत्साह भी नष्ट कर दो।"

जाम्बवान की इस फटकार का सब लोगों पर अच्छा प्रभाव पड़ा। एक-एक कर, जैसे-तैसे सब उठकर खड़े हो गए।

हनुमान का साहस जाग उठा और मुख उल्लसित हो गया। उन्होंने कृतज्ञता-भरी दृष्टि से जाम्बवान की ओर देखा और बोले, "हम लोग दो-दो व्यक्तियों की टोलियों में आस-पास के क्षेत्र का निरीक्षण करें। जिसे भी खाद्य-पदार्थ अथवा जल का कोई आभास मिले, वह टोली यहीं आकर इस वृक्ष के नीचे से अन्य लोगों को पुकारे।"

दो-दो व्यक्तियों की दस टोलियाँ बन गईं और वे लोग अपने पाँव घसीटते हुए इधर-उधर बिखर गए। कुछ लोगों के मन में सचमुच आशा जाग उठी थी कि यहाँ यदि कोई भी जीव है तो खाद्य मिले-न मिले, जल तो मिलेगा ही; किंतु शेष

लोग इसे अब भी हनुमान के उत्साह का अतिरेक ही मान रहे थे। फिर भी इतना तो निश्चित था कि एक व्यक्ति के अनुत्साह से शेष लोगों में भी अनुत्साह ही जागता था—और अनुत्साह से कोई लाभ नहीं था।

उस पर्वत के विभिन्न भागों में घूमते-घूमते जब प्रहर भर बीतने को आया और फिर प्यास से थक-हारकर उनके बैठे जाने की संभावना जागने लगी, तभी उन्हें जाम्बवान के पुकारने का-सा स्वर सुनाई पड़ा। किंतु उनका स्वर उस वृक्ष की दिशा में से नहीं आ रहा था, जहाँ से खोज आरंभ हुई थी और कुछ मिल जाने पर जहाँ से पुकारना निश्चित हुआ था।

अन्य किसी स्थान से पुकारने का क्या अर्थ ?—हनुमान ने सोचा—क्या वृद्ध जाम्बवान किसी कठिनाई में फँस गए हैं? किंतु उनके आह्वान में संकटग्रस्त होकर, असहायता में पुकारने के स्थान पर, कुछ उपलब्धि का-सा ही आभास था।

''मुझे लगता है कि जाम्बवान ने कुछ पा लिया है।'' हनुमान बोले।

''मेरा भी यही अनुमान है।'' अंगद ने सहमति प्रकट की।

वे दोनों झपटते हुए-से उसी दिशा में चले।

जाम्बवान और तार एक बड़ी-सी गुफा के सम्मुख खड़े थे। उनकी आँखों में विस्मय और उपलब्धि का भाव था। थोड़ी-थोड़ी देर में वे लोग अपने साथियों को पुकार लेते थे; और फिर उसी प्रकार चकित भाव से उस गुफा की ओर देखने लगते थे। दल के कुछ अन्य लोग भी आकर उनके निकट उसी मुद्रा में खड़े थे।

''क्या बात है, तात जाम्बवान?'' अंगद ने आगे बढ़कर पूछा।

''वह गुफा, युवराज!'' जाम्बवान ने, बिना अंगद की ओर देखे ही, तर्जनी से उस गुफा की ओर इंगित कर दिया।

''गुफाएँ तो इस पर्वत में भरी पड़ी हैं।'' अंगद कुछ रोष से बोले, ''आप हम लोगों को गुफा देखने के लिए बुला रहे हैं क्या?''

जाम्बवान कुछ सचेत हुए। उन्होंने आँखें झपकाकर अंगद को देखा, जैसे स्वयं को संतुलित न कर पा रहे हों। किंतु उनके कुछ बोलने से पूर्व ही तार ने कहा, ''नहीं, युवराज! तुम्हें गुफा देखने के लिए नहीं बुला रहे। हमने इस गुफा में से अनेक पक्षी उड़कर बाहर आते देखे हैं। उनमें से चक्रवाकों का एक जोड़ा ऐसा भी था, जिनके पंख जल से भीगे हुए थे। और हमारा तो विचार है उनके पंखों पर कमल का पराग भी अवश्य छिटका हुआ था।''

अंगद ने हनुमान की ओर देखा।

''आप लोगों ने ठीक-ठीक देखा है न, तात!'' हनुमान गंभीरता और विनोद की मध्य स्थिति में थे, ''ऐसा तो नहीं कि अपनी प्यास की पीड़ा आपको पक्षियों के पंख भीगे हुए दिखा रही हो।

"नहीं हनुमान! हमने ठीक-ठीक देखा है।" जाम्बवान अब पर्याप्त स्थिर लग रहे थे, "मेरे साथ आओ।"

जाम्बवान के पीछे-पीछे वे लोग गुफा के मुख के निकट आ गए। जाम्बवान झुककर मिट्टी में कुछ खोज रहे थे। उन्हें अधिक खोजना नहीं पड़ा। थोड़ी देर में ही वे तनकर सीधे खड़े हो गए और तर्जनी से उन्होंने एक विशिष्ट स्थान की ओर संकेत किया, "यह देखो!"

हनुमान और अंगद—दोनों ने झुककर देखा—निश्चित रूप से वहाँ पानी की दो-चार बूँदें टपकी थीं, जिन्हें मिट्टी ने सोख तो लिया था, किंतु बूँदों के चिह्न अभी मिटे नहीं थे।

अब तक उनके दल की दसों टोलियाँ वहाँ एकत्रित हो चुकी थीं, प्रायः सभी सहमत थे कि धरती पर वे चिह्न पानी की बूँदों के ही चिह्न थे, अतः जाम्बवान और तार ने ठीक ही देखा था कि उस गुफा में से भीगे पंखों वाले चक्रवाक अवश्य निकले होंगे। ऐसी स्थिति में गुफा के भीतर कहीं जलाशय भी होना चाहिए।

थोड़े-से विचार-विमर्श के पश्चात, वे लोग जल-संधान के लिए गुफा में प्रवेश करने को सहमत हो गए; किंतु गुफा के भीतर सघन अंधकार था। जाने गुफा कितनी लंबी थी और उसमें किस प्रकार के जीव-जंतु निवास करते थे।

"यदि यह गुफा किसी जलाशय तक ले जाती है," सहसा शरगुल्म ने कहा, "तो वह इस गुफा के उस पार होगा। क्यों न हम पर्वत के ऊपर चढ़कर दूसरी ओर उतर जाएँ और वहाँ जलाशय को खोजें?"

हनुमान को लगा, यदि फिर इस प्रकार के विकल्पों की चर्चा होने लगी तो अनेक लोगों के मन में अनुत्साह जागने लगेगा और गुफा में प्रवेश धरा-का-धरा रह जाएगा।

"और यदि वह जलाशय, पृथ्वी से फूटने वाले जल के किसी उत्स का परिणाम हुआ और यह उत्स गुफा के मध्य में ही हुआ तो हमें दूसरी ओर से भी इस अंधकारमय गुफा में प्रवेश तो करना ही पड़ेगा, उलटे पर्वत लाँघने का अतिरिक्त परिश्रम भी उठाना पड़ेगा। फिर यह भी संभव है कि यह गुफा दूसरी ओर से खुली हुई न हो। ऐसी स्थिति में हम पर्वत लाँघकर दूसरी ओर तो जाएँगे ही, गुफा का दूसरा द्वार न खोज पाने की असफलता से थक-हारकर पुनः पर्वत को लाँघकर इस ओर वापस लौटेंगे और फिर इसी गुफा में ऐसे ही प्रवेश करेंगे।

"तुम्हारी बात तो ठीक है, हनुमान!" असंग बोला, "किंतु गुफा सर्वथा प्रकाशशून्य है। उसके भीतर हिंस्र तथा घातक जंतुओं के होने की पूरी संभावना है। संभव है कि विषधर सर्प इत्यादि भी हों।"

"संभावनाएँ तो सब प्रकार की हैं—भली भी और बुरी भी।" हनुमान ने उत्तर दिया, "प्रवेश न करने पर अहितकर संभावनाओं से तो हम मुक्त रहेंगे ही, किंतु

हितकर संभावनाओं का भी लाभ नहीं उठा सकेंगे। क्यों, युवराज?''

अंगद ने कुछ कहा नहीं, किंतु वे हनुमान से सहमत प्रतीत हो रहे थे।

''मेरा प्रस्ताव है कि हम सब लोग एक-दूसरे का हाथ पकड़कर गुफा में प्रवेश करें।'' हनुमान बोले, ''यदि युवराज की अनुमति हो तो, सबसे पहले मैं प्रवेश करूँगा। इससे हम अंधकार में एक-दूसरे का सहारा भी ले सकेंगे, अपने अनुभव का लाभ भी दे सकेंगे और परस्पर निकट भी बने रहेंगे।''

''उत्तम प्रस्ताव है।'' जाम्बवान ने अपनी सहमति प्रकट कर दी।

हनुमान ने अंगद की ओर देखा।

''स्वीकार है।'' अंगद ने संक्षिप्त-सा उत्तर दिया।

सबसे पहले हनुमान ने प्रवेश किया। उसका हाथ पकड़कर उसके पीछे अंगद गए। अंगद का हाथ नील ने पकड़ा, नील का तार ने। तार के बाद जाम्बवान आए। फिर तो एक-एक कर सब लोग आ गए। अब खोजियों का स्वतंत्र महत्त्व समाप्त हो चुका था। यह क्षेत्र उनके लिए सर्वथा अपरिचित ही था। वे भी अन्य लोगों के ही समान हाथ पकड़े गुफा में प्रवेश कर गए।

आरंभ में हल्का-हल्का दिखाई देता रहा; किंतु कुछ आगे बढ़ने पर पूर्णतः अंधकार छा गया।

पैरों के नीचे शुष्क और कठोर धरती थी, जिसमें स्थान-स्थान पर कंकड़ भी थे। ऐसा नहीं लगता था कि इस कठोर धरती में आस-पास कहीं कोई जल-स्रोत भी होगा। थोड़ी दूर चलने पर हनुमान का सिर नीचे झुक आई किसी शिला से टकराया। वे धरती तो पैरों से टटोल-टटोलकर आगे बढ़ रहे थे, अतः गति बहुत ही धीमी थी। सिर में अधिक चोट नहीं आई।

''क्या हुआ?'' उन्हें रुके देख अंगद ने पूछा।

''यहाँ से गुफा या तो संकरी हो गई है,'' हनुमान बोले, ''या फिर उसका स्वरूप कुछ बदला है।''

''तुम्हें कैसे मालूम?''

''मेरा सिर ऊपर टकराया है, युवराज!'' हनुमान धीरे से बोले। वे अपने एक हाथ से ऊपर की शिला को टटोल रहे थे।

''क्या हुआ?'' अनेक लोगों का जिज्ञासामय स्वर गुफा में गूँजा।

''कोई सर्प तो नहीं है?'' एक स्वर आया।

''नहीं! कुछ नहीं है।'' हनुमान उच्च स्वर में उनकी आशंकाओं का निवारण करते हुए बोले, ''यहाँ गुफा सीधी न रहकर कुछ आड़ी हो गई है। यहाँ से अपना सिर तिरछा करके निकलना।

एक-दूसरे का हाथ पकड़े वे अंधकार में बढ़ते जा रहे थे।

मार्ग में कोई हिंस्र पशु अथवा अन्य कोई बाधा नहीं थी। बस, एक अंधकार ही अधंकार था। उनकी आँखें कुछ अभ्यस्त हो गईं तो अंधकार भी उतना कष्टकर नहीं रहा; किंतु पूरी तरह सब कुछ देख पाना तब भी संभव नहीं था।

बीच-बीच में अपने किसी साथी को कोई अनुदेश देते हुए किसी का कोई स्वर सुनाई पड़ जाता था; अन्यथा कोई बात भी नहीं कर रहा था। सब एक प्रकार से दम साधे, अपनी इस यात्रा के परिणाम देखने को मन-ही-मन व्यग्र आगे बढ़ते जा रहे थे।

हनुमान बार-बार अपने एक हाथ से गुफाओं की शिलाओं को छू-छूकर देख रहे थे और अनुमान लगाने का प्रयत्न कर रहे थे कि यह गुफा प्रकृति-निर्मित है अथवा मानव-निर्मित? प्रकृति द्वारा निर्मित गुफाएँ इतनी लंबी नहीं होतीं; और सामान्यतः वे दूसरी ओर से बंद भी होती हैं। पर्वतों की शिलाओं में एक ओर से बंद गुफा प्रायः वन्य पशुओं की माँद बन जाती है। कहीं-कहीं उसमें मनुष्य भी रहने लगता है। उस गुफा में उन्हें न तो अभी तक कोई पशु अथवा मनुष्य ही मिला था और न यह गुफा ऊपर अथवा नीचे से विशेष ऊबड़-खाबड़ ही थी। सिवाय इसके कि यह गुफा आड़ी थी और व्यक्ति को यदि यह ज्ञात न हो और वह सीधा चलने का प्रयत्न करे तो उसे बार-बार सिर पर चोट लगेगी—अन्य कोई विशेष बाधा नहीं थी...वे पक्षी भी कैसे इस अंधकार में बिना शिलाओं से टकराकर आहत हुए सीधे निकल गए थे।...अवश्य ही निर्माण में मानव का हाथ लगा होगा।

"क्या विचार है, युवराज?" हनुमान धीरे से बोले, "क्या यह गुफा प्रकृति-निर्मित लगती है?"

"यदि प्रकृति-निर्मित है तो अद्‌भुत है।" अंगद बोले और अपने विचारों में खो गए।

सहसा हनुमान को लगा कि गुफा में कुछ प्रकाश-सा भासित हो रहा है, किंतु आगे से गुफा खुली नहीं थी। तो फिर यह प्रकाश कहाँ से आ रहा है? विचित्र बात थी, जहाँ तक गुफा थी, वहाँ तक अंधकार था; और जहाँ गुफा रुद्ध हो रही थी, वहाँ प्रकाश का आभास था।...और अकस्मात ही बात हनुमान की समझ में आ गई। गुफा यहाँ से मुड़ रही थी और मोड़ के आगे निश्चित रूप से गुफा का द्वार था। वे अपने मन की बात अंगद से कहने ही जा रहे थे कि उनके पैरों के नीचे की मिट्टी की नमी ने उनका ध्यान अपनी ओर आकृष्ट कर लिया। मिट्टी इतनी गीली थी कि आस-पास कहीं-न-कहीं कोई जल-स्रोत अवश्य होना चाहिए था।

"हनुमान!" अंगद उनसे पहले ही उल्लसित स्वर में बोले, "यहाँ की मिट्टी गीली है।"

"हाँ, युवराज! मैं भी अनुभव कर रहा हूँ।" हनुमान ने उत्तर दिया, "मुझे

भी ऐसा लग रहा है कि गुफा के इस मोड़ के निकट ही कहीं इसका द्वार भी है।"

तब तक वे लोग मोड़ तक आ चुके थे और अनेक लोगों का ध्यान उस प्रकाश की ओर चला गया था।

अनेक कंठों ने एक साथ ही हर्ष-ध्वनि की।

सबसे पहले हनुमान गुफा से बाहर निकले और बाहर का दृश्य देखते ही ठगे-से खड़े रहे गए।

एक-एक कर सब लोग बाहर आए और सबकी स्थिति हनुमान की-सी ही हुई।

गुफा का अंत किसी वन में नहीं हुआ था। जहाँ वे लोग खड़े थे, वह किसी भव्य प्रासाद का मानव-विकसित उपवन प्रतीत हो रहा था। अनेक प्रकार के फलों तथा फूलों के पेड़-पौधे पूँजीभूत रूप से वहाँ वर्तमान थे और उनके मध्य स्वच्छ जल की एक पुष्करिणी विद्यमान थी। भूख तथा प्यास से संज्ञाशून्य-से होते हुए वानरों ने अपना चिंतन स्थगित कर, पुष्करिणी में से थोड़ा-थोड़ा जल पिया और तब वे फलों के वृक्षों की ओर उन्मुख हुए।

सूर्य पूरी प्रखरता से चमककर पश्चिम की ओर झुक चला था। हनुमान ने आकाश की ओर देखकर सोचा—वे लोग कम-से-कम डेढ़ प्रहर उस गुफा को पार करने में लगे रहे थे।

खा-पीकर जब मन कुछ स्वस्थ हुआ और चिंतन-मनन की प्रवृत्ति जागी तो इस उपवन के विषय में उनकी जिज्ञासा जागी। यह प्राकृत वन नहीं था, इतनी बात निश्चित थी। उस समय उसका स्वरूप ऐसा नहीं था, जिससे यह समझा जाता कि उपवन की देख-भाल ठीक से की जा रही है; किंतु उसे सँवारने में कभी-कभी मनुष्य की बुद्धि और हाथ सहयोग अवश्य देते हैं, यह स्पष्ट था। पुष्करिणी के नीचे कहीं जल का उत्स भी रहा होगा, क्योंकि पुष्करिणी जल से आप्लावित थी और अतिरिक्त जल अनेक छोटी-छोटी धाराओं के रूप में विभिन्न दिशाओं में बह रहा था।

"यहाँ निकट ही कोई प्रासाद भी होना चाहिए।" अंगद धीरे से बोले।

"मेरा भी ऐसा ही विचार है, युवराज!"

"यदि यहाँ प्रासाद हो तो उसमें देवी वैदेही को छिपाकर रखने की भी संभावना हो सकती है।" नील ने अपना विचार प्रकट किया, "इससे अधिक उत्तम और गोपनीय स्थान कौन-सा हो सकता है।"

"संभावना हो तो सकती है।" जांबवान बोले, "क्योंकि इतने गोपनीय स्थान पर बनाया गया प्रासाद इस प्रकार के कार्यों के लिए उपयुक्त समझा जा सकता है। किंतु मेरे मन में एक शंका है।"

"क्या?"

सबकी दृष्टि जाम्बवान पर टिक गई।

"यदि रावण ने देवी वैदेही को यहाँ बंदिनी बनाकर रखा होता, तो वह स्वयं भी यहाँ निकट ही कहीं वर्तमान होता। इन दोनों ही स्थितियों में यह स्थान इस प्रकार असुरक्षित न छोड़ा गया होता।"

"दोनों ही संभावनाओं में कुछ-न-कुछ तथ्य प्रतीत होता है।" अंगद बोले, "पर हम पहले प्रासाद तो खोज लें।"

"युवराज ठीक कहते हैं।"

वृक्षावलियों के बीच में से होते हुए वे आगे बढ़े। वृक्षों का आरोपण निश्चित योजनानुसार हुआ था। प्रत्येक झुरमुट के साथ कुछ पुष्पलताएँ लगी थीं और फूलों की कुछ क्यारियाँ थीं। ऊँचे-ऊँचे वृक्षों की पंक्तियों की प्राचीर के पीछे विभिन्न प्रकार के फूलों के पौधे थे...और उनके केंद्र में सचमुच एक बहुत बड़ा प्रासाद खड़ा था।

वानरों के पग थम गए। इस एकांत में, इतने गोपनीय ढंग से बनाया गया, जाने यहाँ किसका इतना भव्य प्रासाद था; और वे लोग बिना जाने-बूझे, बिना किसी की अनुमति के भीतर घुस आए थे। संभव है कि प्रासाद का स्वामी शत्रुपक्ष का हो। उसकी सैनिक शक्ति का भी उन्हें कोई आभास नहीं था। कहीं ऐसा न हो कि स्वयं से कहीं अधिक समर्थ और शक्तिशाली शत्रु के अवरोध में पड़कर वे यहाँ बंदी हो जाएँ और किष्किंधा में किसी को उनकी स्थिति की कोई सूचना ही न हो।

अंगद कुछ चिंतित दीखने लगे थे। वे दल के नायक थे। दल के प्रत्येक निर्णय और कर्म के लिए वे उत्तरदायी थे। दल की सुरक्षा का बोझ उन्हीं के कंधों पर था, "बिना जाने-बूझे हमें इस प्रकार भीतर नहीं घुस आना चाहिए था।"

"आप यहाँ ठहरें, युवराज!" हनुमान बोले, "मैं प्रासाद के भीतर जाकर देखता हूँ।"

"नहीं!" अंगद बोले, "अब तो जो एक का भाग्य है, वही सबका है। हम सब इकट्ठे जाएँगे।"

आगे-आगे हनुमान और अंगद थे; दो-दो की पंक्तियों में शेष लोग उनके पीछे। उन्होंने प्रासाद के भीतर प्रवेश किया।

प्रासाद निर्जन पड़ा था—कहीं कोई मनुष्य अथवा पशु दिखाई नहीं पड़ रहा था। इतना बड़ा प्रासाद और सर्वथा मानव-शून्य। न कोई वहाँ बसने वाला, न प्रतिहारी, रक्षक अथवा दास-दासियाँ। टूटा-फूटा, खण्डित प्रासाद होता तो वे लोग मान लेते कि खण्डहर समझकर स्वामी द्वारा उसका परित्याग कर दिया गया होगा, किंतु वह खण्डहर नहीं था...

सहसा हनुमान और अंगद रुक गए। उनके साथ ही सारी पंक्तियाँ थम गईं

उनके सामने थोड़ी दूर पर तपस्विनी वेश में एक स्त्री बैठी थी। उसने वल्कल और मृग-चर्म धारण कर रखे थे। उसकी आँखें ध्यान में मुँदी हुई थीं।

"क्या ये वैदेही हैं?" अंगद ने धीरे से पूछा।

"नहीं!" हनुमान बोले, "यह तो कोई वृद्धा तापसी है।"

तापसी का ध्यान भंग हो गया। उसके मुँदे नेत्र खुल गए।

"आओ, वत्स! कौन हो तुम लोग?" स्त्री ने सहसा उनका स्वागत किया, "यह स्थान तो अत्यंत गोपनीय है, तुम लोग यहाँ तक कैसे पहुँच गए?"

साहस कर हनुमान आगे बढ़े। हाथ जोड़कर उन्होंने तापसी को प्रणाम किया और सादर बोले, "माता, यदि प्रवेश वर्जित है तो हम अपराधी हैं। हमें क्षमा करना। वन में भटकते हुए हम लोग भूख और प्यास से पीड़ित होकर, मार्ग-भ्रष्ट हो, इधर चले आए हैं।"

स्त्री ने क्षण-भर कुछ विचार किया और बोली, "इतने लोगों के लिए भोजन तत्काल उपलब्ध नहीं हो सकेगा। हाँ, फलाहार पर्याप्त है। तुम लोग फलों और जल से अपनी व्याकुलता मिटा लो; तब तक मैं भोजन का प्रबंध करा देती हूँ।"

"आप चिंतित न हों, माता!" अनपेक्षित स्वागत पा हनुमान उल्लसित होकर बोले, "अपनी व्याकुलता के कारण, हम आपकी अनुमति पाने तक धैर्य नहीं रख सके...यत्किंचित मात्रा में कुछ-न-कुछ खा-पी चुके हैं। अब यदि आपका परिचय मिल जाता..."

"एक व्यग्रता मिटा चुके, दूसरी मिटाने का प्रयत्न कर रहे हो।" तापसी के वृद्ध अधरों पर एक वात्सल्यपूर्ण मुसकान आ विराजी, "मैं इस प्रासाद की संरक्षिका, मेरुसावर्णि की कन्या, स्वयंप्रभा हूँ।"

"और यह प्रासाद किसका है, माता?"

"यह प्रासाद किसी समय मय दानव ने अपनी संपूर्ण विद्या के चमत्कार से अपने निवास के लिए निर्मित किया था। वस्तुतः वनों तथा पर्वत-श्रेणियों की ओट में यह उसकी विचार-स्थली थी। सागर-तट पर यह सुंदर प्रासाद कदाचित् उसने स्वयं को गुप्त रखने के लिए ही बनाया हो। यहाँ वह अपनी अप्सरा पत्नी हेमा के साथ रहा करता था; किंतु हेमा के कारण ही इंद्र से उसका विग्रह हुआ। हेमा यहाँ से चली गई। मय भी अधिक दिन यहाँ नहीं रहा। अपने बच्चों को लेकर जाने कहाँ चला गया। मैं उन दोनों के समय की इस प्रासाद की संरक्षिका हूँ। उन दोनों में से कोई भी अब तक इस ओर नहीं लौटा है और मैं इस प्रासाद की संरक्षिका बनी, उनके आने की प्रतीक्षा कर रही हूँ।"

हनुमान ने आश्चर्य भरी दृष्टि पहले रावण के श्वसुर मय दानव द्वारा बनाए गए उस प्रासाद पर डाली और पुनः स्वयं को प्रासाद की संरक्षिका कहने वालि उस तपस्विनी पर!

"आप अकेली..."

वृद्धा ने निर्मल अट्टहास किया, "कोई अकेला कैसे रह सकता है, पुत्र! मेरा पूरा कुटुम्ब है। वे लोग प्रासाद की प्राचीर के साथ पर्वत श्रेणी के बीच बसे गाँव में रहते हैं।"

"आप लोग..."

"तुम तो विकट जिज्ञासु हो, भाई!" वृद्धा पुनः हँसी, "अब थोड़ी देर तुम लोग विश्राम करो। मैं ग्राम में जाकर तुम्हारे भोजन का प्रबंध कराती हूँ। शेष प्रश्न वहीं पूछ लेना; और हाँ! मुझे भी तुम्हारा परिचय जानना है। वह सब भोजन कराकर ही पूछूँगी।"

उन्हें अवाक्-सा वहीं खड़ा छोड़, अपनी सधी चाल में वृद्धा एक ओर निकल गई।

"हम किसी षड्यंत्र में तो नहीं फँस गए?" वृद्धा के दूर निकल जाने पर असंग धीरे से बोला, "ऐसा न हो कि हमें भोजन का प्रलोभन देकर, यहाँ ठहरा, स्वयं सैनिकों को बुलाने गई हो।"

"वैसे इतना तो उसने स्वीकार कर ही लिया है कि यह रावण के श्वसुर का प्रासाद है।" शरगुल्म ने कहा, "हम वस्तुतः शत्रु के घर के भीतर घुस आए हैं।"

"आप किष्किंधा से इसी कार्य के लिए चले थे।" जाम्बवान का स्वर कुछ वक्र हो उठा था, "आपको प्रसन्न होना चाहिए कि आप अपने लक्ष्य पर पहुँच गए हैं।"

"मेरा अभिप्राय यह नहीं था, तात जाम्बवान!"

"तुम्हारा अभिप्राय मैं भली प्राकर समझ रहा हूँ, वत्स!" जाम्बवान मुसकराए, "वैसे यह स्थान लंका से अत्यंत निकट होना चाहिए; क्योंकि हेमा के वियोग से अत्यंत पीड़ित होकर, मय दानव यहीं से मंदोदरी को लेकर रावण के पास गया था।...इसलिए हमें प्रसन्न ही होना चाहिए कि हम लंका के निकट पहुँच गए हैं: यदि यह वृद्धा तापसी इतनी कृपा करे कि लंका तक का कोई सरल और सीधा मार्ग बताकर इस मायालोक में से बाहर निकलने में हमारी सहायता करे तो उसका पर्याप्त उपकार मानना चाहिए।...फिर भी एक षड्यंत्र में तो हम फँस ही गए हैं।"

"कैसा षड्यंत्र?"

"काल का षड्यंत्र, पुत्र!" जाम्बवान गंभीर हो गए, "विभिन्न व्याकुलताओं और उत्तेजनाओं में कदाचित् तुम लोगों का ध्यान इस ओर नहीं गया कि वानरराज सुग्रीव की दी हुई एक मास की अवधि आज समाप्त हो रही है।"

"क्या?" अंगद जैसे निद्रा में से जागे।

"हाँ, पुत्र!" जाम्बवान अपने धीर स्वर में बोले, "और अवधि के पश्चात हमें किसी भी अवस्था में असफल नहीं लौटना है। अवधि के पश्चात असफल लौटने के अपराध का दण्ड क्या निर्धारित किया गया है, ज्ञात है न?"

सबके चेहरों के रंग उड़ गए—सचमुच उन लोगों ने इस ओर ध्यान नहीं दिया था।

अपने साथियों की व्याकुलता देखकर हनुमान भी विचलित हो गए।

"तात जाम्बवान! आप आधी बात पर बल दे रहे हैं।" वे बोले, "अवधि समाप्त हो रही है, यह ठीक है; किंतु वानराज ने अवधि के पश्चात असफल लौटने पर दण्ड-विधान किया है। हम यदि कार्य पूरा कर, अवधि के पश्चात भी लौटें, तो सम्राट हमसे प्रसन्न ही होंगे।"

"हनुमान ठीक कह रहे हैं।" अंगद भारी स्वर में बोले, "अब हमें कार्य पूरा करके ही लौटना है, अन्यथा लौटने का कोई अर्थ नहीं है।"

"आप हताश न हों, युवराज!" हनुमान बोले, "हम अवश्य ही सफल-काम होकर लौटेंगे।"

अंगद कुछ नहीं बोले।

हनुमान स्पष्ट रूप से देख रहे थे कि युवराज के मन में चिंता घर कर गई है। अंगद के साथ-ही-साथ तार भी उन्हें असाधारण ढंग से गंभीर लगे।

प्रासाद में प्रवेश करने का उल्लास क्रमशः समाप्त हो गया था और सारे दल पर, अवधि के बीत जाने के साथ-साथ, इस प्रासाद में घिर जाने की चिंता भी व्याप्त हो गई थी। जाने वह वृद्धा तापसी कौन थी और कहाँ गई थी। जाने वह कोई षड्यंत्र न भी कर रही हो, तो भी इस प्रासाद-रूपी कारागार से निकलने का मार्ग जाने वह जानती भी है या नहीं। आस-पास की पर्वत श्रेणियाँ तथा वन इस प्रकार एक-दूसरे में गुँथे हुए थे कि एक बार भटक जाने पर मार्ग पाना सहज नहीं था।

दल के नायक, युवराज अंगद की चिंता, अब खीझ का रूप ले चुकी थी। दल के साथ आए हुए खोजियों के प्रति वे अपनी खीझ अनेक प्रकार से प्रकट कर चुके थे—"विचित्र प्रकार के खोजी हैं ये। ये लोग वही मार्ग जानते हैं, जो पूर्व-ज्ञात और पूर्व-प्रचलित है। तो फिर खोजी क्या हुए भाई तुम। जो सबको मालूम है, वही आपको भी मालूम है और तिस पर आप खोजी कहलाते हैं। इन्हीं के किष्किंधा-आगमन तक वानरराज ने वैदेही की खोज स्थगित कर रखी थी!"

"खोज तो वर्षा ऋतु के कारण स्थगित थी।" हनुमान धीरे से बोले।

"हाँ-हाँ! वर्षा के कारण ही स्थगित थी।" अंगद बोले, "क्योंकि वर्षा जल के कारण वे मार्ग लुप्त हो गए थे, जो इन खोजियों को मालूम थे। अरे, कुछ ऐसे मार्ग भी तो रहे होंगे, जो वर्षा के जल में विलुप्त नहीं हुए थे, किंतु वे मार्ग इन

खोजियों को ज्ञात तो हों। इनसे तो हम वैसे ही अच्छे थे। मार्ग के वनवासियों से पूछ-पूछकर इनसे अधिक ज्ञान हो जाता हमें इन पथों और मार्गों का। इस अभियान से यदि हम सकुशल किष्किंधा लौट गए और किसी कारणवश सम्राट ने हमारा वध नहीं किया तो हम सब खोजी-पद के अधिकारी हो जाएँगे।''

''खोजी-पद कोई ऐसा ऊँचा पद तो नहीं है, जिसके लिए हम में से कोई अभिलाषी हो, युवराज!''

''न सही ऊँचा पद।'' अंगद बोले, ''सम्राट ने इन्हें सिर पर तो चढ़ा रखा है न। इनके बिना कोई अन्वेषण दल कहीं नहीं जाएगा। और इनसे पूछो, इन वृक्षों के पीछे से कोई मार्ग है या नहीं; तो ये कहेंगे कि ये वृक्ष कनेर के हैं, या जामुन के हैं, या ताड़ के हैं। अरे बाबा! तुमसे हम मार्ग के विषय में पूछ रहे हैं, और तुम हमें वनस्पतिशास्त्र पढ़ा रहे हो। अच्छे खोजी हो तुम!''

सामने से वह वृद्धा तापसी लौटती दिखाई दी तो अंगद का प्रलाप सहसा थम गया।

किंतु हनुमान की चिंता कम नहीं हुई। युवराज के मन में कोई चिनगारी सुलग रही थी; यदि वह बुझी नहीं तो निश्चित रूप से भयंकर विस्फोट करेगी। क्या अवधि समाप्त हो जाने के कारण ही वे इतने चिंतित हो उठे हैं? पर अवधि तो क्रमशः बीतती जा रही है और एक-एक दिन के साथ सबको आभास होता रहा है कि अवधि का कितना समय शेष रह गया है।...वैसे सम्राट द्वारा दण्ड-विधान का यह अर्थ भी नहीं था...वह तो अन्वेषण-दलों को असावधानी से बचाने के लिए...

''चलो, वत्सगण! भोजन तैयार है।'' वृद्धा ने निकट आकर कहा, ''आशा है कि तुम लोग इतना सुस्ता चुके होगे कि थोड़ी दूर तक चल सको। वैसे भी अब संध्या उतरने बालि है। भोजन कर, विश्राम ही करना है।''

''कितनी दूर तक चलना होगा, माता?'' हनुमान ने पूछा।

''अधिक नहीं, रे। पास ही मेरा ग्राम है, वहीं तक।'' वृद्धा ने हनुमान को स्नेहमिश्रित स्वर में धमकाया, ''इतना दीर्घकाय होकर भी चलने से डरता है, रे। कैसा युवक है तू! मुझ वृद्धा से भी गया-बीता।''

''नहीं, माता! यह बात नहीं है।'' हनुमान भी अपनी गंभीरता छोड़कर हँस पड़े, ''भोजन की जल्दी है।''

''अच्छा, चल! वह भी देखूँगी, कितना खा सकता है तू।''

स्वयंप्रभा उन्हें पर्वतों के बीच घिरे एक छोटे-से गाँव में ले आई। दस-बारह घरों से अधिक जनसंख्या नहीं थी। स्वयंप्रभा उन सबको अपना कुटुंब ही बता रही थी। पाँच-सात कुटीर थे और शेष परिवार प्राकृतिक गुफाओं में ही रह रहे थे। इस

दल के पहुँचने पर, उनके स्त्री-पुरुष और बच्चों ने अपनी उत्सुकता में उन्हें घेर लिया। संकोचवश बात किसी ने भी नहीं की।

उन्हें देखकर मन-ही-मन पाली गई सबकी आशंकाएँ स्वतः विलीन हो गईं। वे लोग योद्धा नहीं थे। न उनके पास कोई शस्त्र थे। वे अल्पतम उपकरणों के साथ, प्रकृति के बीच रहने वाले साधारण वनवासी थे।

भोजन तैयार था। आधे से अधिक फल और कच्ची शाक-सब्जियाँ थीं; और पत्तों को तिनकों से जोड़कर बनाए गए पत्तलों पर भात परोसा गया था।

"माता! तुम सब लोग यहाँ रहते हो?" हनुमान ने पुनः बात आरंभ की।

"तुझे अब भी कोई संदेह है?" वृद्धा पोपले मुख से हँसी, "तू ये कुटीर देख रहा है, गुफाएँ देख रहा है; मेरे कुटुंब के लोगों को देख रहा है; हमारे घर में भोजन कर रहा है; फिर भी पूछता है कि हम यहीं रहते हैं क्या?"

"नहीं! मेरा तात्पर्य यह नहीं था।" हनुमान तनिक झेंपकर मुसकराए, "मैं तो यह पूछ रहा था कि नगर बराबर फैला हुआ प्रासाद तुम्हारे पास है; फलों के इतने उद्यान और उपवन हैं; जल की बावलियाँ, पुष्करिणियाँ और सरोवर हैं—फिर तुम लोग यहाँ क्यों रहते हो? वहाँ जाकर क्यों नहीं रहते?"

इस बार वृद्धा गंभीर हो गई, "वह प्रासाद हेमा अप्सरा का है, या चाहे तो कह लो कि उस मय दानव का भी है। हम तो इन वनों में इससे भी निरीह जीवन व्यतीत कर रहे थे। उसने हमें निकट बुलाकर यहाँ हमारा ग्राम बना दिया। अपनी देख-रेख में इन पर्वतों के बीच धान के कुछ खेत बनवा दिए। फलों के वृक्ष लगवा दिए। हम यहाँ बस गए। इस कुटुंब की वृद्धा होने के कारण उसने मुझे अपने प्रासाद की संरक्षिका नियुक्त कर दिया। अब तू हमसे यह अपेक्षा तो मत कर कि हम उसके उपकार भुलाकर, कृतघ्नों के समान उसकी संपत्ति पर आधिपत्य जमाकर उसका भोग करेंगे।"

"इसमें कृतघ्नता कहाँ है, माता?" हनुमान बोले, "यह प्रासाद खाली पड़ा है; और तुम्हारा सारा कुटुंब कितनी असुविधा में जी रहा है। तुम किसकी प्रतीक्षा कर रही हो, माता? मय दानव अथवा हेमा अप्सरा में से कोई नहीं लौटेगा। मय के जमाता रावण ने जब से वारुणेयों को पराजित किया है, हेमा और मय में पुनः मेल हो गया है और वे दोनों उरपुर में सुख से रह रहे हैं। वैसे भी अब वे इतने वृद्ध हो गए हैं कि उन्हें किसी गुप्त विहार-स्थली की आवश्यकता नहीं है। मय का पुत्र मायावी वानरराज बालि के हाथों मारा जा चुका है। मय की पुत्री मंदोदरी रावण की पट्टमहिषी बनी लंका में बैठी है—वह सोने की लंका छोड़ यहाँ वन में क्या करने आएगी? मय दानव का दुंदुभी नामक एक और पुत्र होना चाहिए; किंतु उसके विषय में कभी कुछ सुना नहीं गया। वानरराज बालि ने दुंदुभी नामक एक अरण्य-भैंसे का आखेट अवश्य किया था...पर भैंसे और मनुष्य में भेद होना

चाहिए—नाम एक हो तो क्या हुआ?...अब वह प्रासाद तुम्हारा ही है, माता। उसके खण्डहर हो जाने की प्रतीक्षा मत करो। खण्डहर हो गया तो तुम्हारी आने बालि पीढ़ियाँ उस खण्डहर की रक्षा में अपना जीवन व्यतीत कर देंगी। प्रासाद मनुष्य के वास के लिए होते हैं—मनुष्य को खण्डहर बनाने के लिए नहीं।"

"हम तपस्वी लोग हैं, रे!" वृद्धा ने हनुमान की बात बीच में ही काटकर कहा, "हम प्रासादों में क्यों रहें?"

"अपने सारे कुटुंब को इस कष्ट और असुविधा में रखकर, उस सुंदर प्रासाद के खण्डहर हो जाने की प्रतीक्षा में अपना जीवन बिताना पुण्य नहीं, पाप है, माता!"

"अच्छा-अच्छा! तू अपनी वाचालता छोड़।" वृद्धा परिहास के स्वर में बोली, "मान गई, तू बड़ा उपदेशक है, पर बूढ़ा सुग्गा कभी उपदेश ग्रहण नहीं करता। तेरे पास सूचनाएँ भी बहुत हैं। तू मय और हेमा के सारे कुटुंब के इतिहास से परिचित है। यहाँ तो कोई आता-जाता नहीं, वत्स! इसलिए हमें कोई सूचना नहीं मिलती। तूने बताया कि मंदोदरी रावण की पट्टमहिषी है। मायावी मारा गया और दुंदभी का पता नहीं।" वृद्धा ने अट्टहास किया, "वह अरण्य-भैंसा, जो बालि के हाथों मारा गया, वह मय का ही पुत्र रहा होगा। मुझे याद है, वह अपने बालपन से ही अरण्य-भैंसा था, रे। इधर-उधर फुकारता फिरता था।" वृद्धा सहसा रुक गई, "अब तू मुझे बता, तू कौन है और तेरे साथ कौन-कौन हैं? तुम लोग यहाँ क्या करने आए हो?"

प्रश्न इतनी आकस्मिकता से आया था कि हनुमान के सम्मुख विकट मानसिक संकट खड़ा हो गया। अपना और अपने अभियान का परिचय वे लोग अब तक अत्यंत गुप्त रखे हुए थे...उनका लक्ष्य और गंतव्य प्रकट हो जाने पर हानि भी हो सकती थी...इन लोगों का निकट का न सही, दूर का कोई-न-कोई संबंध रावण से बनता ही था। यदि इस अनुसंधान दल की सूचना इनके माध्यम से राक्षसों तक पहुँच गई?...ये लोग सरल-साधारण वनवासी हैं। किसी लालच अथवा लाभ की अपेक्षा में किसी को कुछ बताने न भी जाएँ तो भी किसी व्यक्ति की असावधानी अथवा अज्ञान से यह सूचना गलत हाथों में पड़ सकती है। तो क्या इस प्रश्न को टाल जाएँ या कोई काल्पनिक परिचय दे दें?

किंतु वृद्धा की सरलता तथा तत्परता उन्हें असत्य बोलने से रोक रही थी...और फिर सत्य बताने से वृद्धा के करुण-विगलित हो, जिस सहायता की अपेक्षा थी, वह असत्य-कथन से प्राप्त नहीं हो सकती थी।

इस प्रकार आमने-सामने बैठकर प्रश्न का उत्तर वे अधिक समय तक टाल भी नहीं सकते थे, और अपने साथियों से इस संदर्भ में विचार-विनिमय भी नहीं कर सकते थे...सारा दायित्व हनुमान पर ही था—उन्हीं का निर्णय, उन्हीं का कर्म और परिणाम के लिए वे ही उत्तरदायी।

हनुमान को लगा, द्वंद्व में सत्य कथन उनके लिए अधिक उपयोगी होगा...वैसे भी इतने सरल लोगों से क्या दुराव...

हनुमान ने संक्षेप में अपना और अपने साथियों का परिचय दिया और अपने अभियान के विषय में भी बताया।

वृद्धा गंभीर हो गई। उसकी परिहास-मुद्रा विलीन हो गई, ''तो मेरी हेमा का जमाता यह प्रता रावण परस्त्रीगामी है! वह दूसरों की स्त्रियों का हरण करता फिरेगा तो मंदोदरी कैसे सुखी रहेगी?''

''हम रावण को खोजकर उसे ठीक मार्ग पर लाने के लक्ष्य से ही इन वनों-पर्वतों में भटक रहे हैं, माता!'' हनुमान आत्मीयता से बोले। वे अनुभव कर रहे थे कि उनका सत्य बोलने का निर्णय दोनों पक्षों के लिए हितकर ही था, ''हम पर केवल इतनी कृपा कर दो कि कोई ऐसा सीधा और सरल मार्ग बता दो, जो हमें इस मायानगरी से तो बाहर निकाल ही दे, लंका के निकट के किसी सागर-तट पर भी पहुँचा दे।''

वृद्धा मन खोलकर हँसी, ''तू इसे मायानगरी कहता है, रे! दो-चार चक्कर लग गए तो यह मायानगरी हो गई। मायावी तो तुम लोग हो, जो इस गोपनीय स्थान में भी घुस आए।'' वह रुकी, ''अच्छा, भोजन कर लो। सीधे सागरतट तक जाने वाला मार्ग दिखा दूँगी।''

मार्ग बता देने के आश्वासन का सारे दल पर स्पष्ट प्रभाव पड़ा। अब तक का सारा वार्तालाप स्वयंप्रभा या हनुमान में हुआ था। दोनों ओर से अन्य किसी भी व्यक्ति ने इसमें भाग लेने की उत्सुकता नहीं दिखाई थी। तापसी के कुटुंबवालों ने कदाचित् अपने संकोच के कारण और हनुमान के साथियों ने अपनी चिंताजन्य अरुचि के कारण...किंतु इस आश्वासन के बाद अन्य लोग भी थोड़ा-बहुत बोलने लगे थे।

भोजन समाप्त करते ही अंगद ने चलने की इच्छा प्रकट की। वृद्धा पुनः हँसी, ''क्यों रे! भागने की बड़ी जल्दी हैं?''

''हमें देवी वैदेही का पता लगाकर शीघ्र किष्किंधा लौटना है।'' अंगद वृद्धा के समान हँस नहीं सके, ''देवी! आप यदि हमें मार्ग...''

''मुझे देवी क्यों कहता है!'' वृद्धा ने कुछ उग्र स्वर में कहा, ''माता क्यों नहीं कहता? तू युवराज है, इसलिए?''

''नहीं, माता!'' अंगद वृद्धा के रोष से तरल हो उठे, ''तुम सचमुच माता हो वात्सल्यमयी! मुझे क्षमा करना।''

''अच्छा, चल! तुझे मार्ग दिखाऊँ।'' वृद्धा बोली, ''तू बहुत ही उतावला हो

रहा है। किंतु अंधकार घिर रहा है। कहीं मार्ग में भटक गए तो यह उतावली महँगी पड़ेगी।''

अंगद के साथ अन्य लोगों का भी ध्यान समय की ओर गया। सूर्यास्त हो चुका था और अंधकार में इन अनजाने तथा भ्रांति-तत्पर मार्गों पर यात्रा अनावश्यक थी।

थोड़े से विचार-विमर्श के पश्चात उन्होंने रात को वहीं विश्राम करने का निश्चय किया।

उनका निश्चय सुनकर वृद्धा जोर से हँसी, ''क्यों रे हनुमान! विश्राम मेरे गाँव में करेगा या हेमा के प्रासाद में। तेरा मन उस प्रासाद में रहने को बहुत ललचाता है न!''

हनुमान किंचित संकुचित हुए, किंतु अंततः अपनी गंभीर वाणी में बोले, ''माता! यदि अपने कुटुंब के साथ तुम उस प्रासाद में रहना स्वीकार कर लो, तो मैं प्रासाद में विश्राम करूँगा; किंतु तुम लोगों को यहाँ छोड़कर मुझसे प्रासाद में सोया नहीं जाएगा।''

''तो फिर आज रात अपनी इस निर्धन माता के कुटुंब का ही आतिथ्य ग्रहण कर।'' वृद्धा प्रसन्नवदन बोली।

प्रातः हल्के-से अल्पाहार के पश्चात यात्रा के लिए तत्पर हो वृद्धा ने मुड़कर अपने कुटुंब की ओर देखा और बिना किसी विशेष व्यक्ति को संबोधित किए कहा, ''मैं इन्हें मार्ग बताकर अभी आती हूँ।''

वह आगे-आगे चली और दल का नेतृत्व करते हुए अंगद उसके पीछे-पीछे चलते गए। वृद्धा ने उन्हें शिलाओं के अनेक घुमावदार मोड़ पार कराए, दो-एक छोटी-छोटी गुफाएँ भी मार्ग में आईं और वह रुक गई, ''इन दो पहाड़ियों के बीच का मार्ग तुम्हें सीधे सागर-तट तक पहुँचा देगा। नयन मूँदे, सीधे चलते जाना। जहाँ मोड़ सहज लगें, वहाँ भी मत मुड़ना। यदि एक भी मोड़ ले लिया, तो पुनः इसी मायानगरी में भटकते फिरोगे।''

दल के सारे सदस्यों ने हाथ जोड़कर वृद्धा को प्रणाम किया और आगे बढ़ गए।

स्वयंप्रभा ने ठीक कहा था। मार्ग में उन्हें अनेक सहज लगने वाले मोड़ मिले, यदि उन्हें पहले से सावधान न किया गया होता, तो वे लोग कहीं-न-कहीं अवश्य मुड़ गए होते। कदाचित् मय दानव ने सायास ऐसे भ्रांति-तत्पर मोड़ बनाए थे। रात को स्वयंप्रभा के ग्राम में रुक जाना भी सार्थक ही था। यह मार्ग ऐसा नहीं था, जिस पर अंधकार में यात्रा की जा सके। भ्रामक मोड़ों के साथ-साथ अनेक आकस्मिक आरोह तथा अवरोह भी थे। वे लोग स्वयंप्रभा के निर्देशों के अनुसार धैर्यपूर्वक चलते

रहे और वह मार्ग उन्हें सीधे सागर-तट पर ले गया। अनेक गुफाओं में से होती हुई उस पगडण्डी को समाप्त कर, जब वे पहाड़ों के बाहर खुले आकाश के नीचे पहुँचे, तो उनके पाँव सागर-तट की छोटी-बड़ी शिलाओं पर थे और समाने अथाह-अनंत सागर लहरा रहा था। एक के बाद एक मदांध लहर आती थी और चट्टानों पर पछाड़ खाकर गिरती थी तथा असंख्य बूँदों में विभाजित होकर कहीं जल और कहीं फेन के रूप में बिछ जाती थी।

अंगद थोड़ी देर तक खड़े, चिंतित दृष्टि से उन लहरों को देखते रहे। लहरों में कोई समाधान न पाकर उन्होंने दृष्टि घुमाई और दूर तक कुछ खोजने का प्रयत्न करते रहे। अन्य लोग भी आस-पास की भूमि और सागर का निरीक्षण कर रहे थे।

थोड़ी ही देर में अंगद के चेहरे पर हताशा के भाव उभर आए।

"इस वृद्धा तापसी ने हमें कहीं का नहीं रखा।" वे अत्यंत उदास स्वर में बोले, "कहाँ है लंका? यह तो अथाह सागर है। अब इस सागर में हम लंका को कहाँ खोजें?"

"सागर-तट पर आ गए हैं, तो लंका भी खोज लेंगे!" हनुमान अपने आशावान स्वर में बोले, "आप इतने हताश क्यों हैं, युवराज?"

"उधर देखो!" अंगद ने चट्टानों के पीछे उगे एक वृक्ष की ओर संकेत किया, "देख रहे हो, हनुमान! वृक्ष पर फूल खिल रहे हैं; अर्थात शरद ऋतु बीतने को है। किष्किंधा लौटने की अवधि समाप्त हो गई है। मैंने तुम्हारी बात मान ली थी कि सफलकाम होकर किष्किंधा लौटने में कोई संकट नहीं है; किंतु अब तो सफलता की भी कोई आशा नहीं है।"

"युवराज! एक तो अभी से हताश होने का मैं कोई कारण नहीं देखता। दूसरे, यदि अपने संपूर्ण प्रयत्न के पश्चात भी हम असफल ही रहे तो अपने निष्कपट प्रयत्न की सच्चाई बताकर हम सम्राट से दया की आशा कर सकते हैं। हम उनके सच्चे और उपयोगी अनुचर हैं तथा वानरराज सुग्रीव दयालु और धर्म पर चलने वाले राजा हैं।"

"सुग्रीव और दयालु!" अंगद का मुख क्रोध और भय से विकृत हो उठा, "सुग्रीव जैसा क्रूर व्यक्ति देखा है कभी तुमने? जिसने राज्य के लिए अपने भाई का वध करवा दिया, उसे दयालु कहते हो तुम! जो अपने परोपकारी मित्र का कार्य भुलाकर, माधवी पीकर कामासक्ति में पड़ा रहा—उसे धर्मरत राजा कहते हो!...मैं तो पहले ही समझ रहा था कि सुग्रीव ने मेरे साथ धूर्तता की है।...वह जानता था कि दक्षिण दिशा में कितनी कठिनाइयाँ हैं, इसलिए मुझे इस दल का नेता बना दिया और मामा तार को भी साथ कर दिया। वह तो चाहता ही था कि इन बीहड़ वनों और पर्वतों में भटक-भटककर, हम अवधि का समय व्यतीत कर असफल

किष्किंधा लौटें, ताकि वह हमारा अपराध सिद्ध कर, हमारा वध कर सके। मेर सदा का वैरी सुग्रीव!"

"युवराज!" हनुमान अपने मन की आशंका सत्य होते देख चिंतित हो गए किंतु शीघ्र ही स्वयं को सँभालकर बोले, "वानरराज आपसे प्रेम करते हैं। उन्होंने आपको युवराज बनाया है। आपने उनके निष्कासन के समय उनकी सहायता की थी। फिर आपने यह बैर की बात कैसे सोच ली?"

"युवराज मुझे सुग्रीव ने नहीं बनाया!" अंगद तमतमाकर बोले, "युवराज मुझे बनाया राम के अपराध-बोध ने; नहीं तो सुग्रीव मुझ शत्रु-पुत्र को युवराज क्यों बनाता। मैंने उसके निष्कासन के समय अपने पिता के विरुद्ध सुग्रीव की सहायत की, यह मेरी मूर्खता थी। सुग्रीव को तब सहायता की आवश्यकता थी, इसलिए वह मेरा कृतज्ञ हुआ। किंतु वह कभी नहीं भूला कि मैं बालि का पुत्र हूँ। तभी तो सम्राट बनते ही मेरी माता को अपनी पत्नी बना लिया। मुझे कहीं का नहीं छोड़ा सुग्रीव ने। एक तो हृदय से क्रूर, फिर राजा के पद पर अधिष्ठित और अब अवधि की सीमा बनाकर मुझे अपराधी बना दिया।...मेरा किष्किंधा जाना व्यर्थ है मैं अपना वध करवाने के लिए किष्किंधा जाना नहीं चाहता।...मैं यहीं उपवास कर अपने प्राण त्याग दूँगा।"

"सुनो युवराज!" सहसा तार ने कहा, "मैं भी तुमसे सहमत हूँ कि किष्किंधा लौटना वस्तुतः एक अपमानजनक मृत्यु को प्राप्त होना है। इसीलिए किष्किंधा जाने के पक्ष में मैं भी नहीं हूँ; किंतु उपवास कर प्राण देना भी आवश्यक नहीं समझता।"

"तो?" अंगद के साथ-साथ अन्य वानरों ने भी जिज्ञासा से तार की ओर देखा।

"मेरा प्रस्ताव है," तार ने उत्तर दिया, "कि हम लोग मय दानव के उस प्रासाद में लौट जाएँ। उस प्रासाद पर अधिकार जमाने से हमें रोकने वाला कोई नहीं है। प्रासाद की संरक्षिका उस वृद्धा तापसी के कुटुंब में एक भी व्यक्ति ऐसा नहीं है, जो हमसे युद्ध कर सके। उनके पास कोई शस्त्र भी मुझे नहीं दिखा। उपवास कर आत्महत्या करने की हमें क्या आवश्यकता है। उस प्रासाद में हम आपका राज्याभिषेक करेंगे और आपकी प्रजा बनकर रहेंगे। वहाँ न अन्न की कमी होगी, न जल की और न फलों की। यदि आवश्यक होगा, तो प्रजा भी इकट्ठी कर ली जाएगी। उस नगरी की रक्षा तनिक भी कठिन नहीं है। एक तो वहाँ हमें कोई खोज ही नहीं पाएगा; और यदि खोज भी लेगा तो उन गुफाओं और पर्वत-श्रेणियों के भीतर हमसे युद्ध नहीं कर पाएगा।"

तार की बात सुनकर हनुमान अत्यंत विचलित हो उठे। तार का तो यह मत था ही, अन्य लोग भी उससे सहमत प्रतीत हो रहे थे। कोई भी उसका विरोध

ाहीं कर रहा था। प्राणों के भय से इन लोगों की बुद्धि भ्रष्ट हो गई है। इन्हें इस मय न राक्षसों का अत्याचार स्मरण रह गया है, न अपने अभियान का लक्ष्य। लोग सर्वथा भूल गए हैं कि इन्हीं के भरोसे, किष्किंधा में सुग्रीव अपना वचन रा करने का विश्वास लिये बैठे हैं। राम और लक्ष्मण इन्हीं की सूचनाओं के आधार र, राक्षसों से युद्ध कर, न केवल सीता का उद्धार, वरन् राक्षसी आतंक के सार्वभौम धकार को नष्ट करने की तैयारी कर रहे हैं...और ये चंचल-चित्त मूर्ख वानर, अपनी ारी बुद्धि अपने कर्त्तव्य से भागने के लिए व्यय कर रहे हैं।...इतना ही नहीं, अपनी ड़ता के कारण जिस विषैली राजनीति को ये जन्म दे रहे हैं—उसके परिणाम के ति पूर्णतः अनभिज्ञ बैठे हैं...किसी ने ठीक ही इस जाति को 'वानर' नाम दिया ।...सीता का अन्वेषण और राक्षसों के विरुद्ध युद्ध की क्या बात, ये तो पारस्परिक ांतरिक कलह से किष्किंधा के वानर-राज्य का भी ध्वंस करेंगे...

...अंगद के मन में सुग्रीव की ओर से अनेक आशंकाएँ हैं। सुग्रीव ने तारा विवाह कर भयंकर भूल की है। अंगद के मन में तभी से सुग्रीव के विरोध का ूल चुभ गया है। वयस्क पुत्र, किसी भी अन्य पुरुष से अपनी माता का दांपत्य बंध स्वीकार नहीं कर पाता। सुग्रीव लाख अंगद को अपना पुत्र मानें; किंतु अंगद न्हें अपने पिता के रूप में कैसे स्वीकार करेगा...बात परस्पर संबंधों तक रहती ो विशेष संकट नहीं था, पर तार तो उसे राजनीति में घसीट रहा है। वह यहाँ ंगद का राज्याभिषेक कर, एक अन्य वानर-राज्य की नींव डाल रहा है। निश्चित प से इससे अंगद और सुग्रीव के मन में छिपी आशंकाएँ तल के ऊपर आ जाएँगी ौर वे खुलकर शत्रुता का रूप ले लेंगी। दोनों पक्ष स्वयं को शक्तिशाली बनाना ाहेंगे। सुग्रीव की शक्ति और कैसे बढ़ सकती है—पर असिगुल्म तथा उसके साथी पनी वाहिनियों के साथ अंगद के पक्ष में हो जाएँगे। बालि का पुत्र होने के नाते ोगों को अंगद किष्किंधा का न्याय-संगत राजा लगेगा। अंगद को जन-सामान्य ी सहानुभूति जीतने में समय ही कितना लगेगा...और फिर युद्ध हुआ तो विजयी ाहे अंगद हो अथवा सुग्रीव—वानर जाति की शक्ति ध्वस्त हो जाएगी। तब राक्षसों ा नाश बहुत दूर की बात हो जाएगी; राक्षसों से किष्किंधा को बचाना भी संभव ोगा क्या?...

थोड़ी देर हनुमान अपने मन में नीति निर्धारित करते रहे, फिर धैर्यपूर्वक ोले, "युवराज! आप दल के नायक हैं। आप अपनी इच्छानुसार जो उचित समझें, िश्चय कर सकते हैं। पर एक बात मेरी भी सुन लें।"

अंगद ने अपनी हताश आँखें हनुमान की ओर फेरीं।

"आज ये लोग आपको वानरराज के विरुद्ध भड़काकर, आपका उनसे विरोध रा, आपके राज्याभिषेक का प्रलोभन दे रहे हैं।" हनुमान शब्दों को चबा-चबाकर ोले, "इनकी चंचलता क्या इसी से सिद्ध नहीं है कि ये लोग अपने राजा को

दिया गया वचन भूलकर नये राज्य की स्थापना का स्वप्न देख रहे हैं। कल, जब इन लोगों को अपनी पत्नी, संतानों तथा परिवार के अन्य सदस्यों की याद आएगी तो क्या इनकी चंचलता पुनः नहीं उभरेगी? इनके अपराध के कारण जब वानरराज सुग्रीव इनके परिवारों को अंधकूप में डलवा देंगे, तो ये लोग न केवल आपको छोड़कर भाग जाएँगे; वरन् वानरराज के पास जाकर आप पर राजद्रोह का आरोप सिद्ध कर उसका दण्ड देने के लिए उनकी सेनाओं को मार्ग बताते हुए स्वयं यहाँ तक ले आएँगे।...इतना ही नहीं, युवराज! ये लोग आपको प्रासादों के पीछे छिपे रहने की कायरता सिखा रहे हैं। यह मत समझिए कि आप यहाँ छिपकर बैठ जाएँगे तो सुरक्षित हो जाएँगे। राम और लक्ष्मण के बाण इन प्राचीरों को खण्ड-खण्ड कर देंगे...और तब देवी जानकी का अन्वेषण त्याग, मार्ग में छिपकर बैठ जाने का परिणाम सामने आएगा। अब भी यदि आप यही चाहते हैं तो क्षमा कीजिएगा, मैं, नील, तात जाम्बवान तथा महाकवि सुहोत्र आपका साथ नहीं दे पाएँगे, क्योंकि मैं नहीं समझता कि इस दल के साथ में भेजकर वानरराज ने हमारे वध का षड्यंत्र रचा है। मैं समझता हूँ कि हमें अपना योग्य तथा सामर्थ्यवान साथी समझकर उन्होंने हमें एक आवश्यक और भरोसे का कार्य सौंपा है।"

हनुमान ने नील, सुहोत्र तथा जाम्बवान की ओर देखा। वे लोग उनसे सहमत प्रतीत हो रहे थे।

अंगद ने कोई उत्तर नहीं दिया। वे कुछ सोचते हुए मौन बैठे रहे। हनुमान की बात सुनकर तार भी कुछ चिंतित दिखाई पड़ने लगे थे।

हनुमान को यह अवसर उपयुक्त जँचा—लोहा गर्म था, यदि दो-एक घन और पीट दिए जाएँ, तो बात बन जाएगी।

"और युवराज! सफल या असफल—हम जब किष्किंधा पहुँचेंगे, तो मैं नहीं समझता कि आपको वानरराज से भयभीत होने का कोई कारण है। आपके अतिरिक्त उनका कोई पुत्र नहीं है। वे आपसे कितना स्नेह करते हैं। आपकी माता साम्राज्ञी तारा कहा करती थीं कि आप सम्राट बालि के इतने निकट कभी नहीं रहे, जितने तब युवराज सुग्रीव के निकट थे। वानरराज आपकी माता का प्रत्येक प्रिय करने को सदा तत्पर रहते हैं। मैं तो समझ ही नहीं पा रहा कि आपके मन में ये आशंकाएँ ही क्यों हैं?"

"हनुमान ठीक कहते हैं।" अंगद का स्वर सामान्य नहीं था, "यदि मैं किष्किंधा लौटा तो क्रूर राजा सुग्रीव के हाथों मारा जाऊँगा; और यदि मय दानव के उस परित्यक्त प्रासाद में शरण लेने गया तो राम और लक्ष्मण के बाणों से अपने पिता के समान मारा जाऊँगा। मैं इन दोनों को अपने लिए अपमानजनक समझता हूँ।" सहसा अंगद के स्वर में आवेश की मात्रा बढ़ गई, जैसे वे अपने आपे में नहीं रहे, "मैं प्रतिज्ञापूर्वक आप लोगों को कह रहा हूँ कि दल के नायक के रूप में मैं आ

लोगों को आपके कर्त्तव्य से मुक्त कर रहा हूँ तथा स्वयं मरणांत उपवास आरंभ कर रहा हूँ।"

इसस ने अर्द्ध-चेतन मस्तिष्क से हँसे—वे निराहार मरने को बाध्य थे, तो उन्हें अन्य लोग भी प्रायोवेशन करते सुनाई पड़ते हैं...

"कौन है रे यहाँ, जो प्रायोपवेशन कर रहा है?" वे पड़े-पड़े चिल्लाए, "यदि मर रहे हो तो मेरे निकट आकर मरो, ताकि तुम्हें खाकर मैं जी उठूँ।"

"आप कौन हैं, आर्य? क्या आप नर-भक्षी हैं?" उन्हें नीचे की शिलाओं से एक भीरु-सा स्वर सुनाई दिया।

...अरे, यहाँ तो वस्तुतः कोई है...उनकी चेतना की लौ जाग उठी। बोले, "नर-भक्षी तो नहीं हूँ किंतु भूख से मर रहा हूँ। सोचा, तुम्हें अपना शरीर नहीं चाहिए, तो मेरा ही भला करते जाओ।"

नीचे का वार्तालाप बंद हो गया, जैसे वे लोग सोच में पड़ गए हों। "अच्छा, किसी को नहीं खाऊँगा, भाई!" संपाति ने हँसने का प्रयत्न किया, "तुम लोग हो कौन? मुझे तनिक नीचे तो उतारो।"

नीचे कुछ हलचल हुई और दो-तीन लोग उनके निकट आए। उन्होंने सहारा देकर संपाति को नीचे उतारा।

"आप कौन हैं, आर्य?"

"एक वृद्ध, जो अपने शरीर की असमर्थता के कारण अपना भोजन नहीं जुटा पा रहा और भूख से मर रहा है। शरीर निरोग है, इसलिए मर नहीं रहा; और ऊर्जा नहीं है, इसलिए जी नहीं रहा।"

"आप कुछ खाएँगे?" अंगद ने पूछा।

"है कुछ तुम्हारे पास?"

"कुछ फल और थोड़ा-सा जल।"

"खिला दो।"

अंगद अपना स्थान छोड़कर उठ गए और वृद्ध के मुख में थोड़ा-सा जल टपकाने के पश्चात छील-छीलकर फल खिलाने लगे। ये फल तथा जल वे लोग अपने साथ स्वयंप्रभा के प्रासाद से ले आए थे।

यदि वह गुफा न मिल गई होती, अथवा भीगे हुए वे चक्रवाक पक्षी दिखाई न पड़ जाते—अंगद सोच रहे थे—तो उनकी तथा उनके साथियों की भी कदाचित् यही दशा होती...वृद्धावस्था भी कैसा अभिशाप है। कैसा दण्ड है यह। शरीर में प्राण तो हों, पर प्राण-शक्ति न हो, तो जीवन ऐसे ही यातनामय हो जाता है।

"आपका कोई पुत्र नहीं है, आर्य?"

"पुत्र तो है।" संपाति बोले, "किंतु पुत्र कम है, कलंक अधिक है। न होता तो मैं मान लेता कि मेरा कोई पुत्र नहीं है और शांति से मर जाता। पर वह

है...''

जल पी लेने और कुछ खाद्य-पदार्थ पेट में चले जाने से उनके शरीर में कुछ ऊर्जा आ गई थी, ''शरीर चलता नहीं, वत्स! पर मेरा मस्तिष्क अब भी बहुत दौड़ता है। इसीलिए पुत्र की कायरता और स्वार्थ-लोलुपता—दोनों से ही बहुत पीड़ित हूँ।''

अंगद ने चौंककर देखा—वृद्ध उन्हें ही तो नहीं सुना रहा।...यदि वे किष्किंधा नहीं लौटे तो अपनी वृद्धावस्था में सुग्रीव उन्हें भी इसी प्रकार नहीं कोसेंगे क्या?

''आपका परिचय, तात?''

संपाति सँभलकर बैठ गए, ''पहले अपना परिचय कहो, वत्स! नहीं तो कहोगे कि वृद्ध अत्यंत वाचाल है—अपनी ही कहता है, दूसरों की सुनता ही नहीं।''

अंगद मुसकराए। वृद्ध उनसे अत्यंत गोपनीय प्रश्न पूछ रहे थे; किंतु अब गोपनीयता का क्या प्रयोजन। जो व्यक्ति प्रायोपवेशन कर, प्राण देने को दृढ़प्रतिज्ञ हो—उसे अब गोपनीयता-अगोपनीयता से क्या...

अंगद ने निर्द्वंद्व भाव से अपना और अपने साथियों का परिचय दिया और अपने अभियान का लक्ष्य भी बता दिया।

''जानकी का हरण कहाँ से हुआ, वत्स?'' वृद्ध ने इन नामों तथा घटनाओं से विशेष अपरिचय प्रकट नहीं किया।

''पंचवटी से, आर्य!''

''पंचवटी!'' संपाति कुछ याद करते हुए-से बोले, ''जटायु भी तो इसी स्थान के आस-पास कहीं रहता था।''

''आर्य जटायु!'' हनुमान अनायास ही बोल पड़े ''आप आर्य जटायु को जानते हैं क्या?''

''तुम भी उसे जानते हो क्या?'' संपाति मुसकराए।

''आर्य जटायु और राम का पक्ष एक ही था। उन्होंने राक्षसों के विरुद्ध युद्ध किया था और अनेक घाव खाए थे। अंततः उन्होंने सीता-हरण के समय, रावण से लड़ते हुए अपने प्राण दे दिए। उन्होंने...''

''जटायु मारा गया?'' संपाति का स्वर भर्रा आया।

''हाँ, आर्य! रावण ने उनका वध कर दिया।''

''रावण! दुष्ट रावण! धिक्कार है तुझ पर, सुपार्श्व! धिक्कार है!''

सहसा ही संपाति का सारा व्यक्तित्व जैसे बदल गया। वार्धक्य की उस दीनता के स्थान पर, एक प्रकार का आहत आक्रोश जागा। जीवन के प्रति उदासीनता के भाव पर गहरी आसक्ति का रंग छा गया, जैसे उनका बहुमूल्य जीवन संघर्ष के दाँव पर लगा हो।

सारा वानर दल चकित होकर संपाति को देख रहा था...क्षण में ही उस मृतप्राय दीन वृद्ध के भीतर से ये अग्नि-स्फुलिंग कहाँ से जल उठे?

"क्या बात है, आर्य?" हनुमान ने साहस कर पूछा।

"वत्स!" आक्रोश के अवरोह के पश्चात् संपाति की आँखों में पीड़ा के अश्रु भर आए, "जटायु मेरा छोटा भाई था। मैं उस वीर का अभागा बड़ा भाई हूँ।"

किसी ने कोई उत्तर नहीं दिया; सब के सब अवाक् खड़े रह गए।

"मैं बड़ा अभागा हूँ, वत्स!" थोड़ी देर के पश्चात संपाति स्वयं ही बोले, "धन्य है मेरा वह वीर भाई। मेरा तो सारा जीवन ही व्यर्थ चला गया।" वे रुककर थोड़ी देर सिसकते रहे, "जनस्थान में ही हमारी जाति की भी कुछ बस्तियाँ थीं, पुत्र! एक छोटा-सा राज्य भी था। हमारी गृद्ध जाति शरीर से हृष्ट-पुष्ट थी और भावना से शूरवीर मानी जाती थी। मैंने और जटायु ने देवासुर-संग्राम में दशरथ के पक्ष से युद्ध भी किया था; किंतु हम क्रमशः वृद्ध होते गए, जनस्थान के राक्षस बल पकड़ते गए और हमारी जाति हतवीर्य होती गई। राक्षसों के बल के सम्मुख स्वयं को सर्वथा असमर्थ पा, मैंने वहाँ से हट जाने का प्रस्ताव जटायु के सम्मुख रखा था। वह मुझसे छोटा था; उसके शरीर में सामर्थ्य भी था और लगता है, जिजीविषा भी मुझसे अधिक थी। वह मुझसे सहमत नहीं हुआ। वह किसी-न-किसी रूप में राक्षसों के विरुद्ध संघर्ष चलाए रखने के पक्ष में था। मैं अभागा उसको छोड़कर, इधर सागर-तट पर चला आया। यहाँ अपेक्षाकृत शांति थी। यद्यपि यह स्थान राक्षसों के केंद्र लंका के पर्याप्त निकट है—किंतु यहाँ जनसंख्या नहीं के समान है। दूर-दूर कहीं कोई आश्रम अथवा पुरवा-टोला है। आस-पास फलों के कुछ वृक्ष हैं। समुद्र-तट पर मछली मिल ही जाती है। अपना पेट भरता रहा और जीवन का शेष समय किसी-न-किसी प्रकार नष्ट करता रहा। मेरे एकमात्र पुत्र ने भी कुछ दूरी पर अपना आश्रम बना रखा है।" उन्होंने रुककर दम लिया, "जब तक मैं सक्षम था, अपनी आवश्यकता से अधिक अर्जित करता था और अपने पुत्र को कुछ लाभ पहुँचा सकता था, तब तक सुपार्श्व मेरे ही साथ रहा। किंतु जब स्थिति ऐसी हो गई कि मैं उसके लाभ के लिए कुछ भी करने में असमर्थ हो गया तो वह तपस्या करने के बहाने मुझसे अलग हो गया और अपना आश्रम बनाकर बैठ गया। यह कैसी तपस्या है, वत्स! मैं आज तक नहीं समझ सका—जो स्वार्थ साधती है और अपने कर्त्तव्य से आँखें चुराती है। पर वह ऐसा ही तपस्वी है..." वृद्ध संपाति कुछ श्रम और कुछ आवेश से हाँफ-से गए थे।

हनुमान ने उनकी पीठ पर हाथ फेरकर उन्हें कुछ आराम देने का प्रयत्न किया। अंगद ने उनके मुख से जल का पात्र लगाया। उन्होंने दो-तीन घूँट पानी पिया, कुछ गहरी साँसें लीं और पुनः बोले, "वत्स! मुझे अपने पुत्र का व्यवहार बहुत अपमानजनक लगा। तब मैं ऐसा असमर्थ भी नहीं था। सोचा, अपने भर को तो फेर भी कुछ-न-कुछ कर ही लूँगा। ऐसा तो अपाहिज नहीं हो गया हूँ। पुत्र की इच्छा के विरुद्ध, क्यों उस पर भार बनकर रहूँ? यद्यपि मुझमें अकेला, स्वतंत्र रूप

से रहने का सामर्थ्य नहीं था, तो भी अपने आहत स्वाभिमान के कारण मैं पुत्र से अलग रहा; और किसी प्रकार कच्चे-पक्के फल तथा कभी कच्ची और कभी भुनी हुई मछलियाँ खाकर पिशाचों के समान जीवित रहा।'' संपाति पुनः रुके, ''फिर एक समय ऐसा आया, पुत्र! कि मैं कुछ भी करने में सर्वथा असमर्थ हो गया। मन तो नहीं मानता था, किंतु शरीर पूरी तरह हार गया था। किंतु यह जठराग्नि तब भी मुझे जलाए जा रही थी। लगता था अंतड़ियाँ जल जाएँगी। तब सोचा, किसी से निवेदन करूँ कि इस अपंग वृद्ध के मुख में भी दो कौर डाल जाया करे। किससे निवेदन करता! यहाँ था ही कौन! तब मैं भी तुम्हारे समान प्रायोपवेशन का संकल्प कर, सागर-तट की शिलाओं पर लेट गया था, पुत्र! किसी ने जाकर मेरे उस पुत्र सुपार्श्व को सूचना दे दी कि मैं यहाँ पड़ा-पड़ा मर रहा हूँ। जाने उसके मन में कोई सुविचार जागा या जाने कोई स्वार्थ ही हो—उसने सोचा हो कि मरते हुए पिता की सेवा कर थोड़ा पुण्य अथवा थोड़ा-सा यश ही कमा ले। वह आया और मुझे अपने साथ अपने आश्रम में ले गया।...किंतु मैं रोगी तो था नहीं, भूख से ही मर रहा था। खाने को मिला तो फिर से जी उठा। यद्यपि काम कोई नहीं कर सकता था, किंतु मेरा मस्तिष्क पूरे चैतन्य से सब कुछ सोचता था और जठराग्नि पूरी दाहकता के साथ जलाती थी। मेरी इच्छा के विरुद्ध कुछ होता, मुझे बुरा लगता तो मेरी जिह्वा चल निकलती। मैं सुपार्श्व पर भी टीका-टिप्पणी करने से स्वयं को नहीं रोक पाता था।...थोड़ा जल दो।'' वे रुक गए।

जल पीकर संपाति पुनः बोले, ''तब मैंने जाना कि मेरा पुत्र तो यह सोचकर मुझे अपने आश्रम लाया था कि मैं दो-चार दिन ही जीवित हूँ—किसी प्रकार वह समय वह मेरे साथ काट लेगा और फिर मेरी अंत्येष्टि कर अपने पितृ-ऋण से मुक्ति पा लेगा, किंतु मैं तो जी उठा था और निकट भविष्य में मेरे मरने की कोई संभावना नहीं थी। अनिश्चितकाल के इस बोझ से वह घबरा उठा। मेरे प्रति उसके व्यवहार में रुक्षता और उपेक्षा होने लगी।...मेरी बात समझ रहे हो न, पुत्र?'' उन्होंने पूछा और उत्तर की प्रतीक्षा में रुक गए।

''हाँ, तात! समझ रहे हैं।'' अंगद और हनुमान प्रायः साथ-साथ ही बोले।

''एक दिन सुपार्श्व बाहर गया—कदाचित् भोजन का ही प्रबंध करने गया हो।'' संपाति बोले, ''उसे लौटने में बहुत विलंब हो गया; पीछे से भूख के मारे मेरी अंतड़ियाँ टूटने लगीं...मैंने कहा न, मेरा शरीर जितना असमर्थ था, मेरी भूख उतनी ही प्रबल थी। कभी-कभी तो जिह्वा की तृष्णा औचित्य का भी उल्लंघन कर जाती थी। वृद्धावस्था में यदि इंद्रियाँ सक्रिय हों, तो उन पर नियंत्रण पाना कठिन होता है, पुत्र!...तो उस दिन भूख से मैं अत्यंत व्याकुल हो उठा। बड़ी देर के पश्चात जब सुपार्श्व कुटिया में लौटा तो मैंने उसे डाँटा कि वह अपने वृद्ध पिता का तनिक भी ध्यान नहीं रखता। मुझे भूख से बिलबिलाता छोड़ स्वयं कहाँ-कहाँ मनोरंजनार्थ

भ्रमण करता रहता है।...उसका उत्तर मेरी बात से भी अधिक कठोर था। उसने कहा कि वह मेरी इन असंगत बातों से तंग आ गया है। मुझे अपनी मर्यादा में रहना चाहिए। और फिर उसने बताया कि वह भोजन की ही खोज में उस दिन महेन्द्र गिरि तक चला गया था। वह जब पके फलों के वृक्षों की खोज में इधर-उधर भटक रहा था तो उसने एक असाधारण दृश्य देखा कि प्रौढ़ वय का एक असाधारण बलशाली श्यामवर्ण राजपुरुष एक गौरवर्णा, अत्यंत असाधारण सुंदरी युवती स्त्री को बलात् अपने कंधे पर लादे लिये जा रहा था। वह जलमार्ग से आया था और अब आगे जाने के लिए सुंदरी को निकट खड़े अपने रथ की ओर ले जा रहा था। वह सुंदरी अपनी सामर्थ्य भर उस पुरुष की पकड़ से मुक्त होने के लिए संघर्ष कर रही थी और सहायता के लिए अनवरत पुकार रही थी। वह बार-बार दाशरथि राम और सौमित्र लक्ष्मण का आह्वान कर रही थी...।''

''देवी वैदेही?'' हनुमान के मुख से अनायास ही निकल गया।

''हाँ, वत्स! यह तो मैं आज ही समझ पाया हूँ।'' संपाति बोले, ''और वह पुरुष रावण था, जिसके खड्ग से अभी कदाचित् मेरे भाई जटायु का रक्त सूख भी न पाया हो...।'' उन्होंने रुककर अपने अश्रु पोंछे, ''पर तब मैं यह नहीं समझ पाया था। फिर भी मैंने सुपार्श्व से पूछा था कि उसने उस सुंदरी की सहायता क्यों नहीं की! तो जानते हो, उसने क्या उत्तर दिया?''

''क्या?''

''उसने कहा कि वह उस पुरुष का मार्ग रोककर खड़ा हो गया था; किंतु उस पुरुष ने अत्यंत दीन भाव से उससे मार्ग छोड़ देने का अनुरोध किया और कहा कि उसने सुपार्श्व की कोई हानि नहीं की है, अतः सुपार्श्व मार्ग से हट जाए।''

''और वह मार्ग से हट गया?''

''हाँ! उसका कहना था कि कोई व्यक्ति इतनी दीनता और शालीनता से प्रार्थना करे तो उससे युद्ध कैसे किया जा सकता है?''

''वह व्यक्ति चाहे कितना ही बड़ा अनर्थ क्यों न कर रहा हो?''

''यही प्रश्न मैंने भी अपने युवक पुत्र से किया था, किंतु वह बार-बार उस पुरुष के अत्याचार से हटकर, उसके शिष्टाचार की बात करने लगता था।'' संपाति बोले, ''पर वास्तविक बात तो मैं आज समझा हूँ, पुत्र! उसने कदापि रावण का मार्ग नहीं रोका होगा। जो व्यक्ति अपने पिता के प्रति अपने कर्त्तव्य का बोझ उठाने को तैयार नहीं है, वह एक अपरिचित-अनजान युवती के प्रति अपने कर्त्तव्य को क्या समझेगा! उसने रावण का भयंकर रूप, क्रूर मुख और घातक शस्त्रों को देखा होगा और भय से पीला पड़कर किसी झाड़ी में छिप गया होगा; या संभव है, संज्ञाशून्य होकर कहीं गिर पड़ा हो और वहीं पड़ा रह गया हो। इसी में उसे इतना विलंब हो गया था।'' संपाति पुनः कुछ सोचते हुए रुक गए, ''उस दिन मैं यह सब

नहीं समझा था, नहीं तो अपनी उस अवस्था में भी कदाचित् मैं इतना निष्क्रिय न रहता। किंतु फिर भी मैंने अपने उस कपूत को इस प्रमाद के लिए बहुत ताड़ना दी और कहा कि मैं ऐसे कायर पुत्र का मुख भी नहीं देखना चाहता...!" संपाति अप्राकृतिक ढंग से हँसे, "वह मेरी ताड़ना स लज्जित नहीं हुआ, न उसने अपनी भूल स्वीकार की उसने भी मेरे स्वर में कहा कि वह मेरे-जैसे वाचाल और पंगु वृद्ध से तंग आ गया है, जो न अपना सामर्थ्य समझता है, न अपनी मर्यादा। मैंने उसी रोष में उससे कहा कि यदि ऐसी ही बात है तो वह अपने इस वृद्ध पिता को अपनी इस कुटिया से निकालकर समुद्र-तट की किसी शिला पर डाल क्यों नहीं आता। लगता है कि वह तो मुझसे मुक्ति पाने को किसी उपयुक्त अवसर की प्रतीक्षा-भर कर रहा था। उसने मेरी आज्ञा का शत-प्रतिशत पालन किया और स्वयं अपने कंधे पर उठाकर अपने आश्रम से इतनी दूर, इस शिला पर डाल गया, जहाँ से उसके आश्रम तक, मुझ मुमुर्षु का चीत्कार भी न जा सके।...और मैं यहाँ पड़ा हुआ अपने इन प्राणों को कोसता रहा कि ये लोलुप इस असमर्थ शरीर से क्यों चिपके हैं। क्यों नहीं इसे ये इस यातना से मुक्त कर देते।" सहसा संपाति के चेहरे पर कोई पुराना तेज जागा, "पर आज समझ गया हूँ कि पिछले चार महीनों से ये प्राण इस शरीर से इस प्रकार मरते-जीते क्यों चिपके हैं...वस्तुतः अभी इन प्राणों को इस शरीर से कुछ काम लेना है।" उन्होंने रुककर वानर-दल के एक-एक सदस्य को बारी-बारी देखा, "मुझमें इतना सामर्थ्य नहीं, पुत्रो! कि तुम्हारे साथ सागर पार कर लंका में जाकर पापी रावण का अपने हाथों से वध कर अपने भाई की हत्या का प्रतिशोध ले सकूँ। पर तुम्हें यह निश्चित सूचना अवश्य दे सकता हूँ कि सीता का हरण रावण ने ही किया है और वह उसे लेकर लंका में ही गया है। तुम लोग यदि सागर पार करने का पराक्रम कर सको तो लंका में सीता को अवश्य पा सकोगे।" संपाति रुककर पुनः कुछ सोचने लगे।

"क्या बात है, तात?" हनुमान ने तनिक विचलित स्वर में पूछा।

"कुछ नहीं, पुत्र! सोच रहा था कि तुम लोग सागर कैसे पार करोगे?"

"राक्षस इसे कैसे पार करते हैं, आर्य?" अंगद ने प्रश्न किया।

"उनकी अपनी परिवहन व्यवस्था है। उनके जलपत्तन हैं। उनकी नौकाएँ और जलपोत चलते हैं।" संपाति बोले, "किंतु तुम उनमें यात्रा नहीं कर सकते। उन्हें तनिक भी संदेह हो जाने पर वे तुम्हारा वध कर देंगे। तुम्हें तो किसी निर्जन तट से तैरकर समुद्र पार करना पड़ेगा, जहाँ तुम पर किसी की दृष्टि न पड़े। यदि लंका में किसी को तनिक-भी संदेह हो गया कि सीता का अन्वेषण करने के लिए कोई लंका की ओर आया भी है तो सीता का संधान पाना असंभव हो जाएगा। राक्षसों की शासन-व्यवस्था तथा शक्ति को कदाचित् तुम नहीं जानते।...तुम सब

लोग तो नहीं जा सकोगे। सबका जाना उचित भी नहीं है। यदि एक या दो व्यक्ति जा सको तो बहुत अच्छा है।'' वे क्षणभर के लिए रुके, ''तुम्हें एक स्थान मैं बता सकता हूँ। यहाँ से दक्षिण में थोड़ी दूर पर एक उपयुक्त स्थान है। वहाँ से सागर-संतरण में अनेक बाधाएँ हैं। मार्ग में मैनाक पर्वत है, स्थान-स्थान पर जल-मग्न शिलाएँ हैं, भयंकर जल-जंतु और सर्प हैं—किंतु इन्हीं सब बाधाओं के कारण वहाँ राक्षसों का आवागमन नहीं है और वह स्थान सर्वथा निर्जन है। तुममें सामर्थ्य, शक्ति और साहस हो तो अपने अभियान पर आगे बढ़ो, नहीं तो सुपार्श्व के पड़ोस में एक-एक कुटिया तुम भी डाल लो।'' अपनी बात समाप्त करते ही संपाति ने आश्चर्यजनक ढंग से अपनी शक्ति का प्रदर्शन किया। वे बिना किसी का सहारा लिये, अपने ही बल पर अपने पैरों पर उठकर खड़े हो गए।

''आप...'' हनुमान ने कुछ कहना चाहा।

''इतना सब जान और सुनकर मैं निष्क्रिय मर जाने के लिए यहाँ पड़ा नहीं रह सकता, वत्स।'' संपाति बोले, ''मेरा मनोबल जाग उठा है और तुम्हारे दिए भोजन से मेरे शरीर में कुछ जान भी आ गई है। मैं जा रहा हूँ, जहाँ तक यह शरीर ले जाए। सुपार्श्व से तो मुझे कोई आशा नहीं है; किंतु गृद्ध जाति के अन्य युवकों को टेरूँगा और यथासंभव रावण के विरुद्ध युद्ध के लिए उन्हें प्रेरित करूँगा। प्रयत्न करूँगा कि जब भी कभी कोई सेना रावण से लड़ने जाए, उसमें कुछ सैनिक गृद्ध जाति के भी हों।'' संपाति ने डगमगाते हुए दो पग धरे और बोले, ''अच्छा, अब मुझे विदा दो। भगवान तुम्हें सफल करें।''

वे उत्तर पाने के लिए नहीं रुके, न ही उन्होंने पलटकर पीछे देखा। वे अपने डगमगाते पगों से आगे बढ़ते चले गए।

संपाति के चले जाने के पश्चात कुछ समय तक नीरवता छाई रही—जैसे प्रत्येक व्यक्ति मन-ही-मन कुछ सोच रहा हो। किंतु अब पहले जैसा हताशा का वातावरण एकदम नहीं था, जो संपाति के आने से पूर्व था; और न ही कोई पुनः प्रायोपवेशन के लिए प्रतिज्ञापूर्वक बैठने का संकल्प दिखा रहा था।

दूर जाते हुए वृद्ध संपाति के डगमगाते शरीर को अंगद तब तक देखते रहे, जब तक कि वह आँखों से ओझल ही नहीं हो गया। उन्हें लग रहा था कि संपाति का इस प्रकार सब कुछ कह जाना मात्र संयोग नहीं था। संपाति ने सारा वक्तव्य सायास दिया था और अंगद को सुनाते हुए ही दिया था...

आखिर सुपार्श्व से अंगद किस प्रकार भिन्न हैं?...सुग्रीव का अपना कोई पुत्र नहीं है और उन्होंने आज से नहीं, अपने युवराज-काल से ही जब बालि से उनका कोई विग्रह भी नहीं हुआ था, अंगद को अपना पुत्र माना था।...कल वही

सुग्रीव वार्धक्य पाकर संपाति के समान असमर्थ हो जाएँगे तो उनकी भी वही दुर्दशा होगी, जो आज संपाति की हो रही है। तब क्या वे अंगद को उसी प्रकार नहीं कोसेंगे, जिस प्रकार आज संपाति ने सुपार्श्व को कोसा है...और सुग्रीव ही क्यों, माता तारा को क्या अंगद की याद नहीं आएगी? क्या उन्हें अंगद की आवश्यकता नहीं होगी? तब वे भी अपने कपाल पर हाथ मार-मारकर पछताएँगी कि उन्होंने अंगद को अपनी वृद्धावस्था का सहारा क्यों माना था?

क्या करने जा रहे थे अंगद?

वे यहाँ बैठकर प्रायोपवेशन करें तो किसकी कौन-सी समस्या सुलझ जाएगी? क्या वे भी सुपार्श्व के समान, रावण को अत्याचार करते देख भयभीत होकर अपनी आँखें बंद कर रहे हैं? जब रावण जैसे अत्याचारी संसार-भर में लूट, हत्या, अपहरण और बलात्कार का अभियान चला रहे हों, तो अंगद जैसे युवकों का कर्त्तव्य क्या प्रायोपवेशन करना है? यदि इतने ही उदासीन हैं अंगद न्यायान्याय से, औचित्यानौचित्य से—तो फिर पिता के विरुद्ध सुग्रीव का साथ देने की क्या आवश्यकता थी?... क्यों सुग्रीव की रक्षा का प्रयत्न किया? तब ही बालि के हाथों सुग्रीव का वध हो जाने दिया होता...जब अपने पिता का ही अत्याचार उन्हें सह नहीं था, तो आज रावण के अत्याचार की उपेक्षा क्यों करने जा रहे हैं...

हनुमान ठीक कहते हैं, सुग्रीव ने सफल होकर लौटने वालों के लिए कोई अवधि निर्धारित नहीं की है। उनके लिए कोई दण्ड प्रतीक्षा नहीं कर रहा। जो वैदेही की खोज में सफल होकर लौटेगा, इच्छा होने पर भी सुग्रीव उसका वध नहीं कर पाएँगे। उसे सम्मानित करना होगा, उसे यश, मान और पुरस्कार देना होगा। वह व्यक्ति राम और लक्ष्मण का भी प्रिय होगा...तो अब अंगद को भय किसका है?...संपाति ने निश्चित सूचना दी है कि वैदेही लंका में हैं। अंगद लंका जाएँगे तो उन्हें खोज ही निकालेंगे—रावण उन्हें कहीं भी छिपाकर क्यों न रखे...। ऐसी निश्चित सफलता भी क्या कभी किसी को पुकारती है?...राम और सुग्रीव ने भी यही कहा था कि दक्षिण दिशा में ही और विशेषकर लंका में ही सीता को छिपाकर रखने की संभावना है, तभी तो सुग्रीव ने हनुमान, तार, जाम्बवान और नील के होते हुए भी अंगद को इस दल का नायक बनाया। वैसी निश्चित सफलता उन्होंने अंगद के हाथ में रख दी थी और अंगद थे कि सुग्रीव के प्रेम और अपने प्रति उनके पक्षपात को नहीं समझ सके...वाह रे, अंगद! तुमने सुग्रीव को अपना शत्रु समझा...

अंगद ने अपने साथियों की ओर देखा, "क्या सोचा है, मित्रो?"

"इतना सोच लिया है कि अब प्रायोपवेशन नहीं करना होगा।" जाम्बवान दृढ़ और स्पष्ट स्वर में बोले, "जब सीता का लंका में होना निश्चित है तो हम

थोड़ा पौरुष कर, उनका अन्वेषण करने के स्थान पर अपने प्राण क्यों दें! सीता का अन्वेषण, हम सबके प्राणों की सुरक्षा का निश्चित प्रमाण है। हमें वही करना होगा। चलो, उठो। हम दक्षिण दिशा में उस स्थान को ढूँढें, जिसके निकट महेन्द्र गिरि है, जिसका संकेत आर्य संपाति कर गए हैं।''

पूरे दल में से किसी ने भी जाम्बवान के प्रस्ताव का विरोध नहीं किया। स्वयं जाम्बवान को आश्चर्य हो रहा था कि संपाति के साथ वार्तालाप के पश्चात् सारा-का-सारा दल इतना उत्साही कैसे हो गया था...अंगद, जो प्रायोपवेशन कर, अपने प्राण देने पर तुले हुए थे, इस समय सहर्ष सबसे आगे-आगे चल रहे थे। सागर-तट पर उस स्थान को खोजने में उन्हें तनिक भी कठिनाई नहीं हुई, जिसकी चर्चा संपाति कर गए थे। सामने कुछ दूरी पर महेन्द्र पर्वत था और दूर तक अथाह सागर फैला हुआ था। वह समुद्र कहीं तो तरंगहीन एवं शांत होने के कारण सोया हुआ-सा जान पड़ता था। अन्यत्र, जहाँ छोटी-छोटी लहरें उठ रही थीं, क्रीड़ा करता-सा प्रतीत होता था। कुछ दूरी पर जहाँ उत्ताल तरंगें उठती थीं और जलराशियों के पर्वतों-के-पर्वत उठा-उठाकर एक-दूसरे पर पटक, उन्हें पीसने का प्रयत्न करता हुआ भयंकर दिखाई पड़ता था।

अंगद ने देखा—आधे से अधिक वानरों का उत्साह समुद्र के स्वरूप को देखते ही फेन के समान बैठ गया था और वे सागर पार कर लंका पहुँचने के अभियान के प्रति उत्सुक प्रतीत नहीं हो रहे थे। वे लोग इधर-उधर छिटककर, आकाश-पाताल, सागर अथवा क्षितिज को देखते हुए विभिन्न शिलाओं पर जा बैठे...किंतु अंगद का उत्साह इस बार तनिक भी क्षीण नहीं हुआ। उनकी अन्यमनस्कता से अंगद को क्या लेना-देना! सारे दल को लंका जाना नहीं था। संपाति की बात ठीक थी। एक या दो लोगों को ही जाना था। और कोई नहीं जाएगा, तो अंगद तो तैयार हैं ही...

सागर का भली प्रकार निरीक्षण हो चुका तो अंगद पुनः अपने साथियों से संबोधित हुए, ''अब हम निर्णय कर लें कि कौन-कौन सागर-संतरण कर लंका पहुँचकर, देवी वैदेही का समाचार लाएगा। कौन है, जिसका पराक्रम हमारे प्राणों का रक्षा-कवच बनेगा और जिसके संबल से हम सब किष्किंधा में अपने परिवारों से जा मिलेंगे?''

अंगद अपनी बात समाप्त कर आश्चर्य से अपने साथियों को देख रहे थे। किसी ने भी स्वेच्छा से स्वयं को इस कार्य के लिए प्रस्तुत नहीं किया था। यहाँ तक कि हनुमान भी, किष्किंधा के तैराकी के सिरमौर, जो अब तक इतने आशावादी और उत्साही लग रहे थे, इस समय अनमने-से हुए, दूर एक शिला पर बैठे सागर की गहराइयों में जाने क्या झाँक रहे थे।

अंगद ने थोड़ी देर तक उत्तर की प्रतीक्षा की; किंतु जब मौन लंबा हो गया और किसी ने आगे बढ़कर चुनौती स्वीकार नहीं की, तो वह पुनः बोले, ''दल के नायक के रूप में, वैसे भी मेरा कर्त्तव्य है कि किसी अन्य साथी से अपेक्षा करने से पूर्व मैं स्वयं उस कार्य के लिए प्रस्तुत रहूँ। इसलिए मैं ही सागर-संतरण कर लंका जाऊँगा और देवी वैदेही का अन्वेषण कर लौटूँगा। आप लोग मेरे आने तक यहीं मेरी प्रतीक्षा करें।''

अंगद के प्रस्ताव को सुनते ही जाम्बवान चौंके—अंगद सम्राट के पुत्र और युवराज हैं। उनके बल-विक्रम तथा समझदारी में जाम्बवान को कोई संदेह नहीं; किंतु दुर्घटना किसी के भी साथ हो सकती है। इतना लंबा सागर है, अंगद कहीं थककर हार गए; सागर में असंख्य जल-जंतु हैं—उनमें से अनेक शक्तिशाली और घातक भी हैं। यदि किसी ने अंगद का आखेट कर लिया तो? लंका में भी वे अपने असंख्य शत्रुओं में अकेले होंगे। तनिक-सी असावधानी से वे किसी संकट में पड़ सकते हैं...ऐसे में किष्किंधा पहुँचकर वे लोग सम्राट और साम्राज्ञी को क्या उत्तर देंगे कि वे लोग युवराज की बलि देकर स्वयं सुरक्षित लौट आए हैं...ऐसे में सम्राट उन लोगों को क्षमा कर देंगे क्या?

और अंगद के उत्साह का क्या भरोसा है। अभी थोड़ी देर पहले तक वे हताश मनःस्थिति में प्रायोपवेशन करने के लिए दृढ़-प्रतिज्ञ थे। इस समय उनका उत्साह सागर की लहरों के समान आरोह पर है, लंका में किसी भी समय यह उत्साह अवरोह की स्थिति में आ गया तो उन्हें लंका किष्किंधा से अधिक सुरक्षित लगने लगेगी; रावण उन्हें बालि के मित्र के रूप में सुग्रीव से अधिक प्रिय लगने लगेगा—नहीं! अंगद को भेजना उचित नहीं है...

''युवराज!'' जाम्बवान अत्यंत स्नेह और सम्मान से बोले, ''हमें आपके सामर्थ्य और पराक्रम पर पूरा भरोसा है। नायक के रूप में आपका दायित्व-बोध भी श्लाघ्य है। आप जाएँगे तो निश्चय ही कार्य पूर्ण कर, सफलकाम होकर लौटेंगे। किंतु आप हमारे नायक हैं। आप चले गए तो पीछे हम सब असंगठित तृणों के समान परिस्थितियों के वात्याचक्र में उड़ जाएँगे। दल के नेतृत्व के लिए उसे दिशा प्रदान करने के लिए नायक के रूप में आपका यहाँ रहना अत्यंत आवश्यक है। नायक अन्य लोगों को अभियान पर भेजता है, स्वयं अभियान पर नहीं जाता। आपकी सुरक्षा हमारी सुरक्षा के लिए अत्यंत आवश्यक है; अतः आप स्वयं न जाकर किसी और व्यक्ति को भेजें।''

अंगद ने जाम्बवान की बात पर विचार किया और बोले, ''मैंने तो पहले ही पूछा था कि जाने को कौन प्रस्तुत है!''

जाम्बवान ने दूर बैठे हनुमान को संबोधित किया, ''केसरीकुमार! तुम क्यों

इतनी दूर जाकर अन्यमनस्क-से बैठ गए हो, जैसे तुम में सागर-संतरण की योग्यता न हो। मेरा दृढ़ मत है कि तुम दस बार इस सागर को तैर कर लंका जाकर लौट सकते हो। मैं तो यह भी समझता हूँ कि वानरराज सुग्रीव ने तुम्हें विशेष रूप से तुम्हारी योग्यता के कारण ही इस दल में रखा है।''

हनुमान अपने स्थान से उठकर आए और जाम्बवान के निकट खड़े हो गए, ''आप आदेश दें, तात जाम्बवान! मैं योग्य होऊँ, न होऊँ—प्रयत्न अवश्य करूँगा।''

''तुम न केवल सागर-संतरण में समर्थ हो।'' जांबवान का स्वर पूर्णतः प्रशंसात्मक था, ''तुम लंका में पहुँचकर अपनी रक्षा, संपाति के अन्वेषण तथा अकस्मात् उत्पन्न किसी भी विपत्ति का सामना करने तथा सफलतापूर्वक उसमें से बच निकलने में भी समर्थ हो। तुम्हें ही लंका जाना चाहिए।''

''मैं प्रस्तुत हूँ, ऋक्षराज!'' हनुमान ने सहज रूप में स्वीकार कर लिया।

''तो तुम्हीं जाओ, हनुमान!'' अंगद ने हनुमान को मुग्ध दृष्टि से देखा, ''तुम्हीं हमारे रक्षा-कवच बनो। सीता का अन्वेषण कर सफलकाम हो लौटो। जब तक तुम लौटकर यहाँ नहीं आओगे, हम पंजों के बल खड़े होकर तुम्हारी बाट देखेंगे।''

''आशा है, मैं आपको निराश नहीं करूँगा, युवराज।''

''जाने से पूर्व कुछ खा लो, हनुमान!'' शरगुल्म ने धीरे से कहा, ''अन्यथा बीच सागर में भूख सताएगी।''

इस मैत्रीपूर्ण सुझाव पर हनुमान मुसकराए...भोजन की असुविधा ने कितना विचलित कर दिया है इन लोगों को!

''खाकर तैरना असुविधाजनक होगा, मित्र!''

शरगुल्म ने कोई उत्तर नहीं दिया।

हनुमान ने अपनी गदा अंगद के सम्मुख भूमि पर रख दी। अपने वस्त्र कसे और दल के सभी सदस्यों से विदा लेकर समुद्र की ओर मुड़ गए।

सहसा अंगद ने उन्हें पुकारा, ''केसरीकुमार!''

हनुमान रुक गए—कहीं अंगद के मन में कोई नया विचार तो नहीं आया?

अंगद निकट आए, ''चल तो दिए, हनुमान! पर यदि देवी वैदेही मिल गईं तो उन्हें इस बात का क्या प्रमाण दोगे कि तुम आर्य राम के ही दूत हो?''

हनुमान असमंजस में पड़ गए।

''लो!'' अंगद ने अपनी हथेली उनके सम्मुख फैला दी। हथेली पर राम की दी हुई गवद घास की मुद्रिका थी। ''इसे सँभालकर ले जाना, अन्यथा जानकी तुम्हारे वचनों का विश्वास तो नहीं ही करेंगी; उल्टे तुम्हें कपटी तथा धूर्त समझकर दुत्कार भी दें तो कोई बड़ी बात नहीं।''

हनुमान ने सावधानी से मुद्रिका उठा ली। उसे भली प्रकार एक वस्त्र में लपेटा

और कमर में खोंस लिया।

"मैं भले ही कहीं खो जाऊँ, यह मुद्रिका नहीं खोएगी।" हनुमान मुसकरा रहे थे।

वे पुनः मुड़े और अंगद उन्हें देखते ही रह गए—किस सहजता से जा रहे हैं हनुमान, जैसे किसी दैनिक कार्य के लिए जा रहे हों। इतना महत्त्वपूर्ण तथा जोखिम का काम है; और इस व्यक्ति के चेहरे पर न तनिक-सी उत्तेजना है, न उद्विग्नता। जाने किस मिट्टी का बना है यह हनुमान।

8

हनुमान एक ऊँची शिला पर खड़े थे। बीच आकाश में सूर्य चमक रहा था। सामने शिला के पगों से टकराता हुआ, वैदूर्य मणि के रंग का सागर का जल था। शिला पानी से कोई पाँच हाथ ऊँची थी; किंतु पानी कितना गहरा था? कहीं ऐसा न हो कि पानी उथला हो और ऊपर से कूदने पर चोट आ जाए। किंतु अन्य उपाय भी कोई नहीं था। कूदना तो होगा ही।

हनुमान के शरीर पर उत्तरीय नहीं था। बहुत आवश्यक होने पर ही वे उत्तरीय लेते थे, अन्यथा काम-काज में बाधा मानकर, उससे मुक्त ही रहते थे। धोती को यद्यपि उन्होंने कस रखा था; किंतु तैरने में कदाचित् वह विघ्नकारक हो, सोचकर उन्होंने उसे घुटनों से भी ऊपर समेटकर, कमर में भली प्रकार कस लिया। हाथ से टटोलकर देखा—राम की दी हुई मुद्रिका सुरक्षित थी।

मुड़कर उन्होंने अपने साथियों की दिशा में हाथ हिलाकर अपने जाने का संकेत किया और जल में छलाँग लगा दी। पानी जोर से उछला और हनुमान को उसने अपने भीतर छिपा लिया। कुछ क्षणों के पश्चात दस हाथ आगे जाकर हनुमान जल से ऊपर उभरे। उनकी गर्दन और कंधे पानी के ऊपर दीख रहे थे और लंबी-लंबी भुजाओं से पानी को परे धकेलते हुए वे धनुष से छूटे बाण के समान लपके जा रहे थे।

जल बहुत ठण्डा नहीं था। गहरा भी बहुत अधिक नहीं था; किंतु व्यक्ति को डुबो देने भर को पर्याप्त था। यहाँ पानी में तरंगें नहीं थीं—जल जैसे सोया हुआ-सा हो।...सौ हाथ तक जाते-जाते ही एक बात हनुमान के मन में स्पष्ट हो गई—यहाँ कोई बड़ा घातक जल-जंतु नहीं था, जिससे गंभीर रूप से आहत होने अथवा प्राण गँवाने का संकट हो; पानी के नीचे बिछी छोटी-बड़ी अनेक शिलाओं, छोटे-छोटे दूहों तथा पहाड़ियों के कारण यह स्थान बहुत सुरक्षित भी नहीं था। इस प्रकार के जल में अत्यंत सावधान रहकर चलने की आवश्यकता थी, अन्यथा जल

ो धकेलने के लिए फेंका गया हाथ अथवा पैर, अपने ही वेग में पूरे बलपूर्वक किसी शिला से टकराकर, आहत हो सकता था। सागर का यह क्षेत्र, कदाचित् न्हीं जलमग्न शिलाओं के कारण, परिवहन के लिए सुविधाजनक नहीं था। अनुपयोगी मझकर ही, राक्षसों ने इस ओर अपना आवागमन नहीं रखा होगा। तभी तो यह त्र निर्जन है। संपाति इस तथ्य से परिचित थे, इसीलिए उन्होंने यहाँ से यात्रा रने का निर्देश किया होगा।

क्रमशः शिलाओं के ऊँचे उठते जाने के कारण जल उथला होता गया। कदाचित् हेन्द्र पर्वत का क्षेत्र आरंभ हो गया था। जल्दी ही हनुमान अपने पैरों को शिलाओं ा स्पर्श करते हुए पाने लगे। जल की गहराई बहुत कम जानकर, उन्होंने तैरना नावश्यक समझ, शिला पर पैर टिका, खड़े होने का प्रयास किया ही था कि वे फिसलकर गिर पड़े। यदि वे इतने सावधान न रहे होते तो वे उन ऊबड़-खाबड़ ौर स्थान-स्थान से नुकीली शिलाओं पर बड़े बेढब ढंग से गिरते और कदाचित् ोई-न-कोई बड़ा घाव अवश्य लगता...किंतु उन्होंने अभी पूरी तरह अपना बोझ रों पर नहीं डाला था, इसलिए पुनः तैरने की मुद्रा में आ गए।...हनुमान समझ हीं पा रहे थे कि अपनी स्थिति पर वे हँसें या शोक मनाएँ। यहाँ शिलाओं के पर दो हाथ भी पानी नहीं था, जहाँ वे तैरने का प्रयत्न कर रहे थे। काई जमी, सलन भरी उन शिलाओं पर पैर रखकर वे खड़े नहीं हो सकते थे; और दो हाथ हरे जल में वे खुलकर हाथ-पैर भी नहीं चला सकते थे।

पंद्रह-बीस हाथ की दूरी हनुमान ने बड़ी जोखिमपूर्ण स्थिति में पार की। उनकी च्छा हो रही थी कि किसी प्रकार वे महेन्द्र पर्वत के मुख्य भाग के निकट पहुँच एँ और किसी वृक्ष की झुकी हुई डाली, अथवा ठोस चट्टान के सहारे सूखे क्षेत्र र उतरें। किंतु पंद्रह-बीस हाथों की दूरी को पार करने में ही युग बीत ए।...महेन्द्र पर्वत पर पैर पड़ते ही उन्हें लगा, जैसे वे किसी असाधारण जोखिम ो पार कर आए हों।

उन्होंने तत्काल स्वयं को सँभाला। अभी तो यात्रा का आरंभ मात्र था और ह संकट कोई इतना बड़ा संकट भी नहीं था। अभी तो सागर का मुख्य भाग रंभ भी नहीं हुआ था और उन्हें लंबा मार्ग पार करना था। वे इतनी-सी बात घबरा जाएँगे, तो आगे क्या करेंगे। इन संकटों का तो अभ्यसत होना ही पड़ेगा।

महेन्द्र गिरि, सागर के बीच में उठा हुआ एक पर्वत-खण्ड था और पर्याप्त ा-भरा था। वनस्पति तथा अन्य जीव-जंतुओं को देखते हुए लगता था कि यह त-खण्ड असाधारण रूप से उपजाऊ क्षेत्र था। विभिन्न प्रकार के विशाल वृक्षों बीच स्थान-स्थान पर धूप में लेटकर सुस्ताते हुए मगर, कछुए तथा सर्पों की नी बड़ी संख्या हनुमान के लिए आश्चर्य का विषय था। यदि वे आरंभ से ही

सावधान न रहे होते, तो किसी सोये हुए मगर को सूखी भूमि समझकर, उस प
पाँव रख देने की भूल की कुछ अधिक ही संभावना थी। छोटे-बड़े सर्पों की त
जैसे वह क्रीड़ा-भूमि ही थी। सहज और उन्मुक्त रूप से विचरण करते उन स
को देखकर लगता था कि उनकी पशु-बुद्धि में जैसे अपने किसी शत्रु की संभाव
ही नहीं थी। वे सारे जीव-जंतु अपने बीच आए इस दीर्घाकार हृष्ट-पुष्ट नवागंतु
के कारण तनिक भी विचलित नहीं थे। हनुमान के पैर से ठोकर खाकर को
कंकड़-पत्थर उनके अधिक निकट चला जाता अथवा उनके शरीर से छू जाता त
वे सिर उठाकर एक बार इधर-उधर देख अवश्य लेते थे। किंतु शत्रुता के भाव
हनुमान पर आक्रमण करने की बात उनमें से किसी ने नहीं सोची...कदाचित् मान
से शत्रुता का संबंध उन्हें अभी ज्ञात नहीं था।

हनुमान भी इस स्थिति से संतुष्ट थे...मगर तथा सर्पों का विचलित न हो
ही उनके लिए श्रेयस्कर था। यदि वे विचलित हो जाते तो मार्ग में एक अनावश्य
बाधा खड़ी हो जाती; जिसका अर्थ था समय का अपव्यय और अतिरिक्त जोखिम
उचित यही था कि वे इन जीवों से कतराकर निकल जाते और समय रहते त्रिकू
पर्वत पर पहुँच जाते। अंधकार के पश्चात सागर में रहना हितकर नहीं था।

महेन्द्र गिरि को हनुमान ने शीघ्रतापूर्वक पार किया और उसके दक्षिण ख
पर आकर खड़े हो गए।...पानी से निकले इतनी देर हो चुकी थी कि शरीर
जल सूख गया था और उसके नमक का प्रभाव शरीर के विभिन्न अंगों पर ए
हल्की-सी जकड़न के रूप में प्रकट हो रहा था; किंतु वहाँ न तो कहीं स्वच्छ ज
उपलब्ध था कि हनुमान अपने शरीर को धो लेते, न इतना समय ही था कि
जल खोजने निकलते। फिर उसका लाभ भी क्या था—क्षण-भर में तो पुनः उ
खारे सागर में छलाँग लगा देनी थी।

अब फिर उनके सम्मुख वही लहराता सागर था और मन में उसे पार क
जाने की चुनौती! इस बार हनुमान ने छलाँग लगाई तो उन्हें लगा कि यहाँ
जल कुछ अधिक ताजा तथा स्वच्छ था। कदाचित् यह भाग एक वृहत् क्षेत्र
अंग था और यहाँ का पानी, पिछले भाग के समान स्थिर नहीं था। इस जल
गति थी, किंतु वह उनके मार्ग की बाधक नहीं थी। हल्की-हल्की लहरें उन्हें आ
बढ़ने में सहायता ही कर रही थीं। लगता था कि अनुकूल दिशा में चलकर व
उनकी सहायता कर रही थी। जल को हटाकर आगे बढ़ने के लिए उतना श्र
नहीं करना पड़ रहा था। सूर्य का आतप भी अब प्रखर नहीं था। लगता था, आक
पर तीसरे प्रहर का तापरहित सूर्य चमक रहा है; सूर्य तथा जल का तापमान मिल
शरीर को एक प्रकार का गुनगुनापन ही दे रहे थे। हनुमान को लग रहा था
यदि इतने कम श्रम से इतनी सुविधापूर्वक तैरा जा सकता है तो वे कई दि

क लगातार तैरते ही जा सकते हैं।

किंतु इस सुगमता ने बहुत दूर तक उनका साथ नहीं दिया। आधा प्रहर ीतते-बीतते ही, जल कुछ ठण्डा होने लगा और जल के भीतर जीव-जंतु तैरते देखाई देने लगे। हनुमान समझ नहीं सके कि सहसा ही जल-जंतुओं की संख्या तनी बढ़ कैसे गई। क्या उनके जन्म तथा विकास के लिए यह जल-क्षेत्र पिछले ल-क्षेत्र से अधिक अनुकूल था?

उनके हाथों के थपेड़ों से झटके जाते हुए जल के साथ अनेक छोटे-छोटे जीव, लात् पीछे की ओर धकेले जाते हुए वे स्वयं देख रहे थे। छोटी मछलियाँ तो जल होती हुई अपरिचित हलचल के कारण स्वतः ही उनसे विपरीत दिशाओं में मुड़ ाती थीं। पानी के स्पंदन जैसी, हल्की लहरों को दूर-दूर से सूँघकर ही जैसे अपने लए किसी संकट का संकेत मिल जाता था।...किंतु अनेक धृष्ट जंतु भी उनके ास-पास मँडरा रहे थे और हनुमान निरंतर सचेत थे कि उनमें से कोई भी किसी ी क्षण उनके अत्यंत निकट आ सकता है, उनके शरीर को छू सकता हे, उनसे लपट सकता है। और इतनी बड़ी संख्या में से यह पहचानना अत्यंत कठिन था क उनमें से कौन-सा जंतु मनुष्य के लिए घातक हो सकता है और कौन-सा सर्वथा नेरीह था। नये प्रकार के जंतुओं को पहचानना तो दूर—यहाँ पहचानी हुई वस्तुओं भेद कर पाना भी कठिन हो रहा था। विषैले तथा विषहीन सर्पों में भेद कर ाना तो पृथक, सर्पों तथा मत्स्यों का अंतर भी मालूम नहीं हो रहा था। मछलियाँ पनी नवीनता, विचित्रता और कभी-कभी अपनी दुर्मुखता के कारण सर्प मालूम ोने लगती थीं और सर्प अपनी सरलता तथा निरीहता के कारण मछली जैसे लगते । या कौन जाने, वे जंतु सर्प अथवा मत्स्य में से कुछ भी न हों। पृथ्वी के समान, ल में भी असंख्य प्रकार, जातियों तथा वर्गों के प्राणी होंगे—उन्हें केवल मत्स्य था सर्प—दो ही वर्गों में विभाजित करना तो असंभव था।...सागर-तट के भूगोल, नस्पति तथा जीव-जंतुओं में तो हनुमान ने प्रायः रुचि ली थी और उनके विषय जानने का प्रयत्न भी किया था। उन्होंने बहुधा सोचा था कि समुद्र-तट के विषय विभिन्न दृष्टिकोणों तथा आयामों से सोचना तथा उनका अध्ययन करना लाभदायक सकता है। अनेक वानर-यूथ सागर की नाक पर रहते थे; सागर-तट की संपदा ा ज्ञान उनके लिए लाभदायक हो सकता है। किंतु, सागर के भीतर के भूगोल, नस्पति तथा प्राणीशास्त्र के विषय में उन्होंने न कभी सोचा था, न जाना था। दाचित् उसका एक कारण अधिकांश आर्य-आश्रमों का सागर से असंपर्क था। बूद्वीप के आर्य प्रायः भूमि से ही बँध गए थे। आर्यावर्त्त के आर्यों का तो सागर और भी कम संपर्क था। वे अपने आस-पास की नदियों में तो फिर भी रुचि ते थे, किंतु सागर से अपनी भौतिक दूरी के कारण सागर उनके लिए प्रायः अपरिचित

ही था। उन्हें सागर के भीतर की संपत्ति से कोई विशेष प्रयोजन नहीं था। हनुमान तथा उनके साथियों ने भी ज्ञान की दिशाएँ इन्हीं आश्रमों से ही ग्रहण की थी अतः उनकी भी इस दिशा में विशेष गति नहीं थी।

सहसा उन्होंने देखा कि उनसे पाँच-छह हाथों की दूरी पर सर्प जैसे अनेक जंतुओं का एक भयंकर गुंजलक, जल के ऊपरी तल पर निश्चिंत सोया पड़ा था या, कदाचित् वह गुंजलक सोया हुआ नहीं था, मात्र निष्क्रिय पड़ा था। अनेक जंतु परस्पर उलझे हुए गुंजलक बने पड़े थे; या वह एक ही जंतु था जिसके शरीर से असंख्य शिराएँ निकलकर परस्पर गुँथी हुई थीं—यह समझना भी हनुमान के लिए कठिन था। उन्हें अपने लिए सुरक्षित मार्ग यही लगा कि वे उससे कतराकर निकल जाएँ। किंतु इतना निकट जाकर कतराना शायद संभव नहीं था...हनुमान ने साँस रोकी और जल के भीतर डुबकी लगा दी।

वे अधिक देर तक जल के भीतर नहीं रह सके। भीतर का संसार उनके लिए और भी अधिक अपरिचित था। जल के भीतर जिसे उन्होंने जड़ वस्तु समझकर हाथ लगाया था, उसने अपनी समाधि तोड़, हाथ-पैर निकाल, चलना आरंभ कर दिया। वैसे भी जल के भीतर अधिक देर तक बने रहने का उन्हें अधिक अभ्यास नहीं था। ऊपर तो आना ही था। किंतु ऊपर आने से पहले जो कुछ उन्होंने देखा वह अद्भुत था। यदि उन्होंने उस अनोखे गुंजलक से बचने के लिए डुबकी न लगाई होती, तो कदाचित् सामने आने वाले एक भयंकर संकट की ओर उनका ध्यान न गया होता और वे सिर के बल उससे टकरा गए होते। उनके सम्मुख एक विराट जलमग्न पर्वत था। उन्हें ठीक याद नहीं था, किंतु कहीं-न-कहीं उन्होंने इस पर्वत के विषय में सुना अवश्य था। यह अवश्य ही मैनाक पर्वत होगा—एक पूरी-की-पूरी पर्वत-श्रेणी, जो अपने पूरे विस्तार, समस्त शृंगों, वनस्पति तथा जीव-जंतुओं के साथ जलमग्न थी। जल के ऊपर तैरते हुए हनुमान यह कल्पना तक नहीं कर सकते थे कि जल के भीतर इतना बड़ा समग्र पर्वत किसी अहंकारमुक्त व्यक्ति के समान इस प्रकार स्वयं को छिपाए हुए होगा। यह तो अच्छा हुआ कि उस गुंजलक से बचने के लिए उन्होंने जल में डुबकी लगा दी थी...किंतु मैनाक पर्वत उस जंतु के समान एक सामान्य-सा गुंजलक नहीं था, जिससे वे कतराकर निकल जाते या जिससे बचने के लिए जल की सतह की दृष्टि से कुछ नीचे या ऊपर हो जाते एक पूरा पर्वत उनका मार्ग रोके खड़ा था; उसकी जड़ें सागर की थाह से भी नीचे तक गई हुई थीं। उसके शृंग यद्यपि जल के भीतर थे, किंतु निर्भीक होकर अपना सिर ऊपर उठाए हुए थे। योजनों तक फैली उसकी श्रेणियाँ, कहीं से भी वायु के निकलने भर को भी स्थान देती दिखाई नहीं पड़ती थीं। सारे सागर को अवरुद्ध किए खड़ा यह मैनाक हनुमान का भी मार्ग रोके खड़ा था।

हनुमान ने क्रमशः ऊपर उठना आरंभ किया—ऊपर...और ऊपर! किंतु मैनाक पर्वत तो जैसे मायावी था। जल के प्रत्येक थपेड़े के साथ, प्रत्येक हल्की लहर के साथ, लगता था कि मैनाक का कोई-न-कोई शृंग जैसे ऊपर उठ रहा हो। वह पर्वत तो जैसे जीवित प्राणी था, प्राणवत्ता तथा चेतना से युक्त। और इस समय वह हनुमान से शत्रुता साधे बैठा था—जैसे लुका-छिपी खेल रहा हो। वे जिस दिशा और मार्ग से आगे बढ़ना चाहते थे, वह जैसे उछलकर वहीं खड़ा हो जाता था—दाएँ-बाएँ, ऊपर-नीचे, दिक्संधियों में...वह तो प्राचीर थी पूरी-की-पूरी, पवन-संचार को भी रोक देने बालि।...या मैनाक कह रहा था, "आ, मुझ पर विश्राम कर ले! रुक जा! थम जा!" पर जलमग्न पर्वत पर कोई क्या विश्राम करेगा—जिस पर न कोई बैठ सके, न खड़ा हो सके, न चल सके, न थम सके। कैसी विडंबना थी! हनुमान परेशान हो उठे...

मैनाक के ऊँचे-ऊँचे जलमग्न शृंगों पर दीर्घाकार सर्प विश्राम कर रहे थे। इतने बड़े सर्प इस यात्रा में उन्हें अभी तक दिखाई नहीं दिए थे। तैरते हुए हनुमान किसी शृंग से छू भी गए तो शायद पत्थर से होने वाले आघात से बच भी निकलें; किंतु कोई सर्प उनसे लिपट गया तो हनुमान के लिए अंग-संचालन भी कठिन हो जाएगा। नाग-पाश में बाँधकर समुद्र में डाल दिए गए व्यक्ति के समान निष्क्रिय-निःस्पंद डूबते जाने के सिवाय उनके सामने कोई उपाय नहीं रह जाएगा।

किंतु हनुमान रुक नहीं सकते थे, दम साधकर पूर्व-अर्जित वेग के साथ वे बहते-से चले गए। गति बहुत धीमी हो गई थी और बैल के सींगों के समान उठे हुए मैनाक के शृंगों के आधा हाथ ऊपर से हनुमान जैसे सरकते हुए निकल गए। एकदम ही थम न जाएँ, इसलिए हाथ-पैर हिलाते ही दो-एक स्थानों पर उनके पैर, ऊपर उठने में जल से होड़ करते हुए शृंग से छू गए। सम्मोहन की-सी अवस्था में हनुमान ने साँस तक रोक ली।...अगले ही क्षण उन्होंने देखा—शृंग को छू जाने पर भी वे आगे बढ़ आए थे और अब मैनाक उनके सम्मुख मानो घुटने टेक रहा था। उसके शृंग क्रमशः अधिक-से-अधिक नीचे होते जा रहे थे...

यद्यपि मैनाक पीछे छूट गया था, किंतु पर्वत से जा टकराने की दुष्कल्पना हनुमान के मस्तिष्क से जैसे चिपक गई थी। कितनी ही देर तक स्वच्छ और साफ-सुथरे जल में भी उन्हें बड़ी-पड़ी पर्वताकार शिलाएँ तैरती हुई आभासित होती रहीं। लगता था, या तो वे परस्पर टकराकर जल में बवंडर उत्पन्न कर देंगी, या फिर वे सीधी आकर उन्हीं से टकरा जाएँगी। कहीं-कहीं सागर-गर्भ में से पर्वत-शृंग ऐसे उगते हुए दिखाई देते, जैसे भूमि में से नारियल अथवा ताड़ के पेड़ उगते हैं--सीधे, गोल और तने हुए। वे स्वयं समझ नहीं पा रहे थे कि मैनाक का ही इतना भयावह प्रभाव उनके मस्तिष्क पर पड़ा था; शरीर की थकान के कारण उनकी आँखों के

सम्मुख शून्य में से नयी सृष्टि उत्पन्न हो रही थी; अथवा जल पर खेलती हुई सूर्य-रश्मियों का यह कोई मायाजाल अथवा मृग-मरीचिका थी। जो कुछ भी था, उनके लिए अच्छा नहीं था—मन और शरीर, दोनों ही ऐसी कल्पनाओं से थर्रा जाते थे।

मैनाक का शिला-संसार पीछे छूट गया था, किंतु उसकी जीव-सृष्टि वहीं समाप्त नहीं हुई थी। या फिर अब बड़े जंतुओं का क्षेत्र ही आरंभ हो गया था। मैनाक के शृंगों पर सर्प जैसे जो दीर्घाकार जंतु हनुमान ने देखे थे, वैसे अनेक जंतु अब उनके आस-पास क्रीड़ा करते दिखाई दे रहे थे। या तो वे अपने भीतर के किसी सुख में इतने आत्मलीन थे कि अपने परिवेश की घटनाओं में कोई आकर्षण दिखाई नहीं देता था, या हनुमान का वहाँ होना, हाथ-पैरों से फेंके गए जल की धाराएँ अथवा उनके कारण सागर में उत्पन्न हलचल इतनी नगण्य बात थी कि उनकी ओर उनका ध्यान खिंचा ही नहीं था...हनुमान सोच रहे थे...या फिर यह भी संभव है कि ये जंतु अन्य जीवों की ओर केवल अपनी भूख के कारण ही आकृष्ट होते थे और इस समय वे भूखे नहीं थे। हनुमान को लग रहा था, जैसे वे किसी साफ-सुथरे पथ से निकले जा रहे हों, और ये जंतु उस पथ के दोनों ओर लगे वृक्षों के समान अचंचल सृष्टि हों, पथिक के प्रति उदासीन!

पर थोड़ी ही दूर जाकर एक पर्वताकार सर्प, उन्हें ठीक अपने सामने इस प्रकार पड़ा मिला, जैसे कोई वृक्ष उखड़कर, टूटकर अथवा कटकर पथ के बीचोंबीच आ पड़ा हो। उसके कारण उनका मार्ग अवरुद्ध हो गया लगता था। इतना ही नहीं कि वह सर्पाकार जंतु असाधारण रूप से दीर्घकाय था, जैसे मैनाक ही पुनः सर्प का शरीर धारण कर उनका मार्ग रोककर पड़ गया हो—उसने हनुमान को देख भी लिया था और वह उनकी ओर से उदासीन भी नहीं लग रहा था।...हनुमान को लगा, अभी-अभी वे सोच रहे थे कि कदाचित् ये सर्प भूखे नहीं हैं, और अभी ही यह भयंकर जल-दानव अपनी भूख जताने को उनके सम्मुख आ बैठा था।

उनका मस्तिष्क बड़ी तीव्रता से सोच रहा था। वे उसके निकट जाना नहीं चाहते थे, किंतु यदि वह उनकी ओर बढ़ा तो? उसका आकार ऐसा नहीं था, जिसे बिना किसी शस्त्र के प्रहार के, आक्रमण करने से विमुख किया जा सके। ऐसे समय में गदा उनके पास होती, तो...पर गदा लेकर इतना लंबा संतरण-मार्ग... इस समय तो गदा नहीं है...

सर्प ने वर्तुलाकार एक ऐंठन-सी ली और हनुमान के ठीक सामने आकर मानो उन्हें निगलने के लिए अपना मुख खोल दिया। हनुमान स्तब्ध रह गए...यह नागमाता सुरसा के आकार का विराट सर्प भूखा ही नहीं, आक्रामक भी था...यह तो युद्ध के लिए चुनौती दे रहा था...वे बचकर निकल जाना चाहें तो

क्या वह निकल जाने देगा?...

हनुमान ने आगे चलने के स्थान पर, बाईं ओर बढ़ना आरंभ कर दिया। किंतु वह सर्प अपने स्थान पर ही टिका नहीं रहा, उसने सायास अपनी सक्रियता बाईं ओर फेर दी और दो ही क्षणों में वह पुनः हनुमान के सम्मुख पहले के ही समान अपना मुख खोले खड़ा था।...हनुमान की चिंता कुछ बढ़ी...इतने बड़े सर्प से युद्ध के लिए शस्त्र न हो और युद्ध किए बिना वह जाने न दे; तो क्या हनुमान को सर्प की ही इच्छा पूरी करनी होगी?...लंका पहुँचकर देवी वैदेही की खोज करने के स्थान पर इस जल-दानव के पेट में समाकर उसकी भूख मिटानी होगी?...

हनुमान ने पुनः अपनी दिशा बदली—इस बार वे जल्दी-जल्दी दाहिनी ओर बढ़ रहे थे...सर्प ने भी क्षणभर के निरीक्षण से उनकी दिशा पहचान, पहले जैसा ही वर्तुलाकार चक्कर लिया और वह पुनः आकर उनके सम्मुख खड़ा हो गया। इस बार उसने अपना मुख फाड़ा तो हुनमान को लगा कि वह मानो उस क्षेत्र के सारे जल के साथ ही उनको निगल जाने के लिए तत्पर बैठा है...हनुमान वापस लौटे...किंतु सर्प को भी अपनी ओर बढ़ते देख, उन्हें अपनी भूल का भान हुआ। दाएँ और बाएँ चलने से सर्प इन दिशाओं में मुड़ने के स्थान पर एक लंबा वर्तुलाकार चक्कर काटता था और सामने जाकर खड़ा हो जाता था। उसमें उसे थोड़ा-सा समय लगता था, किंतु पीछे लौटने पर तो उसे केवल सीधे बढ़ना पड़ता था, जो उसके लिए तनिक भी कष्टसाध्य नहीं था।...अब यदि हनुमान स्वयं आगे बढ़ते तो उसके और भी निकट पहुँच जाते...वे पुनः बाईं ओर मुड़े..सर्प दैत्य ने वैसे ही वर्तुलाकार चक्कर लिया और मुख फाड़कर सामने खड़ा हो गया।

हनुमान के मन में एक विचार कौंधा...वह सर्प सुविधा से केवल आगे बढ़ सकता था, वह भी क्षिप्र गति से नहीं, मंथर गति से। दाएँ-बाएँ मुड़ने में उसे असुविधा होती थी। पीछे पलटना तो उसके लिए और भी कठिन था...फिर वह स्वयं आगे बढ़कर दंश करने, प्रहार करने अथवा निगलने का प्रयत्न नहीं करता था। वह ठीक सामने आकर मुँह खोलकर बैठ जाता था कि शिकार जल-प्रवाह के साथ-साथ स्वतः उसके मुख में चला जाए...यह तो बड़ा धैर्यवान आखेटक था।

हनुमान बार-बार अपने तैरने की दिशा बदल रहे थे। वे थोड़ी दूर तक बाईं ओर बढ़ते, और सर्प जब वर्तुलाकार चलकर सामने खड़े होने की तैयारी कर रहा होता, तो वे दाईं ओर बढ़ जाते; सर्प अपनी समाधि भंग कर अपनी प्रक्रिया दुहराता...हनुमान के मन में यह तथ्य अत्यंत स्पष्ट हो चुका था कि इस बुद्धिहीन जल-दैत्य से वे केवल अपनी स्फूर्ति के ही कारण बच पाएँगे। युद्ध का प्रश्न नहीं था, युद्ध का प्रयत्न करते ही वे उसके मुख में समा जाते, अथवा वह उन्हें अपने लंबे शरीर में लपेटकर दो-चार ऐंठनों में उनके शरीर की सारी हड्डियाँ तोड़ देता।

सीधे-सीधे तैरते हुए भी उससे बच निकलने का कोई मार्ग उन्हें दिखाई नहीं देता था—क्योंकि वह आखेट के लिए तत्पर बैठा था।...स्फूर्ति ही हनुमान की रक्षा का साधन हो सकती थी।

हनुमान ने थोड़ा जोखिम उठाने का निर्णय किया अन्यथा कदाचित् उन्हें भी स्वयं को थकाकर, अंततः हारकर, स्वयं को उस नागमाता सुरसा की कृपा पर छोड़ देना पड़ता...

उन्होंने तीन-चार बार अपनी दिशाएँ बदलकर उस दैत्य को भी उतने ही वर्तुलाकार चक्कर लगवा दिए। अधिक चक्कर लगाने से उसकी गति और भी मंथर होती दिखाई पड़ी। फिर एक बार हनुमान दाईं दिशा में बढ़ते ही चले गए। लगा कि सर्प निश्चिंत है कि इस बार वे अपनी दिशा नहीं बदलेंगे और निरंतर उसी एक दिशा में ही बढ़ते जाएँगे। उसने भी एक बड़ा-सा वर्तुलाकार चक्कर लिया और ठीक सामने जाकर बैठ गया। उसने अपना विराट पुख फाड़ा और प्रचुर मात्रा में जल निगल गया। फिर उसने अपनी आँखें बंद कर लीं और निगला हुआ वह सारा जल उगलने लगा, जैसे कोई फव्वारा चला रहा हो।...हनुमान को यही उपयुक्त समय लगा—सर्प की मुद्रा से यही आभास मिल रहा था कि इस बार वह निश्चिंत होकर बैठ गया था और अब कदाचित् जल्दी नहीं हिलेगा। हनुमान सीधे बढ़ते चले गए। जल-दैत्य की खुली आँखों ने हनुमान को अपनी ओर बढ़ते देखा। उसने तृप्ति की मुद्रा में अपनी आँखें भींचीं और मुख को और भी अधिक फाड़ दिया।...हनुमान धनुष से छूटे बाण के समान उसके खुले मुख के निकट से होते हुए, उसके पार निकल गए...

सर्प थोड़ी देर तक अपनी ध्यान-मुद्रा में मुख फाड़े बैठा, हनुमान के अपने मुख में समा जाने की प्रतीक्षा करता रहा; किंतु जब उसकी अपेक्षा से अधिक विलंब हो गया तो उसने अपनी आँखें खोलीं और इधर-उधर देखा। कहीं कुछ दिखाई नहीं दिया तो उसने जैसे कुछ सोचते-सोचते टहलते हुए-से एक वैसा ही वर्तुलाकार चक्कर लिया और जाते निकल गए हनुमान को देखा।

हनुमान भी थोड़ी-थोड़ी देर के पश्चात पलटकर उसकी ओर देख रहे थे। उसके चक्कर काट लेने पर उनकी स्थिति संकटपूर्ण हो गई थी। अब यदि वह सीधा आगे बढ़ता तो दो-चार क्षणों में वह फिर उनके निकट पहुँच सकता था; किंतु सर्प ने दूर जाते हुए हनुमान को उदास आँखों से देखा और अपनी आँखें पुनः बंद कर लीं।

हनुमान की जान में जान आई। उन्हें लगा कि वे जैसे उस सर्प के मुख में से होकर निकले हैं; और यदि सर्प अपनी इच्छा से संतुष्ट होकर न बैठ जाता तो जाने अभी उन्हें और कितना पीड़ित और व्याकुल होना पड़ता। अंततः परिणाम

क्या होता—यह भी क्या कहा जा सकता है। यहाँ न उनकी शारीरिक शक्ति ही सार्थक लग रही थी, न उनकी वीरता ही उनके काम आती—यह तो धैर्य और विवेक ही था, जिसने उन्हें बचा लिया था...या शायद संयोग भी...

किंतु अभी भी जल-दानवों का वह भयंकर क्षेत्र समाप्त नहीं हुआ था। हनुमान अभी बहुत दूर नहीं गए थे कि उन्हें पुनः एक और वैसा ही सक्रिय और तत्पर जल-जंतु दिखाई पड़ा। किंतु न तो वह सर्प था, न पिछले सर्प जैसा विराटकाय ही था। उसकी मुखाकृति बता रही थी कि वह सर्प नहीं था। किंतु वह क्या था—हनुमान समझ नहीं पा रहे थे। उसका मुख विकट चौड़ा और भयंकर था—जैसे प्रकृति ने जीव का विद्रूप प्रस्तुत किया हो। उसकी आँखों में तीव्र और मुखर घृणा और हिंसा को देखकर कोई भी समझ सकता था कि वह आक्रामक मुद्रा में था और भक्षण के लिए व्यग्र हो इधर-उधर भटक रहा था। न तो उसकी गति मंथर थी और न उसे मुड़ने और उलटने-पलटने में कोई विशेष असुविधा प्रतीत हो रही थी। उसकी स्फूर्ति देखते ही हनुमान समझ गए थे कि उससे भिड़ंत अनिवार्य है। वैसे भी पिछले इतने सारे श्रमसाध्य व्यायाम और इस लंबी तैराकी के पश्चात उनमें धैर्य कुछ कम रह गया था और मन में उग्रता आ रही थी।...यदि उस सिंहिका ने आक्रमण किया तो फिर हनुमान स्वयं को रोक नहीं पाएँगे।

कदाचित् वह सिंहिका भी अपने मन में आक्रमण की ही योजना बना रही थी। जिस प्रकार हनुमान के लिए वह एक नये प्रकार का अद्भुत जंतु थी, जिसे उन्होंने पहले कभी नहीं देखा था; उसी प्रकार उसके लिए भी हनुमान एक नये प्रकार के आखेट थे, जिसे उसने पहले कभी नहीं खाया था। भूख से व्याकुल उस जल-राक्षसी को इतना बड़ा जीव अनायास ही भक्षणार्थ मिल रहा था। अत्यंत घातक तथा हिंस्र बना देने बालि उसकी भूख का समाधान उसके सामने था। ऐसा अवसर चूक जाना उचित नहीं था।

सिंहिका झपटकर हनुमान के सम्मुख आ गई। उसकी गति और स्फूर्ति को देखते हुए, हनुमान के मन में अपनी गति की मंथरता तथा थकावट दोनों ही अत्यंत मुखर होकर उभरीं और साथ ही खीझ का भी उन्होंने अनुभव किया...अधिक सोचने-समझने अथवा बचाव-पद्धति का अन्वेषण करने का समय नहीं था। सिंहिका निरंतर उनके निकट आ रही थी...अगले ही क्षण उसने अपना मुख फाड़ा और उन पर झपट पड़ी।

एक क्षण के लिए तो हनुमान को लगा, जैसे उसने उन्हें पकड़ ही लिया है और उनकी गति सर्वथा अवरुद्ध हो गई है। उन्होंने अपने सहज बचाव के लिए, उसके शरीर के मध्य भाग पर अपनी खुली हथेली का भरपूर प्रहार किया...सिंहिका को उस आघात ने कुछ पीड़ा पहुँचाई और वह उन्हें छोड़कर पलट भी गई; किंतु

हनुमान स्वयं अनुभव कर रहे थे इस प्रकार का युद्ध उनके लिए अधिक हितकर नहीं था।...जल के भीतर उन्हें अपनी शक्ति तथा संतुलन को—स्वयं को डूबने से बचाने के लिए प्रेरित किए रखना पड़त. था। फिर जो आघात उन्होंने किया था, उसका आधे से अधिक प्रहारक बल तो स्वयं जल ने सहन कर क्षीण कर दिया था। उससे इस जल-राक्षसी को कितनी चोट लगी होगी? ऐसी पीड़ा से भला इतना बड़ा जंतु क्या विचलित होगा। उसके लिए तो कोई निर्णायक प्रहार होना चाहिए। और ऐसा प्रहार पानी के भीतर कैसे होगा?...

तभी सिंहिका पुनः हनुमान पर झपटी। उसने अपना मुख और भी विकरालता से खोल रखा था, मानो मुख फाड़ने के ही आकार-प्रकार से वह उन्हें डरा देना चाहती हो...सहसा हनुमान के मन में एक विचार आया। जोखिम तो अवश्य था, किंतु दाँव चल गया तो इस जल-राक्षसी से पूर्ण मुक्ति मिल जाएगी...

हनुमान स्वयं ही उसकी ओर बढ़े। उन्होंने अपने हाथ-पैर समेटकर, मंडूकाकार हो स्वयं को लघु बना लिया और जल के साथ-साथ स्वयं ही सिंहिका के मुख में प्रवेश कर गए...अब स्फूर्ति और शक्ति—दोनों का ही परीक्षण था। इस बात को कदाचित् सिंहिका ने भी समझ लिया था। उसने तत्काल अपना मुख बंद करने का प्रयत्न किया और हनुमान उतनी ही त्वरा से पलटे; बाहर की ओर चेहरा कर अपने हाथ-पैर खोले तथा अपने पूर्ण आकार में आने का प्रयत्न किया। सिंहिका, अपने दोनों जबड़ों को दबाकर हनुमान को पीस देने के प्रयत्न में थी और हुनमान सीधे खड़े हो, अपने हाथ-पैरों को अकड़ाकर उसके जबड़ों को चीर देना चाहते थे...स्फूर्ति की परीक्षा में हनुमान जीत चुके थे। अब शक्ति-परीक्षण था—यदि सिंहिका अपना मुख बंद करने में सफल हो जाती तो हनुमान उसके बंद मुख में भोजन के एक कड़े ग्रास के रूप में स्वतः चबाए जाते; और यदि हनुमान अपने हाथ-पैरों को सीधा कर, उनकी पूरी दूरी तक अकड़ाकर फैलाने में सफल हो जाते तो सिंहिका का मुख, बीच से चिरकर, दो भागों में बँट जाता...

एक क्षण के लिए हनुमान को लगा कि सिंहिका के जबड़ों का बल उन पर भारी पड़ रहा था...कदाचित् वे अपने हाथ और अधिक फैला तो नहीं पाएँगे, उसके पहाड़ जैसे जबड़े के दबाव में उनकी भुजाएँ झुककर सिमट भी सकती हैं...ऐसी संभावना का विचार-मात्र ही उन्हें ऐसा विचलित कर गया, जैसे ब्रह्माण्ड ही चूर-चूर हो रहा हो...हनुमान ने अपने हाथों के नख सिंहिका को ऊपरी जबड़े में धँसा दिए और अपने दाहिने पैर से उसके कंठ पर भीषण प्रहार किया। इस आकस्मिक आघात से सिंहिका भी विचलित हो गई। उसके जबड़ों का दबाव कुछ ढीला पड़ा...हनुमान के लिए इतना ही समय पर्याप्त था। उनके हाथ-पैर अकड़कर पूरी लंबाई तक फैल गए।

सिंहिका का शरीर ढीला पड़ गया...उसके दोनों जबड़ों के बीच की हड्डियाँ कड़कड़ा गईं और मांस के फटते ही रक्त की धारा बह निकली।

हनुमान तत्काल बाहर निकले और उस जल-राक्षसी के रक्त से लाल हुए पानी को पार करते हुए, क्षिप्र गति से आगे बढ़ गए।

यांत्रिक ढंग से तैरते हुए जब वह उस भयावह राक्षसी से पर्याप्त दूर निकल गए और उसके पुनः झपट पड़ने की संभावना जब उनके मन से पूर्णतः निकल गई, तो मन में उल्लास भरे उनकी आँखों ने अपने आस-पास के दृश्य को देखा। सहसा ही जल-जंतु कहीं विलीन हो गए थे। जल के बहाव का दबाव बहुत क्षीण हो गया था, जैसे वे पुनः सोये हुए जल के क्षेत्र में प्रवेश कर रहे हों। उन्होंने दृष्टि को सामने फेंका—सामने कुछ दूरी पर अनेक वृक्षों के झुण्ड दिखाई पड़ रहे थे, जैसे कोई वन-श्रेणी खड़ी हो।

तो क्या यात्रा संपन्न हुई?

हनुमान का मन अत्यंत हल्का हो गया। उन्होंने प्रायः असंभव कार्य को संभव कर दिखाया था।...वे जब चले थे तो ऊपर से कुछ भी कहते, उनका मन पूरे विश्वास से यह नहीं कह पा रहा था कि वे सफलकाम होंगे...किंतु अब घटनाएँ सिद्ध कर रही थीं कि सागर-संतरण में वे सफल हुए थे...सामने वन-श्रेणी थी, उसके पीछे त्रिकूट पर्वत था और उस पर लंका बसी हुई थी।

हनुमान ने धरती पर पैर रखा तो उनका शरीर थककर चूर-चूर हो चुका था; किंतु मन में इतना उल्लास था कि जैसे दस बार इस सागर को पार कर जाएँगे, तो भी नहीं थकेंगे। उन्होंने अपने मन का उल्लास समेटा और एक वृक्ष के तने से टिककर, सुस्ताने के लिए पैर फैला दिए। अपनी फैली हुई टाँगों पर उनकी दृष्टि पड़ी और फिर वही दृष्टि ऊपर की ओर यात्रा करती हुई अपनी धोती, पेट, वक्ष और भुजाओं से कंधों तक का निरीक्षण कर गई। सारे शरीर पर सागर के खारे पानी का नमक जमा हुआ था और शरीर पर एक विचित्र प्रकार की भुरभुरी-सी सफेदी छाई हुई थी। धोती तो जाने सागर के किन-किन तत्त्वों से कौन-सा रंग ग्रहण कर चुकी थी...

उन्होंने अपने हाथों से मलकर, कुछ रगड़कर शरीर से सागर का क्षार उतारने का प्रयत्न किया। सूखा नमक भुरभुराकर गिरा भी; किंतु इतने से शरीर स्वच्छ तो नहीं हो सकता था। उसके लिए आवश्यक था कि वे किसी स्थान पर ठहरकर निर्मल जल से अच्छी प्रकार स्नान करते...पर ठहरने का समय किसके पास था...संध्या ढल रही थी...

हनुमान उठकर खड़े हो गए।

इतनी लंबी जल-यात्रा के पश्चात पृथ्वी पर पैर जैसे सीधे नहीं पड़ रहे थे। तलुवे कठोर भूमि का स्पर्श भूल गए थे और टाँगों को शरीर का बोझ उठाने का अभ्यास नहीं रह गया था। हनुमान मुसकराए—कैसा होता है यह मनुष्य का शरीर भी।

रेतीली भूमि से वे कुछ अधिक कठोर भूमि पर आ गए। वृक्ष पीछे छूट गए और खुला मैदान आ गया। उसके पश्चात कुछ ऊँची भूमि आरंभ हो गई थी...कदाचित् इसी को त्रिकूट पर्वत कहा जाता हो...उसके ऊपर बने अनेक ऊँचे-ऊँचे भवन दिखाई पड़ रहे थे...पथ आए और फिर नगर का परकोटा भी दिखाई देने लगा।

प्रदोष काल था और मुख्य द्वार से अनेक लोग नगर में प्रवेश कर रहे थे। भीड़ में अनेक प्रकार के लोग थे, और जाने वे कहाँ से आ रहे थे।

हनुमान ने एकांत स्थान ढूँढकर अपनी भुजाओं के अंगद तथा गले का कंठहार उतारकर अपनी धोती में खोंस लिये। अब उनके शरीर पर कोई आभूषण नहीं था। विशिष्ट वस्त्र तो कोई था ही नहीं। घुटनों से ऊपर तक की बँधी हुई, मैली-कुचैली-सी नाना-वर्णा धोती थी, जिसका मूल रंग खोज पाना अब संभव नहीं था।

भीड़ के पीछे-पीछे हनुमान भी चल पड़े। तोरण के पश्चात अनेक मार्ग आरंभ हो जाते थे और वे अनेक छोटे-छोटे द्वारों के भीतर चले जाते थे। हनुमान उन फाटकों के निकट से चलते गए। प्रत्येक फाटक पर सशस्त्र प्रहरी खड़े थे और वे विभिन्न लोगों से विभिन्न प्रकार के प्रश्न पूछ रहे थे। हनुमान उन फाटकों को पीछे छोड़ते गए। अंतिम फाटक को झाँककर देखा। लगा, वहाँ कोई नहीं है। न कोई प्रवेश करने वाला और न कोई पूछताछ करने वाला। उन्होंने सिर झुकाया और चुपचाप प्रवेश कर गए।

किंतु वह फाटक भी सर्वथा अरक्षित नहीं था। कदाचित् वह विशिष्ट जनों के प्रवेश के लिए था, अतः सर्वसाधारण वहाँ भीड़ लगाए नहीं खड़े थे।

हनुमान के प्रवेश करते ही किसी ने उन्हें टोक दिया, "ऐ, कहाँ जा रहा है?"

हनुमान ने गर्दन उठाकर देखा—प्रहरी। किंतु शायद वह पुरुष नहीं था, स्त्री थी। स्त्री प्रहरी। तो लंका में स्त्रियाँ भी प्रहरियों का काम करती हैं।

"आँखें फाड़कर मेरी ओर क्या देख रहा है?" वह पुनः बोली, "मैं पूछ रही हूँ, कहाँ जा रहा है?"

"लंका में।"

"क्या काम है?"

"घूमने-फिरने आया हूँ।" हनुमान ने बात बनाई, "सुना है लंका में ऊँचे-ऊँचे

प्रासाद तथा लंबे-चौड़े पथ हैं। उन्हें ही देखने आया हूँ। देखकर लौट जाऊँगा।''

''देखकर लौट नहीं जाएगा तो क्या उन्हें साथ ले जाएगा!'' वह बोली, ''तू सैलानी है?''

''हाँ!'' हनुमान ने स्वीकृति में सिर हिला दिया।

प्रहरी ने घूरकर हनुमान को ऊपर से नीचे तक देखा, ''तू सैलानी है! तेरे-जैसे लोग कब से घूमने-फिरने के लिए लंका में आने लगे? तेरा बाप उरपुर का नगर-श्रेष्ठि है क्या, जो तू भ्रमण करने चला आया? हैं? कौन है तू? कहाँ से आया है?''

हनुमान चिंतित हो गए...यह अति साधारण व्यक्ति का वेश उपयुक्त नही था। वे क्या जानते थे, कि लंका-प्रवेश में यही वेश बाधक बन जाएगा।...यदि इसने अपने सहायक बुला लिये और उन्होंने उनका निरीक्षण किया तो उनके अंगदों तथा कंठहार के साथ-साथ, राम की मुद्रिका भी पकड़ी जाएग्री...यदि पहचान लिये गए तो संकट उपस्थित हो जाएगा...न पहचाने गए तो स्वर्णाभूषणों की चोरी के आरोप में धर लिये जा सकते हैं...राम की मुद्रिका ही छिन गई तो सीता को विश्वास दिलाना ही कठिन हो जाएगा। सब किया-धरा बेकार चला जाएगा...

''कौन है तू?'' स्त्री ने पुनः धमकाकर पूछा, ''धूर्त! मुझे धोखा देना चाहता है—नगर-रक्षिका, लंका-राक्षसी को। दिन-भर में तेरे जैसे यहाँ सहस्रों आते हैं। बोल, कौन है तू?''

और लंका-राक्षसी ने अपने पौरुषपूर्ण हाथ का भरपूर वार हनुमान के मुख पर किया।

हनुमान कुछ विचलित हुए। यह थी तो स्त्री; किंतु प्रहरी-कर्म कर रही थी और शरीर से बलवान थी। वह इसी प्रकार प्रहार करती रही, अथवा उसके सहायक आ गए तो?

इससे पूर्व-कि लंका दूसरा प्रहार करती, हनुमान ने झपटकर उसकी भुजा पकड़ी और उसे ऐंठते चले गए।

लंका ने कराहकर सिसकी भरी—उसकी भुजा में कदाचित् पीड़ा होने लगी थी, ''क्या कर रहा है रे, देहाती?'' वह धीरे से बोली, ''तुझे नगर में प्रवेश करना है तो जा, चला जा। तेरे जैसे कितने ही कंगले यहाँ रोटियाँ कमाते हैं...मेरी बाँह क्यों तोड़ रहा है।''

हनुमान कुछ नहीं बोले। उन्होंने उसकी बाँह कुछ और ऐंठ दी।

''अरे, छोड़ भी, मूर्ख!'' वह फिर कराही।

''किसी को पुकारोगी तो नहीं?''

''नहीं! मुझे अपनी आजीविका खोनी है क्या? वे लोग पहले ही मेरी पदोन्नति नहीं कर रहे कि स्त्रियों से प्रहरी-कर्म नहीं होता। अपनी असमर्थता जताकर क्या

मिलेगा मुझे?...छोड़ मुझे और भाग!"

हनुमान ने उसे जोर का धक्का दिया और पूरी शक्ति से नगर की ओर भागे...कुछ दूर निकल गए तो थककर एक वृक्ष के पीछे छिप गए। झाँककर देखा—उनके धक्के से लंका भूमि पर गिर पड़ी थी। वह चुपचाप उठी और अस्फुट-सा कुछ बड़बड़ाती हुई हाथ-पैर झाड़कर अपने स्थान पर बैठ गई। उसने किसी को पुकारने अथवा सूचना देने की आवश्यकता नहीं समझी।

हनुमान निश्चिंत होकर नगर की ओर मुड़ गए।

युद्ध-2

प्रथम खण्ड

1

हनुमान लंका के एक चतुष्पथ पर खड़े सोच रहे थे कि वे क्या करें? कहाँ जाएँ और किससे पूछें? जब तक लंका में प्रवेश नहीं किया था, तब तक तो यही लगता था कि सागर-संतरण ही सबसे बड़ी समस्या है। सागर पार किया नहीं कि सीधे वहाँ जा पहुँचेंगे जहाँ सीता होंगी। उनके दर्शन कर, उनकी कुशलता तथा व्यथा संबंधी वार्तालाप कर तत्काल लौट जाएँगे।...तब यह कहाँ सोचा था कि लंका नगरी स्वयं अपने आप में एक अथाह सागर है जिसका कोई ओर-छोर नहीं है। जिस ओर निकल जाओ, कोई अंत नहीं, कोई सीमा नहीं। जाने कितनी किष्किंधा नगरियाँ इस एक लंका में ही समा जाएँ। राजमार्गों का सीमाहीन जाल बिछा हुआ है। जिस मार्ग पर निकल जाओ, बड़े-बड़े उद्यान मिलते हैं। उसके पश्चात् ऊँची-ऊँची अट्टालिकाएँ हैं, प्रासाद हैं, महानिलय हैं, महालय हैं। उनके ऊँचे-ऊँचे विशाल फाटक हैं, ऊँची-ऊँची प्राचीरें हैं। सब ओर पहरे का प्रबंध है। बाहर से भीतर का समाचार जानना असंभव है।...

हनुमान ने बहुत सारे राज्य और राजधानियाँ देखी थीं, किंतु लंका जैसा नगर पहले कभी नहीं देखा था...प्रासादों की पंक्तियों के परे, राजमार्गों से कुछ हटकर साधारण भवन थे। उन भवनों की भी जैसे अपनी पुरियाँ बसी हुई थीं...और सबसे अंत में कच्चे घर थे, कुटीर, झुग्गियाँ, झोंपड़ियाँ...सागर-तट की दुर्गंध, कीच तथा अन्य प्रकार की गंदगी में बसे वे लोग...लगता था यह मानव-यातना का एक पृथक् सागर था। निर्धनता, असुविधा, शोषण, वंचना, क्रूरता और अज्ञान में पले ये लोग देखने वालों की आँखों को कष्ट देते थे। मन में उनके प्रति करुणा न हो तो उनके प्रति घृणा और विरोध जागता था कि इतने साफ-सुथरे नगर में ये गंदे लोग कहाँ से आ गए; और उन्हें भी मनुष्य मानकर उनके प्रति मन में करुणा और ममता रखकर देखो तो स्पष्ट दिखाई पड़ने लगता था कि वे धन के विषम तथा अन्यायपूर्ण वितरण के षड्यंत्र में फँसे, कष्ट पाते हुए दुःखी लोग थे, जो अपनी असुविधाओं

के विरुद्ध लड़ते हुए भी व्यवस्था के क्रूर रक्षकों के द्वारा अभावों में जीने के अभ्यस्त बनाए जा रहे थे...बालि के राज्य-काल में किष्किंधा में भी कुछ ऐसा ही घटित हो रहा था, किंतु वहाँ निर्धनता के साथ-साथ वैभव का इतना विराट् प्रदर्शन नहीं था। लंका में इतनी अट्टालिकाओं की पृष्ठभूमि में सागर-तट पर धूप और कीचड़ में जीने वाले ये लोग अधिक वंचित और पीड़ित लगते थे।

क्षमता भर, लंका में इधर-उधर घूमकर, हनुमान पुनः इस चतुष्पथ पर आकर खड़े हो गए थे। अब तक वे यही निश्चय नहीं कर पाए थे कि सीता की खोज कहाँ से आरंभ करें?...सीता का अपहरण रावण ने किया था...यथासंभव वह उनकी हत्या नहीं करेगा। हत्या ही करनी होती, तो पंचवटी से उठाकर लंका तक लाने की क्या आवश्यकता थी? हत्या तो पंचवटी में भी हो सकती थी। फिर रावण तो अपनी लंपटता के लिए प्रसिद्ध था। सुंदर स्त्री की हत्या वह कदाचित् ही करेगा...अधिक संभावना इसी बात की है कि उसने देवी वैदेही को कहीं बंदी कर रखा होगा और संभवतः उन्हें मानसिक और शारीरिक यातनाएँ दे रहा होगा...सीता का अपहरण यदि रावण ने अपने लिए किया है तो उन्हें मुख्य नगर से दूर, समुद्र-तट की गंदी बस्तियों में नहीं रखेगा। वह उन्हें अपने निकट, अपने वैभव के बीच बंदिनी रखेगा...

किंतु किससे पूछें हनुमान! चारों ओर राक्षसों का जन-पारावार है। लोग ही लोग। राजमार्ग से तनिक हटकर खड़े हो जाओ तो ऐसा लगता है जैसे किसी सरिता-तट पर खड़े हों, जिसमें जलकणों के स्थान पर मानव बह रहे हों। पता नहीं कहाँ से इतने लोग एक ही नगर में एकत्रित हो गए हैं और कहाँ आ-जा रहे हैं इतने लोग? क्या करते हैं इतने लोग? किंतु हनुमान इनमें से किसी से कुछ नहीं पूछ सकते। सीता का नाम मुख पर आते ही उन पर संदेह किया जा सकता है। इन राक्षसों के मन में रावण के प्रति भक्ति भी होगी ही। किसी को भी संदेह हुआ तो तत्काल राजपुरुषों को सूचना हो जाएगी...ओर यह तो हनुमान ने देख ही लिया था कि प्रत्येक राजमार्ग पर अनेक राजपुरुष तथा सैनिक घूमते हुए दिखाई दे जाते थे। वे सैनिक साधारण दण्डधर नहीं थे—वे सशस्त्र सैनिक थे। उनके हाथों में सामान्यतः शूल या पट्टिश थे; कुछ चतुष्पथों पर धनुर्धारियों की टुकड़ियाँ भी देखी थीं। बीच-बीच में अश्वारोहियों की टोलियाँ भी दिखाई पड़ जाती थीं...

हनुमान उनसे भयभीत नहीं थे। युद्ध की बात और है; किंतु यहाँ तो वे जानकी का संधान करने आए थे। राक्षसों को संदेह हो गया और बात सैनिकों तक जा पहुँची तो अकेले हनुमान इतने शस्त्रधारी सैनिकों के साथ कैसे लड़ेंगे! यदि वे बंदी हो गए या उनका वध हो गया तो जानकी का संधान कौन करेगा? वे राक्षसों की पकड़ में न आए और लंका से निकल भागने में सफल हो भी गए तो सीता का संधान तो नहीं ही हो पाएगा, उल्टे कुछ अनिष्ट हो सकता है...नहीं!

हनुमान को बहुत सावधान रहना होगा।

झुटपुटा अंधकार में परिणत होता जा रहा था। एक ओर हनुमान की चिंता बढ़ती जा रही थी कि अंधकार में जानकी की खोज कहाँ करेंगे और दूसरी ओर उनके मन में आशा का संचार भी हो रहा था कि अँधेरे में वे कुछ अधिक स्वतंत्रता से इस लंका में घूम-फिर सकेंगे। इस समय तो कहीं भी जाने पर उनके पहचान लिये जाने की संभावना थी...

सहसा राजमार्ग के दोनों ओर लगे हुए राजकीय दीपक जलने आरंभ हो गए। अनेक सेवक उल्काओं तथा सीढ़ियों के साथ प्रकट हो गए थे और स्तंभों के साथ सीढ़ियाँ लगा, उल्काओं की सहायता से उन दीपकों को प्रकाशित करते जा रहे थे। गोधूलि वेला के समय जो छिटपुट-सा अंधकार छा गया था, दीपक के प्रकाशित होने से अब वह अंधकार भी नहीं रह गया था। हनुमान की अपेक्षा के अनुसार मार्गों पर यातायात तनिक भी कम नहीं हुआ लग रहा था। अंतर मात्र इतना ही था कि पहले मार्गों पर कामकाजी लोगों की भीड़ थी और अब मनोरंजनार्थ घूमने-फिरने वाले सैलानियों का बाहुल्य हो गया था। पहले भार ढोने वाले पशु तथा यात्रा करने वाले रथ मार्गों पर दौड़ते फिर रहे थे और अब जैसे-जैसे रात अधिक घिरती जाती थी, बहुमूल्य घोड़े वाले, सुंदर काम किए हुए, ऐश्वर्यपूर्ण रथों की संख्या बढ़ती जा रही थी। कुछ रथ चारों ओर से पूर्णतः बंद थे, कुछ आधे खुले और कुछ पूरी तरह खुले थे। उनमें बैठे हुए राक्षस स्त्री-पुरुषों को भली प्रकार देखा जा सकता था। उनके वस्त्र बहुमूल्य थे। उनके शरीरों पर विभिन्न प्रकार के अंगरागों, चंदन तथा कस्तूरी का लेप था। सारी देह पुष्पों तथा स्वर्णाभूषणों से ढँकी हुई थी। स्त्रियों के शरीर से सुगंधों की लपटें उठ रही थीं। एक रथ निकल जाता तो घड़ी भर तक के लिए वायु सुगंधित हो उठती थी। हनुमान अनुमान लगा रहे थे—जितना धन एक स्त्री ने अपने शरीर को सुगंधित करने में व्यय किया था, उतने में निश्चित रूप से एक निर्धन परिवार के एक समय का भोजन खरीदा जा सकता था।

निरीक्षण करते हुए हनुमान मार्ग पर चलते गए। मार्ग पर आते-जाते लोगों की भीड़ के साथ ही साथ सशस्त्र प्रहरियों की संख्या भी बढ़ गई थी। दिन के समान ही, रात को भी लोग निर्द्वंद्व होकर घूम रहे थे...वरन् आश्चर्यजनक बात यह थी कि दिन के समय फिर भी मार्गों पर कुंभकर, श्रमिक तथा विभिन्न लोग दिखाई पड़ जाते थे; रात के समय तो उन्हीं मार्गों पर जैसे लंका का वैभव ही बिखर आया था। लगता था, नगर के समस्त संपन्न लोग, अपने सर्वश्रेष्ठ परिधान धारण किए हुए अपनी संपूर्ण प्रसाधन-क्षमता का उपयोग कर प्रदर्शन के लिए बाहर निकल आए थे। आवश्यकता की छोटी-मोटी वस्तुओं की दुकानें तो बंद हो गई थीं, किंतु बहुमूल्य आभूषणों और प्रसाधनों के बड़े-बड़े हाट खुले थे, जहाँ राक्षस स्त्री-पुरुषों की भीड़ लगी हुई थी। साथ ही हनुमान ने आश्चर्य से देखा, दिन के प्रकाश में

या तो उनका ध्यान इस ओर नहीं गया था, या दिन के समय बंद थे, रात्रि के साथ ही सब ओर अनेक भोजनालय दिखाई पड़ने लगे। भोजनालय बहुत भली प्रकार सज्जित और प्रकाशित थे। उनमें विभिन्न प्रकार के व्यंजन बनाए जा रहे थे, जिनकी गंध का आभास मार्ग चलते व्यक्ति को भी हो जाता था। मांस के भुने और तले जाने की तीव्र गंध सब ओर व्याप्त थी। मदिरा के भाँड प्रमुखता से प्रदर्शित किए गए थे और अनेक भोजनालयों से नृत्य और गायन का भी स्वर आ रहा था।

बहुत सारा नगर घूम लेने पर सहसा हनुमान ठिठककर खड़े हो गए। ऐसे व्यर्थ घूमते रहने का लाभ? इस नगर के लोग तो लगता है कि रात-भर खाते-पीते और घूमते रहेंगे। उनके लिए प्रकाश तथा सुरक्षा की व्यवस्था इतनी अधिक थी कि कदाचित् वे देर रात गए तक अपने आमोद-प्रमोद और विलास में मग्न रहेंगे। कदाचित् इसीलिए उन्हें निशाचर कहा जाता है। किंतु हनुमान क्यों व्यर्थ ही स्वयं को थका रहे हैं? इन पथों में घूमने तथा भोजनालयों में झाँकने से तो जानकी का संधान नहीं होगा। वे इन राक्षसों के समान भोजन करने के लिए यहाँ नहीं आएँगी और न कभी रावण ही अपहर्त्ताओं को लेकर यहाँ आता होगा...उन्हें अपनी खोज को सार्थक दिशा में मोड़ना चाहिए।

भूख का विचार मन में जग रहा था। प्रातः ही अपने साथियों के साथ स्वयंप्रभा के ग्राम में जो भोजन किया था, उसके पश्चात् से न उन्हें उसका विचार ही आया था और न उनको अवसर ही मिला था। चलते समय शरगुल्म ने अवश्य याद दिलाई थी, किंतु वह उपयुक्त अवसर न था। पर इस समय भोजन कहाँ करेंगे? सर्वसाधारण का जो वेश उन्होंने बनाया था, वह एक ही संध्या में दूसरी बार आड़े आ रहा था। इन भोजनालयों में केवल धनाढ्य वर्ग के ही लोग आ-जा रहे थे। वे इन राक्षसों में सर्वथा भिन्न दिखाई पड़ेंगे। किसी को संदेह हो गया तो इतना उद्यम कर, इतनी दूर लंका में आकर भी सीता का संधान नहीं हो पाएगा। भोजन की ऐसी क्या बात है, हनुमान के शरीर में इतनी क्षमता तो है ही कि एक-आध समय बिना भोजन के भी रह सकें...और फिर कहीं सुरक्षित ढंग से भोजन मिल भी गया तो उसके पश्चात् निद्रा की समस्या सताएगी।...नहीं! आज की रात न भोजन, न निद्रा...आज तो केवल जानकी का संधान...

पण्यों और हाटों को पीछे छोड़ते हुए, हनुमान आगे बढ़ते चले गए—उधर, जिधर उन्होंने बड़ी-बड़ी अट्टालिकाएँ देखी थीं...किंतु सहसा उनके पग रुक गए। ऐसे ही बढ़ते जाने का क्या अर्थ हुआ? किसी से पता तो कर लें कि रावण का महामहालय है किस ओर; अन्यथा यदि उसकी विपरीत दिशा में ही बढ़ते चले गए तो लौटने में ही उषाकाल हो जाएगा।

उन्हें इस प्रकार स्तंभित-से खड़े देख, सहसा एक सशस्त्र राजपुरुष आकर

उनके सम्मुख रुक गया, "ए वानर! यहाँ क्या कर रहा है?"

हनुमान कुछ चकित हुए। बिना कोई प्रश्न किए ही उस राजपुरुष ने उन्हें पहचान लिया था। इसका अर्थ यह हुआ कि ये लोग वानर जाति के व्यक्ति को अलग से पहचान लेते हैं। तो वानर यहाँ आते-जाते रहते होंगे। पर उस राजपुरुष के स्वर में तनिक भी शिष्टता नहीं थी।

"मैं एक निर्धन परदेसी हूँ, भाई!"

"वह तो देख रहा हूँ।" राक्षस कठोर स्वर में बोला, "इस समय यहाँ व्यर्थ डोलते मत फिरो। चोरी के आरोप में धरकर कोई दास बना लेगा, तो सारा जीवन उसकी सेवा में हड्डियाँ घिसते रहोगे।" उसने रुककर अँगुली से एक ओर इंगित किया, "जाओ उधर, सागर-तट पर निर्धनों और दासों के मुहल्ले में कहीं पड़कर रात काट लो। इस समय यह स्थान लंका के धनाढ्य निशाचरों के विलास का है।"

हनुमान को लगा, वे तत्काल टल नहीं गए तो बात बढ़ जाएगी और वह राजपुरुष शस्त्र निकाल लेगा।

वे चुपचाप आगे बढ़ गए। वे तो स्वयं ही किसी से कुछ पूछने की सोच रहे थे और यहाँ बिना पूछे ही स्थिति यह हो गई कि एक स्थान पर रुकने में भी खतरा लगता था। यदि हनुमान के मन में एक लक्ष्य न होता, यदि वे सीता के संधान की दृष्टि से यहाँ न आए होते, तो उन्हें इन राक्षसों से तनिक भी घबराहट न होती। इस राजपुरुष को भी उन्होंने उपयुक्त पाठ पढ़ाया होता...किंतु उनके सामने अपना लक्ष्य है। वे न तो अपने लक्ष्य से तनिक भी हट सकते हैं और न ही किसी भी ऐसे काम में उलझना चाहते हैं, जिससे लक्ष्य-प्राप्ति में व्यवधान उपस्थित होने की संभावना हो। जीवन में अपना लक्ष्य लेकर चलने वाला व्यक्ति इधर-उधर के स्फुट आकर्षणों तथा संघर्षों में नहीं उलझता। वह तो वन्य-शूकर के समान सिर झुकाए चलता है और सीधा अपने लक्ष्य पर प्रहार करता है। बात बड़ी सीधी है—या तो छोटे-मोटे झँझटों को सुलझाते चलो, या फिर सीधे अपने महान लक्ष्य तक पहुँचो। दोनों बातें एक साथ तो सम्भव नहीं हैं...

अनेक कंठों के सम्मिलित हास्य की ध्वनि से हुनमान चौंके।

वे एक दीवार के साथ-साथ चले जा रहे थे। हास्य की ध्वनि उस दीवार की दूसरी ओर से आ रही थी। दीवार बहुत दूर तक चलती चली गई थी। हनुमान ने रुककर इधर-उधर देखा—कहीं कोई नहीं था। पथ निर्जन था। हनुमान ने उचककर दीवार पर अपनी अँगुलियाँ जमाईं और भुजाओं के बल अपने शरीर को ऊपर उठाया। वे भीतर का दृश्य देखने में सफल हो गए। अंदर एक बहुत विस्तृत उपवन था। रात के इस समय भी वहाँ उल्काओं के बल पर दिन का-सा प्रकाश जगमगा रहा था। सैकड़ों स्त्री-पुरुष, सुंदर वस्त्राभूषण पहने, परस्पर हास-विलास में मग्न थे। उनके

हाथों में या तो चषक थे या कुछ नये प्रकार के पात्र। प्रत्येक व्यक्ति कुछ-न-कुछ खा-पी रहा था। अनेक दास विभिन्न प्रकार के व्यंजन लिये, परोसने का कार्य कर रहे थे।

हनुमान नीचे उतर आए।

क्या यह रावण का प्रासाद है?

सामने से किसी के आने के आभास से उनका ध्यान भंग हुआ। सिर उठाकर देखा—आगंतुक अपनी वेशभूषा से किसी का भृत्य अथवा दास दिखाई पड़ता था। उससे पूछने में हानि की कोई संभावना नहीं थी। वह न राजपुरुष था, न सैनिक।

"क्यों भाई!" हनुमान ने नम्रतापूर्वक उसे पुकारा, "यह क्या सम्राट का निवासस्थान है?"

"नहीं!" वह व्यक्ति हँसा, "यह तो एक श्रेष्ठि का उद्यान है, भाई। इतने छोटे-से प्रासाद में कहीं राजाधिराज रहते हैं!"

"ये लोग इस समय यहाँ एकत्रित होकर क्या कर रहे हैं?"

"खान-पान। हास-विलास!" वह मुसकराया।

"ये लोग भोजनालयों में नहीं जाते?" हनुमान ने निरर्थक ही पूछा।

"भोजनालयों में साधारण लोग जाते हैं, भाई।" वह व्यक्ति रस लेकर बोला, "ये बड़े लोग हैं। भोजनालय इनके घर आते हैं।"

ओह, हनुमान ने सोचा—वे तो भोजनालय में जाने वालों को ही धनाढ्य वर्ग मान बैठे थे।

"तो सम्राट का प्रासाद कहाँ है?"

"महामहालय प्रासाद?" वह व्यक्ति बोला, "थोड़ा पीछे लौट जाओ और बाईं ओर मुड़कर सीधे चलते जाना। अपने-आप उसके सामने पहुँच जाओगे।"

हनुमान ने उस व्यक्ति को सर्वथा आपत्तिशून्य पाया। उसने न तो उनकी जिज्ञासा को संदेह की दृष्टि से देखा था, न उनके विषय में जानना चाहा था और न ही यह पूछा था कि वे सम्राट के प्रासाद के विषय में क्यों पूछ रहे हैं।

प्रश्न में हानि न देख, उन्होंने पुनः पूछा, "उस प्रासाद को मैं पहचानूँगा कैसे?"

"अरे, अपने आप पहचान जाओगे।" वह बोला, "बहुत बड़ा प्रासाद है। बहुत सारी सीढ़ियाँ चढ़कर प्रवेशद्वार तक पहुँचा जाता है। बहुत ऊँचा तोरण है। प्रासाद के चारों ओर गहरी परिखा है और फिर बहुत ऊँची प्राचीर है। असंख्य रक्षक खड़े हैं। बहुत पूछ-पड़ताल है—कौन हो? क्या कर रहे हो? खड़े क्यों हो? चल क्यों रहे हो? यहाँ क्यों आए हो? इस दिशा में क्यों चल रहे हो? इसकी विपरीत दिशा में क्यों नहीं चल रहे? इसी समय क्यों आए? किसी और समय क्यों नहीं आए?"...वह रुककर मुसकराया, "अब भी पहचान पाओगे या नहीं?"

"पहचान लूँगा, भाई।" हनुमान ने बहुत नम्रता से उसे नमस्कार किया और

चल पड़े।

दो-तीन बार मुड़कर उन्होंने उस व्यक्ति को देखकर पुष्टि कर ली कि उसे उन पर संदेह तो नहीं हुआ; वह उनके पीछे-पीछे तो नहीं आ रहा, रुककर उनका निरीक्षण तो नहीं कर रहा...पर वह अपने मार्ग पर आगे बढ़ गया। हनुमान उस व्यक्ति के निर्देश के अनुसार बाईं ओर मुड़ गए तो उसका दिखाई पड़ना भी बंद हो गया।

उस व्यक्ति की सूचना एकदम ठीक थी।

महामहालय प्रासाद को पहचानने में हनुमान को तनिक भी कठिनाई नहीं हुई। उसका ऊँचा तोरण, ऊँची प्राचीर, असाधारण प्रकाश तथा रक्षा के लिए सन्नद्ध खड़े धनुर्धारी तथा परिभ्रमण करती सशस्त्र सैनिक टुकड़ियाँ...दूर से ही सारे लक्षण एक साथ ही दिखाई पड़ने लग गए थे।

हनुमान सतर्क हो गए। प्रायः आधी रात बीत गई थी, किंतु वहाँ सुरक्षा का इतना अधिक प्रबंध था कि पक्षी भी पास न फटक सके। रक्षा-व्यवस्था रावण जैसे सम्राट के महामहालय के ही अनुकूल थी—हनुमान सोच रहे थे—पर यह भी तो सम्भव था कि रावण ने सीता को लाकर यहीं बंदी कर रखा हो...इसलिए सुरक्षा-व्यस्था पर इतना अधिक बल हो, अन्यथा सुरक्षा के लिए तो यह परिखा और प्राचीर ही पर्याप्त थी।

अब तो चाहे कितना ही कठिन क्यों न हो, इस प्राचीर के भीतर जाकर देखना ही होगा कि जानकी विषयक कोई सूचना मिल सकती है या नहीं।

हनुमान महामहालय के निकट नहीं गए। निकट जाना जोखिम का काम था। प्रहरियों की दृष्टि अवश्य ही उन पर पड़ जाती। जब हाट में एक निर्धन व्यक्ति का वर्तमान होना राक्षसों के लिए संदेहास्पद तथा आपत्तिजनक था, तो यह तो सम्राट का प्रासाद था। यहाँ तो उनकी दृष्टि में आते ही हनुमान अवश्य धर लिये जाएँगे।

वे वापस मुड़े और दूसरी दिशा में घूमकर, महामहालय के पिछले भाग की ओर लौटे। पिछले भाग में न तो उतना प्रकाश था, न उतनी रक्षा-व्यवस्था। किंतु इधर न कोई प्रवेशद्वार था, न कोई गवाक्ष। कदाचित् इसीलिए यहाँ रक्षा-व्यवस्था की आवश्यकता नहीं समझी गई थी।

दूर-दूर तक टिमटिमाते हुए कुछ दीपक उन्हें दिखाई पड़ रहे थे, किंतु उनका प्रकाश वहाँ कुछ देखने में सहायक नहीं था। हाँ, चंद्रमा का प्रकाश इतना तो दिखा ही जाता था कि इस ओर परिखा अपेक्षाकृत अधिक चौड़ी थी और प्राचीर कुछ अधिक ऊँची। परिखा की गहराई का अनुमान उसमें उतरे बिना नहीं जगाया जा सकता था। किंतु हनुमान के सम्मुख संकट परिखा की गहराई का नहीं था। जो

व्यक्ति समुद्र को तैरकर पार कर आया था, वह परिखा की गहराई से क्या डरेगा! किंतु जल में उतरने से यदि शब्द हुआ और ऊपर प्राचीर पर यदि शब्द-बेधी बाण छोड़ने वाले धनुर्धारी बैठे हों तो सचमुच संकट की बात होगी। परिखा में मानव-भक्षी जंतु भी छोड़े गए हो सकते हैं...वैसे वहाँ की स्तब्धता देखकर तो वह स्थान निर्जन ही लगता था। न प्राचीर पर मानवों की हलचल थी, न जल में जंतुओं की।

हनुमान धीरे से परिखा में उतर गए। जल ठण्डा और बदन को चुभने वाला था, किंतु इतना ठण्डा भी नहीं था कि सहा ही न जा सके। वे परिखा पार कर प्राचीर के निकट जा पहुँचे; किंतु प्राचीर में अथवा उसके साथ लगता हुआ ऐसा कोई स्थान नहीं था, जिस पर वे खड़े हो सकते, अथवा जिसे पकड़कर प्राचीर के ऊपर तक पहुँचने का प्रयत्न करते।

वे प्राचीर के साथ-साथ तैरते चले गए और हाथों तथा दृष्टि की सहायता से परीक्षण करते गए कि कहीं कोई ऐसा स्थान हो, जहाँ से प्राचीर के ऊपर चढ़ने का प्रयत्न किया जा सके। तैरते-तैरते वे काफी आगे निकल गए और सहसा उनकी दृष्टि दूर टिमटिमाते हुए प्रकाश और उसमें दिखाई पड़ने वाले सैनिकों पर पड़ी। उनके हाथ-पैर थम गए...इसका अर्थ यह हुआ कि वे महामहालय के तोरण की ओर चले आए हैं। वे तत्काल पलटकर, पुनः पीछे की ओर तैरने लगे।

हनुमान का मन उदास हो गया—यदि सब स्थानों से यह परिखा और प्राचीर ऐसी ही है तो वे कदापि प्रासाद के भीतर प्रवेश नहीं कर सकेंगे। सीता की खोज के लिए यदि वे महामहालय के भीतर नहीं घुस सके तो सागर-संतरण का पराक्रम भी व्यर्थ ही जाएगा। क्या विडंबना है कि जो व्यक्ति इतनी दूर से सागर और पर्वतों को पार कर आया हो, वह एक परिखा और प्राचीर के सम्मुख विवश होकर असफल सिद्ध हो रहा है...सुग्रीव द्वारा दी गई अवधि के समाप्त हो चुकने के बहुत बाद वापस किष्किंधा पहुँचकर, वे यह सूचना देंगे कि वे लंका में तो प्रविष्ट हो गए थे; किंतु रावण के महामहालय प्रासाद में प्रवेश करने में असमर्थ रहे, तो राम पर क्या प्रभाव पड़ेगा? कहाँ खोजेंगे वे सीता को? उन्होंने तो सुग्रीव को दिया गया अपना वचन तत्काल पूरा कर दिया; किंतु सुग्रीव अपना वचन कैसे पूरा करेंगे? राम के मन में सुग्रीव का क्या सम्मान रह जाएगा? इस समय हनुमान पर मात्र अपनी सफलता-असफलता का ही बोझ नहीं है। सुग्रीव का सम्मान, राम का प्रतिशोध, संसार में से राक्षसी अनाचार का नाश, सीता का उद्धार, वानरों की राक्षसों के शोषण से मुक्ति...सबका बोझ आज हनुमान के कंधों पर है। हनुमान इतनी सरलता से हार नहीं मान सकते।

सहसा हनुमान को लगा कि कदाचित् भूख, थकान तथा नींद से भी उनका उत्साह मंद पड़ रहा है...अन्यथा वे इतनी जल्दी हार मानने वाले नहीं हैं। वे मारुति हनुमान हैं, जो पराजय के पश्चात भी हतोत्साहित नहीं होते, आज वे पराजय की

संभावना से ही उत्साहशून्य हो रहे हैं।

हनुमान में पुनः ऊर्जा का संचार हो गया। वे तैरते-तैरते पुनः वहीं लौट आए, जहाँ से उन्होंने अपना अभियान आरंभ किया था। वे आगे बढ़ते गए। उनकी इच्छा विपरीत दिशा में तब तक प्रयत्न करते जाने की थी, जब तक कि तोरण के प्रकाश में रक्षकों द्वारा देख लिये जाने की सीमा नहीं आ जाती।

सहसा अंधकार में ही उनके हाथ प्राचीर के साथ लगे ऊबड़-खाबड़ पत्थर के स्पर्श से चौंके। यह क्या? उन्होंने टटोलकर देखा...वह पत्थर प्राचीर का ही एक भाग था और परिखा के जल-स्तर के बराबर ऊँचाई पर था। या तो प्राचीर बनाते समय ही, उसे काटकर बराबर करने का परिश्रम बचाने के लिए राज उसे वैसा ही छोड़ गए थे; या फिर प्राचीर के इस खण्ड का कभी जीर्णोद्धार हुआ होगा; और यह पत्थर अभी काटकर बराबर नहीं किया था।...यह भी सम्भव है कि जल का स्तर सदा उस पत्थर से ऊँचा रहता हो और उस पर कभी किसी की दृष्टि न पड़ी हो...

हनुमान ने हाथ फेरकर अच्छी प्रकार उसके क्षेत्रफल को देखा-परखा, उस पर बड़ी कठिनाई से मात्र दो पंजे टिकाए जा सकते थे।...उन्होंने उचककर अपने पैरों के पंजे उस पर टिकाए और प्राचीर के सहारे उठकर खड़े होते गए। उन्हें लगा, यदि खड़े रहना भर होता तो उन्हें कोई विशेष कठिनाई नहीं थी। वे घड़ी-आधा घड़ी तक सरलता से खड़े रह सकते थे। किंतु अंधकार में वहाँ मूर्तिवत् खड़े-खड़े ठिठुरने की क्या सार्थकता थी। उन्हें तो प्राचीर पर चढ़ना था और वैसा कर पाने का कोई मार्ग दिखाई नहीं दे रहा था। उस पत्थर पर टिके-टिके अंधकार में जितना सम्भव था, उन्होंने हाथों से टटोल-टटोलकर प्राचीर को परखा; किंतु वह समतल ही नहीं, चिकनी भी थी। उसमें कहीं कोई ऐसा स्थान नहीं था, जिससे ऊपर चढ़ने में सहायता मिलती...अब एक उपाय था कि वे उस अंधकार में ही उछाल मारकर, प्राचीर की मुँडेर को पकड़ने का प्रयत्न करते।

सोचने-विचारने में उन्होंने अधिक समय नष्ट नहीं किया। वे अनिश्चित काल तक उस पत्थर पर खड़े नहीं रह सकते थे, और फिर किसी भी समय कोई व्यक्ति आ सकता था।...उन्होंने पंजों पर एक बार अपने शरीर को तौला और हाथों को आकाश की ओर सीधे तानकर स्वयं को ऊपर की ओर उछाल दिया।...ऋष्यमूक पर अज्ञातवास के दिनों में, पर्वतों की शिलाओं पर उतरने-चढ़ने का उन्होंने कठिन अभ्यास किया था। रस्सी के बिना, नीचे खड़े होकर, ऊपर की चट्टानों तक पहुँचने के लिए, उन्होंने स्वयं को इस प्रकार उछालने का अच्छा अभ्यास किया था।

उनके हाथ प्राचीर की मुँडेर को पकड़ते-पकड़ते फिसल गए...पता नहीं चला कि प्राचीर का यह भाग पहले से ही भुरभुराया हुआ था या उनकी पकड़ और बोझ से भुरभुरा गया। वे जिस प्रकार सीधे ऊपर उछले थे, उसी प्रकार सीधे परिखा के

जल में जा गिरे—छप्प-छपाक्।

उनकी जैसे साँस ही रुक गई—ऐसा शब्द। दूर-दूर तक सुना जा सकने वाला शब्द—छप्प-छपाक्। इस ध्वनि को सुनकर कोई भी समझ सकता था कि कोई पानी में कूदा है। और महामहालय की परिखा में कोई क्यों कूदेगा? यदि रक्षकों ने यह शब्द सुन लिया तो उल्काएँ लेकर अवश्य ही दौड़ पड़ेंगे।...हनुमान कुछ क्षणों तक दम साधे पड़े रहे...किंतु नहीं। शायद किसी ने नहीं सुना था। 'छप्प' का शब्द, उनके अतिरिक्त सावधान मन में ही कदाचित् बहुत जोर से ध्वनित हुआ था। सम्भव है कि वह स्वयं में नगण्य-सा ही शब्द हो, जिसकी ओर किसी का ध्यान ही न गया हो। यह भी सम्भव है कि रावण के रक्षक मदिरा पीकर धुत्त हों और उनके कानों में धीमा या जोर का...कोई भी शब्द न जाता हो।

हनुमान के मस्तिष्क का तनाव कुछ कम हुआ तो उनका ध्यान अपने शरीर की ओर गया—दाएँ हाथ की अँगुलियों के पोरों में से दो-तीन स्थानों पर थोड़ी त्वचा छिल गई थी। यह भुरभुरी प्राचीर के साथ रगड़ खाने के कारण हुआ था...और कदाचित् दोनों टाँगों के घुटने भी थोड़ी या अधिक मात्रा में छिले हुए थे। उनका पता ही नहीं चला कि वे किस वस्तु से रगड़ खा गए थे। पीड़ा उनमें अब भी नहीं थी। पता नहीं, घाव ही अधिक नहीं था, या ठण्डे जल के कारण पीड़ा की संवेदना समाप्त हो गई थी।

उन्होंने प्राचीर के उसी उभरे हुए पत्थर को खोजने के लिए पुनः हाथों से टटोलना आरंभ किया। उसे खोजने में अधिक कठिनाई नहीं हुई। वे पुनः उस पर चढ़कर खड़े हो गए। पहले के ही समान पंजों पर स्वयं को तौला, हाथ सीधे कर आकाश की ओर उठाए और दम साध, स्वयं को उछाल दिया।...अगले ही क्षण उन्हें लगा कि प्राचीर का सिरा उनके हाथों में आ गया है, किंतु प्राचीर भुरभुरा रही है और निमिष-भर में ही यह सिरा उनके हाथों से छूट जाएगा तथा वे पुनः परिखा में जा गिरेंगे। बिना कोई सोच-विचार किए, हनुमान ने हाथ फैलाए और उनके सहारे उचककर प्राचीर के ऊपर जा चढ़े। ऊपर पहुँचते ही उन्होंने नीचे जल में कुछ गिरने का शब्द सुना। जहाँ से प्राचीर भुरभुरा रही थी, कदाचित् वहीं से कुछ टूटकर नीचे गिरा था।

पर उस शब्द की भी कोई प्रतिक्रिया नहीं हुई। कदाचित् आस-पास कहीं कोई नहीं था। प्रासाद की रक्षा-व्यवस्था करने वालों ने शायद यह मान लिया था कि इधर कभी कोई नहीं आएगा और यदि आ भी जाए तो इस परिखा और प्राचीर को कभी पार नहीं कर सकेगा...

हनुमान ने अपनी दृष्टि भीतर की ओर डाली। इस अंधकार में उन्हें भीतर उतरने के लिए कोई सीढ़ी दिखाई नहीं दे रही थी। किंतु कहीं-न-कहीं सीढ़ियाँ होंगी अवश्य। प्रासाद के रक्षक कभी-न-कभी तो इस प्राचीर पर भी चढ़ते ही होंगे;

अथवा बाहर से सैनिक आक्रमण की स्थिति में उनका सामना करने के लिए राक्षस सैनिकों के प्राचीर पर चढ़ने की व्यवस्था होगी ही या राक्षसों ने सोच लिया है कि इस प्रासाद पर बाहर से आक्रमण हो ही नहीं सकता।...इस समय हनुमान के पास इतना अवकाश नहीं था कि इन सब बातों पर विचार करते अथवा सीढ़ियाँ खोजने का प्रयत्न करते...वे दीवार पर बैठ गए और प्रासाद की ओर पीठ कर, प्राचीर के सिरे को हाथों से पकड़, प्राचीर पर से पैरों के सहारे खिसकते हुए नीचे लटक गए। जाने भूमि कितनी नीचे थी, किंतु और कोई उपाय नहीं था। हनुमान ने हाथ छोड़ दिए...पैर भूमि पर लगे तो उन्होंने अनुमान किया कि उनके लटके हुए पैरों से धरती दो हाथों से अधिक दूर नहीं रही होगी।

कुछ क्षणों तक स्तब्ध खड़े रहकर निरीक्षण किया—किसी ने उन्हें कूदते देखा तो नहीं?...

कहीं कोई आहट नहीं थी।

हनुमान स्फूर्तिपूर्वक निःशब्द प्रासाद की ओर बढ़ गए।

प्रासाद बहुत बड़ा था। इतने कक्ष कि जैसे प्रासाद न हो, कोई पुरी ही हो। कक्षों में बड़े-बड़े गवाक्ष थे। द्वार भी खुले थे। चौखटों में तिरस्करणियाँ झूल रही थीं। प्रासाद के भीतर रहने वालों को खुले द्वारों और गवाक्षों में से किसी के आने की आशंका तनिक भी नहीं लगती थी। सुरक्षा का जैसा प्रबंध हनुमान ने बाहर, महामहालय के तोरण पर देखा था, वेसी कोई व्यवस्था भीतर नहीं थी। हनुमान को कहीं भी कोई निःशस्त्र अथवा सशस्त्र पुरुष प्रहरी दिखाई नहीं पड़ा। स्त्री प्रहरियों की तो जैसे सेना ही नियुक्त थी। वे सब सशस्त्र थीं। उनके हाथों में या तो कुंत थे अथवा कटि में खड्ग बँधे हुए थे। किंतु उनमें से कोई भी जाग नहीं रही थी। वे सब सोई हुई थीं। कुछ तो अपने कार्यस्थान पर अर्थात् कक्षों की चौखटों के साथ सिर टेके सो रही थीं और कुछ को हनुमान ने विभिन्न स्थानों पर भूमि पर अस्त-व्यस्त सोए हुए पाया। कुछ सोई हुई रक्षिकाओं के पास मदिरा के चषक और कहीं-कहीं छोटे भाँड देखकर, हनुमान के सम्मुख बात स्पष्ट हो गई। वस्तुतः ये रक्षिकाएँ रक्षा से अधिक शोभा की वस्तुएँ थीं। शायद उनसे यह अपेक्षा ही नहीं थी कि वे रात को जागकर पहरा दें। सारे वातावरण में सुरक्षा तथा आश्वस्ति का भाव इतना अधिक था कि रक्षिकाओं को जागने की आवश्यकता ही नहीं थी।

कक्षों के भीतर अधिकांशतः एक स्त्री पलंग पर सोई हुई थी और अनेक दासियाँ उसे घेरकर कुट्टिम फर्श पर सो रही थीं। यदि कोई पलंग तक पहुँचने का प्रयत्न करता तो दासियों में से किसी-न-किसी की नींद अवश्य उचट जाती और उसके पुकारने पर रक्षिकाएँ आ जातीं।

कुछ कक्षों में हनुमान ने पलंग पर स्त्रियों के साथ पुरुषों को भी सोते हुए पाया। ये लोग आलिंगनबद्ध सुख से सो रहे थे, किंतु उन कक्षों में भी उन्हें घेरकर

अनेक दासियाँ कुट्टिम फर्श पर सोयी हुई थीं तथा खुले द्वार के बाहर, अन्य कक्षों के ही समान रक्षिकाएँ निद्रा-ग्रस्त थीं। उन कक्षों में मदिरा के भाँड तथा चषक अनिवार्य रूप से वर्तमान थे। लगता था कि सोने से पूर्व उन स्त्री-पुरुषों ने अवश्य ही मदिरा-पान किया है...मदिरा का वहाँ बहुत व्यापक प्रयोग भासित हो रहा था और वह उनके विलास का अनिवार्य अंग लगती थी। मदिरा-विहीन प्रेम का स्वरूप कदाचित् इन लोगों के मस्तिष्क में था ही नहीं। यह भी सम्भव था कि राक्षसों में नारी-पुरुष का संबंध, प्रेम का संबंध न होकर, विलास का ही संबंध हो। स्त्री के लिए पुरुष धन और वैभव, सत्ता और सुविधा का प्रतीक हो, पुरुष के लिए स्त्री मात्र एक भोग्या।..किंतु इन संबंधों में भी कितना खुलापन है! क्या अपने प्रेम अथवा विलास—इन युगलों में जैसा भी संबंध हो—के लिए इन्हें एकांत की कामना नहीं होती? दासियों के बीच घिरे, तिरस्करणियों के पार रक्षिकाओं की उपस्थिति में, अपने काम-संबंधों की अभिव्यक्ति और तृप्ति में ये लोग लज्जा का अनुभव नहीं करते...निर्लज्ज। अथवा दासियाँ तथा रक्षिकाएँ इनके लिए मनुष्य न होकर निर्जीव पदार्थ हैं। अपने वर्ग की न होने के कारण, क्या ये उन्हें मनुष्य ही नहीं समझते...धन के कारण वर्ग-भेद बहुत तीखा, गहरा तथा उग्र लगता था।

और ये दासियाँ भी जाने कैसा जीवन व्यतीत करती थीं। उनकी क्या स्थिति थी यहाँ? गिभिन्न रानियों-स्वामियों तथा इन प्रेम अथवा विलासी युगलों को घेरकर सोयी हुई ये अर्द्ध-नग्न नारियाँ, मनुष्य कम, इन विलासियों के विलास में उद्दीपन-तत्त्व अधिक दिखाई पड़ती थीं। रात-भर ये इन कक्षों में सोती हैं तो इनका अपना पारिवारिक जीवन क्या होगा—इनके माता-पिता, भाई-बहन, अथवा पति एवं संतानें...क्या इनका कोई नहीं है? या उन सब के होते हुए भी ये लोग इस प्रकार के कर्तव्य के लिए बाध्य हैं? आर्थिक दबाव के कारण अथवा सत्ता की शक्ति के सम्मुख असमर्थ होने के कारण? समस्त कक्षों में अनेक दासियाँ सोयी थीं...किंतु मनुष्य के समान सोने का समुचित प्रबंध कर, आस्तरण पर नहीं—पशुवत्, नींद आ जाने पर बाध्य होकर भूमि पर ही...

हनुमान के मस्तिष्क में, राक्षस सेनाओं द्वारा आक्रमण कर अपहृत की गई कन्याओं की समस्त कहानियाँ साकार होने लगीं। ये वे ही स्त्रियाँ होंगी जो लंका में या तो सम्राट को उपहार-स्वरूप भेंट की गई होंगी अथवा सम्राट ने उन्हें क्रय किया होगा अथवा स्वयं सम्राट ने ही उनका अपहरण किया होगा।...और तब उनके वय, रूप-वैभव तथा यौवन-संपदा के अनुसार विभिन्न कार्यों में उन्हें नियुक्त किया गया होगा...या फिर ये निर्धन जातियों तथा राज्यों की वे कन्याएँ होंगी, जो अपनी आजीविका की खोज में इस वैभवशालिनी लंका में आई होंगी; और यहाँ स्वयं को इस प्रकार बेचने को बाध्य हुई होंगी...

हनुमान का मन वितृष्णा से भर गया—कैसे पशु हैं ये राक्षस! पशुओं से भी

निकृष्ट। ये सृष्टि का अभिशाप हैं या मानव-जाति के साथ विधाता का परिहास।...पशु से भी मनुष्य वही कार्य लेता है, जो उसके उपयुक्त होता है। इन राक्षसों ने मनुष्य को पशु बना दिया है। मानव शरीर क्या केवल दासत्व और भोग के लिए है? यह तो बहुमूल्य मणियों से पथ में पड़े साधारण रोड़े का कार्य लेने की पद्धति है।...ये पशु न अपनी आत्मा का विकास करते हैं और न अन्य मानवों के भीतर छिपी असंख्य शक्तियों और संभावनाओं का विकास होने देते हैं...मनुष्य को मात्र एक शरीर, मात्र इंद्रियाँ मान बैठे हैं ये। इन अनिवार्य पाशविक गुणों के पार उनमें कहीं विवेक भी है, आत्मा भी है, उसका एक सूक्ष्म भावनात्मक जीवन भी है—जिसमें त्याग, बलिदान, ममता, समता का भी स्थान है...ये बातें इन राक्षसों ने कभी नहीं सोचीं...

सहसा हनुमान का चिंतन-प्रवाह रुक गया।

वे जिस कक्ष के सम्मुख खड़े थे, वह कुछ विशिष्ट था। यह कक्ष अन्य कक्षों की अपेक्षा आकार में बहुत बड़ा था तथा उनसे कहीं अधिक सुसज्जित था। उसकी छत और दीवारों पर बहुत कलात्मक किंतु शृंगारिक एवं अत्यंत उत्तेजक चित्र बने हुए थे...यहाँ आकर कला भी पशुत्व की चेरी हो गई थी। पता नहीं प्रकृति ने ही इन चित्रों को बनाने वाले कलाकारों को चित्रकार के हाथ और पशु का मन दे दिया था; इस राक्षस साम्राज्य ने कलाकार की बाध्यता का लाभ उठाकर बलात् उससे यह पशु-कर्म करवाया था; अथवा कलाकार का महत्त्वाकांक्षी और लोलुप मन धन-बल के हाथों बिककर पशुता को ही गौरवान्वित करने पर तुल गया था।...उस सारे कक्ष में ऐश्वर्य और वैभव बिखरा पड़ा था, किंतु उदात्तता कहीं नाम को नहीं थी...

अन्य कक्षों के ही समान, इसके भी मध्य में दो अत्यंत मूल्यवान पलंग बिछे थे, जिनके आस्तरण भी अद्भुत थे।...जाने किस देश से ये वस्त्र लाए गए थे—हनुमान ने वैसे वस्त्र पहले कभी नहीं देखे थे।,..एक पलंग पर प्रौढ़ वय का एक हृष्ट-पुष्ट साँवला पुरुष सोया हुआ था। उसके शरीर पर इतने अलंकार थे कि शरीर उनसे ढँक-सा गया था। सोने से पूर्व उसने कुछ आभूषण उतारे भी होंगे।...हनुमान ने अब तक लंका में जितने भी पुरुष देखे थे, उनमें से किसी के भी शरीर पर इतने अधिक अलंकार नहीं थे। किंतु यह विपुलालंकारधारी पुरुष शरीर कोमल का स्वामी नहीं था। उसका आकार, पुष्ट मांसपेशियाँ तथा शरीर की कठोरता उसके द्वारा व्यायाम अथवा शस्त्र-परिचालन के अभ्यास में बहाए गए स्वेद का परिचय दे रहे थे; उसके चेहरे का गौरव उसकी अधिकार-संपन्नता की घोषणा कर रहा था।...कहीं यह स्वयं रावण तो नहीं? संभवतः वही हो...हनुमान ने आज तक रावण को नहीं देखा था; किंतु इस प्रासाद के भव्यतम कक्ष में, अधिकतम शारीरिक तथा आलंकारिक शोभा वाला यह पुरुष रावण ही होगा...

हनुमान ने कुछ अधिक निकट होकर ध्यान से देखा। इस समय उसके चेहरे की भाव-भंगिमा तनिक भी क्रूरता लिये हुए नहीं थी। वहाँ कुछ तेज था, कुछ आत्मगौरव, और यदि हनुमान ठीक से देख और समझ पा रहे थे तो कुछ चिंता और उद्विग्नता भी...उसे देखकर कौन कह सकता है कि यही वह मनुष्य था; जो सारे संसार में राक्षसी अत्याचार का उद्‌घोषकर्ता भी है और संरक्षक भी। इस एक व्यक्ति ने ऐसा तंत्र फैलाया है कि संसार की समस्त पाशविक वृत्तियाँ इसको आवृत किए हुए एकत्रित हो गई हैं और संपूर्ण मानवता का नाश करने पर तुल गई हैं। इसके हाथ इतने लंबे हो गए हैं कि लोग इसकी बीस भुजाओं की किंवदंतियाँ फैलाने लगे हैं; वे मानने लगे हैं कि व्यापक, प्रबल तथा पाशविक राक्षसी तंत्र फैलाने वाले व्यक्ति के कंधों पर एक नहीं, दस मस्तिष्क होने चाहिएँ...हनुमान के मन में आया कि तत्काल झपट पड़ें और निरीह पड़े इस रावण को उठाकर भूमि पर दे मारें...अथवा कहीं से कोई शस्त्र लेकर अभी नींद में ही इसका वध कर दें...सारी सृष्टि का क्लेश मिट जाए...

किंतु अगले ही क्षण हनुमान ने स्वयं को रोक लिया। उन्हें बिना सोचे-समझे, बिना अपने साथियों से परामर्श किए, इस प्रकार का कोई उग्र कार्य नहीं करना चाहिए।...वे अकेले हैं, शस्त्रहीन हैं, और लंका में ही नहीं, रावण के निजी प्रासाद में खड़े हैं...सोए हुए शत्रु पर प्रहार करना वैसे भी वीरता नहीं है; और यदि रावण जाग गया या किसी अन्य व्यक्ति की आँख खुल गई तो वे लोग किसी भी प्रकार हनुमान को जीवित किष्किंधा लौटने नहीं देंगे...और अभी तो सीता की खोज...

अपने लक्ष्य के प्रति सचेत होते ही अन्य बातें उनके मस्तिष्क से निकल गईं। वे आगे बढ़ गए। साथ के पलंग पर यह सुंदरी कौन है? उसका वर्ण गोरा था। उसका परिधान अत्यंत मूल्यवान तथा भव्य प्रतीत हो रहा था। शरीर पर आभूषण भी अनेक थे। वह असाधारण सुंदरी थी। चेहरे पर अधिकार की भावना भी पर्याप्त मात्रा में थी।...क्या ये ही जानकी हैं? हनुमान के मन में प्रश्न उठा...साथ ही उनके माथे पर गहरे विषाद की रेखा खिंच गई।...क्या यह सम्भव है कि सीता ने रावण को पति के रूप में अंगीकार कर लिया हो और संसार-भर के सुख-वैभव का भोग कर रही हों?...और इन्हीं के विरह में, उधर राम क्षणभर भी शांति का अनुभव नहीं कर पाते।...क्या ऐसा भी सम्भव है कि एक पक्ष प्रेम में अपने जीवन को दाँव पर लगाए, आकाश-पाताल एक कर देने पर तुला बैठा हो और दूसरा पक्ष वैभव का सुख और सत्ता का अधिकार देखते ही अपने प्रेम को भुला दे?...पर इसमें अस्वाभाविक ही क्या है? राजप्रासादों में पली सीता को तेरह वर्षों के दीर्घ तथा कठोर वनवासी जीवन के पश्चात् लंका का यह अभूतपूर्व वैभव अपने चरणों पर लोटता हुआ मिला होगा तो वे इस प्रलोभन को रोक न पाई होंगी...साथ ही उन्होंने रावण की सत्ता और शक्ति देखी होगी, राम के यहाँ आने, रावण के साथ युद्ध,

जय-पराजय तथा अपने उद्धार की संभावनाओं पर भी विचार किया होगा...उन्हें स्पष्ट दिखाई पड़ा होगा कि रावण की बात मान लेने में लाभ ही लाभ है। असंभव की आशा लगाए बैठे रहने और उसकी प्रतीक्षा में कष्ट सहन करने में कोई समझदारी नहीं है।

समझदारी! और हनुमान का मन दूसरी ओर बह निकला।...राम जैसे पति को छोड़कर, रावण को पति-रूप में स्वीकार करने में कौन-सी समझदारी है। समझदारी की भी तो अपनी-अपनी अवधारणा है—प्रत्येक व्यक्ति अपने-अपने धरातल पर ही तो जीता है। कोई पशु बनने में ही समझदारी मानता हो...किंतु जानकी की प्रकृति के विषय में जो कुछ भद्र राम ने बताया था, वह कुछ और ही था। देवी जानकी तो राम के लिए अयोध्या का साम्राज्य छोड़कर वन में आई थीं...उन्हें तो लंका के समग्र वैभव को एक साथ ही ठुकरा देना चाहिए था...वे रावण के शयनागार में इस प्रकार निश्चिंत तथा अधिकारपूर्वक कैसे सो सकती हैं?

हनुमान कुछ निकट आए। उन्होंने संशयपूर्वक उस स्त्री को देखा। किंतु इस स्त्री का वय वह नहीं है, जो देवी जानकी का होना चाहिए। यद्यपि यह स्त्री भी असाधारण सुंदरी है; किंतु इसका वय प्रौढ़ था। सम्भव है, यह मंदोदरी हो...

हनुमान के मन का विषाद धुल गया।

यह मंदोदरी ही होगी। मय दानव की पुत्री...अप्सरा हेमा की जायी...मेघनाथ की माँ। हाँ, यह मंदोदरी ही है। हनुमान कैसे धोखा खा गए? सीता इस प्रकार यहाँ कैसे हो सकती हैं...किंतु मंदोदरी के चेहरे पर खिन्नता का भाव था। रावण भी उद्विग्न दिखाई पड़ रहा था। सम्भव है कि सोने से पहले किसी प्रकार की कलह हुई हो उन दोनों में...अन्य कक्षों के विलासरत युगलों से उनकी कोई समानता नहीं थी...

हनुमान ने एक दृष्टि फर्श पर सोयी हुई दासियों पर भी डाली और कक्ष से बाहर निकल आए। रावण के कक्ष में सोयी हुई दासियाँ भी अन्य दासियों की अपेक्षा अधिक सुंदर और वैभवशालिनी लग रही थीं...किंतु जानकी? देवी जानकी कहाँ थीं?

एक अलिंद को पार कर, हनुमान प्रासाद के एक अन्य खण्ड में पहुँच गए। यह खण्ड पिछले खण्ड से पर्याप्त भिन्न था। इसमें न तो बड़े-बड़े कक्ष थे और न उनके द्वार और गवाक्ष खुले हुए थे। अनेक छोटी-छोटी कोठरियों की एक लंबी पंक्ति थी। कुछ के द्वार बाहर से बंद थे, कुछ के भिड़े हुए थे। एक भिड़े हुए द्वार को हल्के-से खोलकर हनुमान ने देखा—उस कोठरी में छोटी-छोटी कटी हुई सूखी लकड़ियों के ढेर थे; कदाचित् यह ईंधन की कोठरी थी। इसी प्रकार अन्य दो-एक कोठरियाँ देखने पर उनमें भी खाद्य-पदार्थों का ही भण्डार मिला। कदाचित् यह खण्ड

रसोई-खण्ड ही था। बंद कोठरियाँ भी भण्डार-कोठरियाँ ही होंगी। कोठरियाँ किसी जीव के रहने योग्य थीं भी नहीं। उनमें न वायु के आवागमन की व्यवस्था थी, न प्रकाश की।

आगे चलकर एक बड़ा-सा कक्ष था। उसमें बड़े-बड़े चूल्हे जल रहे थे और उन पर दीर्घाकार भाँड रखे हुए थे। विभिन्न प्रकार के मांसों के पकने की गंध आ रही थी। यह पता लगना तो कठिन था कि मांस किस-किस जीव और किस-किस प्रकार का था; किंतु यह स्पष्ट था कि पकने वाले मांस की मात्रा साधारण नहीं थी।

हनुमान कुछ सावधान हो गए; रात के इस तीसरे प्रहर में, सोये हुए महामहालय प्रासाद में यह पहला कक्ष था, जहाँ उन्हें किसी गतिविधि का आभास हुआ था। कदाचित् इस महामहालय के वासियों को प्रातः ही भूख लगती होगी और तब उन्हें उनका खाद्य तैयार मिले; इसलिए आधी रात के पश्चात् से ही पाकशाला का कार्य आरंभ हो जाता होगा।

सहसा हनुमान को अपनी भूख भी याद आ गई। उन्होंने भी स्वयंप्रभा के ग्राम को छोड़ने के पश्चात् से कुछ नहीं खाया था...किंतु उनके पास खाने के लिए समय नहीं था...वे मांस खाते भी नहीं थे।...यहाँ जो कुछ भी था, उनके लिए अखाद्य ही था।

अत्यंत सावधानी से, उन्होंने एक गवाक्ष में से झाँककर देखा—उन्हें कोई व्यक्ति दिखाई नहीं दिया। उन्हें आश्चर्य हुआ। यह कैसे सम्भव था कि पाकशाला में सम्राट के लिए भोजन पक रहा हो और वहाँ कोई व्यक्ति उपस्थित न हो...वे दबे पाँव आगे बढ़कर द्वार के पास आए। कपाट की ओट से उन्होंने देखा—तीन दीर्घाकार स्त्रियाँ, चूल्हे के निकट, सिर के नीचे अपनी भुजाएँ दिए सो रही थीं। उनके वस्त्र मैले-कुचैले थे और रूपाकृति से भी वे आकर्षक नहीं थीं। चूल्हे की आँच से, उनके चेहरों पर स्वेदकण काफी स्पष्ट थे, किंतु वे लोग गहरी नींद में थीं।

कार्य करते-करते ही सो गई होंगी—हनुमान सोच रहे थे—विचित्र लोग हैं ये। एक ओर तो इतना वैभव बिखरा पड़ा है, जैसे धन बह रहा हो, और दूसरी ओर अपने लिए काम करने वाले श्रमिकों को ये इतने अभावों में रखते हैं। इन तीनों स्त्रियों को इतना भी अवकाश नहीं है कि वे अपना कार्य समाप्त कर, अपने घर जाकर विश्राम करें।...या कौन जाने उनके लिए घर की व्यवस्था करना भी आवश्यक न समझा गया हो...वैभव में डूबा आदमी दूसरों की आवश्यकताओं की ओर से कैसे अंधा हो जाता है...

हनुमान बाहर निकल आए।

उन्हें न कहीं जानकी दिखी थीं, न उनके कहीं होने का संदेह हुआ था। तो क्या रावण ने जानकी की हत्या कर दी है?...हनुमान का हृदय इस विचार से

ही स्तब्ध हो गया...राम को यदि जानकी की हत्या का समाचार दिया जाएगा, तो उनकी क्या अवस्था होगी?...क्या उसके पश्चात् भी उनके मन में लंका पर आक्रमण कर, रावण से युद्ध करने का उत्साह रह पाएगा?...यदि राम ही कहीं हतोत्साहित हो गए तो राम के हाथों रावण-वध के परिणामस्वरूप, राक्षसों के शोषण और आतंक से वानरों की जिस मुक्ति का स्वप्न हनुमान और उनके साथियों ने देखा है—उसका क्या होगा?...

हताश-से हनुमान, मंथर गति से चलते हुए महामहालय के उद्यान को पार कर, प्राचीर तक चले गए। अपनी उस मानसिक जड़ता की-सी स्थिति में भी उन्हें एक स्थान पर प्राचीर के ऊपर तक चढ़ने के लिए बनी हुई सीढ़ियाँ दिख गईं। हनुमान चुपचाप ऊपर चढ़ गए। प्राचीर पर पहुँचकर वे हाथों के सहारे नीचे लटक गए। परिखा को यांत्रिक ढंग से पार कर किनारे पर आए।...अनायास ही उनकी दृष्टि आकाश की ओर उठ गई। उन्हें लगा, पूर्व दिशा में अंधकार कुछ हल्का पड़ गया था और उसमें अनेक स्थानों पर दरक दिखाई पड़ रही थी।

हनुमान का सिर भारी हो रहा था और आँखें जल रही थीं।

2

"उठ! अरे, उठ!" राक्षस सैनिक ने हनुमान को झकझोर दिया, "यहाँ क्या कर रहा है? यह तेरे बाप का प्रासाद है कि आराम से सोया खर्राटे ले रहा है!"

हनुमान उठ बैठे। सहसा ही उनको सब कुछ याद आ गया। रावण के महामहालय की प्राचीर फाँदकर जब वे बाहर निकले थे तो अत्यंत हताश थे। शरीर को भूख, नींद और थकान मथे जा रही थी और मस्तिष्क था कि असफलता की भावना से जल-फुँक रहा था। कितना बड़ा उद्यम किया था हनुमान ने! पहले सागर-संतरण किया और फिर रावण के महामहालय में घुसकर, खोज-बीन कर सुरक्षित बाहर भी निकल आए। किंतु जानकी का कहीं कोई पता ही नहीं चला। उनके वध की आशंका बार-बार मन में आती; किंतु उनका तर्कशील मस्तिष्क उस बात को स्वीकार नहीं कर पाता। सीता के वध से रावण कोई लाभ नहीं था। और रावण जैसा लंपट पुरुष सीता जैसी सुंदरी का वध कर भी नहीं सकता था। उसे अपनी कामेच्छा पूर्ण करने...अपने शत्रु को अपमानित कर, स्वयं को गौरवान्वित, अथवा राम के साथ अपनी इच्छानुकूल किसी भी प्रकार की संधि करने के लिए सीता को जीवित रखना ही चाहिए और यदि सीता जीवित हों तो उन्हें बंदी बनाए रखने के लिए लंका से अधिक सुरक्षित स्थान और कौन-सा होगा; तथा लंका में सबसे अधिक सुरक्षित रावण का अपना महल है...

किंतु सीता वहाँ नहीं हैं...हनुमान न केवल सीता को खोज पाए, वरन् उनके

संबंध में उन्हें किसी प्रकार की सूचना तक नहीं मिली थी। न सीता के जीवित अथवा मृत होने की; न लंका में वर्तमान होने अथवा न होने की। हनुमान का लंका में आना, न आना एक समान हो रहा था। यहाँ आकर भी उनके पास उतनी ही सूचनाएँ थीं जितनी कि किष्किंधा में बैठे हुए थीं।

इसी हताशा की अवस्था में थके-हारे, वे इस उद्यान में चले आए थे। इस वृक्ष के तने के साथ पीठ लगाकर बैठे थे...कदाचित् बैठे-बैठे ही उन्हें नींद आ गई थी। और अब आकर, इस राक्षस सैनिक ने उन्हें जगाया है। हो सकता है, यह यहाँ का चौकीदार हो। सूर्य भी तो सिर पर चढ़ आया था। लगता है कि सारा प्रातःकाल उन्होंने सोकर बिता दिया था।

उन्होंने पग बढ़ा दिए।

"कहाँ जा रहा है?" राक्षस सैनिक ने टोका।

"तुम ही बताओ, कहाँ जाऊँ?" हनुमान अत्यंत उदासीन ढंग से बोले।

"पहले तू बता, तू है कौन?" वह सैनिक रोबदार स्वर में बोला, "और यहाँ क्या कर रहा है?"

"एक साधारण वानर हूँ..."

"यहाँ आजीविका की खोज में आया होगा।" सैनिक ने उसकी बात काट दी। हनुमान को उसकी सूझ भा गई। बोले, "हाँ।"

"जिसे देखो, वही चला आ रहा है।" सैनिक ने अपनी खीझ प्रकट की, "यह तुम्हारे बाप का देश है! यहाँ क्यों आए, कहीं और क्यों नहीं गए?"

हनुमान की इच्छा हुई, उसका कंठ पकड़कर मरोड़ दें—अभी लंका के इस स्वामी की बुद्धि ठिकाने आ जाए। पर सारे शरीर पर एक प्रकार की जड़ता-सी छा रही थी। फिर अपनी असफलता से मन वैसे ही हताश हुआ बैठा था; अभी कोई और झँझट न खड़ा हो जाए।

"संसार में और आजीविका है कहाँ?" हनुमान बड़े दयनीय ढंग से बोले।

"तो हमने ठेका ले रखा है?" सैनिक की खीझ बढ़ती जा रही थी, "जंगलों में पैदा हो गए और चल दिए लंका की ओर। सारे हाट-बाजार पट गए लंका के तुम जैसे कंगले वानरों की भीड़ से। कोई घूमने आ रहा है, कोई आजीविका के लिए आ रहा है, कोई दास के रूप में आ रहा है। और कुछ नहीं सूझता तो अपना रक्त-मांस ही बेचने चले आ रहे हैं।" सहसा उसका चिंतन-प्रवाह दूसरी ओर मुड़ गया, "आजीविका के लिए आए हो, तो यहाँ खर्राटे क्यों ले रहे हो? तुम राजाधिराज हो या राजकुमार, या कोई सामंत कि रात-भर गणिका-भवन में विलास के पश्चात् प्रातः सोने के अभ्यस्त हो? श्वसुर आएँगे आजीविका कमाने और काम का समय निकाल देंगे सोने में!" वह झल्लाया-सा बोला, "चलो! भागो अब।"

हनुमान अभी दो डग ही बढ़े थे कि वह फिर चिल्लाया, "रात कहीं चोरी

तो नहीं की कि रात को जागता रहा हो और प्रातः आकर सो गया हो।''

''नहीं, नायक। ऐसी बात नहीं है।'' हनुमान ने चाटुकारिता का अभिनय किया, ''देख लो, मेरे पास तो कुछ भी नहीं है।''

''चोरी का धन कहीं छिपा तो नहीं आया?''

अब तक हनुमान का मस्तिष्क जाग उठा था। उन्होंने कौतुक से उस राक्षस सैनिक को देखा—कैसा व्यक्ति है यह? मुसकराकर बोले, ''धन और धन छिपाने का स्थान होता तो तुम्हारी झिड़कियाँ खाने के लिए यहाँ उद्यान में आकर क्यों लेटता? आराम से पलंग पर सो रहा होता।''

''अच्छा! तो तू उनमें से है, जो निरीह बने उद्यानों में लेटे रहते हैं और एकांत पाते ही दूसरों को लूट लेते हैं? बोल, तू उनमें से है?'' धमकाता-सा वह सैनिक हनुमान के निकट आ खड़ा हुआ।

''मैंने तुमसे कहा न, नायक!'' हनुमान धीमे स्वर में बोले, ''मैं निर्धन और परदेसी हूँ। चोर, लुटेरा अथवा उठाईगीरा नहीं हूँ। श्रमिक हूँ। परिश्रम कर अपनी आजीविका कमाना चाहता हूँ।''

किंतु सैनिक ने कुछ नहीं सुना। वह अपने प्रवाह में बोलता चला गया, ''यह मत सोचना कि लंका में चोरियाँ बहुत होती हैं अथवा दस्युवृत्ति का प्रचलन बहुत हो गया है, तो प्रत्येक कंगाल वानर धनी बनने के लिए यहीं चला आए। यहाँ कपट-व्यवहार की भी नियमित पद्धति है। चौकी में उत्कोच दिया नहीं और चले हैं लोगों को लूटने। उहँ! भाग यहाँ से!'' सैनिक ने अपनी छड़ी से हनुमान को धमकाया।

हनुमान ने जाने के लिए पुनः पग बढ़ा दिए, किंतु उनकी अपेक्षा के अनुसार उस सैनिक ने पुनः पुकारा, ''चल तो दिया, पर जाएगा कहाँ?''

हनुमान थम गए, ''कहीं भी चला जाऊँगा। जहाँ कोई काम मिले।''

''तो जा सागर-तट पर, पत्तन में। वहाँ जाकर सामान ढो।'' सैनिक झुँझलाए-से स्वर में बोला, ''या जहाँ तेरी इच्छा हो, जा। मेरी ओर से तू तपते भाड़ में जा। पर अब पलटकर इस उद्यान में मत आना। यह मेरे पहरे का क्षेत्र है। मैं यहाँ किसी कंगाल की सूरत नहीं देखना चाहता। और हाँ...'' वह कुछ रुका, ''अशोक वाटिका की ओर भी मत जाना, वहाँ दण्डधरों का नहीं, सशस्त्र सैनिकों का पहरा है।''

''क्यों? वहाँ क्यों पहरा है?'' हनुमान के कान खड़े हो गए।

''राजाधिराज चाहते हैं, इसलिए पहरा है!'' सैनिक बोला, ''अब यह मत पूछना, वह है कहाँ? जहाँ सैनिक पहरा हो, वही अशोक वाटिका है। बस, अब भाग जा।''

हनुमान फिर चल पड़े। दसा-बारह डग भर चुके और तब भी सैनिक ने

नहीं पुकारा तो उन्होंने मुड़कर देखा, सैनिक पलटकर दूसरी ओर चल पड़ा था। इसका अर्थ था कि वह अब पुनः नहीं पुकारेगा और हनुमान निश्चिंत होकर अपने मार्ग पर जा सकते थे।

सैनिक से हुई बातें उनके मस्तिष्क में घूम रही थीं—यहाँ अनेक निर्धन वानर आजीविका के लिए आते हैं, कुछ दास बनकर आते हैं, कुछ अपना रक्त और मांस बेचने आते हैं। लंका में चोरी और दस्युवृत्ति बढ़ गई है, और रक्षक लोग उत्कोच लेकर चोरी करने की छूट दे देते हैं। जलपत्तन में हनुमान को आजीविका मिल सकती है। अशोक वाटिका में दण्डधरों का नहीं, सशस्त्र सैनिकों का पहरा है।

हनुमान का मन अटक गया...वाटिका में सशस्त्र पहरा क्यों? रावण की इच्छा से। किंतु रावण की इच्छा क्यों हुई...?

हनुमान का मन उद्विग्न हो उठा।

हुनमान नगर भर में घूमते फिरे—एक वाटिका से दूसरी वाटिका तक; पर न तो उनको कहीं सशस्त्र सैनिकों का पहरा दिखाई दिया और न सीता ही कहीं दिखाई पड़ीं। रह-रहकर उनके मन में उस सैनिक की बातों के विषय में संदेह जन्म लेने लगा। वह तो वैसे ही लबाडिया लग रहा था। सम्भव है, उसने यूँ ही बेपर की उड़ाई हो, और हनुमान हैं कि उसके कथन को अक्षरशः सत्य मानकर अशोक वाटिका को खोजने चल दिए, जैसे वस्तुतः उसका अस्तित्व हो और रावण ने सीता को वहीं बंदी कर रखा हो...उस सैनिक की बातों से तो वैसे ही स्पष्ट था कि वह समस्त वानरों को घृणा और उपहास का पात्र मानता है; ऐसे में यदि उसने हनुमान से यह बात लीलावश ही कही हो तो इसका अर्थ यह तो नहीं है कि हनुमान भूखे-प्यासे, सारी लंका में निरर्थक इधर-उधर घूमते फिरें...

किंतु जैसे ही हनुमान को अपनी भूख याद आती, वे और भी तल्लीनता से खोज में लग जाते। भोजन का न अवसर था, न अवकाश। काम में लगे रहने से भूख विस्मृत रहती थी। इसलिए उन्हें चलते रहना चाहिए, आँखों से देखते जाना चाहिए और मस्तिष्क से सोचते जाना चाहिए कौन-सा ऐसा स्थान है, जहाँ सीता के होने की रत्ती भर भी संभावना हो सकती है...और कौन-सी ऐसी स्त्री है, जो सीता हो सकती है...सहसा हनुमान को स्वयं अपने-आप पर हँसी आ गई। विचित्र हैं वे भी। वे एक ऐसी स्त्री को खोज रहे हैं, जिसको वे पहचानते तक नहीं। कल संध्या से अब तक लंका में उन्होंने सहस्रों स्त्रियाँ देखी हैं। उनमें प्रत्येक वय की असंख्य स्त्रियाँ थीं। उनमें सैकड़ों असाधारण सुंदरियाँ भी थीं...सम्भव है कि उन्हीं में से कोई सीता भी रही हो। वे क्यों यह मानकर चल रहे हैं कि सीता जहाँ कहीं भी होंगी, बंदिनी ही होंगी—वे निरंतर रो-पीट ही रही होंगी...क्या यह सम्भव नहीं

है कि प्रतिदिन की पीड़ा और यातना से तंग आकर और अपनी मुक्ति की संभावना से निराश होकर, उन्होंने भाग्य से समझौता कर लिया हो। वे रावण के अंतःपुर में किसी भी रूप में वर्तमान हो सकती हैं—रानी से दासी तक, किसी भी रूप में...तो वे किसी से पूछ क्यों नहीं देते? ऐसे ही व्यर्थ भटकने का लाभ? पूछ लें? यदि किसी को संदेह हो गया तो...ऐसा भरोसे का आदमी कहाँ मिलेगा? पूछ ही सकें, तो यह क्यों न पूछ लें कि अशोक वाटिका किधर है? चल, हनुमान, चल। पूछने के पश्चात् कहीं इस भटकन का अंत रावण के कारागार में न हो?

वे पुनः चल पड़े।

कल संध्या समय उन्होंने राक्षसों का विलास देखा था; आज मध्याह्न में वे राक्षसों के दासों का श्रम देख रहे थे। स्थान-स्थान पर उन्हें पशुओं के समान, बोझ खींचते हुए दास दिखाई पड़ जाते थे। एक ओर बहुमूल्य वस्त्रों, अलभ्य सुगंधियों तथा मणि-माणिक्य के आभूषणों से लदे चर्बी के पर्वत के समान दिखने वाले राक्षस, रथों और दुकानों की गद्दियों पर बैठे थे और दूसरी ओर फटे-चीथड़े पहने हुए, बोझ खींचते हुए दास और श्रमिक...

सहसा हनुमान का ध्यान एक बालक की ओर चला गया। वेशभूषा से वह बालक किसी धनाढ्य परिवार का ही लगता था। वह एक वृद्ध का हाथ पकड़कर उसे एक दिशा में खींच रहा था। वृद्ध उसे बार-बार रोक रहा था और बालक बार-बार उधर ही जाने का आग्रह कर रहा था।

हनुमान उनके कुछ निकट आ गए। बालक ने क्या कहा, वे सुन नहीं पाए, किंतु वृद्ध की बात उन्होंने स्पष्ट सुनी।

"तुम समझते क्यों नहीं, वत्स!" वृद्ध कुछ खीझ और कुछ अनुनय के स्वर में कह रहा था, "वह अशोक वाटिका है और वहाँ जाने की राजाधिराज की ओर से मनाही है।"

हनुमान को सहसा झटका लगा—तो वह लबाड़िया सैनिक ठीक ही कह रहा था...

"पहले तो हम प्रतिदिन वहाँ जाते थे।" बालक अपने हठ पर अड़ा हुआ था।

"पहले की बात और थी।" वृद्ध ने उसे समझाया, "अब राजाधिराज ने निषेधाज्ञा लगा दी है। हम उधर नहीं जा सकते।"

"मैं पिताजी से कहकर राजाधिराज की पिटाई करवा दूँगा।"

"तू हमें शूल-विद्ध कराकर ही रहेगा।" वृद्ध ने घबराकर इधर-उधर देखा। हनुमान को निकट खड़े देख, कुछ चाटुकारिता के स्वर में बोला, "अबोध बालक है।" फिर जैसे हनुमान को दिखाने के लिए बोला, "नहीं, वत्स! ऐसा नहीं कहते।"

इस सूचना से हनुमान के वक्ष में ऐसा भीषण उद्वेलन आरंभ हो गया कि

उनके लिए वहाँ खड़े रहना असंभव हो गया। वृद्ध उनकी ओर से जितना आशंकित था, उससे कहीं अधिक वे उससे आशंकित थे।

हनुमान को लगा, उनके मस्तिष्क में जैसे प्रश्नों और उनके समाधानों में होड़ मची हुई है।...अशोक वाटिका में यह बालक जाया करता था। अब राजाधिराज ने निषेधाज्ञा लगा दी है। क्यों? अब वहाँ ऐसा क्या हो गया है कि स्वयं राजाधिराज को निषेधाज्ञा लगानी पड़ी है...और कितना भयभीत था वह वृद्ध! एक अबोध बालक के वाक्य से अप्रसन्न होकर राजाधिराज सारे परिवार को शूल-विद्ध करवा देंगे। वाह रे रावण!

हनुमान पवन-गति से आगे बढ़ते जा रहे थे। कुछ और घट जाए, उससे पहले ही उन्हें अशोक वाटिका में पहुँच जाना चाहिए। यदि सचमुच ही कहीं वहाँ सीता बंदिनी हैं, तो उन तक पहुँचकर, हनुमान को उनसे कुछ वार्तालाप कर लेना चाहिए। ऐसा न हो कि विलंब करते रहें और जानकी को वहाँ से हटा, रावण कहीं और छिपा दे...

वाटिका खोजने में न तो हनुमान को अधिक समय लगा और न कठिनाई हुई। राजमार्ग से ही अशोक वाटिका दिखाई पड़ रही थी और मुख्य द्वार पर स्थित सैनिक चौकी भी दूर से ही देखी जा सकती थी। यदि अशोक वाटिका के संकेत न मिले होते और सशस्त्र सैनिकों की चौकी न दिखाई पड़ती, तो हनुमान दूर से उसे वाटिका अथवा उद्यान के स्थान पर कोई सघन वन ही समझते। दूर से, न तो वहाँ फलों का कोई वृक्ष दिखाई देता था, न फूलों के पौधे अथवा लताएँ। जाने क्यों वहाँ इतने वृहदाकार और सघन वृक्ष लगाए थे?

हनुमान सीधे चलते हुए वाटिका के मुख्य द्वार से आगे निकल गए और फिर एक अन्य मार्ग से उसके पीछे की ओर लौटे। यहाँ महामहालय प्रासाद की सुरक्षा-व्यवस्था से अधिक सावधानी बरती गई थी। यहाँ परिखा और प्राचीर नहीं थी, इसलिए पीछे की ओर भी सैनिक चौकी थी। वाटिका के आस-पास घूमते रहने पर किसी का संदेह जगाने की आशंका, हनुमान के मन में बराबर बनी हुई थी; किंतु अन्य कोई उपाय भी नहीं था। वाटिका की सुरक्षा-व्यवस्था को अच्छी प्रकार देखने के लिए उन्हें वाटिका के चारों ओर का एक चक्कर लगाना ही पड़ा...वाटिका से बाहर चार स्थानों पर सैनिक चौकियाँ थीं, किंतु सैनिकों द्वारा परिक्रमा की कोई व्यवस्था हनुमान को दिखाई नहीं पड़ी। यह एक शुभ लक्षण था। यदि चौकियों के बीच सैनिक परिक्रमा की व्यवस्था होती तो उनकी आँख बचाकर वाटिका में प्रवेश करना कठिन ही होता...पर वे सैनिक कितने सावधान थे, यह देखने के लिए तो चौकियों के निकट से होकर जाना ही पड़ेगा। फिर चाहे जो हो...

हनुमान ने चौकियों के निकट से एक चक्कर लगाया। प्रत्येक चौकी में

पाँच-पाँच सैनिक थे। उनके पास धनुष, शूल तथा खड्ग थे; अर्थात् वे भली प्रकार शस्त्रबद्ध थे। किंतु उनमें चौकसी अथवा सतर्कता का कोई लक्षण हनुमान को दिखाई नहीं दिया। उनमें से किसी ने भी हनुमान की ओर ध्यान नहीं दिया। वे लोग अपने ही कार्यों में बहुत तल्लीन थे। दो चौकियों में तो चार-चार सैनिक, अपने शस्त्रों को एक ओर रखकर द्यूतक्रीड़ा में तल्लीन थे। पाँचवा सैनिक खेल तो नहीं रहा था, किंतु अपने शस्त्र लिये हुए खेल देखने में निमग्न था। एक चौकी में एक सैनिक किसी घटना का वर्णन कर रहा था और शेष चार उत्सुकता और जिज्ञासा से आँखें फाड़े हुए उसकी बात सुन रहे थे। चौथी चौकी में सैनिकों के मध्य में एक स्त्री बैठी थी और सैनिकों का ध्यान पूरी तरह से उसमें रमा हुआ था। वेशभूषा एवं हाव-भाव से वह स्त्री कोई राह चलती वेश्या लगती थी; उसके प्रति सैनिकों का व्यवहार भी इस अनुमान की पुष्टि कर रहा था...

हनुमान वाटिका की पिछली ओर चले गए। उन्होंने दो चौकियों के मध्य का स्थान चुना। एक स्थान को झाड़कर, वृक्ष के नीचे लेटे रहे। वे विश्राम करने का अभिनय कर रहे थे, किंतु उनकी आँखें और मस्तिष्क दोनों ही अत्यंत किय्राशील थे।...उन्होंने थोड़ी देर प्रतीक्षा की; न कोई पूछताछ करने के लिए उनके पास आया और न किसी ने उनकी ओर ध्यान ही दिया। इस ओर से निश्चिंत होकर, हनुमान ने लेटे ही लेटे, वाटिका के भीतर की ओर रेंगना आरंभ किया। कठिन परिश्रम था...किंतु खड़े होकर चलने में जाखिम था।...थोड़ी देर तक लगातार रेंगने के पश्चात् उन्होंने पुनः निरीक्षण किया। सब कुछ यथावत् था, कहीं कोई हलचल नहीं थी। तब उन्होंने वाटिका की ओर देखा—वे वृक्षों की दो पंक्तियों के भीतर आ चुके थे और अब बाहर से उनका देखा जाना असंभव ही था। किंतु, वाटिका के भीतर की सुरक्षा-व्यवस्था का उन्हें तनिक भी ज्ञान नहीं था...उन्होंने लेटे-लेटे ही दृष्टि उठाकर ऊपर देखा—उनके सम्मुख दूर तक केले के वृक्ष लगे हुए थे, जो अपने फल के बोझ से एक ओर झुके हुए लग रहे थे।

हनुमान की भूख जाग उठी। केले पूरी तरह से पके नहीं थे, किंतु भूख इतनी चमक उठी थी कि कच्चे-पके का विचार मस्तिष्क से लुप्त हो रहा था। वे उठ खड़े हुए और केले के वृक्ष की ओर बढ़े...किंतु तत्काल उनके विवेक ने उन्हें सावधान किया। वे क्या करने जा रहे हैं? तनिक भी धैर्य नहीं है हनुमान में? वे सफलतापूर्वक अशोक वाटिका में प्रविष्ट हो गए हैं। अब तक के लक्षणों को देखते हुए, इस वाटिका में जानकी के होने की पूरी संभावना है...और ऐसे समय में वैदेही की खोज करने के स्थान पर उन्हें अपनी भूख मिटाने की सूझ रही है। यदि केले तोड़ने के शब्द से अथवा किसी अन्य हलचल से किसी का ध्यान इस ओर आकृष्ट हो गया, तो सारे किए-धरे पर पानी फिर जाएगा।...वैसे भी संध्या का समय हो रहा है। वे खाने में मग्न हो गए और यह समय हाथ से निकल गया तो अभी थोड़ी

देर में अंधकार छा जाएगा। यह रावण का महामहालय प्रासाद तो है नहीं कि यहाँ रात को भी प्रकाश होगा। अंधकार में क्या करेंगे वे...

हनुमान ने खाने का विचार छोड़ दिया। ऐसा अनिष्टकारी भोजन करने की आवश्यकता नहीं है।

वे घुटनों के बल रेंगते हुए कुछ और आगे बढ़ गए। अब वाटिका में पंक्तिबद्ध वृक्षों की प्राचीर समाप्त हो गई थी, और विभिन्न प्रकार की क्यारियाँ तथा लता-गुल्म भी दिखाई देने लगे थे। किंतु साथ ही उन्हें आभास हुआ कि निकट ही कहीं अनेक लोग हैं और उनमें वार्तालाप चल रहा है।...हनुमान रुक गए। उन्होंने सावधान होकर सुनने का प्रयत्न किया...

उनका अनुमान सत्य था। कुछ दूरी से स्त्री-कंठों के अनेक स्वर आ रहे थे। शब्द स्पष्ट नहीं थे, जैसे वार्तालाप में संयम न रह गया हो। चकित-से बैठे हनुमान सोचते रह गए कि सशस्त्र सैनिकों से रक्षित इस वाटिका में ये कौन-सी स्त्रियाँ हो सकती हैं—क्या ये रावण के राजकुल की महिलाएँ हैं, अथवा सीता यहीं बंदिनी हैं?...

किंतु और आगे बढ़ना उनके लिए हानिकारक भी हो सकता था। वृक्षों की ओट सर्वथा छोड़कर वे उन स्त्रियों के निकट जाकर उनकी बातें तो सुन सकेंगे, कदाचित् उन्हें देख भी पाएँ; किंतु यदि किसी की दृष्टि उन पर पड़ गई—जिसकी संभावना बहुत अधिक थी तो वे तत्काल ही पकड़ लिये जाएँगे।

उन्होंने इधर-उधर दृष्टि फेरी—निकट ही अशोक के सघन वृक्षों का एक झुरमुट-सा था।...इस वाटिका में अशोक वृक्षों के ऐसे अनेक झुरमुट होंगे—उन्होंने सोचा—तभी तो इस वाटिका का नाम अशोक वाटिका रखा गया है। छिपे रहने के लिए यह वृक्ष बहुत अच्छा आश्रय है।

हनुमान तत्काल उस झुरमुट में जा घुसे और बिना आहट किए, स्त्रियों के स्वरों की दिशा वाले सिरे के अंतिम वृक्ष के ऊपर चढ़कर बैठ गए। स्वयं को भली प्रकार छिपाकर और सब ओर से संतुष्ट होकर उन्होंने उस दिशा में दृष्टि डाली...वहाँ तो सब कुछ अद्‌भुत था...थोड़ी दूरी पर एक छोटी-सी कुटिया थी, उसके द्वार पर एक अशोक वृक्ष था, जिसके चारों ओर ईंटों का एक वृत्ताकार चबूतरा बना हुआ था और उस पर कोई स्त्री बैठी हुई थी। उसने एक साधारण श्वेत साड़ी पहन रखी थी। सिर को उसने उसी साड़ी से भली प्रकार ढँक रखा था; किंतु इधर-उधर से कुछ केश बाहर निकले हुए थे—समझना कठिन था कि उसने एक वेणी कर रखी थी या सारे केश खुले थे। उसने सिर झुका रखा था, अतः उसके चेहरे के भावों को देखना कठिन था...अनेक स्त्रियों ने उसे घेर रखा था और चख-चख मचा रखी थी। उन सम्मिलित स्वरों में कोई-कोई शब्द ही सुनाई पड़ रहा था—पूरी बात स्पष्ट नहीं थी।

अर्थात रावण इसे शृंगार करने का आदेश दे रहा है और स्वयं यहाँ आने वाला है...निश्चय ही यह देवी जानकी हैं। कैसी सुंदर हैं और कैसा तेज है मुख पर...इन्होंने इतने प्रहरियों के सम्मुख इस असहायावस्था में भी रावण को दुष्ट और नीच कहा है...

तभी दासियों की एक टोली प्रविष्ट हुई। ये स्त्रियाँ प्रहरी अथवा सैनिक कर्म करने वाली नहीं लगती थीं। उनकी आकृति-प्रकृति मृदुल-कोमल थी। देह-यष्टि भी बलिष्ठ नहीं थी। वेश भी वैसा नहीं था और उनका रूप भी सुंदर था। वे लोग यंत्रवत् पुरुष-प्रहरियों और पूर्व-उपस्थित स्त्री प्रहरियों के बीच घेरा बनाकर चुपचाप खड़ी हो गईं...उनके पश्चात कुछ उल्का वाहिकाएँ आईं और विभिन्न कोणों में इस प्रकार खड़ी हो गईं, जिससे उस सारे क्षेत्र में पर्याप्त प्रकाश हो सके।

हनुमान ने आकाश की ओर देखा—आकाश नीचे से काला पड़ता जा रहा था। थोड़ी देर में पूर्णतः अंधकार छा जाने की संभावना थी...

तभी महाराजाधिराज रावण की जय-जयकार के बीच रावण आया। केंद्र में बैठी उस स्त्री को छोड़कर, शेष सभी उपस्थित जन सम्मान प्रकट करने के लिए झुक गए।

हनुमान रावण को पहचान रहे थे—यह वही पुरुष था, जिसे उन्होंने पिछली रात महामहालय प्रासाद के सबसे भव्य कक्ष में सोते हुए देखा था। उसके साथ वही स्त्री थी, जो पिछली रात रावण के साथ वाले पलंग पर सोयी हुई थी, जिसे उन्होंने मंदोदरी माना था। आज भी उन दोनों के चेहरे कुछ तनावपूर्ण थे। उनके पीछे-पीछे अत्यंत सुंदर वेश में अनेक नारियाँ थीं, जो संभवतः अंतःपुर की स्त्रियाँ अथवा दासियाँ थीं।

रावण का वेश इस समय शौर्य और शृंगार—दोनों के ही उपयुक्त लग रहा था। उसके शरीर पर अनेक बहुमल्य सुगंधित पदार्थों का लेप था और मणि-माणिक्यों से टाँका हुआ उत्तरीय उसकी शोभा बढ़ा रहा था। शरीर पर अनेक रत्नजड़ित आभूषण थे। हनुमान को तो उन आभूषणों के नाम तक मालूम नहीं थे। इस प्रकार के शृंगार-प्रसाधन तथा साज-सज्जा से उनका दूर का भी संबंध नहीं था...किंतु रावण ने कटि में एक विकराल खड्ग बाँध रखा था और आँखों में कुछ-कुछ आवेश का भाव था।

वह चबूतरे के निकट आकर रुका। मंदोदरी उसके साथ खड़ी थी।

“वैदेही!” रावण बोला।

हनुमान का मन पुनः गेंद के समान उछलने को हुआ। उन्हें लगा, उनके शरीर का सारा रक्त जैसे उनके मुख की ओर दौड़ रहा है...तो ये देवी वैदेही ही [illegible]। उन्हें मन ही मन जैसे विश्वास ही नहीं हो रहा था...क्या सत्य ही वे अपने [illegible] तक आ पहुँचे हैं और उन्होंने देवी वैदेही को खोज निकाला है। जिन्हें ढूँढने

के लिए सैकड़ों वानर विभिन्न दिशाओं में फैले हुए, दिन-रात परिश्रम कर रह हैं—उन देवी वैदेही को अंततः हनुमान ने ही खोज निकाला है।...जब वे किष्किंधा से चले थे, जब उन्होंने सागर-संतरण किया था और लंका में स्थान-स्थान पर सीता को खोज रहे थे, तब भी जैसे उनका मन भीतर से यही मानता था कि सीता की खोज सम्भव नहीं है। भला रावण के इस विकराल संगठन में से कैसे किसी को खोजा जा सकता है। किंतु आज असंभव भी सम्भव हो गया था...हनुमान अपने भीतर की हलचल को स्वयं ही नियंत्रित नहीं कर पा रहे थे—जैसे स्वयं सर्वदा हिल्लोलित सागर ही उठकर उनके वक्ष में आ बैठा था।

"वैदेही!" रावण पुनः बोला। इस बार उसका स्वर कुछ कोमल हो आया था, "तुम्हारा कंगला राजकुमार अपनी असमर्थता पर लज्जित होकर किसी नदी-नाले में डूब मरा होगा। देखो, तुम्हारे सम्मुख लंका का राजाधिराज रावण खड़ा है।..."

सीता ने झटके से सिर उठाकर रावण को देखा; किंतु कुछ बोलीं नहीं। उनकी आँखों में दयनीयता नहीं थी; वहाँ एक स्पष्ट फुफकार थी।

"वैदेही! मैं तुमसे संबोधित हूँ।" रावण बोला।

"किंतु मेरी तनिक-सी भी इच्छा तुमसे संबोधित होने की नहीं है।" सीता सपाट स्वर में बोलीं।

हनुमान को लगा, रावण खिन्न हो उठा है और मंदोदरी के चेहरे का भाव कुछ उल्लसित हो उठा है।

"वैदेही! तुम मुझे और मेरी शक्ति को जानती हो।"

"शक्ति नहीं। चोर-कला कहो!" सीता ने उसकी बात काट दी, "शक्ति का तो कोई प्रमाण तुमने दिया ही नहीं। मैं तो कब से कह रही हूँ कि राम से युद्ध का साहस नहीं है तो मुझे ही शस्त्र दो और द्वंद्व-युद्ध कर देखो।"

रावण कुछ इस भाव से हँसा, जैसे किसी बालक की अनुचित बात से रुष्ट होकर भी वह उसे टाल रहा हो, "मैं जानता हूँ, तुम आत्महत्या की बात सोच रही हो। तुम जानती हो कि राम यहाँ नहीं आ सकता, तुम यहाँ से मुक्त नहीं हो सकतीं, इसलिए तुमने आत्महत्या का यह उपाय सोचा है। तुम मुझसे द्वंद्व-युद्ध कर निश्चिंत मृत्यु चाहती हो, किंतु जानकी..." रावण के स्वर में लंपटता की सरसता मुखर हो उठी, "मैं तुम्हें मरने नहीं दूँगा। यह वय और यह रूप-सौंदर्य नष्ट होने अथवा करने के लिए नहीं है। तुम उस संन्यासी के साथ रहकर जीवन के सुखों को भूल गई हो—मैं तुम्हारे सम्मुख असंख्य सुखों का असीम संसार प्रस्तुत कर रहा हूँ। एक बार स्वेच्छा से मेरी शैया पर आरूढ़ हो जाओ, राक्षसों का यह संपूर्ण साम्राज्य तुम्हारा है। जैसे चाहो, इसका भोग करो। जो चाहो, अपने भाई-बंधु को भेजो, अथवा उन्हें यहाँ बुलाकर, सब कुछ उन्हें समर्पित कर दो। अपने माता-पिता को भी एक बार दिखला दो कि ऐश्वर्य कहते किसे हैं।"

"रावण!" सीता सतेज स्वर में बोलीं, "सारे संसार में तेरा क्या एक भी हितू नहीं है, जो तुझे समझा सके कि यह तेरे नाश का मार्ग है। क्या कोई तुझे नहीं बताता कि जिस ऐश्वर्य पर तू इतरा रहा है, उसके भोग का तुझे ही नहीं, तेरे परिजनों को भी बहुत शीघ्र मूल्य चुकाना पड़ेगा। कोई तुझे समझाता नहीं, या तू किसी की सुनता नहीं।"

"जानकी! इन बातों में क्या रखा है।" रावण सीता की बातों की उपेक्षा कर बोला, "मानव-जन्म बार-बार नहीं मिलता। इस शरीर के माध्यम से जो सुख प्राप्त हो सकते हैं, उन्हें भोगो। राक्षसों का समग्र साम्राज्य अपनी हथेली पर लिये रावण जैसा पुरुष तुमसे प्रणय की याचना कर रहा है।"

"मैं भी तुम्हें यही बता रही हूँ, रावण!" सीता का स्वर कुछ शांत था, "कि मानव-शरीर पाकर भी उससे तू केवल पशु-सुख का भोग कर पाया हे। मानव का सुख सूक्ष्म है, अभौतिक है और अलौकिक है। यह ग्रहण में नहीं, त्याग में है। दूसरों के सुख के लिए स्वयं को खपाकर पाया गया सुख ही मानव-सुख है। अभी भी अवसर है कि तू अविवेकी हठ छोड़ दे, मुझे मेरे राम को सौंप दे और उनके चरणों में गिरकर उनसे क्षमा माँग।

रावण ने अट्टहास किया, "वन में रहकर तूने कंगले तापसों से त्याग का अच्छा पाठ पढ़ा है, जानकी। भिखारियों को राम के सम्मुख हाथ जोड़ते देख, तूने समझा कि राक्षसों का राजाधिराज भी उसके सम्मुख याचक बनकर जाएगा। जानकी! मैं तेरे सम्मुख याचक बनकर खड़ा हूँ। मेरी बात सुन, तू इस रावण को अंगीकार कर तो महारानी मंदोदरी जैसी स्त्रियों को तेरी दासियाँ नियुक्त कर दूँगा।"

हनुमान को लगा, जैसे सीता और मंदोदरी दोनों ने ही कुछ अवांछित सुन लिया हो। मंदोदरी का उल्लसित चेहरा कुछ संकुचित हो आया। फिर चेहरे पर कठोरता उभरी और भृकुटियाँ वक्र हो उठीं। किंतु रावण ने उसकी ओर ध्यान नहीं दिया। वह सीता की ओर देख रहा था।

सीता ने रावण को तीखी दृष्टि से देखा और फिर कुछ उच्च स्वर में बोलीं, "तू समझता है कि महारानी मंदोदरी को मेरी दासी नियुक्त करने का प्रस्ताव रख, तू मेरा गौरव बढ़ा रहा है। तेरी नीचता की भी कोई मर्यादा है अथवा नहीं। जो अपनी पट्ट-महिषी के सम्मान की रक्षा नहीं कर सकता, वह अन्य लोगों का सम्मान क्या करेगा! तेरी बात को तो किसी वनचारी, बुद्धिविहीन पशु के निरर्थक गर्जन-तर्जन से अधिक महत्त्व नहीं दिया जाना चाहिए।"

रावण का मुख क्रोध से विवर्ण हो उठा। अनायास ही उसका दाहिना हाथ अपने खड्ग की मूठ पर पड़ा।

हनुमान का शरीर जैसे अग्नि की लपटों में जलने लगा—यदि यह दुष्ट उनके खे ही जानकी का वध करेगा तो क्या वे यहाँ छिपकर बैठे देखते रहेंगे? लौटकर

कहीं ये देवी वैदेही तो नहीं?...हनुमान का मन गेंद के समान उछलने लगा। उन्होंने वृक्ष की डाली को कसकर पकड़ लिया; कहीं अपने संधान की सफलता की संभावना से चक्कर खाकर ही न गिर पड़ें..

सहसा कुछ पुरुष प्रहरियों ने प्रवेश किया। वे सब के सब सशस्त्र और सन्नद्ध थे—ये उन प्रहरियों जैसे नहीं थे, जिन्हें हनुमान ने बाहर की सैनिक चौकियों में देखा था।...आगंतुक प्रहरियों ने किसी से कुछ कहा नहीं। एक दूरी-सी बनाए वे लोग अपने शस्त्रों सहित सावधान होकर खड़े हो गए।

स्त्रियों ने भी उनकी ओर देखा। उनका कोलाहल कुछ धीमा हुआ और एक अकेला कंठ स्पष्ट शब्दों में बोला, "देखो, प्रहरी आ गए हैं। घड़ी-भर में महाराजाधिराज भी पधारेंगे। अपने आदेश का पालन न हुआ देखकर वे बहुत क्रुद्ध होंगे। तुम शायद नहीं जानतीं कि उनका दण्ड कितना कठोर होता है।..."

"जानती हूँ।" मध्य में बैठी उस स्त्री ने सिर उठाया। उस मलिन वेश में भी उसके सौंदर्य के विषय में कोई भ्रम नहीं हो सकता था और उसका मुख तेज से जाज्वल्यमान था, "प्रत्येक दुष्ट राजा कठोर-भाषी और क्रूर-कर्मी होता है और तुम्हारा राजाधिराज तो दुष्ट ही नहीं, नीच भी है।"

"यह तो ऐसे ही बकवाद करती जाएगी।" एक चीखता-सा कर्कश स्वर आया, "सखी त्रिजटा! मेरी बात मानो। पकड़ो इसके हाथ-पाँव। मैं अभी बलात् इसका शृंगार कर देती हूँ। हमें राजाधिराज की आज्ञा का पालन करना है, अथवा इस सिरफिरी की चिरौरी करनी है..."

लगा, वे सब झपटकर उसे पकड़ लेंगी; किंतु तभी वह पहली स्त्री, जिसे अन्य द्वारा त्रिजटा कहकर संबोधित किया गया था, बोली, "नहीं! राजाधिराज की आज्ञा नहीं है कि देवी की इच्छा के प्रतिकूल कुछ भी किया जाए।" उसने झुककर पूछा, "बोलो देवि! क्या इच्छा है?"

केंद्र में बैठी स्त्री ने कोई उत्तर नहीं दिया। उसने फिर पहले के समान, अपने घुटनों पर अपना सिर टेककर मुख छिपा लिया।

"चलो, पीछे हट जाओ।" त्रिजटा ने अपनी सखियों को आदेश के-से स्वर में कहा, "इसे अधिक पीड़ित मत किया करो। जिस दिन यह महाराजाधिराज के अनुकूल हो गई, उस दिन तुम लोगों से सारा वैर निकाल लेगी...और वैसे भी अब राजा आने ही वाले होंगे।"

वे लोग कुछ पीछे हट गईं। उनका वृत्त बड़ा हो गया; किंतु दूर खड़े पुरुष प्रहरियों के समान इन्होंने भी केंद्र तक पहुँचने के लिए मार्ग छोड़ रखा था।

तो यह स्त्री महाराजाधिराज के अनुकुल नहीं है—हनुमान सोच रहे थे—अर्थात् अपहरण अथवा किसी अन्य उपाय से बलात् यहाँ लाई गई है। महाराजाधिराज

अर्थात रावण इसे शृंगार करने का आदेश दे रहा है और स्वयं यहाँ आने वाला है...निश्चय ही यह देवी जानकी हैं। कैसी सुंदर हैं और कैसा तेज है मुख पर...इन्होंने इतने प्रहरियों के सम्मुख इस असहायावस्था में भी रावण को दुष्ट और नीच कहा है...

तभी दासियों की एक टोली प्रविष्ट हुई। ये स्त्रियाँ प्रहरी अथवा सैनिक कर्म करने वाली नहीं लगती थीं। उनकी आकृति-प्रकृति मृदुल-कोमल थी। देह-यष्टि भी बलिष्ठ नहीं थी। वेश भी वैसा नहीं था और उनका रूप भी सुंदर था। वे लोग यंत्रवत् पुरुष-प्रहरियों और पूर्व-उपस्थित स्त्री प्रहरियों के बीच घेरा बनाकर चुपचाप खड़ी हो गईं...उनके पश्चात कुछ उल्का वाहिकाएँ आईं और विभिन्न कोणों में इस प्रकार खड़ी हो गईं, जिससे उस सारे क्षेत्र में पर्याप्त प्रकाश हो सके।

हनुमान ने आकाश की ओर देखा—आकाश नीचे से काला पड़ता जा रहा था। थोड़ी देर में पूर्णतः अंधकार छा जाने की संभावना थी...

तभी महाराजाधिराज रावण की जय-जयकार के बीच रावण आया। केंद्र में बैठी उस स्त्री को छोड़कर, शेष सभी उपस्थित जन सम्मान प्रकट करने के लिए झुक गए।

हनुमान रावण को पहचान रहे थे—यह वही पुरुष था, जिसे उन्होंने पिछली रात महामहालय प्रासाद के सबसे भव्य कक्ष में सोते हुए देखा था। उसके साथ वही स्त्री थी, जो पिछली रात रावण के साथ वाले पलंग पर सोयी हुई थी, जिसे उन्होंने मंदोदरी माना था। आज भी उन दोनों के चेहरे कुछ तनावपूर्ण थे। उनके पीछे-पीछे अत्यंत सुंदर वेश में अनेक नारियाँ थीं, जो संभवतः अंतःपुर की स्त्रियाँ अथवा दासियाँ थीं।

रावण का वेश इस समय शौर्य और शृंगार—दोनों के ही उपयुक्त लग रहा था। उसके शरीर पर अनेक बहुमल्य सुगंधित पदार्थों का लेप था और मणि-माणिक्यों से टाँका हुआ उत्तरीय उसकी शोभा बढ़ा रहा था। शरीर पर अनेक रत्नजड़ित आभूषण थे। हनुमान को तो उन आभूषणों के नाम तक मालूम नहीं थे। इस प्रकार के शृंगार-प्रसाधन तथा साज-सज्जा से उनका दूर का भी संबंध नहीं था...किंतु रावण ने कटि में एक विकराल खड्ग बाँध रखा था और आँखों में कुछ-कुछ आवेश का भाव था।

वह चबूतरे के निकट आकर रुका। मंदोदरी उसके साथ खड़ी थी।

"वैदेही!" रावण बोला।

हनुमान का मन पुनः गेंद के समान उछलने को हुआ। उन्हें लगा, उनके शरीर का सारा रक्त जैसे उनके मुख की ओर दौड़ रहा है...तो ये देवी वैदेही ही हैं। उन्हें मन ही मन जैसे विश्वास ही नहीं हो रहा था...क्या सत्य ही वे अपने लक्ष्य तक आ पहुँचे हैं और उन्होंने देवी वैदेही को खोज निकाला है। जिन्हें ढूँढने

के लिए सैकड़ों वानर विभिन्न दिशाओं में फैले हुए, दिन-रात परिश्रम कर रह हैं—उन देवी वैदेही को अंततः हनुमान ने ही खोज निकाला है।...जब वे किष्किंधा से चले थे, जब उन्होंने सागर-संतरण किया था और लंका में स्थान-स्थान पर सीता को खोज रहे थे, तब भी जैसे उनका मन भीतर से यही मानता था कि सीता की खोज सम्भव नहीं है। भला रावण के इस विकराल संगठन में से कैसे किसी को खोजा जा सकता है। किंतु आज असंभव भी सम्भव हो गया था...हनुमान अपने भीतर की हलचल को स्वयं ही नियंत्रित नहीं कर पा रहे थे—जैसे स्वयं सर्वदा हिल्लोलित सागर ही उठकर उनके वक्ष में आ बैठा था।

"वैदेही!" रावण पुनः बोला। इस बार उसका स्वर कुछ कोमल हो आया था, "तुम्हारा कंगला राजकुमार अपनी असमर्थता पर लज्जित होकर किसी नदी-नाले में डूब मरा होगा। देखो, तुम्हारे सम्मुख लंका का राजाधिराज रावण खड़ा है।..."

सीता ने झटके से सिर उठाकर रावण को देखा; किंतु कुछ बोलीं नहीं। उनकी आँखों में दयनीयता नहीं थी; वहाँ एक स्पष्ट फुफकार थी।

"वैदेही! मैं तुमसे संबोधित हूँ।" रावण बोला।

"किंतु मेरी तनिक-सी भी इच्छा तुमसे संबोधित होने की नहीं है।" सीता सपाट स्वर में बोलीं।

हनुमान को लगा, रावण खिन्न हो उठा है और मंदोदरी के चेहरे का भाव कुछ उल्लसित हो उठा है।

"वैदेही! तुम मुझे और मेरी शक्ति को जानती हो।"

"शक्ति नहीं। चोर-कला कहो!" सीता ने उसकी बात काट दी, "शक्ति का तो कोई प्रमाण तुमने दिया ही नहीं। मैं तो कब से कह रही हूँ कि राम से युद्ध का साहस नहीं है तो मुझे ही शस्त्र दो और द्वंद्व-युद्ध कर देखो।"

रावण कुछ इस भाव से हँसा, जैसे किसी बालक की अनुचित बात से रुष्ट होकर भी वह उसे टाल रहा हो, "मैं जानता हूँ, तुम आत्महत्या की बात सोच रही हो। तुम जानती हो कि राम यहाँ नहीं आ सकता, तुम यहाँ से मुक्त नहीं हो सकतीं, इसलिए तुमने आत्महत्या का यह उपाय सोचा है। तुम मुझसे द्वंद्व-युद्ध कर निश्चिंत मृत्यु चाहती हो, किंतु जानकी..." रावण के स्वर में लंपटता की सरसता मुखर हो उठी, "मैं तुम्हें मरने नहीं दूँगा। यह वय और यह रूप-सौंदर्य नष्ट होने अथवा करने के लिए नहीं है। तुम उस संन्यासी के साथ रहकर जीवन के सुखों को भूल गई हो—मैं तुम्हारे सम्मुख असंख्य सुखों का असीम संसार प्रस्तुत कर रहा हूँ। एक बार स्वेच्छा से मेरी शैया पर आरूढ़ हो जाओ, राक्षसों का यह संपूर्ण साम्राज्य तुम्हारा है। जैसे चाहो, इसका भोग करो। जो चाहो, अपने भाई-बंधुओं को भेजो, अथवा उन्हें यहाँ बुलाकर, सब कुछ उन्हें समर्पित कर दो। अपने वृद्ध माता-पिता को भी एक बार दिखला दो कि ऐश्वर्य कहते किसे हैं।"

"रावण!" सीता सतेज स्वर में बोलीं, "सारे संसार में तेरा क्या एक भी हितू नहीं है, जो तुझे समझा सके कि यह तेरे नाश का मार्ग है। क्या कोई तुझे नहीं बताता कि जिस ऐश्वर्य पर तू इतरा रहा है, उसके भोग का तुझे ही नहीं, तेरे परिजनों को भी बहुत शीघ्र मूल्य चुकाना पड़ेगा। कोई तुझे समझाता नहीं, या तू किसी की सुनता नहीं।"

"जानकी! इन बातों में क्या रखा है।" रावण सीता की बातों की उपेक्षा कर बोला, "मानव-जन्म बार-बार नहीं मिलता। इस शरीर के माध्यम से जो सुख प्राप्त हो सकते हैं, उन्हें भोगो। राक्षसों का समग्र साम्राज्य अपनी हथेली पर लिये रावण जैसा पुरुष तुमसे प्रणय की याचना कर रहा है।"

"मैं भी तुम्हें यही बता रही हूँ, रावण!" सीता का स्वर कुछ शांत था, "कि मानव-शरीर पाकर भी उससे तू केवल पशु-सुख का भोग कर पाया हे। मानव का सुख सूक्ष्म है, अभौतिक है और अलौकिक है। यह ग्रहण में नहीं, त्याग में है। दूसरों के सुख के लिए स्वयं को खपाकर पाया गया सुख ही मानव-सुख है। अभी भी अवसर है कि तू अविवेकी हठ छोड़ दे, मुझे मेरे राम को सौंप दे और उनके चरणों में गिरकर उनसे क्षमा माँग।

रावण ने अट्टहास किया, "वन में रहकर तूने कंगले तापसों से त्याग का अच्छा पाठ पढ़ा है, जानकी। भिखारियों को राम के सम्मुख हाथ जोड़ते देख, तूने समझा कि राक्षसों का राजाधिराज भी उसके सम्मुख याचक बनकर जाएगा। जानकी! मैं तेरे सम्मुख याचक बनकर खड़ा हूँ। मेरी बात सुन, तू इस रावण को अंगीकार कर तो महारानी मंदोदरी जैसी स्त्रियों को तेरी दासियाँ नियुक्त कर दूँगा।"

हनुमान को लगा, जैसे सीता और मंदोदरी दोनों ने ही कुछ अवांछित सुन लिया हो। मंदोदरी का उल्लसित चेहरा कुछ संकुचित हो आया। फिर चेहरे पर कठोरता उभरी और भृकुटियाँ वक्र हो उठीं। किंतु रावण ने उसकी ओर ध्यान नहीं दिया। वह सीता की ओर देख रहा था।

सीता ने रावण को तीखी दृष्टि से देखा और फिर कुछ उच्च स्वर में बोलीं, "तू समझता है कि महारानी मंदोदरी को मेरी दासी नियुक्त करने का प्रस्ताव रख, तू मेरा गौरव बढ़ा रहा है। तेरी नीचता की भी कोई मर्यादा है अथवा नहीं। जो अपनी पट्ट-महिषी के सम्मान की रक्षा नहीं कर सकता, वह अन्य लोगों का सम्मान क्या करेगा! तेरी बात को तो किसी वनचारी, बुद्धिविहीन पशु के निरर्थक गर्जन-तर्जन से अधिक महत्त्व नहीं दिया जाना चाहिए।"

रावण का मुख क्रोध से विवर्ण हो उठा। अनायास ही उसका दाहिना हाथ अपने खड्ग की मूठ पर पड़ा।

हनुमान का शरीर जैसे अग्नि की लपटों में जलने लगा—यदि यह दुष्ट उनके सम्मुख ही जानकी का वध करेगा तो क्या वे यहाँ छिपकर बैठे देखते रहेंगे? लौटकर

भद्र राम को सूचना देंगे कि मैंने अपौरुषेय उद्यम कर दिखाया है। सीता का संधान पाकर वहाँ पहुँचा, अपनी आँखों के सम्मुख उनका वध होते देखा है।

किंतु उनके पास कोई शस्त्र नहीं था; और उधर न केवल रावण स्वयं ही सशस्त्र था, वरन् उसके अनेक सशस्त्र सैनिक भी पास ही खड़े थे। बाहर सैनिक चौकियाँ भी थीं, घड़ी भर में यहाँ सैनिक ही सैनिक हो जाएँगे...तो क्या करें हनुमान? अपने सम्मुख वे देवी सीता की निरीह हत्या हो जाने दें, और आत्मरक्षा की आड़ में चुपचाप बैठे देखते रहें?

बड़ा विकट क्षण था। हनुमान के हाथों ने कसकर, अशोक वृक्ष की डाल पकड़ ली थी, जैसे वे अभी ही एक छलाँग में रावण तक जा पहुँचेंगे और उसका खड्ग छीन लेंगे। उनका मस्तिष्क था कि ऊहापोह में उलझा हुआ, अब भी बार-बार उनसे पूछ रहा था कि क्या यह क्षण उनके प्रकट होने का है? यदि राक्षसों ने उन्हें घेरकर उनकी हत्या कर दी, तो अपने प्राणों से तो जाएँगे ही, न देवी वैदेही को बचा पाएँगे ओर न ही राम को सीता संबंधी कोई समाचार दे पाएँगे। तभी मंदोदरी ने हल्के ढंग से रावण की भुजा को अपनी अँगुलियों से स्पर्श किया। रावण ने मंदोदरी को देखा और जैसे रक्त का घूँट पीकर रह गया। उसने खड्ग पर से अपना हाथ हटा लिया। अपनी क्रुद्ध, आरक्त आँखों से उसने एक बार सीता को देखा, एक बार मंदोदरी को; और फिर जैसे अनिर्णय की यातना से तड़पकर आकाश की ओर देखा।

हनुमान को रावण की विवशता समझ नहीं आई। उस समय वह क्रोध से फुफकारता हुआ विषधर सर्प के समान था, जो दंश न कर सकने की बाध्यता से अपने ही विष से जल रहा था।

"ठीक है, वैदेही!" रावण पुनः सीता से संबोधित हुआ, "आज फिर निराश और असफल लौट रहा हूँ। दो मास की अवधि और है। एक मास के पश्चात् पुनः याचना करने आऊँगा। तब भी तुम न मानीं, तो अवधि समाप्त होने पर स्वयं अपने हाथों से तुम्हारा वध करूँगा।"

रावण फुफकारता हुआ आगे बढ़ गया।

मंदोदरी ने क्षणभर को सीता की ओर देखा। सीता के चेहरे पर भी हल्की-सी मैत्रीपूर्ण मुसकान उभरी। किंतु बोला कोई भी नहीं—न मंदोदरी, न सीता। मंदोदरी भी बढ़ीं। साथ-साथ सारा अंतःपुर बढ़ा और उन्हें घेरे हुए दासियाँ भी चल पड़ीं।

हनुमान ने पलटकर देखा—यद्यपि मंदोदरी रावण के साथ-साथ चल रही थीं, किंतु उन्होंने अपने तनाव को शिथिल नहीं होने दिया; किंतु कुछ अन्य स्त्रियाँ रावण के आस-पास इस भंगिमा में मँडरा रही थीं, जैसे रावण का विरोध दूर होते ही उसके कंठ से लग जाएँगी।

हनुमान ने पुनः अपनी दृष्टि सीता की ओर घुमाई। वे अब भी शांत-सतेज

भाव से अपने स्थान पर स्थिर बैठी थीं। इस बीच पुरुष प्रहरी भी अपने शस्त्र समेटकर जा चुके थे और अब वहाँ वे ही स्त्री प्रहरी रह गई थीं, जिन्हें हनुमान ने सबसे पहले वहाँ देखा था। उन लोगों ने सीता को घेर रखा था और किटकिटाए ढंग से उन्हें कोस रही थीं।

"यह पता नहीं कैसी कुलच्छनी है। इसकी समझ में कोई बात ही नहीं आती। भला एक स्त्री चाहती क्या है? महाराजाधिराज में कौन-सी न्यूनता है—सुदर्शन हैं, स्वस्थ हैं, शक्तिशाली हैं और महाराजाधिराज हैं। धन, संपत्ति, सत्ता, वैभव, ऐश्वर्य—सब कुछ है। उस कंगले तपस्वी के पीछे पागल हुई पड़ी है। स्वयं भी दुःखी है और हमें भी पीड़ित कर रखा है।"

"अरे, न हो जिसके भाग्य में राज-सुख, वह कहाँ से भोग लेगी। उसे देखा, उस धन्यमालिनी को। महाराजाधिराज के कंठ में बाँहें डालने को कितनी आतुर थी। प्रासाद तक पहुँचने का भी धैर्य उसमें नहीं था। यहीं उनके गले में झूल रही थी। और एक यह है अभागिन कि महाराजाधिराज बार-बार याचना करते हैं और यह दुष्टा उन्हें पैरों से ठुकराती है। वह तो कहो कि महाराजाधिराज पर इसके सौंदर्य का जादू चल गया है, नहीं तो कब से काटकर डाल दिया होता इसे।"

"ऐसी तो कोई सुंदर भी नहीं है। महाराजाधिराज को पता नहीं, इस बार क्या हो गया है। केशों से पकड़कर घसीट ले जाएँ अपनी शैया पर; नहीं तो कर दें इसका वध।"

"तुझे जल्दी किस बात की पड़ी है, बहना!" हँसता हुआ एक स्वर आया, "लक्षण बड़े स्पष्ट हैं। अंत में इसके टुकड़े ही होंगे। तुम मदिरा तैयार कर रखो।"

'वह तो होना ही है। पर जितना विलंब होता जा रहा है, उतना ही इसका मांस सूखता जा रहा है। पता नहीं इसका वह कंगला तापस कैसा है, जिसके विरह में यह ऐसे सूख रही है। ऐसे ही दो मास और बीत गए, तो यह एकदम खँखाड़ हो जाएगी। सूखा छिछाड़ मांस खाने में क्या आनंद आएगा...जब यह आई थी तो कैसा गुदगुदा शरीर था इसका।"

"ऐसा करो! इसका तो सूखस छिछाड़ मांस ही खा लेना और जब इसका वह कंगला तपस्वी यहाँ आएगा तो उसका गुदगुदा मांस भी खा लेना।"

"अरे, छोड़ो! कौन खाने देगा उसका गुदगुदा मांस तुमको। उसके लिए घात लगाए वह बैठी नहीं है क्या।"

"कौन?"

"महाराजाधिराज की बहन—शूर्पणखा!"

"वह! वह उसे भी ऐसे ही बंदी करके रखेगी। प्रतिदिन प्रेम की याचना करेगी। पता नहीं, वह उसे मारने भी देगी, या वह बेचारा सूख-सूखकर ही मर जाएगा।"

"चलो! जो भी हो। तुम मदिरा तैयार रखो। इसका वध होगा तो निकुंभला

देवी की पूजा करेंगे और मदिरा के साथ मानव-मांस का स्वाद लेंगे।''

''सुनो-सुनो! मेरी बात सुनो।''

हनुमान ने पहचाना, यह उस राक्षसी का स्वर था, जिसे त्रिजटा कहा गया था।

''मैंने एक स्वप्न देखा है।''

''कब?''

''कल रात!''

''क्या देखा है?''

''मैंने राजाधिराज को मुड़मुड़ाए, तेल में डूबा हुआ देखा है और इस सीता के पति को श्वेत पुष्पों की माला पहने, श्वेत वस्त्र धारण किए हुए, शिविका में आते देखा है।'' त्रिजटा बोली।

''इसका क्या अर्थ हुआ, विनता?''

''इसका अर्थ तो भयंकर है।'' उत्तर देने वाली शायद विनता ही थी, ''इसका अर्थ है, इसके पति की विजय और राजाधिराज की मृत्यु। यह त्रिजटा तो सदा ऐसे ही सपने देखती रहती है।''

''इसमें मेरा क्या दोष है?'' त्रिजटा अनुनय-सी करती हुई बोली, ''मैंने जो देखा था, तुम्हें बता दिया। मुझे तो इसका अर्थ भी मालूम नहीं था। यह तो अभी विनता ने बताया है; नहीं तो क्या मैं अपने राजाधिराज की मृत्यु चाहूँगी।''

''छोड़ो! इसने तो सारा स्वाद ही बिगाड़ दिया।'' विनता का स्वर आया, ''अब नींद आ रही है। लाओ, किसी ने मदिरा छिपा रखी हो तो दो घूँट पी लें और सोएँ। यह चुड़ैल तो जाने कब तक ऐसे ही हमारी छाती पर बैठी मूँग दलती रहेगी।''

''अभी से सो जाओगी क्या?'' त्रिजटा ने पूछा।

''अभी क्या और तभी क्या।'' विनता बोली, ''यह भागकर कहाँ जाएगी? बाहर निकलते ही जाने किसके हाथ जा पड़े। हर पुरुष प्रेम की याचना नहीं करता। हाँ!''...वह रुकी, ''वैसे भी भीतरी चौकी वाले सैनिक आ ही गए होंगे। पर अभी तक उनकी बकवाद सुनाई नहीं पड़ी।''

''बकवाद क्यों कहती हो भला।'' कोई नया स्वर सुनाई दिया, ''तुम्हारे कानों में तो वह अमृत-रस बनकर टपकता है। कभी-कभी तुम्हारा नायक भी होता है उनके साथ।''

''तूने भी चोंच खोली, मेरी नन्ही मैना!'' विनता बोली, ''मुझे भी प्रघसा समझ रखा है क्या? यहाँ किसी नायक को घास नहीं डलती। अपना हिसाब सीधा है। जिसके पास स्वर्णमुद्रा हो, वह आ जाए। स्वर्णमुद्रा नहीं है तो अपना प्रेम अपने पास रखो। स्वर्णमुद्रा से कम में कोई बात नहीं।''

''अच्छा, अब सो जाओ।'' त्रिजटा बोली, ''जाने कब कोई स्वर्णमुद्रा वाला

आ जाए और तुम्हें जागना पड़े।

"स्वर्णमुद्रा के लिए जागने में बड़ा सुख है, सखी। मैं राजाधिराज की बहन नहीं हूँ कि स्वर्ण भी दूँ, राज्य भी और स्वयं अपने आपको भी।"

"चलो, अब अपने-अपने स्थान पर।"

राक्षसियाँ उठीं। उन्होंने उस अशोक वृक्ष और सीता के कुटीर को घेरते हुए एक बड़ा-सा वृत्त बनाया और अपने लिए व्यवस्था कर लेट गईं।

"अच्छा भाई! अब कोई बोले नहीं।" विनता बोली, "चाहे किसी का नायक आए या राजपुत्र! मुझे नींद आ रही है।"

"देख, विनता! लड़ना नहीं है, तो अब बकवास बंद कर।" यह शायद प्रघसा थी, "तूने अनेक बार नायक का उपालंभ मुझे दिया है। मैं कुछ कहती नहीं, तो इसका यह अर्थ नहीं है कि तू बढ़ती जाए। तेरे पास कोई नायक आता है, तो तू भी बुला ले। वह स्वर्णमुद्रा नहीं देता तो क्या हुआ, पदोन्नति तो कर ही सकता है।"

"अच्छा, अब लड़ो मत। सो जाओ।" त्रिजटा ने उच्च स्वर में आदेश दिया।

उनका वार्तालाप अकस्मात् ही बंद हो गया। अंधकार में हनुमान देख नहीं सके कि वे सो गई थीं, या वैसे ही चुप हो गई थीं...किंतु अब सीता से बात कर सकने की संभावना हनुमान के मन में जाग रही थी। यदि वे सोयी नहीं हैं, तो सो जाएँगी। यदि ये राक्षसियाँ सचमुच सो जाएँ तो वे वृक्ष से उतरकर सीता को राम का संदेश तो दे ही सकते हैं। उन्हें थोड़ी-बहुत सांत्वना भी दे सकते हैं... वैसे तो इन विषम परिस्थितियों में भी सीता ने जो धैर्य, साहस और तेज दिखाया था, वह अद्भुत था। फिर यदि उन्हें यह सूचना दी जा सके कि हनुमान जाकर राम को बताएँगे कि सीता यहाँ हैं और राम उन्हें मुक्त कराने के लिए, किष्किंधा से ससैन्य चल पड़ेंगे, तो निश्चित रूप से उनका आत्मबल और भी बढ़ेगा।

प्रहरी राक्षसियों के वार्तालाप का कोई शब्द सुनाई नहीं पड़ रहा था। बीच-बीच में कभी-कभी किसी के खर्राटे का स्वर आ जाता था। वृक्षों के पीछे से कुछ लोगों के आने और उनके परस्पर संवाद की थोड़ी ध्वनि हुई थी—वे कदाचित् भीतरी चौकी वाले वे सैनिक थे, जिनकी चर्चा उन राक्षसियों ने की थी। पर उनकी ध्वनियाँ भी शीघ्र ही शांत हो गईं। या तो वे भी सो गए थे, या अलसाकर चुपचाप पड़े थे। उनके कहीं चले जाने का कोई अर्थ ही नहीं था।

बैठे-बैठे बहुत देर हो गई, तो हनुमान ने सीता की ओर देखा—अब उनका वह तेजस्वी रूप कहीं विलीन हो गया था। वे अत्यंत दीन और विह्वल लग रही थीं। रावण के जाने के बाद से वे एक शब्द भी नहीं बोली थीं। राक्षसियों ने उन्हीं के विषय में इतना वार्तालाप किया था, उन्हें अनेक अपशब्द भी कहे थे; किंतु सीता

ने उनकी ओर तनिक भी ध्यान नहीं दिया था, जैसे उन्होंने सुना ही न हो...किंतु उनकी यह दीनता, यह हताशा जैसे आवेश के ज्वार का भाटा हो। क्या सोच रही होंगी सीता? कदाचित् रावण की धमकी तथा इन दुष्ट प्रहरी राक्षसियों के वार्तालाप ने उन्हें इतना अवसादग्रस्त और हताश कर दिया था...

सहसा सीता ने एक हल्की-सी सिसकी भरी और फुसफुसाते-से स्वर में उनके मुख से निकला, 'मेरे राम!'

हनुमान के मन में आया, तुरंत वृक्ष से कूद पड़ें और जाकर उनके सामने खड़े हो जाएँ...किंतु दूसरे ही क्षण उनके विवेक ने उन्हें रोक दिया। कहीं कोई राक्षसी जागी हुई हो तो? या उनकी आह से ही किसी की नींद टूट गई या सहसा एक अपरिचित पुरुष को इस प्रकार सामने देखकर स्वयं सीता ही चौंककर चीख पड़ीं...हनुमान को सावधान रहना चाहिए...कुछ समय पूर्व तक उन्हें अपनी सुरक्षा एवं स्वतंत्रता इसलिए आवश्यक लग रही थी, क्योंकि उन्हें सीता का संधान करना था; और अब वह इसलिए महत्त्वपूर्ण हो उठी थी, क्योंकि उन्होंने सीता को खोज लिया था। यह सूचना राम तक पहुँचनी ही चाहिए थी...यदि सीता के लंका में बंदिनी होने की निश्चित सूचना राम तक पहुँच जाए, तो फिर कदाचित् उन्हें लंका में आने से कोई रोक नहीं पाएगा। हनुमान ने उनके बाणों की शक्ति देखी है; उनका नेतृत्व तथा संगठन-कौशल देखा है...एक राम ही हैं, जो रावण के समग्र विरोध का नेतृत्व कर पाएँगे। सभवतः उन्हीं के विरोध से रावण का वध हो सके और संसार की समस्त दुर्बल जातियों का, समस्त शोषित लोगों का त्राण हो पाए। हनुमान का सुरक्षित किष्किंधा तक लौटना बहत आवश्यक था...

किंतु कब तक प्रतीक्षा करें हनुमान? वे प्रतीक्षा ही करते रहें और सीता उठकर, कुटिया में जाकर सो जाएँ? सोयी हुई राक्षसियों में से ही कोई जाग जाए? अथवा कोई परिक्रमा टुकड़ी इधर आ निकले? अथवा कोई राजपुरुष निरीक्षण के लिए आ उपस्थित हो। ऐसे बैठे-बैठे तो सारी रात बीत जाएगी; और एक बार उषा का प्रकाश छा गया तो फिर वैदेही से बात करने का अवसर ही नहीं मिल पाएगा।

विकट द्वंद्व था हनुमान के मन में। इतना भारी दायित्व था उनके कंधों पर, और इस क्षण के कठिन निर्णय का बोझ भी एकमात्र उन्हें ही उठाना था...इस समय कोई सहायक नहीं था, कोई परामर्शदाता अथवा निर्देश देने वाला नहीं था। और उनकी तनिक-सी असावधानी में संसार-भर के दलितों का भविष्य सदा के लिए अंधकारमय हो जाने वाला था।

सहसा सीता अपने स्थान से उठीं। वे अत्यंत व्याकुल दीख रही थीं। वे इधर-उधर कुछ खोजती फिरीं। कुछ वृक्षों के निकट जाकर भी उन्होंने कुछ ढूँढा; पर शायद उन्हें अपनी अभिलाषित वस्तु मिल नहीं रही थी। कभी वे धरती की ओर ताकतीं, कभी आकाश की ओर। उनका बायाँ हाथ अपने कंठ पर था...उनका गला सूख

रहा था, या कंठ अथवा ग्रीवा में कोई कष्ट था—हनुमान समझ नहीं पा रहे थे...

किंतु सीता के इस प्रकार व्याकुल हो, इधर-उधर घूमने पर भी किसी राक्षसी ने कोई आपत्ति नहीं की। क्या वे सब सो गईं? यदि वे सब सो गई हैं तो देवी यहाँ से निकलने का प्रयत्न क्यों नहीं करतीं?

हनुमान ने देखा—सीता कभी अपने वस्त्र को अपने कंठ में लपेटकर उसे खींचने का प्रयत्न कर रही थीं और कभी अपनी वेणी को। हनुमान के मन में विचार कौंधा—यह कंठ अथवा ग्रीवा में कष्ट के कारण नहीं था। यह तो स्पष्ट रूप से जीवन की यातना से तंग आकर आत्महत्या का विचार था...देवी वैदेही जैसी साहसी, आत्मविश्वासमयी तथा जिजीविषापूर्ण महिला भी यदि जीवन से ऊब गई हैं तो अवश्य ही उनकी यातना असहनीय हो गई है।

"देवी वैदेही!" हनुमान के मुख से अनायास ही निकल गया।

मुख से शब्द निकलते ही वे सावधान हो गए; कहीं इसकी कोई प्रतिकूल प्रतिक्रिया न हो।

लगा, सीता तक उनका शब्द पहुँच गया है। उन्होंने चौंककर इधर-उधर देख और फिर जैसे उस स्वर को खोजती-सी चल पड़ीं।

हनुमान उत्कंठित व्यग्रता से सीता के अपने वृक्ष के निकट पहुँचने की प्रतीक्ष कर रहे थे। उन्होंने राम की मुद्रिका निकालकर अपने हाथ में ले ली थी। वार्तालाप से पूर्व उन्हें राम के दूत होने का प्रमाण देना था।

वे निकट आईं तो हनुमान ने पुनः धीरे-से पुकारा, "देवी वैदेही।"

सीता चकित, ठगी-सी रुक गईं—कहाँ से आ रहा है यह स्वर? कौन पुका रहा है? सीता ने जैसे ही ऊपर की ओर देखा, हनुमान ने मुद्रिका डाल दी।

सीता ने देखा, वृक्ष पर कोई अपरिचित पुरुष छिपा बैठा है और उसने को वस्तु गिराई है। कैसा है यह पुरुष? इसकी आकृति मुखर से कुछ-कुछ मिलत है...पर नहीं। यह मुखर नहीं है। इसका आकार मुखर से बड़ा है। इसके मुख व भाव भी मुखर से भिन्न हैं...या शायद अंधकार के कारण वे ठीक से देख नह पा रहीं...पर सीता धोखा नहीं खा सकतीं—यह मुखर नहीं है, पर इसमें और मुख में कुछ-न-कुछ साम्य अवश्य है। कदाचित् यह भी वानर जाति का ही है...पर इस कुछ कहने के स्थान पर कुछ गिराया है...क्या गिराया है?

थोड़ा-सा प्रयत्न करने पर वह वस्तु उन्हें मिल गई। उन्होंने अंधकार में उ देखा-परखा। कुछ समझीं और कुछ नहीं समझीं। मुद्रिका लेकर उसकी पूर्ण परीक्ष करने के लिए वे अपनी कुटिया में चली गईं। उन्होंने दीपक के प्रकाश में मुद्रिक को भली-भाँति देखा...एकदम वैसी ही मुद्रिका थी...यह तो खेल था, उनके औ राम के बीच। जब कभी एकांत होता, तो सीता कहा करतीं, "वन के सम्राट अप

साम्राज्ञी को कोई आभूषण प्रदान नहीं करेंगे क्या?" और राम उन्हें पुष्पों तथा गवद घास के अनेक आभूषण बना-बनाकर दिया करते थे। घास की बनाई हुई अनेक प्रकार की मुद्रिकाओं में से सीता ने जब से यह मुद्रिका पसंद की थी, तब से राम इसी प्रकार की मुद्रिकाएँ बना-बनाकर उन्हें पहनाया करते थे...तो क्या यह व्यक्ति राम के पास से आया है? संदेश लाया है?

सीता बाहर जाने के लिए झपटीं; किंतु तत्काल रुक गईं—यह भी कोई माया ही न हो, कोई षड्यंत्र...कहीं यह व्यक्ति रावण का ही भेजा हुआ न हो, जो अपनी माया से उन्हें विश्वास दिलाने आया हो कि अब राम नहीं रहे...राम के पास से इतनी दूर कौन आ सकता है...किस पता है कि वे यहाँ हैं; और फिर इतना बीहड़ मार्ग, समुद्र का इतना बड़ा व्यवधान, लंका की ऐसी विकट रक्षा-व्यवस्था...राम स्वयं ही आएँ तो आएँ, अन्य कोई व्यक्ति कैसे आ सकता है...

सीता ने पुनः मुद्रिका को देखा—वही घास थी। वैसी ही बनावट थी और...उन्होंने उसे दीपक के निकट ले जाकर ध्यान से देखा...हाँ, राम के हस्ताक्षर भी थे, यद्यपि जल में से होकर आने के कारण उसकी मसी धुल गई थी, किंतु हस्ताक्षर के चिह्न अभी भी थे...इतनी माया कौन कर सकता है!

और यदि माया भी हो, तो सीता को उस व्यक्ति की बात तो सुन ही लेनी चाहिए। देखें तो सही कि वह कहता क्या है?

सीता कुटिया से बाहर निकलीं। सावधानी से उन्होंने इधर-उधर देखा और सीधी चलती हुई अशोक के उसी वृक्ष के नीचे आकर बैठ गईं, जिसके ऊपर से मुद्रिका गिराई गई थी।

उन्होंने सावधानी से ऊपर देखा, "कौन हो तुम?"

"मैं रामदूत हनुमान हूँ, माता!"

सीता ने ध्यान से देखा—वह 'माता' कहकर संबोधन कर रहा था। मुखर होता तो 'दीदी' कहता। और फिर यह अपना नाम हनुमान बता रहा था।

"हनुमान कौन? मैं तो तुम्हें नहीं जानती।"

"माता! मैं किष्किंधा के वानर-सम्राट सुग्रीव का मंत्री हूँ। भद्र राम ने वानरराज का महान उपकार किया है; अतः राम तथा वानरराज में प्रगाढ़ मैत्री हो गई है। राम और सौमित्र इस समय किष्किंधा में हैं और रावण से युद्ध के लिए वानरों की विकट सेना तैयार कर रहे हैं। मैं आपका अन्वेषण करने आया हूँ। लौटकर आपका समाचार दूँगा तो तत्काल सैनिक अभियान आरंभ होगा। आप धैर्य बनाए रखें।"

इसमें कोई माया नहीं हो सकती, कोई षड्यंत्र नहीं हो सकता—सीता ने सोचा—माया होती तो राम के विरुद्ध रावण के पक्ष में होती। उन्हें निराश और हताश करने का प्रयत्न किया जाता; किंतु यह व्यक्ति तो उनका उत्साह बढ़ा रहा

है, राम और लक्ष्मण द्वारा सैन्य-संगठन का समाचार दे रहा है और उन्हें धैर्य बनाए रखने को कह रहा है...यह सचमुच ही राम का दूत है...उनके राम ने उन्हें विस्मृत नहीं किया है, न वे निराश और हताश हुए हैं...उन्होंने सीता को खोज निकाला है...जब खोज निकाला है तो वे आएँगे भी। अवश्य आएँगे और ससैन्य आएँगे...सीता को भयभीत होने की आवश्यकता नहीं है। जब दुख की अंधियारी रात कट जाएगी...उनका राम से मिलन होगा।

सीता को रोमांच हो आया।

"मेरा धैर्य प्रायः समाप्त हो चला था, हनुमान!" सीता बोलीं, "अब अपने प्रिय का समाचार मिला है, तो स्वयं को समझाऊँगी। यदि तुम यहीं थे तो तुमने सुना होगा, हरण के पश्चात रावण ने मुझे एक वर्ष की अवधि दी है, अपने पति को भूलने के लिए। तब तक मैं सुरक्षित हूँ। स्वयं मंदोदरी, रावण का भाई विभीषण और रावण का मंत्री अविन्ध्य मेरी रक्षा के लिए प्रयत्नशील हैं। किंतु अवधि के समाप्त होने पर कोई भी मेरी रक्षा नहीं कर पाएगा। रावण की इच्छा तो कभी भी पूरी नहीं होगी; अतः या तो वह स्वयं मेरी हत्या कर देगा, अथवा मैं स्वयं तंग आकर आत्महत्या कर लूँगी। राम से कहना, इस अवधि के भीतर यदि वे यहाँ पहुँच जाएँगे तो उन्हें सीता जीवित मिलेगी।"

"वे पहुँच जाएँगे, माता!"

"पूर्णतः आश्वस्त हो?"

"पूर्णतः।"

"रावण की शक्ति देखी है?"

"देखी है, माता।"

"वानर लड़ लेंगे?"

"हम लंका को ध्वस्त कर देंगे।"

"पूरा विश्वास है तुम्हें?

"कुछ ही दिनों की बात है। आप स्वयं देखेंगी।"

सीता थोड़ी देर मौन रहीं, फिर उन्होंने पूछा, "मुखर और जटायु कैसे हैं?"

"दोनों का तभी देहांत हो गया था।"

सीता का मुख उदास हो गया। वे मौन रह गईं।

"माता!" हनुमान बोले, "यदि आपकी इच्छा हो तो आप मेरे साथ चली चलें। हम बहुत शीघ्र किष्किंधा पहुँच जाएँगे।"

"कैसे आए हो?"

"सागर में तैरकर।"

"नहीं जा सकेंगे। यह व्यवहारिक नहीं है। तुम जाकर राम को ही सेना सहित भेजो...।" सहसा सीता का स्वर भीरु हो गया, "अब तुम जाओ, हनुमान।

थोड़ी देर में उजाला होने वाला है। किसी भी क्षण कोई आ सकता है। तुम पकड़े गए तो...।''

क्षणभर मौन रहा। फिर हनुमान बोले, ''माता! आपसे भेंट का कोई प्रमाण जो आर्य राम को दे सकूँ।''

सीता कुछ देर तक सोचती रहीं। फिर उन्होंने पोटली में से चूड़ामणि निकालकर हनुमान की ओर बढ़ा दी।

हनुमान वृक्ष से नीचे उतर आए। उन्होंने चूड़ामणि ले ली।

''राम को कहना शीघ्र आएँ। विलंब घातक हो सकता है।''

''आप निश्चिंत रहें, माता! मेरे पहुँचते ही सेना का प्रयाण होगा।''

''लंका की रक्षा-व्यवस्था देखी है?''

''देख ली है।'' हनुमान सस्मित बोले, ''वानरों का बल, राम तथा सौमित्र के शस्त्र और उनका नेतृत्व राक्षसों का काल बनकर आएगा।''

''अच्छा! तुम जाओ। सँभलकर जाना। अपनी सुरक्षा का ध्यान रखना। अनावश्यक जोखिम मत उठाना।''

हनुमान ने प्रणाम किया और वृक्षों के पीछे की ओर निकल गए। कुछ देर सावधानी से चलते रहे; और जब निश्शंक हो गए तो गति बढ़ा दी।

उनका मन बल्लियों उछल रहा था—जब वे किष्किंधा पहुँचकर राम को बताएँगे के सीता कहाँ हैं और कैसी हैं, उनसे क्या-क्या बातें हुईं तो राम कितने प्रसन्न ोंगे। सौमित्र के मन में कैसा उत्साह जागेगा और संपूर्ण वानर सेना कैसे हुँकार उठेगी...

उन्होंने आकाश की ओर देखा—अभी उजाला नहीं हुआ था, रात का अंतिम हर ही दीखता था। जल्दी ही सवेरा होगा।...पर अनिद्रा के कारण हनुमान का सेर कैसा भन्ना रहा था...कभी लगता था सिर घूम रहा है, कभी कुछ पीड़ा का-सा नुभव होता था और कभी सुन्न ही हो जाता था...आँखें भी तो कभी बंद हो रही ीं, कभी जल रही थीं और कभी धुँधला रही थीं...

सहसा हनुमान की दृष्टि सामने खड़े कदली-वन पर पड़ी। केले के इतने ड़े-बड़े पेड़ और वे भी फल से लदे हुए।...हनुमान को अपनी भूख याद आ ई।...अंतिम बार उन्होंने मय दानव के प्रासाद में, वृद्धा तापसी स्वयंप्रभा द्वारा दिया या भोजन किया था। उस मायानगरी से निकलकर, सागरतट पर उन लोगों ने द्ध संपाति को तो भोजन करवाया था; किंतु स्वयं कुछ भी नहीं खाया था। सागर तैरते हुए तो खाने का प्रश्न ही नहीं था। लंका की धरती पर उतरकर भी उनके ट में कुछ नहीं गया था—पहली रात वे रावण के महामहालय में भटकते रहे थे। ल का सारा दिन कुछ उपवन में सोने और कुछ भटकने में बीत गया। आज ो रात भी इस अशोक वृक्ष पर टँगे-टँगे ही निकल गई...अब भूख असह्य थी।

अब तक अपने कार्य में वे भूले बैठे थे; किंतु अब कार्य भी संपन्न हो गया था और केले जैसा प्रिय और पका हुआ फल इस प्रचुर मात्रा में सामने लटका हुआ उन्हें आमंत्रित कर रहा था...

हनुमान के विवेक ने उन्हें रोका—सावधान, हनुमान! कहीं केले खाने के चक्कर में यहीं अटक गए और कोई प्रहरी आ निकला, तो सारा बना-बनाया काम बिगड़ जाएगा...किंतु साथ ही उनकी बुद्धि ने एक दूसरा तर्क उछाल दिया। बिना खाए भी तो काम बिगड़ सकता है। भूख सहन करने की भी कोई सीमा होती है। दो दिन और दो रातें बीत रही हैं और उन्होंने कुछ खाया नहीं है। ऐसा न हो कि फिर वही दशा हो जाए, जो स्वयंप्रभा के पास पहुँचने से पहले हो गई थी। फिर हनुमान दीन-हीन होकर, किससे भोजन माँगते फिरेंगे? इस समय तो केलों की कांदियाँ सामने लटक रही हैं...न किसी से माँगने की आवश्यकता है, न कुछ कहने-सुनने की। निश्चित को छोड़, अनिश्चित की ओर लपकने वाला व्यक्ति मूर्ख कहलाता है। इस समय केलों से अधिक निश्चित और क्या है? भविष्य तो सारा अनिश्चित है...फिर, अभी तो सारा सागर तैरकर लौटना है। तैरने के लिए भी शरीर में शक्ति चाहिए और मार्ग में पड़ने वाले उन बेढब जीव-जंतुओं से युद्ध करने के लिए भी। भूखे शरीर से कैसे कुछ हो पाएगा...नहीं। और अधिक भूखे रहने का जोखिम वे नहीं उठा सकते...

हनुमान के हाथ अनायास बढ़ गए और उन्होंने एक काँदी घसीट ली।

...वृक्ष के बीच कहीं सोए हुए पक्षियों की निद्रा का सुख भंग हो गया और वे चीत्कार करते हुए उड़ गए। हनुमान ने एक बार आश्चर्य से उनको देखा—पक्षी? ...भूख और नींद से भन्नाए हुए उनके मस्तिष्क ने भी समझ लिया कि यद्यपि वे इस समय भोजन करने के लिए तत्पर हो रहे हैं, किंतु सामान्य जीव-जंतुओं के लिए यह भोजन का नहीं, शयन का समय है और इस समय उनको जगा देना, समय की दृष्टि से उचित नहीं है...किंतु वे क्या करते? उनकी अपनी स्थिति असाधारण थी। दो दिन और दो रातें बीत गई थीं, उन्होंने कुछ खाया नहीं था।...उस उपवन में, जहाँ उस वाचाल सैनिक ने आकर उन्हें उठाया था, उन्होंने नींद कितनी ली थी—वे स्वयं नहीं जानते। अब ऐसे में इन सोये हुए पक्षियों को थोड़ा कष्ट होता भी है, तो हनुमान क्या कर सकते हैं। बहुत होगा तो ये पक्षी एक वृक्ष से उड़कर दूसरे वृक्ष पर चल जाएँगे और वहाँ सो रहेंगे...इन्हें कौन-सी चारपाई उठानी है, या बिस्तर झाड़ना है, जाकर सो ही तो रहना है। वैसे वर्षा ऋतु में कई बार मेघ आकर खुले आकाश के नीचे सोये हनुमान को भी जगा देते हैं। चारपाई और बिस्तर समेत भी उठना पड़ता है। तब कोई इस प्रकार तो नहीं चिल्लाता, कोई मेघों से लड़ता नहीं, उन्हें गालियाँ नहीं देता। चुपचाप जाकर पुनः सो जाता है। तो फिर हनुमान ने शाखा को तनिक-सा हिला दिया तो कौन-सा अनर्थ हो गया!

केले बड़े स्वादिष्ट थे और भूख भयंकर हो उठी थी। जब तक ये केले नहीं मिले थे, तब तक बात और थी—कदाचित् भूख भी सोयी हुई थी और जिह्वा को केलों का स्वाद भी स्मरण नहीं था। किंतु अब खाकर, वे समझ रहे थे कि ऐसे केले सामान्य उपवनों में नहीं होते। कदाचित् यह केलों की कोई विशिष्ट जाति थी। किष्किंधा के राजाओं के लिए आरक्षित मधुवन में भी इसी प्रकार के केले होंगे...

हनुमान की भूख अंगड़ाइयाँ ले-लेकर जागती जा रही थी और पेट भरने के साथ-साथ मस्तिष्क सोता जा रहा था...ऐसे केले राक्षस ही क्यों खाते रहें...उन्होंने उछलकर वृक्ष के तने पर पाद-प्रहार किया। हों तो इस जाति के केले सबके लिए हों, या फिर किसी के लिए न हों...यह क्या हुआ कि सामान्य जन तो निकृष्ट फल खाएँ और राजा लोग उत्तम कोटि के...राजा चाहे किष्किंधा का हो, चाहे लंका का हो...हनुमान ने दो केले और खाए...पर केले ही खाते जाएँगे क्या? कोई और फल भी तो होना चाहिए।...उन्होंने केले के दूसरे वृक्ष को उसके शीर्ष से पकड़कर मोड़ दिया...

बीसियों पक्षी चीत्कार करते हुए एक साथ उड़े और विभिन्न दिशाओं में फैल गए...उन्हें लगा कि दूर कहीं अन्य जंतुओं का भी स्वर जागा है...हनुमान को हँसी आ गई—केले के एक पेड़ के ध्वंस पर इतना कोलाहल? वानर तो सारी लंका को ध्वस्त करने की सोच रहे हैं...राक्षसों ने क्या कम ध्वंस किया है? जातियों की जातियाँ और राज्यों के राज्य नष्ट कर दिए। पीढ़ियों की पीढ़ियाँ पंगु करके धर दीं...जिन राक्षसों के कारण संसार भर में कोई स्वतंत्रता और सम्मान से जी नहीं सकता—उन राक्षसों को तो ध्वस्त होना ही चाहिए...

हनुमान आगे बढ़ गए।

यह किस फल का वृक्ष है? वे निकट गए...नहीं। फलों का वृक्ष नहीं है...यह तो शायद अशोक वृक्ष है...अशोक। अशोक कैसा हुआ, जो शोक नहीं हर सकता...और शोक तो होता है जठराग्नि का। पेट की भूख न मिटा सके तो अशोक कैसा? व्यर्थ का नाम और व्यर्थ का वृक्ष। इससे तो अच्छा था, आम का वृक्ष लगाया होता, न सही आम, नारियल का लगाया होता...व्यर्थ ही अशोक-अशोक लगा दिया...नाम बड़े और दर्शन छोटे...नाम है अशोक और है पत्तों और लकड़ियों का पुंज। खाने को एक छोटा-सा फल भी नहीं। धत्त! इसकी ऐसी की तैसी...

हनुमान जोर से उछले और जिस किसी शाखा पर हाथ पड़ा, उसी को थाम लिया। उनके बोझ से शाखा झुकी और कड़कड़ाई...

सहसा हनुमान सजग हुए...यह क्या कर रहे हैं वे? पक्षियों की चीत्कार अलग। शाखा के टूटने की ध्वनि...ऐसे तो प्रहरी जाग जाएँगे...

उन्होंने सावधान होकर इधर-उधर देखा। समझ गए कि विलंब हो चुका

था...जो भूल होनी थी, हो चुकी थी; और उसका जो दुष्परिणाम होना था, वह भी सामने था। न केवल सीता को घेरकर सोयी हुई राक्षसियाँ जाग उठी थीं; वरन् अनेक वृक्षों के पीछे उन्हें सशस्त्र पुरुष सैनिक भी दिखाई पड़ रहे थे। अब अंधकार भी उतना सघन नहीं रह गया था...

यह क्या किया तुमने, हनुमान?...वे सोच रहे थे...दो दिन और दो रातें लंका में गुप्त रूप से व्यतीत कर दीं, किसी को कानोंकान सूचना नहीं हुई। सब जगह बचते रहे, छिपते रहे कि कहीं किसी को उनकी गंध न मिल जाए। कहीं उनके लक्ष्य तक पहुँचने में कोई विघ्न न आ जाए। और अब, जब कार्य संपन्न हो चुका था, लौटना भर शेष था, यह दुर्घटना हो गई...सचमुच यह भूख बड़ी राक्षसी है...उसी ने तो करवा दिया यह कांड।...पर भूख को क्यों कोसें? उन्होंने चुपचाप पेट भरकर केले खा लिये होते तो यह सब कुछ भी न होता। न करते उत्पात। इन गोपनीय क्षणों में राजाओं के एकाधिकार के विरुद्ध अभियान कर कदलीवन का ध्वंस क्या आवश्यक था? और अशोक वृक्ष को उसकी फलहीनता के अपराध का दण्ड देना...क्या अत्यधिक अनिद्रा के कारण उनका मस्तिष्क सो गया था?...

ये सैनिक जो उन्हें घेर रहे थे, कदाचित अशोक वाटिका के रक्षक थे। वे उन्हें घेर तो रहे थे, पर लगता था कि पास आने से धबरा भी रहे थे...यह सम्भव है कि इन्होंने और सहायता मँगवाई हो और उसके आने की प्रतीक्षा कर रहे हों. ..पर ये लोग संख्या में बहुत अधिक थे। इतने लोगों को एक निहत्थे व्यक्ति को पकड़ने के लिए यदि सैनिक कुमुक की आवश्यकता पड़े, तो इन लोगों को बहुत वीर नहीं समझा जा सकता। हनुमान की इच्छा हुई कि जोर की एक किलकारी मारें और इन लोगों पर झपट पड़ें। ये डरे हुए तो हैं ही; इन्हें और भी डरा दें।

सहसा उनके मन में कौंधा कि वे खुले स्थान में खड़े हैं और चारों ओर से घिरे हुए हैं। शत्रुओं को भयभीत करने की योजना बनाने के लिए यह गलत स्थान और रीति है।

वे झपटते हुए-से तत्काल उसी अशोक वृक्ष पर चढ़ गए, थोड़ी देर पहले जिसकी वे शाखा तोड़ रहे थे...इस रूप में तो वह 'अशोक' हो ही सकता था। यहाँ वे शाखाओं के बीच सुरक्षित भी रहेंगे और ऊपर से यह भी देख सकेंगे कि उनके आस-पास कितने और कैसे लोग हैं। फिर पूरी तरह उजाला होने से पहले ही निकल जाएँ, तो अच्छा है...

वृक्ष पर चढ़ते हुए उन्होंने देखा—उसी वृक्ष के तने से लगे, छिपे हुए कुछ लोग छिटककर इधर-उधर भाग गए थे। निश्चित रूप से उन लोगों ने हनुमान को घेर रखा था; किंतु जाने क्यों वे लोग न तो उन पर प्रहार कर रहे थे और न ही उन्हें बंदी करने का प्रयत्न कर रहे थे...

तभी उन्होंने एक और व्यक्ति को अपनी ओर आते देखा। वह बहुत वेग

से चलकर, उन्हीं की ओर आ रहा था और अनेक सशस्त्र सैनिक उसे घेरकर चल रहे थे।

वह आकर उस वृक्ष से कुछ दूर ही रुक गया, "कौन हो तुम? यहाँ क्या कर रहे हो?"

तो इस 'प्रश्नवाचक' मनुष्य के आने की प्रतीक्षा कर रहे थे ये लोग। हनुमान ने सोचा—यह प्रश्न तो कोई भी पूछ सकता था, इसके लिए इसी का आना क्यों आवश्यक था?...लंका के लोग, कदाचित् पदों और अधिकारों—दोनों के ही प्रति बहुत सजग हैं। एक जरा-सा प्रश्न पूछने के लिए इस 'प्रश्नाधिकारी' को सोते से जगाकर लाए होंगे।

किंतु उनके विनोद की मुद्रा अधिक देर तक तक टिक नहीं सकी। वह हनुमान से उनका परिचय पूछ रहा था। बताएँ या न बताएँ? यदि बता देते हैं तो रावण और भी अधिक सतर्क और सावधान हो जाएगा। देवी वैदेही के लिए परिस्थितियाँ और भी जटिल और कठोर हो सकती हैं। लंका की सुरक्षा-व्यवस्था को और भी सशक्त बनाया जा सकता है...और यदि अपने विषय में नहीं बताते, तो वे लोग उन्हें एक साधारण वानर-युवक मानकर न तो उनसे भयभीत होंगे और न ही उचित व्यवहार करेंगे।...हनुमान सर्वथा अकेले थे और शत्रुओं की नगरी में घिरे हुए थे। ऐसे में यदि युद्ध हो तो शत्रुओं को भयभीत करना हनुमान के लिए लाभकारी होगा। उसके लिए उन्हें आत्मपरिचय देना होगा...

"कौन हो तुम?" उस अधिकारी ने पुनः पूछा, "यहाँ क्या कर रहे हो? और यहाँ तुम पहुँचे कैसे?"

"तीन में से कितने प्रश्नों का उत्तर देना अनिवार्य है?" हनुमान ने किलकारी मारी।

"क्या अभिप्राय है तुम्हारा?" वह व्यक्ति अपनी उपेक्षा से क्रुद्ध हो उठा, "एक तो महाराजाधिराज की वाटिका में अनाधिकृत प्रवेश किया, वृक्षों का ध्वंस किया और अब वृक्ष पर चढ़ा पूछता है, कितने प्रश्नों के उत्तर अनिवार्य हैं। अरे, तू पेड़ की शाखा पर बैठा है या किसी परीक्षा-भवन में..."

"क्रुद्ध क्यों होते हो, प्रश्नाधिकारी!" हनुमान का मस्तिष्क बड़ी क्षिप्रता से अपने निकलने का कोई मार्ग खोज रहा था, "यदि तुम्हें मेरा यहाँ आना अच्छा नहीं लगा तो मैं चला जाता हूँ।"

हनुमान ने उसकी प्रतिक्रिया जानने के लिए, वृक्ष से नीचे उतरने का-सा अभिनय किया।

"जाता कहाँ है तू!" वह अधिकारी चिल्लाया, "पहले बता कि तू कौन है और तूने महाराजाधिराज की वाटिका में अनधिकृत प्रवेश क्यों किया? बताता क्यों नहीं तू?"

तो इसका अर्थ यह हुआ कि ये लोग हनुमान को यूँ ही नहीं जाने देंगे। पहले तो उसका परिचय जानने का प्रयत्न करेंगे; परिचय न भी मालूम हुआ तो कदाचित् बंदी तो कर ही लेंगे। इस सर्वथा संरक्षित स्थान में किसी का भी प्रवेश कदाचित् सामान्य बात नहीं मानी जाएगी।...वे इसका कोई-न-कोई गम्भीर अर्थ ढूँढने का प्रयत्न अवश्य करेंगे।

"धैर्य रखकर, एक-एक कर प्रश्न पूछ, तो तुझे उत्तर भी दूँ।" वे बोले, "बाणों की झड़ी के समान प्रश्न पूछेगा तो व्यक्ति उनसे आहत होगा या उनके उत्तर देगा?"

"तू कौन है?" अधिकारी ने किसी प्रकार स्वयं को संयत किया।

"बड़ा कठिन प्रश्न है, अधिकारी।" हनुमान बोले, "तू जानता है कि तू कौन है? तेरा स्वरूप क्या है? जन्म से पहले तू कहाँ था और मृत्यु के पश्चात् तू कहाँ जाएगा?"

"मैं कहाँ जाऊँगा, मुझे मालूम नहीं है।" अधिकारी पुनः क्रुद्ध हो उठा, "पर तू बंदी होकर कहाँ जाएगा, यह मुझे ज्ञात है। तू निगड़बद्ध हो, भूगर्भ कारागार में जाएगा।"

"तुम तो भविष्यववत्ता मालूम होते हो, प्रश्नाधिकारी!" हनुमान ने अपनी व्याकुलता को छिपाया, "तनिक ऊपर आ जाओ और मेरे भविष्य के विषय में कुछ भी बताओ। इतने भर से मेरा संतोष नहीं हुआ।"

अधिकारी की समझ में आ गया कि उसके अधीनस्थ कर्मचारियों के सम्मुख ही उसका विद्रूप बन रहा है।

वह चिल्लाकर बोला, "यह प्रलाप बंद कर और बता, तूने राजाधिराज की वाटिका में अनधिकृत प्रवेश क्यों किया?"

हनुमान को निकल भागने का कोई मार्ग नहीं दिख रहा था। युद्ध अनिवार्य हो गया था। उस स्थिति में रावण को भी सूचना मिल सकती थी और असंख्य सशस्त्र सैनिक आ सकते थे। सागर पार स्थिति अपनी प्रतीक्षा करते हुए अन्वेषण दल तक यदि वे एक बार जानकी से हुई अपनी बातचीत की सूचना पहुँचा सकते, तो फिर उन्हें अपने बंदी अथवा हताहत होने में भी कोई भय नहीं था...

"बोलता क्यों नहीं?" अधिकारी पुनः चिल्लाया।

हनुमान सावधान हो गए—अब सिवाय संघर्ष के और कोई उपाय नहीं था। अधिकारी की आज्ञा के पश्चात्, इधर-उधर छिपे हुए अनेक सशस्त्र प्रहरी प्रकट हो गए थे और योजनाबद्ध रूप से घेरकर, उन्हें बंदी करने के लिए आगे बढ़ रहे थे।

अकस्मात् ही हनुमान ने एक शाखा पकड़कर छलाँग लगाई और अधिकारी को धकियाते हुए, पास के एक दूसरे वृक्ष पर चढ़ गए। प्रहरियों की घेराबंदी तत्काल टूट गई और वे हनुमान को भूलकर, अपने अधिकारी की ओर झपटे। हनुमान के

यह उपयुक्त अवसर लगा। वे वृक्षों की ओट लेते हुए, अँधेरे क्षेत्र की आड़ में, बाहर की ओर झपटे किंतु तब तक उस अधिकारी की दृष्टि उन पर पड़ गई थी।

"मूर्खो! मुझे छोड़ो। उसे पकड़ो।" वह चिल्लाया, "वह भाग गया तो फिर क्या उत्तर दोगे?"

वह तो उलूक का भाई निकला...हनुमान सोच रहे थे...इसे अँधेरे में भी दिखाई पड़ गया।

आँख-मिचौनी का खेल आरंभ हो गया। हनुमान वृक्षों और लताओं में कहीं छिप जाते और प्रहरी उन्हें खोजते फिरते। किसी की दृष्टि उन पर पड़ती तो वह चिल्ला उठता। वे सब उन्हें घेर, उन पर झपटते और हनुमान किसी को पीटते, किसी को ठेलते, किसी को धकेलते, किसी को आहत करते, किसी पर किसी शाखा से प्रहार करते, किसी को अपनी मुष्टि का बल दिखाते, यह जा, वह जा हो जाते।

खोज नये सिरे से आरंभ हो जाती...

ऐसी चार-छह मुठभेड़ों में ही अनेक क्यारियाँ रौंदी जा चुकी थीं, अनेक झुरमुट नष्ट हो चुके थे, अनेक लताएँ टूट चुकी थीं और अनेक वृक्षों की शाखाएँ भग्न हो चुकी थीं। अब तक अशोक वाटिका पर्याप्त शोकपूर्ण हो चुकी थी...उसमें सारा दोष हनुमान का ही नहीं था। उनको पकड़ने के लिए झपटते हुए राक्षस सैनिक वाटिका को हनुमान से भी अधिक उजाड़ रहे थे। उस झुटपुटे अँधेरे में हनुमान जहाँ नहीं भी होते, वहाँ भी दिखाई पड़ जाते थे और अनेक बार तो हनुमान के भ्रम में उन भयभीत प्रहरियों के हाथों अनेक सुंदर लता-गुल्म ही पिट गए...

अंधकार क्रमशः क्षीण हो रहा था ओर प्रकाश फैलता जा रहा था। झुटपुटे का लाभ उठाकर खेली जाने वाली आँख-मिचौनी अधिक देर तक नहीं चल सकती थी। हनुमान को शीघ्रातिशीघ्र यहाँ से निकल चलना चाहिए था। यहाँ घिरे रहने का कोई अर्थ नहीं था। जितना विलंब होगा, समय अधिक बीतेगा, उसका लाभ हनुमान को नहीं, राक्षसों को मिलेगा। हनुमान का कोई साथी अथवा सहायक आने वाला नहीं है, जबकि समय के साथ-साथ राक्षसों के सहायक बढ़ते ही जाएँगे।

हनुमान अब युद्ध अथवा प्रहार से अधिक अपने बच निकलने का प्रयत्न कर रहे थे। उसमें अधिक परेशानी नहीं थी। किसी एक वृक्ष को हिलाकर, अथवा कहीं कोई शब्द कर वे विपरीत दिशा की ओर निकल जाते थे। वाटिका-रक्षक दल उन्हें उस वृक्ष अथवा उस शब्द-स्थान के आस-पास अत्यंत प्रयत्नपूर्वक खोजता रहता...

सहसा हनुमान को अपने सामने ही वाटिका का फाटक दिखाई दिया। यही ठीक था। वे एक बार फाटक के पार हो जाएँ, तो वे उस सीमित स्थान से बाहर निकल जाएँगे...

हनुमान भागते हुए, फाटक से बाहर निकल गए...

किंतु स्थिति उनके पक्ष में इतनी नहीं थी, जितनी पहली दृष्टि में लगी थी...पहले तो उनका ध्यान सामने खड़ी धुनर्धारियों की दो टोलियों की ओर गया और फिर सामने से आती राक्षसों की सशस्त्र सेना ने उनका ध्यान आकृष्ट किया...उन्हें विलंब हो गया था। निश्चित रूप से उनके यहाँ होने की सूचना ऊपर के अधिकारियों तक पहुँचा दी गई थी और वाटिका की रक्षा तथा हनुमान के वध के लिए सेना भेज दी गई थी। अन्यथा वाटिका की रक्षा अथवा एक व्यक्ति को बंदी करने के लिए सशस्त्र सेनाओं का क्या अर्थ...हनुमान के साथ ही धनुर्धारी टोलियों का ध्यान भी आने वाली सेना की ओर चला गया...

"किंकर आ गए! किंकर आ गए!" धनुर्धारी चिल्ला रहे थे।

हनुमान को लगा, वे घिर गए हैं—सामने से किंकरों की सेना है...पता नहीं, किंकर एक व्यक्ति है...इनका सेनापति है...या इस टोली का नाम है...या इन राक्षसों की जाति है...और यदि हनुमान पीछे लौटते हैं, तो वहाँ वाटिका-रक्षक हैं। साथ ये धनुर्धारी टोलियाँ भी हैं। ये कदाचित् उन चौकियों के लोग होंगे, जिन्हें कल संध्या समय वाटिका में प्रवेश करने से पूर्व उन्होंने देखा था।

किंकरों की सेना निकट आ गई थी। उनके पास शस्त्रों का बाहुल्य था। किसी एक प्रकार के शस्त्रों से सज्जित टोली होने के स्थान पर, वह विभिन्न प्रकार के शस्त्रों से संपन्न सैनिकों की भीड़ थी। वे लोग अनियंत्रित भीड़ के समान कोलाहल कर रहे थे तथा अपने शस्त्र उठा-उठाकर अपना आक्रोश प्रकट कर रहे थे...अब तक सूर्य का प्रकाश इतना फैल गया था कि उनके शस्त्रों को देखकर पहचान पाना तनिक भी कठिन नहीं था। उनके पास कूट, मुद्गर, गदा, परिघ, प्रास, तोमर, पट्टिश, शूल इत्यादि शस्त्र थे। कुछ धनुर्धर भी उनके साथ थे। पहले से उपस्थित धनुर्धरों की टोलियाँ भी अब उनसे जा मिली थीं।

स्वयं को चारों ओर से घिरता देखकर हनुमान वाटिका के फाटक के छज्जे के ऊपर चढ़ गए। इस प्रकार वे शत्रुओं की दृष्टि में तो आ गए थे, किंतु निकट आए हुए प्रत्येक सैनिक के शस्त्र की मार से ऊपर हो गए थे।...

किंकरों की सेना उन्हें घेरकर खड़ी हो गई।

"कौन है तू? यहाँ क्या कर रहा है?" एक सैनिक अधिकारी आगे बढ़ आया।

अब आत्मविश्वास और साहस प्रदर्शित करने का समय था—हनुमान ने सोचा—उनके लिए इन सैनिकों को आतंकित करना भी आवश्यक था।...यदि अब भी उन्होंने अपना परिचय नहीं दिया, तो उन्हें घेरकर किंकर उनका वध भी कर सकते हैं...वध से तो बचना ही होगा, अभी सीता-अन्वेषण की सूचना राम तक नहीं पहुँची है...

"महान् पराक्रमी, रघुनन्दन श्री रामचन्द्र की जय हो! महान धनुर्धर सौमित्र लक्ष्मण की जय हो! श्रीराम द्वारा संरक्षित किष्किंधा के वानर-सम्राट सुग्रीव की जय

हो!'' हनुमान ने निर्भय गर्जना की, ''मेरा नाम हनुमान है और मैं अनायास महान् पराक्रम करने वाले श्रीराम का दूत हूँ। मेरे साथ युद्ध करना हो तो अपने सम्राट को भेजो।''

हनुमान की गर्जना का अनुकूल प्रभाव हुआ। राक्षस सैनिक परस्पर बातों में उलझ गए। जाने वे क्या बातें कर रहे थे, किंतु थोड़ी देर पहले वाला उनका आवेश उनके चेहरों पर नहीं था।

हनुमान ने पुनः भयंकर गर्जन किया और इससे पूर्व कि कोई उन पर आक्रमण करता, उन्होंने अपने निकट के सैनिकों पर छलाँग लगा दी। इस प्रकार के आक्रमण के लिए सर्वथा अप्रस्तुत सैनिक, इस आकस्मिकता से घबराकर, जब तक सँभलें—तब तक हनुमान ने उनमें से एक से एक लौह परिधि छीन लिया और दूसरे से एक शूल। उन्होंने बिना एक भी क्षण खोये इतने भयंकर और त्वरित प्रहार किए कि उनके निकट के सैनिकों में दरार पड़ गई...किंतु हनुमान अपने स्थान से आगे नहीं बढ़े।

वे पुनः फाटक की मुँडेर पर चढ़ गए थे। उनके एक हाथ में परिघ था और दूसरे में शूल। दोनों ही शस्त्रों पर शत्रु का रक्त लगा हुआ था।

हनुमान की इच्छा पूरी हुई थी—राक्षस सेना पर उनका आतंक छा गया था। स्थिति पहले जैसी नहीं रह गई थी। प्रत्येक सैनिक उन पर प्रहार करने के लिए आगे नहीं झपट रहा था। पहले जहाँ सागर की लहरों के समान, आगे बढ़ने के लिए एक पर एक चढ़ता आ रहा था, वहाँ अब वे उनके निकट धरती में उगे वृक्षों के समान खड़े थे। लगता था जैसे उन्हें वहाँ बाँधकर खड़ा कर दिया गया था, उनका अपना वश चलता तो भागकर हनुमान से अधिकतम दूरी पर चले जाते। सारी सेना में त्रास का कोलाहल फैल गया था।

''अरे, यह तो कोई बावला है। धनुर्धारियों से कहो, इसे मार गिराएँ।'' सेना में से कोई चिल्लाया।

''और क्या!'' किसी और ने उसका समर्थन किया, ''अपने सैनिकों को इसके हाथों व्यर्थ मरवाने का क्या लाभ!''

''है तो बावला ही।'' एक और समर्थन आया, ''पता नहीं किस-किसकी जय बोल रहा है। जिनका हमने कभी नाम भी नहीं सुना, स्वयं को उनका दूत बता रहा है। दूत का काम संदेश देना है, या लड़ना-भिड़ना। मारो इसे।''

हनुमान चौंके—यदि सचमुच ही इन लोगों ने दूर ही दूर से शूलों और बाणों से प्रहार किया तो वे बड़ी कठिनाई में पड़ जाएँगे। न तो उन्होंने कवच ही पहन रखा था और न उनके पास ढाल ही थी।

तभी बाणों की एक बौछार आई। उस बौछार में से केवल एक बाण भटककर हनुमान के एक पाँव को हल्का-सा घायल कर गया, अन्यथा शेष बाण उनसे दूर

ही दूर रहे।...इसका अर्थ यह था कि या तो ये धनुर्धारी अपने लक्ष्य-भेद में दक्ष नहीं थे—वे विरोधी सेनाओं पर सामूहिक रूप से बाण फेंकना भर जानते थे; या फिर इस समय ये लोग आशंकित मन तथा भयभीत हाथों से धनु-संचालन कर रहे थे...

"सुनो!" हनुमान उच्च स्वर में बोले, "मैं श्रीराम का दूत हूँ और दूत अवध्य होता है। मेरा वध करोगे तो श्रीराम की रोषाग्नि की दाहकता का अनुभव तो करोगे ही; अपने राजाधिराज के कोप से भी बच नहीं पाआगे। तुम्हारे राजाधिराज के प्रति अभी मैंने अपना संदेश नहीं कहा है।"

सेना में एक आकस्मिक हलचल हुई और शांति छा गई। कदाचित् वे अपने राजाधिराज के कोपभाजन बनने से डर गए थे।

"तो आओ मेरे साथ!" किंकर सेनापति आगे बढ़ आया, "मैं तुम्हें राजाधिराज के पास ले चलता हूँ। राजाधिराज से अपना संदेश कहना और फिर उनके आदेश का पालन करना।"

हनुमान ने अट्टहास किया, "जाकर अपने राजाधिराज से कहो कि श्रीराम का दूत यहाँ खड़ा है, वह आकर संदेश सुन जाएँ।"

सेनापति ने रोषपूर्ण आँखों से उन्हें देखा और अपना खड्ग निकाल लिया, "तू ऐसे नहीं मानेगा, वानर मैं तेरा वध कर, तरो सिर ले जाकर राजाधिराज के चरणों में चढ़ा दूँगा। फिर कह लेना, जो संदेश तुझे कहना है।"

हनुमान ने देखा—सेनापति उनसे आतंकित नहीं था और वह युद्ध को

तत्पर था—निश्चित रूप से वह अपना कहा पूरा करने के संकल्प के साथ आगे आया था...

सेनापति हनुमान से अधिक फुर्तीला निकला। जब तक कि हनुमान सँभलते, वह फाटक पर चढ़ आया था और पहला वार भी उसी ने किया था। हनुमान के बाएँ कंधे से रक्त टपक आया।...स्थिति की भयंकरता को समझते ही हनुमान का अदम्य आक्रोश जागा। पहले उन्होंने अपने बाएँ हाथ में पकड़ा शूल आगे बढ़ाया। किंकर सेनापति स्वयं को बचाने के लिए एक ओर झुका तो हनुमान ने परिघ का आघात कर दिया। परिघ का वार उसके वक्ष पर पड़ा था—हनुमान की असाधारण शक्ति से चलाए गए लौह-परिघ का आघात सहना किंकर सेनापति के सामर्थ्य से बाहर था। वह लड़खड़ाया और मुँडेर से नीचे जा गिरा।

सेनापति के गिरते ही सारी सेना अस्त-व्यस्त हो गई। उनकी आक्रामक मुद्रा कहीं विलीन हो गई। किंतु, जैसा कि हनुमान चाहते थे, वैसा नहीं हुआ। सैनिक लोग एक घड़ी के लिए भी घबराकर भाग गए होते तो हनुमान को वहाँ से हट जाने का अवसर मिल जाता...हनुमान समझ नहीं पाए कि यह किसकी योजना थी—वाटिका-राक्षसों की, वाटिका की सैनिक चौकियों की अथवा स्वयं किंकरों की।

उन्होंने अपनी घेराबंदी ध्वस्त नहीं होने दी थी।...वे लोग उसी प्रकार हनुमान को घेरे हुए, नाकाबंदी किए खड़े रहे। युद्ध हो भी रहा था और नहीं भी हो रहा था। हनुमान जिस ओर बढ़ जाते, उधर से सैनिक काई के समान फट जाते; किंतु उसका अर्थ इतना ही था कि उस दिशा में उनका घेरा पीछे चला जाता और किसी अन्य दिशा से आगे बढ़ आता।

हनुमान को लगा, वे किसी भूल-भुलैया में भटक गए हैं। वे जिस ओर देखते, उधर ही उन्हें मार्ग दिखाई पड़ने लगता था; किंतु थोड़ा-सा ही आगे बढ़ने पर सैनिकों की कोई-न-कोई दीवार आड़े आ जाती। किसी वृक्ष अथवा झुरमुट या दीवार के पीछे छिपकर बैठे सैनिकों के शस्त्रों की सामूहिक बौछार से बचने के लिए हनुमान को या तो पीछे हट जाना पड़ता, या अपनी दिशा बदल देनी पड़ती...

हनुमान अपने लिए मार्ग बनाने का प्रयत्न कर ही रहे थे कि गधों जैसे आकार के घोड़ों से जुता हुआ एक रथ वहाँ आ पहुँचा। रथारूढ़ योद्धा ने लाल वस्त्र तथा लाल पुष्पों की माला धारण कर रखी थी। उसके कानों में सुन्दर कुण्डल थे और वह धनुष लिये हुए था।

सेना ने उत्साह से जयघोष किया—'प्रहस्त-पुत्र जम्बुमाली की जय।'

जंबुमाली ने न वार्तालाप की आवश्यकता समझी, न प्रश्नोत्तर की। कदाचित् उसे हनुमान का परिचय मिल चुका था और उसकी पुष्टि में उसकी तनिक भी रुचि नहीं थी। उसने उचित दूरी पर रथ रोका और अपना धनुष उठा लिया।

हनुमान ने फाटक के छज्जे पर पुनः अपना मोर्चा बाँधा। जम्बुमाली ने हनुमान पर अर्द्धचंद्र, कर्णी और नाराचों से प्रहार किया। हनुमान के बहुत बचाने पर भी उनका मुख, मस्तक तथा भुजाएँ आहत हो गईं।

विलम्ब घातक था। जम्बुमाली इसी प्रकार प्रहार करता रहा तो कोई भी बाण हनुमान के लिए प्राणांतक हो सकता था। उसे रोकने के लिए, उस तक जाना ही होगा। हनुमान ने छलाँग लगाई और तीव्र वेग से उसके रथ की ओर बढ़े। सदा के समान, सैनिक उधर से फट गए। कोई भी उनका वार झेलने के लिए सम्मुख नहीं आया; दूर ही दूर से कुछ शूल उन पर अवश्य उछाल दिए गए।...हनुमान जंबुमाली के रथ तक नहीं पहुँच सके। रथ और उनके बीच सात मंत्रिपुत्र और पाँच सेनापति—विरुपाक्ष, यूपाक्ष, दुर्धर, प्रघस तथा भासकर्ण आ पहुँचे थे। वे साधारण सैनिक नहीं थे कि हनुमान की हुँकार से भयभीत होकर पीछे हट जाते। कदाचित् उन सबने मिलकर हनुमान से सम्मुख-युद्ध की योजना बनाई थी। यदि वे इस प्रकार हनुमान को रोक लेते तो जंबुमाली सुविधा से उन पर प्रहार कर सकता था।

किंतु हनुमान जैसा योद्धा भी कदाचित उन्होंने पहले नहीं देखा था। इतना भारी लौह-परिघ हनुमान ऐसे चला रहे थे, जैसे वह लकड़ी का साधारण-सा दण्ड

हो। परिघ के वेग और प्रहार के सामने उनके अपने शस्त्र पार नहीं पा रहे थे और परिघ के आघात को झेल जाने का उनके पास कोई उपाय नहीं था...एक ही मार्ग था कि हनुमान को किसी प्रकार आहत कर उनके विवश हो जाने पर, उनसे वह परिघ छीन लिया जाए।

तभी हनुमान ने प्रघस के सिर पर आघात किया। वह तत्काल धराशायी हो गया।...हनुमान का वेग और भी अधिक हो गया। वे शत्रुओं की नीति और दुर्बलता, दोनों ही जान गए थे। हनुमान के रुकते ही वे लोग उन पर आघात करेंगे; और उनसे कुछ दूरी होते ही जंबुमाली बाण मार देगा...हनुमान की इच्छा हुई कि वीभत्स युद्ध में अट्टहास कर उठें...जंबुमाली के इन सहायकों ने आकर, स्वयं जंबुमाली को ही निरस्त कर दिया था...

हनुमान को उन योद्धाओं में से किसी के खड्ग का एक घाव लगा और हनुमान ने झल्लाकर विरुपाक्ष को पीस डाला।...अपने दो साथियों को गिरते देख राक्षस योद्धाओं का उत्साह शिथिल पड़ गया। साथ ही हनुमान का आवेश बढ़ गया। वे किसी शक्तिशाली यंत्र के समान, परिघ घुमाए जा रहे थे। एक-एक कर, उनके विपक्षी गिरते गए और हनुमान ने परिघ को घुमाकर, जंबुमाली पर दे मारा। जंबुमाली न तो परिघ का वार बचा पाया, न उसे झेल पाया। वह रथ में ही एक ओर लटक गया और उनका सारथी रथ हटा ले गया...

जंबुमाली, उसके साथी मंत्रिपुत्र तथा सेनापति मारे गए थे; किंतु परिघ को फेंककर मारने से हनुमान के पास एक शूल मात्र रह गया था। उस युद्ध में शूल बहुत उपयोगी शस्त्र नहीं था। वे स्वयं को एक प्रकार से शस्त्रहीन ही पा रहे थे। इससे पूर्व कि कोई अन्य योद्धा आ जाता, उन्हें कोई-न-कोई शस्त्र अवश्य प्राप्त कर लेना था।...वे जानते थे, शस्त्रहीन अवस्था में वे इस घेराबंदी को तोड़कर मुक्त नहीं हो सकते थे और जो व्यवस्था यहाँ दिखाई पड़ रही थी, उसमें तत्काल ही किसी अन्य योद्धा का आ उपस्थित होना प्रायः निश्चित था।

तभी तपे हुए स्वर्ण की लाली से युक्त, वेगशाली घोड़ों से जुता, एक रथ सेना में धँसता चला आया। रथ पर पताका फहरा रही थी और उसका ध्वजदण्ड रत्नों से विभूषित था। रथ में बाणों से भरे हुए तूणीर रखे थे। अगले भाग में आठ खड्ग बँधे हुए थे। रथ के पिछले भाग में शक्ति, तोमर तथा अन्य शस्त्र रखे हुए थे। योद्धा के पीछे-पीछे विशाल सेना चली आ रही थी।

यह अवश्य ही कोई अत्यंत महत्त्वपूर्ण व्यक्ति है—हनुमान सोच रहे थे—स्वर्ण और रत्नजड़ित रथ से तो यह राजपरिवार का ही कोई व्यक्ति होना चाहिए...

रथ आकर उनके सामने रुक गया और सेना ने जयकार किया, "महाराजाधिराज-पुत्र महाबली अक्षकुमार की जय!"

तो यह राजकुमार है—अक्षकुमार। वानर-राज्य में भी कभी-कभी उसका नाम

सुना जाता है...किंतु वीरता के लिए नहीं, उसके विलास के लिए। विशेष रूप से वेश्यागामिता की प्रसिद्धि के कारण...तो यह योद्धा भी है...

अक्षकुमार का शरीर उसके युद्ध-विमुख, विलासी तथा सुविधाजीवी जीवन का प्रमाण दे रहा था...रावण ने इसे क्यों भेज दिया मरने के लिए—हनुमान ने सोचा—रावण अपने पुत्र की प्रकृति तथा सामर्थ्य को नहीं जानता अथवा वह हनुमान की शक्ति को इतना कम आँक रहा है?...

अक्षकुमार ने कंठ में सुवर्ण-निष्क, बाँहों में बाजूबंद तथा कानों में कुण्डल धारण कर रखे थे। उसका वेश युद्ध के उपयुक्त नहीं था। युद्ध-वेश धारण करने का या तो उसे समय ही नहीं मिला था, या फिर उसने वह आवश्यक नहीं समझा था।

रथ के रुकते ही उसने स्वर्णमय पंखों से युक्त सुन्दर अग्रभाग वाले तथा पत्रयुक्त तीन भयंकर बाण हनुमान के मस्तक पर दे मारे। तीनों बाण प्रायः एक ही साथ लगे। हनुमान रक्त से नहा उठे और उनका मस्तक घूमने लगा...तो यह उतना कोमल नहीं है, जितना कि हनुमान ने उसे समझा था...शत्रु को कभी भी दुर्बल नहीं मानना चाहिए...वे सोच रहे थे...ऐसा न हो कि जिसे वे कोमल और सुकुमार मान रहे थे, वही उनका वध कर, विजयी बना घूमता फिरे।

तभी अक्षकुमार का एक और बाण हनुमान के वक्ष के मध्य में आकर लगा।

यह तो मारे ही जा रहा है...हनुमान का तेज जागा—किंतु शस्त्र तो उनके पास था ही नहीं। सिवाय उसके रथ पर जा कूदने के और कोई उपाय नहीं था। किंतु रथ अभी दूर था। वे फाटक के छज्जे से नीचे कूद आए तो इस शस्त्रहीन स्थिति में ही सेना के बीच धँसना पड़ेगा...यह कोई उचित युक्ति नहीं थी...

हनुमान ने रही-सही ओट भी छोड़ दी और अक्षकुमार के एकदम सामने आकर खड़े हो गए। उन्हें बिना आड़ के शस्त्रहीन स्थिति में एकदम सामने खड़े देखा तो अक्षकुमार ने रथ और भी आगे बढ़ा दिया। वह कदाचित् हनुमान के एकदम निकट आ जाना चाहता था...

हनुमान के लिए इतना ही पर्याप्त था। उन्होंने उसके बाणों की चिंता किए बिना, उसके रथ पर छलाँग लगा दी।

अक्षकुमार के अंगरक्षक हनुमान की इच्छा समझ गए। वे लोग झपटते हुए, दोनों के बीच में आए; किंतु तब तक देर हो चुकी थी। हनुमान रथ में पहुँच गए थे। निकट आने वाले अंगरक्षकों को उन्होंने अपने विकट पाद-प्रहारों से नीचे धकेल दिया और अक्षकुमार का धनुष छीन लिया। अक्षकुमार अपने बचाव के लिए उनसे गुँथ गया। एक-दूसरे से गुँथे हुए वे दोनों रथ से नीचे आ गिरे।...जब तक अक्षकुमार अपनी चेतना को सँभाले, हनुमान उठ खड़े हुए। उन्होंने झपटकर अक्षकुमार को उसकी दोनों टाँगों से पकड़ा और उसे वायु में चार-पाँच चक्कर दे दिए।

अक्षकुमार सर्वथा असहाय-सा, अपने प्राण बचाने के लिए, संकट में पड़े किसी व्याकुल बच्चे के समान चिल्ला रहा था। कभी वह अपनी सहायता के लिए अपने साथियों को बुला रहा था; कभी हनुमान को धमका रहा था और कभी अपने प्राणों की भिक्षा की याचना कर रहा था...

सहसा हनुमान ने पूरे वेग से उसे पृथ्वी पर ला पटका...अक्षकुमार का सिर फट गया था और शरीर के अनेक भाग आहत हो गए थे। उसने मुख से भयंकर वमन किया और दम तोड़ दिया।

राक्षस सेना पहली बार विचलित हो त्राहि-त्राहि कर भाग उठी।

हनुमान के मन में आशा जागी...कदाचित् अब वे इस घेरेबंदी से मुक्त हो सकें...

किंतु हनुमान की यह आशा अधिक देर तक नहीं टिक सकी। एक-के-पश्चात् एक सेनापतियों का वध उन्होंने किया; किंतु एक सेनापति के मरने और दूसरे सेनापति के आने के बीच के अंतराल में एक बार भी सेनाओं की व्यवस्था इतनी शिथिल नहीं हो पाई थी कि वे उनके घेरे में से निकल भागते...हनुमान समझ नहीं पाए कि यह इन सैनिकों का पूर्व-प्रशिक्षण था या इसी समय वे लोग इस प्रकार का व्यवहार कर रहे थे...जब तक उनका कोई सेनापति युद्ध कर रहा होता था, वे आक्रामक होते थे, किंतु सेनापति के हटते ही उनके आक्रमण शिथिल हो जाते थे और वे प्रतिरक्षात्मक युद्ध आरम्भ कर देते थे; किंतु हनुमान को घेरा तोड़ निकल भागने का उन्होंने एक भी अवसर नहीं दिया था...

दूसरी ओर उनके नये सेनापति के आने में इतना विलम्ब एक बार भी नहीं हुआ था कि यह समझा जाता कि कोई चर युद्धक्षेत्र से जाकर उपयुक्त अधिकारियों को सेनापति के देहान्त की सूचना देता है और तब वहाँ से नया सेनापति भेजने की व्यवस्था होती है। सम्भवतः ऐ सेनापति को भेजकर उसी क्षण अगले सेनापति को घोषणा कर दी जाती थी और वह प्रस्थान के लिए तैयार ही रहता था...

हनुमान राक्षसों की नीति-कुशलता की बात सोच ही रहे थे कि राक्षस सेना में एक नया स्फूर्तिपूर्ण ज्वार उठा। उनके चारों ओर एक नया कोलाहल आरम्भ हो गया था और राक्षस सैनिकों का उत्साह अभूतपूर्व हो उठा था।...हनुमान के मन में आशंका जागी...सम्भव है, इस बार बहुत बड़ी सेना लेकर स्वयं रावण आया हो...अकेले और प्रायः निहत्थे हनुमान राक्षसों की इतनी बड़ी प्रशिक्षित तथा युद्ध-कुशल सेनाओं तथा रण-दक्ष सेनापतियों के घेरे से जीवित कैसे निकल पाएँगे?...जाने किस उन्माद में उन्होंने अशोक-वाटिका के वृक्षों को दण्डित करने का अभियान आरम्भ किया था...यदि हनुमान यहाँ से जीवित बचकर निकल नहीं पाए तो उनके इस अद्‌भुत पराक्रम का उपयोग क्या होगा?...राम को सूचना नहीं मिल पाई...

दूर से भयंकर शब्द करता हुआ, वायु-वेग से एक रथ भागा चला आ रहा

था। सैनिकों का ध्यान उस ओर चला गया था। हनुमान ने भी दृष्टि गड़ाकर देखा...केवल एक रथ आ रहा था, उसके साथ सेना नहीं थी...क्या हुआ? लंका की सेना चुक गई क्या? या यह नया आनेवाला सेनापति सेनाओं को अनावश्यक समझता है...वैसे उपयोग भी क्या था? राक्षस सैनिक या तो मरे थे, या भागे थे...

'युवराज इंद्रजित मेघनाथ की जय!' राक्षस सैनिकों ने भयंकर कोलाहल किया।

हनुमान सावधान हो गए। मेघनाथ के विषय में उन्होंने बहुत कुछ सुन रखा था। राक्षस साम्राज्य को इस समय रावण से भी अधिक मेघनाथ पर भरोसा था। जब से उसके नाम के साथ 'इंद्रजित' विशेषण जुड़ा था, तब से वह और भी भयंकर हो उठा था। उसके आने का समाचार सुनते ही राक्षस सैनिकों में जैसे नये प्राण पड़ गए थे।...मेघनाथ सामान्य शस्त्रास्त्रों का दक्ष योद्धा तथा दिव्यास्त्रों का निपुण संचालक माना जाता था। ब्रह्मा का तो वह प्रपौत्र ही था, अपनी निष्ठा के बल पर उसने पिता के ही समान महादेव शिव से भी अच्छा सम्पर्क स्थापित कर लिया था और उनकी कृपा से वरदानस्वरूप उनसे अनेक दिव्यास्त्र प्राप्त कर चुका था...वह किसी निकुंभला देवी का भी विकट भक्त था। देवराज इंद्र की सेना को पराजित कर उसने उनसे भी अनेक दिव्यास्त्र छीने थे...

मेघनाथ का रथ निकट आ गया था और हनुमान उसके आत्मविश्वास से पर्याप्त प्रभावित लग रहे थे।...वह सर्वथा एकाकी आया था...किंतु उसका रथ असाधारण था। ऐसा रथ हनुमान ने पहले नहीं देखा था। उसे देखकर हनुमान के मन में एक ही शब्द उभरा था—कवच-रक्षित रथ। चारों ओर लोहे की सघन जालियाँ लगी थीं। शत्रु द्वारा फेंके गए शस्त्र उन्हीं जालियों में उलझकर रह जाएँगे और मेघनाथ को खरोंच भर नहीं आएगी। किंतु स्थान-स्थान पर बने हुए गवाक्षों के माध्यम से वह अपनी सुविधानुसार शस्त्र-प्रहार कर सकता था। रथ का आकार भी अन्य रथों से बड़ा था। लगता था, रथ में ही अनेक कक्ष बने हुए हैं, जिनमें विभिन्न शस्त्रास्त्र रखे हुए थे। मेघनाथ अपने साथ वृहद् शस्त्रागार लेकर चलता था।...

मेघनाथ के प्रवेश करते ही युद्धक्षेत्र का रूप बदल गया। हनुमान ने उचककर देखा—सारी राक्षस सेना सम्मुख-युद्ध छोड़कर पीछे हट चुकी थी। उन लोगों ने कुछ दूर जाकर वृत्ताकार घेरा डाल लिया था, जैसे वृत्त के भीतर मेघनाथ हनुमान का आखेट करने वाला था और वे लोग मात्र दर्शक थे। किंतु हनुमान जानते थे राक्षस सैनिक दर्शक मात्र नहीं थे। जब कभी भी हनुमान इंद्रजित के प्रहारों से बचने के लिए वृत्त से बाहर निकलना चाहेंगे, दर्शकों का यही वृत्त उनके लिए लौह-प्राचीर बन जाएगा। वस्तुतः उन लोगों ने हनुमान को वीर के समान सम्मुख युद्ध में नहीं, एक पशु के समान आखेट में मारने का संकल्प किया था। चारों ओर दर्शकों का

वृत्त न होकर, आखेट के लिए हाँका करने वालों का घेरा था।

यह सब कुछ अकस्मात् ही हो गया। या तो यह पूर्व-निश्चित व्यवस्था थी, या फिर मेघनाथ ने कोई गुप्त आदेश दिया था। अब हनुमान और मेघनाथ आमने-सामने थे। मेघनाथ का विशाल रथ उन पर झपट रहा था और आकार में साधारण बाणों से बड़े तथा भारी बाण हनुमान का पीछा कर रहे थे। उन्हें कुछ सोचने-समझने का भी अवसर नहीं मिल रहा था। युद्ध-विद्या से सर्वथा अनभिज्ञ व्यक्ति के समान वे उन बाणों की मार से भागे-भागे फिर रहे थे। सहसा उन्होंने अपने हाथ का शस्त्र मेघनाथ के रथ पर उछाल दिया—किंतु वह पूर्वचिंतित परिणाम के अनुसार ही रथ के कवच से टकराकर भूमि पर आ गिरा। हनुमान बिना किसी योजना के ही एक स्थान पर वृत्त को तोड़ने के लिए सैनिकों की भीड़ में जा धँसे। किंतु यह पग भी उन्हें महँगा पड़ा। उनके शरीर में तीन-चार स्थानों पर राक्षसों के नुकीले शस्त्र घाव कर गए थे।

हनुमान का मस्तिष्क अब अपनी जड़ता तोड़कर, कुछ सहज हुआ था। अपने झपटने की प्रक्रिया में उन्हें कुछ घाव तो लगे थे, किंतु इसी बीच उन्होंने उन राक्षस सैनिकों से एक खड्ग तथा एक शूल छीन लिया था। उन्होंने यह भी देखा था कि भीड़ में धँस जाने के कारण मेघनाथ के चलाए हुए बाण कुछ राक्षस सैनिकों को ही हताहत कर गए थे।...उस भाग-दौड़ में ही हनुमान का मन कुछ अन्य निष्कर्षों पर भी जा पहुँचा था...उनकी गति ही उनका रक्षा-कवच थी। उपयुक्त शस्त्रों के अभाव से रण-दक्ष मेघनाथ से सम्मुख-युद्ध का प्रश्न ही नहीं उठता था। पर यदि वे अपना स्थान और दिशा इस स्फूर्ति से बदलते रहे कि मेघनाथ उन पर शस्त्र-संधान न कर पाए तो वे मेघनाथ को थका सकेंगे। उनका इस प्रकार राक्षस-सैनिकों की भीड़ में जा धँसना भी व्यर्थ नहीं गया था। अपने खड्ग और शूल के साथ वे जिस किसी स्थान पर धावा बोलेंगे—राक्षस कितने भी दृढ़ संकल्प क्यों न हों—मार्ग दे ही देंगे। और राक्षसों की भीड़ में घिरे हनुमान पर मेघनाथ प्रहार नहीं कर पाएगा।...

किंतु तभी आश्चर्यचकित हनुमान ने देखा कि मेघनाथ ने न केवल अपना धनुष-बाण समेट लिया, वरन् वह अपने रथ समेत घेरे से बाहर निकल गया... वह रण छोड़कर भाग रहा हो, या उसने हनुमान को बंदी करने का विचार त्याग दिया हो—यह सम्भव ही नहीं हो सकता था। निश्चित रूप से उसने इस बीच कोई और भयंकर योजना बना ली थी...

हनुमान का सोचना गलत नहीं था। अगले ही क्षण जैसे किसी पूर्व-निश्चित योजना के अनुसार उस वृत्त की परिधि के विभिन्न बिन्दुओं पर अनेक मल्ल प्रकट हो गए, जिनके हाथों में मोटी-मोटी रस्सियाँ थीं। हनुमान चकित-से उन्हें देखते रहे—क्या वे कोई कौतुक करने जा रहे हैं?...उनका कौतुक हनुमान के लिए बहुत

भयंकर था...उन मल्लों ने एक साथ ही वे रस्सियाँ हनुमान की ओर उछाल दीं; और तब हनुमान ने देखा, वे रस्सियाँ मात्र नहीं थीं—वे फँदे थे। उनके मस्तिष्क में सारी योजना बिजली के समान कौंधी—वे शस्त्रास्त्रों से वश में नहीं आए तो उन्हें फँदे में फाँसा जा रहा था। यह तो ब्रह्मास्त्र था...

बहुत बचाने पर भी दो-तीन फँदे हनुमान के कंठ से नीचे उतर ही गए और जब तक कि वे उनसे मुक्त होने का प्रयत्न करते—फँदों की दूसरी खेप आ गई।...अब बीसियों फँदों ने उनके शरीर को जकड़ रखा था, जो क्रमशः और भी कसते जा रहे थे।

हनुमान समझ गए—वे बंदी हो चुके थे।

3

अभी पूरी तरह दिन का उजाला भी नहीं हुआ था।

अपने शयन-कक्ष से बाहर निकलते ही विभीषण को लंका की सेना के साथ अशोक वाटिका में हो रहे हनुमान के संघर्ष की सूचना मिली।

विभीषण समझ नहीं पाए कि क्षणभर में ही उनके मन में क्या-क्या और कितना घटित हो गया।...अशोक वाटिका में बंदिनी सीता के पास, हनुमान नाम का कोई व्यक्ति पहुँचा है और उसने स्वयं को राम का दूत बताकर राम, लक्ष्मण तथा सुग्रीव की जय-जयकार की है...

विभीषण को लगा, सहसा ही जैसे उनका मन उत्फुल्लित हो उठा है...राम, लक्ष्मण तथा सुग्रीव की एक साथ जय-जयकार करने का अर्थ क्या हुआ? क्या राम तथा सुग्रीव का पक्ष एक ही है? राम वानरों मिल गए हैं और वानर उनके सहायक हो गए हैं?...पर बालि? बालि की जय-जयकार हनुमान क्यों नहीं कर रहा? और बालि के होते हुए सुग्रीव की जय-जयकार का क्या अर्थ?

सहसा विभीषण के मन में एक विचार कौंधा...कहीं सुग्रीव ने राम की सहायता से बालि का वध तो नहीं कर दिया? ऐसा ही हुआ होगा...राम जैसा शस्त्रधारी सुग्रीव का सहायक हो जाए तो वाली अपनी सम्पूर्ण मल्लता के होते हुए भी क्या करेगा? सम्भव है, ऐसा ही हुआ हो...राम और सुग्रीव दोनों ही पीड़ित थे...दोनों मिल गए होंगे। नहीं तो अपमानित-निष्कासित-प्रताड़ित सुग्रीव की जय-जयकार का क्या अर्थ है?...पर कितना समझदार है यह हनुमान, जिसने अपनी एक जय-जयकार से ही अनेक परिस्थितियाँ सम्प्रेषित कर दीं...

किष्किंधा में इतना कुछ घटित हो गया और विभीषण को तनिक-सा आभास भी नहीं मिला...विभीषण को सूचनाएँ नहीं मिलीं, क्योंकि कदाचित् लंका में किसी को भी इन घटनाओं की सूचना नहीं है...कैसा है रावण का गुप्तचर विभाग...सारे

अधिकारी मदिरा पीकर धुत्त पड़े रहते हैं...कहाँ से आएँगी सूचनाएँ...शूर्पणखा भी जब जनस्थान से रोती हुई लौटी थी तो उसने रावण के मुख पर ही चीख-चीखकर कहा था कि वह मदिरा पीकर बेसुध पड़ा रहता है और राज्य के भीतर-बाहर होने वाली घटनाओं की उसे कोई सूचना नहीं होती। यही प्रमाद किसी दिन इस साम्राज्य को ले डूबेगा...इतना विकसित, उन्नत और समर्थ राष्ट्र...किंतु अपने प्रमाद में आँखें बंद किए बैठा है। विलास ने इस साम्राज्य का विवेक समाप्त कर दिया है, बस उन्माद ही उन्माद रह गया है।

राम का दूत सीता तक आ पहुँचा है; अर्थात् उसे ज्ञात हो गया है कि सीता कहाँ हैं...उसने सीता से कुछ वार्तालाप भी किया है। उसने सीता को राम का कोई संदेश दिया होगा।...क्या राम ने सीता को मुक्त कराने की कोई योजना बनाई है और उसकी सूचना सीता तक पहुँचाई गई है? या हनुमान ने सीता को सांत्वना मात्र ही दी है...ऐसी स्थिति में सांत्वना भी क्या हो सकती है?...विभीषण को यह सब जानकर करना भी क्या है? उन्हें तो इतने से ही संतुष्ट हो जाना चाहिए कि अब राम न सीता के बंदी होने के स्थान से अनभिज्ञ हैं और न वे उन्हें मुक्त कराने की ओर से निष्क्रिय हैं...सीता की मुक्ति की संभावनाएँ सर्वथा समाप्त नहीं हो गई हैं। यदि राम इतने ही सक्रिय, उद्यमी तथा साधन-संपन्न व्यक्ति हैं तो वे अवश्य ही सीता को मुक्त कराकर दम लेंगे। उनकी क्षमताओं में विभीषण को अब कोई संदेह नहीं था। सुग्रीव के साथ मिलकर हनुमान को यहाँ भेजना...कदाचित् राम के पुरुषार्थ के कारण ही विभीषण अपने अपराध-बोध से मुक्त हो सकेंगे।...वे देख रहे हैं कि उनकी आँखों के सम्मुख अनर्थ हो रहा है और वे प्रभावशाली ढंग से उसका विरोध भी नहीं कर पा रहे—यह किसी भी संवेदनशील, भावप्रवण तथा न्यायप्रिय व्यक्ति को अपराध-बोध से दंशित करने के लिए पर्याप्त नहीं क्या?

किंतु अगले ही क्षण विभीषण चौंक उठे—वे किस बात से इतने संतुष्ट हो रहे हैं? यह उत्फुल्लता किस कारण से? राम की उद्यमशीलता तथा साधन-संपन्नता से उनका दूत यहाँ तक पहुँच तो गया—लंका की सुदृढ़ रक्षा-व्यवस्था के होते हुए भी वह लंका में घुस आया है; रावण की समस्त गोपनीयता का उल्लंघन करते हुए उसने सीता को खोज भी निकाला है, संदेशों का आदान-प्रदान भी कर आया है—इस समय लंका के सैनिकों से युद्ध भी कर रहा है...किंतु वह अकेला है, शस्त्रविहीन है, शत्रु-नगरी में है, दूर-दूर तक उसका कोई सहायक नहीं है। कितनी देर तक प्रतिरोध कर पाएगा वह? देर-सवेर लंका के सैनिक उसे पराभूत करेंगे। या तो उसका वध होगा अथवा वह बंदी किया जाएगा।...बंदी होने की स्थिति में भी वह अधिक काल तक जीवित नहीं रह पाएगा। वह सीता नहीं है, जिसे रावण अशोक वाटिका में अवरोध में रख, प्रत्येक दूसरे-चौथे दिन उससे प्रेम-याचना करेगा। सुन्दरी युवतियों का यह विशेषाधिकार हनुमान को नहीं मिलेगा। युद्ध में यदि उसका वध नहीं हुआ

और वह जीवित पकड़ लिया गया तो भी या तो अंधकूप में डाला जाएगा अथवा लंका के किसी चतुष्पथ पर उसका वध होगा...

हनुमान लौटेगा ही नहीं तो राम को कौन बताएगा कि सीता कहाँ हैं? हनुमान मारा जाएगा; सीता बंदिनी बनी रहेंगी—अंततः आत्मसमर्पण करेंगी या उनका वध होगा—और राम अपने अपमान की पीड़ा तथा पत्नी के विरह में बिलख-बिलखकर प्राण दे देंगे। ऐसी स्थिति में लंका में स्त्रियों के अपहरण का प्रचलन समाप्त हो जाएगा क्या?

किस बात से प्रसन्न हो रहे हैं विभीषण? सीता की मुक्ति के लिए किया जा रहा प्रयत्न असफल होने को है और विभीषण प्रसन्न हो रहे हैं? सीता की मुक्ति के लिए वह कुछ भी नहीं कर सके; किंतु जो यह प्रयत्न कर रहा है, उस हनुमान की कुछ सहायता तो उन्हें करनी चाहिए...स्वयं में सत्कर्म की क्षमता न हो तो सत्कर्म के प्रति सक्रिय सहानुभूति तो होनी ही चाहिए...

क्या करें विभीषण?

अपने मंत्रियों तथा सहायक सैनिकों के साथ हनुमान की सहायता के लिए पहुँचें...हनुमान के पक्ष से लंका की सैनिक शक्ति के विरुद्ध सशस्त्र युद्ध करें? ...किंतु विभीषण की बुद्धि कह रही थी कि ऐसे प्रयत्न का परिणाम सिवाय आत्मघात के और कुछ नहीं हो सकता।...लंका की भूमि पर ही, विश्वविजयी रावण की समस्त सैनिक शक्ति के विरुद्ध सम्मुख-युद्ध करना कहाँ की समझदारी है? सम्भव है कि ऐसी आत्महत्या को बलिदान की संज्ञा दी जाए। मरकर विभीषण का पाप-बोध मिट जाए, यह भी सम्भव है...किंतु, उससे क्या सचमुच हनुमान की सहायता हो सकेगी? क्या सीता की मुक्ति के प्रयत्न को कुछ बल मिल सकेगा? स्त्रियों के अपहरण का प्रचलन रुक जाएगा?...उससे अधिक उपयोगी तो बौद्धिक युद्ध है...

यथाशीघ्र विभीषण बाहर जाने के लिए प्रस्तुत हो गए। जब तक कि परिचारक यह समझ पाएँ कि विभीषण को क्या चाहिए, सरमा यह पूछ सके कि वे कहाँ जा रहे हैं अथवा कला यह जिज्ञासा प्रकट कर सके कि उनके उद्वेग का कारण क्या है, विभीषण स्वयं अपना रथ हाँकते हुए, द्रुत वेग से मंत्री अविंध्य के प्रासाद की ओर चले जा रहे थे।

अविंध्य तक भी सारी सूचनाएँ पहुँच रही थीं और कदाचित् इस विषय में वे कुछ सोच भी रहे थे। उनके मन में भयंकर ऊहापोह था। विभीषण से मिलकर विचार-विमर्श की इच्छा भी उनके मन में टक्करें मार रही थी। सम्भव था कि विभीषण यदि थोड़ी देर और न आते तो वे स्वयं ही उनके प्रासाद में जा पहुँचते। आरम्भ में तो हनुमान और लंका के सैनिकों में होने वाले संघर्ष के ही समाचार आते रहे

थे; किंतु विभीषण के पहुँचने से थोड़ी देर पहले मेघनाथ द्वारा हनुमान को बंदी कर लेने का भी समाचार आ गया था।

विभीषण का स्वागत कर, उन्हें ससम्मान आसन देकर, परिचारकों को बाहर भेज, पूर्णतः एकांत पाकर बात आरम्भ करते हुए उन्होंने अपने मन का द्वंद्व विभीषण के सम्मुख रख दिया।

''सीता की मुक्ति तो ठीक है; किंतु हम हनुमान की सहायता क्यों करना चाहते हैं? इसलिए कि लंका के अनेक सैनिकों का वध कर, वह बिना कोई दण्ड पाए यहाँ से सुरक्षित निकल जाने में सफल हो जाए?'' वे बोले, ''और यदि ऐसा हो गया तो वह लौटकर अपने साथियों के पास जाएगा। वे सीता की मुक्ति का पुनः प्रयत्न करेंगे। आज तो हनुमान अकेला आया है। भविष्य में जाने वह कितने लोगों को लेकर अपने अभियान पर आए। वे लोग चाहे छिपकर घात लगाएँ अथवा सम्मुख युद्ध करें। वे पुनः हमारे सैनिकों का वध करेंगे और हम पुनः उनकी सहयता करना चाहेंगे।'' उन्होंने रुककर विभीषण को देखा, ''क्या आपको ऐसा नहीं लगता, राजकुमार! कि सीता की मुक्ति का समर्थन तो हम एक शुभकर्म के रूप में कर रहे हैं; किंतु अपने राज्य, शासन और राजा के शत्रुओं की सहायता कर अपने पक्ष के जन-बल की हानि अपराध भी है और पाप भी!''

विभीषण ने व्यथित हो अविंध्य की ओर देखा—कैसे असमय में उनके मन में द्वंद्व जन्मा है। बौद्धिक ऊहापोह भी कैसी दुष्ट प्रक्रिया है! कर्म के समय, व्यक्ति को अपंग कर, यह कौन-सा हित साधेगी किसी का? इतना विश्वसनीय तथा पूर्व-परीक्षित सहायक अविंध्य अपनी इस ऊहापोह में, अपने शत्रु-पक्ष के साथ खड़ा होता हुआ दिखाई पड़ रहा है—यह सीता की मुक्ति भी चाहता है और रावण का अहित भी नहीं करना चाहता। ऐसा भी हुआ है कि कोई सत्कर्म का सहायक भी हो और दुष्कर्म का विरोधी भी न हो?

''मेरी बात समझने का प्रयत्न करो, अविंध्य!'' विभीषण ने मन में उभर आए अपने आवेश को दबाते हुए कहा, ''सदा आदर्शों और सिद्धांतों की चर्चा करने वाले उस व्यक्ति को क्या कहोगे जो उन सिद्धांतों की सफलता के लिए कर्म का अवसर आने पर स्वयं को किसी अन्य बौद्धिक विवाद में फँसाकर अपने सिद्धांतों के साथ विश्वासघात करता है?''

विभीषण की बात समझकर अविंध्य कुछ संकुचित-से हुए, ''नहीं! मुझे उन लोगों में मत गिनिए। मेरा तात्पर्य यह था कि रावण से चाहे हमारा कितना भी सैद्धांतिक मतभेद क्यों न हो; किंतु वे हमारे राजाधिराज हैं। लंका की भूमि हमारी भूमि है; इस भूमि तथा इसके राजाधिराज का पक्ष लेकर लड़ने वाले सैनिक हमारे सैनिक हैं। अब यह स्थिति ही कुछ ऐसी आ गई है कि चाहे वह हमारे राजाधिराज के दोष के ही कारण हो। हनुमान ने हमारे सैनिकों का वध किया है।...तो क्या

हनुमान का पक्ष हमारे शत्रु का पक्ष नहीं हो जाता? उनका समर्थन अपने राजाधिराज के विरुद्ध अपने शत्रु का समर्थन नहीं है?''

विभीषण को लगा, वे अपना आवेश सम्भाल नहीं पाएँगे...किंतु तत्काल ही उन्हें सीता के अपहरण को लेकर रावण से अपनी प्रथम मुठभेड़ याद हो आई...जब पहली बार उन्होंने पहचाना था कि अपने सिद्धांतों की रक्षा के लिए वे अपने भाई का अहित भी कर सकते हैं, तो वे स्वयं कैसे चौंके थे...आज कदाचित् अविंध्य की वही मनःस्थिति है...

''सुनो, अविंध्य!'' विभीषण गम्भीर स्वर में बोले, ''जब हम रावण के सिद्धांतों से सहमत नहीं हैं तो निश्चित रूप से हमें उनसे अपना तादात्म्य करने की आवश्यकता नहीं है। रावण का प्रत्येक शत्रु हमारा शत्रु नहीं है; और रावण का प्रत्येक मित्र हमारा मित्र नहीं है।'' विभीषण ने रुककर अविंध्य के चहरे पर अपनी बात का प्रभाव देखा, ''लंका हमारी भूमि है। यहाँ के निवासी हमारे बंधु हैं। हम तनिक तटस्थ होकर सोचें तो हमें रावण की नहीं, लंका तथा लंका-निवासियों की रक्षा तथा प्रसन्नता को अपना लक्ष्य मानकर चलना चाहिए। यदि रावण की रक्षा लंका की रक्षा की विरोधिनी हो जाए और रावण का हित लंकावासियों के हित के विपरीत पड़े, तो हमें रावण का पक्ष लेना है, अथवा लंकावासियों का?''

अविंध्य ने शीघ्रता में दो-चार बार अपनी पलकें झपकाईं और विभीषण को देखा, ''किंतु रावण और लंका में विरोध कैसे हो गया?''

''यही तो इस स्थिति का विरोधाभास है, या कह लो कि स्थिति अत्यंत भ्रामक है।'' सारी बातचीत में विभीषण पहली बार मुसकराए, ''यह विरोध तो प्रत्येक पग पर है, पर इस समय उस विस्तार में मत जाओ।'' वे तनिक रुककर बोले, ''यदि रावण सीता को बंदिनी बनाए रखता है और उनकी मुक्ति के छोटे-मोटे प्रयत्न विफल कर देता है, तो क्रमशः वह अपने विरोध को स्फीत करेगा। मान लो कि कोई मार्ग न पाकर अंततः राम तथा लक्ष्मण, वानरों की सहायता से लंका पर आक्रमण करते हैं और राक्षस सेना उनसे युद्ध करती है तो विजय चाहे राम की हो अथवा रावण की—उस युद्ध में असंख्य लंकावासी काल के गाल में समा जाएँगे। शूर्पणखा के चौदह सहस्रों सैनिकों का वध इस राम ने किया था। वह यहाँ आएगा तो क्या यहाँ के सैनिक सहस्रों की संख्या में नहीं मारे जाएँगे?...''

विभीषण ने रुककर अविंध्य की ओर देखा।

''आप ठीक कह रहे हैं, राजकुमार!'' अविंध्य ने अपनी सहमति प्रकट कर दी, ''किंतु क्या राम के ससैन्य लंका पहुँचने की कोई सम्भावना है?''

''पहले बात तो यह है कि यदि विरोध की संभावना नहीं है तो हम अनाचार को सहन करते जाएँ?'' विभीषण बोले, ''और दूसरी बात, यदि अनाचार बढ़ता जाएगा तो विरोध भी बढ़ेगा ही। सीता लंका में नहीं आई थीं तो हनुमान भी लंका

में नहीं पहुँचा था। सीता के अपहरण के कारण, सागर-संतरण कर हनुमान लंका में आया है। अब यदि सीता मुक्त नहीं हुई तो राम भी आ सकता है और उसकी सेना भी आ सकती है।"

"आप ठीक कह रहे हैं।"

"और मान लो सीता मुक्त होकर राम के पास पहुँच जाएँ," विभीषण बोले, "तो क्या तब भी इतना जोखिम उठाकर राम लंका में आएगा या उसकी सेना आएगी क्या?"

"नहीं! तब इतना जोखिम कौन उठाएगा।"

"ऐसी स्थिति में यदि हम सीता की मुक्ति के प्रयत्नों की सहायता करते हैं तो हम लंका और लंकावासियों का हित साध रहे हैं या अहित?"

"हित साध रहे हैं, मित्र!"

"एक बात और है, अविंध्य!" विभीषण का स्वर अनिश्चित-सा भाव लिये हुए था, "इन दिनों मेरी अपनी मनःस्थिति भी मेरी समझ से बाहर है।...एक ओर तो मन में आता है कि मैं इस लंका में कोई भी अनुचित कार्य नहीं होने दूँगा, चाहे उसके पीछे स्वयं रावण ही क्यों न हो; किंतु दूसरे ही क्षण लगता है कि प्रत्येक अनौचित्य-विरोध अंततः रावण-विरोध है—तो भाई का मोह भी आड़े आ जाता है। सोचता हूँ, भाई के प्रेम का कोई भी मूल्य नहीं है क्या? क्या उसके लिए मुझे तनिक भी नहीं झुकना चाहिए? क्या सिद्धांतों के धरातल पर थोड़ा-सा समझौता नहीं कर लेना चाहिए?...पर फिर मैं कुछ अन्य लोगों के प्रेम की ओर देखता हूँ। इस समय राजाधिराज को लगता है कि सिवाय उनके पुत्र मेघनाथ के और कोई उनसे प्रेम नहीं करता, यहाँ तक कि महारानी मंदोदरी भी नहीं!"

"क्यों?" राजाधिराज के पारिवारिक रहस्य को सुनकर अविंध्य चौंके।

"क्योंकि सिवाय मेघनाथ और शूर्पणखा के, परिवार का कोई अन्य सदस्य सीता के अपहरण का समर्थन नहीं करता।" विभीषण बोले, "और मेघनाथ के इस समर्थन को राजाधिराज अपने प्रति प्रेम मान बैठे हैं। वह अमर्यादित समर्थन उनके अहंकार को स्फीत कर रहा है, उनकी औचित्यानौचित्य-बुद्धि को भ्रमित कर रहा है और उन कार्यों के लिए प्रेरित कर रहा है, जो अंततः उनके लिए अनर्थकारी सिद्ध होंगे।" विभीषण तनिक रुककर बोले, "इस समय राजाधिराज, राक्षस-साम्राज्य तथा लंका-निवासियों का सबसे भयंकर शत्रु मेघनाथ का सीमाहीन, अमर्यादित रावण-समर्थन है। यह समर्थन रावण तथा राक्षस-साम्राज्य का काल बनेगा।"

विभीषण मौन हो गए।

अविंध्य अवाक्-से विभीषण को देखते रहे। वे तो अपने मित्र से, एक सामान्य नवागंतुक वानर के विषय में साधारण-सी नीति-चर्चा करने बैठे थे; उन्हें तनिक भी आभास नहीं था कि इस चर्चा की जड़ें इतनी गहरी जा उतरेंगी।

विभीषण ने अविंध्य की मुद्रा देखी तो स्वयं को सम्भाला और अपनी बात भी समेटी, "इन चर्चाओं को अभी यहीं रहने दो, अविंध्य!" उन्होंने अविंध्य को सँभलने का अवसर दिया, "इस समय हमें हनुमान की सहायता करनी है। प्रयत्न यह होना चाहिए कि एक तो उसे मृत्युदण्ड न मिलने पाए, दूसरे, यदि सम्भव हो तो वह किसी प्रकार मुक्त कर दिया जाए।"

अविंध्य ने तत्काल कुछ नहीं कहा। थोड़ी देर तक चिंतन की मुद्रा बनाए चुपचाप बैठे रहे; फिर बोले, "राम तक सीता का संदेश पहुँचाने के लिए यह आवश्यक है। कदाचित् यह सीता की मुक्ति के लिए सहायक भी होगा। किंतु..."

"किंतु क्या?" विभीषण की आँखों में कुछ प्रसन्नता आ गई।

"मेघनाथ अपने बंदी को सरलता से छोड़ता नहीं। हनुमान पर तो अनेक सैनिकों ही नहीं, राजकुमार अक्ष के वध का भी आरोप है।"

"राजकुमार अक्ष।" क्षणभर के लिए विभीषण का हृदय भी कसक उठा, 'सचमुच यह हनुमान तो उनके भतीजे का भी हत्यारा है...।'

किंतु अगले ही क्षण वे स्थिर हो गए...युद्ध करने के लिए अक्षकुमार ही सेना लेकर गया था। वह हनुमान की हत्या का प्रयत्न कर रहा था तो आत्मरक्षा के लिए हनुमान क्या करता...ऐसे में हनुमान को हत्यारा कैसे कहा जा सकता था। युद्ध में अपने शत्रु का वध करने वाला तो सदा वीर ही कहलाता आया है—हनुमान को इसलिए तो हत्यारा नहीं कहा जा सकता, क्योंकि उसका शत्रु विभीषण का भतीजा था।...संबंधों के इस मोह को तो त्यागना ही पड़ेगा, अन्यथा वे किसी भी अनुचित कृत्य का विरोध नहीं कर पाएँगे।...संबंध और सिद्धांत साथ-साथ नहीं निभते। इन दोनों में से, विभीषण को एक का त्याग तो करना ही पड़ेगा। और जब एक का त्याग करना ही है, तो वे संबंधों का त्याग करेंगे, सिद्धांतों का नहीं।

"वह तो ठीक है।" विभीषण बोले, "हनुमान कोई साधारण हत्यारा नहीं है। वह युद्धवीर है तथा राम एवं सुग्रीव का दूत है। दूत का वध नीति नहीं है।"

"राजाधिराज इस बात को मान जाएँगे क्या?"

"हमें उन पर दबाव डालना चाहिए।"

"दबाव के लिए राजपरिषद में आपका बहुमत होना चाहिए। यहाँ दबाव कौन डालेगा।" अविंध्य ने अपना मुँह बिचकाया। विभीषण को लगा, अविंध्य पहली बार अपनी सहज मुद्रा में आए हैं, "राजाधिराज के मंत्रियों, सामंतों तथा सेनापतियों से तो कोई अपेक्षा ही नहीं है। वे सब या तो राजाधिराज के अंधभक्त हैं अथवा अपना स्वार्थ सिद्ध करने में चतुर—मूर्ख एवं कायर। राजाधिराज ने 'विद्वत् परिषद्' में जिन लोगों को मनोनीत किया है, उनसे आशा की जाती है कि वे अपने स्वार्थों से निरपेक्ष होकर राजाधिराज को उचित एवं न्यायसंगत परामर्श देंगे। किंतु वह कवि है न, उष्णीष!" अविंध्य के चेहरे की वितृष्णा अत्यंत मुखर हो गई, "उससे

तो इस घटना के संदर्भ में मेघनाथ के शौर्य की विरुदावली लिखवा लो। राजाधिराज पर दबाव डालने के लिए उससे मत कहो। वह आजकल राजाधरिाज की प्रशस्तियाँ लिखने में लगा हुआ है। पता नहीं शतक लिखकर ही रुक जाएगा या सप्तशती लिखने का विचार है।'' अविंध्य का स्वर कुछ उदासीन-सा भासित हुआ, ''अब कवियों, मनीषियों और चिंतकों को न्याय कम और राजाधिराज से मिल सकने वाली संभावित वृत्ति, पदवी अथवा पुरस्कार-राशि अधिक दिखाई पड़ने लगी है। ऐसे में वे राजाधिराज की इच्छा के विरुद्ध परामर्श नहीं देते। सत्ता की प्रशस्ति गाते हैं तथा मदिरा एवं नारी में व्यस्त रहते हैं...।''

विभीषण मुसकराए, ''उष्णीष से इतना रुष्ट होने से क्या होगा, मित्र! समाज में रहने वाले ये कवि-मनीषी बड़े दयनीय जीव हैं। जब तक संबंध काव्य से होता है, इनकी वाणी में ओज होता है जिससे उच्च सिद्धांत झरते हैं; किंतु व्यक्तिगत लाभ की संभावना उपजते ही इनके पैर सत्य और न्याय की भूमि से फिसलने लगते हैं। कवि तो वही सौभाग्यशाली है, मित्र! जिसके सम्मुख व्यक्तिगत लाभ की कोई संभावना उठी ही नहीं!''

''तो और कौन इस विषय में आपका साथ देगा! मुझे तो सारी सभा में एक भी व्यक्ति ऐसा दिखाई नहीं देता, जो रावण के विरुद्ध आपका साथ दे।...हाँ, राजकुमार कुंभकर्ण को सभा में लाया जा सके और वे अपना संतुलन बनाए रख सकें, तो बात और है।''

''कुंभकर्ण!''

अविंध्य ने मानो विभीषण के मन में किसी पुराने घाव को छील दिया था। अत्याचारी और अनाचारी रावण का विरोध करते हुए भी विभीषण के मन में बार-बार भ्रातृ-प्रेम और कर्तव्य का द्वंद्व जागता है; और कुंभकर्ण का संपूर्ण जीवन नष्ट करके भी रावण क़भी एक क्षण के लिए भी संकुचित नहीं हुआ।...रावण ने कुंभकर्ण को रोका न भी होता; किंतु उसके मदिरापान के लिए इतनी सुविधाएँ उपलब्ध न कराई होतीं, तो क्या कुंभकर्ण की यह अवस्था होती।...आज कोई भी व्यक्ति किसी भी समय कुंभकर्ण के पास जाए तो या तो वह मदिरा पीकर धुत्त-बेहोश पड़ा होता है, अथवा यदि पी-पीकर अचेत न हो गया हो तो मदिरा पी रहा होता है, तथा मांस खा रहा होता है। उस समय अपने भोजन और मदिरा पीने की लालसा में वह इतना उग्र होता है कि किसी से संतुलित व्यवहार नहीं कर पाता...निरंतर मदिरापान करने वाला व्यक्ति कितनी देर संतुलित व्यवहार करेगा और कितनी देर सचेत रहेगा...आज सारी लंका में प्रसिद्ध है कि कुंभकर्ण छह मास सोता है और एक दिन जागता है; और जिस दिन वह जागता है, उस दिन केवल भक्षण करता है।

इसमें असत्य भी क्या है? प्रजा उसे और क्या कहेगी, जो या तो अचेत पड़ा रहता है, या सचेत होते ही महिष-मांस और मदिरा का भाँड लेकर पुनः अचेत

होने तक अपने खान-पान में जुटा रहता है।

रावण चाहता भी यही है। तभी तो उसने बड़ा भाई होते हुए भी आज तक कभी कुंभकर्ण का इस अनवरत मदिरापान के लिए तिरस्कार नहीं किया; उलटे सदा अबाध मदिरा-आपूर्ति का प्रबंध किया...रावण ने यही शूर्पणखा के साथ किया। पहले उसके प्रेमी विद्युज्जिह्व से उसके विवाह का निषेध कर, उसके प्रति शूर्पणखा की कामना को उग्र से उग्रतर किया। जब शूर्पणखा ने भाई के अनुशासन से विद्रोह कर उससे विवाह कर लिया तो रावण ने उसका वध स्वयं अपने हाथों किया।...पति से उसका आजीवन विच्छेद करा, शूर्पणखा को अपने महामहालय के वासनामय, विलासी वातावरण में रखकर, उसकी वासना की अग्नि को प्रचण्ड रूप देकर, उन्मुक्त विलास की अनुमति के साथ सर्वसत्तासंपन्न बनाकर उसे जनस्थान में भेज दिया। जाने कितने युवकों के यौवन तथा जीवन का भक्षण किया है शूर्पणखा ने।...और जब अपनी इच्छा का एक पुरुष—राम—नहीं मिला, तो उसी से वह अमानुषी हो उठी। असंतुलित, अव्यवस्थित, असहज विकट अमानुषी...पिशाची। क्या अधिकार था राम और लक्ष्मण पर उसका! यदि वे उसे अंगीकार नहीं करना चाहते थे, उनके मन में उसके प्रति प्रेम, वासना अथवा लोलुपता नहीं जागी तो वह पिशाची सीता की हत्या कर, उन वीर तथा सच्चरित्र पुरुषों के साथ बलात्कार करने को उतावली हो उठी...इस सारे परिवार को नष्ट करने के लिए दोषी कौन है? रावण का स्वार्थ तथा अहंकार ही तो। उसने अपने विवेक की हत्या की और स्वार्थ-प्रेरित होकर अपने भाई-बहनों के जीवन का नाश किया...और आज उसका अपना पुत्र उसी के मार्ग पर चलकर, अपने स्वार्थवश अपने पिता को मृत्यु की ओर धकेल रहा है।...सारा वातावरण ऐसा भ्रष्ट हो गया है कि विभीषण की उचित बात भी उन्हें संगत नहीं लगती और रावण की अनुचित बातें भी सबके सिर चढ़कर बोल रही हैं...

"नहीं! कुंभकर्ण से हमें कोई सहायता नहीं मिल सकती। हमें जो कुछ करना है, अपने ही बल पर करना है।" विभीषण का स्वर उदास था।

अविंध्य ने कुछ व्यथित मुद्रा में विभीषण को देखा, "राजकुमार! सारी राजपरिषद् में आप अकेले पड़ जाएँगे।"

"हाँ।" विभीषण ने कुछ चकित भाव से अविंध्य को देखा, "मैं तुम्हारी स्थिति भी समझता हूँ।"

अशोक वाटिका के द्वार पर बंदी कर, राक्षस सैनिकों ने हनुमान को अनेक स्थानों पर भटकाया था। बंदी करने के पश्चात् यद्यपि मेघनाथ ने उन्हें सैनिकों को सौंप दिया था, किंतु किसी-न-किसी रूप में वह निरंतर उनके आस-पास बना हुआ था। हनुमान को कुछ आश्चर्य भी हुआ कि एक साधारण बंदी के लिए लंका

के युवराज को इस प्रकार अपनी निद्रा का बलिदान करने की क्या आवश्यकता है; किंतु शायद मेघनाथ ने उन्हें साधारण बंदी नहीं माना था। साधारण बंदी वे थे भी नहीं—हनुमान समझ रहे थे—उन्होंने अनेक सैनिकों, मंत्रिपुत्रों तथा एक राजपुत्र का वध किया था और साथ-ही-साथ स्वयं को राम का दूत घोषित किया था... किंतु उन्हें बंदी कर लेने के पश्चात् तो युवराज विश्राम कर ही सकता था...

उन्हें बंदी को एक ही स्थान पर क्यों नहीं रखा गया—यह भी वे समझ नहीं पाए।...इन स्थानांतरों की अवधि में ही अंधकार क्षीण होता गया और प्रभात हो गया।...अशोक वाटिका में किए गए फलाहार के कारण भूख अब अपनी कष्टप्रद भूमिका छोड़ चुकी थी—किंतु निद्रा अपना बल दिखाती तो उनका सिर भारी हो जाता था। बार-बार हनुमान की इच्छा होती थी कि वे राक्षस सैनिक उन्हें किसी कारागार में डालकर कुछ क्षण आराम कर लें, ताकि हनुमान भी एक नींद ले सकें...आज का दिन जाने किन परिस्थितियों में बीते और उन्हें कितने बल और उद्यम की आवश्यकता पड़े। ऐसे किसी समय में निद्रा ने अपना प्रभाव दिखाया और उनका मस्तिष्क अथवा शरीर अलसा गया तो ऐसा न हो कि समय पर उन्हें उपयुक्त बात न सूझे अथवा उनकी स्फूर्ति उन्हें धोखा दे जाए...किंतु ये सैनिक थे कि उन्हें टिकने ही नहीं दे रहे थे। पहले आदेश का पालन भर होता कि दूसरा आदेश आ जाता। राक्षस सैनिकों की टोली बदल जाती। हनुमान का स्थान बदल जाता और ऐसे ही किसी नये स्थान पर मेघनाथ पुनः अपनी उपस्थिति का आभास दे जाता।

पता नहीं राक्षसों का कौन-सा अधिकारी इस समय भी अपने कार्यालय में सन्नद्ध बैठा निरंतर सोच रहा था और आदेश देता जा रहा था। क्या ये आदेश स्वयं मेघनाथ ही दे रहा था? और थोड़ी-थोड़ी देर के पश्चात वह स्वयं यह देखने आता था कि उसके आदेशों का पालन हो रहा है या नहीं? पर वह हनुमान को एक स्थान पर टिकने क्यों नहीं देता?...क्या इसलिए कि हनुमान उस स्थान को निरख-परखकर वहाँ से अपने भागने का कोई मार्ग न खोज लें, सैनिक इसलिए बदल दिए जाते थे कि हनुमान उनसे मित्रता न कर लें?...इन राक्षसों की कार्य-पद्धति वे समझ नहीं पा रहे थे...

एक और चिंता हनुमान के मस्तिष्क में अनवरत चल रही थी...उनका बंदी होना एक बात थी, किंतु राक्षसों का यह जान लेना कि उन्होंने सीता से संदेश का आदान-प्रदान किया है—अच्छा नहीं हुआ।...उन्होंने स्वयं ही तो घोषण कर दी थी कि वे राम के दूत हैं। इससे सीता के प्रति राक्षसों का व्यवहार और भी कठोर हो सकता है। वे पहले ही बहुत दुःखी हैं, जाने अब राक्षस उन्हें और क्या-क्या यातनाएँ दें। किंतु हनुमान सर्वथा असहाय थे। इस समय तो वे अपनी रक्षा में भी सक्षम नहीं थे, सीता की रक्षा क्या करते।...उन्हें लग रहा था कि तात्कालिक

रूप से उनकी अपनी मुक्ति सीता की मुक्ति से भी अधिक आवश्यक थी। वे मुक्त नहीं हो पाए तो कौन जाकर राम को सीता का समाचार देगा...

सहसा हनुमान का ध्यान सागरतट पर उनकी प्रतीक्षा में बैठे अपने साथियों की ओर चला गया। वे लोग कब तक उनकी प्रतीक्षा करेंगे? सप्ताह-भर की प्रतीक्षा पर्याप्त है। एक सप्ताह तक हनुमान उनके पास न पहुँचे तो वे लोग समझ जाएँगे कि हनुमान या तो सागर में डूब गए, या राक्षस के हाथों मारे गए, अथवा बंदी बनाकर कारागार या अंधकूप में डाल दिए गए...ऐसे में क्या करेंगे वे? क्या उनमें से कोई और सागर-संतरण का साहस करेगा, अथवा वे लोग वापस किष्किंधा लौट जाएँगे? अंगद यदि सागर-संतरण का साहस करें तो अच्छा ही है...कोई साहस न भी करे, तो भी यदि वे लोग संपाति द्वारा दी हुई सूचना राम तक पहुँचा देते हैं, तो राम अवश्य ही लंका पर आक्रमण करेंगे...

सहसा हनुमान का चिंतन थम गया...वे अब तक केवल आशापूर्ण संभावना के विषय में ही सोच रहे हैं। निराशा की बात तो उन्होंने सोची ही नहीं। यदि कहीं फिर से युवराज अंगद में हताशा का आवेग बढ़ा और उन्होंने निश्चय किया कि वे लोग सीता के संधान में असफल हुए हैं, अतः किष्किंधा नहीं जाना है...तो? यदि यह दल किष्किंधा लौटा ही नहीं तो राम को कौन बताएगा?...बड़ी भूल हुई हनुमान से। सागर-संतरण से पहले उन्हें अपने दल के अन्य सदस्यों के साथ विचार-विमर्श करके, यह निर्णय करके आना चाहिए था कि यदि वे एक निश्चित अवधि में न लौटे तो दल के सदस्यों का क्या कर्त्तव्य होगा...

रक्षक सैनिकों में पुनः हलचल मच गई थी और वे सावधान तथा सन्नद्ध दिखाई पड़ रहे थे। कदाचित् उन्हें फिर से कोई नया आदेश मिला था। अगले ही क्षण मेघनाथ भी वहाँ आ उपस्थित हुआ। सैनिकों की सन्नद्धता का कारण हनुमान की समझ में आ गया था।

मेघनाथ के आदेश से, उसी की संरक्षता में, हनुमान को बाँधकर, पैदल चलाकर तथा स्थान-स्थान पर धकेले और घसीटे जाते हुए, राजसभा में लाया गया। राजसभागार अधिक दूर नहीं था। कदाचित् पहले से ही हनुमान को निकट के किसी भवन में लाकर रखा था। दिन काफी चढ़ आया था; किंतु मार्ग पर अभी भीड़भाड़ अधिक नहीं थी।...हनुमान के मन में रात गए देर तक हाट की चहल-पहल घूम गई। निशाचर लोग उषाकाल में ही कैसे उठ पाएँगे।

किंतु राजसभा के भीतर की स्थिति कुछ और ही थी। सभागार में प्रवेश करते ही हनुमान का ध्यान भवन के उत्कृष्ट स्थापत्य, उसके भव्य अलंकरण तथा सभासदों की भीड़ की ओर एक साथ आकृष्ट हुआ।...वानरों की सीमित साधनों की मर्यादा के होते हुए भी हनुमान ने कुछेक राजप्रासाद तथा राजसभागर देखे थे; किंतु लंका

का यह सभागार तो अद्भुत था। ऐसा कोई भवन तो हनुमान ने देखा ही नहीं था। उसकी शोभा वानरों जैसे अविकसित राज्य के प्रतिनिधि के लिए अविश्वसनीय थी। निश्चित रूप से विश्व-भर का धन लंका की ओर प्रवाहित हो रहा था। अन्य देशों को वंचित करके ही किसी देश का राजसभागार इस प्रकार सुशोभित हो सकता था...सभासदों का तो एक विशाल वन ही था। प्रतिदिन इतने सभासद एकत्रित होते हैं...या इतनी प्रातः इतने सभासद एकत्रित करने के लिए रात-भर कोई कार्यालय कार्य करता रहा होगा...या फिर उनकी कार्य-पद्धति ही भिन्न होगी...अधिक कार्य-कुशल, अधिक सक्षम...

सभा के भीतर आकर, बंदी की रक्षा का भार सैनिकों पर छोड़, मेघनाथ ने स्वयं युवराज-पद के अनुकूल आसन ग्रहण कर लिया था।

रावण ने एक बार दृष्टि उठाकर हनुमान को देखा—वह व्यक्ति तनिक भी सुदर्शन नहीं था। मैला-कुचैला, भूखा और हताश। चेहरे पर न ऊर्जा, न तेजस्विता। जाने कहाँ-कहाँ का धूल-धक्कड़ उसके मुख पर जमा था। शरीर पर आभूषण तो दूर, वस्त्र तक नहीं थे। घुटनों से ऊपर तक की एक मैली-मटमैली धोती, जैसी निर्धन वानर पहना करते थे। इच्छा होती थी कि ऐसे गंदे व्यक्ति को राजसभा में लाने के अपराध में सैनिकों को दण्ड दिया जाए। किंतु इसे बंदी कर मेघनाथ राजसभा में लाया था। पता नहीं युवराज ने इसे नहलाने-धुलाने का आदेश क्यों नहीं दिया?...किंतु इसका शरीर आकर्षक था। ऐसे हृष्ट-पुष्ट तथा कठोर मांसलता वाले शरीर कभी-कभी ही देखने को मिलते हैं। लगता था, इस व्यक्ति ने आवश्यकता से अधिक कभी नहीं खाया तथा शरीर से सदा परिश्रम कर उसे ठोस बनाए रखा है...किंतु चेहरा कहता था कि वह भूखा है और थका हुआ है...सम्भव है कि कुछ खाने-पीने की इच्छा से अशोक वाटिका में जा घुसा हो।...रावण को बताया गया था कि केले खाने के उपक्रम में उसने कुछ वृक्ष भी नष्ट किए थे...

भूखा आदमी चिड़चिड़ा और झगड़ालू हो ही जाता है; किंतु यह व्यक्ति हिंस्र तथा भयंकर था। उसने अनेक सैनिकों तथा राजकुमार अक्ष का वध किया था...हत्यारा। रावण की आँखों में रक्त-लालिमा तथा रक्त-तृष्णा—दोनों ही एक साथ उतर आईं। यह रावण के पुत्र का हत्यारा था। इसके इस सुंदर शरीर के तत्काल टुकड़े कर घृणित जीवों के सम्मुख डाल दिए जाने चाहिए। इसे सभा में अपना पक्ष उपस्थित करने का भी अधिकार नहीं होना चाहिएँ। यह ऐसा जीव नहीं है, जिसे राजसभा में प्रवेश अथवा राजाधिराज से संबोधित होने का अवसर दिया जाए। इसे तो बंदी करते ही नष्ट कर दिया जाना चाहिए था।

किंतु यह सीता से मिला है—रावण के मन में कोई फुफकारा—जाने इसने उसे किस षड्यंत्र का पाठ पढ़ाया है। क्या इसने सीता को यहाँ से निकाल ले जाने की कोई व्यवस्था करने का प्रयत्न किया था?...रावण को लगा, उसका हृदय

नीचे की ओर धसक रहा है।...सीता! जानकी! वैदेही! यह गंदा आदमी उससे वैदेही को छीनने आया था...इसकी हत्या तो होनी ही चाहिए। किंतु यह भी ज्ञात होना चाहिए कि यह कौन है और वैदेही से इसका क्या वार्तालाप हुआ है। इसके मिलने के पश्चात् सीता के वस्त्रों में से रक्षिकाओं ने घास की बनी एक मुद्रिका खोज निकली थी, जिस पर 'राम' अंकित है। क्या है वह मुद्रिका? राम का चिह्न? उसका संदेश? अथवा कोई तांत्रिक यंत्र? उससे सीता को सम्मोहित करने का प्रयत्न किया गया है ताकि वह रावण की ओर उन्मुख न हो, अथवा उसमें रावण के लिए राम द्वारा मारण-यंत्र भेजा गया है?...यह व्यक्ति स्वयं को राम का दूत कहता है। उस कंगले वनवासी का ऐसा ही दूत हो सकता है—गंदा और नंगा।...पर कौन-सी शक्ति है इनमें, जो इन अभावों में भी इनके घुटने नहीं झुकने देती। ये रावण के तलवे नहीं चाटते...वह वैदेही है जिसे रावण का सम्पूर्ण वैभव नहीं जीत सका, न उसे रावण का बल भयभीत कर सका। और यह नंगा और गंदा कंगला खड़ा है, जो इतना वैभव देखकर भी राम को छोड़, रावण की शरण में नहीं आया।...इन लोगों ने सुख को जीत लिया है क्या...ऐसा ही है वह विभीषण भी...उसे सरमा छोड़ दूसरी कोई स्त्री नहीं भाती...किंतु रावण सुख को जीतना नहीं चाहता, उसका भोग करना चाहता है। यह व्यक्ति रावण का सुख छीनने आया था...यह सीता का अपहरणकर्ता और अक्ष का हत्यारा है...

रावण ने अपनी आँखें हनुमान की ओर से हटा लीं और प्रहस्त की ओर देखा, "इससे पूछो, यह कौन है। और यहाँ क्या करने आया है?"

प्रहस्त ने उच्च स्वर में रावण की इच्छा की घोषणा की।

विभीषण के प्राण उनके कानों में समा गए—हनुमान का भविष्य उसके उत्तर पर निर्भर करता था। क्या उत्तर देगा यह व्यक्ति? उनकी आँखें अविंध्य के चेहरे पर जा टिकीं। वे भी बड़ी तन्मयता से हनुमान की ओर देख रहे थे।

हनुमान बोले तो उनका स्वर स्पष्ट, गम्भीर तथा निर्भीक था—

"मैं किष्किंधापति सुग्रीव का सचिव और उनके मित्र भद्र राम का दूत, केसरीपुत्र हुनमान हूँ। मैं भद्र राम की ओर से लंका के राजाधिराज के लिए संदेश लाया हूँ—'राजा का कार्य प्रजा का पालन करना है। यदि राजा पर-स्त्रियों का अपहरण करेगा तो प्रजा की रक्षा कौन करेगा!' लंका के राजाधिराज को चाहिए कि वे आर्य राम की पत्नी को उन्हें ससम्मान लौटा दें और अपने इस पाप-कर्म के लिए आर्य राम के चरणों में क्षमा-याचना करें।"

"वानर!" रावण का अहंकार उसके शोक पर आच्छादित हो गया। वह भूल गया कि हनुमान से सीधे संभाषण की उसकी इच्छा नहीं थी, "अपनी मर्यादा पहचान!"

"मैंने तो अपने राजा के मित्र का संदेश मात्र कहा है, राजाधिराज!" हनुमान बोले, "दूत की मर्यादा उसके राजा की मर्यादा होती है; और मैंने ऐसा कुछ भी

नहीं कहा, जो मेरे राजा की मर्यादा का अतिक्रमण करता हो।"

तुच्छ वानर और दूत की मर्यादा...रावण सोच रहा था...इसे दूत की मर्यादा दी तो उस कंगले निर्वासित राजकुमार को भी राजा की मर्यादा देनी पड़ेगी।

"दूती को चाहिए कि आकर राजसभा में अपना संदेश कहे।" रावण कठोर स्वर में बोला, "उसे रात के अंधकार में राजाधिराज की वाटिका में प्रवेश कर अवरोध-स्थित सीता से वार्तालाप करने की क्या आवश्यकता थी?"

"मैं तो राजसभा में ही आना चाहता था, राजाधिराज!" हनुमान अत्यंत भोले-स्वर में बोले, "किंतु लंका का प्रत्येक प्रहरी मुझे बंदी करने को उद्यत था।...और देवी जानकी मेरे नायक की पत्नी हैं। उनके लिए भी मैं आर्य राम का संदेश लाया था।"

"क्या संदेश?" रावण का हृदय उत्कंठा से फटने-फटने को हो रहा था।

"यदि रावण ने अपनी इच्छा से देवी को ससम्मान मुक्त नहीं किया तो रावण का वध कर देवी को मुक्त कराया जाएगा।"

"वानर!" रावण की आँखें क्रोध से जल रही थीं।

"यही संदेश था, राजाधिराज!" हनुमान के स्वर में रंचमात्र भी भय नहीं था।

"संदेश ही देना था तो मेरे पुत्र का वध क्यों किया?"

"आत्मरक्षा के लिए, राजाधिराज। राजकुमार मेरी हत्या को उद्यत था।"

रावण ने हनुमान के उत्तर पर विचार करने की आवश्यकता नहीं समझी, "इस दुष्ट वानर को बाहर ले जाकर, प्रथम चतुष्पथ पर इसका वध कर इसके शरीर का मांस शवभक्षक पशु-पक्षियों को खिला दो।"

विभीषण धक् रह गए। उन्हें इसी बात का भय था। रावण तर्क नहीं सुनेगा और हनुमान को मृत्युदण्ड दे देगा।

अब?

"राजाधिराज!" विभीषण अपने आसन से उठ खड़े हुए।

रावण ने विभीषण को खड़े होते देखा तो उसका क्रोध एक प्रकार के हठ तथा दुष्ट चातुरी में बदल गया...हनुमान का तर्क सुनना आवश्यक नहीं था, किंतु विभीषण का तर्क तो सुनना ही पड़ेगा। विभीषण बंदी और प्रवासी वानर नहीं हैं, जिसके तर्कों की उपेक्षा कर दी जाए। विभीषण राक्षस वंश का, राजवंश का सदस्य है; राजाधिराज का भाई है, राजसभा का सम्मानित सदस्य है।...और ऐसे विषयों पाकर तो विभीषण रावण का विरोध करेगा ही। उसने प्रत्येक अपहरण के लिए रावण की निंदा की है; सीता के अपहरण के अवसर पर भी राजसभा में उसने राजाधिराज का उद्दण्ड विरोध किया था। वह हनुमान का समर्थन करेगा ही। कल राम लंका में आ जाए, तो यह उसका भी समर्थन करेगा। यह राक्षस कुल-कलंक...क्या इसके

मन में एक बार भी नहीं उठता कि अक्ष इसका भतीजा था? क्या इसने सुख के साथ-साथ ममता को भी जीत लिया है? यह पुत्र सम भतीजे के हत्यारे का पक्ष ले रहा है...नीच...

"'तुम विभीषण के तर्कों से डरते हो।'' उसके मन में बैठा प्रतिरावण हँसा, ''इसलिए तुम पहले से ही विभीषण-विरोधी मन बना बैठे हो। तुम में भी साहस हो और विभीषण की-सी बुद्धि हो तो उनके तर्कों का उत्तर दो।''

''हाँ! दूँगा मैं उसके तर्कों का उत्तर।'' उसने प्रतिरावण को डाँटा, ''अधिक क्रोध न दिला...''

प्रतिरावण ने अट्टहास किया, ''मेरा तर्क नहीं सुन सकते।''

रावण ने कुछ नहीं कहा। बहुत दिनों के पश्चात जागा था प्रतिरावण और बड़े ही अनुपयुक्त समय पर जागा था। विभीषण के रावण-विरोध, पुत्र के शोक, प्रतिशोध के आवेश तथा हनुमान के कारण सीता की संभावित मुक्ति—सबने मिलकर रावण को भंयकर रूप से उद्वेलित कर रखा था...

रावण ने विभीषण की ओर देखा।

''राजाधिराज!'' विभीषण ने अत्यंत संयत और शालीन स्वर में कहा,''यह वानर दूत है और दूत अवध्य होता है।''

''दूत अवध्य होता है।'' रावण क्रुद्ध स्वर में बोला, ''पर वह वधिक भी होता है क्या? मैं दूत को नहीं, राजकुमार अक्ष के हत्यारे को मृत्युदण्ड दे रहा हूँ।''

रावण ने मौन होकर विभीषण की ओर देखा...इच्छा हो रही थी कि वह विभीषण को कसकर फटकारे और कहे, 'नराधम! तुझे अपने भतीजे की हत्या का तनिक भी शोक नहीं है...कल कोई व्यक्ति तेरी पुत्री की हत्या कर देगा, तो क्या रावण उस हत्यारे का पक्ष लेगा?'...पर रावण का अहंकार आड़े आ गया। राजाधिराज रावण, विभीषण से इस प्रकार की करुणा की भीख नहीं माँगेगा। इस समय विभीषण उसका भाई नहीं, सभासद है; तो वह उससे सभासद का-सा व्यवहार करेगा। यदि विभीषण अपना संबंध भूल गया है तो रावण भी उसे याद नहीं दिलाएगा...

''हत्यारे को मृत्युदण्ड उचित ही है।'' विभीषण ने पुनः अपने स्वर को साधा, ''किंतु आत्मरक्षा में किसी का वध करना हत्या नहीं है। युद्ध में शत्रु का संहार वीरता कहलाता है और प्रशंसित होता है।''

''तो तुम्हारा विचार है कि इस नंगे और कंगले वानर की यह ककहर प्रशंसा करूँ कि इसने मेरे पुत्र का वध कर बहुत वीरता का कार्य किया है; उसके लिए मैं इसे पुरस्कृत करना चाहता हूँ?''

विभीषण को लगा, बात इस दिशा में तनिक भी बढ़ी तो रावण असंयत हो उठेगा। उसके उस उन्माद की स्थिति में हनुमान की रक्षा नहीं हो सकेगी।

''नहीं, राक्षसराज!'' विभीषण का स्वर धीमा हो गया, ''यह मैं कैसे चाहूँगा!

मैंने तो एक साधारण-सी नीति की बात कही है। दूत अवध्य होता है। उसके लिए अन्य कोई दण्ड प्रस्तावित किया जा सकता है। कारावास अथवा अंग-भंग ...वध ही करना हो तो उनका किया जाए, जिन्होंने इस दूत को भेजा है।''

''बोल! बोल! दे उत्तर।'' प्रतिरावण पुनः जाग उठा था, ''वध करना है तो उनका कर, जिन्होंने इसे भेजा है।''

पर इस बार रावण तनिक भी व्यग्र नहीं हुआ ! वह मन-ही-मन मंद-मंद मुसकान पीता रहा और विभीषण तथा प्रतिरावण को इस भाव से देखता रहा, जैसे वे अबोध बच्चे हों ओर समझ नहीं पा रहे हों कि वे जिसे चेतावनी दे रहे हैं, वह उनसे कहीं अधिक क्षमतावान है।

''तुम्हारी ही बात रही, विभीषण!'' रावण के मुख पर एक धूर्त मुसकान उभरी, ''मैं तुम्हारे भतीजे के हत्यारे को प्राणदण्ड नहीं दे रहा, क्योंकि वह किसी का दूत है। अपने बेटे तथा सैनिकों के हत्यारे को मैं प्राणदण्ड नहीं दे रहा, ताकि राक्षसराज को कोई नीतिविहीन न कहे...पर मैं उसे दण्डित अवश्य करूँगा।''

विभीषण ने उत्कंठित रावण की ओर देखा—कौन-सा दण्ड प्रस्तावित होगा?

रावण के अधरों पर विषैली मुसकान थी, ''तुमने कहा है कि दोषी पाए जाने पर दूत को कारावास का दण्ड दिया जा सकता है। मैं उसे कारावास का भी दण्ड नहीं दे रहा।''

विभीषण समझ रहे थे कि उदारता की आड़ में रावण कोई निहित दुष्टता करने जा रहा है...

''तुमने अंग-भंग को नीतियुक्त कहा है, पर मैं उसका वास्तविक अंग-भंग भी नहीं कर रहा।'' रावण रुका, ''उसे केवल प्रतीकात्मक दण्ड दिया जाएगा, जैसा कि उस कंगले राजकुमार के छोटे भाई ने शूर्पणखा को दिया था।''

विभीषण रावण की ओर देख नहीं सके। उन्होंने हनुमान की ओर देखा—किस धैर्य से खड़ा है यह वानर, जैसे यह दण्ड किसी और के लिए प्रस्तावित हो रहा हो।

''यह वानर है तो इसकी पूँछ भी होनी चाहिए।'' विभीषण को देखकर रावण दुष्टतापूर्वक मुसकराया, ''इसलिए वस्त्रों तथा ज्वलनशील पदार्थों से इसकी एक पूँछ बनाकर, इसे पहले वास्तविक वानर का रूप दिया जाए; और जब यह वास्तविक वानर बन जाए तो इसे लंका के गली-मुहल्ले, चतुष्पथों-बाजारों में घुमाकर लंका की जनता को इसके दर्शन कराए जाएँ और जब सब लोग इसका वास्तविक वानर रूप भली-भाँति देख लें तो इसकी पूँछ पर अच्छी प्रकार तेल छिड़ककर उसे आग लगा दी जाए।'' रावण ने थमकर विभीषण की ओर देखा, ''कोई बात नीति-विरुद्ध तो नहीं हुई, धर्मात्मा विभीषण?''

विभीषण ने रावण की ओर देखा—कैसा धूर्त है यह रावण! कह रहा है कि

मैं केवल प्रतीकात्मक दण्ड दे रहा हूँ और इसने हनुमान की मृत्यु का पूरा प्रबंध कर दिया है। पूँछ के बहाने हनुमान के शरीर को घी-तेल सने वस्त्रों में लपेटकर उसे आग लगा दी जाएगी, ताकि या तो वह उस अग्नि में जल मरे अथवा उसका शरीर इतना झुलस जाए कि वह पूर्णतः पंगु होकर मृत्यु से भी भयंकर यातना सहे...पर अब रावण का विरोध नहीं हो सकता था। उसने विभीषण को उन्हीं के वचनों में बाँध दिया था..

"लंकेश्वर का निर्णय नीतियुक्त है।"

"ले जाओ इसे।" रावण का स्वर अब भी आक्रोश-शून्य नहीं था, "लंका की कोई गली न छूटे, जहाँ के निवासी इसका वास्तविक वानर रूप न देख लें।...और पूँछ भी इतनी लंबी बनाना, जिसमें अग्नि धधककर जले।"

4

हनुमान ने सारी कार्यवाही धैर्यपूर्वक देखी और सुनी थी। स्वयं उनके अपने लिए समझना कठिन था कि उनके मन में क्या-क्या घटित हुआ था। एक बार तो ऐसा लगा था कि जैसे वे सर्वथा संवेदनशून्य ही हो गए हैं। उनके सम्मुख उनके मृत्युदण्ड का आदेश दिया जा रहा है और वे उससे प्रभावित ही नहीं हो रहे। उनके मन में कोई प्रतिक्रिया ही नहीं हो रही...क्या वे अपनी मृत्यु के भय से जड़ हो गए थे? नहीं! इस प्रकार के भय का अनुभव उन्होंने नहीं किया था। कदाचित् मस्तिष्क यहाँ आकर रुक गया था कि अधिक-से-अधिक मृत्युदण्ड ही तो मिलेगा...या मन मृत्युदण्ड के लिए प्रस्तुत हो गया था...

हनुमान के लिए उस क्षण अपने मन का विश्लेषण करना कठिन हो रहा था।...पर अब मन उस जड़ावस्था से बाहर निकल आया था। वह सोचने-समझने लगा था...हनुमान समझ रहे थे कि विभीषण ने उन्हें बचा लिया था।...अशोक वाटिका में देवी वैदेही ने उन्हें बताया था कि विभीषण तथा अविंध्य उनकी रक्षा के लिए प्रयत्नशील हैं। पर विभीषण का सारा व्यवहार बता रहा था कि वे केवल देवी वैदेही की सुरक्षा के लिए ही सचेष्ट नहीं थे; वे सिद्धांततः रावण के इन कृत्यों के विरोधी थे और उसके अन्याय और अत्याचार के भरसक प्रतिकार के लिए व्यवहारिक रूप से सक्रिय थे। विभीषण ने हनुमान को बचा लिया था...

पीछे से किसी ने हनुमान को धक्का दिया, "चल!"

हनुमान के पग उठे, किंतु उनकी दृष्टि विभीषण पर टिक गई। विभीषण उन्हीं की ओर देख रहे थे। उनकी आँखें कितनी वाचाल थीं इस समय। कितना कुछ एक साथ ही कह रही थीं...कितनी करुणा थी उनमें, सद्भावना और चेतावनी भी...

सभागार से बाहर निकलकर हनुमान ने स्वयं को एक नये लोक में पाया। रावण, मेघनाथ, विभीषण तथा अन्य लोग पीछे छूट गए थे। अब हनुमान थे और राक्षस सैनिकों का पूरा एक गुल्म। हनुमान के शरीर में केवल उनके पैर ही मुक्त थे, जिनसे वे चल पा रहे थे; अन्यथा सारा शरीर रस्सियों से जकड़ा हुआ था। रस्सियों के अनेक फँदों ने उनके शरीर को कस रखा था, जिनके सिरे उनके पीछे-पीछे चल रहे सैनिकों के हाथों में थे। टुकड़ी का नायक उनके साथ-साथ चल रहा था और लगातार कोई-न-कोई आदेश देता चल रहा था। हनुमान को लगा कि वे रथ में जुते घोड़े के समान हैं, जो सारथी की अनुमति से केवल निर्देशित दिशा में भाग सकता है...

सहसा उनकी कल्पना में विदा के समय विभीषण की आँखों में जागा भाव पुनः साकार हो आया। लगा, हनुमान जो तब नहीं समझे थे वह अब समझ रहे हैं। कितना खुलकर कह रही थीं विभीषण की आँखें, "हनुमान! मैंने तेरे जीवन की रक्षा कर दी है। अब यह तेरी बुद्धि पर निर्भर है कि तू इन सैनिकों से मुक्त हो सकता है, या इनके हाथों मारा जाता है...।"

हनुमान का मस्तिष्क उल्लास से जगमगा उठा—अभी तक कुछ नहीं बिगड़ा था...

एक बार हनुमान के मन में आया कि वे यदि अकस्मात् वेगपूर्वक भाग निकलें तो ये रस्सियाँ इन सैनिकों के हाथों से निकल जाएँगी और वे मुक्त हो सकेंगे ...किंतु अगले ही क्षण उन्होंने यह विचार भी त्याग दिया।...उनके पैर मुक्त थे किंतु भुजाएँ तथा शरीर बँधा हुआ था। सैनिकों ने बाणों का प्रहार किया तो वे क्या करेंगे?...और दिन का समय था। चारों ओर आवागमन सघन हो रहा था। और सैनिक बुलाने तथा बद्ध हनुमान को घेरकर पकड़ने में उन्हें कितना समय लगेगा?

सैनिक उन्हें निर्विघ्न चलने नहीं दे रहे थे। थोड़ी-थोड़ी देर के पश्चात् वे उन्हें धक्का अथवा ठोकर मार देते थे। कभी-कभी हाथ में पकड़ी रस्सियों के सिरों से वे कशा का काम लेते थे। मारने का कोई विशेष कारण हनुमान की समझ में नहीं आया। चलने की गति अथवा मुड़ने की दिशा से उसका कोई संबंध नहीं था। अपना अधिकार अथवा आक्रोश दिखाने के लिए अपनी इच्छानुसार वे अपना हाथ अथवा हाथ में पकड़ी रस्सी फटकार देते थे। कदाचित् यह हनुमान को अपमानित करने अथवा रात के युद्ध का प्रतिशोध लेने के लिए भी हो सकता था।

सैनिकों ने अब स्थान-स्थान पर रुककर घोषणाएँ करनी आरम्भ कर दी थीं। अपनी घोषणाओं में वे हनुमान के अपराध तथा रावण द्वारा दिए गए दण्ड के आदेश क़ा प्रचार कर रहे थे। राह चलते लोग अब केवल रुक-रुककर उन्हें देख ही नहीं रहे थे, कुछ लोग उनके साथ-साथ चलने भी लगे थे। साथ लगी भीड़ में बालकों

तथा किशोरों की ही संख्या अधिक थी। एक-आध वृद्ध भी यदा-कदा थोड़ी दूर तक साथ चल लेता था। युवक तथा प्रौढ़ लोग घोषणाएँ सुनकर अपनी राह चले जाते थे। कदाचित् इस कौतुक के लिए उनके पास समय नहीं था।

"घोषणा क्या कर रहे हो।" एक मनचला बोला, "इसकी पूँछ बनाओ भी तो। राजाधिराज ने आदेश दे दिया और तुम उस आदेश की घोषणा करते फिर रहे हो। उसका पालन कौन करेगा?"

"पालन भी करेंगे!" नायक ने कुछ उग्र स्वर में कहा; किंतु स्पष्ट था कि मन-ही-मन वह अपनी भूल स्वीकार कर रहा था।

अगले ही मोड़ पर वे हनुमान को एक दण्डधर चौकी में ले गए।

चौकी के अधिकारी ने नायक की बात सुनी और बिफर गया, "वे तो आदेश देकर भूल गए; अब हम उसके पालन के लिए वस्त्र कहाँ से लाएँ? यह दण्डधर चौकी है, राजाधिराज का भण्डारगृह नहीं।"

गुल्म का नायक कुछ क्षणों तक चुपचाप कुछ सोचता रहा, फिर धीरे-से बोला, "दण्डधरों के परिवारों के पास फटे-पुराने कुछ वस्त्र तो होंगे ही। जिन अपराधियों को निगड़बद्ध करते हो, उनके वस्त्र भी तो उतारकर इधर-उधर कर देते हो। उन्हें तुम राजाधिराज के भण्डारगृह में जमा करवाने तो नहीं जाते।"

अधिकारी ने वितृष्णा से मुख बिचकाया, पर कुछ वस्त्र मँगा ही दिए। उन्होंने हनुमान की कमर में एक रस्सी बाँधी और उसे बटकर उस पर पुराने वस्त्र लपेट उनकी दुम बना दी। इस बार जब वे बाहर निकलकर चौराहे पर आए तो लोगों के लिए हनुमान एक विदेशी बंदी वानर मात्र नहीं थे—अब वे मनोरंजन की एक वस्तु हो गए थे। अपने मनोरंजन में क्रमशः वह भीड़ क्रूर हो उठी थी। जब-तब कोई व्यक्ति ढेला दे मारता था। कोई बहुत निकट आ गया व्यक्ति पीछे से थप्पड़ अथवा मुक्के का प्रहार भी कर देता था।

सहसा एक मनचला आकर हनुमान के ठीक सामने खड़ा हो गया, जैसे किसी अद्भुत वस्तु का निरीक्षण कर रहा हो। सैनिकों को भी किसी लक्ष्य तक पहुँचने की जल्दी नहीं थी। उन्हें तनिक भी आपत्ति नहीं थी कि दर्शक हनुमान के साथ कैसा व्यवहार करते हैं। दर्शक यदि उनके साथ दुर्व्यवहार करते थे और उन्हें आगे बढ़ने से रोकते थे, तो उन्हें और भी सुविधा होती थी। उनका भी मनोरंजन होता था और आगे बढ़कर घोषणा करने की भी आवश्यकता नहीं होती थी...और यह मनचला तो अपनी वेशभूषा से कोई अत्यंत समृद्ध व्यक्ति मालूम हो रहा था।

उस मनचले ने हनुमान की परिक्रमा भली प्रकार की, उन्हें अच्छी प्रकार निरखा-परखा और नायक से बोला, "इतना बड़ा वानर और इतनी छोटी-सी पूँछ?"

हनुमान समझ नहीं पाए कि वे इस विद्रूप के लिए मनचले से रुष्ट हों, या उसके निरीक्षण की प्रशंसा करें।

नायक ने भी मनचले की ओर कुछ मिश्रित भाव से देखा, "ठीक कहते हो, युवक! बड़े वानर की पूँछ बड़ी ही होनी चाहिए, यद्यपि प्रकृति का यह अनिवार्य नियम नहीं है।"

"प्रकृति का नियम न सही। अनुपात भी तो कोई वस्तु है।" वह बोला, "सौंदर्यबोध का तो कुछ विचार किया होता।"

इस बार नायक कुछ रुष्ट स्वर में बोला, "कहते तो ठीक हो; पर हमें केवल आदेश मिला है, आदेश पूरा करने के उपकरण नहीं मिले। वस्तु कहाँ है, जिनसे तुम्हारी अपेक्षानुकूल पूँछ बनाई जा सके?"

मनचले की इच्छा इतने पर ही अवरुद्ध नहीं हुई।

"अच्छे राजा को आदेश देने चाहिएँ और अच्छी प्रजा को उसका पालन करना चाहिए।" वह बोला, "इसी से तो राजा के प्रति प्रजा की निष्ठा प्रमाणित होगी।"

"निष्ठा तो ठीक है," नायक बोला, "पर राजा के प्रति अपनी निष्ठा जताने के उपक्रम में इसकी पूँछ बनाने के लिए मैं अपनी पत्नी की साड़ियाँ जला दूँगा तो मेरी पत्नी मुझे जीवित जला देगी।"

"तुमसे कुछ नहीं बनेगा।" मनचले ने रोष का-सा अभिनय किया, "राजा से भी डरते हो और अपनी पत्नी से भी। तुम विभाजित निष्ठा के रोगी हो!"

मनचला रुक गया। उसने घूमकर चारों ओर घिर आई भीड़ को देखा। हनुमान ने भी उसकी बातों से मुक्त होकर जैसे पहली बार लोगों को भी देखा और उस स्थान को भी। चारों ओर ऊँची-ऊँची अट्टालिकाएँ थीं। कोई अत्यंत समृद्ध मुहल्ला प्रतीत होता था। लोगों की वेशभूषा भी इसी प्रकार के प्रमाण प्रस्तुत कर रही थी...किसी को कहीं आने-जाने की जल्दी भी नहीं थी। सबको अवकाश था और सब मनोरंजन के लिए आ जुटे थे...हनुमान के मन में आया कि इस बद्धावस्था में भी वे अपने पैरों के प्रहारों से इन दुष्टों को समझा दें कि अपने जैसे मनुष्य के साथ पशु का-सा व्यवहार करने का क्या परिणाम होता है।...किंतु उनके विवेक ने उन्हें रोका। कदाचित् यह आक्रोश भी उनकी भूख और निद्रा का ही परिणाम था...अशोक वाटिका में भी भूख और निद्रा के ही वश में होकर वे इस अपमानजनक स्थिति को पहुँचे थे। इस बार चूक हो गई तो इससे भी अधिक दुर्गति होगी। उन्हें अपनी इस कष्टप्रद तथा अपमानजनक स्थिति में धैर्य नहीं खोना चाहिए। मुक्ति के अवसर बार-बार नहीं आते...

चारों ओर खड़े लोगों को आँखों-ही-आँखों में परखकर मनचले ने ललकारा, "क्यों लंकावासियो! तुम लोग अपनी राजनिष्ठा का प्रमाण नहीं दोगे? राजाज्ञा को पूर्ण करने के साधन नहीं जुटाओगे? क्या हम लोग दो-दो, चार-चार वस्त्रों का भी त्याग नहीं कर सकते कि इस वानर को वास्तविक वानर बनाकर, इसे जीवित जलाया जा सके। तनिक गंभीरता से देखो कि इतना सस्ता मनोरंजन अन्यत्र सम्भव है

क्या? दो-चार वस्त्र देकर एक जीवित मनुष्य के जलने का दृश्य देखना—ऐसी क्रीड़ा इतने कम मूल्य में हो सकती है क्या?..."

मनचले की बात ने अनेक लोगों की जड़ता को तोड़ा। अनेक लोग एक साथ ही बोल पड़े।

मनचला फिर उच्च स्वर में बोला, "हमें राजाधिराज का संकेत और अभिप्राय समझना चाहिए। वे चाहते तो इस वानर का तत्काल वध करवा सकते थे। किंतु उन्होंने अपने प्रजाजनों के मनोरंजनार्थ इसे हमें सौंप दिया है। कितना उदार मन है हमारे राजाधिराज का। कितना संयम! अपने बेटे के हत्यारे का वध करने के लोभ का संवरण कर गए और हमारे मनोरंजनार्थ हमें एक जीवित प्राणी सौंप दिया। आप थोड़े-थोड़े वस्त्रों का त्याग करें और फिर आँच में जीवित मानव-मांस के भुनने की गंध लें, इसके रक्त का वाष्प बनता देखें, इसकी हड्डियों को भस्म होते देखें। और इस सारी प्रक्रिया में जब इसकी बोटी-बोटी तड़पेगी, आप इस पर ईंट-पत्थरों का प्रहार कर सुख लूटें।"

कैसी वीभत्स कल्पना है—हनुमान सोच रहे थे—ये भी मनुष्य हैं क्या? पशु भी इतना क्रूर नहीं होता। वह अपना पेट भरने के लिए जीव-हत्या करता है। ये अपने मनोरंजन के लिए अपने ही जैसे एक मनुष्य को यातनापूर्ण मृत्यु देना चाहते हैं...इन्हें मनुष्य कहलाने का कोई अधिकार है क्या...जिन मनुष्यों को किसी को पीड़ा में देखते ही तड़पकर उसकी सहायता को पहुँचना चाहिए, वे मनुष्य अपने मनोरंजन के लिए जीवित मांस जलाएँगे...हनुमान अब तक जिसे एक राह चलता मनचला समझ बैठे थे, उसका यह पाशविक रूप रह-रहकर उनका रक्त जला रहा था...

किंतु राक्षसों की भीड़ ने उस मनचले की बात को बहुत गंभीरतापूर्वक ग्रहण किया था। आस-पास की अट्टालिकाओं से विविध प्रकार के वस्त्रों और परिधानों की वर्षा होने लगी थी। उन वस्त्रों को देख-देखकर हनुमान की आँखें फटती जा रही थीं। वे वस्त्र न तो साधारण सूती वस्त्र थे और न ही घिसे हुए अथवा फटे-पुराने थे। बहुमूल्य तथा बढ़िया प्रकार के वस्त्रों का वहाँ ढेर लग गया था...हनुमान उदास दृष्टि से देख रहे थे—इन सारे वस्त्रों से उनकी पूँछ बनाई जाएगी और फिर उस पूँछ को आग लगा दी जाएगी...हनुमान के प्राण तो उनके शत्रु के दूत के प्राण हैं; किंतु ये वस्त्र तो उनके अपने हैं। कैसे लोग हैं ये...अपने ही धन को इस निर्दयता से फूँक रहे हैं...कहीं इतने सारे वस्त्र किसी निर्धन वानरयूथ में बाँट दिए जाते तो उनका महोत्सव हो जाता।...और तो और, इन वस्त्रों को देखकर किष्किंधा के धनाढ्य वर्ग की लार भी टपकने लगेगी। किष्किंधा में ऐसे महीन, कोमल और सुंदर वस्त्र नहीं बनते थे...हनुमान कल्पना कर रहे थे...यदि इन वस्त्रों का ऐसा ही एक ढेर किष्किंधा के मुख्य चतुष्पथ पर लगा दिया जाता तो बड़े-बड़े सामंत

तथा उनकी पत्नियाँ इन वस्त्रों को उठाकर ले जाते और बड़े अभिमान के साथ उन्हें धारण करते...

किंतु सहसा हनुमान का भाव बदला...ये लोग मनुष्य नहीं हैं, ये राक्षस हैं। अपने विलास के लिए ये इन दुर्लभ वस्त्रों को अग्निसात कर सकते हैं, किंतु किसी निर्धन का तन ढकने को इन वस्त्रों का त्याग नहीं कर सकते। सचमुच अपने 'स्व' तक सीमित हो जाने वाला व्यक्ति स्वार्थी और अहंकारी ही नहीं, राक्षस हो जाता है, राक्षस। अपनी एक सनक के पीछे स्वर्ण-मुद्राएँ बहा सकता है और दूसरे के प्राण बचाने के लिए एक कौड़ी नहीं दे सकता...वैसे भी यह धन उन्होंने अपने श्रम से उत्पन्न नहीं किया था। यह लूट और शोषण से प्राप्त किया गया धन था। उसको इस प्रकार फूँकने में उन्हें क्या पीड़ा हो सकती थी...

उन लोगों ने हनुमान की उस कृत्रिम पूँछ को बढ़ाने का कार्य आरम्भ कर दिया था। हनुमान ने कुछ अतिरिक्त रुचि से देखा कि नायक तथा अन्य सैनिक पृष्ठभूमि में सुस्ता रहे थे; और भीड़ ने सक्रिय होकर रावण के आदेश पालन का कर्त्तव्य अपने हाथ में ले लिया था। अब यह सारा प्रसंग पूर्णतः असैनिक हो उठा था। सैनिक अनुशासन के स्थान पर अब भीड़ की मनोवृत्ति काम कर रही थी. ..पूँछ लम्बी से लम्बी होती जा रही थी। उसके आकार के साथ-साथ उसका रूप भी सुदर्शन होता जा रहा था। उसमें इतने प्रकार के विभिन्न रंगों के वस्त्र लगे थे कि हनुमान द्वारा अब तक देखी गई समस्त वस्तुओं में वह सबसे अधिक रँगीली वस्तु हो गई थी।...किंतु साथ-ही-साथ बड़ी होती जाने के कारण उसका सिरा उनके शरीर से बहुत दूर चला गया था और हनुमान सोच रहे थे कि यदि इस पूँछ को उनके शरीर के चारों ओर लपेटकर आग लगाई गई तो उनके प्राण अधिक देर नहीं बचेंगे; किंतु यदि रस्सी के समान दूर तक फैली इस पूँछ के एक सिरे पर आग लगा दी गई तो उनकी विशेष हानि होने की संभावना नहीं है। पूँछ बनाने की इस प्रक्रिया में सैनिकों ने वे रस्सियाँ भी छोड़ दी थीं, जिनके फँदों में हनुमान बँधे थे...यह उनकी मुक्ति का बहुत अच्छा संयोग हो सकता था...

मनचले ने दृष्टि भरकर इस नवनिर्मित पूँछ को देखा और संतुष्ट होकर भीड़ से पूछा, "क्यों, मित्रो! अब ठीक है?"

"अब तो पूँछ वानर से भी बड़ी हो गई है।" किसी ने कहा।

"तो लाओ अब तेल।"

"इतनी लम्बी पूँछ को स्नेहयुक्त करने के लिए काफी तेल चाहिए होगा।" मनचला बोला, "मैं पाँच कनस्तर तेल दूँगा..." वह पलटा, "जा बे, पाँच कनस्तर तेल ले आ।" उसने भीड़ में किसी को आदेश दिया।

तभी एक अत्यंत स्थूलकाय और घनी मूँछों वाला व्यक्ति भीड़ में से आगे आ गया, "पाँच-सात कनस्तरों का काम नहीं है, मित्रवर। इस वानर को इसकी

पूँछ के साथ धकियाकर मेरे भण्डारगृह तक ले चलो। इस विकट क्रीड़ा के लिए सौ-दो सौ कनस्तर तेल मैं दे दूँगा।''

हनुमान स्तंभित-से खड़े उनकी बातें सुन रहे थे। एक व्यक्ति को जीवित जलाना उनके लिए क्रीड़ा थी; और वह इतनी मनोरंजक थी के उसके लिए यह व्यक्ति सौ-दो सौ कनस्तर तेल निःशुल्क दे सकता था...दो सौ कनस्तर तो सारी किष्किंधा की आवश्यकताओं के लिए सप्ताह-भर के लिए पर्याप्त थे...

''हाँ। यह ठीक है।'' मनचला व्यक्ति बोला, ''सेठ तिक्तजिह्व ने बहुत मीठी बात कही है; किंतु मेरे पाँच कनस्तर तो आएँगे ही। अन्य लोग भी जो योगदान करेंगे, उसे अस्वीकार नहीं किया जाएगा।''

''मुझे कोई आपत्ति नहीं।'' स्थूलकाय सेठ तिक्तजिह्व ने सेना के नायक को संकेत किया।

लम्बी पूछ में बँधे-से हनुमान की यात्रा पुनः आरम्भ हुई। किंतु यह यात्रा लम्बी नहीं थी। हनुमान के लिए सुखद आश्चर्य यह था कि राक्षसों ने उन्हें यह विराटकाय, भारी-भरकम कृत्रिम पूँछ घसीटने के लिए बाध्य नहीं किया। जाने क्यों पूँछ को भीड़ ने स्वयं ही घसीटकर ले जाना उचित समझा।

इस बार जिस वीथि में वे लोग मुड़े थे, वह इसी प्रकार के भण्डार-गृहों की गली प्रतीत होती थी। खुले फाटकों के माध्यम से हनुमान ने विस्तृत अहातों में विभिन्न प्रज्वलनशील पदार्थों के भण्डार देखे थे। कहीं सहस्रों की संख्या में तेल के कनस्तर थे और कहीं ईंधन की सूखी लकड़ी के पर्वताकार ढेर लगे हुए थे। कहीं विस्फोटक पदार्थों की गंध आ रही थी। एक स्थान पर हनुमान को कपास के बोरों के भी ढेर दिखाई दिए...कदाचित् यह इसी प्रकार की वस्तुओं के व्यापार की मंडी रही होगी...

सहसा हनुमान की चेतना ऊर्ध्वमुखी होकर जाग खड़ी हुई—उस क्षेत्र में लाकर वे मूर्ख हनुमान की उस पूँछ को आग लगाना चाहते हैं। इन्हें क्या अग्निकाण्ड का तनिक भी भय नहीं है? या इस समय अपने राक्षसी सुख के विध्वंसक उन्माद में यह भूल गए हैं कि वे जो क्रीड़ा करने जा रहे हैं, वह उनके लिए भी कितनी घातक हो सकती है...

हनुमान को लगा, यह उनकी मुक्ति का अद्‌भुत अवसर था...इससे चूक जाना भयंकर भूल होगी और फिर हनुमान के लिए सिवाय चुपचाप यातनापूर्ण मृत्यु का आलिंगन करने के और कोई मार्ग शेष नहीं रहेगा...किंतु साथ ही हनुमान अनिद्रा और भूख से अर्द्ध-विक्षिप्त अपनी चेतना और थके हुए शरीर की ओर से भी सशंक थे...

सेठ तिक्तजिह्व ने हनुमान को एक खुले स्थान में खड़े करने का संकेत कर अपने दासों को तेल के कनस्तर लाने का आदेश दिया। दासों ने कनस्तर खोलकर

हनुमान के निकट लेकर रखे तो भीड़ में एक हिंस्र उन्माद छा गया। तब तक मनचले द्वारा मँगाए गए पाँच कनस्तर भी आ गए थे। अन्य लोगों का योगदान भी पहुँचना आरंभ हो गया था...फिर भीड़ को जैसे पागलपन का दौरा पड़ा। अब किसी पर किसी का नियंत्रण नहीं था। जिसके मन में जैसे आ रहा था, वह वैसे ही तेल से हनुमान की वस्त्र-निर्मित कृत्रिम पूँछ को भिगो रहा था...और सहसा बिना किसी योजना के पूँछ को अनेक स्थानों पर आग लगा दी गई।

हनुमान खड़े-खड़े वह संहारलीला देखते रहे। वस्त्रों तथा रुई की बटी हुई वह रस्सी, जिसे वे लोग हनुमान की पूँछ कह रहे थे, अनेक स्थानों से पूरी प्रचण्डता के साथ जल रही थी और हनुमान के शरीर को अभी उसकी आँच भी नहीं लगी थी।...उनका शरीर अब भी रस्सियों से बँधा था; अन्यथा वे मुक्त थे। सहसा हनुमान एक प्रचण्ड हुँकार के साथ स्वयं ही अग्नि की ओर बढ़े, जैसे उसमें कूदने जा रहे हों...राक्षसों की भीड़ ने जोर की हर्ष-ध्वनि की।

हनुमान ने एक ही धक्के में तेल के बीसियों कनस्तर लुढ़का दिए। आसपास खड़ी भीड़ समझ नहीं पाई कि वे क्या करने जा रहे हैं। किंतु उन्हें समझने में अधिक देर नहीं लगी।...हनुमान ने आग से बचने का अभिनय करते हुए, भयंकर भाग-दौड़ मचाई और विभिन्न स्थानों पर गिराए गए तेल तक जलती हुई पूँछ पहुँचा दी। उस बाड़े में अनेक स्थानों पर छोटी-बड़ी अग्नियाँ प्रज्वलित हो गई थीं और भीड़ में से अनेक सशंक भी हो उठे थे।

''यह वानर मेरा भण्डारगृह न जला डाले।'' सेठ तिक्तजिह्व ने अजाने ही कहा।

''वह आग से बचने के लिए तड़पता फिर रहा है, आप समझ रहे हैं कि वह गोदाम में आग लगा रहा है।'' मनचला बोला, ''और एक जीवित व्यक्ति के जलने का तमाशा देखने के लिए एक भण्डारगृह का फुँकना बहुत महँगा है क्या?''

तिक्तजिह्व की चिन्ता कम नहीं हुई। उसने उच्च स्वर में अपने दासों तथा कर्मचारियों को, तेल को अग्नि से दूर रखने के आदेश देने आरम्भ कर दिए।

कुछ लोग जलते हुए हनुमान को देखने के लिए उचक-उचककर आगे आने का प्रयत्न कर रहे थे; कुछ लोग आग से दूर रहने के लिए पीछे हट रहे थे। तिक्तजिह्व के कर्मचारी अलग भाग-दौड़ मचाए हुए थे...यह धक्का-मुक्की, घबराहट और असावधानी का वातावरण हनुमान को अपने अनुकूल लग रहा था। वे आग से बचने का अभिनय करते हुए बार-बार सायास आग के पास जा रहे थे...उनके उस अभिनय को देखकर दर्शकों में अनेक लोग खिलखिलाकर हँस रहे थे...

दो-चार चक्करों में ही हनुमान ने अनुभव किया कि उनके शरीर पर बँधी रस्सियाँ आग से झुलसकर ढीली पड़ चुकी थीं। शरीर भी कुछ स्थानों पर झुलस गया था और आँच का ताप अनुभव कर रहा था; किंतु कोई गम्भीर क्षति नहीं हुई

थी। उन्होंने बल-प्रयोग किया तो रस्सियाँ अपने स्थान से सरकती मालूम पड़ीं और अगले ही क्षण उनके हाथ मुक्त हो गए थे। हनुमान ने निमिष-भर भी समय नहीं खोया। अपने शरीर की रस्सियाँ खोलीं; कृत्रिम पूँछ को अपने शरीर से अलग कर, उसका एक सिरा हाथ में पकड़, उसे हिलाते हुए वे राक्षसों की भीड़ पर लपके। लगा, जैसे एक विशाल अग्नि-सर्प राक्षसों की भीड़ पर चढ़ दौड़ा हो। भीड़ में विकट हलचल हुई और अनेक लोगों के कंठों से चीत्कार फूट पड़ा। हनुमान अनुमान लगा रहे थे कि कुछ लोग आग से डर गए होंगे, कुछ लोग भीड़ के धक्के से गिर गए होंगे...हो सकता है कि कोई किसी के पैरों तले आकर कुचला भी गया हो ...एक कोने में वह स्थूलकाय तिक्तजिह्व विक्षिप्त-सा मुँह बाए खड़ा था...

हनुमान ने अनुभव किया कि उनके शत्रुओं ने अपनी मूर्खता में न केवल उन्हें पूर्णतः मुक्त कर दिया था, वरन् इस अग्निदग्ध कृत्रिम पूँछ के रूप में उनके हाथ में एक सशक्त और प्रभावकारी शस्त्र दे दिया था। वे विस्फोटक और प्रज्वलनशील पदार्थों के भण्डारों के बीच में खड़े थे।...कदाचित् अभी राक्षसों को इस स्थिति की भयावहता का आभास भी नहीं था।

हनुमान ने उस अग्निपुंज के साथ बार-बार भीड़ पर झपटने का अभिनय किया और जब उन्हें लगा कि लोगों की घबराहट इतनी बढ़ गई है कि वे उन्हें बंदी करने के स्थान पर अपनी सुरक्षा के लिए अधिक चिंतित हो उठे हैं, तो हनुमान ने पूँछ का एक बड़ा-सा जलता हुआ टुकड़ा तेल के कनस्तरों पर फेंका और शेष पूँछ को लेकर वे उचककर बाड़े की दीवार पर जा चढ़े। साथ ही रुई का भण्डारगृह था। हनुमान ने अनेक छोटे-बड़े जलते हुए वस्त्र रुई के बोरों पर फेंक दिए और उस बाड़े में से भी निकल भागे...उन्होंने पलटकर देखा तो तेल और रुई के भण्डारगृह धू-धू जल रहे थे...उनके मन में स्थिति अत्यंत स्पष्ट थी।...थोड़ी ही देर में राक्षस सेना उनको पकड़ने के लिए झपटती हुई आएगी। अशोक वाटिका में उनका व्यवस्था-कौशल वे देख ही चुके थे। इसलिए आवश्यक था कि वे इतने अधिक स्थानों पर, इतनी मात्रा में आग लगा दें कि लंका राज्य का सारा व्यवस्था-कौशल आग बुझाने पर ही केंद्रित होता जाए और हनुमान की उनको याद भी न रहे...

अधिकांश भीड़ इधर-उधर छिटक गई थी। भण्डारगृहों में लगी अग्नि इतनी प्रचण्ड हो चुकी थी कि लोग आग लगाने वाले को भूलकर अग्नि से ही त्रस्त हो उठे थे। स्थान-स्थान पर स्त्रियों और बच्चों के रोने तथा पुरुषों के क्रुद्ध चीत्कारों की ध्वनियाँ, आग के साथ-साथ बढ़ती जा रही थीं। लगता था कि अग्नि भण्डारगृहों से आगे बढ़कर, लोगों के आवासों तक जा पहुँची थी। अपना घर न जल रहा होता तो चीत्कार इतने यातना से भरे तथा याचनापूर्ण न होते...

भागते हुए हनुमान उचककर एक बाड़े की दीवार पर जा चढ़े। उनके सामने

पशुओं के खाने के सूखे भूसे के ढेर लगे थे।...कुछ लोग हनुमान की ओर बढ़े; किंतु हनुमान अपनी अग्नि के साथ उन्हीं पर जा कूदे। हनुमान ने यह ढंग अनेक स्थानों पर अपनाया था। कुछ उनकी शारीरिक शक्ति तथा कुछ अग्नि का त्रास तो था ही—किंतु उन्हें लग रहा था कि अशोक वाटिका की घटनाओं तथा इस अग्निकाण्ड के समाचार के साथ-साथ उनके नाम का आतंक भी फैल रहा होगा। रावण के आदेश में बँधी हुई सेना आए तो आए, सामान्य जन उनको पकड़ने का साहस नहीं करेंगे...

सूखे भूसे के ढेर को आग लगाकर, हनुमान ईंधन की सूखी लकड़ी के भण्डार में जा घुसे।...स्थान-स्थान पर आग की लपटें फेंकते हुए उनका मस्तिष्क अत्यंत सजग हो उठा था।...काफी विलंब हो चुका था। अब राक्षसों की सेना आ ही रही होगी। उन्हें अधिक देर रुकना नहीं चाहिए था।...ऐसा लगता था, वे एक भण्डारगृह से दूसरे भण्डारगृह और एक भवन से दूसरे भवन तक उड़े चले जा रहे हैं। उनकी वह वस्त्र-निर्मित कृत्रिम पूँछ, स्थान-स्थान पर खण्ड-प्रखण्ड फेंकने के कारण क्रमशः छोटी होती गई थी; और अब वे अधिक देर तक आग को फैला भी नहीं सकते थे; किंतु जब पलटकर उन्होंने पीछे देखा, उन्हें अग्नि का भयंकर ताण्डव दिखाई दिया।

एक विचित्र प्रकार से आतंकित भीड़ उनके पीछे लगी हुई थी। न तो वह उन्हें पकड़ना चाहती थी, न छोड़ना। वस्तुतः वह भीड़ उन्हें खदेड़ती जा रही थी। खदेड़ने की इस प्रक्रिया में हनुमान को भीड़ का कुछ-न-कुछ निर्देश मानना ही पड़ता था। लगता था, उनके भागने का दिशा-निर्देश भीड़ के ही हाथ में था; और जाने-अनजाने वह भीड़ उन्हें एक विशेष दिशा में खदेड़ रही थी।

सहसा हनुमान ने स्वयं को समुद्र-तट के विशाल भवन की दीवार पर पाया। भवन का प्रांगण विचित्र प्रकार की गंध से भरा हुआ था। यह भवन तथा उसका अहाता समुद्र से इस प्रकार सटा हुआ था, जैसे यह जलपत्तन का ही अंश हो और जलपत्तन पर उतारा गया सामान, आगे जाने से पहले यहाँ रखा जाता हो। किंतु वह सारा भवन भीतर से निर्जन पड़ा हुआ था। संभवतः आज अवकाश का दिन हो। हो सकता है कि बाहर फाटक पर रक्षा-चौकी या रक्षक लोग हों, वे भी इस समय उनके पीछे आई भीड़ में गुम हो गए होंगे।...अब हनुमान भी भीड़ का कुछ-कुछ मनोविज्ञान समझ रहे थे। अग्निकाण्ड से घबराकर भीड़ ने उन्हें समुद्र-तट की ओर खदेड़ा था...उनकी आग बुझाने के लिए...या उन्हें सागर में डुबोकर मार देने के लिए...शासन के समान भीड़ ने उन्हें पकड़ने का तनिक भी प्रयत्न नहीं किया था।

दीवार के ऊपर बैठे हनुमान के पास बहुत थोड़ी-सी अग्नि बची थी और नीचे विभिन्न प्रकार के पदार्थ, विभिन्न आकार-प्रकार के डिब्बों, कनस्तरों तथा पेटियों

में पड़े थे। निर्णय करने का समय नहीं था। हनुमान ने बिना किसी लक्ष्य के जलते हुए वस्त्र का अंतिम टुकड़ा उछालकर मन-ही-मन कहा, "विदा, मेरी पूँछ!"

किंतु उस अग्नि का प्रभाव हनुमान द्वारा सोचे गए भयंकर परिणाम से भी अधिक विकट था। वहाँ जाने इन राक्षसों ने कैसे-कैसे प्रज्वलनशील तथा विस्फोटक पदार्थ रखे थे कि आग की लपट पड़ते ही वहाँ जैसे अग्नि का सागर लहरा उठा और लपटों की उत्ताल तरंगें लपलपाने लगीं...उस अग्निकाण्ड को देख, हनुमान को अपनी सुरक्षा की भी चिंता होने लगी थी।...उनका मस्तिष्क सोने-सोने को हो रहा था...वे मस्तिष्क की स्तब्धावस्था में ही दीवार पर भागे और समुद्र के जल में कूद पड़े।

समुद्र में तैरते हुए बहुत दूर तक लंकावासियों की चीत्कारों ने उनका पीछा किया। हनुमान ने थोड़ी-थोड़ी देर के पश्चात मुड़कर पीछे देखा भी कि कहीं उनको बंदी बनाने के लिए उनका पीछा तो नहीं किया जा रहा; किंतु लगता था कि राक्षसों को अपनी लंका को बचाने से ही अवकाश नहीं था। हनुमान को कदाचित् वे लोग भूल चुके थे...

हनुमान को इतना ही समय चाहिए था, जितने में सागर के उस बीहड़ भाग में पहुँच जाएँ, जहाँ राक्षसों के जलपोत उनका पीछा न कर सकें।

5

हनुमान आँखों से ओझल हो गए तो पीछे एक सन्नाटा-सा छा गया। अंगद बड़ी देर तक एक शिला पर बैठे समुद्र में जाने क्या देखते रहे। वे स्वयं ही समझ नहीं पा रहे थे कि वे कुछ सोच भी रहे हैं या नहीं। मन और शरीर पर जैसे तंद्रा-सी छा गई थी। समुद्र उनके सामने था भी और नहीं भी था। वे स्वयं वहाँ शिला पर बैठे भी थे और नहीं भी बैठे थे।

सारे दल में सबसे पहले जांबवान सक्रिय हुए।

"युवराज!"

अंगद की आकृति पर कुछ जीवंत भाव उभरे। उन्होंने दो-चार बार सायास आँखें झपककर स्वयं को अपने वर्तमान परिवेश के प्रति जागरूक बनाया। उनकी प्रश्नभरी दृष्टि जांबवान की ओर उठी।

"युवराज! हनुमान चला गया है।" जांबवान बड़े धीमे स्वर में बोले, "अब जब तक वह लौट नहीं आता, तब तक न वह हमारी कोई सहायता कर पाएगा, न हम उसकी।"

"ठीक है, तात जांबवान!" अंगद पूर्णतः सजग हो उठे, "यद्यपि दल का नेता मैं हूँ; किंतु अब तक नेतृत्व हनुमान ही कर रहे थे।"

"मेरा अभिप्राय यह नहीं था, युवराज!"

"न भी रहा हो," अंगद मुसकराए, "किंतु सत्य यही है। कोई कुछ नहीं सोचता था तो भी हनुमान कुछ-न-कुछ सोच लेते थे। कोई कुछ नहीं करता था तो भी हनुमान कुछ-न-कुछ कर ही लेते थे। मैं आपका महत्त्व कम नहीं कर रहा, तात जांबवान!..."

"मैं समझ रहा हूँ, युवराज!" जांबवान मुसकराए, "मेरा महत्त्व कम होता हो या अधिक, किंतु सत्य यही है।"

"अब?"

"हम राक्षसी शासन के केंद्र के बहुत निकट हैं।" जांबवान धीरे-से बोले, "और हमें कुछ अधिक समय तक यहाँ टिकना भी पड़ सकता है। हम हाथों पर हाथ धरे नहीं बैठे रह सकते।"

अंगद उठ खड़े हुए, "आप ठीक कह रहे हैं। लंका तक पहुँचने में जाने हनुमान को कितना समय लगे। यदि रात से पूर्व पहुँच भी जाएँ तो रात-भर वहाँ विश्राम करेंगे। कल खोज पर निकलेंगे। रात को फिर विश्राम कर चलें तो परसों संध्या तक यहाँ पहुँचना चाहिए।"

"हाँ।" जांबवान बोले, "चरम सफलता की स्थिति में इतना ही समय लगना चाहिए।"

अंगद कुछ नहीं बोले। उन्होंने चुपचाप अपने शेष साथियों की ओर पग बढ़ा दिए। जांबवान उनके पीछे चल पड़े।

अपने विचारों में लीन अंगद चुपचाप एक शिला पर जा बैठे। उन्हें आया देख अन्य लोग भी आस-पास घिर आए।

"और यदि चरम सफलता की स्थिति न हुई?" सहसा अंगद ने जांबवान की ओर देखा।

"अशुभ बोलने के लिए मुझे क्षमा किया जाए, युवराज!" जांबवान संकुचित स्वर में बोले, "किंतु ऐसे अभियानों के संदर्भ में संभावनाओं के प्रत्येक पक्ष पूर्व-चिंतन कर हमें संभावित परिणामों का साक्षात्कार करने के लिए प्रस्तुत रहना चाहिए।"

"जांबवान ठीक कह रहे हैं।" नील ने अपनी सहमति प्रकट की।

"कहिए, तात!" अंगद का स्वर कोमल, किंतु चिंता में डूबा हुआ था, "चरम असफलता की स्थिति तक की समस्त संभावनाओं के लिए हमें प्रस्तुत रहना चाहिए।"

"चरम असफलता की स्थिति भी हो सकती है, युवराज!" जांबवान धीमे स्वर में बोले, "हनुमान की शक्ति समाप्त हो जाए तो वे समुद्र के तल में समा सकते हैं। कोई भयंकर जल-जीव उनका भक्षण कर सकता है। राक्षसों के साथ युद्ध में वे वीरगति को प्राप्त हो सकते हैं। उन्हें बंदी कर राक्षस उनका वध कर सकते हैं..."

“ऐसी स्थिति में हमें क्या करना होगा?” तार ने पूछा।

“ऐसी स्थिति में भी हमें स्वयंप्रभा द्वारा संरक्षित नगरी की ओर नहीं लौटना होगा।” अंगद का स्वर कुछ कठोर था, “यदि हनुमान के देहावसान की निश्चित सूचना मिल जाए तो सागर को तैरकर मैं स्वयं देवी वैदेही की खोज जाऊँगा।”

“धन्य हैं युवराज!” नील ने हर्ष प्रकट किया, “हमें आज यह संकल्प करना चाहिए कि इस प्रकार की चरम असफलता की स्थिति में हम में से कोई भी किष्किंधा लौटने का प्रयत्न नहीं करेगा, न कोई स्वयंप्रभा की नगरी अथवा किसी भी अन्य सुरक्षित स्थान पर अज्ञातवास करने का प्रयत्न करेगा।”

“तो क्या करना होगा?” शरगुल्म कुछ उत्तेजित स्वर में बोले, “यहीं बैठकर प्रायोपवेशन के माध्यम से अपनी देह त्यागनी होगी?”

“नहीं!” नील बोले, “मेरा मत है कि हम सब संकल्प करें कि असफलता की स्थिति में, हम सब बारी-बारी सागर-संतरण कर, लंका पहुँच देवी जानकी की खोज का प्रयत्न करेंगे। प्रायोपवेशन कर प्राण देने से तो उचित है कि हम अपने अभियान की सफलता के लिए प्रयत्न करते हुए प्राण दें। यदि हम मान लें कि इन प्रयत्नों में हम सब के प्राण चले भी जाएँगे, तो भी कर्तव्य-पूर्ति का संतोष तो हमें मिलेगा। हमारी अगली पीढ़ियाँ हमारी चर्चा गर्व से कर सकेंगी। हममें से यदि एक भी व्यक्ति सफल हो गया तो हम सब उज्जवल मुखों के साथ अपने सम्राट के सम्मुख उपस्थित होंगे।”

“नील ने मेरे मन की बात कही है।” अंगद उत्साहित हो उठे, “सचमुच हमें ऐसा ही संकल्प करना चाहिए। यह भी तो एक प्रकार का युद्ध है। इसमें भी यह निश्चित होना चाहिए कि सेनापति के मरते ही, शेष सैनिकों में से एक सेनापति चुनकर युद्ध आगे बढ़ाया जाएगा।”

“किंतु चरम सफलता और चरम असफलता के बीच की भी एक स्थिति होती है, युवराज!” जांबवान बोले, “हमें उसके लिए भी तत्पर रहना चाहिए।”

अंगद ने अपनी मौन दृष्टि जांबवान के चेहरे पर टिका दी।

“हमें एक लंबे समय तक यहाँ अपने रहने की व्यवस्था करनी होगी—भोजन तथा आवास।” जांबवान स्थिर वाणी में बोले, “राक्षसों से, अपने अन्य संभावित शत्रुओं तथा हिंस्र पशुओं से अपनी रक्षा के लिए सन्नद्ध रहना होगा। सागर-संतरण के लिए गए हुए अपने साथी की ओर से भेजे गए किसी भी प्रकार के संकेत अथवा संदेश को प्राप्त करने के लिए तत्पर रहना होगा। सम्भव हो तो आवश्यकता के समय उसे सहायता पहुँचाने का प्रयत्न करना होगा। सागर-तट के बड़े-से-बड़े क्षेत्र पर अपनी गुप्त पर्यवेक्षण चौकियाँ स्थापित करनी होंगी ताकि जाते अथवा लौटते हुए अपने साथी के साथ अधिक-से-अधिक समय तक अपना सम्पर्क बनाए रख सकें।”

"तात जांबवान ने बहुत ठीक और बहुत दूर तक सोचा है।" अंगद के मुख पर कर्म का उत्साह जागा, "यहाँ निष्क्रिय बैठे रहने और आकस्मिक विपत्तियों द्वारा नष्ट कर दिए जाने की अक्रिय प्रतीक्षा बुद्धिमत्ता नहीं है।" अंगद क्षण-भर के लिए रुके, "मेरा विचार है, हमें अपनी विभिन्न व्यवस्थाओं के लिए अलग-अलग टोलियाँ बाँटकर अपने दायित्व का विभाजन कर लेना चाहिए।"

अंगद ने गवय, वृषभ, मैंद तथा द्विविद की टोली को खाद्य-सामग्री का प्रबंध करने का कार्य सौंपा। वे तत्काल उस कार्य के लिए चल दिए। उन्हें निर्देश था कि वे लोग तत्काल खाए जा सकने वाले ताजा फल इतनी ही मात्रा में तोड़ें, जो एक दिन के भोजन की आवश्यकता से अधिक न हों। किंतु, उन स्थानों को खोजें और चिह्नित करें, जहाँ से आवश्यकता पड़ने पर तत्काल ताजा फल मिल सकें। साफ-सुथरे पेय जल के स्रोतों को भी उन्हें खोजना था। दीर्घ काल तक टिक सकने वाले फल तथा अन्य खाद्य पदार्थ उपलब्ध हों, तो उन्हें अधिक मात्रा में भी संचित किया जा सकता था।

भोजन की व्यवस्था के लिए उस दल को भेजकर अंगद शेष साथियों के साथ स्वयं सागर-तट का सर्वेक्षण करने के लिए निकले। आपसी विचार-विमर्श में पहले यह बात उठी थी कि वे लोग अपने लिए कुछ अस्थायी गुप्त आवासों का प्रबंध कर लें और उसके पश्चात् सागर-तट पर सर्वेक्षण चौकियों की स्थापना की ओर ध्यान दें। किंतु अंगद के मन में राम के जन-सैनिकों से सुना हुआ पंचवटी का युद्ध बार-बार कौंध रहा था। जब पहली बार उन्होंने यह सारा विवरण सुना था, तब ही उन्हें वह अद्भुत लगा था। सैनिक के घर तथा व्यूह का एकाकार हो जाना उनके लिए युद्ध-कौशल का नया ज्ञान था। और आज अपने लिए आवास और निरीक्षण-चौकियों को एकाकार कर देने की बात उनके मन में आई थी। यहाँ उनके आवास भी गुप्त होने चाहिएँ और निरीक्षण चौकियाँ भी। इतनी गोपनीयता यहाँ सम्भव भी होगी या नहीं—कहना कठिन था। फिर आवास तथा चौकियाँ अलग-अलग होने से, आवास में विश्राम कर रहे व्यक्ति चौकियों से दूर हो जाएँगे; परिणामतः निरीक्षकों की संख्या भी कम होगी तथा आवश्यकता के समय एक-दूसरे से मिलने में भी बाधा संभावित थी। इसलिए आवास तथा निरीक्षण चौकियाँ एक साथ ही होनी चाहिए थीं। अपनी निरीक्षण चौकियों में ही अपने आवास का प्रबंध कर लेना, सैनिक जीवन के लिए कोई बहुत कठिन काम नहीं था।

उन लोगों ने आधा दिन व्यतीत कर सागर-तट पर फैली हुई पहाड़ियों और शिलाखण्डों में कुछ गुफाओं को खोज निकाला, जिनमें बैठकर स्वयं को गुप्त रखकर भी सागर-तट पर दृष्टि रखी जा सकती थी। उन गुफाओं को कुछ विशेष चिह्नों से चिह्नित किया गया, ताकि अपनी चौकियों को शिलाखण्डों के उस वन में से

खोजकर निकाला जा सके। अंगद ने दो-दो की टोलियों में अपने साथियों को एक-एक चौकी में नियुक्त कर दिया।

तब उनका निरीक्षण और प्रतीक्षा का समय आरम्भ हुआ। बारी-बारी से लोग परिक्रमा करने भी जाते थे। अपने साथियों से संपर्क कर सूचनाओं का आदान-प्रदान तथा उनकी सुविधाओं के विषय में जानकारी भी प्राप्त करते थे।

तीसरे दिन की संध्या के झुटपुटे में नील को लगा जैसे दूर, दृष्टि की सीमा पर सागर की प्राकृतिक लहरों के बीच कुछ छोटी-छोटी-सी कृत्रिम लहरें भी उठ रही हैं, जैसे कोई व्यक्ति तैर रहा हो। नील ने अधिक ध्यान देकर देखने का प्रयत्न किया—कोई जलचलर है, अथवा कोई मनुष्य तैर रहा है? यदि मनुष्य है तो हनुमान ही होना चाहिए। इतने दिनों से तो इस सागर में और किसी मनुष्य को तैरते हुए नहीं देखा है...

नील ने अपने पीछे बैठे, विश्राम कर रहे जांबवान को दिखाया।

"लगता है, हनुमान ही लौट रहा है।" जांबवान उठकर खड़े हो गए, "मैं युवराज को सूचित करता हूँ। तुम तैरकर हनुमान तक पहुँचने का प्रयत्न करो। मैं कुछ और लोगों को भी भेजता हूँ। हनुमान थक गया होगा। सम्भव है, उसे सहायता की आवश्यकता हो।"

अंगद, नील और गवय प्रायः एक ही साथ हनुमान के निकट पहुँचे। हनुमान के थके चेहरे पर मुसकान उभर आई। वे बोले कुछ नहीं। बोलने की स्थिति में नहीं थे। थकान इतनी अधिक थी कि साथियों का आ मिलना उनके लिए सहारा हो गया था। अंगद और नील उनके दाएँ-बाएँ तैरते हुए उनके एकदम निकट आ गए। गवय पीछे-पीछे आ रहा था।

तट पर खड़े साथियों का हाथ पकड़कर हनुमान बाहर आए और निकटतम शिला पर लेट गए। उन्होंने अपनी एक मुस्कान से अपने साथियों के स्वागत और अभिनन्दन का उत्तर दिया और अपनी चढ़ी हुई साँस को नियमित करने का प्रयत्न करते रहे।

जांबवान के संकेत पर गंधमादन और उल्कामुख ने अपनी भुजाओं को चाँपना और सहलाना आरंभ किया। वृषभ और मैंद ने उसी प्रकार टाँगों को आराम देने का प्रयत्न किया। वे लोग समझ नहीं पा रहे थे कि इससे हनुमान के शरीर को आराम मिल रहा था अथवा यह मात्र उनका मानसिक संतोष था कि अपने साथियों में लौट आए हैं। किंतु इतने थके होने पर भी वे प्रसन्न तो दिखाई पड़ ही रहे थे...

थोड़ी देर में हनुमान उठकर बैठ गए। अब उनकी साँस नियमित थी और नियंत्रण में थी। वे पहले से कुछ अधिक आशवस्त दिखाई पड़ रहे थे। उन्होंने

अपनी धोती टटोली और फिर टेंट में से निकाल, अपनी हथेली पर रख, चूड़ामणि सबके सम्मुख प्रदर्शित कर दी।

"यह क्या है?" अंगद पूछे बिना नहीं रह सके।

"देवी सीता से मिलकर आने का प्रमाण।" हनुमान बहुत धीमे स्वर में बोले, "यह उन्हीं की चूड़ामणि है।"

अनेक वानरों के मुख से हर्ष-ध्वनि फूट निकली।

अंगद ने उन्हें अनुशासित करने वाली दृष्टि से देखा, "हमें अभी स्वयं को प्रकट नहीं करना है।"

सब ओर मौन छा गया।

"चलो, उठो। हनुमान चल न सकें, तो उन्हें सहारा देकर किसी गुप्त स्थान पर ले चलो। शेष वार्तालाप वहीं होगा।"

कुछ विश्राम और भोजन कर लेने पर हनुमान ने उन्हें प्रमुख घटनाएँ सुना दीं। अंगद और जांबवान ने हनुमान की भूरि-भूरि प्रशंसा की।

"तुमने हम सबके प्राणों और सम्मान की रक्षा की है, केसरीकुमार!" अंगद बोले, "अब रात-भर विश्राम करो। प्रातः हम किष्किंधा की ओर प्रस्थान करेंगे। अब समय खोने का कोई अर्थ नहीं है। और हाँ।" अंगद ने एक दृष्टि सब पर डाली, "जहाँ जो भी घटित हुआ है और हम सबका किसी भी स्थिति में परस्पर जो वार्तालाप हुआ है—उनमें से सुनाने योग्य बातें ही किष्किंधा में सुनाई जाएँ।"

"यह बात अत्यंत महत्त्व की है।" जांबवान बोले, "किष्किंधा जाकर अनर्गल बातें करने का कोई अर्थ नहीं है।"

"तो ठीक है। अब सब लोग भोजन कर विश्राम करें।" अंगद ने आदेश दिया, "कल हमें प्रातः ही चलना है। उन खोजियों से कह दो, हमें किसी छोटे मार्ग से शीघ्रातिशीघ्र किष्किंधा ले चलें।"

हनुमान को विश्राम करते थोड़ा-सा ही समय हुआ था। वे अभी पूरी तरह सोये भी नहीं थे कि गुफा के द्वार पर किसी के आने की आहट हुई। उन्होंने करवट बदलकर, साथ सोये नील की ओर देखा। नील अपने स्थान पर लेटे थे। द्वार पर कोई और ही था।

हनुमान से पहले ही नील उठ बैठे, "तुम विश्राम करो, हनुमान! मैं देखता हूँ, कौन है।"

तब तक अंगद और जांबवान गुफा में आ गए थे, "सो गए क्या, हनुमान?" अंगद ने धीमे स्वर में पूछा।

"नहीं," हनुमान उठ बैठे, "आइए, युवराज!"

अंगद ने नील की ओर देखा, "आप गुफा-द्वार पर रहें, तात नील! किसी को इधर न आने दें। मुझे एकांत में हनुमान से कुछ बातें करनी हैं।"

हनुमान सतर्क हो गए—ऐसी गोपनीयता किस बात की है?

"हनुमान! मेरे मन में एक बात आई है, किंतु वह मैं सबके बीच में नहीं कहना चाहता।" अंगद बोले, "हमने वानरराज द्वारा दी गई अवधि का पर्याप्त उल्लंघन किया है। फिर हताशा और निराशा की स्थिति में हमने बहुत सारी अनुचित बातें भी कही हैं। यद्यपि मैंने सबके बीच में संकेत कर दिया है कि उनकी चर्चा किष्किंधा में न की जाए, किंतु फिर भी चपलता के किसी क्षण में किसी के मुख से कुछ बातें निकल सकती हैं।" अंगद क्षण-भर के लिए रुके, "अपराध-बोध की इस ग्लानि को दूर करने के लिए ही मेरे मन में कुछ अद्भुत करने बात आई है।"

"क्या बात है, युवराज?"

"यद्यपि हम संख्या में बहुत थोड़े हैं, फिर भी एक दुस्साहस करने की इच्छा जाग रही है।"

आगे सुनने की मुद्रा में हनुमान अंगद की ओर देखते रहे।

"क्या यह सम्भव है कि हम खोजियों को वापस किष्किंधा भेज दें और स्वयं सागर-संतरण कर लंका जा पहुँचें तथा मुख्य-मुख्य राक्षसों को सम्मुख रण में मारकर देवी वैदेही का उद्धार कर, उन्हें आर्य राम के पास ले चलें?"

"मुझे इसमें आपत्ति है। वानरराज ने हमें देवी सीता की केवल खोज की आज्ञा दी है। यदि हम इस आज्ञा से आगे बढ़कर कुछ करने का प्रयत्न करते हैं और उसमें असफल होकर क्षति-ग्रस्त होते हैं, तो हमारे अपराध का परिमार्जन नहीं होगा—वह और बढ़ जाएगा।" जांबवान गम्भीर स्वर में बोले, "और दूसरी बात यह है कि आर्य राम ने स्वयं अपने शत्रु का वध कर अपनी पत्नी का उद्धार करने की प्रतिज्ञा की है। यदि हम युवराज की योजना पर कार्य करते हैं और सफल हो जाते हैं तो आर्य राम को अपनी प्रतिज्ञा पूरी करने का अवसर ही नहीं मिलेगा।"

हनुमान चिंतन की मुद्रा में कुछ देर तक चुपचाप बैठे रहे, फिर सिर उठाकर उन्होंने बारी-बारी अंगद और जांबवान को देखा, "मैं इस समस्या का तीसरा पक्ष प्रस्तुत करना चाहता हूँ।"

"कहो।"

"सागर-संतरण कठिन काम है। सम्भव है, हमारे कुछ साथी यह कार्य न कर सकें और दम टूटने के कारण मार्ग में ही रह जाए।" हनुमान बोले, "किंतु अधिक महत्त्वपूर्ण दूसरी बात है।"

"क्या?"

"लंका की रक्षा-व्यवस्था।" हनुमान बोले, "लंका केवल दण्डधरों से रक्षित नहीं है। प्राचीर के बाहर और भीतर सशस्त्र सैनिक हैं। धनुर्धर टुकड़ियाँ राजमार्गों

पर परिक्रमा करती हैं। और सबसे महत्त्वपूर्ण तथ्य यह है कि राक्षस सेनाओं को सूचना पहुँचने की व्यवस्था अद्भुत है। उन सेनाओं के घटना-स्थल पर पहुँचने में तनिक भी विलंब नहीं होता।'' हनुमान क्षण-भर रुककर बोले, ''हम अपने शस्त्र साथ ले जाने में सफल हो भी जाएँ तो भी उनकी तुलना में निःशस्त्र ही कहलाएँगे। संख्या हमारी इतनी थोड़ी है कि गुप्त युद्ध की भी मुझे कोई संभावना नहीं दीखती। मेरी दृष्टि में यह कार्य मात्र आत्महत्या के सिवाय और कुछ नहीं होगा।''

अंगद ने कुछ नहीं कहा। मन-ही-मन तर्क-वितर्क करते रहे, जैसे दोनों पक्षों को तौल रहे हों।

''तो फिर आप ही लोगों की राय रही।'' वे अंत में बोले, ''हमें किष्किंधा ही लौट चलना चाहिए।''

हनुमान और जांबवान ने अपने से मौन सहमति प्रकट की।

''तो ठीक है।'' अंगद ने खड़े होते हुए कहा, ''इस बात को भी यहीं भूल जाओ, जैसे यह बात मैंने कही ही न हो।''

लौटते हुए खोजियों के दल की सहायता कुछ सार्थक दिखाई पड़ी थी। सफलकाम होने के कारण, उन लोगों में उत्साह भी पर्याप्त था। गति में क्षिप्रता भी रही थी ओर भूख-प्यास की बात भी अधिक नहीं हुई थी। किंतु किष्किंधा के निकट पहुँचते-पहुँचते वानरों में अधैर्य और थकावट के लक्षण प्रकट होने लगे थे। अंगद, हनुमान और जांबवान किसी-न-किसी प्रकार सारे दल को आगे धकियाते चल रहे थे।

किष्किंधा से दो योजन इधर सुग्रीव के प्रिय उपवन 'मधुवन' के निकट पहुँचते ही वानरों में एक विचित्र प्रतिक्रिया हुई। अब तक का धैर्य और वेग जैसे क्षीण होने लगा था और आत्मबल से दबाई गई सारी दुर्बलताएँ उभर-उभरकर ऊपर आने लगी थीं।

शरगुल्म ने सबसे पहले अपनी इच्छा व्यक्त की, ''मुझे भूख लगी है।'' लगा, जैसे उसने सबके मन की बात कह दी हो।

''वैसे भी हम एक बड़े अभियान में सफल होकर लौटे हैं।'' तार एक वृक्ष की छाया में बैठ गए, ''हमें कुछ विश्राम और पुरस्कार मिलना चाहिए।''

''अब हम राक्षसों से बहुत दूर और किष्किंधा के बहुत निकट हैं।'' मैंद ने कहा, ''विश्राम कर लेने में कोई हानि नहीं है। मधुवन सामने है। थोड़ा-सा जलपान भी हो जाए।''

''यह वानरराज सुग्रीव का सुरक्षित उपवन है।'' जांबवान धीरे-से बोले, ''यहाँ के फल तोड़ने पर वे कुपित हो सकते हैं।''

अब तक अंगद स्वयं को संयमित करने का प्रयत्न कर रहे थे, किंतु जांबवान

के वाक्य का कुछ वैसा ही प्रभाव हुआ जैसा उचित दिशा में बढ़ते हुए गज पर शूल के आघात का होता है। उनका मन कड़वा गया, '...सुरक्षित उपवन! राजा का सुरक्षित उपवन! राजाओं के विलास का प्रतीक। सब कुछ राजाओं के लिए सुरक्षित रहेगा क्या...यदि अच्छी भूमि, अच्छे उपवनों तथा प्राकृतिक भण्डारों पर राजाओं का निजी अधिकार ही रहना है तो वाली और सुग्रीव में क्या भेद हुआ। वाली के वध से व्यवस्था में क्या अन्तर आया...

'राज्य की सारी उपजाऊ भूमि, श्रेष्ठ वनस्पति तथा खनिज-गर्भा खानों पर राजा, सामंत अथवा किसी भी व्यक्ति के आधिपत्य के विरुद्ध कितना संघर्ष किया है अंगद ने। और वे आज सुन रहे हैं कि श्रेष्ठ फलों का उत्पादक यह मधुवन राजा सुग्रीव का सुरक्षित उपवन है। फल ही नहीं, वानरों के प्रिय खाद्य मधु के सैकड़ों छत्ते इस मधुवन में लगे हुए हैं। यह संपत्ति सारे वानर-समाज की है। यह राजा के एकांत आधिपत्य में नहीं रह सकती।...इस प्रवृत्ति का प्रतिरोध होना चाहिए...और आज से अच्छा अवसर फिर कब आएगा। अपनी सफलता के मद मे उन्मत्त वानर आज सुग्रीव का भय नहीं मानेंगे...

''मामा तार ने ठीक कहा है। हम एक बड़ा काम कर दूर से आए हैं। सब को ही विश्राम, खाद्य पदार्थ तथा पुरस्कार चाहिए।'' अंगद धीरे-से बोले, ''सामने मधुवन है। उसमें जिसकी जहाँ इच्छा हो, विश्राम करे। जिसकी इच्छा जो फल खाने की हो, खाए। जिसकी इच्छा जिस छत्ते के मधुपान की हो, वह मधुपान करे।''

जांबवान और हनुमान ने आश्चर्य से अंगद की ओर देखा, ''युवराज!''

''हाँ! युवराज की ओर से सबको अनुमति है।''

''किंतु यह सुरक्षित उपवन है!'' जांबवान बोले।

''इसका दायित्व आप मुझ पर छोड़ दें।''

जांबवान समझ गए, अंगद के मन में फिर सुग्रीव का विरोध जागा है। वानर यूथपति साधारण छोकरों के समान मधुवन में घुस गए। फल तोड़े, फूल तोड़े। यहाँ तक कि पत्ते और शाखाएँ भी तोड़ डालीं। विभिन्न स्थानों पर मधु के छत्तों में हाथ डाला। मधुमक्खियों को भगाया और छत्तों में से कुछ पी गए और कुछ फेंक दिया...

हनुमान एक ओर खड़े-खड़े सब कुछ देख रहे थे—कैसी अनुमति दी है अंगद ने। और ये वानर यूथपति कैसा व्यवहार कर रहे हैं। सहसा उन्हें लगा, दल के सदस्य इस अभियान के आरंभ से ही बहुत अनुशासनबद्ध रहे हैं, विभिन्न प्रकार के संकटों से आशंकित रहे हैं और जोखिमों से जूझते रहे हैं। फिर सफलता का मद भी उनके भीतर उद्दाम लहरें उठाता रहा होगा, जिन्हें अब तक अभिव्यक्ति नहीं मिली है। यदि ये लोग यहाँ उच्छृंखलता नहीं करेंगे तो कदाचित् आत्मदमन से इनका दम घुट जाएगा। युवराज ने कदाचित् बहुत उचित निर्णय लिया है कि

किष्किंधा पहुँचने से पहले ही इनका सारा मद यहाँ झर जाने दिया जाए...

वानर यूथपति क्रमशः अधिक-से-अधिक उच्छृंखल होते गए। पहले तो लगा कि वे अपनी भूख मिटा रहे हैं, फिर लगा जैसे मर्यादा को ढील देकर कोई उत्सव मना रहे हैं। और अंततः लगने लगा, जैसे वे मदांध हो गए हैं; मानो उन्होंने मधुपान न किया हो, मद्यपान किया हो। वे लोग अपनी चेतना खो बैठे थे और विध्वंस पर उतारू थे।

दण्डधरों से सूचना पाकर मधुवन का रक्षक दधिमुख स्तंभित रह गया—राजा सुग्रीव के मधुवन को उजाड़ने का साहस कौन कर रहा है? क्या राजा का भय किसी को नहीं रह गया है? जब राजा का मधुवन इस प्रकार दिन-दहाड़े उजाड़ा जा सकता है, तो साधारण आदमी की संपत्ति का क्या होगा? क्या वानर-राज्य में अब कोई विधि-विधान, नियम-व्यवस्था नहीं रह गई है?...

"कौन लोग हैं?" दधिमुख ने पूछा।

"युवराज अंगद, हनुमान, जांबवान, यूथपति तार..."

दधिमुख की समझ में नहीं आया कि हँसें या रोएँ...जिन लोगों पर राज्य की व्यवस्था निर्भर करती है, वे लोग राज्य के विधान को भंग करने पर तुले हुए हैं। जब युवराज, मंत्री और यूथपति ही राज्य के नियमों को भंग करेंगे, तो राजा की शक्ति कहाँ रह गई। राजदण्ड अर्थहीन हो गया...प्रजा के सामने क्या आदर्श रह गया...उन्हें कोई दण्ड नहीं देगा तो प्रजा भी क्यों इसी ओर प्रवृत्त नहीं होगी...?

किंतु सहसा दधिमुख का तेज जगा—अपराधी चाहे राज्य का कितना भी बड़ा अधिकारी क्यों न हो, उसे दण्डित किया जाना चाहिए। मधुवन का अधिकारी दधिमुख है। उसे अधिकार है कि वह मधुवन में उपद्रव करने वाले लोगों को दण्डित करे। अंगद यदि सुग्रीव का पुत्र है तो दधिमुख भी सुग्रीव का मामा है।

दधिमुख आकर अंगद के सामने खड़े हो गए। अंगद उस समय एक बड़ी-सी शाखा पकड़कर, बालकों के समान झूलने की तैयारी में थे।

"युवराज!"

अंगद ने जैसे दधिमुख को पहचाना ही नहीं। उसी प्रकार शाखा पकड़े-पकड़े झूल गए। सामने, मार्ग रोके खड़े दधिमुख को अंगद के बलिष्ठ शरीर का धक्का लगा और वे एक ओर लुढ़क गए। यह दधिमुख के लिए सर्वथा अप्रत्याशित था। अंगद कितने उन्माद में हों, पर क्या वे अपने पिता के मामा को इस प्रकार धकियाकर गिरा देंगे?...

क्रुद्ध दधिमुख उठते ही झपट पड़े। उन्होंने अंगद को दो-तीन चाँटे लगा दिए। किंतु अंगद कोई मर्यादा मानने को तैयार नहीं थे, उन्होंने एक घूँसा वृद्ध दधिमुख

की नाक पर जमाया और उच्च स्वर में बोले, "हनुमान! नाना और इसके दंडधरों को किष्किंधा की राजसभा तक छोड़ आओ।"

हनुमान समझ गए, अंगद अपने हाथों दधिमुख को और पीटना नहीं चाहते। उन्होंने आगे बढ़ दधिमुख का हाथ पकड़ लिया और बलात् उन्हें घसीटते हुए बाहर ले चले। दधिमुख के दंडधरों को कुछ कहने की आवश्यकता नहीं पड़ी। वे स्वयं ही भयभीत होकर इधर-उधर भाग गए थे।

"इस उच्छृंखलता का दंड तुम्हें दिलवाकर रहूँगा।" हनुमान की पकड़ में विवश दधिमुख दाँत पीस-पीसकर अंगद को सुना रहे थे, "बड़े लोगों के बेटे होने का यह अर्थ नहीं है कि तुम लोगों के सारे अपराध क्षमा कर दिए जाएँगे। तुम लोग अपने आपको बहुत सुरक्षित समझते हो न कि सिर पर बाप बैठा है, वह बचा ही लेगा। पर मैं यह नहीं होने दूँगा। इस राज्य में धनाढ्य-पुत्रों के अपराध क्षमा नहीं किए जाएँगे...।"

उपवन के बाहर आकर हनुमान ने दधिमुख को छोड़ दिया, "नाना! स्वयं ही किष्किंधा की राजसभा में चले जाओ, नहीं तो मुझे छोड़ने जाना पड़ेगा।"

दधिमुख ने तनिक भी विलंब नहीं किया। जितने वेग से उनके लिए सम्भव था, वे किष्किंधा की ओर चल पड़े।

6

रात के अंतिम प्रहर में ही उनकी तैयारियाँ आरम्भ हो गई थीं और प्रभात के पहले संकेत के साथ ही सेना का प्रयाण आरंभ हो गया। सबसे आगे राम, लक्ष्मण, सुग्रीव, अंगद, हनुमान तथा जांबवान थे। उनके दाएँ-बाएँ धनुर्धारी टुकड़ियाँ थीं। इन टुकड़ियों में वे ही सैनिक थे जिन्हें द्वंद्व-युद्ध का अभ्यास नहीं था। वनों में अब तक वे दूर से ही पत्थर अथवा किसी अन्य प्रकार का अस्त्र फेंककर अपने शत्रुओं से अपनी रक्षा करने अथवा शिकार करने के अभ्यस्त थे। प्रशिक्षंण की अवधि में राम ने देखा था कि इस पृष्ठभूमि से आए हुए सैनिक खड्ग अथवा अन्य किसी शस्त्र के सम्मुख-युद्ध में उतने कुशल नहीं थे। धनुष-बाण उनकी प्रकृति के अनुकूल पड़ता था। वे लोग लक्ष्य-संधान में अधिक कुशल थे। जिन शस्त्रों के लिए लक्ष्य-संधान से अधिक शारीरिक बल अथवा युद्ध-कौशल की आवश्यकता थी—वे शस्त्र उनको नहीं दिए गए थे।

उनके पीछे गदाधर टुकड़ियाँ थीं। ये टुकड़ियाँ अधिकांशतः किष्किंधा की राजकीय सेना की गदाधर टुकड़ियाँ ही थीं। ये सैनिक द्वंद्व-युद्ध के अभ्यस्त थे। शरीर से हृष्ट-पुष्ट तथा शक्तिशाली थे। यद्यपि वे भी गदा-युद्ध में प्रशिक्षित थे, फिर भी उनका अधिक बल अपनी शारीरिक शक्ति के कारण शत्रु पर प्रबल प्रहार करने पर था। उन सैनिकों के शस्त्रों अथवा युद्ध-पद्धति में परिवर्तन का प्रयत्न

राम ने नहीं किया था। उन्हें केवल कुछ नई युक्तियाँ सिखाई गई थीं और गदा-युद्ध में मल्ल-युद्ध का मिश्रण कर दिया गया था। युद्ध में किसी समय उनके अपने हाथ से गदा गिर जाने, छिन जाने अथवा उसके टूट जाने पर उन्हें मल्ल-युद्ध की युक्तियों के प्रयोग का आदेश था। हाथ में शस्त्र रहने पर भी, यदि मल्ल-युद्ध की युक्तियों से उन्हें शत्रु को पराजित करने में सहायता मिलती हो तो उन्हें उनके प्रयोग का निर्देश था।

गदाधरों के पीछे-पीछे खड्गधर चल रहे थे। खड्गधर टुकडियों में शारीरिक शक्ति से अधिक, शारीरिक स्फूर्ति पर बल था। अंग-संचालन में चपल तथा अधिक देर तक युद्ध कर सकने में समर्थ सैनिकों को उन टुकड़ियों में नियुक्त किया गया था। इनमें कुछ सैनिक किष्किंधा की राजकीय सेना के थे तथा कुछ विभिन्न यूथों के ऊर्जावान तथा स्फूर्ति-संपन्न युवक थे।

खड्गधारियों के पीछे शूलधारी टुकड़ियाँ थीं। राक्षसों में शूल का बहुत प्रचलन था। उनमें यह प्रचलन कदाचित् रावण के महादेव शिव के साथ सम्पर्क के कारण हुआ था। शिव का त्रिशूल आर्य सेनाओं के प्रिय शस्त्रों में नहीं था; किंतु रामने विचार कर देखा था कि यह शस्त्र अपने-आप में कितना भयंकर था। शत्रु के शरीर में प्रवेश करते हुए वह उसके स्नायुओं को काटता जाता था और वापस खींचने पर अंतड़ियाँ तक शरीर से खींच लाता था। कौशलपूर्वक उसका प्रयोग करने से यह शस्त्र अत्यंत घातक हो सकता था। शूलधारी टुकड़ियों में ही कुछ त्रिशूलधारी सैनिक भी सम्मिलित किए गए थे।

इनके पश्चात् आपूर्ति-टुकड़ियाँ थीं। इनके सैनिक भी शस्त्रों से सज्जित थे; किंतु उनका मुख्य कार्य अन्न, जल तथा शस्त्रों की आपूर्ति का था। सारी सेना में केवल इन टुकड़ियों के पास वाहन थे। वानर सेना ने पहली बार अपने साथ पशुओं द्वारा खींचे जाने वाले वाहन देखे थे। अश्व नहीं होने के कारण रथ नहीं बन पाए थे...वाहनों में अन्न के बोरे, जल भरकर रखने के लिए भोजन तथा शस्त्रों की लदान लदी थी। उसके पीछे मार्ग प्रशस्त करने वाली तथा आवास का प्रबन्ध करने वाली टुकड़ियाँ थीं। इनके मुख्य शस्त्र बड़े-बड़े हथौड़े, फावड़े, सब्बल, गहंते तथा आरियाँ थीं। वे शिलाओं को तोड़ने, वृक्षों को कुल्हाड़े से काटने तथा भूमि को काट-पीटकर मार्ग बनाने का कार्य करते थे। संदेशवाहकों तथा धावकों की टोलियाँ उनके भी पीछे थीं, जो एक स्थान से दूसरे स्थान तक समाचार तथा संदेश ले जाने का कार्य करती थीं। इन सारी टुकड़ियों को मिलाकर एक वाहिनी का निर्माण हुआ था। एक यूथपति के अधीन एक-एक वाहिनी रखी गई थी।

•

एक ऊँचे स्थान पर पहुँचकर राम रुक गए। उन्होंने पलटकर देखा—दूर-दूर तक सेना की टुकड़ियाँ-ही-टुकड़ियाँ दिखाई पड़ रही थीं। विभिन्न वाहिनियों ने

कहीं-कहीं अपने लिए अलग-अलग मार्ग भी चुन लिये थे। इतनी ऊँचाई और दूरी से देखा जाए तो इस समय यह वानर-सेना भी वर्षाऋतु में, उस क्षेत्र में फैली हुई जल-धाराओं के समान चल रही थी। कहीं कोई वाहिनी मुख्य धारा से मिल रही थी और कहीं उससे अलग हो रही थी।

सुग्रीव आकर राम के साथ खड़े हो गए।

"इतनी संगठित, प्रशिक्षित तथा शस्त्र-संपन्न वानर-सेना आज तक के वानरों के इतिहास में कभी सुनी नहीं गई।"

राम ने सुग्रीव को देखा—सुग्रीव के चेहरे पर राम के प्रति श्रद्धा के साथ-साथ, एक प्रकार के आत्म-गौरव का भाव भी था।

"सचमुच यह सेना अद्भुत है; पर तुम्हारा लक्ष्य भी अभूतपूर्व है, मित्र!" राम कोमल स्वर में बोले, "आओ, चलें।"

वैसे तो इस सेना के निर्माण के कार्य का सूत्रपात राम के आगमन से पूर्व ही सुग्रीव और हनुमान के हाथों हो चुका था; किंतु जांबवान के अपने यूथ सहित, उनसे आ मिलने से, यह अभियान बल पकड़ता गया था। और फिर...राम याद कर रहे थे—सीता के संधान के लिए चारों दिशाओं में खोजी दल भेजकर राम ने इस ओर विशेष रूप से ध्यान दिया था।...वे रावण के घर पर आक्रमण करने की सोच रहे थे। आक्रामक युद्ध के लिए अधिक सक्षम सेना की आवश्यकता होती है।...अब तक के लड़े गए युद्ध प्रतिरक्षात्मक ही थे, या फिर अपनी सुविधा से अपने भूगोल के अनुकूल लड़े गए थे। यह युद्ध जाने कहाँ लड़ना पड़े। निश्चित रूप से इसे रावण की अनुकूल परिस्थितियों में ही लड़ना पड़ेगा...

और राम यह देख-देखकर चकित थे कि सैन्य-संग्रह के लिए उन्हें अधिक प्रयत्न की आवश्यकता नहीं पड़ी थी। उनके लिए तो स्वयं रावण सैनिक बना रहा था। जहाँ-जहाँ राक्षस अत्याचार करते थे, वहीं के वानर युवक अपने-आप राम के सैनिक बनते जाते थे। जहाँ-जहाँ सूचना पहुँचती थी कि किष्किंधा में रावण से लड़ने के लिए सेना तैयार हो रही है—वहीं के युवक उठकर किष्किंधा की ओर चल पड़ते थे।

लक्ष्मण को अपने काम में अत्यंत लगन के साथ व्यस्त रहते राम ने सदा ही देखा था; किंतु वह सारा काम वे अपने आनन्द और मस्ती में करते थे। किष्किंधा में लक्ष्मण के मुख पर वह मस्ती राम को दिखाई नहीं पड़ी थी। उनके चेहरे पर सदा एक शुष्क उग्रता और आवेश छाया रहता था। अंगद और हनुमान के खोजी दल में चले जाने के कारण लक्ष्मण पर काम भी अधिक आ पड़ा था। अनिन्द्य, भीखन, भूलर, धर्मभृत्य तथा आनन्द सागर भी प्रशिक्षण में विकट तन्मयता से जुटे हुए थे। सुग्रीव अपना सारा उन्माद तथा विलास छोड़कर सेना के निर्माण में लग गए थे। वस्तुतः किष्किंधा नगर तथा उसके आस-पास का सारा क्षेत्र एक विराट

सैनिक-प्रशिक्षण-केंद्र तथा स्कंधावार में बदल गया था।

सीता की स्मृति के उग्र होते ही राम की व्यस्तता और भी बढ़ जाती थी। सुग्रीव द्वारा दी गई अवधि का एक मास इसी सैनिक व्यस्तता में न जाने कहाँ खो गया।...पहला व्याघात तब हुआ, जब उत्तर की ओर गए हुए शतबलि और उसके साथी लौट आए। सीता संबंधी कोई भी सूचना लाने में वे सर्वथा असफल रहे थे।...उस दिन राम के उत्साह में अवरोह आया था...उनकी चिंतनधारा की दिशा ही बदल गई थी। उन्हें लगा, जैसे उन्होंने बिना सोचे-समझे ही इतने बड़े सैनिक अभियान का समारोह खड़ा कर दिया है। ये निर्धन, पीड़ित और सताए हुए लोग सत्य का पक्ष लेकर लड़ने के लिए जाने कहाँ-कहाँ से अपने घरों और परिवारों को छोड़कर उनके पास आए हैं। वे निश्चित माने बैठे हैं कि उन्हें एक उचित नेतृत्व मिल गया है। सीता की खोज होते ही युद्ध होगा और राक्षसों को उनके आज तक के समस्त अत्याचारों का दण्ड दिया जाएगा।...किंतु आज राम समझ रहे हैं कि बात इतनी सरल नहीं है। शतबलि के ही समान यदि अन्य टोलियों के नेताओं ने भी आकर यही सूचना दी कि वे अपने अभियान में असफल रहे हैं, तो युद्ध का रूप क्या होगा...राम ने बड़ी कठिनाई से स्वयं को सँभाला था—अभी तो केवल एक ही दल लौटा था। अभी तीन दल शेष थे। और राम के अपने अनुमान के अनुसार भी सीता को दक्षिण दिशा में ही होना चाहिए था, तो फिर उत्तर दिशा से लौटा हुआ दल उनका पता कैसे देता?...किंतु एक-आध दिन के अंतराल से पूर्व और पश्चिम दिशा में गए दल भी लौट आए। उनके नेताओं—विनत और सुषेण ने भी यही सूचना दी कि उन्हें सीता का संधान नहीं मिला है।

राम का मन हताश हो गया। कई बार मन में आया कि सब कुछ छोड़-छाड़कर कहीं भाग जाएँ। सेना और सैनिक तैयारियों की ओर देखते तो लगता जैसे वे सब उनका परिहास कर रहे हैं...देखो! यह राम है, जो रावण से लड़ने का दुस्साहस करने का इच्छुक है। इतना तो खोज नहीं पाया कि सीता है कहाँ...स्वयं पहाड़ की चोटी पर अपनी गुफा में आराम से बैठा है और चाहता है कि कोई इसकी पत्नी को खोजकर इसे पता ला दे...जब राम स्वयं आराम से यहाँ बैठे हैं, सौमित्र को भी उन्होंने नहीं भेजा है, तो वानरों में से किसी को क्या आवश्यकता है कि वे अपने प्राणों पर खेल, सीता का संधान करें। सीता का क्या संबंध है उनसे? जिनका अपमान हुआ है, जो एक क्षण भी सीता के बिना रह नहीं सकते—वे तो आराम से यहाँ अपनी गुफा में बैठे हैं; तो वानरों को क्या पड़ी है कि विश्व-भर धक्के खाते फिरें, कठिनाइयों और जोखिमों से जूझते फिरें और सीता संधान करें...

उन दिनों लक्ष्मण का उग्र उत्साह ही राम का सहारा था। वे इस प्रकार दृढ़ और कठोर होकर उनके साथ खड़े न हुए होते तो राम के टूट जाने की बहुत संभावना थी।

अब सारी आशाएँ दक्षिण दिशा की ओर गए दल पर टिकी हुई थीं...उनके वापस न लौटने से कुछ आशा बँधती थी कि शायद उन्हें कोई संधान मिला हो और वे उसी दिशा में आगे बढ़ रहे हों। दूसरी ओर यह भी लगता था कि वे मार्ग से भटक गए होंगे, सागर में डूब गए होंगे, शत्रुओं के हाथ पड़कर बंदी हो गए होंगे, अथवा मार डाले गए होंगे...राम स्वयं अपने-आपको ही समझा नहीं पा रहे थे...उनके मन में जैसे एक दुराशा बद्धमूल हो गई थी...राम कभी सफल-काम नहीं हुए, राम का कोई काम पूर्ण नहीं होता। उनके जीवन में बाधाएँ, असफलताएँ तथा निराशाएँ ही कदाचित् पूर्वनियोजित हैं, हतभाग्य राम...किंतु फिर भी उनकी हठपूर्वक संघर्ष करने की भावना हार मानने को तैयार नहीं थी। एक मन जैसे अनवरत अपनी पराजय का विलाप कर रहा था; और एक और मन अपनी आस्था पर आसन जमाए शांति से थमा बैठा था; कार्य पूर्ण नहीं होते तो क्या प्रयत्न छोड़ दें? प्रयत्न ही तो फलता है...किंतु इस सारी अवधि में राम ने लक्ष्मण को कभी विचलित होने नहीं दिया।

कल अपराह्न में सुग्रीव ने सूचना भिजवाई थी कि दक्षिण दिशा में अंगद के नेतृत्व में गया दल भी लौट आया है। राम के मन में इससे पूर्व लौटे हुए तीनों दलों के परिणाम जागकर उठ खड़े हुए...क्या समाचार लाया है यह दल—'हाँ' या 'न'? किंतु सुग्रीव ने वैसा कोई संकेत नहीं दिया था।

थोड़ी देर में सुग्रीव स्वयं आ पहुँचे थे। राम ने आशा-भरी दृष्टि से सुग्रीव की ओर देखा।

"राम!" सुग्रीव बोले, "अंगद अपने दल के साथ किष्किंधा के निकट पहुँच गया है।"

"किष्किंधा नहीं पहुँचा?"

"मधुवन के रक्षक मामा दधिमुख, थोड़ी देर पहले अंगद के दल के विरुद्ध परिवाद लेकर आए थे कि वे लोग न केवल मधुवन के फल तोड़कर खा रहे हैं, मधु पी रहे हैं, वरन् वृक्षों को भी नष्ट कर रहे हैं..."

राम प्रश्न-भरी दृष्टि से सुग्रीव की ओर देखते रहे—इसका क्या अर्थ है? अवधि व्यतीत हो जाने के इतने दिनों बाद लौटने पर भी वे सीधे किष्किंधा नहीं लौटे। मार्ग में रुककर मधुवन को उजाड़ने में लगे हैं...

"इसका क्या अर्थ हो सकता है, राम?" सुग्रीव पूछ रहे थे।

"मैं भी यही जानना चाह रहा हूँ, किष्किंधा-नरेश!"

"मेरा अनुमान है कि वे लोग सफल होकर लौटे हैं; अन्यथा वे ऐसा उत्पात नहीं कर सकते थे।"

"तो सफल व्यक्ति को उत्पात की अनुमति है?" राम ने पूछा।

"अनुमति तो नहीं है।" सुग्रीव कुछ संकुचित स्वर में बोले, "किंतु मैं अपनी जाति की प्रवृत्ति पहचानता हूँ।"

"यदि वे सफल होकर लौटे हैं तो यह बहुत प्रसन्नता का विषय है।" राम की विह्लता छिप नहीं रही थी, "किंतु इस प्रवृत्ति का भी विरोध करना होगा, सुग्रीव! सफलता और उत्पात मिलकर रावण जैसा राजा उत्पन्न करते हैं।"

तब सुग्रीव ने उन्हें बताया था कि उन्होंने दधिमुख के साथ कुछ और लोगों को भी भेजा है और अंगद को आदेश दिया है कि वे लोग किष्किंधा में जाने से पूर्व, सीधे मलय पर्वत पर आकर राम से मिलें।...और उसी क्षण से राम साक्षात् प्रतीक्षा बने बैठे थे।

अंगद के दल ने आने में विलम्ब नहीं किया था। वे लोग एक दूरी पर आकर रुक गए; किंतु दल के नेता रूप में अंगद आगे नहीं आए। दल से पृथक् हो, थोड़ा-सा आगे बढ़, हनुमान ने हाथ जोड़कर राम को प्रणाम किया। उन्होंने कुछ कहा नहीं; वे पुनः आगे बढ़े और राम के सम्मुख आ घुटनों के बल बैठकर उन्होंने प्रणाम की मुद्रा में जुड़े अपने हाथ खोल दिए। उनकी जुड़ी हुई हथेलियों पर सीता की चूड़ामणि चमक रही थी।

मणि को पहचानने में राम को तनिक भी समय नहीं लगा। उनकी आँखों में विस्मय का भाव जागा। किंतु तत्काल ही वे गम्भीर हो गए, "इसका क्या अर्थ है, हनुमान?"

"आर्य! यह देवी सीता की चूड़ामणि है।"

"यह सत्य है।" राम का स्वर अब भी गम्भीर था, "किंतु हमारे ऋष्यमूक पर्वत पर पहुँचते ही तुमने सीता के अनेक आभूषण दिखाए थे; किंतु सीता यहाँ नहीं थीं।"

हनुमान के चेहरे पर विनम्र मुसकान उभरी, "आर्य! मैंने स्वयं देवी के दर्शन किए हैं, उनसे वार्तालाप किया है और प्रणामस्वरूप उन्होंने मुझे मणि दी है।"

राम के चेहरे पर उल्लास झलका; फिर उनकी आँखें गीली हो उठीं। वे अपने स्थान से उठे और उन्होंने हनुमान को उनके कंधों से पकड़कर उठा लिया; क्षण-भर उनकी आँखों में झाँका और फिर गले से लगा लिया।

भाव-विह्वल राम हनुमान को गले से लगा स्वयं को संतुलित करने का प्रयत्न करते रहे। उनके मन में एक ओर सीता का निश्चित संधान पा जाने का उल्लास इतना विकट कोलाहल कर रहा था और दूसरी ओर हनुमान के प्रति कृतज्ञता की उत्ताल तरंगें उठ रही थीं—हनुमान ने ही तो सीता का संधान किया; अन्यथा सीता के जीवित होते हुए भी, राम उन तक पहुँच नहीं पाते...

"कैसी हैं देवी?" राम ने स्वयं को सम्भालकर अलग किया।

"सकुशल तो हैं; किंतु बंदिनी हैं और अत्यंत दुःखी हैं।"

'बैठो, हनुमान!'' राम ने एक शिला की ओर संकेत किया, ''मुझे विस्तार से सब कुछ बताओ।''

थके हुए होने पर भी हनुमान ने अत्यंत विस्तार से अपनी यात्रा, सीता की खोज, सीता से वार्तालाप, राक्षसों से संघर्ष और वापसी की अपनी यात्रा के विषय में बताया। इन सूचनाओं के तत्काल पश्चात, वहीं बैठकर सैनिक अभियान की योजना बनाई गई और अगले दिन प्रातः ही प्रयाण का निश्चय किया गया।

हनुमान तथा अंगद को साथियों सहित विदा करने के पश्चात राम अकेले हुए तो सीता को पुनः प्राप्त करने के उल्लास तथा रावण के साथ सम्मुख-युद्ध के उत्साह के साथ-साथ, बार-बार एक प्रश्न राम के मन में उठता था—अंगद और उसके साथियों ने सुग्रीव का मधुवन क्यों उजाड़ा?

अपनी भूख मिटाने के लिए।

अपनी सफलता के उन्माद में।

अथवा, किसी अन्य कारण से।

भूख मिटाने के लिए मधुवन का उजाड़ना आवश्यक नहीं था। यदि यह उत्पात उन्होंने अपनी सफलता के उन्माद में मचाया है तो यह उचित नहीं है। सीता का संधान तो छोटी सफलता है। यदि ये लोग रावण का वध कर लंका-विजय में सफल हो गए तो कितना उत्पात मचाएँगे? सफलता के पश्चात व्यक्ति को और भी विनम्र होना चाहिए; सफलता का उन्माद तो व्यक्तित्व की दुर्बलता है। अंगद और हनुमान जैसे लोगों में यह दुर्बलता नहीं होनी चाहिए...

राम का ध्यान भंग हुआ। उनके पग धीमे होकर थम गए। उनके साथ ही अन्य लोग भी रुक गए। यूथपतियों तथा अन्य नायकों ने अपने पीछे आने वाले सैनिकों को रुकने का संकेत कर दिया।

थोड़ी दूरी पर मार्ग में अनेक लोगों का जमाव था, जैसे वे लोग मार्ग रोके खड़े हों...किंतु वे लोग न तो सैनिक वेश में थे और न उनके पास शस्त्र ही दिखाई पड़ रहे थे। सेना के अग्रिम धावकों ने भी किसी बाधा की सूचना नहीं दी थी।

सेना के रुकते ही उस भीड़ में से दस-बारह लोगों की एक टोली आगे बढ़ आई। वे लोग वय से अधेड़ और वृद्ध थे। युवक उनमें कोई नहीं था। उन लोगों ने हाथों को जोड़, माथे से लगा, नम्रतापूर्वक प्रणाम किया, ''हम लोग आर्य राम से मिलना चाहते हैं।''

राम मुसकराए, ''मैं ही राम हूँ। आदेश करें, मैं आपके किस काम आ सकता हूँ?''

उन लोगों ने पुनः प्रणाम किया, ''भद्र राम! हम जाति से साधारण वानर

हैं। इस मार्ग के आस-पास के वनों में हमारे ग्राम बसे हैं। हम महाराज सुग्रीव की प्रजा हैं; किंतु इस सेना के महानायक होने के कारण आपसे ही एक निवेदन करना चाहते हैं।''

''हमारी सेना तुम्हारे ग्रामों को क्षति नहीं पहुँचाएगी।'' सुग्रीव बोले, ''यह उच्छृंखल राक्षस सेना नहीं, राम के नेतृत्व में चलने वाली अनुशासित वानर सेना है।''

''नहीं, महाराज! यह बात नहीं है।'' एक वृद्ध ने अत्यंत संकोच से कहा, ''हमें इस सेना से किसी प्रकार की क्षति की आशंका नहीं है। हमारे पास कुछ ऐसा हो, जो इस सेना के काम आ सके तो उसे हम सहर्ष दे डालेंगे।''

''तो क्या बात है?'' सुग्रीव बोले।

''महाराज! संध्या हो गई है। थोड़ी देर में रात हो जाएगी। फिर आप लोग कहीं-न-कहीं विश्राम करेंगे ही।'' वृद्ध के स्वर में अब भी संकोच था, ''हम चाहते हैं कि आज रात आप कोस-दो कोस के भीतर ही अपना पड़ाव डालें।''

''उससे क्या होगा?'' सुग्रीव ने पुनः पूछा।

''हम लोग रात-भर जागकर आपकी चौकसी करेंगे, ताकि आप लोग आराम की नींद सो सकें।''

''उससे तुम्हें क्या लाभ होगा, बाबा?'' राम मुसकराए।

''लाभ!'' वृद्ध ने एक क्षण सोचा, ''क्या जीवन का प्रत्येक कार्य लाभ और हानि में ही तोला जाना चाहिए, राम?''

''नहीं, बाबा।''

''तो भद्र! इस कार्य में हमें आत्मसंतोष होगा कि हम इस सेना के किसी काम आए।'' वृद्ध ने कहा, ''और इसमें गौरव अनुभव करेंगे कि अत्याचार का विरोध करने वाली तथा मानवता की समता के लिए लड़ने वाली इस सेना के साथ हमारा भी कोई संबंध है...भद्र!...'' वृद्ध ने अपने साथियों की ओर देखकर कहा, ''हम थोड़ा-सा अन्न और कुछ सूखे फल भी सैनिक भण्डार में देना चाहते हैं...''

राम ने अपने साथियों की ओर देखा, ''विश्राम तो हमें करना ही है।''

''ठीक है।'' हनुमान सबसे पहले बोले, ''हमें इनके अनुरोध की रक्षा करनी चाहिए।''

''सब लोग सहमत हैं?'' राम ने पुनः अपने साथियों की ओर देखा। किसी ने आपत्ति नहीं की।

''तो ठीक है, बाबा!'' राम बोले, ''हम लोग सुविधानुसार स्थान देखकर अपना स्कंधावार स्थापित करेंगे।''

''तुम्हारे दल में कोई युवक नहीं दीखता, बाबा।'' लक्ष्मण बोले।

"वे लोग तो कब से आपके शिविरों में प्रशिक्षण पाकर, इस सेना में सम्मिलित हो चुके हैं, भद्र!" वृद्ध बोला।

"अच्छा, बाबा।" राम मंद स्वर में बोले, "रात को तुम लोग जितनी चौकसी चाहो करना; किंतु सैनिक अनुशासन तथा आवश्यकताओं के अनुसार हमारे संतरी भी अपना कार्य करते रहेंगे। उससे यह मत समझना कि हमें तुम पर विश्वास नहीं है।"

"नहीं! नहीं! हम आपके नियमों को भंग करना नहीं चाहेंगे।" वृद्ध हँसा, "हम इतने से ही प्रसन्न हैं कि आपने हमें इतने सहयोग का अवसर दिया है।"

वृद्ध ने हाथ जोड़ दिए और अपने साथियों की ओर लौट गया।

"लो, वानरराज! हमारी आधी विजय हो चुकी।" राम मुसकराए, "जिस सेना से प्रजा प्यार करे, वह सदा जीतती है।"

"मैं भी अपने जीवन में पहली बार ही देख रहा हूँ, राम!" सुग्रीव बोले, "कि किसी मार्ग से होकर इतनी बड़ी सेना जा रही हो और वहाँ के निवासी अपना घर-बार छोड़ भयभीत होकर भागें नहीं; सेना के निकट आकर उसे आमंत्रित करें।"

समुद्र का जल दिखाई पड़ते ही राम की गति मंथर हो गई। उनके साथ-साथ सुग्रीव और लक्ष्मण के पग भी धीमे हुए और एक पंक्ति पीछे जाने वाले हनुमान, अंगद, जांबवान तथा तार भी सावधान हो गए। पीछे आने वाली टुकड़ियों को इंगित कर दिया गया। इंगित एक से दूसरी टुकड़ी तक होता हुआ सारी सेना में यात्रा करता चला गया।

सागर के तट पर, जल के निकट आकर राम रुक गए। नल अपनी टुकड़ी के साथ आगे आए और तत्काल केंद्रीय शिविर की स्थापना कर दी। केंद्रिय शिविर सेना का मुख्यालय था, जहाँ स्वयं राम रहते थे। पीछे आने वाली टुकड़ियाँ बहते आते हुए जल के समान दाएँ और बाएँ फैलती जा रही थीं और सागर-तट पर अपने-अपने शिविर की स्थापना करती चल रही थीं।

राम अपने शिविर के निकट एक ऊँचे स्थान पर खड़े अपनी सेना को स्कंधावार स्थापित करते देख रहे थे। उनके मन में सागर का बिम्ब था—एक ओर जल का सागर और दूसरी ओर सैनिकों का सागर। ऐसा लगता था जैसे एक सागर के तट पर दूसरे सागर की लहरें आ-आकर अपना बसेरा कर रही हैं। पता नहीं जल का सागर कितना विस्तृत था और यह वानर सेना उसे कहाँ तक घेर पाएगी; किंतु जिस गति से यह सेना स्वयं को फैला रही थी, उससे लगता था कि यह मानव-सागर जल-सागर पर छा जाएगा...

नये-नये शिविर स्थापित होते जा रहे थे। उनके नायक अपनी प्रगति के विषय में सूचनाएँ भेजते जा रहे थे। टुकड़ियों और उनके नायकों की स्थिति का विवरण नील तथा उनके साथी अधिकारियों के पास था।...पहले तो निर्जन सागर

तट पर शिविर-स्थापना की ही सूचनाएँ आती रहीं; किंतु थोड़ी ही देर में जन-सम्पर्क की सूचनाएँ भी आने लगी थीं। आरम्भ में तो वानर सेना की टुकड़ियाँ कुछ साधारण मछुआरों तथा निषादों के ही सम्पर्क में आईं, जो सेना को देखते ही इधर-उधर भाग गए थे; किंतु उसके पश्चात् राक्षस सेना की कुछ तटवर्ती सैनिक चौकियाँ भी मार्ग में पड़ीं। युद्ध वहाँ भी नहीं हुआ। वे लोग अपनी चौकियों को छोड़ अपनी बड़ी-बड़ी नौकाओं के साथ सागर में पीछे हट गए थे। वानर सेना न तो उनसे कोई सम्वाद स्थापित कर पाई थी, न उनमें से किसी को बंदी ही कर पाई थी कि उनसे कुछ पूछताछ की जा सके। आगे बढ़कर वानर सेना को राक्षसों का एक जलपत्तन भी मिला था, जो अब सर्वथा जन-शून्य था।

नील से ये सूचनाएँ राम को मिल रही थीं और राम के मन में चिंतन का ताना-बाना सघन से सघनतर होता जा रहा था।...वानर-सेना के पहुँचने से पूर्व राक्षसों का सुविधापूर्वक पीछे हट जाना इस बात का प्रमाण था कि उन्हें वानर-सेना की गतिविधि की सूचना मिल रही थी। वे लोग यहाँ से हटकर लंका पहुँचे होंगे, और रावण तक भी यह समाचार पहुँचा होगा। ऐसी स्थिति में रावण की लंका पर इतना आकस्मिक और द्रुत आक्रमण नहीं हो सकता कि रावण की सेना को असावधानी में घेरा जा सके। यह भी सम्भव है कि रावण ही पहले आघात कर दे।...राम को प्रत्येक स्थिति के लिए तैयार रहना चाहिए।

सहसा राम ने दूर से आती हुई अनेक मिले-जुले स्वरों की अनियंत्रित-सी भनभनाहट सुनी। यह सैनिकों के बात करने का ढंग नहीं था और न राम ने पिछले दिनों अपने सैनिकों को इस प्रकार कोलाहल करते हुए सुना था। यह तो ऐसा कोलाहल था, जैसा राम के विभिन्न आश्रमों में निकट के ग्रामवासियों के अपनी किसी समस्या का समाधान पाने के लिए आने पर हुआ करता था।

कोलाहल निकट आता जा रहा था; और वह आकर राम के शिविर के द्वार पर थम गया।

राम ने दृष्टि उठाकर देखा—सबसे आगे हनुमान थे और उनके पीछे साधारण ग्रामवासियों की एक भीड़ थी। निश्चय ही वे सैनिक नहीं थे। भीड़ इतनी बड़ी थी कि राम के कुटिया जैसे इस शिविर में उनके लिए स्थान नहीं था। राम स्वयं ही शिविर से बाहर निकल आए।

"क्या बात है, हनुमान?"

भीड़ शांत हो गई थी।

"आर्य! ये लोग साधारण ग्रामवासी हैं।" हनुमान अपने स्थिर और स्पष्ट स्वर में वोले, "ये चाहते हैं कि इन्हें भी सेना में सम्मिलित कर लिया जाए।" हनुमान रुके, "मैंने इन्हें समझाने का बहुत प्रयत्न किया है कि अप्रशिक्षित साधारण ग्रामवासी अथवा वनवासी इस युद्ध के लिए बहुत उपयोगी नहीं होंगे। यहाँ हमारे

पास प्रशिक्षण की सुविधाएँ भी नहीं हैं। इनके पास शस्त्र भी नहीं हैं। फिर भी ये लोग लौटने के लिए सहमत नहीं होते।''

राम ने उन्हें देखा—उनमें से अधिकांश वय से युवक थे। दो-चार चेहरे ही प्रौढ़ दिखाई पड़ रहे थे। शरीर से वे लोग हृष्ट-पुष्ट थे। सामान्य निर्धन देहाती वानरों के समान, वस्त्र के नाम पर उनके शरीर पर घुटनों से ऊँची एक धोती थी। किंतु उनके चेहरों पर उल्लास-मिश्रित उत्साह था।

''रावण से मेरी शत्रुता है, इसलिए मैं उससे युद्ध करने जा रहा हूँ।'' राम धीमे और शांत स्वर में बोले, ''तुम लोग इस युद्ध में प्राणों का जोखिम क्यों उठाना चाहते हो?''

वे लोग खिसियाए-से एक-दूसरे का चेहरा देखने लगे, जैसे यह प्रश्न उनके लिए सर्वथा अप्रत्याशित ही न हो, उनके लिए बाधा भी हो। किंतु एक प्रौढ़ चेहरा कुछ और प्रौढ़ हो उठा।

''बोलो!'' राम ने कहा।

''हमसे भूल हुई।'' वह प्रौढ़ चेहरा बोला, ''हम तो यह मानकर आए थे कि यह युद्ध सारी प्रजा का है; हमें क्या पता था कि राम केवल अपना युद्ध लड़ रहे हैं।''

राम ने प्रशंसा-भरी आँखों से उस प्रौढ़ चेहरे को देखा, ''तुमसे भूल नहीं हुई है। फिर भी पूछना चाहूँगा कि तुम्हें क्यों नहीं लगता कि यह युद्ध मेरी और रावण की व्यक्तिगत शत्रुता का परिणाम है? और यह शत्रुता इसलिए है, क्योंकि उसने मेरी पत्नी का हरण किया है?''

''हम तो समझे थे कि न्याय का युद्ध सबका सामूहिक युद्ध होता है।'' वही प्रौढ़ व्यक्ति बोला, ''पर आप कह रहे हैं तो हम मान लेते हैं कि यह रावण से मात्र आपका युद्ध है। किंतु स्त्रियों का अपहरण तो हमारे ग्राम से भी किया गया है। रावण ने नहीं किया, उसके सैनिकों-सेनापतियों ने किया है। किस ग्राम से स्त्रियों का अपहरण नहीं हुआ?''

विस्मित खड़े राम उस भीड़ को देखते रहे ये ग्रामीण चेतना-शून्य नहीं थे। वे न्याय-अन्याय की बात जानते थे। अपने विरुद्ध हुए अत्याचारों के प्रति जागरूक थे। प्रवृत्ति से या शायद परिस्थितियों के मारे संघर्षशील और जुझारू थे। उन्हें सेना में सम्मिलित होने का पूर्ण अधिकार था...

''किंतु तुम्हारे शस्त्र कहाँ हैं?''

''हमारे पास शस्त्र नहीं हैं।''

''बिना शस्त्रों के कैसे लड़ोगे?''

''ऊँह!'' एक युवक तनिक रोष और उपेक्षा से बोला, ''जब तक राम ने आकर वानरों के हाथ में शस्त्र नहीं थमाए थे, वानर क्या लड़ते नहीं थे!''

राम उनके अदम्य उत्साह से अप्रभावित नहीं रह सके। हनुमान से बोले, "इन्हें किष्किंधा में अनिंद्य के प्रशिक्षण शिविर में नहीं भेजा जा सकता तो यहीं इनके प्रशिक्षण की व्यवस्था करो।"

हनुमान ने संकोच-भरी दृष्टि से राम को देखा—कहें या न कहें...

"क्या बात है?" राम ने पूछा।

"सेना में सम्मिलित होने के इच्छुक लोगों की संख्या बहुत बड़ी है।" वे धीरे-से बोले।

"कोई बात नहीं।" राम बोले, "कोई व्यवस्था तो करनी ही होगी। इनका कोई प्रबंध कर तुम मेरे पास आओ।"

हनुमान के लौटने तक राम ने संदेश भेजकर लक्ष्मण, सुग्रीव, जांबवान, अंगद, नल, नील, तार इत्यादि को भी बुला लिया था। हनुमान ने आकर उनके सामने समस्या को पूरे विस्तार से रखा, "जो लोग अब तक हमसे संपर्क कर चुके हैं, उन्हीं की संख्या सहस्रों में है। ग्राम के ग्राम खाली हो गए हैं और सेना में सम्मिलित होने के लिए आ गए हैं। यह ठीक है कि उनके साथ स्त्रियाँ, वृद्ध और बालक नहीं हैं। वे लोग हृष्ट-पुष्ट हैं और प्रशिक्षण के पश्चात् अच्छे सैनिक भी बन सकते हैं। किंतु समस्या यह है कि यदि हम उन्हें सेना में सम्मिलित कर लेते हैं तो उनके भोजन, वस्त्र, आवास तथा शस्त्रास्त्रों का प्रबंध हमें करना पड़ेगा।"

"पहले यह सोचो कि हमें उनकी आवश्यकता भी है या नहीं?" जांबवान बोले, "यदि है तो उनकी समस्याओं और उनका समाधान भी ध्यान देने योग्य है, अन्यथा नहीं।"

"जांबवान ठीक कह रहे हैं।" सुग्रीव बोले, "यदि हमारा विचार यह है कि हमें और सैनिकों की आवश्यकता नहीं है, हमारी सेना रावण से लड़ने के लिए पर्याप्त और सक्षम है तो हम और सैनिकों को लेकर अपना बोझ क्यों बढ़ाएँ। उन्हें अपनी सेना में सम्मिलित करने पर न केवल उन सारी समस्याओं को लेकर सोचना होगा, जिनकी चर्चा हनुमान ने अभी की है, वरन् लंका तक पहुँचने के लिए परिवहन की भी व्यवस्था करनी होगी।"

"एक संदेह मेरे मन में भी है।" तार ने कहा।

"कहिए।" राम धीरे-से बोले।

"एक नहीं, वरन् दो संदेह कहना चाहिए।" तार ने अपनी बात आरंभ की, "पहला यह कि उन लोगों की वास्तविकता को जाने बिना उन्हें क्या सेना में सम्मिलित करने की बात सोचना उचित भी है? कल्पना कीजिए कि वे लोग रावण के पक्ष की प्रेरणा से हमारे पास आए हों। हम उन्हें स्वयं में सम्मिलित कर लेते हैं और ठीक युद्ध के समय वे लोग रावण से जा मिलते हैं; या हमारी सैनिक पंक्तियों

में उत्पात मचाते हैं तो उन्हें सँभालना ही कठिन हो जाएगा—तब हम शत्रु से क्या लड़ेंगे।'' तार तनिक रुके, ''और दूसरी बात यह है कि यह प्रदेश अत्यंत निर्धन, शोषित, अविकसित और पिछड़ा हुआ है—बेकारों की संख्या यहाँ निश्चित रूप से बहुत अधिक होगी। यदि हमारी सेना के आगमन को उन्होंने अपने लिए मात्र आजीविका का अवसर मानकर यह प्रस्ताव रखा है तो मुझे लगता है कि न तो ऐसे सैनिक विश्वसनीय हो सकते हैं और न ही उनकी भूख की बाध्यता से लाभ उठाना ही न्यायोचित है।''

''मैं असहमत हूँ।'' लक्ष्मण ने कहा, ''ये बातें अवश्य ही विचारणीय हैं। किंतु ये सारी संभावनाएँ ऋण-पक्ष की हैं। इस प्रश्न का धन-पक्ष भी है।'' उन्होंने रुककर एक दृष्टि हनुमान पर डाली, ''दण्डकवन के अनेक छोटे-बड़े युद्धों के अनुभव के आधार पर मैं कह सकता हूँ कि जिस क्षेत्र की प्रजा शोषित, पीड़ित और सताई हुई होती है—वह जन-वाहिनी के बनने अथवा वहाँ पहुँचने पर उनके साथ हो लेती है। उसमें उनका दृष्टिकोण मात्र आत्मरक्षा अथवा न्याय के युद्ध में अपना योग देने का होता है। वह अपने शोषण का प्रतिशोध चाहती है। उनकी प्रेरणा भविष्य के लिए एक न्यायपूर्ण व्यवस्था के निर्माण की इच्छा होती है। उन लोगों ने कभी वृत्ति अथवा वेतन नहीं माँगा है। इसलिए यह मानना कि लोग अपनी आजीविका पाने मात्र के लिए हमारी सेना में सम्मिलित होना चाहते हैं—उचित नहीं है।''

''इतनी खोज तो करनी ही होगी कि उनके आने के पीछे राक्षसों की प्रेरणा तो नहीं है।'' जांबवान बोले, ''यदि वे लोग राक्षसों की प्रेरणा से नहीं आए और यदि उनका लक्ष्य आजीविका कमाना मात्र नहीं है तो उन्हें अपनी सेना में सम्मिलित करने में मैं कोई हानि नहीं देखता।''

''मेरा भी कुछ ऐसा ही विचार है।'' जांबवान के चुप होने पर राम बोले, ''सामान्यतः आजीविका के लिए युद्ध-वृत्ति अपनाने वाला सैनिक भी बुरा नहीं माना जाता। साम्राज्यों की वेतनभोगी सेनाएँ इसी कोटि में आती हैं। किंतु हमारी सेना इस अर्थ में किष्किंधा की वेतनभोगी सेना नहीं है। न हमारे पास इतना धन है कि उसके बल पर हम सेनाएँ संगठित कर लें और न वह हमारा लक्ष्य है। हमारी सेना इस प्रकार की आत्मनिर्भर जन-सेना है, जो अन्याय के नाश और न्याय की स्थापना के लिए लड़ रही है। यदि ये नवागंतुक इसी रूप में सेना का अंग बनना चाहें तो मुझे कोई दोष दिखाई नहीं पड़ता।...एक बात और है,'' राम तनिक रुके, ''अनुकूल जनसंख्या के बीच रहकर युद्ध करने में हमें भी सुविधा ही रहेगी। यदि हम उनकी इच्छा के विरुद्ध उनको स्वयं से पृथक् कर देते हैं, तो उसका प्रतिकूल प्रभाव भी हो सकता है। वे लोग हमसे असहयोग भी कर सकते हैं। मैं यह नहीं कह रहा कि उनके असहयोग की आशंका से भयभीत होकर हम उनकी प्रत्येक उचित-अनुचित इच्छा पूरी करें; किंतु अपने मित्रों को अपनी नासमझी में स्वयं से

दूर भगा देना तो बुद्धिमानी नहीं है।"

"किंतु उनकी व्यवस्था?" तार कुछ आवेश में बोले, "उनका भोजन, वस्त्र, आवास, शस्त्र...?"

"हाँ।...इस विषय में भी सोचना होगा।" राम धीरे-से मुसकराए, "किंतु उसके पहले यह स्पष्ट कर दूँ कि उन लोगों को नियमित सैनिक के रूप में ग्रहण करने की बात मैं नहीं कह रहा हूँ। उन्हें हम सहायक सैनिक के रूप में ही अंगीकार करें। यथासम्भव वे अपने ग्रामों में रहें, यथासंभव अपना कार्य भी करें। इस प्रकार भोजन, आवास तथा वस्त्रों के संदर्भ में आत्मनिर्भर रहें। हमारे प्रशिक्षक उनके ग्रामों में ही उन्हें यथासंभव सैनिक प्रशिक्षण दें और जहाँ तक सम्भव हो उन्हें शस्त्र दिए जाएँ अथवा शस्त्र-निर्माण का कार्य सिखाया जाए। यथासंभव उन्हें सैनिक कार्यों के स्थान पर सैनिक सहायता के कार्य दिए जाएँ। पर उनमें जो अच्छे सैनिक सिद्ध हों, उन्हें नियमित सैनिक का पद दिया जाए और आवश्यकता पड़ने पर उन्हें बचावपूर्ण संघर्ष का दायित्व भी सौंपा जा सकता है। वे लोग इस क्षेत्र में हमारे प्रहरी हो सकते हैं, हमारे सूचना चर अथवा संदेशवाहक हो सकते हैं, हमारी भूमि और हमारे मार्गों के रक्षक हो सकते हैं, शक्ति-प्रदर्शन में हमारे सहायक हो सकते हैं, व्यूह-निर्माण में हमारा अंग हो सकते हैं तथा समय आने पर आवश्यक सामग्री लाने-ले जाने का भी कार्य कर सकते हैं।"

"इससे किसी को कोई असहमति नहीं हो सकती।" सुग्रीव बोले, "यदि हमें सैनिक-असैनिक कार्यों के लिए सहायक मिल जाते हैं, और उनसे हमारा बोझ भी नहीं बढ़ता तो हमें क्या आपत्ति हो सकती है।"

सुग्रीव की सहमति के पश्चात्, किसी ने भी असहमति प्रकट नहीं की और राम की योजना सर्वसम्मति से स्वीकार कर ली गई।

7

रावण ने आश्चर्य से शार्दूल की ओर देखा—इसे मतिभ्रम तो नहीं हो गया है?

"राजन!" शार्दूल अपनी बात कहता जा रहा था, "जो कुछ हुआ है, वह हम सबके लिए अभूतपूर्व है। राम की सेना कहूँ या सुग्रीव की सेना—वह सेना नहीं है, वह तो एक और समुद्र है, जो किसी बाधा को उचित नहीं मानता। उसकी लहरें आ-आकर जल के सागर के साथ टकराती हैं और वहीं शिविर कर लेती हैं। जैसे जल को आगे जाने का मार्ग न मिले तो वह दाएँ-बाएँ फैलने लगता है, वैसे ही यह सेना भी सागरतट के साथ-साथ दाएँ-बाएँ फैलती जा रही है। मैं नहीं जानता कि इतने मनुष्य राम ने कहाँ से एकत्रित किए हैं। उनके वेतन और भोजन का वह क्या करेगा? हमारी दृष्टि से तो वानरों में सैनिक बनने की क्षमता बहुत कम

लोगों में है। वे लोग भीरु भी होते हैं और उच्छृंखल भी। वे न युद्ध कर सकते हैं, न अनुशासन में रह सकते हैं..."

"हमारे सैनिक स्कंधावार का क्या हुआ?" रावण ने उत्तेजित स्वर में पूछा।

"उन्होंने युद्ध नहीं किया।" शार्दूल बोला, "वस्तुतः उस सेना से युद्ध करना मूर्खता होती। हमारे सैनिक अपना स्कंधावार छोड़कर लंका लौट आए हैं।"

"और जलपत्तन?"

"जलपोत लंका के तट पर आ लगे हैं। जलपत्तन खाली कर दिया गया है।"

"और वे राक्षस व्यापारी—सागर?"

"उनके विषय में मुझे कोई सूचना नहीं है, राजाधिराज!" शार्दूल धीरे-से बोला, "केवल इतना ही निवेदन करना चाहता हूँ कि अब उस तट पर न कोई राक्षस सैनिक है, न राक्षस चौकी। उस तट पर राम की सेना का पूर्ण आधिपत्य है। वे जब वहाँ तक आ गए हैं तो सागर पार कर लंका में भी आ जाएँगे। आप लंका की रक्षा का प्रबंध कीजिए..."

"सुन लिया।" रावण ने हाथ उठाकर शार्दूल को मौन कर दिया। उसने अपने मंत्रियों और सभासदों की ओर देखा, "मैं तो अभी उस दुष्ट वानर हनुमान के अपराधों के लिए उसे समुचित रूप से दण्डित करने के लिए आप लोगों की मंत्रणा चाहता था; और यह वानरों का उस सेना को मुझे भय दिखा रहा है जिसका नेतृत्व वे कंगले तापस राजकुमार कर रहे हैं। जिन सैनिकों के शरीर पर वस्त्र नहीं हैं, पैरों में जूते नहीं हैं, हाथों में शस्त्र नहीं हैं—यह मुझे उनका भय दिखा रहा है और लंका की रक्षा की व्यवस्था करने का परामर्श दे रहा है!.." क्षण भर को रुककर रावण ने एक दृष्टि शार्दूल पर डाली, "मैं नहीं जानता कि ऐसे गुप्तचर का क्या उपयोग है, जो सदा पराजय की सूचना लाता है और शत्रुओं की प्रशंसा करता है।"

शार्दूल सिहर उठा। रावण के इस एक वाक्य ने उसका भविष्य निर्धारित कर दिया था।...अब शार्दूल की समझ में आया था कि लंका के गुप्तचर विभाग के अधिकारी शत्रु-संबंधी सूचनाएँ एकत्रित करने के स्थान पर वेश्यालयों, मदिरालयों में समय बिताना क्यों अच्छा समझते थे।

सहसा प्रहस्त उठ खड़ा हुआ और दंभपूर्वक बोला, "राजाधिराज! पहले की बात और थी, जब हनुमान नाम का एक वानर आया और लंकावासियों को पीड़ित कर गया। तब हम असावधान थे। अब वैसी स्थिति नहीं है। न केवल हम सावधान हैं, वरन् हमारे पास भयंकर मार करने वाले ऐसे शस्त्रास्त्र हैं, जिनका वानरों ने कभी नाम भी नहीं सुना होगा।" उसने रुककर एक बार सारी सभा को देखा और फिर उसकी दृष्टि आकर रावण पर रुक गई, "आपको स्वयं कोई कष्ट करने की आवश्यकता नहीं है, आप हमें युवराज के नेतृत्व की अनुमति मात्र प्रदान कर दें।

हम इन दोनों कंगले राजकुमारों के सिर काटकर ला, आपके चरणों में डाल देंगे। उनका वध होने से वानर तो कभी पलटकर लंका की ओर देखने का भी साहस नहीं करेंगे। वैदेही भी राम की मृत्यु के विषय में जानकर सदा के लिए आपकी हो रहेगी।''

अपना सारा अस्तित्व अपनी आँखों में टिकाए विभीषण रावण की ओर देख रहे थे—शार्दूल द्वारा दी गई तथ्यात्मक सूचना को पाबर चिंतित होने के स्थान पर रावण कुपित हो गया था। यह व्यक्ति अपनी शक्ति के दंभ म्रे ऐसा अंध-बधिर हो गया है कि सिवाय अपनी जय-जयकार के और कुछ नहीं सुन सकता। तथ्यों को इसने सुना नहीं और प्रहस्त की इस निर्लज्ज बकवाद से प्रसन्न हो रहा है। कितनी जल्दी यह रावण भूल गया है कि हनुमान बीच लंका में घुसकर इसके पुत्र अक्ष का वध कर गया था। यह प्रहस्त जो आज सभा में खड़ा गाल बजा रहा है—इसका पुत्र जंबुमाली जब हनुमान के हाथों मारा गया था, तब क्यों नहीं इसकी वीरता जागी थी और क्यों नहीं इसने हनुमान से अपने पुत्र-वध का प्रतिशोध लिया था!

प्रहस्त की गर्वोक्ति का रावण पर स्पष्ट प्रभाव पड़ा था। शार्दूल की सूचना से कटुता की जो रेखाएँ रावण के मुख पर खिंची थीं, वे अब पूर्णतः धुल चुकी थीं और वह पहले जैसा ही सहज, आत्मविश्वस्त और उल्लसित रावण लग रहा था।

''तुमने ठीक कहा, प्रहस्त!'' रावण ने अपने मंत्री के प्रति प्रशंसा-भाव व्यक्त किया, ''सीता को पाने का मुझे यही एक विश्वसनीय मार्ग दिखाई पड़ रहा है—राम का वध। मुझे लगता है कि वह कंगला तापस मेरी भूल सुधारने आ रहा है।''

सभा में निस्तब्धता छा गई—क्या कह रहे हैं महाराजाधिराज? किस भूल की ओर संकेत है उनका?

''सीता का हरण करते हुए, जाने किन-किन लोगों की बातों में आ, राम और लक्ष्मण को मैं जीवित छोड़ आया था। मुझे उनका तब ही वध कर देना चाहिए था।'' रावण का स्वर दंभपूर्ण हो उठा, ''तब भूल हो गई, सो हो गई। अब नहीं होगी। वह स्वयं ही आ रहा है तो उसे आने दो। मुझे कहीं जाने की भी आवश्यकता नहीं पड़ेगी। उन दोनों भाइयों के कटे मुँडों का उपहार चढ़ाऊँगा, तभी तो देवी वैदेही प्रसन्न होकर मेरी मनोकामना पूरी करेगी।''

लगा, रावण जोर का अट्टहास करेगा; किंतु वह उससे पहले ही रुक गया। दुर्मुख ने खड़े होकर अभिवादन किया और बोला, ''राक्षसराज! मैं तो यह जानने को अत्यंत उत्कंठित हूँ कि राम के परामर्शदाताओं में कौन हमारा ऐसा हितैषी है, जो हमारा कार्य सरल करने के लिए राम को बढ़ावा देता हुआ लंका में ला रहा है।''

"सुग्रीव! सुग्रीव!" सभा में कोलाहल हो उठा। सभा का सारा अनुशासन भंग हो गया और सभासद भूल गए कि वे रावण के सम्मुख बैठे हैं।...

"हाँ! वही होगा।" वज्रदंष्ट्र उच्च स्वर में बोला, "वही उस कंगले तापस के साथ वानर-चाल खेल रहा होगा। राम जब तक जीवित रहेगा, उसे याद दिलाता रहेगा कि किष्किंधा का राज्य उसी ने उसे दिलाया है। सुग्रीव के मन में उससे छुटकारा पाने की इच्छा जगी होगी; और छुटकारे का इससे अच्छा मार्ग और क्या हो सकता है कि उसे लंका की ओर धकेला जाए।"

सभा में जोरदार अट्टहास गूँज उठा।

यह मूर्खता, चापलूसी और दंभ का वातावरण विभीषण से देखा नहीं गया। वे तड़पकर उठे और बोले, "यदि राम का वध करवाना ही सुग्रीव का उद्देश्य है तो इतनी विशाल वानर सेना साथ लाने का क्या अभिप्राय है?"

किंतु विभीषण की बात किसी ने नहीं सुनी। उनका स्वर उस कोलाहल में खो गया। रावण ने उपेक्षा-भरी एक दृष्टि असहाय-से खड़े विभीषण पर डाली और आँखें फेर लीं। सभा को शांत करा, विभीषण की बात सुनने की आवश्यकता उसने नहीं समझी।

खिन्न मन विभीषण, निरर्थकता की अनुभूति लिये, अपने स्थान पर बैठ गए।

"किंतु मुझे भय है, राक्षसराज!" वज्रदंष्ट्र पुनः बोला, "कि जिस भ्रम को मन में लिये हुए, वह राम चला आ रहा है, जिस क्षण वह भ्रम टूटेगा, जिस क्षण उसे राक्षस सेनाओं, हमारे सेनापतियों तथा हमारे राजाधिराज के बल-विक्रम की भनक मिलेगी, वह अपना कमण्डल इत्यादि छोड़ कहीं भाग न जाए।"

सभा में एक और जोर का ठहाका पड़ा और फिर वहाँ अनेक स्वरों का मिश्रित कोलाहल छा गया।

"किंतु उपायशील मनुष्य सदा अपना काम साध सकता है।" कोलाहल मंद पड़ने पर वज्रदंष्ट्र असावधान-से उच्च स्वर में पुनः बोला, "हमें चाहिए कि हम आर्यों की सेना के वेश में एक बड़ी सेना लेकर राम के पास जाएँ और उससे कहें कि हमें उसके भाई भरत ने उसकी सहायता के लिए अयोध्या से भेजा है। उनकी ओर से लड़ने का वचन देकर, उसे घेरकर इस लंका में ले आएँ और यहाँ आकर उसे बताएँ कि हम उसकी कैसी सहायता करना चाहते हैं।"

विभीषण झल्लाए बैठे थे। उनकी समझ में नहीं आ रहा था कि ने कैसे लोग थे। इतनी गम्भीर सूचना को ये लोग कैसे हँसी में उड़ा रहे थे। न अपने बल का सम्यक् मूल्यांकन करने को तैयार थे, न शत्रु के वास्तविक बल को देखना चाहते थे। किसी राजा के आस-पास जब ऐसे चाटुकार सभासद हों तो उसे वास्तविकता का ज्ञान ही कैसे हो सकता है। वह तो अपने मित्रों द्वारा बनाए गए काल्पनिक लोक का बंदी होकर रह जाएगा और अंततः धोखा खाएगा...किंतु इसमें सभासदों

का भी क्या दोष—वे तो वही कर रहे थे जो राजा चाहता था। शार्दूल के साथ किया गया व्यवहार ये सभासद कैसे भूल सकते हैं?

विभीषण के मन में आया कि वे खड़े होकर रावण के सम्मुख यथार्थ स्थिति स्पष्ट करें। उसे बताएँ कि सभासदों का लबाड़ियापन किसी भी राजा के लिए हितकर नहीं होता। किंतु रावण उनी बात सुनेगा क्या?...

विभीषण सोचते ही रह गए और कुंभकर्ण का पुत्र निकुंभ उठकर खड़ा हो गया।

"राक्षसपति! मेरा अनुरोध है कि इस बार आप मुझे अवसर दें। आपको या भाई इंद्रजित को कष्ट करने की कोई आवश्यकता नहीं है। मैं इन समस्त कंगलों को एक बार ही नष्ट कर आऊँगा। मुझे लगता है कि सीता-हरण तो एक आड़ मात्र है। ये भुक्खड़ वानर, वैसे भी धन की तृष्णा में, जब कभी अवसर मिले, लूटपाट करने को तत्पर रहते ही हैं। मैं सोचता हूँ कि एक वार उन्हें ऐसा पाठ पढ़ा दूँ कि फिर ये लोग धनी और संपन्न राज्यों की ओर आँख उठाकर भी न देखें।" वह तनिक रुककर बोला, "सुग्रीव नया-नया राजा बना है। और राजा बनकर ही उसे ज्ञात हुआ होगा कि राजा बन जाने मात्र से जीवन के भोग उपलब्ध नहीं होते। उसके लिए धन की आवश्यकता पड़ती है; और धन किष्किंधा राज्य के पास नहीं है। तभी तो वह विश्व-भर के कंगलों और भुक्कड़ों को एकत्रित कर उनकी सेना बना लंका की ओर बढ़ रहा है। उसको भी यह स्पष्ट हो जाना चाहिए कि राजा हो अथवा याचक—जीवन का सुखभोग वानरों के लिए नहीं है। वे वानर हैं और वानर रहेंगे। और जहाँ तक सीता का प्रश्न है, वह जहाँ के योग्य थी, वहाँ पहुँच गई है...वह लौटाई नहीं जा सकती।"

विभीषण की चिंतन-प्रक्रिया पुनः चल पड़ी—कैसे लोग हैं ये! अन्य जातियों और राज्यों का धन छीनकर धनाढ्य बन, अब मान बैठे हैं कि जीवन के सुखभोग इन्हीं के लिए हैं। उन्हें न प्रकृति के नियमों का ज्ञान है और न मानव-मन और मानव-समाज के। ये क्यों नहीं सोचते कि वानरों में भी अपने अधिकार की चेतना जाग रही है और यह शोषण-चक्र अब और नहीं चल सकेगा...

वज्रहनु ने निकुंभ का प्रबल समर्थन किया और रावण से युद्ध में जाने की अनुमति माँगी। और देखते-ही-देखते निकुंभ, रभस, सूर्यशत्रु, सुप्तघ्न, यज्ञकोप, महापार्श्व, महोदर, अग्निकेतु, रश्मिकेतु, इंद्रजित, प्रहस्त, विरुपाक्ष, वज्रदंष्ट्र, धूम्राक्ष, अतिकाय, दुर्मुख तथा ऐसे ही अनेक लोग अपने-अपने शस्त्र चमकाते हुए युद्ध के लिए अनुमति माँगने लगे...

विभीषण को लगा, वे अब भी नहीं बोले, तो फिर बहुत देर हो जाएगी। उन्हें अपनी बात इन लोगों को सुनानी ही पड़ेगी, चाहे कोलाहल हो या अव्यवस्था...

वे उठकर अपने स्थान पर खड़े हो गए; किंतु रावण के चेहरे पर उनके लिए स्वागत का भाव नहीं था। फिर भी विभीषण को अपनी बात तो कहनी ही थी।

"तात!" विभीषण उच्च स्वर में रावण से संबोधित हुए, "यह अत्यंत हर्ष का विषय है कि लंका में ऐसे-ऐसे वीर हैं, जो शत्रु को अपने द्वार पर खड़े देखकर भयभीत नहीं होते, वरन् युद्ध के लिए उत्साहित होते हैं। मैं इन वीरों का अभिनंदन करता हूँ और कामना करता हूँ कि ये लोग शुभ काम के लिए युद्ध करते हुए अपना वीरत्व प्रदर्शित करें और विजयी हों।"

सभासदों ने जोर से तालियाँ पीटकर अपनी प्रसन्नता व्यक्त की।

"किंतु इस समय प्रश्न यह है," विभीषण कोलाहल के शांत होने की प्रतीक्षा में रुके नहीं, "कि जिस युद्ध की हम तैयारी कर रहे हैं, क्या यह युद्ध नीतिसंगत भी है?"

विभीषण ने रुककर सभासदों पर अपनी दृष्टि फेरी, "यह युद्ध लंका की रक्षा के लिए नहीं है; यह युद्ध किसी सिद्धांत की रक्षा के लिए भी नहीं है, यह युद्ध अपने प्रति किए गए किसी अपराध के परिमार्जन के लिए भी नहीं है; स्वाभिमान और सम्मान की रक्षा के लिए भी नहीं है। यह युद्ध-नीति का शासन स्थापित करने, प्रजा को अभयदान करने, नये देश जीतने, किसी राजा के गर्व को खण्डित करने के लिए भी नहीं है। यह युद्ध अपने राजा के अपराध की रक्षा के लिण है।"

"विभीषण!" रावण चेतावनी के स्वर में बोला, "शब्द को मुख से बाहर निकालने से पहले कुछ तो सोच लो। अनर्गल प्रलाप तुम्हारे लिए हितकर नहीं है।"

"यह अनर्गल प्रलाप नहीं है, राजन्!" विभीषण की तेजस्विता कुछ और मुखर हो उठी, "राम आपका राज्य छीनने नहीं आ रहा है। उसका क्या अपराध था कि आप उसकी पत्नी का हरण कर लाए?"

"मैं तुम्हारे प्रश्नों का उत्तर देने को बाध्य नहीं हूँ।" रावण उग्र होता जा रहा था, "फिर भी तुम्हें समझाने के लिए कह रहा हूँ कि शपूर्णखा तुम्हारी भी बहन है। राम ने उसका अपमान किया है। खर-दूषण तुम्हारे भी भाई थे। राम ने उनका वध किया है। मैंने प्रतिशोध की भावना से शत्रु-पत्नी का हरण किया है। यह अपराध नहीं है, हमारी नीनि है।"

"शूर्पणखा मेरी बहन है और खर-दूषण मेरे भाई थे; किंतु संबंधी होने भर से ही तो उनके कृत्य न्यायसंगत नहीं हो जाते।" विभीषण बोले, "शर्पूणखा ने बलात् राम को प्राप्त करना चाहा था और सीता की हत्या का प्रयत्न किया था। खर-दूषण सेना लेकर राम से युद्ध करने गए थे। राम ने जो कुछ किया, अपने स्वाभिमान और प्राणों की रक्षा के लिए किया है। और अब भी वह अपने अपमान के प्रतिकार तथा अपनी पत्नी को पुनः प्राप्त करने के लिए सैनिक अभियान कर रहा है। उसके लिए उसे दोषी नहीं ठहराया जा सकता।"

"तो फिर दोषी किसे ठहराया जाएगा? मुझे?"

"हाँ। आपको, राजन!" विभीषण का निर्भीक स्वर सभा में गूँजता चला गया, "जिसने शत्रु के साथ युद्ध कर उसका वध नहीं किया, कामुकता के कारण एक निरीह और असहाय स्त्री का अपहरण किया और अब आप उस स्त्री पर अपना अनैतिक, अनाधिकृत आधिपत्य बनाए रखने के लिए लंका की सेनाओं को युद्ध की भट्ठी में झोंक रहे हैं।'

"विभीषण।" रावण का स्वर अत्यंत उग्र था, "तुम बार-बार भूल जाते हो कि रावण लंका का राजा भी है और तुम्हारा बड़ा भाई भी। मैं बार-बार तुम्हें क्षमा करता हूँ और तुम बार-बार अपनी मर्यादा का उल्लंघन करते हो।" उसने अपनी भंगिमा बदली, "हाँ। सीता के रूप और यौवन में मेरी आसक्ति है। मैंने कामेच्छा से बलात् उसका हरण किया है। मेरे लिए यह कोई नई बात नहीं है। जिस स्त्री के रूप पे मेरी कामाग्नि को प्रज्ज्वलित किया है, मेंने सदा उसे प्राप्त किया है; और जिस किसी ने मेरा विरोध किया है उसका मैंने वध किया है। और आज भी यही कहता हूँ। रावण का यह विश्वास है कि भोग केवल शक्तिशाली के लिए है। जो मेरा विरोध करता है, वह मेरे खड्ग को देख ले—चाहे वह राम हो या विभीषण। रावण युद्ध में समर्थ है, अतः वह युद्ध से नहीं डरता।"

रावण चुप हुआ तो लगा कि अब सभा में कोई नहीं बोलेगा। किंतु उस स्तब्धता को विभीषण ने पुनः तोड़ा। इस बार उनका स्वर तेज से भरा-पूरा नहीं था। न ही वे उग्रता से अपनी बात कह रहे थे। वे समझाते हुए-से, शांत स्वर में बोले, "राजन्! मुझे आपके सामर्थ्य में संदेह नहीं है। किंतु लंकावासियों के हित के लिए ही कह रहा हूँ। आप मेरी नीति-संबंधी बात चाहे न सुनें, युद्ध-नीति संबंधी बात तो सुनें।"

"कहो।" रावण उपेक्षापूर्ण स्वर में बोला।

"तात्! जो शत्रु असावधान हों, जिन पर उनके शत्रुओं ने आक्रमण कर रखा हो, जो महारोग से ग्रस्त हों, दैव से ही मारे गए हों—भली-भाँति विचार कर उन्हीं पर विधिपूर्वक किए गए पराक्रम सफल होते हैं," विभीषण बोले, "राम असावधान नहीं है। वह विजय की इच्छा से आ रहा है। उसके साथ वानरों की भयंकर सेना है। उससे युद्ध में लंका को कोई लाभ नहीं होगा।"

"तो क्या किया जाए?"

"वैदेही लौटा दी जाए।"

"असम्भव!" रावण अपने आसन से उठ खड़ा हुआ, "अपने जीते-जी रावण सीता को नहीं लौटा सकता।"

रावण दृढ़तापूर्वक पग रखता हुआ, सभाभंवन से बाहर निकल गया। सभा स्वतः ही विसर्जित हो गई।

विभीषण भी अपने प्रासाद में चले आए; किंतु उनकी चिंता कम नहीं हुई। रावण ने अपने स्वार्थ-भोग के सामने, आज पहली बार प्रत्येक तर्क का तिरस्कार नहीं किया था। यह तो उसकी प्रकृति थी; किंतु रावण की दृढ़ता के पीछे हल्की-सी चिंता की रेखा विभीषण ने पहली बार ही देखी थी। किस बात से चिंतित था रावण? राम की सेना की शक्ति से? अथवा सीता के छिन जाने की आशंका से?...

प्रातः ही विभीषण रावण के महामहालय में पहुँचे। आज सभासदों की अनुपस्थिति में वे अकेले रावण को—अपने भाई को—समझाने का प्रयत्न करेंगे। किंतु आश्चर्य की बात थी कि आज इस समय भी रावण अकेला नहीं था। उसके अनेक मंत्री उसके आस-पास बैठे थे; और उनके मध्य एक ऊँचे आसन पर बैठा वह अपनी राजसभा में ही बैठा प्रतीत हो रहा था।

विभीषण ने अभिवादन किया तो उसने अत्यंत शांत स्वर में उत्तर दिया और विभीषण को बैठने के लिए एक मंच की ओर संकेत किया।

"तात्!" विभीषण बोले, "कल राजसभा के विचार-विमर्श में कुछ उत्तेजना अवश्य आ गई थी, किंतु मेरा मंतव्य आपका विरोध करने का नहीं है। आपके भाई के रूप में जो बात आपके और लंका के हित में समझता हूँ, वही कहता हूँ। निवेदन है कि आप मेरी बात शांत मन से सुनें और उस पर विचार करें।"

"कहो, विभीषण!" रावण की आँखों में उभर आई अशांति की छाया को उसकी वाणी की स्थिरता ने दबा दिया।

"तात्! जब से आप सीता का हरण कर उसे लंका में लाए हैं, तब से लंका में अनेक नई-नई बातें हो रही हैं।"

"क्या नई बातें हो रही हैं?" रावण की भृकुटि ऊपर की ओर उठी।

"राजकुल की एकता खण्डित हो गई है।" विभीषण बोले, "बाहर से आए अनेक लोगों के माध्यम से राम और उसकी सेना के विषय में विभिन्न प्रकार की बातें सुनने में आ रही हैं। मैं नहीं जानता कि यह राम कैसा मायावी पुरुष है, जिसका दूत सागर-संतरण कर लंका में आ सकता है और अपने पीछे भूकंप का-सा प्रभाव छोड़कर जा सकता है।" क्षणभर के लिए विभीषण रुके, "लगता है कि लंका के आस-पास रहने वाले पशु-पक्षी भी सजग होकर राम की सेना में जा मिले हैं। राम ने मिट्टी में प्राण फूँककर उसमें से ऐसी दुस्साहसी सेना गढ़ ली है, जो लंका पर आक्रमण करने के लिए सागर-संतरण का पराक्रम करने को तैयार है।...भैया, मेरा आपसे नम्र निवेदन है कि आप इस विषय में गंभीरता से सोचें कि यदि यह वानर-सेना किसी प्रकार लंका में आ गई तो विजय चाहे किसी की हो—लंका की कितनी क्षति होगी। आज मैं आपसे धर्म-अधर्म की बात नहीं कर रहा, नीति-अनीति की बात नहीं कर रहा—आज तो मैं केवल लंका की रक्षा की बात कर रहा हूँ। यदि केवल सीता को लौटा देने से लंका की यह भूमि सुरक्षित रहती है, राक्षसों

की संपदा अक्षुण्ण बनी रहती है और सहस्रों सैनिकों के प्राण बच जाते हैं तो इसमें आपकी क्या हानि है? आपके अंतःपुर में स्त्रियों की कोई कमी नहीं। एक सीता के नहीं रहने से क्या होगा!'' विभीषण ने निमिष-भर रुककर रावण को देखा, ''राम की सेना के भय से भाग-भाग लंका में आ पहुँचे अनेक लोगों से उस सेना के विषय में सुन-सुनकर लंका में जो भय और त्रास फैल गया है; आपके विरुद्ध जन-मन में जो विरोध संचित हो रहा है—उसके विषय में आपके मंत्री आपको सूचना देने में संकोच करते हैं। किंतु मैं यथार्थ को आप तक पहुँचाए बिना नहीं रह सकता।''

रावण ने उसी शांत दृष्टि से विभीषण को देखा। विभीषण चकित थे कि उनकी ये सारी बातें रावण को तनिक-सा भी उत्तेजित करने में सर्वथा असमर्थ रही थीं—क्या रावण सचमुच यथार्थ के प्रति सचेत हो रहा है?...

''मैं तुम्हारी बातों पर विचार करूँगा, विभीषण!'' रावण बोला, ''और आज राजसभा में मंत्रियों से मंत्रणा और विचार-विमर्श भी करूँगा। वहीं अपनी नीति की घोषणा भी करूँगा।''

रावण ने विभीषण की बात सुन ली थी और अपना उत्तर दे दिया था। उसके मंत्री अभी मंत्रणा के लिए बैठे हुए थे...स्पष्टतः यह विभीषण के लिए जाने का संकेत था।...

विभीषण ने सभासगार में प्रवेश करते ही अनुभव किया कि आज सभा का विशेष रूप से आयोजन किया गया था। रावण की राजसभा वैसे भी जन-संकुल थी। सभा के आयोजन की सूचना पाकर कोई भी अनुपस्थित रहने का साहस नहीं कर सकता था; फिर भी कुछ लोग थे, जो इस नियम के अपवाद थे। किंतु आज वे भी उपस्थित थे। सभा में बहुत कम दिखाई पड़ने वाला कुंभकर्ण भी आज उपस्थित था। विभीषण समझ नहीं पाए कि इसे मात्र संयोग माना जाए कि आज कुंभकर्ण मदिरा में धुत्त, संज्ञाशून्य नहीं था, इसलिए सभा में चला आया था, अथवा आज उसे विशेष रूप से सभा में उपस्थित किए जाने की व्यवस्था की गई थी। किंतु कुंभकर्ण को विशेष रूप से उपस्थित रखने का आयोजन करने का क्या कारण हो सकता है? रावण का ऐसा कौन-सा हित है, जो कुंभकर्ण की उपस्थिति से ही सध सकता है?...या रावण ने कुंभकर्ण को इसलिए बुलाया है कि वह विभीषण की काट हो सके। एक भाई रावण का विरोध करे तो दूसरा भाई समर्थन कर उस विरोध की तीव्रता को नष्ट कर दे।...या फिर आज रावण को सभा में अपना पूर्ण समर्थन चाहिए। वैसे तो रावण की भृकुटि को देखते ही सभा में उसका समर्थन-ही-समर्थन होने लगता है, फिर भी कुंभकर्ण के समर्थन का अपना ही महत्त्व है। और विभीषण भली प्रकार जानते हैं कि कुछ भी हो जाए, कुंभकर्ण रावण का समर्थन ही करेगा।

रावण ने सभा में प्रवेश किया तो सभा अनुशासित हो गई। किंतु विभीषण

ने देखा कि रावण आज प्रातः के समान शांत नहीं था। उसकी व्याकुलता उसके मुख पर स्पष्ट दिखाई दे रही थी। प्रातः की भेंट और इस समय के बीच में ऐसा क्या हो गया था? क्या राम के अभियान के विषय में कोई सूचना मिली है, या सीता-संबंधी कोई समाचार मिला है, अथवा लंका के भीतर से ही कोई ऐसा विरोध उठ खड़ा हुआ है, जिससे रावण चिंतित है?

सिंहासन पर बैठकर रावण ने एक दृष्टि संपूर्ण सभा पर डाली और प्रहस्त पर आकर उसकी दृष्टि रुक गई, ''व्यवस्था हो गई, सेनापते?''

''हाँ, राजन!'' सेनापति प्रहस्त ने कुछ अतिरिक्त शाली, औपचारिकता से उत्तर दिया, ''मैंने तत्काल व्यवस्था कर दी थी। इस समय लंका के सभी द्वारों पर अस्त्रविद्या में पारंगत रथियों तथा अश्वारोहियों से संरक्षित हमारी सेनाओं के सशस्त्र गुल्म नियुक्त कर दिए गए हैं। सभी प्रमुख मार्गों पर वाहिनियाँ परिक्रमा कर रही हैं। प्रजा में गुप्तचर लोग अपना काम कर रहे हैं और स्कंधावारों में सेनाएँ युद्धार्थ सन्नद्ध होने के आदेशाधीन हैं।'' प्रहस्त ने क्षणभर रुककर विषय बदला, ''बाहर से कोई सेना लंका में प्रवेश नहीं कर सकती। राम की सेना के भय से भागकर आए हुए शरणार्थियों को लंका में घुसकर त्रास फैलाने नहीं दिया जाएगा। लंका के भीतर प्रजा को विद्रोह नहीं करने दिया जाएगा। और राजन्! लंका के निर्धन लोगों में से सैनिकों और संपन्न घरों से सैनिक अधिकारियों की भर्ती आरंभ कर दी गई है।''

चकित होकर विभीषण कभी रावण को देख रहे थे, कभी प्रहस्त को। ये सारी सैनिक व्यवस्थाएँ लंका में क्यों की जा रही हैं; और इन्हें इस प्रकार समारोहपूर्वक राजसभा में घोषित क्यों किया जा रहा है? इसके मूल में क्या है?

रावण ने एक सिंह-दृष्टि चारों ओर डाली और बोला, ''यह सभा मैंने विशेष प्रयोजन से बुलाई है। जब कभी कोई राजनैतिक, सैनिक अथवा नैतिक संकट आया है, मैंने सदा आपका परामर्श चाहा है। आज भी एक ऐसा ही संकट मुझ पर आया है।'' रावण का स्वर गर्विष्ठ हो उठा, ''राक्षसों की विचरण-भूमि दण्डकारण्य में से मैं उस कंगले तापस राम की सुंदरी पत्नी सीता हरण कर लाया हूँ। मेरी दृष्टि में सीता सारे विश्व में सर्वश्रेष्ठ सुंदरी है। उसे देखते ही मेरा हृदय और शरीर कामाग्नि से दग्ध होने लगता है। मैं आपसे स्पष्ट कह दूँ कि किसी भी स्थिति में, किसी के भी परामर्श अथवा विरोध के भय से मैं सीता को लौटाने को प्रस्तुत नहीं हूँ। राम वानरों की सेना लेकर लंका पर आक्रमण करने आ रहा है। युद्ध में जय हो अथवा पराजय, मैं सीता का त्याग नहीं कर सकता।'' रावण ने रुककर विभीषण को देखा, ''सीता मेरी शैया पर आरूढ़ होना नहीं चाहती। मेरे अपने परिवार में से सीता-हरण को लेकर मेरा विरोध हो रहा है। किंतु मैं सीता का त्याग नहीं कर सकता। मैं अपनी वासना में दग्ध हो रहा हूँ, कामाग्नि में जल रहा हूँ...''

सहसा कुंभकर्ण उठकर अपने स्थान पर खड़ा हो गया। उसका चेहरा क्रोध से तमतमाया हुआ था, "आप कामाग्नि में जल रहे हैं तो क्या सारे राक्षसों को युद्धाग्नि में जला डालेंगे? आपने बिना किसी से परामर्श किए यह अनुचित कार्य कर डाला है। किसी की पत्नी के हरण का क्या अर्थ?"

"कुंभकर्ण!" रावण के स्वर में याचना थी, "तुम राक्षस होकर भोग का विरोध करते हो। हमारी नीति तो हमारा बल है। मैंने सदा तुम्हारे सुख और भोग की सामग्री तुम्हें उपलब्ध कराई और आज तुम अपने ही बड़े भाई के सुख-भोग में नैतिकता की अड़चन खड़ी कर रहे हो।"

कुंभकर्ण के चेहरे का भाव बदल गया, "किया तो आपने अनुचित ही है; पर चलिए, यदि आपकी इच्छा है, यदि आपको सुख मिलता है, तो ऐसा ही हो।" उसका स्वर तेजोद्दीप्त हो गया, "मैं आपके समस्त शत्रुओं का नाश करूँगा; चाहे वे लंका के बाहर हों, चाहे लंका के भीतर। आप अपने शत्रुओं को मेरे लिए छोड़कर अपनी मनोकामना पूरी कीजिए। मैं राम का वध कर, सीता को सदा के लिए आपकी बना दूँगा।"

"साधु, कुंभकर्ण!" रावण का मुख उल्लसित हो उठा, "आप लोग यह न समझें कि मैं राम अथवा उसके वानरों से डर गया हूँ। राम एक साधारण कंगला तपस्वी है, जिसे उसके छोटे भाइयों ने राज्य से निष्कासित कर रखा है। वह मूर्ख वानरों को चाहे जितना फुसला ले, युद्ध में मेरे सम्मुख टिक नहीं पाएगा। उसके वानर सैनिक ऐसे वन-पशु हैं, जिन्हें शस्त्र पकड़ना भी नहीं आता। वे लोग लंका की देव-विजयिनी, उन्नत शस्त्रों से सज्जित, प्रशिक्षित सेना के सम्मुख कैसे टिक पाएँगे; और फिर उनके और हमारे बीच सर्पों तथा भयंकर जलचरों से भरे हुए सागर की प्राचीर है। सागर को पार करने के प्रयत्न में वह सारे वानरों को उसमें डूबो देगा। मैं राम और उसकी सेना से तनिक भी भयभीत नहीं हूँ।" रावण ने क्षणभर रुककर उच्च स्वर में कहा, "मैं इसलिए रण-सज्जित हो रहा हूँ कि याचक को युद्ध-दान करना वीरों का धर्म है। मैं विजय के लिए रण-सज्जित हो रहा हूँ। इस युद्ध में असंख्य वानर मारे जाएँगे और तब उनका विशाल राज्य हमारा होगा, उनकी धन-सम्पत्ति हमारी होगी, उनकी सुंदरी स्त्रियाँ हमारी शैयाओं पर आरूढ़ होंगी। युद्ध तो हम करेंगे ही।"

"तो ठीक है, महाराज!" महापार्श्व ने रावण का समर्थन किया, "हम राम की सेना से युद्ध करेंगे। सागर को पार कर, वह बेचारा लंका में तो आ नहीं सकेगा। उसकी बुद्धि को उचित मार्ग पर लाने के लिए हम ही सागर के उस पार जाएँगे।" वह हल्के-से मुसकराया, "आपको कष्ट करने की आवश्यकता नहीं है। युद्ध हम सँभाल लेंगे। आप अपनी कामना पूरी कीजिए। आप उस विश्व-सुंदरी सीता के साथ रमण कीजिए। वह आपकी शैया पर आरूढ़ होना नहीं चाहती तो राक्षस-धर्म

के अनुसार उसके साथ बलात्कार कीजिए। उसके केश पकड़कर, उसे घसीटकर अपनी शैया पर ले आइए...।"

विभीषण को लगा, महापार्श्व के शब्द सुनकर उनका संपूर्ण अस्तित्व ही जैसे जल उठा हो। यह राजसभा अब उनके लिए असह्य हो उठी थी। रावण का भय उनके मन में से जैसे निकल गया।

अग्नि के-से तपते शब्द उनके मुख से अनायास ही बहते चले गए, "कैसी राजसभा है यह, जहाँ मंत्री अपने राजा को पर-स्त्रियों के साथ बलात्कार करने की मंत्रणा देते हैं। उचित-अनुचित का ध्यान तुम्हें नहीं है तो अपना स्वार्थ तो पहचानो। राम ने इन्हीं वानरों की छोटी-सी सेना से तुम्हारा जनस्थान का स्कंधावार ध्वस्त किया था। उसकी पत्नी का हरण हुआ तो वह सारे विश्व के वानरों को सैनिक रूप देकर, तुम्हारी लंका के द्वार खटखटा रहा है। उसकी पत्नी के साथ बलात्कार हुआ तो वह तुम लोगों को क्षमा कर देगा क्या?" विभीषण उग्र से उग्रतर होते जा रहे थे, "लंका का एक-एक परिवार नष्ट हो जाएगा। तुम्हें वानरों की सुंदरी स्त्रियों का प्रलोभन दिया जा रहा है; किंतु तुम्हें अपनी स्त्रियों का ध्यान नहीं है। कभी सोचा है कि प्रतिशोध की भावना से भरी वानर सेना, तुम्हारी स्त्रियों के साथ कैसा व्यवहार करेगी?"

"राजकुमार विभीषण भय के मारे आत्मविश्वास खो चुके हैं।" प्रहस्त हँसकर बोला, "ये राम की सेना से डर गए हैं; किंतु हम किसी से नहीं डरते। हमारी सेनाओं ने देवों, यक्षों, गंधर्वों, नागों, दैत्यों, दानवों, असुरों—सभी को परास्त किया है, ये बेचारे तो साधारण वानर हैं।"

विभीषण का तेज कुछ और भी उग्र हो उठा, "सेनापति प्रहस्त! भयभीत होने की बात अभी रहने दो। युद्ध-विद्या और सेना के बलाबल का कुछ ज्ञान मुझे भी है। मैं कह रहा हूँ कि एक तो महाराजाधिराज रावण स्वयं ही वाणी और दण्ड की कठोरता, धन के अपव्यय, मदिरापान, स्त्री, मृगया और द्यूत जैसे व्यसनों के वशीभूत हैं और उसके कारण नीति-अनीति का संतुलन उनके हाथ से छूट जाता है—ऊपर से राक्षसों के सत्यानाश के लिए तुम-जैसे शत्रु-तुल्य मित्र उनकी सेवा में उपस्थित रहते हैं। तुम लोगों से यह तो होता नहीं कि राजा को न्यायोचित परामर्श दो। उलटे राजा की कृपा-प्राप्ति के लिए चाटुकारिता कर उनके दुर्गुणों को बढ़ावा देते हो। धिक्कार है तुम जैसे स्वार्थी, लोभी तथा चाटुकार मंत्रियों पर!"

सहसा विभीषण की दृष्टि रावण पर जा पड़ी। लगा कि रावण की अप्रसन्नता उस सीमा तक जा पहुँची है, जहाँ वह इस द्वंद्व में होता है कि मुख से कठोर शब्द निकाले अथवा कोष से खड्ग...

विभीषण चुप हो गए।

किंतु उनके मौन होते ही मेघनाथ उठ खड़ा हुआ। उसने विभीषण से कुछ

नहीं कहा। वह सीधे रावण से संबोधित हुआ, "महाराजाधिराज! मेरा विचार है कि युद्ध की बात इस प्रकार खुली राजसभा में नहीं होनी चाहिए। उससे अनेक लोग डर जाते हैं और अनर्गल प्रलाप करने लगते हैं।" उसने मुड़कर एक दृष्टि विभीषण पर डाली और बोला, "राजन्! मेरे छोटे चाचा राजकुमार विभीषण आसन्न युद्ध से भयभीत होकर अपना मानसिक संतुलन खो बैठे हैं। मेरा अनुरोध है कि अपने कुल में उनका जन्म होने पर भी उन्हें युद्ध के अयोग्य तथा भीरु मानकर, युद्ध-संबंधी कोई कार्य न सौंपा जाए।"

मेघनाथ की मुसकान, विभीषण के वक्ष को ऊपर से नीचे तक चीर गई। ओह! कितना विषैला है यह मेघनाथ! इंद्र को पराजित कर, कैसा उद्दण्ड हो गया है!...

"तुम उद्दण्ड और अविनयी हो, मेघनाथ!" विभीषण क्रुद्ध स्वर में बोले, "नीति का पक्ष लेकर यदि तुमने अपने पिता के अनैतिक कार्यों का विरोध किया होता तो मैं समझता कि तुम विवेकी पुरुष हो और अपने पिता का हित चाहते हो। किंतु तुम अपने पिता को विनाश की ओर धकेलने में सहायक हो रहे हो। तुम पुत्र होकर भी अपने पिता और वंश के विनाश का कारण बन रहे हो—तुम मोह तथा स्वार्थवश पिता की हाँ में हाँ मिलाकर, ऊपर से मित्र दिखते हुए भी, महाराजाधिराज रावण से शत्रुता कर रहे हो।"

विभीषण शायद अभी कुछ और भी कहते किंतु तब तक रावण की आँखें क्रोध से तप्त अंगारों के समान दहक उठीं। अपने प्रति कहे गए शब्द उसने फिर भी सहन कर लिये थे, किंतु पुत्र के प्रति इस प्रकार की ताड़ना ने उसकी सहनशीलता समाप्त कर दी थी, "बस! बहुत हो चुका, विभीषण! शत्रु अथवा कुपित विषधर के साथ रहना पड़े तो व्यक्ति रह ले, किंतु उस भाई के साथ कदापि न रहे, जो मित्र कहलाकर भी शत्रु की सेवा कर रहा हो।" और सहसा रावण के धैर्य का भी बाँध टूटा, "मेरा अभ्युदय, सुख और विलास नहीं देखा जाता, विभीषण! कुटुंबीजन ऐसे ही होते हैं। तुम्हें आज तक मैंने व्यर्थ अपना भाई मानकर तुम्हारे सुख, सम्मान और रक्षा के लिए स्वयं को चिंतित किया। तुमसे स्नेह की आशा व्यर्थ है। मैं बहुत दिनों से तुम्हारे मन में पलते विष का आभास पा रहा हूँ; किंतु उदारतावश क्षमा करता आया हूँ। तुमने जो कुछ कहा है, यदि किसी और ने कहा होता तो उसका मुँड धरती पर लोट रहा होता। तुम्हें आज मैंने फिर क्षमा किया। जाओ, चले जाओ और यथाशीघ्र लंका से बाहर निकल जाओ। लंका में तुम जीवित नहीं रह पाओगे।" उसने रुककर विभीषण को देखा, "जाने से पहले लंकेश्वर का प्रसाद लेते जाओ। यहाँ आओ।"

यंत्रवत् विभीषण, रावण के निकट आकर खड़े हो गए।

"जिसका पक्ष लेते तुम नहीं थकते," रावण बोला, "जिसे तुम अपना प्रिय

मानते हो, उस राम ने मेरी बहन शूर्पणखा-को दण्डस्वरूप खड्ग से चिह्नित किया था। मैं तुम्हें खड्ग के योग्य नहीं मानता। तुम इसके योग्य हो।''

और इससे पूर्व कि कोई समझ पाता कि रावण के मन में क्या है, उसने सिंहासन से उठकर विभीषण को लात दे मारी...

विभीषण स्तब्ध खड़े रह गए।

जो कुछ हुआ था, वह अप्रत्याशित ही नहीं, कल्पनातीत था। ऐसी स्थिति में विभीषण क्या करें? रावण से उनके संबंध बिगड़ते जा रहे थे—यह वे देख रहे थे। वे दोनों परस्पर-विरोधी पक्षों से सज्जित हो रहे हैं, यह भी वे जान रहे थे। अपने भाई का विरोध उन्हें करना होगा; संभवतः किसी समय अपने भाई को छोड़ना भी पड़ेगा—यह भी कहीं-न-कहीं उनके मन में था। किंतु उनके कल्याणकारी आग्रह पर भरी सभा में रावण उन पर पाद-प्रहार करेगा—यह उन्होंने नहीं सोचा था। इतना ही नहीं, उसने उन्हें लंका छोड़कर चले जाने के लिए कहा था। न भी कहा होता, तो भी इतने अपमानित होकर लंका में रहना विभीषण के लिए सम्भव नहीं था।...

विभीषण की जड़ता टूटी। राजसभा में मूर्ति के समान खड़े रहना, प्रत्येक सभासद की सकरुण अथवा घृणामयी दृष्टि का पात्र बने रहना तो उनकी समस्या का समाधान नहीं था। किंतु वे क्या करें? रावण का विरोध करें? क्या वे रावण से कह दें कि वे लंका छोड़कर कहीं नहीं जाएँगे। उन्हें लंका से निकालने का रावण को कोई अधिकार नहीं है। विभीषण ने कोई अपराध नहीं किया...किंतु अपराध तो सीता ने भी कोई नहीं किया था। अपराध किया था रावण ने और वही दूसरों को दण्ड दे रहा था। उसमें तर्क और न्याय की बात कहाँ थी? और यदि विभीषण लंका में रहना चाहेंगे तो किसके बल पर रहेंगे? अपने सहायकों के बल पर अज्ञातवास वे कर सकते हैं; उसका क्या लाभ? रावण की सैनिक शक्ति के विरुद्ध लड़कर लंका में वे प्रकट रूप से नहीं रह सकते...

लंका में नहीं रहेंगे तो जाएँगे भी कहाँ?...सरमा और कला को साथ लेकर यदि वे लंका से बाहर निकलना चाहें तो कैसे निकलेंगे और कहाँ जाएँगे?...

...राजसभा इन सब चिंताओं का समाधान पाने के लिए उपयुक्त स्थान नहीं था।...उन्होंने एक दृष्टि रावण पर डाली—उसकी आँखों में अभी भी अग्नि धधक रही थी। विभीषण को लगा कि यदि वे रावण के सम्मुख वर्तमान रहे तो रावण पुनः प्रहार कर सकता है; और इस बार यह प्रहार खड्ग का भी हो सकता है...यदि रावण सचमुच उन्हें द्वंद्व-युद्ध के लिए ललकारता तो बात और थी; तब शायद युद्ध की चुनौती को स्वीकार करने में विभीषण को संकोच न होता; किंतु रावण के सेनाध्यक्षों में घिरकर, रावण के हाथ से बद्ध पशु के समान मारा जाना

उनके लिए गौरव की बात नहीं हो सकती थी।

विभीषण के पग द्वार की ओर उठ गए। उनके मुख से एक शब्द भी नहीं निकला।...क्या कहते कि वे रावण की बात मानकर, लंका छोड़कर जा रहे हैं, या यह कहते कि वे उसकी आज्ञा मानने को बाध्य नहीं हैं—उसकी जो इच्छा हो कर ले। या यह कहते कि उसने भाई के साथ, न्यायसंगत बात कहने पर उचित व्यवहार नहीं किया।...कुछ भी कहने का कोई अर्थ नहीं था...और उनका अपना ही मन कहाँ जानता था कि वे क्या करना चाहते हैं, और क्या कर सकते हैं...

रथ चला और ठण्डी हवा उनके चेहरे से टकराई। लगा कि मस्तिष्क कुछ शांत हुआ है और उनकी सोचने-समझने की शक्ति लौट रही है...और तभी उन्होंने अनुभव किया कि लंका में रह सकने का अधिकार पाने का अंतिम अवसर भी उन्होंने खो दिया है...राजसभा से चुपचाप निकल आने के स्थान पर यदि उन्होंने रावण के पैर पकड़ लिये होते, उससे क्षमा माँगी होती, रोए और गिड़गिड़ाए होते, तो रावण कदाचित् उन्हें क्षमा कर देता।

विभीषण का मन हुआ, वे इस कठिन घड़ी में भी ठहाका मारकर हँस पड़ें। अपनी सुरक्षा और यथास्थिति बनाए रखने से कितना मोह होता है मनुष्य को। ...कितने वर्षों ये भीतर-ही-भीतर वे रावण का विरोध कर रहे हैं। उसके विपक्ष में जनमत तैयार कर रहे हैं। उसका अहित करने को भी तैयार बैठे हैं। उसके शत्रुओं को किसी सीमा तक अपना मित्र मान बैठे हैं...और तब भी चाहते हैं कि रावण उन्हें अपनी नाक के नीचे लंका में एक बड़े प्रासाद में राजसी ठाठ से रहने दे।...विरोध का पुरस्कार चाहते हैं? विरोध का मूल्य चुकाना नहीं चाहते?...विरोध करते रहने पर भी रावण से चिपके रहना चाहते हैं?...आज जब स्वयं रावण ने उन्हें अवसर दिया है कि वे उससे अलग होकर अपने विरोध को गम्भीर कर्म के धरातल पर व्यक्त करें तो वे उससे क्षमा माँगने और उसके चरण पकड़ने की बात सोचते हैं...बुद्धि की वह स्तब्धता ही वंदनीय है, जिसने उन्हें कुछ क्षण पूर्व यह सब सोचने-समझने नहीं दिया। यदि कहीं पहले सूझ गया होता, तो क्या पता वे सचमुच ही क्षमा-याचना कर बैठते...

सरमा ने विभीषण का चेहरा देखा तो धक् रह गई—अवश्य ही राजसभा में कोई गम्भीर बात हो गई है; अन्यथा विभीषण इस प्रकार चिंतित दिखाई न पड़ते।

"क्या हुआ?" विभीषण के बैठने के पश्चात सरमा ने उनके कंधे पर कोमलतापूर्वक हाथ रखकर मधुर स्वर में पूछा।

विभीषण ने संक्षेप में सब कुछ बता दिया।

"तो?"

"लंका छोड़कर जाना है।"

"कहाँ?"

"यही प्रश्न तो मुझे मथे जा रहा है।" विभीषण का स्वर धीमा भी था और चिंतित भी, "कुछ समझ में नहीं आता कि कहाँ जाऊँ। सिवाय इस प्रासाद के मेरा और कोई ठिकाना नहीं है। लंका से बाहर जाने की सोचता हूँ तो सारे राज्य दो पक्षों में बँटे दिखाई पड़ते हैं—एक रावण के पक्ष में, दूसरे विपक्ष में। रावण का विरोधी होकर मैं रावण के मित्र राज्यों में प्रवेश नहीं पा सकता; और रावण का भाई होकर मैं रावण-विरोधी राज्यों में सुरक्षित नहीं रह सकता। अपनी सुंदरी पत्नी और तरुणी-पुत्री के साथ वनवास करने की बात मैं सोच नहीं सकता..." विभीषण ने सरमा को देखा, जैसे उससे सहायता माँग रहे हो।

"हमारी चिंता छोड़ो, प्रियतम!" सरमा का स्वर चिंतित किंतु स्थिर था, "राक्षसराज ने केवल आपको लंका छोड़ने को कहा है। हमारे लिए ऐसा कोई आदेश नहीं है। हम दोनों यहाँ, इसी प्रासाद में सुरक्षित रहेंगे। राक्षसेन्द्र हमसे कुछ नहीं कहेंगे। और यदि ऐसी कोई स्थिति आई तो मैं मंदोदरी भाभी की शरण में चली जाऊँगी। वे मुझे अपमानित नहीं होने देंगी।"

"ठीक कहती हो, सरमे!" विभीषण कुछ शांत हुए, "किंतु पूर्णतः निरापद यह भी नहीं है। ऐसी स्थिति में मेरे प्रति सारा आक्रोश रावण तुम पर उतारेगा। बाली ने सुग्रीव की पत्नी के साथ जो कुछ किया, उसे मैं भूल नहीं सकता। और यदि रावण इतनी नीचता न भी करे, तो भी सोचता हूँ कि मैं तुम दोनों की सुरक्षा के लिए तुम्हें यहाँ छोड़ जाऊँ तो कहीं वह तुम लोगों को बंधक न बना ले। ऐसी स्थिति में मैं लंका से बाहर रहकर भी राक्षसराज के आदेशों का बंदी बना रहूँ...।"

सरमा कुछ कहना ही चाहती थी कि किसी ने कपाट खटखटाए।

"कौन है?" विभीषण ने पूछा।

"मैं हूँ, पिताजी!" कला कपाट खोलकर भीतर आ गई।

"क्या बात है?" उसने माता-पिता, दोनों को ध्यान से देखा, "आप लोगों के चेहरे इतने उतरे हुए क्यों हैं?"

विभीषण ने सरमा की ओर देखा।

"थोड़ी देर हमें अकेले छोड़ दो, बेटी!" सरमा शांत स्वर में बोली।

कला का मन हुआ कि मचलकर वहीं बैठ जाए। ऐसी कौन-सी चर्चा है, जो उसके माता-पिता उसके सामने नहीं करना चाहते। वह अब बच्ची नहीं है। किंतु माँ के स्वर में कुछ ऐसा था कि कला प्रतिवाद नहीं कर सकी। चुपचाप उलटे पैरों लौट गई।

"मैं अपने और कला के विषय में नहीं, आपके विषय में चिंतित हूँ।" सरमा ने बात नये सिरे से आरम्भ की।

''तुम लोग यहाँ सुरक्षित रहो तो मेरी क्या चिंता!'' विभीषण बोले, ''मैं कहीं भी चला जाऊँगा।''

''कहाँ चले जाएँगे?'' सरमा बोली, ''उस पार के समुद्रतट पर राम की सेना बिछी पड़ी है। प्रत्येक घाट पर उनके सैनिक गरज रहे हैं। ऐसे में आप कहाँ जाएँगे? सागर पार करते ही उनके हाथों में पड़ गए तो बंदी बना लिये जाएँगे। आप उन्हें लाख विश्वास दिलाएँ कि आप रावण के किसी कृत्य से सहमत नहीं हैं—वे आपको राक्षसेन्द्र का भाई मानकर काट खाएँगे।''

विभीषण ने सरमा की बात का कोई उत्तर नहीं दिया। वे जैसे किसी और ही लोक में खो गए थे।

सरमा एकटक अपने पति की ओर देखती रही, किंतु उनके चिंतन में बाधा नहीं डाली।

''मैं सोच रहा था।'' थोड़ी देर के पश्चात् विभीषण स्वयं ही बोले, ''सिद्धांततः मैं सदा रावण का विरोधी और परिणामतः राम का समर्थक रहा हूँ; किंतु भाई के सम्बन्ध के मोह में मैं रावण का त्याग कभी नहीं कर सका। आज यदि रावण ने स्वयं मुझे इसका अवसर दिया है तो मैं उससे व्याकुल क्यों हो उठा हूँ?'' वे रुके, ''मुझे कहीं और जाने की आवश्यकता ही क्या है, मैं सीधा राम के ही पास क्यों नहीं जाता। वहाँ वह वानर हनुमान भी होगा। वह साक्षी देगा कि मैंने रावण के द्वारा घोषित मृत्युदण्ड से उसकी रक्षा की थी।''

तभी फिर किसी ने कपाट पर थाप दी। इस बार थाप कुछ अधिक जोर से दी गई थी।

विभीषण ने कुछ आश्चर्य तथा कुछ रोष के साथ जोर से बजते हुए उन कपाटों की ओर देखा—आज जब वे स्वयं इतने उद्विग्न हैं, कला यह कैसा व्यवहार कर रही है?

किंतु उनके कुछ बोलने से पूर्व ही एक कपाट हल्के-से इतना भर खुला कि उसमें से एक चेरहा झाँक सके। चेहरा कला का था। उसने धीमे तथा शांत स्वर में कहा, ''अविंध्य काका आए हैं।''

''आने दो।'' विभीषण के मुख से अनायास ही निकल गया। इस बार चकित होने की बारी सरमा की थी।

किंतु विभीषण का ध्यान उस ओर नहीं गया। वे उत्सुकता से अविंध्य के आने की राह देख रहे थे।

अविंध्य अकेला नहीं था। उसके साथ विभीषण के चारों सचिव—अनल, पनस, संपाति तथा प्रमति—भी थे।

''आपने क्या सोचा है?'' अविंध्य ने बैठते ही पूछा।

''अभी तो सोच ही रहा हूँ।'' विभीषण बोले, ''समझ नहीं पा रहा कि क्या

करूँ।''

''आप लंका छोड़ने की सोच रहे हैं?''

''न छोड़ूँ तो क्या करूँ। लंका में तो अब मैं रह नहीं सकता।'' विभीषण बोले, ''किंतु कहाँ जाऊँ? और मेरे जाने के पश्चात् मेरी पत्नी, मेरी बच्ची...''

''आपने केवल अपने परिवार और अपने विषय में सोचा है।'' अविंध्य ने उनकी बात पूरी नहीं होने दी, ''आपने लंका और लंकावासियों के विषय में कुछ नहीं सोचा...।''

''लंका के विषय में?''

''हाँ! आपके जाने के बाद लंका की क्या स्थिति होगी?''

सचमुच विभीषण का ध्यान उधर नहीं गया था—विभीषण के चले जाने के पश्चात् लंका में रावण को रोकने या बाँधने वाला कोई नहीं रह जाएगा। लंका की प्रजा रावण की दया पर होगी। रावण सेनाओं पर सेनाएँ तैयार करेगा और युद्ध करेगा। लंका की यह समस्त प्रजा उसके अहंकार की अग्नि को प्रदीप्त रखने के लिए ईंधन मात्र बन जाएगी।...और फिर इस समय सागर तट पर राम की सेना पड़ी है। युद्ध तो होना ही है...कुछ को रावण मारेगा, कुछ को राम की सेना मार डालेगी। रावण की विजय हुई तो लंका में और भी अत्याचारी, उच्छृंखल शासन स्थापित होगा और प्रजा उसकी हवि बनेगी; राम की विजय हुई तो लंका पराधीन हो जाएगी, या तो सुग्रीव का शासन होगा या राम का। विदेशी शासन...

''संकट की इस घड़ी में लंका का उद्धार रावण नहीं कर सकता।'' अविंध्य ने कहा, ''चाहे वह राजाधिराज हो या जगद्विजेता।''

विभीषण ने आँखें उठाकर अविंध्य की ओर देखा—क्या वह भी वही सोच रहा है, जो विभीषण के मन में है?

''यदि स्थिति सामान्य होती,'' अविंध्य ने पुनः कहा, ''तो मैं आपसे यही कहता कि आप अपने परिवार सहित किसी सुरक्षित स्थान पर चले जाइए। किंतु इस समय लंका की चिंता सबसे पहले करनी होगी।''

''क्या है तुम्हारे मन में, अविंध्य?'' विभीषण बात स्पष्ट कर लेना चाहते थे।

''इस स्थिति में लंका के सामने दो ही विकल्प हैं—पीड़ा—रावण के हाथों या राम के हाथों...''

अविंध्य के मन में भी वही है...विभीषण सोच रहे थे।

''और हमें ये दोनों ही स्वीकार नहीं हैं।''

''तो?''

''हम रावण से कोई समझौता नहीं कर सकते।'' अविंध्य का स्वर निश्चयात्मक था, ''क्योंकि हम जैसे तिरस्कृत और अपमानित सामान्य जन—जिन्हें महाराजाधिराज

अपना विरोधी मानते हैं—से राक्षसराज कोई समझौता नहीं करेंगे। पर...शायद राम से आपका समझौता हो जाए...।''

विभीषण ने चकित होकर अविंध्य की ओर देखा। वे अपनी समस्या में ऐसे उलझ गए थे कि उनका ध्यान इस ओर गया ही नहीं था। पर अविंध्य ने ठीक ही सोचा था...

''और पीछे?'' विभीषण कुछ सोचते हुए बोले, ''राम से समझौता हुआ तो हमें रावण के विरुद्ध लड़ना पड़ सकता है। युद्ध-क्षेत्र में मेरे हाथों रावण के किसी प्रियजन का वध हो सकता है। ऐसी स्थिति में मेरा परिवार?''

''पीछे मैं हूँ। हमारा संगठन है। सहायक हैं।'' अविंध्य ने उत्तर दिया, ''और कुछ नहीं हो सका तो रानी और राजकुमारी के लिए अज्ञातवास की व्यवस्था तो हम कर ही सकते हैं।''

''तो मैं निश्चिंत हो जाऊँ?''

''इस ओर से निश्चिंत हो रहिए।''

''तो फिर हमारे लिए किसी अच्छी नौका का प्रबंध कर दो और कोई गुप्त प्रबन्ध अज्ञात घाट...अच्छे माझी...''

8

''लंका-निष्कासित मैं, राक्षसराज रावण का भाई विभीषण हूँ। मेरे साथ मेरे चार सचिव—अनल, पनस, संपाति तथा प्रमति हैं।'' विभीषण ने अपना परिचय दिया, ''हम लंकावासियों की ओर से आपकी शरण में आए हैं।''

विभीषण के तट पर पहुँचते ही वानर सैनिकों ने उनकी नौका को अपने अधिकार में ले लिया था और उन्हें तथा उनके सचिवों को निःशस्त्र कर, पहरे में राम के सम्मुख प्रस्तुत किया था।

राम ने विभीषण को देखा—यह उनके शत्रु का भाई था, जो उनकी शरण में आ गया था। हनुमान के माध्यम से सीता ने सूचना भेजी थी कि विभीषण और उनका परिवार सीता की सहायता कर रहा था। हनुमान को भी इसी विभीषण ने मृत्युदण्ड से बचाया था। रावण से उसका भेद बढ़ गया लगता है...

विभीषण और उनके सचिव वीर वेश में थे, यद्यपि उनके शस्त्र तट-सैनिकों ने उनसे ले लिये थे। विभीषण ऊँचे-लंबे, हृष्ट-पुष्ट शरीर के स्वामी थे। उनका रंग गेहुँआ था और आँखों में स्वच्छता, सरलता तथा स्वाभिमान का भाव था; यद्यपि इस समय अनिश्चय के कारण संकोच का भाव उनके सारे व्यक्तित्व पर छाया हुआ था।

राम ने मुसकराकर विभीषण के कंधे पर हाथ रख, उन्हें हल्के-से दबाया, ''आपका स्वागत है, बंधुवर विभीषण! मैं स्वयं अयोध्या से निष्कासित हूँ। सुग्रीव से जब

मेरी मित्रता हुई थी, वे भी किष्किंधा से निष्कासित थे।''

विभीषण हल्के-से मुसकराए, किंतु कुछ बोले नहीं।

पुनः राम ही बोले, ''इस दृष्टि से हममें सम धरातल पर मैत्री हो तो अधिक अच्छा है; शरणागत होकर आना आपके लिए शोभनीय नहीं होगा।'' राम रुके, ''आपको राक्षसराज की ओर से कोई आशंका है?''

विभीषण के अधरों पर एक गम्भीर मुसकान उभरी, ''मैं अपनी सुरक्षा के लिए आपकी शरण में नहीं आया। मैंने पहले ही निवेदन किया है कि मैं लंकावासियों की ओर से आपकी शरण में आया हूँ।''

''स्पष्ट कहो, विभीषण!''

''आर्य राम! इतना तो आप स्वीकार करेंगे ही कि राक्षसराज रावण जो कुछ भी कर रहा है—आवश्यक नहीं कि लंका का प्रत्येक निवासी उससे सहमति ही रखता हो।''

''नहीं! आवश्यक नहीं।'' राम सहज भाव से बोले, ''स्वेच्छाचारी राजा अनेक बार अपनी इच्छा अपनी प्रजा पर बलात् आरोपित करता है।''

''मेरा तात्पर्य भी यही है, आर्य!'' विभीषण बोले, ''आपका शत्रु रावण है, लंका की प्रजा नहीं।''

राम मुसकराए, ''मैंने किसी भी राज्य की प्रजा को कभी भी अपना शत्रु नहीं माना।''

''ऐसी स्थिति में अपनी बात स्पष्ट कह सकूँगा।'' विभीषण बोले, ''रावण की स्वेच्छाचारिता ने लंकावासियों पर अनेक युद्ध थोपे हैं। वे युद्ध न तो लंकावासियों ने आत्मरक्षा में लड़े हैं, न अपने किसी अन्य लाभ के लिए। ये युद्ध लंका का राजा अपने विलास, अपने अहंकार की स्फीति तथा अपने साम्राज्य के विस्तार के लिए करता रहा है। किंतु वे युद्ध अधिकांशतः लंका की भूमि से दूर लड़े गए थे। आज पहला अवसर आया है कि लंका किसी सेना द्वारा इस प्रकार घेरी जा रही है और यह युद्ध कदाचित् लंका की भूमि पर ही हो।''

''शायद ऐसा ही है।'' राम बोले।

''लंका मेरी जन्मभूमि नहीं है।'' विभीषण पुनः बोले, ''हमारे परिवार में से किसी की जन्मभूमि नहीं है। संसार जानता है कि रावण ने अपने सैनिक बल से यक्षपति धनेश से लंका छीनी है और रक्ष-चिंतन के समर्थकों को सारे विश्व में से बुलाकर लंका पर उनका शासन स्थापित किया है। इस समय लंका के शासनाधिकार रावण, उसके कुटुंब तथा उसके संबंधियों के हाथों में हैं। प्रजा को शासन संबंधी कोई अधिकार नहीं है।'' विभीषण ने रुककर राम की ओर देखा, ''फिर भी जो लोग लंका में रह रहे हैं, वे उसे अपनी भूमि मानते हैं। मुझे भी लंका से अपनी जन्मभूमि का-सा प्यार है, इसलिए मैं लंका का अहित नहीं चाहता।''

"यह असम्भव है।" सुग्रीव बोले।

विभीषण ने राम की ओर देखा, किंतु राम कुछ नहीं बोले।

"मुझे गलत न समझें।" विभीषण पुनः बोले, "मैं लंका का अहित नहीं चाहता, किंतु रावण और लंका पर्याय नहीं हैं।"

राम मंद-मंद मुसकराए, "अपना अभिप्राय कहो, विभीषण।"

"हम आपकी सहायता के माध्यम से रावण से लंकावासियों की रक्षा करना चाहते हैं।"

"आप लोग रावण के विरुद्ध लड़ेंगे?" लक्ष्मण ने पूछा।

"यदि आप लंका की रक्षा का वचन दें तो आपका और हमारा पक्ष एक होगा। हम रावण के विरुद्ध लड़ेंगे।" विभीषण बोले, "मुझे कोई रावण-विरोधी कहे तो मैं उसे प्रशंसा के रूप में स्वीकार करूँगा; किंतु मैं देशद्रोही नहीं कहलाना चाहता।"

राम मंद-मंद मुसकराते हुए विभीषण को देखते रहे, जैसे कुछ सोच रहे हों। फिर धीरे-से बोले, "आपको कोई देशद्रोही नहीं कह सकेगा, मित्र विभीषण! आपने सचमुच लंका की रक्षा कर ली है। अब वानर-सेना लंका का नाश नहीं करेगी, वह युद्ध में आई हुई केवल रावण-समर्थक सेनाओं का संहार करेगी। आपको मैं शरणागत नहीं मानता। आप समानता के आधार पर हमसे संधि कीजिए। संधि की आधारभूत प्रतिज्ञाएँ स्पष्ट कह दीजिए।"

"आप सच कह रहे हैं, राम?" विभीषण ने आश्चर्य से पूछा।

"राम पर अविश्वास का कोई कारण नहीं है।" राम मुसकराए।

"आप मुझे अपने शत्रु का असहाय भाई मानकर अनादर तो नहीं करेंगे?" विभीषण बोले, "लंका को शत्रु नगरी मानकर उसका तिरस्कार तो नहीं करेंगे?"

"नहीं!" राम बोले, "अपने मन की आशंकाएँ निकाल दो, संदेह भुला दो; और अपनी आधारभूत प्रतिज्ञा कहो।"

विभीषण मौन ही रहे, जैसे अभी भी संशय में हों कि क्या सचमुच राम उनकी बात मान जाएँगे। मौन लंबा हो गया तो बोले, "युद्ध की अनिवार्य स्थितियों को छोड़कर, लंका तथा लंकावासियों का नाश नहीं किया जाएगा; और विजय के परिणामस्वरूप लंका को न दण्डित किया जाएगा, न उस पर कोई बाहरी शासन आरोपित किया जाएगा। यह युद्ध रावण को उसके पापों का दण्ड तथा लंका को उसके अत्याचारों से मुक्त करने का साधन होगा।..."

"इसमें ऐसी कोई बात नहीं, जो हमारे मन के प्रतिकूल हो।" राम का स्वर शांत था, "हमारा युद्ध लंका से नहीं, रावण से है। लंका को हस्तगत कर उस पर आधिपत्य जमाने की न मेरी इच्छा है, न वानरपति सुग्रीव की। हम सैनिक तंत्र के माध्यम से अन्य राज्यों, समाजों अथवा जातियों का वैभव लूटने वाले लुटेरे नहीं हैं। अनावश्यक हत्याओं अथवा किसी भी प्रकार के नाश में हमारी कोई रुचि

नहीं है। हम युद्ध को केवल युद्ध मानते हैं और उसे युद्ध-क्षेत्र तक ही सीमित रखते हैं। हाँ! युद्ध की आवश्यकता की दृष्टि से, शत्रु की शक्ति नष्ट करने के लिए किसी समय नगर के किसी स्थान पर भी आक्रमण करना पड़ सकता है। कुछ स्थानों को नष्ट करना पड़ सकता है। मैं मित्र विभीषण की प्रतिज्ञाओं को स्वीकार करने के पक्ष में हूँ। किसी को कोई आपत्ति हो तो कृपया अपनी बात कहें।''

राम ने एक-एक कर अपने सभी साथियों को देखा, उनकी युद्ध-परिषद् के सदस्य तथा सैन्य-संचालनाधिकारी वहाँ उपस्थित थे। किसी ने भी कोई आपत्ति नहीं की।

''तो मैं अपने पक्ष की ओर से आपकी प्रतिज्ञाएँ स्वीकार करता हूँ, मित्र विभीषण!'' राम का स्वर और अधिक दृढ़ हो गया, ''किंतु इसका अर्थ यह होगा कि आप हमारी सेना के अंग हुए। अब हमारे विरुद्ध युद्ध-क्षेत्र में आए अपने किसी कुटुंबी की रक्षा का न केवल प्रयास नहीं करेंगे, वरन् उसके वध का सक्रिय प्रयत्न करेंगे। शत्रु-पक्ष से युद्ध-क्षेत्र में आए हुए अपने किसी परिजन के प्रति आपकी ममता नहीं जागेगी। उनके पूर्ण नाश के लिए आप हममें से एक होंगे।''

क्षणभर के लिए विभीषण भी स्तब्ध रह गए; किंतु स्वयं को संयत करने में उन्हें अधिक समय नहीं लगा। निष्कंप स्वर में बोले, ''मुझे स्वीकार है। किंतु...''

''किंतु क्या, मित्र?''

''किंतु विजय के पश्चात् लंका का शासन...''

राम के अधरों पर उनकी मोहक मुसकान आ विराजी, ''लंका की विजय के पश्चात् उसके शासक आप होंगे, मित्रवर!'' राम लक्ष्मण की ओर मुड़े, ''सौमित्र! सागर का जल और कुछ पुष्प मँगवा दो। इसी क्षण मित्र विभीषण का, लंकापति के रूप में अभिषेक होगा। हमारी भविष्य की नीति को लंकावासी भी जान लें।''

विस्मय से विभीषण के अधर खुले के खुले रह गए।

राम ने आगे बढ़कर विभीषण को गले से लगा लिया।

विभीषण का अभिषेक हो चुका तो युद्ध-परिषद् फिर से विचार-विमर्श के लिए एकत्रित हुई।

''लंकापति!'' राम ने विभीषण को संबोधित किया, ''राजनीति अथवा युद्ध संबंधी कोई भी चर्चा करने से पूर्व एक प्रश्न आपके परिवार की सुरक्षा के विषय में करना चाहता हूँ।''

''वे प्रायः सुरक्षित हैं।'' विभीषण ने उत्तर दिया।

''पर कैसे?'' राम आश्वस्त नहीं थे, ''युद्ध यदि आर्य आदर्शों के अनुरूप

हो रहा होता, तो आपकी बात मानने में मुझे कोई आपत्ति नहीं होती। उसमें असैनिकों का वध नहीं होता। किंतु रावण उन आदर्शों पर नहीं चलता है। उसे जब मालूम होगा कि आपका अभिषेक लंकापति के रूप में हो चुका है और आप हमारे पक्ष से युद्ध कर रहे हैं तो वह आपकी पत्नी तथा पुत्री को जीवित रहने देगा क्या? युद्ध के उन्माद में उसे अपने संबंध और संबंधी याद नहीं रहते, अन्यथा वह विद्युज्जिह्व की हत्या नहीं करता।"

विभीषण ने मुग्ध दृष्टि से राम को देखा, "अभी हमारी भेंट हुई है, अभी हमारी मित्रता हुई है और अभी ही आपने मुझे लंका का राज्य दे दिया है। और फिर आपको मेरे परिवार की इतनी चिंता है...ऐसा मित्र तो मैंने पहले कभी नहीं देखा, राम!"

राम मुसकराए, "मेरा प्रश्न यह तो नहीं था, मित्र!"

"मैं भावना में बह गया था।" विभीषण कुछ संकुचित हुए, "रावण की प्रकृति को देखते हुए तो सरमा और कला तनिक भी सुरिक्षत नहीं हैं; किंतु आप उन परिस्थितियों पर विचार कीजिए जिनमें आर्या सीता अभी तक वहाँ सुरक्षित हैं। यह रावण की अपनी इच्छा से नहीं हो रहा। उसी प्रकार लंका में ऐसी शक्तियाँ हैं, जो सरमा और कला की भी रक्षा करेंगी। जहाँ तक मेरी समझ काम करती है; बहुत रुष्ट होने पर रावण उन्हें अवरोध में तो रख सकता है, उन पर पहरा बैठा सकता है, पर उनकी हत्या नहीं कर सकता।"

"फिर भी वे कौन-सी शक्तियाँ हैं?"

विभीषण कुछ देर सोचते रहे, फिर धीरे-से बोले, "आरम्भ से ही मेरा रावण से नीति-संबंधी विरोध था। मुझे उसका विस्तारवादी, साम्राज्यवादी, उच्छृंखल, अत्याचारी रूप तनिक भी पसंद नही था। समय-समय पर मैं अपना विरोध प्रकट भी करता रहा हूँ। मेरे कुछ प्रत्यक्ष-अप्रत्यक्ष समर्थक भी थे, किंतु रावण ने उसकी कभी चिंता नहीं की।"

"वह राक्षस साम्राज्य के विस्तार का काल था। सारे विश्व का धन, सुख विलास्, सत्ता-अधिकार लंका में एकत्रित हो रहा था, तो सामान्य राक्षस रावण का विरोध क्यों करते अथवा मेरा साथ क्यों देते? मंदोदरी भाभी को भी रावण द्वारा ब्याही, हरी या खरीदी गई सुंदरियों के कारण कोई विरोध नहीं था, क्योंकि उनके लिए सुख के साधन भी बढ़ रहे थे और उनका रूप और सौंदर्य उनके अपने अधिकारों की रक्षा के लिए पर्याप्त था। फिर वे अपने पति पर पूर्णतः आश्रित थीं—उनका अपना बल कोई नहीं था। किंतु क्रमशः राक्षस-व्यवस्था के सुखों की सीमा आ गई और उसके दोषों का रूप प्रकट होने लगा। मेघनाथ बड़ा होता गया और अपनी अमर्यादित महत्त्वाकांक्षाओं में रावण के अनुचित कामों में न केवल वह उसका समर्थक होता चला गया, वरन् स्वयं भी पिता के पद-चिह्नों पर आगे बढ़ता गया और अपने

पिता को अनौचित्य की ओर धकेलता चला गया। रावण भी मेघनाथ का बल पाकर और अधिक अहंकारी और क्रूर होता गया।''

''यह सारा समय मेरे लिए भीषण अंतर्द्वंद्व का समय रहा है। मैं वस्तुतः लंका की प्रजा और अपनी जाति से प्रेम करता हूँ और उनका तनिक भी अहित नहीं चाहता। किंतु मुझे आरंभ से ही लगता रहा है कि यह अनिष्ट का मार्ग है। इससे लंका के धनाढ्य वर्ग को अब भी लाभ पहुँच रहा है। शासन धनी और संपन्न हो रहा है, किंतु सामान्य जन अधिक पीड़ित होता जा रहा है। प्रत्येक पुरुष किसी भी प्रकार धनाढ्य होना चाहता है और अन्य पुरुषों को दास तथा स्त्रियों को वेश्या बना देना चाहता है। समग्रतः यह मार्ग विनाश का मार्ग है।''

''कुंभकर्ण रावण द्वारा प्रस्तुत की गई मदिरा तथा भोग सामग्री के कारण एक प्रकार की अक्रिय तटस्थता अपनाए बैठा है और मैं रावण से सदा असहमत रहा हूँ। हमारी एकमात्र बहन शूर्पणखा जिस वीभत्स रूप को प्राप्त हुई है, उसके लिए भी दोषी स्वयं रावण है और अब वह भी रावण के रक्त की प्यासी है। हम सबसे निराश हो रावण की सारी महत्त्वाकांक्षाएँ अपने अन्य पुत्रों के साथ-साथ मेघनाथ पर आ टिकी हैं। प्रत्येक महत्त्वपूर्ण पद पर वह मेघनाथ को ही प्रतिष्ठित करना चाहता है। रावण द्वारा मेघनाथ का यह बलात् आरोपण अन्य लोगों के लिए पर्याप्त दमनमूलक है। पिता-पुत्र पूर्ण अधिनायकत्व प्राप्त कर, शासन-पद्धति तथा विधान की सर्वथा उपेक्षा कर निर्द्वंद्व शासन नीति चला रहे हैं।''

''मैंने अनेक अवसरों पर रावण का विरोध किया था, किंतु खुले विद्रोह का साहस कभी नहीं कर सका। लंका की परिस्थितियों में विद्रोह आत्महत्या के समान होता। यदि रावण वस्तुतः क्रुद्ध हो जाता और वह मुझे अपने लिए संकटपूर्ण मान लेता तो प्रत्यक्ष अथवा गोपनीय ढंग से मेरा वध करवा, मेरे अनुचरों, मित्रों, संबंधियों तथा मंत्रियों की हत्याएँ क़रवा देना उसके लिए तनिक भी कठिन नहीं था। मैं इस प्रकार की निरर्थक आत्महत्या के लिए तैयार नहीं था।''

''सीता अपहरण का प्रसंग प्रजा तथा राजपार्षदों के लिए दमन की पराकाष्ठा भी था और अन्याय की चरम सीमा भी। इस कृत्य के पश्चात् उसके साथ निर्वाह करना मेरे लिए बहुत कठिन हो गया था। इधर आपकी सेना के आगमन से लंका पर पड़े दबाव से जो स्थिति उत्पन्न हो गई थी; उसमें मैं कुछ खुलकर कह सकता था। मैंने प्रयत्न किया; किंतु रावण ने मेरी बात नहीं सुनी और परिणाम आपके सामने है।''

''परिणाम शुभ ही है, लंकापति!'' राम मुसकराए।

''कामना तो यही है।'' विभीषण भी तनिक-सा मुसराए, और गम्भीर हो गए, ''मैं लंका छोड़ आया हूँ, किंतु मुझे पूरा विश्वास है कि इस युद्ध के लिए लंका में रावण को बहुत समर्थन नहीं मिलेगा। जैसे ही राक्षसी सेनाओं का नाश आरम्भ

होगा, रावण के प्रति विरोध भड़केगा और उस पर सारी दिशाओं से धिक्कार बरसने लगेगा। ऐसी स्थिति में उसने यदि सरमा और कला के साथ कठोरता बरती तो लंका में खुल्लमखुल्ला विद्रोह भी हो सकता है।''

राम का चेहरा गम्भीर था। वे विभीषण को देखते रहे और लंका-विषयक उनके विश्लेषण पर विचार करते रहे; और सहसा जैसे किसी निष्कर्ष पर पहुँचते हुए बोले, ''मनुष्य देख पाए या न देख पाए, किंतु प्रकृति के अपने निश्चित और अपरिवर्तनीय नियम हैं। वे ही प्राकृतिक सत्य हैं। सारी सृष्टि उन्हीं सत्यों के आधार पर चलती है और उन्हीं से प्रकृति का संतुलन बना रहता है।'' उन्होंने रुककर विभीषण को देखा, ''बंधुवर! जब कोई नई सभ्यता उत्पन्न होती है तो वह अपने विकास के आरंभिक चरणों में संसार को बहुत कुछ नया देती है—अतः उससे लाभान्वित होने वाले प्रजाजन के द्वारा उसका स्वागत भी होता है। किंतु, अपने विकास की चरम सीमा पर पहुँचकर, जब कुछ धनात्मक देने में असमर्थ हो जाती है तो जीवन के कुछेक पक्षों पर अतिरिक्त तथा असंतुलित बल देने के कारण प्रकृति के संतुलन को बिगाड़ने लगती है; अतः अनेक अंतर्विरोधों को जन्म देती है। देव सभ्यता ने भी विलास पर अतिरिक्त बल दिया और अपने ही अंतर्विरोधों के कारण नष्ट हो गई। राक्षस सभ्यता भी अपने ही अंतर्विरोधों के कारण अब भीतर से खोखली हो चुकी है। अतः उसके नाश का समय आ गया है। यदि किसी सभ्यता के अपने अंतर्विरोध उसे भीतर से खोखला न कर चुके हों, तो बाहरी आक्रमण उसकी अधिक क्षति नहीं कर पाता।...''

राम की बात समाप्त होने पर संभवतः चर्चा आगे बढ़ती, किंतु थोड़ी दूर से आते हुए कोलाहल ने उन सबका ध्यान अपनी ओर आकृष्ट कर लिया।

कोलाहल निकट आया तो सबने देखा कि चार वानर प्रहरी एक व्यक्ति को पकड़े हुए घसीटे ला रहे हैं और वह व्यक्ति बार-बार चिल्ला रहा था कि उसे वानरराज सुग्रीव से मिलना है, कंगले तपस्वी राम से उसका कोई काम नहीं है। और वानर थे कि बार-बार उसे डाँटकर चुप करा रहे थे।

विभीषण ने ध्यान से उस व्यक्ति को देखा तो अनायास ही उनके मुख से निकला, ''शुक।''

''कौन है यह?'' सुग्रीव ने पूछा।

''यह रावण का विशेष दूत है।'' विभीषण बोले, ''यह व्यक्ति अपनी कूटनीति और धूर्तता के लिए प्रसिद्ध है। जब रावण अपनी सैनिक शक्ति का प्रयोग नहीं करता, तो इसका प्रयोग करता है। इस समय इसका यहाँ आना विशेष रूप से अर्थपूर्ण है।''

तब तक वानरों ने शुक को लाकर राम के सम्मुख खड़ा कर दिया था, ''आर्य राम को प्रणाम करो।''

किंतु शुक के चेहरे का भाव तनिक भी शालीन नहीं हुआ। वह अपने चेहरे पर कुछ और वितृष्णा और घृणा ले आया, "मैंने कह दिया है कि मैं राक्षसराज लंकेश्वर महाराजाधिराज रावण का दूत हूँ और उनका संदेश लेकर आया हूँ। कंगले तपस्वियों से मेरा कोई अभिप्राय नहीं है। एक नृप का संदेश किसी नरेन्द्र को ही दिया जा सकता है। मैं किष्किंधापति वानरराज सुग्रीव के लिए राज-संदेश लाया हूँ। उस कंगले..."

एक वानर प्रहरी का हाथ उठा, कदाचित् वह शुक को एक थप्पड़ लगा देता।

"ठहरो!" राम ने उसे बीच में ही रोक दिया, "यद्यपि अब हम रावण को लंकेश्वर नहीं मानते, लंकापति विभीषण हैं; फिर भी यदि यह किष्किंधापति वानरराज सुग्रीव के सम्मुख कुछ निवेदन करना ही चाहता है तो इसकी इच्छा पूरी करो। वह स्वयं को दूत बता रहा है तो उसे दूत की मर्यादा दो।"

राम की मुसकान अत्यंत मोहक थी।

प्रहरियों ने शुक को सुग्रीव के सम्मुख खड़ा कर दिया। इस बार शुक का व्यवहार अत्यंत बदला हुआ था। उसने पूरे राजसी आडम्बर के साथ सुग्रीव का अभिवादन किया और अत्यंत शालीनतापूर्वक निवेदन किया, "यह जन किष्किंधापति वानरराज सुग्रीव की सेवा में राक्षसराज लंकेश्वर रावण का संदेश निवेदित करने की अनुमति चाहता है।"

सुग्रीव के सम्मुख आज पहली बार यह संकट आया था, जबकि राम की उपेक्षा कर, उनको इतना महत्त्व दिया जा रहा था। महत्त्व पाना सुग्रीव के लिए संकट का विषय नहीं था, किंतु भरी सभा में, प्रायः सभी प्रमुख सेनापतियों तथा मंत्रियों के सम्मुख यह दूत उनको सम्मान देने के बहाने राम की जो अवमानना कर रहा था, वह निश्चित रूप से स्थिति को बहुत ही विकट बना रही थी। किंतु स्वयं राम ने शुक को यह अनुमति दी थी और इसमें कोई संदेह नहीं था कि वानरों के राजा सुग्रीव ही थे—राम नहीं। इसके लिए दूत को कुछ कहा भी नहीं जा सकता था।

"अनुमति है।" सुग्रीव ने एक भीत दृष्टि अपने साथियों पर ढाली। वे देख रहे थे कि दूत के वचनों द्वारा उत्पन्न कर दी गई यह स्थिति किसी के लिए भी सुखद नहीं थी।

"वानरराज! राक्षसराज ने कहा है कि," शुक असाधारण शालीनता से बोला, "हमारे दोनों राज्यों की मैत्री आपके पिता सम्राट ऋक्षराज के समय से ही चली आ रही है। वाली मेरा मित्र था। उसके हाथों अपने परिजन मायावी के वध के पश्चात् भी मैंने उसका विरोध नहीं किया। इस दृष्टि से तुम मेरे भाई के समान हो। तुम्हारा मैंने कभी कोई उपकार नहीं किया तो कभी कोई अपकार भी नहीं किया। तुमसे मेरी शत्रुता नहीं है। ऐसे में एक बाहरी व्यक्ति, जिसका न अपना

राज्य है, न सेना है, वानर जिसकी न जाति के हैं, न गोत्र के—तुम्हें फुसलाकर मेरे विरुद्ध लड़ने के लिए ले आया है। शत्रुता किसी की और युद्ध में प्राण देने कोई और आया है। यदि मैंने राम की पत्नी का हरण किया है तो उसमें तुम्हें मुझ जैसे मित्र के विरुद्ध युद्ध करने की क्या आवश्यकता है? इस युद्ध में विजय वानरों की हो या राक्षसों की—राज्य या मेरा जाएगा या तुम्हारा, सेनाएँ मेरी नष्ट होंगी या तुम्हारी, परिजन मेरे मरेंगे या तुम्हारे—इस युद्ध में उस कंगले राम का कुछ भी दाँव पर लगा हुआ नहीं है। उस कंगले परदेसी के बहकावे में क्यों आते हो? तुम्हें कुछ चाहिए तो मुझसे कहो। युद्ध में सिवाय अपने और अपनी जाति के विनाश के तुम्हें और कुछ हाथ नहीं लगेगा।''

लक्ष्मण का हाथ अपने खड्ग पर था और हनुमान चिंतित दृष्टि से सुग्रीव की ओर देख रहे थे। अंगद, जांबवान, तार, नल, नील, गय, गवाक्ष, मैंद, द्विविद—सबके ही चेहरे गम्भीर हो गए थे—जाने इस संदेश का सुग्रीव पर क्या प्रभाव पड़े।

एक राम ही अत्यंत शांत तथा प्रकृतिस्थ दिखाई पड़ रहे थे।

आरंभ में सुग्रीव भी अत्यंत शांत बने रहे थे, किंतु क्रमशः उनकी व्यग्रता उनके चेहरे पर प्रकट होती दिखाई दी। अंत तक आते-आते लगा कि यदि दूत मौन नहीं हो गया होता तो सुग्रीव उसे मौन कर ही देते।

दूत के चुप होने तक सुग्रीव का धैर्य जैसे समाप्त हो चुका था। वे वानरराज की मर्यादा भूलकर अत्यंत क्रुद्ध व्यक्ति के समान फूट पड़े, ''आज रावण को याद आया है कि वह राक्षसराज है और मैं वानरराज हूँ; इसलिए हममें मैत्री ही नहीं, भ्रातृत्व का संबंध है। वह भूल गया कि आज तक समस्त नृपों को वह अपना दास बनाने के लिए सैनिक अभियान करता आया है। उसने नृपों को अपना मित्र नहीं, दास माना है। वह नृप होकर भी पर-धन पर अधिकार और पर-स्त्रियों का हरण करता आया है, और जिसे वह बार-बार उपेक्षा और अवहेलना से कंगला, निर्धन और तपस्वी कहता आया है वह स्वत्वहीन आर्य राम मुझ और विभीषण जैसे अपमानित, अवमानित, निष्कासित असहाय मित्रों को सम्राज्यदान करते आए हैं। जब मेरी पत्नी का अपहरण कर, मुझे किष्किंधा से निष्कासित किया गया था और मैं अपने प्राणों की रक्षा के लिए वनों-पर्वतों में छिपा फिरता था, तब रावण को याद नहीं आया था कि मैं उसका भाई हूँ।'' सुग्रीव ने रुककर शुक को देखा और पूरे आक्रोश से बोले, ''रावण से कहना कि मैं और वह कैसे भाई हैं, इसे वह भूल जाए; किंतु विभीषण और रावण कैसे भाई हैं, इसे याद रखे। यह संदेश उसने अपने सहोदर भ्राता विभीषण को क्यों नहीं भेजा कि वे उससे मिलकर अपना मतभेद दूर कर लें। और दूत!'' सुग्रीव का स्वर और भी ऊँचा हो गया, ''अभी तक कोई नहीं भूला कि रावण लंका का निवासी नहीं है—वह बाहर का व्यक्ति है। रावण की राजसभा में एक भी सभासद लंका का मूल निवासी नहीं है। और जहाँ तक

जाति की बात है, राम मेरी जाति के नहीं हैं; किंतु वे सब दीन-हीन, निराश्रित-दुर्बल लोग, जिन्हें रावण की राक्षसी सेनाएँ मारती, काटती, पीटती, लूटती तथा पीड़ित करती रही हैं–वे सब मेरी ही जाति के हैं। राम की जाति को रावण नहीं जानता। राम की जाति मानवता की जाति है, यह बात तुम्हारे उस रावण की समझ में नहीं आएगी...तुम अब जाओ, अन्यथा तुम्हारा कोई अनिष्ट हो जाए तो मैं उत्तरदायी नहीं होऊँगा।''

किंतु शुक वहाँ से टला नहीं। वह धृष्टतापूर्वक वहीं खड़ा रहा।

''एक निवेदन और है, सम्राट!'' वह अत्यंत वक्र वाणी में बोला, ''यदि आप राम और लक्ष्मण को बंदी कर राक्षसराज को सौंप दें तो वे आपको समस्त वानर जातियों का एकछत्र सम्राट स्वीकार कर लेंगे; अन्यथा...'' वह चुप हो गया।

''अन्यथा?'' सुग्रीव ने पूछा।

''अन्यथा,'' वह एक विषैली मुसकान अपने अधरों पर ले आया, ''अन्यथा स्वर्गीय सम्राट वाली के न्यायोचित उत्तराधिकारी युवराज अंगद को वानरों के सम्राट के रूप में प्रतिष्ठित कर, आपको भ्रातृवध के अपराध के दण्डस्वरूप मृत्युदण्ड...''

शुक की बात अभी पूरी नहीं हुई थी कि अंगद उस पर झपट पड़े। इससे पहले कि कोई उन्हें रोकता, उन्होंने शुक के मुख पर तीन-चार मुष्टि-प्रहार कर डाले। वह मुख से रक्त थूक रहा था कि राम ने आगे बढ़कर अंगद की बाँह पकड़ ली।

अंगद का शरीर, राम के स्पर्श से जैसे बँध गया किंतु उनकी जिह्वा चल निकली, ''नीच! तू यहाँ अपनी धूर्तता दिखाने आया है। हममें फूट का विष-वृक्ष बोना चाहता है। तेरा राजाधिराज क्या सारे विश्व का न्यायनियंता है? उसने किस न्याय से कुबेर की लंका छीनी थी तथा अन्य लोगों के राज्यों, धन तथा स्त्रियों का हरण किया था। जा, जाकर उसे कह दे कि वह राजनीति की चिंताएँ अब छोड़ दे। हम स्वयं लंका में आ रहे हैं उसके अपराधों और पापों के लिए उसे मृत्युदंड देने और लंका के हेमसिंहासन पर न्यायोचित उत्तराधिकारी को बैठाने...''

''शांत हो जाओ, युवराज!'' राम मधुर स्वर में बोले, ''इस व्यक्ति पर क्रोध करना अनावश्यक है। यह तो दूत मात्र है।'' वे शुक की ओर मुड़े, ''दूत! यद्यपि रावण ने मुझसे सम्बोधित होना अपने लिए अवमानना माना है, फिर भी जब कभी रावण के पास पहुँच सको, उसे मेरा एक संदेश दे देना।'' वे थमकर बोले, ''मेरे पास न राज्य है, न सत्ता, न सेना–मैं निर्धन, कंगाल तथा निष्कासित वनवासी हूँ; किंतु मेरे पास अपने इन मित्रों के रूप में जो धन है, रावण के साम्राज्य पर भी भारी पड़ेगा।'' वे मुसकराए, ''अब आओ! इससे पहले कि हमारे सैनिक यह जान पाएँ कि तुमने यहाँ क्या विष-वमन किया है, तुम्हें सुरक्षित स्थान पर भेज

रहा हूँ—सैनिक कारागार में। उचित समय आने पर तुम्हें मुक्त कर दिया जाएगा। यदि तुमने भागने का प्रयत्न किया तो कदाचित् तुम्हारी सुरक्षा के लिए हम कुछ भी कर न सकें।"

वानर प्रहरी शुक को शीघ्रतापूर्वक वहाँ से निकाल ले गए; अन्यथा साधारण वानर सैनिक तो कदाचित् बाद में ही कुछ करते, स्वयं सुग्रीव का आक्रोश इतना बढ़ता जा रहा था कि संदेह होता था कि कहीं वे ही उसके वध का आदेश न दे दें।

शुक के जाने के पश्चात् वहाँ एक अटपटा-सा मौन छा गया। सब लोग स्वयं को संयत तथा संतुलित करने का प्रयत्न कर रहे थे।

उस मौन को सबसे पहले राम ने ही तोड़ा, "मित्रो! शस्त्र-युद्ध तो बाद में होगा, कूटनीतिक युद्ध पहले ही आरंभ हो गया है। रावण का यह पहला प्रहार था। इसका अर्थ यह भी है कि वह हमारी शक्ति से भयभीत है और यह भी कि वह समझता है कि हमारी एकता इतनी दृढ़ नहीं है, जिसे खण्डित न किया जा सके।" राम कुछ सोचते रहे, "ये सारी बातें जो आज कही गई हैं, बार-बार कही जा सकती हैं। कहा जा सकता है कि मैं एक बाहरी व्यक्ति हूँ। यह युद्ध मेरा और रावण का युद्ध है—भला उसमें वानरों और भालुओं को अपने प्राण देने की क्या आवश्यकता है। अंगद के पिता का वध मेरे हाथों हुआ है और विभीषण की बहन लक्ष्मण के हाथों अपमानित हुई है...।"

"मुझे क्षमा कीजिएगा, आर्य राम!" हनुमान अपना संकोच छोड़, कुछ आवेश में बोले, "आपकी बात बीच में ही काट रहा हूँ। यदि हमारी सद्भावना इतनी ही कच्ची है तो न केवल हमें यह सब कहा जा सकता है, आपको भी समझाया जा सकता है कि आप अयोध्या के राजकुमार हैं। भावी सूर्यवंशी सम्राट हैं। आपको इन वानर-भालुओं जैसी पिछड़ी, पशु-सरीखी जातियों से मैत्री करने की क्या आवश्यकता है। यदि आपकी पत्नी का हरण हो ही गया है तो आप अयोध्या से सेनाएँ मँगवाएँ, इंद्र, ब्रह्मा और शिव से सहायता माँगें। और यदि जीत सकें तो सारे जंबुद्वीप पर अपना अक्षुण्ण राज्य स्थापित करें।...किंतु आप जानते हैं कि," हनुमान रुके, "हमारे सम्बन्ध स्वार्थ पर नहीं, सिद्धांत पर आधृत हैं। यह युद्ध न्याय और अन्याय का युद्ध है। यह युद्ध शोषितों के द्वारा शोषकों के विरुद्ध लड़ा जा रहा है। हम आपके लिए नहीं, अपने लिए लड़ रहे हैं। शताब्दियों में पहली बार ये पिछड़ी जातियाँ इतनी आत्मविश्वासी हो सकी हैं कि उन्होंने लंका की विपरीत दिशा में भागने के स्थान पर, लंका के सागर के तट पर, आक्रमण के लक्ष्य से अपना पड़ाव है... यह किसी का व्यक्तिगत युद्ध नहीं है। भद्र राम! यह तो पीड़ित मानवता का अन्याय और अत्याचार के विरुद्ध अपना स्वातंत्र्य युद्ध है। राक्षसों के घरों में पशुओं के समान पिसते दास-वानर, लंका के हाटों में जीवित तथा मृत वानरों का बिकता

मांस और अस्थियाँ, वानर बस्तियों पर राक्षसों के आक्रमण, हमारी स्त्रियों का अपहरण, हमारी अगली पीढ़ियों का पंगु बनाने का उनका प्रयत्न, नदी के समान समुद्र में गिरने जैसे हमारी संपत्ति का लंका की ओर प्रवाहित होना...हम यह सब भूल जाएँगे क्या?'' हनुमान का स्वर भावावेश से काँप रहा था, ''यदि आप हमारे लिए बाहरी और पराए हैं, तो हमारा अपना कौन है?''

''तुम ठीक कहते हो, हनुमान!'' विभीषण का स्वर चिंतन में डूबा हुआ था, ''रिश्ते-नाते रक्त-मांस से भी होते हैं; किंतु वास्तविक संबंध तो सिद्धांत, लक्ष्य और गंतव्य की एकता का है।''

विभीषण के चुप होने के पश्चात् चर्चा आगे नहीं चली। कुछ क्षणों के मौन के पश्चात् इस चर्चा को यहीं समाप्त मान, सुग्रीव ने विभीषण को संबोधित किया, ''रक्षराज विभीषण! हम सागर के इस पार बैठे रहें और रावण अपनी सेनाओं के साथ अपनी राजधानी में बैठा रहे तो उसकी कोई विशेष हानि हो नहीं पाएगी। इसलिए आवश्यक है कि हमारी सेनाएँ सागर पार करें। हममें से केवल एक हनुमान सागर-संतरण कर, लंका होकर आया है। कहते हैं कि सागर पार करने के लिए वह कोई सरल स्थान है; फिर भी इतना सरल नहीं है कि हमारा प्रत्येक सैनिक तैरकर सागर पार कर जाए।''

विभीषण की आँखें अनायास ही दृष्टि की सीमा तक फैले हुए वानर-सेना के स्कंधावार का एक सर्वेक्षण कर आईं। बोलने से पहले उन्होंने सुग्रीव को भी देखा, ''वानरराज! इस समय आप लंका में तो नहीं हैं; किंतु लंका तक पहुँचने का सारा सागर-तट आपने घेर रखा है। इससे भी लंका की सेनाओं और लंका के व्यापारियों की गतिविधि पर अत्यंत विपरीत प्रभाव पड़ेगा।...फिर भी यह पर्याप्त नहीं है। यदि इस नाकाबंदी से रावण तंग आ गया तो वह सागर पार कर हम पर इस ओर ही आक्रमण करेगा। किंतु उसकी संभावना बहुत कम है। इसलिए आवश्यक यही है कि हम उस पर आक्रमण करें, और उसके लिए समुद्र को पार करना आवश्यक है।''

''पर कैसे?'' हनुमान ने पूछा।

''लंका पहुँचने के लिए सागर पार करने के लिए अनेक निश्चित स्थान हैं, जहाँ नौकाएँ और जलपोत सुविधा से चल सकते हैं। हनुमान ने सागर कहाँ से पार किया था, यह मैं नहीं जानता। हो सकता है कि वह हनुमान जैसे तैराक के लिए कोई सरल मार्ग हो; किंतु जल परिवहन के साधनों के लिए निश्चित ही वह स्थान सुविधाजनक नहीं होगा, अन्यथा लंका का शासन उस स्थान को इस प्रकार उपेक्षित नहीं छोड़ देता। किंतु, मैं जिन स्थानों की चर्चा कर रहा हूँ, वे स्थान राक्षसों के सैनिक तथा व्यापारिक जलपत्तन हैं। वहाँ जल-परिवहन सुविधा से होता है।...हमें उन्हीं स्थानों से सागर पार करने का प्रयत्न करना चाहिए।''

"किंतु सैनिक और व्यापारिक जलपत्तन तो खाली हो चुके हैं।" हनुमान बोले, "वहाँ एक नौका तक नहीं है, न कोई मनुष्य ही है। जलयानों के बिना जलपत्तन सागर पार करने के लिए कोई उपयोगी स्थान नहीं है।"

विभीषण कुछ चिंतित हो गए; सचमुच बिना जलयानों के जलपत्तनों का क्या होगा? किंतु सहसा उन्हें कुछ सूझ गया, "जलयान नहीं हैं तो कोई बात नहीं। सैनिक जलयान तो लंका की ओर पीछे हट गए होंगे। किंतु व्यापारिक जलयानों के स्वामी अपनी बस्ती में ही होंगे। आप मेरे साथ चलिए।"

सबने एक-दूसरे की ओर देखा—कौन साथ जाएगा?

"एक तो मैं चल रहा हूँ।" राम बोले, "मेरे साथ अंगद, नल और नील चलें। पीछे की व्यवस्था सुग्रीव, लक्ष्मण, हनुमान तथा जांबवान देखें।"

विभीषण उन्हें सागर-तट पर से ले चले। विभीषण के साथ उनके चारों मंत्री भी थे। यह सारी यात्रा वानर-सेना के स्कंधावार के मध्य में से ही थी। इसलिए अपनी यात्रा के साथ-साथ राम विभिन्न शिविरों की व्यवस्था भी देखते जा रहे थे। विभिन्न टोलियों के नायकों से उनकी कठिनाइयाँ भी पूछते जा रहे थे। यत्र-तत्र सैनिक पड़ाव की आरंभिक समस्याएँ उन्हें दिखाई पड़ीं; किंतु ऐसी कोई विशेष कठिनाई नहीं थी, जिसके लिए विशेष चिंता अथवा विचार-विमर्श करने की आवश्यकता हो। इन शिविरों के साथ-साथ राम, प्रत्येक स्थान पर सागर-तट का निरीक्षण भी कर रहे थे। सागर के कितने रूप थे। अयोध्या में बैठे राजाओं ने कभी कल्पना भी नहीं की थी कि सागर क्या होता है। कदाचित् राजा सगर ने किसी समय सागर-तट की यात्रा कर सागर को खोज निकाला हो। इसलिए उसे सागर के नाम पर सगार कहा गया। यह भी सम्भव है कि किसी स्थान पर भूमि के किसी खण्ड को खुदवाकर उन्होंने अपने किसी लक्ष्य-विशेष से सागर के जल को आगे बढ़ने में सहायता की हो। कहते हैं, परशुराम ने सागर को पीछे धकेलकर, अपने रहने के लिए उससे भूमि छीन ली थी; और सगर ने अपनी आवश्यकतानुसार भूमि देकर सागर को आगे बढ़ाया था। भगीरथ हिमालय में भटक जाने वाली गंगा की धारा में आया अवरोध दूर कर उसकी धारा को पुनः मैदानी क्षेत्र में उतार लाए थे... प्रकृति के साथ मनुष्य कितना संघर्ष करता है और अंततः प्रकृति को अपने अनुकूल बना लेता है—प्रकृति का अनुकूलन भी प्रकृति के नियमों के अनुसार ही होता है। उन नियमों को खोजना पड़ता है। ये सारे ऋषि, मुनि, आचार्य उन्हीं नियमों को खोजने में लगे हुए हैं—भौतिक संसार के क्षेत्र में, मानव समाज के क्षेत्र में, अध्यात्म के क्षेत्र में। प्रत्येक क्षेत्र का अन्वेषक अपने क्षेत्र के नियमों को ही सत्य मानता है; उसे सोचना चाहिए कि सत्य वही नियम हो सकता है, जो प्रत्येक क्षेत्र के अनुसंधान से सत्य प्रमाणित हो। एक क्षेत्र का सत्य यदि दूसरे क्षेत्र में जाकर

असत्य हो जाता है, तो वह पूर्ण सत्य नहीं हो सकता...

किंतु अयोध्या में बैठे हुए राम ने कब सोचा था कि उन्हें सागर की प्रकृति, नियमों तथा स्वरूप को जानने की आवश्यकता पड़ेगी।...युद्ध में किसी भी भूभाग के भूगोल का कितना महत्त्व है। रावण का दुर्ग, लंका का परकोटा, उसके वीर और योद्धा सेनापति तथा सैनिक उसकी उतनी रक्षा नहीं कर रहे, जितनी कि यह सागर कर रहा है। यदि बीच में यह सागर न होता तो वानरों की यह सेना आज यहाँ पड़ाव डालने के स्थान पर लंका नगरी की प्राचीर को फाँदकर रावण के महामहालय में घुस गई होती।...किंतु बीच में सागर है—कहीं गहरा, कहीं उथला, कहीं गम्भीर, कहीं चंचल, कहीं जलचरों से भरा हुआ, कहीं उनसे सर्वथा शून्य, कहीं जलमग्न पर्वतों वाला, कहीं गम्भीर शीतल जल वाला...हनुमान के तैरकर लंका पहुँचने से सागर के उस क्षेत्र के विषय में बहुत जानकारी मिल गई थी; किंतु सागर वहीं तो नहीं था—सागर तो लंका के चारों ओर फैला हुआ था। राक्षसों को निश्चित रूप से उसकी प्रकृति का ज्ञान वानरों से कहीं अधिक होगा। वानरों ने सागर का उस सीमा तक उपयोग कभी नहीं किया। ऋषि अगस्त्य ने उन्हें सागर-परिवहन की आरंभिक शिक्षा दी है। बहुत होगा तो सुरक्षित और शांत तटों पर वे ठहरे जल में नौकाएँ चलाते होंगे; किंतु राक्षसों ने सैनिक तथा व्यवसायिक आवश्यकताओं के अनुकूल जलपत्तन स्थापित किए हैं। उनके जलपोत चलते हैं, उनकी सेनाओं का आवागमन होता है...

सहसा उन लोगों की गति रुक गई।

विभीषण ने पलटकर राम की ओर देखा। उनकी दृष्टि का अनुसरण किया। वहाँ सैनिक शिविर अभी ठीक से स्थापित नहीं हो पाया था। बीच में कुछ झोंपड़ियाँ थीं और कुछ ग्रामीण वानर सेना के नायक से उलझे हुए लग रहे थे।

राम को देखकर नायक सावधान हो गया, "भद्र राम! ये लोग सागर-तट के मछुआरे हैं। इनकी एक छोटी-सी बस्ती हमारे शिविर के बीच में आ रही है। कुल बीस घर हैं। ये लोग यहाँ से हटना नहीं चाहते।"

राम खड़े-खड़े सोच रहे थे—अपने स्थान से कौन हटना चाहता है...

"तुम इन्हें हटाना क्यों चाहते हो?" राम मुसरकाए, "इनकी झोंपड़ियाँ यहीं बनी रहें, तो भी तो तुम्हारा शिविर सुविधापूर्वक स्थापित हो सकता है।"

नायक तनिक संकुचित हुआ, "नहीं! मेरी इच्छा इनके लिए असुविधा उत्पन्न करने की नहीं है, आर्य! मैं तो इन्हीं की सुरक्षा के लिए कह रहा हूँ। हम अपनी ओर से तो इनकी रक्षा ही करेंगे; किंतु राक्षसों से भिड़ंत होने पर ये बेचारे निहत्थे लोग बीच में घिर जाएँगे। वैसे भी सैनिक आवागमन के इस कोलाहल में सारी मछलियाँ इधर-उधर भाग जाएँगी। इनका सारा व्यवसाय नष्ट हो जाएगा। हम इन्हें किसी सुरक्षित तथा सुविधाजनक स्थान तक पहुँचाने में सहायता ही तो करना चाहते

हैं।''

विभीषण विस्मय-भरी दृष्टि से उस नायक और मछुआरों के उस झुण्ड को देखते रहे, कहीं यहाँ राक्षसों की सेना आई होती तो न मछुआरे इस प्रकार शांतिपूर्वक खड़े उनसे विवाद कर रहे होते और न वह नायक उनकी सुरक्षा और सुविधा की बात कर रहा होता। अब तक उनकी झोंपड़ियों को अग्निसात् कर दिया गया होता, उनका सामान—यदि कुछ होता तो—लूट लिया गया होता। उनकी स्त्रियाँ उनसे छीन ली गई होतीं। पुरुष या तो भाग गए होते, दास बना लिये गए होते अथवा मार डाले गए होते...

''तुम लोग यहाँ से हटना क्यों नहीं चाहते, भाई?'' राम मछुआरों से संबोधित हुए।

उन लोगों ने एक व्यक्ति-विशेष की ओर देखा, जैसे उत्तर देने का दायित्व उसी का हो। कदाचित् वह उनका मुखिया था। वह कुछ अटपटाया-सा राम को देख रहा था। कुछ कहे या न कहे...

राम ने मुसकराकर उसे देखा, ''बताओ, भाई।''

उसने अपना साहस बाँधा, ''भद्र राम! हम आपके मार्ग की बाधा नहीं बन रहे।'' फिर जैसे उसका प्रवाह सध गया, ''हम सैनिक तो नहीं हैं; किंतु हम आपकी सहायता करना चाहते हैं। सागर का प्रसंग है, हमारे पास नौकाएँ हैं, हम मछुआरे हैं। आपको कुछ चाहिए हो, आपके सैनिकों को जल-मार्ग से कहीं जाना हो...''

राम मुसकराए, ''तुम लोग यहीं रहो। यह सेना तुम्हारी अपनी है। ये तुम्हारी रक्षा करेंगे, तुम इनकी सहायता करना। किंतु युद्ध-काल में नायक का आदेश बिना किसी आनाकानी के मानना। युद्ध की अपनी कुछ आवश्यकताएँ होती हैं।''

''तो हम आपके किसी उपयोग के नहीं हैं?'' मुखिया के स्वर में हताशा का भाव था।

राम हँसे, ''नहीं, ऐसी बात नहीं है। हर व्यक्ति की अपनी उपयोगिता होती है। तुम स्वयं को इस सेना का ही एक अंग समझो। जहाँ तुम्हारा उपयोग होगा, तुम्हीं से कहा जाएगा।''

राम आगे बढ़ गए।

''ये निर्धन तथा उपकरणविहीन मछुआरे हैं।'' विभीषण बोले, ''ये वृक्षों के तनों को खोखला कर अथवा दूसरे प्रकार से हल्की नावें बनाकर बहुत उथले जल में कुछ मछलियाँ पकड़कर अपने आजीविका का प्रबन्ध करते हैं। जो बड़ी नौकाएँ हैं, वे राक्षस व्यवसायियों की हैं। वे नौकाएँ यहाँ से हट गई हैं। इन मछुआरों की नौकाएँ सैनिक दृष्टि से सर्वथा व्यर्थ हैं।''

आगे चलकर विभीषण ने उन्हें राक्षसों का सैनिक जलपत्तन दिखाया। नल ने उसमें सबसे अधिक रुचि दिखाई। इस स्थान पर जल कदाचित् अधिक गहरा

तथा प्रवाहमान था। नल का विचार था कि यह जलपत्तन पूर्णतः प्राकृतिक नहीं था। राक्षसों ने अपनी आवश्यकता के अनुसार अनेक स्थानों पर खोदकर उसे गहरा भी किया था और उसके कगारों को काटकर सीधा भी किया था।

विभीषण ने आश्चर्य से नल को देखा—''तुम ठीक कह रहे हो, नल! किंतु तुम्हें यह सब कैसे ज्ञात हुआ? मेरा विचार है, वानरों में अभी सिंधु-विद्या का तनिक भी विकास नहीं हुआ है।''

अंगद पहली बार बोले, ''वानरों में सिंधु-विद्या का विकास तो अभी नहीं हुआ, किंतु दो व्यक्तियों की इस विषय में कुछ गति है। वे हैं—एक हनुमान और एक नल। हनुमान की रुचि तैरने के कारण है और नल की निर्माण के कारण। कदाचित् ये जलपत्तनों के निर्माण का भी अध्ययन करते रहे हों।''

नल के अधरों पर एक उदास-सी मुसकान उभरी, ''बात हमारी गति और अगति की नहीं है। वस्तुतः विद्याध्ययन, ज्ञान-विस्तार, शोध तथा इस प्रकार के अन्य विषयों का संबंध राजनीतिक सत्ता की रुचि-अरुचि के साथ जुड़ा हुआ है। हम जिस समाज में रहे हैं, वहाँ के शासकों को जलपत्तनों, जल-परिवहन, सेतु-निर्माण अथवा इस प्रकार के कार्यों में कोई रुचि नहीं थी। अभी तक हमारे शासक अपने विलास के उपकरणों के निर्माण में ही रुचि लेते रहे हैं—सार्वजनिक उपयोगिता की इन वस्तुओं का उनके लिए कोई महत्त्व नहीं रहा है। ऐसे में मेरा अथवा नील का ज्ञान भोंथरा गया है, उसमें विकास तनिक भी नहीं हुआ।''

''विकास हो सकता था,'' बात का सूत्र अंगद ने पकड़ लिया, ''यदि ये लोग किष्किंधा छोड़ किसी विकसित राज्य में चले जाते। पर पता नहीं इन्हें क्या सूझी, ये किष्किंधा के विकास के लिए ही अड़े रहे। परिणामतः अपने ज्ञान और निर्माण का क्षेत्र छोड़कर इन्हें राजनीति में उलझना पड़ा।''

''सब जगह राजनीति आड़े आ जाती है, अंगद।'' राम धीर-गम्भीर स्वर में बोले, ''अन्यथा अपने सपनों के निर्माण के लिए, सुग्रीव के लिए अपने भाई का वध क्यों आवश्यक था! विभीषण को अपने समाज में नीति तथा मर्यादा स्थापित करने के लिए अपने भाई के वैरी के साथ मैत्री क्यों करनी पड़ती!''

''यह भी तो हो सकता है कि ज्ञानी, राजा को समझाए कि मेरे ज्ञान का लाभ राज्य तथा समाज इस प्रकार उठा सकता है।'' प्रमति धीरे-से बोला।

''स्थितियाँ तो कई हो सकती हैं।'' विभीषण बोले, ''राजा ऋषि को खोजकर लाए और उससे कहे कि अपने ज्ञान का लाभ समाज को दो। यह भी हो सकता है कि ऋषि राजा से निवेदन करे कि मेरे ज्ञान का लाभ समाज के लिए प्राप्त करो। पर यदि राजा कहे कि मुझे सेतु-निर्माण नहीं, मदिरा-निर्माण ही प्रिय है; विदेशों से ज्ञान नहीं, सुंदरियाँ लाओ—तो ऐसे राजा की सभा में ऋषि स्वयं को अपमानित ही पाता है।''

"विभीषण ठीक कहते हैं।" राम ने विभीषण का समर्थन करते हुए भी बात को दूसरी ओर मोड़ा, "किंतु बंधुओ! क्षमा करना, मेरे मन में एक प्रश्न उठ रहा है—जब रावण के पास ऐसा सैनिक जलपत्तन था, सैनिक जलपोत भी थे, उसे हमारे आने की सूचना भी मिल गई थी तो उसने युद्ध क्यों नहीं किया? वह अपनी सेना पीछे क्यों हटा ले गया?"

सबकी दृष्टि विभीषण पर टिक गई।

"रावण के मन की बात तो रावण ही जाने।" विभीषण धीरे-से बोले, "पर मुझे इसमें दो बातें लगती हैं—एक तो यह कि जन-स्थान में खर-दूषण की पराजय के पश्चात् से रावण, राम के नेतृत्व में लड़ने वाली सेना से सम्मुख युद्ध करने में संकोच कर रहा है। संभवतः वह सैनिक युद्ध की अपेक्षा कूटनीतिक युद्ध की ओर अधिक उन्मुख है। सीता-हरण के पीछे रावण की काम-लोलुपता तो है ही, पर वह इसके माध्यम से राम का आत्म-बल भी नष्ट करना चाहता है। और..." विभीषण तनिक रुके, "इस बार भी वह सैनिक प्रहार से अधिक सहारा सागर-रूपी इस प्राचीर से ले रहा है। वह यह जानता है कि वानर-सेना के पास सागर-संतरण का कोई माध्यम नहीं है। इसलिए लंका में वानर-सेना पहुँच ही नहीं सकती। आज तक रावण ने सारे युद्ध आक्रांता के रूप में ही लड़े हैं। रावण ने जहाँ चाहा है, वहाँ धावा मारा है। ऐसा कभी नहीं हुआ कि कोई अपनी सेना लेकर रावण पर आक्रमण करने आया हो।"

"तो इसका अर्थ हुआ कि यदि हम सागर पार न कर पाएँ तो रावण हमारी चुनौती को अनसुना कर भीत मूषक के समान लंका-रूपी अपने बिल में घुसा छिपा बैठा रहेगा?" अंगद बोले।

"इस विषय में मैं कुछ नहीं कह सकता।" विभीषण बोले, "सम्भव है कि वह अवसर देखकर घात लगाए। हमें असावधान देखकर हम पर आक्रमण कर दे...या प्रतीक्षा करे कि सागर-संतरण के प्रयास में हमारी सेना अपनी आंशिक क्षति कर ले..."

"लगता है कि सागर-संतरण का कार्य हमें ही करना होगा।" राम का स्वर असाधारण रूप से गम्भीर था, "उसके इस ओर आने की आशा मुझे नहीं है।"

"क्यों?" नल ने पूछा।

"सागर पार करने में स्वयं को असमर्थ पा हम लौट जाएँ और युद्ध न हो तो यह रावण की विजय होगी।" राम बोले, "इस निश्चित विजय को छोड़कर वह युद्ध कर अनिश्चित विजय-पराजय के द्वंद्व में क्यों पड़ेगा?"

"पर क्या हम इस जलपत्तन का लाभ नहीं उठा सकते?" नील ने अत्यंत भोलेपन से पूछा।

"क्यों नहीं उठा सकते?" न चाहते हुए भी विभीषण का स्वर कुछ वक्र हो

उठा, "यदि हम जलपोत प्राप्त कर सकें तो..."

राम ने विभीषण को स्थिर दृष्टि से देखा, "क्या यह असम्भव है, राक्षसराज?"

विभीषण थोड़ा संकुचित हुए—संभवतः उनका मन अनायास ही वानरों के पिछड़ेपन और साधनहीनता पर व्यंग्य कर बैठा था। किंतु, इस वानर-सेना का नेतृत्व इस समय राम कर रहे थे। और अच्छा नेतृत्व स्वयं अपने-आप में कितना बड़ा साधन होता है, यह राम ने अपने अनेक कृत्यों से सिद्ध कर दिया था। ऐसा न होता तो इस समय रावण लंका में छिपा न बैठा होता—वह सिंह के समान दहाड़कर इस वानर-सेना को कब का नष्ट कर चुका होता...और अब तो स्वयं विभीषण राम के भरोसे पर हैं, फिर यह भावना...

"नहीं! असंभव तो नहीं है।" विभीषण का स्वर कोमल भी हो गया और आत्मविरोधी थी, "कठिन अवश्य है; वैसे मैं उसी के प्रयत्न में निकला हूँ।"

रामन ने विभीषण की बात का उत्तर नहीं दिया। वे अंगद की ओर मुड़े, "युवराज! इस पत्तन को अपने अधिकार में ले लो। चारों ओर अपनी धनुर्धारी टुकड़ियों को नियुक्त कर दो। हमें जलपोत मिलें या न मिलें; हम इसका उपयोग कर पाएँ या न कर पाएँ, किंतु अब रावण इसका उपयोग किसी भी रूप में न कर पाए। रावण के जलपोत दिखाई पड़ते ही हमारी धनुर्धारी टुकड़ियाँ तत्काल उन पर उल्काएँ बरसाने लगें।"

आज्ञा-पालन के लिए अंगद तत्काल चल पड़े।

विभीषण मौन रह गए। राम का तेज उन्होंने पहली बार देखा था। निश्चित रूप से विभीषण के एक वाक्य से, उनके मन में कहीं बद्धमूल वानरों की अवहेलना, राम ने देख ली थी; और उनका यह तेजस्वी रूप जाग उठा था।...विभीषण के मन में राम के लिए श्रद्धा जागी...इस बार रावण का पाला साधारण व्यक्ति से नहीं पड़ा है। राम का आत्मबल निश्चित रूप से असाधारण था...

"आर्य राम!" विभीषण धीरे-से बोले, "राक्षस व्यापारियों से बात करने के लिए मैं आपको विशेष उत्साहित नहीं पा रहा। यदि आप अनुमति दें तो ही हम राक्षस व्यापारियों से बातचीत करें, अन्यथा वापस लौट चलें।"

राम ने तत्काल कोई उत्तर नहीं दिया, जैसे मन-ही-मन विचार कर रहे हों।

"क्या बात है?" विभीषण पुनः बोले, "क्या आप उनसे सहायता लेना नहीं चाहते?"

"नहीं! ऐसी बात नहीं है।" राम मुसकराए, "यदि आपको इसकी कोई सम्भावना दिखाई पड़ती हो तो आप बात कर लें।"

विभीषण राम के मन की बात समझ रहे थे—कदाचित् उन्हें राक्षस व्यापारियों से सहायता की कोई आशा नहीं थी। फिर भी वे स्पष्ट निषेध नहीं कर रहे थे;

कदाचित् बिना परीक्षण के वे किसी भी संभावना का निषेध नहीं करेंगे।

विभीषण ने अस्तमान सूर्य की ओर देखा। थोड़ी देर में अंधकार हो जाएगा। राक्षसों का व्यवसायिक जलपत्तन अभी दूर था। चलते समय विभीषण का ध्यान इस ओर नहीं गया था किंतु समय खोना उचित नहीं था।

"अंधकार होने वाला है। आप अपने शिविर में लौटें।" विभीषण बहुत कोमल स्वर में बोले, "मैं उन व्यापारियों से संपर्क करने का प्रयत्न करता हूँ।"

"ऐसे नहीं, बंधुवर!" राम उत्साहपूर्वक मुसकराए, "वस्तुतः अंधकार होने में अधिक समय नहीं है। कदाचित् हम पूरा समय लेकर नहीं चले। इस समय सब लोग लौट चलो। रात-भर में हमारे स्कंधावार की व्यवस्था भी पूरी हो जाएगी। कल प्रातः ही चलेंगे। मैं साथ चलूँगा—कुछ अन्य सेनापति भी चलेंगे।"

विभीषण का मन कुछ स्थिर हुआ। राम इस ओर से सर्वथा ही उदासीन नहीं थे। उन्हें चाहे आशा की किरण दिखाई नहीं दे रही, किंतु वे आधे मन से काम करने के पक्षधर नहीं थे।...अकेले विभीषण जाकर उन व्यापारियों से बातचीत करेंगे तो उन पर क्या प्रभाव पड़ेगा...रावण के द्वारा पदाघात कर लंका से निकाल दिए गए असहाय विभीषण की बात कौन सुनेगा...और यदि स्वयं राम साथ होंगे, उत्साह और उल्लास से भरी हुई इस वानर सेना के महासेनापति! तो बात ही कुछ और होगी...राम ठीक ही कह रहे हैं...

"और अब अकेले तथा असुरक्षित कहीं मत जाना, मित्र!" राम स्निग्ध स्वर में बोले, "तुम्हारी वीरता में मुझे रंचमात्र भी संदेह नहीं है; किंतु तुम हमारी सेना के लिए कितने मूल्यवान हो—कदाचित् इस ओर तुम्हारा ध्यान नहीं गया।"

विभीषण ने श्रद्धा से राम की ओर देखा। उनकी आँखों में कृतज्ञता के जलकण चमक आए।

9

लौटते हुए राम मछुआरों की उस बस्ती के निकट वाले मार्ग से ही होकर निकले। उस समय मछुआरों और सैनिकों में अनबन का कोई लक्षण नहीं दिख रहा था। अपने सेनापतियों को आते देख सैनिक टोलियाँ सावधान हो गई थीं। इसी से मुछआरे भी सतर्क हो गए थे। राम के दल के निकट आने पर वे लोग भी अपनी झोंपड़ियों से बाहर निकल आए।

"अब ठीक है?" राम ने पूछा।

"अब हम सैनिक मछुआरे हैं।" उनके मुखिया ने कुछ दीप्त होकर उत्तर दिया, "इसलिए सब ठीक ही है।"

राम कुछ चौंके और फिर मुसकराए, "सैनिक मछुआरों का अर्थ समझते हो, मीना?"

"हाँ, आर्य!" मुखिया आत्मविश्वास के साथ बोला, "आवश्यकता पड़ने पर प्राण भी देंगे।"

राम गहरी दृष्टि से उनके चेहरों को टटोलते रहे, फिर जैसे किसी निर्णय पर पहुँचकर बोले, "यदि आदेश मिले कि अपनी नौकाओं में भारी-भारी शिलाएँ भरकर सागर के किसी विशिष्ट स्थान पर ले जाओ और अपनी नौकाओं समेत वहाँ डूब जाओ।"

मुखिया निमिष-भर के लिए हतप्रभ हो गया, किंतु तत्काल ही सँभलकर बोला, "आदेश का पालन होगा।"

राम का चेहरा स्नेह, उल्लास तथा उदार वीर-दर्प से उद्भासित हो उठा। उन्होंने आगे बढ़कर मुखिया के कंधों पर हाथ रखकर उसकी आँखों में देखा, "तुम जैसे वीर बंधु मिल गए तो विजय हमारी ही होगी।"

नल, नील तथा विभीषण ने कुछ चमत्कृत-से होकर राम को देखा—ऐसे कठिन प्रश्न क्यों पूछ रहे हैं राम? मात्र साहस देखने के लिए? विभीषण कुछ समझ नहीं पाए। नल को लगा, वे राम के मन का हल्का-सा आभास पा रहे हैं...

आधी रात तक व्यवस्था का कार्य चलता रहा। सैनिक टुकड़ियों के नायक अपनी-अपनी प्रगति की सूचनाओं और समस्याओं को लेकर उपस्थित होते रहे। लक्ष्मण, सुग्रीव, हनुमान, अंगद, तार, जांबवान, गय, गवाक्ष, केसरी, सुषेण, मैंद, द्विविद, ऋषभ, गंधमादन तथा अनेक सेनापतियों को अपनी-अपनी बात कहनी थी। विभीषण, नल और नील स्वयं राम के साथ थे ही।...सेना के शिविर लग गए थे, सागर-तट पर बहुत दूर तक आधिपत्य स्थापित हो गया था, विभिन्न कार्य बाँट लिये गए थे। शस्त्रों का निरीक्षण हो चुका था, खाद्य तथा जल की व्यवस्था कर ली गई थी, संदेशवाहकों का आवागमन अबाध चल रहा था—उनका प्रधान किष्किंधा का प्रसिद्ध धावक शिल्पी था; वह स्वयं भी कम भाग-दौड़ नहीं कर रहा था...किंतु राक्षस-सेना के साथ मुठभेड़ होने अथवा उनसे किसी भी प्रकार का आमना-सामना होने की कोई सूचना नहीं मिली थी।

रावण ने अपना एक भी सैनिक सागर के इस ओर नहीं छोड़ा था। वह सैनिक-जलपत्तन भी खाली कर गया था...क्या है रावण के मन में? राम की चिंता बढ़ती जा रही थी।...उसने राम की सेना को कहीं भी रोकने का प्रयत्न नहीं किया था। अपनी सैनिक चौकियों और जलपत्तन पर अधिकार बनाए रखने का रंचमात्र भी प्रयत्न नहीं किया था। क्या वह लंका में इतना सुरक्षित है? वह समझता है कि राम की सेना कभी भी सागर पार नहीं कर पाएगी? वानर-सेना सागर में डूब मरेगी? सागर-तट पर पड़ी-पड़ी सागर पार करने के साधनों की प्रतीक्षा में अन्न-जल समाप्त होने पर तड़प-तड़पकर प्राण दे देगी? प्रायोपवेशन करने को बाध्य होगी अथवा निराश होकर लौट जाएगी?...इतना कठिन है क्या सागर पार करना?...

या रावण लंका में किसी विकट व्यूह की रचना कर रहा है? यदि राम अपनी सेना-सहित लंका में जा पहुँचें तो उसके तैयार किए जाल में तो नहीं जा फँसेंगे? या अवसर पाकर उनकी असावधानी में वह उन पर आक्रमण करना चाहता है?

रावण ने अपना चर भेजा था–शुक! शुक ने सेना के परम अधिपति राम से कुछ नहीं कहा, वह सुग्रीव से संबोधित हुआ। उसने सुग्रीव को याद दिलाया कि वह राजा है और राम कंगला, निर्वासित तापस! उसने सुग्रीव के मन में भेद उत्पन्न करना चाहा है। वह सफल नहीं हुआ; किंतु किसी समय रावण की यह चाल चल भी सकती है। यदि सुग्रीव अपने राजत्व के दंभ में सेना का नायकत्व अपने हाथ में ले ले? यदि लंका-विजय का श्रेय वह स्वयं लेना चाहे? यदि वह लंका का राज्य हस्तगत करना चाहे?

...केवल सुग्रीव हो क्यों? रावण किसी भी समय अंगद को याद दिला सकता है कि उसके पिता का वध राम के हाथों हुआ है...तार का बहनोई था वाली और सुषेण का जमाता। युद्ध के किसी महत्त्वपूर्ण क्षण में रावण, विभीषण को फुसलाकर ले जाए...

कैसे-कैसे जोखिम हैं इस सेना के संगठन में!...रावण सरलता से सफल नहीं होगा–राम जानते हैं–राम के लिए सुग्रीव के मन में भय भी है और स्नेह भी। सुग्रीव ने आज़ तक उन्हें अपने वरिष्ठ मित्र का सम्मान दिया है वह राम और लक्ष्मण की शस्त्र-शक्ति को जानता है...और वह जानता है कि राम से टूटते ही उसके अपने घर में उसके विरुद्ध द्रोह हो सकता है। वह यह भी समझता ही होगा कि रावण कभी विश्वसनीय मित्र नहीं हो सकता...

हनुमान, नल और नील कभी राम का साथ नहीं छोड़ेंगे। हनुमान को राम ने जितना पहचाना है, उस दृष्टि से वह सुग्रीव को छोड़ सकता है, राम को नहीं।...अंगद ने भी कभी कोई ऐसा लक्षण नहीं दिखाया। अंगद अपनी माँ के कारण सुग्रीव के विरुद्ध नहीं जा सकता, तो राम के विरुद्ध कैसे जाएगा विभीषण यदि रावण के जीवित रहते लंका में लौट गया तो उसका वध भी हो सकता है...

नहीं! राम के ये मित्र उन्हें छोड़ नहीं सकते। उनकी प्रकृति ऐसी नहीं हैं उन पर संदेह करना व्यर्थ है...फिर रावण का विरोध और भय उन्हें एक साथ बाँधे रखेगा...

सहसा राम का ध्यान सेनापतियों तथा सेनाधिपतियों से भटककर उन ग्रामीण वानरों की ओर चला गया, जो प्रातः रावण के विरुद्ध अभियान की बात सुनकर, उनकी ओर से लड़ने के लिए आए थे...और वे मछुआरे, जिन्होंने अपनी नौकाओं सहित सागर में डूब जाने के आदेश के पालन का आश्वासन दिया था।...लगता था, सारा जन-सामान्य रावण के विरुद्ध रोष और आक्रोश से उबल रहा था–उन्हें तो बस नेतृत्व चाहिए था। राम इसका माध्यम बन गए थे। यदि सेनापतियों ने

आनाकानी की भी तो जन-सामान्य उन्हें व्यर्थ और अनुपयोगी वस्तुओं के समान परे हटा देगा और अपना युद्ध स्वयं लड़ेगा। कोई व्यक्ति धोखा दे जाए, जन-सामान्य धोखा नहीं करेगा...चिंता व्यर्थ थी।

किंतु सागर-तट पर पहुँचे आज एक पूरा दिन बीत गया था। इस विघ्न को पार करने का न कोई साधन उपलब्ध हो रहा था और न कहीं से कोई संभावना दिखाई पड़ रही थी। विभीषण ने कल राक्षस-व्यापारियों से बात करने के लिए चलने को कहा है...किंतु राम का मन इसमें कोई अर्थ नहीं देख पाता। शत्रु-पक्ष के व्यापारियों से एक निर्धन जन-सेना किसी प्रकार की सहानुभूति की आशा कैसे कर सकती है?...किंतु प्रयत्न तो प्रत्येक दिशा में करना होगा...

सहसा राम क़ी आँखों के सम्मुख वृद्ध ऋषि अगस्त्य की छवि आ विराजी। ...सागर को पी जाने वाले ऋषि ने राम को सक्षम समझकर भेजा था। अगस्त्य-आश्रम से जल-युद्ध करने वाले सैनिकों की एक टुकड़ी राम के साथ है; शल्य-चिकित्सकों का एक दल भी आया है। अगस्त्य का आशीर्वाद राम के साथ है...तो वे हताश क्यों हो रहे हैं?...इस सागर से निबटने का कोई-न-कोई मार्ग तो निकल ही आएगा ...पर उन्होंने बड़ी भूल की है, उन्हें अगस्त्य से सागर-संतरण के सम्बन्ध में भी कुछ ज्ञान अर्जित करना चाहिए था...और ऋषि लोपामुद्रा का वचन।...पर राम की सेना की एकमात्र शल्य-चिकित्सक सीता का हरण हो गया है और राम ने अपनी सेना में नये शल्य-चिकित्सक तैयार नहीं किए...

विभीषण प्रातः राम के शिविर में आए तो नल, नील और हनुमान भी साथ चलने के लिए तैयार हो गए। उन तीनों की ही सागर में अथाह रुचि थी। वे सागर के संबंध में कुछ जानकारी दे भी सकते थे और अपना ज्ञान बढ़ाने के लिए वे सागर-तट के अधिक-से-अधिक विस्तार को देखना भी चाहते थे। राम ने उन्हें साथ ले चलने में आपत्ति नहीं की। लक्ष्मण, सुग्रीव, अंगद तथा जांबवान इत्यादि सेनापति पीछे की व्यवस्था सँभाल ही सकते थे।

उन्होंने सारी यात्रा सागर-तट के साथ लगे-लगे ही। विभीषण और राम युद्ध की विभिन्न स्थितियों की बातें करते रहे। हनुमान का ध्यान उनकी बातों में भी था और सागर के विभिन्न क्षेत्रों के विभिन्न चेहरों की ओर भी। उनकी विचित्र स्थिति थी। उनके तैराकी के आकर्षण तथा सागर-संतरण के अनुभव ने उन्हें समुद्र के साथ बाँध रखा था। जैसे ही नल या नील सागर-सम्बन्धी किसी बात की ओर उनका ध्यान खींचते, वैसे ही हनुमान सागर की ओर आकृष्ट हो जाते और दूसरी ओर जब विभीषण लंका की रक्षा-व्यवस्था और रावण की सेना की शक्ति और सीमाओं का विश्लेषण करते तो हनुमान अपनी देखी हुई लंका के आधार पर उसका अनुमोदन करने लगते। किंतु नल और नील का सारा ध्यान सागर की ओर था। वे लोग स्थान-स्थान पर जल के वर्ण, लहरों की गति तथा ऊपर से दिखाई पड़ जाने वाले

जलचरों के माध्यम से उस स्थान पर सागर की प्रकृति तथा उसमें परिवहन की संभावना की चर्चा करने लगते थे।

राक्षस व्यापारियों की बस्ती तक पहुँचते-पहुँचते सूर्य काफी ऊपर उठ आया था, जैसे मध्याह्न का सूर्य हो। उनकी सेना की चौकियाँ पीछे छूट गई थीं और यह आशंका भी होने लगी थी कि कहीं भी राक्षस सेना से आमना-सामना हो सकता था। किंतु राम को उसकी विशेष चिंता नहीं थी। वे सब लोग सशस्त्र थे और अपनी रक्षा करने में सक्षम थे।

राक्षस व्यापारियों की बस्ती दूर से ही दिखाई देने लगी थी। वह बस्ती नहीं, पूरी नगरी थी। सागर-तट की ऊबड़-खाबड़ पहाड़ियों को पीछे छोड़ते ही ऊँची-ऊँची अट्टालिकाएँ दिखाई देने लगती थीं।

राम ने अयोध्या और जनकपुरी का वैभव देखा था, किंतु सागर-तट पर बनी ऐसी नगरी की कल्पना उनके मन में नहीं थी। दूर से देखने पर लगता था कि नगरी सागर-तट पर नहीं बनी, सागर के भीतर बसी हुई थी। कहीं-कहीं तो सागर उन अट्टालिकाओं का आँगन धोता दिखाई पड़ता था...

राम के मुख पर विस्मय का भाव उदय हुआ।

''इनके पीछे ही व्यापारिक जलपत्तन हैं।'' विभीषण ने बताया, ''उसी के कारण इस स्थान का महत्त्व बहुत बढ़ गया है। यह स्थान यद्यपि लंका से बाहर है, किंतु सुंदर सागर-तट तथा जलपत्तन के नैकट्य के कारण इसकी भूमि लंका के शासन के लिए बहुत लाभकारी रही है। इन व्यापारियों ने प्रायः स्वर्णमुद्राएँ बिछा-बिछाकर रावण से यह भूमि ली है। उन्हें यहाँ व्यापार और विलास की सुविधा है। जबकि सहस्रों योजन सागर-तट निर्जन पड़ा है अथवा निर्धन वानरों की झोंपड़ियों तथा एकाकी तपस्वियों से ही बसा हुआ है—यह स्थान धनाढ्य राक्षसों के लिए भी स्वप्न है।...'' और सहसा विभीषण का स्वर कुछ चिंतित हो उठा, ''मुझे पहले से ही सोचना चाहिए था...''

''क्या हुआ?'' हनुमान ने पूछा।

''इन व्यापारियों के निजी दण्डधरों के साथ-साथ तो यहाँ लंका की सेना की धनुर्धर टुकड़ियाँ भी रहती हैं। वे लोग छिपकर घात लगा सकते हैं।'' विभीषण की चिंता बढ़ती जा रही थी।

''मुझे इसकी कोई संभावना नहीं दीखती।'' हनुमान निर्द्वंद्व स्वर में बोले, ''जो लोग अपना सैनिक जलपत्तन छोड़कर भाग गए हैं, वे लोग इन व्यापारियों की रक्षा के लिए बैठे रहेंगे।''

''तुम ठीक कहते हो।'' विभीषण की चिंता कुछ कम हुई, ''फिर भी हमें सावधान रहना चाहिए।''

नगरी के निकट पहुँचकर उन्हें एक और आश्चर्य का सामना करना पड़ा। बस्ती के चारों ओर अवरोध की-सी स्थिति थी। एक अनघड़-सी सैनिक भीड़ ने सारी नगरी को घेर रखा था। सैनिक अपने हाव-भाव और मुद्रा से ही सैनिक कर्म करते दिखाई पड़ते थे, अन्यथा न उनके पास शस्त्र थे और न कोई निश्चित अनुशासन ही दिखाई पड़ रहा था।

राम के दल को देखते ही उनमें से अनेक सैनिक आगे बढ़ आए, "कौन हैं आप लोग?"

राम ने देखा, उन लोगों की उग्र दृष्टि विभीषण की राजसी वेशभूषा पर टिकी हुई थी, यद्यपि सैनिक-सी भीड़ के पास शस्त्र नहीं थे, फिर भी वे निर्भीक ही नहीं, आक्रामक भी दिख रहे थे।

तभी भीड़ में से किसी ने हनुमान को पहचान लिया, "अरे, ये तो केसरीकुमार हनुमान हैं।"

हनुमान ने सबका परिचय दिया। भीड़ की भंगिमा अत्यंत शालीन हो गई।

"आप लोग कौन हैं?" राम ने पूछा।

"हम आपके सैनिक हैं।"

"हमारी टुकड़ियाँ यहाँ तक कैसे पहुँच गईं?" राम ने चकित होकर हनुमान को देखा, "और यह तो प्रशिक्षित टुकड़ी जैसी नहीं है।"

उत्तर उस व्यक्ति ने दिया, जिसने हनुमान को पहचाना था, "नहीं, भद्र! हमें आपसे प्रशिक्षण प्राप्त करने का सौभाग्य प्राप्त नहीं हुआ। हम भावना से आपके सैनिक हैं। हमें जब आपके आने की सूचना मिली और पता चला कि राक्षस सैनिक यहाँ से भाग गए हैं तो हमने इस नगरी को घेर लिया कि कहीं सागर भाग न जाएँ।"

"सागर भाग न जाएँ?" नील ने आश्चर्य से पूछा।

"हाँ, भद्र!" उस व्यक्ति ने उत्तर दिया, "सागर में व्यापार करने वाले इन व्यवसायियों को इस क्षेत्र में 'सागर' ही कहा जाता है। ये अत्यंत धनाढ्य लोग हैं, जिन्होंने अपने धन का उत्कोच देकर, राक्षस सैनिकों के माध्यम से हमारी यह भूमि हमसे छीन ली थी।" वह व्यक्ति रुका, "इनके रक्षक भाग गए हैं और ये लोग स्वयं शरीर से इतने कोमल हैं कि एक मृग से भी लड़ नहीं सकते। हमने इन्हें आपके लिए बंदी कर रखा है। अब आप जो आदेश दें।"

"यह सब तो अद्भुत है।" राम मंथर स्वर में बोले, "हमारी सेना इतनी विस्तृत और इतनी विशाल है, यह तो मुझे मालूम ही नहीं था।"

"प्रत्येक पीड़ित, शोषित और निर्धन व्यक्ति आपका सैनिक है, राम!" वह व्यक्ति बोला।

"चाहे मैं तुम्हें शस्त्र न दे सकूँ, वेतन न दे सकूँ?"

वह हँसा, "आप हमें सम्मान तो दे सकते हैं; हमारे अधिकार तो दे सकते हैं।"

राम मुसकराए, "तुमने अपने अधिकार अपने बल पर स्वयं प्राप्त किए हैं; और अधिकारों से संपन्न व्यक्ति स्वयं ही सम्मानजनक हो जाता है।"

राम, हनुमान, नल तथा नील नगरी के बाहर ही ठहर गए। विभीषण अकेले ही नगरी में गए और थोड़ी देर में राक्षस व्यापारियों, जिन्हें एकत्रित भीड़ ने 'सागर' कहा था, के मुखिया को लेकर लौटे। मुखिया का परिधान तथा आभूषण बहुमूल्य थे, किंतु उसका चेहरा कुछ अधिक ही म्लान था। भय, थकान और घबराहट के स्पष्ट लक्षण उसके चेहरे से व्यक्त हो रहे थे।

राम ने उठकर उसका स्वागत किया।

उसने एक भीत दृष्टि आस-पास घिर आई उस भीड़ पर डाली, जिसने स्वतः ही स्वयं को राम की सेना घोषित कर दिया था।

"इनसे आप भयभीत न हों।" राम ने आश्वासन दिया, "ये लोग आपको हानि नहीं पहुँचाएँगे!"

"हानि!" सागर-प्रमुख ने अपने होंठों पर जीभ फेरी, "कल से इन्होंने हमें ऐसे घेर रखा है कि हम घर से बाहर झाँक तक नहीं सकते। राजकुमार विभीषण अभयदान नहीं देते तो मैं यहाँ तक आने का साहस ही नहीं कर सकता था।"

"आप लोगों ने इन्हें घर से निकाल दिया, इन्होंने तो आपको घर में बंदी ही किया है।" राम बोले, "पर आप चिंता न करें, राक्षसराज विभीषण के अभयदान की रक्षा होगी।"

सागर-प्रमुख कुछ नहीं बोला। मुख में जैसे कोई तिक्त-सा स्वाद लिये बैठा रहा।

"सागर-प्रमुख!" राम शांत तथा स्थिर स्वर में बोले, "आपको एक विशेष प्रयोजन से बुलाया गया है।"

"कहिए।" वह निर्जीव-से स्वर में बोला।

"आप जानते हैं कि यह सेना किस प्रयोजन से यहाँ आई है?"

"जी। कुछ आभास तो है।"

"हमें सागर पार कर लंका पहुँचना है।" राम बोले, "सागर पार करने में आप हमारी सहायता कर सकेंगे?"

सागर-प्रमुख ने अत्यंत चिंतित दृष्टि से राम को देखा—मन में आई बात कहे या न कहे?

"कहिए। जो आपके मन में हो, निःसंकोच कहिए।" राम का स्वर और भी कोमल हो गया, "लंकापति विभीषण ने आपको अभय दिया है।"

"हम सैनिक नहीं हैं, आर्य राम!" सागर-प्रमुख बोला, "जाति से राक्षस हैं, अतः आपके शत्रु-पक्ष..."

"यह आपकी भ्रांति है।" राम ने उसकी बात बीच में ही काट दी, "हमारा विरोध रावण के क्रूर शासन तथा उसके लिए उत्तरदायी लोगों से है। राक्षस प्रजा से हमारा कोई विरोध नहीं है, अन्यथा विभीषण मुझे भाई के समान प्रिय कैसे होते?"

"वह तो ठीक है।" सागर-प्रमुख का स्वर अब भी संकुचित था, "हम व्यापारी लोग हैं। हम युद्धों में किसी एक अथवा दूसरी सेना का पक्ष नहीं ले सकते।"

"यदि रावण ने तुमसे यही अनुरोध किया होता तो तुम क्या करते?" विभीषण कुछ उग्र स्वर में बोले, "तुम उसके सम्मुख भी व्यापारियों की निष्पक्षता की चर्चा करते?"

सागर-प्रमुख का चेहरा और भी निरीह हो गया।

"बोलो!" विभीषण का स्वर ऊँचा हो गया।

"देखिए।" वह थूक गटककर बोला, "ऐसी स्थिति में आप जो सहायता चाहें, ले सकते हैं। हमारे जलपोत ले सकते हैं, हमारा धन ले सकते हैं, हमारे प्राण ले सकते हैं..."

"नहीं" राम बोले, "अभी उसकी आवश्यकता नहीं है। आप अपनी बात कहिए।"

सागर-प्रमुख कुछ आश्वस्त हुआ, "सच तो यही है, आर्य राम, कि हम व्यापारी हैं। शांति में भी अपना स्वार्थ देखकर किसी का पक्ष ग्रहण करते हैं—युद्ध की तो बात ही क्या।"

स्वतः घोषित राम की सेना आगे बढ़ आई। उनका अवरोध संकीर्ण हो गया। उसी अनुपात में सागर-प्रमुख का चेहरा भी पीला पड़ गया।

"किंतु इस समय मैं दूसरी बात कह रहा हूँ।" वह शीघ्रता से बोला, "इस समय हम पूर्णतः आपके वश में हैं। आप हमारे जलपोतों का जो भी उपयोग चाहें, कर सकते हैं। किंतु उसमें जो संकट है—वह आपको बता दूँ।"

"बोलो।" राम का स्वर शांत था।

"हमारे जलपोत सैनिक कार्यों के लिए नहीं हैं। उन पर सैनिक जलपोतों के समान कवच नहीं हैं और शत्रुओं के आक्रमण से बचाने का कोई उपकरण नहीं है।" वह धीरे-से बोला, "यदि आपकी सेना इन जलपोतों में सागर-संतरण का प्रयत्न करती है और बीच सागर में रावण के जलपोत उन पर अग्निबाण अथवा उल्काएँ छोड़ते हैं तो इन जलपोतों की रक्षा नहीं हो सकेगी। आपकी सेना सहित ये जलपोत सागर में डूब जाएँगे..."

"तुम झूठ बोल रहे हो!" भीड़ में से एक व्यक्ति झपटकर आगे आया, "तुम शपथपूर्वक कह सकते हो कि रावण की सेनाएँ तुम्हारे जलपोतों के माध्यम से कभी

यहाँ नहीं उतरीं।"

सागर-प्रमुख ने भीत दृष्टि से राम को देखा—उनके मुख पर रोष नहीं था। वह आश्वस्त हुआ।

"रावण की सेनाओं ने अनेक बार हमारे जलपोतों का उपयोग किया है।' वह कुछ दृढ़ स्वर में बोला, "किंतु एक तो उनके सैनिक जलपोत सदा हमें घेरकर चलते रहे, ताकि आक्रमण की स्थिति में हमारी रक्षा कर सकें। फिर इस क्षेत्र में रावण की सेना पर आक्रमण होने की कोई सम्भावना नहीं थी।" सागर-प्रमुख रुककर धीरे-से बोला, "और रावण को अपने सैनिकों के डूब मरने की कोई चिंता नहीं थी।...यदि आप भी इन संकटों को उठा सकते हों तो ये जलपोत ले जाइए। हम अपने नाविक भी साथ भेज देंगे।"

राम ने विभीषण की ओर देखा। विभीषण ने स्वीकृति में सिर हिला दिया।

"ऐसी स्थिति में हम इन जलपोतों का उपयोग नहीं कर सकते।" राम बोले, "हम अपने सैनिकों के प्राण निरर्थक जोखिम में नहीं डाल सकते।"

सबने राम का मूक अनुमोदन किया। कोई कुछ नहीं बोला।

राम ही पुनः बोले। उन्होंने भीड़-सेना के नायक को सम्बोधित किया, "नायक! क्या नाम है तुम्हारा?"

"तेजधर।"

"तो नायक तेजधर!" राम स्निग्ध मुसकान के साथ बोले, "तुम्हारा दायित्व अब बढ़ गया है। तुम्हारे ये सागर भाग न जाएँ, इसका ध्यान रखना। इनके जलपोत अपने स्थान से न हिलें, इसका भी ध्यान रखना। और यदि राक्षस-सेना इस जलपत्तन पर उतरने का प्रयत्न करे तो हमें सूचित करना। उनसे युद्ध मत करना।" राम ने उसके कंधे पर हाथ रखा, "कल तक हमारी सेना की नियमित टुकड़ियाँ यहाँ आ जाएँगी। वे तुम्हारी सहायता के लिए होंगी। वे सशस्त्र हैं और प्रशिक्षित हैं, इसलिए राक्षस-सेना से सम्मुख-युद्ध कर सकेंगी। उनके आने से न तुम्हारी उपयोगिता कम होगी, न दायित्व।" राम की मोहक मुसकान उनके अधरों पर आई, "ठीक है, नायक तेजधर?"

"ठीक है, आर्य।"

"और सागर-प्रमुख!" राम पुनः बोले, "विभीषण के अभय की रक्षा हमारे सैनिक तभी तक करेंगे, जब तक तुम हमारे प्रतिकूल नहीं जाते। वैसे तुम्हारे प्राण पूर्णतः सुरक्षित हैं।"

राम उठ खड़े हुए। उनके साथ ही अन्य लोग खड़े हो गए। अब यहाँ रुकने का और कोई प्रयोजन नहीं था। दिन आधे से अधिक बीत चुका था और उन्हें अपने शिविर में भी लौटना था। फिर जिस आशा में वे लोग इतनी दूर आए थे, उसका एक अंश भी पूरा नहीं हुआ था। सागर-संतरण की समस्या पहले से भी

अधिक जटिल हो गई थी।

"अब?" राम ने विभीषण की ओर देखा।

"मेरी तो बुद्धि कोई काम नहीं कर रही है।" विभीषण निराश स्वर में बोले, "सागर-संतरण के बिना तो कोई भी कार्य संभव नहीं है।"

मार्ग में विभीषण बहुत अनमने रहे। राम की चिंता भी निरंतर प्रगाढ़ होती गई। हनुमान सहज भाव से कुछ सोचते हुए चल रहे थे। केवल नल और नील, जिनका ध्यान अब भी पूर्णतः सागर में ही लगा हुआ था, वे सागर के विभिन्न क्षेत्रों को देखते, उसके जल को छूते, उसके वर्ण और तरंगों को देखते, उसके जलचरों को परखते हुए चल रहे थे।

वानर-सेना निरंतर आगे बढ़ रही थी और अपने शिविरों की व्यवस्था करती चल रही थी। नियमित सेना के साथ-साथ अब अप्रशिक्षित, निःशस्त्र युवा वानरों की भीड़ को सैनिकों के समान कर्म करते देखना आश्चर्य की बात नहीं रह गई थी। स्थान-स्थान पर उनके भी शिविर स्थापित हो चुके थे और उनके नायक भी पूर्ण दायित्व के साथ सैनिकों के साथ ही विभिन्न प्रकार के कार्यों में लगे हुए थे।

राम अपने सैनिक-असैनिक साथियों का उत्साह देखते तो उनका मन भर-भर आता था। यह सारी तैयारी, यह सारा परिश्रम और यह सारा पराक्रम किस काम आएगा, यदि उनके और रावण के बीच इसी प्रकार सागर लहराता रहा? क्या इतना सारा समारोह उनको हास्यास्पद बनाने के लिए ही है? क्या वे अपने इन सारे साथियों के साथ निराश लौट जाएँगे और सीता सदा के लिए रावण की बंदिनी होकर रह जाएँगी...राम जीवित रहेंगे, इतनी बड़ी जन-सेना के अधिपति होंगे और सीता रावण के अवरोध में छटपटाती रहेंगी; और रावण सगर्व सिर ऊँचा उठाए घूमता रहेगा...

थोड़ी-थोड़ी देर में राम का मन अपनी असहायता पर सिर धुनने को होता और फिर समुद्र के विरुद्ध उनका आक्रोश संचित होने लगता...उनका वश चलता तो वे सागर को पी जाते, जैसे अगस्त्य ने पिया था...किंतु साथ ही साथ वे यह भी जानते थे कि इस आक्रोश से कुछ नहीं होगा। जब तक समाधान उपलब्ध नहीं होते, तब तक सागर-संतरण नहीं होगा...

शिविर में लौटे तो लक्ष्मण तथा सुग्रीव उनकी प्रतीक्षा बड़ी व्यग्रता से कर रहे थे।

"भैया!" राम के बैठते ही लक्ष्मण बोले, "कुछ आवश्यक सूचनाएँ हैं।"

"बोलो, सौमित्र!" राम ने लक्ष्मण को देखा। उनके चेहरे पर शिथिलता का कोई भाव नहीं था।

"हमारे चर यह सूचना लाए हैं कि यहाँ सागर तट से कुछ दूर एक छोटा-सा द्वीप द्रुमकुल्य है। वह जल-दस्युओं का द्वीप है। उनके पास अपने जलपोत हैं। वे आते-जाते जलपोतों पर आक्रमण कर उन्हें लूट लेते हैं...मनुष्यों की हत्या कर देते हैं और नौकाओं तथा जलपोतों को या तो छीन लेते हैं या आग लगा देते हैं।"

राम के मन में सागर-प्रमुख की बातें पुनर्जीवित हो उठी थीं। वह अपने जलपोतों के लिए कदाचित् इसी प्रकार के संकटों की बात कह रहा था...

"सूचना मिली है कि वे लोग हमें असावधान पाकर हमारी सेना पर धावा बोलने की योजना बना रहे हैं।"

"क्या वे इतनी बड़ी सेना से लड़ पाएँगे?"

"वे जल-दस्यु हैं। युद्ध उनका लक्ष्य नहीं है।" लक्ष्मण बोले, "कदाचित् हमारी किसी असावधान टुकड़ी के शस्त्र छीन ले जाने का प्रलोभन ही उन्हें इस अभियान के लिए उकसा रहा है।"

"और?"

"जो मछुआरे हमारी सेना में सम्मिलित हुए हैं, उनके मुखिया सागरदत्त ने पुनः सागर-संतरण का एक प्रस्ताव रखा है।"

"क्या प्रस्ताव है?"

"उसने बताया है कि जब राक्षस सेनाओं, व्यापारियों अथवा लंका के मछली पकड़ने वाले जलपोतों का आवागमन सागर में बहुत बढ़ जाता है और उसके यूथ के लिए अपनी डोंगियाँ सागर में ले जाना भी असंभव हो जाता है तो वे लोग यहाँ से कुछ योजन की दूरी पर छोटी पहाड़ियों, शिलाओं और घाटों से घिरे एक स्थान पर चले जाते हैं। सागर का वह क्षेत्र ऐसा है, जहाँ आज तक किसी का कोई जलपोत अथवा बड़ी नौका नहीं पहुँची।"

"तो?"

"उसका कहना है कि उस क्षेत्र का जल शांत और सोया हुआ है। वहाँ जलमग्न शिलाएँ भी बहुत हैं। उसका विचार है कि वस्तुतः वह क्षेत्र वास्तविक सागर न होकर खाड़ी का जल है, जो किसी समय सागर की उथल-पुथल के कारण उफनकर उधर चला आया है। उसे वे 'स्तिया' कहते हैं, जिसका अर्थ है अप्रवाही जल।"

राम की दृष्टि लक्ष्मण से हटकर नल की ओर चली गई। वह आँखें फाड़े तथा मुख खोले, लक्ष्मण के मुख से निकला हुआ एक-एक शब्द ऐसे सुन रहा था, जैसे बहुत महत्त्व का कोई असाधारण सुमाचार सुन रहा हो। इस व्यक्ति का सागर-आकर्षण भी अद्भुत था।

"सागरदत्त का प्रस्ताव क्या है?" राम ने पूछा।

"उनका प्रस्ताव है कि उसके यूथ की डोंगियों की सहायता से, उस स्थान

से हमारी सेना सागर-संतरण करे।''

''उसकी कल्पना में ही यह नहीं समा सकता कि हमारी सेना कितनी बड़ी है।'' राम धीरे से बोले, ''फिर जहाँ पानी गहरा नहीं है, जलमग्न शिलाएँ हैं, अन्य लोगों द्वारा उसे असुरक्षित स्थान माना जा रहा है—वहाँ से अपनी सेना को सागर पार कराना उचित है क्या?''

''रक्षपति विभीषण!'' नल ने पूछा, ''क्या ऐसा कोई स्थान है?''

''मैं ठीक-ठीक नहीं कह सकता,'' विभीषण बोले, ''कि यह कौन-सा स्थान है और उसके विषय में सागरदत्त के ये निष्कर्ष कितने वास्तविक हैं; किंतु इतना अवश्य जानता हूँ कि ऐसे कुछ स्थान अवश्य हैं, जिन्हें राक्षस नाविकों ने परिवहन के सर्वथा अयोग्य माना है। वहाँ राक्षस सेना की न चौकियाँ हैं, न जलपत्तन। वहाँ आजीविका का कोई साधन नहीं है। इसी से वे क्षेत्र निर्धन हैं। सम्भव है कि सागरदत्त ऐसे ही किसी स्थान के विषय में कह रहा हो।''

''कहीं यह वही स्थान तो नहीं, जहाँ से मैंने सागर पार किया था?'' हनुमान ने पूछा और फिर स्वयं ही बोले, ''यदि यह वही स्थान है, तो इतना मैं निश्चित रूप से कह सकता हूँ कि उसमें जलमग्न पर्वत अवश्य थे, कहीं-कहीं जल उथला और ठहरा हुआ भी था; किंतु वह वास्तविक सागर था—वह सागर से उफनकर किसी स्थान पर ठहर जाने वाला अप्रवाही जल नहीं हो सकता।''

''आर्य राम!'' नल बोला, ''यदि आपकी अनुमति हो तो मैं, हनुमान और सागरदत्त उस स्थान का निरीक्षण कर लें?''

''मुझे तुम्हारी सागर-रुचि पर विस्मय होता है, नल!'' राम मुसकराए, ''निरीक्षण में मुझे क्या आपत्ति हो सकती है; किंतु यदि स्थितियाँ वे ही निकलीं, जो सागरदत्त कह रहा है तो वहाँ से अपनी सेना के सागर-संतरण के पक्ष में मैं नहीं हूँ।''

नल और हनुमान सागरदत्त के साथ निरीक्षण के लिए विदा हो गए तो सुग्रीव पहली बार बोले, ''द्रुमकुल्यों अथवा वैसे ही जलदस्युओं के विषय में क्या सोचा है, राम?''

''सोचना क्या है, मित्र!'' राम का स्वर शांत था, ''जो युद्ध करने आएगा, उससे युद्ध किया जाएगा। उन दल-दस्युओं को भी रावण की सेना का ही अंग मान लिया जाए।'' राम तनिक रुककर बोले, ''सागर के निकटतम शिविरों में धनुर्धरों की टोलियाँ अवश्य रखो और उन्हें सावधान कर दो।''

सुग्रीव चले गए तो उदास मन विभीषण ने भी विदा ली।

अपने शिविर में राम और लक्ष्मण अकेले रह गए। राम ने स्निग्ध दृष्टि से लक्ष्मण की ओर देखा—लक्ष्मण के चांचल्य और वाक्-पटुता का भी सीता-अपहरण के साथ ही हरण हो गया था। इस सारे युद्ध-उद्यम ने जैसे लक्ष्मण को अपने वय

से बड़ा कर दिया था—उनकी प्रकृति को पहले से अधिक गम्भीर और जुझारू बना दिया था। उनके जीवन का रस जैसे सूख गया था; आग ही आग रह गई थी. ..चेहरे पर पहले जैसी खेलती ललित मुसकान का स्थान एक प्रकार की गम्भीर रुक्षता ने ले लिया था।

"क्या सोचा है, भैया?"

"किस विषय में, सौमित्र?

"सागर-संतरण के विषय में।"

राम की चिंता पुनः उभर आई, "आज दूसरा दिन व्यतीत हो रहा है, सागर-तट पर भटकते हुए। कोई मार्ग नहीं मिल रहा। वस्तुतः ऋष्यमूक के प्रस्थान से समय कदाचित् मेरे मन में भी सागर की विराटता का रूप स्पष्ट नहीं था। जैसे-जैसे सागर-तट पर भटकता फिरा हूँ—यह समस्या और जटिल होती जा रही है। सोचा था, शायद विभीषण के पास इसका कोई समाधान हो; किंतु वे भी पूर्णतः निरुपाय हो गए दीखते हैं।" राम ने रुककर लक्ष्मण को देखा, "वस्तुतः इसमें दोष किसी का नहीं है, सौमित्र! हम क्यों यह मानकर चले आए कि हमारी सेना को सागर-पार उतारने के लिए राक्षस अपने जलपोत हमें दे जाएँगे?...संभवतः कोई और हमारी सहायता कर भी देता, यदि कुछ ही लोतों को पार जाना होता। जब इतनी बड़ी सेना को इतने विस्तृत सागर से पार उतारना है तो उसके लिए उतना ही महान उपक्रम भी करना होगा। वह उपक्रम कैसा हो—अभी सोच नहीं पाया हूँ, किंतु साधारण ढंग से यह कार्य नहीं होगा, इतना जानता हूँ।"

लक्ष्मण चुपचाप बैठे, राम के चेहरे को पढ़ने का प्रयत्न करते रहे। फिर धीरे से बोले, "आप निराश तो नहीं हो रहे?"

राम हँस पड़े, "तुम्हें निराश दीखता हूँ?"

"नहीं! इस समय तो निराश नहीं लग रहे।" लक्ष्मण हँस नहीं सके, "ऐसे ही कह दिया। वस्तुतः भाभी के हरण के पश्चात् से आप में निराशा और आक्रोश के आवेग अपेक्षाकृत जल्दी उठ खड़े होते हैं।" लक्ष्मण ने रुककर अपनी बात की प्रतिक्रिया देखनी चाही, फिर बोले, "यद्यपि वे आवेग अस्थायी होते हैं।...यह चर्चा मैंने जान-बूझकर छेड़ी है, भैया! मुझे लग रहा है कि हमारी सेना में अधैर्य जाग रहा है। यदि उन्हें तनिक-सा भी आभास मिला कि स्वयं आर्य राम निराश हो रहे हैं तो सेना का मनोबल सँभालना कठिन हो जाएगा।"

राम को लगा, वे एक नये लक्ष्मण को देख रहे हैं—यह लक्ष्मण केवल अत्यंत गम्भीर, दृढ़ तथा परिपक्व ही नहीं थे; वे वय में भी राम के बराबर हो गए थे। अब लक्ष्मण समानता के धरातल पर उनसे बात कर सकते हैं, उन्हें परामर्श दे सकते हैं, उन्हें चेता सकते हैं...तैंतालीस वर्ष के राम और इकतीस वर्ष के सौमित्र के बीच का वय-भेद इस संघर्षशील जीवन ने समाप्त कर दिया था...

"तुम निश्चिंत रहो, सौमित्र!" राम बोले, "मेरा मनोबल इस सागर से भी नहीं हारेगा। और कुछ न भी हो तो सीता की स्मृति मुझे शांत नहीं बैठने देगी।"

10

रात के दो पहर बीतते ही सागर-तट के निकट कुछ जलपोतों की गतिविधि की सूचना राम को दी गई; किंतु अभी यह स्पष्ट नहीं था कि वे जलपोत राक्षस सेना के थे, द्रुमकुल्यों के अथवा वैसे ही किन्हीं अन्य जलदस्युओं के। इतना अवश्य स्पष्ट था कि जो भी थे, मित्र नहीं थे और उनकी गतिविधियाँ वानर-सेना के लिए घातक भी हो सकती थीं। उनके जलपोतों में प्रकाश नहीं था। वे लोग अन्धकार में ही आगे बढ़ रहे थे।

लंका की सेना के आने की अधिक संभावना राम को नहीं लग रही थी। वे लोग यदि सागर के इस तट पर ही युद्ध करना चाहते तो अपने जलपत्तन और व्यापारियों की अपनी इतनी धनाढ्य जनसंख्या को इस प्रकार असहाय छोड़कर क्यों चले जाते। फिर भी इतनी संभावना तो थी ही कि वे राम की सेना के मनोबल को तोड़ने के लिए, उसे व्याकुल करने का प्रयत्न करेंगे...

युद्ध-परिषद् एकत्रित हो गई थी। संदेशवाहक आ और जा रहे थे। अनवरत रूप से सूचनाएँ पहुँच रही थीं और आदेश प्रेषित हो रहे थे।

किंतु सहसा सूचना मिली कि वे जलपोत तट से दूर ही जल में ठहर गए हैं और उन्होंने वहीं से तट पर अग्निबाण और उल्काएँ फेंकनी आरंभ कर दी हैं। सम्मुख-युद्ध अथवा स्थल-युद्ध का मंतव्य उनका नहीं था। इस जल-युद्ध से वे वानर सेना की हानि तो कर सकते थे, किंतु स्थल पर उतरे बिना उन्हें कोई लाभ नहीं हो सकता था।

राम जब घटना-स्थल पर पहुँचे, उन्हें सूचना दी गई कि यह आक्रमण छह स्थलों पर एक साथ हो रहा था। दोनों ओर से बाण चल रहे थे; किंतु यह जानने का कोई साधन नहीं था कि वानर-सेना के बाण उन जलपोतों तक पहुँच भी रहे थे अथवा मार्ग में ही ध्वस्त हो रहे थे।

इस प्रकार का युद्ध व्यर्थ था—अँधेरे में बाण मारने का कोई लाभ नहीं था...राम सोच रहे थे...कोई निश्चित कार्य होना चाहिए...

सहसा उन्होंने नल की ओर देखा, "सागरदत्त कहाँ है?"

"अपने शिविर में।"

"बंधु सुग्रीव!" राम बोले, "जब तक मैं न लौटूँ, तुम मेरे स्थान पर यहीं रहना और सेना के अधिपति का कर्तव्य सँभाले रहना। और हनुमान!" उन्होंने हनुमान की ओर देखा, "यदि ये जलपोत इस ओर तट से आ लगें तो तत्काल

बड़ी संख्या में सैनिक लेकर उन पर धावा बोल देना। किसी आदेश की प्रतीक्षा मत करना। किंतु प्रयत्न यही करना कि जलपोतों को क्षति न पहुँचे। आओ, लक्ष्मण!...और नील, तुम भी।''

राम, नील और लक्ष्मण बाहर चले गए।

विभीषण ने सुग्रीव की ओर देखा।

''कोई गुप्त अभियान!'' सुग्रीव धीरे से बोले।

राम ने सागरदत्त को जा जगाया।

''सागरदत्त! तुम्हें अपना वचन याद है?''

''कौन-सा वचन, आर्य?'' सागरदत्त कुछ सोचता रहा, फिर हँसा, ''वचन याद हो या न हो, आप आदेश दें, पालन होगा।''

''तुमने कहा था कि आदेश मिलने पर अपनी नौकाओं में पत्थर भरकर उन्हें सागर में डुबो दोगे...।''

''कहिए आर्य, कहाँ डुबोनी हैं?''

राम ने विस्मय से देखा, सागरदत्त और उसके साथियों के चेहरे पर चिंता अथवा अप्रसन्नता की एक भी रेखा नहीं उभरी थी।...किस मिट्टी के बने हैं ये लोग!

राम हँस पड़े, ''नहीं, नावें डुबोनी नहीं हैं; किंतु काम उतने ही जोखिम का है।''

सागरदत्त भी हँसा, ''हम जानते हैं, भद्र! आप हमें नहीं डुबोएँगे। और जहाँ तक जोखिम का प्रश्न है, वह तो हमारे जीवन के साथ ही लगा हुआ है। आप आदेश दें।''

''तुम देख रहे हो, सागरदत्त! कि यहाँ एक छोटा-सा जल-युद्ध चल रहा है। हम नहीं जानते कि वे कोन हैं और क्या चाहते हैं। अनुमान है कि वे द्रुमकुल्य नामक जल-दस्यु हैं।'' राम बोले, ''तुम लोगों को अपनी नौकाएँ सैनिकों से भरकर उन जलपोतों की पिछली ओर ले जानी हैं। वहाँ से हम आक्रमण करेंगे। बाणों, अग्निबाणों तथा उल्काओं की वर्षा होगी। नौकाएँ नष्ट हो सकती हैं। प्राण जा सकते हैं। बोलो, तैयार हो?...''

सागरदत्त हँसा, ''लगता है, अभी आपको हमारी धातु की परख नहीं हुई'' वह अपने साथियों की ओर मुड़ा, ''नौकाएँ जल में उतार दो।''

राम ने लक्ष्मण की ओर देखा, ''अगस्त्य आश्रम से आए उन धनुर्धारियों को ले आओ, जो नौका-युद्ध में प्रशिक्षित हैं।''

राम ने अपनी नौकाओं को छह टुकड़ियों में बाँटा। दो टुकड़ियों का नेतृत्व

उन्होंने स्वयं सँभाला और दो-दो लक्ष्मण और नील को सौंप दीं। एक-एक टुकड़ी को एक-एक जलपोत पर आक्रमण करना था। आक्रमण का पहला संकेत स्वयं राम देने वाले थे।

उस अन्धकार में, अथाह सागर में निःशब्द यात्रा करनी थी। फिर भी राम को द्रुमकुल्यों के जलपोतों के पीछे पहुँचने में कोई असुविधा नहीं हुई। सागरदत्त के साथ जितने साहसी और दक्ष नाविक थे, जल-दस्यु उतने ही असावधान थे। वे सागर-तट पर अपने अस्त्र फेंकने में इतने व्यस्त थे और जल में खड़े पोतों की सुरक्षा को लेकर इतने आश्वस्त थे कि उन्होंने जलपोतों की पिछली ओर अपना कोई संतरी भी नहीं रखा था।

जलपोतों के निकट पहुँचकर राम ने अपनी नौकाएँ ठहरा लीं। यदि वे चाहते तो नौकाएँ जलपोत के साथ लगाकर उनमें प्रवेश भी कर सकते थे; किंतु वे जल-दस्युओं की संख्या से अनभिज्ञ थे। यदि वे जलपोत में प्रवेश कर जाते और दस्युओं की संख्या उनके अनुपात में बहुत अधिक होती तो निकट युद्ध में एक ओर उनके धनुर्धारी वैसे ही अक्षम हो जाते और दूसरी ओर वे घिरकर, अपनी इच्छानुसार पीछे भी नहीं हट सकते थे। जलपोत में बंदी हो जाना समझदारी नहीं थी।

किंतु जिस दूरी पर उनकी नौकाएँ खड़ी थीं, वे भी बहुत सुरक्षित नहीं थीं। जलपोत यदि इस दिशा में चल पड़ते, तो उनसे हटाए गए जल के वेग से उनकी नौकाएँ निश्चित रूप से बह जातीं।...किंतु उस आपातकाल में राम को यही मार्ग उचित जँचा था।

लक्ष्मण तथा नील को संकेत देने के लिए राम ने एक उल्का छोड़ी और अँधेरे में ही जलपोत पर बाणों की बौछार आरंभ कर दी। अग्निबाण अथवा उल्काओं का आक्रमण अधिक भयानक हो सकता था, क्योंकि उससे एक तो प्रकाश हो जाता, जिसमें नौकाओं को देखा जा सकता था; दूसरे, जलपोतों के अग्निसात होकर नष्ट होने की संभावना बढ़ सकती थी, जो राम को इष्ट नहीं था। वे जलपोतों को ठीक अवस्था में हस्तगत करने के इच्छुक थे।

उनके आकस्मिक आक्रमण का उत्तर जलपोतों ने अपनी घबराहट से दिया। जलपोतों से कुछ अग्निबाण नौकाओं की ओर फेंके गए; किंतु अन्धकार में छिपी छोटी-छोटी नौकाओं की ठीक स्थिति ज्ञात न होने के कारण वे जल में इधर-उधर गिर पड़े। उनकी घबराहट लक्षित होने लगी तो राम ने दूसरा आक्रमण किया। उसके उत्तर में जलपोतों से बाण नहीं आए। जलपोतों में कुछ गति उत्पन्न हो गई। उनकी गति की दिशा स्पष्ट नहीं थी। जलपोत हिचकोले खा रहे थे। लगता था कि वे एक के पश्चात् दूसरी दिशा में जाने का प्रयत्न कर रहे हैं...अब राम को निर्णय लेना ही था। वे अपनी नौकाओं को और भी निकट ले आए। उनके बाणों की बौछार और भी तीव्र हो गई और उनके कुछ सैनिक तैरकर रस्सी के फँदों

की सहायता से जलपोत में जा भी चढ़े। लगा, दूसरी ओर से भी उनके सैनिक, तट के निकट आया जानकर, नौकाओं में जलपोतों की ओर चल पड़े थे।

दोतरफा आक्रमण से घबराकर दस्युओं ने चौतरफा युद्ध छेड़ दिया, किंतु वे अधिक देर टिक नहीं सके। उनकी संख्या अधिक नहीं थी। वानरसेना सब ओर से जलपोतों में जा चढ़ी और अपनी नगण्य-सी क्षति के साथ उसने जलपोतों पर आधिपत्य स्थापित कर लिया। अधिकांश दस्यु सम्मुख-युद्ध में मारे गए। जो बचे, उन्हें बंदी कर लिया गया।

उधर आकाश पर अरुण की किरणें फूटीं और इधर सागरदत्त के नाविकों ने जलपोतों को तट पर आ लगाया। बंदियों को युद्ध-परिषद के सम्मुख उपस्थित किया गया, किंतु उनसे कोई विशेष बात ज्ञात नहीं हुई। वे साधारण जल-दस्यु थे और लूटपाट उनका व्यवसाय था। वे लोग इसी आशा में यहाँ आए थे कि स्वयं जल में सुरक्षित खड़े रहकर, यदि सम्भव हो तो इस सेना के किसी भाग के शस्त्र तथा अन्न-भण्डार लूट लिए जाएँ। इस दुस्साहस का मूल कारण उनकी यह सूचना थी कि राम की सेना में न तो प्रशिक्षित सैनिक हैं और न उनके पास जल-परिवहन के साधन हैं। उन्होंने समझा था कि राम ने वनवासियों को एकत्रित कर, उन्हें शस्त्र देकर सेना का एक आडंबर खड़ा कर लिया है, जिसे भयभीत करना कठिन नहीं होगा।

युद्ध-बंदियों को सागरों की बस्ती के किसी भवन में बंदी कर रखने का आदेश देकर राम ने भेज दिया तो नल उनके सम्मुख एक अनुरोध के साथ उपस्थित हुए।

"भद्र राम! शत्रुओं से हस्तगत किए गए जलपोतों में से एक यदि इस अधिकार के साथ मुझे प्रदान किया जाए कि चाहूँ तो उसे नष्ट भी कर सकूँ, तो मैं सागरदत्त के कथन की परीक्षा कर सकूँगा कि उस स्थान पर वास्तविक सागर है अथवा खाड़ी का जल..."

अपनी प्रतिक्रिया व्यक्त करने में राम को कुछ समय लगा—वे समझ नहीं पा रहे थे कि सागर संबंधी ज्ञान के प्रति नल के इस समर्पित भाव की प्रशंसा करें; अथवा इस संकट की घड़ी में थोड़े-से अमूल्य जलपोतों में से एक को नष्ट करने के प्रस्ताव का विरोध!

किंतु नल के अनुरोध का कुछ तो करना ही था। धीमे स्वर में बोले, "वह खोज हमारी सेना के लिए हितकर होगी, किंतु वर्तमान स्थिति में संयोग से हाथ में आ गए जलपोतों में से एक को नष्ट करना मुझे उचित नहीं लगता।...पर यह मेरा व्यक्तिगत विचार है, परिषद् का मत मुझे भी मान्य होगा।"

"मैं स्वयं जलपोतों को नष्ट करने के पक्ष में नहीं हूँ।" सुग्रीव बोले।

लक्ष्मण, अंगद, विभीषण, हनुमान—सबका यही मत था। यहाँ तक कि नील ने भी नल का समर्थन नहीं किया। नल का प्रस्ताव अमान्य हो गया।

"अच्छा, बंधुओ!" राम बोले, "आज तीसरा दिन है और हमें अभी तक सागर-संतरण का कोई उपाय नहीं सूझा है। यही स्थिति रही तो हमें अन्न अथवा किसी अन्य आवश्यक वस्तु के अभाव में पीछे हट जाना होगा।"

युद्ध-परिषद में सन्नाटा छा गया। इतने बड़े उपक्रम का यह अंत वस्तुतः घोर निराशाजनक था। किंतु राम भी ठीक कह रहे थे, संतरण के उपाय के अभाव में यहाँ पड़े रहने का कोई अर्थ नहीं था।

"अब मैं कुछ-कुछ समझ रहा हूँ कि राक्षस लोग अपने जलपत्तनों को छोड़कर क्यों चुपचाप पीछे हट गए।" लक्ष्मण बोले, "मुझे लगता है कि वे लोग हमारी दुर्बलता से परिचित हैं। सम्भव है कि यह भी उनकी युद्ध-नीति का ही अंग हो कि हमें यहाँ पड़े-पड़े सड़ते हुए देखें, बीच-बीच में द्रुमकुल्यों जैसे दस्युओं के माध्यम से हमें पीड़ित करें और अंत में जब हम हतोत्साहित हो जाएँ तो वे लोग हम पर आक्रमण कर हमें समाप्त कर दें।"

"यदि हम कोई मार्ग नहीं खोज पाए, तो ऐसी संभावना भी हो सकती है।" विभीषण बोले।

"तो फिर हम इन्हीं छह जलपोतों में ही अपनी सेना के परिवहन का प्रयत्न क्यों नहीं करते?" अंगद बोले।

"मैं इसके पक्ष में नहीं हूँ।" हनुमान धीरे से बोले, "ये जलपोत छोटे हैं। एक प्रकार से ये बड़ी नौकाएँ मात्र हैं। इनमें एक खेप में जितने सैनिक उस पार उतरेंगे, राक्षस बड़ी सुविधा से उन्हें नष्ट कर सकते हैं। इस प्रकार हमारी प्रत्येक खेप, हमारे अपने सैनिकों की हत्या करवाने का माध्यम बन जाएगी और राक्षसों से युद्ध का अवसर कभी नहीं आएगा।"

राम ने विभीषण की ओर देखा।

"हनुमान ठीक कह रहे हैं।" विभीषण ने स्वीकार किया।

"नहीं, मित्रो! हम यह नहीं कर सकते।" राम का स्वर गम्भीर था, "मुझे एक दिन का समय और दो। आज संध्या तक मुझे प्रयत्न करने दो। यदि तब तक सागर ने हमें मार्ग नहीं दिया तो..."

लक्ष्मण ने तमककर राम की ओर देखा—आज भैया के स्वर में क्या था! ऐसा आक्रोश और ऐसी दृढ़ता। भैया के स्वर में विनाश की कैसी ध्वनि थी...क्या सोच रहे हैं भैया...

सारा दिन राम सागर-तट पर भटकते रहे—कभी अकेले, कभी लक्ष्मण के साथ, कभी विभीषण, नल अथवा सागरदत्त के साथ। अनेक टोलियाँ बनाकर विभिन्न दिशाओं में भेजकर विभिन्न स्थानों की जाँच-परख की। जिस किसी व्यक्ति के विषय में सूचना मिली कि वह इस विषय में कोई सहायता कर सकता है, उसे

खोजकर बुलाया गया।

किंतु संध्या तक कोई मार्ग दिखाई नहीं पड़ा। राम का धैर्य क्रमशः क्षीण हो रहा था और उनका आक्रोश बढ़ता जा रहा था।...अत्याचारी रावण अपने सारे पापों के साथ सुरक्षित बैठा रहेगा, क्योंकि राम इस सागर के सामने असहाय हो रहे हैं?...ब्रह्मा का प्रपौत्र है रावण। शिव का परम भक्त है, प्रिय शिष्य! बड़े-बड़े लोगों की सहायता है रावण को, पापी और अत्याचारी रावण को। विश्व के समस्त सागरों पर जिसके जलपोतों का एकछत्र साम्राज्य माना जाता है, वह वरुण भी राम की सहायता को नहीं आया है।...ये देव शक्तियाँ अपने सीमित स्वार्थों, ईर्ष्या-द्वेष तथा संकुचित दृष्टि के कारण नष्ट हो जाएँगी...नहीं चाहिए राम को किसी की सहायता! सामर्थ्य इन महाशक्तियों का ही एकाधिकार नहीं है। राम इस पिछड़ी हुई मानवता को ही समर्थ बनाकर छोड़ेंगे....

राम ने अपने शिविर में युद्ध-परिषद बुलाई। आज राम के चेहरे का तेज और आत्मविश्वास उनकी उग्रता के नीचे छिप गया था। राम का ऐसा रूप तो पहले कभी किसी ने नहीं देखा...

"मित्रो! तीन दिनों से कोई मार्ग पाने के लिए इस सागर-तट पर हम भटक रहे हैं।" राम का तेजस्वी स्वर गूँजा, "किंतु यह सागर वस्तुतः जड़ है, जो केवल शक्ति-प्रयोग की भाषा समझता है। जिन लोगों के पास सागर-संतरण के उपाय हैं, उनसे किसी प्रकार की सहायता की आशा हमें नहीं है। अब हमें अपने ही साधनों पर भरोसा करना होगा...।"

"पर मित्र! हमारे पास साधन हैं ही कौन से?" सुग्रीव धीरे से बोले।

"मानव-शक्ति!" राम का स्वर अत्यंत दृढ़ था, "मेरी प्रार्थना है कि आप मुझे इस मानव-शक्ति के समस्त सामर्थ्य के उपयोग की अनुमति दें।"

"भैया! आप करना क्या चाहते हैं?" लक्ष्मण ने चकित स्वर में पूछा।

"मैंने पहले ही कहा था सौमित्र ! कि किसी असाधारण कार्य के लिए महान उपक्रम और उद्यम, प्रकृति की किसी भी बड़ी-से-बड़ी शक्ति से प्रबलतर है।"

"पर कैसे?"

"हमारे सैनिक, सहायक सैनिक तथा मित्र जनसंख्या असंख्य है। हम सब मिलकर शस्त्र छोड़ सागर के साथ युद्ध करेंगे।" राम का मुख उग्रता से लाल हो गया, "प्रातः मैंने नल के प्रस्ताव का विरोध किया था। इस समय मैं स्वयं आपसे अनुरोध कर रहा हूँ कि आप मुझे छह के छह जलपोत नष्ट करने की अनुमति दें।"

"क्या कह रहे हैं, आर्य राम!" जांबवान धीरे से बोले, "हमारे पास छह ही तो जलपोत हैं।"

"क्या करेंगे हम उनका?" राम का आक्रोशमय स्वर गूँजा, "जब हम उनकी

सहायता से अपने सैनिक उस पार नहीं उतार सकते।''

''पर क्या करेंगे आप?'' विभीषण बोले।

''अपने बाहुबल से सागर से भूमि छीनूँगा।'' राम बोले, ''जैसे परशुराम ने छीनी थी।''

उपस्थित लोग स्तब्ध रह गए—हाँ, परशुराम ने सागर के जल को धकेलकर अपने लिए नई भूमि का निर्माण किया था...

''मैं ये सारे पहाड़ खोदकर सागर में डालने का प्रस्ताव कर रहा हूँ।'' राम बोले, ''जिसे यह असंभव लगता हो, वह लौट जाए। राम अब सागर-तट पर और भटकना नहीं चाहता, न अपने साथियों को भूखा मरते देखना चाहता है।''

राम की मुट्ठी अपने धनुष पर कस गई।

लक्ष्मण चकित दृष्टि से राम को देख रहे थे--इतना आवेश...

''यदि आप सहमत हैं तो मैं यह प्रस्तावित कर रहा हूँ कि यूथपतियों तथा सेनानायकों के साथ की छोटी सैनिक टुकड़ियों को छोड़कर सब लोग अपने शस्त्र रखकर हथौड़ियाँ, फावड़े तथा कुल्हाड़ियाँ उठा लें। आस-पास की समस्त पहाड़ियों तथा शिलाओं के पत्थरों को तोड़कर उन छः जलपोतों को आकंठ भरकर उन्हें उस स्थान पर डूबो दें, जहाँ सागरदत्त के नाविक सागर न मानकर स्तिया मानते हैं।''

''मैं भी यही चाह रहा था, भद्र राम!'' नल बीच में बोला।

''तुम्हारे ही प्रस्ताव से मेरे मन में यह योजना आई है, मित्र!'' राम का स्वर अपेक्षाकृत शांत था, ''किंतु तुम एक जलपोत डुबोना चाहते थे, मैं छह के छह डुबो रहा हूँ। अब स्वयं को सुरक्षित रख युद्ध करने का समय नहीं रहा। अब पीछे हटने और लौटने की बात मन में मत रखो। राम इस सागर को पार करके ही रहेगा।''

राम ने अपनी दृष्टि उपस्थित लोगों पर डाली, ''किसी को कोई आपत्ति हो तो कहें।''

लगा, राम की आँखों ने सबको बाँध लिया है। उन आँखों की दृढ़ता ने सब में आत्मबल जगा दिया है। असहमति का स्वर कहीं से नहीं उठा।

''आपत्ति की कोई बात नहीं।'' सबसे पहले हनुमान बोले, ''और सत्य यह है कि अब लौटने का कोई अवकाश भी नहीं है।''

''लौटने की कोई आवश्यकता भी नहीं है।'' नल ने कहा, ''मुझे पूरा विश्वास है कि हम अपने कार्य में सफल होंगे और सागर से अपने लिए मार्ग छीन लेंगे।''

नील की आँखें अपने भाई के चेहरे पर कुछ ढूँढ रही थीं...निश्चित रूप से नल के चेहरे पर ऐसा भाव उसने पहले कभी नहीं देखा था। नल के चेहरे पर दायित्व का बोझ नहीं था, चिंता नहीं थी, सफलता-असफलता का द्वंद्व नहीं था। उसे देखकर लगता था जैसे उसका जीवन भर का कोई स्वप्न पूरा हो रहा है। आज

जैसे वह पूर्णकाम हो रहा था।...अवश्य ही उसके मन में कोई निश्चित योजना थी...

"यदि आप सब सहमत हैं," राम पुनः बोले, "तो इस योजना को पूर्णतया त्रुटिहीन बनाने के लिए एक कार्य और करना चाहता हूँ।"

सबने राम की ओर देखा।

"लंकापति विभीषण!" राम का स्वर तेजपूर्ण और स्थिर था, "आप राक्षस-व्यापारियों की नगरी में जाकर अपने नाविकों की सहायता से उनके सारे जलपोत ले आइए। उनसे स्पष्ट कह दीजिए कि हम उनके जलपोतों में शिलाएँ डालकर उन्हें सागर में डुबो देंगे। उनके सारे जलपोत नष्ट होंगे। इस युद्ध के लिए उन्हें यह मूल्य देना होगा। और यदि कोई आनाकानी करे.." राम के स्वर में वज्रपात की-सी कड़क थी, "तो उन्हें राम के धनुष का स्मरण करा दीजिएगा। उन्हें कह दीजिएगा कि राम का धनुष ताने बैठा है। सागर-संतरण के मार्ग में रत्ती मात्र भी विघ्न उत्पन्न करने वाले पर राम का बाण मृत्यु का दूत बनकर टूटेगा।"

विभीषण ने स्तब्ध दृष्टि से राम को देखा—निश्चित रूप से, राम जो कह रहे थे, उसे पूरा करने से तनिक भी पीछे नहीं हटेंगे।

"आपकी इच्छा पूर्ण हो, राम!" विभीषण ने कहा और तत्काल अपने मंत्रियो के साथ प्रस्थान किया।

बात की बात में आदेश प्रचारित हो गए। सेना का स्वरूप बदल गया। यूथपतियों के अधीन रक्षक तथा प्रहरी टुकड़ियों के सिवाय, सारी सेना पहाड़ियों, शिलाओं तथा वृक्षों से युद्ध करने को तत्पर हो गई। मार्ग प्रशस्त करने वाली टुकड़ियों के हथौड़े, कुल्हाड़े, फावड़े, सब्बल, गहंते तथा आरे—बाणों और खड्गों के समान चलने लगे। उपकरण उतनी संख्या में नहीं थे, जितनी संख्या में उनकी आवश्यकता थी। इसलिए एक-एक उपकरण पर चार-चार व्यक्ति काम कर रहे थे। एक हथौड़ा चलाता तो शेष तीन पत्थरों को ढोने का काम करते। जब हथौड़ा चलाने वाला थक जाता तो दूसरा व्यक्ति हथौड़ा पकड़ लेता और पहला व्यक्ति पत्थर ढोने का कार्य करने लगता।...

सागर-तट पर पड़ाव डालने के पहले ही दिन जो लोग सेना में सम्मिलित होने की इच्छा से आए थे, उन सहायक सैनिकों को भी संदेश भिजवा दिया गया था। वे लोग अपने गाँव के गाँव को लेकर अपने हथौड़ों और फावड़ों के साथ वानर-सेना तो सहायता को आ गए थे। सेना का रूप युद्धक सेना का न रहकर श्रमिक सेना का हो गया था, जो अपना मार्ग बनाने के लिए अपने शस्त्रों से प्रकृति के विरुद्ध युद्ध कर रही थी।

अंधकार हो जाने पर भी काम रुका नहीं। स्थान-स्थान पर अग्निकाष्ठ और उल्काएँ जला ली गईं। लोग बारी-बारी भोजन, विश्राम और काम कर रहे थे। इससे

काम की गति अवश्य कुछ धीमी हो गई थी; किंतु न तो लोगों का उत्साह कम हुआ लगता था और न कार्य-शैथिल्य दिखाई पड़ता था।

आधी रात के लगभग जब विभीषण लौटे तो शिलाओं, पत्थरों, वृक्षों की शाखाओं से लदे चार जलपोतों की पहली खेप ले जाने के लिए राम, लक्ष्मण, नल और सागरदत्त तैयार थे। हनुमान की भी साथ जाने की बहुत इच्छा थी, किंतु राम ने उन्हें पीछे की देख-भाल के काम सौंप दिए थे।

''आपका और सौमित्र का जाना तनिक भी आवश्यक नहीं है, राम!'' सुग्रीव कह रहे थे, ''नल को सागरदत्त के साथ जाने दीजिए।''

''मैं तुम्हारी बात समझता हूँ, मित्र!'' राम मुसकराए, ''किंतु जोखिम का काम दूसरों को सौंपकर मैं यहाँ सुरक्षित बैठा रहना नहीं चाहता। इससे मेरे साथियों पर अच्छा प्रभाव नहीं पड़ेगा।''

''व्यापारियों के जलपोत हमारे जलपत्तन में आ गए हैं, आर्य राम!'' विभीषण ने सूचना दी।

''कितने हैं?''

''बीस।''

''ठीक।'' राम चिंतन की मुद्रा में थे, ''उन्होंने आपत्ति तो नहीं की?''

''आपत्तियाँ तो उन्हें बहुत थीं। अंत में बाध्य होकर जलपोत देने को तैयार हुए तो अपने मनोनुकूल शुल्क की माँग भी उन्होंने की।'' विभीषण हँसे, ''किंतु राम के धनुष और बाणों की चर्चा ने उनके कस-बल ढीले कर दिए।''

''दूसरा कोई उपाय नहीं था।'' राम बोले, ''अच्छा! अब तुम लोग पीछे का काम सँभालो। मैं पहली खेप के साथ जा रहा हूँ। मेरा विचार है कि सफलता अथवा असफलता का अभास इसी खेप के साथ मिल जाएगा।''

राम को इस प्रकार जाते देख, सुग्रीव और विभीषण दोनों का ही उत्साह कुछ मंद होता लगा; किंतु राम को रोकना सम्भव नहीं था।

राम ने सागरदत्त की ओर देखा, ''तैयार?''

''तैयार।'' सागरदत्त मुसकराया।

''सारा कार्य योजना के अनुसार होना चाहिए।'' राम का स्वर आदेशात्मक था, ''बिना आदेश पाए कोई परिवर्तन मत करना। अपने साथियों को भी समझा दो।''

''ऐसा ही होगा, आर्य।'' सागरदत्त उत्साह के साथ मुसकराया, ''चाहे यम आकर सामने खड़े हों, आपकी आज्ञा पाए बिना कोई अपने स्थान से नहीं डिगेगा।''

पहले जलपोत पर स्वयं राम तथा सागरदत्त थे। जलपोत में उसकी पूरी क्षमता भर, छोटे-बड़े पत्थर भरे हुए थे। उसके दोनों ओर एक-एक खाली नौका चल रही

थी, जिसे सागरदत्त के साथी मछुआरे नाविक खे रहे थे।

जलपोत चल पड़ा। उसे चलाने वाले मछुआरे नाविकों ने पहले कभी इतने बड़े जलपोत नहीं चलाए थे, किंतु उसे चलाने में उन्हें कोई विशेष कठिनाई नहीं हो रही थी। वे अपने सामूहिक दायित्व के भरोसे उसे चलाए लिये जा रहे थे। चलने के पश्चात् से राम एक शब्द भी नहीं बोले थे। वे या तो आगे आने वाले जल को देखते जा रहे थे; या उन्होंने दो-तीन बार पीछे मुड़कर दूसरे जलपोत को देखा था; जो उनके आदेश से ही अपने स्थान पर रुका हुआ था और चलने के लिए उनके संकेत की प्रतीक्षा कर रहा था। उस पोत में लक्ष्मण और नल थे। उसके भी दोनों ओर एक-एक नौका साथ चलने को तैयार खड़ी थी...

जब पहला जलपोत दूसरे से इतना आगे निकल गया कि उन दोनों की गति का एक-दूसरे पर प्रभाव पड़ने की संभावना नहीं रही, जब राम ने पिछले पोत को चलाने का संकेत किया।

अब पहला पोत स्थिर गति से अपने लक्ष्य की ओर बढ़ रहा था। आधे प्रहर तक गहरे पानी में चलने के पश्चात वह अपेक्षाकृत उथले पानी में आ गया था और उस सोए हुए अप्रवाही जल की ओर बढ़ रहा था, जिसे सागरदत्त के साथी 'स्तिया' कहते थे।

क्रमशः पोत की गति धीमी होती गई और उसे चलाने के लिए नाविकों को अधिक परिश्रम करना पड़ रहा था। यह स्पष्ट संकेत था कि पानी की गहराई और भी कम होती जा रही थी।

''नीचे जलमग्न शिलाएँ आनी आरंभ हो गई हैं।'' सहसा सागरदत्त ने राम से कहा, ''हमारी नौकाओं के चप्पू छोटे होते हैं, इसलिए ये शिलाएँ हमारे लिए बाधा नहीं बन पातीं; किंतु पोत के चप्पू अड़ने लगे हैं।''

राम का मुख पहले से कुछ प्रसन्न दिखा, ''भय तो नहीं लगेगा, सागरदत्त?''

''कैसी बात करते हैं, आर्य आप!'' वह हँसा, ''हमने आपको वचन दे रखा है कि आपके आदेश पर हम स्वयं को अपनी नौकाओं समेत सागर में डुबो देंगे।''

''आज तुम्हें वैसा ही आदेश दे रहा हूँ।'' राम के स्वर का माधुर्य विलीन हो गया। वे आकर नाविकों के बीच में खड़े हो गए, ''साथियो! अब जोखिम का क्षेत्र आरम्भ हो रहा है। जलमग्न शिलाएँ हमारे चप्पुओं को रोकने लगी हैं। थोड़ी देर में वे तुम्हारे जलपोत को भी रोकेंगी। पर हमारा जलपोत रुकना नहीं चाहिए। एक बार रुक गया तो हमें कठिनाई होगी। हमें पोत को इतने वेग से चलाना है कि वह जलमग्न पर्वत-खण्ड से न केवल टकरा जाए, वरन् उस पर जा चढ़े और इस घर्षण में टूट जाए। हमारे पोत के सारे पत्थर उस जलमग्न पर्वत पर दूसरा पर्वत बना सकें।...स्वीकार है?''

''स्वीकार है।'' नाविकों ने उत्तर दिया।

"तो चलो!" राम ने एक चप्पू पकड़ा और जाकर सबके आगे बैठ गए, "किंतु याद रखना, पोत के डूबने से पहले तनिक भी नहीं डिगना है; और पोत के टकराते ही स्वयं अपनी रक्षा करनी है। साथ चलने वाली नौकाओं तक पहुँचना है। पोत को बचाने का तनिक भी प्रयत्न नहीं करना है। उसे हम स्वयं नष्ट कर रहे हैं।"

पोत पहले से भी अधिक वेग से बढ़ा और अभी पचास हाथ भी नहीं गया होगा कि उसका कोई भाग कठोर वस्तु से जा टकराया और सारा पोत डोल गया।

"बढ़ते चलो!" राम ने उच्च स्वर में कहा।

लगा, जैसे पोत डगमगाया न हो, अपने लक्ष्य को पा गया हो। नाविकों का उत्साह और भी बढ़ गया और साथ ही पोत की गति भी। दूसरी टक्कर लगने में अधिक समय नहीं लगा। वस्तुतः इस बार टक्कर का-सा अनुभव ही नहीं था। किसी ने पोत को नीचे से पकड़कर जैसे रोक लिया था, या पोत किसी पहाड़ी पर जा चढ़ा था और रुक गया था।

कुछ क्षणों तक कोई भी नहीं समझ सका कि क्या हो गया है और उन्हें क्या करना है। किंतु स्थिति स्पष्ट होने में अधिक समय नहीं लगा। जलपोत अनेक स्थानों से भंग हो चुका था और जल बड़े वेग से पोत में प्रवेश कर रहा था। उसे डूबने में अधिक समय नहीं लगने वाला था...

"नौकाओं पर चलो।" राम ने उच्च स्वर में आदेश दिया और स्वयं भी जल मे उतर गए। उन्होंने पोत का एक चक्कर लगाया और नाविकों को नावों में चढ़ते हुए देखकर स्वयं भी एक नौका में आ गए।

"सागरदत्त! अपनी नौकाओं को पिछले पोत के मार्ग में से हटा लो।"

राम ने अपने डूबते हुए पोत को देखा। वह अपने भारी पत्थरों के साथ क्रमशः जल में धँस रहा था। थोड़ी देर में पोत डूब गया, किंतु स्तिया पर उसका कोई प्रभाव नहीं पड़ा।

पीछे-पीछे दूसरा जलपोत भी आ पहुँचा था। राम ने उसे भी उसी स्थान पर ले जाने का संकेत किया, जहाँ पहला पोत जल में डूबा था। दूसरे पोत के साथ भी वही हुआ, जो पहले के साथ हुआ था। किंतु सबने आश्चर्य से देखा कि दूसरा जलपोत पूरा नहीं डूब पाया है। उसके मस्तूल अब भी ऊपर दिखाई पड़ रहे थे...

"मैं कहता था न!" नल ने गर्व से राम की ओर देखा।

"हमारा अनुमान ठीक है।" सागरदत्त ने कहा।

"मैं तुम्हारे अनुमान से कुछ सहमत तो हूँ, इसलिए दो जलपोत इस स्थान पर डुबोए हैं।" राम चिंतापूर्ण स्वर में बोले, "किंतु हमें एक बात का ध्यान रखना चाहिए कि कहीं हम अपनी इच्छा का ही तो प्रतिबिम्ब नहीं देख रहे हैं। यहाँ

कोई जलमग्न पहाड़ी भी हो सकती है।" राम क्षणभर रुककर बोले, "यदि यह पहाड़ी है तो हमारे किसी काम नहीं आएगी और यदि सचमुच यह सागर की मर्यादा है तथा आगे का जल स्तिया है, तो हम अपने परिश्रम के बल पर सागर से अपना मार्ग छीन लेंगे।"

"उसके लिए आवश्यक है, राम!" नल ने कहा, "कि हमें कुछ और जलपोत भी डुबोने की अनुमति मिले।"

"हमारे पास जितने भी जलपोत हैं, तुम्हें उन्हें डुबो देने की अनुमति है।" राम बोले, "अब इस निश्चय से पीछे हटना मेरे लिए सम्भव नहीं है।"

"तो ठीक है, राम! मैं इस सरल रेखा में चार पोत और डुबोऊँगा।" नल बोले, "यदि उनका परिणाम भी यही हुआ, जो इन जलपोतों का हुआ है, तोप आप निश्चित जानिए कि सागर की सीमा यहाँ समाप्त होती है और आगे का जल स्तिया मात्र है, अतः मात्र एक भ्रम है। ऐसी स्थिति में इसी रेखा के साथ-साथ भूमि को उभार कर ऊँचा कर देने से ये दोनों जल अलग हो जाएँगे और बीच का सेतु, हमारी सेनाओं को पार उतारने के लिए एक विशाल मार्ग बन जाएगा।"

"तुम्हारी कामना पूर्ण हो, नल!" राम भावनापूर्ण स्वर में बोले, "हमारा सारा अभियान अब तुम्हारी इसी योजना पर टिका हुआ है।"

11

राम अपने शिविर में लौटे तो सुग्रीव ने उन्हें सूचना दी कि राक्षस-व्यापारियों—सागरों—की नगरी में कुछ उत्पात हुआ है। वहाँ की सैनिक चौकी से सूचना आई थी कि उन्हें अपना अनुशासन मनवाने के लिए छोटा-मोटा युद्ध करना पड़ा है, जिसमें कुछ लोगों का वध भी हुआ है। सुग्रीव ने अंगद को वहाँ की स्थिति देखने के लिए भेजा था और अब उसके लौटने की प्रतीक्षा में थे।

अंगद के लौटने की प्रतीक्षा राम को भी करनी ही थी, किंतु इस अवधि में शिविर में निष्क्रिय बैठे रहने की कोई सार्थकता नहीं थी। नींद उन्हें आ नहीं रही थी...राम बाहर निकल आए। चारों ओर हथौड़ों की धमक और छेनियों की खनक गूँज रही थी। सैनिक, जनसैनिक, सहायक सैनिक तथा सामान्य जन जिस तन्मयता और तत्परता से पहाड़ों और शिलाओं को तोड़ रहे थे, उसे देखकर स्वयं राम को भी आश्चर्य होता था। ये लोग जैसे वर्षों से यही काम करते आए हों...और भावना का कितना तादात्म्य है राम के साथ कि उनकी इच्छा को पूरी करने के लिए अपने पूरे अस्तित्व को उसमें डुबो देते हैं। या, यह राम की नहीं, इस सारे समुदाय की इच्छा है। राम ने ही अपनी इच्छा का तादात्म्य इस जनसमुदाय के साथ कर दिया है। यह सारा समुदाय—इस क्षेत्र की समस्त मानवता चाहती है—राक्षसों का नाश! सीता का अपहरण तो एक बहाना हो गया। यह न होता तो कोई और घटना कारण

बन जाती और यह सारा जन-समुदाय इसी प्रकार एकजुट हो जाता; पहाड़ खोदता और सागर में डाल देता...राक्षसों का नाश कर डालता...

यह कार्य जिस तत्परता से हो रहा था, उसके लिए किसी को कुछ कहने-सुनने की आवश्यकता नहीं थी। लोग बारी-बारी पत्थरों को तोड़ रहे थे, ढो रहे थे और जलपोतों में लाद रहे थे। लद जाने पर जलपोत नल के पास भेज दिया जाता था। द्रुमकुल्यों से छीने गए पोत जा चुके थे और अब सागरों के जलपोतों में लदान चल रही थी।

राम पुनः अपने शिविर में लौटे तो सवेरा हो रहा था। अंगद लौट आए थे और उनके साथ तेजधर और सागर-प्रमुख भी थे।

''नायक तेजधर! कैसे हो?''

रात्रि-जागरण तथा कुछ अन्य कारणों से तेजधर का थका और मुरझाया हुआ चेहरा उल्लसित हो उठा, ''आपने मुझे पहचान लिया, आर्य!''

''अपने सेनानायकों को नहीं पहचानूँगा, तो सैन्य-संचालन कैसे करूँगा, भाई!'' राम मुसकराए, ''और आप कैसे हैं, सागर-प्रमुख?''

सागर-प्रमुख प्रसन्न नहीं था। उसके चेहरे पर थकान के साथ-साथ कुछ भय भी था। तनिक रुष्ट-स्वर में बोला, ''आर्य! आपने अपने वचन की रक्षा नहीं की।''

''किस वचन की?''

''राजकुमार विभीषण के अभय की।'' वह बोला, ''आपने भी हमारी प्राण-रक्षा की बात कही थी; किंतु आपके इस सेनानायक के हमारे कितने ही लोगों का वध कर दिया है।''

राम ने तेजधर की ओर देखा।

''आर्य! आपके इस सेनानायक ने आपके वचन की पूर्ण रचा की है।'' तेजधर पूर्ण आत्मविश्वास के साथ बोला, ''आपने कहा था कि आपके सैनिक तभी तक इनकी रक्षा करेंगे, जब तक ये हमारे प्रतिकूल नहीं जाते। और ये लोग सरासर हमारे प्रतिकूल जा रहे थे।''

''क्या किया था इन लोगों ने?''

तेजधर ने उत्तर देने के स्थान पर अंगद की ओर देखा। अंगद अब तक चुपचाप खड़े थे। तेजधर को उत्तर देने के लिए अपनी ओर देखते पाकर वे आगे बढ़े। उन्होंने एक भोजपत्र राम की ओर बढ़ा दिया।

राम ने भोजपत्र थाम लिया। एक ही दृष्टि में वे उस पर लिखा संदेश पढ़ गए। संदेश राक्षसराज रावण के नाम था और उसमें कहा गया था कि राम की सेना उनके जलपोत बलात् छीनकर ले गई है और कहा जाता है कि वह उनको जलमग्न कर लंका तक पहुँचने का कोई मार्ग खोजने का प्रयास कर रही है।

''इसका क्या अर्थ है?'' राम ने सागर-प्रमुख की ओर देखा।

"मैं नहीं जानता, आर्य!" सागर-प्रमुख धृष्ट भाव से बोला, "किसी दायित्वहीन और महत्त्वशून्य व्यक्ति ने यह संदेश लिख दिया तो उससे हम सब अपराधी हो गए क्या?"

"झूठ मत बोलो, सागर-प्रमुख!" तेजधर तड़पकर बोला, "आर्य!" वह राम की ओर मुड़ा, "जो व्यक्ति यह संदेश लेकर जा रहा था, वह सागर-प्रमुख का निजी सेवक था।..."

"इसका क्या प्रमाण है?" सागर-प्रमुख फिर धृष्टतापूर्वक बोला।

"बीच में मत बोलो।" राम का स्वर कठोर था, "यह तुम्हारा राक्षसी न्यायाधिकरण नहीं है, जहाँ झूठ, हठ, औपचारिक प्रमाणों तथा धन के आधार पर न्याय होता होता हो।"

सागर-प्रमुख पहली बार हतप्रभ हुआ।

"हाँ! तेजधर!"

"आर्य! ये लोग उस व्यक्ति को लंका भेज रहे थे। जाने की सुविधा तो कोई थी नहीं, उलटे संकट-ही-संकट था। ये लोग स्वयं न जाकर उसे बलात् भेज रहे थे; और वह अपने प्राणों के संकट के भय से जाना नहीं चाह रहा था। ऐसी बात न होती तो हमें उस पर संदेह ही न होता।...संदेह होने पर हमने उसे पकड़ लिया। हमें उसके वस्त्रों में यह भोजपत्र मिला। हममें से कोई भी साक्षर नहीं है, इसलिए हम जान भी नहीं पाए कि इसमें क्या है। किंतु इस सागर-प्रमुख ने यह देखकर कि इनका संदेशवाहक पकड़ा गया है, अपने घरों में छिपाकर रखे गए किसी दिव्यास्त्र से हम पर बाणों की झड़ी लगा दी। ये हममें से किसी का वध तो नहीं कर पाए। कदाचित् बाण चलाने का इन्हें अभ्यास नहीं था। किंतु हमारे कई व्यक्ति घायल अवश्य हो गए। तब हमें ज्ञात हुआ कि ये हमारे कितने प्रतिकूल हैं और हम कितने संकट में हैं। तभी हमें इस संदेश का महत्त्व भी ज्ञात हुआ।" तेजधर एक क्षण के लिए रुका, "हमने यह भोजपत्र सम्भाल लिया और इनसे वे दिव्यास्त्र छीनने का प्रयत्न किया तो भिड़ंत हो गई, जिसमें हमारे कुछ और लोग घायल हुए और इनके तीन व्यक्ति मारे गए। हमने सैनिक चौकी से सहायता मांगी और मुख्यालय को संदेश भेज दिया। हमें भय था कि यह लोग कुछ और भी उत्पात करेंगे; किंतु तब तक युवराज अंगद पहुँच गए और उन्होंने स्थिति सम्भाल ली।"

राम ने अंगद की ओर देखा।

"हम लोग जब वहाँ पहुँचे तो दोनों दलों में पूर्णतः युद्ध की स्थिति थी।" अंगद बोले, "नायक तेजधर से यह भोजपत्र मुझे मिल गया। उसका संदेश पढ़कर मुझे उसका महत्त्व ज्ञात हुआ और तब मैंने पाया कि सागरों ने अपने भवनों की आड़ में व्यूह रच डाला है। हमने भी व्यूह रचा और धनुर्धरों की टोलियाँ नियुक्त कर दीं। जब सागरों ने देखा कि अब उनका सामना नियमित सेना से है तो उन्होंने

यह कहकर आत्मसमर्पण कर दिया कि वे तो आर्य राम और विभीषण के अनुचर हैं और उन्हें आपका अभयदान प्राप्त है। मैंने व्यूह रचने वाले लोगों के भवनों की छान-बीन कर उपलब्ध शस्त्र अपने अधिकार में कर लिये हैं। कह नहीं सकता कि सारे शस्त्र हमारे अधिकार में आ गए हैं या कुछ शस्त्र इन्होंने छिपाकर रखे हुए हैं।''

''अब कहो, सागर-प्रमुख! तुम्हें क्या कहना है?'' राम ने सागर-प्रमुख की ओर देखा।

''आप मेरी बात का विश्वास करेंगे?'' सागर-प्रमुख पुनः धृष्ट हो चुका था।

''सच बोलोगे तो करूँगा।''

''ये दोनों व्यक्ति झूठ बोल रहे हैं।'' सागर-प्रमुख बोला, ''इनसे कहिए, अपना कहा प्रमाणित करें।''

''उसका न हमें अवकाश है,'' राम उदासीनता से बोले, ''न आवश्यकता। सैनिक न्यायालय इस विलास में नहीं पड़ सकता।'' राम अंगद की ओर मुड़े, ''युवराज! समस्त सागरों को उनके भवनों से निकालकर एक शिविर में युद्ध-बंदियों के रूप में रखो। इनकी चौकसी नियमित सैनिक करेंगे। इनमें से कोई भागने का प्रयत्न करे, कहीं सूचना भेजने का प्रयत्न करे अथवा कोई अन्य उत्पात करे तो तत्काल उसका वध कर दिया जाए।'' राम ने तेजधर को देखा, ''सहमत हो, नायक?''

''पूर्णतः, आर्य!'' तेजधर मुसकराया, ''सक्षम न्याय तो आज हमने पहली बार देखा है। हमारा संघर्ष और परिश्रम पूर्णतः सफल हुआ है।''

''निश्चित रूप से सफल हुआ है।'' राम के अधरों पर सम्मोहित करने वाली मुसकान उभरी, ''अन्यथा इन्हें अभय देकर जो भूल हमने की थी, उसका हमें बहुत बड़ा मूल्य चुकाना पड़ता।'' राम ने तेजधर के नंगे कंधे पर थपकी दी, ''तुमने पुरस्कार-योग्य कार्य किया है, नायक! इसे कोई सेनापति नहीं भुला सकेगा।''

प्रायः मध्याह्न के समय लक्ष्मण, राम के पास आए।

वे हाँफ रहे थे, किंतु बहुत थके होने पर भी वे अत्यंत प्रसन्न दिखाई पड़ रहे थे। एक लम्बे अंतराल के पश्चात राम ने लक्ष्मण को इतना प्रसन्न देखा था।

''भैया!''

राम ने प्रश्न भरी दृष्टि से देखा।

''भैया! नल ने अपने जलपोत डुबो दिए हैं; किंतु उन्होंने मार्ग पा लिया है।''

''स्पष्ट कहो, सौमित्र!'' राम कुछ उद्विग्न दिखाई पड़े, ''मार्ग पाने का क्या अर्थ है?''

''उन्होंने बहुत दूर तक सागर और स्तिया के बीच की सीमा को खोज लिया

है।'' लक्ष्मण बाले, ''डुबोई गई शिलाओं से मर्यादा ऊँची उठ आई है और सागर तथा स्तिया के बीच सेना के चलने के लिए एक मार्ग उत्पन्न हो गया है।''

उल्लास की उत्तेजना में राम उठ खड़े हुए, ''तुमने स्वयं देखा है, सौमित्र? क्या सचमुच उस पर से सेना पार हो सकती है?''

''वहीं से आ रहा हूँ, भैया!'' लक्ष्मण बोले, ''चाहे कितनी बड़ी सेना क्यों न हो, राजमार्ग के समान उस पर से चलती हुई निकल सकती है।''

''चलो मेरे साथ।''

राम, लक्ष्मण, सुग्रीव, अंगद, हनुमान, विभीषण, नल तथा जांबवान—सबको प्रसन्न मुद्रा में एक साथ जाते देख, सेना में समाचार फैल गया कि अवश्य ही कुछ-न-कुछ अद्भुत घटित हुआ है। राम ने इस भावना के प्रसार को रोकना आवश्यक नहीं समझा। अच्छा ही था, उससे सैनिकों का उत्साह बढ़ेगा।

लक्ष्मण उन्हें सेतु-निर्माण-स्थल पर ले गए। सबने अपनी आँखों से देखा—नल ने अद्भुत कार्य कर डाला था। जल के बीच में से सचमुच एक राजमार्ग जा रहा था, जिसके एक ओर सागर के जल की जीवित लहरें आ-आकर टकरा रही थीं और दूसरी ओर स्तिया का शांत, सोया हुआ, निःस्पंद जल।...

राम ने उल्लसित होकर नल को गले से लगा लिया, ''सागर-ज्ञान के विषय में तुम्हारा अनुराग आज सफलकाम हुआ, मित्र! निश्चित रूप से तुम्हारी दृष्टि सागर के गर्भ में झाँक रही थी। तम धन्य हो, मित्र!''

सबने बारी-बारी नल का साधुवाद किया। सुग्रीव तथा नील ने भी उन्हें गले से लगा लिया।

नल ने नतमस्तक होकर प्रशंसा स्वीकार की और शालीन स्वर में बोले, ''भद्र राम! यदि इसी गति से काम चलता रहा; पीछे से शिलाएँ, पत्थर, मिट्टी, लकड़ियाँ इसी प्रकार आते रहे तो संध्या तक हमारा सेतु लंका तक जा पहुँचेगा। यदि कठिनाई न हो, तो एक सहस्र व्यक्ति यहाँ भेज दें—जो इस पथ को आकार देकर समतल करेंगे; और आप सेना को संध्या के पश्चात् प्रयाण का आदेश भी दे सकते हैं। रात हम सागर के उस पार व्यतीत कर सकते हैं।''

''तुम ठीक कह रहे हो, बंधु!'' राम पुलकित स्वर में बोले, ''एक सहस्र व्यक्ति अभी यहाँ आ जाएँगे। किंतु...'' राम चुप हो गए।

''किंतु क्या, राम?'' सुग्रीव बोले।

''सेना के प्रयाण के विषय में सोचना होगा।'' राम का स्वर गम्भीर था, ''अभी तक राक्षसों ने हमसे कोई छेड़-छाड़ नहीं की है। इसका अर्थ यह है कि उन्हें हमारी गतिविधि का कोई ज्ञान नहीं है। वे लोग निश्चिंत हैं कि उनके और हमारे बीच का यह सागर इसी प्रकार बना रहेगा और हम कभी भी उन तक नहीं पहुँच पाएँगे।...किंतु सागर के उस तट पर उनकी सैनिक चौकियाँ अवश्य होंगी। यदि

नल इसी प्रकार अपना सेतु-निर्माण करते हुए वहाँ तक जा पहुँचे, राक्षस-सेना सावधान हो गई तो वे हमारी सेना की अग्रिम टुकड़ियों को भारी क्षति पहुँचाएँगी। यह भी सम्भव है कि राक्षस सेतु के पूर्ण होने में बाधा डालें।''

''तो?'' सुग्रीव बोले।

''पहले सेतु बने या पहले सेना उतरे?'' विभीषण ने पूछा।

''इसी समस्या की ओर मैं आपका ध्यान आकृष्ट कर रहा हूँ।'' राम बोले, ''मेरा विचार है कि सेतु के अंतिम चरण का निर्माण रात्रि के अंधकार में किया जाए। सेतु के अंतिम चरण के निर्माण के समय जितने सम्भव हों, उतने सैनिक नौकाओं से उस पार उतार दिए जाएँ। सम्भव हो तो वे वहाँ की सीमा-सुरक्षा-चौकियों को अपने अधिकार में कर लें। युद्धवेश में सजी अग्रिम सैनिक टुकड़ियाँ ही सेतु का अंतिम चरण पूरा करें। निश्चित रूप से उस स्थान पर जल बहुत गहरा नहीं होगा। सेना को रात्रि के अंधकार में जितनी शीघ्रता से सम्भव हो, आकस्मिक रूप से सागर के उस पार उतार दिया जाए।''

''मैं राम से पूर्णतः सहमत हूँ।'' विभीषण बोले, ''नौकाओं से लंका में उतरने वाली अग्रिम टुकड़ियों के आगे-आगे मैं चलूँगा।''

''मैं तो सोच रहा था कि लंका की भूमि पर सबसे पहले पग मैं रखूँगा।'' लक्ष्मण बोले, ''किंतु लंकापति की इच्छा का विरोध कैसे करूँ?''

राम मुसकराए, ''प्रश्न इच्छा का नहीं है। हमें युद्धनीति देखनी होगी। मित्रवर विभीषण को सबसे पहले जोखिम के मुख में मैं नहीं जाने दूँगा। लंका की भूमि पर वे हमारे सबसे महत्त्वपूर्ण मार्ग-निर्देशक और परामर्शदाता होंगे। उनके लिए जोखिम उठाने के अनेक अवसर आएँगे।''

''यदि अनुमति हो, भद्र!'' हनुमान धीरे से बोले, ''तो सीमा-रक्षा-चौकियों पर छापा मारने का काम मैं करूँ?''

''मेरा विचार है, हनुमान उचित ही कह रहे हैं।'' सुग्रीव ने अपना मत प्रकट किया, ''वह छापा आकस्मिक और शत्रुओं के लिए स्तब्धकारी होना चाहिए। हनुमान स्फूर्ति में अद्वितीय हैं। फिर लंका जलाकर लौटने वाले व्यक्ति का वहाँ आतंक भी पर्याप्त होगा। उन्हें देखकर राक्षस सैनिक स्तब्ध रह जाएँगे।''

''मैं सहमत हूँ।'' राम बोले, ''यह कार्य हनुमान ही करें। किंतु अग्रिम टुकड़ियों के विषय में मेरी योजना है कि लंका की भूमि पर टुकड़ियों के रूप में नहीं, वाहिनियों के रूप में उतरा जाए।''

''तो?''

''बाईं ओर से जितना सम्भव हो, उतना फैलकर सौमित्र, अंगद और नील उतरें। दाहिनी ओर से वैसे ही गवय, गवाक्ष और गंधमादन उतरें; सेतु के अंतिम चरण का निर्माण कर लंका की भूमि पर उतरने वाली वाहिनी मेरे साथ रहेगी।

सेतु के मध्य भाग में जांबवान रहेंगे। सेतु के आरंभ में सुग्रीव और विभीषण रहें। तार और केसरी सारी सेना को पार उतार, पीछे की देखभाल करते हुए आएँ। सेतु की रक्षा, इस ओर के सागर-तट की रक्षा जन सैनिक करें। किष्किंधा से सम्पर्क बनाए रखने के लिए उत्तरदायी शिल्पी हों। शेष यूथपति अपनी-अपनी वाहिनियों के साथ यथाशीघ्र आएँ।''

''यद्यपि मैं भी आगे जाना चाहता था,'' सुग्रीव बोले, ''किंतु सेना के महासेनापति की योजना उत्तम है। ऐसा ही हो, ताकि लंका में उतरते ही हमारे पाँव उस भूमि पर जम जाएँ और मुँह की खाकर लौटने की बात न सोचनी पड़े।''

''तो फिर यही हो।'' लक्ष्मण का स्वर गम्भीर था, ''तत्काल इस योजना पर कार्य आरंभ किया जाए।''

द्वितीय खण्ड

1

रात आधी से अधिक बीत चुकी थी।

लंका के मुख्य द्वार बंद हुए दो प्रहर हो चुके थे। चौकसी के लिए परकोटे पर नियुक्त संतरी भी कई परिक्रमाएँ कर अब शिथिल हो चुके थे। सामान्य स्थिति में अब तक वे सो चुके होते किंतु इधर गुप्तचरों की गतिविधियाँ बढ़ गई थीं। उनमें से जाने कोई कब आ टपके। वे बाहर से आ भी सकते थे और बाहर जाने के इच्छुक भी हो सकते थे। इन गुप्तचरों के मारे संतरियों की रात की नींद में भयंकर विघ्न आ उपस्थित हुआ था।

तोरणों के बंद हो जाने के पश्चात् जब तक नगर में कोई कार्य-कलाप चलता रहता था, कहीं से प्रकाश और कहीं से ध्वनि आती रहती थी—तब भी संतरियों को जागते रहने का एक बहाना होता था; किंतु जब नगर के भीतर का भी सारा कोलाहल सो जाए, तब संतरी किसके सहारे जागें।

कुछ समय पूर्व तक लंका को किसी से भय नहीं था। यद्यपि नगर के बाहर परिखा थी, जिसमें जल भरा था, फिर ऊँचा और चौड़ा परकोटा था, जिस पर संतरियों की टोलियाँ पहरा देती थीं; तोरणों पर अनेक यंत्र लगे थे, जो शत्रुओं पर पत्थरों और बाणों की वर्षा करते थे। फिर भी प्रत्येक व्यक्ति जानता था कि यह सब अनावश्यक था। रावण के आधित्य के पश्चात् शत्रु लंका से दूर भागे थे, लंका की ओर कभी कोई नहीं आया था। किंतु हनुमान के आने के पश्चात् स्थिति बदल गई थी।...फिर सूचना आई कि राम अपनी सेना लेकर सागर के उस पार पहुँच

गया है। उससे लंका की प्रजा में तो कम खलबली मची, रावण के अपने घर में कलह आरंभ हो गई। लका में सुना जाता था कि विभीषण जाकर राम से मिल गया है। वानरों का राजा सुग्रीव पहले ही उसके साथ था।

"आ, थोड़ी देर विश्राम कर लेते हैं।" एक संतरी ने दूसरे से कहा।

"अब विश्राम कहाँ है।" दूसरा बोला, "थोड़ी देर में नायक आ धमकेगा। सुना है कि कल एक संतरी को द्यूत खेलने के अपराध में दंडित किया गया है। वह बेचारा तो सो भी नहीं रहा था। राम की सेना क्या आई, लंका का सार्वजनिक खेल अपराध बन गया।"

"तू नया है, इसलिए बहुत डरता है।" पहले ने कहा, "हम सब निर्भीक हैं। लंका में कोई काम नहीं करता, बस पैसा काम करता है।"

"मैं तो डरता ही हूँ, क्योंकि नया-नया काम मिला है," दूसरा बोला, "किंतु तुम्हारा राजाधिराज क्यों डरता है?"

"राजाधिराज और भय! तू नशे में तो नहीं है?"

"नहीं। नशे में तो तुम हो। अपने राजाधिराज की शक्ति के मद में भूले हो।" दूसरा बोला, "इतनी-सी बात नहीं सोच सकते कि रावण डरता नहीं है तो अपनी सेना ले, सागर के उस पार जाकर राम से लड़ता क्यों नहीं? किस बात की प्रतीक्षा में बैठा है, गवाक्ष और द्वार बंद करके? लंका के चारों द्वारों पर पहरा क्यों बढ़ाया गया है? नगर मे सैनिक परिक्रमा क्यों करते रहते हैं? अरे, न होता उस पार, सागर के इस पार ही व्यूह बाँधता।"

"तू अकिंचन-सा संतरी, लगा है राजाधिराज की आलोचना करने। इतनी ही राजनीति समझता था तो यहाँ चाकरी करने क्यों आया! कोई मंत्री-पद सँभाल..."

इससे पहले कि दूसरा कोई कटु उत्तर देता, उन्हें लगा कि उन्होंने दूर कहीं बहुत सारी ध्वनियाँ सुनी हैं। शब्द बहुत धीमा था; किंतु जैसे सहस्रों शब्द एक साथ हो रहे थे। वे दोनों ही सावधान हो गए—कैसा शब्द है यह?

उन्होंने अँधेरे में आँखें फाड़-फाड़कर देखने का प्रयत्न किया। अपनी उल्काएँ उठा-उठाकर देखा—किंतु कुछ भी स्पष्ट नहीं हुआ। पर था कुछ-न-कुछ अवश्य। कोई बहुत बड़ी हलचल...

एक भागता हुआ प्राचीर की सीढ़ियाँ उतर गया और उसने अपने अधिकारी को सूचना दी। अधिकारी को अपनी नींद में विघ्न प्रिय नहीं लगा।

"क्या बात है?" उसने आधी आँखें खोलकर बुरा-सा मुँह बनाया, "लगता है तुम्हें वृत्ति आवश्यकता से अधिक मिलने लगी है।"

"नहीं, प्रभु! संतरी ने हाथ जोड़ दिए, "सागर-तट पर बड़ी हलचल है, जैसे सहस्रों लोग कुछ कर रहे हों।"

"ठीक है। ठीक है।" अधिकारी ने अप्रसन्नता में अपना हाथ झटका, "वहाँ तट-सुरक्षा वाले कुछ कर रहे होंगे। तुम्हारे पेट में क्यों मरोड़ उठ रहे हैं? जाओ, अपना काम करो।"

"नहीं, नायक!" संतरी टला नहीं, "तट-चौकी पर इतने लोग कभी नहीं होते।"

"तो हमारी सेनाएँ युद्ध के लिए जा रही होंगी।" नायक उठने के लिए तैयार नहीं था।

"नायक!" संतरी पुनः बोला, 'हमारी सेनाएँ होतीं तो हमारे तोरण से निकलकर गई होतीं। वह तो बाहर से आई कोई और सेना लगती है।"

इस बार नायक उछलकर खड़ा हो गया, "कहीं वानरों को लेकर राम ही तो नहीं आ गया!"

वह भागता हुआ आया और परकोटे पर चढ़ गया। उसने देखा—संतरी की सूचना ठीक थी। वे सहस्रों नहीं, लक्ष-लक्ष लोग थे और अंधकार में सागर की लहरों के समान बढ़कर खाली धरती पर फैलते जा रहे थे...अनेक स्थानों पर उल्काएँ भी जल उठी थीं—कदाचित् वे अपने शिविर स्थापित कर रहे थे...

"लगता है वही आ गया।" नायक का मुख भय से पीला पड़ गया, "अच्छा-भला शाँति से जीवन कट रहा था, पर हमारा यह राक्षसराज..."

"नायक!" संतरी बोला, "अधिकारियों को सूचना भेजनी चाहिए।"

"भेजो! भेजो!" नायक बोला, "मैं तो लुट गया।"

"क्या हुआ नायक?" दूसरे संतरी ने पूछा।

"होना क्या है, रे! मैं लुट गया।" नायक जैसे अपने-आपसे कह रहा था, "एक वानर आया था तो क्या नहीं हुआ था। अब वानर-सेना आई है तो क्या होगा। नगर घिर जाएगा। न कोई नगर में आ सकेगा, न बाहर जा सकेगा। नगर की व्यवस्था भंग हो जाएगी। दंगे होंगे। लूट-मार होगी। मेरे भवन के पास तो वे कंगले श्रमिक वानर रहते हैं, अवसर पाते ही मेरा घर लूट लेंगे। मैंने तो नया-नया विवाह किया है, रे...!"

संतरियों का धैर्य समाप्त हो गया था। वे सूचना देने के लिए दोनों ओर दौड़ पड़े थे।

रावण उग्र दृष्टि से शुक को देख रहा था, "कहाँ थे अब तक तुम?"

शुक ने सिर झुका लिया, "आपकी आज्ञा से सागर पार, राम की वानर सेना में गया था। उन्होंने मुझे बंदी कर लिया था। सागर पार कर अपना स्कंधावार स्थापित कर, राम की आज्ञा से मुझे मुक्त कर दिया गया है।"

रावण ने उसे संदेह-भरी दृष्टि से देखा, "कोई और बहाना नहीं मिला तुम्हें। यदि इतने समय तक तुम्हें बंदी कर रखा था तो अब क्यों मुक्त कर दिया?"

"सत्य यही है, राक्षसराज!" शुक भीत स्वर में बोला, "मुक्त क्यों कर दिया, कह नहीं सकता। कदाचित् राम अपने लंका में पहुँच जाने की सूचना भेजना चाहता था।"

"सूचना मुझे मिल चुकी है।" रावण का स्वर कटु हो उठा, "तुम्हें सूचना लाने के लिए भेजा था।...तुमने सुग्रीव को मेरा संदेश दिया था?"

"दिया था।"

"क्या कहा उसने।"

"वे सब मुझे मारने को दौड़े, महाराजाधिराज!" शुक बोला, "यदि राम ने मेरी प्राण-रक्षा न की होती तो मैं जीवित न बच पाता।"

"उसके आभारी हो?" रावण की आँखों से क्रोध झलकने लगा।

"नहीं!" शुक रीढ़ की हड्डी तक काँप उठा, "केवल सूचनावश निवेदन किया है, महाराजाधिराज!...उन लोगों में फूट डालना असंभव है। वानर राम के ऐसे अनुयायी हैं कि यदि उन्हें शिलाएँ न मिली होतीं, तो वे अपने शरीरों से सागर को पाटकर राम को सागर पार करा देते।"

"क्यों? राम में ऐसा क्या है?" रावण की वाणी में विद्रूप उतरा और उसकी कल्पना में सीता आ बैठीं...राम का सम्मोहन...

"मैं क्या कहूँ, स्वामि!" शुक धीरे से बोला, "राम में उदारता है, समता है, वीरता है, न्याय है, अहंकार नहीं...।"

"तुम वहीं क्यों नहीं रह गए?" रावण की वाणी उग्र हो गई।

"मंत्रिवर!" रावण ने प्रहस्त की ओर देखा, "गुप्तचर भेजकर पता लगाओ कि राम की सेना ने कहाँ स्कंधावार डाला है? उस सेना की क्षमता क्या है?...यदि उन मूर्ख वानरों ने सागर-तट पर स्कंधावार स्थापित किया है तो उन्हें सागर का खारा जल पीने दो, अन्यथा चरों को भेजो कि उनके आसपास के पेय जल के स्रोतों में विष मिला आएँ।"

"राक्षसराज!" प्रहस्त के स्वर में उसका आत्मविश्वास अनुपस्थित था, "वानर-सेना के आने की सूचना मिलने पर मैंने सारण को भेजा था। वह स्वयं निवेदन करेगा।"

सारण ने आकर रावण को प्रणाम किया, "राजन्! उस सेना में घुसना बहुत कठिन है। विभीषण और उनके मंत्री प्रायः हमारे सारे गुप्तचरों को पहचानते हैं। मुझे भी देखते ही उन्होंने पहचान लिया।"

"विभीषण!" रावण ने दाँत पीसे।

"तेरा भाई राम की अगवानी कर उसे लंका में ले आया है।" उसके मन में प्रतिरावण ने अट्टहास किया, "तूने शूर्पणखा को अश्मपुरी भेज दिया। यदि वह आज यहाँ होती तो जयमाला लेकर राम का स्वागत लंका के मुख्य द्वार पर करती। तुम भाई-बहनों में परस्पर अद्भुत प्रेम है।..."

"निबटूँगा विभीषण से भी।" रावण ने अपना सिर झटककर सोचा, "वह भाग गया तो क्या हुआ। उसकी पत्नी और पुत्री तो यहीं हैं...।"

"विभीषण का वध मैं अपने इस खड्ग से करूँगा।" वह उच्च स्वर में बोला, "तुम बताओ, तुम्हारे साथ क्या हुआ?"

"विभीषण के संकेत पर वानरों ने मुझे पकड़ लिया और बहुत पीटा।"

"दिख रहा है।" रावण के स्वर में व्यंग्य अत्यंत मुखर था।

"राम के आदेश पर ही मेरी रक्षा हुई..."

रावण की भृकुटियाँ वक्र हो गईं।

सारण धीरे-से बोला, "राम ने मुझे से कहा कि यदि मैंने अपने स्वामी के आदेशानुसार कार्य कर लिया हो तो कुशलतापूर्वक लौट जाऊँ। कार्य पूरा न हुआ हो तो विभीषण इसमें मेरी सहायता कर देंगे। उसने कहा कि मुझे अपने प्राणों का भय नहीं करना चाहिए, क्योंकि एक तो मैं दूत हूँ, दूसरे शस्त्रहीन हूँ।"

"तो राम अपनी सैनिक शक्ति की सूचना मुझ तक पहुँचाना चाहता है?"

"कुछ ऐसा ही प्रतीत होता है, लंकापति!"

"तुम ने क्या देखा?"

"वानर सेना मुख्यतः सुवेल पर्वत पर ठहरी है; किंतु उसने स्वयं को विभिन्न पर्वत शिखरों, झरनों के आसपास गुफाओं में, सागर-तट तथा वनों में इस प्रकार स्थापित किया है कि लंका उनके अवरोध में है।"

"वानर सेना को देखकर तुम्हारा क्या विचार बना है?" रावण का स्वर कठोर था, "हमें क्या करना चाहिए?"

सारण ने असमंजस भरी आँखों से रावण को देखा—राक्षसराज क्या सुनना चाहता है?

"युद्ध!..." और स्पष्ट निर्णय न कर पाने के कारण, सारण बोला, "या फिर सीता को लौटा दें..."

रावण का रोष फूटा, "तुम दोनों वानरों से पिटकर अपना विवेक खो बैठे हो। तुम भूल रहे हो कि राजा निग्रह और अनुग्रह दोनों करने में समर्थ होता है। उसके सहारे आजीविका चलाने वाले व्यक्तियों को ऐसी बात नहीं करनी चाहिए, जो उसे अप्रिय लगे। तुम्हें क्या मृत्यु का भय नहीं है?..."

शुक और सारण दोनों ही ने धरती पर माथा टेक दिया।

"तुम कृतघ्न हो।" रावण बोला, "जाओ, अब कभी मुझे अपना मुख न दिखाना।"

"शार्दूल!" रावण ने शुक और सारण की ओर से मुख फेर लिया, "राम की सेना व्यूहबद्ध है क्या?"

शार्दूल ने भयभीत दृष्टि से एक बार उस द्वार को देखा, जहाँ से अभी-अभी

शुक और सारण बाहर गए थे और फिर वही दृष्टि रावण पर डाली। वह रावण की ओर देख नहीं सका। उसकी आँखें झुक गईं, "स्वामि! वानर सेना पुरुष-व्यूह बाँधकर स्थित है। जो सूचनाएँ मुझे मिली हैं, उसके अनुसार अंगद और नील हृदय-स्थान में हैं, दाहिने पार्श्व में ऋषभ नामक यूथपति है, वाम पार्श्व में गंधमादन है। स्वयं राम और लक्ष्मण व्यूह के मस्तक-स्थान पर हैं। जांबवान, सुषेण और वेगदर्शी कुक्षि भाग में हैं। स्वयं सुग्रीव उसके पिछले भाग की रक्षा कर रहे है..."

"पुरुष-व्यूह!" रावण कुछ सोचता हुआ सिंहासन से उठ खड़ा हुआ। सभा भंग हो गई।

रावण का रथ चलता जा रहा था।

तो राम सागर पार कर ही आया...रावण सोच रहा था...विभीषण उस पार गया, राम को लिवा लाने।...और रावण आज समझ पा रहा था कि उसके मन में सीता के प्रति कामासक्ति जगाने के पीछे शूर्पणखा का क्या उद्देश्य था। सम्मान और प्रतिशोध की बातें तो बहाना मात्र थीं। वह यही चाहती थी कि सीता को खोजता हुआ राम लंका में आए और शूर्पणखा के चंगुल में फँस जाए...आज शूर्पणखा लंका में होती तो सचमुच जयमाला लेकर राम का स्वागत करती। ओह! रावण के ये छोटे भाई-बहन! कैसा-कैसा सुख-आराम, यश-मान नहीं दिया रावण ने उन्हें! और आज वे स्वतंत्र हो गए हैं। स्वयं को रावण से अधिक बुद्धिमान मानते हैं। अपने हित और स्वार्थ के पीछे बड़े भाई का इस प्रकार विरोध कर रहे हैं...यह विरोध सामान्य नहीं है। अब भाई-बहन का कोई संबंध नहीं। शूर्पणखा का लंका-प्रवेश पूर्णतः निषिद्ध करना होगा; और विभीषण का तो अपने हाथों ही वध करना होगा...

पर वे दोनों वस्तुतः रावण से चतुर निकले। उन्होंने राम की क्षमता को ठीक आँका है। वे जानते थे कि राम सैन्य-संगठन कर सकता है। सागर पार कर सकता है।...और राम सचमुच आ गया। रावण ने भी नहीं सोचा था कि यह सम्भव होगा...उसके मंत्री और सेनापति भी यही कहते रहे। मूर्ख...किसी ने रावण को सूचना नहीं दी—बहुरक्षित सागरों ने भी नहीं। गुप्तचरों ने भी नहीं। सैनिक चौकियों ने भी नहीं। तट-रक्षकों ने भी नहीं...

राम ने सागर पार कर लिया...राम ने क्या पार किया, विभीषण ने सुझाया होगा—कुलकलंक ने। वह लंका के सारे भेद जानता है। अब एक-एक कर राम को बताता रहेगा। सबसे पहले उसी का वध करना होगा...विभीषण की पत्नी और पुत्री...विभीषण के लिए यही दण्ड उचित होगा। उसकी पत्नी और पुत्री का वध! सरमा और कला का वध!...

रावण का चिंतन रुक गया...एक परिजन विद्युज्जिह्व का वध कर रावण आज

व्रंक उसकी क्षतिपूर्ति ही कर रहा है। विभीषण का अपमान किया तो वह राम को सागर पार ले आया।...अब यदि सरमा का वध किया तो...लंका में विभीषण के अनेक अनुयायी हैं...अंतर्विद्रोह हो सकता है। फिर कुंभकर्ण? वह इस बात को तनिक भी पसंद नहीं करेगा। कहीं वह रुष्ट न हो जाए। रावण के लिए वह बहुत महत्त्वपूर्ण है। भाइयों में से एक वही तो उसका समर्थक रह गया है।...रावण उसे अप्रसन्न नहीं कर सकता...सरमा और कला का वध उपयुक्त समय पर होना चाहिए। अभी तो वे अवरोध में ही रहें...

वे सब लोग रावण से सीता को छीनना चाहते हैं। कितना सरल है कहना—सीता को लौटा दो!...सागर पार कर वन में षड्यंत्र कर अकेली सीता को रावण क्या इसलिए हरकर लाया था कि कोई कहे और वह सीता को लौटा दे...

'नहीं! रावण सीता को क्यों लौटाए।' उसके मन में प्रतिरावण पुनः हँस रहा था, 'वह तो अपने सारे वंश का नाश करवाएगा। अपने प्राण देगा...।'

'कौन जन्मा है रावण के प्राण लेने वाला और उसके वंश का नाश करने वाला?' रावण ने प्रतिरावण को डाँटा, 'हाँ! ठीक है कि रावण अपने प्राण दे देगा, किंतु सीता जैसी सुंदरी को लौटाएगा नहीं। पर कौन लेगा रावण के प्राण! रावण एक-एक करके इन सब के प्राण ले लेगा—राम, लक्ष्मण, सुग्रीव, हनुमान...और विभीषण के भी। किंतु सबसे पहले वह सीता को प्राप्त करेगा।...'

रावण और प्रतिरावण दोनों ही चुप हो गए। रावण कुछ सोचता रहा, और सहसा ही किसी निश्चय पर पहुँचकर बोला, "सारथे! रथ को अशोक वाटिका की ओर मोड़ लो।"

2

प्रातः से ही सीता को लग रहा था कि वातावरण कुछ बदला हुआ है। कुछ भी स्पष्ट नहीं था कि क्या हो रहा है; किंतु कुछ-न-कुछ हो अवश्य रहा था। उनको अपने चारों ओर पहले-सी चौकसी दिखाई नहीं पड़ रही थी। वातावरण में व्यस्तता और अस्त-व्यस्तता दोनों ही दिखाई पड़ रही थीं। नगर की दिशा में रथों के आने-जाने और सैनिक आवागमन का भी आभास हो रहा था।

दिन कुछ चढ़ आया तो नगर के बाहर वाले प्रांतर का कोलाहल कुछ उग्र होता-सा लगा। किंतु वह कोलाहल इतनी दूरी पर था कि उसके स्वरूप का अनुमान लगाना भी कठिन था। पर, इतना तो पता लग ही रहा था कि वह शब्द असंख्य कंठों का सम्मिलित स्वर था। इतने लोग इकट्ठे होकर क्या कर हैं? क्या कोई विराट उत्सव हो रहा है? या कोई सैनिक अभियान है? किंतु रक्षिकाओं के हाव-भाव देखकर स्पष्ट था कि यह कोलाहल राक्षसों के लिए सुखकर नहीं था, ऐसी स्थिति में कोई उत्सव अथवा समारोह नहीं हो सकता। सैनिक अभियान हो, तो भी उसमें उत्साह

दिखाई नहीं पड़ रहा था। तो क्या कहीं राक्षसों पर आक्रमण हुआ है? इन्हें भी अपनी इच्छा के विरुद्ध लड़ना पड़ रहा है?...कहीं राम की सेना तो नहीं आ गई?...हनुमान कह गया था, राम अपनी वानर सेना सजाए तैयार बैठे हैं...यदि यह राम की ही सेना है तो इसका अर्थ हुआ कि हनुमान अपने अभियान में सफल हुआ है और सकुशल राम के पास पहुँच गया है। हनुमान...मुखर जैसा हनुमान ...मुखर...

कहाँ तक पहुँची होगी राम की सेना? सागर के उस पार के तट तक? लड़ने के लिए राक्षस लोग सागर पार जा रहे हैं क्या? किंतु सागर के युद्ध पार से क्या होगा? राम यदि विजयी हो भी जाएँ तो क्या होगा? पंचवटी के युद्ध में जनस्थान का सारा स्कंधावार नष्ट हो गया; किंतु रावण की शक्ति कम हुई क्या? उलटे वह उनके आश्रम में से उनका हरण कर लाया।...यदि यह सेना राम की हुई और राम विजयी भी हो गए, तो भी रावण सागर के इस पार सुरक्षित बैठा रहेगा और सीता इसी प्रकार बंदिनी रहेंगी।...राम को सागर-संतरण करना ही होगा...पर कैसे?

सहसा सीता के मन में उमंग उठी—राम सेना-सहित सागर-पार तो नहीं कर आए, जो राक्षसों में घबराहट का-सा आभास हो रहा है। यदि राम सचमुच सागर पार कर आए हैं तो...सीता के मन में अनेक सुखद कल्पनाएँ जागने लगीं। उन्हें लगा, पिछले कई महीनों से जो शारीरिक और मानसिक कष्ट उन्होंने सहे हैं—वे किसी दुस्वप्न के अंग थे। अब राम आ गए हैं तो वे अवश्य ही रावण का वध करेंगे और सीता को मुक्त कर अंगीकार करेंगे।...पर कैसी बाध्य हैं सीता भी। उनके प्रिय आकर लंका के द्वार पर खड़े हों और वे उनकी एक झलक भी नहीं पा सकतीं। राम मरणांतक युद्ध कर रहे हों और सीता उनके पार्श्व में खड़ी होकर लड़ नहीं सकतीं। उनके शरीर में पीड़ादायक, घातक बाण धँसे हों और सीता उन्हें खींच, घाव को धो, औषध लगाना तो दूर—स्नेह का एक स्पर्श भी नहीं दे सकतीं।

जिस आकस्मिकता से सीता का उत्साह जागा था, उसी आकस्मिकता से वह क्षीण भी होने लगा—यह केवल उनकी इच्छा-पूर्ति का चिंतन है। इतने बड़े सागर को सेना-सहित राम कैसे पार कर सकते हैं? उनके पास ऐसे साधन ही कहाँ हैं? बहुत प्रयत्न करेंगे तो कुछ नौकाएँ जुटा लेंगे। सेना पार कैसे आएगी? और फिर राक्षस बिना लड़े क्या सेना को सागर-संतरण करने देंगे?...हनुमान का आना और बात थी। वह बिना किसी शस्त्र के, अकेला, निहत्था, समुद्र तैरकर आया था। वैसे तैराक कितने होंगे राम की सेना में? और यदि तैराकों की सेना लेकर आएँगे, तो युद्ध क्या करेंगे?...कोई और बात होगी राक्षसों की चिंता का कारण। सीता का ऐसा भाग्य कहाँ कि उनका कोई कार्य सरलता से हो जाए। यदि ऐसा ही भाग्य होता तो विधाता ऐसा जन्म क्यों देता कि उन्हें अज्ञात-कुलशीला कहलाना पड़ता। फिर जनक जैसे पिता और राम जैसे पति के होते हुए भी वनवास और रावण द्वारा हरण!...ये क्या सौभाग्यशाली लोगों के लक्षण हैं...

पर किसी अज्ञातकुलशीला कन्या को जनक जैसे पिता और राम जैसे पति मिलें...

सामने से त्रिजटा आ रही थी। सीता ने उसके चेहरे पर कुछ पढ़ने का प्रयत्न किया।...त्रिजटा कदाचित् कोई समाचार दे सके...उसके चेहरे पर कुछ-न-कुछ तो अपूर्व था ही, जैसे मन में कोई भेद छिपाए हो। क्या भेद होगा? वही होगा, जो अन्य राक्षसों के मन में है।

त्रिजटा ने भेदभरी दृष्टि से कुछ अस्पष्ट-सा संकेत किया।

सीता समझ नहीं सकीं कि वह कहना क्या चाहती है; किंतु उसके चेहरे पर चिपके आश्वासन को सीता स्पष्ट पढ़ रही थीं।

थोड़ी देर में त्रिजटा को अवसर मिल गया। अन्य रक्षिकाएँ कुछ इधर-उधर हुईं तो वह सीता के पास चली आई।

"आज बाल क्यों नहीं गूँथे? वेणी क्यों नहीं बनाई?" उसने उच्च स्वर में कहा।

सीता ने चकित होकर देखा—आज फिर उनके शृंगार का कोई नया आदेश आया है क्या?...किंतु त्रिजटा के आक्रोश की कृत्रिमता देखकर वे आवश्स्त हुईं।

त्रिजटा आकर पास बैठ गई।

"देवि! क्षमा करना। आपसे कुछ बातें करनी हैं।" वह धीरे-से बोली, "आइए, आपके बाल सुलझा दूँ।"

सीता उसके आगे, उसकी ओर पीठ कर बैठ गईं। त्रिजटा ने उनकी वेणी खोली और बालों में अँगुलियाँ फिराने लगी, जैसे बालों को सुलझा रही हो।

"आज शूर्पणखा लंका में होतीं तो आप दोनों के लिए अत्यधिक प्रसन्नता का दिन होता।" वह फुस्फुसाकर बोली।

"ऐसा कौन-सा समाचार है, जो मेरे और शूर्पणखा के लिए समान रूप से सुखद है?" सीता के स्वर में जिज्ञासा भी थी और पीड़ा भी।

"आर्य राम का आना।"

सीता ने बड़ी कठिनाई से स्वयं को रोका, अन्यथा उनके मुख से प्रसन्नता की चीख निकल जाती और मुख सहसा त्रिजटा की ओर मुड़ जाता।

"वे आ रहे हैं या आ गए हैं?"

"कल आधी रात को वे सागर पर सेतु बाँध, सेना सहित सागर पार कर लंका के तट पर आ पहुँचे हैं।" त्रिजटा धीरे से बोली, "नगर में बहुत घबराहट है। सागरतट उनके अधिकार में है। लंका घिर गई है। न कोई बाहर से आ सकता है, न बाहर जा सकता है। बाहर से जलपोत नहीं आ रहे, अतः लंका के हाट-बाजारों में आवश्यक वस्तुएँ अदृश्य हो गई हैं। प्रत्येक वस्तु का मूल्य बढ़ गया है। साधारण जनता त्राहि-त्राहि कर उठी है।"

"युद्ध आरम्भ हो गया है क्या?"

"नहीं! अभी आरंभ नहीं हुआ। दोनों ओर से तैयारी चल रही है।" वह बोली, "युद्ध आरम्भ हुआ तो लंका में मांस बहुत सस्ता हो जाएगा।"

"कैसे?"

"जो मरेंगे, उनमें से बहुत से सैनिकों का मांस कहीं मनुष्य के मांस के रूप में और कहीं पशु के मांस में मिलाकर बेचा जाएगा।"

सीता ने अपने कानों पर हाथ रख लिये—"राक्षस अपने स्वार्थ के लिए क्या-क्या नहीं करते..."

रथ अशोक वाटिका के द्वार पर रुका। अंगरक्षकों की एक टुकड़ी आगे प्रवेश कर गई, तो रावण ने भी अपना पग आगे बढ़ाया।

बिना पूर्व-सूचना के राजाधिराज के आ जाने से रक्षिकाओं में खलबली मच गई।

रावण दृष्टि उठाकर कुछ देखे, उससे पूर्व ही प्रतिरावण का ठहाका गूँजा, 'बस! कर लिया निर्वाह मंदोदरी को दिए वचन का? आज अकेले ही चले आए सीता से मिलने! न वे दासियाँ, न स्त्री रक्षिकाएँ, न रानियों की शोभा-यात्रा, न वे भेंट-उपहार! क्या सोचेगी सीता!"

रावण का सिर भन्ना गया। उसके राज्य और परिवार के भीतर क्या, यहाँ तो उसके अपने मस्तिष्क के भीतर उसका शत्रु घुसा बैठा था। पहले तो इसी का गला घोंटना होगा...पर तब तक प्रतिरावण स्वयं ही कहीं विलीन हो गया था। रावण जानता है, जब उसका क्रोध अथवा अहंकार उद्दाम हो उठता है, तो प्रतिरावण या तो चुपचाप सोया रहता है, या जागता भी है तो कुछ बोलता नहीं...

रावण ने सीता को देखा—निश्चय ही बिना किसी पूर्व-सूचना के रावण को इस प्रकार आया देख, वह चकित हो रही थी। भय, आश्चर्य, आशंकाएँ—जाने कितने भाव उसकी आँखों में थे और उसके रूप को एक विचित्र भंगिमा प्रदान कर रहे थे। रावण की इच्छा हो रही थी—उसे देखता ही जाए...ऐसा रूप रावण ने कभी नहीं देखा, ऐसी गरिमा, ऐसा साहस और चारित्र्य रावण ने कभी नहीं देखा...रावण की रानियों, प्रेमिकाओं, रखैलों, भोग्याओं और दासियों में एक भी ऐसी स्त्री नहीं है...और इस स्त्री को उससे छीनने के लिए राम आया है...

रावण के शरीर का सारा रक्त उसके मस्तिष्क की ओर दौड़ चला...रावण सारे विश्व का नाश कर देगा, पर सीता नहीं देगा...पर तत्काल रावण के मन में प्रश्न उठा—क्या सीता को राम के आने का कोई आभास है?...अवश्य होगा। चारों ओर इतना कोलाहल है। वानरों के स्वर आते होंगे। यहाँ के रक्षक-रक्षिकाओं में इतनी चर्चा होती होगी...

"सीता!" रावण के स्वर में क्रूरता तथा माधुर्य का विचित्र मिश्रण था, "तेरी भी प्रतीक्षा समाप्त हुई और मेरी भी। अपनी मुक्ति के लिए जिसकी प्रतीक्षा तुम कर रही हो, वह सागर पार कर लंका के द्वार तक आ गया था...।"

"राम!..."

"हाँ, राम! कल रात तुमने सागर-तट से उठता कोलाहल सुना होगा। वह अपनी सेना लेकर आया था...बहुत प्रसन्न हो कि वह तुम्हें मुक्त कराकर अंगीकार कर लेगा?" रावण ने अट्टहास किया, "वह भी यही समझकर आया था कि वह यहाँ अपनी सीता को प्राप्त कर लेगा।"

रावण ने पुनः अट्टहास किया और हँसता ही चला गया।

सीता आशंकित दृष्टि से रावण को देख रही थी—राम के लंका पहुँचने पर रावण हँस क्यों रहा है? वह भयभीत क्यों नहीं है? और उनके आने की चर्चा भूतकाल में क्यों कर रहा है?

"तुम लोगों ने इसे बच्चों का खेल समझ रखा है क्या कि भागकर रस्सी को छू लेने वाला अपना पारितोषक पा जाएगा!" रावण के चेहरे पर भयंकर क्रूरता खेल गई, "न तुम इस बात को समझीं कि तुम राम को काल के गाल में खींचने के लिए चुम्बक मात्र हो और न राम इस बात को समझ पाया कि रावण इस सागर में सीता जैसी कामिनियों का चारा डालकर राम जैसे मत्स्यों का आखेट करता है!"

सीता की आँखें फट आईं, मुख कुछ खुल गया और हाथ कानों तक चले गए।

"हाँ! सागर पार करते-करते बेचारा बहुत थक गया था। युद्ध के पहले थोड़ा विश्राम कर लेना चाहता था; इसलिए सागर के दक्षिण तट पर सेना-सहित गहरी नींद सो रहा था। मैंने सोचा, प्रातः उठकर युद्ध करेगा तो पुनः थक जाएगा। इसलिए मैंने उसे वहीं चिरनिद्रा में सुला दिया है। अब वह कभी नहीं थकेगा...मैंने अपने हाथों से राम का वध किया है।" रावण बोला, "उसके जटाजूट को पकड़ अपने चंद्रहास खड्ग के एक वार से उसका सिर उसके शरीर से अलग कर दिया है। उसका सिर इस समय भी मेरे रथ में मेरे पैरों से ठुकराए जाने के लिए पायदान पर पड़ा है।" रावण हँसा, "तुम्हें भेंट देने के लिए ला रहा था, किंतु फिर तुम्हारे कोमल मन का विचार कर रुक गया। सोचा, शायद तुम उसे न देख सको। वह चेहरा अब उतना सुदर्शन नहीं रहा। कटी हुई ग्रीवा का मांस कुछ विचित्र प्रकार का लाल है। उससे टपकता हुआ तुम्हारे प्रिय का लाल-लाल रक्त अब सूखकर काला हो गया है। हाँ! कुछ शिराएँ भद्दी रस्सियों के समान झूल रही हैं। उसकी आँखें पथरा गई हैं। खुले होंठों पर मुसकान नहीं है—भय, याचना और दीनता का भाव है...।"

सीता ने हथेलियों से अपने कान भींच लिये और आँखें बंद कर लीं। पर रावण का अट्टहास उन भिंचे कानों में भी प्रवेश कर गया, "नहीं सुन सकतीं। इसलिए वह सिर मैं तुम्हारे सामने नहीं लाया। उसे देखकर तुम्हें दुःख होगा और मै तुम्हें दुःखी नहीं करना चाहता, जानकी। अपनी प्रिया को कौन दुःख देना चाहेगा!"

"मेरे प्रिय का वध कर अब मुझे ही बताने आया है, दुष्ट!" सीता ने चीत्कार किया, "मेरा भी वध कर दे। चला अपना चन्द्रहास खड्ग। कर दे मेरा भी सिर धड़ से अलग!"

"हठ छोड़ो, सीते!" रावण का स्वर कोमल हो गया, "मेरे पास तुम्हारे लिए मृत्यु नहीं, जीवन का सुख और भोग है। मुझे अंगीकार करो। मुझे जैसा स्वामी पाकर तुम धन्य हो जाओगी।"

लगा, जैसे उसकी बात ने सीता के कानों में प्रवेश ही नहीं किया था। वह वैसे ही बिलख-बिलखकर रो रही थीं, "तुझसे नहीं होता तो ला मुझे दे अपना खड्ग। मैं स्वयं आत्मघात कर लूँगी।"

"तुम इस वय में मरने के लिए नहीं बनी हो।" रावण बोला, "एक बार रावण के प्रेम का आस्वाद लो, फिर कभी मरना नहीं चाहोगी।"

सहसा सीता ने बिलखना बंद कर दिया; कानों पर से अपनी हथेलियाँ हटा लीं। उन्होंने सीधे रावण की ओर देखा। उनकी आँखों में अब नमी नहीं थी। नमी जमकर कठोर हो गई थी। चेहरे पर भी एक दृढ़ संकल्प था, "आज तक तुम एक शस्त्र की माँग तो पूरी नहीं कर सके, लंकेश्वर! अपनी ओर से जो उपहार तुम लाए, वे मुझे स्वीकार्य नहीं थे। पर आज जो भेंट लाए हो, वह मुझे ग्राह्य है। यदि तुमने सत्य ही राम का वध कर दिया है तो मेरे प्रिय का सिर मुझे ला दो। मरने से पूर्व एक बार मैं उनके दर्शन कर लूँ।"

सीता की आँखों में पुनः अश्रु आ गए थे।

रावण की आँखें फट गईं—किस मिट्टी की बनी है यह स्त्री? ऐसी स्त्री उसने सचमुच पहले कभी नहीं देखी।

इस बार प्रतिरावण ने जोर का अट्टहास किया और रावण को अपनी सकपकाहट छिपाने के लिए प्रयत्न करना पड़ा।

रावण पुनः क्रूरता से मुसकराया, "उसके जटाजूट से पकड़, उसे झुलाता, उसका रक्त टपकाता हुआ लाऊँ या सोने के थाल में रेशमी वस्त्र से ढाँपकर लाऊँ?"

"जैसे तुम्हारी इच्छा हो।"

"अपनी प्रिया को मैं उसका मनपसंद उपहार समारोहपूर्वक ही दूँगा।" रावण के दाँत भिंच गए, "किंतु दूँगा उपयुक्त अवसर पर ही।"

सहसा एक चर ने आकर अभिवादन किया, "लंकापति! अन्य मंत्रियों सहित

महामंत्री प्रहस्त आपकी प्रतीक्षा कर रहे हैं। आवश्यक कार्य है।''

रावण की आँखें क्रोध से जल उठीं—प्रहस्त का यह साहस कि अपने प्रमदवन में सीता से बात करते हुए रावण को वह बुलाने का संदेश भेजे...

किंतु रावण अपना क्रोध पी गया।...आजकल लंका की परिस्थितियाँ असाधारण थीं। सम्भव है कोई असाधारण कार्य ही हो।

रावण और अधिक रुक नहीं पाया।

प्रतिरावण हँस रहा था, 'स्वयं को बहुत चतुर समझते हो, राक्षसराज! यहाँ तुम्हारी माया भी नहीं चलेगी। माया वहाँ चलती है, जहाँ दुर्बलता होती है। और दुर्बलता तुममें है, सीता में नहीं।'

महामहालय में मंदोदरी रावण की प्रतीक्षा कर रही थी। मंत्रियों से मिलने से पूर्व रावण को उससे मिलना पड़ा।

''नाथ! क्या सोचा है आपने?''

''किस विषय में?''

''सीता को लौटाने के विषय में?''

रावण ने घूरकर मंदोदरी को देखा, ''उस विषय में तुमसे बहुत पहले निश्चित हो चुका है कि सीता के साथ मेरा व्यवहार क्या होगा।''

''किंतु उस संधि को आप भंग क्यों कर रहे हैं—आज आप सीता से मिलने के लिए अकेले क्यों गए थे?'' मंदोदरी बोली, ''और फिर राम के ससैन्य आ पहुँचने से परिस्थितियाँ बदल नहीं गईं क्या?''

''सूचना मिल गई तुम्हें!'' रावण ने दाँत पीस लिये, ''मुझसे अच्छे गुप्तचर तो तुम्हारे पास हैं।''

''गुप्तचर आपके भी बुरे नहीं हैं।'' मंदोदरी शांत स्वर में बोलीं, ''किंतु आपकी मदांधता आपको सत्य सुनने नहीं देती।''

''रानी!''

''प्रमाण मिल गया न!'' मंदोदरी वक्रता से मुसकराई, ''आप मेरे मुख से निकला सत्य नहीं सुन सकते, तो गुप्तचरों से क्या सुनेंगे।''

''मंदोदरी!'' रावण कठोर स्वर में बोला, ''अपनी जिह्वा को नियंत्रण में ही रखो। ऐसा न हो कि मुझसे कुछ अवांछित हो जाए।''

''धमकाने का प्रयत्न मत कीजिए।'' मंदोदरी का स्वर दृढ़ हो गया, ''यदि आप अपनी पत्नी की हत्या कर राम पर विजय प्राप्त करने की बात सोच रहे हैं, तो गलत सोच रहे हैं। आपके तनिक से दुर्व्यवहार से आपका सगा भाई आपके शत्रु से मिल गया है। आपकी आँखें अब भी नहीं खुलीं क्या?'' मंदोदरी रुकी, ''आपको पता भी है कि लंका में क्या हो रहा है? आप कटु सत्य नहीं सुन सकते,

इसलिए कोई मंत्री, कोई गुप्तचर आपको ठीक सूचना देने का साहस नहीं करता।''

''क्या हो रहा है लंका में?''

''लंका नगरी की प्राचीर के बाहर रहने वाले समस्त निर्धन वानर-अवानर श्रमिक अपनी छेनी-हथौड़ी के साथ राम से जा मिले है। जो लंका में निर्माण करते थे, अब वे उसका नाश करेंगे।''

''श्रमिकों के पलायन से डर गई हो?'' रावण हँसा, ''युद्ध सैनिक लड़ता है, श्रमिक नहीं।''

''जानती हूँ। पर क्या आप जानते हैं कि श्रमिक काम न करें तो सैनिक लड़ नहीं सकता।'' मंदोदरी का स्वर कटु हो गया, ''और बात इतनी ही नहीं है। लंका के भीतर इतनी बड़ी संख्या में रहने वाले निर्धन लोग, राम की सेना के दबाव में घबराई हुई लंका में या तो लूट-पाट मचाने की तैयारी में हैं, या परकोटा फाँदकर राम के पक्ष में जा मिलने की।''

''वे ऐसा नहीं कर सकते।'' रावण अविश्वास से बोला, ''वे यहाँ के नागरिक हैं। लंका उनकी अपनी मातृभूमि है।''

मंदोदरी उपहास करती हुई हँस पड़ी, ''आज याद आया है आपको कि वे लंका के नागरिक हैं। जब उनके नंगे-भूखे बच्चे बिना भोजन, आवास, शिक्षा और औषध के या तो पशुओं के समान जी रहे थे या मर रहे थे—तब आपने उन्हें नागरिक माना था क्या?'' उसने घूरकर रावण को देखा, ''और जो आपके नागरिक थे, वे इसलिए थे, क्योंकि लंका में उनके लिए सुख-सुविधा थी, शांति और सुरक्षा थी। सैनिक आक्रमण जैसी आपत्ति बुलाने वाले राजा के नागरिक बनकर वे नहीं रहना चाहते। वे इस प्रयत्न में हैं कि किसी प्रकार वे लंका से निकलकर सागर-तट पर पहुँच जाएँ और अपने परिवार और धन के साथ इस संकटग्रस्त क्षेत्र से दूर निकल जाएँ।...आपको पता है, आज लंका में स्वर्ण-मुद्राओं में भी एक दिन के लिए रथ नहीं मिल रहा। किसी ने आपको बताया कि लंका का प्रत्येक नागकिर घबराया हुआ है कि एक वानर आया था तो लंका को अग्निसात् कर गया था; आज वानर-सेना आई है तो क्या करेगी?''

''तुम क्या चाहती हो?''

''युद्ध टालने के लिए सीता लौटा दीजिए।''

''तुम मेरा पराभव चाहती हो।'' रावण बोला, ''यह नहीं होगा।''

रावण जाने के लिए मुड़ा।

''सुनिए।''

रावण ने उसकी ओर देखा।

''नाना माल्यवान आए हुए हैं। वे आपसे कुछ कहना चाहते हैं।''

रावण ने आश्चर्य से देखा—नाना आए हुए हैं और छिपे बैठे हैं क्या? उन्होंने

मंदोदरी के साथ हुआ सारा वार्तालाप सुना है क्या?

"कहाँ हैं?"

माल्यवान ने कक्ष में प्रवेश किया, "वत्स! मेरी बात सुनो।"

रावण की दृष्टि उधर घूमती।

"जिस राजा की शक्ति क्षीण हो रही हो, अथवा जो शत्रु के समान ही शक्ति रखता हो, उसे शत्रु के साथ संधि कर लेनी चाहिए। तुम्हारे प्रमाद से बढ़ा हुआ अधर्म-रूपी अजगर अब हमें निगल जाना चाहता है।...सीता को लौटा दो और राम से सम्मानजनक संधि कर लो।"

रावण की भँवें वक्र हो गईं, "किसका भय है आपको? राम का? जिसे पिता ने घर से निकाल रखा है और जो कुछ वानरों को घेरकर इकट्ठा कर लाया है।" सहसा लगा, वह अपनी मर्यादा छोड़ बैठा है, "इस राम और इसके वानरों को जो मैं लंका से जीवित लौटने नहीं दूँगा, आपको यह भी बता दूँ, तो द्वेषवश अथवा शत्रु-प्रेरित होकर मुझे हतोत्साहित करने का प्रयत्न करेगा, उसे भी जीवित नहीं छोड़ूँगा।"

"वत्स! मैंने तुम्हारे हित की ही बात कही है।"

"संबंधियों द्वारा कही गई हित की बातों का अर्थ मैं समझता हूँ।" रावण बोला, "विश्व की अद्वितीय सुंदरी को मैं वन से क्या इसलिए हर लाया था कि राम के भय से उसे लौटा दूँ! मेरे शरीर के दो टुकड़े हो सकते हैं, किंतु मैं अपनी प्रकृति बदल नहीं सकता।"

रावण ने ताली बजाई।

द्वारपाल ने कक्ष में प्रवेश कर अभिवादन किया।

"महामंत्री प्रहस्त तथा अन्य मंत्रियों को यहीं बुला लो।" मंत्रियों के आने तक रावण क्रोध से फुफकारता हुआ टहलता रहा। उसने एक बार भी न मंदोदरी की ओर देखा और न माल्यवान की ओर।

मंत्रियों सहित प्रहस्त ने प्रवेश कर अभिवादन किया तो रावण ने कठोर स्वर में पूछा, "क्या कार्य है?"

"महाराजाधिराज! युद्ध सम्बन्धी चर्चा..."

"युद्ध के लिए प्रस्तुत हो?" रावण ने प्रहस्त को बात पूरी नहीं करने दी।

"जी।"

"तो व्यूह-रचना करो।" रावण बोला, "और लंका से निकल भागने वाले लोगों का तत्काल वध करो। नगर में घबराहट फैलाने अथवा लूटपाट मचाने वालों को क्रूरतापूर्वक मृत्युदण्ड दो।" रावण ने एक दृष्टि मंदोदरी पर डाली, "विभीषण के प्रासाद को सेना अपने अवरोध में ले ले। उसकी पत्नी सरमा और पुत्री कला पर सैनिक संतरी दृष्टि रखें।" रावण तनिक रुककर बोला, "लंका की सुरक्षा के

लिए नये आदेश दिए जाएँ। पूर्वी द्वार की रक्षा स्वयं मामा प्रहस्त करें। दक्षिणी द्वार पर महापराक्रमी महापार्श्व को नियुक्त किया जाए। पश्चिमी द्वार पर युवराज इंद्रजित मेघनाथ रहेंगे। उत्तरी द्वार पर महोदर रहेंगे। मैं भी उत्तरी द्वार पर ही जाऊँगा। नगर के केंद्र में स्थित सैनिक मुख्यालय में अन्य राक्षस सेनापतियों के साथ विरुपाक्ष स्थित रहेंगे।...जाओ!''

मंत्री अभिवादन कर चले गए।

रावण ने एक कठोर दृष्टि माल्यवान और मंदोदरी पर डाली और स्वयं भी कक्ष से निकल गया।

''यह अपने पाप के हाथों मारा जाएगा।'' माल्यवान ने कहा।

''मैं क्या करूँ, नाना!'' मंदोदरी का स्वर आर्द्र हो उठा, ''मैं न राम की विजय की कामना कर विधवा होना चाहती हूँ, न राक्षसराज की विजय की इच्छा कर सीता उन्हें सौंप सदा के लिए अनाथ होना चाहती हूँ।''

3

रावण झँझावात के समान आया और सीता के मन को झकझोरकर चला गया। सीता के मन में इतनी व्यथा इच्छा हो रही थी कि अपने प्राण दे दें। अब किस आशा पर वे जीवन धारण करें? जब राम ही नहीं रहे तो मुक्ति और बंधन में भेद ही क्या रह गया? मुक्त नहीं होंगी तो क्या करेंगी इस जीवन का? और मुक्त होकर भी क्या करेंगी? रावण की घर्षिता के रूप में जीवित रहने का क्या अर्थ?

...कैकेयी आज सफलकाम हुई है। इसलिए माँगा था उसने राम का वनवास! ...जब अकेले सौमित्र अयोध्या लौटकर राम और सीता की मृत्यु का समाचार देंगे तो कैकेयी प्रसन्न हो सकेंगी?...माता कौशल्या का क्या होगा? बेचारी दुःख के मारे प्राण दे देंगी...

त्रिजटा कह रही थी कि युद्ध अभी आरम्भ ही नहीं हुआ है। रावण भी यही कह रहा था। बिना युद्ध के ही आकस्मिक आक्रमण कर सोए हुए राम को छलपूर्वक मार डाला गया? यह कैसी मृत्यु है?...निद्रा में मृत्यु! यह किसी वीर की मृत्यु नहीं है...पर यह कैसे सम्भव है? राम जैसा योद्धा इस प्रकार कैसे मारा जा सकता है? फिर उनके साथ सौमित्र हैं, सुग्रीव और हनुमान भी होंगे...वे सब-के-सब इतने असावधान कैसे हो सकते हैं?...राम का वध हो गया है तो अब युद्ध कौन कर रहा है?...

सीता के मन में अनेक संदेह उभरने लगे।

रावण ने राम का सिर लाकर उनके सामने क्यों नहीं डाल दिया? क्या वह

झूठ बोल रहा था? क्या वह छल मात्र था?...क्या वह सीता का मनोबल तोड़ने के लिए षड्यंत्र मात्र था?...यदि राम का वध हो चुका है तो मंत्रियों को इतना आवश्यक कार्य क्या था? रावण को जाने की इतनी त्वरा क्या थी? उसने सीता के बार-बार कहने पर भी अपनी बात के प्रमाणस्वरूप राम का सिर लाकर क्यों नहीं दिया?...

सीता जितना सोचती थीं, उनका द्वंद्व उतना ही स्फीत होता जाता था...उन्होंने रक्षिकाओं पर एक दृष्टि डाली—कदाचित् उनमें त्रिजटा हो और वह कुछ बता सके। किंतु त्रिजटा वहाँ नहीं थी। इस बीच वह कहीं चली गई थी।

अगले ही क्षण सीता का मस्तिष्क दूसरे पक्ष की ओर चल पड़ा...यदि रावण सच बोल रहा था, तो किसी को और क्या कहना है और यदि वह जान-बूझकर झूठ बोल रहा था, तो अपने राजाधिराज की इच्छा समझकर, कोई रक्षिका उसकी बात का खण्डन करने का दुस्साहस कैसे करेगी और क्यों करेगी?...

सीता की जिज्ञासा और द्वंद्व, दोनों ही बढ़ते जा रहे थे; किंतु कोई समाधान नहीं मिल रहा था। इस प्रकार एकांत अवरोध में बैठे-बैठे मन कैसे निर्णय कर सकता था कि रावण ने जो कुछ कहा है, वह झूठ था या सच। सीता ने चर्चाएँ सुनी थीं कि ऋषि और ज्ञानी लोग समाधि लगाकर अपने स्थान पर बैठे-बैठे भी संसार के विभिन्न स्थानों पर घटित-घटनाओं को जान जाते हैं; किंतु सीता ने ऐसी शक्ति का अनुभव कभी नहीं किया। न उनसे समाधि लगती है और न उनके पास कोई आध्यात्मिक शक्ति है। ऐसी आध्यात्मिक शक्ति होती तो फिर राम के विरह में इतना कष्ट पाने की क्या आवश्यकता थी? हनुमान के आने तक प्रतीक्षा क्यों करनी पड़ती? सीता मानवीय शक्तियों और सीमाओं से सम्पन्न साधारण नारी हैं। उनका कोई अनुभव, कोई क्रम, कोई शक्ति मानवीय अनुभव-क्षेत्र से बाहर की शक्ति नहीं है। उन्हें तो उस घटना की सच्चाई का पता किसी अन्य जानकार व्यक्ति द्वारा पुष्टि अथवा निषेध करने से ही हो सकता है।

किंतु उनके आस-पास आज इतनी हलचल थी कि वे समझ ही नहीं पा रही थीं कि यह सब क्या हो रहा है। चर आ रहे थे, जा रहे थे—सूचनाओं का आदान-प्रदान हो रहा था। रक्षक और रक्षिकाएँ बार-बार बदले जा रहे थे। कभी-कभी लगता था कि उनकी चौकसी को बहुत कठोर किया जा रहा है; और दूसरे क्षण लगता था कि वहाँ कोई रक्षक-रक्षिका है ही नहीं—जाने सब कहाँ चले गए हैं...सीता के मन में आता कि ऐसे में वे यहाँ से निकल भागें। अब तो सागर-संतरण की आवश्यकता ही नहीं है। बस लंका के परकोटे से बाहर भर निकलना है। वहाँ उनके राम हैं और उनकी सेना है। कोई जोखिम और संकट नहीं है...

पर दूसरे ही क्षण मन इन विचारों का विरोध करने लगता। राक्षस इतने मूर्ख नहीं हैं कि जिसके लिए इतना बड़ा युद्ध होने जा रहा हो—उसकी ओर से इतने

असावधान हो जाएँ कि वह निकल भागे। आस-पास की रक्षिकाएँ न भी दिखाई पड़ रही हों, तो भी बाहर पुरुष रक्षक होंगे। सैनिक चौकी होगी। वे निकल भागने का प्रयत्न करें और कोई सैनिक उनका अपमान करे, कोई धनुर्धारी बाण चला दे अथवा रावण ही क्रुद्ध हो उनका वध कर दे...अब जब राम इतने निकट आ गए हैं, सीता की इस प्रकार प्राण देने की इच्छा नहीं होती।...पर यदि सचमुच राम का वध हो गया है, तो सीता किसी भी संकट से आमना-सामना करने को प्रस्तुत हैं...

संध्या के आस-पास सीता ने सरमा को अपनी ओर आते देखा। उन्होंने घबराई हुई दृष्टि चारों ओर घुमाई। कहीं कोई रक्षिका दिखाई नहीं पड़ रही थी। दूर एक वृक्ष के नीचे अकेली त्रिजटा बैठी हुई थी।

"बधाई हो, बहन!" सरमा ने निकट आते ही धीरे से कहा, "राम अपनी सेना सहित सागर पार कर आए हैं। विभीषण उनके साथ हैं। आर्य राम ने मेरे प्राणनाथ को लंका राजाधिराज घोषित कर, उनका राजतिलक कर दिया है।"

"पर..."

"पर क्या?"

"प्रातः तुम्हारा जेठ कह गया है कि उसने राम का वध कर दिया है।"

"मेरा जेठ!" सरमा दबे स्वर में हँसीं, "वानर सेना के आ जाने से घबरा गया होगा बेचारा। उसी घबराहट में, शस्त्र से राम को जीतने के स्थान पर, मिथ्या बकवाद से सीता को जीतने चला आया।...अभी युद्ध आरंभ नहीं हुआ। राम पूर्णतः सकुशल हैं और युद्ध की तैयारी में संलग्न हैं।" सरमा एक क्षण के लिए रुककर बोलीं, "रावण और लंका की स्थिति यह है, मेरी बहना! कि भाई को शत्रु पक्ष से लड़ने आया देख, रावण ने हम माँ-बेटी पर सैनिक पहरा बैठा दिया है। हमारा प्रासाद सैनिक अवरोध में है। किंतु लंका में यह तथ्य भी बहु-प्रचारित है कि जिसके एक वानर ने आकर राजाधिराज के पुत्र का वध कर, अशोक वाटिका उजाड़, लंका जला दी थी, उसी राम ने विभीषण को लंकापति घोषित किया है।...युद्ध का परिणाम अभी अनिश्चित है; किंतु यदि विजय राम की हुई तो विभीषण लंकापति होंगे। अतः उनके परिवार के साथ कठोर व्यवहार करने वाला लंका में सकुशल नहीं रह पाएगा। इसीलिए सैनिक अवरोध होने पर भी मैं अशोक वाटिका जैसे निषिद्ध स्थान पर आने में सफल हो गई हूँ...हाँ! लंका से बाहर निकलना मेरे लिए भी असंभव है...।"

"तुम्हें भय नहीं लगता, बहन?"

"पूर्ण निर्भय तो नहीं हो सकती।" सरमा बोली, "किंतु भय भी कब तक करूँ! अब तो जो होना होगा, वह होगा। तुम्हारा और मेरा भाग्य अब एक ही है—डूबेंगे तो एक साथ, तरेंगे तो एक साथ।"

"ठीक कहती हो, बहन!" सीता मुसकरा पड़ीं, "किंतु लंका की प्रजा क्या सोचती है?"

"शोषित जनता राम की सेना का स्वागत करने को तैयार बैठी है। शोषक जन शांतिप्रियता के नाम पर लंका से निकल भागने के अवसर की खोज में हैं। रावण पर उसके परिवार के भीतर और बाहर से अनेक प्रकार के दबाव पड़ रहे हैं कि वह सीता को लौटाकर राम से समझौता कर ले। किंतु वह कामासक्त है। तुम्हें लौटाएगा नहीं। युद्ध होगा।"

"जब रावण का इतना विरोध है तो लड़ेगा कौन?"

"सेना लड़ेगी!" सरमा का स्वर बाहर आते कोलाहल में डूब गया, "देखो, यह है सैनिक अभियान की तैयारी। रावण ने अपने सैनिकों तथा सेनापतियों को असाधारण सुविधाएँ दे रखी हैं। जब-जब राक्षस सेनाएँ बाहर गईं, उन्हें लूटपाट में अपार धन तथा सुंदरियाँ मिली हैं। रावण ने उन्हें लूटने अथवा अत्याचार करने से कभी मना नहीं किया। लंका की सेना ने कभी कष्ट नहीं पाया। विलास के साधनों में आकंठ डूबी इस सेना के मस्तिष्क को ताले लगे हुए हैं। न्याय-अन्याय का उसको पता नहीं। अच्छे-बुरे का उन्हें ज्ञान नहीं। वे या तो युद्ध करते हैं या भोग। किंतु वे सुविधापूर्वक लड़ने के अभ्यस्त हैं। कठिन परिस्थितियों में वे लड़ नहीं सकते।..." सहसा सरमा कुछ रुककर बोली, "अच्छा, मैं चलूँ। त्रिजटा संकेत कर रही है। शायद कोई आ रहा है।"

सीता के उत्तर की प्रतीक्षा किए बिना, सरमा जल्दी-जल्दी पग बढ़ाती हुई वाटिका से निकल गई।

"ओह, मेरे राम!" सीता का हाथ अपने हृदय पर चला गया और आँखें आनन्द से मुँद गईं।

4

दिन का उजाला होने से पूर्व ही वानर सेना सन्नद्ध होकर लंका के चारों द्वारों पर खड़ी हो गई। पूर्व द्वार पर नील, मैंद और द्विविद अपनी वाहिनियों को सजाए खड़े थे। दक्षिणी द्वार पर अंगद ने ऋषभ, गज, गवाक्ष और गवय की सहायता से व्यूह रचा हुआ था। पश्चिमी फाटक पर प्रमाथी और प्रघस के साथ हनुमान डटे हुए थे। उत्तरी फाटक पर स्वयं राम और लक्ष्मण थे। सुग्रीव, जांबवान और विभीषण सुरक्षित सेना के साथ पीछे खड़े थे। योजना यह थी कि यदि राक्षस सेनाएँ फाटक खोलकर सम्मुख-युद्ध के लिए बाहर निकल आएँ और लंका के द्वारों पर विकट युद्ध हो रहा हो तो सुग्रीव, जांबवान और विभीषण, अपनी सेना के साथ लंका में प्रवेश कर, नगर के केंद्र में विरूपाक्ष के नेतृत्व में स्थित स्कंधावार पर आक्रमण करें।

सेनापतियों ने अपने व्यूह सँभाल लिये और प्रत्येक सैनिक अपने स्थान पर पहुँच गया तो राम के अगले आदेश की प्रतीक्षा होने लगी। किंतु तभी प्राचीर के भीतर, उत्तरी द्वार पर खड़ी राक्षस सेना ने रावण की जय-जयकार का विकट नाद किया। इस प्रकार का उत्साहपूर्ण प्रबल जय-जयकार लंका के भीतर से पहली बार सुनाई पड़ रहा था। राम चकित थे...ऐसा क्या हो गया कि भीतर पड़ी सेना में अकस्मात ही जैसे ज्वार आ गया...राम ने तत्काल चर दौड़ा दिए। शीघ्र ही सुग्रीव, विभीषण, हनुमान, अंगद, नील तथा जांबवान उनके पास आ गए।

"इस कोलाहल का कारण क्या हो सकता है, लंकापति?" राम ने विभीषण की ओर देखा, "सागर पार करने के पश्चात से अब तक मैंने राक्षस सेना का ऐसा उत्साह नहीं देखा। और फिर यह कोलाहल केवल उत्तरी द्वार पर ही क्यों है? अन्य द्वारों पर उनकी सेना इसी प्रकार उत्साहित क्यों नहीं हो रही?"

"इसका अर्थ यह है कि इस द्वार पर नियुक्त सेना को कोई विशेष उपलब्धि हुई है," विभीषण चिंतनशील मुद्रा में बोले, "जो अन्य द्वारों की सेना को नहीं हुई है।"

"युद्ध के पूर्व ही उन्हें कौन-सी उपलब्धि हो सकती है?" हनुमान बोले।

सब लोग चुपचाप सोचते रहे सहसा विभीषण बोले, "संभवतः इस द्वार की सेना का नेतृत्व स्वयं रावण कर रहा है।"

"कदाचित् ऐसा ही है!" राम विभीषण से सहमत प्रतीत हो रहे थे, "यदि ऐसा है तो मैं चाहूँगा कि युद्धारंभ से पहले हम रावण को एक चेतावनी और दे दें।"

"अब चेतावनी किसलिए?" अंगद ने कहा, "क्या हमारी सेना का सगर के इस पार उतरना उसके लिए पर्याप्त चेतावनी नहीं है?"

"किस रूप में चेतावनी देना चाहते हैं आप?" जांबवान धैर्यपूर्वक बोले, "एक चेतावनी वह भी है, जिसकी चर्चा युवराज कर रहे हैं।"

"इस द्वार पर यदि रावण स्वयं उपस्थित है तो मैं चाहता हूँ कि दूत भेजा जाए, जो उससे कुछ बातें कह आए।" राम शांत स्वर में बोले।

"मेरे विचार में यह स्थिति दूत भेजने की नहीं है।" हनुमान बोले, "जब मैं लंका में गया था, तब चारों ओर शांति थी, फिर भी मेरे बार-बार घोषित करने पर कि मैं आर्य राम का दूत हूँ—उन्होंने मुझे पकड़ने का प्रयास किया था और सफल होने पर रावण ने मेरे वध का आदेश दिया था। मित्र विभीषण वहाँ न होते तो कदाचित् मेरे प्राण बच भी न पाते। इस समय चारों ओर युद्ध का वातावरण है। हमारी सेना के सागर के इस पार उतर आने से रावण के मन में उत्तेजना और घबराहट होगी। ऐसे में जो भी दूत जाएगा, उसे वे जीवित नहीं छोड़ेंगे। फिर बंद द्वारों के साथ लगी हुई उसकी सेना खड़ी है। दूत भीतर जाएगा कैसे? अपना परिचय

देकर दूत भीतर जा सके, इसकी सम्भावना मुझे दिखाई नहीं देती।"

"ये सब कठिनाइयाँ तो हैं ही।" राम बोले, "किंतु फिर भी मैं चाहता हूँ कि किसी प्रकार दूत जाकर रावण से इतना कह दे कि वह सीता को लौटा दे।"

"मान लीजिए कि अब रावण देवी वैदेही को लौटा ही दे।" विभीषण ने राम की बात पूरी नहीं होने दी, "तो क्या आप देवी को लेकर, युद्ध किए बिना ही लौट जाएँगे?"

राम ने जैसे मुग्ध भाव से विभीषण और लक्ष्मण को देखा और मुसकरा पड़े, "ऐसे ही लौट जाऊँगा तो तुम्हें लंका के सिंहासन पर अभिषिक्त कैसे करूँगा, मित्र? रावण को उसके दुष्कर्मों का दण्ड कैसे दूँगा?"

"यही तो..." हनुमान बोले, "वानरों को उनकी मुक्ति कैसे मिलेगी?"

"दूत यह कहे," राम कुछ सोचते हुए बोले, "हम युद्ध को मानव मात्र के लिए एक अभिशाप मानते हैं। हम अकारण हिंसा नहीं चाहते। हम बिना कारण के किसी भी मनुष्य का रक्त बहाना नहीं चाहते, चाहे वह मनुष्य किसी भी जाति अथवा देश का क्यों न हो। लंकावासियों से हमारा कोई विरोध नहीं है, किंतु रावण हमारा अपराधी है। रावण सीता को लौटा दे और अपने अपराधों का दण्ड ग्रहण करने के लिए, स्वयं को न्यायार्थ हमारे सम्मुख प्रस्तुत करे; अन्यथा युद्ध में हुई लंकावासियों की क्षति का दायित्व हम पर नहीं होगा।"

"ऐसा संदेश भेजने में मुझे कोई आपत्ति नहीं है।" सुग्रीव बोले।

"इसका अर्थ यह तो नहीं माना जाएगा कि हम रावण की सैनिक शक्ति से भयभीत होकर संधि के लिए प्रयत्न कर रहे हैं?" नील धीरे से बोले।

"अपनी शर्तों पर संधि भय का नहीं, शक्ति का प्रमाण है।" जांबवान ने अपना मत प्रकट किया।

"अब तनिक हनुमान की आपत्ति पर भी ध्यान दीजिए।" लक्ष्मण गम्भीर स्वर में बोले, "किसी साधारण सैनिक को आप दूत बनाकर भेजेंगे नहीं और असाधारण सैनिक हो अथवा कोई यूथपति—हम किसी को भी इस प्रकार की अकारण मृत्यु नहीं चाहेंगे कि वह जाए और पकड़ा जाकर मार डाला जाए।"

"मेरा भी ऐसा ही विचार है कि हमारे दूत को राक्षस जीवित वापस नहीं लौटने देंगे।" राम बोले, "इसलिए दूत अद्भुत व्यक्ति होना चाहिए और दूत भेजने की पद्धति अपूर्व होनी चाहिए।"

"कौन जाएगा?" विभीषण ने पूछा; और फिर जैसे आत्मचिंतन-सा करते हुए बोले, "मैं स्वयं चला जाता, किंतु मुझे देखते ही रावण आपे से बाहर हो जाएगा और वह मेरी एक भी बात नहीं सुनेगा।"

"नहीं, आपको जाने की आवश्यकता नहीं है, लंकापति!" राम बोले, "वैसे तो मैं हनुमान को ही भेजता, किंतु हनुमान एक बार हो आए हैं। बार-बार उन्हीं

के जाने से राक्षस यह समझेंगे कि हमारी सेना में दूसरा कोई व्यक्ति ही नहीं है।"

"तो फिर कौन जाएगा?" सुग्रीव की दृष्टि एक-एक व्यक्ति पर रुककर उन्हें परख रही थी।

"यदि वानरराज को आपत्ति न हो," राम पुनः बोले, "तो मैं युवराज अंगद को भेजना चाहूँगा।"

अंगद ने राम की ओर देखा—क्या है राम के मन में? वे सचमुच इस सारी वानर सेना में हनुमान के पश्चात उन्हें ही इतना वीर पुरुष मानते हैं कि ऐसा दायित्व का काम उन्हें सौंप रहे हैं...या वे युद्ध से पहले वाली-पुत्र की अपने प्रति निष्ठा की परीक्षा कर रहे हैं...सहसा अंगद का मन उल्लसित हो उठा...यह हो ही जाए तो अच्छा है, अन्यथा बाद में किसी समय कोई कठिनाई उत्पन्न हो सकती है।...युद्ध की अवधि में यदि अंगद के कारण सेना की कोई क्षति हो जाए तो यह नहीं माना जाए कि वह उसने जान-बूझकर किया है। एक बार युद्ध के पूर्व ही वानर सेना के प्रति उन्हें अपनी निष्ठा प्रमाणित करनी होगी...अंगद ने सुना था कि राम से मैत्री स्थापित करने से पूर्व, सुग्रीव ने कई प्रकार से उनकी परीक्षा ली थी। अब बारी राम की थी। वे अंगद की परीक्षा ले रहे थे और एक प्रकार से सुग्रीव की भी।...क्या राम के लिए सुग्रीव अपने युवराज को मृत्यु के मुख में धकेल सकेंगे?...

अंगद सहज ही मुसकरा पड़े, "मैं प्रस्तुत हूँ।"

"वानरराज को तो कोई आपत्ति नहीं?" राम ने पूछा।

"आपत्ति तो कोई नहीं है, किंतु सावधानी बरतने को अवश्य कहूँगा।" सुग्रीव धीरे से बोले।

"अवश्य।" राम बोले, "सावधान तो हमें रहना ही है।"

युद्ध परिषद का विचार-विमर्श समाप्त हो गया और सारे यूथपति अपने-अपने स्थान पर लौट गए। प्रत्येक द्वार पर व्यूह बन गए और वाहिनियाँ अपने नायकों के नेतृत्व में आक्रमण करने के लिए प्रहारक मुद्रा में आ गईं। किंतु उत्तरी द्वार पर राम ने अपनी सेनाएँ पीछे हटा ली थीं। उनके सहायक सैनिक सहस्रों की संख्या में आकर आगे खड़े हो गए थे। उनके हाथ में शस्त्र नहीं थे। उन सबके हाथों में छोटे-बड़े पत्थर, शिलाओं के टुकड़े, वृक्षों की डालियाँ या वैसी ही कुछ वस्तुएँ थीं। वे सारे सहायक सैनिक पचास-पचास व्यक्तियों की टुकड़ियों में बँटे हुए थे और योजनाबद्ध रूप से सैनिक अनुशासन में खड़े थे।

राम का संकेत पाते ही सहायक सैनिकों की एक टुकड़ी ने अपने हाथों के पत्थर लंका की प्राचीर की ओर उछाल दिए। पत्थर पड़ते ही कुछ राक्षस सैनिक प्राचीर के ऊपर प्रकट हुए; किंतु तब तक सहायक सैनिकों की पहली टुकड़ी पीछे हट गई थी और उसका स्थान दूसरी टुकड़ी ने ले लिया था। पत्थरों की वर्षा फिर

हुई। राक्षस सैनिक पत्थरों की बौछार का अर्थ समझ नहीं पाए और प्राचीर से नीचे उतर गए।

एक के पश्चात् एक सहायक सैनिक टुकड़ी आती रही और पत्थर बरसा कर और पत्थर लाने के लिए पीछे हट जाती रही। राक्षसों की ओर से इस पाषाण-आक्रमण का कोई स्पष्ट उत्तर नहीं आ रहा था। तभी राम ने पुनः संकेत किया और लक्ष्मण के नेतृत्व में सैनिक शिल्पी आगे बढ़ गए। ये शिल्पी अधिकांशतः वे ही लोग थे, जो वानर-सेना के आने से पूर्व, लंका में दैनिक श्रम के आधार पर अपना भरण-पोषण करते थे।

शिल्पियों ने स्फूर्ति से आगे बढ़ पाषाण-वर्षा की छाया में परिखा पर एक अस्थायी-सा सेतु बनाया और उसकी सहायता से एक दीर्घाकार सीढ़ी प्राचीर के साथ टिका दी।

अंगद पहले से तैयार खड़े थे। सीढ़ी लगते ही वे भागते हुए प्राचीर पर जा खड़े हो गए। निहत्थे अंगद बीच में प्राचीर पर खड़े थे और प्राचीर के भीतर राक्षस सेना और बाहर वानर सेना खड़ी थी। इस समय दोनों ओर स्तब्धता थी। न वानर सेना पाषाण-वर्षा कर रही थी और न राक्षस सेना बाण-वर्षा।

अंगद ने दृष्टि उठाकर देखा—राक्षस सेना के आगे-आगे एक बहुमूल्य तथा असाधारण रूप से सुंदर रथ खड़ा था।...निश्चय ही, यही रावण का रथ होगा। उसमें बैठा हुआ व्यक्ति अंगद को स्पष्ट नहीं दीख रहा था; किंतु उसकी आकृति-प्रकृति, वेश-भूषा तथा आस-पास के लोगों के उसके प्रति व्यवहार से यही अनुमान होता था कि वह रावण ही होगा।

"मैं राम-दूत, किष्किंधा का युवराज, तारा-पुत्र अंगद हूँ।" अंगद ने उच्च स्वर में अपना परिचय दिया, "मैं रावण के लिए सेनानायक आर्य राम का संदेश लाया हूँ।"

अंगद ने देखा, नीचे खड़ी सेना में कुछ अव्यवस्था फैल गई थी। वे समझ नहीं पाए कि यह राम के दूत-मात्र का भय था या रावण के सैनिकों ने उन्हें हनुमान ही समझा था।

"प्राचीर पर क्यों खड़ा है?" रावण अपने रथ पर खड़ा हो गया, "अपने पिता के उस हत्यारे राम को छोड़कर मेरे पास आ जा, मैं तेरे पिता की हत्या का प्रतिशोध लूँगा। वह मुझे भ्राता सम प्रिय था। किष्किंधा का तेरा राज्य तुझे दिलवा दूँगा और तेरी माँ तारा को उस दुष्ट सुग्रीव के आधिपत्य से मुक्त करा दूँगा।"

"मुझे मालूम है, तू मुक्ति का क्या अर्थ समझता है।" अंगद बोले, "मुझे अपने लिए जो कुछ करना है, उसके लिए मैं स्वयं सक्षम हूँ। मुक्त करना है तो देवी सीता को मुक्त कर। प्रतिशोध लेना है तो अक्षकुमार का प्रतिशोध ले और भ्रातृत्व जताना है तो विभीषण से जता।"

"वाचाल वानर! अपने उस कंगले स्वामी का संदेश कह।" रावण अंगद द्वारा चर्चित सारे प्रसंग टाल गया, "क्या चाहता है तेरा कंगला स्वामी कि मैं उसका वध न करूँ और उसे जीवित लंका से वापस लौट जाने देने की कृपा करूँ?"

"अपनी कृपा तू अपने पास रख।' अंगद बोले, "और राम हमारे स्वामी नहीं—नायक हैं। स्वामी-सेवक का संबंध हमारे समाज में नहीं है। हमने अपने नये समाज में इन संबंधों को समाप्त कर, परस्पर सहयोग और बंधुत्व का संबंध स्थापित किया है।"

"मुझे समाजशास्त्र मत पढ़ा। मुझे मालूम है, तुम लोगों ने एक विजातीय के हाथों में अपने मन-प्राण गिरवी रख दिए हैं।" रावण बोला, "अपना संदेश कह।"

"तो वही सुन।" अंगद बोले, "हमारी सेना के महानायक आर्य राम ने कहा है, हम युद्ध को मानव-मात्र के लिए एक अभिशाप मानते हैं। हम अकारण हिंसा नहीं चाहते। हम बिना कारण के किसी भी मनुष्य का रक्त बहाना नहीं चाहते, चाहे वह मनुष्य किसी भी जाति अथवा देश का क्यों न हो। लंकावासियों से हमारा कोई विरोध नहीं है; किंतु रावण हमारा अपराधी है। रावण देवी सीता को लौटा दे और अपने अपराधों का दण्ड ग्रहण करने के लिए स्वयं को न्यायार्थ हमारे सम्मुख प्रस्तुत करे; अन्यथा युद्ध में हुई लंकावासियों की क्षति का दायित्व हम पर नहीं होगा।"

"ऐसी बात है तो वह युद्ध क्यों नहीं करता? बार-बार संदेश क्यों भेजता है?" रावण उग्र स्वर में बोला।

"वे तो युद्ध के लिए तेरे द्वार पर आए खड़े हैं।" अंगद मुसकराकर बोले, "तू ही अवगुंठनवती के समान प्राचीर के भीतर छिपा बैठा है...।"

"इसका वध करो!" रावण सहसा फूट पड़ा।

रावण के आदेश का तत्काल पालन हुआ। सैकड़ों बाण अंगद को लक्ष्य कर छूटे; किंतु अंगद उससे पहले ही कूदकर वापस अपनी सीढ़ी पर पहुँच गए थे और अत्यंत स्फूर्ति से नीचे उतर रहे थे।

राम के सहायक सैनिकों ने फिर से पाषाण-वर्षा आरम्भ कर दी थी।

सहायक सैनिक पथराव करते जा रहे थे। परकोटे पर से राक्षस सैनिक नीचे उतर गए थे और भीतर से बाण अधिक संख्या में बाहर नहीं आ रहे थे। कदाचित् राक्षस सेनापति समझ नहीं पा रहे थे कि इस पथराव का क्या अर्थ है। युद्ध पत्थरों से नहीं, शस्त्रों से होता है और राम की सेना की ओर से अभी एक भी शस्त्र—साधारण-सा बाण भी—लंका के भीतर नहीं फेंका गया था। क्या इसे युद्ध माना जा सकता है? और यदि वानर सेना पत्थरों से ही युद्ध करने आई है तो पत्थरों का उत्तर किन शस्त्रों से दिया जाना चाहिए? और यदि यह युद्ध नहीं है तो इसका क्या अर्थ

हो सकता है?...

प्राचीर के भीतर से शस्त्र नहीं आ रहे थे, अतः वानर सेना की स्थिति काफी सुरक्षित थी। फाटकों पर जोर का पथराव था इसलिए भीतर से फाटकों की सुरक्षा का प्रबंध किया जा रहा था।...राम ने संकेत किया और श्रमिकों तथा शिल्पियों की सेना आगे बढ़ आई। उनके पास साल वृक्षों के अनेक तने थे, जिनकी सहायता से परिखा पर सेतु-निर्माण का कार्य आरंभ हो गया। पलक झपकते ही अनेक के स्थानों पर सेतु बनकर तैयार हो गए और श्रमिक तथा शिल्पी अपनी छेनी-हथौड़ी के साथ प्राचीर तक जा पहुँचे। अनेक स्थानों पर प्राचीर पर आघात होने लगे और ऊपर पहुँचने के लिए सीढ़ियाँ बन-बनकर तैयार होने लगीं

राम खड़े देख रहे थे—जब-जब कोई असैनिक जन-समुदाय राम के पास आया था कि उन्हें भी सेना में सम्मिलित किया जाए, तब राम ने कभी नहीं सोचा था कि ये लोग युद्ध की स्थिति में सैनिक कर्म में भी इतने अधिक सहायक हो सकते हैं। आरंभ में तो अनेक लोगों ने इनका विरोध भी किया था। पर राम ने यही माना था कि ये जन-समुदाय उनके सहायक भी होंगे। राक्षसों की शस्त्र-विद्या के विरुद्ध उनका एक ही तो शस्त्र था—जन-बल। जिस परिखा और परकोटे को रावण ने अपनी सेना की सुरक्षा का मुख्य उपकरण माना था, वह तो अनायास ही ध्वस्त होता दिखाई पड़ रहा था।...वैसे रावण को इतना तो सोचना ही चाहिए था कि जिस सेना को स्वयं सागर का विस्तार नहीं रोक सका, उसे यह छोटी-सी परिखा और पत्थरों को जोड़कर बनाया गया परकोटा कैसे रोक पाएँगे...

सहायक सैनिकों की पाषाण-वर्षा पूरे वेग से चल रही थी। श्रमिक-शिल्पी सेना के छेनी-हथौड़े-अभियान से परकोटे में अनेक स्थानों पर छेद होते दिखाई देने लगे थे। तभी नल, वीरबाहु, सुबाहु और पनस अपने सैनिकों के साथ परकोटे पर जा चढ़े। उनकी देखा-देखी अन्य स्थानों पर भी अनेक यूथपति अपने सैनिकों के साथ परकोटे पर चढ़ने का प्रयत्न करते दिखाई पड़ रहे थे।

तभी राक्षस सेना में भयंकर कोलाहल के साथ रावण का जय-जयकार हुआ और युद्ध-वाद्य अपने ओजपूर्ण स्वर में बजने लगे। द्वारों के साँकल खटके और अगले ही क्षण राक्षस सेनाएँ द्वार खोलकर बाहर निकल आईं। उनके आगे-आगे रथ थे और पीछे-पीछे पैदल सेना।

वानर सेना के सम्मुख यह विकट घड़ी थी। इस समय उनके अधिकांश सैनिक परकोटे से दूर थे और सहायक सैनिक तथा श्रमिक-शिल्पी करकोटे के निकट थे। वे लोग सशस्त्र राक्षस सेनाओं के सम्मुख नहीं टिक सकते थे। वैसे भी राक्षसों के रथियों से पदाति युद्ध करना वानरों के लिए कठिन था।

राम ने अपने सहायक सैनिकों तथा श्रमिक शिल्पियों को तत्काल प्रत्यावर्तन की आज्ञा दी और सशस्त्र वाहिनियों को आगे बढ़ा दिया। राक्षस बड़े वेग के साथ

बाहर निकले थे और उन्हें सशस्त्र युद्ध का अच्छा अभ्यास था। उनका मनोबल भी ऊँचा प्रतीत हो रहा था। परकोटे के भीतर की सेनाओं ने यत्र-तत्र परकोटे पर चढ़ आई वानर टुकड़ियों को पीछे धकेल, परकोटे पर अपना आधिपत्य स्थापित कर लिया था और वे शस्त्र-वर्षा से प्राचीर के बाहर लड़ रही अपनी वाहिनियों की सहायता कर सकने की स्थिति में भी थे वानरों ने राक्षस सेना की लाभप्रद स्थिति से घबराकर तितर-बितर हो जाने के स्थान पर साहसपूर्वक उनका सामना किया। वानर धनुर्धारियों ने बाणों की अपनी बौछारों से अपनी सेनाओं का मनोबल बराबर बनाए रखा।

अंगद मेघनाथ के सामने जा डटे थे। हनुमान प्रजँघ और जंबुमाली से भिड़ गए थे। नील निकुंभ से लड़ रहे थे। सुग्रीव और प्रघस में युद्ध हो रहा था। लक्ष्मण और रावणपुत्र विरुपाक्ष में शक्ति-परीक्षण चल रहा था। अग्निकेतु, रश्मिकेतु, सुप्रघ्न तथा यज्ञकोप के संयुक्त आक्रमण को स्वयं राम रोक रहे थे। मैंद और वज्रमुष्टि में युद्ध हो रहा था। द्विविद तथा अशनिप्रभ भिड़े हुए थे। नल तथा प्रतपन में संघर्ष हो रहा था और वृद्ध सुषेण विद्युन्माली को सँभाले हुए थे।

युद्ध अत्यंत वेग से आरम्भ हुआ था और क्रमशः बल पकड़ता जा रहा था। राक्षस योद्धाओं को शस्त्र-परिचालन का अच्छा अभ्यास था; किंतु वानर यूथपतियों में शारीरिक बल, युद्ध में डटे रहने का दम तथा मन की निष्ठा अधिक थी। युद्ध के वर्द्धमान वेग के साथ-साथ वानर अपनी आरम्भिक व्याकुलता पर नियंत्रण पाते जा रहे थे और राक्षसों की ऊर्जा क्षीण होती प्रतीत हो रही थी।

निकुंभ ने अपने आरंभिक आक्रमण में यूथपति नील को घायल अवश्य कर दिया था; किंतु वह लम्बे समय तक नील के सम्मुख टिक नहीं सका। नील ने अपने खड्ग से भयंकर आक्रमण किया। परिणामतः निकुंभ को युद्ध से निरत हो जाना पड़ा। लक्ष्मण ने विरुपाक्ष को अपने निकट नहीं आने दिया था। उनमें धनुर्बाण का ही युद्ध चल रहा था। विरुपाक्ष ने बहुत प्रयत्न किया किंतु वह लक्ष्मण के सामने टिक नहीं सका और घायल होकर युद्ध-क्षेत्र छोड़ गया। अग्निकेतु, रश्मिकेतु, सुप्रघ्न तथा यज्ञकोप को आक्रमण करते ही अपनी भूल का अनुभव हो गया था। वे समझ गए थे कि राम अकेले भी उन चारों पर भारी पड़ेंगे। यदि उन्हें राम से लड़ना ही था तो धनुष-युद्ध उनके वश का नहीं था। किंतु राम ने उन्हें इतना अवसर नहीं दिया कि वे अपना व्यूह अथवा अपना शस्त्र बदल सकें। एक-एक कर वे युद्ध में गिरते चले गए। कोई अन्य राक्षस योद्धा उनकी सहायता को नहीं पहुँच सका। मैंद ने वज्रमुष्टि, द्विविद ने अशनिप्रभ तथा सुषेण ने विद्युन्माली का वध कर दिया था। किंतु अपनी मृत्यु से पूर्व विद्युन्माली वृद्ध सुषेण को शूल का गहरा घाव लगा गया था।

समग्र रूप से संध्या तक वानर सेना पर्याप्त प्रबल सिद्ध हुई थी किंतु संध्या

होते-होते वे लोग थकने लगे थे। रथ के अश्वों की समता में दौड़ना और अपने से ऊँचाई पर रथ में सुरक्षित बैठे शत्रुओं के साथ लड़ना, अपनी क्षमता को अल्पकाल में ही व्यय कर देने की माँग करता था। सूर्यास्त होने तक वे लोग अपनी क्षमता-भर युद्ध कर चुके थे और अब रात्रि के लिए युद्ध स्थगित करने की इच्छा रखते थे। किंतु राक्षस सेनाओं की ओर से इस प्रकार का कोई संकेत नहीं मिल रहा था।

पूर्णतः अंधकार हो जाने पर भी युद्ध चलता रहा। वानर अंधकार में लड़ने के अभ्यस्त नहीं थे, किंतु युद्ध स्थगित करना उनके हाथ में नहीं था। न तो दोनों पक्षों में ऐसा कोई समझौता होता दीख रहा था और न ही राक्षस-सेनाएँ वापस नगर में लौटने की इच्छुक प्रतीत हो रही थीं। युद्ध तो वानरों को लड़ना ही था।

अंधकार के कारण राक्षसों की गति में कुछ अंतर नहीं पड़ा था। ऐसा नहीं लगता था कि उन्हें तनिक भी असुविधा हो रही है, वरन् अंधकार में उनकी गति कुछ बढ़ गई थी।

राम की चिंता बढ़ती जा रही थी। उन्हें लग रहा था कि दिन-भर के युद्ध से थकी हुई उनकी सेना, इस प्रकार अधिक देर तक नहीं टिक पाएगी। पता नहीं, अंधकार में राक्षस किस अभ्यास के आधार पर लड़ते थे। स्वयं को छिपाना तो सरल था, किंतु शत्रु को ढूँढकर उस पर प्रहार करने का कोई विशिष्ट उपकरण उनके पास प्रतीत होता था। वानर सेना अग्निकाष्ठों की सहायता से युद्ध कर रही थी; किंतु क्षीण प्रकाश में राक्षस सेना के व्यूहों और स्थितियों को समझ पाना सम्भव नहीं था...कदाचित् दिन-भर युद्ध करने वाली उनकी वाहिनियाँ इस अंधकार में लंका में लौट गई थीं और उनका स्थान नई वाहिनियों ने ले लिया था। नवागत वाहिनियाँ थकी हुई नहीं थीं, इसलिए वे पूर्ण वेग के साथ युद्ध कर रही थीं।

जब तक राम राक्षसों की युद्ध-नीति समझें और उसके अनुसार अपनी सेना में परिवर्तन कर सकें, यज्ञशत्रु, महापार्श्व, महोदर, महाकाय तथा वज्रदंष्ट्र ने उन पर सम्मिलित आक्रमण कर दिया। कुछ परे हटकर लक्ष्मण राक्षसों के एक व्यूह में उलझे हुए थे...राम अकेले पड़ गए थे। वानर सेना के किसी भी योद्धा के लिए युद्ध-क्षेत्र में राक्षसों की-सी गति सम्भव नहीं थी। राक्षस सेनानायकों के रथ एक स्थान से दूसरे स्थान पर भागते फिर रहे थे। रथों में पीछे रखे हुए शस्त्रागारों के कारण, न उन्हें शस्त्रों का अभाव होता था और न उनकी आपूर्ति में कठिनाई होती थी।

युद्ध-भूमि में अपने पैरों पर खड़े राम रथों में आए पाँच राक्षस सेनापतियों से लोहा ले रहे थे।...

आक्रमण भयंकर था। वे लोग खुले रथों में आरूढ़ थे और धनुर्विद्या में पर्याप्त दक्ष प्रतीत हो रहे थे। अंधकार उनके लिए बाधा नहीं लग रहा था। राम इस समय शब्द-बेधी के अभ्यास से ही युद्ध कर रहे थे। शत्रु की स्थिति का पता उन्हें रथों

तथा घोड़ों के स्वरों तथा धनुष की प्रत्यंचा की टंकार से ही होता था। थोड़ी देर के युद्ध से स्पष्ट हो गया कि आक्रमणकारी राक्षसों में घबराहट बढ़ने लगी थी। उनके बाण अपने लक्ष्य तक नहीं पहुँच रहे थे। किंतु अंधकार में ठीक-ठीक मालूम नहीं हो पा रहा था कि उनमें से कितने लोग हताहत हुए थे...

सहसा राम पर उनका आक्रमण रुक गया और उनके सारथी रथ कहीं अन्यत्र हाँक ले गए। राम को ज्ञात नहीं हो सका कि लोग घायल होने के कारण युद्ध-क्षेत्र से बाहर ले जाए गए हैं या किसी अन्य व्यूह पर उनकी अधिक आवश्यकता थी।

किंतु तभी राम को सूचना दी गई कि अंगद के साथ द्वंद्व-युद्ध में रावणि मेघनाथ घायल हो गया है।...सम्भव है, वे वे लोग अपने युवराज की सहायता के लिए गए हों...राम ने सोचा...किंतु अब यह युद्ध वानर सेना के लिए क्रमशः कठिन होता जा रहा था। उनके पास उतने विविध शस्त्र नहीं थे, जितने राक्षसों के पास थे। रथ और अन्य युद्धक वाहन तो थे ही नहीं। अंधकार में शत्रुओं को देख पाने का कोई विशेष साधन नहीं था। उनके पास सुरक्षित सेनाएँ भी नहीं थीं, जिन्हें बुलाकर वे अपनी थकी हुई वाहिनियों को कुछ विश्राम दे सकते...

सहसा राक्षस सेना में जय-जयकार का ज्वार उठा। वे लोग रावण के साथ-साथ युवराज इंद्रजित मेघनाथ का भी जय-जयकार कर रहे थे...

अनेक रथ आकर राम के सम्मुख रुके। चारों ओर से अग्निकाष्ठ-वाहन वानर दौड़े। अग्निकाष्ठों के प्रकाश में राम ने देखा—ये रथ युद्ध में पहले आए हुए खुले रथों से भिन्न थे। ये चारों ओर से बंद रथ थे। इन पर ऊपर से किसी वन्य-पशु का बहुत कठोर चर्म मढ़ा हुआ था। कदाचित् ये ही राक्षसों के कवच-रक्षित रथ थे। इनमें छिपे हुए योद्धा न तो दिखाई पड़ते थे और न उनकी संख्या जान पाने का कोई साधन था। इनमें छिपे हुए योद्धाओं के शस्त्रों के विषय में ज्ञान प्राप्त करना भी कठिन था। कवच-रक्षित होने के कारण साधारण, तीक्ष्ण अथवा अग्निबाण भी उनका कुछ नहीं बिगाड़ सकते थे।

लक्ष्मण अपने व्यूह से मुक्त होकर, राम की सहयता के लिए आ गए थे। किंतु तत्काल ही राम समझ गए कि लक्ष्मण के आ जाने से जहाँ एक ओर उनकी स्थिति कुछ सशक्त हुई थी, वहीं वे दोनों भाई एक ही स्थान पर घिर गए थे। कवच-रक्षित रथों के रूप में उनके सम्मुख एक दीवार खड़ी थी और उनके शत्रु उस दीवार के पीछे छिपे हुए थे। बार-बार मेघनाथ के जय-जयकार से स्पष्ट था कि उस व्यूह का मुख्य योद्धा मेघनाथ ही था, जो प्रत्यक्ष युद्ध में अंगद के हाथों घायल होकर, इस प्रकार युद्ध में पुनः प्रकट हुआ था।

मेघनाथ अदृश्य था और उसके बाण राम तथा लक्ष्मण को निरंतर घायल करते जा रहे थे। उनके कवच क्रमशः विदीर्ण हो रहें थे...राम की आँखों में विवशता झाँक रही थी। उनके बाण या तो रथों से टकराकर भूमि पर गिर रहे थे या रथों

के कवच को चीरकर पार निकल जाते थे; किंतु शत्रु को देख पाने अथवा उस पर कोई सार्थक प्रहार करने का कोई मार्ग उन्हें दिखाई नहीं पड़ रहा था।

राम ने अंगद को संदेश भिजवाया, "मेघनाथ को खोजो, अन्यथा पराजय निश्चित समझो।"

सुषेण के दोनों पुत्र, नील, अंगद, शरभ, द्विविद, हनुमान, सानुप्रस्थ, ऋषभ तथा ऋषभस्कंध एक साथ ही अपने खड्ग और गदा लेकर मेघनाथ की खोज में निकले। किंतु प्रत्येक दिशा जैसे अंधी गली हो गई थी। थोड़ी दूर जाकर सामने कवच-रक्षित रथ होता था और उसमें से बाणों की वर्षा हो रही होती थी। जाने एक-एक रथ में कितने योद्धा थे। वानर-योद्धाओं के शरीरों से रक्त बहता जा रहा था...

राम का कवच स्थान-स्थान से फट गया था। शरीर क्षत-विक्षत हो चुका था। शरीर कोई ऐसा अंग नहीं था, जो रक्त से भीगा हुआ न हो। क्रमशः उन्हें अपना शरीर दुर्बल होता प्रतीत हो रहा था।...सहसा एक नया बाण आकर राम की दाईं भुजा में लगा...उन्हें लगा उनकी भुजा भारी हो रही है। उनकी दृष्टि बाण पर गई...बाण सर्पाकार बना हुआ था...पर इस बाण से भुजा इस प्रकार पत्थर क्यों होती जा रही है? भुजा ही क्यों, इससे तो सारा शरीर ही जैसे जड़ होता जा रहा है...यह बाण मात्र सर्पाकार ही नहीं था; इसे सर्प के विष में बुझाया भी गया होगा...

"सौमित्र!..." राम अपनी बात कह नहीं सके। उन्हें मूर्च्छा आ गई थी और वे चकराकर भूमि पर आ गिरे थे।

"भैया!" लक्ष्मण ने राम को गिरते हुए देखा। उन्होंने अपना धनुष भूमि पर रखा और राम के वक्ष पर अपना कान लगा दिया...लक्ष्मण ने अपने जीवन में राम को आज पहली बार युद्ध में धराशायी होते देखा था...

तभी वैसा ही दूसरा सर्पाकार बाण आया और अपने भाई का परीक्षण करते हुए निःशस्त्र लक्ष्मण की भुजा में घुस गया। लक्ष्मण ने पलटकर प्रहार करने वाले को देखने का प्रयत्न किया, किंतु वे पलट न सके। उठकर खड़े होना चाहा; किंतु उठ नहीं सके और सहसा उन्हें लगा कि वे बैठे भी नहीं रह सकते। वे भी संज्ञा-शून्य होकर राम के पार्श्व में ही गिर पड़े...

सुग्रीव ने संकेत किया। अनेक वानर यूथपति अपना-अपना स्थान छोड़कर अपनी वाहिनियों के साथ राम और लक्ष्मण के चारों ओर घिर आए। अकस्मात् ही सहस्रों सहायक सैनिकों ने युद्ध-क्षेत्र में प्रवेश किया और राम तथा लक्ष्मण के चारों ओर एक अभेद्य मानव-प्राचीर बना दी।

राक्षसों के कवच-रक्षित रथों से बाणों के स्थान पर अट्टहासों, उल्लास के मुखरित स्वरों और जय-जयकारों की वर्षा आरम्भ हो गई। शनैः-शनैः एक-एक कर

वे कवच-रक्षित रथ लंका के द्वारों की ओर बढ़ते हुए अन्धकार में विलीन हो गए।...

युद्ध स्वतः ही रुक गया था।

5

वानर स्कंधावार में शोक के साथ-साथ हताशा के लक्षण भी अत्यंत स्पष्ट थे। स्कंधावार की चौकसी और अधिक सावधानी से हो रही थी; किंतु उसमें आत्मविश्वास के स्थान पर भय का भाव ही अधिक स्पष्ट था।

सुग्रीव के शिविर के मध्य में भूमि पर राम और लक्ष्मण के क्षत-विक्षत शरीर अचेत पड़े थे। इतना तो स्पष्ट ही था कि वे अभी जीवित थे; किंतु उनके शरीर के घावों तथा उनकी सघन मूर्च्छा को देखते हुए उनके पुनर्जीवित हो उठने में संदेह होने लगता था। अगस्त्य-आश्रम से आए हुए वानर सेना के शल्य चिकित्सकों ने उन दोनों के शरीरों में से बाण निकालकर औषध लगा पट्टी कर दी थी; उनकी संज्ञा लौटाने के विषय में वे न कुछ कर पा रहे थे और न कुछ कह पा रहे थे...

सारे यूथपति चिंतित थे, किंतु सुग्रीव की व्याकुलता उन्हें असंतुलित करती जा रही थी। युद्ध के पहले ही दिन इतनी बड़ी क्षति हो जाएगी, यह कौन जानता था। वर्तमान वानर सेना राम की ही बनाई हुई थी। उन्हीं के द्वारा प्रशिक्षित और उन्हीं के द्वारा शस्त्रबद्ध ही गई थी। उन्होंने ही इसे युद्ध-रीति सिखाई थी और उन्हीं की युद्ध-नीति चल रही थी। यदि राम और लक्ष्मण ही नहीं रहेंगे तो इस युद्ध का क्या होगा? पराजय तो होनी ही है—वानरों का चिर-शत्रु रावण अपना क्रूर प्रतिशोध लेगा। यह सारी वानर-सेना घेरकर लंका में ही मार डाली जाएगी...किस सांसत में फँसा दिया राम ने वानरों को...

किंतु दूसरे ही क्षण सुग्रीव का मन उन्हें धिक्कारने लगा। राम का इसमें क्या दोष है? राम की पत्नी का हरण हुआ था। वे तो अपनी पत्नी को खोज रहे थे। सुग्रीव ने ही अपने स्वार्थवश उनसे मित्रता की। उनके शौर्य के बल से रुमा और किष्किंधा का राज्य प्राप्त किया। सुग्रीव ने ही उन्हें यह सारी सेना दी और साथ ही विश्वास दिलाया कि वानर राक्षसों से लड़ने में समर्थ हैं। आज जब युद्ध का अवसर आया तो राक्षसों को पराजित करना तो दूर, वानर सेना राम-लक्ष्मण की रक्षा तक करने में समर्थ नहीं हुई। असंख्य सैनिक और यूथपति, सेनापति, सेनानायक खड़े देखते रहे और मेघनाथ राम और लक्ष्मण को क्षत-विक्षत कर चला गया...न दी होती सुग्रीव ने सेना, न दिलाया होता इतना भरोसा, तो क्या राम ऐसे ही रावण से लड़ने के लिए चल पड़ते? सारी सेना में एक भी अच्छा शल्य चिकित्सक

नहीं, कोई वैद्य नहीं जो राम और लक्ष्मण के घावों पर औषध लगा, उनकी मूर्च्छा दूर कर सके; और सुग्रीव उन्हें रावण से लड़ने के लिए ले आए।...धिक्कार है, सुग्रीव, तुझ पर, धिक्कार है...अपने महत्त्व को कोई इस प्रकार बढ़ाकर आँकता है और अपने मित्रों को इस प्रकार संकट में डालता है? मित्र के साथ सुग्रीव ने कैसा शत्रु का-सा व्यवहार किया।...उन्हें यहाँ लाकर मृत्यु के मुख में धकेल दिया. ..अब वैदेही का उद्धार कैसे होगा?...

सुग्रीव ने हताशा में अपना हाथ माथे पर मारा।

विभीषण ने सुग्रीव का उदास मुख देखा और हताशा में माथे पर हाथ मारने का अर्थ समझा।

"मित्र सुग्रीव!" विभीषण धीरे से बोले, "युद्ध का परिणाम सदा अनिश्चित होता है, चाहे योद्धा कोई भी हो। युद्ध-क्षेत्र में जाने से पूर्व स्वयं को जय और पराजय दोनों के लिए तैयार कर लेना चाहिए।..." वे रुके, "मेघनाथ ने राम तथा लक्ष्मण को अवश्य ही मृत मान लिया है, अन्यथा वह युद्ध छोड़कर कभी लंका में प्रवेश न करता। उसने जाकर रावण को अपने विजयी होने तथा राम एवं लक्ष्मण के वध की सूचना दी होगी। समाचार पाकर रावण अत्यंत प्रसन्न हुआ होगा। उसने मेघनाथ का अभिनंदन किया होगा। तत्काल सीता को राम के वध की सूचना भिजवाई होगी...अब वह देवी सीता को और भी क्लेश देगा। स्वयं को अंगीकार करने के लिए और भी दबाव डालेगा...और तुम यहाँ हताश होकर सिर पर हाथ मार रहे हो। बस इतना ही साहस और पुरुषार्थ था तुम्हारा? इसी आधार पर तुम रावण से लड़ने चले आए थे?" विभीषण ने रोष से सुग्रीव को देखा, "मैं इस प्रकार हताश होकर, सिर पर हाथ रखकर नहीं बैठ सकता...मेरी पुत्री और पत्नी लंका में हैं," विभीषण ने एक-एक शब्द चबाते हुए कहा, "मैं लंका का अधिपति न भी बन सकूँ, पर अपने परिवार को तो मुझे मुक्त कराना ही होगा। मैं युद्ध से विमुख नहीं हो सकता।"

सुग्रीव ने स्वयं को सम्भाला, "युद्ध से तो मैं भी विमुख नहीं हो रहा, लंकापति!"

"युद्ध से विमुख होना और किसे कहते हैं!" विभीषण कुछ आवेश में बोले, "जो व्यक्ति केवल विजय की स्थिति में लड़ सकता है, अथवा तनिक आघात सहकर सिर थाम, हताश होकर बैठ जाता है—वह दूसरों का मनोबल भी क्षीण करता है। उसे युद्ध से विमुख हुआ ही समझो।"

सुग्रीव ने तत्काल कोई उत्तर नहीं दिया। वे जैसे स्वयं को संगठित करते रहे। उनके अंतर्युद्ध के चिह्न उनके चेहरे पर स्पष्ट थे। बोले, "अब ऐसा नहीं होगा, मित्र! आगे का कर्तव्य कहो।"

सुग्रीव के इस वाक्य पर सब से मुखर प्रतिक्रिया हनुमान ने व्यक्त की, "किष्किंधापति! आप स्वस्थ हों तो आर्य राम और लक्ष्मण के उपचार का भी कुछ

प्रयत्न किया जाए।'' उन्होंने रुककर इधर-उधर देखा, ''तात सुषेण कहाँ हैं? वे उपचार क्यों नहीं करते?''

दिन-भर के युद्ध से थके हुए वृद्ध सुषेण जैसे कुछ खीझते हुए-से बोले, ''समर्थ और वीर योद्धा युद्ध-क्षेत्र में स्त्रियों के समान विलाप करने बैठ जाएँ तो मैं क्या करूँ!''

किसी ने सुषेण की बात का उत्तर नहीं दिया। केवल सुग्रीव की आँखों में संकोच और उग्रता के भाव बारी-बारी झलके। बोले वे कुछ भी नहीं।

सुषेण ने आगे बढ़कर बारी-बारी राम और लक्ष्मण का नाड़ी-परीक्षण किया और उनके घावों को निरखा-परखा। उन्होंने निराशा में अपने सिर को अनायास ही दाएँ-बाएँ घुमाया और जैसे स्वगत ही बोले, ''कैसे-कैसे अस्त्र-शस्त्रों का प्रयोग किया है इस दुष्ट राक्षस मेघनाथ ने। जब हमें इन दिव्यास्त्रों का ही ज्ञान नहीं तो उनकी औषधियाँ कहाँ से आएँ? हमारे युद्धों में या तो हड्डियाँ टूटती हैं या रक्त अधिक बह जाता है; किंतु ऐसे घाव और यह मृत्यु-सरीखी मूर्च्छा...''

''क्या कोई आशा नहीं, नाना?'' अंगद धीरे-से बोले।

''जब तक साँस, तब तक आस।'' सुषेण अस्पष्ट, फुसफुसाते-से स्वर में बोले, 'वैद्य के लिए निराशा पाप है। मेरी औषध-मंजुषा मँगवा दो।''

सुषेण के प्रयत्न से राम का श्वास कुछ स्थिर हुआ और उनकी बंद पलकें झपझपाईं। थोड़ी देर में राम ने आँखें खोल दीं।

''राम!'' सुषेण ने राम के कान में पुकारा।

सुग्रीव और विभीषण भी उन पर झुक गए और हनुमान, अंगद, जांबवान, नल, नील इत्यादि भी निकट घिर आए।

''राम!'' सुषेण ने पुनः पुकारा।

राम ने एक बार सब की ओर देखा, किंतु उनकी आँखों में किसी के लिए भी पहचान नहीं थी। उनकी आँखों में एक विचित्र भाव था—ख़ाली-खाली,

शून्य...जैसे या तो कुछ दिख न रहा हो, या कुछ भी पहचाना न जा रहा हो...

सुषेण ने एक नई तरल औषधि की कुछ बूँदें उनके मुख में टपका दीं और एक अन्य जड़ी उन्हें देर तक सुँघाते रहे...

क्रमशः राम की आँखों में कुछ जीवंत भाव उभरे, जैसे वे अपने परिवेश को देख और समझ रहे हों, वे अपने साथियों को पहचान रहे हों। किंतु साथ-ही-साथ उनके चेहरे पर असहनीय पीड़ा के भाव उभरे...

''राम!'' सुषेण ने पुनः पुकारा।

राम ने उनकी ओर देखा और उनके होंठों से अस्फुट-से शब्द फूटे, ''असहनीय पीड़ा है, तात। रक्त में आग लगी है। शरीर जैसे जकड़ा हुआ है। हाथ-पाँव हिल

नहीं पाते..." उन्होंने अपने सूखे होंठों पर जीभ फेरी, "...और घावों में मृत्यु से बढ़कर पीड़ा।...ओह! दुष्ट ने जाने कैसे अस्त्रों का प्रयोग किया है, जो प्राण नहीं लेते और मनुष्य को जीवित पीड़ा एवं मृत्यु बना देते हैं..." उन्होंने अपनी पुतलियाँ घुमाईं और अपने निकट पड़े मूर्च्छित लक्ष्मण को देखा, "लक्ष्मण!..." वे आगे बोल नहीं सके, आँखों की कोरों से दो अश्रु बह गए।

"बहुत पीड़ा है, राम?" सुषेण ने पुनः पूछा।

राम ने पुनः जीभ से अपने होंठ गीले किए, "इतनी कि व्यक्ति के मन में मृत्यु-वरण की इच्छा जागे।"

सुषेण ने पुनः कोई आसव उनके मुख में टपकाया, "पीड़ा में कोई न्यूनता आए तो बताना।"

राम ने अस्वीकार में अपना सिर हल्का-सा हिलाया और उनके कंठ से पीड़ा की सिसकारी निकल गई।

"यह केवल घाव अथवा रक्त बह जाने के कारण नहीं है।" सुषेण राम के पास से उठ खड़े हुए, "यह तो मेघनाथ के दिव्यास्त्रों में ही कोई तत्त्व है, जिसने शरीर में प्रवेश कर राम जैसे सहनशील और समर्थ पुरुष की यह स्थिति कर दी है।"

विभीषण की आँखें डबडबा आईं, "हम किसी भी प्रकार लंका की सेना से लड़ने में समर्थ नहीं हैं; न शस्त्रों की दृष्टि से, न सैनिक प्रशिक्षण की दृष्टि से, न चिकित्साशास्त्र की दृष्टि से।"

"यदि लंका का कोई वैद्य..." हनुमान ने अपनी बात अधूरी ही छोड़ दी।

"हाँ! यदि लंका में से कोई सैनिक वैद्य और शल्यचिकित्सक लाया जा सके।" विभीषण बोले, "तो कदाचित इन घावों का उपचार हो सके।"

"पर लंका से कोई वैद्य क्यों आएगा?" तार बोले।

"यदि समर्थ वैद्य का पता हो तो हम उसे बलात् उठा लाएँगे।" अंगद बोले।

"व्यर्थ है।" विभीषण ने कहा, "लंका में घुसकर वैद्य को उठा लाना सरल नहीं है।"

"ऐसा दुस्साहस मत करना।" सहसा अपनी यातना के बीच राम बोले, "इस प्रकार का गुप्त आघात करने वाले दल के नेतृत्व के लिए तुम्हारे पास कोई समर्थ योद्धा नहीं है। तात सुषेण!..."

सुषेण उनके निकट आ गए।

"असहनीय पीड़ा..."

सुषेण ने पुनः उनके मुख में आसव टपकाया और घावों पर नई औषध का लेप करने लगे।

किंतु न राम की स्थिति में कोई सुधार हुआ, न लक्ष्मण की। लक्ष्मण की

मूर्च्छा टूटने के स्थान पर और भी सघन होती प्रतीत हो रही थी। राम की असहनीय पीड़ा उन्हें बार-बार तड़पा उठती थी।

निराश होकर सुषेण ने असमर्थता में अपना सिर हिला दिया।

"हमें कुछ तो करना ही होगा।" सुषेण को निराशा में सिर हिलाते देख हनुमान कुछ उग्र स्वर में बोले, "आर्य राम और लक्ष्मण को हम इस प्रकार तड़पकर मरते नहीं देख सकते।"

सुग्रीव ने हनुमान की ओर देखा—पिछले कई दिनों से उनके मन में यह विचार पल रहा था—हनुमान कदाचित् अपने हृदय से उनकी अपेक्षा भी राम के ही अधिक निकट हो गए थे। यह कुछ-कुछ वैसे ही था, जैसे अंगद वाली की अपेक्षा सुग्रीव के अधिक निकट आ गए थे। राम के व्यक्तित्व में हनुमान को जैसा मित्र, नेता और समर्थ परामर्शदाता मिला था—वह सब कुछ कदाचित् सुग्रीव उन्हें नहीं दे पाए थे। राम को पीड़ा में देख सबको कष्ट हो रहा था, किंतु जो तड़प हनुमान के चेहरे पर दिखाई दे रही थी, वह अन्यत्र कहीं भी नहीं थी...भविष्य में यदि कभी राम और सुग्रीव में मतभेद हो जाए अथवा उनमें कोई विरोध जाग उठे तो हनुमान किसका पक्ष ग्रहण करेगा?...राम का या सुग्रीव का?

सहसा सुग्रीव ने अपना सिर झटका—कैसी-कैसी बातें सोचने लगे हैं वे...राम इतने कष्ट में हैं...मृत्यु की घड़ियाँ गिन रहे हैं...वानर सेना समुद्र पार कर, अपने विकट शत्रु—राक्षसों के शक्ति-केंद्र के इतने निकट ऐसी असहाय अवस्था में पड़ी है और सुग्रीव के मन में अनुदार, स्वार्थी राजनीतिज्ञ जाग रहा है...कैसा नीच है, सुग्रीव, तू!

"क्या करना चाहते हो, हनुमान, तुम?" सुग्रीव ने पूछा।

"कुछ भी!" व्यग्र स्वर में हनुमान बोले, "कुछ भी। मैं हाथ पर हाथ धरे बैठा राम और लक्ष्मण को इस निरीह और यातनापूर्ण मृत्यु मरते नहीं देख सकता।...मुझे कोई भी आदेश दीजिए। कहीं से भी कोई औषधि लानी है, कोई वैद्य, कोई शल्य चिकित्सक लाना है...कहीं से भी। चाहे लंका में ही धावा मारना पड़े।...मैं जाऊँगा।"

"इसे ऐसी अनुमति मत देना।" राम अपनी पीड़ा में कुछ हाँफते हुए बोले। उन्होंने अपने अधरों को दाँतों से भींचकर मानो अपनी पीड़ा सही, "इसका कोई लाभ नहीं होगा। उलटे हनुमान जैसे योद्धा से हाथ धो बैठोगे।...लंका से रावण का चिकित्सक आया तो वह कोई और क्षति कर जाएगा।" उन्होंने पीड़ा सहने के प्रयास में अपनी आँखें मूँद लीं।

"धैर्य रखो, हनुमान!" विभीषण स्निग्ध किंतु स्थिर स्वर में बोले, "विपत्ति के क्षणों में धैर्य से बढ़कर समर्थ मित्र और कोई नहीं होता। तुम्हारी भावना..."

"भावना नहीं, राक्षसराज! कर्म।" हनुमान का अधैर्य और भी मुखर हो उठा,

"मैं कर्म की बात कर रहा हूँ।"

सहसा उन लोगों को एक विचित्र-सी हलचल का आभास हुआ। हनुमान की बात बीच में ही रह गई। सब की दृष्टि उस हलचल की ओर घूम गई।

वानर-सैनिक-प्रहरी कुछ अपरिचित लोगों को अवरोध में लिये बड़े सतर्क भाव से आगे बढ़ रहे थे।

"वानरपति!" प्रहरी नायक बोला, "ये लोग हमारी सेना में संदिग्ध रूप से घूमते तथा आर्य राम एवं लक्ष्मण के विषय में सूचनाएँ एकत्रित करते हुए घूम रहे थे..."

नायक की बात भी अभी पूरी नहीं हुई कि अपरिचितों में से एक, जो कदाचित् उनका नायक था, वेगपूर्वक आगे बढ़ा और उसने राम की कलाई पकड़ उनकी नाड़ी पर अपनी उँगलियाँ रख दीं। क्षण भर वह नाड़ी-परीक्षण करता रहा और फिर उसने सिर उठाकर पूछा, "ये आर्य राम हैं?"

"हाँ!" सुग्रीव बोले, "पर तुम कौन हो?"

आगंतुक ने अपना परिचय देने की तत्परता नहीं दिखाई। उसने अपने एक साथी को संकेत किया। साथी ने अपने हाथ में पकड़ी पेटिका नीचे रखकर उसका ढक्कन उठा दिया। खुली पेटिका को देखकर कोई भी सुविधापूर्वक यह समझ सकता था कि उसमें विभिन्न प्रकार की औषधियाँ थीं।

आगंतुक ने उसमें से एक औषधि उठाकर उसकी कुछ बूँदें राम के मुख में टपकाईं और औषध के प्रभाव को देखने की प्रतीक्षा किए बिना लक्ष्मण की नाड़ी टटोलने लगा।

उसके थोड़े से प्रयास से राम तथा लक्ष्मण प्रायः निरोग होकर उठ बैठे। रक्त-स्राव बंद हो गया, पीड़ा समाप्त हो गई और अंगों की जकड़न भी दूर हो गई। वे दोनों ही प्रसन्न तथा उत्साह से भरे-पूरे लग रहे थे।

इस बीच वहाँ पूर्ण स्तब्धता छाई रही। किसी ने आगंतुक से कुछ नहीं पूछा। उन्होंने भी कुछ नहीं बताया। चुपचाप अपना काम करते रहे।

राम ने स्वस्थ होकर देखा—आगंतुक लोग अन्य आहत सैनिकों और यूथपतियों का उपचार करने का प्रयत्न कर रहे थे। कुछ क्षणों तक राम उन्हें मुग्ध दृष्टि से देखते रहे और फिर उनके नेता के निकट आकर धीमे, मधुर स्वर में बोले, "भद्र! यदि आप अपना परिचय दे देते..."

"अभी आया, आर्य!" वह धीरे से बोला।

उसने अपने साथियों को जल्दी-जल्दी कुछ निर्देश दिए। औषधियों की ओर संकेत किए और उन्हें काम करते छोड़, राम के पास आ गया।

"भद्र राम! मैं गरुड़ हूँ। सर्प-विष से बने शस्त्रों के घाव के उपचार के लिए

देव जातियों का प्रसिद्ध वैद्य हूँ।'' वह बोला, ''यद्यपि हमें आने में कुछ विलम्ब हुआ; किंतु मुझे प्रसन्नता है कि बहुत देर नहीं हुई। आपको जिन शस्त्रों से घायल किया गया था, उनमें भी सर्प-विष बहुत अधिक मात्रा में था। मुझे प्रसन्नता है कि हमारे आने तक विष औषध की मर्यादा के पार नहीं हुआ था। राम...'' गरुड़ ने रुककर राम को देखा, ''आप भयंकर जोखिम का युद्ध लड़ रहे हैं। आपके पास दिव्यास्त्रों का अभाव है। शल्य चिकित्सक आपके पास नहीं हैं। राक्षसों ने इधर कुछ नये शस्त्रों का प्रयोग आरंभ किया है, जिन पर विभिन्न प्रकार के विषैले तत्त्वों तथा मानव शरीर के लिए घातक तथा पीड़ादायक पदार्थों का लेप होता है। ये व्यक्ति को तड़पा-तड़पाकर मार डालते हैं। यद्यपि ये सब नियम-बद्ध युद्ध के विपरीत तथा मानवता-विरोधी आचरण हैं, किंतु राक्षस इसकी चिंता नहीं करते। आपको इस पक्ष में भी सजग और जागरूक रहना होगा।''

''आप यहाँ कैसे चले आए, भद्र?'' राम ने पूछा।

''यह युद्ध मात्र आपका और रावण का ही युद्ध नहीं है, आर्य!'' गरुड़ ने कहा, ''यह युद्ध मात्र वानरों और राक्षसों का ही नहीं है। आज समस्त संसार की दृष्टि इस युद्ध पर लगी हुई है। भावी मानवता के स्वरूप का निर्णय भी इसी युद्ध से होगा। संसार की सब छोटी-बड़ी शक्तियाँ इस युद्ध से प्रभावित होंगी। यह दूसरी बात है, अयोध्या में बैठे तुम्हारे भाइयों को इस युद्ध की सूचना न हो; किंतु देव महाशक्तियाँ ऐसी घटनाओं से अनभिज्ञ रहकर जीवित नहीं रह सकतीं। सारी महाशक्तियाँ कोई-न-कोई पक्ष ग्रहण करेंगी, किंतु खुलकर नहीं...।''

''खुलकर क्यों नहीं?'' लक्ष्मण का स्वर गम्भीर था।

''अनेक कारण हैं, सौमित्र!'' गरुड़ मुसकराकर बोले, ''राक्षस सेना के पास सामान्य राजाओं से अधिक दिव्यास्त्र हैं। फिर वे देवास्त्रों से हीन हैं। तुमने सीरध्वज जनक के प्रासाद में महादेव शिव का धनुष देखा था न!''

''हाँ, आर्य! देखा था।''

''यदि आज कुछ देव शक्तियाँ प्रकट रूप से तुम्हारी ओर से लड़ेंगी तो यह मत भूलो कि रावण ब्रह्मा का प्रपौत्र तथा शिव का प्रिय भक्त है। शिव ने वैसे देवास्त्र रावण को दे दिए, उनका ईंधन तथा उनकी परिचालन विधि का ज्ञान दे दिया। रावण ने उन देवास्त्रों का प्रयोग तुम्हारे विरुद्ध किया; तो तुम्हारी सेना की क्या स्थिति होगी?''

''हमारी बहुत क्षति होगी।''

''इसीलिए देव शक्तियाँ प्रकट रूप से तुम्हारे पक्ष में नहीं आ सकतीं।'' गरुड़ मुसकराए, ''यथासमय गुप्त सहायता दोनों ओर से आएगी।...ये औषधियाँ भी उसी गुप्त सहायता का ही अंग हैं।'' वे रुके, ''मेरे साथियों ने तुम्हारे योद्धा वैद्य सुषेण को औषधियों का ज्ञान दे दिया होगा। वे उनका प्रयोग करेंगे।'' उन्होंने

मुसकराकर राम की ओर देखा, "अब हमें जाने की अनुमति दें..." वे रुके, "हमारा आना गोपनीय रहे तो शुभ है।"

"आप आश्वस्त रहें, भद्र!" राम ने कहा।

6

रावण का क्रोध बढ़ता जा रहा था। लंका के पश्चिमी द्वार पर धूम्राक्ष हनुमान के हाथों मार डाला गया था। वज्रदंष्ट्र का दक्षिण द्वार पर अंगद ने वध किया था। दुर्मुख ने समुन्नत को, जांबवान ने महानाद को, तार ने कुंभहनु को तथा नील ने प्रजन्य को सहज ही नष्ट कर दिया था।

एक के पश्चात् एक सेनापति और सेनानायक के वध का समाचार आता; एक-एक कर वाहिनियों के नष्ट होने की सूचना मिलती और रावण अपने महाराजाधिराजत्व में बँधा, पृथ्वी पर पाद-प्रहार कर विवश घूमता अपना रक्त खौलाता रहता। पहले दिन अपने कुछ वीर योद्धा खोकर भी राक्षस सेना विजयनी रही थी। मेघनाथ ने आकर राम और लक्ष्मण—दोनों के वध और वानर सेना के हताश होने का समाचार दिया था। रावण ने अपने वीर पुत्र का अभिनन्दन किया था और तत्काल राम और लक्ष्मण के वध का सामचार सीता तक पहुँचा दिया था। रावण ने सोचा था कि सीता दीन होकर आत्मसर्मपण कर देगी और रावण पूर्ण विजय का सुख-भोग करेगा। किंतु सीता ने यह कहकर इस सूचना का तिरस्कार कर दिया था कि रावण का क्या है, वह तो प्रतिदिन एक राम का वध करता है और प्रतिदिन एक नया राम जीवित होकर उठा खड़ा होता है...

कैसी मायाविनी है यह सीता! इधर उसने यह बात कही और उधर वानर सेना के हर्ष-निनाद से लंका की प्राचीर काँप-काँप गई। रावण चकित रह गया था। सेना के दो महासेनापतियों के वध के पश्चात् जिस सेना को या तो युद्ध-क्षेत्र से पलायन कर जाना चाहिए था, या रावण के सम्मुख आत्मसमर्पण कर देना चाहिए था; अथवा यदि वह सेना बहुत ही साहसी, दृढ़ और वीर थी तो उसे शोकाकुल होकर रुदन करना चाहिए था, उस वानर सेना को आधी रात के समय क्या मिल गया, जो वह हर्ष-निनाद कर रही है?...और तब रावण को यह सूचना मिली थी कि राम और लक्ष्मण सचमुच जीवित हो उठे हैं...रावण चकरा गया था...कैसे मायावी हैं ये राम और लक्ष्मण, जो मर-मरकर ज़ी उठते है। सच कहा था सीता ने, रावण प्रतिदिन एक राम का वध करता है और राम पुनः जीवित होकर उठ खड़ा होता है।

प्रतिरावण ने तब प्रबलतम अट्टहास किया था, "राम मायावी नहीं है। मायावी तेरा पुत्र मेघनाथ है। उसकी माया झूठ की माया है। तूने सीता को झूठ के बल पर ठगना चाहा था; तेरा पुत्र उसी झूठ के आधार पर तुझे ठग गया। तूने ही इस

झूठ को सदा संरक्षण दिया है, रावण! अब तू ही इसे भुगत। जब तेरी बहन शूर्पणखा ने आकर तुझसे झूठ कहा था, तो तू उसे सच मानकर सीता का हरण करने चल पड़ा; क्योंकि झूठ तुझे अभीष्ट था। अब मेघनाथ के झूठ को सच मान ले, वह भी तेरा अभीष्ट है।''

रावण को लगा, क्रोध से उसका दम घुट जाएगा।...क्या करे वह इस प्रतिरावण का! उसने शूर्पणखा को लंका से निकाल अश्मपुरी में रोक रखा है, विभीषण को लंका से निकाल दिया है...किंतु यह प्रतिरावण...

और अब एक-एक कर धूम्राक्ष, वज्रदंष्ट्र, दुर्कम्पन, समुन्नत, महानाद, कुंभहनु और प्रजन्य मारे जा चुके हैं।...

रावण के अपराजेय बल में लंकावासियों का विश्वास नहीं रहा। उसका विरोध बढ़ता जा रहा है। स्थान-स्थान पर लोग कहते फिरते हैं कि सीता को लौटाकर उसे राम से संधि कर लेनी चाहिए।...लंका को वानर सेना ने ऐसे घेर रखा है कि आश्वयक सामग्री की कमी होती जा रही है। लंकावासी कठिन जीवन जीने के अभ्यस्त नहीं हैं। विलास के बिना वे जी नहीं सकते। वे चाहते हैं युद्ध समाप्त हो, लंका में शांति हो ताकि विलास की अबाध धारा...

कैसा विवश हो गया था देवशत्रु महाराजाधिराज रावण। न सीता को लौटा सकता है, न उसका वध कर सकता है; और न बलात् उसे अपनी शैया पर खींच सकता है।...उसकी अपनी बहन उसकी विरोधिनी हो गई, उसकी बाधा बनकर उसके मार्ग में खड़ी हो गई है और उसका भाई उसके शत्रु के साथ जा मिला है...

'अपनी आसक्ति के कारण सीता का वध तो तू कर नहीं सकता,' प्रतिरावण का स्वर उसके मस्तिष्क में गूँजा, 'विभीषण से तो प्रतिशोध ले सकता है। सरमा और कला का वध कर दे...'

रावण का मन सिहर उठा—यह प्रतिरावण उसे विनाश की ओर धकेलकर ही छोड़ेगा। यदि रावण ने अपना नियंत्रण तनिक भी शिथिल किया तो प्रतिरावण उसे अपने प्रवाह में बहा ले जाएगा...और यदि रावण ने सचमुच सरमा अथवा कला के साथ कोई दुर्व्यवहार किया तो न केवल कुंभकर्ण उसका साथ छोड़ जाएगा; मंदोदरी और प्रबल होकर उसका विरोध करेगी; वरन् लांक के भीतर उपद्रव होने लगेंगे। विभीषण-समर्थक संगठन लंका की प्राचीर में भीतर से सेंध मारने लगेंगे। जो युद्ध लंका की प्राचीर के बाहर हो रहा है, वह लंका की वीथियों, पथों और चतुष्पथों पर होने लगेगा...

इस प्रतिरावण से भी उसे छुटकारा पाना है; किंतु राम? पहले इस मायावी राम का प्रबंध करना होगा। इस दुष्ट ने इन नीच वानरों को आकाश पर चढ़ा दिया है।...उन्हें विश्वास दिला दिया है कि वे भी मनुष्य हैं और राक्षसों के समतुल्य हैं किंतु रावण उन्हें अच्छी तरह समझा देगा कि उनकी नियति क्या है। वानर

वानर ही रहेंगे और राक्षस राक्षस ही। राम अथवा वैसे ही लबाड़िए प्रचारकों की बातों का क्या है।...रावण यह सत्य प्रमाणित कर दिखाएगा कि वानर नीच होकर ही जन्मा है और नीच रहकर ही मरेगा। वे राक्षसों के सुख के साधन मात्र हैं। उन्हें वहीं रहना होगा...

किंतु यह एक के पश्चात् एक सेनापतियों की पराजय और उनकी मृत्यु। यह क्रम और नहीं चल सकता। रावण ने वानरों की शक्ति को कम आँका, इसलिए वह अभी युद्ध-क्षेत्र में नहीं गया, अन्य सेनापतियों को भेजता रहा। पर यह क्रम और नहीं चल सकता। आज रावण स्वयं जाएगा और इन वानरों को पाठ पढ़ाएगा। साधारण अस्त्र-शस्त्रों से नहीं मरेंगे तो दिव्यास्त्रों का प्रयोग कर इनके सेनापतियों को मारना होगा...यदि राक्षस सेना को वानरों से एक भी पराजय और मिली तो लंकावासियों का विश्वास राजाधिराज से उठ जाएगा...

मेघनाथ पिता से सहमत नहीं था। उसका विचार था कि अन्य सेनापतियों के रहते हुए, महाराजधिराज का स्वयं युद्ध के लिए जाना शोभनीय नहीं था; किंतु पिता और महाराजाधिराज के अधिकार से रावण ने उसे लंका की रक्षा के लिए नियुक्त किया और स्वयं युद्ध के लिए द्वार से बाहर निकल आया।

रावण के साथ अकंपन, अतिकाय, महोदर, पिशाच, रावणि त्रिशिरा एवं नरांतक तथा कुंभकर्ण के पुत्र और निकुंभ अपनी-अपनी वाहिनियाँ लिये चल रहे थे। राक्षस सेना प्रलयकालीन ज्वार के समान हुँकार करती हुई बढ़ती चली जा रही थी। रावण ने कोई विशेष व्यूह न बनाकर वानर सेना पर सीधा आक्रमण किया था। उसके सेनापति जहाँ-तहाँ वानर यूथपतियों से उल्झ गए थे।

सुग्रीव ने रावण को आते देखा। राम अपने व्यूह में अन्यत्र व्यस्त थे। वैसे भी इस समय राम का सीधे रावण से टकराना सुग्रीव को उचित नहीं लग रहा था। सम्भव है कि रावण को देखते ही राम अपना संयम छोड़ बैठें और अपने आक्रोश के कारण स्वयं को अनावश्यक जोखिम में डालें। यह न राम के हित में होगा, न वानर सेना के। उससे तो अच्छा है कि सुग्रीव स्वयं ही रावण को रोकें। उन्हें भी तो रावण से पुराना हिसाब चुकाना था...

रावण के रथ के सम्मुख अनेक घोड़े जुते थे। रथ के पहिए बड़े-बड़े थे। जंगली भैंसे के चर्म से बने कवच से रथ रक्षित था और अनेक प्रकार के शस्त्रास्त्रों में अँटा पड़ा था।

सुग्रीव को अपना धनुर्विद्या के अभ्यास का अभाव खला। रावण से लड़ने के लिए धनुष ही उपयुक्त शस्त्र था...किंतु सुग्रीव के पास तो गदा थी, गदा-कौशल था, शारीरिक बल था और मन में आक्रोशपूर्ण वीरता थी...

वानर सेना की धनुर्धारी टुकड़ियों ने बाणों की पहली बौछार की तो राक्षसों की पैदल सेना की गति रुद्ध हो गई। रावण के रथ की गति मंथर हुई तो उसने अपने धनुष से सारथी को कोंचा, ''रथ को आगे निकालो।''

सुग्रीव को अपने लिए उपयुक्त अवसर दिखाई पड़ा। वे कूदकर रावण के रथ पर चढ़ गए; किंतु इससे पहले कि रावण पर वे अपनी गदा चलाते, रावण ने उनके वक्ष में एक शूल दे मारा। शूल इतने निकट से वेग से चलाया गया था कि सुग्रीव उसे सँभाल नहीं सके। उन्हें चक्कर आ गया और वे रथ से नीचे खिसक पड़े...।

किंतु वानर सेना तनिक भी असावधान नहीं थी। सुग्रीव को गिरते देख, तत्काल व्यूह बदल गए। इससे पहले कि रावण अथवा कोई अन्य राक्षस सेनापति उन पर प्रहार कर सकता; गवाक्ष, गवय, सुषेण, ऋषभ, ज्योतिर्मुख और नल अपनी वाहिनियों के साथ रावण पर इस तीव्रता से झपके कि रावण को सुग्रीव को भूलकर अपनी रक्षा के लिए प्रयत्नशील होना पड़ा।

रावण के सेनापति भी अपनी सेनाओं के साथ उसके आस-पास घिर आए। अकस्मात् ही युद्ध अत्यंत भयंकर हो उठा। लगा कि युद्ध के अन्य व्यूह निरस्त कर दिए गए हैं और प्रत्येक योद्धा इसी दिशा में बढ़ा चला आ रहा है। नील ने आते ही मूर्च्छित सुग्रीव को चिकित्सा-शिविर की ओर भिजवाया। सुषेण को उनके पीछे भेजा और स्वयं रावण के सम्मुख डट गए। नील के बाणों ने रावण को कुछ इस प्रकार पीड़ित किया कि रावण अपना धैर्य खो बैठा। उसकी दृष्टि अपने दिव्यास्त्रों पर घूम गई। उसने आग्नेयास्त्र उठाकर अपने बाण के फल पर लगाया और पूरी शक्ति से धनुष की प्रत्यंचा खींचकर बाण छोड़ दिए।

आग्नेयास्त्र को न नील काट सके और न उनका कवच उसे रोक पाया। उन्हें लगा जैसे कवच स्थान-स्थान से जलकर शिथिल हो गया है और उनके अंग-प्रत्यंग झुलस रहे है। नील का मस्तिष्क सोने-सोने को हो गया। वे मूर्च्छित हो गए थे।

नील के गिरते ही, तत्काल उनके स्थान पर लक्ष्मण आ खड़े हुए। बड़ी विकट स्थिति थी। इस समय तनिक-सी भी शिथिलता से रावण का रथ वानर सेना पर चढ़ आता। उसके शस्त्रास्त्रों और दिव्यास्त्रों से वानरों का भयंकर नाश होता और राक्षस सेना वानरों को पूर्णतः ग्रस लेती।

लक्ष्मण किसी कठोर शिला के मसान रावण के रथ के सम्मुख खड़े क्षुर, अर्द्धचन्द्र, उत्तमकर्णी तथा भल्ल बाणों की झड़ी लगाए हुए थे। दूसरी ओर उनका मस्तिष्क निरंतर अपने बाण चला रहा था—यही वह रावण है, जिसने मुखर का वध किया, सीता का हरण किया, जटायु को मारा...यही है वह अन्यायी, जिसने संसार के समस्त न्याय को ग्रस लिया है...इसके कारण संसार में शोषण का प्रकोप है...इसके कारण कोई सुरक्षित नहीं, सम्मानित नहीं...यह पाप है, अपराध है, शोषण है...

लक्ष्मण को देखकर रावण के मन में भी कुछ कौंधा—यह उन दो भाइयों में से एक है, जिन्होंने उसके आधिपत्य को सर्वत्र तोड़ा है। जिन लोगों ने स्वयं को कभी मनुष्य समझा, उन्हें इन्होंने समता, स्वतंत्रता, अधिकार और न्याय के लिए लड़नां नहीं सिखा दिया है।...यदि ये दोनों भाई जीवित रहे तो राक्षस-यंत्र नष्ट

हो जाएगा, राक्षसों का आधिपत्य सर्वथा समाप्त हो जाएगा।...

रावण ने ब्रह्मबाण अपने धनुष पर चढ़ाया और लक्ष्मण पर चला दिया। बाण लक्ष्मण के वक्ष में लगा।...अपने धनुष पर लक्ष्मण की पकड़ ढीली हो गई। उन्हें लगा कि उनके हाथ से धनुष खिसक रहा है और उनका सिर चकरा रहा है।...लक्ष्मण ने सिर को झटका। स्वयं को संतुलित किया और पुनः सन्नद्ध होकर खड़े हो गए। उन्होंने एक के पश्चात् एक कर, तीन बाण रावण पर चला दिए। रावण के धनुष की प्रत्यंचा कटकर झूल गई।

प्रतिरावण जोर से हँसा। 'बस, रावण! इतनी ही-सी शक्ति थी तेरी!'

अपने आवेश में रावण सब कुछ भूल गया। उसे लगा, उस पर नाश का आवेश छा गया। इस समय उसके हाथ में जो भी भयंकर से भयंकर अस्त्र होता, वह उसी को चला देता।...मदांध रावण के मन में लक्ष्मण के साथ-साथ अपने प्रति भी क्रोध जागा।...क्या हो गया है उसे! वह कल के इन छोकरों को भी उपयुक्त पाठ नहीं पढ़ा सकता। उसने ब्रह्मा का दिया हुआ दिव्य शर चलाया और यह छोकरा उसे झेल गया। व्यर्थ ही ब्रह्मा उसके पितामह और शंकर उसके गुरु कहलाते हैं।...शिव ने क्यों नहीं उसे वैसा धनुष दिया, जैसा सीरध्वज जनक के घर पर पड़ा था। अपनी भुजाओं की शक्ति से न चलाकर, यंत्र-परिचालित धनुषों से वह देवास्त्र प्रक्षेपित करता और विश्व को जलाकर क्षार कर देता...

आवेश में रावण ने अपने रथ के पिछले भाग से अग्नि के समान लपलपाती हुई ब्रह्मशक्ति उठा ली। यह शक्ति ब्रह्मा ने उसे दी थी और आज तक अमोघ मानी जाती थी। रावण ने नये धनुष पर शक्ति चढ़ा, लक्ष्मण का लक्ष्य साध प्रत्यंचा छोड़ दी...

शक्ति वस्तुतः आमोघ थी। लक्ष्मण के बाण मार्ग में शक्ति को नहीं काट सके। शक्ति लक्ष्मण से वक्ष में लगी और लक्ष्मण के शरीर में भयंकर जलन उत्पन्न हो गई, जैसे कोई भयंकर विष उनके रक्त में पहुँचकर अग्निदाह कर रहा हो। यह ज्वाला असहनीय थी, असह्य।

लक्ष्मण मूर्च्छित होकर भूमि पर आ रहे थे।

रावण का रथ आगे बढ़ा और वानर सेना तितर-बितर हो गई। लक्ष्मण के धराशायी होने का समाचार दावानल के समान फैल गया। रावण ने सारथी को रुकने का संकेत किया।

रथ लक्ष्मण के मूर्च्छित शरीर के पास रुका...और सहसा वानर यूथपतियों की समझ में आया कि रावण के मन में क्या है।...रावण ने मूर्च्छित लक्ष्मण की भुजा पकड़ी ही थी कि असंख्य वानर रावण पर अपने अस्त्रों-शस्त्रों के साथ झपट पड़े। हनुमान ने अपनी गदा का एक भरपूर प्रहार रावण के वक्ष पर किया...लहर पर लहर के समान बढ़कर आते हुए वानरों ने रावण को विचलित कर दिया। लक्ष्मण के मूर्च्छित शरीर को वह उठा नहीं पाया। किंतु इस आपाधापी में वह एक स्थान

पर टिक नहीं सका। हनुमान का प्रहार भी लक्ष्य-च्युत हो गया। कंधे पर हुए प्रहार के कारण रावण क्षणभर के लिए निश्चेष्ट हो गया।...उसके सारथी ने उसे सहारा देकर रथ में बैठाया और रथ मोड़ लिया।

हनुमान अद्‌भुत स्फूर्ति से आगे बढ़े। उन्होंने लक्ष्मण को अपने कंधे पर उठा लिया और मुख्य शिविर की ओर मुड़ गए। उधर वानर सेना राक्षसों के भयंकर आक्रमण के सम्मुख लौह प्राचीर के समान अविचलित खड़ी थी।

राम को सूचना मिली।

उन पर दोहरी प्रतिक्रिया हुई—रावण युद्ध-क्षेत्र में आया है और लक्ष्मण मूर्च्छित हुए पड़े हैं। राम द्वंद्व में थे—किधर जाएँ? पहले मूर्च्छित भाई की सुध लें, अथवा पहले अपने शत्रु को रण-निमंत्रण दें?...रावण ने सुग्रीव, नील और अब सौमित्र को आहत कर मूर्च्छित कर दिया था...राम को वहीं जाना चाहिए।...कब से राम इस शत्रु को खोज रहे थे और वह अपनी सोने की लंका में सुरक्षित बैठा था। आज वह रणक्षेत्र में आया है और वे उससे भेंट न करें तो धिक्कार है उनकी वीरता पर!

राम ने चरों को सुषेण के पास भेजा—सौमित्र के स्वास्थ्य की सूचनाएँ निरन्तर भिजवाते रहें...अपना व्यूह उन्होंने अंगद को सौंपा और उस क्षेत्र में पहुँचे, जहाँ रावण का रथ खड़ा था।

रावण की निष्क्रियता नष्ट हुई तो उसने पुनः धनुष उठा लिया। किंतु इस बार उसके सामने लक्ष्मण नहीं था। उसने सारथी की ओर देखा।

"राम!" सारथी ने बताया।

'यह वही कंगला राजकुमार है, जिसके भय से तू कभी उसके सामने नहीं पड़ा।' प्रतिरावण हँस रहा था।

राम ने रावण को देखा—प्रौढ़ वय का साधन-संपन्न हृष्ट-पुष्ट योद्धा। पर यह योद्धा कैसा? यह तो चोर है—सीता का हरण करने वाला। दुष्ट, अत्याचारी और कायर!...पूरा शस्त्रागार अपने रथ में रख युद्ध करने आया है ताकि न्याय की हत्या कर अपने पापों से अपनी रक्षा कर सके...सारी मानवता का पीड़क...सीता को उनसे छीनने वाला...

"दुष्ट निशाचर! तेरी प्रतीक्षा बहुत दिनों से थी।" राम के जबड़े भिंच गए, "आज पृथ्वी का पाप कट जाएगा।"

रावण ने सौंदर्य और शौर्य के उस पुंज को देखा—शूर्पणखा यदि इसे देखकर अपना विवेक खो बैठी थी, तो उसने क्या गलत किया था। सीता यदि किसी दूसरे पुरुष को स्वीकार नहीं कर सकती तो उसका क्या दोष। राम के रहते हुए कोई भी स्त्री किसी अन्य पुरुष को कैसे अंगीकार कर सकती है।...यही है वह पुरुष, जिसने इस सारे जनपद में घास-फूस के समान चरी जा रही प्रजा के हाथ में शस्त्र

देकर उन्हें सैनिक बना दिया है। और कैसे खड़ा है रावण के अस्त्र-शस्त्रों से अँटे हुए कवच-रक्षित रथ के सम्मुख! भूमि पर नंगे पाँव, पदाति शरीर पर एक कवच है—जाने कैसा पुराना-सा जीर्ण-शीर्ण कवच है। रथ के अभाव में अपने दोनों कंधों पर तूणीर लटकाए, कटि में खड्ग बाँधे और हाथ में धनुष लिये...

सहसा रावण का आक्रोश उबला—जब तक यह जीवित है, सीता रावण की नहीं हो सकती...जब तक यह जीवित है, रावण जंबुद्वीप का अधिपति नहीं हो सकता...इसे मरना ही होगा, इसी क्षण..

रावण ने लक्ष्मण को मूर्च्छित करने वाली ब्रह्मशक्ति पुनः उठा ली और धनुष पर चढ़ा, राम के वक्ष पर छोड़ दी, किंतु राम ने अपने कौशल से शक्ति को मार्ग में ही नष्ट कर दिया।...रावण ने राम का अद्भुत रण-कौशल देखा—उसने ठीक ही सुना था कि इस व्यक्ति ने विश्वामित्र और अगस्त्य से दिव्यास्त्र प्रापत किए हैं। लगता है कि रावण को देवास्त्रों के लिए पुनः महादेव शिव की शरण में जाना होगा...

भूमि पर नंगे पैर खड़े राम, रावण के शक्तिशाली दिव्यास्त्रों का निराकरण कर रहे थे। उनके विभिन्न अंगों में अनेक अस्त्र-शस्त्र चुभे थे। शरीर से रक्त बह रहा था। शरीर से टपके हुए रक्त ने उनके पाँव भिगोकर लाल कर दिए थे। किंतु राम तनिक भी विचलित नहीं हुए थे।

राम के बाणों से रावण के रथ के अनेक घोड़े घायल होकर शिथिल हो रहे थे। सारथी की भुजाएँ आहत होकर वल्गा सँभालने में बहुत दक्ष नहीं रह गई थीं; और सहसा राम के नाराच ने रावण के धनुष की प्रत्यंचा काट डाली।

रावण दूसरा धनुष लेने के लिए मुड़ा। उसने धनुष उठाकर साधा ही था कि राम ने एक के पश्चात् एक चार बाण उसके वक्ष में धँसा दिए। रावण की आँखों के सम्मुख अंधकार छा रहा था।

सारथी ने उपयुक्त समय जानकर रथ लंका के द्वार की आरे मोड़ दिया।

रावण का हर्ष और अभिमान दोनों को खंडित हो चुके थे। जब वह लंका लौटा तो धनुष टूट गया था, रथ के घोड़े या तो मर गए थे। या मरने वाले थे; सारथी पंगु हो चुका था, किरीट खण्डित था...विश्वविजेता महाराजाधिराज रावण अत्यंत चिंतित था।

उसने सदा यही माना था कि वह उच्च है, श्रेष्ठ है, अधिक बुद्धिमान, शक्तिशाली और समर्थ है। वानर तथा अन्य जातियों को उसने अपने लिए उपकरण अथवा सामान्य पशुओं से अधिक महत्त्व नहीं दिया था। उन्हें मनुष्य मानने की कभी आवश्यकता नहीं पड़ी थी। उनकी भी कोई सेना अथवा सैनिक शक्ति हो सकती है—यह उसका मन कभी स्वीकार नहीं कर सका था। उसके पास धन था, साम्राज्य था, सेना थी, शस्त्र थे, ब्रह्मा और शिव जैसी महाशक्तियाँ उसकी रक्षा के लिए

खड़ी थीं...उन वानरों के पास इनमें से कुछ भी नहीं था—किंतु राम की मानवता के प्रति आस्था ने उन्हें क्या से क्या बना दिया था...क्या था राम के पास, मानवता में अप्रतिम आस्था के सिवाय? तो क्या मनुष्य धन, शक्ति, शस्त्र, पशुबल—सबको बड़ा होता है?...रावण ने माना था कि ये वानर पशु के समान जन्मे थे, पशु का-सा जीवन जिएँगे और पशुओं की-सी मृत्यु मर जाएँगे।...किंतु राम की आस्था ने उन्हें विश्व की इतनी बड़ी शक्ति सिद्ध कर दिया था...मात्र मनुष्य शस्त्रों से बड़ा हो गया था...

किंतु दूसरे ही क्षण रावण सचेत हो गया। वह यह सब क्या सोच रहा है? कहीं उसके भीतर का प्रतिरावण तो उसे बहकाने का प्रयत्न नहीं कर रहा है?...शस्त्र शस्त्र हैं, मनुष्य मनुष्य...और रावण को लगा, उसके भीतर ब्रह्मा और शिव के विरुद्ध जमा हुआ आक्रोश फिर से खौलने लगा था...क्यों नहीं वे लोग उसे दिव्यास्त्रों से भी अधिक शक्तिशाली देवास्त्र दे देते? एक बार रावण को देवास्त्र मिल जाएँ तो वह इस पृथ्वी पर से पशु-सरीखे इन मनुष्यों का चिह्न तक मिटा देगा। ये लोग रावण का विरोध कर जीने के अधिकारी नहीं रहे...किंतु इतनी चिरौरी करने पर भी, प्रेम, निष्ठा और भक्ति प्रदर्शित करने पर भी न कभी ब्रह्मा पसीजे, न शिव, कि उसे देवास्त्र दे देते और रावण एक बार तो नाश का विकट तांडव करता...बस उसे दिव्यास्त्रों तक ही रोक दिया जाता है...

रावण का ध्यान देव महाशक्तियों से हटकर लंका की वर्तमान स्थिति पर आ गया...लंका की रक्षा कैसे हो? यदि राक्षस सेना लंका के द्वारों से बाहर निकलकर वानरों से लड़ने में तनिक असमर्थ सिद्ध हुई तो वानर सेना अपना अवरोध संकीर्ण करती हुई लंका की प्राचीर तक आ जाएगी, और फिर युद्ध-पूर्व स्थिति के समान वे छेनियों-हथौड़ियों से लंका की प्राचीर को छेदने लगेंगे। परिखा पर सेतु निर्माण पर परकोटों पर चढ़ जाएँगे। लंका के हाट-बाजारों में घुस जाएँगे। लंका के प्रासादों पर पथराव करेंगे...

अब शिथिलता का समय नहीं था। लंका के द्वारों पर विकट चौकसी रखनी होगी। पथों-चौराहों पर सैनिकों को रखना होगा। परकोटों पर प्रहरियों को नियुक्त करना होगा...किंतु सम्मुख युद्ध में सेनापति होकर अब कौन जाएगा?...

रावण के अपने सेनापतित्व में राक्षस सेना को अपमानजनक पराजय मिली है। रावण के पुनः लौटने पर वानरों का मनोबल और बढ़ जाएगा। और हतबल राक्षस पराजय के और निकट होते जाएँगे। रावण स्वयं भी अभी लौटकर जाना नहीं चाहेगा...रावण को लगा, जनस्थान में राक्षस सेना की पराजय के पश्चात जो मनःस्थिति उसकी हुई थी, अब पुनः उसी मनःस्थिति में लौट आया है। तब भी वह राम से सम्मुख-युद्ध बचा जाना चाहता था, अब भी वह सम्मुख-युद्ध में राम के सम्मुख पड़ना नहीं चाहता। न केवल वह स्वयं सम्मुख-युद्ध से बचना चाहता है, उसके मन में कहीं-न-कहीं मेघनाथ को भेजने का भी विरोध है। मेघनाथ की पराजय

से राक्षस सेना का मनोबल और भी गिर जाएगा। पिता-पुत्र, किसी के भी सेनापतित्व में राक्षसों का विश्वास नहीं रह जाएगा।...फिर कहीं यदि मेघनाथ का वध हो गया, तो रावण का एक अनन्य अनुचर समाप्त हो जाएगा।...राम की सेना के दबाव ने लांकवासियों के चेहरों पर लगे नकली मुखौटे उतारकर रख दिए थे। भीतरी और बाहरी विरोध के इस संकटकाल में रावण को अपने समर्थकों को सँजो-सँजोकर रखना होगा।...नहीं मेघनाथ को इन मायावी तापसों से लड़ने के लिए नहीं भेजा जा सकता। वह उन्हें मारकर आ जाता है और वे पुनः जीवित हो उठते हैं...ऐसे लोगों से लड़ने के लिए मेघनाथ को नहीं भेजा जा सकता...और हाँ, सेनापति कोई भी हो, उसे कहना होगा कि यदि वह इन कंगले सन्यासी राजकुमारों अथवा वानर यूथपतियों में से किसी को भी आहत अथवा मूर्च्छित करने में सफल हो जाए तो वह उनके शरीरों को अवश्य लंका में ले आए, ताकि उनका शिरोच्छेद कर उनकी मृत्यु को निश्चित बनाया जा सके। यदि मेघनाथ पहले युद्ध में राम-लक्ष्मण के शरीरों को लंका में उठा लाता, अथवा स्वयं रावण आज सुग्रीव तथा लक्ष्मण के शरीरों को अपने साथ ला पाता तो उनकी मृत्यु को एक निश्चयात्मक तथ्य में बदल सकता।

सहसा रावण का ध्यान कुंभकर्ण की ओर चला गया—मदांध कुंभकर्ण! वह मदिरा पीकर पड़ा होगा। इन दिनों लंका में घटने वाली घटनाओं की कोई सूचना उसे होगी भी या नहीं, कहा नहीं जा सकता। और यदि किसी ने सूचना दी भी होगी, तो उस पर कोई विशेष प्रभाव नहीं पड़ा होगा। मदिरा में एक बड़ा गुण है, वह व्यक्ति को कायर नहीं बनने देती। कुंभकर्ण ने यदि राम के शौर्य के विषय में सुना भी होगा, तो भी उससे भयभीत नहीं हुआ होगा।

और फिर प्रत्येक क्षण रावण के मन में यह चिंता होती है कि कहीं किसी बात से रुष्ट होकर विभीषण के समान कुंभकर्ण भी उसका विरोधी न हो जाए...कितना अच्छा अवसर है इस समय! कुंभकर्ण को सेनापति का मान-सम्मान देकर, रावण उसे अपने प्रेम का विश्वास दिलाएगा। कुंभकर्ण राक्षस सेना की इस हतवीर्य स्थिति में यदि अपने पराक्रम से उसे उबार सका तो रावण के लिए गौरव ही गौरव है; और यदि वह पराजित होकर मारा गया तो रावण को आतंकित करने वाली लंका की भीतरी शक्तियों में से एक कम हो जाएगी...रावण को यह पहले क्यों नहीं सूझा?...ऐसे सब लोगों को, जो किसी भी स्थिति में रावण के विरोध को किसी प्रकार का बल दे सकते हैं, अथवा रावण के विरुद्ध खड़े हो सकते हैं—एक-एक कर युद्ध में भेजना चाहिए। मंदोदरी के वे सारे पुत्र भी, जो पिता के विरुद्ध माँ का पक्ष ग्रहण कर सकते हैं। इंद्रजित मेघनाथ को बचाकर रखना चाहिए; वह रावण के विपक्ष में जा ही नहीं सकता, विपक्ष में चाहे स्वयं मंदोदरी ही क्यों न हो...

7

कुंभकर्ण को रावण ने बहुत दिनों के पश्चात देखा था; और शायद यह संयोग ही था कि उस समय वह पर्याप्त सजग-सचेत अवस्था में था। मदिरा उसने पी रखी थी, किंतु मत्तावस्था में नहीं था।

रावण ने विभिन्न प्रकार के मांसों के विविध व्यंजनों का विराट आयोजन कर रखा था। भोजन पर बैठने से पूर्व, रावण के आदेश से सुंदर युवती दासियों ने उसके शरीर पर चंदन का लेप किया और सुगंधित पुष्पों का उपहार दिया।

कुंभकर्ण ने भुने हुए मांस का टुकड़ा मुख में डालकर चबाना आरंभ किया तो रावण धीरे से बोला, ''तुम्हें इधर कुछ सूचनाएँ तो मिली होंगी कि लंका इस समय भयंकर युद्ध की स्थिति में है?''

''आज यह बहुत अच्छा भुना है।'' कुंभकर्ण बोला, ''न तो कहीं से कोमल रहा है, न जलाया गया है। इसे कहते हैं भली प्रकार तपाया गया कुरकुरा मांस।''

''युद्ध...!'' रावण ने पुनः कहा।

''हाँ, सुना है।'' कुंभकर्ण बोला, ''अच्छा रसोइया हो तो व्यक्ति जीवन का सुख उठा सकता है; अन्यथा पेट तो सभी भर लेते हैं।''

''हमारी सेना नष्ट हो गई है और राजकोष खाली हो गया है।'' रावण बोला, ''इस युद्ध में हमें शीघ्र विजय न मिली तो राक्षस साम्राज्य नष्ट हो जाएगा।''

कुंभकर्ण ने पहली बार, अपने हाथ में पकड़े हुए मांस-खण्ड से दृष्टि हटाकर विवेकपूर्ण ढंग से रावण को देखा, ''भैया! जब भाभी मंदोदरी और विभीषण ने कहा था कि सीता को लौटा दो और युद्ध मत करो तो आपने उनकी एक नहीं सुनी। आपने अपनी शक्ति के दम्भ में किसी का परामर्श ही नहीं माना।''

रावण ने कुछ चौंककर कुंभकर्ण को देखा—उसकी चेतना आज कुछ अधिक ही जागरूक हो रही थी। इतने चैतन्य और जागरूक लोग रावण को पसंद नहीं आते। ऐसे लोग रावण के अनुकूल नहीं होते।

रावण ने एक पात्र में मदिरा डाली, ''यह मदिरा पीकर देखो। यह नई आई है। देवलोक और उरपुर में भी ऐसी मदिरा किसी ने नहीं चखी होगी।''

युद्ध की बात कुंभकर्ण भूल गया। उसने मदिरा का पात्र उठाया और तृषित मनुष्य के समान गटागट पीकर पात्र धर दिया। हथेली की पीठ से होंठ पोंछे और रावण को देखा, ''अच्छी है।''

''अच्छी लगी? अपने भाई की पसन्द मैं नहीं समझूँगा तो और कौन समझेगा।'' रावण मुसकराया, ''इसीलिए मैंने इस मदिरा के अनेक भाँड मँगवाने का आदेश दिया है। व्यक्ति मदिरा पिये तो अच्छी पिये और छककर पिये।'' रावण रुका, ''वैसे भी लोग पीते तो हैं—किंतु उनमें अच्छे-बुरे का भेद करने का विवेक नहीं होता। मेरा विचार है, तुम जैसा मदिरा का पारखी लंका में दूसरा नहीं है।''

''मदिरा भी समर्पण चाहती है।'' कुंभकर्ण बोला, ''अपना सम्पूर्ण जीवन

समर्पित करना पड़ता है, तब कहीं अच्छी-बुरी मदिरा की परख होती है। दो-चार पात्र पीकर कोई मदिरा-विशेषज्ञ नहीं बन सकता।''

''इधर साम्राज्य के कुछ बड़े संपन्न व्यापारी आए थे। मैंने उनसे कुछ वस्तुएँ खरीदी थीं। देखो, शायद तुम्हारी रुचि उनमें हो।''

रावण के संकेत पर दासियाँ हाथीदाँत की बनी अनेक पेटिकाएँ ले आईं जिनमें अनेक मणियाँ और रत्नजड़ित आभूषण थे। एक-एक कर उन्हें दासियों ने कुंभकर्ण के शरीर पर अलंकृत कर दिया। कुंभकर्ण मुग्ध दृष्टि से उन आभूषणों को देखता रहा, भुना हुआ कुरकुरा मांस खाता रहा और पात्र में रावण द्वारा डाली गई मदिरा पीता रहा।

''तुम आज रुष्ट हुए पिता अथवा गुरु के समान मुझे उपदेश क्यों दे रहे हो?'' अंत में रावण बोला, ''तुम मेरे प्रिय भाई हो। विभीषण मुझे छोड़ गया है। अब तुम मेरे एकमात्र भाई हो। संकट में तुम्हें मेरी सहायता करनी चाहिए अथवा मेरी त्रुटियाँ बताकर मुझे प्रताड़ित कर, मेरी कठिनाई और बढ़ानी चाहिए?''

कुंभकर्ण की आँखों में से बड़े भाई के आदर का संकोच कहीं विलीन हो गया था, वहाँ न्याय और विवेक की चमक भी नहीं थी। वहाँ केवल मदिरा लहरा रही थी। उसने एक अमर्यादित अट्टहास किया, ''लंका में केवल राजा शेष है। कोष खाली हो गया है और सेना मार डाली गई है।'' वह देर तक हँसता रहा, ''पर भैया! आप चिन्ता न करें। कुंभकर्ण अभी जीवित है। मैं लड़ूँगा जाकर। किसी और को जाने की आवश्यकता नहीं, सेनापतियों को भी नहीं। मैं अकेला जाऊँगा। इन नीच वानरों को मार डालूँगा और उन कंगले राजकुमारों के मुण्ड काटकर आपके चरणों में ला डालूँगा। सीता सदा के लिए आपकी हो जाएगी। आपके सुख में बाधा देने वाले किसी जीव को मैं जीवित नहीं छोड़ूँगा।''

''तुम राम और लक्ष्मण की शक्ति से भयभीत तो नहीं हो, कुंभकर्ण?'' रावण ने उसे उकसाया, ''भय लगता हो तो लड़ने मत जाओ।''

कुंभकर्ण ने निकट ही अब तक मौन बैठे महोदर की ओर देखा, ''यह महोदर डरता है, इसलिए यहाँ बैठा है; नहीं तो अब तक युद्ध-क्षेत्र में जाकर मर गया होता। मैं किसी से नहीं डरता। मैं आपको राम और लक्ष्मण के वध का वचन देता हूँ, भैया।''

महोदर ने रावण की ओर देखा और फिर कुंभकर्ण की ओर, ''मैं उन लोगों से भयभीत नहीं हूँ, राजाधिराज! पर यदि आप अनुमति दें तो कहना चाहूँगा कि मेरा प्रस्ताव है कि लंका की सेना का क्षय रोका जाए।''

''कैसे?''

''यदि युक्ति से अपने कार्य की सिद्धि होती हो तो मैं युद्ध को अनावश्यक मानता हूँ।'' महोदर स्पष्ट शब्दों में ठहर-ठहरकर बोला, ''मेरा प्रस्ताव है कि आप युद्ध के लिए लंका से बाहर सेना न भेजें। अपने सेनापतियों, पार्षदों तथा उच्च

अधिकारियों को एक भोज पर आमंत्रित करें। खूब समारोह और उत्सव मनाए जाएँ। लंका में घनघोर प्रचार किया जाए कि वानर सेना हार गई है और राम तथा लक्ष्मण का वध हो चुका है। इस प्रचार को सुनकर, लंका के समारोहों और विजयोत्सवों को देखकर सीता मान जाएगी कि राम जीवित नहीं है। वह अपने लिए कोई भी मार्ग न देखकर आपके सम्मुख आत्मसमर्पण कर देगी। और उसके आत्मसमर्पण का प्रमाण पाते ही राम या तो वापस चला जाएगा या आत्महत्या कर लेगा। सीता भी आपकी हो जाएगी और राक्षस-सेना की रक्षा भी हो जाएगी।''

''कायर!'' कुंभकर्ण ने उसे धिक्कारा, ''चाटुकार!''

महोदर ने अपने बचाव के लिए आहत दृष्टि से रावण की ओर देखा।

रावण ने कुंभकर्ण की ओर ध्यान नहीं दिया। उसने महोदर को कठोर दृष्टि से देखा, ''कल्पना-विलास का समय नहीं है, महोदर! लंका की प्राचीर और परकोटों से टकराती वानर-सेना की जय-जयकार लंका के प्रासादों को हिला रही है। सीता न इतनी भोली है, न इतनी भीरु, जितनी तुम समझे बैठे हो, और न राम ही इतना कोमल है।'' रावण का स्वर कुछ और ऊँचा हुआ, ''वैसे भी हामरे बीच में से ही अनेक लोग सीता को सूचना दे रहे हैं। यथार्थ का सामना करो। आज युद्ध ही यथार्थ है। जाओ।''

''यही तो मैं कह रहा हूँ।'' कुंभकर्ण उठकर चल पड़ा।

कुंभकर्ण के सेनापतित्व में लंका की सेना द्वार से बाहर निकली तो उसकी पिछली पराजय का कोई चिह्न शेष नहीं था। सैनिकों का उत्साह अपनी पराकष्ठा पर था। सेनापति कुंभकर्ण तनिक भी विचलित दिखाई नहीं पड़ता था। मदिरा ने उसका आत्मबल आकाश पर पहुँचा रखा था। अपने शक्तिशाली कवचरक्षित रथ में, लोहे का कवच पहने, एक हाथ में लोहे का बना भयंकर त्रिशूल तथा दूसरे हाथ में लौह-गदा पकड़े, वह वानरों के लिए भीषण दुःस्वप्न-सा खड़ा था।

युद्ध-क्षेत्र में उसके प्रवेश करते ही वानर सेना में आतंक छा गया। नासीर सेना में हनुमान नियुक्त थे। उन्होंने आगे बढ़कर कुंभकर्ण को रोका किंतु थोड़ी ही देर में स्पष्ट हो गया कि मदिरोन्मत्त कुंभकर्ण इस समय अमानवीय स्थिति में है। साधारण खड्गों तथा बाणों से लगे घावों का तो जैसे उसे आभास ही नहीं होता है। उसके कवच से टकरा-टकराकर बाण जैसे उसके चरणों में नत हो जाते हैं और वह उन सबसे निर्द्वंद्व एक हाथ से त्रिशूल चला रहा था और दूसरे हाथ से गदा। उसका रथ जिस ओर बढ़ जाता था, उधर ही वानर सेना में एक खाई प्रकट हो जाती थी और वह किसी भी आक्रमण से अप्रभावित, अप्रतिहत, यंत्रचालित-सा आगे बढ़ता जा रहा था।

हनुमान ने और कोई उपाय न देख, दोनों हाथों में गदा पकड़, पूरे वेग से घुमाकर उसके रथ के पहिए पर कठोर प्रहार किया। रथ डगमगाया, किंतु रुका

नहीं। हनुमान ने अपने सैनिकों को कुचले जाने से बचाने के लिए पीछे हटाया और अगले घोड़े पर प्रहार किया। घोड़ा तड़पा और भूमि पर लेट गया।...किंतु तब तक कुंभकर्ण का त्रिशूल हनुमान के कंधे तथा वक्ष के बीच एक गहरा घाव गला गया।

हनुमान को व्याकुल होते देख ऋषभ, नील, गवाक्ष, शरभ तथा गंधमादन अपनी टुकड़ियों के पास कुंभकर्ण का मार्ग रोककर खड़े हो गए थे। किंतु कुंभकर्ण को मार्ग में खड़ी कोई बाधा जैसे दिखती नहीं थी। उसका रथ सबको पीसता हुआ आगे बढ़ता जा रहा था। उसके प्रहारों से ऋषभ, नील और शरभ आहत होकर पीछे हट गए थे।

वानर सेना की भयंकर क्षति हो रही थी। कुंभकर्ण का रथ काल-चक्र के समान आगे बढ़ रहा था। अंगद को लगा, यदि इसकी गति तत्काल न रोकी गई तो थोड़ी देर में वानर सेना युद्ध-क्षेत्र छोड़कर भागती दिखाई पड़ेगी; और एक बार पैर उखड़ जाएँ तो सेना को लौटा लाना बड़ा कठिन होता है।

अंगद ने कुंभकर्ण को उलझाने का प्रयत्न किया; किंतु उलझते हुए अंगद को एक ओर धकियाकर कुंभकर्ण का रथ आगे बढ़कर सुग्रीव से जा टकराया। सुग्रीव ने अपनी गदा के प्रहार से दो घोड़ों को आहत कर दिया। कुंभकर्ण ने भयंकर आक्रोश से अपना त्रिशूल सुग्रीव पर चला दिया; किंतु घायल हनुमान ने उछलकर त्रिशूल पकड़ लिया और तत्काल अपनी गदा के प्रहार से उसके दो खण्ड कर दिए।

हनुमान उधर त्रिशूल को तोड़ने में लगे थे, इधर कुंभकर्ण ने गदा का भयंकर प्रहार सुग्रीव पर किया। भूमि पर खड़े सुग्रीव, रथ की ऊँचाई से हुए इस प्रहार को बचा नहीं पाए। सिर चकराया और वे मूर्च्छित होकर भूमि पर आ रहे।

"इसे पकड़ लो!" कुंभकर्ण ने अपने सैनिकों को आदेश दिया और स्वयं कूदकर भूमि पर आ गया।

हनुमान उसका प्रयोजन समझते ही व्याकुल हो उठे।

"अपने राजा को बचाओ!" हनुमान ने अपने सैनिकों को ललकारा और भयंकर वेग से अपनी गदा घुमाते हुए सुग्रीव के मूर्च्छित शरीर पर छा गए। जब तक वानर सैनिक मूर्च्छित सुग्रीव को सम्भालें, लक्ष्मण कुंभकर्ण से जा टकराए।

किंतु तब तक कुंभकर्ण की दृष्टि, लक्ष्मण से कुछ हटकर, युद्ध करते हुए राम पर जा पड़ी थी। कुंभकर्ण अपने रथ में कूदा और उसने अपने सारथी को संकेत किया। सारथी ने रथ को तिरछा काटा की और राम ओर बढ़ गया।

"साहस है तो मुझे युद्ध दान कर!" कुंभकर्ण का उन्मत्त स्वर गूँजा, "क्या छोटे-मोटे राक्षसों पर अपनी शक्ति प्रयोग कर रहा है।"

राम और कुंभकर्ण आमने-सामने थे; किंतु इससे पहले कि बीच की दूरी पार कर कुंभकर्ण का रथ राम के ऊपर चढ़ आता, राम ने बाण पर रौद्रास्त्र रख, कुंभकर्ण के वक्ष पर प्रहार किया। बाण अपने लक्ष्य पर जा धँसा; और पीड़ा से व्याकुल होकर

कुंभकर्ण ने उन्माद में अपने शस्त्र घुमाने आरंभ कर दिए। अपनी उन्मादावस्था में वह वानरों तथा राक्षसों तक में भेद नहीं कर रहा था, जैसे अपनी पीड़ा से अन्धा होकर वह अपने निकट आए प्रयेत्क मित्र अथवा शत्रु में भेद करने में असमर्थ हो गया था।

किंतु तत्काल सँभलकर उसने अपने रथ में से मुग्दर उठाकर राम पर दे मारा।

राम ने वायवास्त्र का संधान पर कुंभकर्ण की भुजा को लक्ष्य किया। कुंभकर्ण की हाथी की सूँड सदृश्य शक्तिशाली भुजा कटकर उसके शरीर से अलग हो गई। राम शिथिल नहीं हुए। उन्होंने तत्काल ही ऐंद्रास्त्र का प्रयोग कर कुंभकर्ण की दूसरी भुजा भी काट दी। हाथों से विहीन कुंभकर्ण अपनी पूर्ण शकित से कंठ फाड़कर यातना में चिल्ला रहा था; और सहसा वह रथ से कूदकर राम की ओर भागा। राम ने अर्द्धचंद्राकार बाण मारकर उसके पैरों को नष्ट किया और अंत में इंद्रास्त्र से उसके रुण्ड और मुण्ड अलग कर दिए।

8

चिकित्सा-शिविर में खड़े राम अपने सैनिकों को देख रहे थे।

सुषेण और उनके सहयोगी अग्निकाष्ठों और उल्काओं के प्रकाश में अत्यधिक व्यस्त थे। कुंभकर्ण के साथ हुए युद्ध में वानर सेना की क्षति अपेक्षा से कहीं अधिक हुई थी। राक्षसों के रथों, हाथियों और घोड़ों के सामने पदाति वानर पर्याप्त असुरक्षित थे। यह तो उनकी संख्या, उनका आत्मबल तथा उनके सेनानायकों का धैर्य एवं कौशल ही था, जो इस सेना को अब तक सँभाले हुए था। कुंभकर्ण की मृत्यु के पश्चात रावण के पुत्र देवांतक और त्रिशिरा युद्ध के लिए आए थे। हनुमान के हाथों उनका वध हुआ था। किंतु बससे भयंकर युद्ध किया था रावण के पुत्र अतिकाय ने। लगता था, जैसे कुंभकर्ण ही पुनः जीवित होकर आ गया हो। वानर सेना त्राहि-त्राहि पुकार उठी थी। अंततः सौमित्र लक्ष्मण के हाथों उसने युद्ध में अपने प्राण खोए थे। किंतु वह वानर सेना की भयंकर क्षति कर गया था।

विभीषण सूचना लाये थे कि अतिकाय की मृत्यु पर रावण बहुत हताश हुआ था। उसे कुंभकर्ण के ही समान अतिकाय के बल और शौर्य पर बहुत भरोसा था। कुंभकर्ण के वध के कारण वह राम से भयभीत भी हुआ था और क्रुद्ध भी। अब अतिकाय वध के कारण उसके मन में यही भाव लक्ष्मण के प्रति भी थे। विभीषण यह भी सूचना लाए थे कि रावण अपनी जय-जयकार की चिंता किए बिना राम और लक्ष्मण का वध करवाने का प्रयत्न करेगा। यह वध युद्ध-क्षेत्र में भी हो सकता है और युद्ध-क्षेत्र से बाहर भी। इसलिए राम और लक्ष्मण अपनी सुरक्षा के लिए अतिरिक्त रूप से सावधान रहें।

विभीषण यह सूचना भी लाए थे कि अतिकाय की माँ धन्यमालिनी ने राजपरिषद में रावण और उसके मंत्रियों के सम्मुख छाती पीट-पीटकर भयंकर विलाप किया

था और रावण को बार-बार धिक्कारा था। उसने इस युद्ध-क्षेत्र के लिए प्रत्यक्ष रूप से रावण को दोषी ठहराया था। उसके कहे हुए वाक्य आज लंका के घर-घर में प्रचारित हो रहे थे—"राम तुम्हारा सोने का सिंहासन छीनने को नहीं जूझ रहा। फिर वह लंकावासियों का शत्रु कैसे हुआ? तुमने स्वयं अपने कर्म-दोष से अपने वंश को डुबोया है।"...धन्यमालिनी ने अपना मुँह-माथा पीट लिया था, "...सीता को जलाने के लिए मैं उसके सम्मुख रावण के कंठ में अपनी भुजाएँ डाल-डालकर झूली थी। उस दुष्टता का फल मुझे आज यह मिला है कि मैं रावण के कंठ से लगकर पुत्र-शोक में बिलख-बिलखकर रोना चाहती हूँ; किंतु रावण को पुत्र-शोक में रोने का भी अवकाश नहीं है..."

विभीषण और भी बहुत सारे समाचार लाए थे। रावण के प्रासादों में कुहराम मचा हुआ है। नित्य-प्रति रावण के किसी-न-किसी पुत्र अथवा भाई के वध का समाचार आता है और रावण की कोई पत्नी अथवा सौतेली माँ अपने पुत्र का शोक माने को चीत्कार करने लगती है।...लंका की प्रजा में इस युद्ध का विरोध बढ़ता जा रहा था। यदि यह विरोध ऐसे ही बढ़ता गया तो रावण को लंका में से सैनिक इकट्ठे करने में भी कठिनाई का सामना करना पड़ सकता है।...सुना गया कि मंदोदरी ने भी रावण को बहुत धिक्कारा था कि उसने अपने समस्त पुत्रों और बंधु-बाँधवों की चिताओं पर बैठकर सीता के साथ काम-क्रीड़ा का संकल्प किया है क्या?...

राम जितना सोचते थे, उतना ही उन्हें लगता था कि इस युद्ध का लंका पर उनका मनोवांछित प्रभाव पड़ रहा है। किंतु अब उनकी अपनी सेना की भी स्थिति बहुत संतोषप्रद नहीं थी। पिछले दिनों के युद्ध में वानर-सेना का भी बहुत क्षय हुआ था। जब वीरगति प्राप्त करने वाले वानर-सैनिकों के घरों में यह समाचार पहुँचेगा तो उनकी पत्नियाँ और माताएँ भी इसी प्रकार छाती पीट-पीटकर रोएँगी। सम्भव है वे राम को धिक्कारेंगी भी...सम्भव है वे भी यह उपालम्भ दें कि राम ने अपनी पत्नी प्राप्त करने के लिए, उनके पुत्रों और पतियों का वध करवा दिया...किंतु यह तो प्रत्येक युद्ध में होता ही है...युद्ध चाहे न्याय के लिए लड़ा जाए अथवा स्वार्थ के लिए...युद्ध में विजय हो या पराजय...दोनों पक्षों की क्षति होती ही है। गोदें उजड़ती हैं, सिंदूर-बिंदु मिटते हैं और माँगों में राख पड़ जाती है।...युद्ध निश्चित रूप से एक क्रूर सत्य है...

किंतु वानर सेना ने अपने सेनानायक बहुत कम खोए थे...यह कदाचित् उनके परस्पर सहयोग के कारण था। वे राक्षसों के समान अपने लिए यश पाने के लिए एकाकी युद्ध नहीं करते थे। संख्या में सैनिक भी राक्षसों की अपेक्षा बहुत कम मरे थे। प्रमुख वीरों में से आहत अनेक हुए थे; किंतु वीरगति अभी किसी ने भी नहीं पाई थी।...

सुषेण और उनके सहयोगी सैनिकों और सेनानायकों के शरीर में लगे अस्त्र-शस्त्र

निकालकर, उनके घावों को धोकर, उन पर औषध का लेप कर रहे थे।...सुग्रीव कुंभकर्ण के हाथों घायल हुए थे और अब तक पट्टियाँ बाँधे बैठे थे। हनुमान के कंधे पर भी भारी घाव लगा था। स्वयं राम और लक्ष्मण के शरीर पर अभी पहले दिन के युद्ध-स्वरूप, मेघनाथ द्वारा किए गए घाव पूरी तरह नहीं भरे थे। अतिकाय भी मरते-मरते लक्ष्मण की दाहिनी जाँघ में एक बड़ा घाव दे गया था। हाँ, एक विभीषण अभी पूर्णतः सुरक्षित थे। उन्हें किसी विकट संकट का समना करने के लिए राम ने नहीं भेजा था।

सुषेण को अपना काम करते देख, राम को सीता की बहुत याद आई।.. .आहत शरीर में से शस्त्र खींचते हुए वृद्ध सुषेण का हाथ कभी-कभी काँप भी जाता था, कभी-कभी कठोर भी हो जाता था। पंचवटी में हुए युद्ध में यही काम सीता ने किया था। कैसे कोमल और सधे हाथों से शस्त्र खींचती थीं। आहत सैनिक कराहता तो स्निग्ध मुसकान के साथ कितने आकर्षक ढंग से पूछतीं, ''बहुत कष्ट है?''...और आहत व्यक्ति का साहस, धैर्य और सहनशीलता कितनी बढ़ जाती थी...पता नहीं, इन दिनों सीता किस अवस्था में होंगी...उन्हें युद्ध का कोई समाचार मिलता होगा या नहीं...राक्षसराज की जय-जयकार तो उन्हें सुनाई ही जाती होगी, पर क्या कभी वानर सेना का प्रसन्न उल्लास भी उनके कानों तक पहुँचता होगा?...क्या उन्हें मालूम है कि उनका राम लंका के द्वार पर खड़ा अपनी कांता को प्राप्त करने के लिए प्रतिक्षण अपना रक्त बहा रहा है...उसके साथी, बंधु-मित्र, ये असंख्य सैनिक और प्रजा सीता को प्राप्त करने के रूप में न्याय, सिद्धांत और सामान्य व्यक्ति के अधिकार के लिए अन्याय, निरंकुशता और शोषण के विरुद्ध लड़ रहे हैं...

''राम!'' सहसा सुषेण ने उन्हें सम्बोधित किया, ''आज का कार्य तो चल जाएगा, कदाचित् एक-आध दिन और भी चल जाए।''

''आप किस संदर्भ में कह रहे हैं, तात सुषेण?'' राम समझ गए कि वे स्वयं में लीन थे और सुषेण अपने आप में।

''औषधियों की चर्चा कर रहा हूँ।'' सुषेण बोले, ''सामान्य शस्त्रों के घावों के लिए हमारी अपनी औषधियाँ पर्याप्त मात्रा में हैं; किंतु दिव्यास्त्रों से लगे घावों के उपचार के लिए आर्य गरुड़ द्वारा दी गई औषधियाँ समाप्त हो रही हैं। विशेष रूप से विशल्यकर्णी नामक औषधि, जो इस युद्ध में संजीवनी के रूप में हमारी सहायक है, सर्वथा समाप्त है। एक भी बड़ा युद्ध हुआ और इन कपटी राक्षसों ने अपने इन विनाशकारी दिव्यास्त्रों का प्रयोग किया और हमारे सैनिक अधिक संख्या में हताहत हुए तो हमारे पास उस विशल्यकर्णी का टोटा हो जाएगा।''

''यह बात तो अत्यंत गम्भीर है।'' अंगद बोले, ''हमें कुछ लोगों को विशल्यकर्णी लाने के लिए भेजना चाहिए।''

''इस विषय में सावधानीपूर्वक सोच-विचार करना चाहिए और गोपनीय ढंग

से इस अभियान पर लोगों को भेजा जाना चाहिए।'' विभीषण बोले, ''रावण की सेना इस समय जितनी हताश है, उस दृष्टि से कल ही उनका भयंकर आक्रमण होना चाहिए। ऐसे में हम अपने प्रमुख सेनापतियों में से किसी को भी लम्बे समय के लिए दूर नहीं भेज सकते। फिर गोपनीयता भी अति आवश्यक है। सम्भवतः उन्हें ज्ञात हो जाने पर वे हमारे औषधि-प्राप्ति अभियान को भी नष्ट करना चाहेंगे।''

''विभीषण ठीक कह रहे हैं।'' सुग्रीव बोले, ''हमें इस विषय में भली प्रकार सोच लेना चाहिए। इस दृष्टि से कल का युद्ध भयंकर और निर्णायक होगा।''

''यदि कल का युद्ध निर्णायक और भयंकर होगा, तो हम किसी भी महत्त्वपूर्ण सेनापति अथवा यूथपति को युद्ध-क्षेत्र से दूर नहीं भेज सकते।'' राम बोले, ''ऐसी स्थिति में तात सुषेण के कार्य में बाधा पड़ेगी।''

''बाधा क्यों पड़ेगी?'' सुषेण बोले, ''यदि प्रातः ही कुछ साधारण सैनिकों अथवा खोजियों को विशल्यकर्णी बूटी लाने के लिए भेज दिया जाए तो वे लोग परसों किसी भी हालत में लौट आएँगे।''

''तो ऐसा ही कीजिए। कल प्रातः युद्धारंभ से पूर्व ही कुछ लोगों को आवश्यक औषधियाँ लाने के लिए भेज दीजिए।''

तभी एक नायक ने आकर राम को अभिवादन किया।

''कहो, तेजधर!'' राम मुसकराए, ''आज का कार्य कैसा रहा?''

''जिस दिन युद्ध अधिक भयंकर होता है,'' तेजधर बोला, ''उस दिन हमारी उपलब्धियाँ उतनी ही अधिक होती हैं।''

तेजधर एक ओर हट गया। उसके संकेत पर उसके पीछे खड़े उसके साथियों ने आगे बढ़कर, अपने हाथों में पकड़े शस्त्र राम के सममुख खुली जगह पर रखने आरंभ कर दिए। ये शस्त्रास्त्र युद्ध-क्षेत्र में पड़े हताहत योद्धाओं के थे, जिन्हें तेजधर और उसके साथी वहाँ से चुनकर लाए थे।

एक ढेर साधारण बाणों का था, दूसरा खड्गों का, तीसरा शूलों का। कुछ परिघ, शक्तियाँ और त्रिशूल भी थे। राम ने एक विचित्र प्रकार का त्रिशूल उठा लिया। उसका भली प्रकार निरीक्षण कर बोले, ''महादेव शिव के लौकिक शस्त्र भी अद्भुत हैं। यह अकेला त्रिशूल तीन शूलों तथा खड्गों का सामूहिक कार्य करता है। शूलों के समान यह तीन घाव करता है, तीन खड्गों के समान मांसपेशियों को काटता है और वापस खींचने पर तंतुओं को खींचकर बाहर ले आता है। महादेव शिव की रावण पर इतनी कृपा न होती तो राक्षस सेना इतनी भयंकर और प्रहारक न होती।''

''मैं तो चाहता हूँ कि महादेव उन्हें और अधिक शस्त्र दें।'' हनुमान का स्वर कटु भी था और उग्र भी, ''ताकि राक्षस सेना से होकर वे शस्त्र हमारे पास पहुँचें। हमारा तो शस्त्रागार ही राक्षस सेना है।''

''ठीक कहते हो, हनुमान!'' राम बोले, ''निर्धन जन-वाहिनियों के शस्त्रदाता प्रायः उनके धनाढ्य शत्रु ही होते हैं।''

शस्त्रों का निरीक्षण कर राम ने उन्हें शस्त्र-वितरण टोली को दे दिया।

''युद्धा-क्षेत्र में हमारा कोई हताहत सैनिक तो शेष नहीं है?'' राम ने पुनः पूछा।

''नहीं, आर्य!'' तेजधर बोला, ''आहत सैनिक पहले ही चिकित्सा-शिविर में पहुँचाए जा चुके हैं। वीरगति पाने वाले सैनिकों के शरीरों का दाह-संस्कार किया जा रहा है।'' वह तनिक रुककर बोला, ''युद्ध-क्षेत्र में अब केवल राक्षस योद्धाओं के ही शरीर पड़े हैं। रावण की ओर से उनकी कोई व्यवस्था नहीं की जा रही है। सेनापतियों और राजकुमारों के शव तो वे उठा ले जाते हैं; साधारण सैनिकों के शव वहीं पड़े रह जाते हैं, या उन्हें समुद्र का जल बहाकर इधर-उधर फेंक देता है।''

''यदि विजय हमारी हुई, तेजधर! तो उनका संस्कार भी हमें ही करना पड़ेगा।'' राम धीरे से बोले।

उनका वार्तालाप वहीं रुक गया। श्रमिक टोली के साथ लक्ष्मण अत्यंत उत्साह से भरे हुए उनकी ओर आ रहे थे।...सीता-हरण के पश्चात् से लक्ष्मण के हाव-भाव, वार्तालाप, गति तथा अन्य क्रियाओं पर गंभीरता का एक गहन-आवरण छा गया था। बहुत प्रसन्नता तथा उत्साह के क्षणों में भी अब वे अपनी गम्भीरता छोड़ चपल दिखाई नहीं पड़ते थे; किंतु आज कुछ असाधारण हो गया था...उनके साथ आने वाले काष्ठ-शिल्पी भी अत्यंत प्रसन्न दिखाई पड़ रहे थे...

''भैया! हम सफल हो गए।'' निकट आकर लक्ष्मण बोले।

''क्या हुआ, सौमित्र?''

''हमारे काष्ठ-शिल्पियों ने एक यंत्र बनाया है, भैया!'' लक्ष्मण ने अपने साथियों की ओर देखा, ''यंत्र अत्यंत सरल है, पर उसमें बड़ी-बड़ी शिलाएँ रखकर झटके से शत्रुओं के रथों पर फेंकी जा सकती हैं। यंत्र चक्रों पर लगा है और खींचकर कहीं भी ले जाया जा सकता है। यदि हमारे शस्त्र-शिल्पी ऐसे अनेक यंत्र बना लें तो हमें शत्रुओं के रथों का उतना भय नहीं रह जाएगा।''

लक्ष्मण का उत्साह वहाँ उपस्थित लोगों में भी संचरण कर गया। प्रायः लोगों ने हर्षध्वनि की।

''आओ, तुम्हारा यंत्र देखें।'' राम बोले, ''हमारे पहले दिन के युद्ध के आधार पर राक्षस पहले ही कह रहे हैं कि वानर सेना शस्त्रों से नहीं पत्थरों और काठ से युद्ध करती है। अब यदि इन यंत्रों से हमने उनके रथों पर शिलाएँ फेंकी तो वे इसका और अधिक प्रचार करेंगे।''

प्रातः इससे पहले कि किसी को औषधियाँ लाने के लिए भेजा जाता, राम

को सूचना मिली कि राक्षस सेनाएँ न केवल युद्ध के लिए लंका की प्राचीर से बाहर निकल आई हैं, वरन् एक आकस्मिक आक्रमण में वानर सेना द्वारा समुद्र पर बनाए गए सेतु की दिशा में अपनी टुकड़ियाँ भेजकर वे अपना आधिपत्य जमाने का प्रयत्न कर रही हैं...वानर सेना के लिए वह सेतु जीवन-मरण का प्रश्न था। वे भी प्राण छोड़कर लड़ रहे थे। सेतु पर इस समय किसी का भी आधिपत्य नहीं था; किंतु उस क्षेत्र में आवागमन सम्भव नहीं रह गया था। युद्ध अपने उग्रतम रूप में चल रहा था।

राम शेष सब कुछ भूल गए—याद रह गया केवल युद्ध। विभीषण की बात सत्य प्रमाणित हुई थी—आज भयंकर युद्ध होने जा रहा था।

युद्ध का शंख बजा दिया गया। युद्ध तो चल ही रहा था। प्रश्न केवल सैन्य-वितरण का था। राम ने गंधमादन, नल, मैंद तथा जांबवान को लंका के उत्तरी द्वार पर भेज दिया। नील, हनुमान, ऋषभ, तथा द्विविद दक्षिणी द्वार पर नियुक्त हुए। सुग्रीव, सुषेण, वेगदर्शी और गवाक्ष ने पूर्वी द्वार पर व्यूह सँभाला। अंगद, गवय, केसरी तथा कुमुद ने पश्चिमी द्वार पर युद्ध का नेतृत्व सँभाला।

लक्ष्मण को केंद्र में रखकर राम स्वयं सेतु-युद्ध में जाना चाहते थे; किंतु लक्ष्मण ने पीछे केंद्र में रहना सर्वथा अस्वीकार कर दिया। राम ने कुछ आश्चर्य से लक्ष्मण की ओर देखा—अब लक्ष्मण किसी भी सुरक्षित स्थान पर नहीं रहना चाहते थे। इस प्रकार की कोई स्थिति पर उसे तत्काल अस्वीकार कर, अधिक-से-अधिक संकट वाले स्थान पर जाना चाहते थे।...संकट के प्रति यह आकर्षण सौमित्र का अतिरिक्त उत्साह था, अथवा किसी बात की प्रतिक्रिया—राम समझ नहीं पा रहे थे...

अंततः हरिलोमा, विद्युदंष्ट्र, तार, सूर्यानन, ज्योतिर्मुख, दधिमुख तथा पावकाक्ष को केंद्र में छोड़कर राम-लक्ष्मण को साथ लेकर सेतु-क्षेत्र की ओर चले गए। विभीषण को उन्होंने पृष्ठ भाग की रक्षा के लिए पीछे छोड़ दिया था।

सेतु-क्षेत्र में राक्षसों के अनेक सेनापति एक साथ जूझ रहे थे। कुंभकर्ण के पुत्रों—कुंभ तथा निकुंभ—के साथ कंपन, प्रजंघ, द्विविद तथा शोणिताक्ष राक्षसराज रावण की जय-जयकार पुकार रहे थे। युद्ध में प्रवेश करते ही राम समझ गए कि आज राक्षस सेना किसी विशेष योजनाधीन युद्ध कर रही है। सम्भव है कि वे सेतु पर अधिकार कर, उसे भंग कर अथवा उसे अपने आधिपत्य में रख, वानर-सेना का संपर्क अपने पीछे के सूत्रों से तोड़ देना चाहते हों।...

राम और लक्ष्मण के लिए राक्षस सेनापतियों की प्रगति को रुद्ध करना कठिन नहीं था। उनके बाणों के सम्मुख बाध्य होकर राक्षस सेना ने आगे बढ़ना तो स्थगित कर दिया; किंतु पीछे हटने का उन्होंने तनिक भी प्रयत्न नहीं किया। उन्होंने अपने कवच-रक्षित रथ आगे बढ़ाकर उनकी ओट में अपने पैदल सैनिकों को कुछ सुरक्षा प्रदान कर रखी थी।

राम अपना व्यूह सँभाले युद्ध कर रहे थे। उनके नेतृत्व में लड़ रहे वानर

सैनिकों का आत्मबल काफी बढ़ गया था। उनका दबाव राक्षसों पर क्रमशः बढ़ रहा था। काष्ठशिल्पियों द्वारा बनाए गए शिला-प्रक्षेपक यंत्र के कारण राक्षसों के रथ अपने चक्रों से विनाश-लीला भी नहीं कर पा रहे थे...

किंतु चरों द्वारा अनवरत लाई जाने वाली सूचनाएँ गम्भीर ही नहीं, भयावह थीं।

मेघनाथ अनेक राक्षस वाहिनियों को लेकर लंका से बाहर निकला था। उसने युद्ध-भूमि के पत्तों के स्थान पर शस्त्र बिछाकर, बहेड़े की लकड़ी की समिधा डाल, लाल रंग का वस्त्र धारण कर, लोहे की स्रुवा का प्रयोग करते हुए, काले रंग के जीवित बकरे को यज्ञ में होम कर आभिचारिक यज्ञ किया था। फिर उसने ब्रह्मास्त्र का आह्वान किया और अपने रथ को मंत्र-अभिमंत्रित कर उसने युद्ध आरंभ किया था।

इस आभिचारिक यज्ञ ने युद्धारंभ से पहले ही चमत्कार कर डाला था। राक्षस पूर्णतः आश्वस्त थे कि आज के युद्ध की विजय मेघनाथ को प्राप्त होगी और वानर उस यज्ञ के प्रभाव के विषय में सोच-सोचकर संकुचित हो रहे थे। बात इतनी ही नहीं थी...राम को यह भी सूचना मिली थी कि मेघनाथ अपने रथ में कहीं ऐसे स्थान पर बैठा था, जहाँ से वह दिखाई नहीं पड़ रहा था। वह अदृश्य रहकर ही युद्ध कर रहा था। वह धनुष नहीं चला रहा था। उसके पास कोई यंत्र था, जिसे राक्षसों ने ब्रह्मास्त्र कहकर अभिनंदित किया था। उस यंत्र में से अनवरत नालीक, नाराच, गदा, मूसल, परिघ, शक्ति, शूल, शतघ्नी इत्यादि शस्त्रों की वर्षा हो रही थी। जिस वेग और गति से, जिस संख्या और मात्रा में शस्त्र बरस रहे थे, सहस्रों मनुष्य मिलकर भी उतनी शस्त्र-वर्षा नहीं कर सकते थे। ब्रह्मा का दिया हुआ यह यंत्र अद्भुत था। यह दिव्यास्त्र नहीं, देवास्त्र था।

वर सेना के पास कल ही बनाए गए कुछ शिल्प-प्रक्षेपण-यंत्र थे। राम ने वे सारे यंत्र, मेघनाथ की गति बाधित करने के लिए भेज दिए थे; किंतु उनका कोई विशेष प्रभाव नहीं पड़ा था।

युद्ध अनवरत चलता रहा और एक के पश्चात् एक कर, राम को सूचनाएँ मिलती रहीं। अदृश्य मेघनाथ का ब्रह्मास्त्र निरंतर चल रहा था और वानर सेना त्राहि-त्राहि करती हुई नष्ट होती जा रही थी।...राम और लक्ष्मण, सेतु-क्षेत्र छोड़ नहीं सकते थे और मेघनाथ किसी के रोके रुक नहीं रहा था।...गंधमादन, नल, मैंद, जांबवान, नील, सुग्रीव, ऋषभ, अंगद, द्विविद, हनुमान, सुषेण, वेगदर्शी, गवाक्ष, गवय, केसरी, हरिलोमा, विद्युदंष्ट्र, सूर्यानन, ज्योतिर्मुख, पावकाक्ष तथा कुमुद के अत्यंत घायल होने के समाचार आ चुके थे।

राम के मन में विकट द्वंद्व चल रहा था। वे अपने साथियों की सहायता के लिए मेघनाथ से लोहा लें या सेतु-क्षेत्र की रक्षा कर वानर सेना के प्राण बचाए रखें—दोनों ही स्थान उन्हें अत्यंत महत्त्वपूर्ण लग रहे थे। यदि सेतु-क्षेत्र राक्षसों के

अधिकार में चला गया तो बानर सेना को भी राक्षस अवरोध में ले सकेंगे और यदि उनके साथी एक-एक कर धराशायी होते गए तो जीता हुआ युद्ध पराजय में बदल जाएगा।

तभी राम को सूचना मिली कि मेघनाथ का रथ उनकी दिशा में बढ़ रहा है। लक्ष्मण के संकेत पर शिला-प्रक्षेपण यंत्र-चालकों ने एक भारी शिला यंत्र की भुजा के सिरे पर रखी और दूसरे सिरे को पकड़कर अनेक लोग झूल गए। झटके के साथ शिला उछली और ठीक अपने लक्ष्य पर जा गिरी। मेघनाथ के रथ का घोड़ा लहूलुहान हुआ, भूमि पर गिरा पड़ा था।

राम ने मुग्ध दृष्टि से अपने यंत्र-चालकों को देखा—वे लोग निश्चित रूप से साधुवाद के पात्र थे।

किंतु मेघनाथ के सारथी ने मृतप्राय घोड़े को खोलकर रथ आगे बढ़ा दिया था।

राम ने देखा—रथ के मध्य में कोई बड़ा-सा यंत्र रखा था—इसे ही कदाचित् ब्रह्मास्त्र कहा जा रहा था। मेघनाथ कहीं भी दिखाई नहीं पड़ रहा था। कहीं वह इस यंत्र के भीतर सुरक्षित बैठा हुआ ही तो यंत्र परिचालित नहीं कर रहा था?...

तभी ब्रह्मास्त्र में से बाणों, नालीकों, नाराचों, मूसलों, परिघों, शक्तियों, शूलों, शतघ्नियों, खंगों और फरसों की वृष्टि होने लगी...राम विस्मय की मुद्रा में उस यंत्र को देख रहे थे।...अपने धनुष-बाण और खड्ग से कोई इस यंत्र का सामना कैसे करेगा?...इस बीच लक्ष्मण के धनुष से कुछ बाण छूटे और मेघनाथ के रथ के कुछ और घोड़े घायल हो गए। राम का बाण खाकर उसका सारथी धराशायी हो गया था...किंतु शस्त्रों की वह वर्षा...

"सौमित्र! यह क्या है...?"

राम का सारा शरीर शस्त्रों से बिंध गया था। असंख्य स्थानों से रक्त की धाराएँ बह रही थीं। मस्तक चकरा रहा था। उनके हाथ शिथिल हो गए। धनुष हाथ से गिर गया। संज्ञाशून्य होने से पूर्व उन्होंने देखा कि लक्ष्मण की भी उन्हीं की-सी दुर्दशा हो गई थी और भूमि पर अचेत पड़े थे...उनके अचेत होते हुए मस्तिष्क ने यह भी देखा था कि तेजधर और उसके साथी सहायक सैनिक युद्ध-क्षेत्र में घुस आए थे और उन्हें तथा लक्ष्मण को घेर कर, मेघनाथ से उनकी रक्षा करने का प्रयत्न कर रहे थे...

9

संध्या के झुटपुटे में हनुमान और विभीषण सेतु-क्षेत्र में हताश-से खड़े थे।

युद्धभूमि का वह क्षेत्र हताहत योद्धाओं के शरीरों से अँटा पड़ा था, जैसे कहीं कँकड़-पत्थरों के ढेर लगा दिए जाएँ। एक के ऊपर एक योद्धा का शरीर पड़ा था।

"यहीं कहीं आर्य राम और लक्ष्मण को भी होना चाहिए।" हनुमान ने धीरे

से कहा। उनके शरीर पर कई घाव लगे हुए थे। कुछ पर औषधि-लेपन हुआ था, कुछ पर वह भी नहीं हुआ था। गतिविधि में चपलता के स्थान पर एक थकान-सी थी और मुखड़ा विषण्ण प्रतीत हो रहा था। "वे दोनों यहीं युद्ध कर रहे थे।"

"ऐसा तो नहीं कि वह दुष्ट मेघनाथ उनके शरीर अपने साथ ही लेता गया हो?" विभीषण ने धीमे स्वर में पूछा।

विभीषण के शरीर पर कोई घाव नहीं था, उन्हें दिन भर के युद्ध में प्रत्यक्ष भाग लेने का अवसर नहीं मिला था। किंतु उनकी डबडबाई आँखें उनके मन की हताशा प्रकट कर रही थीं।

"नहीं!" पीछे की भीड़ में से सागरदत्त आगे बढ़ आया, "वह आर्य राम और लक्ष्मण के शरीरों को अपने साथ नहीं ले जा सका।" वह पूर्ण आत्मविश्वास के साथ बोल रहा था, "उन्हें गिरते हुए मैंने अपनी आँखों से देखा था। फिर यह भी देखा था कि उनके गिरते ही तेजधर के नेतृत्व में सहस्रों वानर, ब्रह्मास्त्र-प्रक्षेपित शस्त्रों की चिंता किए बिना, अपने हाथ में साधारण शस्त्र अथवा केवल शिलाखण्ड अथवा काष्ठ-खण्ड लेकर मेघनाथ पर टूट पड़े। वे लोग आर्य राम तथा लक्ष्मण के शरीरों के चारों ओर अभेद्य प्राचीर बन गए थे। मेरा दृढ़ विचार है कि इसी क्षेत्र में जीवित-मृत शरीरों के इन्हीं ढेरों में कहीं आर्य राम और लक्ष्मण के शरीर भी पड़े होंगे।"

"तेजधर कहाँ है?" हनुमान ने पूछा।

"वह भी यहीं कहीं धराशायी हुआ होगा।" सागरदत्त की आँखें छलछला आईं, "किसी समय मैंने भी आर्य राम से यही कहा था कि उनके आदेश पर हम लोग अपने सहित अपनी नौकाओं को सागर में डुबो देंगे; किंतु हम वह कर नहीं सके। तेजधर महाप्राण था। उसने तथा उसके साथियों ने आर्य राम और लक्ष्मण के जीवित अथवा मृत शरीरों के सम्मान की रक्षा के लिए जिस प्रकार से अपने प्राण दिए हैं, उससे हम सब गौरवान्वित हो उठे हैं। आप मेरी बात समझ रहे हैं, लंकापति! जिस ब्रह्मास्त्र के सामने सारी वानर सेना बिछ गई, उस ब्रह्मास्त्र का मुख उन निहत्थे वानरों ने काष्ठ और पत्थरों से मोड़ दिया।"

"मेघनाथ लौट क्यों गया?" हनुमान जैसे अपने-आपसे पूछ रहे थे।

"ये सब बाद की चिंताएँ हैं।" विभीषण ने अपने अश्रु पोंछ लिये, "सम्भव है, वह थक गया हो, उसने राम और लक्ष्मण को मृत मानकर युद्ध अनावश्यक समझा हो, ब्रह्मास्त्र की क्षमता समाप्त हो गई हो; अथवा वह सहस्रों वानरों के निरीह बलिदान से भयभीत हो गया हो।" विभीषण रुके, "इस समय तो इन ढेरों में से जीवित योद्धाओं को पृथक् कर उनका उपचार करो, उन्हें सांत्वना दो।"

हनुमान ने सागरदत्त को संकेत किया। मुख से कुछ नहीं बोले।

उन्होंने उल्काएँ प्रज्वलित कर लीं और सैकड़ों व्यक्ति एक-एक शरीर को उठाकर उसका परीक्षण करने लगे। इस क्षेत्र का युद्ध अत्यंत भयंकर रहा होगा।

मृतकों के ऐसे ढेर अन्यत्र नहीं मिले थे।

उन्हें ढेरों में से अनेक जीवित—किंतु मूर्च्छित अथवा मृत्यु की सीमा तक आहत शरीर मिले थे। उन्हें उठा-उठाकर वे लोग चिकित्सा-शिविर में ले जा रहे थे। सुषेण स्वयं भी आहत और मूर्च्छित अवस्था में पाए गए थे। उनके कुछ अनुचर-सहयोगी ही आहतों तथा मूर्च्छितों का यथाशक्ति उपचार कर रहे थे। उनके पास गरुड़ द्वारा दी गई दिव्य औषधियाँ भी अब समाप्त हो गई थीं। अब वे साधारण औषधियों से ही काम चला रहे थे।

सागरदत्त ने ठीक कहा था, शरीरों के उन्हीं ढेरों में से राम और लक्ष्मण के शरीर भी मिल गए थे। उनकी मृत्यु नहीं हुई थी; किंतु वे मृतप्राय अवस्था में थे। शरीर पर अनेक घाव लगे हुए थे। अनेक बाण उनके कवचों को काटकर उनके शरीर में धँसे हुए थे। संज्ञा-शून्य और मूर्च्छित अवस्था में पहली दृष्टि में वे मृत ही दिखाई पड़ते थे।

हनुमान और विभीषण जब तक राम और लक्ष्मण को लेकर चिकित्सा-कुटीर में पहुँचे, तब तक वहाँ अनेक अन्य लोग भी आ चुके थे, या लाए जा चुके थे। सुग्रीव, अंगद और नील चैतन्य किंतु आहत अवस्था में थे और दुर्बलता के कारण कुछ कर नहीं पा रहे थे। सुषेण, केसरी, ऋषभ तथा द्विविद मूर्च्छितावस्था में थे। जांबवान अत्यंत घायल थे। उनके शरीर से अधिक मात्रा में रक्त बह जाने के कारण वे बहुत क्षीण हो चुके थे।

जांबवान धरती पर एक हाथ टेककर अत्यंत दुर्बल वृद्ध के समान उठे। मंथर गति से धीरे-धीरे चलकर राम के पास आए। उन्होंने पहले उनका नाड़ी-परीक्षण किया, फिर हृदय पर हाथ रखा। वक्ष पर कान लगाकर हृदय-गति को सुनने का प्रयत्न किया। उसी प्रकार लक्ष्मण का भी परीक्षण कर वे हनुमान की ओर घूमे।

"जीवित हैं, किंतु मृत्यु के बहुत निकट।" जांबवान बोले, "मैं वैद्य नहीं हूँ, किंतु कुछ समय मैंने भी सुषेण की संगति में व्यतीत किया है। उसी ज्ञान और अपने अनुभव के अधार पर कह रहा हूँ कि दोनों भाई कल का सूर्योदय नहीं देख पाएँगे।"

"क्या?" हनुमान का मुख खुला का खुला रह गया।

दुर्बल सुग्रीव और अंगद भी उठकर उनके पास आ गए। लगा, विभीषण को चक्कर आ गया। वे अपने स्थान पर ही भूमि पर बैठ गए।

"किंतु इस अवस्था में भी यदि कुछ उद्यम पर सको तो बात अभी पूर्णतः समाप्त नहीं हुई है।" जांबवान धीरे से बोले।

"कैसा उद्यम?" सुग्रीव ने बड़े कष्ट से अपनी गर्दन घुमाई।

"कल सुषेण कह रहे थे कि हमें मृत संजीवनी विशल्यकरणी, सुवर्णकरणी तथा संधानी नामक औषधियाँ मँगा लेनी चाहिएँ।" जांबवान धीमे स्वर में बोले,

"यदि तुम ये औषधियाँ यत्किंचित् मात्रा में ही सूर्योदय से पूर्व ला सको तो कदाचित् इनके साथ-साथ अन्य योद्धाओं के प्राण भी बच जाएँ।"

"पर..." हनुमान के चेहरे पर चिंता थी।

"पर क्या?" सुग्रीव ने हनुमान को देखा, "और कोई व्यक्ति इस समय सक्षम नहीं है, नहीं तो मैं, अंगद या नील में से कोई चला जाता...और संदेश भेजकर दूसरों पर छोड़, अनिश्चित काल तक प्रतीक्षा...।" सुग्रीव रुकते-रुकते बोले, "और तुम तो कभी कार्य करने में आनाकानी नहीं करते, केसरीकुमार!"

हनुमान के अधरों पर एक उदास मुसकान उभरी, "आनाकानी नहीं कर रहा हूँ, सम्राट!...एक तो यह सोच रहा हूँ कि इस अवस्था में आप लोगों को छोड़कर चला जाऊँ और पीछे से राक्षसों का आक्रमण हो गया तो? बहुत सम्भव है कि वे इस स्थिति में एक आक्रमण कर सरल विजय प्राप्त करना चाहें और...

"और क्या?"

"उन औषधियों की पहचान मुझे नहीं है। फिर कहाँ खोजूँ मैं उन्हें?"

"पीछे की चिंता न करें, तात हनुमान!" सागरदत्त विश्वासपूर्ण स्वर में बोला, "हम लोग सैनिक अथवा सेनापति नहीं हैं। हमारे पास शस्त्र भी नहीं हैं। हम राक्षसों से युद्ध नहीं कर सकते; किंतु हम उनके आक्रमण से वानर योद्धाओं की रक्षा का वचन आपको देते हैं।"

"कैसे?" अंगद चकित थे, "कैसे करोगे वानर योद्धाओं की रक्षा?"

"तेजधर के मार्ग पर चलकर!" सागरदत्त गम्भीर स्वर में बोला, "हम राक्षसों के प्राण न ले सकें, तो भी हमें अपने प्राण देने से कोई नहीं रोक सकता। मैंने तेजधर के सहायक सैनिकों को राम तथा लक्ष्मण के शरीर की रक्षा के लिए अपने प्राण देते देखा है। यदि राक्षस आए तो आप विश्वास कीजिए कि आपकी यह वानर प्रजा सहस्रों की संख्या में, पत्थरों और वृक्षों की शाखाओं से लड़ेगी। नखों और दाँतों से लड़ेगी। एक-एक जन अपने प्राण देकर भी वानर-योद्धाओं की रक्षा करेगा। आज ये वानर-योद्धा सारी मानवता के लिए एकमात्र आशा के प्रतीक हैं।"

"तुम इस युवक की बात का भरोसा कर सकते हो, हनुमान!" जांबवान बोले, "अब तुम शीघ्र जाओ और औषधियाँ ले आओ। लंका और किष्किंधा के बीच के वनों में तुम्हें ये औषधियाँ मिल जाएँगी। लक्षण तुम्हें मैं बता देता हूँ।"

हनुमान रात्रि के तीसरे प्रहर में लौटे। उन्होंने लौटकर देखा, उनके प्रस्थान से अब तक के बीच यथास्थिति बनी रही थी। उनकी अनुपस्थिति में राक्षसों का आक्रमण नहीं हुआ था। नये युद्ध का कोई प्रमाण वहाँ नहीं था; किंतु वानर योद्धा उसी प्रकार थके-हारे, टूटे और हताश मूर्च्छित राम और लक्ष्मण को घेरे हुए बैठे थे। उनके पीछे समय जैसे रुका रहा था...

हनुमान को लौटा हुआ देखकर जांबवान के चेहरे पर उल्लास की एक हल्की-सी रेखा उभरी, "कुछ मिला?"

हनुमान ने अपने हाथ में पकड़ा वनस्पति का गट्ठर उनके सामने रख दिया और एक ओर हटकर खड़े हो गए। उनके पीछे आए हुए वानरों की टोली ने भी अपने हाथों में पकड़े गट्ठर हनुमान के ही समान भूमि पर रख दिए।

"तुम तो औषधियों का पर्वत ही उठा लाए।" सुग्रीव बोले, "इतनी वनस्पति इतने कम समय में कैसे उखाड़ लाए?"

इस बीच हनुमान भूमि पर बैठ गए थे। उनका श्वास तेज-तेज चल रहा था। वे बहुत हाँफ गए थे। निश्चय ही अपनी यात्रा का एक बड़ा भाग उन्होंने भागते हुए पूरा किया होगा। उनके पीछे बैठे उनके साथी भी बुरी तरह थके हुए थे।

"किष्किंधा के बाहर के वनों में ही मुझे आर्य राम के जन-सैनिकों का शिविर मिल गया था।" हनुमान अपने श्वास को नियंत्रित करने का प्रयत्न कर रहे थे, "अनिंध को यहाँ की स्थिति की सूचना दी तो शेष कार्य का प्रबन्ध उसने करवा दिया। ये साथी भी उसी ने दिए। इन औषधियों की खोज भी उसी ने की।... भागने-दौड़ने का बहुत सारा कार्य शिल्पी ने किया...हनुमान कुछ रुककर बोले, "अनिन्ध ने अपने सभी केंद्रों, शिविरों और आश्रमों में सूचना भिजवा दी है। सम्भव है प्रातः से पहले यहाँ राम की कुछ जन वाहिनियाँ पहुँच भी जाएँ...अनिन्ध ने कहा था कि अब कई दिनों जन वाहिनियाँ पहुँचती रहेंगी।"

सुग्रीव ने स्नेहविह्वल दृष्टि से हनुमान को देखा, "तुमने तो, हनुमान! मृत सेना में प्राण डाल दिए।" उन्होंने आगे बढ़कर हनुमान को गले से लगा लिया, "तुम तो सचमुच मृत-संजीवनी लेकर आए हो।"

विभीषण से भी नहीं रहा गया। वे भी आगे बढ़कर हनुमान से गले मिले।

"अब इस पर्वत में से छाँटकर विशल्यकरणी मुझे दो।" जांबवान बोले, "जब तक राम-लक्ष्मण स्वस्थ नहीं होते, तुम्हारी संजीवनी अधिक उपयोगी नहीं हो पाएगी।"

अनेक लोगों ने मिलकर विशल्यकरणी को अन्य औषधियों से पृथक् किया और उसे पीसकर जांबवान को दिया। जांबवान ने उसका रस राम और लक्ष्मण के मुख में टपकाया। उनकी नाक के पास औषधि रखकर उन्हें सुँघाया और रस निकल जाने के पश्चात् बची हुई पत्तियों को उनके घावों पर लगाया। इतना कर उन्होंने नाड़ी-परीक्षण किया और प्रसन्नता से सिर हिलाया, "इन्हें थोड़ी हवा करो, हनुमान! तब तक मैं अन्य लोगों को देखता हूँ।" सहसा वे रुके, "तुम्हारे पिता केसरी का उपचार पहले नहीं किया, इससे रुष्ट तो नहीं होगे?"

हनुमान मुसकराए, "नहीं, नेता का उपचार पहले होना चाहिए।"

"ठीक है।"

जांबवान यूथपति केसरी की ओर बढ़ गए। उनके पश्चात् सुषेण, ऋषभ तथा द्विविद का उपचार किया। और उसके पश्चात् अनेक यूथपतियों तथा सैनिकों की चिकित्सा करते रहे। इसी बीच अनेक लोगों ने उसी प्रकार जांबवान से पूछ-पूछकर

सुग्रीव, अंगद तथा नील का भी उपचार किया। स्वयं जांबवान के घावों पर भी औषधि-लेपन किया गया।

क्रमशः राम और लक्ष्मण का श्वास अपनी स्वाभाविक गति में आ गया और उनकी मूर्च्छा भंग हो गई। दोनों की संज्ञा प्रायः साथ-साथ ही लौटी। वानर सेना ने हर्ष का चीत्कार किया। कुछ क्षणों में ही सारे स्कंधावार में सूचना फैल गई कि राम और लक्ष्मण दोनों ही सचेत हो उठे हैं।

सचेत होते ही राम ने पूछा, "तेजधर कैसा है?"

सब के झुके हुए मस्तक तथा भिंचे हुए होंठ देखकर उन्हें अनुमान करने में कठिनाई नहीं हुई।

"उसने वीरगति पाई है?"

सागरदत्त ने आकर उनका हाथ पकड़ा। सहारा देकर उठाया और बोला, "आइए।"

तेजधर के शव के पास राम चुपचाप खड़े रहे। उसके चेहरे के उत्साह को देखते-देखते उनकी आँखों से दो अश्रु टपककर तेजधर के निर्जीव चेहरे पर जा गिरे।

"इस बालक ने अपने प्राण देकर मुझे और लक्ष्मण को बचाया है।" राम रुद्ध कंठ से बोले, "मैंने अचेत होते हुए इसकी वाहिनी का वीर दर्प देखा था।" सहसा उनकी आँखें कठोर हो उठीं, "कल ही मेघनाथ को इसका मूल्य चुकाना होगा।"

तब तक लक्ष्मण भी आकर उनके निकट खड़े हो गए थे। उनके मस्तक में भयंकर पीड़ा थी। उन्होंने अपने दाहिने हाथ के अँगूठे और मध्यमा से अपने माथे को दबाया और बोले, "यह कैसे होगा, भैया? उसके ब्रह्मास्त्र का तोड़ हमारे पास नहीं है।"

"इस विषय में मुझे आपसे कुछ कहना है।" विभीषण बोले, "कृपया मेरी बात सुनें।"

"कहिए, लंकापति! क्या कहना है?"

"यदि इसी प्रकार सम्मुख युद्धों में आप मेघनाथ के ब्रह्मास्त्र का सामना करने का प्रयत्न करते रहे तो नित्यप्रति आपकी सेना की वैसी ही दुर्दशा होगी, जैसी कि आज हुई है।"

"तो उपाय क्या है?"

"उपाय!" विभीषण के चेहरे पर क्रूरता उभरी, "मुझे सूचना मिली है कि मेघनाथ निकुंभिला देवी के मंदिर में बैठा जप कर रहा है। अपना यज्ञ पूरा कर वह प्रातः पुनः युद्धभूमि में आकर हमारी सेना का ध्वंस करेगा। यदि उस नाश को रोकना है तो आप सूर्योदय से पूर्व, निकुंभिला देवी के मंदिर में यज्ञरत मेघनाथ पर आक्रमण करें।"

राम ने विभीषण की ओर देखा, "निःशस्त्र शत्रु पर?"

"वह निःशस्त्र नहीं है।" विभीषण बोले, "उसके चारों ओर राक्षस सेना व्यूह बाँधे खड़ी है और वह आभिचारिक यज्ञ कर रहा है। हाँ! इस अर्थ में वह अवश्य निहत्था है कि उसके पास ब्रह्मास्त्र नहीं है।"

"किंतु धर्म...।" सुग्रीव ने कुछ कहना चाहा।

"धर्म यह है कि आपके निःशस्त्र सहायक सैनिकों पर मेघनाथ ब्रह्मास्त्र से आक्रमण करे। वानरराज!" विभीषण का स्वर ऊँचा उठ गया, "धर्म का चिंतन मैंने भी बहुत किया है; किंतु धर्म अनिवार्यतः सुख नहीं देता। अधर्म से व्यक्ति पीड़ा ही नहीं पाता, अन्यथा रावण को नरक के सभी कष्ट मिलने चाहिए थे। धर्म तो कर्तव्य का नाम है। कर्तव्य क्या है? आत्मरक्षा। आत्मरक्षा में असमर्थ होना मूर्खता है।" उनका स्वर कुछ नम्र हुआ, "कुछ अन्यथा कह गया होऊँ तो क्षमा करें।...पर यदि आप नहीं जाना चाहते, तो सेना मुझे दें। मैं अकेला ही जाऊँगा।"

राम के अधरों पर एक क्षीण-सी दुर्बल मुसकान उभरी, "लंकापति! आपको अकेले जाने की आवश्यकता नहीं पड़ेगी, मैं आपके साथ जाऊँगा। सौमित्र पीछे रहकर सेना की रक्षा करेंगे।"

"नहीं!" लक्ष्मण ने अपना दुखता हुआ मस्तक छोड़ दिया, "भैया! आपकी यह आज्ञा नहीं मानूँगा।"

"क्यों, सौमित्र?"

"पंचवटी के युद्ध में आपने मुझे सुरक्षित स्थान पर रखा और स्वयं विकट जोखिम का युद्ध किया। पुनः मुझे आश्रम में छोड़कर आप मारीच के पीछे गए और भाभी को यह संदेह हुआ कि मैं जान-बूझकर संकट के समय पीछे रह जाता हूँ। यदि यह न हुआ होता तो भाभी का हरण न हुआ होता। ऐसी दुर्घटना अब नहीं होने दूँगा। आप सेना के अधिपति हैं। आप पीछे रहें ओर सेना की रक्षा करें। मेघनाथ का वध मैं करूँगा।"

"तो फिर ऐसा ही हो, सौमित्र!" राम बोले, "लंकापति विभीषण तुम्हारे साथ जाएँगे। सेना भी जितनी चाहो, ले जाओ। सूर्योदय से पहले मेघनाथ का वध कर लौटो। तेजधर की अंत्येष्टि भी तभी होगी।" वे विभीषण की ओर मुड़े, "मित्र विभीषण! इस अभियान पर जाने से पूर्व अपनी पत्नी और पुत्री के सुरक्षित अज्ञातवास का प्रबंध कर लो। मेघनाथ के वध में तुम्हारा सहयोग जानकर रावण अनियंत्रित हो उठेगा।"

"वैसा संदेश मैं भिजवा चुका हूँ, राम!" विभीषण बोले, "ऐसी आशंका मुझे पहले से ही हो रही थी।"

उसी क्षण अनिंद्य ने आकर अभिवादन किया, "आर्य राम! आपकी जन वाहिनियाँ और प्रतीक्षा नहीं कर सकीं। हनुमान का संदेश पाकर किष्किंधा, पंचवटी, अगस्त्य आश्रम, धर्मभृत्य आश्रम, आनन्दसागर आश्रम, भीखन ग्राम, अग्निजिह्व

आश्रम, सुतीक्ष्ण आश्रम, शरभंग आश्रम तथा अन्य सभी शिविरों को युद्ध का आह्वान भेज दिया गया है। सूचना पाते ही सब शिविरों से वाहिनियाँ चल पड़ेंगी। मैं अग्रिम टुकड़ियों की नासीर सेना लेकर उपस्थित हुआ हूँ।"

"हनुमान सचमुच मृत संजीवनी ले आया है।" राम मुसकराए "तुम लोग बहुत समय से पहुँचे हो, अनिंद्य! अब युद्ध का एक नया दौर आरम्भ हो रहा है। सौमित्र तथा विभीषण के साथ तुम ही अपनी वाहिनियाँ लेकर जाओ।"

10

अभी सूर्योदय नहीं हुआ था।

राम और लक्ष्मण के वध का समाचार पाकर राक्षस-सेना रात्रि के दूसरे प्रहर तक विलास में डूबी रही थी और इस समय सुख की नींद सो रही थी। लंका के चारों द्वारों पर कुछ सैनिक टुकड़ियाँ अपना प्रहरी-दायित्व निभा रही थीं। परकोटों पर होने वाली रौंद को भी अनावश्यक समझकर शिथिल कर दिया गया था।

ऐसे समय में वानर सेना ने लंका के चारों द्वारों पर आकस्मिक आक्रमण किया। समस्त द्वारों पर शिला-प्रक्षेपण-यंत्रों से शिला-खण्ड फेंके गए और परकोटों पर उल्काओं की वर्षा की गई।

सहसा ही सारी लंका जाग उठी। अनेक प्रासादों के कँगूरे जल रहे थे। युद्ध-सामग्री के भण्डारों में ऊँची-ऊँची लपटें उठ रही थीं और सेना की अश्वशालाओं में मनुष्य और पशु एक साथ चीत्कार कर रहे थे।

सूचना पाकर रावण उठ बैठा। थोड़ी देर तक तो वह चकित मुद्रा बनाए सोचता रहा—राम और लक्ष्मण का वध हो चुका था। सारे प्रमुख वानर सेनापति और यूथपति हताहत हो चुके थे। सेना सम्पूर्णतः क्षत-विक्षत थी। फिर ये वानर लंका पर आक्रमण का साहस कैसे कर रहे हैं?...

किंतु सोचने का समय नहीं था। मेघनाथ निकुंभिला देवी के मंदिर में था। वह प्रातः अपना यज्ञ पूर्ण कर देवी से पूर्ण विजय का वरदान पाकर युद्धभूमि में जाएगा। उसे आसन से उठाना असिद्धि थी। प्रातः तक इस मरी-खपी वानर सेना को अन्य लोग भी सँभाल सकते थे...

रावण ने तत्काल आदेश दिए। कुंभ, निकुंभ, यूपाक्ष, शोणिताक्ष, प्रजंघ, अकंपन और मकराक्ष अपनी सेनाएँ लेकर लंका के द्वारों से बाहर निकल जाएँ और इन दुष्ट वानरों को लंका की प्राचीर से दूर खदेड़ दें। प्रातः अपने यज्ञ को संपन्न कर इंद्रजित मेघनाथ स्वयं जाकर देखेगा कि यह सब क्या उत्पात है...

काष्ठ-शिल्पियों ने अनेक काष्ठ-खण्डों को जोड़, सेतु तैयार कर परिखा में डालकर अनेक स्थानों पर मार्ग बना दिए। श्रमिक सैनिकों ने अपनी छेनी-हथौड़ियों से वज्र जैसी प्राचीर में खूँटे गाड़ दिए। रस्सियाँ बँध गईं और देखते-ही-देखते लक्ष्मण

और विभीषण, जनसैनिकों की असंख्य टुकड़ियों के साथ प्राचीर पार कर लंका की भूमि पर जा उतरे। इस छद्मयुद्ध के लिए राम ने गुप्त युद्ध में समर्थ जन-वाहिनियों का ही चयन किया था।

सहायक सैनिक लंका पर भयंकर पथराव कर रहे थे। वानर सैनिकों की धनुर्धर टोलियाँ लंका की अट्टालिकाओं पर उल्काओं की वर्षा कर रही थीं। सुग्रीव, हनुमान, मैंद, द्विविद, अंगद और स्वयं राम—लंका के द्वारों से बाहर निकल आई राक्षस सेना से प्रत्यक्ष युद्ध कर रहे थे। दूसरी ओर विभीषण के बताए हुए मार्ग पर जनसेना की असंख्य टोलियाँ वन के वृक्षों की ओट में निकुंभिला देवी के यज्ञागार की ओर बढ़ रही थीं।

वन्य सीमा पर पहुँचकर विभीषण ने हाथ उठाकर पीछे आने वालों को रुकने का संकेत किया। मुख से एक भी शब्द कहे बिना, उन्होंने अपनी तर्जनी से इंगित कर दिया।

लक्ष्मण ने देखा—सामने निकुंभिला यज्ञागार था। इसी के भीतर यज्ञ में दीक्षित हो इंद्रजित मेघनाथ बैठा ध्यान कर रहा था।...अपने नगर की प्राचीर के भीतर, मंदिर में बैठा मेघनाथ सर्वथा असुरक्षित नहीं था। सहस्रों राक्षस सैनिक उस यज्ञागार की रक्षा कर रहे थे।...वे सदा ऐसे ही रक्षा करते हैं या उन्हें इस अभियान की सूचना...नहीं। उन्हें लक्ष्मण के इस अभियान की सूचना नहीं हो सकती।...उन्हें यदि इसका तनिक भी आभास होता तो मेघनाथ इस समय यहाँ यज्ञ न कर रहा होता; वह अपना ब्रह्मास्त्र लेकर वानर सेना का ध्वंस करने के लिए लंका की प्राचीर से बाहर निकल गया होता।...किंतु किसी आशंका की अनुपस्थिति में भी कितनी विकट रक्षा-व्यवस्था है मेघनाथ के लिए। राक्षस सर्वथा असावधान नहीं हैं...

लक्ष्मण ने अनिंद्य को इंगित किया। अनिन्द्य और भूलर अपनी टोलियों के साथ यज्ञागार के पीछे की ओर चले गए। धर्मभृत्य और भीखन बाईं ओर गए। उल्लास, आदित्य और आनन्दसागर दाईं ओर गए। विभीषण अपने मंत्रियों—अनल, पलस, संपाति तथा प्रमति—के साथ मुख्य द्वार पर आक्रमण करने के लिए लक्ष्मण के संकेत की प्रतीक्षा में सन्नद्ध खड़े थे।

लक्ष्मण ने एक भयंकर नाराच अपने धनुष पर चढ़ाया और विकट हुँकार के साथ यज्ञागार के मुख्य द्वार पर छोड़ दिया। यह आक्रमण का संकेत भी था और आदेश भी। एक ही क्षण में राम के जय-जयकार के बीच यज्ञागार पर चारों ओर से बाण बरसने लगे; किंतु कोई भी योद्धा प्रकट नहीं हुआ।

निश्चिंत बैठे हुए राक्षस सैनिकों में भगदड़ मच गई। वे मेघनाथ के अंगरक्षक थे। सदा युवराज के साथ चलते थे। किंतु लंका के भीतर इस प्रकार चारों दिशाओं से आकस्मिक आक्रमण की कल्पना उन्होंने नहीं की थी और न ही उसके लिए वे प्रस्तुत दिखाई पड़ रहे थे। यद्यपि वे मेघनाथ के अंगरक्षक कहलाते थे; किंतु वे स्वयं भी जानते थे कि बहुधा उनकी रक्षा स्वयं मेघनाथ ही किया करता था।

..और इस समय मेघनाथ अपने यज्ञ में संलग्न था...

क्रमशः लक्ष्मण ने दूसरा संकेत किया। विभीषण ने जोर से शृंगीनाद किया और जनसेना की समस्त टोलियाँ अंगरक्षकों पर टूट पड़ीं। यही समय था जब गदापाणि विभीषण भी अपने मंत्रियों के साथ अंगरक्षकों पर पिल पड़े...

अंगरक्षकों ने जन-सेना का नेतृत्वविहीन सामना किया; किंतु सैनिक-दृष्टि-संपन्न कोई भी व्यक्ति देख सकता था कि वह सामूहिक और योजनाबद्ध न होकर अंगरक्षकों का व्यक्तिगत प्रयास ही था। जन-सेना का दबाव निरंतर बढ़ता जा रहा था और स्वयं विभीषण इस समय मेघनाथ के अंगरक्षकों के काल बने हुए थे।

अंगरक्षकों का चीत्कार बढ़ता जा रहा था और थोड़ी ही देर में उन लोगों ने अपने युवराज को स्पष्ट और सामूहिक रूप से बड़े करुण स्वर में पुकारना आरम्भ कर दिया।

लक्ष्मण ताक-ताककर बाण मार रहे थे। वे इस प्रयत्न में थे कि मुख्य द्वार पर स्थित अंगरक्षक गुल्म कुछ शिथिल पड़ें तो वे कुछ सैनिकों के साथ अथवा अकेले ही यज्ञागार के भीतर प्रवेश कर जाएँ। किंतु सब ओर से भयंकर रूप से त्रस्त होते हुए भी अंगरक्षकों ने मुख्य द्वार को असुरक्षित नहीं छोड़ा था...

तभी मुख्य द्वार खुला और अपने रथ पर आरूढ़ मेघनाथ प्रकट हुआ। उसका रथ यज्ञागार के भीतर ही रहा होगा। इस समय वह आभिचारिक यज्ञ के वेश को त्याग योद्धा का रूप धारण कर चुका था। उसके शरीर पर कवच था और हाथों में धनुष-बाण। लक्ष्मण ने ध्यान से देखा—रथ पर ब्रह्मास्त्र नहीं था।

मेघनाथ के अंगरक्षकों ने प्रसन्नता का विकट कोलाहल किया। युवराज को अपने मध्य पाकर उनकी असहायता, दीनता और घबराहट विलीन हो गई थी।

लक्ष्मण ने अपने धनुष पर एक उल्का चढ़ाकर आकाश की ओर छोड़ दी। जनसेना की समस्त टोलियाँ चारों दिशाओं से आकर उनके निकट व्यूह-बद्ध खड़ी हो गईं। विभीषण अपने मंत्रियों सहित, लक्ष्मण के साथ सटकर खड़े हो गए थे।

दोनों ओर से सैनिक आमने-सामने सज्जित हो गए तो मेघनाथ ने अपना रथ आगे बढ़ाया। किंतु शस्त्र-प्रहार उसने नहीं किया। अपनी सेना के भाल-प्रदेश पर रथ रोक उसने विभीषण को देखा, "राक्षस कुलांगार! देशद्रोही! और कुछ नहीं हो सका तो पुत्र सरीखे अपने भ्रातव्य को असावधान समझ, उसका वध करने आए हो।"

विभीषण मुसकराए, "पुत्र सरीखे तो तुम हो ही, दम्भी! जो अपने गुरुजनों को सदा मूर्ख समझता रहा, उनका अपमान करता रहा, अपने पिता के कुकर्मों का समर्थन करता रहा और प्रत्येक सत्परामर्श को ठुकराता रहा। तुम जैसे पुत्रों के कारण ही तो पिता पर-स्त्रियों का हरण कर अपने कुल को गौरवान्वित करता है। राक्षस कुलांगार कौन है? सत्पथ पर चलने वाला दीन विभीषण अथवा अहंकार में ऐंठे तुम और तुम्हारे पिता महाराजाधिराज रावण?"

"नीति-चर्चा का अवकाश नहीं है, चाचा!" मेघनाथ का स्वर तनिक भी नम्र नहीं था, "किंतु मरने से पूर्व तनिक बता दो, तुम्हें अपनी भूमि, अपनी जाति, अपने समाज से तनिक भी मोह नहीं कि उसका नाश करवाने के लिए न केवल शत्रुओं से जा मिले, वरन् उन्हें मार्ग बता-बताकर यहाँ तक ले आए।"

इस बार विभीषण खुलकर हँसे, "पूछा ही है तो उत्तर भी धैर्य से सुनो, मनस्वी युवराज! लंका न तुम्हारी भूमि है, न तुम्हारे पिता की। उसे तुम्हारे पिता ने कुबेर से छीना और उसे सदा उपनिवेश ही माना, देश नहीं। लंका सोने की है, किंतु लंका की सामान्य प्रजा आज भी इतनी निर्धन और असहाय है कि स्त्रियाँ अपना यौवन बेचती हैं और पुरुष अपना रक्त-मांस। तुमने लंका के लिए, यहाँ के जन-सामान्य के लिए, इस देश के विकास के लिए क्या किया? यहाँ जो कुछ बना हुआ दिखाई पड़ता है—पथ, भवन, प्रासाद, अट्टालिकाएँ, जलपत्तन—सब कुछ यक्षराज कुबेर के समय से निर्मित हैं। तुमने केवल यह किया कि सारा धन, सत्ता, शक्ति, व्यापार, उद्योग—राजपरिवार के सदस्यों, अपने मंत्रियों, सेनापतियों, सामंतों के हाथ में संचित कर दिया—प्रजा चाहे भूखी मरे। एक परिवार, एक वर्ग को सर्व-संपन्न बनाकर शेष लोगों को पशु से भी हीनतर जीवन जीने को बाध्य कर दिया। फिर भी तुम्हें गुमान है कि लंका तुम्हारी है। लंका को तुमने अपनी समझा कब?...और फिर केवल लंकावासी होकर ही तो कोई लंका का हितू नहीं हो सकता।" विभीषण आवेश में बोले, "तुमने लंकावासियों को दास और वेश्याएँ बनाया है—राम उन्हें मुक्ति देंगे और मैं उस मुक्ति की रक्षा करूँगा।"

"राजनीतिक चेतना कुछ अधिक ही उग्र हो गई है तुममें, चाचा!" मेघनाथ वितृष्णा से मुसरकाया, "और तुम वीरवर लक्ष्मण!" उसके स्वर में व्यंग्य था, "यज्ञ-दीक्षित निःशस्त्र योद्धा को चुपके से घेर मारने आए हो। कायर! दो बार जाने किस माया से तुम रकर भी जीवित हो गए; किंतु आज तुम्हें किसी प्रकार भी जीवित नहीं लौटने दूँगा।"

"तुम्हारे प्राण रहते, स्वयं जीवित लौटने की आकांक्षा लेकर नहीं आया हूँ, वीरता-दंभी!" लक्ष्मण तेजस्वी स्वर में बोले, "मुझे दोष देने से पहले तनिक अपनी वीरता पर भी विचार कर लिया होता। पत्थरों और शाखाओं से लड़ने वाले निहत्थे वानरों पर तुमने ब्रह्मास्त्र चलाया है। युद्ध के नियमों के सर्वथा विरुद्ध तुमने हम पर विषैली औषधियों में पगे शस्त्रों का प्रयोग किया है। फिर भी वीरता का दम्भ है तुम्हें!" लक्ष्मण का स्वर ऊँचा हो गया, "हमारा निरीह वध करने के लिए आभिचारिक यज्ञ करते हो, धर्मावतार! मैं तुम्हें बताने आया हूँ कि प्रकृति की सबसे बड़ी शक्ति मनुष्य का पुरुषार्थ है। इसका प्रमाण मैं अभी तुम्हारे इस यज्ञ-दीक्षित, तिलक-मण्डित मस्तक को तुम्हारे कबंध से अलग कर दूँगा। तुम यज्ञ करो, बलियाँ दो, भूत शक्तियों को अपनी रक्षा के लिए पुकारो, रक्षा-कवच बाँधो, टोने-टोटके करो—किंतु न राम किसी अमानुषी शक्ति को पुकारेंगे और न उनका अनुज। हम तुम्हारे प्रत्येक मंत्र

और मंत्र शक्ति के ही नहीं, देवास्त्र, दिव्यास्त्र तथा शस्त्र शक्ति के विरुद्ध केवल जन-शक्ति को खड़ा कर तुम्हें बता देंगे कि वास्तविक शक्ति कहाँ है।''

लक्ष्मण ने धनुष उठाया, ''बातों का समय नहीं है, शस्त्र उठाओ। वैसे इस समय न तुम असावधान हो, न निःशस्त्र; न ही तुम्हारे सैनिक संख्या में कम हैं। हाँ, तुम्हारा ब्रह्मास्त्र तुम्हारे पास नहीं है...।''

लक्ष्मण के संकेत पर बाईं ओर से अनिंद्य, भूलर और भीखन आगे बढ़े; दाहिनी ओर से उल्लास, आदित्य, धर्मभृत्य और आनन्दसागर। विभीषण अपने मंत्रियों के साथ पृष्ठ भाग की रक्षा करने के लिए लक्ष्मण के पीछे चले गए। उन्होंने मेघनाथ की सेना को इस प्रकार घेर रखा था कि प्रयत्न करने पर भी वह सैनिक सहायता के लिए संदेश न भेज सके। तीन ओर लक्ष्मण की सेना थी, चौथी ओर निकुंभिला यज्ञागार, जिसके पीछे परिखा और प्राचीर थी।

मेघनाथ के अंगरक्षक भी तत्काल व्यूह-बद्ध हो गए। इस समय लंका के भीतर-बाहर जिस प्रकार का युद्ध हो रहा था, उसमें तत्काल सैनिक सहायता आने की आशा निरर्थक थी। किंतु स्वयं युवराज इंद्रजित मेघनाथ उनके साथ थे।

लक्ष्मण ने अपने बाण पर वरुणास्त्र धारण किया और मेघनाथ पर प्रथम प्रहार किया। मेघनाथ असावधान नहीं था, उसने रौद्रास्त्र से लक्ष्मण के प्रहार का निवारण किया।

लक्ष्मण ने अपने दिव्यास्त्र को नष्ट होते देखा...'शिव की मैत्री...या भक्ति बहुत फली है इस परिवार को'...उन्होंने सोचा। किसी समय लक्ष्मण ने भी सोचा था, चाहे वह उनके बालक-मन की ही कल्पना थी, जब भैया राम ने जनकपुर में शिव धनुष भंग किया था...कि वे भी भैया से कहेंगे कि महादेव शिव से कुछ दिव्यास्त्र और देवास्त्र प्राप्त करें; और यदि सम्भव हो तो वैसे ही शस्त्रास्त्र अयोध्या में भी बनाए जाएँ। शस्त्रास्त्रों के अद्भुत निर्माता हैं महादेव शिव भी।...किंतु रावण के विरुद्ध लड़ते हुए न वे शिव से अपेक्षा कर सकते हैं कि रावण को शस्त्र न दें और न ही यह सम्भव हो सकता है कि महादेव वानर सेना की शस्त्रास्त्रों से सहायता करें...

लक्ष्मण ने अपने बाण पर सूर्यास्त्र धारण किया; मेघनाथ ने आग्नेयास्त्र से उसे तत्काल निरस्त कर दिया।

जन-सेना मेघनाथ के अंगरक्षकों पर भारी पड़ रही थी। लक्ष्मण देख रहे थे कि अंगरक्षकों को कई स्थानों पर पीछे हटना पड़ा था। अनेक स्थानों पर उनके व्यूह शिथिल पड़ गए थे और उनकी दरकों में से अनिन्द्य तथा धर्मभृत्य के नेतृत्व में उनकी टोलियाँ अनेक स्थानों से भीतर घुसकर मेघनाथ के निकट पहुँचने का प्रयत्न कर रही थीं...कदाचित् मेघनाथ की दृष्टि भी अपने अंगरक्षकों की स्थिति पर जा पड़ी थी।...सहसा ही अत्यंत क्रुद्ध होकर उसने भयंकर रूप धारण कर लिया। निमिष-भर उसकी दृष्टि अपने रथ के शस्त्रागार पर टिकी रही; और उसने आसुरास्त्र

उठाकर अपने धनुष पर धारण किया। अगले ही क्षण उसके धनुष से कूट, मुग्दर, शूल, भुशुण्डी, गदा, खंग तथा फरसे बरसने लगे।

लक्ष्मण को लगा, यद्यपि इस समय मेघनाथ के पास ब्रह्मास्त्र नहीं था, किंतु उसके बिना भी वह उनके लिए भयंकर हो सकता था। उसके शस्त्रों के प्रहार से स्वयं उनका अपना शरीर ही अनेक स्थानों से क्षत-विक्षत नहीं हो गया था, उनके जन-सैनिकों की भी हानि हो रही थी। यदि मेघनाथ के शस्त्रास्त्र इसी गति से चलते रहे और अनिन्द्य तथा उसके साथी इसी प्रकार आगे बढ़ते रहे तो किसी भी क्षण कुछ अघटनीय घट सकता है...

लक्ष्मण ने अपने शस्त्र-वाहकों की ओर देखा, "माहेश्वरास्त्र!"

बिश्वामित्र के दिए माहेश्वरास्त्र के प्रयोग का यह उचित अवसर था। लक्ष्मण की विकट हुँकार के साथ माहेश्वरास्त्र छूटा। मेघनाथ विचलित हुआ।...शिव का अस्त्र लक्ष्मण के पास...

आसुरास्त्र शांत हो गया था और मेघनाथ की दृष्टि अपने रथ के शस्त्रागार में कोई प्रभावी दिव्यास्त्र ढूँढ रही थी।

किंतु लक्ष्मण तनिक भी असावधान नहीं थे। उन्होंने तत्काल अगस्त्य का दिया हुआ ऐंद्रास्त्र बाण पर चढ़ाया और धनुष की प्रत्यंचा कान तक खींचकर छोड़ दी...मेघनाथ के विचलित मस्तिष्क ने कुछ सोचा, व्याकुल दृष्टि से ऐंद्रास्त्र को देखा और अगले ही क्षण उसका मस्तक कटकर पृथ्वी पर जा गिरा।

11

रात को एक-एक कर सुग्रीव द्वारा कुंभ तथा हनुमान द्वारा निकुंभ के वध के समाचार मिले। अपने पिता कुंभकर्ण का प्रतिशोध लेने के लिए उन्होंने भयंकर युद्ध किया था, किंतु सुग्रीव और हनुमान उन पर भारी पड़े थे। यूपाक्ष ने मैंद के हाथों वीरगति पाई थी, शोणिताक्ष द्विविद के शस्त्रों की मार से खेत रहा था। प्रजंघ और अकंपन को अंगद धराशायी कर चुके थे। मकराक्ष ने अपने शंकरदत्त त्रिशूल से वानर सेना की बहुत क्षति की थी और अपने पिता खर के हत्यारे का वध करने की शपथ खाई थी, किंतु अंततः राम के हाथों मारा गया था।

वे अपने तथा अपने साथियों के शरीरों को आहत करने वाले राक्षसों द्वारा प्रयोग में लाए गए बाणों को देख रहे थे। मकराक्ष के शूल के अतिरिक्त उनके सम्मुख सहायक सैनिकों ने क्षुर, क्षुरप्र, नाराच, वत्सदंत, शिलीमुख, कर्णी, शल्य तथा विपाठ आदि बाणों के ढेर लगा दिए थे।

..राक्षसों ने बाण-विद्या का विकट विकास किया था...राम सोच रहे थे... किंतु अन्याय और अत्याचार की दासी बनकर कोई भी विद्या बंध्या हो जाती है।...दस्यु की शस्त्रविद्या समाज का क्या कल्याण कर सकती है...

तभी राम को मेघनाथ के वध का समाचार दिया गया...राम के मन में प्रसन्नता

की लहर उठी। कंठ जैसे रुद्ध हो गया। आँखें डबडबा आईं।...उन्हें लगा, उन्होंने अपने जीवन में यह दूसरा चमत्कार देखा था...

"सौमित्र कहाँ है?" अंततः उनके कंठ से तीन शब्द फूटे।

हनुमान और विभीषण का सहारा लेकर लक्ष्मण मंथर गति से राम के निकट आए। उनका शरीर रक्त में इस प्रकार नहाया हुआ था कि यह देख पाना कठिन था कि कितने घाव हैं और कहाँ-कहाँ हैं। शरीर में चुभे हुए अस्त्र-शस्त्र विभीषण और सुग्रीव ने पहले ही निकाल दिए थे। वे दोनों स्वयं भी घायल थे। शरीर पर अनेक स्थानों से रक्त रिसता हुआ दिखाई पड़ रहा था; किंतु मुखमण्डल का उल्लास घावों के ऊपर छा गया था। लक्ष्मण अवश्य ही कुछ थके हुए और दुर्बल दिखाई पड़ रहे थे।

राम ने आगे बढ़कर लक्ष्मण को अपनी भुजाओं में भर लिया। इतने से संतोष नहीं हुआ तो उनके घायल शरीर को अपने वक्ष में भींच लिया। लक्ष्मण की एक हल्की-सी सिसकी से उनकी भुजाएँ शिथिल हुईं। अलग हटकर उन्होंने लक्ष्मण का चेहरा देखा—वे पीड़ा के बीच में मुसकरा रहे थे।...राम से रहा नहीं गया। उन्होंने पुनः लक्ष्मण को गले लगाया और उनके रक्त-रंजित भाल पर एक चुंबन अंकित कर दिया, "सौमित्र! आज तुमने मुझे शत्रुविहीन किया। तुमने मेरी सीता मुझे लौटा दी।..."

उनकी वाणी रुद्ध हो गई। आँखें लक्ष्मण के चेहरे पर से हटा लीं। दो-चार बार पलकें झपकाकर स्वयं को संतुलित किया। राम अनिंघ, भूलर, भीखन, धर्मभृत्य, आनन्दसागर तथा अन्य जन-सेनानायकों से मिले। वे भी कहीं-न-कहीं से आहत अवश्य थे। युद्ध ने सबको अपने चिह्न प्रदान किए थे।

और सुषेण की ओर देखकर राम बोले, "तात सुषेण! इन वीरों को विशल्य कीजिए। इनके क्षतों पर औषधियों का लेप कीजिए। इन्हें पीड़ारहित कर दीजिए। कल इन्हें अभी एक और भयंकर युद्ध लड़ना है।"

अपने भीतर उठते हुए भावों के अनेक ज्वारों को संयत करने के लिए राम इधर-उधर टहलते रहे। आज उनके भीतर असाधारण आवेग उठ रहे थे...अपने प्राणों पर खेलकर सौमित्र ने आज मेघनाथ का वध किया था।...आज तीसरी बार वे मृत्यु के मुख से जीवित बचकर निकले थे...सीता अब राम की पहुँच में थीं...हाथ बढ़ाने की देर थी...बस, एक या दो दिनों का युद्ध...किंतु अभी रावण का वध करना था।

"अनिंघ!" सहसा राम रुक गए, "सब लोग चिकित्सा-शिविर में चले गए?"

"हाँ, आर्य!"

"तुम नहीं गए? तुम्हें कोई घाव नहीं लगा?"

"राम!" अनिन्ध्य निकट चला आया, "ऐसा कोई घाव नहीं लगा, जिसका उपचार सबसे पहले होता। अन्य लोग मुझसे बहुत अधिक घायल हैं।"

"भूलर कहाँ है?"

"उसके कुछ घाव गम्भीर हैं। उसे भी मैंने चिकित्सा-शिविर में भेज दिया है।"

"अच्छा किया। अनिंद्य! मेरे बंधु!" राम जैसे किसी और लोक से बोल रहे थे, "मेरा एक काम कर दो।"

अनिंद्य ने आश्चर्य से राम को देखा—वे ऐसे भावुक तो कभी नहीं हुए..."एक विशाल चिता तैयार करो..." राम एक शिला पर बैठ गए।

स्तब्ध अनिंद्य, राम को देखता रहा।

"श्रेष्ठतम काष्ठ-कण्डों की। सम्भव हो तो चन्दन के वृक्षों की।" राम का स्वर काँप रहा था, "मुझे तेजधर और उसके सैनिकों के प्रति अपना आभार व्यक्त करना है।"

अनिन्ध ने राम को मुखर और जटायु की मृत्यु पर भी व्याकुल होते देखा था, पर ऐसा...उसने आगे बढ़कर राम के कंधे को अपनी हथेली से थपथपाया...

राम ने अनिंद्य की ओर देखा। अपनी आँखों में आए अश्रु झटक दिए और खड़े होते हुए बोले, "अपने नायक के शव की रक्षा करने के लिए भी तुमने किसी योद्धा को प्राण देते देखा है...?"

वानर स्कंधावार मेघनाथ के वध के कारण प्रसन्न भी था और पुत्र-शोक से पीड़ित, क्रुद्ध रावण से कल होने वाले संभावित विकट युद्ध के कारण आशंकित भी। राक्षस सेना के ध्वंस के कारण स्थान-स्थान पर एक प्रकार की असावधान शिथिलता भी दिखाई पड़ रही थी; राक्षसों की ओर से रात्रि के समय होने वाले कूट-आक्रमण के प्रति सतर्कता भी।

लक्ष्मण, हनुमान, विभीषण, सुग्रीव, अंगद, मैंद, द्विविद, भूलर, भीखन तथा अन्य योद्धा अपनी चिकित्सा पूरी करवाकर राम के पास आ गए थे। कम आहत सैनिक और सेनापति अपना उपचार करवाने के लिए चिकित्सा-शिविर में चले गए थे। जांबवान के अभी पिछले घाव ही इस योग्य नहीं हुए थे कि वे पुनः युद्ध कर सकें, इसलिए उन्होंने आज के युद्ध में भाग नहीं लिया था।

सहसा विभीषण के मंत्री प्रमति ने विभीषण के कान में कुछ कहा। विभीषण ध्यान से उसकी बात सुनते रहे वे अपने स्थान से उठकर राम के पास आए और उनके कान में वही बात दुहराई।

"उन्हें बुला लीजिए।" राम बोले।

प्रमति के संकेत पर उन्हें बुला लिया गया। आने वाले संख्या में दस थे। वे सैनिक अथवा योद्धा वेश में नहीं थे और न ही उनकी आकृति-प्रकृति सैनिकों जैसी थी।

"कहिए!" राम उनसे संबोधित हुए।

"हम लंका के सामान्य प्रजा-जन हैं।" उनका नेता आगे बढ़ आया, "हमें राजनीति से कोई सरोकार नहीं है। अतः शासन चाहे रावण का हो अथवा आपका, हम केवल शांति चाहते हैं।"

लगा, राम का धैर्य चुक गया है, वे कुछ कहने को व्यग्र हैं; किंतु उन्होंने स्वयं को बलात् रोक लिया।

"लंका में आज यह प्रायः सर्वमान्य है कि एक-आध दिन में रावण-वध होगा और लंका पर आर्य राम का शासन हो जाएगा।" वह व्यक्ति बोला, "हम लंका की प्रजा की ओर से आपको यह आश्वासन देने आए हैं कि लंका में आपका विरोध नहीं होगा। किंतु साथ ही निवेदन है कि आपकी सेना लंका पर आधिपत्य स्थापित करते समय, शांतिप्रिय नागरिकों का व्यर्थ रक्तपात न करे। हमारी सम्पत्ति की यथासम्भव रक्षा की जाए...यदि यह सम्भव न हो", उस व्यक्ति का स्वर नम्र से कोमल और कोमल से भीरु हो गया, "तो हमें युद्ध से पूर्व ही लंका से निकल जाने की अनुमति दी जाए और मार्ग का निर्देश किया जाए। लंका की सेना अब इतनी सक्षम नहीं है कि लंका त्यागने वालों को रोक सके।"

राम ने कठोर दृष्टि से उस व्यक्ति को देखा, "हम आपको लंका त्यागने की सुविधा नहीं देंगे। जनता का धन लेकर भागने की सुविधा देना हमारी नीति नहीं है।" राम का स्वर कुछ धीमा हुआ, "अभी युद्ध चल रहा है अतः अनिर्णीत है। रावण के वध के प्रति जितने आश्वस्त आप हैं, उतना मैं नहीं हूँ। फिर भी मैं इतना कह सकता हूँ कि विजय की स्थिति में भी यह सेना अनुशासित रहेगी। यह लुटेरों का गिरोह नहीं है; अंधकार का विरोध करने वाली जन-सेना है। अनावश्यक रक्तपात इसकी प्रवृत्ति नहीं है।" राम रुककर बोले, "वैसे आपको सूचित कर दूँ कि किसी भी स्थिति में लंका पर राम का राज्य नहीं होगा। वानर सेना लंका पर आधिपत्य स्थापित नहीं करेगी। मैंने पहले ही विभीषण को लंकापति घोषित कर दिया है। यह वे देखेंगे कि आपका धन पाप द्वारा संचित है या नहीं। उसकी रक्षा आवश्यक है या नहीं। वैसे धन-संचय पाप से ही सम्भव है..." राम किंचित् मुसकराए, "आपका राजनीति से कोई संबंध नहीं है, यह कोई गर्व का विषय नहीं है। आप यदि राम और रावण में अंतर नहीं करते तो यह आपकी शांतिप्रियता नहीं, आपका स्वार्थ और आपकी कायरता है।...अब आप जाइए।"

संध्या के झुटपुटे में वह विशाल चिता सजाई गई। उसमें प्रमुखतम स्थान पर तेजधर का शव रखा गया और शेष स्थान पर अन्य योद्धाओं के शरीरों को ससम्मान लिटाया गया। सेना के प्रमुख सेनानायक, सेनापति, सेनाधिपति वहाँ एकत्रित हुए और उन्होंने उन वीरों का सैनिक अभिवादन किया।

स्वयं राम और लक्ष्मण ने विलोम शस्त्रों पर अपने मस्तकों को झुकाकर, उन वीरों का अभिनंदन किया और फिर राम ने कवच उतारकर शस्त्र त्याग दिए। उन्होंने चिता के निकट जाकर, हाथ जोड़कर, वीरगति पाए योद्धाओं को प्रणाम किया और

भर्राए हुए कंठ से बोले, "तुम्हारे ऋण से उऋण होना हमारे लिए सम्भव नहीं है, वीरो! इसलिए हमारा कृतज्ञता भरा प्रणाम लो।"

राम ने चिता की परिक्रमा कर उसे अग्निदान किया।

चिता धू-धू कर उठी और उससे कुछ हटकर हाथ बाँधे हुए राम खड़े हो गए। उनकी जनवाहिनी के नायक आकर उनके पीछे खड़े हो गए थे।

तभी पचीस नवयुवकों की अगवानी करते हुए हनुमान राम के पास आए, "भद्र! ये नवयुवक आपकी सेवा में कुछ निवेदन करना चाहते हैं।"

राम ने अपने आँसू पोंछकर उनकी ओर देखा, "कहो, मित्र!"

"आर्य! हमें आर्य संपाति ने भेजा है।"

"विभीषण के मंत्री संपाति ने?"

"नहीं, आर्य!" युवक गम्भीर स्वर में बोला, "गृध्र-श्रेष्ठ जटायु के बड़े भाई आर्य संपाति ने। उन्होंने कहा है कि अंधकार के विरुद्ध युद्ध में हम गृध्र जाति के योगदान के रूप में ग्रहण किए जाएँ..."

"भद्र राम!" हनुमान अत्यंत कोमल स्वर में बोले, "कदाचित् आपको स्मरण हो, देवी वैदेही की खोज में जब हम गए थे तो सागरतट पर आर्य संपाति से हमारी भेंट हुई थी। उन्होंने ही देवी वैदेही के लंका में होने की निश्चित सूचना हमें दी थी और अपने भाई जटायु की मृत्यु पर क्षुब्ध होकर उन्होंने हमें वचन दिया था कि वे प्रयत्न करेंगे कि जब भी कोई सेना रावण के विरुद्ध लड़ने जाए, उसमें एक टुकड़ी गृध्र युवकों की भी हो।"

"धन्य हैं आर्य संपाति!" राम बोले।

"आर्य! हमें खेद है कि आने में हमें विलंब हुआ।"

"खेद के लिए कोई अवकाश नहीं है, मित्र।" राम का स्वर कुछ दृढ़ हो गया, "अभी तो अंतिम युद्ध होना है।"

"हम संख्या में कम हैं, आर्य! किंतु हम आर्य जटायु के बलिदान को लज्जित नहीं होने देंगे।"

"तुमसे ऐसी ही आशा है, वीर!" राम ने उसके कंधे पर हाथ रखा, "नाम क्या है तुम्हारा?"

"तेजधर!"

"तेजधर?"

"आपको आश्चर्य हो रहा है?"

"हाँ, मित्र!" राम का स्वर भावुक हो गया, "जिस वीर टुकड़ी की चिता के पास हम खड़े हैं, उसके नायक का नाम भी तेजधर ही था। लगता है कि तेजधर किसी व्यक्ति-विशेष का नाम नहीं है, यह तो बलिदान की एक परंपरा की संज्ञा है।"

"आर्य! हम इस संज्ञा की लाज निभाएँगे।"

''मेरी कामना है कि तुम उसमें समर्थ हो सको।'' राम बोले, ''जाओ! अब विश्राम करो। यात्रा से थके आए हो।''

राम मुड़े तो एक अन्य आगंतुक वाहिनी के नायक ने आकर उनका अभिवादन किया। उनके साथ एक महिला भी खड़ी थी।

''बंधु सिंहनाद!'' राम ने उसे बाँहों में भर लिया, ''देवि प्रभा! बहुत समय से आए तुम लोग।''

''माता लोपामुद्रा के पुत्री-मोह ने हमें कुछ विलंब करा दिया, आर्य!'' प्रभा धीरे से बोली।

''फिर भी बहुत समय से पहुँची हो।'' राम का स्वर पुनः आर्द्र हो उठा, ''सैनिकों की भी हमें बहुत आवश्यकता है, किंतु तुम्हें कैसे बताऊँ, बहना! कि शल्य चिकित्सक हमारे लिए कैसी संजीवनी है। अकेले वृद्ध योद्धा तात सुषेण पर बहुत बोझ था। कल के युद्ध में हमें तुम्हारी बहुत आवश्यकता है।''

''अच्छा, प्रिय!'' प्रभा ने सिंहनाद को देखा, ''तुम शिविर स्थापित करो, मैं चिकित्सा-शिविर में पहुँचूं।''

''तुम वस्तुतः ऋषि अगस्त्य की आत्मजा हो।'' राम धीरे से बोले।

12

रात के दो पहर बीत गए और देवराज सोने के लिए नहीं आए तो शचि को चिंता होने लगी। पिछले कुछ दिनों से देवराज कुछ अधिक ही व्याकुल थे। उनका भोजन-विश्राम, सब कुछ ही अनियमित होने लगा था। शचि के लिए ऐसी अनियमितताएँ बहुत अनहोनी नहीं थीं। जीवन में अनेक बार चिंता के कुछ प्रसंग आ जाने पर देवराज को मंत्रणाओं में कुछ अधिक ही समय लगाना पड़ता था और उनका जीवन अनियमित होने लगता था। पर इन दिनों तो ऐसा भी कोई प्रसंग नहीं था। पिछले दो-चार दिनों में शचि ने उनसे एकाधिक बार पूछा भी था, किंतु इंद्र टाल गए थे। कदाचित् यह चिंता कोई प्रत्यक्ष चिंता नहीं थी। इस चिंता के कीटाणु देवराज के अपने मन में ही थे।

यह सूचना प्राप्त करने में शचि को अधिक समय नहीं लगा कि इंद्र अपने निजी कक्ष में, एकांत में चिंतामग्न बैठे हैं। उनके पास इस समय न उनके मंत्री थे, न सचिव, न नर्तकियाँ थीं, न मदिरा। शचि समझ गई कि चिंता की वह सीमा आ पहुँची है जहाँ देवराज की निद्रा भी उड़ जाती है और उन्हें मदिरा भी अच्छी नहीं लगती। ऐसे में किसी और को देवराज के पास भेजना तनिक भी उपयोगी नहीं था। इंद्र की इस मनःस्थिति में केवल शचि ही उनके पास जा सकती थी।

शचि को अपनी सखियों के बिना, सर्वथा एकाकी, अपने सम्मुख खड़ी देख इंद्र चौंक उठा। उसका चिंता-क्लांत मन कहने के लिए कुछ सोच नहीं पाया। वह शचि की ओर ताकता ही रह गया।

"देवराज किस चिंता में हैं?" शचि ने अपने हृदय का संपूर्ण स्नेह तथा रूप का समस्त माधुर्य अपनी वाणी तथा अपने नेत्रों में ढाल दिया।

कुछ क्षणों तक मौन बैठा इंद्र अपनी पत्नी के रूप और उसकी इस भंगिमा को देखता रहा—अपनी प्रौढ़ावस्था में भी शचि सुंदर थी और पति को रिझाने की कला भी उसे आती थी।

सहसा वह उठ खड़ा हुआ, "आओ, चलें।"

उसने आगे बढ़कर शचि के कंधों को अपनी भुजा से ढककर उसे आगे बढ़ाया।

"अर्थात् नहीं बताएँगे?" शचि मुसकराई।

इंद्र फीकी-सी हँसी हँसा, "नहीं। ऐसी बात नहीं है, प्रिये! किसी बात को बताने का भी एक सोपान होता है। अपने मंत्रियों और सचिवों से इस विषय में बात करने से पूर्व अपने मन को साध रहा था। अच्छा हुआ, तुम आ गईं। रात बहुत बीत गई है। अपनी सखियों को सोने की अनुमति दे दो। हम दोनों कुछ विस्तार से बातें करेंगे।"

शचि ने इंद्र की ओर देखकर, हल्के-से सिर हिला दिया।

विश्राम-कक्ष तक वे लोग चुपचाप ही आए—इंद्र अपने-आप में डूबा-सा और शचि अपने पति की चिंता को पढ़ने का प्रयास करती-सी। चिंता किस बात की थी—अनुमान कर पाना कठिन हो रहा था; किंतु चिंता किस स्थिति पर थी...जान पाना शचि के लिए कठिन नहीं था। कभी-कभी जब देवराज के मन में बहुत ऊहापोह होता है, स्थितियाँ स्पष्ट नहीं होतीं और वे कुछ निश्चय नहीं कर पाते तो वे इसी प्रकार शचि से विस्तार से बातें करते हैं। ऐसा नहीं कि वे शचि को स्वयं अपने आपसे, मंत्रियों अथवा सचिवों से अधिक बुद्धिमान मानते थे। वस्तुतः यह वार्तालाप शचि की उपस्थिति में उनका अपना वाचिक चिंतन ही हुआ करता था, जिसे वे वार्तालाप का रूप दे दिया करते थे।

इंद्र अपने पलंग पर लेट गया और लेटते ही उठकर बैठ गया, "अपनी सखियों, दासियों, परिचारिकाओं, सेविकाओं तथा चरों को जाने के लिए कह दो और फिर मेरे पास आकर बैठ जाओ।"

शचि ने द्वार पर खड़ी परिचारिका को निर्देश दिए और द्वार के कपाट भिड़ाकर, इंद्र के पास आकर बैठ गई, "कहिए!"

इंद्र ने मुसकराकर शचि को देखा और उसके हाथ को अपनी एक हथेली पर रखकर दूसरे हाथ से उसे थपकता रहा। मन की प्रक्रिया जैसे पूर्ण हो गई तो धीरे से बोला, "लंका में राम और रावण का युद्ध हो रहा है।"

शचि की इच्छा हुई, जोर से खिलखिलाकर हँस पड़े। अमरावती में आज कौन नहीं जानता कि लंका में राम और रावण में युद्ध हो रहा है। और देवराज आज अपनी पत्नी को इस प्रकार बता रहे हैं, जैसे यह कोई अत्यधिक नूतन समाचार हो।

"हो तो रहा है।" देवराज का भाव देखकर शचि खुलकर हँसी नहीं, किंतु वह मुसकराए बिना भी नहीं रह सकी, "यह हमारी दासियों के अबोध बालक तक जानते हैं।"

"क्या जानते हैं वे!" इंद्र के स्वर में रोष का हल्का-सा आभास था, "क्या इतनी सूचना मात्र पर्याप्त है! वे तो वे, तुम भी सूचना की गंभीरता नहीं समझ रही हो, रानी!"

इंद्र रुक गया, जैसे स्वयं को संयत कर रहा हो।

शचि ने भी स्वयं को सँभाला—देवराज इतने चिंतित हैं तो अवश्य ही कोई गम्भीर बात होगी, जिसकी ओर उसका ध्यान तक नहीं गया है।

"क्या अर्थ है इसका?" देवराज को शांत करने के लिए शचि ने अपने मादक नयनों का सहारा लिया और अगला वाक्य इतने शांत तथा तटस्थ भाव से कहा कि इंद्र का रोष आगे न बढ़ सके, "यदि रावण पराजित होता है तो हमारे लिए सुखद ही है; वह हमारा शत्रु है। और यदि राम पराजित होता है, तो भी हमारी कोई क्षति नहीं है—वह न हमारा आत्मीय है, न सहायक। सारे ब्रह्माण्ड में कौन किससे लड़ रहा है, अथवा कौन किससे हार या जीत रहा है—इन सबके विषय में हमें चिंतित होने की क्या आवश्यकता है?"

"तुमने ठीक कहा, गृहस्थिन!" इंद्र के चेहरे पर व्यंग्य झलक आया, "मैं जिऊँ, मेरे बच्चे जिएँ; और किसी की मुझे चिंता ही क्या है?"

"नहीं! मेरा अभिप्राय यह नहीं था।" "और क्या अभिप्राय है तुम्हारा, रानी!" इंद्र का स्वर गम्भीर था, "ब्रह्माण्ड में कहाँ क्या हो रहा है, इसकी चिंता देवराज नहीं करेगा तो और कौन करेगा!"

"पर हमारा उस युद्ध से क्या संबंध?" शचि सचमुच समझ नहीं पा रही थी।

"तुम्हारा मस्तिष्क कभी-कभी जड़ हो जाता है।" किंतु इस बार इंद्र के स्वर में आक्रोश नहीं था, "महाशक्तियों का संबंध ब्रह्माण्ड की किस घटना से नहीं होता? आत्मरक्षा, मित्रों की सहायता, शत्रुओं का विरोध तो सामान्य बातें हैं—हमें अपने प्रभाव-क्षेत्र का भी ध्यान रखना पड़ता है।" और सहसा इंद्र का स्वर कुछ आवेशपूर्ण हो गया, "अपने आश्रमों में तपस्या करते ऋषि रावण को क्यों बुरे लगते हैं; अथवा रावण पर तनिक-सी भी विपत्ति आते ही ब्रह्मा और शिव उसकी सहायता के लिए क्यों व्यग्र हो उठते हैं?"

"महाशक्तियों का यह आत्मविस्तार बहुत शोभनीय तो नहीं है, देवराज!" शचि बोली, "या यह भी मेरी बुद्धि की जड़ता है!"

"नहीं! तुम्हारी जड़ता नहीं है।" इंद्र बोला, "शोभनीय अथवा अशोभनीय की बात मैं नहीं करता, किंतु व्यक्ति हो या राज्य—एक बार ऊँचा उठकर नीचे

नहीं आना चाहता।" वह तनिक रुका, "अपनी ऊँचाई को बनाए रखने के लिए महाशक्तियों को ब्रह्माण्ड की प्रत्येक घटना में रुचि रखनी पड़ती है। प्रत्येक घटना को इसी दृष्टि से देखना पड़ता है कि उससे उनका महत्त्व बढ़ेगा या कम होगा। किसी एक की संभावना या आशंका होते ही उन्हें सक्रिय होना पड़ता है।"

"अपने हित-अहित के विचार से?" शचि ने इंद्र को तीक्ष्ण दृष्टि से देखा, "न्याय-अन्याय के विचार से नहीं!"

"महाशक्ति के रूप में सबसे बड़ा न्याय अपना महत्त्व होता है, रानी!" इंद्र बोला, "वैसे भी प्रत्येक व्यक्ति तथा समाज की न्याय-दृष्टि अपने हित के आधार पर निर्मित होती है।"

इंद्र चुप हो गया। शचि इस प्रतीक्षा में बैठी रही कि देवराज कुछ और बोलेंगे, पर जब वे कुछ नहीं बोले तो उसे कुरेदना ही पड़ा, "राम-लक्ष्मण के युद्ध को आप किस दृष्टि से देखते हैं?"

इंद्र की दृष्टि शचि के चेहरे पर क्षण-भर के लिए टिकी और फिर शून्य में लौट गई।

"रावण हमारा निश्चित शत्रु है। वह सिद्धांतों में भी हमारा विरोधी है और व्यवहार में भी। उसने सिवाय एक महादेव शिव, और किसी सीमा तक अपने परदादा ब्रह्मा के, शेष सभी देव शक्तियों को निस्तेज कर दिया है। मैं तो उसके पुत्र मेघनाथ के हाथों पराजित भी हुआ हूँ और अपमानित भी।...समस्त देव शक्तियों के प्रभाव के लिए यह अत्यधिक आवश्यक है कि रावण पराभूत हो, पराजित हो, उसका वध हो..."

'तो देव शक्तियाँ राम के पक्ष से रावण के विरुद्ध युद्ध क्यों नहीं करतीं?" शचि ने प्रश्न किया।

"बात इतनी सरल नहीं!" इंद्र और अधिक गम्भीर हो गया, "रावण आज भी प्रायः उतना ही शक्तिशाली है, जितना कि देवलोक पर आक्रमण करने के समय था। इधर उसने तथा उसके पुत्र मेघनाथ ने महादेव शिव से कुछ और शक्तिशाली तथा मारक शस्त्र प्राप्त किए हैं। इससे उनकी प्रहारक शक्ति बढ़ी ही है, कम नहीं हुई। मेघनाथ का यद्यपि वध हो गया है, फिर भी यदि देव शक्तियाँ प्रत्यक्ष रूप से राम की ओर से युद्ध में सम्मिलित होती हैं, तो हमारे लिए जोखिम बहुत बढ़ जाता है। महादेव शिव तथा कुमार कार्तिकेय रावण की सहायता के लिए स्वयं युद्ध में उतर आएँगे और दूसरे..."

"दूसरे?"

"पराजय की स्थिति में देव शक्तियाँ पूर्णतः नष्ट हो जाएँगी..." इंद्र चिंतित था, "हम इस युद्ध में प्रत्यक्ष भाग नहीं ले सकते।"

"यदि इतना ही जोखिम है तो युद्ध में भाग मत लीजिए—प्रत्यक्ष क्या और अप्रत्यक्ष क्या?"

"भाग नहीं लिया, इंद्र बोला, "तो युद्ध के इस अंतिम चरण में भी रावण अपनी शक्ति तथा अपने मित्रों और अभिभावकों की सहायता से राम की विजयिनी सेना को पराजित कर उसे पूर्णतः नष्ट कर देगा। तब वह देव शक्तियों के साथ बिल्ली और चूहे का खेल खेलेगा।" इंद्र स्पष्टतः भयभीत था, "राम और उसके साथियों ने अपनी साधनहीनता में भी रावण से युद्ध का साहस किया है। राम का वध हो गया तो रावण के सम्मुख कोई आँख नहीं उठा सकेगा। देव शक्तियाँ युग-युगों तक के लिए दासियाँ बनकर रह जाएँगी।"

इंद्र चुप हो गया। उसके चेहरे का व्यग्र मौन शचि के मन में भय और यातना उत्पन्न कर रहा था—जिस युद्ध को वह इतने तटस्थ भाव से, कहीं बहुत दूर, राम नामक एक व्यक्ति का देव-शत्रु रावण से होता हुआ युद्ध मानकर, उससे सर्वथा अनछुई बैठी थी—वह युद्ध देवराज के वक्ष पर हो रहा था और वह उतना महत्त्वपूर्ण था कि वे उसे समस्त देव शक्तियों के जीवन-मरण का प्रश्न मान रहे थे...देव शक्तियों के लिए पुनः अपना उत्कर्ष प्राप्त करने का यह बहुत अच्छा अवसर था, कदाचित् यही अवसर था...इसीलिए देवराज न तो युद्ध से तटस्थ रह सकते थे; और रावण के भय से न उसमें सम्मिलित हो सकते थे...

ऐसे में क्या परामर्श दे शची अपने पति को! क्या कहकर उनकी व्यग्रता कुछ कम करे? कैसे सांत्वना दे?...

"राम के विषय में आपका क्या मत है?" अँधेरे में टटोलते हुए, कुछ न सूझने पर, जैसे शचि ने बात को आगे बढ़ाने के लिए एक प्रश्न निष्प्रयोजन ही हवा में उछाल दिया।

"मत का अभिप्राय?"

"क्या वह आपका मित्र-पक्ष है?"

"सिद्धांततः तो हमारा मित्र-पक्ष ही है। वह देव-आदर्शों का विरोधी नहीं है। देव शक्तियों के मित्र आश्रमों का रक्षक है। आर्य आदर्शों का पालन करता है।" इंद्र रुका, "किंतु व्यवहारतः कदाचित् वह मेरा मित्र नहीं हो सकता।"

"यह कैसी पहेली है?" शचि विस्मित थी।

"गौतम-पत्नी अहल्या के प्रसंग से राम मुझसे रुष्ट था ही। मैंने कहीं यह भी सुना था कि राम ने सम्मुख पड़ने पर द्वंद्व-युद्ध में मेरा वध करने का भी संकल्प किया था; किंतु इस संकल्प की पुष्टि नहीं हो सकी है। फिर भी राम का व्यवहार इस बात का प्रमाण है कि व्यक्तिगत रूप से मैं उसे अपना मित्र नहीं मान सकता।"

"किसी अन्य की स्त्री के साथ हुई घटना को लेकर राम इतना रुष्ट क्यों है?" शचि कुछ अप्रसन्नता से बोली, "उसकी पत्नी को तो किसी ने परेशान नहीं किया।"

"हाँ! राम ऐसा ही है। सब जगह अपनी टाँग अड़ाएगा, नहीं तो ऋषियों और रावण के झगड़े में पड़कर अपनी पत्नी क्यों गँवाता?"

"ऐसे कितने मनुष्य हैं संसार में?" शचि के स्वर में निहित प्रसन्नता का आभास था।

"और कोई है या नहीं, कह नहीं सकता, किंतु राम ऐसा ही है और उसका भाई लक्ष्मण भी ऐसा ही है। मेरा सुख भी उससे देखा नहीं गया।" इंद्र बोला, "...पर मित्र न मान पाने की बाध्यता में भी उसकी सहायता करनी होगी। शत्रु का शत्रु अपना मित्र होता है।"

शचि समझ रही थी—देवराज के मन में दो शत्रुओं की शत्रुता टकरा रही थी। जब भी वे स्वयं को बहुत असहाय और व्याकुल पाते थे, उनकी ऐसी ही स्थिति हो जाती थी। किंतु सामर्थ्य का आभास पाते ही वे दृढ़ हो जाते थे और तब उन्हें अपनी मनमानी करने से कोई नहीं रोक पाता था...

"और फिर जो मैंने नहीं किया था, वह तुम्हारे पुत्र जयंत ने कर डाला। उसने सीता के साथ अशिष्टता..."

"किंतु उसका दण्ड तो राम ने उसे दे दिया है।"

"हाँ!" इंद्र बोला, "कदाचित् राम उस अपराध का दण्ड जयंत को दुबारा नहीं देगा, किंतु हमारे विषय में जो धारणा बनी होगी—उसे तो कोई नहीं बदल सकता।"

"अपनी जिज्ञासा के लिए एक प्रश्न पूछना चाहती हूँ।" शचि धीरे से बोली, "क्या आपने कभी सोचा है कि यदि इस युद्ध में राम जीत गया...।"

"यह संभावना अभी दूर है, रानी!"

"दूर सही। यह संभावना काल्पनिक ही सही!" शचि बोली, "पर यदि ऐसा हुआ तो क्या राम भी आपके लिए एक प्रतिद्वंद्वी शक्ति नहीं बन जाएगा, जिसके भय से देव शक्तियाँ थर-थर काँपती रहें और अपना मुँह छिपाती फिरें?"

इंद्र सोच में पड़ गया, "कल्पित संभावना का तो संभावित उत्तर ही हो सकता है। यदि ऐसा हुआ तो राम से भी निबटना पड़ेगा, किंतु इस समय तो रावण..."

शचि आश्चर्य से इंद्र की ओर देखती रही, "आप अपने इन दोनों शत्रुओं को परस्पर निबटने क्यों नहीं देते,"

"रावण भयंकर है। वह शत्रु है।" इंद्र बोला, "राम तो अमित्र मात्र है। वह रावण को हरा पाया तो हमारा हित ही करेगा।"

"सम्भवतः आपकी सहायता से वह आपके पक्ष में आ जाए।"

"नहीं। उसमें प्रलोभन नहीं है। वह बिक नहीं सकता।" इंद्र बोला, "मैं राम की सहायता करूँ या न करूँ—मेरे प्रति उसका दृष्टिकोण नहीं बदलेगा। यदि मेरी सहायता से राम यह युद्ध जीत भी जाए, तो भी कृतज्ञता में वह मेरी बात नहीं मानेगा।"

"उसकी सहायता करेंगे या नहीं?" शचि कुछ समझ नहीं पा रही थी।

"सहायता तो करनी ही पड़ेगी—इच्छा से करूँ या अनिच्छा से। उसकी विजय होनी चाहिए, क्योंकि रावण का परभाव हमारा इष्ट है।" इंद्र का स्वर चिंतित था, "किंतु स्वयं को अलिप्त रखते हुए, महादेव शिव को रुष्ट किए बिना, राम की अयाचना की स्थिति में..."

"आपने क्या सोचा है?"

"सोचता ही तो रहा हूँ।" इंद्र खिसियाकर मुसकराया, "किंतु अपने मंत्रियों से अभी मंत्रणा नहीं की है।"

"फिर भी कुछ सोचा होगा?"

"एक बार गरुड़ के माध्यम से गुप्त रूप से औषधियाँ भेजी थीं। सोचता हूँ, सेना न भेजूँ, पर राम को साधनविहीन न रहने दूँ। रावण से लड़ने के योग्य कुछ उपयुक्त दिव्यास्त्र तथा..."

"रावण क्रुद्ध नहीं होगा?"

"चिंता रावण की नहीं, महादेव शिव के क्रोध की है।" इंद्र आत्मचिंतन-सा करता हुआ बोला, "प्रयत्न रावण के नाश का है। यदि उसमें हम सफल हो गए तो क्रुद्ध होने के लिए वह जीवित ही नहीं रहेगा; कितुं रावण जिए या मरे, महादेव प्रत्येक स्थिति में अपनी प्रसन्नता या अप्रसन्नता जताने के लिए बने रहेंगे।"

"उनकी अप्रसन्नता का हरण तो केवल देवी दुर्गा ही कर सकती हैं।" शचि बोली।

इंद्र शचि को एकटक देखता चला गया। उसकी आँखों में जड़ भाव था, जैसे कुछ भी समझ न पा रहा हो। किंतु स्वतः ही वह भाव पिघलने लगा और उसके साथ ही उसकी आँखों में एक चमक आती गई; और अंत में बड़ी विलंबित-सी एक मुसकान उसके अधरों पर आई, "तुमने मेरी समस्त समस्याओं का समाधान कर दिया, रानी!"

उसी क्षण से इंद्र आत्मलीन हो गया। बातचीत को आगे बढ़ाने में अब उसकी कोई रुचि नहीं थी। किंतु शचि देख रही थी कि वह आत्मलीनता मात्र चिंतन को परिलक्षित कर रही थी—चिंता को नहीं। देवराज को निश्चय ही कोई समाधान सूझ गया था और वे उसी को मन-ही-मन बुन रहे थे। वे अपनी योजना को मन-ही-मन पूर्ण रूप देंगे और तब अपने सचिवों से मंत्रणा करेंगे। मंत्रणा के पश्चात किसी निष्कर्ष पर पहुँचकर वे अपनी योजना को कार्यान्वित करेंगे। चिंतन से कर्म तक की इस सारी प्रक्रिया में शचि की कोई भूमिका नहीं थी।

शचि निश्चिंत होकर सो गई, किंतु इंद्र को तब भी नींद नहीं आई। उसके मन में जैसे एक से दूसरी कड़ियाँ जुड़ती जा रही थीं और एक योजना अपने स्वरूप की पूर्णताः की ओर बढ़ रही थी।...शचि ने ठीक कहा था, महादेव शिव के क्रोध का प्रतिकार केवल भगवती दुर्गा ही कर सकती हैं। शिव जब महारुद्र का क्रोधी रूप धारण करते हैं, उस समय उनके सम्मुख जाने का साहस ब्रह्मा और विष्णु

भी नहीं करते। एक भगवती दुर्गा ही हैं जो शिव के तेज को शांत कर सकती हैं; चाहे प्रेम से करें, चाहे प्रबोध से अथवा विरोध से...इंद्र के मन में यह सामान्य-सी बात पहले क्यों नहीं आई कि पति की शक्ति का उपयुक्त तोड़ पत्नी ही हो सकती है...यद्यपि यह नियम नहीं हो सकता। इसके अनेक अपवाद हैं। सामान्य स्थिति में तो प्रत्येक पत्नी अपने पति पर अपने प्रभाव का प्रयोग कर सकती है, किंतु पति के क्रोध के क्षणों में दमित और दुर्बल पत्नियाँ पति का सामना नहीं कर पातीं। यदि दुस्साहस करती हैं तो उसका फल भोगती हैं...किंतु भगवती दुर्गा उन पत्नियों में से नहीं हैं। आज विजयंत देवराज न रहें तो शचि का कोई महत्त्व नहीं रहेगा; किंतु भवगती दुर्गा का महत्त्व मात्र महादेव की पत्नी का महत्त्व ही नहीं है। दुर्गा स्वयं शक्ति की देवी मानी जाती हैं। उनका शस्त्रागार महादेव के शस्त्रागार से किसी भी प्रकार हीन नहीं है...उनकी रण-कुशलता, शस्त्रदक्षता तथा वीरता उनके अपने व्यक्तित्व के गुण हैं।...अनेक शक्तिशाली असुरों और दैत्यों का भगवती ने अपने हाथों वध किया है...और जब कभी महादेव से विरोध हुआ...कुमार कार्तिकेय भगवती से रुष्ट हुए, तो महादेव ने बीच में हस्तक्षेप नहीं किया...गणेश के साथ हुए महादेव के युद्ध में भगवती ने तब तक हस्तक्षेप करना स्वीकार नहीं किया, जब तक कि स्वयं शिव ने गणेश का महत्त्व स्वीकार नहीं कर लिया।...जब कभी भगवती ने महादेव का विरोध किया, अंततः महोदव को उनसे समझौता करना पड़ा।

अद्‌भुत हैं ये पति-पत्नी भी। दोनों एक-दूसरे के समतुल्य। दोनों में से कौन छोटा है और कौन बड़ा—कहना कठिन है। दोनों में विरोध भी होते हैं—दोनों के समर्थक पक्षों में सशस्त्र युद्ध भी हुए—किंतु उनके संबंध पुनः वैसे ही प्रगाढ़ हो गए। न कोई किसी से दबता है, न दबाता है। टकराव होता है तो दोनों अपना-अपना पक्ष लेकर जम जाते हैं; किंतु स्थिति सामान्य होते ही उनके संबंधों में कोई दरक नहीं रह पाती। वरन् संबंध और भी प्रगाढ़ हो जाते हैं। कैसा प्रेम है उनका, जाने दबता है, लड़ता है; और कैसा दांपत्य जीवन! इंद्र ने वैसे दम्पत्ति और देखे ही नहीं।...

यदि कहीं भगवती दुर्गा को मनाया जा सके कि रावण अन्यायी है...

इंद्र ठीक समय पर पहुँचा था। महादेव शिव कैलाश पर नहीं थे। कहाँ गए थे, पूछने की कोई सार्थकता नहीं थी, क्योंकि उनके अज्ञातवास के विषय में किसी को कोई सूचना नहीं दी जाती थी।

नन्दी ने इंद्र और शचि की अगवानी की थी और भगवती से अनुमति लेकर उन्हें उनके सम्मुख उपस्थित कर दिया था।

भगवती ने मुसकराकर इंद्र की ओर देखा, "आओ, कायरराज! आज इंद्राणी को साथ लेकर कैसे चले आए? क्या आने का प्रयोजन राजनीतिक नहीं है?"

इंद्र कुछ संकुचित हुआ—मेघनाथ से पराजित होने के पश्चात् भगवती द्वारा दी गई इस संज्ञा का सामना उसे अनेक स्थानों पर करना पड़ा था। यह सम्बोधन उसे अच्छा नहीं लगता था, किंतु इसके माध्यम से भगवती अपने मन का जो भाव

प्रकट करती थीं, इंद्र को वह सदा ही प्रिय रहा था। इस उपालंभ में निहित भगवती का स्नेह इंद्र के लिए एक विश्वसनीय अवलम्ब था। कदाचित् मेघनाथ की विजय भगवती को पसंद नहीं आई थी, किंतु जो तथ्य था, उसे वे अस्वीकार कैसे करतीं? इंद्र को सदा यही लगा था कि अपने इस संबोधन से भगवती उसे अपमानित करना नहीं चाहतीं, वरन् उसकी त्रुटि को रेखांकित करती हैं और उसे सुधारने की प्रेरणा देती हैं।

"प्रयोजन तो राजनीतिक ही है, माँ!" इंद्र बोला, "पर शचि को पारिवारिक सद्भावना की आड़ बनाए रखने के लिए साथ लाया हूँ।"

"कूटनीति!" दुर्गा हँसीं, "एक तो शचि की उपस्थिति में महादेव अधिक कठोर नहीं हो सकेंगे और दूसरे मुझे माँ कह रहे हो, वैजयंत! पुरुष अपने स्वार्थ-साधन के लिए स्त्री की भावनाओं के साथ कैसे-कैसे खिलवाड़ करता है।"

इंद्र हँसा। प्रत्येक बात का उत्तर देना आवश्यक नहीं था। अनेक बातों को हँसी में टाला जा सकता था। उनमें उलझने का क्या लाभ। किंतु आवश्यक सूत्रों को पकड़ना बहुत आवश्यक था, "अपनी भावना व्यक्त करने के लिए आपको 'माँ' कहा है, देवी। आपके वय का बोध कराने के लिए नहीं।"

दुर्गा खुलकर हँसीं, "चतुर हो बहुत। किंतु आज तुम्हारा कूटनीतिक अभियान पूरा नहीं हो पाएगा। महादेव घर पर नहीं हैं। उनके शीघ्र लौटने की संभावना भी नहीं है। किंतु तुम्हें तत्काल लौटना नहीं होगा। शचि को साथ लाए हो तो थोड़ी देर अपनी राजनीति-कूटनीति भूलकर पारिवारिक वातावरण में थोड़ा समय व्यतीत करो। तुम्हें शायद मालूम हो कि पुत्रों की साध मुझे अधिक नहीं है, किंतु बहू की लालसा मुझे है। शचि को साथ लाकर तुमने बुद्धिमत्ता का ही प्रमाण दिया है।"

भगवती का कथन इंद्र के लिए भी अप्रत्याशित था। वे अत्यंत सहज रूप से अपने मन का एक बहुत महत्त्वपूर्ण रहस्य कह गई थीं। सचमुच भगवती का मन माँ का मन था।

"किंतु माँ!" इंद्र बोला, "मुझे महादेव से नहीं, आप ही से काम था।"

दुर्गा ने स्थिर दृष्टि से इंद्र को देखा, "देवराज को मुझसे क्या काम है? मेरी तो काई राजनीति नहीं है।"

"इसीलिए काम आप ही से है।"

"कहो!"

"लंका में राम और रावण का युद्ध हो रहा है।"

"मुझे मालूम है।" दुर्गा बोलीं।

"आपको मालूम तो होगी ही। आपकी राजनीति चाहे कोई न हो, सूचनाएँ आपको सारी होंगी।" इंद्र मुसकराया, "आप जानती ही होंगी कि शस्त्रबल की दृष्टि से यह असम युद्ध है। सैनिक दृष्टि से राम सर्वथा साधन-विहीन है और रावण के सिर पर स्वयं महादेव शिव का वरद-हस्त है।"

"मुझे मालूम है।" दुर्गा बोलीं, "इसमें शिकायत का अवसर कहाँ है—क्या अन्य देव शक्तियों की विभिन्न राज्यों तथा राजाओं के साथ मैत्री संधियाँ नहीं हैं? क्या तुम्हारा ही वरद-हस्त किसी पर नहीं है? और यदि नहीं ही है तो तुम जाओ, राम के पक्ष से लड़ो—महादेव शिकायत नहीं करेंगे।"

इंद्र तनिक घबराया—किंतु घबराना कोई समाधान नहीं था। उसने स्वयं को संयत किया, "माँ! सारी देव शक्तियाँ अपने प्रभाव-क्षेत्र बनाती हैं, विभिन्न राज्यों से मैत्री-संधियाँ करती हैं। मैं महादेव के विरुद्ध यह उपालंभ लेकर नहीं आया हूँ। मैं तो यह कहने आया हूँ कि आप देखें कि रौद्र तेज पाकर रावण क्या कर रहा है। सीता जैसी असंख्य नारियों का अपहरण, हत्याएँ, बलात्कार, राक्षसी शकितयों का प्रसार—क्या महादेव शिव का उद्देश्य संसार को इस ओर धकेलना है!" इंद्र कुछ आवेश में बोला, "क्या महादेव ने इतनी लंबी साधना कर वे शस्त्र संसार को इसलिए प्रदान किए हैं कि उनकी शक्ति से सम्पन्न होकर उनके मित्र राजा अन्यायपूर्वक हत्याएँ, अपहरण और बलात्कार करें? महादेव शिव क्या इन्हीं तत्त्वों को प्रोत्साहित करना चाहते हैं?"

"नहीं! महादेव यह नहीं चाहते।" दुर्गा का स्वर स्थिर था, "सीता के अपहरण का उन्हें भी दुख है। किंतु तुम जानते हो, इंद्र! दान देकर महादेव कोई प्रतिदान नहीं चाहते। शस्त्र देकर अपने मित्रों पर वे कोई नियंत्रण नहीं रखते। प्रतिबंधित सहायता वे किसी की नहीं करते।"

"किंतु यह परिपाटी देव शक्तियों के हित में नहीं है।"

"देव समाज ने महादेव को उपयुक्त मान दिया ही कब है कि वे देव शक्तियों के हितों को ध्यान में रखें।" दुर्गा का स्वर कठोर था, "तुम पर विपत्ति न आए तो कभी तुम्हें महादेव याद आएँ?"

"माँ!" इंद्र का स्वर काँप गया, "इतनी कठोर न बनो। मेरी सहायता मत करो। राम की सहायता मत करो। किंतु न्याय और धर्म की सहायता तो करो। शुंभ और निशुंभ की हत्या तुमने क्यों की थी? महिषासुर को तुमने क्यों मारा था? वही अपराध आज रावण कर रहा है। सीता ने क्या दोष किया है, माँ?"

"अहल्या ने क्या दोष किया था, देवराज?"

"उसके लिए मुझे पर्याप्त दण्ड न मिला हो तो मुझे दंडित करो।" इंद्र बोला, "किंतु सत्य के बल को इस प्रकार मत तोड़ो।"

"सत्य का बल है राम में तो वह क्यों डरता है?" दुर्गा बोलीं, "साहस कर लड़ता क्यों नहीं?"

इंद्र ने आश्चर्य से भगवती को देखा, "क्या कह रही हो, माँ! कौन कहता है कि राम डरता है? अपनी समस्त देव शक्ति के होते हुए भी इंद्र जिससे डरता है, उसी राक्षस साम्राज्य से राम वानर-भालुओं की सेना लेकर लड़ रहा है। इंद्र को जो चाहे कह लो, माँ! राम कें साहस में संदेह मत करो।"

''यदि राम डरता नहीं तो उसने तुम्हें यहाँ क्यों भेजा है?'' दुर्गा वक्रतापूर्वक मुसकरा रही थीं।

''राम ने मुझे यहाँ नहीं भेजा, माँ!'' इंद्र का स्वर धीमा हो गया, ''राम से मेरा कोई संबंध नहीं। अहल्या-प्रसंग को लेकर राम मुझसे रुष्ट था, बाद में जयंत भी कुछ अशिष्टता कर बैठा। मैं तो राम की सहायता करने से भी डरता हूँ—कहीं वह इंद्र की सहायता अस्वीकार न कर दे!''

भगवती की आँखों में पहली बार प्रसन्नता का उजाला हुआ, ''राम ने तुमसे सहायता की भीख नहीं माँगी?''

''नहीं, माँ।''

''तो तुम उसकी सहायता क्यों करना चाहते हो?''

''रावण के नाश के बिना देव शक्तियों का निस्तार नहीं हो सकता।'' इंद्र का स्वर स्थिर था।

''और यदि रावण का वध कर उसका राज्य पा, वह स्वयं उतना ही अत्याचारी हो उठा तो?'' दुर्गा बोलीं, ''फिर उससे बचने के लिए किसके पास याचना करने जाओगे?''

कुछ क्षणों तक इंद्र शांत रहा। फिर धीरे से बोला, ''मैं भविष्यवक्ता नहीं हूँ, माँ! किंतु फिर भी इतना तो कह ही सकता हूँ कि राम अत्याचारी नहीं हो सकता!''

''क्यों?''

''उसे सत्ता का मोह नहीं है।''

''प्रमाण?''

''वह अयोध्या के राज्य को त्याग कर आया है।'' इंद्र बोला, ''निषादों का राज्य उसने स्वीकार नहीं किया। किष्किंधा का राज्य उसने सुग्रीव को दे दिया। लंका के सिंहासन पर वह पहले से ही विभीषण का अभिषेक कर चुका है।''

''राज्य का प्रलोभन उसे नहीं है।'' दुर्गा मन-ही-मन आनन्द का रसपान करती रहीं; फिर मुद्रा बदलकर बोलीं, ''तो फिर लड़ क्यों रहा है?''

''न्याय के लिए, माँ!''

''तो तुम चिंता मत करो—वह जीतेगा।'' भगवती का स्वर शांत था, ''न्याय के लिए लड़ने वाला व्यक्ति हारता नहीं।''

''माँ! ऐसा मत कहो।'' लगा, इंद्र रो देगा, ''युद्ध शस्त्रों से जीते जाते हैं—न्याय-भावना से नहीं। राम के पास एक रथ तक न हो और रावण के पास महादेव शिव की संपूर्ण शक्ति हो तो न्याय कैसे जीतेगा, माँ?''

''युद्ध शस्त्रों से जीते जाते हैं तो आत्मबल से भी जीते जाते हैं।'' दुर्गा का स्वर कठोर था।

''पर कुछ अनुपात तो हो। युद्ध बराबर की शक्तियों में हो तो

आत्मबल..."

"तो युद्ध बराबर की शक्तियों में होने दो।" भगवती ने हाथ उठाकर इंद्र को बीच में ही रोक दिया, "कुछ दिव्यास्त्र मैं देती हूँ। कुमार कार्तिकेय ने जिन दिव्यास्त्रों से तारकासुर को मारा था, वे मुझसे ले जाओ। तुम अपना रथ और जो दिव्यास्त्र चाहो राम को दे दो और बीच से हट जाओ।"

"और यदि महादेव रुष्ट हुए? रावण की ओर से लड़ने के लिए स्वयं पहुँच गए?"

"रावण की ओर से लड़ने के लिए उन्हें मैं नहीं जाने दूँगी। महादेव पाप और अन्याय का समर्थन नहीं करते। तुम युद्ध में हस्तक्षेप मत करना—महादेव भी तटस्थ रहेंगे, चाहे रावण हारे या जीते।"

"अपना वचन याद रखना, माँ!" इंद्र के हाथ अपने आप जुड़ गए और आँखें हर्ष तथा कृतज्ञता से भर आईं।

13

रावण को मेघनाथ के वध का समाचार दिया गया।

रावण को लगा कि जाने क्यों उसके मस्तिष्क में फेन-बुदबुद उठ रहे हैं। चिंतन-शक्ति जैसे जड़ हो गई है। कभी-कभी तो जैसे श्वास भी रुकता मालूम पड़ता था। कानों में अनवरत एक सनसनाहट-सी चल रही थी और आँखों के सम्मुख हल्के और भारी परदे झूल रहे थे। किंतु इनके ऊपर प्रतिरावण का एक दीर्घ अट्टहास गूँज रहा था...

बड़ी देर तक रावण इसी प्रकार भाव-शून्य-सा बैठा रहा। कुछ भी अनुभव करने में असमर्थ। शनैः-शनैः उसे लगा कि फेन बैठती जा रही है, मस्तिष्क कुछ जीवित हो उठा है और तब उसे अनुभूति हुई कि उसने क्या खोया है...मेघनाथ मारा गया था, युवराज इंद्रजित मेघनाथ। शोक से कहीं अधिक रावण को आश्चर्य हो रहा था—यह कैसे सम्भव है? मेघनाथ कैसे मर सकता है? उसे कौन मार सकता है?...पहले दिन वह युद्ध में गया तो वानर सेना से काल के समान लड़ा—राम और लक्ष्मण का वध कर आया। जाने कैसे मायावी हैं वे लोग—पुनः जीवित हो उठे। दूसरी बार गया तो ब्रह्मास्त्र से न केवल राम और लक्ष्मण—प्रायः जीवित सभी वानर सेनापतियों को हताहत कर आया।...और आज तो वह अभी युद्ध में गया ही नहीं था। वह तो निकुंभिला देवी के मंदिर में यज्ञ कर रहा था...वह मायावी लक्ष्मण वहाँ भी पहुँच गया...विभीषण जैसा भ्रातृद्रोही साथ हो तो लक्ष्मण कहाँ नहीं पहुँच सकता।...लंका का राज्य पाने के लिए विभीषण लोभ-मद में मस्त हो रहा है, नहीं तो वह इतना निर्मम हो जाता? वह अपने ही बंधु-बाँधवों को मार रहा है, जैसे क्षुधार्त नाग अपने ही बच्चों को खा जाता है...

पर विभीषण का परिवार भी सुरक्षित नहीं रहेगा।...क्रोध के मारे रावण के

लिए मंच पर बैठे रहना असंभव हो गया...जब सरमा और कला के वध का समाचार पहुँचेगा उस दुष्ट के पास, तभी तो उसे ज्ञात होगा कि परिवार की पीड़ा क्या होती है...संतान के वध से पिता के मन की दशा क्या होती है...

किंतु तभी प्रभात के पूर्व दिए गए समाचारों में से एक उसके मस्तिष्क के अंधकार में सौदामिनी के समान कौंधने लगा...समस्त प्रबन्धों और प्रहरियों के रहते हुए भी कला और सरमा अपने प्रासाद में से लुप्त हो गई थीं...तो विभीषण पहले से ही इस बात को समझता था और उसका प्रबन्ध उसने कर लिया था...

रावण ने ताली बजाई।

द्वारपाल उपस्थित हुआ।

"महोदर से कहो कि सरमा और कला की खोज की जाए और उनके मिलते ही उनका वध कर दिया जाए!"

द्वारपाल के जाते ही रावण का ध्यान लक्ष्मण की ओर गया...लक्ष्मण ने उस समय मेघनाथ का वध किया, जब उसके पास ब्रह्मास्त्र नहीं था। निःशस्त्र का वध। इन दुष्टों को भी समाप्त करना ही पड़ेगा।...और जिसके लिए ये लोग युद्ध कर रहे हैं, उस सीता को भी!...यदि राम, लक्ष्मण और विभीषण सफल हो जाएँ, यदि रावण का वध भी हो जाए...तो भी ये लोग विजय का सुख न पाएँ। लंका में आएँ तो उन्हें सीता का शव मिले, या वह भी न मिले...

रावण ने पुनः ताली बजाई। द्वारपाल आया। आदेश दिया और युद्ध-सामग्री उपस्थित हुई। रावण ने ब्रह्मा-प्रदत्त चमचमाता हुआ कठोर कवच धारण किया। ब्रह्मा-प्रदत्त ही धनुष उठाया। कटि में खड्ग बाँधते-बाँधते रावण रुक गया...

प्रतिरावण हँस रहा था—"हाँ! हाँ! जा। अकेली निरीह वैदेही का वध कर दे, जैसे लक्ष्मण ने मेघनाथ को मारा है। सीता के मरते ही यातुधानों की माया से राम और लक्ष्मण भी मर जाएँगे। राम और लक्ष्मण के वध के पश्चात अपने मणि महालय में आकर सेज सजाना और उस पर सीता के रुण्ड और मुण्ड को जोड़कर रखना और उसका भोग करना..."

रावण समझ गया, वह सीता का वध नहीं कर सकता...सीता का वध कर सकता अथवा उसका मोह त्यागकर उसे लौटा सका होता, तो यह दिन क्यों देखना पड़ता...सीता तो उसके जीवन के संपूर्ण संघर्षों की उपलब्धि थी...सीता ही न रही तो राम और लक्ष्मण से युद्ध कैसा? वे मंदोदरी का हरण करने तो आ नहीं रहे हैं।...नहीं! सीता को जीना पड़ेगा; जब तक राम और रावण में से एक भी व्यक्ति जीवित है, उसे जीना पड़ेगा...

और रावण को लड़ना पड़ेगा।...पहले दिन से ही स्पष्ट था कि सीता को प्राप्त करने के लिए लड़ना पड़ेगा। उसने युद्ध को टाला और सीता को उठा लाया; किंतु सीता उसे नहीं मिली। सीता उसे युद्ध के बाद ही मिलेगी। सीता जैसी विश्व-सुंदरी के लिए युद्ध न हो, यह कैसे सम्भव है! सीता, राम को चाहिए या रावण को—युद्ध

के बिना वह किसी को नहीं मिल सकेगी। यदि रावण ने यही युद्ध पंचवटी में लड़ लिया होता तो उसके बंधु-बाँधवों के वध की यह स्थिति नहीं आती। अकंपन के परामर्श ने ही उसे डुबोया है...

प्रतिरावण पुनः अट्टहास कर उठा, 'तू लड़ेगा रावण? राम से? तू युद्ध को टालता नहीं आया, तू राम से डरता आया है। यदि तू राम से भयभीत नहीं था तो क्यों अपने पुत्रों, भाइयों, मंत्रियों को भेजता रहा? क्यों स्वयं लड़ने नहीं गया?...राम का वय कम है। उसका शरीर फुर्तीला है। उसमें ऊर्जा है। उसका शारीरिक बल, शस्त्र-कौशल, वीरता...तू अब वृद्ध हो रहा है। थोड़ी देर में दम फूल जाता है। धनुष को अधिक खींचने से पेशियों में पीड़ा होने लगती है। काल तुझे मार गया है।...सोच ले। राम आज भी वैसा ही योद्धा है, जैसा पंचवटी में था। इस युद्ध के अनुभव से वह कुछ विकट ही हुआ होगा, कम नहीं हुआ। आखिर कोई तो कारण होगा...सीता ने उसे सदा स्वीकार किया है, तेरा तिरस्कार...'

रावण के हाथ अपनी ग्रीवा तक उठ गए; और अब उसे अनुभव हुआ कि प्रतिरावण उसके शरीर के भीतर ही है। रावण के जीवित रहते प्रतिरावण का वध नहीं हो सकता, जैसे रावण के जीवित रहते न सीता का वध हो सकता है, न उसे त्यागा जा सकता है...

रावण ने महोदर, महापार्श्व और विरुपाक्ष को बुला भेजा। उनके आने पर सैनिक अभियान की रूपरेखा तैयार की। वे तीनों और रावण अपनी-अपनी सेनाओं के साथ लंका के एक-एक द्वार से बाहर निकलेंगे और आमृत्यु युद्ध करेंगे। अनिर्णीत युद्ध में जीवित रहते हुए, वापस लौटने का कोई अर्थ नहीं था। या तो राम-लक्ष्मण का वध कर वापस लौटेंगे, अथवा लंका में उनका रथ ही लौटेगा...

विरुपाक्ष अत्यंत उत्साहित था, किंतु रावण को महोदर और महापार्श्व में युद्ध का विशेष उत्साह दिखाई नहीं पड़ा।

"तुम युद्ध करना नहीं चाहते?" रावण की भृकुटि वक्र हो उठी।

"युद्ध!" महोदर ने महापार्श्व की ओर देखा, "युद्ध से तो हमें कोई आपत्ति नहीं है, किंतु सेना..."

"हाँ। सेना।" महापार्श्व ने दुहराया।

"क्यों, सेना को क्या हुआ है?" रावण क्रुद्ध हो उठा, "क्या लंका की सेना युद्ध नहीं करना चाहती?"

"नहीं। सेना युद्ध को मना तो नहीं कर रही..."

"महाराजाधिराज क्षमा करें।" महापार्श्व कुछ साहस कर बोला, "सेना हमारे पास है ही कहाँ?"

रावण ने चकित दृष्टि से महापार्श्व को देखा, जैसे वह विक्षिप्त हो गया हो।

"लंका के असंख्य सैनिकों ने वीरगति पाई है।" इस बार महापार्श्व कुछ

धैर्य से बोला, ''असंख्य सैनिक लंका के सैनिक-असैनिक चिकित्सालयों के भीतर-बाहर पड़े हैं। हमारे आहत सैनिकों की संख्या इतनी अधिक है कि चिकित्सालयों के द्वारों और चौखटों में लेटाकर भी उन्हें अँटा पाना कठिन हो रहा है...।'' उसने रुककर क्षणभर रावण को देखा, ''और यह स्थिति तब है, जब हम हताहतों को युद्ध-भूमि से उठा लाने का प्रबंध नहीं करते हैं। हमारे प्रबंधकों को जब भी अवसर मिलता है, वे युद्ध-क्षेत्र से राक्षस सैनिकों के शवों को उठाकर समुद्र में डाल आते हैं। यदि हम वानर सेना के समान अपने मृत सैनिकों का अग्नि-संस्कार करने लगें तो लंका की गृहिणियों को ईंधन के लिए लकड़ी नहीं मिलेगी...''

रावण उठकर खड़ा हो गया और व्यग्रता में इधर से उधर टहलने लगा।

''मुझे बताया क्यों नहीं गया?''

''आपको कौन बताता? आप कटु सत्य सुनना नहीं चाहते। और फिर इसमें बताने के लिए क्या है। यह तो समझने की बात है। प्रत्येक पराजित सेना की यही स्थिति होती है।''

''क्या हमारे स्कंधावार में कोई नहीं है?''

''स्कंधावार के सैनिक कल की पराजय के पश्चात से अपना स्थान छोड़-छोड़कर भागने लगे हैं।'' महापार्श्व बोला, ''लंका के सैनिक विजय और विजयोपरांत लूट के अभ्यस्त हैं। पराजय की बेला में अपने स्वामी के लिए प्राण देने का पाठ उन्होंने नहीं पढ़ा है।''

''सेना-परित्याग।'' रावण की आँखें आरक्त होने लगीं, ''उन सबको मृत्यु-दण्ड दिया जाएगा।''

''मृत्यु-दण्ड देगा कौन?'' महापार्श्व कुछ दुस्साहसी हो गया था, ''हमारे पास लंका की रक्षा के लिए भी पर्याप्त सैनिक नहीं रह गए हैं। निर्वासित राजकुमार विभीषण के परिवार का पता भी अब तक हम इसीलिए नहीं पा सके हैं।'' उसने रुककर रावण को देखा, ''मुझे तो यह भी सूचना मिली है कि सामर्थ्यवान लोग लंका से निकल भागने के प्रयत्न में हैं। वे लोग अपने परिवारों को किन्हीं सुरक्षित स्थानों पर पहुँचाने को उत्कंठित हो रहे हैं।''

कुछ क्षणों तक रावण चिंतित दिखा; फिर जैसे उसका क्रोध उसकी चिंता को पी गया।

''तुम लोग अपनी इच्छा-अनिच्छा की बात कहो।''

''मैं तो अकेला ही, बिना एक भी सैनिक साथ लिये युद्ध के लिए प्रस्तुत हूँ।'' विरूपाक्ष बोला, ''मुझे जाने की आज्ञा मिले, तात।''

''और तुम लोग?''

''शरीर में रक्त की अंतिम बूँद तक मैं युद्ध करूँगा।'' महोदर बोला। रावण की दृष्टि महापार्श्व की ओर उठ गई।

''जय-पराजय दोनों स्थितियों में अंतिम समय तक युद्ध करूँगा।'' महापार्श्व

सहज ढंग से बोला।

"तो फिर जाओ!" रावण उच्च स्वर में बोला, "बचे-खुचे सैनिकों को, अंगरक्षकों को और दण्डधरों को साथ लो और लंका के एक-एक घर में जाकर सक्षम शरीर वाले युवकों को बलात् सैनिक कर्म के लिए घसीट लाओ। आपत्ति अथवा विरोध करने वाले के लिए मृत्यु-दण्ड घोषित कर दो।" रावण रुककर बोला, "सैनिक संख्या कम लगे तो शस्त्र-बल बढ़ाओ। सैनिकों को भी दिव्यास्त्र दो।..."

"आज मात्र रक्षात्मक युद्ध हो। कल उन पर भयंकर आक्रमण करो। कल संध्या तक राम और लक्ष्मण का वध होना ही चाहिए। जाओ।"

अगले दिन प्रातः विरूपाक्ष सबसे पहले लंका से बाहर निकला।

आज के तीनों सेनापतियों को सेना एकत्रित करने के मार्ग में आने वाली कठिनाइयों का आभास था; किंतु रावण को इसकी सूचना किसी ने भी नहीं दी थी।

वस्तुतः अब वह स्थिति नहीं रह गई थी कि लंका की सेना की ओर से युद्ध का आह्वान पाकर प्रत्येक घर का द्वार खुल जाता और प्रत्येक घर से युवक निकल-निकलकर महाराजाधिराज रावण की जय बोलते। पहले स्थिति और थी। युद्ध में जाने वाला सैनिक जानता था कि वह न केवल विजयी होकर सकुशल वापस घर लौटेगा; वरन् रजत तथा स्वर्ण मुद्राओं के साथ-साथ कुछ बहुमूल्य रत्न भी साथ लाएगा। भाग्य ने साथ दिया तो दो-चार सुंदरी युवती दासियाँ भी साथ लाना बहुत कठिन नहीं था। किंतु अब स्थिति एकदम विपरीत थी। युद्ध में जाने वाला सैनिक जानता था कि वह मृत्यु के मुख में जा रहा है। उसके शव का भी घर लौटकर आना निश्चित नहीं है।

सैन्य-संचय के लिए जाने वाले अधिकारियों को लंका के प्रत्येक घर के द्वार पर प्रतिरोध का सामना करना पड़ा था। न केवल युवक स्वयं नहीं आना चाहते थे, उनकी पत्नियाँ, माताएँ, बहनें और कभी-कभी तो उनके बच्चे तक उनसे लिपट-लिपट जाते थे। स्थान-स्थान पर धमकियों और बल का प्रयोग करना पड़ा। आज की सेना में अधिकांश सैनिक डरा-धमकाकर ही लाए गए थे।...घर-घर में विलाप हो रहा था। कुछ घरों के युवक मारे जा चुके थे, कुछ परिवारों के घायल पड़े थे और कुछ के आज लड़ने जा रहे थे, जो मृत समान ही समझे जा रहे थे। लोग रावण और उसके राज्य को कोस रहे थे। रावण के सैनिकों की चिंता किए बिना राक्षसियाँ उस वृद्धा शूर्पणखा को कोस रही थीं, जिसने अपने शरीर की झुर्रियों और सफेद होते हुए बालों को अनदेखा कर, राम के यौवन पर आधिपत्य जमाने के प्रयत्न में लंका को मृत्यु के मुख में धकेल दिया था। स्वयं पट्टमहिषी मंदोदरी को यह कहते सुना गया था, "हाय! माँ के उदर में ही क्यों नहीं मर गई यह शूर्पणखा—कुटिला, कुलक्षणा, अमंगला...!" वीरबाहु की माँ चित्रांगदा रावण को कोस

रही थी, ''हाय! तुमने निज कर्मदोष से ही कुल को भी डुबोया और स्वयं भी डूबे...।''

आज सैनिक प्रयाण के समय बहुत जोर के बाजे नहीं बजे। सेना में न उत्साह था, न आडंबर। स्पष्ट ही वे रावण के भय से बँधे चले जा रहे थे। सेनापति इस आशंका से भी पीड़ित थे कि कहीं उनके सैनिक शत्रुओं से न जा मिलें...

विरूपाक्ष रथारूढ़ लंका से बाहर निकला। किंतु युद्ध-भूमि में जाते ही उसने अनुभव किया कि उसके पास इतनी सेना नहीं थी कि वह शत्रुओं को स्वयं से दूर-दूर रख सके और रणभूमि में अपनी इच्छानुसार रथ दौड़ाता हुआ शत्रु सेनापतियों से जूझता फिरे। उसके सैनिकों की संख्या इतनी कम थी कि वानर सेना बार-बार उसके रथ के अत्यंत निकट आ जाती थी। वे उसके सारथी और घोड़ों पर न केवल बाण-वर्षा करते थे, वरन् कभी-कभी तो रथ पर पत्थर तक फेंक देते थे और उसके रथ के पहियों में लकड़ियाँ अड़ाकर उसे रोकने का प्रयत्न करते थे। ऐसे में रथ सुविधा के स्थान पर असुविधा का कारण हो जाता था।

विरूपाक्ष अपना रथ त्याग कर गजारूढ़ हो गया और वानर सेना का संहार करने लगा। हाथी रथ से कहीं ऊँचा था और वानरों के लिए उसके निकट आना भी जोखिम का काम था।

सुग्रीव ने अपनी सेना की कठिनाई समझी। उन्होंने पीछे सेना को स्थिर रखने का कार्य सुषेण को सौंपा और स्वयं विरूपाक्ष के सम्मुख जा डटे।

साधारण सैनिकों का नाश कर विरूपाक्ष का मनोबल सातवें आकाश पर जा पहुँचा था। सुग्रीव को सम्मुख देखते ही, उसने पाँच नाराच खींचकर मारे। सुग्रीव के पास धनुष-बाण नहीं थे। उनके कवच ने ही उनकी रक्षा की। किंतु फिर भी उनका शरीर तीन-चार स्थानों से घायल हो गया। सुग्रीव के लिए यह सर्वथा अनपेक्षित था। अकस्मात् ही उनका आवेश जागा। उन्होंने अपनी गदा को देखा—यह विरूपाक्ष के लिए न सही, उसके गज के लिए उपयुक्त शस्त्र था।...सुग्रीव अपने स्थान से कूदे और सेना को चीरते हुए विरूपाक्ष के हाथी की पिछली ओर जा पहुँचे। उन्होंने अपने दोनों हाथों से पकड़कर अपनी पूरी शक्ति से गदा का प्रहार हाथी की पिछली टाँग पर किया। हाथी पीड़ा में जोर से चिंघाड़कर घूमा। किंतु सुग्रीव भी जैसे अपना संतुलन खो बैठे थे। एक के बाद एक प्रहार करते गए और तब ही रुके, जब उन्होंने हाथी को पीड़ा में अवश होकर धरती पर बैठ जाते हुए देखा।

विरूपाक्ष भी इतने निकट से धनुष-बाण की निरर्थकता समझ गया था। उसने धनुष-बाण छोड़कर ढाल-तलवार उठा ली और घायल हाथी से नीचे कूद गया।

सुग्रीव के सँभलने से पूर्व ही उसने उन्हें दो घाव लगा दिए थे; किंतु तीसरे की बारी नहीं आई। सुग्रीव का एक प्रबल प्रहार उसके वक्ष पर पड़ा और वह रक्त-वमन करता हुआ धरती पर जा गिरा।

महोदर यद्यपि पूर्वी द्वार से बाहर निकला था, किंतु उसकी भी पहली झड़प सुग्रीव के साथ हुई। सुग्रीव उसी समय विरूपाक्ष से निवृत्त हुए थे और अत्यधिक आवेश में थे। महोदर के साथ सेना कम थी। युद्ध की स्थिति देखते हुए उसका मनोबल भी ऊँचा नहीं था। वह युद्ध में अधिक देर टिक नहीं सका और एक संक्षिप्त-से युद्ध में ही सुग्रीव के हाथों मारा गया।

महापार्श्व पश्चिमी द्वार से निकला था। वह अंगद के साथ भिड़ा। अंगद के युवा शरीर के बल, स्फूर्ति एवं उच्च मनोबल के सामने महापार्श्व अधिक देर तक नहीं टिक सका। अंगद के प्रबल प्रहारों ने उसे अत्यल्प काल में ही धराशायी कर दिया।

रावण उत्तरी द्वार से बाहर आया था। उसके साथ अन्य सेनापतियों की अपेक्षा अधिक संख्या में सैनिक थे। वह सैनिकों की मनःस्थिति और अपनी सेना की कठिनाइयों के प्रति भी अधिक जागरूक नहीं था। मेघनाथ के वध से पीड़ित और क्रुद्ध रावण को युद्ध-भूमि में विरूपाक्ष के वध का समाचार मिला तो उसके लिए स्वयं को संतुलित बनाए रखना कठिन हो गया।

वानर सेना का आज का व्यूह भी कोई नया व्यूह था क्या? उनका कोई भी सेनापति रावण के सम्मुख नहीं आया था और सागर की लहरों के समान वानर-सेना की भी लहर पर लहर उठ रही थी। वे लहरें, जो सदा रावण से दूर ही दूर रही थीं, आज उसके निकट से निकटतम आ रही थीं। उसे यह भी बताया गया था कि अभी थोड़ी देर पूर्व इन वानरों ने विरूपाक्ष के रथ के चक्रों में पेड़ की शाखाएँ अड़ाकर उसका रथ रोकने का प्रयत्न किया था; और अंततः विरूपाक्ष को रथ छोड़ने पर बाध्य होना पड़ा था...

रावण का क्रोध आकाश को छूने लगा। ये वन्य जातियाँ, जिन्हें उसने कभी कीट-पतंगों से अधिक नहीं समझा, आज इन कंगले राजकुमारों का प्रोत्साहन पाकर इतनी दुस्साहसी हो गई हैं कि रावण और रावण के पुत्रों से इस प्रकार लड़ें, जैसे यह उनके गाँव का दंगल हो।

रावण ने रथ में रखे अपने शस्त्रागार को देखा—ब्रह्मा निर्मित तामसास्त्र उसके सम्मुख था। उसने उसे ही धनुष पर चढ़ाया और वानरों पर प्रहार कर दिया।

तामसास्त्र का प्रभाव भयानक था। इस क्षेत्र में वानरों का कोई ऐसा कुशल योद्धा था भी नहीं, जो उसका प्रतिकार करता। फलतः आगे कुछ वानरों के गिरने पर, पिछली पंक्तियों का युद्ध में स्थिरर रहना कठिन हो गया। जिसको जो दिशा मिली, वह उधर ही भाग गया।

राम अभी विरूपाक्ष, महोदर और महापार्श्व की सेनाओं से युद्धों का विवरण प्राप्त कर ही रहे थे कि उन्हें रावण के युद्ध-क्षेत्र में आने की सूचना मिली।

राम और लक्ष्मण दोनों ही रावण की ओर बढ़े; किंतु उनके पहुँचने से पूर्व ही रावण तामसास्त्र का प्रयोग कर चुका था। राम समझ नहीं पाए कि रावण को आरम्भ में ही ऐसे भयंकर दिव्यास्त्र के उपयोग की आवश्यकता क्यों पड़ी...संभवतः एक के बाद एक पराजय के समाचारों से क्षुब्ध होकर ही उसने ऐसा किया हो...

व्यूह-प्रतिष्ठा के पूर्व ही लक्ष्मण ने रावण के रथ के घोड़ों पर दो बाणों का प्रहार कर उसकी गति रुद्ध कर दी। रावण का क्रोध और भी भड़का...

लक्ष्मण को देखते ही उसे मेघनाथ का वध स्मरण हो आया...उसकी दृष्टि से राम ओझल हो गए। वहाँ लक्ष्मण ही लक्ष्मण थे। उसने नया तूणीर उठाया और लक्ष्मण पर एक के पश्चात् एक प्रहार करने लगा।

किंतु तब तक राम रौद्रास्त्र का प्रयोग कर चुके थे। रावण के कंधे पर गहरा घाव लगा था।

रावण की चेतना पर छाई विषाद की काई फट गई। उसके मन में क्रोध ही क्रोध था। युद्ध-विद्या, युद्ध-कौशल और युद्ध की मर्यादा जैसे वह भूलता जा रहा था।...वानर सेना फिर उसे चारों ओर से घेरने लगी थी। उसके अपने सैनिक उन्हें दूर रखने में असफल होते जा रहे थे...कंगले राजकुमार उसके सामने भूमि पर खड़े थे। रथी रावण के सामने उन्हें इसी प्रकार खड़े होना चाहिए था; जैसे वह सिंहासन पर बैठा हो और वे उसके सम्मुख हाथ बाँधे, भूमि पर खड़े, कुछ याचना कर रहे हों...किंतु यथार्थ यह था कि वे उसकी राजसभा में नहीं, युद्ध-भूमि में खड़े थे। यद्यपि अपने महत्त्व के अनुकूल, नंगे पाँव, मिट्टी पर खड़े थे; किंतु उनके हाथ बँधे नहीं थे और वे शस्त्र-बद्ध थे। वे याचना नहीं, प्रहार कर रहे थे...रावण ने पहली बार अपने क्रोध के साथ-साथ एक पीड़ा का भी अनुभव किया। जिन्हें सदा अत्यंत नीच, हीन और दुर्बल माना था, वे उसके सामने युद्ध में समानता के अधिकार से डटे ही नहीं थे, उस पर कहीं भारी पड़ते जा रहे थे।...राक्षस सेना की कोई-कोई टुकड़ी कहीं-कहीं अपने अस्तित्व के लिए युद्ध करती दिखाई पड़ रही थी और वानर-सेना सर्वग्रासी सागर के समान बची-खुची सेना को के लीलने लिए, अपना भयंकर मुख खोले आगे बढ़ती आ रही थी।

फिर राम और लक्ष्मण के साथ ही कहीं से आकर विभीषण भी खड़ा हो गया था।...विभीषण, जिसने लक्ष्मण को मेघनाथ तक पहुँचाया था। जिसने लंका में से अपने परिवार को कहीं लुप्त कर दिया था।...यह विभीषण उसका भाई था, किंतु उसके प्राण लेकर रहेगा। यह कुंभकर्ण जैसा नहीं था, जो अपनी मदिरा से तृप्त रहे और समय आने पर रावण के लिए चुपचाप अपने प्राण दे दे...

थोड़ी देर में इनके और योद्धा भी एक-एक कर आ जाएँगे...रावण घिरता रहेगा...रावण की सहायता को आने वाला अब कोई योद्धा नहीं बचा है। रावण उन्हें एक-एक कर पहले ही कटवा चुका है...यह कैसे हुआ कि इनके प्रायः सभी योद्धा जीवित हैं और राक्षस-दल...क्या सचमुच रावण का कर्म-दोष उसकी सेना,

प्रजा और परिवार को खा गया? क्या सचमुच विजयी दल में कोई नहीं मरता और पराजित दल में से सब एक-एक कर मर जाते हैं?...क्या सचमुच न्याय इनकी रक्षा कर रहा है?...नहीं! नहीं! यह इनकी युद्ध-पद्धति के कारण हुआ होगा। ये लोग सामूहिक युद्ध करते हैं। विजय का श्रेय व्यक्तिगत रूप से नहीं चाहते। एक-दूसरे की सहायता करते हैं। राक्षस-योद्धा अपने-अपने अहंकार के साथ लड़े।...अब रह गया है रावण। अकेला। वानर सेना उसे घेरती जा रही है...पर रावण इस टिड्डी दल के हाथों निरीह मृत्यु मरने को तैयार नहीं है...

रावण ने अपने शस्त्रागार में से आसुरास्त्र निकालकर धनुष पर धारण किया। किंतु रावण के आसुरास्त्र का प्रतिकार राम के आग्नेयास्त्र ने कर दिया था। रावण ने मायास्त्र का प्रयोग किया तो राम ने गांधर्वा से उसकी शक्ति क्षीण कर दिया।

उधर रावण ने सूर्यास्त्र का प्रयोग किया और इधर लक्ष्मण ने अपने नाराचों से रावण के सारथि का वध कर डाला। अपने अगले बाण से उन्होंने रावण के धनुष की प्रत्यंचा काट दी। लक्ष्मण के साथ खड़े विभीषण ने रावण के रथ के शेष घोड़ों का वध कर दिया।

रावण का सारा आक्रोश विभीषण पर केंद्रित हो गया।...सारे कष्टों की जड़ यही विभीषण है।...यह न होता तो राम और लक्ष्मण लंका का कुछ नहीं बिगाड़ सकते थे।...यही सागर पार जाकर उनको इस पार लिवा लाया, यही उन्हें लंका के सारे भेद देता रहा, यही लक्ष्मण को मेघनाथ के वध-स्थल तक ले गया, यही...

रावण ने एक भयंकर शक्ति उठाकर विभीषण पर दे मारी; किंतु तत्काल ही लक्ष्मण ने एक ओर विभीषण को धक्का देकर परे हटा दिया और दूसरी ओर तीन बाण मारकर मार्ग में ही उस शक्ति के टुकड़े कर दिए।

रावण हतोत्साहित नहीं हुआ, वरन् उसका क्रोध और भी बढ़ता गया...राम से वह बाद में निबटेगा, पहले वह विभीषण और लक्ष्मण का वध करेगा...लक्ष्मण! पूर्ण यौवन को प्राप्त लक्ष्मण...मेघनाथ के ही वय का होगा...कितनी स्फूर्ति है उसके शरीर में! राम में शस्त्र-कौशल की प्रौढ़ता है, लक्ष्मण के पास उसका यौवन है...बल और स्फूर्ति भरा...

रावण ने पुनः एक शक्ति विभीषण पर चलाई, किंतु लक्ष्मण ने पुनः उसका निराकरण कर दिया।

रावण के शरीर का सारा रक्त उसके मस्तिष्क की ओर दौड़ा...यह खेल कब तक चलेगा? रावण में इतना धैर्य नहीं है...उसने मयासुर निर्मित शक्ति उठाकर धनुष पर धारण की और लक्ष्मण के वध का लक्ष्य कर उसने प्रत्यंचा छोड़ दी...लक्ष्मण ने स्फूर्ति का कार्य बल से लिया। वे अपने स्थान से हटे नहीं। एक कठोर नाराच लेकर उन्होंने शक्ति पर प्रहार किया...किंतु तब तक देर हो चुकी थी...शक्ति लक्ष्मण के वक्ष में लगी। अपने धनुष पर उनकी पकड़ ढीली हो गई और अगले ही क्षण धनुष उनके हाथ से छूटकर भूमि पर गिरा। लक्ष्मण को मूच्छा

आ गई थी...

राम झपटकर आगे बढ़े। उन्होंने अपनी बाँहों में पकड़कर लक्ष्मण को सँभाला। वहीं लेटाकर, अपने दोनों हाथों में पकड़, उन्होंने शक्ति बाहर खींच ली और रावण के देखते-देखते उसके दोनों सिरों को मिलाकर, शक्ति के दो टुकड़े कर दिए।

राम ने पुनः धनुष उठाया।

सुग्रीव और हनुमान स्फूर्तिपूर्वक शस्त्र साधे, आकर लक्ष्मण के पास खड़े हो गए। विभीषण पहले ही वहाँ थे।

''सौमित्र को चिकित्सा-शिविर में ले जाओ।'' राम ने आदेश दिया और जलती हुई आँखों से रावण की ओर देखा।

उन्होंने संकेत से एक के पश्चात् एक कर, शस्त्र पकड़ाने वाले चार चरों को निकट आने को कहा।

राम के धनुष से बाणों की झड़ी लग गई। रावण अपने सारथि और घोड़ों के अभाव में अपने स्थान से तनिक भी हिल नहीं पा रहा था। रथ उसके लिए सुविधा के स्थान पर संकट का कारण बन गया था। वह जिस ओर झुकता था, राम के बाणों की दिशा उधर ही घूम जाती थी।

असहाय रावण ने इधर-उधर देखा। उसकी सेना पूर्णतः अस्त-व्यस्त हो चुकी थी। यदि व्यवस्था इस प्रकार भंग न हो गई होती, तो अब तक उसके लिए दूसरा रथ आ जाना चाहिए था।

''दूसरा रथ लाओ।'' उसने पलटकर अपने पृष्ठ-पुरुषों को सम्बोधित किया, ''तुम युद्ध-भूमि में खड़े हो या अपने विश्राम-कक्ष में, मूर्खो!''

''राजाधिराज! मार्ग अवरुद्ध है।'' एक पृष्ठ-पुरुष चिल्लाया, ''वानरों ने हमारी कोई भी पंक्ति सीधी नहीं रहने दी है।''

''रथ लाओ!'' रावण क्रोध में फुफकारता हुआ बोला।

रावण का नया रथ आ गया।

क्षणभर के लिए राम हतप्रभ रह गए। वानर सेना रावण के रथों को तोड़ती रही और उसके नये रथ आते रहे तो न रावण का वध होगा, न युद्ध का निर्णय होगा।...रथ के कारण, रावण को कुछ अतिरिक्त सुविधाएँ मिल जाती हैं। उसकी गति बढ़ जाती है। वह ऊँचाई पर स्थित होता है। उसे शस्त्र पकड़ाने वाले चरों की आवश्यकता नहीं होती।...इतनी कठिनाई से एक रथ नष्ट किया था...

राम का ध्यान अपने झपटते हुए सैनिकों की ओर चला गया। वे लोग रावण के परित्यक्त रथ के शस्त्रों पर अधिकार कर रहे थे। उस चिंता में भी राम के अधरों पर एक क्षीण-सी मुसकान आ गई।...अब अनेक स्थानों पर वानर, राक्षसों से छीने हुए शस्त्रास्त्रों से ही युद्ध कर रहे थे...

सहसा वानरों की पिछली पंक्तियों में कुछ असामान्य-सी हलचल फैल गई।

राम का ध्यान भी उधर गया। लगा, जैसे कोई असाधारण रूप से बड़ा रथ, पिछली ओर से वानर सेना की पंक्तियों को रौंदता हुआ आगे बढ़ा चला आ रहा है।.. .राक्षसों का रथ वानरों के पीछे कैसे पहुँच गया?...राम सोच रहे थे...रावण तो उनके सम्मुख खड़ा था, फिर इतना विराट रथ दौड़ाने वाला कौन-सा योद्धा होगा...इस रथ के विषय में संदेशवाहकों ने भी कोई सूचना नहीं दी थी।

राम ने रावण की ओर देखा—किंतु उसके चेहरे पर उन्हें कोई प्रसन्नता दिखाई नहीं पड़ी...वरन् रावण जिज्ञासु से अधिक चिंतित ही लग रहा था...तो क्या रावण भी नहीं जानता कि वह कौन है?...युद्ध जैसे स्थगित हो गया था...सबके ध्यान का आकर्षण वह रथ ही बना हुआ था...

राम ने पीछे देखा। अंगद, मैंद, द्विविद तथा नील उस रथ की अगवानी करते-से, उसके साथ दौड़ते हुए आ रहे थे। रथ से कोई योद्धा शस्त्र-प्रहार भी नहीं कर रहा था।

आश्चर्यचकित राम खड़े रह गए।

सारथि पर दृष्टि पड़ते ही राम के मन में पुनः एक प्रश्न जागा, "कौन है यह?"

"आर्य! मैं देवराज इंद्र का सारथि मातलि हूँ।" सारथि ने निकट आते ही अपना परिचय दिया, "यह रथ देवराज ने आपकी सहायता के लिए भेजा है। समय नष्ट न कीजिए। युद्ध की सारी सामग्री रथ में विद्यमान है।"

"इंद्र!" राम ने विस्मय से पूछा, "इंद्र मेरी सहायता क्यों कर रहे हैं? मेरा उनसे कोई मैत्री-संबंध नहीं है।"

"विलम्ब न करें, आर्य!" मातलि बोला, "इंद्र ने राम की नहीं, देवशत्रु रावण के शत्रु की सहायता की है। ऐसा न हो कि रथ के अभाव के कारण आपका यह जीता हुआ युद्ध भी आपको विजयी बनाने में असफल रह जाए।"

"हमारे पास कोई सारथि भी तो नहीं है..."

"मैं जो हूँ।" मातलि बोला, "युद्धपर्यंत आपका सारथित्व करूँगा।"

मातलि को देखते ही रावण पहचान गया—इंद्र उस पर वार कर गया था। मेघनाथ से हारकर, राक्षसों की सेना से सम्मुख युद्ध का साहस इंद्र कभी नहीं कर सका, तो अब उसने राम को सहायता भेजी है...रथ, सारथि, कवच, धनुष, बाण, शक्तियाँ...घृणित शत्रु है इंद्र। जिस समय रावण विपत्ति में फँसा हुआ है...सेना ध्वस्त है, सेनापति मारे जा चुके हैं...वानर सेना ने उसे चारों ओर से घेर रखा है, वानर सेनापति युद्ध में सक्षम है, ऐसे में इंद्र ने प्रहार किया है। रावण के घातक और गम्भीर शत्रु को रथ और शस्त्र पहुँचा दिए...इंद्र को क्या अब रावण का भय नहीं रहा?...न सही रावण! वह महादेव शिव से भी नहीं डरता क्या?

रावण कुछ आश्वस्त हुआ। उसने पृष्ठ पुरुषों को पुकारा, "सूचना-चरों को तत्काल शिव और ब्रह्मा के पास भेजो। इंद्र ने मेरे और राम के युद्ध में हस्तक्षेप किया है।"

युद्ध की स्थिति बदल गई थी। असम युद्ध अब द्वैरथ-युद्ध में बदल गया था। राक्षस और वानर सेनाएँ बीच में से हट गई थीं। दोनों अपने नायकों के रथों को घेरकर उनकी सहायतार्थ सन्नद्ध खड़ी थीं।

युद्ध आरम्भ हुआ।

रावण ने गांधर्वास्त्र का प्रयोग किया। राम ने भी उसी अस्त्र से उसका प्रतिकार कर दिया। रावण ने देवास्त्र फेंका। राम ने भी देवास्त्र का ही प्रयोग किया। रावण ने राक्षसास्त्र फेंका तो राम ने गरुड़ास्त्र से प्रहार किया।

रावण के बाण उग्र से उग्रतर होते जा रहे थे, और राम का युद्ध अधिक-से-अधिक रक्षात्मक होता जा रहा था। रावण जैसे हारे हुए युद्ध को पलट देने के प्रयत्न में था, और राम युद्ध की यथास्थिति बनाए रखना चाह रहे थे।

राम पर प्रहार करने में असफल हो रावण ने अपने रोष में राम के रथ की ध्वजाशचि काट दी, घोड़ों को घायल किया और अंततः मातलि पर भी अनेक प्रहार किए।

मातलि ने अपनी भुजा में से बाण खींचकर नीचे फेंके, "क्या बात है, आर्य! आप शत्रु के प्रहारों का प्रतिकार मात्र कर रहे हैं, प्रहार नहीं कर रहे?"

राम चेते...ठीक कह रहा है मातलि! वे यह देख रहे हैं कि रावण कौन-सा शस्त्र चला रहा है और वे उसका निराकरण भर कर रहे हैं। ऐसे तो हाथ में आई विजय भी पराजय में बदल जाएगी। उन पर किया गया रावण का एक भी घातक प्रहार सब कुछ नष्ट-भ्रष्ट कर सकता है। सौमित्र उधर मूर्च्छित पड़े हैं और राम यहाँ प्रतिरक्षात्मक युद्ध लड़ रहे हैं...

रावण ने एक भयंकर शूल राम पर फेंका। राम की चेतना फड़फड़ाकर जाग उठी। उनके बाण निष्फल हो रहे थे...उन्होंने रथ में से इंद्र की एक शक्ति उठा ली। शक्ति के प्रहार से शूल को मार्ग में ही नष्ट कर दिया।...अब प्रहार करने की बारी राम की थी...

राम के धनुष से छूटे क्षुर और नाराच बाणों से रावण को घेरना आरंभ किया। रावण को शिथिल होते देख, वानर सेना भी आगे बढ़ आई थी...

सहसा राम का भयानक नाराच रावण ने वक्ष में लगा। रावण का धनुष उसके हाथ से छूट गया। रथ का दण्ड पकड़कर वह बैठ गया...

रथी घायल होकर प्रायः मूर्च्छित पड़ा था। शत्रु सेना चारों ओर से निरंतर घिरती चली रही थी। ऐसे समय में सारथि को ही अपनी बुद्धि से कार्य लेना होगा।...रावण के सारथि ने क्षणभर सोचा और इससे पहले कि वानर सेना की ओर से कोई गति हो, वह अपना रथ पीछे हटा ले गया।...बची-खुची राक्षस सेना आधे मन से वानरों से जूझने का प्रयत्न कर रही थी...

किंतु वानरों ने रावण के सारथि को युद्ध-भूमि से निकल जाने का अवसर

नहीं दिया। सारथि जिधर बढ़ता था, वानर टुकड़ियाँ वर्षा के जल के समान उधर ही उमड़ पड़ती थीं...युद्धभूमि में लौट जाने के सिवाय उसे कोई दूसरा मार्ग नहीं सूझ रहा था।

रावण की चेतना लौटी।

प्रतिरावण जोर से हँस रहा था, 'तू युद्ध में से भाग आया, कायर!'

रावण ने सारथि को डाँटा, ''मूर्ख! कहाँ भगाए लिये जा रहा है तू?''

''राजाधिराज! आपकी रक्षा...''

''किसकी रक्षा!'' रावण बोला, ''मेरे यश को नष्ट कर, मुझे कलंकित करना चाहता है? शत्रुओं से उत्कोच लिया है तूने क्या?''

''राजाधिराज!...''

''लौट!''

रावण पुनः लौटकर राम के सम्मुख आया। राम ने पहले ही बाण में उसके रथ की ध्वजा नष्ट कर दी। किंतु रावण ने कोई विशेष प्रतिक्रिया व्यक्त नहीं की।

वह घायल था और शारीरिक थकान के चिह्न भी स्पष्ट दिखाई पड़ रहे थे।

राम ने अपने तूणीर में से बाण निकाला। यह बाण अगस्त्य ने राम को दिया था। ब्रह्मा-निर्मित इस बाण का उन्होंने निर्णायक क्षण में ही प्रयोग करने के लिए आदेश दिया था।

राम ने रावण के कंठ का लक्ष्य कर बाण छोड़ दिया।

रावण धनुष लिये कुछ इस प्रकार खड़ा था, जैसे उसे न राम दिख रहे हों, न उनके धनुष से छूटा बाण...

बाण रावण के कंठ में लगा और उसका मुण्ड युद्ध-भूमि में आ गिरा...रावण के सारथि ने रथ लौटा लिया। वानर सेना आगे बढ़ी। राक्षस सेना को युद्ध-भूमि में स्थिर रखने वाला कोई नहीं था। रावण के रथ के पीछे उसकी सेना भी भाग चली।

14

हनुमान और विभीषण सीता को लेकर आए थे। उनके साथ सरमा और कला भी थीं। पीछे-पीछे त्रिजटा भी आई थी। सीता लंका से बाहर निकलीं तो मुख्य द्वार पर स्वयं राम उनके स्वागत के लिए उपस्थित थे। सीता की कृष काया को पहचानने के लिए कुछ प्रयास करना पड़ा था; किंतु तनिक-सा ध्यान देने पर उस सूखी काया में से सीता को पहचान लेना तनिक भी कठिन नहीं था। राम ने देखा—उनकी सीता वियोगिनी रूप में उनके सम्मुख खड़ी थीं। एक वेणी; सफेद, सादी किंतु साफ धोती। आँखों में वेदना, सहनशीलता और एक प्रकार की दृढ़ता का विचित्र मिश्रण। किंतु राम प्रसन्न थे, इतनी यातना के बाद भी सीता के चेहरे पर दीनता अथवा याचना नहीं थी।

"आओ, सीते!" राम ने अपने हाथ बढ़ाए, "अपने राम से अब और दूर नहीं रहो। एक वर्ष की दीर्घ अग्नि-परीक्षा दी है तुमने। अब तुम्हें कुछ सुख भी मिलना चाहिए..."

सीता को जैसे सहसा विश्वास ही नहीं हो रहा था...क्या सत्य ही हनुमान उन्हें खोजने आया था, राम सागर पार कर आए थे; क्या सत्य ही राक्षस सेना पराजित हुई थी और रावण मारा गया था?...हाँ! यह सब सत्य था। उनके राम अपनी बाँहें फैलाए उनके सम्मुख खड़े थे। और क्या प्रमाण चाहिए उन्हें...

सीता ने आगे बढ़कर राम के हाथों में हथेलियाँ रख दीं। उन्होंने अपने प्रिय की आँखों में झाँका। वहाँ प्रेम का अथाह सागर लहरा रहा था। इतने दिनों के वियोग, कठिन परीक्षाओं, रक्त-रंजित युद्धों ने उनके राम को तनिक भी नहीं बदला था।

राम ने सीता की आँखों में देखा—अब भी उन आँखों में वैसा ही स्वच्छ, निर्दोष सम्मोहन था, जिस पर राम रीझते हुए नहीं थकते थे।

अपने सहयोगियों से घिरे राम और सीता अपने स्कंधावार की ओर मुड़े। मार्ग के दोनों ओर श्रमिक सेनाओं के सैनिक खड़े थे। उनके चेहरों पर श्रम के बाद की थकान की तृप्ति और उल्लास था। थोड़ी-थोड़ी दूरी पर कोई-न-कोई सेनापति और यूथपति खड़ा अभिवादन कर रहा था।

सीता देख रही थीं—उनके राम वैसे ही थे, सीधे और सरल वनवासी! किंतु इस अपार जन-समूह तथा उनके नेताओं की आँखों में जो भाव था, वह राम को कहीं विचलित न कर दे। राम चाहे मन में न लाएँ, किंतु इन लोगों की दृष्टियाँ उन्हें बार-बार कहेंगी, बार-बार जताएँगी कि वे असाधारण हैं, वे उच्च हैं, वे विशिष्ट हैं। जन-सामान्य अपनी सरलता में जो श्रद्धा और प्यार देता है, वह किसी भी व्यक्ति को उन्मादी बना सकता है।...पर राम में महानता का जितना तत्त्व होगा, वह इस उन्माद का प्रतिरोध करेगा।

"देवर उग्रदेव कहाँ हैं?" सहसा सीता ने पूछा।

"सौमित्र!" सीता के मुख से पुराना विशेषण सुनकर राम मुसकराए, "चिकित्सा-शिविर में है। वृद्ध सुषेण और प्रभा उसका उपचार कर रहे हैं। सौमित्र ने इस युद्ध में अनेक बार बड़े गम्भीर घाव खाए हैं। कई बार वह मृत्यु के मुख में जा-जाकर लौटा है। बहुत रक्त बहाया है उसने।"

"रक्त तो तुमने भी बहुत बहाया है, प्रिय!" सीता ने राम के सम्पूर्ण शरीर पर दृष्टि फेरी, "देख रही हूँ, प्रत्येक अंग पर कोई-न-कोई घाव लगा ही है।"

"ये तो मेरी निष्ठा के प्रमाण हैं।" राम मुसरकाए।

"मेरे प्रति?"

"तुम्हारे प्रति। तुम्हारे प्रेम के प्रति!" राम गम्भीर हो गए, "सत्य और न्याय के प्रति। अंधकार के विरुद्ध होने वाले अनवरत और शाश्वत संघर्ष के प्रति।"

राम ने तनिक-रुककर सीता को देखा, ''घाव खाए बिना, कोई अंधकार के विरुद्ध लड़ कैसे सकेगा।...यह प्रमाण सौमित्र ने भी दिया है। हमारे एक-एक सैनिक ने दिया है। कइयों ने तो हमसे भी अधिक मूल्य चुकाया है।'' राम का कंठ भारी हो आया।

राम एक विशाल चिता के पास आकर रुक गए, ''सीते! यहाँ उस सैनिक टुकड़ी के योद्धा सो रहे हैं, जिसका नाम उनके नायक के नाम पर 'तेजधर टुकड़ी' रखा गया है। इन वीरों ने अपने नेताओं के शवों की रक्षा के लिए अपने प्राण दिए हैं।''

सीता ने हाथ जोड़कर चिता को प्रणाम किया।

''ये अकेले नहीं हैं। क्या बताऊँ तुम्हें, कितने-कितने और कैसे-कैसे बलिदानों के आदर्श प्रस्तुत किए हैं हमारे वीर योद्धाओं ने; और ये वे लोग हैं, जिनके परिवारों में वीरता और बलिदानों की कोई परम्परा नहीं है। जिन्हें किसी ने इन बलिदानों की महिमा नहीं बताई थी; उन्हें किसी ने किसी प्रकार के प्रलोभन से सम्मोहित नहीं किया था।''

''मूलभूत मानवता सब स्थानों पर विद्यमान है, प्रिय!'' सीता का स्वर धीमा और सकरुण था, ''लंका में भी विभीषण-पत्नी सरमा थीं। विभीषण थे। अविंध्य थे। किन जोखिमों के बीच से होकर कला मुझसे मिलने आई थी। त्रिजटा कैसे-कैसे मेरी सहायता करती रही।''

''ठीक कहती हो, सीते!'' राम का स्वर विषादाच्छादित संकल्प की दृढ़ता लिये हुए था, ''हम अपने वीर साथियों की स्मृति को अमर बनाने के लिए अनेक स्मारक बनाएँगे...यहाँ लंका में, पंचवटी में, अयोध्या में।''

चिकित्सा-शिविर के सामने आकर राम रुक गए।

''अपने देवर उग्रदेव से मिल लो, मैं द्रो-एक आवश्यक काम कर लूँ।'' राम ने मुसकराकर कहा, ''किंतु सीते! सौमित्र अब बदल गया है। तुम्हारे हरण के पश्चात् से ही उसकी चंचलता और उग्रता का स्थान गम्भीरता और दृढ़ता ने ले लिया है।''

सीता जैसे कुछ सोचने लगीं, बोलीं कुछ नहीं।

लक्ष्मण काठ की एक चौकी पर लेटे हुए थे और प्रभा तथा सुषेण उनके घाव साफ कर उन पर औषधि-लेपन कर रहे थे। चौकी नये प्रकार की थी। यह शिल्पी-सैनिकों ने विशेष रूप से इसी प्रयोजन के लिए तैयार की थी।

''उग्रदेव!''

लक्ष्मण ने आँखें खोलकर सीता को देखा। कुछ क्षणों तक देखते रहे और बोले, ''भाभी!...''

आगे वे कुछ बोल नहीं सके। उनका कंठ भर्रा आया था और आँखें छलछला

गई थीं।

''आप लोग अन्य आहतों को देखें।'' सीता अत्यंत विनीत भाव से बोलीं, ''देवर की देखभाल मैं कर लूँगी।''

प्रभा और सुषेण ने कोई आपत्ति नहीं की। क्षतों और औषधियों के विषय में कुछ आवश्यक सूचनाएँ देकर, वे अन्य आहतों की ओर बढ़ गए।

रावण के शक्ति-प्रहार से हुए बड़े घाव को औषधि-युक्त रुई से साफ करते हुए सीता बोलीं, ''पीड़ा असहनीय है, सौमित्र?''

''नहीं, भाभी!''

''तो आँखें क्यों छलछला आई हैं?'' सीता की आँखों में परिहास था, ''रोते भी हो और मानते भी नहीं। हठी बालक!''

लक्ष्मण की परिहास-मुद्रा नहीं लौटी, ''सोचता हूँ, आपको सकुशल लौटाया न जा सकता तो मैं अपने-आपको कैसे क्षमा कर पाता।''

''और इस भयंकर युद्ध में ऐसे-ऐसे घाव खाए हैं तुमने, देवर! यदि तुम्हें कुछ हो जाता,'' सीता गम्भीर हो गई थीं, ''तो मैं स्वयं को कैसे क्षमा करती?''

''भाभी! पंचवटी में मैं आश्रम में इसलिए नहीं रुका था...''

''मैं जानती हूँ।'' सीता ने लक्ष्मण की बात पूरी नहीं होने दी, ''बाद में मैंने उस घड़ी को बहुत कोसा था, सौमित्र! वर्ष भर कोसती ही रही थी—क्यों मैंने वैसा सोचा? क्यों मैंने वैसे कटु वाक्य कहे?'' सीता मौन होकर पुनः बोलीं, ''अपने प्रिय की सुरक्षा के लिए चिंतित मेरा मन बहुत शंकालु हो गया था।''

''समझता हूँ।'' लक्ष्मण धीरे-से बोले, ''बाद में मैंने भी इस विषय में बहुत सोचा था और यही पाया था कि भैया को बार-बार जोखिम के मुँह में जाते देख और मुझे पीछे सुरक्षित बैठे देख आपका शंकालु हो जाना स्वाभाविक ही था।''

सीता एक उदास-सी मुसकान अधरों पर ले आईं, ''थोड़ी-सी ईर्ष्या इसलिए भी जागी थी कि तुम अपने भैया पर मुझसे भी अधिक अधिकार जताते थे।''

लक्ष्मण मुसकराए भर। बोले कुछ नहीं।

सीता ने पट्टी बाँध दी, ''अब कभी तुम पर अविश्वास नहीं करूँगी।''

लक्ष्मण पुनः मुसकराए, ''अब अवसर ही नहीं आने दूँगा।''

''अब विश्राम करो, देवर!'' सीता ने लक्ष्मण के माथे पर स्नेह भरा हाथ फेरा।

अन्य घायलों के उपचार में सहायता करने के लिए सीता, सुषेण और प्रभा की ओर बढ़ गईं।

संध्या समय राम और सीता अपने शिविर में आए।

''तुम्हें हमारे आने और युद्ध की घटनाओं की सूचनाएँ मिलती रहीं, सीते?''

''हाँ, प्रिय!'' सीता बोलीं, ''थोड़ा बहुत आभास तो मिल ही जाता था। वानर सेना का आना और युद्ध—इतनी बड़ी घटनाएँ थीं कि रावण लाख छिपाना चाहता,

छिप नहीं सकती थीं। सरमा और त्रिजटा तो बता ही जाती थीं, अन्य जन भी युद्ध की विभिन्न घटनाओं से इतने विचलित रहते थे कि अपनी भावनाओं को छिपा नहीं पाते थे। परिणामतः कोई भी घटना गोपनीय नहीं रह पाती थी।''

''मेरे वध का समाचार मिला था?'' राम मुसकरा रहे थे।

''कई बार!''

''कैसा लगा था?''

''कई बार अपना सिर पीटा कि कैसा अभिशाप हूँ मैं कि मेरे संरक्षक, मेरे लिए अपने प्राणों को जोखिम में डाल, युद्ध करते रहते हैं। पिता ने भी मेरे लिए युद्ध किया था, आपने और सौमित्र ने भी।''

''सौंदर्य का मूल्य ही इतना है।''

''सौंदर्य ही तो अभिशाप बन जाता है।'' सीता ने रुककर राम को देखा, ''सच बताना, प्रिय! तुमने मुझे कभी नहीं कोसा?''

''तुम्हें नहीं।...स्वयं को बार-बार कोसा है कि तुम्हारी रक्षा का समुचित प्रबन्ध क्यों नहीं कर सका।'' राम गम्भीर हो गए, ''राक्षसों का विरोध कर, उस विरोध के जोखिमों से असावधान मैं रहा और भुगतना तुम्हें पड़ा।''

राम सीता के निकट आए। उन्होंने अपनी बाँहें फैला दीं। सीता ने अपना सिर राम के वक्ष पर टेक दिया।

''रावण ने तुम्हें बहुत परेशान किया, सीते?''

''परेशान तो बहुत हुई।'' सीता का चेहरा अतीत के त्रास से व्याकुल हो उठा, ''किंतु उस परेशानी में आपकी दी हुई शस्त्र-विद्या और आपकी वह प्रेमिका शूर्पणखा बहुत याद आई।''

राम ने विस्मय से सीता की त्रस्त-परिहासपूर्ण मुद्रा को देखा, ''शूर्पणखा!''

''हाँ! उसी ने तो मेरी सुरक्षा का प्रबन्ध कर रखा था। वह नहीं चाहती थी कि वह राम से वंचित रहे और रावण सीता को पा जाए।''

''युद्ध भी करना पड़ा?''

''नहीं! जब-जब रावण समर्पण के लिए आग्रह करता था, डराता-धमकाता था, मैं उससे शस्त्र और द्वंद्व-युद्ध माँगती थी; किंतु उसने मेरी इच्छा कभी पूरी नहीं की।''

''मारा-पीटा भी?''

''नहीं! उसका सारा प्रयत्न मेरा मनोबल समाप्त करने के लिए डराने-धमकाने में ही समाप्त हो गया।''

''युद्ध में मैं जब-जब मूर्च्छित अथवा हताश हुआ,'' राम जैसे अपने-आपसे कह रहे थे, ''बार-बार मन-ही-मन तुम्हारी रक्षा न कर सकने के कारण तुमसे क्षमा चाही। फिर तुमसे ही बल पाया। जीने की प्रबल इच्छा ने असफल मृत्यु को पीछे धकेल दिया। मूर्च्छा की अंतिम घड़ियों में हर बार लगा कि तुमने आकर मेरे माथे

पर हाथ फेरा है। मेरे वक्ष को सहलाया है। तुमने मेरे घाव भर दिए हैं। तुमने मेरी पीड़ा हर ली है।''

''राम तो ऐसे कल्पनाशील, भावुक प्रेम करने वाले व्यक्ति नहीं थे...!''

''तुम्हारे वियोग ने भावुक भी बना दिया।''

''तुमने एक बार भी नहीं सोचा, राम! कि रावण मेरे साथ बलात्कार कर सकता है। मैं पतित, भ्रष्ट और तुम्हारे अयोग्य हो सकती हूँ?''

''मेरे मन में पूर्ण निश्चय था कि रावण बलात्कार करेगा ही।'' राम बोले, ''इस बात की तो मैं कल्पना भी नहीं कर सकता था कि तुम पर यह विपदा नहीं आएगी।''

''फिर भी मुझे प्राप्त करने का प्रयत्न करते रहे?'' सीता गम्भीर थीं।

राम अट्टहास कर उठे, ''इस युद्ध में राक्षसों ने मेरे शरीर पर सैकड़ों घाव किए हैं, फिर भी तुम मेरा ही नाम रटती रहीं।'' राम गम्भीर हो गए, ''तुमने कभी सोचा कि मेरा शरीर पतित और भ्रष्ट हो चुका है और अब मैं तुम्हारे योग्य नहीं रहा?''

''किंतु सतीत्व...''

''सतीत्व मन से होता है, मेरी प्रियतमा! शरीर से नहीं। किसी व्यक्ति को घाव लग जाए, उसकी भुजा या टाँग कट जाए तो वह पतित या चरित्रहीन नहीं हो जाता।'' राम किंचित् आवेश में थे, ''मैं रुमा के विषय में सुनता था और तुम्हारी कल्पना करता था। रुमा के अपने जेठ ने उसके साथ बार-बार बलात्कार किया। किष्किंधा का सारा राजवंश इस तथ्य से दुखी था। इस पर भी जब मैंने सुना कि उसे सुग्रीव के पैरों पर गिरकर, अपनी निर्दोषता की दुहाई देनी पड़ी है, तो मेरा मन उसके लिए बहुत रोया।'' राम का स्वर अत्यंत भावुक हो उठा, ''वह रुदन तुम्हारे लिए भी था। कहीं तुम्हें वैसी दुहाई न देनी पड़े।''

''इस समाज में रहकर भी तुम इतने उदार कैसे हो, प्रिय?'' सीता ने मुग्ध दृष्टि से राम को देखा।

राम ने स्वयं को संयत किया, ''तुम मेरे गुरु विश्वामित्र की दीक्षा को भूल गई, प्रिये! तुमसे विवाह के पूर्व उन्होंने मेरे हाथों अहल्या को सामाजिक मर्यादा दिलवाई थी। गुरु दूरदर्शी थे। उन्होंने कदाचित् उसी समय तुम्हारे जीवन में इस दुर्घटना की सम्भावना देखी होगी।...''

''महान हैं विश्वामित्र!'' सीता बोलीं, 'किंतु लोगों के संदेह, आशंकाएँ..''
राम ने सीता को अपनी बाँहों में भर लिया, ''सीता राम की है, राम की रहेगी।''

15

''लंकापति!'' अपने शिविर में राम ने विभीषण को मंच पर बैठाते हुए कहा, ''जनसेना अपने-अपने ठिकानों को लौट चुकी है। सहायक सैनिक अपने-अपने

ग्रामों की ओर प्रस्थान कर रहे हैं; और किष्किंधा की राजकीय सेना अपने हताहतों की व्यवस्था कर दो-एक दिनों में अपना स्कंधावार समेटकर लौट जाएगी।..."

"आप यह सब क्यों कह रहे हैं, भद्र राम?" विभीषण विह्वल स्वर में बोले, "मैंने इस सेनाओं को कभी पराया नहीं माना। मैंने उन्हें कभी बोझ नहीं माना..."

"तुम्हारा मानना ही सब कुछ नहीं है, मित्र!" राम गम्भीर थे, "तुम न भी मानो, तो भी स्थिति में कोई अंतर नहीं पड़ेगा। यथार्थ के अपने कुछ नियम होते हैं। उन नियमों को हमें समझना होगा।...तुम असावधान हो भी जाओ, किंतु हमें सावधान रहना होगा...।"

"क्यों, भद्र?"

"यह विषय अत्यंत सुकुमार है और संकटपूर्ण भी।" राम बोले, "सहायक होकर आई, कोई भी बाहरी सेना, विजय की घड़ी के पश्चात ठहरी रहे तो आधिपत्य सेना का रूप धारण कर लेती है। आज वानर सेना लंका के नये शासन की सहायक है, मित्र है, सम्मानित अतिथि है; किंतु यदि ठहरने के समय की मर्यादा का उल्लंघन करेगी तो लंका के लिए एक भयावह बोझ हो जाएगी। तुम इसका पक्ष लोगे तो विदेशी सेना के पिट्ठू कहलाओगे और लंकावासियों की दृष्टि में असम्मान के भाजन बनोगे।"

विभीषण मौन रहे।

"मैं, सीता और लक्ष्मण भी किसी भी क्षण यहाँ से चल पड़ेंगे। इसीलिए कह रहा हूँ कि नये समाज का निर्माण करते हुए कुछ बातों का ध्यान रखना।"

विभीषण ने प्रश्नवाचक दृष्टि से राम की ओर देखा।

"लंका के सारे चिकित्सालय इस समय हताहतों से भरे पड़े हैं। प्रत्येक घर में से कोई-न-कोई पुरुष या तो आहत है या मर गया है अग्निकाण्डों से भी कुछ क्षति हुई ही है। जनसंख्या विचलित भी है और अस्त-व्यस्त भी। पिछले शासन के ध्वंसावशेष भी पर्याप्त शक्तिशाली हैं। न तुम उन्हें नष्ट कर सकते हो और न अंगीकार। ऐसे में यह न हो कि नये समाज में भी पुराना शोषण और अन्याय चलता रहे; और जिन्होंने नये शासन, नई व्यवस्था और नये शासक के लिए अपने प्राण दिए हैं अथवा अपना रक्त बहाया है, वे तथा उनके परिवार पहले के समान शोषण के पात्र बने रहें। यदि ऐसा होता रहा तो याद रखना, जन सामान्य को शस्त्र ग्रहण करना आ गया है!..."

विभीषण मुसकराए, "आप निश्चिंत रहें, आर्य! ऐसा नहीं होगा। विभीषण ने वर्षों से एक नये, न्यायपूर्ण, शोषणरहित और समताधृत समाज के स्वप्न देखे हैं। अपने स्वप्नों को न मैं भूल सकता हूँ, न नष्ट होने दे सकता हूँ।"

"मुझे विश्वास है कि ऐसा ही होगा।" राम बोले, "किंतु ऐसा न हो कि नया समाज बनाने की आड़ में एक नई शोषण-व्यवस्था आरम्भ हो जाए। अपने

सगे-संबंधियों, मित्रों तथा अपने पक्षधरों द्वारा होने वाले अन्यायों का विरोध तथा प्रतिकार, न्याय की पहली माँग है। रावण के समान संसार भर के आततायी गुण्डों को एकत्रित कर हिंसा, शोषण तथा अन्याय के आधार पर साम्राज्य स्थापित करना तथा विलास में लिप्त हो जाना राजनीतिक आदर्श नहीं है।" राम कुछ रुककर बोले, "मनुष्य अपने पक्ष के व्यक्ति को अनाचार के माध्यम से कुछ प्राप्त करते हुए अथवा अन्य लोगों का शोषण करते हुए देखकर प्रसन्न होता है कि वह अपने पक्ष वालों के लिए सुख के साधन एकत्रित कर रहा है। रावण के अत्याचारों के माध्यम से लंका में धन एकत्रित होते देख, लंकावासियों ने यही सोचा था। किंतु वस्तुतः वह सुख के नहीं, अपने और अपने समाज के नाश के साधन एकत्रित कर रहा होता है। प्रकृति के कर्म तथा सुख के नियम बड़े कठोर हैं और जटिल भी। सुख अर्जित करना चाहिए, एकत्रित नहीं।"

"आप ठीक कह रहे हैं, राम!" विभीषण जैसे अपने-आपसे कह रहे थे, "मुझे इन बातों के प्रति सचेत रहना होगा। अपने पक्ष के प्रति, अपने विरोधियों के प्रति, अपने मन के प्रलोभनों के प्रति तथा अपने सगे-संबंधियों की सुविधा-जीविता के प्रति तटस्थ, न्यायपूर्ण तथा कठोर रहना पड़ेगा।"

"हाँ, विभीषण! अपने साथियों को भी तुम्हें समझाना होगा कि वस्तुतः हित क्या है? सुख क्या है? इंद्रियों का सुख भौतिक सुख है। वह उपयोगिता की दृष्टि से अनिवार्य है; किंतु जब वह उसकी अनिवार्यता का अतिक्रमण कर अतिरिक्त सुख खोजता है, तो रोग बन जाता है। भोजन पौष्टिकता तक अनिवार्य है; किंतु स्वाद की सीमा में प्रवेश करते ही वह रोग को जन्म देता है। निद्रा विश्राम की सीमा तक अनिवार्य है; किंतु अकर्मण्यता तक पहुँचकर वह विष में बदल जाती है। यौन-सुख, जाति-सुरक्षा की वृत्ति—शरीर की आवश्यकता तक निर्माण है, विलास के क्षेत्र में पहुँचकर वह क्षय है।"

"प्रत्येक अति सुख में दुःख छिपा है, राम!"

"प्रकृति द्वंद्वात्मक है।" राम मुसकराए, "इसलिए मनुष्य को अपनी सीमा पहचाननी होगी।"

"बौद्धिक सुखों पर भी यह नियम लागू होगा, भद्र?" विभीषण ने पूछा, "वहाँ तो इंद्रियाँ नहीं हैं?"

"शरीर-सुख की तो फिर भी एक सीमा है।" राम बोले, "क्योंकि शरीर की क्षमताएँ सीमित हैं। बुद्धि सूक्ष्म है, उसकी सीमा नहीं, इसलिए उसका विष और भी भयंकर है, विभीषण! रावण की साम्राज्य नीति इंद्रियों के सुखों का अतिक्रमण कर बौद्धिक सुख के भोग में प्रविष्ट हो चुकी थीं। पदार्थों के भोग की सीमा हो सकती है, किंतु उनके संचय की कोई सीमा नहीं होती। रावण का साम्राज्य, भोग के आगे, संचय सुख में प्रवेश कर चुका था। तुम्हारा राज्य ऐसा न हो, मित्र! बौद्धिक सुख स्वाभिमान की सीमा तक ही रहे तो ठीक है; अहंकार के क्षेत्र में पहुँचकर

व्यक्ति स्वश्रेष्ठता का भाव पाल लेता है। वह अन्य मनुष्यों को स्वयं से हीन मानकर, उनके सुख और कल्याण की कामना न कर, उनका भावात्मक और शारीरिक उत्पीड़न करता हैं। रावण अहंकारी हो गया था—दूसरों की भावनाओं, इच्छाओं, आवश्यकताओं, सम्मान और अधिकार की उसे चिंता नहीं थी। वह परपीड़न-रति का रोगी होकर पशु हो गया था।''

''तो संसार में कोई सुख नहीं है, राम?'' विभीषण की जिज्ञासा में पीड़ा थी, ''संसार पूर्णतः दुःखमय है?''

''नहीं!'' राम मुसकराए, ''समस्त अभौतिक सुख दोषहीन हैं। विवेक का सुख ऐसा ही सुख है। यह निर्माण का सुख है। स्वार्थ का त्याग कर, अपनी शक्तियों को जन-कल्याण में लगाओ—यह सारा संसार तुम्हारे लिए सुखमय हो जाएगा। राम ने अयोध्या का राजसिंहासन स्वीकार किया होता तो कदाचित् सुखी न हो पाता; वनवास में इतनी कठिनाइयों और विरोधों के होने पर भी मैं सुखी हूँ।... तुम्हें भी इसी मार्ग पर चलना होगा।''

विभीषण कुछ सोचते-से चुपचाप खड़े रहे।

''एक बात और कहना चाहूँगा, बन्धुवर!'' राम पुनः बोले, ''इस संघर्ष के संदर्भ में जिन्हें चेतना मिली है, जिन्होंने विद्रोह करना सीखा है, अपने अधिकारों के लिए युद्ध करना जाना है, उनकी ऊर्जा को निर्माण की ओर लगाए रखना। तुम असावधान हुए तो वे तुम्हारा ही नाश कर देंगे वे तुम्हारे सतत जागृत प्रहरी हैं...!''

''मैं तुम्हारा आभारी हूँ, राम! कि तुम मेरी रक्षा के लिए ऐसे प्रहरी छोड़े जा रहे हो।'' विभीषण विह्वल हो उठे, ''मेरे जीवन का लक्ष्य होगा कि तुम्हारे इन प्रतिनिधियों की चेतना सदा जागरूक और प्रज्वलित रहे। अंधकार के विरुद्ध यह संघर्ष चलता रहे।...''

''और मंदोदरी?'' राम ने पूछा।

''उन्हें अब भी पट्टमहिषी का सम्मान प्राप्त होगा।''

''यही कहना चाहता हूँ कि यदि वे मार्ग की बाधा न बनें तो उन्हें अनावश्यक कष्ट न दिया जाए; किंतु इतना संरक्षण भी न मिले कि एक नई शूर्पणखा का जन्म हो।''

विभीषण मुसकरा पड़े, ''नहीं! अब लंका में शूर्पणखाएँ उत्पन्न न होंगी। जो हैं भी, उन्हें अपना मार्ग बदलना होगा। नया समाज क्रूर नहीं है, किंतु अत्याचार के प्रतीकों को यह बदल देगा, अन्यथा नष्ट कर देगा।...''

राम ने आगे बढ़कर विभीषण को गले से लगा लिया।

—